Iniciação ao
PROCESSO PENAL

COLEÇÃO CLÁSSICOS DO DIREITO

Fauzi Hassan Choukr

Iniciação ao
PROCESSO PENAL

3ª edição revista e atualizada

Rua Clara Vendramin, 58 ■ Mossunguê
CEP 81200-170 ■ Curitiba ■ PR ■ Brasil
Fone: (41) 2106-4170
www.intersaberes.com
editora@intersaberes.com

Conselho editorial Dr. Alexandre Coutinho Pagliarini ■ Dr.ª Elena Godoy ■ Dr. Neri dos Santos ■ Dr. Ulf Gregor Baranow
Editora-chefe Lindsay Azambuja
Gerente editorial Ariadne Nunes Wenger
Assistente editorial Daniela Viroli Pereira Pinto
Edição de texto Monique Francis Fagundes Gonçalves, Tiago Krelling Marinaska
Capa e projeto gráfico Silvio Gabriel Spannenberg
Fotografia do autor Gisele Silveira Valim Bertinato
Designer **responsável** Silvio Gabriel Spannenberg
Diagramação Renata Silveira
Iconografia Regina Claudia Cruz Prestes

Dados Internacionais de Catalogação na Publicação (CIP)
(Câmara Brasileira do Livro, SP, Brasil)

Choukr, Fauzi Hassan
  Iniciação ao processo penal/Fauzi Hassan Choukr. — 3. ed. rev. e atual. — Curitiba: InterSaberes, 2022. — (Série Clássicos do Direito; v. 2)

ISBN 978-65-5517-325-3

1. Processo penal 2. Processo penal - Brasil I. Título. II. Série.

21-90212   CDU-343.1(81)

Índices para catálogo sistemático:
1. Brasil : Processo penal: Direito penal   343.1(81)

Cibele Maria Dias - Bibliotecária - CRB-8/9427

EDITORA AFILIADA

3ª edição - revista, atualizada e ampliada, 2022.

Foi feito o depósito legal.

Informamos que é de inteira responsabilidade do autor a emissão de conceitos.

Nenhuma parte desta publicação poderá ser reproduzida por qualquer meio ou forma sem a prévia autorização da Editora InterSaberes.

A violação dos direitos autorais é crime estabelecido na Lei n. 9.610/1998 e punido pelo art. 184 do Código Penal.

Sumário

Capítulo 1

Fundamentos e princípios 9

1.1 Conceito de Processo Penal 10

1.2 Objeto do Processo Penal 10

1.3 Finalidades do Processo Penal 11

1.4 A conformação do Processo Penal à Constituição e à CADH 13

1.5 Modelos processuais e estrutura constitucional-convencional 33

1.6 A Doutrina e a formação do Processo Penal 47

1.7 A importância do papel normativo dos Tribunais na formação do Processo Penal 50

1.8 Fontes legislativas de direito interno 52

1.9 Norma Processual Penal 62

Capítulo 2

Dos sujeitos no Processo Penal 71

2.1 A pessoa acusada 72

2.2 A pessoa acusada: pessoa jurídica 96

2.3 A posição jurídica da vítima 99

2.4 Do juiz 139

2.5 Do Ministério Público 144

2.6 Da defesa técnica 158

2.7 Peritos e intérpretes 168

Capítulo 3

Jurisdição e Competência no Processo Penal 171

3.1 Da jurisdição 172

3.2 Da competência 186

Capítulo 4

Da Investigação Criminal 255

4.1 Conceito 256

4.2 Dinâmica 256

4.3 Espécies 257

4.4 Finalidade e importância 270

4.5 Instituições e sujeitos atuantes 274

4.6 Investigação pela polícia – inquérito policial 301

Capítulo 5

Formação da Acusação Penal 341

5.1 Da Acusação Penal 342

Capítulo 6

Teoria Geral do Procedimento e Procedimentos em Espécie   393

6.1 Bases gerais a partir do modelo acusatório constitucional-convencional   394

6.2 A saída alternativa no processo: a suspensão condicional do processo (art. 89 da Lei 9099/95)   430

6.3 Os ritos em espécie   439

Capítulo 7

Tribunal do Júri   461

7.1 A Administração popular da Justiça Penal   462

7.2 O júri observado a partir do juiz natural   475

7.3 Rito do Tribunal do Júri   517

Capítulo 8

Da prova no Processo Penal   577

8.1 Teoria geral da prova   578

8.2 Meios provas em espécie   615

8.3 Meios extraordinários de obtenção de meios e elementos de prova   635

Capítulo 9

Sentença e Coisa Julgada Penais   667

9.1 Sentença Penal   668

9.2 A coisa julgada penal   700

Capítulo 10

Teoria Geral dos Recursos e Recursos em Espécie   733

10.1 As funções de um sistema de revisão de decisões judiciais   734

10.2 Bases gerais do modelo de revisão das decisões judiciais   735

10.3 Dos recursos em espécie   757

Capítulo 11

Ações Autônomas de Impugnação   775

11.1 Habeas Corpus   776

11.2 Do Mandado de Segurança   786

11.3 Da Revisão Criminal   794

Capítulo 12

Processo Penal Cautelar   807

12.1 Teoria geral do processo penal cautelar   808

12.2 Método para efetivação da cognição da necessidade cautelar   834

12.3 Provocação da postulação da necessidade cautelar   846

12.4 Momento de verificação da necessidade cautelar   849

12.5 A cognição e as etapas de concretização da necessidade cautelar 850

12.6 As medidas cautelares em espécie 882

12.7 Direitos da pessoa submetida ao regime de custódia cautelar 913

12.8 Direitos das vítimas e medidas cautelares pessoais 916

12.9 As cautelares reais (medidas assecuratórias) 916

12.10 As cautelares probatórias: nota explicativa 922

Capítulo 13

Das Nulidades no Processo Penal 923

13.1 A forma dos atos processuais e sua finalidade 924

13.2 A base constitucional-convencional do sistema de sanção à desconformidade 927

13.3 A escala da desconformidade dos atos processuais 929

13.4 As espécies de desconformidade 932

Capítulo 14

Cooperação Penal Internacional 939

14.1 Compromissos internacionais e seus reflexos 940

14.2 A adequação da legislação brasileira aos compromissos internacionais 942

14.3 O papel da doutrina na construção da cooperação penal internacional 946

14.4 Os princípios da cooperação penal internacional 950

14.5 A posição do Estado na atividade cooperatória e suas estruturas intervenientes 952

14.6 As espécies de cooperação penal internacional 954

Lista de siglas 969

Referências bibliográficas 971

Capítulo 1

Fundamentos e princípios

1.1 Conceito de Processo Penal

O Processo Penal, ramo do direito público, é o conjunto de intervenções ordenadas e pré-constituídas a partir das bases constitucionais-convencionais do denominado *devido processo legal* – que aqui também se apresentará como *devido processo constitucional-convencional* – na proteção da dignidade da pessoa humana e destinado à preservação da liberdade justa, que virá a ser eventualmente limitada com obediência à legalidade estrita da norma de direito material.

Agregar ao conceito de processo penal a dignidade humana implica superar formas tradicionais de conceituá-lo, como faz o sempre citado *José Frederico Marques*, para quem

> Direito Processual Penal é o conjunto de princípios e normas que regulam a aplicação jurisdicional do Direito Penal, bem como as atividades persecutórias da Polícia Judiciária, e a estruturação dos órgãos da função jurisdicional e respectivos auxiliares.[1]

Nesse contexto, o processo penal também pressupõe a superação dessa forma tradicional, pois não é *qualquer* conjunto de princípios e normas que compõe o conceito, tampouco serão *princípios* aquilo que se quiser simploriamente apresentá-lo como tal;[2] da mesma maneira, somente são normas aquelas que estejam validamente submetidas à pertinência constitucional-convencional. Também não é, isoladamente, algo desenvolvido com vistas às estruturas do poder público exclusivamente, mas deve satisfazer a dignidade da pessoa humana sob todas as suas manifestações, como na proteção de direitos de vítimas e testemunhas, impondo a criação normativa-estrutural que venha a contemplar esse aspecto.

1.2 Objeto do Processo Penal

No Estado Democrático e de Direito, o processo penal tem como objeto a verificação concreta de imputação formulada com base em norma de direito penal material, *não servindo para construir, sobre a pessoa física ou jurídica submetida à persecução, juízos morais ou culturais.*

Assim, não se processa alguém pela sua dimensão existencial (pelo que *se é*), mas pelo que alegadamente se *fez*, descabendo construções normativas ou hermenêuticas que, de maneira antecipada e/ou pré-constituída, escapem da

---

1 MARQUES, José Frederico. **Elementos de direito processual penal**. 2. ed. Rio de Janeiro: Forense, 1965. 1 v. p. 20.

2 Como exemplo, trabalhado em inúmeros pontos desta Obra, o "princípio" in dubio pro societate.

abordagem do fato para se configurar, sob qualquer modo, um recenseamento de um modo de vida em manifestações alheias à imputação lançada.

1.3 Finalidades do Processo Penal

O Processo Penal, enquanto sucessão de etapas do *devido processo constitucional-convencional* pode ser compreendido como portador de finalidades restritas ao caso concreto e finalidades expandidas, que se projetam para o meio social como um todo.

Do ponto de vista *restritivo* – a finalidade do processo *em si* – e com base no conceito de processo penal aqui empregado, tem-se que ele serve à preservação da liberdade justa, com o que se supera a compreensão que o processo penal é um mecanismo prioritariamente voltado para a punição.

A punição, como um dos resultados possíveis do processo penal, se alocada como sua finalidade prioritária, desloca a preservação da liberdade para um plano inferior e incrementa a criação de mecanismos jurídicos subordinados a esse ideal punitivista, além do que, potencialmente, haverá de confundir o papel do processo penal em seu caráter de atuação da jurisdição com aquele próprio ao Poder Executivo na conformação de políticas de segurança pública.

A liberdade, assim, poderá – e deverá – ser privada ao final da cognição (preferivelmente exauriente) processual conformada pelo devido processo legal, e será restringida com obediência ao marco estrito da legalidade, seja na imposição da pena, seja no modo como a reprimenda deve ser cumprida. Essa reprimenda, quando imposta com obediência estrita aos postulados do Estado de Direito, não poderá ser modificada por atos casuístas ou momentâneos de outros Poderes constituídos, dada a obediência ao equilíbrio de poderes que rege a relação entre todos, sendo a quebra da coisa julgada condenatória atividade extraordinária. Dito de outra maneira, não é legítimo no marco do Estado de Direito fazer-se política (*criminal* e, menos ainda, partidária) com a coisa julgada penal.

Por outro lado, a garantia da coisa julgada penal com resultado absolutório é igualmente um marco inarredável do Estado de Direito e não comporta revisões sob qualquer justificativa diante da base Convencional (art. 8, n. 4 da Convenção Americana de Direitos Humanos – CADH) que se projeta para o direito interno brasileiro.

Como portador de *finalidades expandidas*, que se projetam para o meio social como um todo, o processo penal apresenta-se como mecanismo didático de obediência às bases constitucionais-convencionais pelo qual o meio social identifica, reconhece e tende a reproduzir os valores ínsitos às estruturas democráticas. Por certo não se aponta o processo penal como protagonista desse papel finalístico,

Embora raramente assumido em textos escritos, os intelectuais do processo, os políticos, assim se manifestaram nos bastidores e se contentaram com as reformas parciais ao longo de muitos anos.

Contudo, rompendo com esse movimento fragmentador, o Projeto de Lei[7], oriundo do Senado da República[8], configura a única tentativa em quase três décadas[9] de reformar por completo o Código de Processo Penal e a primeira com esse perfil desde 1988.

Sob a ótica comparada, o Brasil se coloca tardiamente na rota das reformas globais empreendidas pela imensa maioria dos países latino-americanos[10] que reconstruíram suas bases político-jurídicas no Estado de Direito[11], bem como em relação a alguns países paradigmáticos para a cultura processual brasileira, como Itália e Portugal.

Tais países, diferentemente da realidade brasileira, com maior ou menor velocidade, adaptaram por completo sua estrutura processual às bases constitucionais condizentes com a reforma política, assim como com os textos internacionais diretamente aplicáveis ao tema[12].

Pode-se afirmar que "não se trata, assim, de modificações parciais de um sistema já adquirido e vigente senão, pelo contrário, de uma modificação sistêmica segundo *outra concepção* de processo penal"[13] (sem grifo no original). Por certo, a refundação dos sistemas mencionados não foi linear na sua implantação normativa, tampouco nos seus resultados práticos, mas partiu de um núcleo comum, qual seja:

> (...) buscou-se substituir o método tradicional de ajuizamento por meio de uma tramitação burocrática dos autos, sem a existência de um real julgamento no

---

7   Texto integral disponível no site do Senado Federal. BRASIL. Senado Federal. Projeto de Lei n. 156 de 2009. Disponível em: <https://legis.senado.leg.br/sdleg-getter/documento?dm=457431 5&ts=1594032503518&disposition=inline>. Acesso em: 21 de julho de 2020.

8   Criada na forma do Requerimento nº 227, de 2008, aditado pelos Requerimentos nº (s) 751 e 794, de 2008, e pelos Atos do Presidente n.(s) 11, 17 e 18, de 2008. Informações retiradas da página de pesquisa acerca da Atividade Legislativa do Senado Federal. Disponível em: <https://www25. senado.leg.br/web/atividade/materias/-/materia/90645>. Acesso em: 10 nov. 2021.

9   Para uma ampla visão das tentativas de reforma do CPP em termos parciais e globais, veja-se: PASSOS, Edilenice. **Código De Processo Penal**: notícia histórica sobre as comissões anteriores. Brasília, DF: Senado Federal; Secretaria de Informação e Documentação, 2008.

10   Para uma ampla visão do cenário reformista na América Latina, consulte-se: AMBOS, Kai; CHOUKR, Fauzi Hassan. **A reforma do processo penal no Brasil e na América Latina**. São Paulo: Editora Método, 2001.

11   Para uma análise crítica dos projetos reformistas, inclusive quanto à importância nesse processo dos integrantes das carreiras jurídicas, bem como a respeito da crítica à posição brasileira, consulte-se LANGER, Máximo. Revolución en el proceso penal latinoamericano: difusión de ideas legales desde la periferia. **Comparative Law**, v. 55, p. 617, 2007.

12   MAIER, Julio B. J.; STRUNSEE, Eberhard. **Las reformas procesales penales en América Latina**. Buenos Aires: Ad-Hoc, 2000. p. 17.

13   Idem.

qual se poderia confrontar a prova e produzir uma decisão independente por outro que, garantindo o devido processo legal (fundamentalmente a presunção de inocência e o direito de defesa) fosse mais eficiente na persecução (graças a uma melhor coordenação entre investigação e formação da acusação e uma série de faculdades para racionalizar o uso de recursos do sistema) e velar adequadamente pelos direitos das vítimas (reconhecida a importância da satisfação de seus interesses dentro do processo).[14]

Nada obstante, esse *núcleo comum* está ligado necessariamente à superação política de "um passado doloroso, um passado que deixa marcas de sangue, supressão de vidas, dor e injustiça, ao qual o sistema judicial está ligado"[15]. Ocupando-se de adensar a compreensão desse cenário, Langer[16] afirma inicialmente que os chamados empreendedores legais (*entrepreneurs legales*) foram capazes de demonstrar para a comunidade jurídica de seus respectivos países – e mesmo para a comunidade internacional – que esse processo reformista contribuiria para melhorar a qualidade do devido processo, com mais eficiência[17] e transparência no funcionamento do sistema penal e, por extensão, seria um fator de consolidação democrática.

Apesar de o texto de Langer desdobrar-se em outras considerações de grande relevância para a melhor visualização do cenário latino-americano, cabe, aqui, produzir-se um corte na análise regional para enunciar que a reforma processual italiana, que difere em muitos aspectos daquela produzida na América Latina, é igualmente apregoada como um momento de superação de um modelo processual para outro.

---

14 VARGAS VIANCOS, Juan Enrique. La Nueva Generación de Reformas Procesales Penales en Latinoamérica. **URVIO: Revista Latinoamericana de Seguridad Ciudadana**, Quito, n. 3, p. 33-47, 2008. Disponível em: <https://revistas.flacsoandes.edu.ec/urvio/article/view/33-47/1645>. Acesso em: 10 nov. 2021.

15 Tradução livre. No original: "(...) un pasado doloroso, un pasado que deja huellas de sangre, vidas, dolor e injusticia, en la cual, el sistema judicial está ligado". In: GILLES BÉLANGER, Pierre. Algunos apuntes sobre las razones de la reforma del procedimiento penal en América Latina. **Prolegómeno: Derechos y Valores**, v. 13, n. 26, p. 59-78, 2010. Disponível em: <https://www.redalyc.org/articulo.oa?id=87617274005>. Acesso em: 10 nov. 2021. p. 62.

16 LANGER, Máximo. op. cit., p. 617.

17 Eficiência que precisa ser analisada à luz da escassez de recursos públicos diante do aumento da demanda de funcionamento da justiça penal, como aponta DAMASKA, Mirjan. Aspectos globales de la reforma del proceso penal. In: DPFL – Due Process of Law Foundation. **Reformas a la Justicia penal en las Américas**: Memoria de la primera conferencia organizada por Fundación para el Debido Proceso Legal – DPLF en Washington DC, en noviembre de 1998. Disponível em: <http://www.dplf.org/sites/default/files/reformas_1st_publication.pdf>. Acesso em: 10 nov. 2021.

No contexto italiano, os *empreendedores reformistas*, situados largamente no cenário acadêmico, foram responsáveis por produzir o que Amodio[18] denominou de *impacto* da doutrina no então novo Código, com seu papel voltado mais ao *processo de produção* que exatamente no produto final legislado.

Sendo forçoso observar que o itinerário reformista italiano foi possível por um marco legislativo diverso do existente no Brasil, que dava à produção técnica um papel definitivo na sua consecução (por meio da chamada *lei delegada*), e que o conceito de *novo processo* apresenta-se heterogêneo de acordo com a fonte doutrinária que se quiser empregar. É inegável que esse novo marco normativo exigiria que

> (...) partes e juízes devem aprender a operar em um sistema legal que é dramaticamente mais adversarial que nunca, e que os acadêmicos italianos, eles mesmos produto do velho sistema devem capacitar novos atores para este trabalho e desenvolver áreas de pesquisa para poderem aceder a forma de atuar dessas reformas.[19]

Ambos os contextos servem de apoio para evidenciar que houve um mínimo de consenso político sobre a necessidade de uma verdadeira refundação do processo penal, para além do mero discurso de oportunidade política sobre o assunto. Esse movimento apresenta-se igualmente difuso quanto à origem e participação de seus empreendedores[20] e à capacidade de interlocução destes com os atores sociais que estão diretamente envolvidos na construção prática desse novo modelo, construindo espaços de diálogos operativos e fomentando a formação e solidificação de uma nova cultura processual no seu aspecto dogmático e gerencial da persecução.

Por fim, o direito internacional público e, também, o direito comparado passam a ser ferramentas interpretativas indispensáveis para a construção do marco teórico-prático interno. Não com a ingênua intenção de buscar soluções externas a problemas locais, esta que parece ser a crítica mais frequente – quase de senso comum – quando se emprega esse método para conhecer os limites

---

18 AMODIO, Ennio. Vitórias e derrotas da cultura dos juristas na elaboração do novo Código de Processo Penal. **Revista Brasileira de Ciências Criminais**, São Paulo, v. 7, n. 25, p. 9-22, jan./ mar. 1999. Também do mesmo autor, AMODIO, Ennio. Affermazioni e sconfitte della cultura dei giuristi nella elaborazione del nuovo codice di procedura penale. **Rivista Italiana di Diritto e Procedura Penale**, Milano, v. 39, p. 899-916, 1996.

19 SIEGEL, David M. Training the Hybrid Lawyer and Implementing the Hybrid System: Two Tasks for Italian Legal Education. **Syracuse Journal of International Law and Commerce**, v. 33, p. 445, 2005.

20 Para uma clara diferenciação desse aspecto para com a realidade brasileira, ver: ALMEIDA, Frederico de. Intelectuais e reforma do Judiciário: os especialistas em direito processual e as reformas da justiça no Brasil. **Revista Brasileira de Ciência Política**, Brasília, DF, n. 17, p. 209-246, maio/ ago. 2015.

do próprio direito interno[21]. Tal crítica caminha ao lado de algum ceticismo acadêmico quanto à sua concreta utilidade e faz com que não seja uma unanimidade como ferramenta de compreensão do Direito[22]. Neste ponto, contudo, cabe acompanhar a análise de Delmas-Marty[23] quando aponta que o sistema penal é campo fértil para a *harmonização* fruto da crescente universalização dos direitos do Homem em concomitância com o aprofundamento da globalização econômica. Para a autora,

> Mencionar os estudos comparativos é exprimir uma preferência por uma internacionalização pluralista integrando a diversidade dos sistemas. Mas ela implicaria, para ser exitosa, outra coisa que apenas sua justaposição. É necessário dar atenção às diferenças e encontrar uma gramática comum que permita, seja a realização da compatibilidade (harmonização), seja uma verdadeira fusão (hibridismo).[24]

E a esse comparativismo contemporâneo atado à universalização dos direitos humanos destaca-se o segundo instrumento indispensável para construção de um arcabouço teórico que seja efetivamente apto a refundar o marco normativo-cultural do processo penal brasileiro: o internacionalismo jurídico. Internacionalismo que consiste na necessária observância do marco político internacional ao qual o Brasil adere e pelo qual inúmeras alterações legislativas aconteceram ao longo dos últimos anos, mas, também, ao atendimento da *cultura* proveniente da proteção internacional de direitos humanos, quer no seu marco global, quer no regional, e, mesmo que timidamente no caso do cone sul, de seu sistema comunitário. E, no aspecto cultural, o papel de controle normativo (convencionalidade) desempenhado pela Comissão Interamericana de Direitos Humanos – CIDH de

---

21 ESER, Albin. The Importance of Comparative Legal Research for the Development of Criminal Sciences. In: BLANCPAIN, Roger (Hrsg.). **Law in motion**: Recent Developments in Civil Procedure, Constitutional, Contract, Criminal, Environmental, Family & Succession, Intellectual Property, Labour, Medical, Social Security, Transport Law. The Hague: Kluwer, 1997. p. 492-517.

22 Para a crítica, ver, entre outros: FRANKENBERG, Gunter. Critical Comparisons: Re-thinking Comparative Law. **Harvard International Law Journal**, v. 26, p. 411, 1985.

23 Entre outros textos ver DELMAS-MARTY, Mireille et al. **Les chemins de l'harmonisation pénale**. Société de Législation Comparée, 2008. (Coleção Unité Mixte de Recherche de Droit Comparé de Paris, v. 15), especialmente as páginas 19 a 38.

24 DELMAS-MARTY, Mireille. **Le relatif et l'universel**: Les forces imaginantes du droit. Paris: Seuil, 2004. p. 439. E completa a autora para afirmar que "Assim, pois, os estudos comparados conduzem à resistência, seja de modo radical pela rejeição de toda integração, seja de modo mais ameno, excluindo a unificação segundo regras uniformes, mas abrindo a via de uma harmonização em torno de princípios comuns aplicados com uma margem nacional de apreciação". Idem.

forma progressiva[25] afigura-se indispensável para compreender a superação dos modelos contrários ao cenário internacional.

Malgrado a imensa dificuldade de reduzir-se as experiências comparadas de *refundação* de estruturas processuais penais (como, na América Latina, o Chile e, no cenário europeu, a Itália[26]) – e mesmo aquelas reformistas – a fórmulas restritas, pode-se indicar desde já que o comparatismo e o internacionalismo apontados servem como instrumentos aptos à superação das dificuldades políticas e técnicas que inevitavelmente se farão presentes diante da óbvia preservação do *velho* perante o *novo*[27] na caminhada, assim como para entender de forma mais afinada o papel da conversão cultural desses modelos legais a partir da construção do saber que os envolve, tanto no plano acadêmico quanto no plano prático dos intervenientes cotidianos do sistema penal.

Essa tomada de postura metodológica põe em evidência, sobretudo, o papel da Academia. Vogler[28] salienta, ao observar os entraves das reformas legais operadas nos modelos processuais, que "parte da responsabilidade por este estado de coisas deve ser atribuída ao fracasso histórico da comunidade acadêmica em prover orientações consistentes" no desenrolar das reformas penais, concluindo o autor que "em contraste com o extenso e inovador trabalho no campo dos direitos humanos, direito penal e criminologia, o campo processual penal é largamente subdesenvolvido e continua a ser dominado por estéreis e ateoréticos debates sobre 'sistemas de justiça.'"[29]

Nada obstante não compartilharmos a afirmação sobre a esterilidade do debate quanto aos "sistemas de justiça"[30], o autor britânico aponta para a necessária presença da Academia no debate de refundação processual, da mesma maneira

---

25 Para essa evolução ver, entre outros, BURGORGUE-LARSEN, Laurence. Chronique d'une théorie en vogue en Amérique latine Décryptage du discours doctrinal sur le contrôle de conventionalité, **Revue française de droit constitutionnel**, n. 100, p. 831-863, 2014/4. Também, SALGADO PESANTES, Hernán. Justicia constitucional transnacional: el modelo de la Corte Interamericana de Derechos Humanos. Control de constitucionalidad vs. Control de convencionalidad. In: BOGDANDY, Armin von; FERRER MAC-GREGOR, Eduardo; MORALES ANTONIAZZI, Mariela (Coords.). **La justicia constitucional y su internacionalización:** ¿Hacia un Ius Constitutionale Commune en América Latina? México: Universidad Nacional Autónoma de Mexico–Unam, 2010. (Tomo I) p. 469-495.

26 Com limites, como se verá ao longo do texto.

27 PIZZI, William T.; MARAFIOTI, Luca. The New Italian Code of Criminal Procedure: The Difficulties of Building an Adversarial Trial System on a Civil Law Foundation. **Yale Journal of International Law**, v. 17, p. 1, 1992: "The pervasive ethos of the inquisitorial system provided a climate hostile to adversarial reforms, which were either discarded or neutralized so as to fit within the civil law tradition." Idem.

28 VOGLER, Richard. **A World View of Criminal Justice.** New York: Routledge, 2016, p. 02. (Tradução livre)

29 Idem.

30 Confronto de ideias que exemplifica a valia do comparatismo: no caso britânico, pode ser dispensável essa abordagem sistêmica; no brasileiro, não, conforme expusemos em CHOUKR, F. H. Modelos processuais: uma discussão ainda necessária. **Boletim Informativo Ibraspp**, v. 1, p. 15-16, 2011.

que, no passado, foram os acadêmicos os responsáveis pela estruturação de um modelo que se tornaria dominante por séculos e ainda vivo em quase plenitude: o inquisitório[31].

Cabe destacar que a dimensão constitucional-convencional para o processo penal se apresenta desdobrada nos seguintes tópicos:

1] A existência da subordinação material no *plano legislativo* das normas de processo penal aos primados constitucionais e oriundos de tratados ou convenções; e,
2] A subordinação material no *plano interpretativo* do processo penal a esses mesmos enunciados.[32]

No primeiro caso, tem-se que a produção da norma processual penal, além de obedecer ao processo legislativo apropriado à sua edição, está condicionada aos textos produzidos internacionalmente que se projetem para o campo do processo penal pátrio; no segundo caso, essas normas internacionais devem ser empregadas pelo intérprete (focando-se aqui o intérprete judicial) na construção do direito vivido. São, assim, vetores da racionalidade da decisão judicial no caso concreto.

E, desde o plano constitucional-convencional, o processo penal encontra-se amoldado por uma série de princípios e regras cuja função, mais que *abrir* o sistema jurídico, serve como parâmetro limitador do legislador e do intérprete, seja na Academia, seja nos Tribunais.

Ou seja, adotamos aqui a compreensão que o sistema constitucional-convencional, antes de *ampliar* as possibilidades legislativas-judiciais-teóricas, serve como limitador do processual penal, colocando um ponto-limite à atividade de legislar, julgar e adequar a compreensão do próprio sistema.[33]

Dessa forma, pelo marco constitucional-convencional o legislador *não faz o que quer*, o julgador *não julga como quer* e o doutrinador *não diz o que quer*, estando todas essas manifestações limitadas pelas fronteiras constitucionais-convencionais.

Os marcos constitucionais-convencionais encontram-se espalhados pelos textos citados que, no seu conjunto, constroem o modelo processual penal brasileiro

---

31   Cujo desenvolvimento teve como primeiro passo o "trabalho dos acadêmicos medievais que criaram um poderoso sistema de investigação e adjudicação que foi de imensa importância prática para as autoridades feudais e religiosas na incipiente Europa". Vogler, Richard. op. cit., p. 20. (Tradução livre).
32   Uma preocupação já detectada em segmentos doutrinários. A esse respeito MAZZUOLI, Valério de Oliveira. A opção do Judiciário brasileiro em face dos conflitos entre tratados internacionais e leis internas. **Revista da AJURIS**, Porto Alegre, v. 27, n. 81, p. 306-25. mar. 2001; e VELLOSO, Carlos Mário da Silva. Os tratados na jurisprudência do Supremo Tribunal Federal. **Revista de Informação Legislativa**, Brasília, v. 41, n. 162, p. 35-46, abr./jun. 2004.
33   No mesmo sentido, ROSA, Alexandre Moraes da. **Guia compacto do processo penal conforme a teoria dos jogos**. Florianópolis: Empório do Direito, 2016. p. 147.

de natureza *acusatória*, conceito cuja discussão será efetuada em outro momento deste Capítulo.

Na sequência é necessário traçar considerações básicas sobre o sistema interamericano de direitos humanos para compreender sua projeção no direito interno brasileiro.

1.4.2 O sistema interamericano de direitos humanos e processo penal brasileiro

A inserção do processo penal brasileiro ao sistema interamericano de direitos humanos passa por uma nova visão de soberania. Esse conceito, como preleciona Ferrajoli[34] é, "ao mesmo tempo jurídico e político, em torno do qual se adensam todos os problemas e as aporias da teoria juspositivista do Direito e do Estado", tendo sido Bodin e Hobbes quem apregoaram de forma precursora que a soberania se consubstanciava na noção de *suprema potestas superiorem non recognoscem*, ou seja, pela ideia que ela não reconhece qualquer poder que lhe seja superior. Em suma, esse conceito foi desenvolvido para fazer frente a duas situações distintas: no plano interno, para que houvesse a supremacia de uma classe (especialmente o baronato feudal) sobre os seus rivais; no plano externo, para assegurar a supremacia perante forças que desejavam ter algum tipo de direito sobre o território, especialmente, neste contexto, as postulações papais advindas em nome da universalidade do Cristianismo.[35]

No entanto,

> (...) no nosso século, o conceito político-jurídico de soberania entrou em crise, quer teórica, quer praticamente. Teoricamente, com o prevalecer das teorias constitucionalistas; praticamente, com a crise do Estado moderno, não mais capaz de se apresentar como centro único e autônomo de poder, sujeito exclusivo da política, único protagonista na arena internacional [...] [e] O movimento por uma colaboração internacional cada vez mais estreita começou a desgastar os poderes tradicionais dos Estados soberanos.[36]

Nessa nova ordem internacional, os *direitos humanos* surgem como fundamento diferenciado, sendo que, como apontado por Cançado Trindade,[37]

---

34 FERRAJOLI, Luigi. **La Sovranità nel mondo moderno.** Bari: Laterza, 1997. p. 07.

35 HINSLEY, Francis Harry. **Sovereignty.** 2 ed. Cambridge: Cambridge University Press, 1996. *Apud.* NEWMAN, Michael. **Democracy, Sovereignty and the European Union.** London: Hurst & Company, 1996.

36 Verbete *Soberania* em BOBBIO, Norberto; MATTEUCCI, Nicola; PASQUINO, Gianfranco. **Dicionário de Política.** 11 ed. Brasília: UNB, 1998. p. 1187.

37 CANÇADO TRINDADE, Antônio Augusto. **Tratado de Direito Internacional dos Direitos Humanos.** Porto Alegre: Sérgio Antonio Fabris Editor, 1997. 1 V. p. 22.

> (...) ao regular novas fórmulas de relação jurídica, imbuído dos imperativos de proteção, o Direito Internacional dos Direitos Humanos vem naturalmente questionar e desafiar certos dogmas do passado, invocados até nossos dias em meio a uma falta de espírito crítico e à persistência, em certos círculos, de um positivismo jurídico degenerado. Talvez um dos mais significativos resida no próprio tratamento das relações entre o direito internacional e o direito interno, tradicionalmente enfocados *ad nauseam* à luz da polêmica clássica, estéril e ociosa, entre dualistas e monistas, erigida sobre falsas premissas. Contra essa visão estática insurge o Direito Internacional dos Direitos Humanos, a sustentar que o ser humano é sujeito tanto de direito interno quanto de direito internacional, dotado em ambos de personalidade e capacidade jurídica próprias.

Fundamental, pois, acompanhar o mesmo autor quando afirma que

> (...) no presente domínio de proteção, o direito internacional e o direito interno, longe de operarem de modo estanque ou compartimentalizado, se mostram em constante interação, de modo a assegurar a proteção eficaz do ser humano. Como decorre de disposições expressas dos próprios tratados de direitos humanos, e da abertura do direito constitucional contemporâneo aos direitos internacionalmente consagrados, não mais cabe insistir na primazia das normas de direito interno, como na doutrina clássica, porquanto o primado é sempre da norma – de origem internacional ou interna – que melhor proteja os direitos humanos.[38]

Disso deflui que, para efeitos do conceito de soberania, quando o assunto for ligado à proteção dos direitos humanos, não pode nem deve ser empregado o clássico conceito acima apontado, nada valendo a ideia do *suprema potestas superiorem non recognoscem*. Com efeito, a ordem internacional protetiva dos direitos humanos deve ser operada em sua máxima eficácia. E o Brasil, inserido num dos grandes sistemas regionais protetivos dos direitos humanos, vê-se obrigado a conformar sua legislação interna aos compromissos assumidos internacionalmente.

Para melhor compreensão do sistema interamericano como um todo, segue-se sua descrição abaixo.

a) A Declaração Interamericana de Direitos Humanos e o contexto de regionalização

Para compreender a correta inserção do tema, é necessário ter em primeiro plano a promulgação da Declaração no âmbito americano dos Direitos Humanos, cujos antecedentes históricos mais remotos têm sua primeira manifestação no tratado

---

38 Idem.

assinado no Congresso do Panamá, em 1826, com o fito de integrar a comunidade americana, assim como em algumas resoluções aprovadas pela

> Oitava Conferência Internacional Americana (Lima, Peru, 1938), tais como a resolução sobre "Livre associação e liberdade de expressão dos operários", a "Declaração de Lima em favor dos direitos da mulher", a resolução XXXVI, em que as Repúblicas americanas declaram que "toda perseguição por motivos raciais ou religiosos [...] contraria seus regimes políticos e jurídicos" e especialmente a "Declaração em defesa dos direitos humanos", na qual se assinala a preocupação dos Governos da América pelos acontecimentos e possíveis consequências do conflito armado que se aproximava, afirmando que, quando se recorresse à guerra "em qualquer outra parte do mundo, se respeitem os direitos humanos não necessariamente comprometidos na luta, os sentimentos humanitários e o patrimônio espiritual e material da civilização."[39]

A integração da comunidade americana, indissociável que é do processo criador desta Carta de direitos teve sua otimização

> no final do século passado, (n)a Primeira Conferência Internacional Americana, realizada em Washington, D.C., em 1890, pôde concretizar esse ideal, ao criar a União Internacional das Repúblicas Americanas, que promoveu sucessivas reuniões internacionais nas Américas: na Cidade do México, México (1901), no Rio de Janeiro, Brasil (1906), em Buenos Aires, Argentina (1910), em Santiago, Chile (1923), em Havana, Cuba (1928), em Montevidéu, Uruguai (1933) e em Lima, Peru (1938), sendo que a Nona Conferência Internacional Americana, realizada em Bogotá no início de 1948, aprovou a Carta da Organização dos Estados Americanos, que foi posteriormente reformada pelo "Protocolo de Buenos Aires" na Terceira Conferência Interamericana Extraordinária, realizada na mencionada cidade em fevereiro de 1967 e, novamente em 1985, mediante o "Protocolo de Cartagena das Índias", assinado durante o Décimo Quarto Período Extraordinário de Sessões da Assembleia Geral.[40]

Com objetivos, dentre outros, de garantir a paz e a segurança continentais, promover e consolidar a democracia representativa, respeitado o princípio da não-intervenção.

Posteriormente, em fevereiro e março de 1945, realizou-se na Cidade do México a Conferência Interamericana sobre os Problemas da Guerra e da Paz, que aprovou a resolução XXVII, "Liberdade de informação", e a resolução XL, "Proteção internacional aos direitos essenciais do homem", *tendo sido a segunda que se tornou predecessora da Declaração Americana, uma vez que proclamou*

---

39 Idem.
40 COMISSÃO INTERAMERICANA DE DIREITOS HUMANOS. Op. Cit.

"a adesão das Repúblicas americanas aos princípios consagrados no direito internacional para a manutenção dos direitos essenciais do homem"[41] havendo, ainda, dados predecessores no preâmbulo do Tratado Interamericano de Assistência Recíproca – Tiar (Rio de Janeiro, Brasil, 1947).

Nesse cenário nasce o sistema interamericano de proteção dos direitos humanos, que *teve seu início formal com a Declaração Americana dos Direitos e Deveres do Homem, aprovada pela Nona Conferência Internacional Americana (Bogotá, Colômbia, 1948), durante a qual também foi criada a Organização dos Estados Americanos (OEA)*, que apresenta uma Assembleia Geral (órgão máximo), ao lado de procedimentos como a Reunião de Consulta de Ministros das Relações Exteriores e uma série de Conselhos (Conselho Permanente, que toma conhecimento, dentro dos limites da Carta e dos tratados e acordos interamericanos, de qualquer assunto de que seja incumbido pela Assembleia Geral ou a Reunião de Consulta dos Ministros das Relações Exteriores; o Conselho Interamericano Econômico e Social; o Conselho Interamericano de Educação, Ciência e Cultura) e Comissões (Comissão Jurídica Interamericana, e a Comissão Interamericana de Direitos Humanos, que tem por função principal promover o respeito e a defesa dos direitos humanos e servir como órgão consultivo da Organização em tal matéria), além de uma Secretaria-Geral, que é o órgão central e permanente da Organização, com sede em Washington, D.C., sendo que a Carta *proclama os "direitos fundamentais da pessoa humana" como um dos princípios em que se fundamenta a Organização*[42] e apresenta, como inovação, a afirmação ao direito de propriedade, relacionando-o com a necessidade de garantia de uma vida decente e digna, segundo preleciona Steiner[43], e tem já no seu preâmbulo as diretrizes almejadas.

b] A Comissão Interamericana de Direitos Humanos

No entanto, surgiu a necessidade de criar um mecanismo de atuação que viesse a dar concretude aos preceitos estabelecidos na Declaração. Assim, foi na Quinta Reunião de Consulta dos Ministros das Relações Exteriores (Santiago, Chile) que se deu a aprovação de importantes resoluções sobre a matéria, ocasião em que se criou a Comissão Interamericana de Direitos Humanos, cujo regimento perdurou até 1965, ano da Segunda Conferência Interamericana Extraordinária, realizada no Rio de Janeiro.

A Comissão, com sede em Washington, D.C., tem seu funcionamento baseado num Estatuto que lhes dá funções concretas a teor do Artigo 18 do Estatuto e no Regulamento, que estabelece o procedimento a ser observado nos casos de

---

41 Idem.
42 Idem.
43 STEINER, Sylvia Helena de Figueiredo. **A Convenção Interamericana sobre direitos humanos e sua integração ao processo penal brasileiro**. São Paulo: RT, 2000. p. 49.

comunicações que contenham denúncias ou queixas de violações de direitos humanos imputáveis a Estados que não são Partes da Convenção Americana sobre Direitos Humanos.

O Estatuto define a Comissão como um órgão da Organização dos Estados Americanos criado para promover a observância e a defesa dos direitos humanos e para servir como órgão consultivo da Organização nesta matéria (art. 1º), integrada por sete membros, eleitos a título pessoal, pela Assembleia Geral da Organização, de uma lista de candidatos propostos pelos Governos dos Estados membros, sendo que cada Governo pode propor até três candidatos, nacionais do Estado que os proponha ou de qualquer outro Estado membro da Organização. Quando for proposta uma lista tríplice de candidatos, pelo menos um deles deverá ser nacional de Estado diferente do proponente, transcorrendo a eleição pela Assembleia Geral, em votação secreta, sendo declarados eleitos os candidatos que obtiverem maior número de votos e a maioria absoluta dos votos dos Estados membros, o mandato é de quatro anos, com direito a uma recondução, e como condição de elegibilidade, dispõe o Estatuto que não pode fazer parte da Comissão mais de um nacional de um mesmo Estado.

Como garantia da imparcialidade e independência dos membros, determina o Estatuo a impossibilidade do exercício de atividades que possam afetá-las, assim como a dignidade ou o prestígio do cargo na Comissão. O perdimento do cargo nessa hipótese está sujeito a decisão pela Assembleia Geral, uma vez havendo juízo de admissibilidade da remessa do caso àquela instância efetuada pela própria Comissão, de acordo com seu Regulamento, sendo que a declaração de incompatibilidade pela Assembleia Geral será adotada pela maioria de dois terços dos Estados membros da Organização e resultará na imediata separação do cargo de membro da Comissão sem invalidar, porém, as atuações de que este membro houver participado. A violação dos deveres previstos no Artigo 9º também gerará o perdimento do cargo, de acordo com o Artigo 10.

Para o desempenho das atividades, os membros da Comissão gozam das mesmas imunidades reconhecidas pelo direito internacional aos agentes diplomáticos e, nos Estados membros da Organização que não são Partes da Convenção Americana sobre Direitos Humanos, os membros da Comissão gozarão dos privilégios e imunidades pertinentes aos seus cargos, necessários para desempenhar suas funções com independência, podendo tais prerrogativas serem regulamentadas ou complementadas mediante convênios multilaterais ou bilaterais entre a Organização e os Estados membros, além do regime pecuniário disciplinado pelo Artigo 13.

Na sua estrutura de funcionamento, a Comissão possui um Presidente, um primeiro vice-presidente e um segundo vice-presidente, que serão eleitos por maioria absoluta dos seus membros por um ano e poderão ser reeleitos somente uma vez em cada período de quatro anos, de acordo com o Artigo 14, assim como um secretário executivo, que será designado pelo Secretário-Geral da Organização em consulta com a Comissão, que deverá ser pessoa de alta autoridade moral e reconhecido saber em matéria de direitos humanos, será responsável pela atividade da Secretaria e assistirá à Comissão no exercício de suas funções, de conformidade com o Regulamento.

No campo concreto de atuação, preceitua o Artigo 19 que, com relação aos Estados Partes da Convenção Americana sobre Direitos Humanos, a Comissão deverá solicitar à Corte Interamericana de Direitos Humanos que tome as medidas provisórias que considerar pertinente sobre assuntos graves e urgentes que ainda não tenham sido submetidos a seu conhecimento, quando se tornar necessário a fim de evitar danos irreparáveis às pessoas, assim como consultar a Corte a respeito da interpretação da Convenção Americana sobre Direitos Humanos ou de outros tratados concernentes à proteção dos direitos humanos dos Estados americanos, tendo tratamento um pouco diferenciado em relação aos Estados não signatários, a teor do Artigo 20.

Para a submissão de um caso à Comissão, deve-se tomar como base o disposto no Regulamento, que determina, para os casos de países signatários da Convenção, a legitimidade ativa para provocação do órgão uma pessoa física ou entidade não governamental, que a ele pode apresentar petições em seu próprio nome ou no de terceiras pessoas, sobre presumidas violações de um direito humano reconhecido, conforme o caso, na Convenção Americana sobre Direitos Humanos ou na Declaração Americana dos Direitos e Deveres do Homem. Além disso, a Comissão poderá, *motu proprio*, tomar em consideração qualquer informação disponível que lhe pareça idônea e na qual se encontrem os elementos necessários para iniciar a tramitação de caso que reúna, a seu juízo, os requisitos para tal fim, a teor do Artigo 26, fazendo-o por escrito e designando um advogado para representação do caso junto à Comissão, bem como deverá conter os requisitos elencados no Artigo 32, sendo que as omissões podem ser supridas (art. 33).

Uma vez regular o petitório, poderá a Comissão designar um ou mais dos seus membros ou funcionários da Secretaria para proceder a determinadas gestões, investigar fatos ou tomar as providências necessárias para que possa exercer suas funções, agindo, inclusive, de forma cautelar, a teor do disposto no Artigo 29, sendo que em caso de gravidade ou urgência ou quando se acreditar que a vida, a integridade pessoal ou a saúde de uma pessoa se encontre em perigo iminente, a Comissão solicitará ao Governo que lhe seja dada resposta com a máxima presteza, utilizando para isso o meio que considerar mais idôneo, inclusive inspeção *in locu*.

Na análise do caso, após verificar o esgotamento total das vias jurisdicionais internas (sem o que o caso não pode ser apreciado, sob pena de duplicação dos processos), será feito o exame dos motivos de subsistência da petição, decidin-do-se pela inadmissibilidade (art. 41) ou decidindo pela remessa do caso à Corte, após comunicação ao Estado e publicação do relatório.

c] A Convenção Interamericana de Direitos Humanos

No entanto, ainda que atuante, a Comissão carecia da força vinculativa do texto da Declaração que, pela sua natureza jurídica, apresenta-se muito mais como um compromisso do que como um corpo jurídico cujas normas sejam passíveis de adjudicação, como apontado por Steiner.[44]

O sistema interamericano fortaleceu-se com a Convenção Interamericana, assinada em San José, Costa Rica, em 22 de novembro de 1969 e tendo entrado em vigor em 18 de julho de 1978, nos termos do Artigo 74, inciso 2 da Conven-ção, quando foi depositado o décimo primeiro instrumento de ratificação[45], e registrado na ONU em 27 de agosto de 1979, sob o n. 17.955, que "não enuncia de forma específica qualquer direito social, cultural ou econômico, limitando-se a determinar aos Estados que alcancem, progressivamente, a plena realização desses direitos, mediante adoção de medidas legislativas e outras medidas que se mostrem apropriadas"[46], segundo Piovesan. Cumpre cifrar que o Brasil, ao aderir à Convenção, fez uma declaração entendendo que os artigos 43 e 48, alínea d, não incluíam o direito automático de visitas e investigações in loco da Comissão Interamericana de Direitos Humanos.

d] A Corte Interamericana de Direitos Humanos

Muito embora a intenção de criar-se uma corte protetiva dos direitos humanos não seja recente, foi na Nona Conferência Internacional Americana (Bogotá, Colômbia, 1948) que se deu à Comissão Jurídica Interamericana a tarefa de criar um estatuto para a criação da Corte.

Assim, a Comissão, em seu relatório ao Conselho Interamericano de Juris-consultos, de 26 de setembro de 1949, considerou que "a falta de direito positivo substantivo sobre a matéria" constituía "um grande obstáculo na elaboração do Estatuto da Corte"[47], tendo a Quinta Reunião de Consulta (1959), na primeira parte da resolução sobre "Direitos Humanos", encarregado o Conselho Intera-mericano de Jurisconsultos de elaborar dois projetos de Convenção: um, sobre

---

44 Ibidem, p. 48.
45 A esse respeito, veja-se, entre outros, o trabalho de PIOVESAN, Flávia. Introdução ao sistema interamericano de proteção dos direitos humanos: a Convenção Americana de Direitos Humanos. In: GOMES, Luiz Flávio; PIOVESAN, Flavia (Org.). **O sistema Interamericano de proteção dos direitos humanos e o direito brasileiro**. São Paulo: Editora Revista dos Tribunais, 2000, espe-cialmente p. 29 e seguintes.
46 PIOVESAN, Flávia. **Direitos Humanos e o direito constitucional internacional**. São Paulo: Max Limonad, 1996. p. 223.
47 Idem.

"direitos humanos" e, outro, sobre a criação de uma "Corte Interamericana de Direitos Humanos" e outros organismos adequados para a tutela e observância de tais direitos[48].

Tendo sido realizada a tarefa, o Conselho apresentou o projeto que foi submetido a Segunda Conferência Interamericana Extraordinária e foi decidido que se convocasse uma Conferência Especializada Interamericana. Na ocasião em que foi aprovada a Convenção Americana sobre Direitos Humanos foi também criada a Corte Interamericana de Direitos Humanos (Parte II, Capítulo VII), cujo Estatuto da Corte (resolução AG/RES. 448) foi aprovado pela Assembleia Geral realizada em La Paz, Bolívia, em 1979 e que a define como uma instituição judiciária autônoma cujo objetivo é a aplicação e a interpretação da Convenção Americana sobre Direitos Humanos (art. 1º do Estatuto).

Cumpre destacar que

> a Corte tem função jurisdicional e consultiva. No que se refere à função jurisdicional, somente a Comissão e os Estados Partes que houverem declarado reconhecer a competência da Corte estão autorizados a submeter à sua decisão um caso relativo à interpretação ou aplicação da Convenção, desde que tenham sido esgotados os procedimentos previstos nos seus artigos 48 a 50, isto é, tudo o que diz respeito à tramitação das petições e comunicações perante a Comissão.[49]

Quanto à sua estrutura e funcionamento, cifre-se que a Corte tem sua sede em San José, Costa Rica, podendo, entretanto, realizar reuniões em qualquer Estado-membro da Organização dos Estados Americanos – OEA, quando a maioria dos seus membros considerar conveniente, e mediante aquiescência prévia do Estado respectivo, podendo ser alterada em definitivo sua sede pelo voto de dois terços dos Estados Partes da Convenção na Assembleia Geral da OEA.

Assim como a Comissão, a Corte é composta de sete juízes, nacionais dos Estados membros da OEA, eleitos a título pessoal dentre juristas da mais alta autoridade moral, de reconhecida competência em matéria de direitos humanos, que reúnam as condições requeridas para o exercício das mais elevadas funções judiciais, de acordo com a lei do Estado do qual sejam nacionais, ou do Estado que os propuser como candidatos, vedada a existência de mais de um juiz da mesma nacionalidade, e que terão mandato de seis anos, com direito a uma só reeleição. A forma de arregimentação é a eleição pelos Estados Partes da Convenção, na Assembleia Geral da OEA, a partir de uma lista de candidatos propostos pelos mesmos Estados, em votação secreta e pela maioria absoluta dos Estados Partes da Convenção.

---

48 Idem.
49 Idem.

Na sua forma de composição, a Corte conta com um presidente e vice-presidente por dois anos, os quais poderão ser reeleitos, e um Secretário que será nomeado pela Corte. Para o desempenho de suas funções judicantes os juízes gozam, desde o momento de sua eleição e enquanto durarem os seus mandatos, das imunidades reconhecidas aos agentes diplomáticos pelo direito internacional. No exercício de suas funções gozam também dos privilégios diplomáticos necessários ao desempenho de seus cargos, que podem ser complementados mediante convênios multilaterais ou bilaterais entre a Corte, a OEA e seus Estados membros, dispondo o Artigo 18 do rol de incompatibilidades e o Artigo 19 do rol de impedimentos.

A Corte reúne-se em sessões ordinárias e extraordinárias, sendo que o quórum para as deliberações da Corte é constituído por cinco juízes e as decisões serão tomadas pela maioria dos juízes presentes. Quando houver empate, o Presidente terá o voto de qualidade. Funcionando com audiências públicas, a menos em casos excepcionais, a Corte deliberará em privado e elas permanecerão secretas, a menos que a Corte decida de outra forma. Posteriormente comunicados em sessões públicas, sendo as partes notificadas por escrito.

Toda essa estrutura que compreende um marco normativo-cultural, a dizer, os textos que compõem o sistema interamericano, a dogmática e a jurisprudência que ali gravitam formam o grande espaço protetivo que se projeta para o cenário interno[50] e, ainda que vozes importantes do cenário acadêmico teçam críticas à verdadeira vocação democrática dessa estrutura transnacional[51], no caso brasileiro é responsável por significativos impulsos normativos, v.g. Lei Maria da Penha, impossibilidade de julgamento à revelia *ab initio*, controle judicial da detenção (aqui inicialmente denominada *audiência de custódia*[52]) e, sem dúvida, as discussões sobre a lei brasileira de anistia.

Quanto a este último assunto, é importante ilustrar o antagonismo de visões que se apresentam quando são colocadas lado a lado as compreensões isoladas do direito interno e aquelas do cenário internacional a partir do julgamento da ADPF 153 no STF e o julgamento do denominado caso *Gomes Lund* pela CADH.

---

50 BURGORGUE-LARSEN, Laurence. Op. Cit.

51 MALARINO, Ezequiel. Activismo judicial, punitivización y nacionalización: tendencias antidemocráticas y antiliberales de la CIDH. In: PASTOR, Daniel R. (Dir.); GUZMÁN, Nicolás (Coord.). **El sistema penal en las sentencias recientes de los órganos interamericanos de protección de los derechos humanos**. Buenos Aires: Ad-Hoc, 2009. 496 p., 23 cm. ISBN 978-950-894-791-9 [Classificação: 342.7 S636]. p. 21-61.

52 Nesse assunto, em particular, as paradigmáticas decisões da CIDH nos casos: Tibi vs. Ecuador e Nadege Dorzema e outros vs. República Dominicana. CORTE INTERAMERICANA DE DERECHOS HUMANOS. **Caso Nadege Dorzema e outros vs. República Dominicana**. Sentencia de 24 de octubre de 2012. Disponível em: <http://www.corteidh.or.cr/docs/casos/articulos/seriec_251_por.pdf>. Acesso em: 21 de julho de 2020; CORTE INTERAMERICANA DE DERECHOS HUMANOS. **Caso Tibi vs. Ecuador**. Sentencia de 07 de septiembre de 2004. Disponível em: <http://www.corteidh.or.cr/docs/casos/articulos/seriec_114_esp.pdf>. Acesso em: 21 jul. 2020.

O resultado da apreciação da mencionada ADPF pelo STF pode ser diretamente verificada na lavra do voto do então Ministro Relator Eros Grau:

1] a lei de anistia é válida e abrange todos os crimes políticos e comuns conexos com os políticos, inclusive os cometidos pelos militares;
2] a lei de anistia é uma lei medida (lei de efeitos concretos) e não pode ser julgada inconstitucional perante a nova ordem;
3] a lei de anistia é anterior à convenção da ONU contra a tortura e outros tratamentos ou penas cruéis, desumanos ou degradantes e à lei brasileira de tortura (Lei 9.455/97) e ao art. 5º XLIII;
4] somente o legislativo teria legitimidade para reformar a lei de anistia;
5] a lei de anistia foi ratificada pela EC 26/85, emenda convocatória da Constituição e que, portanto, integra a nova ordem constitucional.[53]

Para além desses argumentos, também foi pontuado que,

> Se o Tribunal concluir pela constitucionalidade da lei, não surtirá efeitos quanto àqueles que praticaram este ou aquele crime. Se houver a prevalência da divergência e o Tribunal assentar a inconstitucionalidade da norma, o resultado, em termos de concretude ou de afastamento da lesão, quer no campo penal, quer no campo cível, não ocorrerá.[54]

E, ainda, que

> (...) nós sabemos que o prazo maior da prescrição quanto à pretensão da persecução criminal é de 20 anos. Já o prazo maior quanto à indenização no campo cível é de 10 anos. E, tendo em conta a data dos cometimentos, já se passaram mais de 20 e mais de 10 anos, logicamente.[55]

Numa visão mais literária, o Ministro Marco Aurélio pontuou que a anistia "é perdão, é desapego a paixões que nem sempre contribuem para o almejado avanço cultural. Anistia é ato abrangente de amor sempre calcado na busca do convívio pacífico dos cidadãos"[56].

Alcançava-se, assim, aquilo que foi concebido por parte da literatura brasileira sobre o assunto como o *quarto momento* da anistia, sendo que os outros três anteriores seriam a própria aprovação da Lei da Anistia, em 1979, seguida da

---

53 BRASIL. Supremo Tribunal Federal. **ADPF n. 153**, Plenário. Relator Ministro Eros Grau. Publicado no Diário de Justiça de 06 ago. 2010. Disponível em: <https://redir.stf.jus.br/paginadorpub/paginador.jsp?docTP=AC&docID=612960>. Acesso em: 2 jun. 2021.
54 Trecho do voto do Ministro Ayres Brito na mencionada sessão de julgamento. BRASIL. Supremo Tribunal Federal. **ADPF n. 153**, Plenário. Relator Ministro Eros Grau. Publicado no Diário de Justiça de 06 ago. 2010. Disponível em: <https://redir.stf.jus.br/paginadorpub/paginador.jsp?docTP=AC&docID=612960>. Acesso em: 2 jun. 2021.
55 Trecho do voto do Ministro Marco Aurélio. Idem.
56 Idem.

aprovação da Lei dos Desaparecidos, em 1995, num *segundo momento*, e, então, a entrada em vigor da Lei n. 10.559, em 2002, como *terceiro momento*.[57]

Pouco tempo deste acórdão o Brasil foi condenado pela Corte Interamericana de Direitos Humanos no denominado *Caso Lund* (Caso Gomes Lund e Outros. Guerrilha do Araguaia × Brasil. Sentença de 24 de novembro de 2010), quando da apreciação a um dos mais célebres casos ocorridos no período de exceção, a chamada *Guerrilha do Araguaia*, cuja provocação àquele órgão jurisdicional deu-se no ano de 1995.

Sobre esses fatos, decidiu a Corte que "a Lei de Anistia brasileira é contrária à Convenção Americana sobre Direitos Humanos, e que o Estado brasileiro é responsável internacionalmente pela interpretação e aplicação que foi dada à Lei de Anistia"[58] e que

> (...) as disposições da Lei de Anistia brasileira que impedem a investigação e sanção de graves violações de direitos humanos são incompatíveis com a Convenção Americana, carecem de efeitos jurídicos e não podem seguir representando um obstáculo para a investigação dos fatos do presente caso, nem para a identificação e punição dos responsáveis, e tampouco podem ter igual ou semelhante impacto a respeito de outros casos de graves violações de direitos humanos consagrados na Convenção Americana ocorridos no Brasil.[59]

Mais, ainda, que

> (...) o Estado descumpriu a obrigação de adequar seu direito interno à Convenção Americana sobre Direitos Humanos, contida em seu artigo 2, em relação aos artigos 8.1, 25 e 1.1 do mesmo instrumento, como consequência da interpretação e aplicação que foi dada à Lei de Anistia a respeito de graves violações de direitos humanos. Da mesma maneira, o Estado é responsável pela violação dos direitos às garantias judiciais e à proteção judicial previstos nos artigos 8.1 e 25.1 da Convenção Americana sobre Direitos Humanos, em relação aos artigos 1.1 e 2 desse instrumento, pela falta de investigação dos fatos do presente caso, bem como pela falta de julgamento e sanção dos responsáveis, em prejuízo dos familiares das pessoas desaparecidas e da pessoa executada, indicados nos parágrafos 180 e 181 da presente Sentença, nos termos dos parágrafos 137 a 182 da mesma.[60]

---

57 MEZAROBBA, Glenda. Op. Cit.

58 CORTE INTERAMERICANA DE DIREITOS HUMANOS. **Caso Gomes Lund e Outros (Guerrilha do Araguaia) vs. Brasil**. Exceções Preliminares, Fundo, reparação e custas. Sentença série C, n. 219, de 24 de novembro de 2010. Disponível em: <https://www.corteidh.or.cr/docs/casos/articulos/seriec_219_por.pdf>. Acesso em: 2 jun. 2021. Na literatura brasileira, sobre a convergência do ordenamento interno à Convenção veja-se MAZZUOLI, Valério de Oliveira. Teoria geral do controle de convencionalidade no direito brasileiro. Op. Cit.

59 Idem.

60 Idem.

Por fim,

> (...) reconhece, ainda, que o Estado brasileiro é responsável pelo desapareci-
> mento forçado de pessoas e que deve alterar sua legislação, tipificando este
> delito. Enquanto esse delito não é tipificado, deve aplicar todos os mecanismos
> existentes no direito brasileiro para o seu julgamento e punição.[61]

E que

> O Estado é responsável pelo desaparecimento forçado e, portanto, pela violação
> dos direitos ao reconhecimento da personalidade jurídica, à vida, à integridade
> pessoal e à liberdade pessoal, estabelecidos nos artigos 3, 4, 5 e 7 da Conven-
> ção Americana sobre Direitos Humanos, em relação com o artigo 1.1 desse
> instrumento, em prejuízo das pessoas indicadas no parágrafo 125 da presente
> Sentença, em conformidade com o exposto nos parágrafos 101 a 125 da mesma.

Devendo (...) adotar, em um prazo razoável, as medidas que sejam necessárias para tipificar o delito de desaparecimento forçado de pessoas em conformida-de com os parâmetros interamericanos, nos termos do estabelecido no pará-grafo 287 da presente Sentença. Enquanto cumpre com esta medida, o Estado deve adotar todas aquelas ações que garantam o efetivo julgamento, e se for o caso, a punição em relação aos fatos constitutivos de desaparecimento forçado através dos mecanismos existentes no direito interno. Reconhece que o Estado brasileiro é obrigado não apenas a garantir os direitos de buscar e receber in-formações e à verdade, mas também a responsabilizar penalmente indivíduos que cometeram crimes.[62]Em suma, o Estado (brasileiro) não poderá aplicar a Lei de Anistia em benefício dos autores, assim "como nenhuma outra disposição análoga, prescrição, irretroatividade da lei penal, coisa julgada, *ne bis in idem* ou qualquer excludente similar de responsabilidade para eximir-se dessa obrigação, nos termos dos parágrafos 171 a 179"[63] (Parágrafo 256, b. Sem grifo no original)

Constituía-se, assim, um claro choque de entendimentos entre os planos interno e internacional que, imediatamente, passou a ocupar a doutrina brasi-leira[64] e estimulou o Ministério Público Federal a

---

61 Idem.
62 Idem.
63 Idem.
64 Entre outros, consulte-se GOMES, Luiz Flávio et al. **Crimes da ditadura militar**: uma análise à luz da jurisprudência atual da Corte Interamericana de Direitos Humanos; Argentina, Brasil, Chile, Uruguai. São Paulo: RT, 2011; MAZZUOLI, Valerio de Oliveira. Crimes da ditadura militar e o Caso Araguaia: aplicação do direito internacional dos direitos humanos pelos juízes e tribunais brasileiros. **Revista Brasileira de Direito da Comunicação Social e Liberdade de Expressão**, v. 2, p. 199-234, 2011. Ainda: VASCONCELOS, Eneas Romero A. ADPF 153 e a obrigação de responsabili-zar os autores de crimes nucleares: análise do caso Gomes Lund e outros (Guerrilha do Araguaia) vs. Brasil. **Revista Jurídica da FA7**, v. VIII, p. 199-214, 2011.

> (...) no exercício de sua atribuição constitucional de promover a persecução penal e de zelar pelo efetivo respeito dos poderes públicos aos direitos humanos assegurados na Constituição, inclusive os que constam da *Convenção Americana de Direitos Humanos* e que decorram das decisões da Corte Interamericana de Direitos Humanos, está vinculado, até que seja declarado inconstitucional o reconhecimento da jurisdição da Corte, ao cumprimento das obrigações de persecução criminal estabelecidas no caso Gomes Lund e outros versus Brasil.[65]

Tentativas de promoção da ação penal foram efetivadas empregando-se as mais variadas formas de interpretação, algumas das quais não colidindo frontalmente com o decidido pelo STF e buscando efetivar a sentença da CIDH. Invariavelmente, contudo, o Judiciário brasileiro bloqueia as iniciativas, como se verifica na decisão de rejeição da acusação proferida pelo Juiz Federal João César Otoni de Matos, de Marabá/PA, na qual o Magistrado, empregando a lei da anistia, afirma, para lamento de parte da comunidade engajada com a persecução penal,[66] que

> (...) pretender, depois de mais de três décadas, esquivar-se da Lei da Anistia para reabrir a discussão sobre crimes praticados no período da ditadura militar é equívoco que, além de desprovido de suporte legal, desconsidera as circunstâncias históricas que, num grande esforço de reconciliação nacional, levaram à sua edição.[67]

Para não colidir com a lei da anistia concebeu-se, de início, a assimilação do *desaparecimento forçado* ao crime de sequestro que, crime permanente, ainda estaria em execução nada obstante a lei de reconhecimento como mortas das pessoas submetidas a essa prática[68] – o que do ponto de vista jurídico desnaturaria aquela figura típica –, sugerindo-se, ao final, abertura de investigações pontuais para verificação de cada caso concreto sobre o qual paire dúvida sobre o momento da consumação delitiva.[69]

---

65 RAMOS, André Carvalho. O primeiro ano da sentença da Guerrilha do Araguaia. **Revista Consultor Jurídico**, 24 nov. 2011. Disponível em: <http://www.conjur.com.br/2011-nov-24/ano-depois-sentenca-guerrilha-araguaia-nao-foi-cumprida>. Acesso em: 14 abr. 2013.

66 A respeito: JUDICIÁRIO brasileiro tem a obrigação de processar crimes permanentes da ditadura: Conectas lamenta decisão do Judiciário de rejeitar denúncia do Ministério Público Federal por sequestro no Araguaia. **Conectas Direitos Humanos**. Notícia. 17 mar. 2012. Disponível em: <http://www.conectas.org/institucional/judiciario-brasileiro-tem-a-obrigacao-de-processar-crimes-permanentes-da-ditadura>. Acesso em: 20 abr. 2013.

67 JUSTIÇA rejeita denúncia contra major Curió: com base na Lei de Anistia, o juiz federal João César Otoni de Matos considerou um "equívoco" o pedido de ação do Ministério Público. **Revista Veja**, São Paulo, 16 mar. 2012. Disponível em: <https://veja.abril.com.br/brasil/justica-rejeita-denuncia-contra-major-curio/>. Acesso em: 20 abr. 2013.

68 *Vide* conteúdo supracitado.

69 VASCONCELOS, Eneas Romero A. *Op. Cit.*

Fato é que os planos de enfrentamento da matéria, aqueles do STF e o da CIDH, parecem ser excludentes e não tendem a admitir conciliação, salvo na hipótese de se partir de uma separação espacial e funcional das tarefas de cada uma delas, como propõe relevante estudo sobre o tema[70], dividindo seus campos de atuação entre o controle de constitucionalidade (STF) e de convencionalidade (CIDH). Assim, a lei da anistia e a EC 26 seriam *constitucionais*, mas não *convencionais*.

Trata-se do mais notório cenário de confronto entre as disposições do sistema interamericano com o direito interno brasileiro dizendo respeito ao sistema de persecução.

1.5 Modelos processuais e estrutura constitucional-convencional

1.5.1 Opções técnico-políticas e refundação do ordenamento processual penal

A base constitucional-convencional orienta a formação normativo-axiológica do processo penal que, para inúmeros autores, assume a feição *acusatória*, posição adotada nesta obra e que apenas com a reforma do artigo 3º do CPP, trazida com a Lei 13.964/2019, ganhou uma menção infraconstitucional que acabou por optar pela definição de acusatoriedade apenas e tão somente pela divisão de papéis entre acusador e julgador.[71]

O que se desenvolverá na sequência é uma exposição seletiva das maneiras de compreender o que é acusatoriedade, cujo conteúdo varia dependendo da compreensão dos autores empregados na discussão, bem como *contrapor acusatoriedade a inquisitividade*, seu polo diametralmente oposto.

Inicialmente, duas perguntas são colocadas:

a] Por que é importante discutir esse assunto?
b] O que define um sistema como acusatório e o contrapõe ao inquisitivo?

---

70 RAMOS, André de Carvalho. Crimes da Ditadura Militar: A ADPF 153 e a Corte Interamericana de Direitos Humanos. In: GOMES, Luiz Flávio et al. **Crimes da ditadura militar**: uma análise à luz da jurisprudência atual da Corte Interamericana de Direitos Humanos: Argentina, Brasil, Chile, Uruguai. São Paulo: RT, 2011. p. 219.

71 "Art. 3º-A. O processo penal terá estrutura acusatória, vedadas a iniciativa do juiz na fase de investigação e a substituição da atuação probatória do órgão de acusação." BRASIL. **Lei 13.964 de 2019**. Aperfeiçoa a legislação penal e processual penal. Disponível em: <http://www.planalto.gov.br/ccivil_03/_ato2019-2022/2019/lei/L13964.htm>. Acesso em 03 jun. 2021.

Para a primeira questão, é necessário pontuar:

a] Que a técnica jurídica muda do modelo acusatório para o inquisitivo; e,

b] Que a estrutura operacional e o modo de gerenciamento da administração da justiça penal funcionam de formas distintas entre um e outro modelo.

Para a segunda questão é necessário destacar:

a] Que adotar uma das correntes de compreensão do conceito significa assumir uma determinada forma de ser do papel do Estado na persecução e, em especial, dos intervenientes oficiais; e,

b] Que correntes distintas de acusatoriedade apresentam consequências distintas na estrutura gerencial da administração da justiça penal.

Comecemos, então, pela importância de discutir os sistemas processuais.

1.5.1.1 Por que é necessário discutir sistemas processuais penais?

Observada a marcha reformista no direito comparado, predomina a dicotomia "inquisitividade × acusatoriedade e mesmo a criação das regras processuais do Tribunal Penal Internacional passou por essa dinâmica[72], com toda a carga de dificuldade conceitual e política que isto implica sendo que as *vantagens e desvantagens* de cada qual sempre dominaram a cena.[73] Contudo, essa polarização não é a única expressão de formas distintas – e não raras vezes inconciliáveis – de conceber o funcionamento da persecução penal.

No cenário do *common law*, no célebre artigo de Herbert Packer[74] são apresentados dois modelos que se tornaram referências[75] particularmente nos EUA: a existência de um modelo de *devido processo legal (Due Process Model)* e do controle de *criminalidade (Crime Control Model)*. Essa divisão gerou, entre vários

---

72 AMBOS, Kai. International Criminal Procedure: Adversarial, Inquisitorial or Mixed? **International Criminal Law Review**, v. 3, n. 1, p. 1-37, 2003. Também, CAIANIELLO, Michele. Law of Evidence at the International Criminal Court: Blending Accusatorial and Inquisitorial Models. **North Carolina Journal of International Law & Commercial Regulation**, v. 36, n. 2, p. 287-318, 2011. Disponível em: <https://scholarship.law.unc.edu/cgi/viewcontent.cgi?article=1921&context=ncilj>. Acesso em: 18 nov. 2021.

73 SCHWIKKARD, Pamela Jane. Procedural Models and Fair Trial Rights. In: Conferência de Toronto da International Association of Procedural Law, 2009.

74 PACKER, Herbert L. Two Models of the Criminal Process. **University of Pennsylvania Law Review**, v. 113, n. 1, p. 1-68, 1964.

75 Com a advertência do autor de que se trata de uma divisão abstrata de valores envolvidos no exercício concreto da persecução, valores que são apresentados como "an aid to analysis, not as a program for action". *Ibidem*, p. 06.

desdobramentos[76], a tentativa de construir uma teoria processual cujo "passo inicial [para o estabelecimento de uma teoria processual] é reconhecer a fundamental dicotomia entre a potencial disputa existente sobre "verdade" e "justiça" na resolução de conflitos."[77]

Sem buscar inovar em qualquer das inúmeras interpretações e superações da dicotomia de Packer dado que a literatura a respeito é imensa, afirma-se que tais modelos (somados aos de Roach, também citado) podem ser apresentados a partir da orientação política *prioritária* para soluções legais que busquem *reforçar a aplicação oficial da norma penal material*, de um lado ou, de outro, *gerenciar os conflitos que surgem a partir da alegada transgressão normativa*. Trata-se, assim, de uma postura *prevalente e não excludente* desses escopos políticos do processo.

Contudo, em modelos sociais de largas desigualdades socioeconômicas somadas à fragilização democrática por força de sua constante ruptura ou incipiente consolidação, essas opções se manifestam de forma potencialmente diversa e são reconhecíveis mais pelas patologias que possuem que, exatamente, pela complementariedade de convivência. E no momento de (re)forma processual, essa fragilidade sobressai.

O modelo processual que reforça a aplicação oficial da norma penal material, aqui identificado com o escopo processual de controle de criminalidade (Packer), tende a se caracterizar por um exponencial papel de debilitação do devido processo legal e por sua assimilação a um determinado modo de encarar o que se entende por *inquisitividade*. Alimenta essa missão processual a construção de um direito material punitivo com características muito específicas, especialmente a abstração do perigo na produção de normas penais e a crescente criação de espaços criminalizáveis no meio social.

Observada a construção histórica do processo penal brasileiro, o CPP até hoje em vigor reproduziu, ao longo dos textos legais que lhe precederam, e persistiu em inúmeros outros que o sucederam, o modelo de um processo afirmador da norma penal material conferindo-lhe um escopo político alheio à solução dos conflitos sociais alegadamente tutelados pelo direito penal material.

Mais ainda, esse processo penal afirmativo da norma penal material, quando estruturado em sociedades de baixa densidade democrática, surge como um viés meramente retórico, de aparente subserviência à legalidade (e mesmo à constitucionalidade ou convencionalidade) e que, essencialmente, cumpre

---

76 Um deles é a tentativa de observar o modelo de funcionamento da justiça criminal a partir da ótica das vítimas como faz ROACH, Kent. Four Models of the Criminal Process. **Journal of Criminal Law & Criminology**, v. 89, p. 671, 1998. Nele, entre outras considerações, é desdobrado o direito das vítimas e a construção de modelos punitivos e não punitivos e o próprio autor sublinha a convivência desses modelos com outros numa relação não excludente.

77 THIBAUT, John; WALKER, Laurens. A Theory of Procedure. **California Law Review**, v. 66, p. 541, 1978, p. 541. (Tradução livre).

o papel de legitimação para um modelo político de desconformidade ao próprio Estado de Direito.

Ilustra essa afirmação a existência de mecanismos ou técnicas que são introduzidos com o discurso retórico da igualdade (como o *princípio* da obrigatoriedade da acusação penal) mas que cumpre, em si, um papel de seletividade informal do sistema que é operado, sobretudo por instâncias policiais que, não por acaso, buscam cada vez mais espaço *processual* na construção legislativa. Afinal, se já selecionam informalmente o funcionamento do processo nada impede que assumam essa seletividade desde uma plataforma formal gerando a crescente policialização da persecução penal.

O Novo Código de Processo Penal – NCPP enfatizou o potencial continuísmo da estrutura atual, reforçando seu viés de aplicador da norma penal-material num modelo retribucionista de processo amparado fortemente em determinada concepção da finalidade da própria pena[78], carente de mecanismos que impliquem a abordagem substancial do conflito social de modo a propiciar alternativas *ao* processo e soluções alternativas *no* processo.

A alternativa *ao* processo penal como instrumento de solução substancial de conflitos sociais é paradoxalmente mais aceita na apuração das maciças agressões a direitos fundamentais do que no cotidiano da persecução por condutas criminais que se poderiam denominar *ordinárias*. É, pois, fortemente empregada na denominada justiça de transição mais que no cotidiano forense da normalidade do Estado de Direito. E naquele campo, ocupa especial legitimidade a forma restaurativa, porquanto

---

78 Nada obstante a exposição de motivos do então anteprojeto enaltecer a existência de "um ganho sistematicamente reclamado para o sistema: o esvaziamento de demandas de menor repercussão ou de menores danos, por meio de procedimentos de natureza restaurativa, permitirá uma maior eficiência na repressão da criminalidade de maior envergadura, cujos padrões de organização e de lesividade estão a exigir maiores esforços na persecução penal". BRASIL. Senado Federal. Comissão de Juristas Responsável pela Elaboração de Anteprojeto de Reforma do Código de Processo Penal. **Anteprojeto de Reforma do Código de Processo Penal**. Brasília: Senado Federal, Subsecretaria de Edições Técnicas, 2009. 160 p. Disponível em: <https://www2.senado.leg.br/bdsf/bitstream/handle/id/182956/000182956.pdf?sequence=10&isAllowed=y>. Acesso em 03 jun. 2021, foi apenas com a relatoria parcial elaborada pelo Deputado Paulo Teixeira (PT-SP) que se atentou para a discussão da justiça restaurativa na reforma: "Além disso, acrescentei a análise referente à justiça restaurativa no presente relatório parcial, tendo em vista que não consta do projeto de lei em análise nada sobre a matéria." BRASIL. Câmara dos Deputados. Comissão Especial destinada a proferir parecer ao Projeto de Lei n. 8045, de 2010, do Senado Federal, que trata do "Código de Processo Penal" (Revoga o Decreto-Lei n. 3689, de 1941. Altera os Decretos-Lei n. 2.848, de 1940; n. 1.002, de 1969; as leis n. 4.898, de 1965, n. 7.210, de 1984; n. 8.038, de 1990; n. 9.099, de 1995; n. 9.279, de 1996; n. 9.609, de 1998; n. 11.340, de 2006; n. 11.343, de 2006), e apensados Relatório Parcial. **4ª Relatoria-Parcial**: dos Recursos em Geral, Disposições Gerais sobre as Medidas Cautelares e das Medidas Cautelares Pessoais (Arts. 458 a 611). Disponível em: <http://www.camara.gov.br/proposicoesWeb/prop_mostrarintegra?codteor=1567261&filename=PRP+1+PL804510+%3D%3E+PL+8045/2010>. Acesso em: 3 jun. 2021.

Os julgamentos retributivos dos "vencedores" não são bons porque ameaçam os efeitos sociológicos do padrão de prova. Nessa perspectiva, então, o processo penal não só cumpre a função de ser uma medida do real funcionamento dos direitos fundamentais, mas também um instrumento de validade intersubjetiva do sistema de justiça criminal como um todo.[79]

Por isso não se fala aqui da participação popular na administração da justiça penal inserida que é no modelo consolidado de construção de uma epistemologia fática a alcançar um resultado decisório, mas, sim, do envolvimento dos protagonistas sociais na própria metodologia de solução do conflito social desencadeado pela norma material violada.

O modelo retribucionista consolidado – e repetido exclusivamente nos trabalhos do NCPP – apresenta como uma das suas maiores características um tipo de disputa entre *integrantes* (*insiders*) do aparato formal de justiça criminal e os intervenientes *externos* (*outsiders*) a ele, na linguagem de Bibas[80], numa constante tensão entre o mero funcionamento operacional e a legitimidade do modelo persecutório.

Se a polarização entre esses modelos é uma nota característica, sua sinergia também é cada vez mais destacada[81] com a percepção de que os fins próprios de uma justiça retributiva podem ser alcançados pelas vias da justiça restaurativa. E, além disso, são progressivamente destacadas as aplicações de métodos próprios da superação do conflito social, inicialmente pensados para as vítimas, que agora se projetam igualmente para os que infringem a norma material de modo a auxiliá-los a superar, inclusive, a possibilidade de reincidência.[82]

---

79 SANCHEZ, Juan Sebastian Vera. Cuatro Mitos sobre la Justicia Retributiva como Mecanismo de Justicia Transicional. **American University International Law Review**, v. 32, p. 469, 2016. Na redação original: "no son buenos los juicios retributivos de 'vencedores' porque amenazan los efectos sociológicos del estándar de prueba. Desde esta perspectiva, entonces, el proceso penal no sólo cumple la función de ser una medición de la real operatividad de los derechos fundamentales, sino también una herramienta de validez intersubjetiva del sistema de justicia penal en su conjunto".

80 BIBAS, Stephanos. Transparency and Participation in Criminal Procedure. **New York University Law Review**, v. 81, p. 911, 2006.

81 A ver, por exemplo, DANCIG-ROSENBERG, Hadar; GAL, Tali. Restorative Criminal Justice. **Cardozo Law Review**, v. 34, p. 2313-2346, 2013: "Restorative justice, however, can in fact achieve the punitive goals in addition to its unique consequentialist objectives (...)" (p. 2324). Tradução livre: "A justiça restaurativa, no entanto, pode, de fato, atingir metas punitivas além de seus únicos objetivos consequencialistas (...)".

82 Ver, dentre outros, GAL, Tali; Wexler, David B. Synergizing Therapeutic Jurisprudence and Positive Criminology. **SSRN**, p. 85-97, mar./2015. Disponível em: <https://ssrn.com/abstract=2287424>. Acesso em: 3 jun. 2021.

Certo, a justiça restaurativa – assim como o funcionamento da justiça de transição – clama por maior solidez de apreciação de seus resultados concretos[83]. Nada obstante, a afirmação da fragilização epistêmica na forma anteriormente destacada é funcionalmente correta e não se restringe, apenas, aos modelos persecutórios posteriores a regimes de exceção ao estado de direito e consequente reconstrução democrática; serve, igualmente, a modelos em democracias incipientes ou fragilizadas que optam politicamente pela via preponderante do *crime control model* ou *controle de criminalidade* na já mencionada linguagem de Packer.

Aqui, pois, a necessidade de alinhar-se tudo quanto foi dito com o NCPP e a construção cultural do processo penal brasileiro. Ao insistir-se na estrutura exclusivamente retributiva de funcionamento da persecução penal, pouco se avança na solução substancial de conflitos, ainda que se queira selecionar entre as condutas criminalizáveis apenas algumas[84] para que houvesse uma mínima convivência de modelos.

Ao reforçar a exclusividade do modelo consolidado mantém-se um itinerário epistêmico cuja crítica central, nos trabalhos do NCPP, residiu na necessária distância do julgador da condição de protagonista *no* processo e *do* processo, especialmente no campo probatório, e com isso se consolidava uma determinada visão do conceito de acusatoriedade.

Não parece ter sido o suficiente nem para firmar um conteúdo consensual mínimo sobre o que é o modelo acusatório, tampouco para afastar definitivamente argumentos que, comparando o funcionamento interno dos modelos polarizados (inquisitivo × acusatório) ainda simpatizam com o primeiro como o que melhor define os fins do processo no campo epistêmico.

`1.5.2` Permanências da inquisitividade

Na literatura europeia-continental, a dicotomia predominante é a já enunciada entre inquisitividade × acusatoriedade. Há, contudo, autores que minimizam a importância desse confronto teórico-prático como Aroca,[85] que afirma que

---

83 Ou, como apontado, "Although there is no shortage of literature critiquing restorative justice as a concept, even its most evangelical proponentes accept that its precise meaning remains unclear. In short, it is difficult to know what qualifies as a restorative process, and what does not". CLAMP, Kerry; DOAK, Jonathan. More than Words: Restorative Justice Concepts in Transitional Justice Settings. **International Criminal Law Review**, v. 12, n. 3, p. 339-360, 2012. p. 340.

84 De difícil aceitação em situações de violência doméstica, por exemplo, como demonstra, entre outros estudos, STUBBS, Julie. Beyond Apology? Domestic Violence and Critical Questions for Restorative Justice. **Criminology & Criminal Justice**, v. 7, n. 2, p. 169-187, 2007, no cenário internacional. No Brasil há inúmeras manifestações técnicas favoráveis à restauração como método de solução desse tipo de conflito: PELLENZ, Mayara; BACEGA DEBAS, Ana Cristina. Justiça Restaurativa e resolução dos conflitos familiares. **Revista Direito e Liberdade**, v. 17, n. 1, p. 231-250, 2015.

85 MONTERO AROCA, Juan. **Princípios del Proceso Penal: una explicación basada en la razón**. Valencia: Tirant lo Blanch, 1997. p. 28-29.

o sistema inquisitivo não pode ser considerado como um processo verdadeiro, porque ele não contempla o chamado *actum trium personarum*, fórmula consagrada na maturação da teoria processual. Compartilhamos essa posição, mas não exatamente pela inexistência de um *actum trium personarum* e sim porque essa estrutura de atuação de poder (sistema inquisitivo) faz por desmerecer, em última análise, a condição digna da pessoa humana submetida à persecução. Por isso, negar a discussão significa, numa sociedade como a brasileira, diminuir as repercussões sociopolíticas de funcionamento do sistema penal.

Nossa vivência histórica enquanto sociedade, marcada por traços indeléveis de violências institucionais, desigualdades sociais e manipulação de modelos jurídicos por visões economicistas dominantes não parece permitir que se faça um *salto teórico* nessa discussão e na sua (des)construção na sociedade brasileira, sob o risco de passar-se de um concreto modelo institucionalmente violento – simbólica e, não raras vezes, fisicamente também – para um *discurso* de modernidade, apresentando-se a acusatoriedade como uma *grife*, e não como fruto de um processo de construção dos valores e princípios estabelecidos como democráticos.

Ainda menos interessante, no nosso momento histórico, é trilhar o caminho da suposta desnecessidade dessa discussão diante do reconhecimento da impossibilidade de distinguir-se contemporaneamente traços claros entre os modelos inquisitivo e acusatório[86] no cenário europeu[87], espaço social no qual os intrincados e entrelaçados modelos econômico-político-jurídico autorizam o incremento de conceitos como harmonização, unificação e hibridismo[88], com sistemas de freios e sanções às violações de direitos fundamentais que fazem com que aqueles sistemas jurídicos funcionem de maneira profundamente distinta em relação à forma como normalmente os enxergamos no Brasil.

Também se quer afastar a eventual afirmação que a técnica processual penal fundada nas bases democráticas provenha indistintamente de ambos os modelos, seja o inquisitivo ou o acusatório[89].

Assim, conceber, por exemplo, o *nemo tenetur* na concepção de inquisitividade processual é marcantemente diferente do que fazê-lo na acusatoriedade. Tendentemente, naquele sistema, o *direito de não fazer prova contra si mesmo*

---

86 BRADLEY. Craig M. The convergence of the continental and the common law model of criminal procedure. **Criminal Law Forum**, v. 7, p. 471-484, jun./1996. Para abordagem desse assunto no direito brasileiro, STRECK, Lenio Luiz. Novo código de processo penal. O problema dos sincretismos de sistemas (inquisitorial e acusatório). **Revista de informação legislativa**, Brasília, v. 46, n. 183, p.117-139, jul./set. 2009.

87 Por todos, DELMAS-MARTY, Mireille. **Processos Penais da Europa**. Trad. Fauzi H. Choukr e Ana Claudia Ferigato Choukr. Rio de Janeiro: Lúmen Júris, 2004.

88 BRADLEY. Craig M. Op. Cit.

89 Para uma visão da técnica processual ver GONÇALVES, Aroldo Plínio. **Técnica processual e teoria do processo**. Rio de Janeiro: Aide, 2001.

será mitigado em nome da eficiência na persecução e superado por argumentos de defesa de ordem social, permitindo, inclusive, que abusos estatais sejam cometidos em nome desses objetivos.

Mais ainda: no marco inquisitivo, há uma grande aproximação da justiça criminal com os aparatos de segurança pública na sua relação formal e, pior, na compreensão do papel da justiça que passa a ser vista, não raras vezes, como desdobramento das políticas públicas nessa seara.

Por fim, perceber a necessidade dessa discussão implica uma tomada de postura quanto ao *gerenciamento da administração da justiça*, pois o investimento público, aqui entendido s os recursos materiais e humanos, necessário à concretização da administração da justiça num e noutro sistemas é profundamente distinto.

Se há certo consenso no que toca às características centrais da inquisitividade, notadamente seu histórico apego ao emprego da violência física e àquilo que se poderia denominar contemporaneamente de *objetificação* da pessoa submetida à persecução, não se pode descurar a persistência de uma discussão sobre a permanência desse modelo enquanto alegadamente capaz de entregar a realização de uma maior *justiça material*[90], mesmo em um cenário no qual

> (...) todos repetem o apelo usual aos benefícios indiscutíveis do sistema contraditório ou adversarial como uma invocação que, sem maiores explicações, encerra qualquer juízo desfavorável quanto à sua necessidade ou possíveis desvantagens.[91]

Com efeito, a formação do modelo europeu-continental ainda de base inquisitiva parece seduzir acadêmicos inseridos num pleno modelo adversarial[92] muito menos pelas virtudes inquisitivas e muito mais pelas patologias de concentração de poder que são encontradas em particular no modelo estadunidense que se

---

90 "Na verdade, vamos até mesmo deixar de lado a questão de se e em que medida um ou outro sistema processual pode garantir um maior grau de justiça material e formal no nível da jurisdição interna" (Tradução livre). No original: "Indeed, let's even leave aside the question whether and to what extent the one or the other procedural system may guarantee a higher degree of material justice and formal fairness on the level of domestic jurisdiction", nas palavras de Eser, Albin. The "Adversarial" Procedure: A model superior to other trial systems in international criminal justice? In: Krüssmann, Thomas (Ed.). **ICTY:** Towards a Fair Trial, Wien: Neuer Wissenschaftlicher Verlag, 2009. p. 207-227. Essa observação servirá como ponto de partida para a discussão de qual o modelo a ser seguido no âmbito da jurisdição penal internacional.

91 ARMENTA DEU, Teresa. **Sistemas procesales penales.** La justicia penal en Europa y América. ¿Un camino de ida y vuelta? Madrid: Marcial Pons, 2012. p. 09-10. No original: "todos repiten la consabida apelación a las bondades indiscutibles del sistema acusatorio o adversativo, a modo de invocación que, sin más explicaciones, cierra cualquier juicio desfavorable en torno a su necesidad, o a sus posibles desventajas".

92 MOSTELLER, Robert P. Failures of the American Adversarial System to Protect the Innocent and Conceptual Advantages in the Inquisitorial Design for Investigative Fairness. **North Carolina Journal of International Law & Commercial Regulation**, v. 36, p. 319, 2010.

projeta como um sinônimo reducionista de todo *common law* numa superficial e equivocada leitura comparada.[93]

E é exatamente pela crítica de concentração de poder que se quer destacar a face contemporânea da inquisitividade, que se encontra caracterizada toda vez que houver uma superposição de poderes ou atribuições em um mesmo interveniente processual conjugada à baixa transparência de suas posturas persecutórias e ao baixo grau de controle ou capacidade de confrontação dos atos praticados.

Historicamente, essa concentração de poder foi ocupada pela mescla das funções postulatórias e julgadoras residindo aí sua nota característica em termos de *técnica processual*.[94] Ademais, esse magistrado foi, em determinado momento, igualmente um investigador, numa estrutura que permeou tanto o modelo anglo-saxão[95] como o europeu-continental.

Focando a concentração de poder como nota inquisitiva predominante da *técnica processual* ao lado da opacidade de controle das posturas processuais e incapacidade de confrontação substancial, busca-se evitar o escorregadio terreno da caracterização dessas estruturas (inquisitiva, adversarial ou acusatória) por outras tantas que podem surgir simbioticamente entre todas elas e pouco ajudam a definir com clareza o funcionamento real do aparato persecutório como, por exemplo, a participação popular na administração da justiça por meio de um tribunal de leigos.[96]

Nos trabalhos do NCPP houve intensa disputa por um dos aspectos primários dessa concentração, o da possibilidade da produção de provas de ofício. E, de fato, essa concentração ocupa espaço nodal na identificação sistêmica, mas não isoladamente pois estruturas capazes de catalisar atos de repercussão processual com grande opacidade de controle dos atos praticados e que geram débil capacidade de confrontação são claras estruturas inquisitivas. O desafio maior será o de analisar o comportamento sistêmico quando forem concentradas as

---

93 Mas, também, por aqueles que veem traços humanistas no modelo inquisitivo mesmo em períodos tidos como marcantemente severos: DAMAŠKA, Mirjan. The Quest for Due Process in the Age of Inquisition. **The American Journal of Comparative Law**, v. 60, n. 4, p. 919-954, 2012.

94 "Under the historical perspective, it is particularly relevant which party is given prosecutorial power and whether the judge can initiate proceedings motu próprio" ILLUMINATI, Guilio. The Accusatorial Process from the Italian Point of View. **North Carolina Journal of International Law & Commercial Regulation**, v. 35, p. 297, 2009.

95 LANGBEIN, John H. The Origins of Public Prosecution at Common Law (1973). **The American Journal of Legal History**, v. 17, p. 313-335. Disponível em: <https://digitalcommons.law.yale.edu/cgi/viewcontent.cgi?article=1550&context=fss_papers>. Acesso em 03 jun. 2021. Neste trabalho está assentada a origem histórica do órgão público acusador na Inglaterra, identificando-o com a figura do *juiz de paz* e assim persistiu até a tardia modernização do processo penal inglês, com as regras de exclusão probatória que originaram o que se denomina de modelo *adversarial* e que será discutido em texto futuro.

96 Ver, entre outros, GÓMEZ COLOMER, Juan-Luis. La reforma estructural del proceso penal y la elección del modelo a seguir. **Revista Española Poder Judicial**, Madrid, n. Especial XIX, p. 25-77, 2006.

funções investigativas, persecutórias e adjudicatórias num mesmo interveniente, preocupação sentida no direito comparado e cuja resposta ainda se encontra em franca construção.[97]

1.5.2.1 O que define um sistema como acusatório e o contrapõe ao inquisitivo? Há um sistema *misto*?

A ideia de um modelo *misto* tende a perder força diante da inclusão da renovada redação do art. 3º do CPP, que, como já visto, aponta claramente que "o processo penal terá estrutura acusatória, vedadas a iniciativa do juiz na fase de investigação e a substituição da atuação probatória do órgão de acusação".

Contudo, no atual estado da arte do processo penal brasileiro, ainda é forçoso discutir, da maneira mais exauriente possível, não apenas as terminologias *inquisitivo* e *acusatório*, mas suas características, algumas delas apontadas consensualmente como elementares.

Não é mais possível, passado mais de um quarto de século da entrada em vigor da Constituição, que a alta literatura processual penal brasileira se contente com fórmulas genéricas afirmando que

> (...) a Constituição brasileira adota o *sistema acusatório* em suas linhas essenciais, mas não de forma absoluta. Com efeito, garante-se a autonomia e independência dos órgãos judiciais que se limitam a decidir a pretensão deduzida por um acusador distinto, embora exista a liberdade e o dever judicial de investigação para se buscar a verdade material. O juiz, portanto, não se conserva em posição de neutralidade diante do confronto das partes, assim como árbitro ou testemunha de um duelo.[98]

Disso vem decorrer a manutenção do *ethos* inquisitivo sob a justificativa de que

---

97 LYNCH, Gerard E. Our Administrative System of Criminal Justice. **Fordham Law Review**, v. 66, p. 2117, 1997. E, na esteira dessa fonte: BARKOW, Rachel E. Institutional Design and the Policing of Prosecutors: Lessons from Administrative Law. **Stanford Law Review**, v. 61, p. 869, 2008.

98 DOTTI, René Ariel. Princípios do processo penal. Revista de Processo – RePro, São Paulo, n. 67, p. 72. Versão online disponível em: <www.revistasrtonline.com.br>. Completa o autor afirmando que "Como é sabido, existem dois modelos estruturais do processo penal que ao longo dos anos têm procurado se afirmar segundo os estilos de regimes políticos e institucionais: o *sistema inquisitório* e o *sistema acusatório*. O primeiro acompanha as organizações teocráticas e despóticas, tendo se caracterizado como expressão de terror dos Estados absolutistas e dos tribunais do Santo Ofício. O segundo se caracteriza como um processo de partes e remonta aos mais distantes marcos da Antiguidade. É praticado atualmente na Grã-Bretanha e nos Estados Unidos da América do Norte. Este tipo de estrutura permite que o acusado se defenda desde o início do processo. Já o *sistema misto* revela um caminho eclético e foi utilizado em organizações imperiais e romanas e também nos primórdios do século XVIII em algumas regiões da Alemanha, para surgir depois no Código de Processo Penal francês de 1808."

O sistema misto busca a compatibilização entre a função de julgar do juiz, a função acusatória do Ministério Público e o direito de defesa e participação ativa do réu no processo penal, atribuindo poderes instrutórios ao magistrado, sem que com isso haja cumulação das funções de acusar e julgar na mesma instituição pública. (...). Os princípios do contraditório, da ampla defesa e da igualdade das partes, ou quaisquer outros direitos ou garantias fundamentais previstos na Constituição da República de 1988, não impedem a iniciativa do juiz na busca da verdade no processo. Ao contrário, tal busca é salutar e necessária para a aplicação mais próxima do que possa se chamar justiça, sobretudo quando os litigantes não tomam iniciativa de tentar provar os fatos que ocorreram na realidade, o que pode ocorrer tanto com a acusação quanto com a defesa mal assistida.[99]

Essa opção por parte da literatura pátria mantém vivo um modelo misto pelo qual faz sobreviver toda uma estrutura essencialmente inquisitiva, na qual o manejo da prova, de ofício, pelo magistrado é o ponto essencial – mas não o único – a corromper a gramática constitucional-convencional para o processo penal.

A posição conceitual aqui adotada vincula acusatoriedade ao distanciamento do juiz da produção probatória, não se contentando o sistema apenas com a separação formal de papéis (posições) processuais.

Assim, tem-se com Miranda Coutinho que acusatoriedade[100] apresenta como traço distintivo e fundamental a gestão da prova[101], esta definindo o princípio unificador, tendo ao seu lado a divisão de funções entre os agentes encarregados da persecução e, como premissa condicionante do modelo político democrático, a proteção da dignidade da pessoa humana.

E dessa gestão da prova o juiz se afasta, dando lugar a uma disputa processual entre as partes, no marco da legalidade estrita traduzida na equação *devido processo legal* tal como o compreendemos no direito brasileiro.

A intromissão do juiz na construção do acervo probatório não é estimulada nem justificada nessa estrutura processual[102] a título de proteção da pessoa

---

99 AGUIAR, Tiago Antunes de. Notas acerca da reforma do código de processo penal quanto às disposições gerais da prova: análise de problemáticas relativas aos arts. 155 e 156 do CPP. **Revista dos Tribunais**, v. 897, p. 485. Versão eletrônica disponível em: <www.revistasrtonline.com.br>.

100 COUTINHO, Jacinto Nelson de Miranda. Sistema acusatório. **Revista de Informação Legislativa**, Brasília, v. 46, n. 183, p.103-115, jul./set. 2009.

101 COUTINHO, Jacinto Nelson de Miranda. **Crítica à teoria geral do direito processual penal**. Rio de Janeiro: Renovar, 2001. p. 24.

102 MARQUES, Leonardo Augusto Marinho. A exclusividade da função acusatória e a limitação da atividade do juiz. Inteligência do princípio da separação de poderes e do princípio acusatório. **Revista de Informação Legislativa**, Brasília, v. 46, n. 183, p.141-153, jul./set. 2009.

acusada[103], mesmo porque dessa tutela ela não necessita, uma vez que é acobertada pela presunção de sua inocência[104,] muito menos a título de complementação da atividade probatória do acusador, esta vedada *in totum* diante da estrutura do sistema.

Dessa premissa decorrem várias consequências para todo o funcionamento do processo penal. Uma delas exige a revisão conceitual do papel do juiz na fase anterior ao ajuizamento da ação penal para que:

I] esse juiz não tenha atividades ou iniciativas de produção de provas ou meio de provas; e,

II] não seja o juiz interveniente na investigação aquele que virá a ter conhecimento da causa (em sua admissibilidade e seu mérito).

Assim, portanto, acusatoriedade impõe uma revisão do juiz natural que se projeta para:

I] seu papel funcional na investigação;

II] seu papel funcional na ação penal; e,

III] na estrutura organizacional do Poder Judiciário ao longo de todo o desenrolar desse fenômeno que, unitariamente, pode ser rotulado de *persecução penal*.

Essa posição central da gestão da prova não é consensual na doutrina brasileira, a qual conta com expressivos trabalhos que negam traços inquisitivos a sistemas processuais que permitem que o Juiz tenha, em certo grau, interferência na produção probatória.[105]

Ao final, nos limites assumidos no presente trabalho merece destaque o conceito *adversarial* ou *adversativo* numa tradução livre em português, pelo qual se

---

103 Emblemática, assim, a posição defendida por MARTINS, Charles Emil Machado. A Reforma e o "poder instrutório do juiz": será que somos medievais? Disponível em: <http://www.mp.rs.gov.br/areas/criminal/arquivos/charlesemi.pdf>. Acesso em: 18 dez. 2010, quando exemplifica a situação que, ao seu ver, legitimaria a intervenção pro reo. Com a devida vênia ao entendimento do Autor, fica destacado que o raciocínio ali empregado parte da premissa que caberia ao acusado provar sua inocência, e não do acusador em desconstituir seu álibi.

104 VAN SLIEDREGT, Elies. Contemporary Reflection on the Presumption of Innocence. **Revue Internationale de Droit Penal**, v. 80, issue 1-2, p. 247-256, 2009.

105 Nesse sentido a obra de ANDRADE, Mauro Fonseca. **Sistemas** processuais penais e seus princípios reitores. 2. ed. Curitiba: Juruá, 2013. 1v. p. 520, bem como GUIMARÃES, Rodrigo Régnier Chemim. **Atividade probatória complementar do juiz como ampliação da efetividade do contraditório e da ampla defesa no novo processo penal brasileiro.** Tese (Doutorado em Direito) – Universidade Federal Paraná, Curitiba, 2015. Disponível em: <http://dspace.c3sl.ufpr.br:8080/dspace/handle/1884/41025>. Acesso em: 21 de julho de 2020.

caracteriza o sistema anglo-saxão conforme explanado por Colomer[106], assumido como um *processo de parte* no qual o juiz teria um papel adjetivado como *passivo* na explicação de Teresa Deu[107], que também o qualifica pela presença de leigos na administração da justiça penal, explicação que aparece em inúmeras outras fontes doutrinárias como, por exemplo, em Jimeno-Bulnes.[108]

Como apontado acima, em contraposição ao modelo *adversarial* está também o *inquisitivo*, dicotomia que Damaska[109] aponta como empregada por muitos autores no cenário comparativo.

Por fim, merece registro a posição adotada por Geraldo Prado[110], para quem há outra forma de enfocar o tema, deslocando-o por completo a discussão do eixo dos *sistemas* processuais para uma análise sobre as *estruturas* processuais, girando o debate do seu marco filosófico para o *sociológico* de modo a enfatizar que mudanças de papéis processuais não significam, necessariamente, a alteração do *modo de ser* das estruturas, as quais devem ser compreendidas na sua formação histórico-política-econômica.

Análise Crítica: Assumir a discussão sobre os *sistemas processuais* implica, também, num modo diferenciado de gestão de recursos materiais e humanos. A consequência prática imediata é que o responsável pela acusação, não podendo mais contar com o suporte operacional do judiciário (ainda que

---

106 COLOMER, Juan-Luis Gómez. Op. Cit.: "Os processos criminais federais nos Estados Unidos da América são todos baseados em um sistema 'contraditório' ou adversarial. Também é utilizada a expressão 'Sistema persecutório', que significa basicamente o mesmo que 'Sistema Adversarial'. A variante consiste em que, com a palavra persecutório coloca-se em destaque a função principal do Poder Público no processo penal, a de efetuar-se a persecução por meio de seu órgão ad hoc, o Ministério Público, e atribuir-se o cometimento de um crime a uma pessoa". (Tradução livre). No original: "El enjuiciamiento criminal federal en los Estados Unidos de Norteamérica se sustenta todo él en un sistema 'adversarial' o de partes. También se emplea la expression 'Prosecutorial System', que en el fondo es decir lo mismo que 'Adversarial System'. La variante consiste en que con la expresión prosecutorial se incide en la función principal del Gobierno en el proceso penal, perseguir el delito a través de su órgano ad hoc, el Ministerio Público o Fiscal, y acusar de su comisión a una persona".

107 ARMENTA-DEU, Teresa. Op. Cit. p. 26.

108 JIMENO-BULNES, Mar. American Criminal Procedure in a European Contexto. **Cardozo Journal of International and Comparative Law**, vol. 21.3, primavera de 2013, p. 410-459.

109 DAMASKA, Mirjan R. Structures of Authority and Comparative Criminal Procedure. **The Yale Law Journal: Faculty Scholarship Series**. Paper 1590, p. 480-544, 1975. Disponível em: <http://digitalcommons.law.yale.edu/fss_papers/1590>. Acesso em: 19 nov. 2021. p. 481. No original: "The conventional contrast between the two systems is one that emphasizes the adversarial (or accusatorial) aspects of the Anglo-American process, and the non adversarial (or inquisitorial) character of the continental mode of proceeding". "O contraste habitual entre os dois sistemas é aquele que enfatiza os aspectos adversários (ou acusatórios) do processo anglo-americano e o caráter não adversário (ou inquisitorial) do modo de proceder continental". (Tradução livre).

110 PRADO, Geraldo. A investigação criminal pelo Ministério Público. In: AMBOS, Kai; MALARINO, Ezequiel; VASCONCELOS, Eneas Romero (Org.). **Polícia e Investigação no Brasil**. 1 ed. Brasília: Gazeta Jurídica, 2016. v. 1. p. 311-336.

supletivo), deve priorizar sua lógica de gestão de pessoal e material para a atividade-fim. Ou, como aponta de forma precisa e pontual Binder[111],

> Efetivamente, o modelo de justiça criminal que se pretende abandonar (inquisitorial) não se caracteriza unicamente por regras processuais específicas (segredo, juiz investigador, predomínio da forma escrita, falta de defesa), mas sim modelos de organizações verticais, rígidas, compartimentadas, com uma forte marca cultural de formalismo e burocratização. Esses modelos de organização até agora não têm sido questionados tão fortemente como as regras processuais ou, no momento em que o foram, não se conseguiu apoio ou força suficiente para consolidarem-se mudanças concretas.

E completa o citado autor afirmando que

> É certo e evidente que todas as organizações sofrem processos de burocratização e isso não é uma particularidade da região; também é verdade que essa burocratização produz os fenômenos de autonomia e incapacidade treinada, mas não fazemos referência aqui aos níveis ordinários de burocratização, mas sim à persistência de um modelo de organização que contém em si mesmo a maior reserva de práticas e cultura inquisitorial e que produz distorções muito grandes na interpretação das normas em si. Isso pode ser apreciado em dois planos: (i) o primeiro, mais claro, diz-nos que a recusa ao avanço dos direitos do acusado ou à consolidação de padrões mais precisos, se choca, acima de tudo, com o impacto organizacional desses direitos ou padrões; (ii) em um segundo plano, a interpretação desses direitos ou padrões realiza-se a partir do âmbito organizacional; a partir do particular ambiente dessas organizações se ressignificam ou se dotam de sentido os direitos elementares.[112]

Assim se completa o arco de observações sobre a real dimensão prática do modo de conceber um modelo teórico (posto que não há projeções teóricas sem consequências práticas): a reforma marcada pela concepção de acusatoriedade que preserva ou estimula o papel do juiz na produção probatória acarreta o *mais do mesmo*, mudar para manter-se o *status quo*, ou, como já se apontou com muito mais pertinência, "Algo deve mudar para que tudo continue como está".[113]

---

111 BINDER, Alberto; CAPE, Ed; NAMORADZE, Zaza. **Defensa penal efectiva en América Latina**. Bogotá: Ediciones Antropos Ltda., 2015. p. 43.
112 Idem.
113 LAMPEDUSA, Tomasi Di. **Il Gattopardo**. Milano: Feltrinelli, 2002.

1.6 A Doutrina e a formação do Processo Penal

A produção do discurso processual penal ainda se ressente, em alguma medida, da *compreensão cultural* das diretrizes políticas estampadas na Constituição da República de 1988, acrescida pela Convenção Americana de Direitos do Homem.

Para delimitar o âmbito da expressão sublinhada cabe relembrar a definição de Bosi[114] para o termo cultura, assinalando-a como "o conjunto das práticas, das técnicas, dos símbolos e dos valores que se devem transmitir às novas gerações para garantir a reprodução de um estado de coexistência social". Sem embargo, essa "reprodução de um estado de coexistência social" não pode ser encarada de forma a-valorativa, pois em estados totalitários a coexistência social também se reproduz por meio de um conjunto de práticas.

Assim, é necessário entender as condições histórico-políticas que originaram a produção do CPP a fim de que não se reproduza um *saber* pelo qual a análise é meramente normativa, desprovida de reflexões essenciais como a compatibilidade cultural – e mesmo normativa – com a Constituição e a CADH.

Portanto, a propagação da cultura no ensino do processo penal exige a compreensão de um *sentido de progresso* na análise daquilo que Zaffaroni[115] denomina de sistema penal como sendo o

> controle social punitivo institucionalizado, que na prática abarca desde que se detecta ou supõe detectar-se uma suspeita de delito até que se impõe e executa uma pena, pressupondo uma atividade normativa que cria a lei que institucionaliza o procedimento, a atuação dos funcionários e define os casos e condições para esta atuação.

A racionalidade do conceito de progresso está na sua aproximação com o discurso dos direitos do Homem, malgrado a pluralidade de expressões que designam esse objeto, conforme adverte em primeira mão Sarlet[116] e foi estampada por Bobbio[117], a partir de Kant, ao afirmar que "do ponto de vista filosofia da História, o atual debate sobre os direitos do Homem (...) pode ser interpretado como um 'sinal premonitório' do progresso moral da humanidade".

Resgatar o ensino do processo penal significa, assim, dotar do sentido exposto acima a compreensão cultural do sistema, sedimentando os direitos

---

114 BOSI, Alfredo. **Dialética da Colonização**. São Paulo: Cia das Letras, 1992. p. 16.
115 ZAFARONI, Eugenio Raúl. **Em busca das penas perdidas**: a perda da legitimidade do sistema penal. Rio: Revan, 1989. p. 70.
116 SARLET, Ingo Wolfgang. **A eficácia dos direitos fundamentais**. 5. ed. Porto Alegre: Livraria do Advogado Editora, 2005. p. 33.
117 BOBBIO, Norberto. **A era dos Direitos**. Rio de Janeiro: Campus, 1992. p. 52.

fundamentais (na linguagem de Sarlet) como seu *núcleo* e a partir dele desenvolvendo a tarefa hermenêutica.

Do ponto de vista prático, essa reconstrução se projeta, dentre outros, nos seguintes aspectos:

a] Numa base didática que implique na correção normativa-cultural do sistema no sentido que preleciona Duarte[118];
b] Na interdisciplinaridade acentuada na docência, com largos diálogos com saberes estruturantes provenientes dos campos da ciência política, da filosofia da história, da sociologia e da antropologia, por exemplo;
c] Na recuperação da literatura de formação, com a necessária abordagem dos autores considerados *clássicos*[119] conferindo a compatibilidade de seus conceitos com os preceitos expostos no parágrafo anterior; e,
d] Na comprovação de aprendizado mediante um método avaliativo condizente com os itens anteriores, que, sem descurar da análise normativa, lhe dá outro sentido.

Se a cultura (e sua veiculação) é peça fundamental para a compreensão do todo, num primeiro momento deve ficar claro quem detém esse conhecimento e se encontra apto a repassá-lo. Como decorrência direta, num segundo momento, será necessário definir a responsabilidade daqueles que se encontram nessa condição.

Para enfrentar esse delicado ponto, pode ser invocada a lição de Bobbio, ao afirmar que responsabilidade recairá, sobretudo, na comunidade intelectual, e que pode ser distinta em dois grupos, a dos *ideólogos* e a dos *expertos*. Os primeiros, Bobbio define como "aqueles que fornecem princípios – guia e, (por) expertos, aqueles que fornecem conhecimento – meio"[120]. Na sequência enfatizará que a responsabilidade de ambos também é diversa: "o dever dos primeiros é o de serem fiéis a certos princípios, custe o que custar; o dever dos segundos é o de propor meios adequados ao fim e, portanto, de levar em conta as consequências que podem derivar os meios propostos".[121]

---

118 DUARTE, Oto Ramos. **Teoria do discurso e correção normativa do direito.** São Paulo: Landy, 2003.

119 No sentido dado por Bobbio "ao qual possamos atribuir essas três características: a) seja considerado intérprete autêntico e único de seu próprio tempo, cuja obra seja utilizada como um instrumento indispensável para compreendê-lo; b) seja sempre atual de modo que cada época, ou mesmo cada geração, sinta necessidade de relê-lo e, relendo-o, de reinterpretá-lo; c) tenha construído teorias-modelo das quais nos servimos continuamente para compreender a realidade, até mesmo uma realidade diferente daquela a partir da qual as tenha derivado e à qual se tenha aplicado, e que se tornaram, ao longo dos anos, verdadeiras e próprias categorias mentais". BOBBIO, Norberto. **Teoria Geral da Política.** Rio de Janeiro: Campus, 2000. p. 130-131.

120 BOBBIO, Norberto. **Os intelectuais e o poder:** dúvidas e opções dos homens de cultura na sociedade contemporânea. Trad. Marco Aurélio Nogueira. São Paulo: Editora da Unesp, 1997. p. 73.

121 BOBBIO. *Ibidem*, p. 97.

A transposição dessas ideias para o campo do direito leva à distinção entre o *pensador* do fenômeno jurídico e o operador pragmático. Aquele, um detentor do conhecimento principiológico; este último, o detentor do conhecimento-meio.

No momento da reconstrução da democracia e da superação do passado autoritário, a formação jurídica deve pender inegavelmente para o âmbito dos conhecimentos-guia. O intérprete a ser formado deve privilegiar, para além do mero conhecimento da norma em cada caso, o conhecimento do sistema e dos valores que o fundamentam. Caso contrário, estará fadado a repetir as bases axiológicas do sistema precedente, sem atentar para sua alteração substancial.

Nesse ponto, a responsabilidade acadêmica é manifesta. Poder-se-ia indagar se o papel a ser exigido desse tipo de detentor de conhecimento é para além da atividade de veiculação de saber ou, em outras palavras, se há uma dimensão política no sentido estrito do termo ou não. Dentro dos restritos limites deste trabalho, não há possibilidade de aprofundamento da questão. Restaria, entretanto, chamar uma vez mais à baila a compreensão de Bobbio, para quem a ligação entre os intelectuais e a política é predatória, uma vez que "na medida em que se faz político, o intelectual trai a cultura; na medida em que se recusa a fazer-se político, a inutiliza. Ou traidor ou inutilizador".[122]

Análise Crítica: é necessário destacar que o PLS 156, que deu origem às discussões da reforma global do CPP, não é, como o foi na experiência do sempre festejado Código Processual Penal Italiano, fruto da academia. Lá, como apontado pela doutrina de peso,

> a codificação de 1988 é um corpus normativo grandioso que se presta bem a revelar o eco ou a pronta recepção de linhas de política processual elaboradas pela doutrina jurídica. Contém a codificação, além disso, uma radical mudança de sistema que enseja a descoberta das raízes culturais das quais decorreu a superação do rito inquisitório.[123]

Tampouco como na experiência chilena.

---

122 BOBBIO, N. *Ibidem*, p. 22.
123 AMODIO, Enio. Op. Cit.

1.7 A importância do papel normativo dos Tribunais na formação do Processo Penal

Uma das mais profundas transformações decorrentes do cenário constitucional-convencional é a do papel normativo dos Tribunais. E, como toda mudança, nem sempre os aspectos positivos prevalecem, havendo, inclusive, posições doutrinárias de peso francamente críticas a essa nova dimensão dos precedentes[124].

Uma das consequências criticáveis dessa expansão é o rebaixamento da qualidade doutrinária que passa a assumir uma postura de subserviência ao julgado mais recente, deixando, assim, de cumprir sua missão primordial, que é a da produção da cultura; outra é a de assimilar um julgado isolado, ainda que proveniente dos tribunais superiores, como *uma nova tendência* e invocá-lo para além dos limites subjetivos e objetivos da coisa julgada como uma norma estabelecida pelo Parlamento.

Por isso, há de se distinguir os conceitos de *precedentes e jurisprudência* e, dentre aqueles, os que são dotados de força meramente persuasiva, os que têm força impeditiva ou obstativa[125] e, por fim, os que possuem força vinculante[126]. Estes representam as chamadas Súmulas Vinculantes do STF, regradas pelo art. 103-A, da CR, que são, ao nosso sentir, as únicas que podem ser efetivamente dotadas de força normativa para fins do processo penal[127], sendo fundamento idôneo, por exemplo, para buscar-se a revisão criminal nos termos do art. 621 do CPP[128].

Assim, observado o quadro atual dos provimentos judiciais e seus reflexos *normativos*, destaque-se que a origem se dá a partir do *precedente jurisprudencial* que, por sua vez, nasce sem força vinculante obrigatória, conceituável como *a decisão judicial tomada à luz de um caso concreto, cujo núcleo essencial pode servir como diretriz para o julgamento posterior em casos análogos*[129].

Compõem o precedente:

---

124 STRECK, Lenio Luiz; ABBOUD, Georges. **O que é isto:** O precedente judicial e as súmulas vinculantes? Porto Alegre: Livraria do advogado, 2013. p. 85-87.

125 Súmulas do STJ ou do STF (art. 518, § 1º do CPC).

126 LOURENÇO, Haroldo. Precedente judicial como fonte do Direito: algumas considerações sob a ótica do novo CPC. Temas Atuais de Processo Civil, v. 1, n. 6, 2011.

127 Acompanha-se, aqui, a posição de: MANCUSO, Rodolfo de Camargo. **Divergência jurisprudencial e súmula vinculante.** 4. ed. São Paulo: Revista dos Tribunais, 2010.

128 Em idêntico sentido: PIMENTEL, Fabiano Cavalcante. O retrospective overruling in mellius **como fundamento para a revisão criminal.** Salvador: PPGD-UFBA. 2015.

129 DIDIER JR., Fredie. **Curso de Direito Processual Civil.** 6. ed. Salvador: JusPodium, 2011. 2 v. p. 385.

a] A identificação, pelo julgador, de uma norma geral legislada como ponto de partida para seu julgamento que deve ter pertinência constitucional-convencional; e,

b] A individualização dessa norma à situação concreta que virá a compor sua *ratio decidendi*.

Desse modo, a *ratio decidendi* é composta pela norma jurídica geral invocada no caso concreto; sua aplicação ao caso concreto; o conjunto de argumentos empregados pelo julgador na tarefa hermenêutica de individualização da decisão.

Contudo, nem todo o teor do julgado constitui sua *ratio decidendi*. Dele também faz parte o chamado *obter dictum*, conjunto de argumentos-fundamentos periféricos ao ponto nuclear decidido e que não se projeta na eventual formação da jurisprudência, cuja diferenciação, no caso do comportamento dos tribunais brasileiros, nem sempre é de fácil identificação[130].

A *ratio decidendi* se projeta para outros casos semelhantes e, quando alcançar um grau de aceitação de modo a ser identificada em número significativo de outros julgamentos, consolida a respeito de uma determinada matéria a *jurisprudência dominante*[131].

Tão importante quanto conhecer a forma como se constrói a obediência à jurisprudência (*stare decisis*[132]) com base nos precedentes é a tarefa de diferenciar as situações para que não se coloque no mesmo contexto de obediência casos substancialmente distintos.

Assim, surge a importância das técnicas como o *distinguished*, que pode ser dividido em suas manifestações como *método e resultado*[133], as quais, em seu conjunto, significam o cotejo fático entre os casos submetidos à análise (o precedente e o caso atual) para aproximá-los (e, então, adotar-se o precedente) ou afastá-los.

Mais ainda, existe o *overruling*[134], que significa a superação do entendimento anterior pela alteração dos precedentes, vindo a construir-se, assim, uma *nova jurisprudência*, calcada na mudança do paradigma anterior por sua inadequação

---

130 CAMBI, Eduardo; FILIPPO, Thiago Baldani Gomes de. Precedentes vinculantes. Revista de Processo, São Paulo, ano 38, v. 215, jan. 2013.

131 TARUFFO, Michele. Precedentes e Jurisprudência. Revista de Processo, São Paulo, n. 199, 2010, p. 142-143.

132 Frase latina stare decisis et non quieta movere, que numa tradução livre pode ser apresentada como "ficar como foi decidido e não mexer no que está quieto".

133 TUCCI, José Rogério Cruz e. Parâmetros de eficácia e critérios de interpretação do precedente judicial. In WAMBIER, Teresa Arruda Alvim (Coord.), **Direito jurisprudencial**. São Paulo: Revista dos Tribunais, 2012. p. 125.

134 Entre outros, consultar para uma análise crítica BENESH, Sara C.; REDDICK, Malia. Overruled: An Event History Analysis of Lower Court Reaction to Supreme Court Alteration of Precedent. Journal of Politics, v. 64, n. 2, p. 534-550, 2002. Ver também: BRADFORD, C. Steven. Following Dead Precedent: The Supreme Court's III-Advised Rejection of Anticipatory Overruling. Fordham Law Review, v. 59, p. 39, 1990.

social ou sistêmica ou pelo seu equívoco técnico[135]. Essa superação pode ser total ou parcial, hipótese na qual se apresenta o mecanismo do *overriding*[136].

Essa mudança não pode ser, por certo, abrupta, posto que, se assim fosse, estaria funcionando em desfavor da segurança hermenêutica que se quer conquistar com o sistema de precedentes e, por isso, é acompanhada de outra técnica de superação, o *signaling*, que, na verdade, nada mais é que a indicação da alteração de entendimento que se seguirá[137].

Para o processo penal brasileiro, não há uma construção autônoma de toda essa discussão, valendo-se a teoria processual penal pátria das bases processuais civilistas que, por sua vez, embora mais densas, ainda se encontram em construção porquanto nossa tradição de *civil law* não é originariamente afeita a tais conceitos e práticas.

1.8 Fontes legislativas de direito interno

É necessário sempre destacar que desde a entrada em vigor da Constituição de 1988, o Brasil não construiu, no processo penal, a necessária convergência sistêmica ao modelo estabelecido na Carta Magna[138], optando pelo mecanismo pseudo-eficiente das reformas setoriais ou parciais[139], estratégia abandonada no

---

135 TUCCI, José Rogério Cruz e. **Precedente Judicial como Fonte do Direito**. São Paulo: Revista dos Tribunais, 2004. p. 179.

136 ESKRIDGE JR, William N. Overriding Supreme Court Statutory Interpretation Decisions. Yale Law Journal, p. 331-455, 1991.

137 FON, Vincy; PARISI, Francesco. Judicial Precedents in Civil Law Systems: A Dynamic Analysis. **International Review of Law and Economics**, v. 26, n. 4, p. 519-535, 2006.

138 Inúmeros trabalhos procuram demonstrar a incongruência entre o modelo constitucional e aquele proveniente do estado autoritário que gerou o código em vigor. A título ilustrativo, veja-se CHOUKR, Fauzi Hassan. A ordem constitucional e o processo penal. **Revista Brasileira de Ciências Criminais**. São Paulo, v. 2, n. 8, p. 57-68, out./dez. 1994; COUTINHO, Jacinto Nelson de Miranda. Introdução aos princípios gerais do direito processual penal brasileiro. **Revista de Estudos Criminais**, Porto Alegre, v. 1, p. 26-51, 2001; PRADO, Geraldo. **Sistema acusatório: a conformidade constitucional das leis processuais penais**. 4. ed. Rio de Janeiro: Lumen Juris, 2006.

139 A expressão "setorial" é particularmente adotada por alguns dos integrantes da assim denominada "Comissão Grinover", como se vê em: DOTTI, René Ariel. Cross-Examination e a simplificação das audiências: um método adequado e que atende vários princípios processuais. Disponível em: <http://www.migalhas.com.br/mostra_noticia_articuladas.aspx?cod=48774>. Acesso em: 19 nov. 2021.

contexto latino-americano[140], dados seus efeitos insatisfatórios e suas promessas práticas não cumpridas.

Assim, como o processo penal vive da recorrente edição de normas *atualizadoras*, é indispensável sistematizar algumas considerações sobre o processo legislativo da norma processual penal que deve também levar em conta a necessária adequação legislativa interna aos textos internacionais pactuados pelo Brasil[141], bem como refletir as sanções impostas às práticas brasileiras, sobretudo pela Corte Interamericana de Direitos Humanos.[142]

Dessa forma, como núcleo do presente tópico está o processo legislativo[143] concernente ao processo penal, estabelecendo-se a necessária observação da *adequação legislativa* em relação às espécies de norma, e não uma determinada hierarquia entre elas[144], excepcionando-se, pela sua própria natureza, a emenda constitucional.

Inicia-se, pois, com os processos legislativos que não podem, de maneira expressa, figurar entre aqueles validamente empregáveis na produção da norma processual penal.

---

140 Para uma visão geral do movimento reformista do processo penal na América Latina, veja-se, por exemplo, GONZÁLEZ MACCHI, José Ignacio. Las reformas del procedimiento penal en Latinoamerica y un estudio comparado de las instituciones procesales en el sistema judicial penal de los estados. In: MAIA NETO, Candido Furtado (Coord.) **Notáveis do direito penal**: livro em homenagem ao emérito Professor Doutor René Ariel Dotti. Brasília: Consulex, 2006. p. 231-248.

141 É o caso, por exemplo, da necessidade da adequação brasileira ao Estatuto de Roma (*vide* CHOUKR, Fauzi Hassan. O Brasil e o Tribunal Penal Internacional: abordagem inicial à proposta de adaptação da legislação brasileira. In: AMBOS, Kai; CARVALHO, Salo de (Org.). **O direito penal no Estatuto de Roma**: leitura sobre os fundamentos e a aplicabilidade do Tribunal Penal Internacional. Rio de Janeiro: Lumen Juris, 2005. p. 61-77); ainda como exemplo a Convenção das Nações Unidas contra o Crime Organizado Transnacional (Convenção de Palermo).

142 Particularmente é o caso da denominada "Lei Maria da Penha" (Lei 11.340/2006), nascida a partir da sanção imposta ao Brasil no modelo de proteção aos direitos humanos no contexto da Convenção Americana de Direitos do Homem.

143 Pela expressão "processo legislativo" entende-se "o conjunto de normas, fixadas pela Constituição, dirigidas à elaboração de outras normas" (cf. SILVA NETO, Miguel Jorge. Curso de Direito Constitucional. 2. ed. Rio de Janeiro: Lúmen Júris, 2006. p. 341).

144 BORGES NETO, André Luiz. Lei (processo legislativo). In: DIMOULIS, Dimitri (Coord.). **Dicionário brasileiro de direito constitucional**. São Paulo: Saraiva, 2007. p. 215.

1.8.1 Limites "negativos" à produção da norma Processual Penal

1.8.1.1 A lei delegada

A delegação legislativa foi tema tratado com objetividade diferenciada pela Constituição da República de 1988[145], dispondo o Artigo 68 que (§ 1º):

> Não serão objeto de delegação os atos de competência exclusiva do Congresso Nacional, os de competência privativa da Câmara dos Deputados ou do Senado Federal, a matéria reservada à lei complementar, nem a legislação sobre: I – organização do Poder Judiciário e do Ministério Público, a carreira e a garantia de seus membros; II – nacionalidade, cidadania, direitos individuais, políticos e eleitorais; III – planos plurianuais, diretrizes orçamentárias e orçamentos.[146]

Nesse ponto, foi além daquilo que previa a Emenda Constitucional 01 de 1967 em seu artigo 52[147] que, regulando a mesma matéria, não vedava o emprego de tal processo legislativo a temas como a organização do Ministério Público e aos *direitos individuais*.

A impossibilidade do emprego de leis delegadas para a matéria processual penal distancia o Brasil de outros ordenamentos, como os da Itália e Portugal, os quais concretizaram a reforma integral de seus códigos de processo penal empregando aquele mecanismo legislativo[148], fundamentalmente porque, tratando-se de normas que diretamente incidem sobre direitos fundamentais, não seria possível a delegação, pelo Congresso, de tais matérias. Mais ainda, ao falar-se numa nova disciplina processual penal, ainda que reflexamente estar-se-ia dispondo sobre a Magistratura e o Ministério Público, do que se conclui a impossibilidade para o emprego dessa via processual legislativa para o tratamento processual penal.

---

145 Sobre as dimensões dogmáticas da lei delegada veja-se, por exemplo, RUY, Fernando Estevam Bravim. Leis delegadas. Jurídica: **Revista do Curso de Direito**, Vitória, v.2, n.2, p. 25-36, out./2000.
146 BRASIL. **Constituição da República Federativa do Brasil de 1988**. Op. Cit.
147 Art. 52. As leis delegadas serão elaboradas pelo Presidente da República, comissão do Congresso Nacional ou de qualquer de suas Casas. Parágrafo único. Não serão objeto de delegação os atos da competência exclusiva do Congresso Nacional, nem os da competência privativa da Câmara dos Deputados ou do Senado Federal, nem a legislação sôbre: I – a organização dos juízos e tribunais e as garantias da magistratura, II – a nacionalidade, a cidadania, os direitos políticos e o direito eleitoral; e III – o sistema monetário. BRASIL. **Emenda Constitucional n. 1 de 17 de outubro de 1969**: edita o novo texto da Constituição Federal de 24 de janeiro de 1967. Disponível em: <http://www.planalto.gov.br/ccivil_03/constituicao/emendas/emc_anterior1988/emc01-69.htm>. Acesso em 03 jun. 2021.
148 Para uma exposição do processo histórico que desencadeou o Código Italiano de 1989, veja-se: CHIAVARIO, Mario. **Procedura Penale**: un codice tra storia e cronaca. Turim: Giapichelli, 1994.

A única possibilidade é o emprego de lei delegada de forma tópica para matérias de competência exclusiva da União a teor do art. 22, parágrafo único, da CR/88, experiência não empregada até o presente momento.

1.8.1.2 A medida provisória

Ao entrar em vigor, a Constituição da República nada dispunha expressamente quanto aos limites materiais negativos para o emprego de medidas provisórias, o que gerou ao menos uma norma jurídica processual penal a partir desse processo legislativo, qual seja, a *lei da prisão temporária* que entrou em nosso Direito pela Medida Provisória n. 111, de 24 de novembro de 1989, e foi confirmada com pequena mudança de redação pela Lei n. 7.960, de 21 de dezembro do mesmo ano.

A questão, ligada aos limites materiais da medida provisória em sede processual penal, jamais mereceu a atenção específica da doutrina pátria, sendo uma das poucas exceções a voz de Silva Franco, ao afirmar

> O fato de o Congresso Nacional vir a ratificar, com ou sem emendas, uma medida provisória de caráter processual penal que lesa o direito de liberdade do cidadão, não legitimaria a competência do Poder Executivo para normatizar a matéria. A lei convertedora submete-se à instância do controle político é um ato com características políticas, que atende uma fiscalização de mérito, de oportunidade, de conveniência política e não uma fiscalização jurídica.[149]

Com efeito, medidas processuais que ataquem direitos constitucionalmente tutelados (*v.g.* liberdade, intimidade, *due process* e outros) não podem ser legislados pela via casuística das medidas provisórias. Essas limitações somente podem ocorrer fora do legislativo em sede de estados de exceção, cujo regramento é dado pela própria Constituição (*v.g.* estado de emergência). Caso contrário, por se tratar de direitos fundamentais, somente poderão ser modificados quanto ao seu exercício por meio do processo legislativo em sentido estrito, e não por meio de exceções a ele, como é o caso das aludidas medidas. Sem embargo, sua constitucionalidade foi sempre reiterada pela jurisprudência. Outrossim, sempre foi questionada sua inconstitucionalidade pela afronta ao princípio da presunção (estado) de inocência, embora tenha-se firmado o entendimento quanto à sua obediência ao texto constitucional[150].

---

149 SILVA FRANCO, Alberto. **Crimes Hediondos**. Notas sobre a Lei 8078/90. 2. ed. 1992. p. 164-165.
150 CHOUKR, Fauzi Hassan. Garantias **Constitucionais na Investigação Criminal**. 3. ed. Rio de Janeiro: Lumen Juris, 2007.

Posteriormente, com a Emenda Constitucional 32 de 2001[151], passou-se a vedar expressamente o emprego desse mecanismo processual legislativo para a normatização do processo penal, assim como do direito penal material e do processo civil, sem embargo de ter sido usada posteriormente para temas de execução penal.[152]

Quanto ao direito material penal, vale lembrar que a doutrina já havia sido mais enfática no sentido da impossibilidade do emprego desse mecanismo, como se observa com Toledo[153], ao afirmar que

> ora, a medida provisória, por não ser lei, antes de sua aprovação pelo Congresso, não pode instituir crime ou pena criminal (inciso XXXIX). Se o faz choca-se com o princípio da reserva legal, apresentando vício de origem que não se convalesce pela sua eventual aprovação posterior, já que pode provocar situações e males irreparáveis.

E também com Gomes, ao afirmar que

> o fundamental é que toda norma com caráter penal tem que seguir rigorosamente o procedimento legislativo previsto na Constituição para as leis ordinárias (CF, arts. 61 e ss), isto é, projeto tem que ser apresentado, discutido, votado, aprovado, promulgado, sancionado e publicado, ensejando-se a possibilidade de ampla discussão, inclusive pelas minorias. Para restrição de direitos fundamentais, estabelecidos democraticamente pelo legislador constituinte, só esta via é possível [...]. Devemos falar em monopólio da lei, mas não qualquer lei, pois só é válida a lei *formal* do Legislativo.[154]

Se por via de leis delegadas ou por medidas provisórias não é possível a construção da norma processual penal, resta analisar, a partir das disposições constitucionais, quais as opções de processo legislativo que restam para a (re)estrutura da matéria a fim de, sobretudo, adequar e otimizar os princípios e regras constitucionalmente estabelecidos para a persecução penal.

---

151 BRASIL. **Emenda Constitucional n. 32 de 11 de setembro de 2001**: altera dispositivos dos arts. 48, 57, 61, 62, 64, 66, 84, 88 e 246 da Constituição Federal, e dá outras providências. Disponível em: <http://www.planalto.gov.br/ccivil_03/Constituicao/Emendas/Emc/emc32.htm>. Acesso em: 3 jun. 2021. "Art. 62. Em caso de relevância e urgência, o Presidente da República poderá adotar medidas provisórias, com força de lei, devendo submetê-las de imediato ao Congresso Nacional. § 1º É vedada a edição de medidas provisórias sobre matéria: I – relativa a: [...] b) direito penal, processual penal e processual civil [...]."

152 Trata-se da Medida Provisória 28/02, de 04.02.02, que ampliava o poder dos diretores de presídios e previa o agravamento das sanções disciplinares de condenados que viessem a ser culpados por infrações ao regime prisional a que estariam sujeitos, a qual, no entanto, não se converteu em lei (rejeitada em 24 de abril de 2002).

153 TOLEDO, Francisco de Assis. Princípios **Básicos de Direito Penal**. Saraiva: São Paulo, 1994.

154 GOMES, Luiz Flávio. Op. Cit.

> **Análise Crítica:** A chamada *prisão temporária* criada pela Lei 9760/89 nasceu de uma medida provisória, a de n. 111/89, ainda num momento em que não havia a vedação constitucional para esse instrumento legislativo regrasse o processo penal. No STF foi aforada a ADI 4109 sobre vícios do processo legislativo, caso ainda não julgado em definitivo naquela Corte no momento em que este Manual foi escrito na atual edição.

1.8.2 Opções *positivas* à produção da norma processual

1.8.2.1 A lei ordinária

Dúvidas não restam quanto a ser a lei *ordinária* a forma obviada pela Constituição para disciplinar o processo penal e, como lembra Silva Neto[155], trata-se do "mais comum dos processos legislativos", cuja tramitação exige várias intervenções até que se culmine com sua efetiva entrada em vigor.

1.8.2.2 A lei complementar e seu papel no modelo legislativo Processual Penal

Adotando-se a ideia da especificidade das matérias a um determinado processo legislativo, tem-se que a lei complementar poderia ser cabível na seara processual penal desde que houvesse a previsão constitucional para a reserva material específica.

Assim, pelo texto constitucional, será encontrada notadamente a previsão do Artigo 121 o qual dispõe que "Lei complementar disporá sobre a organização e competência dos tribunais, dos juízes de direito e das juntas eleitorais",[156] Justiça que, abarcando competência penal, autoriza a concluir a possibilidade de regulamentação do processo penal pela via de lei complementar no campo eleitoral.

Diante da proliferação legislativa apontada na seção anterior, operadores do direito preocupados com a manutenção da logicidade do sistema penal quando observado à luz das premissas do Estado de Direito, passaram a propugnar pelo emprego daquilo que seria uma espécie de *reserva de processo legislativo* para o âmbito penal material (mas com a possibilidade de expansão da conclusão para

---

155 Op. Cit., p. 343 e seguintes.
156 BRASIL. **Constituição da República Federativa do Brasil de 1988**. Op. Cit.

o campo processual penal)[157]. De qualquer maneira, com o raciocínio sobre o emprego de lei complementar, está-se querendo aproximar daquilo que Ferrajoli denomina de "reserva de código"[158].

Como será visto na sequência, esse processo legislativo pode servir como ponto referencial para a efetiva adequação do processo penal brasileiro aos parâmetros constitucionais. No entanto, antes de adentrar nessa análise, é necessário compreender alguns dos principais pontos de estrangulamento do processo legislativo.

`1.8.3` Pontos de estrangulamento do sistema normativo

`1.8.3.1` Competência legislativa sobre processo e procedimento

Na estrutura constitucional, talvez como fruto do espírito federativo revigorado com a reconstrução do Estado de Direito, a Constituição estabeleceu um sistema razoavelmente complexo de repartição de competências legislativas que vem exigindo exegese contínua nestes anos em que se encontra em vigor[159], notadamente porque prevê como um dos critérios de divisão a distinção entre *processo e procedimento*[160] que, desacompanhada de qualquer definição *legal*, vem se valendo

---

157 GIMENES, Renata Okano. **Lei ordinária em matéria penal: incongruência latente**. Disponível em: <www.uel.br/revistas/direitopub>. Acesso em: 22 nov. 2021. O interesse do texto reside no reconhecimento da necessidade de domesticar-se o processo legislativo na seara penal, embora algumas das premissas adotadas no artigo não contem com nossa total adesão.

158 FERRAJOLI, Luigi. Entrevista. A teoria do garantismo e seus reflexos no direito e no processo penal. Entrevistado por Fauzi Hassan Choukr. **Boletim do IBCCrim**, n. 77, p. 4, abr. 1999.

159 Veja-se, por exemplo, LOBO, Paulo Luiz Neto. Competência legislativa concorrente dos Estados-Membros na Constituição de 1988. **Revista de Informação Legislativa**, Brasília, v. 26, n. 101, p. 87-104, jan./mar. 1989; FERRAZ JUNIOR, Tércio Sampaio. Normas gerais e competência concorrente: uma exegese do art. 24 da Constituição Federal. **Revista Trimestral de Direito Público**, São Paulo, n.7, p.16-20, 1994; BORGES NETO, Andre Luiz. Competências legislativas implícitas dos Estados-Membros. **Cadernos de Direito Constitucional e Ciência Política**, São Paulo, v.6, n.23, p.128-33, abr./jun. 1998.

160 No texto constitucional, como competência concorrente tem-se: "Art. 24. Compete à União, aos Estados e ao Distrito Federal legislar concorrentemente sobre: [...] XI – procedimentos em matéria processual". Já como competência exclusiva, dispõe o "Art. 22. Compete privativamente à União legislar sobre: [...] I – direito civil, comercial, penal, processual, eleitoral, agrário, marítimo, aeronáutico, espacial e do trabalho". BRASIL. **Constituição da República Federativa do Brasil de 1988**. Op. Cit. Para uma tentativa de interpretação teórica dessas normas, BERMUDES, Sérgio. Competência legislativa concorrente sobre procedimentos em matéria processual. **Revista de Direito do Tribunal de Justiça do Rio de Janeiro**, Rio de Janeiro, n. 21, p. 46-50, out./dez. 1994; GENTIL, Plínio Antonio Britto. Os necessários limites da competência legislativa em matéria penal. **Revista dos Tribunais**, São Paulo, v.95, n.847, p.391-405, maio 2006.

de conceitos doutrinários de distinção[161], com resultados práticos diferenciados de acordo com a linha dogmática que se queira tomar.

Dentre os muitos problemas práticos que podem ser enunciados, um dos mais ilustrativos exemplos da dificuldade de legislar é o que diz respeito ao julgamento do *Habeas Corpus* 88.914-0 tendo como relator o Ministro Cezar Peluso, e que versa sobre o emprego do interrogatório por videoconferência. Ao manifestar-se sobre a distinção entre processo e procedimento, tem-se no acórdão que "Processo, por definição, é atividade que se realiza em contraditório, ou seja, com a participação dos interessados no provimento final (Fazzalari)"[162], adotando-se assim como critério de racionalidade a posição esposada pelo renomado autor italiano. Desse emprego, ainda que de forma indireta, há o repúdio à possibilidade de legislação estadual versar sobre o tema.

O que há de preocupante, em nosso sentir, é que se trata de uma diferenciação dogmática que, ao desamparo de definição legal, poderá variar de acordo com a linha acadêmica que se queira empregar. Isto vai além da liberdade de interpretação (jamais ilimitada) para alterar o próprio conteúdo de legalidade e conformação constitucional da norma.

1.8.3.2 Os limites normativos sobre organização judiciária

Um dos pontos de maior atrito na construção da norma processual penal a partir das competências legislativas sobre o tema nas esferas da União[163] e dos Estados[164] é a latente e potencial capacidade de conflito entre a organização judiciária e as normas processuais penais, tema que parece distante das preocupações dos processualistas penais[165] e que apresenta pontos de árdua solução, como naquelas situações em que, a título de organizar novas varas especializadas por meio de normas de organização judiciária, se altera o próprio conteúdo da competência.

---

161 SUNDFELD, Carlos Ari. Competência legislativa em matéria de processo e procedimento. **Revista dos Tribunais**, São Paulo, v. 79, n. 657, p. 32-6, jul. 1990.

162 BRASIL. Supremo Tribunal Federal. **Habeas Corpus n. 88.914/SP**. Segunda Turma. Relator: Min. Cezar Peluso. Data de Julgamento: 05 out. 2007. Disponível em: <https://jurisprudencia.stf.jus.br/pages/search/sjur89534/false>. Acesso em: 22 nov. 2021.

163 "Art. 22. Compete privativamente à União legislar sobre: [...] XVII – organização judiciária, do Ministério Público e da Defensoria Pública do Distrito Federal e dos Territórios, bem como organização administrativa destes." BRASIL. **Constituição da República Federativa do Brasil de 1988**. Op. Cit.

164 "Art. 125. Os Estados organizarão sua Justiça, observados os princípios estabelecidos nesta Constituição. § 1º – A competência dos tribunais será definida na Constituição do Estado, sendo a lei de organização judiciária de iniciativa do Tribunal de Justiça." BRASIL. **Constituição da República Federativa do Brasil de 1988**. Op. Cit.

165 Mas que não é estranho à dogmática processual civil, que dele se ocupa com mais frequência. Veja-se, por exemplo, ARRUDA ALVIM NETO, José Manoel de. Manual de Direito Processual Civil: Parte geral. 11 ed. São Paulo: Revista dos Tribunais, 2007. 1 v.

Longe de ser mera especulação acadêmica, o tema vem merecendo atenção dos operadores ao longo dos anos e vem sendo suscitado em inúmeras situações. Uma delas no julgamento do HC 88.660[166], sendo que, no voto da Min. Carmen Lúcia, chega-se a afirmar que

> O tema pertinente à organização judiciária não estaria restrito ao campo de incidência exclusiva da lei, uma vez que dependeria da integração de critérios preestabelecidos na Constituição, nas leis e nos regimentos internos dos tribunais. Entendeu que, no caso, o TRF da 5ª Região não invadira competência reservada ao Poder Legislativo, mas exercitara competência constitucionalmente legítima e amparada pelo seu regimento interno, o mesmo não ocorrendo com o CJF, que exorbitara de sua competência ao definir atribuições de órgãos judiciais. Todavia, asseverou que, embora inconstitucional a Resolução 314/2003, este vício não atingiria a Resolução 10-A/2003, pois esta fora formalmente expedida nos termos da Constituição e não estaria fundamentada apenas naquela resolução. Afastou, ainda, afronta ao princípio do juiz natural, haja vista que a resolução do TRF da 5ª Região não instituiu juízo ad hoc ou criou tribunais de exceção. De outro lado, considerou que a posterior especialização de vara, quando já definida a competência pela distribuição, macularia de ilegalidade a aludida Resolução 10-A/2003, porquanto não observadas as normas legais do processo penal (CPP, art. 75).

A sobredita Resolução 314/2003[167] possuía inicialmente o seguinte texto:

> Art. 1º Os Tribunais Regionais Federais, na sua área de jurisdição, especializarão varas federais criminais com competência exclusiva ou concorrente, no prazo

---

166 Trata-se do de *habeas corpus* em que acusado pela suposta prática de crimes contra o sistema financeiro nacional, contra a ordem tributária, de lavagem de ativos ilícitos e apropriação indébita alega ofensa aos princípios constitucionais da reserva de lei e da separação de Poderes. Sustenta-se, na espécie, a incompetência da 11ª Vara Federal da Seção Judiciária do Estado do Ceará, porquanto o inquérito policial iniciara-se no Juízo Federal da 12ª Vara daquela Seção Judiciária e, com a criação dessa vara especializada em cuidar de delitos financeiros, o procedimento fora para lá distribuído, em data anterior ao oferecimento da denúncia. Afirma-se, ainda, por violação ao princípio do juiz natural, bem como pela não observância do disposto no art. 75, parágrafo único, do CPP, a ilegalidade e a inconstitucionalidade da Resolução 10-A/2003, do TRF da 5ª Região, que regulamentou a Resolução 314/2003, do Conselho da Justiça Federal – CJF, a qual criou a aludida vara especializada. No momento em que este texto foi elaborado o julgamento de mérito afetado ao Plenário ainda não foi concluído. BRASIL. Supremo Tribunal Federal. Habeas Corpus n. 88.660/ CE. Plenário. Relatora Min. Cármen Lúcia. Data de Julgamento: 15 maio 2008. Disponível em: <https://redir.stf.jus.br/paginadorpub/paginador.jsp?docTP=TP&docID=6439854>. Acesso em: 4 jun. 2021.

167 BRASIL. Conselho da Justiça Federal. **Resolução n. 314 de 12 mai. 2003**. Disponível em: <https://www2.jf.jus.br/jspui/bitstream/handle/1234/3322/RES%20314-2003%20Rev.pdf? sequence=1#:~:text=Disp%C3%B5e%20sobre%20a%20especializa%C3%A7%C3%A3o%20de, de%20bens%2C%20direitos%20e%20valores.>. Acesso em: 4 jun. 2021.

de sessenta dias, para processar e julgar os crimes contra o sistema financeiro nacional e de *lavagem* ou ocultação de bens, direitos e valores.

Posteriormente, adotando a Recomendação n. 3[168] do Conselho Nacional de Justiça, a redação passou a ser a seguinte:

> Art. 1º Os Tribunais Regionais Federais, na sua área de jurisdição, poderão especializar varas federais criminais com competência exclusiva ou concorrente para processar e julgar: I – os crimes contra o sistema financeiro nacional e de lavagem ou ocultação de bens, direitos e valores; e II – os crimes praticados por organizações criminosas, independentemente do caráter transnacional ou não das infrações. Parágrafo único. Deverão ser adotados os conceitos previstos na Convenção das Nações Unidas contra o Crime Organizado Transnacional promulgada pelo Decreto n. 5.015, de 12 de março de 2004.

A Recomendação n. 3, de 30 de maio de 2006, que dispõe sobre "a especialização de varas criminais para processar e julgar delitos praticados por organizações criminosas e dá outras providências",[169] entre vários considerandos e inúmeros outros pontos, dispõe que

> (...) c) que a especialização se dê, preferencialmente, pela transformação das varas, em especial aquelas com competência para processar e julgar crimes contra o sistema financeiro nacional e de lavagem ou ocultação de bens, direitos e valores, quando existentes; d) que os Tribunais fixem a competência territorial das varas especializadas; d.1) que, na Justiça Federal, a competência referida no item anterior tenha preferencialmente abrangência coincidente com os limites territoriais de uma seção judiciária.[170]

E que

> e) que as varas especializadas em crime organizado contem com mais de um juiz, bem como com estrutura material e de pessoal especializado compatível com sua atividade, garantindo-se aos magistrados e servidores segurança e proteção para o exercício de suas atribuições. f) sempre que necessário, a mudança de sede da vara criminal especializada e a movimentação de pessoal, de modo a melhor atender a seus propósitos.[171]

---

168 BRASIL. Conselho Nacional de Justiça. **Recomendação n. 3 de 30 mai. 2006**. Recomenda a especialização de varas criminais para processar e julgar delitos praticados por organizações criminosas e dá outras providências. Disponível em: <https://atos.cnj.jus.br/files//recomendacao/recomendacao_3_30052006_23042019140017.pdf>. Acesso em: 4 jun. 2021.
169 Idem.
170 Idem.
171 Idem.

Em outro tópico, "j) que as ações penais não sejam redistribuídas."[172]

Pela aleatória escolha de itens acima efetuada, que se projeta para a organização orgânica do Poder Judiciário, observa-se que se compreende na esfera dessa organização temas que verdadeiramente dizem respeito à construção do processo penal e não de mera disciplina de funcionamento, demonstrando-se assim a dificuldade de, com clareza, estabelecer-se um ponto de equilíbrio legislativo entre aquilo que somente se pode fazer por força de lei – em sentido estrito – e aquilo que diz respeito à legitima atividade organizadora dos Tribunais, até para que estes não fiquem operacionalmente engessados.

1.9 Norma Processual Penal

1.9.1 Estrutura da norma processual penal

O processo penal rege-se pelo princípio da legalidade estrita diante do paralelismo que deve ser reconhecido entre a norma material e a processual, implicando que os atos processuais penais não podem ser expandidos ou restringidos senão por força da norma produzida em correto processo legislativo conforme sustentamos em obra[173] anterior e acompanhada por expressiva manifestação doutrinária que reconhece a conectividade entre os campos processuais e materiais.[174]

Não por outra razão, autorizada fonte no direito comparado com base em sua Constituição[175] afirma que

> podemos inferir que a organização legal do processo deve ser também anterior ao fato que motiva esse processo. Tão anterior quanto a tipificação dos delitos pelos quais esse processo foi iniciado. Existe uma relação paralela entre a legalidade prévia da tipificação dos delitos e a estruturação legal prévia do processo.[176]

E conclui que

---

172 Idem.

173 CHOUKR, Fauzi Hassan. **Código de Processo Penal**: Comentários consolidados e crítica jurisprudencial. 6. ed. São Paulo: Saraiva, 2014. p. 45.

174 GIACOMOLLI, Nereu José. **Reformas (?) do processo penal**: considerações críticas. Rio de Janeiro: Lumen Juris, 2008. p. 114.

175 Art. 18 da Constituição Argentina: "ninguém pode ser condenado sem um julgamento prévio fundamentado em lei anterior ao fato do processo" (Artículo 18 – Ningún habitante de la Nación puede ser penado sin juicio previo fundado en ley anterior al hecho del proceso). SISTEMA DE INFORMAÇÃO DE TENDÊNCIAS EDUCACIONAIS NA AMÉRICA LATINA. **Constitución de la Nación Argentina**. Disponível em: <https://siteal.iiep.unesco.org/sites/default/files/sit_accion_files/ar_6000.pdf>. Acesso em: 4 jun. 2021.

176 BINDER, Alberto. **O descumprimento das formas processuais**: elementos para uma crítica da teoria das nulidades no processo penal. Rio de Janeiro: Lumen Juris, 2003.

este paralelismo não surge somente do conceito de função motivadora da norma, que também fundamenta o princípio de legalidade penal, mas do fato político comum de que, em sentido amplo, a irretroatividade da lei penal – a lei penal propriamente dita e a lei processual penal – está relacionada com o controle da arbitrariedade no exercício do poder penal.[177]

Na verdade, a posição do autor está alicerçada numa visão de conjunto do fenômeno processual. Assim ele o explica:

> o processo é, por si só, uma unidade – não divisível em atos específicos dotada de um certo significado de política criminal. O processo é regido pela lei processual como um todo, posto que consiste em um conjunto de atos encadeados que convergem para o julgamento e giram ao seu redor. Portanto, a ideia básica de julgamento prévio que analisamos até agora dá ao conjunto de atos anteriores e posteriores ao julgamento – que formam a totalidade do processo penal – uma unidade com significado político-criminal que não poderá ser alterada pela nova lei processual.[178]

O paralelismo da natureza da norma penal com a processual penal[179] se projeta para todas as formas de manifestação do processo e implica, por exemplo, a impossibilidade de adotar-se medidas particularmente gravosas à liberdade sem base legal, como se dá com o emprego do denominado *poder geral de cautela* no âmbito das medidas privativas de liberdade.[180]

1.9.1.1 Das chamadas normas mistas ou híbridas

Diz-se das chamadas normas que apresentam aspectos materiais e processuais em sua estrutura e que devem ser cindidas, em sua interpretação e projeção no tempo, levando-se em conta essa especificidade.

Assim, normas que regulam conjuntamente temas penais materiais e processuais serão retroativas na parte penal naquilo que forem mais benéficas e ultra-ativas nesse campo para as que foram mais gravosas à situação da pessoa acusada. Separa-se dessa parte, segundo a visão dominante, a parcela processual

---

177 Idem.
178 dem.
179 No que vem a ser seguido por outras fontes igualmente presentes no direito comparado: CORTÉS COTO, Rónald. La aplicación de la ley procesal penal en el tiempo. **Ciencias Penales: Revista de la Asociación de Ciencias Penales de Costa Rica**, San José, v. 14, n. 20, p. 109-118, out. 2002.
180 DELMANTO JUNIOR, Roberto. Legalidade estrita e vigência da lei processual penal: exceção à regra tempus regit actum. **Boletim do Instituto Manoel Pedro Pimentel**, São Paulo, v. 4, n. 17, p. 11-13, jul./set. 2001; BADARÓ, Gustavo Henrique Righi Ivahy. As novas medidas cautelares alternativas à prisão e o alegado poder geral de cautela no processo penal: a impossibilidade de decretação de medidas atípicas. **Revista do Advogado**, São Paulo, v. 31, n. 113, p. 71-82, set. 2011.

que, conforme será visto na sequência, ainda está atrelada ao aforisma *tempus regit actum*.[181]

A relevância dessa espécie normativa está na profusão legislativa que gera normas inerentes ao sistema penal regrando concomitantemente aspectos processuais e materiais. Ao longo da vigência da CR/88 tem-se como exemplo a mudança do art. 366 do CPP, que passou a impedir o início do processo à revelia e que, por regrar o tema da prescrição, foi tida como mista e, da mesma forma, a extinção do protesto por novo júri, em 2008 para ficarmos com dois exemplos mais corriqueiros.

`1.9.1.2` A integração do ordenamento processual e os limites à analogia

Uma das grandes fragilidades do ordenamento processual penal brasileiro, fruto direto da opção pelas reformas fragmentadas em detrimento daquela global do CPP, é a existência de um número crescente de lacunas normativas que se apresentam em proporção direta às reformas que se sucedem e que potencialmente são verificáveis no campo recursal ou nas formas de efetivação do contraditório e ampla defesa.

Animada pela constante presença de uma *teoria geral do processo* – vide crítica na sequência –, a analogia integrativa apela para o processo civil, sobretudo diante de sua reforma recente, para clamar a presença de mecanismos que são típicos daquela estrutura, como em formas antecipadas de solução da *lide* penal[182] ou expansão do sistema recursal[183], temas recorrentes nesse campo, ao lado da aplicação do *poder geral de cautela*[184].

Nada obstante, é de ser registrada a onipresente utilização do art. 28 do CPP como supedâneo de saneamento das inúmeras lacunas que se apresentam naturalmente num modelo inquisitivo de processo quando o tema é a postura

---

181 Acerca do tema ver, também: CARVALHO, Luis Gustavo Grandinetti Castanho de. Irretroatividade da norma processual com conteúdo penal. In: CARVALHO, Luis Gustavo Grandinetti Castanho de. Processo penal e constituição: princípios constitucionais do processo penal. 4. ed. Rio de Janeiro: Lumen Juris, 2006. ISBN 85-7387-827-4. p. 129-133.

182 HOLANDA, Erilene da Costa; SILVA, Ticiane Teixeira. Da possibilidade de julgamento antecipado da lide no processo penal. **Revista Direito e Liberdade**, Mossoró, v. 5, 1 Especial, p.377-391, mar. 2007; MACHADO, Agapito. Julgamento antecipado da ação penal. **Revista ESMAFE / Escola de Magistratura Federal da 5ª Região**, Recife, p. 81-103, 2010.

183 HERTEL, Daniel Roberto; GOBBI, Renan Nossa. O recurso adesivo e sua aplicação no processo penal. **Âmbito Jurídico**, Rio Grande, XV, n. 98, mar. 2012. Disponível em: <http://www.ambito--juridico.com.br/site/index.php?n_link=revista_artigos_leitura&artigo_id=11224>. Acesso em: 14 jan. 2022.

184 ALVES, Rogério Pacheco. O poder geral de cautela no processo penal. **Revista da EMERJ**, v. 6, n. 22, p. 276-306, 2003; LIMA, Marcellus Polastri. **A tutela cautelar no processo penal**. 3. ed. São Paulo: Atlas, 2014. 351 p., 23 cm. ISBN 978-85-224-8412-6.

do Ministério Público[185], posto que, nessa sistemática inquisitiva, posturas de *não agir* de algum órgão de execução do Ministério Público são tratadas como passíveis de controle interno-hierárquico e não levadas às suas consequências processuais que se afiguram como decorrentes do sistema acusatório.

De forma mais arejada e consentânea com a estrutura contemporânea, é de ser reconhecida a crescente importância da integração analógica de acordo com as bases normativas do processo penal internacional, sobretudo a partir do momento em que o Brasil assume o compromisso de inserir-se nesse sistema normativo transnacional[186], uma vez que suas bases normativas estão assentadas em textos internacionais protetores dos direitos fundamentais igualmente reconhecidos no ordenamento interno brasileiro e porque, no limite, essa estrutura funciona como um grande cenário para convergência normativa e axiológica do processo penal.

`1.9.2` **Eficácia da norma no tempo**

A base normativa para aplicação da lei processual penal está contida no art. 2º do CPP que orienta a aplicação do conhecido aforismo latino *tempus regit actum* sendo que a literalidade da norma e sua interpretação dominante[187] impõem a aplicação imediata, considerando como válidos os atos praticados no regime anterior sem a necessidade de renová-los ou adequá-los à nova legislação.

Tal compreensão pode ser resumida na clássica afirmação de Tornaghi:[188]

> A norma de Direito judiciário penal tem que ver com os atos processuais, não com o ato delitivo. Nenhum ato do processo poderá ser praticado a não ser na forma da lei que lhe seja anterior, mas nada impede que ela seja posterior à infração penal. Não há, neste caso, retroatividade da lei processual, mas aplicação imediata. Retroatividade haveria se a lei processual nova modificasse ou invalidasse atos processuais praticados antes de sua entrada em vigor. E é o próprio dispositivo legal que ressalva: "sem prejuízo da validade dos atos realizados sob a vigência da lei anterior".

---

185 MAZZILLI, Hugo Nigro. Considerações sobre a aplicação analógica do art. 28 do Código de Processo Penal. **Revista do Ministério Público do Rio Grande do Sul**, Porto Alegre, n. 50, p.159-171, abr./jul. 2003.

186 Como reconhecido por GEMAQUE, Sílvio César Arouck. **A necessária influência do processo penal internacional no processo penal brasileiro**. 2011. Tese (Doutorado em Direito Processual) – Universidade de São Paulo, São Paulo, 2010.

187 Entre tantos textos a respeito, SCHOLZ, Leônidas Ribeiro. A eficácia temporal das normas sobre prisão e liberdade. **Revista Brasileira de Ciências Criminais**, São Paulo, v. 4, n. 14, p. 192-200, abr./jun. 1996.

188 TORNAGHI, Hélio. **Instituições de Processo Penal**. Rio de Janeiro: Forense, 1959. 1 v. p. 168.

Da mesma maneira, pela forma tradicional de compreender o tema, é possível, para os processos em andamento, a mudança da estrutura processual em todos os seus aspectos, frustrando, assim, aquilo que seria o *devido processo legal*.

Contudo, esse modo de regramento e interpretação da matéria colide com os postulados contemporâneos de constitucionalidade e convencionalidade, posto que pode significar uma abrupta alteração das regras do jogo para os casos em andamento, não raras vezes com supressão de direitos defensivos ou expansão de poderes persecutórios.

No marco teórico desta Obra, defende-se que a aplicação imediata da nova lei processual deve seguir, além do critério temporal, o da sua incidência nos direitos fundamentais das pessoas envolvidas na persecução, superando, assim, os limites teóricos e políticos que contornam o aforismo acima citado.[189]

I] Assim: A nova lei pode ser aplicada de plano quando não houver restrição de direitos fundamentais da pessoa acusada ou das vítimas. Da mesma maneira, normas que ampliem a fruição desses direitos devem ter reconhecida sua aplicação imediata.[190]

II] Por outro lado, normas que restrinjam direitos fundamentais não haveriam de ter sua incidência imediata, obedecendo ao devido processo legal e ao modelo existente à época de a persecução ter início.[191]

Reconhecendo-se aqui uma vez mais a óbvia e íntima ligação entre a norma penal material e a norma processual no seu relacionamento instrumental, mas, também, na sua estrutura (legalidade estrita e consequências a ela correlatas),

---

189 TAIPA DE CARVALHO, Américo. **Sucessão de Leis Penais**. Coimbra: Editora Coimbra, 1997. p. 259.

190 BITENCOURT, Cezar Roberto. **Tratado de direito penal**: parte geral. 10. ed. São Paulo: Saraiva, 2006. 1v. p. 207 e seguintes. Para a aplicação desse postulado em tema momentoso: MOREIRA, Rômulo de Andrade. A nova Lei n. 13.257/16 ampliou a possibilidade da prisão domiciliar e deve ser aplicada imediatamente. Direito UNIFACS: **Debate Virtual**, n. 190, 2016. Disponível em: <https://revistas.unifacs.br/index.php/redu/article/view/4230/2885>. Acesso em: 23 nov. 2021.

191 Assim reconhecido em acórdão que trata diretamente desse tema: 1. A nova redação de dispositivos do Código de Processo Penal introduzida pela Lei n.º 11.689, de 09/06/2008, que entrou em vigor em 09/08/ 2008, estabeleceu a possibilidade de intimação editalícia da decisão de pronúncia do acusado solto que não for encontrado (art. 420 e seu parágrafo único), bem assim passou a permitir, em idêntica situação, que o réu seja intimado por edital para a sessão de instrução e julgamento (art. 431, c./c. o art. 420, parágrafo único) e que seja ele, caso não compareça, julgado à revelia pelo Tribunal do Júri (art. 457). 2. Cuidando-se, portanto, de normas de natureza processual e material, eis que influem no curso do prazo prescricional porquanto restará ele interrompido em caso de condenação do acusado pelo júri, é de se reconhecer a irretroatividade dos referidos dispositivos legais, que, por serem mais gravosos, não têm aplicação aos delitos cometidos anteriormente à sua vigência, impondo-se, pois, a anulação do processo a partir da decisão que determinou a realização de julgamento do paciente pelo Tribunal Popular sem a sua intimação pessoal, reconhecendo-se, em consequência, a ultra-atividade do disposto no § 1º do art. 451 do CPP, interpretado a contrário sensu, com a redação em vigor antes do advento da Lei n.º 11.689/08. 3. Ordem concedida. RIO DE JANEIRO. Tribunal de Justiça do Rio de Janeiro. **Habeas Corpus: 0050983-18.2011.8.19.0000**. Segunda Câmara Criminal. Relator: Des. José Augusto de Araújo Neto. Data de Julgamento: 31 jan. 2012. Data de Publicação: 20 maio 2013.

quer-se destacar, no entanto, que a fruição dos direitos e garantias fundamentais no processo (*tutela* de cognição ou mesmo *tutela* executiva) e para o processo (*tutela* cautelar) deve ser analisada de forma autônoma em relação ao Direito Penal.

Ligar automaticamente o processo penal ao *poder punitivo* levaria, em última análise, à total subordinação da norma processual àquela penal, e não é disso que se trata. Há direitos fundamentais no processo que não podem ser aproximados daqueles tutelados na norma material e é deles que se tratam quando se afirma que a nova norma processual não pode ser aplicada quando vier a eliminá-los ou restringi-los, valendo tal afirmação para os direitos fundamentais da pessoa submetida à persecução ou da pessoa vitimada pela conduta lesiva ao bem jurídico.

Anote-se que, no PLS 156/2009[192], desde os trabalhos da Comissão de Juristas tem-se a seguinte redação:

> Art. 7º A lei processual penal aplicar-se-á desde logo, ressalvada a validade dos atos realizados sob a vigência da lei anterior. § 1º As disposições de leis e de regras de organização judiciária que inovarem sobre procedimentos e ritos, bem como as que importarem modificação de competência, não se aplicam aos processos cuja instrução tenha sido iniciada. § 2º Aos recursos aplicar-se-ão as normas processuais vigentes na data da publicação da decisão impugnada.

No Relatório final do Senado, considerou-se que

> (...) quanto aos problemas de direito intertemporal, o art. 7º do projeto de Código prevê a aplicação imediata da nova lei processual penal, ressalvada a validade dos atos realizados sob a vigência da lei anterior, tal como consta do art. 2º do atual CPP. Se, porém, em face de uma nova lei ou regra de organização judiciária, houver inovação de procedimentos e ritos ou modificação de competência, o projeto de Código proíbe a aplicação da nova lei aos processos cuja instrução tenha sido iniciada. Em complemento, determina que, em relação aos recursos, aplicam-se as normas processuais vigentes na data da decisão impugnada. Por fim, o projeto de Código impede a retroatividade de leis que conjuguem disposições penais e processuais penais, salvo em relação à norma penal mais favorável, desde que não esteja subordinada ou não tenha relação de dependência com o conteúdo das disposições processuais. Com essa ressalva, o projeto de Código pretende evitar a criação jurisprudencial de uma terceira lei, diferente da que estava em vigor, como também da nova lei.[193]

---

192 BRASIL. Senado Federal. **Projeto de Lei do Senado n. 156 de 2009.** Op. Cit.
193 *Ibidem*, p. 24.

1.9.3 Eficácia da norma no espaço

O Código de Processo Penal aplica-se nos limites geográficos estabelecidos do território brasileiro, entendido como território, por extensão, o quanto disposto no art. 5º, § 1º, do Código Penal.

Para fins de aplicação da lei processual penal, é de ser considerado como território nacional a projeção terrestre, aérea e marítima, tais como definidas em lei, das fronteiras brasileiras.

Assim, faz parte do território nacional a denominada *coluna atmosférica*, de acordo com o Código Brasileiro do Ar (Decreto-Lei n. 32, de 18 de novembro de 1966, reformado pelo Decreto-Lei n. 34, de 28 de fevereiro de 1967), bem como o mar brasileiro, assim definido:

> O mar territorial brasileiro compreende uma faixa de doze milhas marítimas de largura, medidas a partir da linha de baixa-mar do litoral continental brasileiro, tal como indicado nas cartas náuticas de grande escala, reconhecidas oficialmente pelo Brasil (art. 1º, *caput*, da Lei n. 8.617/93).[194]

Como extensão do território nacional tem-se, a locação física das representações diplomáticas pátrias em outros Estados, cujo regramento se dá pela Convenção de Viena sobre as Relações Diplomáticas (de 18 de abril de 1961), que foi incorporada ao direito brasileiro pelo Decreto n. 56.435/65, bem como a Convenção de Viena sobre as Relações Consulares (de 24 de abril de 1963), promulgada no Brasil com o Decreto n. 61.078/67. No art. 31, § 1º, do texto supramencionado tem-se que: "O agente diplomático gozará de imunidade de jurisdição penal do Estado acreditado. Gozará também de imunidade de jurisdição civil e administrativa (...)".[195]

1.9.4 Interpretação da norma

A norma processual penal, balizada na forma preconizada neste capítulo, a dizer, nos mesmos parâmetros da norma penal material, não admite interpretação que vulnere a legalidade estrita de modo a suprimir direitos fundamentais.

Essa afirmação merece ainda mais atenção quando, por força da reiterada afirmação da existência de uma *teoria geral do processo*, mecanismos típicos do processo penal que tenham a mesma nomenclatura no processo civil tornam-se

---

194 BRASIL. **Lei 8.617 de 4 de janeiro de 1993**. Dispõe sobre o mar territorial, a zona contígua, a zona econômica exclusiva e a plataforma continental brasileiros, e dá outras providências. Disponível em: <http://www.planalto.gov.br/ccivil_03/leis/l8617.htm>. Acesso em: 4 jun. 2021.

195 BRASIL. **Decreto n. 56.435 de 8 de junho de 1965**. Promulga a Convenção de Viena. Disponível em: <http://www.planalto.gov.br/ccivil_03/decreto/antigos/d56435.htm>. Acesso em: 4 jun. 2021.

potencialmente objeto de uma interpretação *integrativa*[196]. Isso causa distorções na construção prática do processo penal as quais já tivemos a oportunidade de criticar, assim como também o fazem inúmeros autores céticos em relação à validade metodológica e aos fins políticos dessa generalização teórica[197]. Essa postura crítica, longe de ser inédita ou mesmo recente na literatura processual brasileira[198], ficou adormecida ao longo de algumas décadas, ressurgindo após a lenta maturação da doutrina processual penal com bases constitucionais e convencionais.

Entretanto, enfatiza-se uma vez mais aqui que, além de limitar a analogia interpretativa, essas balizas servem, também, como limites à analogia enquanto integração do ordenamento processual penal como visto em tópico anterior.

---

196 Como se pode ver em: MARQUES, José Frederico. Da unidade do processo: Aplicação de conceitos do processo civil no campo do processo penal. In: MARQUES, José Frederico. **Estudos de direito processual penal**. 2. ed. Campinas: Millennium, 2001. 317 p., 23 cm. ISBN 85-86866-31-2. p.9-10; mais recentemente: JARDIM, Afrânio Silva. Não creem na teoria geral do processo, mas que ela existe, existe... As bruxas estão soltas. **Revista Consultor Jurídico**, 4 jul. 2014. Disponível em: <https://www.conjur.com.br/2014-jul-04/afranio-jardim-nao-creem-teoria-geral-processo-ela--existe>. Acesso em: 23 nov. 2021.

197 Entre outros, LOPES JR., Aury. Teoria geral do processo é danosa para a boa saúde do processo penal. **Revista Consultor Jurídico**, 27 jun. 2014. Disponível em: <https://www.conjur.com.br/2014-jun-27/teoria-geral-processo-danosa-boa-saude-processo-penal>. Acesso em: 23 nov. 2021; MACHADO, Naira Blanco. Ponderações sobre a (in)existência de uma teoria geral do processo e as finalidades do processo penal. **RCP**, v. 13, n. 225. Disponível em: <https://1library.org/document/y4g983ry-ponderacoes-sobre-existencia-teoria-geral-processo-finalidades-processo.html>. Acesso em: 23 nov. 2021.

198 A ver: VIDIGAL, Luís Eulálio Bueno. Por que unificar o direito processual? **Revista de processo**, v. 7, n. 27, p. 40-48, out./dez. 1982.

Capítulo 2

Dos sujeitos no Processo Penal

2.1 A pessoa acusada

2.1.1 Fundamento constitucional-convencional da posição jurídica da pessoa acusada

A posição jurídica da pessoa submetida à persecução penal, *em qualquer de suas etapas*, é definida contemporaneamente a partir de textos internacionais e das bases constitucionais projetando-se, por consequência, para todo o ordenamento infraconstitucional.

Serve esta estrutura:

a) como condicionante para a edição de normas;
b) para a compreensão judicial na formação de precedentes e
c) deve orientar a produção acadêmica.

Dessa macroestrutura, cuja maior dimensão é a da proteção da dignidade da pessoa humana, desdobram-se vários aspectos, normalmente sob a forma de *princípios*, dentre os quais destacadamente a *presunção de inocência*, como se verá a seguir.

2.1.1.1 A presunção de inocência

Conceito: Trata-se de princípio informador de todo o processo penal, concebido como instrumento de aplicação de sanções punitivas em um sistema jurídico no qual sejam respeitados, fundamentalmente, os valores inerentes à dignidade da pessoa humana; como tal, deve servir de pressuposto e parâmetro de todas as atividades estatais concernentes à repressão criminal.[1] E, de forma mais incisiva quanto ao seu papel político, o "que se pretende traduzir com a presunção de inocência como ideia-força de um processo que não seja sacrificado nas aras da tirania política."[2]

Das posições acima consolidadas em prestigiosa e diversificada doutrina deve-se reprisar, no marco teórico desta Obra, que o processo penal não é um instrumento de punição, mas de preservação da liberdade justa. Por tal razão, afigura-se ainda mais fundamental a presunção de inocência como pilar essencial do processo penal no Estado de Direito. Posições que ligam a persecução penal

---

1 GOMES FILHO, Antonio Magalhães. **Presunção de inocência e prisão cautelar**. São Paulo: Saraiva, 1991. p. 37.
2 DOTTI, René Ariel. **O processo constitucional**: alguns aspectos de relevo. Disponível em: <http://www.gazetadopovo.com.br/vida-publica/justica-e-direito/colunistas/rene-ariel-dotti/o-processo-penal-constitucional—-alguns-aspectos-de-relevo-dp37vc8cc3yr3v4vgz1oxdkgv>. Acesso em: 23 nov. 2021.

a um objetivo de punição facilitam distorções na construção teórico-prática da presunção de inocência e, no limite, a possibilidade de seu esvaziamento perante um acentuado discurso de ampla defesa social.

Projeções da presunção de inocência

A presunção de inocência projeta-se como[3]:

a) **Forma de tratamento:** As pessoas devem ser tratadas como inocentes "até que o Estado, através das autoridades responsáveis pela ação penal, reúna elementos de prova suficientes para convencer um tribunal independente e imparcial da sua culpabilidade". Ela "exige [...] que os membros de um tribunal não partam da ideia pré-concebida de que o arguido cometeu a infracção que lhe é imputada"[4].

b) **Regra de orientação para a interpretação judicial:** Pela presunção de inocência, todas as dúvidas devem ser interpretadas a favor da pessoa acusada[5] ou suspeita de quem não se deve esperar que venha a contribuir para a sua própria incriminação.

c) **Regra processual orientadora da produção probatória:** Em relação à pessoa submetida à persecução, essa regra acompanha o princípio *nemo tenetur se detegere*, ou a impossibilidade de exigir-se que a pessoa suspeita, ou ré, seja obrigada a produzir prova contra si mesma. E, desse mesmo princípio extrai-se, igualmente, o direito ao silêncio. Essas manifestações serão tratadas na sequência deste Capítulo.

Ademais, a presunção de inocência como determinante do *ônus de provar* é destacadamente analisada no Capítulo 8 desta obra, destinado ao tema da prova no processo penal, desta Iniciação, para onde remetemos o leitor. Releva-se aqui, uma vez mais, a consequência do ônus da prova da acusação que deve recair sobre quem formula a hipótese incriminatória.

---

3   Compreensão válida para qualquer ordenamento aderente ao Estado de Direito. Particularmente para o direito estadunidense, ver GOLDENBERG, Alexander GP. Interested, but Presumed Innocent: Rethinking Instructions on the Credibility of Testifying Defendants. **New York University Annual Survey of American Law**, v. 62, p. 745, 2006. In verbis: "In more recent cases, the Court has identified the presumption of innocence as the principle underpinning key procedural rights at trial, such as the requirement that the prosecution prove each element of an offense beyond a reasonable doubt". Em casos mais recentes, a [Suprema] Corte identificou a presunção de inocência como princípio chave basilar para todos os direitos processuais, tais como o ônus da prova recaindo sobre a acusação, para além da dúvida razoável, acerca todos os fatos por ela alegados. (Tradução livre).

4   PORTUGAL. Livro Verde da Comissão das Comunidades Europeias. Disponível em: <https://eur-lex.europa.eu/legal-content/PT/TXT/PDF/?uri=CELEX:52006DC0174&from=PT>. Acesso em: 23 nov. 2021.

5   A ver, por exemplo, em: NABUCO FILHO, José. Importância da presunção de inocência. **Revista Jurídica Visão Jurídica**, São Paulo, v. 1, n. 54, p. 94-95, out. 2010.

2.1.1.2 Presunção de inocência e presunção de não culpabilidade

A Constituição da República de 1988 fez inserir, pela primeira vez de modo explícito na História das Constituições brasileiras, a menção ao trânsito em julgado como marco distintivo entre a punição de direito material e as invasões à liberdade individual no curso do processo, estas compreensíveis apenas a título cautelar (ver Capítulo 12 neste Livro)[6].

Como se verá, o texto da CR uniu o trânsito em julgado a uma *presunção de não culpabilidade* ao invés da presunção de inocência. Mas é desta última que se trata por força dos textos supranacionais sobre a matéria, vinculantes ao ordenamento brasileiro. Desta forma, apenas após o trânsito em julgado uma prisão pode ser tratada como uma pena de direito material e, desta forma, ser submetida a um regime de execução.

É correto afirmar que no Anteprojeto Constitucional, elaborado pela Comissão Provisória de Estudos Constitucionais instituída pelo Decreto nº 91.450, de 18 de julho de 1985 havia, no então Artigo 43, § 7º, a previsão de presunção de inocência: "Presume-se inocente todo acusado até que haja declaração judicial de culpa"[7]. Contudo, sem vinculá-la ao trânsito em julgado.

Mas, é necessário destacar sua alteração ao longo dos trabalhos constituintes até alcançar a redação final que desde então possui. Por iniciativa do Parlamentar José Ignácio Ferreira (PMDB/ES), em 12 de agosto de 1987, houve a aposição de emenda com o seguinte teor: "Texto – Emenda Modificativa. Dê-se nova redação à alínea "g" do inciso XV do art. 12: "Art. 12 – XV – [....] g) Ninguém será considerado culpado até o trânsito em julgado da sentença penal condenatória".[8]

---

6 Toma-se aqui como baliza de distinção temporal o trânsito em julgado, mais que a própria discussão sobre "presunção de inocência". Isso porque a existência dessa presunção já poderia ocorrer mesmo antes de 1988 como se dava no marco do art. 153, § 36, da EC 01/69 e assim foi discutido ao menos uma vez pelos Tribunais Superiores. Com efeito, no julgamento do RE 86.297 o voto vencido do Min. Leitão de Abreu se manifestou por esse entendimento, ao final rechaçado pela Corte. BRASIL. Supremo Tribunal Federal. Recurso Extraordinário n. 86.297/SP. Relator Min. Thompson Flores. **RTJ**, v. 79, n. 2, p. 671 (705). Disponível em: <http://www.stf.jus.br/portal/jurisprudencia/listarJurisprudencia.asp?s1=%2886297%2ENUME%2E+OU+86297%2EACMS%2E%29&base=baseAcordaos&url=http://tinyurl.com/hfz3bya>. Acesso em: 19 set. 2016.

7 BRASIL. Câmara dos Deputados. **Anteprojeto Constitucional**. Diário Oficial. Suplemento especial ao n. 185. Brasília/DF, 26 set. 1986. Disponível em: <http://www.senado.gov.br/publicacoes/anais/constituinte/AfonsoArinos.pdf>. Acesso em: 4 jun. 2021. Para um comparativo do tratamento do tema ao longo dos trabalhos constituintes ver BRASIL. Assembleia Nacional Constituinte (1987). **O processo histórico da elaboração do texto constitucional**: mapas demonstrativos/trabalho elaborado por BRUSCO, Dilsson Emílio; RIBEIRO, Ernani Valter. – Brasília: Câmara dos Deputados, Coordenação de Publicações, 1993.

8 BRASIL. Assembleia Nacional Constituinte (1987). **O processo histórico da elaboração do texto constitucional**: mapas demonstrativos/trabalho elaborado por Dilsson Emílio Brusco e Ernani Valter Ribeiro. – Brasília: Câmara dos Deputados, Coordenação de Publicações, 1993.

Assim, é possível concluir que o texto aprovado em 1988[9] seguiu, neste ponto em particular, a tradição constitucional fincada por Francisco Campos e a opção por *não será considerado culpado* àquela *presumido inocente* foi uma manifestação de continuísmo ao invés de ruptura.

A divisão entre *presunção de inocência* e *presunção de não culpabilidade*[10] constitui muito mais que um mero debate acadêmico. "O problema também surge do fato de que as duas formulações, ao contrário do que se pode acreditar, não são sinônimas, mas têm suas próprias nuances, o que significa que apoiá-las envolve mudar o tratamento a ser oferecido ao acusado"[11], sendo certo que entre esta última e aquela primeira existe um espaço maior de intromissão na liberdade individual *ao longo* do processo, dado que "a tutela do interesse social de repressão à delinquência deveria preponderar sobre o interesse individual de liberdade".[12]

A importância dessa distinção é trabalhada em países que guardam a dicotomia apontada (não culpabilidade × inocência) entre seus textos internos (Constituição) e externos (Convenções de Direitos Humanos) aos quais se encontram vinculados, como é o caso italiano, sendo certo que posição de suposta neutralidade sustentada por Leone e Manzini[13] – Leone escreve em 1947 e Manzini é seu contemporâneo sustentando a dicotomia – mascara, contudo, o "discurso antiliberal da Escola Técnico-Jurídica, de base político-fascista, [que] foi determinante na elaboração do art. 27 da Constituição Italiana de 1948".[14]

Essa distinção, cujas matrizes político-jurídicas encontram-se amplamente superadas pela construção contemporânea do Estado de Direito[15], permite uma expansão da *objetificação* da pessoa submetida à persecução e não encontra mais

---

9   Aliás, é bastante oportuno mencionar que a redação do inciso em questão (art. 5º, LVII) não constava dos trabalhos da chamada "comissão Afonso Arinos", tendo sido incluída por iniciativa do Constituinte José Ignácio Ferreira (PMDB/ES) – Emenda: 11998 – apresentada em 12 de agosto de 1987. BRASIL. Senado. Bases da Assembleia Nacional Constituinte 1987-1988. Disponível em: <https://www6g.senado.gov.br/apem/data/data/EMEN-M/42356.html>. Consulta em: 19 set. 2021.
10 Sobre o tema, ver na doutrina nacional, entre outros: CARVALHO, Luis Gustavo Grandinetti Castanho de. Princípio da presunção de inocência ou da não culpabilidade. In: CARVALHO, Luis Gustavo Grandinetti Castanho de. **Processo penal e constituição**: princípios constitucionais do processo penal. 4. ed. Rio de Janeiro: Lumen Juris, 2006.
11 Tradução livre de: "Il problema nasce anche dal fatto che le due formulazioni, contrariamente da quanto si possa essere indotti a ritenere, non sono sinonime, ma possiedono sfumature loroproprie facenti sì che sostenerne una comporti modificare il trattamento da offrire all'imputato". BATIA, Giovanna; PIZZO, Alessandro. La tutela dell'imputato: saggio storico – concettuale. In: PAULESU, Pier Paolo. **La presunzione di non colpevolezza dell'imputato**. Torino: G. Giappichelli, 2009. p. 30-50.
12 MIRZA, Flavio. Processo Justo: O ônus da Prova à Luz dos Princípios da Presunção de Inocência e do in dubio pro reo. In: ALVES, Cleber Francisco; SALLES, Sergio de Souza (Org.). **Justiça, Processo e Direitos Humanos**. Rio de Janeiro: Lumen Juris, 2009. p. 79-96. (Coletânea de Estudos Multidisciplinares).
13 BATIA, Giovanna; PIZZO, Alessandro. Op. Cit.
14 MIRZA, Flavio. Op cit.
15 Para o direito italiano ver a crítica de ILLUMINATI, Giulio. **La presunzione d'innocenza dell'imputato**. Bolonha: Zanichelli, 1984, p. 21.

guarida em textos teóricos mesmo no país usado como paradigma da preconizada distinção, seja porque dá-se a supremacia da maximização dos direitos fundamentais, seja porque passou-se a assimilar tais expressões.

Neste ponto, no que diz respeito à Itália, as críticas de Illuminati são datadas do final dos anos 1970 e publicadas no início dos anos 1980, assim como as de Sabbatini, quem escreve em 1976, portanto em períodos nos quais a interrelação de fontes normativas não era concebida da forma como é hoje, obrigando uma revisão conceitual profunda do conceito de poder estatal, soberania e produção normativa.

Contudo, a inserção brasileira no cenário internacional protetivo dos direitos humanos e, em particular no que toca à Convenção Americana sobre Direitos Humanos[16] (São José da Costa Rica, 1969, Artigo 8º, § 2º)[17], aponta para a redação clara do *presumir-se inocente*[18]. Assim, em seu "Artigo 8º – Garantias judiciais que [...] 2. Toda pessoa acusada de um delito tem direito a que se presuma sua inocência, *enquanto não for legalmente comprovada sua culpa.*[...]" Da mesma maneira, a Convenção Europeia de Direitos do Homem preconiza em seu Artigo 6.º (Direito a um processo equitativo) que "[...] 2. Qualquer pessoa acusada de uma infracção *presume-se inocente enquanto a sua culpabilidade não tiver sido legalmente provada.*"[19]

Mas isso é apenas parcialmente importante quando se observa que, pela interrelação de fontes normativas, a aceitação brasileira do sistema interamericano de direitos humanos, constituído pela estrutura bifásica da OEA – Corte Interamericana de Direitos Humanos[20] – impõe a adoção normativa mais protetiva porquanto se trata da tutela de direitos fundamentais, solução à sombra da qual inúmeras discussões teóricas precedentes, embora vistosas do ponto de vista estritamente técnico, perdem seu sentido político e, portanto, sua própria densidade teórica.

---

16 COMISSÃO INTERAMERICANA DE DIREITOS HUMANOS. Op. Cit.
17 CONSTANTINO, Giuseppe Luigi Pantoja. Sistema Interamericano de Direitos Humanos: breves linhas sobre a Comissão e a Corte Interamericana de Direitos Humanos. **Conteúdo Jurídico**, Brasília, DF, 20 dez. 2014. Disponível em: <http://www.conteudojuridico.com.br/consulta/Artigos/42481/sistema-interamericano-de-direitos-humanos-breves-linhas-sobre-a-comissao--e-a-corte-interamericana-de-direitos-humanos>. Acesso em: 23 nov. 2021.
18 Mas não apenas ela. A ver os seguintes textos: Declaração Americana dos Direitos e Deveres do Homem (Bogotá, 1948, Artigo XXVI), a Carta dos Direitos Fundamentais da União Europeia (Nice, 2000, Artigo 48, § 1º) e o Pacto Internacional sobre Direitos Civis e Políticos (Artigo 14, § 2º) possuem idêntica redação.
19 A respeito ver VIEIRA, José Ribas; RESENDE, Ranieri Lima. Execução provisória – causa para a Corte Interamericana de Direitos Humanos. **JOTA**, Brasília, v. 20, 2016.
20 CONSTANTINO, Giuseppe Luigi Pantoja. Op. Cit.

Análise Crítica: A discussão tem relevância prática. Afirmar que alguém *não será considerado culpado* autoriza um maior poder persecutório, com a criação legislativa de medidas cautelares, por exemplo, ou de uma interpretação no sentido *in dubio pro societate*, que ainda permeia largamente os precedentes nos tribunais brasileiros e ainda é sustentada em muitos trabalhos acadêmicos. E isso deriva da matriz política da "não culpabilidade" como acima apontado. A *presunção de inocência* restringe definitivamente essa linha de compreensão e impõe pertinência constitucional na produção normativa e na sua interpretação.

2.1.1.3 Desdobramentos: o direito ao conhecimento da persecução

Nos termos das bases convencionais, a acusação deve ser levada ao conhecimento direto da pessoa acusada de forma clara, a dizer, usando-se linguagem média e compreensível ao senso comum, bem como em idioma que lhe seja acessível, resguardados os registros e a prática dos atos processuais em língua oficial.[21]

Assim, os custos com as atividades de tradução em atos processuais, quando necessárias, são obviamente bancadas pelo Estado e perpassam toda a persecução, observação que se torna necessária porquanto o CPP prevê essa acessibilidade apenas no ato de interrogatório.

Assim, tem-se que:

I] a exigência do intérprete não advém do CPP, mas da CR e da CADH;
II] tal exigência emana do exercício da autodefesa e da otimização da defesa técnica;
III] o idioma oficial do processo é o português, e todos os atores processuais devem poder se comunicar com a pessoa acusada (e vice-versa) no idioma oficial, pouco importando se a defesa fala ou não com fluência a língua da pessoa acusada;
IV] as manifestações da pessoa acusada devem ser registradas oficialmente, e isso só se dá por meio do intérprete, e não por qualquer outro meio. Nesse ponto, merece consideração o provimento que considerou que "ainda que o

---

21 Obviamente o português, embora a discussão a esse respeito seja mais complexa do que pareça à primeira vista. A ver em CLEMENTINO, Marco Bruno Miranda. Qual o idioma falado no Brasil? Revista CEJ, Brasília, v. 18, n. 63, p. 65-72., maio/ago. 2014.

Juiz conheça o idioma do estrangeiro, não lhe é lícito fazer as vezes do intérprete, sob pena de afronta aos princípios da publicidade e da ampla defesa."[22]

Por essas premissas, não se admite como justo o processo que tenha início sem o conhecimento da pessoa acusada como adiante se verá.

O art. 366 do CPP na Lei 9.271/96

O Brasil conheceu tardiamente a impossibilidade da existência de um processo que tivesse início sem que a pessoa acusada tivesse conhecimento da existência da acusação, algo que somente aconteceu com a reforma parcial que modificou a redação do art. 366 e foi fruto do texto expresso da CADH que, em seu Artigo 8 (palavra escrita dessa forma em trechos anteriores), 2, b determina: "comunicação prévia e pormenorizada *ao acusado* da acusação formulada"[23] (sem grifo no original).

Quando da entrada em vigor da então nova redação do CPP, Grinover, na condição de uma das mais expressivas fontes doutrinárias da "Escola Processual de São Paulo"[24], enfatizou a necessidade de conferir-se ao acusado não apenas o conhecimento formal da imputação, mas, sobretudo, a ciência concreta e substancial da acusação que se lhe recai, para que possa, assim, exercitar plenamente o contraditório e ampla defesa.

Nesse sentido, em atendimento ao Executivo Federal, a Escola Processual de São Paulo, através do Instituto Brasileiro de Direito Processual trabalhou em projetos de reforma parcial do Código de Processo Penal, sendo um deles no que tangia ao conhecimento direito, pela pessoa acusada, do conteúdo da acusação (mas nada se falou desde aquele primeiro momento sobre o direito do conhecimento, pela pessoa suspeita, da existência de uma investigação a seu desfavor), vez que assim "evita-se o quase sempre inútil processo à revelia que leva a centenas de expedições de mandados de prisão descumpridos, sem risco de, impunidade, dada a suspensão do prazo prescricional, que incentivará o acusado a comparecer para efetivamente defender-se"[25].

Interessante notar que, à época, usou-se a cooperação penal internacional, particularmente o instituto da extradição, para sustentar aquela modificação processual, cabendo uma vez mais recordar as palavras de Grinover quando afirmou que em muitos tratados bilaterais de extradição e em diversas leis internas

---

22 BRASIL. Tribunal Regional Federal (3ª Região). **Revisão Criminal 84539** MS 97.03.084539-8. Relatora Juíza Sylvia Steiner. Data de Julgamento: 07/04/1999. Data de Publicação: 04/05/ 1999.
23 COMISSÃO INTERAMERICANA DE DIREITOS HUMANOS. Op. Cit.
24 Para uma análise histórica da ora denominada "Escola Processual de São Paulo", veja-se, entre outros: GRINOVER, Ada Pellegrini. A Modernidade no direito processual brasileiro. In: GRINOVER, Ada Pellegrini. **O Processo em evolução**. Rio de Janeiro: Forense Universitária, 1996. p. 3; MARQUES, José Frederico. **A Escola Processual de São Paulo**. São Paulo: Saraiva, 1978.
25 GRINOVER, Ada Pellegrini. Op. Cit. p. 306.

está prevista a possibilidade de recusa de cooperação judicial pelo Estado requerido quando o país requerente tenha condenado o réu à revelia, podendo a extradição ser concedida caso o Estado requerente se comprometa a submeter a acusado a novo julgamento, com observância das garantias mínimas do "efetivo exercício do contraditório e da ampla defesa"[26].

Assim, superou-se uma histórica possibilidade existente no direito brasileiro de iniciar-se uma persecução sem que a pessoa acusada tivesse conhecimento direto de sua existência na forma administrada pelo art. 366, para cuja análise quanto aos seus reflexos no rito remetemos ao Capítulo 6 desta Obra: Teoria geral dos procedimentos e Procedimentos em espécie.

A citação ficta e sua desconformidade à CADH

Nos trabalhos iniciais da Comissão Grinover que deram origem à Lei n. 11.719/2008, o texto se encontrava no art. 366, com a seguinte redação:

> (Art. 366). O processo terá completada a sua formação quando realizada a citação pessoal, ou com hora certa, do acusado.
>
> § 1º Não sendo encontrado o acusado, será procedida a citação por edital.
>
> § 2º Não se aplicará o disposto no § 1º se o acusado furtar-se, de qualquer modo, a receber a citação; caso em que, certificada a ocorrência pelo oficial de justiça encarregado da diligência, ela será efetuada com hora certa, na forma estabelecida nos arts. 227 a 229 do Código de Processo Civil.
>
> § 3º Completada a citação com hora certa, se o acusado não comparecer, ser-lhe-á nomeado defensor, passando a correr o prazo para oferecimento de defesa, na forma da lei.[27]

Essa redação foi mantida no Senado, apenas com seu deslocamento para o então sugerido art. 363, mesmo no voto vencido na Comissão de Redação, alcançando a numeração definitiva posteriormente como foi sancionado.

Observa-se, assim, o desejo inequívoco de adotar essa modalidade de citação no processo penal, mesmo com sua potencial incompatibilidade

---

26 GRINOVER, Ada Pellegrini. Fundamentos políticos do novo tratamento da revelia. **Boletim do Instituto Brasileiro de Ciências Criminais**, v. 42, encarte especial sobre a Lei 9271/96, jun./1996.

27 BRASIL. **Diário Da Câmara Dos Deputados**. Brasília, DF, 30 mar. 2001, p. 9489/9480. Disponível em <http://imagem.camara.gov.br/Imagem/d/pdf/DCD30MAR2001VOLI.pdf#page=615>. Acesso em: 19 jul. 2021.

constitucional-convencional[28], sobretudo em face do já citado artigo da CADH[29], como se pode constatar quando se afirma que

> A nosso ver, isso não impede no processo penal, a citação por hora certa, mas exige redobrado cuidado na verificação dos pressupostos que a ensejam, a fim de que essa "garantia mínima" seja satisfeita. O Estado não pode ficar à mercê daquele que, deliberadamente, se oculta especificamente para não ser citado. Em outras palavras, o próprio beneficiário da garantia é que procura frustrá-la, e não o Estado[30].

Nesse raciocínio está a *torpeza* da pessoa que se esquiva para ser citada, como lembrado por Mendonça,[31] apoiado em Grinover et al., ao afirmar que

> Desde logo, não há que alegar eventual inconstitucionalidade da aplicação, no processo penal, da citação por hora certa. Embora o acusado tenha direito de ter ciência da acusação, não pode se valer da própria torpeza, ocultando-se, para posteriormente alegar falta alta de conhecimento da acusação. Se o réu se oculta – e isto é o ponto central da medida, que deve estar bem justificada na certidão do oficial de justiça –, não poderá, posteriormente, alegar sua própria torpeza a seu favor. Tanto assim que o CPP determina, no artigo 565, que nenhuma das partes poderá argüir nulidade a que tenha dado causa, ou para a qual tenha concorrido. Haverá falta de interesse da parte em alegar nulidade do feito.

Essa visão não é compartilhada pela maioria da literatura produzida à luz da CADH nos demais países que a ela aderem. Ao contrário, o ato de furtar-se ao recebimento da comunicação da acusação penal e, com isso, impedir o início da persecução, é causa legítima para o emprego da prisão cautelar a fim de dar cumprimento ao mandamento convencional.

---

28 Não restrita ao procedimento sumaríssimo, como apontado por respeitável doutrina: MOREIRA, Rômulo Andrade. **A citação por hora certa no procedimento sumaríssimo**. Acesso em: Disponível em: <http://emporiododireito.com.br/a-citacao-por-hora-certa-no-procedimento-sumariissimo--por-romulo-de-andrade-moreira/>. Acesso em: 23 nov. 2021.

29 Essa base normativa não está assentada na presunção de inocência, como afirmado por: LEÃO, André Carneiro. A inconstitucionalidade da citação por hora certa no processo penal. **Revista Jus Navigandi**, Teresina, ano 18, n. 3586, 26 abr. 2013. Disponível em: <https://jus.com.br/artigos/24301>. Acesso em: 23 nov. 2021.

30 PACHECO, Denilson Feitoza. Direito processual penal: teoria, crítica e práxis. Rio de Janeiro: Impetus, 2009. p. 957.

31 MENDONÇA, Andrey B. Nova reforma do Código de Processo Penal. 2. ed. São Paulo: Método, 2009.

Assim, em significativo precedente da CIDH:[32]

> A prisão preventiva, reiterei, é medida cautelar: serve aos fins imediatos do julgamento; atende a suas necessidades urgentes; permite que flua e conclua em termos razoáveis e que a sentença seja cumprida, não burlada. Embora implique, inevitavelmente, força aflitiva, não deve adquirir formalmente essa qualidade: não deve constituir pena ou medida penal que sobrecarregue um indivíduo com a perda ou o prejuízo de um direito fundamental para atender a fins alheios – e com frequência, remotos – aos do processo movido contra o indivíduo. *Obedece, então, a necessidades processuais imperiosas e imediatas, a saber: a efetiva sujeição do acusado ao julgamento (existe, indesejável, a alternativa do julgamento à revelia, que provoca outro caudal de problemas) e sua boa condução.* Obviamente, ambos os fatores da privação de liberdade devem estar suficientemente estabelecidos: não basta a alegação do acusador ou a impressão simplista do julgador. É preciso provar o risco real de o acusado esquivar-se da justiça e o perigo também efetivo em que se encontra o andamento regular do julgamento. Trata-se de mandados restritivos de um direito fundamental; daí a necessidade de que se encontrem devidamente justificados e fundamentados. (sem grifo no original)

Uma vez comunicada a pessoa acusada pessoalmente, a manutenção da necessidade cautelar – na terminologia empregada nesta Obra – será verificada para que seja mantida a cautelaridade na forma mais adequada ou seja colocada em liberdade a pessoa acusada.

Na literatura brasileira, também merece atenção a posição de Maya e Giacomolli[33]. Apesar de também estarem escorados em bases convencionais, alcançam solução diversa. Entendem que a citação por hora certa é possível, mas, se a pessoa acusada se mantiver revel, aplicar-se-á o art. 366. Respeitosamente, pelas razões já expostas, divergimos dessa compreensão, pois, no limite, como apontado por Colli Jr., ela possui as mesmas mazelas da citação por edital[34]. Mais,

---

32 Jurisprudência da Corte Interamericana de Direitos Humanos / Secretaria Nacional de Justiça, Comissão de Anistia, Corte Interamericana de Direitos Humanos. Tradução da Corte Interamericana de Direitos Humanos. Brasília: Ministério da Justiça, 2014. ISBN: 978-85-85820-81-7. CORTE INTERAMERICANA DE DIREITOS HUMANOS. **Caso Bayarri vs. Argentina**. Sentença de 30 de outubro de 2008. (Exceção Preliminar, Mérito, Reparações e Custas) Voto concordante do Juiz Sergio García Ramírez em relação à Sentença da Corte Interamericana sobre o Caso Bayarri (Argentina), de 30 de outubro de 2008, p. 326. Disponível em: <https://www.corteidh.or.cr/docs/casos/articulos/seriec_187_por.pdf>. Acesso em: 5 jun. 2021.

33 MAYA, André Machado; GIACOMOLLI, Nereu José. A citação por hora certa no processo penal. **Revista de Estudos Criminais**, Porto Alegre, v. 9, n. 35, p. 121-140, out./dez. 2009, especialmente p. 138.

34 COLLI JÚNIOR, Olavo. A citação com hora certa no processo penal: uma visão crítica. Artigo em página eletrônica: **IBCCrim**, 2011. Disponível em: <https://arquivo.ibccrim.org.br/artigos/2011/08>. Acesso em: 05 jun. 2021.

acompanhamos a conclusão de Borges, quando afirma que "facilmente se conclui que neste aspecto a reforma de 2008 representou verdadeiro retrocesso na tentativa de tornar o velho processo penal inquisitório permeável às garantias processuais previstas no texto constitucional"[35], arrematando que "ora, a partir do momento que se permite o curso do processo após uma citação ficta, novamente se coloca a sorte do acusado nas mãos do oficial de justiça ou no mínimo cria-se uma infinita fonte de nulidades"[36].

Nada obstante a incompatibilidade constitucional-convencional acima mencionada, o STF no julgamento do Recurso Extraordinário (RE) 635145,[37] com força de repercussão geral, julgou constitucional essa modalidade de citação.

2.1.1.4 O direito de não produzir prova contra si mesmo

Presente desde os trabalhos constituintes[38], o tema ganhou largo tratamento doutrinário[39], "o brocardo *nemo tenetur se detegere*, que configura o princípio da vedação à autoincriminação ou do direito ao silêncio."[40]

Na verdade, o precedente mencionado acima configura bom exemplo de confusão conceitual, pois o *direito ao silêncio* não é sinônimo do *nemo tenetur*, mas uma das suas formas de expressão.[41]

Tampouco, "o direito de não produzir prova contra si foi positivado pela Constituição da República no rol petrificado dos direitos e garantias individuais

---

35 BORGES, Clara Maria Roman. As atuais tendências de reforma do Código de Processo Penal e a promessa de constitucionalização e democratização do sistema processual penal vigente. In: IX SIMPÓSIO NACIONAL DE DIREITO CONSTITUCIONAL DA ABDCONST, Curitiba. 2010. **Anais do IX Simpósio Nacional de Direito Constitucional**, 2010. p. 201-223. Disponível em: <http://www.abdconst.com.br/revista3/claraborges.pdf>. Acesso em: 24 nov. 2021. p. 207.
36 Idem.
37 BRASIL. Supremo Tribunal Federal. Recurso Extraordinário n. 635145/RS. Plenário. Relator Min. Marco Aurélio. Julgamento: 01 ago. 2016. Publicação: 13 set. 2017. Disponível em: <https://jurisprudencia.stf.jus.br/pages/search/sjur373396/false>. Acesso em: 5 jun. 2021.
38 No anteprojeto da Comissão de Juristas, art. 43, § 2º – Presume-se não incriminatório o silêncio do acusado durante o interrogatório policial, sendo vedada a sua realização à noite e, em qualquer ocasião, sem a presença do advogado ou de representante do Ministério Público. BRASIL. Câmara dos Deputados. Anteprojeto Constitucional. Op. Cit.
39 Significativa a obra de: QUEIJO, Maria Elizabeth. O direito de não produzir prova contra si mesmo: o princípio nemo tenetur se detegere e suas decorrências no processo penal. São Paulo: Saraiva, 2003. Ver, também, COUCEIRO, João Cláudio. **A garantia constitucional do direito ao silêncio.** São Paulo: RT, 2004.
40 BRASIL. Superior Tribunal de Justiça. **Agravo Regimental no Recurso Especial n. 1497542/PB** 2014/0306372-4. Primeira Turma. Relator: Ministro Benedito Gonçalves. Data de Julgamento: 18 fev. 2016. Data de Publicação: DJe 24 fev. 2016. Disponível em: <https://stj.jusbrasil.com.br/jurisprudencia/897728520/recurso-especial-resp-1497542-pb-2014-0306372-4>. Acesso em: 24 nov. 2021.
41 Nesse sentido também CARVALHO, Luis Gustavo Grandinetti Castanho. **Processo Penal e (em face da) Constituição**: princípios constitucionais do processo. 3. ed. Reesc. e Ampl. Rio de Janeiro: Lúmen Júris, 2004. p. 169.

(art. 5º, inciso LXIII[42]). É essa a norma que garante status constitucional ao princípio do *nemo tenetur se detegere*."[43]

Naquela norma foi apenas reconhecida uma das faces do tema, o direito ao silêncio, mas o fundamento para o *nemo tenetur* encontra-se, claramente, na CADH, art. 8, 2, *g*: "direito de não ser obrigado a depor contra si mesma, nem a declarar-se culpada"[44] que, mais uma vez – assim como na discussão da presunção de inocência – é mais ampla que a CR.

Na doutrina comparada, notadamente na de origem no *common law*, apresenta-se sob o título mais abrangente (e correto) de não produzir – compulsoriamente – prova contra si mesmo (*privilegy against compulsory self-incrimination*), de longa data identificável[45] e trabalhada por toda a literatura qualificada nas suas origens e formas de expressão[46], denotando que se trata da forma anglo-saxã de se referir ao direito comum da Europa continental[47], com alegadas origens no direito romano e recepcionada pelo direito canônico em que o silêncio era uma forma de confissão[48]. Dessa origem comum, o tema alcançou contornos diferentes nos sistemas jurídicos.

Uma das grandes consequências do *nemo tenetur* é a impossibilidade de compelir-se a pessoa submetida à persecução que seja obrigada a colaborar na produção de provas a seu desfavor, sejam elas invasivas ou não.

Sobre o assunto, Queijo[49] sustenta a possibilidade da colaboração passiva[50] da pessoa acusada (a dizer, reconhecimento pessoal, p. ex.), mas toda participação ativa deve ser descartada, como sustentando por Carvalho[51] ao se referir à cessão

---

42 CR, art. 5º., LXIII – o preso será informado de seus direitos, entre os quais o de permanecer calado, sendo-lhe assegurada a assistência da família e de advogado. BRASIL. **Constituição da República Federativa do Brasil de 1988.** Op. Cit.
43 BRASIL. Superior Tribunal de Justiça. **Habeas Corpus n. 283627/SP** 2013/0396608-7. Quinta Turma. Relatora Min. Laurita Vaz. Data de Julgamento: 03/06/2014. Data de Publicação: DJe 11/06/2014. Disponível em: <https://stj.jusbrasil.com.br/jurisprudencia/897224418/habeas--corpus-hc-283627-sp-2013-0396608-7>. Acesso em: 4 jun. 2021.
44 COMISSÃO INTERAMERICANA DE DIREITOS HUMANOS. Op. Cit.
45 PITTMAN, R. Carter. The Colonial and Constitutional History of the Privilege Against Self-Incrimination in America. **Virginia Law Review**, p. 763-789, 1935.
46 LANGBEIN, John H. The Historical Origins of the Privilege Against Self-Incrimination at Common Law. **Michigan Law Review**, v. 92, n. 5, p. 1047-1085, 1994.
47 "The privilege not to be compelled to give evidence against oneself and the Latin maxim that encapsulates it-nemo tenetur prodere seipsum". HELMHOLZ, Richard H. Origins of the privilege against self-incrimination: the role of the European Ius Commune. **New York University Law Review**, v. 65, p. 962, 1990.
48 WALKER, Jeffrey K. Comparative Discussion of the Privilege against Self-Incrimination. **New York Law School Journal International & Comparative Law**, v. 14, p. 1, 1993.
49 QUEIJO, Maria Elizabeth. Op. Cit., p. 316.
50 Também, CÓRDOBA, Gabriela E. *Nemo tenetur se ipsum accusare*: principio de pasividad. BAIGUN, David. **Estudios sobre justicia penal**: homenaje al Profesor Julio B. J. Maier. Buenos Aires: Del Puerto, 2005. p. 279-301.
51 CARVALHO, Luis Gustavo Grandinetti Castanho. **Processo Penal e (em face da) Constituição.** Op. Cit.

de DNA, tema particularmente destacado pela doutrina[52] em face dos termos da Lei 12.654/2012[53]. Raciocínio idêntico já foi empregado pelo STF quanto ao chamado *exame grafotécnico*[54].

A questão referente ao DNA é verdadeiramente a da *compulsoriedade* da coleta *invasiva* e não exatamente o valor probatório, mesmo porque na sobredita lei não há coleta para fins de persecução em curso. Some-se a isso a finalidade do uso desse material dentro de um âmbito maior de atuação estatal no enfrentamento da criminalidade.

Também é importante o argumento que, no caso das pessoas condenadas, seria uma forma de *presunção de voltar a delinquir*, como afirma prestigiosa doutrina[55]. Nada obstante, é necessário refinar a assertiva, dado que, da forma como apresentada qualquer registro, com contribuição voluntária ou involuntária da pessoa condenada, seria afrontoso à presunção de inocência.

A discussão sobre os limites da pesquisa genética na administração da justiça penal não é nova no cenário comparado[56], onde obras significativas vêm sendo produzidas. Uma delas, sob o título de *suspeitos genéticos*[57], pode dar um bom exemplo do estado da arte desse tema, particularmente em língua inglesa.

Por sinal, na Inglaterra o incremento da prova genética vem na esteira do fracasso operacional do sistema de justiça naquele país na década de 1990 e, no andamento das reformas, uma das questões-chave a ser respondida foi "em quais circunstâncias amostras corpóreas poderiam ser colhidas e utilizadas pela polícia"[58], além da necessária reflexão sobre os limites de confiabilidade na prova pericial produzida (tema também aventado pela doutrina brasileira).

---

52 Entre outros, ver LOPES JÚNIOR, Aury. Lei 12.654/2012: é o fim do direito de não produzir prova contra si mesmo (nemo tenetur se detegere)? **Boletim IBCCRIM**, São Paulo, v. 20, n. 236, p. 5-6, jul. 2012.

53 A qual alterou as Lei de Identificação Criminal (Lei n. 12.037/2009) e Lei de Execuções Penais (Lei n. 7.210/1984) para possibilitar a coleta compulsória de material genético em pessoas presas reincidentes e para fins de identificação criminal.

54 BRASIL. Supremo Tribunal Federal. **Habeas Corpus n. 77135**. Primeira Turma. Relator: Min. Ilmar Galvão. Julgado em: 08/09/1998. Publicado no DJ em: 06-11-1998. Disponível em: <https://stf.jusbrasil.com.br/jurisprudencia/14698246/habeas-corpus-hc-77135-sp>. Acesso em: 24 nov. 2021.

55 OLIVEIRA, Eugênio Pacelli de. **A identificação genética/Lei 12.654**. 6 jun. 2012. Disponível em: <http://eugeniopacelli.com.br/quartas/a-identificacao-geneticalei-12-654-06-06-2012/>. Acesso em: 24 nov. 2021.

56 A ver, por exemplo, a pesquisa de: WILLIAMS, Robin; JOHNSON, Paul; MARTIN, Paul. Genetic Information and Crime Investigation: Social, Ethical and Public Policy Aspects of the Establishment, Expansion and Police Use of the National DNA Database, Public Policy, **School of Applied Social Sciences**, University of Durham, v. 44, 2004. Disponível em: <https://www.dur.ac.uk/resources/sass/Williams_Johnson_Martin_NDNAD_report_2004.pdf>. Acesso em: 24 nov. 2021.

57 HINDMARSH, Richard; PRAINSACK, Barbara. **Genetic Suspects**: Global Governance of Forensic DNA Profiling and Databasing. Cambridge: Cambridge University Press, 2010.

58 WILLIAMS, Robin; JOHNSON, Paul; MARTIN, Paul. Op. Cit., p. 20.

Naquele país o sistema nacional de base de dados genéticos foi

> uma criação proposital de atores políticos com poder de decisão e de legisladores que buscaram aproveitar todas as capacidades da biologia molecular para dar suporte às ambições governamentais em relação à prevenção e redução da criminalidade.[59]

Dessa premissa derivou a necessária conformação legislativa, composta de, basicamente, três questões: a) em que medida a amostra pode ser coletada na persecução; b) qual o limite de tempo para manter essas amostras e c) quais limites aos poderes dos órgãos oficiais em realizar pesquisas especulativas no material armazenado, sendo um dos marcos para enfrentamento dessa situação a análise a do consentimento para fornecimento do material genético ou sua coleta mediante meios não invasivos.[60]

Com efeito, essas são as mesmas questões – ainda que com outra apresentação – colocadas por parte da doutrina brasileira (especialmente a refratária à criação desse banco de dados). E a saída lá encontrada pode ser aqui também empregada, atentando-se para a premissa de que a existência de um banco de dados dessa natureza pode ser útil para "corroborar a identidade dos sujeitos presentes e inferir a identidade dos elementos ausentes"[61]. Dessa forma,

> os bancos de dados genéticos com finalidades de investigação criminal tornaram-se, assim, um elemento importante para o controle social da parte do aparelho estatal, cada vez mais orientado para o combate e a prevenção da criminalidade, e que ganha legitimidade por se apoiar, nessa missão, num dispositivo tecnológico cuja eficácia na identificação de indivíduos é universalmente reconhecida pela comunidade científica.[62]

---

59 Ibidem, p. 33.
60 O que deslocará a discussão para os limites da invasividade corpórea, fronteira que varia mesmo dentro do Reino Unido. Ademais, outros componentes foram incorporados à permissividade da coleta, como a ocorrência de um crime particularmente grave ou a singular importância dessa coleta para uma investigação específica.
61 Como recordado por MACHADO, Helena. Crime, Bancos de Dados Genéticos e Tecnologia de DNA na Perspectiva de Presidiários em Portugal. In: FONSECA, Claudia; ROHDEN, Fabiola; MACHADO, Paula Sandrine (Org.). Ciências Na Vida: Antropologia da Ciência em Perspectiva. São Paulo: Terceiro Nome, 2012. p. 61-85, ao citar o mesmo trabalho inglês.
62 MACHADO, Helena. Op. Cit., p. 4.

Aliás, essa utilidade é reconhecida no marco da cooperação internacional no cenário europeu[63]. Na sequência dessa recomendação e no marco da cooperação entre Estados que sustenta a União Europeia, o Tratado de Prüm foi celebrado e, posteriormente, incorporado em âmbito total da UE[64], mas não sem críticas, dada sua forma de incorporação[65], diante da pouca discussão sobre tema tão controvertido.

Nada obstante, o risco de construir-se uma estrutura de dados que venha a identificar "suspeitos de risco, pré-suspeitos e suspeitos estatísticos"[66] é real, sobretudo na realidade de brasileira de baixa densidade democrática, a dizer, precários instrumentos de transparência das atividades dos atores públicos na persecução penal e, ainda menor, o grau de responsabilização do Estado pelas violências cometidas.

Assim, diante da legislação brasileira e no marco das discussões aventadas temos que:

I] A supletividade da coleta do DNA para a identificação *nos casos em curso* mostra-se insuficientemente regulada porquanto a identificação civil ou a criminal com coleta de digitais aparentemente cumpre de forma definitiva essa função. Assim, a lei deveria estabelecer critérios claros e objetivos que norteariam a tomada desse material genético;

II] Para a formação de banco de dados, a tomar as diretrizes internacionais vinculando a construção dessa base a crimes particularmente graves deveria a lei normatizar de forma mais minudente a matéria;

III] Deve haver maior detalhamento da cadeia de custódia do material genético na lei específica ou na reforma do CPP;

---

63 Essa utilidade é reconhecida há tempos no cenário Europeu não apenas no âmbito interno, mas na cooperação entre países, donde a Resolução del Consejo de 9 de junio de 1997, relativa al intercambio de resultados de análisis de ADN, aponta que "el intercambio de resultados de análisis de ADN es un medio que puede contribuir en gran medida a la investigación judicial en materia penal'" estimulou a criação de banco de dados, atentando que "La toma del ADN para el almacenamiento de resultados de análisis del ADN deberá ir acompañada de garantías que protejan la integridad física de la persona de que se trate". RESOLUCIÓN del Consejo de 9 de junio de 1997, relativa al intercambio de resultados de análisis de ADN. **Diario Oficial n. C 193**, de 24 jun. 1997. p. 002-003. Disponível em: <http://eurlex.europa.eu/LexUriServ/LexUriServ.do?uri=CELEX:31997Y0624(02):ES:HTML>. Acesso em: 24 nov. 2021.

64 A ver em DOCUMENTO DE TRABAJO sobre uns Decisión del Consejo relativa a la profundización de la cooperación transfronteriza, en particular en matéria de lucha contra el terrorismo y la delincuencia transfronteriza. Parlamento Europeo. Comisión de Libertades Civiles, Justicia y Asuntos de Interior. 10 abr. 2007. Ponente: Fausto Correia. Disponível em: <http://www.europarl.europa.eu/meetdocs/2004_2009/documents/dt/660/660824/660824es.pdf>. Acesso em: 24 nov. 2021.

65 A ver em BALZACQ, Thierry et al. Security and the Two-Level Game: The Treaty of Prüm, the EU and the Management of Threats. **Centre for European Policy Studies Working Document**, n. 234, jan. 2006. Disponível em: <https://www.files.ethz.ch/isn/25134/234_Security%20and%20the%20Two-Level%20Game.pdf>. Acesso em: 24 nov. 2021.

66 Idem.

IV] Deveria haver atualização das leis orgânicas policiais, da magistratura, do Ministério Público e das demais carreiras intervenientes nesse quadro para prever especificamente as situações funcionais envolvendo a coleta e preservação desses dados; e

V] Atualização de códigos de conduta dos funcionários envolvidos para prever o relacionamento funcional com as práticas de coleta de material genético.

Em termos de precedente, o Tribunal de Justiça de Minas Gerais julgou caso considerando inconstitucional a norma sob o argumento que a pessoa condenada já havia sido identificada e, porque

> a seletividade primária, atinente à limitação legal de imposição da submissão à identificação do perfil genético aos condenados por crime praticado, dolosamente, com violência de natureza grave contra pessoa, ou por crimes hediondos, quanto a seletividade secundária, referente à discricionariedade dos órgãos da execução penal de escolher o condenado que será submetido à coleta (haja vista que poucas pessoas estão sendo selecionadas para realizar tal procedimento), partem de uma premissa manifestamente inconstitucional, qual seja, de que os indivíduos que cometeram determinados tipos de ilícitos têm maior propensão para praticá-los novamente. Já que, no caso, o objetivo da identificação seria o uso dos dados em eventuais crimes futuros, na esteira do poder-dever do Estado de prevenir e reprimir condutas que ofendem os bens jurídicos tutelados. Melhor esclarecendo, percebo que, se a intenção da determinação legal em comento é de facilitar a identificação de um sujeito durante uma investigação criminal ou para possibilitar um grau de repressão ao crime mais eficiente, ou até para que inocentes não sejam injustamente condenados, tal procedimento de identificação do perfil genético deveria ser aplicado a todos os cidadãos brasileiros, já que, ao menos formalmente, somos todos iguais, sem distinções de qualquer natureza, não podendo haver a discriminação com pessoas que já foram anteriormente condenadas penalmente. Ora, admitir tal seletividade corresponde a considerarmos que uma pessoa que já foi condenada por um crime grave tem mais propensão a cometer outros crimes, bem como que, mesmo após ressocializada, deve ser submetida a tratamento diferenciado dos demais cidadãos, em razão do seu histórico passado[67].

O caso não foi apreciado no mérito pelo STF, mas aponta as linhas de discussão na forma como expostas neste Capítulo.

---

67 BRASIL. Supremo Tribunal Federal. **Reclamação n. 20644/MG**. MINAS GERAIS 0001974--61.2015.1.00.0000. Decisão Monocrática. Relator Min Teori Zavascki. Data de Julgamento: 28/04/2016. Data de Publicação: DJe-088 03/05/2016. Disponível em: <https://jurisprudencia.stf.jus.br/pages/search/despacho630759/false>. Acesso em: 24 nov. 2021.

mantém-se, com isso, um modelo operativo que gera ofensas a direitos constitucionais e infraconstitucionais, como a inversão dos atos no rito.[74]

O ato à distância: o emprego da videoconferência

Para tentar contornar essa situação foi concebida a possibilidade da realização do ato à distância por meio do recurso tecnológico da videoconferência, hoje regulado pela Lei 11.900/2009, depois de tentativas na década de 1990 para a realização do interrogatório on-line[75] e após a edição de lei estadual paulista sobre o tema, censurada como inconstitucional por ofender a competência legislativa sobre a matéria.[76]

Partindo da premissa que a videoconferência é tecnologia útil ao desenvolvimento de um justo processo e tomando os termos da Lei n. 11.900/2009, não vemos óbices à sua aplicação dado que conforme ao marco constitucional-convencional, pois:

a] É norma federal como impõe a competência constitucional para legislar sobre a matéria;
b] Obedeceu ao processo legislativo interno ao Congresso Nacional para editá-la, a saber, não padece de vício de procedimento legislativo;
c] Trata com excepcionalidade o interrogatório por videoconferência;
d] Exige fundamentação judicial específica e vinculada à necessidade de o ato ser praticado dessa forma;
e] Viabiliza a publicidade do ato quando o processo não estiver tramitando em segredo de justiça;
f] Possibilita o pleno contato da defesa técnica com a pessoa acusada.

---

74 Como acentuado, entre outros, por MENDONÇA, Tarcísio Maciel Chaves de. Da impossibilidade de inversão da ordem do interrogatório em face da expedição de carta precatória. **Boletim IBCCRIM**, São Paulo, v. 22, n. 265, p. 12-14, dez. 2014.
75 Para uma visão favorável à experiência daquela época: GOMES, Luiz Flávio. O interrogatório a distância: on-line. Boletim IBCCRIM, São Paulo, n. 42, p. 06, jun. 1996. Em sentido contrário, CINTRA JÚNIOR, Dyrceu Aguiar Dias. Interrogatório on-line ou virtual. Boletim IBCCRIM, São Paulo, n. 42, p. 3, jun. 1996. Também: CAMARGO, Antonio Luis Chaves. Interrogatório on-line e direito penal atual. Boletim IBCCRIM, São Paulo, n. 48, p. 11, nov. 1996.
76 A respeito, dentre outros, FERNANDES, Antonio Scarance. A inconstitucionalidade da lei estadual sobre videoconferência. Boletim IBCCRIM, São Paulo, v. 12, n. 147, p. 7, fev. 2005; CERQUEIRA, Thales Tácito Pontes Luz de Pádua. O interrogatório do réu preso por videoconferência, disciplinado por lei estadual: inconstitucionalidade. Revista Magister de Direito Penal e Processual Penal, Porto Alegre, v. 1, n. 3, p. 75-93, dez./jan. 2005; FARIA, Maurício; CUNHA, Letícia Oliveira; GUEDES, André Luiz. Da declaração de inconstitucionalidade da lei n. 11.819/2005: uso de videoconferência como meio de interrogar réu preso: e da promulgação da lei n. 11.900/2009. Revista IOB de Direito Penal e Processual Penal, Porto Alegre, v. 9, n. 54, p. 161-165, fev./mar. 2009.

Ademais, críticas comumente feitas a esse método conforme empregadas em precedentes, inclusive do STF, ao nosso sentir, com a devida vênia, não prosperam, pois:

a] A intimidação por prestar depoimento no cárcere não é menos previsível que a intimidação no trajeto realizado entre o cárcere e a sala de audiências, e nem a presença física nessa sala pode controlar o que se passará no trajeto de retorno do Fórum à unidade prisional;

b] O *smell of the fear*[77] reclamado não pode ser objetivamente cobrado na motivação da decisão de mérito e não se apresenta como critério juridicamente mensurável para invalidar um ato processual praticado de determinada forma;

c] Sem o que, destinado ao juiz natural da causa – e não a qualquer juiz –, não há como afirmar que exista o *smell of the fear* em interrogatórios por carta precatória.

Anote-se que esse mecanismo não sofre censura de Cortes internacionais protetivas de direitos fundamentais sendo empregada com regularidade na Europa continental.[78]

Ainda com a devida vênia, é fechar os olhos à realidade afirmar-se que não há contato direto entre juiz e pessoa acusada nesse ato. O que não há é contato presencial, como, de resto, existe em outras hipóteses do processo penal, uma delas também ligada ao direito à ampla defesa, quando da realização de interrogatórios por meio da carta de ordem.

Temos, por fim, que esse meio privilegia o contato da pessoa acusada com quem efetivamente vai julgá-la, sendo muito menos danoso à estrutura processual no Estado de Direito que a mecânica historicamente considerada como *asséptica* das cartas precatórias, este ato, sim, realizado perante quem não é o juiz da causa, na ausência do Promotor Natural e muitas vezes com a mera presença formal de um defensor dativo, situação das mais comuns quando se trata de réu pobre, a imensa maioria daqueles que estão na condição de acusados no processo penal.

Dessa forma, analisando as hipóteses legais para o uso da videoconferência tem-se que são taxativas e não necessariamente cumulativas e devem encontrar respaldo nos autos com dados a partir dos quais se possa inferir a fundada suspeita ou gravíssima questão de ordem pública. Assim, a condição de dificuldade de comparecimento deve ser devidamente demonstrada nos autos, em qualquer

---

77 Expressão usada no STF em um dos casos que julgou inconstitucional a Lei paulista: BRASIL. Supremo Tribunal Federal. **Habeas Corpus n. 88.914/SP**. Op. Cit., p. 23-24.
78 A respeito ver o estudo comparado naquele ambiente efetuado por BRAUN, S.; TAYLOR, J. L. Video-Mediated Interpreting in Criminal Proceedings: Two European Surveys. In: Braun, S. & J. L. Taylor (Ed.). **Videoconference and Remote Interpreting in Criminal Proceedings**. Guildford: University of Surrey, 2011. p. 59-84.

das hipóteses e, com mais clareza, quando se tratar de outra circunstância pessoal, a fim de que esse modo de produção do ato não se torne regra.

Decidida prática do ato por videoconferência, as partes devem ser comunicadas sob pena de nulidade, decisão essa que, por sinal, é mais das irrecorríveis no cenário impugnativo.

A estrutura do interrogatório

Ato protagonizado pelo magistrado, que aí assume papel ativo na construção das informações, o direito brasileiro divide a forma de ser do interrogatório em dois momentos: um sobre a pessoa acusada e outro sobre os fatos tratados na acusação penal em que se realiza o ato de interrogar.

A questão que se coloca é a da inobservância dessa divisão, com a inversão da ordem ou mesmo a supressão de uma delas, que seria, no mais das vezes, da primeira parte (indagações sobre a vida pregressa).

Com efeito, do ponto de vista estritamente técnico, a ausência dessa parte específica do interrogatório haveria de ser considerada como causa de mácula diante do potencial prejuízo que isso poderia acarretar – a favor da pessoa acusada, inclusive – em eventual dosimetria de pena.

A prospecção sobre a vida pregressa da pessoa acusada dentro de uma estrutura equilibrada da persecução, dar-se-ia no momento da dosimetria da pena e, preferentemente, a partir de estudos sociais feitos por pessoas capacitadas para tal, consubstanciando um estudo técnico colocado à disposição do Juízo – e com a possibilidade de participação das partes sobre seu conteúdo –, de modo a orientá-lo quanto à pena mais adequada e em quais limites se daria essa imposição.

A partir do esgotamento das questões referentes às condições de vida da pessoa acusada, passa-se a indagá-la sobre os fatos que deram origem ao processo penal – e não sobre quaisquer fatos –, a fim de construir o acervo de conhecimento.

Assume importância em todo esse desenvolvimento, depois de dar-se por satisfeito o julgador, a ordem das perguntas à pessoa interrogada que estará sujeita a ser indagada pela acusação inicialmente, e pela própria defesa na sequência, podendo responder às indagações que entender necessárias, calando-se sobre os demais, as quais, entretanto, podem ser registradas, mas não levadas em conta quando da apreciação judicial.

Nesse cenário, surge a possibilidade da ocorrência da confissão, objetivo primário num processo penal de matriz inquisitiva[79] e que já foi pensada, até, como fonte de um alegado julgamento antecipado no processo penal.[80]

---

79 Entre outros, BARANDIER, Antonio Carlos da Gama. Confissão: supremo objetivo da investigação. Revista Brasileira de Ciências Criminais, São Paulo, v. 1, n. 3, p. 79-82, jul./set. 1993.
80 Numa das raras manifestações sobre o tema, ALMEIDA, José Raul Gavião de. Do julgamento antecipado da lide penal. Revista Brasileira de Ciências Criminais, São Paulo, v. 3, n. 12, p. 124-129, out./dez. 1995.

Interrogatório e confissão

Diante da base constitucional-convencional deve-se levar em conta para a valoração válida da confissão que ela tenha ocorrido:

a] Livre de qualquer meio que comprometa, de qualquer modo, a autonomia da vontade da pessoa que confessa;
b] Que a pessoa que confessa tenha sido informada e tenha compreendido substancialmente seus direitos constitucionais;
c] Que ela tenha sido produzida em ato jurisdicional;
d] Que ela tenha sido assistida por defensor técnico.

Perde, assim, o sentido a largamente empregada *classificação* que divide as confissões em extrajudiciais e judiciais, tomando-se aquelas como as efetuadas na fase investigativa e estas como as produzidas na etapa jurisdicional para fins da devida valoração quando da prolação da sentença de mérito.

Uma das situações de grande incidência prática é aquela em que a pessoa acusada, ao ser presa, informalmente admite aos policiais envolvidos em sua prisão a prática do crime, com a consequente menção, pelos policiais, em audiência, a esse fato. Normalmente, tal confissão é valorada judicialmente em desfavor da pessoa acusada.[81]

Embora *divisível* e *retratável*, a cultura inquisitiva que norteia a aplicação do Código de Processo Penal encontra sempre espaços de argumentação para, mesmo diante da confissão retratada, manter vivos os termos da *confissão extrajudicial*. Pode-se concluir, nesse cenário, que, diante da preponderância e sobrevalorização da investigação sobre o próprio conteúdo jurisdicional, há prevalência substancial da confissão policial em detrimento da retratação judicial.

Interrogatório e intervenção de corréu

Importante destacar, igualmente, a possibilidade de eventuais pessoas coacusadas, por meio de suas respectivas defesas técnicas, intervirem[82] a fim de efetuar reperguntas ou pedir esclarecimentos[83].

2.1.2 A inimputabilidade da pessoa acusada

A plena capacidade de responsabilização penal pode ser questionada quando houver dúvida sobre a integridade mental da pessoa submetida à persecução, dando origem ao *incidente para verificação da sanidade* atuado, seja na etapa

---

81 Nesse contexto, HAMILTON, Sérgio Demoro. O desvalor da confissão policial. Revista da AJUFE, Brasília, v. 17, n. 59, p. 399-411, out./dez. 1998.
82 A ver, entre outros, MENDES, João Guilherme Lages. Participação do acusado no interrogatório do corréu. Boletim IBCCRIM, São Paulo, v. 20, n. 233, p. 6-7, abr. 2012.
83 OLIVEIRA, Vitor Eduardo Tavares de. Possibilidade do litisconsorte passivo de formular perguntas ao corréu. Boletim IBCCRIM, São Paulo, v. 17, n. 202, p. 18-19, set. 2009.

investigativa ou com o processo já em curso, nada impedindo sua ocorrência inclusive na fase recursal. Possível é também que o comprometimento psíquico seja verificado na fase de execução, quando será obedecido o disposto na LEP.

Essa dúvida deve ser concreta[84], não bastando meras conjecturas ou mesmo o emprego da simples argumentação visando a instauração do incidente. Assim,

> deve ser instaurado o incidente de insanidade mental na hipótese em que os relatos do comportamento do réu feitos pelas vítimas e pelos policiais que efetuaram sua prisão, fazem transparecer fundadas suspeitas quanto à sua integridade mental e ainda o próprio acusado admite ser viciado em crack, pois o art. 149 do CPP, prevê a instauração do incidente, até de ofício, quando houver dúvida quanto à higidez mental do agente.[85]

Havendo fundada dúvida, a realização do incidente é obrigatória, pois disso depende não apenas o correto encaminhamento de mérito. Por exemplo, dependem disso também a própria finalização do rito com soluções mais rápidas e a imposição de medida de segurança diretamente na fase de admissibilidade do rito do Júri.

Aliás, a observação pertinente da doutrina vem de longa data para afirmar que

> a verificação do estado mental do indiciado não é somente uma matéria de interesse para ele e para a sua defesa, mas focaliza-se, também, como da maior relevância para a Justiça Pública; esta não pode, decentemente, levar a termo a ação penal, indiferente às condições de sanidade mental daqueles que se sujeitam a processo e sobre os quais pode incidir a ação punitiva do Estado.[86]

Análise Crítica: Por essa característica entendemos que em situações extremas o pedido pode ser aforado em sede de *Habeas Corpus*, nada obstante a estreiteza dos limites de conhecimento desse instrumento jurídico.

---

84 Nesse sentido, a linha de precedentes do Superior Tribunal de Justiça: "É pacífica a jurisprudência desta Corte de Justiça no sentido de que não caracteriza cerceamento de defesa o indeferimento de exame de sanidade mental se não há dúvidas sobre a integridade mental do acusado, não bastando o simples requerimento da parte para que o procedimento seja instaurado". BRASIL. Superior Tribunal de Justiça. **Habeas Corpus n. 95.616/PA** (2007/0284266-). Relator: Min. Jorge Mussi. Disponível em: <https://ww2.stj.jus.br/processo/revista/documento/mediado/?componente=ATC&sequencial=8048030&num_registro=200702842661&data=20100412&tipo=5&formato=PDF>. Acesso em: 26 nov. 2021.
85 SÃO PAULO. Tribunal de Alçada Criminal de São Paulo. **Apelação n. 1.271.277/2**. 13ª Câmara. Relator Teodomiro Méndez. Data do Julgamento: 6-11-2001. Voto unânime (Voto 7.208).
86 ESPÍNOLA Filho, Eduardo. **Código de Processo Penal brasileiro anotado**. 6. ed. Rio de Janeiro: Freitas Bastos, 1980. 2v. p. 423.

Provocável pela autoridade policial, Ministério Público, Defesa e pelo julgador, de ofício, sua instauração implica na suspensão da investigação ou do processo, *mas sem acarretar a interrupção ou suspensão da prescrição.*

Daí porque a importância da obediência do prazo para a realização do exame, na forma do art. 150 previsto em 45 dias, nada obstante a possibilidade de prorrogação desse lapso diante de necessidades técnicas, as quais devem ser motivadas de forma objetiva. Por isso, é interessante observar precedente que considerou que:

> A manutenção do examinando por mais de 01 (um) ano em hospital de custódia para exame de insanidade mental não encontra amparo na interpretação da lei, tampouco no próprio princípio da razoabilidade, inerente aos trâmites processuais mais complexos. Se é certo que a lei faculta a dilação do prazo nos casos em que os peritos necessitem de mais tempo para o diagnóstico, assim entendendo os casos de difícil análise, não é menos acertado apontar que há constrangimento ilegal à liberdade do recorrente diante de sua segregação, por mais de 01 (um) ano, sem que se tenha notícia da elaboração do laudo.[87]

Determinada a realização do laudo para apuração da situação da pessoa acusada, é facultada à defesa e devida discricionariamente à Acusação a elaboração de quesitos, aos quais podem ser agregados àqueles judicialmente determinados.

Terminados os trabalhos, cabe ao julgador avaliar a prestabilidade ou não da perícia realizada, posto que não é um mero chancelador do trabalho técnico. Nada obstante, a eventual não homologação implicará a necessária realização de novo trabalho técnico ou, quando menos, em realização de laudo complementar, o que pode ser provocado também pelas partes com ou sem manifestação de seus eventuais assistentes técnicos, desde que a postulação tenha fundamentos concretos.

Homologado o laudo que conclua pela incapacidade da pessoa acusada à época do fato ser-lhe-á nomeado um *curador*, função hoje exercida pela Defensoria Pública ou por quem faça as vezes da assistência judiciária da pessoa pobre.

Cumpre cifrar que a homologação é espécie de decisão para a qual o CPP não prevê recurso específico, podendo o tema ser apreciado em sede de apelação quando houver prolação da sentença de mérito.

Para as hipóteses em que a doença mental foi superveniente à prática do ato criminoso, o CPP possui a solução do art. 152, que trata de uma suspensão indefinida do processo, motivo pelo qual não foi a norma recepcionada pela CR/88.

---

87 BRASIL. Superior Tribunal de Justiça. **Habeas Corpus n. 19879/BA**. 2006/0153952-5. 6ª Turma. Publicação: 12 mar. 2007. Julgamento: 6 fev. 2007. Relator Min. Paulo Medina. Disponível em: <http://stj.jusbrasil.com.br/jurisprudencia/8988457/recurso-ordinario-em-habeas-corpus-rhc- -19879-ba-2006-0153952-5>. Acesso em: 26 nov. 2021.

2.2 A pessoa acusada: pessoa jurídica

O sistema penal brasileiro conhece, desde a edição da Lei 9.685/98, a responsabilização penal da pessoa jurídica tema que, mais que aos processualistas penais[88], interessou sua análise aos expertos no direito penal material e, em certa medida, à criminologia.[89]

Não por outra razão, a literatura produzida sobre o tema – mesmo antes da edição da lei acima mencionada – basicamente foi dominada pelo enfoque penal material e, em particular neste campo, pela aparente infindável discussão sobre a constitucionalidade da responsabilização criminal da pessoa jurídica[90] e pela quebra dos paradigmas tradicionais da teoria do crime e da pena, constituindo-se grupos quase que antagônicos sobre esses temas. Residualmente houve alguma abordagem teórica sobre os aspectos processuais.[91]

Para além de constituir-se uma mera divagação acadêmica, a ausência da adequada estrutura do processo penal tendo a pessoa jurídica como ré se faz sentir no direito vivido como mais um aspecto dificultoso nas já polêmicas questões envolvendo a matéria[92]. Sendo sensível, em particular, o tema do interrogatório

---

88 Para uma das poucas obras com aspectos processuais ver a coletânea organizada por: CHOUKR, Fauzi Hassan; LOUREIRO, Maria Fernanda e VERVAELE, John. **Aspectos contemporâneos da responsabilidade penal da pessoa jurídica**. São Paulo: Fecomércio/SP, 2014. 1 e 2v. e, em especial, o artigo de SANGUINÉ, Odone. Direitos fundamentais da pessoa jurídica no processo penal. In: CHOUKR, Fauzi Hassan; LOUREIRO, Maria Fernanda; VERVAELE, John (Org.). **Aspectos Contemporâneos da Responsabilidade Penal da Pessoa Jurídica**. São Paulo: FECOMERCIOSP, 2014. 2 v. p. 151-219.

89 Como breves referências, consulte-se: THOMPSON, Augusto. Aplicação da criminologia na justiça penal: a criminalização da pessoa jurídica. **Revista Brasileira de Ciências Criminais**, n. 31, v. 8, p. 217-227, 2000. Ainda, SANTOS, Juarez Cirino dos. As ideias erradas do professor Lecey sobre criminalização de pessoas jurídicas. **Discursos Sediciosos**: crime, direito e sociedade. n. 14, p. 257-268, 2004.

90 A respeito, como exemplos pontuais dessa discussão, as obras de SHECAIRA, Sérgio Salomão: **Responsabilidade Penal da Pessoa Jurídica, de acordo com a Lei 9.605/98**. São Paulo: Editora Revista dos Tribunais, 1998; DOTTI, René Ariel. A incapacidade criminal da pessoa jurídica: uma perspectiva do direito brasileiro. **Revista Brasileira de Ciências Criminais**, n. 11, v. 3, p. 184-207, 1995; BREDA, Juliano. A inconstitucionalidade das sanções penais da pessoa jurídica em face dos princípios da legalidade e da individualização da pena. In: PRADO, Luiz Regis; DOTTI, René Ariel (Coord.). **Responsabilidade penal da pessoa jurídica**: em defesa do princípio da imputação penal subjetiva. 3 ed. São Paulo: Revista dos Tribunais. p. 293-307.

91 MOREIRA, Rômulo de Andrade. A responsabilidade penal da pessoa jurídica e o sistema processual penal brasileiro. In: PRADO, Luiz Regis; DOTTI, René Ariel. **Responsabilidade penal da pessoa jurídica**: em defesa do princípio da imputação penal subjetiva. 3. ed. São Paulo: Revista dos Tribunais, 2011. p. 331-352; GRINOVER, Ada Pellegrini. Aspectos processuais da responsabilidade penal da pessoa jurídica. In: GOMES, Luiz Flávio (Coord.). **Responsabilidade penal da pessoa jurídica e medidas provisórias e direito penal**. São Paulo: Revista dos Tribunais, 1999. p. 46-50.

92 Para uma interessante abordagem do comportamento dos Tribunais sobre o tema em questão, veja-se LANGENEGGER, Natalia. **Responsabilidade penal da pessoa jurídica**: O ordenamento jurídico brasileiro está preparado para reconhecê-la? Disponível em: <http://www.sbdp.org.br/arquivos/monografia/157_Monografia%20Natalia%20Langenegger.pdf>. Acesso em: 18 nov. 2011.

da pessoa jurídica quando ré no processo penal, levando-se em conta o regime de *dupla responsabilidade* entre o administrador e a pessoa moral.

Assim, em significativo precedente decidiu-se que:

> [...] o interrogatório, como se sabe, caracteriza-se como um ato de prova e de defesa. Revela o fato e todos os componentes a serem analisados no que se refere à imputação criminal. Uma prova acusatória sem uma confissão exige muito maior carga de convencimento do que outra que corrobora uma confissão. Essa é uma evidência de que o interrogatório constitui prova. Por certo que não tem eficácia exclusiva, podendo até mesmo caracterizar o crime de autoacusação falsa descrito no art. 341 do Código Penal. Também contém eficácia de defesa o interrogatório, sendo esta a precípua função dele, por isso ficando obrigado o juiz a ouvir o interrogando em qualquer fase do processo, sob pena de lesão ao princípio da ampla defesa. O réu, ao falar em juízo, tem a oportunidade de esclarecer a situação fática, explicar os motivos de sua ação, revelar fatos desconhecidos em seu proveito, dar sua interpretação referentemente a provas já colhidas etc. Tratando-se de interrogatório de pessoa jurídica, quem tem esse poder? Logicamente, aquele que se posicionou como o centro de decisão na ocasião dos fatos ou que ocupa a função contemporaneamente ao processo. Só essa pessoa tem a capacidade de esclarecer e explicar a motivação da conduta, que importa para a imputação da pessoa jurídica. Obviamente, se houver colidência de interesses entre as defesas da sociedade e do diretor, este não poderá representá-la no ato de interrogatório. Todavia, nunca poderá atribuir-se a preposto o direito de ser interrogado em nome da empresa. Acaso haja incompatibilidade entre as defesas do diretor do qual emanou a ordem e da pessoa jurídica, por certo nesse processo a sociedade não será interrogada, a não ser que exista outro administrador integrante do colegiado, que não tenha sido acusado.[93]

No âmbito acadêmico, Grinover expressou sua posição a respeito para considerar, assim como no aresto acima, a necessidade de proceder-se ao interrogatório na figura do "(...) gestor da pessoa jurídica [...], com todas as garantias previstas nos novos artigos do Código de Processo Penal."[94]

Há de se considerar, contudo, que o interrogatório da pessoa jurídica é apenas um dos aspectos que exigem regulamentação adequada. Regulamenteção, esta, nunca prevista nos projetos de reforma parcial do Código de Processo Penal e

---

[93] BRASIL. Tribunal Regional Federal (4ª Região). **Mandado de segurança n. 2002.04.01.013843-0/PR**. 7ª Turma. Relator Des. Federal José Luiz B. Germano da Silva. Julgamento em: 10 dez. 2002. Publicação: 26 fev. 2003. Disponível em: <http://trf-4.jusbrasil.com.br/jurisprudencia/1143682/mandado-de-seguranca-ms-13843>. Acesso em: 26 nov. 2021.

[94] GRINOVER, Ada Pellegrini. **Aspectos processuais da responsabilidade penal da pessoa jurídica**. Op. Cit.

ainda não discutida na tramitação dos projetos de reforma global desse mesmo Código atualmente na Câmara dos Deputados.[95]

Assim, devem ser levados em consideração, sobretudo se observadas as experiências no direito comparado[96], além dos aspectos concernentes ao interrogatório, aqueles ligados à: (i) representação da pessoa jurídica em juízo; (ii) local de citação da pessoa jurídica: (iii) o estatuto jurídico da pessoa física que depõe em nome da pessoa jurídica acusada.

Cada uma dessas questões possui desdobramentos cuja extensão se verificará a partir das opções técnico-políticas para o tema, podendo ser destacados alguns aspectos de imediato para cada um deles.

Quanto à representação da pessoa jurídica em juízo, quando ela estiver na condição de ré, uma regra que nos parece inarredável é que esta pessoa física não pode ser a mesma que vier a ser, eventualmente, acusada na forma da responsabilidade penal concomitante entre pessoa física e jurídica para o mesmo fato criminoso e, ainda nesse ponto, há de se definir se essa representação deve levar em conta o momento do cometimento do crime ou momento em que a persecução se inicia na forma estabelecida pelo contrato social ou estatuto da empresa, ponderando-se a variável de eventual substituição estatutária do representante no curso da persecução.

Ainda desdobrando esse aspecto, o *status* dessa pessoa física (representante) há de ser igualmente delineado, havendo experiência na legislação comparada (direito francês) de recair-lhe a condição de testemunha, com todas as implicações que isto acarreta[97] e sem que possa, nessa condição, estar sujeito a alguma medida cautelar porque representante em juízo da pessoa jurídica acusada penalmente, estas que devem, na forma legalmente estabelecida, garantir o Juízo.

A forma de citação, se enfocado o direito comparado como parâmetro e, em especial, o direito francês, se dá com a comunicação das pessoas jurídicas como no processo civil, com os atos comunicacionais formalizados por envio postal, endereçados na forma estatutária e destinados ao representante processual.

Todos esses assuntos, ao lado de outros tantos quantos possam ser acrescidos como derivados da Lei 12.846 de 2013, deveriam ocupar a pauta legislativa para o devido aperfeiçoamento do sistema processual penal voltado para as pessoas jurídicas, o que até o momento não ocorre mesmo no âmbito da vegetativa tramitação do PLS 156/09.

---

95 Projeto de Lei 8045/10 do Senado e PL 7987/10 que tramita apensado e foi apresentado pelo deputado Miro Teixeira (PDT-RJ).
96 MARK, Pieth; RADHA, Ivory. Emergence and Convergence: Corporate Criminal Liability Principles in Overview. Londres/Nova York: Springer/Verlag. ISBN-10: 9400706731. 2011.
97 Arts. 706-745 do Código de Processo Penal francês.

Contudo, seja qual for o rumo adotado pelas reformas legislativas, deve ficar sempre assentado que a pessoa jurídica goza dos mesmos direitos processuais da pessoa física, que devem ser obedecidos na concretização do devido processo legal.

2.3 A posição jurídica da vítima

2.3.1 Vítima no cenário processual penal – algumas observações históricas

A posição da vítima foi alvo de oscilações ao longo da história processual penal. Como aponta Fernandes,[98] "com o fortalecimento das Monarquias e do Estado Moderno, a vítima é relegada definitivamente a segundo plano. O direito penal é considerado de ordem pública, sendo o crime visto como ofensa à boa ordem social, cabendo ao soberano ou ao Estado reprimi-lo".[99]

Posteriormente, ainda de acordo com o mesmo autor, o século XX assiste ao renascimento da importância da vítima[100], com a instituição de inúmeros documentos na ordem internacional e interna, dando destaque à necessidade de sua proteção, bem como erigindo mecanismos para o exercício desta nova posição.

Foi no contexto de reerguimento da posição da vítima que a Assembleia Geral das Nações Unidas adotou a Resolução 40/34, de 11 de dezembro de 1985, na qual restaram declarados os princípios básicos de justiça em favor das vítimas de crime e abuso de poder.[101] Documento que tem por objeto uma definição mais ampla da palavra *vítima*[102], não a restringindo apenas ao contexto criminal, a supracitada Resolução conclamou os Estados-membros a tomarem as medidas necessárias para "promover esforços da comunidade e participação pública

---

98 FERNANDES, Antonio Scarance. O papel da vítima no processo criminal. São Paulo: Malheiros, 1995, especialmente a introdução à obra.
99 A essa superação do papel da vítima corresponde processualmente a superação daquilo que é chamado "modelo acusatório puro", nas palavras de: ASENCIO MELLADO, José Maria. Principio acusatorio y derecho de defensa en el proceso penal. Madrid: Trivium, 1991.
100 FERNANDES, Antonio Scarance. O papel da vítima no processo criminal. Op. Cit., p. 18.
101 Para uma breve visão desta matéria, consulte-se: MUELLER, G.O.W. A declaração das Nações Unidas de princípios básicos em favor das vítimas de crime e abuso de poder. In: ARAÚJO JÚNIOR, João Marcello de (Org.). **Ciência e Política Criminal em Honra de Heleno Cláudio Fragoso**. Rio de Janeiro: Forense, 1992, especialmente p. 190 e seguintes.
102 Nesse sentido, "vítima significa pessoas que, individual ou coletivamente sofreram dano, incluindo injúria física ou mental, sofrimento emocional, perda econômica ou substancial prejuízo de seus direitos fundamentais, através de atos e omissões que ocorram em violação às leis criminais operantes nos Estados Membros, incluindo-se as que proscrevem o abuso criminal de poder" (A-1). Na sequência, é colocada na posição de vítima também sua família imediata ou dependentes diretos ou mesmo as pessoas que tenham tentado intervir para minimizar a situação aflitiva daquela.

na prevenção do crime", bem como "para estabelecer meios para se investigar, processar e sentenciar os culpados por crimes".

Na Declaração estão previstos o tratamento digno da vítima, seu direito ao acesso à justiça, mecanismos de restituição e compensação, além daqueles referentes à assistência quando necessária.

No bojo dessas disposições, guarda particular interesse o contido no item 6.a., que confere às vítimas a necessária informação acerca dos seus "deveres e a alçada, ritmo de andamento e progresso do processo e a disposição de seus casos, especialmente onde crimes sérios estejam envolvidos e onde elas tenham requerido estas informações".

Sem embargo, portanto, da necessária proteção que deve ter a vítima, seja por meio de mecanismos assecuratórios da reparação do dano causado pela conduta penalmente tipificada, seja por meio de criação de estruturas que possibilitem até mesmo a inviolabilidade de sua integridade física na hipótese de situações mais gravosas, inegável que também ela assume deveres na nova ordem processual, como faz deixar bem claro a própria posição da Resolução da ONU anotada, dentre eles, a imperiosa colaboração com a Administração da Justiça.

Tais posturas encontraram, ainda que tardiamente, eco na pauta de direcionamento da matéria no direito brasileiro, já com a estruturação de um sistema de proteção à vítima, assim como na otimização dos mecanismos compensatórios, não se descurando, igualmente, da situação social da vítima para além do processo penal.[103]

2.3.2 A vítima na CR/88

Amparada na sua dignidade, à vítima foram reservados, desde o marco constitucional e convencional, inúmeras formas de atuação e intervenção no processo penal, as quais vêm sendo progressivamente incorporadas normativamente em sede infraconstitucional[104]. Nada obstante, a cultura de proteção à vítima no cenário da persecução penal brasileira ainda está por ser construída de maneira

---

103 No sentido do texto, com relação ao primeiro tópico apontado, veja-se: FERNANDES, Antonio Scarance. Grupo Especial de Trabalho: proteção à vítima. **Boletim do Instituto Brasileiro de Ciências Criminais**, São Paulo, v. 3, p. 7, 1995; No tocante ao segundo tópico, GOMES, José Carlos. A vitimologia como mecanismo de prevenção do Estado. **Notícias do Instituto Brasileiro de Ciências Criminais**, 12 nov. 1994. Disponível em: <https://www.ibccrim.org.br/noticias/exibir/1429/>. Acesso em: 30 nov. 2021. Por fim: SANTOS, Lycurgo de Castro. A vítima do ilícito fora da lide processual penal. **Notícias do Instituto Brasileiro de Ciências Criminais**, 12 nov. 1993. Disponível em: <https://www.ibccrim.org.br/noticias/exibir/1246/>. Acesso em: 30 nov. 2021.
104 Ver a respeito da reconstrução do papel da vítima no processo penal as significativas contribuições de BARROS, Flaviane de Magalhães. **A participação da vítima no processo penal**. Rio de Janeiro: Lumen Juris, 2008; OLIVEIRA, Ana Schmidt de. **A vítima e o direito penal**. São Paulo: Revista dos Tribunais, 1999 e CALHAU, Lélio Braga. **Vítima e direito penal**. Belo Horizonte: Mandamentos, 2002.

efetiva. Trata-se, de fato, de passar do discurso à prática, com implementação de políticas públicas que tornem efetivo o ideal de dignidade de proteção à vítima.

Por ora, apresentamos alguns aspectos das referências à vítima a partir do marco constitucional-convencional.

2.3.2.1 Vítima e controle da inação do Ministério Público na Constituição de 1988

Apresentando ares mais liberais na estruturação do modelo processual, as ideias acusatórias também reservam à vítima um novo papel, assumindo o lesado em seu bem jurídico penalmente tutelado um novo compromisso nesta quadra da vida social, caracterizado sobretudo por um maior poder de interferência no destino da ação ou da investigação preparatória.

No dizer de Delmas-Marty, "este movimento, que tende a integrar o corpo social à justiça penal, ao mesmo tempo em que reduz o caráter *estatal* do modelo, é certamente um dos temas modernos importantes da política criminal", sustentando nessa linha a participação popular (em especial para nosso tópico, a vítima) como

> (...) um controle externo ao Estado do funcionamento deste [...] trata-se de uma participação ativa, o grupo assumindo, portanto, a responsabilidade pelas infrações, atitude mais dinâmica do que a tradicional apresentação aos especialistas da Justiça; atitude que poderia tornar todo o corpo social consciente e responsável pelas infrações que nele são cometidas.[105]

O texto constitucional foi arrojado quando disciplinou, ainda em sede do art. 5º, a possibilidade de ajuizamento de ação penal subsidiária da pública, permitindo ao ofendido o exercício concorrente da *persecutio criminis* quando o titular da ação quedar inerte.[106]

Foi surpreendente a inclusão dessa norma no bojo da CR/88, sobretudo porque, embora previsto no CPP desde 1941 – e nunca tenha tido sede constitucional –, o exercício desse tipo de acusação nos anais forenses é praticamente inexistente, quer pelos aspectos dogmáticos, quer pelos aspectos culturais.[107]

---

105 DELMAS-MARTY, Mireille. **Modelos e movimentos de política criminal**. Trad. de Edmundo Oliveira. Rio de Janeiro: Revan Editora, 1992. p. 76.
106 O tratamento dessta forma de acusação está detalhado no Capítulo 5, "Da formação da acusação penal", em que estão detalhados seus aspectos operacionais.
107 Numa das poucas manifestações jurisprudenciais acerca do tema, veja-se: BRASIL. Superior Tribunal de Justiça. Habeas Corpus n. 1909-I/GO. Julgado em: 26 ago. 1992. Relator: Min. Assis Toledo. **Revista do SJT**, v. 40, p. 123, dez./ 1992. Disponível em: <https://www.stj.jus.br/docs_internet/revista/eletronica/stj-revista-eletronica-1992_40_capJurisprudencia.pdf>. Acesso em: 30 nov. 2021.

Do ponto de vista estrutural, entretanto, essa forma de acusação reveste-se de relevantíssima função de controle em relação ao Ministério Público e fecha um sistema de freios e contrapesos que é próprio do modelo democrático, no qual nenhuma função estatal aparece alijada de alguma espécie de controle.

Nesse passo, o Ministério Público, legitimado para a acusação penal pública (condicionada ou não), tem sua atividade monitorada pela vítima que, nos moldes disciplinado pela legislação processual penal, poderá promover a persecução penal.

`2.3.2.2` Vítima e Lei 9099/95

Ainda em sede constitucional, mas já vislumbrando a análise de sua regulamentação pela legislação ordinária, cumpre especial atenção para com o Artigo 98 I, da Constituição Federal, e sua posterior disciplina com as Leis 9099/95, 10.259, de 12 de julho de 2001 e 11.313, de 28 de junho de 2006, em especial atendendo-se para o papel que a vítima ali desempenha.

Buscando um *novo paradigma* para a Justiça penal, o Juizado Especial Criminal, fundado em princípios como o da disponibilidade da ação penal[108] pelo ofendido e na composição civil como óbice ao exercício da persecução penal, destacou o papel da vítima a ponto de fazer surgir com seu novo papel também uma nova categoria de verdade para o processo, agora adjetivada de consensuada.[109]

O desenvolvimento infraconstitucional apresenta-se, em nosso sentir, criticável em vários pontos[110], mas as análises das disfunções escapam ao presente momento, tendo sido desenvolvidas no Capítulo 6, *Teoria geral dos procedimentos e Procedimentos em espécie*.

Aqui cabe destacar que para este cenário já chamou a atenção Ferrajoli[111], acentuando o caráter privatístico da transação mencionada, muito mais adequada às

---

108 Assim, com relação à vítima e sua atuação no Juizado Especial Criminal no tocante ao exercício da representação pode ser consultado: SILVA JARDIM, Afrânio. Os princípios da obrigatoriedade e da indisponibilidade nos Juizados Especiais Criminais. **Boletim do Instituto Brasileiro de Ciências Criminais**, n. 48, p. 4, 12 nov. 1996. Disponível em: <https://www.ibccrim.org.br/publicacoes/exibir/148>. Acesso em: 30 nov. 2021; para o desenvolvimento do papel da vítima na construção de uma verdade "consensuada" com reflexos no processo penal, CASTELLAR, João Carlos. **Boletim do Instituto Brasileiro de Ciências Criminais**, n. 48, p. 167, 12 nov. 1996. Disponível em: <https://www.ibccrim.org.br/publicacoes/exibir/148>. Acesso em: 30 nov. 2021.

109 A esse respeito veja-se: GRINOVER, Ada Pellegrini et al. **Juizados Especiais Criminais**: comentários à lei 9.099, de 26. 09. 1995. São Paulo: Revista dos Tribunais, 1999; GOMES, Luiz Flávio. Suspensão Condicional do Processo. São Paulo: Revista dos Tribunais, 1995.

110 Para uma visão crítica, veja-se: CHOUKR, Fauzi Hassan. Qual Justiça Penal? **Boletim do Instituto Brasileiro de Ciências Criminais**, n. 35, nov./1995. Disponível em: <https://www.ibccrim.org.br/publicacoes/exibir/135>. Acesso em: 30 nov. 2021, e SILVA FRANCO, Alberto. Os questionamentos provocados pela Lei 9099/95. **Boletim do Instituto Brasileiro de Ciências Criminais**, n. 35, nov./1995. Disponível em: <https://www.ibccrim.org.br/publicacoes/exibir/135>. Acesso em: 30 nov. 2021.

111 FERRAJOLI, Luigi. **Derecho y Razón**. Madrid: Ed. Trota, 1995.

relações civis e, por outro lado, revelando a matriz inquisitiva do acordo penal, remontando às técnicas decisórias dos processos medievais eclesiásticos, em que a assunção de culpa e a negociação quanto ao delito, para fins de imposição de penas mais brandas, formaram aquilo que hodiernamente se poderia chamar de escopo do processo.

2.3.2.3 A vítima no Código de Processo Penal

As inúmeras reformas pontuais do CPP deram alguma atenção à vítima, em especial com as modificações que entraram em vigor em 2008, quanto ao acesso à informação e proteção da integridade psicológica e material, esta última buscada com a inserção de um mecanismo (pouco operativo, como se verá) de aceleração de indenizações civis quando da prolação da sentença.

Assim, pode-se dividir o tratamento dispensado à vítima no CPP em três grandes linhas, a saber: a) vítima e prova penal; b) assistência à dignidade humana da vítima; e c) mecanismos ressarcitórios.

Vítima e prova penal

É da redação original do CPP o descompromisso da vítima para com a verdade dos fatos nos termos do art. 201, dada sua *peculiar situação*, como já apontado por Espínola Filho[112] diante da redação original do CPP, deixando-a verdadeiramente desatrelada à sorte de suas declarações.

Sem embargo, em não raras ocasiões, sentenças condenatórias – e suas confirmações quando do exercício recursal – são arrimadas exclusiva ou preferencialmente na palavra da vítima, colocando-a em posição definidora sobretudo em casos sensíveis, como quando da ocorrência de crimes contra a liberdade sexual ou crimes patrimoniais particularmente graves.

As dificuldades aqui anotadas não são de todo desconhecidas no cenário internacional. Com efeito, lições da criminologia apontam três diferentes papéis que podem ser desempenhados pelas vítimas na persecução penal "acusador, litigante civil e testemunha. Em quase todos os sistemas de justiça criminal, espera-se, e às vezes, pressiona-se a vítima para que adote a posição de testemunha. A questão central, aqui, é a de como as vítimas são tratadas pelo sistema"[113], enfatizando sempre que a palavra da vítima quando alçada à posição análoga a de testemunha é sempre alvo de intensa polêmica e não raras vezes, como assenta

---

112 ESPÍNOLA FILHO, Eduardo. **Código de Processo Penal Brasileiro Anotado**. São Paulo: Freitas Bastos, 1942. 3 v., em especial p. 11 e seguintes.

113 Tradução livre de: "prosecutor, civil claimant and witness. In almost all criminal justice systems victims are expected, sometimes pressured, to adopt the role of witness. The key question here is how victim witnesses are treated by the system." MAWBY, Sandra Walklate. Critical Victimology International Perspectives. London: SAGE Publications, 1994. p. 129.

Figueiredo Dias, sofre um novo constrangimento sendo colocada, figuradamente, no banco dos acusados[114].

Com efeito, dentro das linhas descritas, deve-se trabalhar a participação da vítima como fonte de prova no processo como exceção e não como regra, com vistas a: a) diminuir a exposição reiterada da vítima aos danos psicológicos do processo ou da investigação, bem como, em situações mais rumorosas, ao impiedoso assédio da mídia (vitimização secundária ou terciária); b) como consequência, exigir dos responsáveis pela investigação/acusação que elevem seus padrões de colheita de vestígios, indícios, fontes e meios de prova.

No caso pátrio, há certa acomodação doutrinária e jurisprudencial para com esse último aspecto, sempre providencialmente sustentada numa crônica e aparente falta de capacitação humana e material na otimização das provas técnicas a serem colhidas ao longo da investigação e mesmo do processo penal.

O caso dos crimes sexuais é paradigmático nesse ponto. Enquanto existe uma tendência jurisprudencial como a apontada acima, que apazigua a solução processual a partir da simples leitura do depoimento da vítima, poucos esforços são patrocinados pelo Estado no sentido de desenvolver a tecnologia investigativa e probatória, com relação a este tema.

Diretamente ligada à cômoda posição de simplesmente valorar a palavra da vítima, está a ausência de incentivos financeiros à criação de meios de informação à vítima desses delitos quanto à necessidade de submeter-se prontamente a exames médicos, em repartições especializadas material e profissionalmente, para conseguir não apenas o suporte probatório para a investigação, mas, igualmente, para dar aos envolvidos o amparo psicológico necessário. Assim, torna-se vicioso o círculo. Sem incremento da tecnologia, exulta-se a palavra da vítima como meio não de informação, mas de verdadeira prova definitiva.

Dessa forma o paradoxo se acentua. Não se protege a vítima contra uma segunda exposição ao fato apurado, lançando-a necessariamente ao processo em que poderá sofrer toda a sorte de constrangimentos e, ao mesmo tempo, privilegia-se sua palavra, não raras vezes como único suporte de condenação dificultando-se assim a racionalização do sistema.

Ainda no processo, a vítima pode contar com dois mecanismos para preservação da integridade de sua manifestação, quais sejam: (1) a aplicação do art. 217 do CPP, que possibilita a retirada da pessoa acusada da sala de audiência, desde que

---

114 Não se pode de qualquer forma impor à vítima algo mais além da experiência negativa de vida que é seu envolvimento com um fato tido como penalmente relevante. Nesse ponto, as palavras de Figueiredo Dias são de todo provocativas, ao afirmar que, em certas situações – como os crimes sexuais – também é a "vítima 'julgada' à luz dos estereótipos que se relacionam com seu passado, sua experiência, respeitabilidade social, etc.". DIAS, Jorge de Figueiredo. **Criminologia**. Coimbra: Coimbra Ed., 1992. p. 546.

inviável o emprego da videoconferência (tema que será tratado no Capítulo 8, sobre prova penal, desta Obra); e, no caso do Estado de São Paulo, (2) a não divulgação dos seus dados qualificadores com base no Provimento 32/2000.

Aludido Provimento – portanto, um ato administrativo interno do TJSP – prevê que "as vítimas ou testemunhas coagidas ou submetidas a grave ameaça, em assim desejando, não terão quaisquer de seus endereços e dados de qualificação lançados nos termos de seus depoimentos" (art. 3º), norma endereçada a "Juízes de Direito e Delegados de Polícia" (art. 2º).

Preserva-se o acesso ao Ministério Público e ao Defensor constituído ou nomeado nos autos, com controle de vistas, feito pelo Escrivão, declinando data, da pasta onde são anotados os dados de qualificação da vítima (ou testemunhas).

Nesse ponto, há uma clara manifestação do quanto está distanciado o processo penal brasileiro da operacionalidade de um modelo minimamente acusatório. Observados os cenários nos países reformados, a obrigação dessa tutela é do Ministério Público, na condição de gerenciador da acusação penal, e não do Poder Judiciário, que lhe *concede vistas* de dados verdadeiramente essenciais ao exercício da acusação sob a vigilância de um funcionário burocrático. Enfim, nessa ótica, a investigação pertence à polícia, e o processo, ao Juiz.

Essa disciplina jurídica já foi questionada quanto à sua compatibilidade com o marco constitucional e convencional. Quanto ao primeiro plano, destacou-se que regrar o tema, por ato administrativo de Tribunal, infringiria a competência legislativa sobre a matéria posto que, por ser tema de processo, somente poderia ser legislada pela União. Quanto ao segundo, pela ótica de inúmeros julgados da CADH, dentre eles o Caso Castillo Petruzzi e outros × Peru – e, também, Caso Cantoral Benevides × Peru –, a restrição do acesso aos dados deve ser medida de exceção e acompanhada de outras compensatórias que assegurem o devido processo.

Os precedentes judiciais sobre a matéria, seja no âmbito do TJSP, seja no do STF, dão, invariavelmente, pela legalidade dessa normatização, sob a justificativa que se trata de prolongamento do disposto no art. 7º da Lei 9807/1999 e, em assim sendo, a ampla defesa e o contraditório mantêm-se intactos se a testemunha, cujo nome estava na exordial acusatória, tinha a respectiva qualificação descrita em peça separada e acessível ao defensor durante todo o curso da instrução criminal.[115]

Ademais, os advogados constituídos tiveram acesso à qualificação completa da testemunha antes do interrogatório do Paciente e não levantaram qualquer objeção nesse momento processual, nem quando, em atendimento à [sic] pedido da Defesa, o sigilo das informações foi revogado.[116]

Assistência psicossocial à vítima

A preocupação assistencial para com a vítima ganhou algum espaço com a reforma de 2008, que lhe dedica *direito à informação dos atos processuais relativos ao ingresso e à saída do acusado da prisão, à designação de data para audiência e à sentença e aos respectivos acórdãos que a mantenham ou modifiquem*[117] (art. 201, § 2º, do CPP, incluído pela Lei nº 11.690, de 2008), bem como a sua separação das demais pessoas a fim de resguardar sua integridade física e psicológica.

Essa mesma reforma contemplou, de forma mais abrangente, a preservação da intimidade da vítima, com medidas caso a caso para que não seja indevidamente exposta aos meios de comunicação, e seu encaminhamento para atendimento multidisciplinar, especialmente nas áreas psicossocial, de assistência jurídica e de saúde, a expensas do ofensor ou do Estado.

---

115 BRASIL. Supremo Tribunal Federal. Habeas Corpus n. **89.137/SP**. Primeira Turma. Relator: Min. Carlos Britto. Julgamento: 20/3/2007. Disponível em: <https://stf.jusbrasil.com.br/jurisprudencia/757766/recurso-em-habeas-corpus-rhc-89137-sp>. Acesso em: 06 jun. 2021. Decisões monocráticas com trânsito em julgado: BRASIL. Supremo Tribunal Federal. **Habeas Corpus n. 99.989/SP**. Decisão monocrática. Relator Min. Eros Grau. Julgamento: 30/11/2009. DJE: 10/12/2009. Disponível em: <https://jurisprudencia.stf.jus.br/pages/search/despacho122002/false>. Acesso em: 30 nov. 2021. BRASIL. Supremo Tribunal Federal. **Reclamação n. 10.996/SC**. Decisão monocrática. Relator: Min. Ayres Britto. Julgamento em 7/12/2010. DJE 16/12/2010. Disponível em: <https://jurisprudencia.stf.jus.br/pages/search/despacho182098/false>. Acesso em: 30 nov. 2021.

116 BRASIL. Superior Tribunal de Justiça. **Habeas Corpus n. 51202/SP**. Quinta Turma. Relatora: Min. Laurita Vaz. DJ: 11/09/2006. Disponível em: <https://scon.stj.jus.br/SCON/jurisprudencia/toc.jsp?i=1&b=ACOR&livre=((%27HC%27.clap.+e+@num=%2751202%27)+ou+(%27HC%27+adj+%2751202%27.suce.))&thesaurus=JURIDICO&fr=veja>. Acesso em: 30 nov. 2021.

117 A ver no âmbito do TJSP, Normas da Corregedoria Geral de Justiça – Normas de Serviços dos Ofícios Judiciais – Capítulo V – "Dos ofícios de justiça criminal, do júri, das execuções criminais e da Corregedoria dos presídios e da polícia judiciária": "26. Das sentenças condenatórias proferidas em processos criminais e daquelas prolatadas em procedimento relativo à prática de ato infracional que imponha a adolescente medida socioeducativa prevista na Lei 8.069/90 (Estatuto da Criança e do Adolescente), com trânsito em julgado, deverão ser extraídas cópias para encaminhamento às vítimas, ou sendo o caso, aos familiares" (Provs. CSM 770/2002, CGJ 2/2001 e 5/2002). SÃO PAULO. Tribunal de Justiça de São Paulo. **Normas da Corregedoria Geral de Justiça**: Normas de Serviços dos Ofícios Judiciais – Capítulo V. Dos ofícios de justiça criminal, do júri, das execuções criminais e da Corregedoria dos presídios e da polícia judiciária. Disponível em: <https://www.tjsp.jus.br/download/conhecatjsp/normasjudiciais/capv.pdf>. Acesso em: 30 nov. 2021.

Passados anos da entrada em vigor da reforma os resultados práticos de todas essas medidas são bastante tímidos, quando não, de todo inexistentes, como a particular previsão que *ofensores* paguem as despesas assistenciais acima mencionadas. Ao contrário, o sistema público de saúde ainda é fortemente impactado[118] pelas violências relacionadas às práticas criminosas e mesmo o sistema de seguridade social assim o é[119], o que é parcialmente explicável pelo perfil da população vitimada e agressora, ambos altamente vulneráveis do ponto de vista econômico.

Aquelas medidas que poderiam ser tomadas no âmago do processo não contam com a adesão dos intervenientes processuais e são tratadas como meras recomendações. Empiricamente não se encontra, na maioria dos processos ou investigações, a expedição de comunicações à vítima na forma preconizada.

E, enquanto políticas públicas, embora existam experiências ligadas à violência de gênero e para crianças e adolescentes vitimados, ainda estão longe de haver consistência de posturas estatais para amparar, de forma multidisciplinar, a vítima nas várias dimensões da criminalidade.

Assim, a efetivação das políticas públicas necessárias ainda é o maior desafio a ser enfrentado nessa matéria, nada obstante deva ser saudada a preocupação do projeto de reforma global do CPP para a criação do que poderia ser denominado, com alguma pretensão, como *estatuto da vítima*[120] e do PLS 65/2016, que cria o *Ato Nacional dos Direitos das Vítimas de Crimes*, para que elas "se beneficiem de informação, apoio e proteção necessários, bem como tenham direito ao devido ressarcimento, de serem ouvidas e de participarem adequadamente da investigação, do processo e da execução penal, de forma a proteger e fazer valerem seus direitos humanos"[121], este último de grande ambição de sistematização e abrangência.

---

118 Entre outros, RODRIGUES, Rute Imanishi et al. Os custos da violência para o sistema público. **Caderno de Saúde Pública**, v. 25, n. 1, p. 29-36, 2009. Ainda, CERQUEIRA, Daniel RC. et al. **Análise dos custos e consequências da violência no Brasil**. Brasília, jun./2007. Disponível em: <http://repositorio.ipea.gov.br/bitstream/11058/1824/1/TD_1284.pdf>. Acesso em: 30 nov. 2021.

119 A ver o relevante e ainda atual estudo de: KAHN, Túlio. Os custos da violência: quanto se gasta ou deixa de ganhar por causa do crime em São Paulo. **São Paulo em Perspectiva**, São Paulo, v. 13, n. 4, p. 42-48, 1999. Disponível em: <https://www.scielo.br/j/spp/a/8WPZ77Lpwj3st8YSdRhNkkd/?lang=pt&format=pdf>. Acesso em: 30 nov. 2021.

120 Vide artigo 91 na forma como o texto foi enviado, do Senado, para a Câmara. BRASIL. Senado Federal. Comissão Temporária de Estudo da Reforma do Código de Processo Penal. Parecer n. 1.636 de 2010. Redação final do projeto de lei do Senado n. 156 de 2009. Disponível em: < http://www.senado.leg.br/atividade/rotinas/materia/getPDF.asp?t=85509&tp=1>. Acesso em 06 jun. 2021.

121 BRASIL. Senado Federal. Atividade Legislativa. **Projeto de lei do Senado n. 65 de 2016**. Disponível em: <https://www25.senado.leg.br/web/atividade/materias/-/materia/125010>. Acesso em: 6 jun. 2021.

O ressarcimento à vítima: a ação civil *ex delicto*

O ressarcimento pecuniário à vítima é tema de destaque desde a já destacada Declaração dos Princípios Básicos de Justiça Relativos às Vítimas da Criminalidade e de Abuso de Poder, de 1985, que, em seu Artigo 4:

> Solicita aos Estados membros que tomem as medidas necessárias para tornar efetivas as disposições da Declaração e que, a fim de reduzir a vitimização, a que se faz referência daqui em diante, se empenhem em: [...] h) Colaborar com os outros Estados, no quadro de acordos de auxílio judiciário e administrativo, em domínios como o da investigação e o da prossecução penal dos delinquentes, da sua extradição e da penhora dos seus bens para os fins de indenização às vítimas.

O mesmo documento internacional ainda preconiza, em seu Artigo 6:

> A capacidade do aparelho judiciário e administrativo para responder às necessidades das vítimas deve ser melhorada: [...] e) Evitando demoras desnecessárias na resolução das causas e na execução das decisões ou sentenças que concedam indenização às vítimas.

E conclui, no art. 8, que

> (...) os autores de crimes ou os terceiros responsáveis pelo seu comportamento devem, se necessário, reparar de forma equitativa o prejuízo causado às vítimas, às suas famílias ou às pessoas a seu cargo. Tal reparação deve incluir a restituição dos bens, uma indenização pelo prejuízo ou pelas perdas sofridos, o reembolso das despesas feitas como consequência da vitimização, a prestação de serviços e o restabelecimento dos direitos.

E, quando impossível que a reparação parte da pessoa que cometeu o crime, prevê a Declaração, em seu Artigo 12:

> Quando não seja possível obter do delinquente ou de outras fontes uma indenização completa, os Estados devem procurar assegurar uma indenização financeira: a) às vítimas que tenham sofrido um dano corporal ou um atentado importante à sua integridade física ou mental, como consequência de atos criminosos graves; b) À família, em particular às pessoas a cargo das pessoas que tenham falecido ou que tenham sido atingidas por incapacidade física ou mental como consequência da vitimização.

Para tanto, de acordo com o Artigo 13:

> Será incentivado o estabelecimento, o reforço e a expansão de fundos nacionais de indenização às vítimas. De acordo com as necessidades, poderão

estabelecer-se outros fundos com tal objetivo, nomeadamente nos casos em que o Estado de nacionalidade da vítima não esteja em condições de indenizá-la pelo dano sofrido.

No plano nacional, o tema do ressarcimento é previsto na redação original do CPP e compartilhado pela legislação Civil (Código Civil), a qual no atual Artigo 186 prevê que "aquele que, por ação ou omissão voluntária, negligência ou imprudência, violar direito e causar dano a outrem, ainda que exclusivamente moral, comete ato ilícito".

Especificamente quanto ao tema aqui enfocado o atual art. 935 do Código Civil disciplina que "A responsabilidade civil é independente da criminal, não se podendo questionar mais sobre a existência do fato ou sobre quem seja o seu autor, quando estas questões se acharem decididas no juízo criminal".

E a reparação do dano aparece na legislação penal como ponto a ser observado na fixação da pena (art. 65, III, "b" do CP) e na imposição do *sursis* (art. 77 e 78 do CP), constituindo-se como efeito da condenação (art. 91, I, do CP) além de ser condicionante para a concessão do livramento condicional (art. 131 da LEP).

Consta, ainda, como mecanismo essencial da Lei 9099/95 (art. 72) e na Lei dos Crimes Ambientais (Lei 605/1998, art. 20) e é necessária para a suspensão condicional do processo quando o crime assim o permitir (art. 28, IV, da mesma Lei).

A todas essas bases normativas correspondem sistemas[122] os quais, de acordo com Tornaghi,

> podem reduzir-se a dois grandes quadros: o da acumulação das duas ações em um só processo e o da separação. O fato de as opiniões se dividirem, com respeito ao valor de cada um, se explica pela circunstância de que o último é o mais lógico, o mais acertado teoricamente, enquanto o primeiro é o mais prático.[123]

Optamos por expor o cenário normativo de uma forma distinta, que nos parece mais útil à compreensão da matéria[124]. Assim, a pessoa legitimada para buscar a satisfação do ressarcimento pode:

---

122 Tourinho, entre outros autores, sustenta a existência dos sistemas da "confusão" (a mesma ação tem como finalidade a imposição de pena e a reparação civil), da "solidariedade" (duas ações ambas aforadas no mesmo juízo (criminal) e em um só processo); "livre escolha" ou "interdependência" (quem tem legitimidade ativa opta entre cumular as duas ações no juízo criminal (em um mesmo processo) ou separar as demandas (em processos diferentes e em juízos diversos) e "separação" ou "independência" (a ação civil só pode ser aforada no juízo cível, assim como a ação penal só o pode no juízo criminal). In: TOURINHO FILHO, Fernando da Costa. **Processo penal**. 31. ed. revista e atualizada. São Paulo: Saraiva, 2009. p. 9 v. 2.

123 TORNAGHI, Hélio. **Curso de Processo Penal**. 10. ed. atualizada. São Paulo. Saraiva, 1997 p. 83, v. 1.

124 Mas sem optar por alcunhá-lo de "certezas" e "possibilidades", como faz RIBEIRO, Sônia Maria Amaral Fernandes. Crime e castigo: responsabilidade civil em face do ilícito penal. **RIDB**, ano 3, nº 8, p. 5995-6054, 2014. Disponível em: <http://www.idb-fdul.com/> ISSN: 2182-7567, mas pela natureza da tutela buscada, se de conhecimento ou de execução.

I] **Propor ação de conhecimento**, na esfera cível, almejando um título executivo para a satisfação integral do dano causado. Esse título é ilíquido e precisa ser apurado para, na sequência, ser executado;

II] **Usar a sentença penal condenatória como título executivo totalmente ilíquido**, que precisará ser apurado na sua integralidade para, então, ser executado como título líquido em processo de execução;

III] **Usar a sentença penal condenatória como título parcialmente líquido** correspondente ao valor mínimo do ressarcimento (aplicação do art. 387, IV, do CPP) diretamente num processo de execução; caso o titular do direito ao ressarcimento deseje ver satisfeito a totalidade do valor precisará percorrer o iter do item 2, supra.

No direito brasileiro, quem detém o direito ao ressarcimento, caso deseje ajuizar a ação para instaurar processo de conhecimento civil visando alcançar o título executivo (item 1, supra), e *apenas nessa hipótese*, é que estará sujeita às explicações doutrinárias aventadas pela doutrina clássica do processo penal, contando com as seguintes opções:

I] Ajuíza ação para instaurar processo de conhecimento civil concomitantemente ao processo penal, hipótese em que ele será potencialmente sobrestado nos termos do art. 64, parágrafo único, do CPP;

II] Ajuíza a ação civil para instaurar processo de conhecimento após sentença *absolutória* no processo penal, desde que a absolvição não tenha tido como fundamento estado de necessidade, legítima defesa, estrito cumprimento de dever legal ou exercício regular de direito (art. 65, do CPP), sendo possível o aforamento dessa ação quando a sentença absolutória tiver como fundamento que o fato imputado não constitua crime;

III] Ajuíza ação civil para instaurar processo de conhecimento diante da sentença que *extinguir a punibilidade* (art. 67, II, do CPP);

IV] Ajuíza ação civil para instaurar processo de conhecimento buscando alcançar título executivo judicial após o arquivamento das investigações (art. 67, I, CPP).

Por essa sistematização, percebe-se que o CPP projetou, para a esfera cível, a prejudicialidade da sua coisa julgada em hipóteses restritas e não contempla a concomitância de ações para instaurar processos de conhecimento civil e penal no Juízo penal[125].

---

125 E assim as obras sobre o assunto se manifestam como, por exemplo, MENDONÇA, Andrey Borges de. **Nova reforma do Código de Processo Penal**: comentada, artigo por artigo. São Paulo: Método, 2008, p. 230-231; LIMA, Marcelus Polastri. **Manual de processo penal**. 4. ed. Rio de Janeiro: Lumen Juris, 2009, p. 255-256; FELIPETO, Rogério. **Reparação do dano causado por crime**. Belo Horizonte: Del Rey, 2001. E por todos, a obra clássica de ASSIS, Araken de. **Eficácia civil da sentença penal**. 2. ed. São Paulo: Revista dos Tribunais, 2000.

No entanto, a reforma criadora do microssistema da Lei 9099/95 alterou esse modelo para conferir à indenização civil acordada *antes* de iniciar-se a persecução penal um papel de *prejudicialidade* ao processo-crime. Assim, pela primeira vez até então, interesses patrimoniais se sobrepunham a qualquer interesse público que possa existir na imposição de uma sanção penal.

Mas, tirante o microssistema da Lei 9099/95 que inverte a lógica de preponderância entre as esferas[126], a *coisa julgada penal* sempre foi o título executivo empregável na busca do ressarcimento pelo dano causado com a prática criminosa.

E a reforma do processo penal em 2008 introduziu a possibilidade do juiz penal, ao condenar, fixar uma quantia mínima de indenização civil, constituindo uma das previsões mais polêmicas – e não efetivas[127] – daquela reforma pontual como adiante se verá.

Frise-se, desde já, que essa alteração visou apenas e tão somente dar *parcial liquidez* ao título executivo, não alterando o modelo de processos de conhecimento.

Portanto, o trânsito em julgado da sentença penal condenatória é indispensável para a execução, não sendo possível cogitar a execução civil baseado numa sentença penal ainda não definitiva. Contudo, como visto no Capítulo 9 desta Obra, a edição de recentes precedentes do STF desestruturou o conceito técnico de trânsito em julgado, com reflexos no tema aqui tratado. E um deles, a se seguir o quanto decidido naquela Corte, é de entender que, mesmo na pendência de recursos de natureza constitucional, poderia ser ajuizada a ação reparatória, posição com a qual não concordamos pelos motivos expostos no Capítulo 9, quando será efetuada a crítica àquela compreensão esposada pelo STF.

A ação executiva *ex delicto*

O ressarcimento pode, então, ser diretamente buscado empregando-se a sentença penal condenatória, a qual, pela sua própria natureza, precisa ser liquidada, total ou parcialmente, para satisfação do crédito.

---

126 Por isso, com a devida vênia, não é possível ver nos termos dos arts. 72 e 74 da Lei 9099/95 qualquer antecedente, próximo ou remoto, daquilo que viria a ser a reforma do art. 387 do CPP, como afirmado por: GONÇALVES, Tiago Figueiredo. Sobre o dever imposto ao juiz de fixar valor mínimo de reparação dos danos civis causados pela infração quando da prolatação da sentença penal condenatória: implicações da Lei nº 11.719/08 no âmbito do processo civil e do processo penal. **Ciências Penais: Revista da Associação Brasileira de Professores de Ciências Penais**, São Paulo, v. 7, n. 12, p. 349-367, jan./jun. 2010. p. 364.

127 A esse respeito, ver: FREITAS, Vladimir de Passos de. Condenação civil na Ação Penal não funciona na prática. **Revista Consultor Jurídico**, São Paulo, set./2009. Disponível em: <http://www.conjur.com.br/2009-set-06/condenacao-civilsentenca-criminal-aplicacao-pratica>. Acesso em: 1º dez. 2021.

Sentença condenatória ilíquida

A forma comumente tratada pela conjugação das normas a respeito é considerar a sentença condenatória como título executivo judicial a ser executada no juízo cível mediante a prévia liquidação, pois se trata de título ilíquido.

E, para alcançar a necessária liquidez, é assente a necessidade de proceder-se à liquidação *por artigos*, mecanismo que impõe longa cognição sobre muitos dos temas já tratados – ainda que com outro perfil e finalidade – no processo de conhecimento penal.

Esse percurso é potencialmente desestimulante para aqueles que buscam a reparação civil e vulnera aquilo que se poderia compreender como tutela jurisdicional efetiva desenvolvida em tempo razoável.

Por isso, com a reforma de 2008 do CPP tentou-se alterar esse cenário para conferir *parcial liquidez* ao título executivo judicial *sentença penal*, como adiante se verá.

Sentença condenatória parcialmente líquida: o art. 387 do CPP

Pela sistemática do CPP, na sua redação original, não era objeto do processo crime a satisfação dos danos. O *dever de reparar o dano* era um *efeito* da sentença condenatória penal. Assim, a sentença penal condenatória era título ilíquido, cuja apuração (liquidez) dependia de procedimento próprio na forma do Código de Processo Civil (liquidação por artigos).

Contudo, a reforma de 2008 alterou o Art. 387 para prever que "o juiz, ao proferir sentença condenatória: [...] IV – fixará valor mínimo para reparação dos danos causados pela infração, considerando os prejuízos sofridos pelo ofendido". Com isso, buscava-se mudar uma realidade de ineficiência do modelo posto que, "as vítimas, incrédulas com a eficiência judiciária ou ignorantes quanto ao seu direito à reparação, em considerável percentagem de casos, deixavam de propor a cabível ação de liquidação."[128]

Com efeito, como já apontado em tópico anterior neste capítulo, a inefetividade da reparação civil pela prática criminosa pouco tem a ver com direito à informação ou inércia da pessoa interessada – e, menos ainda, com a credulidade no Judiciário – mas, sobretudo, com os fatores socioeconômicos que envolvem o fenômeno criminal no Brasil, que são constatados pela simples leitura dos censos penitenciários pelos quais é conhecida a massiva criminalidade que gera condenação e encarceramento, bem como o perfil das pessoas condenadas.

Contudo, como vem se dando no tortuoso itinerário das reformas pontuais do CPP, a reforma promete mais do que verdadeiramente entrega, pois pouco rompe com o modelo precedente.

---

[128] NUCCI, Guilherme de Souza et al. Ação civil ex delicto: problemática e procedimento após a Lei 11.719/2008. **Revista dos Tribunais**, São Paulo, v. 98, n. 888, p. 395-439, out. 2009.

Não foi criada verdadeiramente uma ação civil para instaurar um processo de conhecimento paralela à ação para instaurar um de conhecimento penal, mas apenas instituiu-se a possibilidade de pleitear-se um valor *parcial e mínimo* sobre o qual não se torna necessário proceder-se a liquidação.

Num viés que se reconhece crítico ao extremo, foi uma reforma cínica, pois dá ao titular do ressarcimento o mínimo necessário com o que potencialmente o desestimula a buscar a maior parte do valor que julgar devido. Afinal, diante da evidente dificuldade operacional do Poder Judiciário não há estímulo a uma pessoa potencialmente vulnerável economicamente para que receba a integralidade do valor se a parcela líquida do *quantum* devido já lhe será entregue após longa espera.

Colocada a reforma nos seus precisos termos, é de ser destacado que desde a primeira redação do anteprojeto, a Comissão Grinover apontava a liquidez mínima para execução civil na sentença penal, com o seguinte texto: "Art. 387 [...] VII – Fixará valor mínimo para reparação dos danos causados pela infração, considerando os prejuízos sofridos pelo ofendido". E assim foi mantida no texto enviado para o Congresso Nacional.

Criou-se, assim, um mecanismo que teria por escopo, apenas e tão somente, tornar líquida *parte do valor indenizável* a título de reparação pela prática criminosa. Essa parte seria o *quantum mínimo* fixado na condenação a título de ressarcimento restando, contudo, a (maior) parte ilíquida a ser apurada, *ainda*, da forma tradicional (liquidação por sentença), nos exatos termos do parágrafo 2º do Artigo 509 do agora NCPC: "Quando na sentença houver uma parte líquida e outra ilíquida, ao credor é lícito promover simultaneamente a execução daquela e, em autos apartados, a liquidação desta".

Optando, ainda, por prestigiar litigâncias civis individuais contra particulares (a situação poderia ser diferente para determinadas formas de criminalidade se houvesse a responsabilização penal da pessoa jurídica em maior número de situações) e não a instituição de fundos estatais de ressarcimento à vítima acionáveis nessas situações (e possibilitando ao Estado, se desejasse, acionar regressivamente o condenado criminalmente), a nova disciplina trouxe mais problemas que soluções.

Não por outra razão, nos anos de vigência da lei tem-se mostrado igualmente inoperante – o seria de qualquer forma, pois apenas se tentou acelerar *parte da execução* – e que consta com resistências práticas, nada obstante venha sendo prestigiado por segmentos da comunidade acadêmica que lhe emprestam compatibilidade constitucional.[129]

---

[129] Entre outros, MORAIS, Apa. **Ação civil ex delicto**: reflexos da lei nº 11.719/2008 na reparação do dano causado pela infração penal. 2010. Dissertação. (Mestrado em Direito Processual Civil). Universidade Federal do Espírito Santo, Centro de Ciências Jurídicas e Econômicas, Vitória, 2010.

Nesse contexto, soa desproporcional ao mecanismo criado pelo art. 387 a existência de um suposto arrojado sincretismo entre o processo penal e o civil[130], com a coexistência de duas lógicas, pois

> Diferentemente do que ocorria antes do advento da Lei 11.719/2008, regendo-se o processo penal única e exclusivamente pelas normas processuais penais, passa agora a integrar o processo criminal, em virtude do caráter civil do valor a ser fixado na sentença penal condenatória, alguns elementos do processo civil. Nesse sentido, o procedimento penal deve se fundamentar por duas lógicas processuais: pela penal, naquelas matérias eminentemente criminais; pela civil, no que se refere à fixação do valor mínimo a ser ressarcido pelo autor da infração penal. Há, portanto, um sincretismo, que bem demonstra a distinção ontológica – senão conceitual – entre os processos civil e penal e que, aliás, não é exemplo inédito em nosso ordenamento. Como exemplos desse sincretismo em nosso sistema, qual seja, de concorrência e coexistência das competências civil e penal na figura do mesmo juízo, pode-se citar as recém-criadas Varas da Violência contra a Mulher (art. 14 da Lei 11.340/2006).[131]

Devemos anotar que a Lei 11.340/2006 criou um microssistema completo a *partir e por causa* dos compromissos internacionais assumidos pelo Brasil nessa área, bem como pela censura sofrida pelo Estado brasileiro pelo sistema interamericano de direitos humanos – e não pode ser esse microssistema comparado a uma modificação *parcial* da forma de executar a sentença penal que, simplesmente, trouxe para o campo penal (e de forma problemática, acrescente-se) a possibilidade de tornar líquida a *menor parcela* do valor a ser ressarcido.

Assim, a sentença condenatória passaria a ser composta de duas partes: uma, referente ao *caso penal* em si; outra, referente à forma como aquela quantia mínima de ressarcimento foi alcançada[132]. E uma vez tratadas as questões de forma autônoma, nada impede o trânsito em julgado isolado de cada um dos temas e, por consequência, a execução cabível de cada qual.[133]

---

130 Sincretismo também afirmado por Trigueiros quando ilustra que, "Por fim, há muito existia a possibilidade de fixação de indenização no juízo criminal em sede de revisão criminal, desde que houvesse requerimento do pólo ativo da referida ação, a fim de reparar o erro judiciário perpetrado contra o condenado (art. 630 do CPP)". TRIGUEIROS NETO, Arthur da Motta. **Comentários às recentes reformas do Código de Processo Penal e legislação extravagante correlata.** São Paulo: Método, 2008. p. 147.
131 NUCCI, Guilherme de Souza et al. *Op. Cit.*
132 CABRAL, Antonio do Passo. O Valor mínimo da indenização cível fixado na sentença condenatória penal: notas sobre o novo art. 387, IV, do CPP. **Revista da EMERJ**, v. 13, n. 49, p. 302-328, 2010. Disponível em: <https://core.ac.uk/download/pdf/16040803.pdf>. Acesso em: 1º dez. 2021.
133 MENDONÇA, Andrey Borges de. *Op. Cit.*, p. 243.

Mas, o itinerário para que se obtenha esse singelo *quantum mínimo* foi totalmente ignorado pela reforma, restando em aberto todos os demais temas centrais para a concretização dessa pretensão, a saber:

a] Se a busca dessa liquidez parcial significa o exercício do "direito de ação" para que haja a "modificação" do modelo brasileiro criado pelo CPP e, por consequência, a:
b] Impossibilidade de reconhecimento de ofício;
c] Legitimação para o exercício desse pedido;
d] A veiculação dessa pretensão (tempo e forma) e o rito a ser observado.
e] e. A extensão dessa reparação, a dizer, se abarcadora de *danos* meramente *materiais* ou se aí se poderia discutir danos *morais*, também é algo sobre o qual se discute[134].f. E, por que não, já que se está diante de um pedido civil incrustado na persecução penal, a fixação de honorários advocatícios se a situação assim o possibilitar.

Assim, na sequência dos tópicos sugeridos:

a] Se a busca dessa liquidez parcial significa o exercício do "direito de ação" para que haja a "modificação" do modelo brasileiro criado pelo CPP

A questão que aqui se coloca é se a busca da liquidez parcial a ser reconhecida na sentença condenatória seria efetivada por meio do exercício de direito de ação, a dizer, uma manifestação da ação de conhecimento civil *ex delicto* na forma como estabelecida pelo CPP e se assim o fosse teria havido, então, verdadeira conversão do sistema para o modelo *sincrético* acima mencionado e discutido.

Contudo, quer-nos parecer que as ambições reformistas foram muito mais tímidas como já exposto, pois, em momento algum, houve outra intenção senão a de introduzir uma propagada aceleração da efetivação do direito de ressarcimento por meio de parcial liquidez do título executivo judicial *sentença penal*.

E essa aceleração não se deu por um processo de conhecimento civil autônomo e concomitante ao processo penal, mas, sim *por um pedido parcial e mínimo de liquidez* de forma a dar concretude ao art. 91, I (efeito de indenizar da sentença condenatória).

Isto porque é clássica a distinção entre conteúdo e efeito da sentença como destacado por Barbosa Moreira, para quem "conteúdo e efeito são entidades

---

[134] IOCOHAMA, Celso Hiroshi; DORIGON, Alessandro. A Fixação da indenização decorrente do crime na sentença penal condenatória. **Revista de Ciências Jurídicas e Sociais da UNIPAR**, v. 18, n. 2, 2016.

verdadeiramente inconfundíveis. Aquilo que integra o ato não resulta dele, aquilo que dele resulta não o integra."[135]

Assim, o efeito de indenizar do art. 91, I, do CP é genérico, portanto ilíquido, e o valor executado não advém *automaticamente* na sentença penal, o que somente poderá existir, para satisfazer o art. 387, com provocação do legitimado para tanto.

Portanto, temos que a busca da fixação da quantia mínima não traduz exercício do direito de ação e, assim, não exclui "a possibilidade de a vítima ingressar, durante ou depois da apuração da responsabilidade criminal, com ação no juízo cível, para que lhe seja concedida indenização pelos danos efetivos."[136]

b] Impossibilidade de reconhecimento de ofício

Contudo, ainda que não se trate de exercício de direito de ação, trata-se de pedido autônomo ao *caso penal*, e de maneira alguma poderia o julgador fixar o *quantum mínimo* e torná-lo, dessa forma, líquido.

Dado seu cunho patrimonial, cuja função é otimizar a obtenção da indenização, a concreção desse valor depende de provocação quando do aforamento da acusação penal e não pode ser reconhecida de ofício, neste ponto em homenagem ao necessário contraditório que deve ter existido sobre esta matéria de forma específica.

Fosse diferente não teria sentido a reforma de 2008, pois se poderia deduzir, mesmo no regime anterior que o juiz, de ofício, sempre poderia tê-lo feito. E, ainda, se pudesse haver essa satisfação de direito privado independentemente de qualquer provocação, nada impediria que, em sede de apelação e mesmo não sendo esse o objeto do recurso, o Tribunal viesse a suprir a omissão do julgador originário quando não tivesse fixado essa quantia, pois a lógica seria de *matéria de ordem pública* a se seguir esse raciocínio.

E exatamente por se tratar de uma pretensão autônoma, com a legitimação na forma já acenada, soa paradoxal a possibilidade esposada por Nucci quando "entende que o juiz deve provocar a vítima para que possa apresentar o seu pedido e, com isso, ensejar a defesa por parte do acusado, produzindo-se prova na mesma audiência em que a questão criminal for debatida."[137]

---

135 MOREIRA, José Carlos Barbosa. Conteúdo e efeitos da sentença: variações sobre o tema. In: MOREIRA, José Carlos Barbosa. **Temas de direito processual civil**. São Paulo: Saraiva, 1989. (4ª Série).

136 RIBEIRO, Sônia Maria Amaral Fernandes. Crime e castigo: responsabilidade civil em face do ilícito penal. **Revista do Instituto de Direito Brasileiro**, Faculdade de Direito, Universidade de Lisboa, ano 3, n. 8, p. 5995-6054, 2014. ISSN: 2182-7567. Disponível em: <https://www.cidp.pt/revistas/ridb/2014/08/2014_08_05995_06054.pdf>. Acesso em: 1º dez. 2021.

137 Como mencionado em: NUCCI, Guilherme de Souza et al. Op. Cit.

Temos, por um lado, que o direito à informação que integra o rol de direitos fundamentais da vítima não se confunde com a incitação desta para a prática de qualquer ato, menos ainda de natureza postulatória e, por outro, trata-se de provocação a ser desencadeada pelo Ministério Público na hipótese das denominadas *ações penais públicas*. Para as ações penais exclusivamente privadas, o tratamento segue a mesma linha de raciocínio.

c] Legitimação para o exercício desse pedido

Como consequência da premissa aqui adotada, *tratando-se de pedido de concreção dos termos do art. 91, I, do CP*, não se está discutindo, *aqui*, a legitimação do Ministério Público na forma do art. 68, do CPP, tema que será tratado em tópico próprio nesta Capítulo. E, no caso da ação penal privada, além da postulação criminal veiculada na queixa-crime, deverá o acusador particular, de forma apartada, requerer a fixação do valor mínimo.

d] a veiculação dessa pretensão (tempo e forma) e o rito a ser observado

A legitimação chama, consequentemente, a forma e o momento para veicular essa pretensão específica, civil, a fim de possibilitar o necessário contraditório sobre esse tema.

Nesse ponto apenas de forma idealística haverá a plena separação cognitiva entre os fatos geradores da imputação penal e da pretensão civil. No andamento concreto da marcha processual, parece ser inevitável a confusão de argumentos, indicação de provas, meios de prova e elementos de prova.

Esse verdadeiro desequilíbrio foi destacado com exatidão por Giacomolli[138], quando analisou a coexistência dessas pretensões:

> No momento em que o legislador determinou a estipulação de uma indenização dos danos de natureza civil no âmbito de um processo criminal, incrementou o pólo acusador e fragilizou, ainda mais, o pólo defensivo. Isso porque a acusação terá interesse em também levar ao processo criminal a prova destinada à fixação dessa indenização e a defesa, por outro lado, terá mais uma preocupação, além de criar a dúvida razoável no processo, tendente a sua absolvição, preocupar-se--á com a indenização. Ademais, do dever de indenizar, o qual flui naturalmente da condenação, há interesse em sua dimensão, mesmo que provisória. É mais um entrave à resposta da jurisdição criminal dentro do prazo razoável.

No caso da chamada *ação penal pública*, essa pretensão será efetivada pelo Ministério Público concomitantemente à denúncia, mas em peça apartada, não se confundindo com aquela diante da distinção de objetos. Da mesma maneira,

---

138 GIACOMOLLI, Nereu José. Op. Cit., p. 110.

cabendo ao próprio particular a legitimidade, será canalizada em peça própria e autônoma à queixa-crime.

Essa veiculação implicará a indicação de provas destinadas a esse fim, as quais potencialmente serão as mesmas empregáveis para a acusação penal e tudo será discutido, à míngua de disposições que indiquem outro sentido, no *mesmo rito* utilizado para o processo crime.

Este último aspecto já seria, em si, um óbice quase intransponível para a obtenção de um resultado tímido (*liquidez parcial e mínima*), pois há discussões acerca da responsabilidade civil que podem não se amoldar no acanhado rito sumário ou sumaríssimo do processo penal.

Também silencianda a respeito, deixou-se em aberto a questão do rito no caso de competência do tribunal do júri, especialmente se o tema deveria ser levado à consideração do conselho de sentença e, em sendo positiva a resposta, deveria, então, ser formulado quesito a respeito, pois nenhum dos atualmente previstos atende a essa necessidade processual.

e] A extensão dessa reparação, a dizer, se abarcadora de danos meramente materiais ou se aí se poderia discutir danos morais também é algo sobre o qual se discute[139]

Analisando o tema, Oliveira[140] entende pelo cabimento dos danos morais no *quantum*, pois a norma penal fala em *prejuízos*. Já Gomes, Cunha e Pinto encampam a impossibilidade de a pretensão alcançar o ressarcimento por danos morais.[141]

Com efeito, o dano moral exige dilação probatória complexa[142] e sua apuração não é óbvia nem mesmo nos processos estritamente civis com esse objeto. Assim, nada obstante a lei penal fale em *prejuízos*, a limitação cognitiva da pretensão reparatória concomitante à penal a fim de ser apreciada pelo julgador penal não nos parece compatível a fixação da reparação por dano moral, ainda que de vulto

---

139 IOCOHAMA, Celso Hiroshi; DORIGON, Alessandro. Op. Cit.
140 OLIVEIRA, Eugênio Pacelli de. **Curso de Processo Penal**. 13. ed. Rio de Janeiro: Lumen Juris, 2010. p. 206. Posteriormente, esse autor alterou sua posição em: OLIVEIRA, Eugênio Pacelli; FISCHER, Douglas. **Comentários ao Código de Processo Penal e sua jurisprudência**. São Paulo: Atlas, 2013. p. 806.
141 GOMES, Luiz Flávio Gomes; CUNHA, Rogério Sanches; PINTO, Ronaldo Batista. **Comentários às reformas do Código de Processo Penal e da lei de trânsito**. São Paulo: Revista dos Tribunais, 2008. p. 314.
142 Nesse sentido, SANTOS, Leandro Galluzzi dos. Procedimentos Lei 11.719, de 20/06/2008. In: MOURA, Maria Thereza de Assis (Coord.). **As Reformas no Processo Penal**: As novas Leis de 2008 e os Projetos de Reforma. São Paulo: Revista dos Tribunais, 2008. p. 300-301.

parcial, o que, por certo, não impede a pessoa lesada de procurar essa satisfação por outras vias[143], com a liquidação da sentença a esse respeito[144].

Por fim, entendemos que não pode ser dar por esgotada a satisfação reparatória pela atuação exclusiva do juízo penal. A dizer, o que a lei determina é uma fixação *mínima*. Por isso, com a devida vênia discordamos da posição afirmativa que "se o pedido civil for simples, vale a fixação do valor integral da indenização, buscando-se evitar a continuidade do processo na Vara Cível"[145], exatamente porque o dano moral aí não está incluído e porque a lei vincula o pedido a uma satisfação parcial, e não total do dano a ser reparado[146].

f] Fixação de honorários advocatícios

Não se tratando de exercício de direito de ação, não há que se falar em sucumbência e fixação de honorários advocatícios no caso das denominadas *ações penais públicas*.

Para a queixa-crime, o tema se apresenta dentro do quadro geral de discussão do cabimento de honorário e sucumbência naquela forma de exercício da ação penal, tema tratado no Capítulo 5 (Formação da Acusação Penal).

Ação civil de conhecimento *ex delicto*

Os limites de prejudicialidade da sentença absolutória penal

A ação civil de conhecimento *ex delicto* pode ser ajuizada concomitantemente ou não ao processo crime, hipótese em que será sobrestado o processo até o acertamento definitivo do *caso penal*.

Contudo, ao final do processo crime, pode sobrevir sentença absolutória que se projetará de forma prejudicial para as pretensões civis quando fundada em excludentes, como já destacado, mas não a impedirá se lastreada no caso do art. Art. 386 do CPP, inciso III – não constituir o fato infração penal.

---

143 Essa, por sinal, a compreensão de recente precedente do STJ: "A condenação à reparação mínima prevista no artigo 387, inciso VI, do Código de Processo Penal, refere-se, tão somente, aos prejuízos materiais e que estejam satisfatoriamente demonstrados nos autos, não abarcando o dano moral". BRASIL. Superior Tribunal de Justiça. **Recurso Especial n. 1.585.684/DF (2016/0064765-6)**. Sexta Turma. Relatora: Min. Maria Thereza de Assis Moura J. em 09 ago. 2016. DJe 24 ago. 2016. Disponível em: <https://scon.stj.jus.br/SCON/jurisprudencia/toc.jsp?i=1&b=ACOR&livre=((%27RESP%27.clas.+e+@num=%271585684%27)+ou+(%27REsp%27+adj+%271585684%27.suce.))&thesaurus=JURIDICO&fr=veja>. Acesso em: 1º dez. 2021.

144 Idêntica posição em: TRIGUEIROS NETO, Arthur da Motta. Op. Cit., p. 146-147.

145 NUCCI, Guilherme de Souza et al. Op. Cit.

146 No mesmo julgado do STJ supramencionado, há idêntica conclusão: "Assim, ao impor ao juiz penal a obrigação de fixar valor mínimo para reparação dos danos causados pelo delito, considerando os prejuízos sofridos pelo ofendido, está-se ampliando o âmbito de sua jurisdição para abranger, embora de forma limitada, a jurisdição cível, pois o juiz penal deverá apurar a existência de dano civil, embora pretenda fixar apenas o valor mínimo". BRASIL. Superior Tribunal de Justiça. **Recurso Especial n. 1.585.684/DF**. Op. Cit.

Como entre a redação dos arts. 67 e 386, do CPP, existe o descompasso advindo das reformas pontuais, que atingiram apenas o segundo artigo mencionado, deve-se atentar para o já referenciado Artigo 935, do Código Civil, no qual está disciplinado que "a responsabilidade civil é independente da criminal, não se podendo questionar mais sobre a existência do fato ou sobre quem seja o seu autor, *quando estas questões se acharem decididas no juízo criminal*" (sem grifo no original).

Posição mais ampla é defendida em importante trabalho sobre o assunto[147], com a qual não concordamos diante da posição legislativa claramente assumida. Assim, diante da conjugação de normas, restaria apenas a possibilidade de ajuizamento da ação de conhecimento visando formação de título executivo diante da sentença absolutória fundada no inciso VI do art. 386 do CPP: VII – não existir prova suficiente para a condenação.

Esse quadro é dificultado sobremaneira quando se trata de absolvição no Tribunal do Júri, pelo Conselho de Sentença, diante da forma como estabelecido o quesito genérico do questionário entregue aos jurados (*vide* Capítulo 7, do Júri, nesta Obra), pois nele cabem (quase) todas as teses absolutórias, inclusive uma apreciação metajurídicas que não se enquadra nas hipóteses de absolvição do art. 386 do CPP.

Os limites de prejudicialidade do arquivamento da investigação criminal

O arquivamento da investigação criminal é tema tratado nesta Obra, no Capítulo 4, para onde é remetido o(a) leitor(a) interessado(a), sobretudo quanto ao modo de compreensão do mecanismo de controle de arquivamento e a definitividade ou não daquela posição do titular da ação penal.

Por aqui cabe apenas frisar que a decisão de arquivamento, com ou sem o mecanismo de controle exercido pelo Magistrado e qualquer que seja a competência para julgamento, não impede a busca do título executivo judicial visando ao ressarcimento.

Juízo competente

A ação civil *ex delicto*, seja a conhecimento, seja a de execução do título executivo judicial *sentença condenatória* segue as regras de distribuição normalmente estabelecidas no NCPC.

---

147 Essa também é a posição de: RIBEIRO, Sônia Maria Amaral Fernandes. Op. Cit., p. 6020: "Contudo, nos demais casos, a despeito da absolvição criminal, não fica excluída a possibilidade de a vítima buscar, na instância cível, o direito de reparação. Daí decorre que, nas demais situações previstas no artigo 386 do Código de Processo Penal, ainda que o juiz criminal absolva o acusado, poderá a vítima ter direito à reparação civil."

Legitimação ativa e passiva

A legitimação passiva recai sobre aquele que pratica o crime ou o responsável civil, cabendo destacar que nos termos do art. 932[148] do CC, há lista daqueles que são civilmente responsáveis por ato ilícito.

Na legitimação ativa, a atuação do Ministério Público prevista no art. 68 do CPP, vem sendo discutida quanto à sua compatibilidade com o texto constitucional, com clara postura daquela Instituição a favor da manutenção da sua legitimidade.[149]

O STF acabou por encontrar uma solução de compromisso sobre o tema, considerando que se trata de norma tida como *progressivamente inconstitucional*[150]:

No contexto da Constituição de 1988, a atribuição anteriormente dada ao Ministério Público pelo art. 68 Código de Processo Penal – constituindo modalidade de assistência judiciária – deve reputar-se transferida para a Defensoria Pública: essa, porém, para esse fim, só se pode considerar existente, onde e quando organizada, de direito e de fato, nos moldes do art. 134 da própria Constituição e da lei complementar por ela ordenada: até que – na União ou em cada Estado considerado – se implemente essa condição de viabilização da cogitada transferência constitucional de atribuições, o art. 68 Código de Processo Penal será considerado ainda vigente[151].

E, ao longo da existência desse precedente paradigmático, os demais Tribunais da mesma forma se posicionaram para afirmar, por exemplo,

---

148 Art. 932. São também responsáveis pela reparação civil: I – os pais, pelos filhos menores que estiverem sob sua autoridade e em sua companhia; II – o tutor e o curador, pelos pupilos e curatelados, que se acharem nas mesmas condições; III – o empregador ou comitente, por seus empregados, serviçais e prepostos, no exercício do trabalho que lhes competir, ou em razão dele; IV – os donos de hotéis, hospedarias, casas ou estabelecimentos onde se albergue por dinheiro, mesmo para fins de educação, pelos seus hóspedes, moradores e educandos; V – os que gratuitamente houverem participado nos produtos do crime, até a concorrente quantia. BRASIL. **Código Civil**. Disponível em: <http://www.planalto.gov.br/ccivil_03/Leis/2002/L10406.htm>. Acesso em: 6 jun. 2021.

149 Entre outros ver, SARAIVA, Wellington Cabral. Ação civil ex delicto: legitimidade ativa do ministério público. **Justiça**, São Paulo, v. 58, n. 176, p. 11-26, out./dez. 1996; GODINHO, Robson Renault. O Ministério Público como substituto processual: comentários a um acórdão do Superior Tribunal de Justiça. **De jure**: revista jurídica do Ministério Público do Estado de Minas Gerais, v. 6, p. 373-392, 26 mai. 2006; MACHADO, Fábio Guedes de Paula. Execução civil da sentença penal condenatória em favor da vítima pobre. **Revista do Curso de Direito da Universidade Federal de Uberlândia**, Uberlândia, v. 27, n. 1, p. 95-117, jul. 1998.

150 Entre outros, BRASIL. Supremo Tribunal Federal. **Recurso Extraordinário n. 135.328**. Plenário. Relator: Min. Marco Aurélio. Julgamento: 29.06.1994. Publicação: 20 abr. 2001. Disponível em: <https://jurisprudencia.stf.jus.br/pages/search/sjur101977/false>. Acesso em: 1 dez. 2021.

151 BRASIL. Supremo Tribunal Federal. **Recurso Extraordinário n. 147.776/SP**. Primeira Turma. Relator Min. Sepúlveda Pertence. Julgamento: 19/05/1998. Publicação DJ 19-06-1998. Disponível em: <https://jurisprudencia.stf.jus.br/pages/search/sjur111040/false>. Acesso em: 5 jun. 2021.

O reconhecimento da ilegitimidade ativa do Ministério Público para, na qualidade de substituto processual de menores carentes, propor ação civil pública *ex delicto*, sem a anterior intimação da Defensoria Pública para tomar ciência da ação e, sendo o caso, assumir o polo ativo da demanda, configura violação ao art. 68 do CPP.[152]

Essa compreensão foi reiterada em sede doutrinária em várias obras, dentre elas a que considera que,

> De fato, por essa interpretação, o art. 68 do CPP está em processo de inconstitucionalização progressiva, isto é, com a transferência dessa atribuição do Ministério Público à Defensoria Pública. Mas, como o cidadão não pode ficar sem o amparo jurídico do Estado, mantém-se a legitimidade do *parquet* para propor a ação civil ex delicto, enquanto não implementada esta substituição.[153]

Com a reforma de 2008 na forma já discutida, e assumindo-se a compreensão aqui trilhada de que a atribuição de liquidez parcial e mínima não é próprio exercício de direito de ação civil de conhecimento concomitante com a ação penal, mas, sim, pedido de concretização limitada de efeito da sentença condenatória, não caberia, nesse caso, a restrição de legitimação do MP.

Prescrição para a propositura da ação

Conforme inúmeros precedentes, "O entendimento predominante no STJ é o de que, em se tratando de ação civil *ex delicto*, objetivando reparação de danos, o início do prazo prescricional para ajuizamento da ação só começa a fluir a partir do trânsito em julgado da ação penal."[154]

Assumindo como correta a compreensão do trânsito em julgado como termo inicial, o problema que aqui se coloca uma vez mais é o do conceito de trânsito em julgado a partir de precedente do STF, tema cuja discussão se dá no Capítulo 9 (Sentença e coisa julgada no processo penal).

---

152 BRASIL. Superior Tribunal de Justiça. **Recurso Especial n. 888.081-MG.** Quarta Turma. Relator Min. Raul Araújo. Voto unânime. Julgado em 15/9/2016. DJe 18/10/2016. Inf. 592/STJ. Disponível em: <https://scon.stj.jus.br/SCON/pesquisar.jsp>. Acesso em: 5 jun. 2021.
153 DEMERCIAN, Pedro Henrique; MALULY, Jorge Assaf. **Curso de Processo Penal.** 4. ed. Rio de Janeiro: Forense, 2009. p. 168.
154 BRASIL. Superior Tribunal de Justiça. **Agravo Regimental no Agravo de Instrumento n. 441.273/RJ.** Segunda Turma. Relator: Min. João Otávio Noronha. J. 18.03.2004. DJ de 19.04.2004. Disponível em: <https://scon.stj.jus.br/SCON/jurisprudencia/toc.jsp?i=1&b=ACOR&livre=((%27AGA%27.clas.+e+@num=%27441273%27)+ou+(%27AgRg%20no%20Ag%27+adj+%27441273%27.suce.))&thesaurus=JURIDICO&fr=veja>. Acesso em: 05 jun. 2021; BRASIL. Superior Tribunal de Justiça. **Recurso Especial n. 618.934/SC.** Primeira Turma. Relator Min. Luiz Fux. J. 24. 11.2004. DJ de 13.12.2004. Disponível em: <https://scon.stj.jus.br/SCON/jurisprudencia/toc.jsp?i=1&b=ACOR&livre=((%27RESP%27.clas.+e+@num=%27618934%27)+ou+(%27REsp%27+adj+%27618934%27.suce.))&thesaurus=JURIDICO&fr=veja>. Acesso em: 1º dez. 2021.

O ressarcimento no NCPP

Por certo, a busca de uma tutela jurisdicional mais adequada às pretensões reparatórias da vítima é um dos legítimos objetivos do processo penal no Estado de Direito e a sugestão legislativa (PLS 156/09), amparada então pelo Senado e em tramitação na Câmara, representa tratamento mais adequado do que o atualmente existente, no qual a fixação de valor indenizatório na forma como determinada no Artigo 387, IV, do código em vigor apresenta muito mais problemas práticos e teóricos que soluções concretas.

Concebeu-se no anteprojeto como *sujeito processual* a parte civil, sendo útil atentar-se para a justificação teórica de sua criação a partir da exposição de motivos da comissão:

A vítima, enquanto *parte civil*, poderá ingressar nos autos, não só como assistente da acusação, mas também, ou *apenas*, se assim decidir, como parte processual a ser contemplada na sentença penal condenatória. Em alguns países, de que são exemplos, Portugal e Espanha, é prevista a possibilidade do concurso entre a ação penal e a ação civil perante o mesmo juízo, facultando-se, inclusive, a chamada do responsável civil para ingressar no polo passivo da demanda. O anteprojeto, cauteloso em relação à tradição nacional, buscou uma fórmula menos ambiciosa, mas, por outro lado, mais ágil e eficiente. A sentença penal condenatória poderá arbitrar indenização pelo dano moral causado pela infração penal, sem prejuízo da ação civil, contra o acusado e o eventual responsável civil, pelos danos materiais existentes. A opção pelos danos morais se apresentou como a mais adequada, para o fim de se preservar a celeridade da instrução criminal, impedindo o emperramento do processo, inevitável a partir de possíveis demandas probatórias de natureza civil. Nesse ponto, o anteprojeto vai além do modelo trazido pela Lei nº 11.719, de 20 de junho de 2008, que permitiu a condenação do réu ao pagamento apenas de parcela mínima dos danos causados pela infração, considerando os prejuízos efetivamente comprovados.

Nada obstante, merece destaque o quanto afirmado na relatoria do Senado:

II.1.31 – Das garantias à reparação civil

Quanto à reparação dos danos e prejuízos sofridos pela vítima, o projeto de Código, já foi dito, privilegia a indenização civil pelo dano moral. As razões são compreensíveis. É que a discussão relativa ao valor do dano material poderia paralisar o processo penal, que ficaria enredado em perícias e impugnações inúmeras, como sói acontecer no processo civil. Ao centrar a indenização no dano moral, estima-se que a dilação probatória não se estenderá a ponto de obstruir o curso do processo penal. Ocorre que, quanto às medidas cautelares reais de hipoteca e arresto (art. 616 e seguintes), o PLS dá a impressão de ter se orientado pelo modelo anterior. Ou seja, não vemos correspondência entre a opção legislativa pelo dano moral e as mencionadas garantias civis.[155]

Assim, a redação aprovada no Senado contemplou praticamente a integralidade da proposta acadêmica[156] quanto aos legitimados, extensão da atuação[157] e prazo para ingresso com a demanda sem, contudo, deixar de plano, de forma clara, qual o *dies a quo*, o que somente se conclui com a leitura conjunta do Artigo 91, V, "b", quando se trata dos *direitos da vítima*.

Habilitação como assistente de acusação

A possibilidade de a vítima assumir um papel até certo ponto ativo na persecução penal não é nova no direito brasileiro[158], sendo identificada por parte da doutrina com a edição do Código Penal de 1890.[159]

Contudo, Ziyade, citada por Adams, aponta que

> (...) uma das possíveis origens brasileiras do instituto é o Código de Processo Penal do Rio Grande do Sul de 1898 que em seu artigo 7º dispunha: Em todos os termos da ação privada será sempre ouvido o Ministério Público; e nos da ação pública pode intervir a parte ofendida ou quem a substitua para defender seu direito como assistente. Parágrafo único: O assistente pode intervir antes ou depois da sentença, contanto que esta não tenha passado em julgado, mas recebe a causa do estado em que se acha e deve alegar seu direito nos termos que competem ao Ministério Público.[160]

---

155 BRASIL. Senado Federal. **Anteprojeto de reforma do Código de Processo Penal**. Parecer aprovado na comissão em 09 dez. 2009. 2009. Relator: Senador Renato Casagrande. Disponível em: <http://legis.senado.gov.br/mate-pdf/71659.pdf>. Acesso em: 31 jan. 2011.
156 Redação Final do Senado (relativo ao PLS 165/09)/RFS: "Art. 81. A vítima ou, no caso de sua ausência ou morte, as pessoas legitimadas a ingressar como assistentes, sem ampliar a matéria de fato constante da denúncia, poderá, no prazo de 10 (dez) dias, requerer a recomposição civil do dano moral causado pela infração, nos termos e nos limites da imputação penal, para o que será notificado após o oferecimento da inicial acusatória".
157 RFS: "Art. 82. A parte civil terá as mesmas faculdades e os mesmos deveres processuais do assistente, além de autonomia recursal quanto à matéria tratada na adesão, garantindo-se ao acusado o exercício da ampla defesa".
158 E pode ser identificada em vários outros ordenamentos, como o português. A respeito ver SILVÉRIO JUNIOR, João Porto; BARROS, F. M. A legitimação para agir e a participação da vítima nos processos penais brasileiro e português: uma análise comparativa a partir das recentes reformas. **Pensar (UNIFOR)**, v. 2, p. 539-576, 2012.
159 FERNANDES, Antonio Scarance. **O papel da vítima no processo penal**. Op. Cit., p.132.
160 ADAMS, Aline. A flagrante incompatibilidade entre o instituto da assistência à acusação e a Constituição Federal de 1988. **Revista eletrônica do Curso de Direito da UFSM**, v. 3, p. 102-114, 2008.

Posição que parece ser também endossada por Petek[161], nada obstante a ressalva que faz à possibilidade de ser tanto uma quanto outra a origem dessa participação.

Contemporaneamente, entendemos que se deve buscar a melhor compatibilidade dessa assistência às matrizes constitucionais-convencionais e, para tanto, contornar de forma adequada (i) o porquê dessa intervenção e (ii) sua configuração técnica.

a] Fundamentos da intervenção assistencial

Quanto ao primeiro item, com a devida vênia a entendimentos diversos, cremos não ser possível identificar essa intervenção exclusivamente pela ótica da *vingança*, nada obstante esse sentimento possa estar presente em algumas das vítimas ou de quem possa por elas intervir.

No entanto, o discurso revanchista, assim como o meramente materialista (a vítima que busca melhor sorte na persecução penal com vistas a executar civilmente título judicial) não esgotam as dimensões de manifestação de interesses de pessoas (ou grupos) vitimados, sobretudo quando essa intervenção acontece em situações de graves violações de direitos humanos, especialmente crimes cometidos em estados de exceção, nas quais o papel da vítima é, também, o de consolidar a reconstrução democrática.

Assim, sem por óbvio desprezar as lições doutrinárias produzidas em outros momentos históricos, é necessário atualizar esse olhar para que não se tolha um importante mecanismo de controle durante o *agir persecutório* (e não apenas na inação, para a qual existe o mecanismo da ação penal privada subsidiária da pública, tratada no Capítulo 5 desta Obra) a fim de coadjuvar o titular do direito de exercer a persecução.

b] Aspectos técnicos da intervenção assistencial

Nesse aspecto, deve ficar claro que a posição da vítima é a de *assistente*, num dos raros casos de adequação terminológica empregada pelo CPP. E assistente *não é parte no processo penal* por força da estrutura constitucional[162] que não prevê qualquer adesão a esse nível, facultando, apenas, a acusação privada subsidiária.

Afasta-se, com isso, o uso de mecanismos como o litisconsórcio tal como defendido por Frederico Marques e, ainda mais, pretensas definições de existência no processo penal de partes *necessárias* e *contingentes*.[163]

---

161 PETEK, João Pedro Moscoso. O novo papel da vítima no processo penal e a assistência à acusação. **Direito & Justiça**, v. 37, n. 2, 2011.
162 No processo civil, a assistência pode assumir contornos diversos, com a classificação em assistência simples ou litisconsorcial, esta última no limite entre a figura do assistente e a de parte.
163 Conforme mencionado por PETEK, João Pedro Moscoso. Op. Cit.

O emprego do litisconsórcio não se dá só pelo seu apego processual civilista, que acaba por ser incorporado canhestramente por via de uma *teoria geral do processo* e com bases anteriores à CR/88. Estas últimas (partes *necessárias* ou *contingentes*), porque em flagrante descompasso com a mesma CR, nada obstante afirmadas após a sua entrada em vigor, traduzem um claro exemplo de *fazer caber a Constituição no Código*. Em momento algum o texto constitucional menciona essa distinção e, no máximo, prevê a legitimação subsidiária concorrente na ação penal privada subsidiária da pública.

Assim, assistente é o que o nome evidentemente indica: aquele que assiste. E, no dizer de Hamilton[164]:

> No meu entendimento assistente não é parte. E não é parte, justamente, porque ele não pede; quem pede é o MP. Por tal motivo, com a devida vênia, parecem-me equivocadas certas posições que a ele se referem como parte adjunta ou, ainda, parte secundária. Da mesma forma, não pode ser visto como litisconsorte, porque sua intervenção não importa em cumulação subjetiva de lides.

Possibilitada pela CR/88, a assistência[165] não colide com a legitimação ativa exclusiva para a propositura da ação penal. Entretanto, não se pode dizer que *a forma como a assistência é regulada no CPP é plenamente constitucional*, afirmação que difere, em muito, daquela que postula sua plena inconstitucionalidade sob o argumento que:

> É sabido que o Ministério Público, por ser imparcial, é o órgão constitucionalmente incumbido de promover a ação penal pública e apenas em caso de sua inércia é que é permitido pela CF/88 o oferecimento da denúncia por parte da vítima. No entanto, até mesmo esse artigo, em que pese estar incluído no rol dos direitos fundamentais, pode ser discutido, considerando as sanções previstas no artigo 801 do CPP. Desta feita, sob pena de retorno ao estado social mínimo e ao fascismo, deve deixar de ser aplicado o instituto da assistência à acusação, pela sua evidente não-recepção pela Constituição Federal de 1988.[166]

---

164 HAMILTON, Sérgio Demoro. O recurso do assistente do Ministério Público. Porto Alegre: **Revista Síntese de Direito Penal e Direito Processual Penal**, n. 16, p. 28, 2002.
165 Nesse sentido, não vemos carência de tutela à vítima. Para o contraponto, ver: AZEVÊDO, Bernardo Montalvão Varjão de. Do assistente de acusação: o (des)assistido pela Constituição. **Revista de Direito Constitucional e Internacional**: RDCI, v. 17, n. 69, p. 9-48, out./dez. 2009.
166 ADAMS, Aline. Op. Cit.

E não terá conformação constitucional toda atividade assistencial que contradiga ou modifique substancialmente qualquer posição jurídica do legitimado ordinário, o Ministério Público.[167]

Diretamente falando, o assistente *não está constitucionalmente autorizado a postular em contrariedade ao quanto pleiteado pelo Ministério Público.* Menos ainda estará constitucionalmente autorizado a postular, em sede cautelar ou de conhecimento – sendo descabida sua atuação em sede de *habeas corpus,* revisão criminal, mandado de segurança penal, execução da pena e na investigação criminal – sem a prévia concordância do órgão acusador, cuja postura contrária terá o condão de inviabilizar o pedido assistencial.

Aliás, quanto às intervenções autônomas do assistente em sede cautelar, precisa a observação que aponta

> (...) que o referido dispositivo deve deixar de ser aplicado pelos juízes em primeiro grau de jurisdição, atuando em controle difuso de constitucionalidade, até que a matéria seja apreciada pela mais alta Corte Jurisdicional de nosso país, que é o Supremo Tribunal Federal, guardião da Carta Maior, que, muito provavelmente, irá extirpar a referida previsão legal do ordenamento jurídico pátrio, uma vez que a mesma viola frontalmente a Carta da República de 1988.[168]

Quanto à condição da pessoa interveniente, a assistência foi concebida, no CPP, para pessoas individuais, a princípio, fruto da forma de criminalidade preponderante à época e levando-se em conta que os crimes contra a administração pública não fomentavam o interesse na participação. No entanto, leis posteriores alteraram esse cenário como fruto da modificação das formas de prática ilícita.

Assim, por exemplo, as entidades de direito público passaram a ser legitimadas à habilitação assistencial nos termos do Decreto-Lei 201/67 (responsabilidade dos Prefeitos e Vereadores) que em seu art. 2º, § 1º prevê a possibilidade da assistência ao Ministério Público dos órgãos federais, estaduais ou municipais *interessados na apuração da responsabilidade do prefeito* e, da mesma forma, a

---

167 Assim, por exemplo, é a posição de GERBER, Daniel. A apelação e o assistente do ministério público: um amor não correspondido. **Revista de Estudos Criminais,** Porto Alegre, v. 4, n. 15, p. 111-116, 2004, ao tratar da legitimação do assistente para recorrer quando o MP não o faz, especialmente na p. 112. Em sentido contrário, a posição de GOMES, Luiz Flávio. Assistente da acusação: legitimidade para recorrer. **Revista Magister de Direito Penal e Processual Penal,** Porto Alegre, v. 6, n. 36, p. 7-11, jun./jul. 2010.

168 CAETANO, Cristiane da Rocha. **O assistente da acusação e a prisão preventiva.** Disponível em: <http://www.emerj.tjrj.jus.br/paginas/trabalhos_conclusao/2semestre2012/trabalhos_22012/CristianeRochaCaetano.pdf.>. Acesso em: 2 dez. 2021.

discussão do tema no caso dos crimes contra a ordem tributária, nos termos da Lei 8137/90.[169]

Ademais, outras entidades de caráter autárquico passaram a ser admitidas, como a Comissão de Valores Mobiliários – CVM (autarquia federal) e o Banco Central do Brasil no caso dos crimes contra o Sistema Financeiro Nacional (Lei n.º 7.492/86 art. 26, parágrafo único) e, ainda, nos crimes contra as relações de consumo previstas na Lei n.º 8.078/90, art. 80, possibilitando a assistência e mesmo a propositura da acusação privada subsidiária.

Veda-se, por uma questão lógica, a possibilidade de corréu ser assistente de acusação no mesmo processo em relação aos demais acusados, impossibilidade destacada pelo art. 270 do CPP.

A habilitação interventiva assistencial está condicionada à inexistência do trânsito em julgado como marco final e ao recebimento da acusação, como termo inicial, pedido sobre o qual deve ser ouvido o Ministério Público cuja posição, pelo CPP, não tem o condão de obstar a admissão.

c] A assistência à acusação pública no NCPP

No que tange à figura do *assistente*, o tratamento da matéria foi alterado, pelo Senado, em relação àquele proposto pela comissão acadêmica, apresentando a seguinte formulação:

> Art. 77. Em todos os termos do processo penal, poderá intervir, como assistente do Ministério Público, a vítima ou, no caso de menoridade ou de incapacidade, seu representante legal, ou, na sua falta, por morte ou ausência, seus herdeiros, conforme o disposto na legislação civil.
>
> Art. 78. O assistente será admitido enquanto não passar em julgado a sentença e receberá a causa no estado em que se achar.
>
> Art. 79. Ao assistente será permitido propor meios de prova, formular perguntas às testemunhas, à vítima e ao acusado, requerer medidas cautelares reais, participar dos debates orais, formular quesitos ao exame pericial, requerer diligências complementares ao final da audiência de instrução, apresentar memoriais e arrazoar os recursos interpostos pelo Ministério Público, ou por ele próprio, nas hipóteses de absolvição, de absolvição sumária, de impronúncia ou de extinção da punibilidade.

---

169 A ver a posição sobre esse assunto no âmbito das Procuradorias em A ATUAÇÃO do Procurador do Estado como assistente da acusação nos crimes contra a ordem tributária – Lei 8.137/90. Tese elaborada para apresentação no XXXVII Congresso Nacional de Procuradores do Estado – 27 a 30 de setembro de 2011 – Belo Horizonte. Disponível em: <http://anape.org.br/site/wp-content/uploads/2014/04/A-atua%C3%A7%C3%A3o-do-Procurador-do-estado-como-assistente-da--acusa%C3%A7%C3%A3o-nos-crimes-contra-a-ordem-tribut%C3%A1ria-Lei-8.137-90.pdf>. Acesso em: 2 dez. 2021.

§ 1º O juiz, ouvido o Ministério Público, decidirá acerca da realização das provas propostas pelo assistente.

§ 2º O processo prosseguirá independentemente de nova intimação do assistente, quando este, intimado, deixar de comparecer a qualquer dos atos da instrução ou do julgamento sem motivo de força maior devidamente comprovado.

§ 3º O recurso do assistente limitar-se-á ao reconhecimento da autoria e da existência do fato.

Art. 80. O Ministério Público será ouvido previamente sobre a admissão do assistente, sendo irrecorrível a decisão que indeferir ou admitir a assistência.

O texto tal como aprovado no Parlamento mereceu a prévia fundamentação do Relator, afirmando o quanto segue e passando a figurar no art. 79 as alterações propostas:

> No art. 77, o projeto de Código descreve o campo de competências do assistente da acusação. Ao que nos parece, o texto ficou muito preso à redação do art. 271 do atual CPP, descurando-se de competências outras reconhecidas pelo próprio PLS nº 156, de 2009. Com efeito, alteramos o referido art. 77 para nele incluir a apresentação de memoriais, a formulação de quesitos no exame pericial e o requerimento de diligências complementares ao fim da audiência de instrução.

A redação criticada previa:

> Art. 77. Ao assistente será permitido propor meios de prova, requerer perguntas às testemunhas, ao acusado, participar do debate oral e escrito, arrazoar os recursos interpostos pelo Ministério Público, ou por ele próprio, nas hipóteses de absolvição, de absolvição sumária, de impronúncia ou de extinção da punibilidade.

Donde se observa a expansão das atividades do assistente, inclusive para a adoção de *medidas cautelares reais*.

Habilitação como terceiro na interposição de recursos

A atividade recursal da vítima não habilitada como assistente é tratada no Capítulo 10 desta Obra (Teoria Geral dos Recursos e Recursos em Espécie).

2.3.3 O sistema brasileiro de proteção às vítimas (e testemunhas) de crimes

2.3.3.1 A gênese do modelo brasileiro

A discussão acerca de um sistema jurídico adequado à proteção de vítimas e testemunhas é relativamente recente no cenário brasileiro. Do Código de Processo Penal em vigor desde 1942, não se pode extrair qualquer articulação consistente sobre o tema, restando apenas disposições isoladas, Dentre aquelas, a retirada da pessoa acusada da sala de audiências a pedido da vítima ou testemunhas (art. 217), ou a retirada dos circunstantes nos julgamentos dos crimes dolosos contra a vida quando da realização da sessão plenária (art. 471), por determinação judicial, para fins de garantir a ordem na sala de audiências.

No mais, a figura típica da *coação no curso do processo*, prevista no Artigo 344 do Código Penal, com pena variando de 01 a 04 anos de reclusão e multa, além da pena correspondente à violência, inserida no tópico referente aos *crimes contra a administração da Justiça*, denota bem que o objeto jurídico alcançável não é exatamente a proteção das pessoas, mas sua condição processual. Por conseguinte, pode-se concluir que essa figura típica, antes de tutelar o ser humano, privilegia a realização do processo.

Tal cenário refletia a postura ideológica do momento sociopolítico no qual o Código de Processo Penal e a parte especial do Código Penal em vigor foram criados, mas também exteriorizava um determinado tipo de criminalidade, da qual poderíamos referir como *ordinária* ou *comum*, com atuações isoladas de agentes e alcançando tipos penais considerados como clássicos, como o furto e o estelionato. Delitos atentatórios à integridade física como o roubo (e muito mais o latrocínio) eram uma exceção, e o homicídio ainda possuía naquela quadra histórica um caráter passional ou ligado a desavenças episódicas.[170]

Das eras de exceção, patrocinadas pelo regime militar e as violações aos direitos fundamentais especificamente nele vividas, passou-se, com a redemocratização constitucional, ao Estado de Direito, outra realidade social no que diz respeito à violência (urbana e rural) e seus reflexos no direito e no processo penal.[171]

Tais condições, aliadas a uma frenética onda midiática de destaque ao fato criminoso, foram essenciais para exigir respostas legislativas *à altura* do

---

170 Por todos, ver: FAUSTO, Boris. **Crime e Cotidiano**: a criminalidade em São Paulo (1880-1924). 2. ed. São Paulo: Edusp, 2001.
171 Para uma ampla visão das causas motivadoras do crime e as escolas criminológicas: CERQUEIRA, Daniel; LOBAO, Waldir. Determinants of Crime: Theoretical Frameworks and Empirical Results. Dados, v. 47, n. 2, p. 233-269, 2004. ISSN 0011-5258.

momento, sendo exemplo claro dessa manifestação a promulgação da Lei dos Crimes Hediondos.

Ao mesmo tempo, episódios de grande repercussão davam o Brasil como um violador contumaz dos direitos humanos e clamavam por uma definição política de defesa desses direitos. Isso fez com que o governo federal à época (1996) editasse o primeiro programa nacional de defesa dos direitos humanos, bastante festejado por representativos setores da comunidade acadêmica nacional que nele viam um momento de inovação chegando a afirmar que:

> (...) foi o primeiro programa para proteção e promoção de direitos humanos da América Latina e o terceiro no mundo. Com o mérito de ter sido formulado a partir de ampla discussão pública conduzida pela Coordenadoria do Programa Nacional de Direitos Humanos, dirigida por José Gregori, chefe de gabinete do ministro da Justiça, Nelson Jobim, responsável por sua preparação, o Programa *não é resultado de decisões tomadas em gabinetes fechados.*[172]

Esse amplo programa, que viria a ser modificado em 2002, possuía, entre outros tópicos, um destinado à *Luta contra a impunidade*, tendo como um de seus escopos o de "apoiar a criação nos Estados de Programas de proteção a vítimas e testemunhas de crimes, expostas a grave e atual perigo em virtude de colaboração ou declarações prestadas em investigação ou processo penal".[173]

A partir desse contexto, estava desenhada a estrutura daquilo que viria a ser a primeira sistematização do modelo brasileiro de proteção a vítimas e testemunhas. Entretanto, haveria de se esperar por mais três anos para que a primeira lei brasileira específica sobre o tema saísse dos escaninhos do Congresso Nacional.

E foi longo e sinuoso o caminho de aprovação da lei brasileira. Iniciou-se com um projeto de lei (PL 610/95) de autoria do então Deputado Federal Humberto Costa (PT/PE) apresentado à Câmara em 13.06.1995. A ele se seguiu outro projeto (PL 1348/95) da autoria do então Deputado Sérgio Arouca (PPS-RJ), que foi apresentado à Câmara dos Deputados em 07.12.1995. Ambos ainda antes da publicação do Programa Nacional de Direitos Humanos e que não tiveram êxito: o primeiro projeto, inclusive, foi arquivado em 02.02.1999 e, posteriormente, em 02.03.1999, desarquivado, ou seja, um mês depois. Até que, finalmente, se transformou em lei (Lei 9807/99) em 13.07.1999, vigorando até o presente momento, não sem inúmeras propostas de modificação.

---

172 MESQUITA NETO, Paulo; PINHEIRO, Paulo Sérgio. Programa Nacional de Direitos Humanos: avaliação do primeiro ano e perspectivas. **Estudos Avançados**, São Paulo, v. 11, n. 30, p. 117-134, 1997. p. 117. Grifos no original.

173 BRASIL. **Programa Nacional de Direitos Humanos**: Fernando Henrique Cardoso. Brasília: Presidência da República, Secretaria de Comunicação Social, Ministério da Justiça, 1996.

É importante destacar que a filosofia do então projeto de Lei 610/05 baseava-se na experiência de um programa assistencial de proteção (Provita) levado a efeito no Estado de Pernambuco pelo Gabinete de Assessoria Jurídica a Organizações Populares (Gajop) tendo como um de seus principais alicerces o engajamento da sociedade civil, característica esta que acabou prevalecendo no modelo brasileiro como adiante se verá.

Da gênese do direito brasileiro, pode ser extraída a conclusão que, entre nós – e assim como na maior parte dos países da América Latina –, o tema da proteção de vítimas e testemunhas no processo penal é construído como um tema de *direitos humanos* e não apenas como fruto de visão utilitarista do emprego do testemunho para a obtenção de um resultado (potencialmente condenatório) ao final do processo penal.

Neste ponto há um distanciamento considerável em relação ao emprego desse mesmo mecanismo em países como os Estados Unidos, onde a proteção à vítima e às testemunhas é instrumentalizada para o alcance do objetivo condenatório e do sucesso dessas condenações advém, inclusive, a sustentação orçamentária do programa.[174]

Ao mesmo tempo que é considerado um tema de *direitos humanos*, o programa de proteção, se observado por uma ótica estritamente processual, pode também ser enxergado como uma condição essencial para a realização de um *processo equânime*, na medida em que se consolida como um fator determinante na produção probatória, com a preservação do meio de prova testemunhal.

A condição de proteção como essencial a uma persecução equilibrada é reconhecida contemporaneamente também por textos internacionais, notadamente a Convenção das Nações Unidas Contra Crime Organizado Transnacional, também conhecida como *Convenção de Palermo*, adotada em Nova York, em 15 de novembro de 2000, e que o Congresso Nacional aprovou por meio do Decreto Legislativo nº 231, de 29 de maio de 2003, tendo sido incorporada no direito interno brasileiro por meio do Decreto 5015, de 12 de março de 2004. Em seu

---

174 STONE, Victor. Estados Unidos (proteção pura). Palestra apresentada no âmbito da 1ª Reunião Regional da Associação Internacional de Promotores – Proteção a Testemunhas. Santiago do Chile. 26 de julho de 2006. Tradução livre a cargo do autor do presente texto.

Artigo 25, estão previstas as medidas assistenciais, com a preocupação de que não haja um desequilíbrio entre os envolvidos.[175]

2.3.3.2 A concepção do modelo brasileiro na legislação em vigor – Lei 9807/98

Para compreender o modelo brasileiro, algumas variáveis devem ser levadas em conta, como o papel da União e dos Estados Membros, bem como a forma de gestão do programa de proteção, compreendendo os mecanismos de seleção para ingresso, permanência e saída do programa. Deve-se, ainda, ter em conta o desempenho no processo ou na investigação criminal da pessoa colocada sob proteção.

No que diz respeito ao *papel da União e dos Estados-membros*, a estrutura legislativa, estabelecida pela Lei 9.807/98 e pelo Decreto 35.118/00 que a regulamenta, atribui atividade preponderante aos Estados-membros por meio de adoção de políticas locais próprias, assegurando-se a celebração de convênios com a União para execução da gestão. Quando, no entanto, o Estado-membro não estatuir programa próprio, caberá à União, com seus recursos e meios operacionais, efetivar a proteção às vítimas e testemunhas ameaçadas.

No âmbito Federal, o gerenciamento estratégico e operacional do programa de proteção está a cargo da Secretaria Especial dos Direitos Humanos, que no seu Regimento Interno (regulado pela Portaria nº 22, de 22 de fevereiro de 2005),

---

[175] É o texto: "Artigo 25 – Assistência e proteção às vítimas. 1. Cada Estado Parte adotará, segundo as suas possibilidades, medidas apropriadas para prestar assistência e assegurar a proteção às vítimas de infrações previstas na presente Convenção, especialmente em caso de ameaça de represálias ou de intimidação; 2. Cada Estado Parte estabelecerá procedimentos adequados para que as vítimas de infrações previstas na presente Convenção possam obter reparação; 3. Cada Estado Parte, sem prejuízo do seu direito interno, assegurará que as opiniões e preocupações das vítimas sejam apresentadas e tomadas em consideração nas fases adequadas do processo penal aberto contra os autores de infrações, por forma que não prejudique os direitos da defesa." BRASIL. **Decreto 5.015, de 12 de março de 2004**. Disponível em: <http://www.planalto.gov.br/ccivil_03/_ato2004-2006/2004/decreto/d5015.htm>. Acesso em: 7 jun. 2021.

entre outros órgãos, prevê uma coordenação específica para o assunto com amplo leque de atribuições.[176]

Nos primeiros anos após a entrada em vigor foram implantados programas próprios em 16 dos 27 Estados-membros, além do DF, a saber: Acre, Amazonas, Bahia, Ceará, Distrito Federal, Espírito Santo, Goiás, Maranhão, Minas Gerais, Mato Grosso do Sul, Pará, Pernambuco, Paraná, Rio de Janeiro, Rio Grande do Sul, São Paulo e Santa Catarina, que no ano de 2004 alocaram 536 pessoas, perfazendo o total de 69,5% dos casos previstos.[177]

Uma década e meia após a entrada em vigor da Lei e pouco menos do Decreto 3.518/2000 que a regulamentou, segundo informações oficiais do governo federal para o ano de 2012,

> Quase 700 pessoas estão em programas de proteção a vítimas e testemunhas de crimes no Brasil. É o que mostra balanço da Coordenação-Geral de Proteção a Testemunhas da Secretaria de Direitos Humanos da Presidência da República. Divulgado na terça-feira (7), o levantamento aponta que os estados de Minas

---

[176] "Art. 12. À Coordenação-Geral de Proteção a Testemunhas compete: I – coordenar as ações do Programa de Proteção a Vítimas e Testemunhas Ameaçadas estabelecidas nos Planos Plurianuais de Governo; II – zelar pela implementação da Lei n. º 9.807, de 13 de julho de 1999 que trata da organização e manutenção de Programas Especiais de proteção a vítimas e a testemunhas ameaçadas; III – coordenar o Sistema Nacional de Assistência a Vítimas e Testemunhas, composto pelo Programa Federal de Assistência a Vítimas e Testemunhas Ameaçadas, pelos Centros de Apoio a Vítimas de Crime e Programas Estaduais de Proteção a Testemunhas; IV – coordenar o Programa Federal de Assistência a Vítimas e a Testemunhas Ameaçadas, instituído pela Lei n. º 9.807/99; V – apoiar as articulações entre a Secretaria Especial e os governos estaduais para a criação de programas estaduais de proteção a testemunhas e vítimas de violência e de centros de apoio a vítimas de crime; VI – apoiar técnica e financeiramente programas estaduais de proteção e de centros de apoio a vítimas de crime, monitorando, acompanhando e avaliando sua execução; VII – subsidiar e viabilizar os meios necessários ao exercício das funções do Conselho Deliberativo do Programa Federal de Assistência a Vítimas e Testemunhas Ameaçadas; VIII – capacitar os agentes operadores do Sistema Nacional de Proteção a Vítimas e Testemunhas; IX – elaborar proposta de aperfeiçoamento legislativo em matéria de proteção e apoio a testemunhas e vítimas ameaçadas; X – promover a realização de estudos e pesquisas e desenvolver projetos, de modo a ampliar a abrangência e a propiciar o aperfeiçoamento contínuo dos programas de assistência a vítimas e a testemunhas ameaçadas; XI – zelar para que os beneficiários do Programa Federal de Assistência a Vítimas e a Testemunhas Ameaçadas sejam periodicamente informados das investigações ou processos criminais a eles referentes; XII – zelar pelo sigilo quanto às informações e dados das pessoas inseridas nos programas de proteção de vítimas e testemunhas ameaçadas; XIII – elaborar, acompanhar e avaliar o planejamento anual das atividades a serem desenvolvidas e apoiadas pela Coordenação; XIV – atuar em prol da integração das ações de proteção às pessoas, desenvolvidas pelas diversas áreas de governo, inclusive com a organização de um sistema nacional." BRASIL. **Portaria n. 22 de 22 de fevereiro de 2005**. Secretaria Especial dos Direitos Humanos. Disponível em: <https://www.legisweb.com.br/legislacao/?id=190604>. Acesso em: 7 jun. 2021.

[177] BRASIL, Tribunal de Contas da União. **Relatório de avaliação de programa**: Programa de Assistência a Vítimas e Testemunhas Ameaçadas. Tribunal de Contas da União. Relator Auditor Lincoln Magalhães da Rocha. Brasília: TCU, Secretaria de Fiscalização e Avaliação de Programas de Governo, 2005. 26p. (Sumários Executivos. Nova série). p. 15.

Gerais, São Paulo e do Espírito Santo têm o maior número de pessoas sob proteção, somando 116 pessoas. O programa do governo federal tem 93 beneficiados.[178]

O balanço mais recente dessa atividade mostra um crescente desinteresse do governo federal pelo seu funcionamento como demonstram os números: "Em 2010, o total de participantes era de 1.038, segundo a Secretaria Nacional de Direitos Humanos. Nos anos seguintes, a redução foi constante: em 2011, caiu para 897; em 2012, para 830; e em 2013, para 701 protegidos."[179]

2.3.3.3 Forma de gestão do programa de proteção

No núcleo gerencial do modelo brasileiro está o denominado Conselho Deliberativo "em cuja composição haverá representantes do Ministério Público, do Poder Judiciário e de órgãos públicos e privados relacionados com a segurança pública e a defesa dos direitos humanos" (Lei 9.807/99, Artigo 4º), sendo o órgão executor um desses integrantes, com a capacitação devida (§ 1º dos mencionados artigo e Lei).

Como já apontado, por conta das suas raízes históricas, o modelo brasileiro contempla a participação da sociedade civil em todas as etapas burocráticas de operação, conferindo-lhe legitimação para desencadear o mecanismo na seleção dos casos e, finalmente, na própria execução da proteção, tarefa esta que tem sua efetividade de forma quase exclusiva a cargo de organizações não governamentais.

A admissão no programa pressupõe, nos termos da legislação vigente, que a vítima ou a testemunha estejam sendo coagidas ou expostas a grave ameaça, que são conceitos sedimentados na dogmática penal brasileira e mesmo na legislação repressiva. Essa situação deve advir, no entanto, em função da sua colaboração na investigação ou no processo e não simplesmente porque são vítimas ou testemunhas.

Assim, há situações nas quais a pessoa coagida ou ameaçada não perfaz todos os requisitos para ser inserida no programa, condição preocupante a ponto de ensejar a criação de um mecanismo paralelo ao sistema de proteção determinado no decreto regulamentador (35.118/00) em seu Artigo 10, quando, sob o título de

---

178 PIMENTEL, Carolina. País tem 700 pessoas em programas de proteção a vítimas e testemunhas de crimes. **Agência Brasil: Empresa Brasil de comunicação.** 7 fev. 2012. Disponível em: <http://www.brasil.gov.br/cidadania-e-justica/2012/02/pais-tem-700-pessoas-em-programas-de-protecao-a--vitimas-e-testemunhas-de-crimes>. Acesso em: 2 dez. 2021.

179 BRUNO, Cássio. **Burocracia e falta de verba reduzem atendimento no programa federal de assistência a testemunhas**: número de vítimas protegidas no país caiu nos últimos quatro anos. Hoje participam do programa 737 brasileiros. 12 jan. 2015. Disponível em: <http://oglobo.globo.com/brasil/burocracia-falta-de-verba-reduzem-atendimento-no-programa-federal-de-assistencia--testemunhas-15024824#ixzz4UdOBsIIC>. Acesso em: 2 dez. 2021.

proteção ao depoente especial, admite a proteção ao *réu colaborador* e à testemunha ou vítima *excluída ou não aceita no programa*.

Situação fática de extrema dificuldade, a proteção se projeta de várias formas, que poderiam, apenas para fins didáticos, ser classificadas em *ordinárias*, *extraordinárias (ou excepcionais)* e *urgentes*.

Nas primeiras podem ser compreendidas aquelas como a preservação da identidade, imagens e dados pessoais; a *excepcional* é declarada pela lei como sendo a alteração de nome completo e as *urgentes* como a transferência de residência ou acomodação provisória em local sigiloso, sendo certo que estas podem ser tomadas ainda antes da decisão definitiva quanto à aceitação ou não no programa.

Claro está, no entanto, que a proteção não deve se restringir à pessoa isolada que vai testemunhar, mas deve abarcar seu *núcleo familiar imediato*, aí entendido, de acordo com a legislação em vigor, "o cônjuge, companheiro ou companheira, ascendentes, descendentes e dependentes que tenham convivência habitual com a vítima ou testemunha", que passam a se sujeitar às mesmas regras de admissão e inserção no programa.

Por fim, deve ser igualmente destacado que o modelo brasileiro tem sua gestão a cargo do *Poder Executivo* e não do Poder Judiciário, descabendo-lhe ingerência na administração do programa.[180]

Essa ausência de ingerência deve ser refletida no que tange ao *controle jurisdicional* quanto à *não admissão* ou *exclusão* do programa na medida em que o texto constitucional prevê a inafastabilidade do controle jurisdicional quando da ocorrência de lesão ou ameaça de lesão a direito.

Nesse ponto haveria de ser aprofundada a discussão sobre o cabimento de mandado de segurança para tanto, ao menos do ponto de vista teórico. Cabe acenar que outras estruturas jurídicas – como a norte-americana – não prevêem a possibilidade de recursos judiciais nesta hipótese, tampouco o direito à indenização ligada a qualquer decisão no âmbito do programa.[181]

2.3.3.4 Aspectos processuais do modelo brasileiro

O modelo de proteção tem legitimação difusa para ser desencadeado como já apontado acima.

Não guarda estranheza o fato da medida poder ser tomada *de ofício* ou mesmo por iniciativa própria da polícia, durante a investigação, sem a *prévia* oitiva

---

180 BRASIL. Tribunal Regional Federal (4.ª Região). **Habeas Corpus n. 2001.04.01.066372-5/** 0663725-28.2001.4.04.0000/SC. Sétima Turma. Relator Des. Federal José Luiz B. Germano da Silva. Julgamento em: 04/12/2001. DJU:16/01/ 2002. p. 1381. Disponível em: <https://www2. trf4.jus.br/trf4/controlador.php?acao=consulta_processual_resultado_pesquisa&selForma=N U&txtValor=200104010663725&chkMostrarBaixados=S&todasfases=&todosvalores=&todaspart es=&txtDataFase=&selOrigem=TRF&sistema=&txtChave=>. Acesso em: 2 dez. 2021.

181 STONE, Victor. Op. Cit.

do legitimado ativo para a propositura da ação penal (Ministério Público). Tal situação, derivada da histórica estrutura inquisitiva do processo penal brasileiro, pode soar incompreensível para a maioria dos países latino-americanos nos quais houve profunda alteração conceitual do processo penal a partir do marco acusatório, com o domínio da investigação pelo Ministério Público e na realização do juízo oral.

Chama a atenção o papel conferido às denominadas *organizações não governamentais* quanto à possibilidade de verdadeiramente *modificar a estrutura do meio de prova* na medida em que têm legitimação para solicitar a inclusão de alguém no programa protetor, condição esta historicamente não conferida à sociedade civil.

Do ponto de vista do desenvolvimento do processo, é de ser destacado que a inserção de uma pessoa – seja ela vítima ou testemunha – no programa ou na condição de *depoente especial*, não tem o condão de alterar o *ritmo do procedimento* que, no direito brasileiro, é marcantemente escrito e segmentado em inúmeras fases – como decorrência natural dessa opção ideológica, acarretando desgastes intransponíveis para a inserção social do programa.

Nesse ponto particular, é necessário trazer à baila a seguinte consideração apresentada no já citado trabalho de avaliação do modelo nacional, em que se afirma:

> Por sua vez, os processos criminais que contêm testemunhas dos programas estaduais não são priorizados pelo Poder Judiciário dos estados. Nota técnica da CGPT menciona casos em que, após o ingresso, os respectivos processos judiciais ficaram paralisados, permanecendo a testemunha até quatro anos e meio sem que fosse convocada para oitiva em nenhum procedimento formal. A morosidade desestimula o possível ingresso de testemunhas em potencial, frustra os beneficiários e tende a sobrecarregar as entidades executoras, já que prolonga o tempo de permanência das testemunhas no programa.[182]

Essa demora propicia, igualmente, maior exposição da pessoa dentro da persecução, sujeitando-a a mais pressões e ameaças, a ponto de, em determinado caso concreto, ter-se determinado, exatamente por esses motivos, a prisão da pessoa acusada[183]. Com a redação dada pela Emenda 45/04 e a necessidade da duração razoável do processo e da instituição de meios que a propiciem, a melhor

---

[182] TRIBUNAL DE CONTAS DA UNIÃO. **Portal TCU**. Disponível em: <http://portal2.tcu.gov.br/portal/page/portal/tcu/institucional/conheca_tcu/historia>. Acessado em: 2 dez. 2021.

[183] BRASIL. Superior Tribunal de Justiça. **Recurso Ordinário em Habeas Corpus n. 19.057/SP**. Quarta Turma. Data da decisão: 03/08/2006. DJ 28/08/2006. Página: 292. Relator Min. Cesar Asfor Rocha. Disponível em: <https://scon.stj.jus.br/SCON/jurisprudencia/toc.jsp?i=1&b=ACOR&livre=((%27RHC%27.clap.+e+@num=%2719057%27)+ou+(%27RHC%27+adj+%2719057%27.suce.))&thesaurus=JURIDICO&fr=veja>. Acesso em: 2 dez. 2021.

Dos sujeitos no Processo Penal | 137

interpretação tenderá a ser a que venha a privilegiar a prioridade do julgamento nos casos em que houver vítimas ou testemunhas sujeitas à proteção ou mesmo a existência de *depoentes especiais* nessas condições.

2.3.3.5 Pontos de reflexão sobre o funcionamento dos programas de proteção

Desde o início do funcionamento, o programa brasileiro sofre da carência de estrutura operacional e cultural para funcionamento. A questão orçamentária é, de fato, delicada, não apenas no que diz respeito ao seu *montante*, mas, igualmente, em relação ao seu *controle*.

Com efeito, já houve graves notícias ligadas à distorção do emprego das verbas destinadas a esses programas que mereceram a atenção do Ministério Público Federal, dando início a investigações sobre o tema.[184]

---

184 "Ela foi filmada com um carrinho de um supermercado de Goiânia repleto de compras, mas afirma ter ficado só com uma cesta básica; diz que assinou inúmeros recibos de produtos e serviços que nunca viu ou recebeu, a exemplo de uma geladeira nova, hospedagem em hotel, gastos em restaurantes, aluguel de carros e de um completo tratamento dentário. Além disso, reclama ter passado fome, de não ter tido a assistência médica e psicológica prometida e ainda que viveu um mês inteiro com a mesma roupa, incluindo trajes íntimos. O relato, recolhido em depoimentos prestados à Justiça Federal e ao Ministério Público Federal, indica a ocorrência de supostas fraudes num dos projetos tidos pelas autoridades como de importância crucial para a obtenção de provas criminais: o Programa de Proteção a Testemunhas. O GLOBO teve acesso a documentos confidenciais da Justiça e do Ministério Público, nos quais Ana (nome fictício), testemunha de um caso envolvendo uma quadrilha de traficantes do Rio e de São Paulo, detalha as acusações e pede sua reinserção no Programa de Proteção a Vítimas e Testemunhas Ameaçadas (Provita), do qual saiu decepcionada em outubro de 2002, após quase um mês e meio. Mas a testemunha não quer voltar a ser submetida a situações como as denunciadas por ela. De volta ao Rio, Ana e sua família sentem-se desprotegidas e passaram a sofrer ameaças de morte. – Estou desesperada, sem rumo, esperando a qualquer momento ser assassinada. Não quero ficar desprotegida. Mas também não desejo ser usada por ninguém – pede Ana. Pelo menos outros dois casos, na Bahia e no Pará, estariam sob investigação. São episódios pontuais, podem não servir para comprometer a credibilidade do programa, que já existe em 16 estados e assiste no momento mais de 650 pessoas em todo o país, mas causaram espanto e preocupação em autoridades e em representantes de entidades civis. Juiz também critica problemas de infraestrutura Ana e sua família entraram no programa por meio do Provita-Rio. Pelas dificuldades e pela suspeita de estar sendo usada para mascarar fraudes, decidiu deixá-lo e fez a denúncia. O juiz federal que ouviu seu depoimento comentou em sua decisão: 'É com tristeza que se observa que vivemos em situação social grave a ponto de fazer com que os mecanismos legais postos à disposição dos agentes públicos com vistas a assegurar proteção àqueles que colaboram com a prestação jurisdicional sejam ineficazes. Como se não bastasse a ineficácia das leis e órgãos existentes com vistas a garantir a proteção das testemunhas, ainda nos defrontamos com problemas de cunho operacional e de infraestrutura (...)'. A primeira consequência foi o afastamento administrativo de três agentes do Provita de Goiás, segundo Oto Glória Filemon, gerente-executivo de Direitos Humanos da Secretaria de Segurança Pública e de Justiça de Goiás, e supervisor e presidente do Conselho Deliberativo do Programa naquele estado. — Os fatos são gritantes. Por conta desse caso, modificamos o programa. Trocamos toda a equipe técnica e mudamos toda a rede de apoio. O conselho luta há dois anos para resgatar a credibilidade do programa em Goiás, que assiste hoje 31 pessoas — lamenta Oto Glória." BRASIL. Procuradoria Federal dos Direitos Constitucionais do Cidadão. **Boletim de Notícias**, n. 121, 2006.

Dois aspectos ainda merecem destaque para reflexão. O primeiro já acenado acima quando se tocou na complexa questão da proteção de vítimas ou testemunhas quando depõem contra funcionários (notadamente policiais) e pelas instituições daqueles são "protegidos", tópico apontado no estudo preparado pelo Tribunal de Contas da União e já mencionado no presente texto.

Sendo as violências estatais recorrentes no Estado brasileiro, haveria de se pensar na criação de grupos de funcionários especializados para a tarefa protetora que não estivessem alocados nas polícias civis ou militares dos Estados e mesmo no âmbito das polícias federais.

O segundo tópico a merecer atenção é o da necessidade de controle absolutamente rigoroso para evitar-se a infiltração de *falsas testemunhas* no âmbito dos programas que viessem a erodir seu já precário funcionamento com o repasse de informações reservadas a núcleos de criminalidade organizada.

2.4 Do juiz

2.4.1 Fundamentos constitucionais

O direito a ser julgado por um juiz imparcial e independente, com competência predeterminada em lei, é um dos pilares do Estado de Direito e corresponde àquilo que se denomina de *garantia do juiz natural*[185] que se manifesta em **aspectos** objetivos (a definição do *Juízo competente*, tema tratado no Capítulo 3 desta Obra) e em aspectos *subjetivos*, que dizem respeito à isenção do *julgador* no caso concreto.[186]

A imparcialidade é o traço distintivo e legitimamente do julgador (e, por extensão, do Poder Judiciário) diante dos demais Poderes em um Estado marcado pela legalidade e assentado em bases democráticas.

Como alertar Binder,

> Se debe destacar que este es el único funcionario de un sistema republicano al que se le exige que no represente y que no "gestione" ningún interés. Por su parte, el Poder Ejecutivo es, por esencia, un gestor de los intereses colectivos;

---

185 A ver, entre outros na literatura nacional: CARVALHO, Luis Gustavo Grandinetti Castanho de. Juiz natural. In: CARVALHO, Luis Gustavo Grandinetti Castanho de. **Processo penal e constituição**: princípios constitucionais do processo penal. 4. ed. Rio de Janeiro: Lúmen Júris, 2006. p. 111-122; BADARÓ, Gustavo Henrique Righi Ivahy. Juiz natural no processo penal. São Paulo: Revista dos Tribunais, 2014.

186 Sobre essa dupla manifestação, inclusive com apoio em documentos internacionais, FELDENS, Luciano; SCHMIDT, Andrei Zenkner. Direito fundamental a um processo justo e standard de valoração sobre a (im)parcialidade judicial. **Revista de Estudos Criminais**, Porto Alegre, v. 10, n. 38, p. 111-137, jul./set. 2010.

y por otro lado, el Parlamento tiene como base la representación de intereses sectoriales; en ambos casos, su legitimidad se nutre, en gran medida, en la capacidad para gestionarlos. Respecto a los jueces, lo que se busca es que no dicten sus sentencias con base en argumentos de utilidad (ya sea del monarca, de algún grupo de poder o de las mayorías), y que claramente no sean gestores de intereses, que es la base de la imparcialidad.[187]

E, para exercer a judicatura com imparcialidade, deve-se revestir a função judicante de garantias orgânicas que se projetem para a pessoa que exerce essa função, a saber: a inamovibilidade, a vitaliciedade e a irredutibilidade de vencimentos, as quais são reconhecidas, inclusive, em documentos internacionais, dado que são essenciais ao funcionamento do próprio Estado de Direito.[188]

Por esse conjunto normativo, tem-se que, definido o foro competente para julgamento de um determinado processo, esse *caso penal* será julgado por alguém que não pode ter comprometimento pessoal com a causa (hipóteses de impedimento ou suspeição a seguir tratadas)[189] e que não pode ser substituído senão em situações excepcionais, legalmente previstas e que devem ser interpretadas de forma restrita.[190]

Pode-se também extrair dessa base que os atos jurisidicionais atribuídos a um determinado juiz natural não podem ser corriqueiramente delegados, donde se reitera a crítica efetuada nesta Obra a mecanismos como a carta-precatória ou cartas de ordem, que somente têm sua razão de ser diante da estrutura inquisitiva de processo que permanece entre nós, dada a maneira como se resiste ao emprego real dos mecanismos da acusatoriedade.[191]

Contraponto de destaque no âmbito do chamado *processo penal de emergência*, abordado no Capítulo 1, é a previsão na Lei 12.694/2012, que criou a figura do *juiz sem rosto*, cujo emprego no direito comparado foi abordado em obra anterior[192]

---

187 BINDER, Alberto. **Elogio de la audiencia oral y otros ensayos**. Monterrey: Coordinación de la Judicatura del Estado de Nuevo León. 2014. Disponível em: <http://www.pjenl.gob.mx/cj/Publicaciones/26.pdf>. Acesso em: 2 dez. 2021. p. 17.

188 Como destaca: ESER, Albin. Il giudice naturale e la sua individuazione per il caso concreto. **Rivista Italiana di Diritto e Procedura Penale**, Milano, v. 39, p. 385-411, 1996. p. 386.

189 Acerca dessa necessária comunhão, BADARÓ, Gustavo Henrique Righi Ivahy. A garantia do juiz natural: predeterminação legal do órgão competente e da pessoa do julgador. **Revista Brasileira de Ciências Criminais**, São Paulo, v. 23, n. 112, p. 165-188, jan./fev. 2015.

190 Nesse sentido, BORRI, Luiz Antonio; SOARES, Rafael Junior. A designação específica de magistrado para a condução de ação penal e o princípio do juiz natural. **Boletim IBCCRIM**, São Paulo, v. 24, n. 282, p. 04-06, maio 2016.

191 Preocupação sentida de longa data por prestigiosa doutrina: AMARAL, Augusto Jobim do; GLOECKNER, Ricardo Jacobsen. A lei 8038/90 e o princípio do juiz natural. **Boletim IBCCRIM**, São Paulo, v. 15, n. 181, p. 16-18, dez. 2007.

192 CHOUKR, Fauzi Hassan. **Processo penal de emergência**. Rio de Janeiro: Lumen Juris, 2002.

e que mereceu censura na dogmática[193], além da previsão de criação de um colegiado também por aquela Lei.[194]

2.4.2 A vedação de atuar

Há, contudo, situações disciplinadas pela lei infraconstitucional as quais, por certo, devem guardar pertinência constitucional-convencional, que levam ao *afastamento da pessoa física do julgador* para julgar *determinado caso.*

Dada sua natureza restritiva e de impacto direto na garantia do juiz natural, são restritas e não poderiam ser ampliadas senão em virtude expressa de lei. Contudo, o art. 112 do CPP, com sua locução aberta, quebra essa lógica, por onde podem entrar insinuações político-ideológicas, por exemplo.[195]

Nada obstante, já se cogitou da ampliação do rol por meio da integração com o processo civil[196], posição que vemos com restrição, porquanto a analogia integradora do sistema, como sustentando no Capítulo 1 desta Obra, somente se dá diante do silêncio normativo do processo penal e não quando tenha norma específica, sobretudo em matéria sensível ao devido processo legal.

Contudo, é de ser frisado que nas reformas parciais do CPP não foram feitas as necessárias adequações aos avanços das relações familiares. Tendo sido os evidentes laços que unem marido e mulher à causa da alocação da situação de cônjuge como fator de impedimento do exercício da jurisdição, o mesmo deve ser estendido às outras formas de união, seja a união estável, seja a união homoafetiva.

Essas são as hipóteses de impedimento ou suspeição empregadas pelo CPP também para os juízes leigos, no Tribunal do Júri e que servem, igualmente, para a atuação do órgão de execução do Ministério Público, mas não atingem a autoridade policial.

---

193 NICOLITT, André Luiz. Juiz sem rosto e crime organizado: a Lei 12.694/2012 e os direitos fundamentais. **Revista Brasileira de Ciências Criminais**, São Paulo, v. 21, n. 105, p. 249-269, nov./dez. 2013.

194 NICOLITT, André Luiz. Julgamento colegiado em primeiro grau (Lei 12.694/2012) e as dimensões do princípio do juiz natural. **Boletim IBCCRIM**, São Paulo, v. 20, n. 240, p. 10-11, nov. 2012.

195 Em sentido contrário, LOPES JR, Aury. **Direito processual penal**. 10. ed. São Paulo: Saraiva, 2013. p 520. Com a devida vênia ao grande nome do processo penal brasileiro, as hipóteses ali invocadas, como o engajamento no combate à criminalidade, somente poderia ser causa de incompatibilidade nos termos art. 112 do CPP. E poderia gerar tentativas de restrições por posturas acadêmicas desses atores processuais, como discutido em SVISTUN, Meg Francieli. Publicação de pesquisas científicas e suspeição do juiz: um questionamento inusitado na "Operação Lava Jato" (Ação Penal nº 5036518-76). **Revista Aporia Jurídica** (online): Revista Jurídica do Curso de Direito da Faculdade CESCAGE, 6. ed., v. 1, p. 423-429, jul-dez-2016.

196 DOTTI, René Ariel. Suspeição de magistrado (Parecer). **Revista Brasileira de Ciências Criminais**, São Paulo, v. 1, n. 2, p. 117-126, abr./jun. 1993. Atualmente arts. 144 e 145 do NCPC.

2.4.2.1 Causas de suspeição, impedimento ou incompatibilidades

Regradas no art. 252 do CPP, as causas de impedimento, quando desrespeitadas, geram nulidade absoluta, o mesmo valendo para as causas de suspeição previstas no art. 254. Nesse ponto, com acerto, afirma Oliveira[197] que não existe diferença substancial entre elas e que são distinguíveis apenas por opção legislativa.

Ambos os temas, por dizerem respeito à integridade do devido processo legal, não podem ser tratados como matéria à disposição das partes sendo, pois, arguíveis a qualquer tempo e em qualquer grau de jurisdição[198], salvo na hipótese do art. 256 no que tange à suspeição que teve origem em ato de má-fé da parte para gerar o afastamento do magistrado.[199]

A *incompatibilidade* se dá nos termos do art. 112 do CPP, quando "houver incompatibilidade ou impedimento legal" em relação ao juiz, o órgão do Ministério Público, os serventuários ou funcionários de justiça e os peritos ou intérpretes. Trata-se de locução aberta (incompatibilidade) e que viria a suprir situações não abarcadas nas hipóteses de impedimento ou suspeição, as quais são taxativas.

2.4.2.2 A exceção de suspeição ou impedimento

Inicialmente destacamos que pela exceção somente podem ser arguidas as causas de suspeição ou impedimento. As incompatibilidades não integrariam esse objeto posto que, à luz do art. 112 do CPP, haveriam de ser invocadas espontaneamente.

Contudo, a inafastabilidade do controle jurisdicional prevista constitucionalmente possibilita que a parte possa arguir esse tema *em sede de mandado de segurança*, pois tem o *direito líquido e certo* a ser julgado por um juiz (Tribunal) imparcial e a presença de incompatibilidades, por óbvio, fere esse direito, a dizer, a um justo e devido processo.

---

197 OLIVEIRA, Eugênio Paccelli de. **Curso de Processo Penal**. 16. ed. São Paulo: Atlas, 2012. p. 291.
198 Por isso discordamos do seguinte precedente: 2. Com efeito, a exceção de suspeição deve ser arguida na primeira oportunidade em que o réu se manifestar no processo, ou seja, logo após o interrogatório ou no momento da defesa prévia, sob pena de preclusão. 3. Por óbvio que o referido incidente poderá ser instaurado em momento posterior a esses atos processuais quando o fato que o ocasionou for superveniente. BRASIL. Superior Tribunal de Justiça. **Habeas Corpus n. 55.703/ES 2006/0048184-0**. Sexta Turma. Relator: Min. Og Fernandes. Data de Julgamento: 20/10/2011. Data de Publicação: DJe 28/11/2011. Disponível em: <https://scon.stj.jus.br/SCON/jurisprudencia/toc.jsp?i=1&b=ACOR&livre=((%27HC%27.clap.+e+@num=%2755703%27)+ou+(%27HC%27+adj+%2755703%27.suce.))&thesaurus=JURIDICO&fr=veja>. Acesso em: 2 dez. 2021.
199 Para uma visão mais abrangente, MAYA, André Machado. Impedimento, suspeição e imparcialidade: algumas linhas sobre as regras processuais de proteção ao direito de ser julgado por um juiz imparcial. In: FAYET JÚNIOR, Ney; MAYA, André Machado. **Ciências penais**: perspectivas e tendências da contemporaneidade. Curitiba: Juruá, 2011. p. 125-145.

Arguível por qualquer das partes a partir do momento em que, concretamente, houver a incidência das causas suspensivas ou impeditivas, pode ser também reconhecida de ofício a situação que obste a atuação concreta do julgador.

Seu processamento se dá em apartado na lógica do CPP, que é antagônica à unidade e unicidade do método oral, propiciando, se o caso, a dilação probatória com oitiva de testemunhas ou juntada de documentos.

O julgamento de procedência da exceção acarreta a nulificação dos atos processuais. O tema deva ser visto em conjunto com os arts. 563 e seguintes e, a rigor, deverá ser a nulidade tratada como de caráter absoluto, importando no não aproveitamento dos atos anteriores, eis que praticados por juiz parcial.

2.4.2.3 Propostas no NCPP

No tratamento do juiz, as propostas encaminhadas desde a comissão acadêmica até os trabalhos finalizados no Senado em sua primeira apreciação pouco ou quase nada alteram na redação dos artigos que ainda vigem[200]. A grande diferença tópica pode ser observada no contexto geral do Código proposto, em que os *sujeitos* passam a preceder o tema da competência.

No balanço geral, os trabalhos no Senado apresentam alguns pontos de melhor tratamento da matéria na medida em que põem em destaque a figura jurídica do companheirismo como causa de impedimento para exercício da jurisdição[201], algo não previsto no anteprojeto[202] e por inexistente à época da promulgação do código em vigor.

Também melhora a técnica processual quando fala do impedimento nos juízos colegiados[203] e não coletivos[204] como inicialmente proposto, empregando terminologia usualmente aceita para esse tema.

Ambas as redações convergem em referir-se, como faz o código atual, às restrições em relação às partes e, nesse ponto, poderia ter sido interessante pontuar

---

200 Para uma breve abordagem do assunto, ver DOTTI, René Ariel. A suspeição do juiz no Projeto do Código de Processo Penal. **Revista do Advogado,** São Paulo, v. 31, n. 113, p. 122-125, set. 2011.
201 RFS: "Art. 53. O juiz estará impedido de exercer jurisdição no processo em que: I – tiver funcionado seu cônjuge, companheiro ou parente, consanguíneo ou afim, em linha reta ou colateral, até o terceiro grau, inclusive, como defensor ou advogado, órgão do Ministério Público, delegado de polícia, auxiliar da justiça ou perito".
202 CJ: "Art. 54. O juiz não poderá exercer jurisdição no processo em que: I – tiver funcionado seu cônjuge ou parente, consanguíneo ou afim, em linha reta ou colateral até o terceiro grau, inclusive, como defensor ou advogado, órgão do Ministério Público, autoridade policial, auxiliar da justiça ou perito".
203 RFS: "Art. 54. Nos juízos colegiados, estarão impedidos de atuar no mesmo processo os juízes que forem entre si cônjuges, companheiros ou parentes, consanguíneos ou afins, em linha reta ou colateral até o terceiro grau, inclusive".
204 CJ: "Art. 55. Nos juízos coletivos, não poderão servir no mesmo processo os juízes que forem entre si parentes, consanguíneos ou afins, em linha reta ou colateral até o terceiro grau, inclusive".

eventuais restrições em relação ao assistente do Ministério Público, cuja posição jurídica não é a de parte.

A comissão acadêmica havia sido mais detalhista no tratamento das *razões de foro íntimo* a justificar a não atuação do magistrado[205], proposta não acolhida no parlamento[206].

Ambos os trabalhos, no entanto, entenderam desnecessário manter a norma que prevê a cessação das causas de suspeição ou impedimento na forma atual[207], mesmo com as atualizações referentes ao estado civil da pessoa.

2.5 Do Ministério Público

Grande parte dos estudiosos que investigam o tema do Ministério Público no Direito comparado costuma dividir as respectivas análises, basicamente, em dois modelos institucionais: (1) aproximados, dependentes ou submetidos a controle de um dos três clássicos poderes do Estado, em regra o Executivo; e (2) tendentes à independência, ou não submetidos a um controle estrito de um dos três poderes do Estado[208].

Essa *aproximação* ou *vinculação* é fundamental quando se pensa num modelo de Ministério Público atuante no processo penal de feição acusatória[209], dado que, se ausentes mecanismos processuais efetivos quanto ao controle não apenas da acusação, mas, sobretudo, do *não exercício* da acusação, bem como da atuação negociada – estrutura que aparenta ser indissociável de um processo penal contemporâneo – muito dificilmente serão atuantes os mecanismos de responsabilização jurídica e social dessa Instituição.

---

205 CJ: "Art. 56 [...] Parágrafo único. O juiz, a qualquer tempo, poderá afirmar a sua suspeição por quaisquer razões de foro íntimo, caso em que justificará os motivos junto aos órgãos correcionais da magistratura".

206 RF: "Art. 55 [...] § 2º O juiz, a qualquer tempo, poderá se declarar suspeito, inclusive por razões de foro íntimo".

207 CPPV: "Art. 255. O impedimento ou suspeição decorrente de parentesco por afinidade cessará pela dissolução do casamento que lhe tiver dado causa, salvo sobrevindo descendentes; mas, ainda que dissolvido o casamento sem descendentes, não funcionará como juiz o sogro, o padrasto, o cunhado, o genro ou enteado de quem for parte no processo".

208 SILVA, Dicken William Lemes. Os princípios constitucionais da dependência hierárquica (MF espanhol) e independência funcional (MP brasileiro): reflexões à luz da evolução do Ministério Público e do constitucionalismo contemporâneo. **Boletim Científico ESMPU**, Brasília, ano 12, n. 41, p. 155-199, jul./dez. 2013. p. 172.

209 Superando, assim, a larga construção histórica que o vinculava a outras atribuições estatais ou mesmo a um processo penal de matriz inquisitiva. A respeito ver, dentre outros: MAIER, Julio B. El Ministerio Público: ¿un adolescente? El ministerio público en el proceso penal. In: MAIER, Julio B. (Compilador). **El Ministerio Publico en el Proceso Penal**. Ad-Hoc: Buenos Aires, 1993. Ver, ainda, a controposição com a formação do acusador no sistema anglo-saxão, tal como exposto por: LANGBEIN, John H. **The Origins of Public Prosecution at Common Law**. Op. Cit.

No Brasil, a discussão histórica, alimentada pela estrutura constitucional de 1988 em dado momento pareceu se inclinar para a segunda vertente mencionada no parágrafo introdutório como adiante será visto.

2.5.1 Fundamentos constitucionais

Um processo penal acusatório implica um grau de independência – e de responsabilidade pelos atos praticados ou pela opção de não os praticar – do acusador público para que possa exercer o papel que lhe é reservado. Para compreender melhor as consequências dessa colocação, é forçoso resgatar um pouco da discussão dogmática sobre a posição institucional do Ministério Público, cotejando textos anteriores à CR/88, aqueles que lhe serviram de instrumental teórico, e alguma literatura que se seguiu.

No direito brasileiro pós-1988, surgiu o Ministério Público como exteriorização do imaginário da eficiência da persecução penal. Tal missão institucional foi trabalhada pela dogmática que alicerçou a Constituição em vigor, que atrelou o fortalecimento do Ministério Público ao conceito de democracia e à legitimidade do processo de reconstitucionalização, como se observa nas palavras de renomado conhecedor da matéria, ao afirmar que:

> Nesta época em que se desenvolvem estudos preparatórios da nova ordem jurídica constitucional no país, é oportuno submeter a debate enquadramento constitucional, as funções, os princípios e as garantias do Ministério Público, buscando fortalecer esta Instituição toda ela voltada primordialmente à defesa dos interesses indisponíveis da sociedade, pois somente a um Estado plenamente democrático convirá um Ministério Público realmente forte e independente, capaz de defender os interesses da sociedade e não os do governo ou dos governantes.[210]

Nesse ponto, é oportuno lembrar as palavras de festejado jurista, ainda na década de 1960, acerca da vocação do Ministério Público para o controle da Administração:

> Ministério Público surge, no conjunto dos órgãos estatais, como o instrumento incumbido de defender e preservar a ordem jurídica, pela postulação perante o Poder Judiciário. [...] Em se tratando de bens estatais, direta ou indiretamente envolvidos, o interesse da atuação defensiva do Ministério Público está justificado pela materialidade do prejuízo e pelo atentado à moralidade da vida pública

---

210 MAZZILLI, Hugo Nigro. O Ministério Público e constituinte. **Justitia**, São Paulo, v. 137, p. 57-62, jan-mar./1987. Disponível em: <http://www.revistajustitia.com.br/revistas/a29d14.pdf>; Disponível em: <http://www.mazzilli.com.br/pages/artigos/mpconstituinte.pdf>. Acesso em: 2 dez. 2021.

que então se supõe. Cogitando-se de atos ilegítimos, não envolvendo aspectos propriamente patrimoniais, já não há um fator, assim material e imediato, que permita aferir da importância e significação, para a coletividade, da ofensa à ordem jurídica. E então será a gravidade das implicações do ato violador que há de justificar a iniciativa do Ministério Público. Somente quando grave, qualitativa ou quantitativamente, do ponto de vista do interesse da comunidade, o atentado ao sistema legal, será de ter como adequada a movimentação espontânea do órgão da defesa social.[211]

Essa visão quase que romântica do papel do parquet foi muito bem ilustrada pelas palavras candentes de Dinamarco, ao afirmar que

> Por isso, a muitos não convém que exista um Ministério Público integrado nesse movimento de publicização dos direitos subjetivos, e de ampliação do número dos participantes dos bens da vida. E o resultado é o que hoje estamos vendo. São lutas memoráveis, são angústias sem fim, e mal consegue o Ministério Público um palmo de terreno em matéria de garantias e prerrogativas, contra ele se desencadeiam as forças retrógradas dessa reação desligada da realidade social, política e econômica do mundo moderno. Elas sabem que a atividade do Ministério Público será tão menos eficaz quanto menos independência for conferida a seus membros. Elas querem um Ministério Público dependente dos poderosos, para que os fracos não tenham no promotor um defensor ardoroso, e não possam deixar de ser fracos.[212]

Normalmente, esse caminho é saudado com entusiasmo e de forma enfática não só pelos integrantes do Ministério Público, mas, também, por grande parte da cultura jurídica nacional, que aplaudiu o novo figurino do parquet, louvando-lhe as novas atribuições, estas sempre justificadas pelo *interesse público*, concluindo-se que "a defesa da ordem jurídica significa a defesa da correta aplicação da Constituição e das leis, que, conjugada com a defesa do regime democrático, significa, enfim, a defesa do Estado de Direito."[213]

Consideradas a destinação institucional, a defesa dos interesses sociais – expressão que compreende os interesses coletivos e difusos – somada à defesa dos interesses indisponíveis, pode-se afirmar que "a atuação do Ministério Público

---

211 FAGUNDES, Seabra. O Ministério Público e a preservação da ordem jurídica no interesse coletivo. **Revista de Direito Público e Ciência Política**, Rio de Janeiro, v. IV, n. 9, 3 set./dez. 1961.
212 DINAMARCO, Candido Rangel. O Ministério Público na sistemática do direito brasileiro. Justitia, v. LXI, ano XXX, p 161-173, abr.-jun. 1968.
213 BURLE FILHO, José Emmanuel; GOMES, Maurício Augusto. Ministério Público, as funções do Estado e seu posicionamento constitucional. In: VIII CONGRESSO NACIONAL DO MINISTÉRIO PÚBLICO. São Paulo. **Teses aprovadas no VIII Congresso Nacional do Ministério Público**. Série Temas Institucionais. São Paulo: Associação Paulista do Ministério Público, 1990; também disponível em **Justitia**, São Paulo, v. 53, n. 153, p. 41-58, jan./mar. 1991.

estará sempre fulcrada na defesa do interesse público"[214], exultando seu engrandecimento institucional e seu incomparável status constitucional em relação às demais constituições ocidentais, de forma geral avalizando a opção (política) que o apresenta teoricamente como independente em relação aos demais *poderes* do Estado:

> Nessa linha de raciocínio, percebe-se que as funções do Ministério Público, ainda que de natureza administrativa, são sui generis em relação às do Executivo, pois ele – o Ministério Público – é o defensor e promotor do interesse público primário, quando este por qualquer motivo, em razão da ação do governo, for suplantado pelo interesse público secundário. Em última análise, sua função é de defender os interesses da sociedade, quer em relação ao Governo e/ou à Administração Pública, quer quando a ofensa seja cometida pelos particulares.[215]

Aliás, é de ser dito que, em não raras ocasiões, aclamou-se o Ministério Público como um *quarto poder*, tema cuja discussão é longa na história institucional e da dogmática pátria, podendo ser encontrados antecedentes ainda na década de 1940, quando se buscava a realocação constitucional do *Parquet*[216], ou anos mais tarde, já sob a égide da CR/88, quando se afirmou que:

> (...) teoricamente nada impediria estar o Ministério Público dentro de qualquer dos ramos do poder ou ser erigido, por opção legislativa, a um quarto Poder. A opção do constituinte de 1988 foi, sem dúvida, conferir um elevado status constitucional ao Ministério Público, quase erigindo-o a um quarto Poder.[217]

O discurso, no entanto, já havido sido mais ameno, quando foi afirmada uma posição *genuína* do *Parquet*, como "nem Poder Judiciário, nem Poder Executivo, nem mesmo quarto poder, necessariamente, mas, em essência, organismo ao lado e do lado da sociedade e sua vontade disciplinada, definida e expressa na

---

214 COELHO, Inocêncio Mártires. O controle externo da atividade policial pelo Ministério Público. Justitia, v. 53, n. 154, p. 26-36, 1991. Disponível em: <http://www.revistajustitia.com.br/revistas/w95c9b.pdf>. Acesso em: 2 dez. 2021.
215 BURLE FILHO, José Emmanuel; GOMES, Maurício Augusto. Op. Cit.
216 SALIGNAC E SOUSA, Leôncio de. O Ministério Público do Brasil. **Justitia**, v. 5, set. 1942 e abr. 1943. Disponível em: <http://www.revistajustitia.com.br/revistas/00cxz5.pdf>. Acesso em: 7 jun. 2021.
217 SARABANDO, José Fernando Marreiros. Controle externo da atividade policial pelo Ministério Público. **Justitia**, v. 59, n. 177, p. 46-65, jan.-mar./1997. Disponível em: <http://www.revistajustitia.com.br/revistas/z112yc.pdf>. Acesso em: 2 dez. 2021.

ordem jurídica"[218], ou, quando menos, justificando-o como *categoria à parte*[219], com o que alguns estudiosos do assunto parecem concordar, ao afirmar que

> (...) de qualquer forma, porém, a solução que nos parece a melhor, justamente para contribuir de forma pragmática para esse desiderato de autonomia e independência da Instituição, não é erigir o Ministério Público a um suposto *quarto Poder*, nem colocá-lo dentro dos rígidos esquemas da divisão tripartite atribuída a Montesquieu, mas sim inseri-lo em título ou capítulo próprio, ou seja, colocando-o lado a lado com o Tribunal de Contas, entre os órgãos de fiscalização e controle das atividades governamentais, ou, como já o fizera a Constituição de 1934, entre os "órgãos de cooperação nas atividades governamentais" (arts. 95 a 98).[220]

No entanto, tal entendimento sempre foi alvo da desconfiança de renomados nomes da doutrina nacional[221], com a reserva explícita a tal entendimento de Frederico Marques, ao afirmar que:

> (...) o Ministério Público nem é um quarto poder, nem tampouco órgão integrante do Poder Judiciário. Adotando a opinião de Tito Prates da Fonseca e Pontes de Miranda (para lembrar apenas juristas não peregrinos), entendo que o Ministério Público "não é órgão jurisdicional, mas administrativo", sendo outrossim "um dos ramos do Poder Executivo". E perfilhando ensinamento de Allorio, assim escrevi: "o Ministério Público está na zona extrema da administração, justamente onde esta confina com a atividade jurisdicional."

Ao mesmo tempo que o Ministério Público assume a posição de legitimado ativo nas ações civis públicas e vai buscando ainda mais sua intervenção no processo civil por força de um movimento expansionista, o *parquet* irá ascender ao topo da legitimação ativa para a propositura da ação penal pública, sendo controlado neste ponto apenas formalmente pela ação penal privada subsidiária da pública, cujo emprego é praticamente nulo na história processual penal pátria (*vide* Capítulo 5 nesta Obra).

Existe aqui uma incorreta identificação teórica entre os papéis do Ministério Público no processo civil e no processo penal, fruto, talvez, da dependência

---

218 CAMARGO PENTEADO, Jaques de. O princípio do promotor natural. **Justitia**, v. 47, n. 129, p. 114-124, 1985. Disponível em: <http://www.revistajustitia.com.br/revistas/cw82x8.pdf>. Acesso em: 2 dez. 2021.
219 SIQUEIRA NETTO, Carlos. **Ministério Público**: uma nova estratégia para seu aperfeiçoamento. Justitia, n. 99, p. 189-197, 1977. Disponível em: <http://www.revistajustitia.com.br/revistas/2553w8.pdf>. Acesso em: 2 dez. 2021.
220 MAZZILLI, Hugo Nigro. **O Ministério Público e constituinte**. Op. Cit.
221 NONATO, Orosimbo. Em defesa das garantias do Ministério Público. **Justitia**, n. 32, p. 11-28, 1961. Disponível em: < http://www.revistajustitia.com.br/revistas/8c8xzy.pdf>. Acesso em: 7 jun. 2021.

dogmática do segundo em relação ao primeiro e da influência de pensamentos oscilantes de renomados processualistas acerca do papel do parquet, dentre eles e, sobretudo, Carnelutti, que apresentava o Ministério Público como um juiz disfarçado de parte[222] e por vezes lhe dava o rótulo de parte artificial[223] na tentativa de edificar a distinção entre parte *formal* e *substancial*.

Essa herança dogmática se mostra insustentável diante da CR/88 perante a qual, na persecução penal de acusação pública, o Ministério Público é efetivamente parte, descabendo outras tergiversações sobre sua posição, discussão que é alimentada na doutrina brasileira porquanto não se alcançou minimamente a construção legislativa, teórica e prática de um modelo verdadeiramente acusatório.

Assim, o Ministério Público no exercício da acusação pública *não emite "pareceres", não opina, não pode nem deve ter posições subalternas* a quaisquer outros intervenientes como organismos policiais ou assistentes de acusação.

Seu regime jurídico nesse passo não é o de um espectador de atuações alheias donde se tem, consequentemente, que sobre sua responsabilidade está seu agir e seu não agir na persecução penal. Sua responsabilidade é processual, como inerentemente deve acontecer, mas é também social pelo sucesso ou pelo fracasso da persecução penal. Este é um modelo de *accountability* que pouco se desenvolveu entre nós mesmo depois de 1988 porquanto, substancialmente, o modelo acusatório ainda está por ser implantado.

De todo o exposto se conclui, a partir da ótica do Estado de Direito e seu correspondente no processo penal, que:

a] o Ministério Público é parte no processo penal;
b] como tal, deve se submeter às regras processuais cabíveis às partes, não ostentando possibilidade de fruição de direitos que sejam dispensáveis ao exercício independente da ação penal;
c] não se configura como *quarto poder* ou qualquer adjetivo semelhante, inserindo-se nas estruturas do Estado com vinculação mitigada ao Poder Executivo;
d] está sujeito ao controle processual pelos mecanismos próprios, notadamente o controle de sua inação por meio da ação penal subsidiária da pública.

---

222 CARNELUTTI, Francesco. **Per una teoria generale del processo**. CARNELUTTI, Francesco. **Questione sul processo penale**. Bologna: Dott Cesare Zuffi-Editore, 1950. p. 119.
223 CARNELUTTI, Francesco. Op. Cit., p. 117.

2.5.2 Garantias orgânicas do Ministério Público: compreensão e âmbito de atuação

A CR/88, ao mesmo tempo que conferiu os poderes processuais e extraprocessuais ao Ministério Público, também lhe deu garantias funcionais para que possa exercer a acusação pública e os meios de sua preparação de forma compatível com o Estado de Direito.

Assim, o art. 128, § 5°, da CR dispõe que

> (...) leis complementares da União e dos Estados, cuja iniciativa é facultada aos respectivos Procuradores-Gerais, estabelecerão a organização, as atribuições e o estatuto de cada Ministério Público, observadas, relativamente a seus membros: I – as seguintes garantias: a) vitaliciedade, após dois anos de exercício, não podendo perder o cargo senão por sentença judicial transitada em julgado; b) inamovibilidade, salvo por motivo de interesse público, mediante decisão do órgão colegiado competente do Ministério Público, por voto de dois terços de seus membros, assegurada ampla defesa; c) irredutibilidade de subsídio.

Tais disposições, assimilando as garantias orgânicas do Ministério Público às da Magistratura, na verdade têm respaldo no cenário internacional, cabendo lembrar as diretrizes sobre a função do Ministério Público aprovadas pelo 8° Congresso das Nações Unidas sobre Prevenção do Delito e Tratamento do Delinquente, celebrado em Havana (Cuba), em 1990.

Levou-se em conta que o Ministério Público desempenha um papel fundamental na administração de justiça e que, na esteira do que já havia sido decidido pelo 7° Congresso das Nações Unidas que aprovou os princípios básicos relativos à independência dos Juízes na esteira das Resoluções 40/32, de 29 de novembro de 1985, e 40/146, de 13 de dezembro de 1985 e, para tanto,

> 10. As funções dos magistrados do Ministério Público estão estritamente separadas das funções de juiz.
>
> [...]
>
> 13 [...]
>
> a) Dão prova de imparcialidade e evitam toda a discriminação de ordem política, social, religiosa, racial, cultural, sexual ou outra;
>
> [...]
>
> 14. Os magistrados do Ministério Público não encetam nem continuam investigações criminais ou fazem o possível para as suspender se um inquérito imparcial revelar que a acusação não é fundada.

Assim, deve-se ter em mente que as garantias constitucionais correspondem a um determinado modelo institucional aderente ao Estado de Direito e existem na medida da sua essencialidade para o exercício da persecução penal em conformidade com o modelo constitucionalmente estabelecido (acusatório).

Sem embargo, ao lado das garantias acima mencionadas, existem, a partir da Lei Orgânica Nacional do Ministério Público (art. 40 da Lei n. 8.625, de 12 de fevereiro de 1993), inúmeras prerrogativas que guardam certo grau de proximidade com as garantias constitucionais, como a de o órgão do Ministério Público ser ouvido, como testemunha ou ofendido, em qualquer processo ou inquérito, em dia, hora e local previamente ajustados com o Juiz ou com a autoridade competente, e a de ser processado e julgado originariamente pelo Tribunal de Justiça de seu Estado, nos crimes comuns e de responsabilidade, ressalvada a exceção de ordem constitucional.

Por outro lado, o art. 41 da mesma Lei enumera outras prerrogativas, como a de receber o mesmo tratamento jurídico e protocolar dispensado aos membros do Poder Judiciário junto aos quais oficiem; usar as vestes talares e as insígnias privativas do Ministério Público ou, por exemplo, tomar assento à direita dos Juízes de primeira instância ou do Presidente do Tribunal, Câmara ou Turma.

Tais prerrogativas não se prendem às garantias constitucionais para o exercício do cargo, e somente a muito custo pode-se alcançar a conclusão de que algum desconforto quanto ao exercício da maioria delas possa influenciar no desempenho das atividades processuais típicas.

Se algumas prerrogativas possuem reflexos processuais (como, v.g., examinar, em qualquer Juízo ou Tribunal, autos de processos findos ou em andamento, ainda que conclusos à autoridade, podendo copiar peças e tomar apontamentos ou examinar em qualquer repartição policial autos de flagrante ou inquérito, findos ou em andamento, ainda que conclusos à autoridade, podendo copiar peças e tomar apontamentos), outras são absolutamente inconsequentes para a finalidade processual (v.g., o local de assento em sala de audiências ou no Tribunal).

Certas intransigências em nome dessas prerrogativas podem chegar às raias do absurdo, mormente quando impossíveis de serem exercidas por absoluta impropriedade física, como no exemplo do local do assento acima mencionado, quando não há viabilidade física para tanto, ou a exigência de uso de vestes talares onde elas não estão disponíveis. A recusa na realização de um ato processual nessas circunstâncias torna-se muito mais onerosa para a dignidade da pessoa acusada que a realização do ato fora das condições previstas.

2.5.3 Da construção teórica do "Promotor Natural"

A discussão sobre a existência do *promotor natural* parece guardar origem histórica na investigação feita pelo então Procurador de Justiça Hélio Bicudo, especialmente designado pela Procuradoria Geral de Justiça de SP[224], sobre a atuação do delegado de Polícia do Dops de São Paulo Sérgio Paranhos Fleury[225] e suas atividades no denominado *Esquadrão da Morte*[226].

Essa investigação e acusação que se lhe seguiria (e que se afigura como um grande marco na discussão da investigação pelo Ministério Público como necessária à tutela de direitos fundamentais) foram objeto do HC 48.728[227], que apreciou não apenas os poderes investigatórios do MP (tema tratado no Capítulo 4), mas, também, a legalidade da designação de um órgão de execução de 2°. Grau do *parquet* para desenvolver as atividades investigativas.

Entre nós, o *promotor natural* tem como uma das suas maiores justificativas a preocupação política de evitar a manipulação de órgãos de execução pela cúpula administrativa[228] – desde a época em que se falava de nomeação de promotores *ad hoc*, por Juízes.[229]

Por isso surgiria a afirmação de Camargo Penteado[230] que

> [...] o princípio do Promotor Natural, isto é, os membros do Parquet terão cargos específicos, proibidas as simples e discricionárias designações, afastando-se Promotor de Justiça ad hoc, está inserido na Constituição da República. Constituição [...] essa a de 1964 com a Emenda n. 01/67 da qual o autor extraia sua afirmação a partir do então artigo 153, §1° e 15 onde "está o princípio do promotor natural, garantia maior de valimento (sic) da pretensão punitiva justa e certeza incontestável da proteção do indivíduo".

---

224 Portaria de 23 de julho de 1970.
225 Para contextualização desse episódio ver CHOUKR, Fauzi Hassan. **Transição e Consolidação da Democracia**. 1 ed. Florianópolis: Empório do Direito, 2016. 1v. 112p, especialmente capítulo 1.
226 As condutas seriam, também, investigadas por IPM.
227 BRASIL. Supremo Tribunal Federal. **Recurso em Habeas Corpus n. 48728/SP**. Plenário. Relator: Min. Luis Gallotti. Data de Julgamento: 26/05/1971. Data de Publicação 20-11-1972. Disponível em: <https://jurisprudencia.stf.jus.br/pages/search/sjur41936/false>. Acesso em: 2 dez. 2021.
228 MACHADO, Fábio Guedes de Paula. O princípio do promotor natural e sua nulidade. **Revista do Curso de Direito da Universidade Federal de Uberlândia**, Uberlândia, v. 26, n. 1, p. 73-87, jul. 1997.
229 A ver em GOMES, João Batista Ferreira. Promotor ad hoc. **Jus: Revista jurídica do Ministério Público**, Belo Horizonte, v. 23, n. 14, p. 41-48, 1992.
230 PENTEADO, Jaques de Camargo; UZEDA, Clóvis. O princípio do promotor natural: "as equipes especializadas" à luz do princípio do promotor natural. **Justitia**, São Paulo, v. 47, n. 131, p. 146-154, set./1985. p. 151.

No campo dos precedentes, o STF chegou a reconhecê-lo, nada obstante relevantes dissidências:

> Promotor natural. Existência expressa na CF. Âmbito de aplicação. O postulado do Promotor Natural, que se revela imanente ao sistema constitucional brasileiro, repele, a partir da vedação de designações casuísticas efetuadas pela Chefia da Instituição, a figura do acusador de exceção. Esse princípio consagra uma garantia de ordem jurídica, destinada tanto a proteger o membro do Ministério Público, na medida em que lhe assegura o exercício pleno e independente de seu ofício, quanto a tutelar a própria coletividade, a quem se reconhece o direito de ver atuando, em qualquer causa, apenas o Promotor cuja intervenção se justifique a partir de critérios abstratos e predeterminados, estabelecidos em lei. A matriz constitucional desse princípio assenta-se nas cláusulas da independência funcional e da inamovibilidade dos membros da Instituição. O postulado do Promotor Natural limita, por isso mesmo, o poder do Procurador-Geral que, embora expressão visível da unidade institucional, não deve exercer a Chefia do Ministério Público de modo hegemônico e incontrastável. Posição dos Ministros Celso de Mello (relator), Sepúlveda Pertence, Marco Aurélio e Carlos Velloso. Divergência, apenas, quanto à aplicabilidade imediata do princípio do Promotor natural: necessidade da interpositio legislatoris para efeito de atuação do princípio (Ministro Celso de Mello); incidência do postulado, independentemente de intermediação legislativa (Ministros Sepúlveda Pertence, Marco Aurélio e Carlos Velloso). Reconhecimento da possibilidade de instituição do princípio do Promotor Natural mediante lei (Ministro Sydney Sanches). Posição de expressa rejeição à existência desse princípio consignada nos votos dos Ministros Paulo Brossard, Octávio Gallotti, Néri da Silveira e Moreira Alves. Não votaram os Ministros Francisco Rezek e Ilmar Galvão[231].

Vale, contudo, a advertência de Fernandes:

> Se, por um lado, o princípio tem a vantagem de evitar a possibilidade de o Procurador Geral, movido por influências estranhas, retirar do promotor natural a atribuição para atuar em determinado inquérito ou processo, traz também o risco de fazer com que o Ministério Público, instituição que pela sua natureza deve ter como característica fundamental a agilidade, o dinamismo, mormente antes as exigências contemporâneas de maior atuação na fase de investigação e

---

231 BRASIL. Supremo Tribunal Federal. **Habeas Corpus n. 67.759/RJ**. Plenário. Relator: Min. Celso de Mello. Julgado em 06 ago. 1992. Publicado em: 01 jul. 1993. Disponível em: <https://jurisprudencia.stf.jus.br/pages/search/sjur153981/false>. Acesso em 07 jun. 2021. p. 13.143. Também BRASIL. Supremo Tribunal Federal. **Habeas Corpus n. 103.038/PA**. Segunda Turma. Relator Min. Joaquim Barbosa. J. em: 11-10-2011. DJE: 27-10-2011. Disponível em: <https://jurisprudencia.stf.jus.br/pages/search/sjur200721/false>. Acesso em Acesso em: 7 jun. 2021.

de maior eficiência no combate aos crimes graves e à criminalidade organizada, torne-se um órgão inerte, burocrático[232].

Certo é, também, que a construção do *promotor natural* já foi questionada por sua incompatibilidade com a unidade institucional, também de fundo constitucional, que "expressa uma ideia de coesão do Ministério Público brasileiro"[233] e da qual deriva

> (...) o princípio da indivisibilidade, que é identificado como um corolário do princípio da unidade [...] permite a substituição recíproca entre os membros da instituição em sua atuação processual dentro da mesma função.[234]

A afirmação é merecedora de críticas[235].

> Para a construção do *promotor natural*, conceito inexistente no direito comparado tal como compreendido no Brasil[236], deve-se levar em conta, ainda, o princípio da independencia funcional que [...] expressa a repulsa à hierarquia. Isso porque afasta a possibilidade de subordinação de cada membro do Ministério Público, quando no exercício de suas atividades finalísticas, em relação a outros membros ou órgãos da mesma carreira, inclusive do próprio chefe da instituição.[237]

2.5.4 O conflito entre órgãos de Execução do Ministério Público

Não é simples a diferenciação entre o chamado *conflito de competência* e o de atribuições diante da estrutura do processo penal brasileiro onde manifestações de distintos órgãos do Ministério Público não raras vezes traduzem posições sobre a competência para julgamento da acusação penal ou mesmo perante qual órgão jurisdicional deve haver o controle da investigação.

---

232 FERNANDES, Antonio Scarance. **Processo penal constitucional**. 7. ed. São Paulo: Revista dos Tribunais, 2012. Especialmente na Parte IV, item 23, p. 239.
233 *Ibidem*, p. 185.
234 Idem.
235 Como discutido em TATAGIBA, Glauber. O Supremo Tribunal Federal e a revisão do princípio do promotor natural. **De Jure: Revista Jurídica do Ministério Público do Estado de Minas Gerais**, Belo Horizonte, n. 5, p. 347-354, jul./dez. 2002.
236 A ver, por exemplo, a palestra do Procurador Geral do Uruguai Jorge Dias, no Seminário Internacional "Sistema Acusatório – realidade e perspectivas", promovido pelo CNMP. CONSELHO NACIONAL DO MINISTÉRIO PÚBLICO. Palestras da manhã do dia 22 de novembro do seminário internacional "Sistema penal acusatório: realidades e perspectivas". Brasília, 23 nov. 2016. Disponível em: <https://www.youtube.com/watch?v=eCNsSL__pAM&t=31s>. Acesso em: 2 dez. 2021.
237 SILVA, Dicken William Lemes. Op. Cit., p. 186.

Há, pois, conflito de atribuições entre diferentes órgãos executórios do MP quando se considerarem portadores de atribuição para determinada persecução (hipótese de conflito positivo) ou ambos entenderem não lhes caber tal atribuição funcional. Assim, como critério de verificação de conflito de atribuições, tem-se que ele

> [...] só se forma quando um Promotor, ao se negar a atuar em determinado feito, declara que o encargo é de outro, que já se recusara, antes, a receber o caso. Depende, portanto, de uma recíproca transferência do feito, com dúplice negativa de poderes para nele oficiar. Se os dois Promotores que já se manifestaram, concordam que o primeiro não tem atribuições para oficiar no inquérito, ainda não há esse singular dissídio, tanto mais porque o entendimento do terceiro Promotor, a quem o suscitante deseja transferir o caso, pode coincidir com o deste, o que privará a discussão de objeto útil. Somente caberá a decisão da Procuradoria Geral em instante sucessivo, se o litígio, renovando-se, ficar, efetivamente, caracterizado.[238]

Contudo, se alguma dessas manifestações tiver sido encampada judicialmente, situação que é a regra no curso de processos posto que o Ministério Público não pode deslocar o órgão jurisdicional ao seu bel prazer, e que é a regra nas investigações modalidade inquérito policial pois não se pode alterar o juiz controlador da investigação por ato unilateral do MP[239], está-se diante de um conflito de órgãos jurisdicionais (e não de órgãos de execução do MP).

Essa situação implica, necessariamente, uma análise, ainda que superficial, de mérito em situações nas quais a competência é fundada em razão da matéria. Basta que se lembre da hipótese do crime doloso contra a vida, cuja discussão, ainda em sede de oferecimento da inicial penal, comporta um juízo sobre a verdadeira tipificação da conduta e, por conseguinte, no mérito da causa. Adicionalmente, também implicará uma maior ou menor elasticidade do rito.

Cabe destacar que Silva Jardim alerta igualmente para esse tormentoso aspecto, esclarecendo literalmente que

> Inúmeras vezes, para se saber quem tem atribuição para deflagrar determinada ação penal, temos que resolver uma questão prévia. Temos de partir do juízo da tipicidade dos fatos apurados no inquérito policial, mormente quando se trata de atribuição ratione materiae.[240]

---

238 SÃO PAULO. Ministério Público. **Protocolado n. 31.437/96** (Conflito de Atribuições) da PGJ – MPSP.
239 Submetida ao necessário controle, a investigação pelo MP leva à mesma conclusão.
240 SILVA JARDIM, Afrânio. Conflito de atribuições entre órgãos de execução de Ministérios Públicos diversos. **Justitia**, v. 48, n. 133, p. 33-44, jan./mar. 1986. Também em: **Revista de processo do Instituto Brasileiro de Direito Processual (IBDP)**, São Paulo, v. 12, n. 45, p. 270-278, jan./mar. 1987.

> **Análise Crítica:** Malgrado a doutrina brasileira tenha assentado muito antes do texto constitucional que não há *conflito de competências* durante a investigação[241], posição essa ainda reiterada por prestigiosos doutrinadores[242] mesmo depois de 1988, temos que toda manifestação de órgãos de execução do Ministério Público que implique em alteração de atuação de órgãos jurisdicionais, – seja qual for a fase da persecução – entre jurisdições *de mesmo grau* (na discutível locução do CPP), ou em *graus diversos* a se referir a órgãos jurisdicionais distintos, traduz, inevitavelmente, conflito de competência e não de atribuição.

Conceito: O conflito de atribuição deve, nesse viés, ser conceituado como mecanismo de resolução de atribuições funcionais entre órgãos de execução que possuam a mesma atribuição genérica como, por exemplo, a divisão de atividades numa mesma unidade de atuação (Promotoria de Justiça).

Mas, esse *não é o entendimento dominante*, o que gera adicionalmente um problema: quem resolve o conflito quando os órgãos de atuação pertencerem a MPs distintos. Isso porque, quando esses órgãos pertencem ao mesmo Ministério Público, a solução é dada pelo Procurador-Geral de Justiça do Estado ou pelo Procurador-Geral da República, se a hipótese de conflito se formar entre integrantes do Ministério Público da União (Lei Complementar n. 75/1993 – Lei Orgânica do Ministério Público da União).

Se, no entanto, a divergência for formulada entre um órgão do Ministério Público Estadual e outro do Ministério Público da União, há acentuado problema de determinação do órgão que vai dirimir o conflito.

---

241 *In verbis:* "Antes desta, haverá divergência de atribuição e a solução há de ser dado pelo Procurador Geral de Justiça. Esta conclusão se baseia na regra que o art. 28 do CPP oferece, a qual não se aplica somente em caso de arquivamento de Inquérito. Por ela se resolvem, por analogia, as divergências que se manifestem entre Juízes e Promotores, em matéria de competência funcional destes, como todos os conflitos de atribuição que surjam". ESPÍNOLA, Eduardo. **Código de Processo Penal Brasileiro Anotado.** 5. ed. Rio de Janeiro: Borsoi, 1960. 2 v. p. 342.

242 Dentre eles: MOREIRA, Rômulo de Andrade. Conflito negativo de atribuições entre membros do Ministério Público: quem deveria conhecer e decidir? Revista Magister de Direito Penal e Processual Penal, Porto Alegre, v. 7, n. 37, p. 21-34, ago./set. 2010.

Na esteira de precedentes do STF, o conflito de atribuições entre órgãos do Ministério Público de diferentes unidades da Federação deve ser dirimido pelo Procurador-Geral da República, por caber-lhe a chefia do MPU e do CNMP:[243]

> O Plenário do Supremo Tribunal Federal, em decisão de 19 de maio de 2016, reorientou sua jurisprudência, superando o entendimento que atribuía a esta Corte a competência para dirimir conflitos de atribuição entre órgãos do Ministério Público de distintas unidades da Federação. A partir do julgamento conjunto da ACO 924, Rel. Min. Luiz Fux, ACO 1394, da PET 4706 e da PET 4863, Relator o Ministro Marco Aurélio, o Tribunal Pleno definiu que, à luz do princípio da unidade do Ministério Público, tais causas devem ser dirimidas pelo Procurador-Geral da República, por caber-lhe a chefia do MPU e do CNMP.

2.5.5 Propostas no NCPP

As sugestões de alteração na parte referente ao Ministério Público não sofreram significativas mudanças quando se compara os trabalhos acadêmicos[244] e o desenvolvido no Senado[245] com a redação atual do código, a qual foi alterada pela lei 11.719 de 2008[246].

Mantém-se a larga tradição advinda da matriz europeia continental de compreender o Ministério Público como *fiscal da lei* ao lado da sua função processual como parte e que enseja, no limite, a interpretação da desnecessidade do

---

243 BRASIL. Supremo Tribunal Federal. **Ação Cível Originária n. 924/PR**. Plenário. Relator Min. Luiz Fux. J. 19/05/2016. Publicação: 26/09/2016. Disponível em: <https://jurisprudencia.stf.jus.br/pages/search/sjur356924/false>. Acesso em: 2 dez. 2021. BRASIL. Supremo Tribunal Federal. **Ação Cível Originária n. 1394/RN**. Plenário. Relator: Min. Teori Zavascki. J. 19/05/2016. Publicação: 28/08/2017. Disponível em: <https://jurisprudencia.stf.jus.br/pages/search/sjur372048/false>. Acesso em: 2 dez. 2021. BRASIL. Supremo Tribunal Federal. **Petição 4706/DF**. Plenário. Relator: Min. Marco Aurélio. J. 19/05/2016. Publicação: 16/05/ 2017. Disponível em: <http://portal.stf.jus.br/noticias/verNoticiaDetalhe.asp?idConteudo=317013>. Acesso em: 2 dez. 2021. BRASIL. Supremo Tribunal Federal. **Petição 4863/RN**. Plenário. Relator: Min. Teori Zavascki. J. 19/05/2016. Publicação: 16/05/2017. Disponível em: <https://jurisprudencia.stf.jus.br/pages/search/sjur367572/false>. Acesso em: 2 dez. 2021.
244 CJ: "Art. 57. O Ministério Público é o titular da ação penal, incumbindo-lhe zelar, em qualquer instância e em todas as fases da persecução penal, pela defesa da ordem jurídica e pela correta aplicação da lei".
245 RFS: "Art. 58. O Ministério Público é o titular da ação penal, incumbindo-lhe zelar, em qualquer instância e em todas as fases da persecução penal, pela defesa da ordem jurídica e pela correta aplicação da lei".
246 CPPV: "Art. 257. Ao Ministério Público cabe: I – promover, privativamente, a ação penal pública, na forma estabelecida neste Código; e II – fiscalizar a execução da lei".

contraditório quando a atuação se dá como *custos legis*, sobretudo no segundo grau.[247]

Observo que essa redação dá suporte a uma determinada *posição processual* do Ministério Público, sobretudo em segundo grau que é objeto de destacado debate no âmbito do próprio Conselho Nacional do Ministério Público.[248]

No mais, ao *parquet* continuam a ser projetadas as causas de suspeição ou impedimento que recaem sobre os juízes, repetindo-se literalmente a disposição já em vigor sobre a matéria.

2.6 Da defesa técnica

2.6.1 Aspectos gerais

Essencial ao processo penal no Estado de Direito, a Defesa Técnica é obrigatória e deve ser compreendida não apenas na sua presença formal na persecução como um todo, mas sobretudo no seu aspecto efetivo[249], a dizer, com a real possibilidade de influenciar a convicção do julgador.

Com assento no atual artigo 133 da Constituição de 1988, o exercício da defesa técnica está amparado igualmente na CADH, cujos precedentes reforçam a sua indispensabilidade para o devido processo legal e, no direito interno, na Lei n. 8.906, de 4 de julho de 1994, também denominada *Estatuto da OAB*.

No âmbito da CADH, tem-se o direito a contar com assistência e representação legal (técnica) de sua confiança e livre escolha (CADH, art. 8, § 2º, inc. d) e, conforme significativo trabalho doutrinário acerca do tema, tem-se no marco das "*bases para o desenvolvimento de uma diretriz latinoamericana sobre defesa criminal efetiva*, que contêm o desenvolvimento particularizado dos parâmetros internacionais em relação a ela" que

> a) A pessoa detida em uma delegacia da polícia deve contar, imediatamente, com a presença de um advogado defensor e não se pode ser submetida a

---

247 Assim, por exemplo, BRASIL. Superior Tribunal de Justiça. **Habeas Corpus n. 163.972/MG**. Sexta Turma. Relatora Min. Maria Thereza de Assis Moura. J. 4.11.2010. DJe: 29.11.2010. Disponível em: <https://scon.stj.jus.br/SCON/jurisprudencia/toc.jsp?i=1&b=ACOR&livre=((%27HC%27.clap.+e+@num=%27163972%27)+ou+(%27HC%27+adj+%27163972%27.suce.))&thesaurus=JURIDICO&fr=veja>. Acesso em: 2 dez. 2021.

248 No momento em que o artigo é redigido, encontra-se em pauta para julgamento o Pedido de Providências n. 0915/2007-08, que tem como objeto a discussão do papel do Ministério Público nos Tribunais.

249 A preocupação com a efetividade é constante na literatura, inclusive na internacional e comparada. A respeito, ver, entre outros, BINDER, Alberto; CAPE, Ed; NAMORADZE, Zaza. Op. Cit.

nenhum interrogatório policial formal ou informal sem a presença e consulta prévia desse defensor.
b) A relação de confiança deve ser resguardada, no possível, dentro dos sistemas de defesa pública. Devem existir mecanismos ágeis para que o acusado possa pedir que se avalie o nível de sua defesa.
c) Nenhum defensor público pode subordinar os interesses de seu assistido a outros interesses sociais ou institucionais ou à preservação da "justiça."[250]

Nesse cenário destaca-se pela particular importância a relação de confiança entre defesa técnica e pessoa submetida à persecução, mormente em casos sensíveis como os que envolvem criminalidade organizada – Lei 12350/2013 – ou a chamada "lavagem de dinheiro"[251], (Lei 12683/2012, a *nova lei de lavagem de dinheiro* – prevê em seu art. 9º, parágrafo único, XIV que "pessoas físicas ou jurídicas que prestem, mesmo que eventualmente, serviços de assessoria, consultoria, contadoria, auditoria, aconselhamento ou assistência, de qualquer natureza, [...]" tem o chamado *dever de informar* às autoridades a ocorrência de atividades *suspeitas* envolvendo seus clientes.

Trata-se de incorporação pela legislação pátria de instrumento discutido há muito no cenário comparado, merecendo destaque nesse contexto o disposto, inicialmente, nas Diretrizes Europeias 91/308/CEE e 2001/97/CE e, atualmente, pela Diretiva 2005/60/CE.

Na evolução do tratamento desse tema merece destaque o questionamento judicial referido como *caso Michaud × França* (julgado em 06/12/2012) o qual questiona a lei francesa de 09/08/2007 (data da publicação), que impõe ao advogado *obligation de déclaration de soupçon* (obrigação de declaração de suspeita) pela qual "todos advogados, pessoas físicas, inscritos na Ordem dos Advogados" estão sujeitos a essa regulamentação profissional na medida em que no desempenho de sua atividade profissional, realizam em nome e a favor de seus clientes, transações financeiras ou imobiliárias, ou delas participam assistindo-os na preparação ou realização de certos tipos de transações.[252]

O TEDH julgou que não há ofensa, na lei francesa – decorrente dos compromissos internacionais já mencionados – ao exercício profissional e ao segredo na relação cliente-advogado(a), nada obstante reconheça a existência da uma ingerência profissional, mas admite a possibilidade de sua ocorrência desde

---

250 Ibidem, p. 541.
251 Preocupação recorrente também na literatura comparada. A esse respeito, ver, dentre outros, CHAPPUIS, Benoit. Le secret de l'avocat face aux exigences de la lutte contre le blanchiment d'argent: l'avis de la Cour européenne des droits de l'homme. **Forum poenale**, v. Jg. 6, n. 2, p. 118-124, 2013.
252 TRIBUNAL EUROPEU DOS DIREITOS HUMANOS. **Caso Michaud v. France n. 1233/11**. Disponível em: <https://hudoc.echr.coe.int/fre#{%22itemid%22:[%22001-115377%22]}>. Acesso em: 2 dez. 2021.

que baseada em norma citando o precedente Silver et autres c. Royaume-Uni, 25 mars 1983, §§ 56-88, série A nº 61.

Conclui, ao final, que o sigilo profissional do advogado não é absoluto e que pode haver a obrigação de delatar o cliente caso haja suspeita da ocorrência de lavagem de dinheiro, sendo cabível quando houver assistência extraprocessual.

No caso brasileiro, o tema é essencial regrado pela Resolução 24/2013 do COAF (Conselho de Controle de Atividades Financeiras), que determina que a obrigação de comunicar existe apenas para pessoas físicas ou jurídicas que não estejam sujeitas à regulamentação de órgão próprio e, como a OAB regula a atividade profissional específica, o(a) advogado(a) não está sujeito(a) a ser obrigado a prestar essa informação.

2.6.1 A defesa técnica gratuita

Apresentada por Cappelletti & Garth[253] ao lado da simplificação dos procedimentos e da ampliação da legitimidade como forma de acessar mais eficazmente a tutela jurisdicional, *a assistência judiciária e juírídica* deixa de ser entendida apenas como uma garantia meramente formal, passando a ser concebida como uma garantia de igualdade substancial das partes diante do juiz (Estado), nas palavras de Denti.[254]

Com efeito, a passagem do aspecto formal àquele substancial implica, ainda na visão deste autor, no asseguramento de uma maior paridade de armas entre os contendores, conferindo-se aos menos favorecidos economicamente um defensor apto a realizar efetivamente o contraditório[255].

Se a concepção de um processo de partes sempre foi própria do processo civil, inegável é que, com a adoção entre nós do modelo acusatório de processo[256], tais postulados ecoam igualmente no processo penal, conforme leciona Grinover, ao afirmar que "entende-se, modernamente, por *par conditio* ou igualdade de armas, o princípio do equilíbrio de situações, não iguais mas recíprocas, como o são, no processo penal, as dos ofícios de acusação e defesa".[257]

Dessa maneira, é lícito concluir que o processo penal não se conforma com a mera existência formal do equilíbrio das partes ou, mais exatamente, com a

---

253 CAPPELLETTI, Mauro; Garth, Bryant. **Acesso à Justiça**. Trad. Ellen Gracie Northflett. Porto Alegre: Sergio Antonio Fabris Editora, 1988.
254 DENTI, Vittorio. Op. Cit.
255 Idem.
256 Veja-se CHOUKR, Fauzi Hassan. Constituição e Processo Penal. In: CHOUKR, Fauzi Hassan. **Processo penal à luz da Constituição**. Bauru: Edipro, 1999.
257 GRINOVER, Ada Pellegrini. Defesa, contraditório, igualdade e par conditio na ótica do processo de estrutura cooperatória. In: GRINOVER, Ada Pellegrini. **Processo constitucional em marcha**. São Paulo: Max Limonad, 1985. p. 6-24, em especial p. 7.

simples presença simbólica da defesa e do defensor técnico, como é próprio do modelo inquisitivo de relação processual, mas clama pela efetivação do contraditório, por meio de defesa técnica (ao lado do autodefesa), de modo a vivificar a denominada *acusatoriedade*, com a separação nítida de papéis entre acusador, julgador e defensor, além de conferir ao acusado um *status* diferenciado, como titular de direito e não objeto da persecução.[258]

Animada por tais valores, a Constituição Federal exige a projeção daqueles primados para a ordem infraconstitucional, na medida em que prevê em seu texto o necessário exercício do direito de defesa.[259]

Embora tenha sido eloquente quando tratou da feliz criação da Defensoria Pública[260], contando seus integrantes com todas as garantias funcionais destinadas aos juízes e membros do Ministério Público[261], é de ser apontada a timidez com que o texto maior deu vida aos preceitos – pela ótica defensiva – enunciados no item 1, supra, não possuindo a riqueza encontrada em outros pontos do direito comparado e limitando-se a enunciar no inciso LXXIV do art. 5º que o *Estado prestará assistência jurídica integral e gratuita aos que comprovarem insuficiência de recursos*.

Outrossim, a efetivação da defesa como garantia do devido processo legal somente pode ser extraída a partir do esforço interpretativo de inúmeros textos conjugados ao inciso supramencionado, como art. 5.º, *caput* (Todos são iguais perante a lei, sem distinção de qualquer natureza, garantindo-se aos brasileiros e aos estrangeiros residentes no País a inviolabilidade do direito à vida, à liberdade, à igualdade, à segurança e à propriedade, nos termos seguintes) e nos incisos LIV (ninguém será privado da liberdade ou de seus bens sem o devido processo legal) e LV (aos litigantes, em processo judicial ou administrativo, e aos acusados em geral são assegurados o contraditório e a ampla defesa, com os meios e recursos a ela inerentes).

---

258 JACKSON, John; DORAN, Sean. Judge without **Jury**. Oxford: Claredon Press Oxford, 1995. p. 57.
259 A propósito dessa função estrutural ver SADEK, Maria Tereza. A Defensoria pública no sistema de justiça brasileiro. **APADEP em Notícias**, ano I, n. 04, jun./jul. 2008. p. 2. Também REIS, Gustavo Augusto Soares dos. A importância da Defensoria Pública em um Estado Democrático e Social de Direito. Revista Brasileira de Ciências Criminais, São Paulo, v. 16, n. 72, p. 253-274, maio/jun. 2008.
260 Entre outros, ver JUNKES, Sérgio Luiz. A defensoria pública no Brasil: aspectos funcionais e estruturais. Revista da ESMESC: **Escola Superior da Magistratura do Estado de Santa Catarina**, Florianópolis, v. 9, n. 16, p. 143-159, 2003.
261 Note-se a redação do texto constitucional a esse respeito: "Art. 134. A Defensoria Pública é instituição essencial à função jurisdicional do Estado, incumbindo-lhe a orientação jurídica e a defesa, em todos os graus, dos necessitados, na forma do art. 5.º, LXXIV. Parágrafo único. Lei complementar organizará a Defensoria Pública da União e do Distrito Federal e dos Territórios e prescreverá normas gerais para sua organização nos Estados, em cargos de carreira, providos, na classe inicial, mediante concurso público de provas e títulos, assegurada a seus integrantes a garantia da inamovibilidade e vedado o exercício da advocacia fora das atribuições institucionais".

Minimiza a lacuna constitucional o mesmo Artigo 5º que, em seu parágrafo 2º, dispõe que "os direitos e garantias expressos nesta Constituição não excluem outros decorrentes do regime e dos princípios por ela adotados, ou dos tratados internacionais em que a República Federativa do Brasil seja parte", possibilitando a integração, no seio constitucional (embora tal entendimento seja criticado pelo e. STF), da Convenção Interamericana dos Direitos Civis e Políticos, também denominado *Pacto de San José da Costa Rica*, que, em seu artigo 8º, dispõe minudentemente das garantias judiciais do acusado, asseverando que:

> Art. 8 – [...] 2. Toda pessoa acusada de delito tem direito a que se presuma sua inocência enquanto não se comprove legalmente sua culpa. Durante o processo, toda pessoa tem direito, em plena igualdade, às seguintes garantias mínimas:
>
> [...]
>
> d. direito do acusado de defender-se pessoalmente ou de ser assistido por um defensor de sua escolha e de comunicar-se, livremente e em particular, com seu defensor;
>
> e. direito irrenunciável de ser assistido por um defensor proporcionado pelo Estado, remunerado ou não, segundo a legislação interna, se o acusado não se defender ele próprio nem nomear defensor dentro do prazo estabelecido pela lei.

Dessa maneira, fica garantido no direito interno brasileiro desde o topo da ordem jurídica nacional, seja como norma específica da própria Constituição, seja como decorrência da adoção da Convenção acima mencionada, o direito da pessoa acusada, no processo penal, de valer-se de defensor técnico, e, na hipótese da impossibilidade de constituí-lo, o dever estatal de lhe fornecer um.

Cumpre verificar como o processo penal, que, no dizer de Goldschimidt[262], nada mais é que o termômetro dos segmentos corporativos ou autoritários de sua constituição, responde a tal estrutura, assim como a jurisprudência, que nada mais é que o direito vivido, encarna tais premissas, essenciais ao Estado de Direito.[263]

Assim, a necessária presença do Defensor da pessoa acusada pobre é essencial desde a fase investigativa[264], inclusive com a investigação defensiva quando o

---

262 GOLDSCHIMIDT, James. **Principios Generales del Processo**. Buenos Aires: Ediciones Juridicas Europa-America, 1961. p. 110.

263 Por todos, ver: FERRAJOLI, Luigi. Garantismo y defensa penal: o sobre la defensa pública. **Revista del Ministério Público de la Defensa**, Buenos Aires, v. 1, n. 1, p. 50-55, nov. 2006.

264 A ver em: HADDAD, Carlos Henrique Borlido. O defensor e a prisão em flagrante delito. **Revista da Seção Judiciária do Rio de Janeiro**, Rio de Janeiro, n. 22, p. 81-92, jun. 2008.

ordenamento evoluir nesse sentido[265] e como garantidora da plena fruição do contraditório e da ampla defesa ao longo do processo[266], inclusive nas novas dimensões da persecução penal.[267]

2.6.2 Projeto de reforma do NCPP

Dos trabalhos legislativos, merece especial destaque a intervenção do Senado no detalhamento da defesa técnica patrocinada pela Defensoria Pública, que aparece no texto aprovado naquela Casa com seu fundamento constitucional e sua missão processual na forma disposta no Capítulo III, com o seguinte texto:

> Art. 59. A Defensoria Pública é instituição essencial à função jurisdicional do Estado, incumbindo-lhe a orientação jurídica e a defesa, em todos os graus, dos necessitados.
>
> § 1º Com o fim de assegurar o contraditório e a ampla defesa no âmbito do processo penal, caberá à Defensoria Pública o patrocínio da defesa do acusado que, por qualquer motivo, não tenha constituído advogado, independentemente de sua situação econômica, ressalvado o direito de, a todo tempo, nomear outro de sua confiança, ou a si mesmo defender-se, caso tenha habilitação.
>
> § 2º O acusado que possuir condição econômica e não constituir advogado arcará com os honorários decorrentes da defesa técnica, cujos valores serão revertidos à Defensoria Pública, nos termos da lei.

A alteração do projeto original foi justificada pelo então Relator, Senador Renato Casagrande, que assim se posicionou[268]: "II.1.10 – A Defensoria Pública como sujeito processual."

No Brasil, considerando especialmente o perfil da população carcerária, não há dúvida de que a Defensoria Pública exerce um notável papel no sentido de viabilizar o princípio do devido processo legal. Diríamos, mais, que o referido

---

265 Por todos, ver RASCOVSKI, Luiz. A investigação criminal defensiva e o papel da defensoria pública na ampla defesa do investigado. In: RASCOVSKI, Luiz. **Temas relevantes de direito penal e processual penal**. São Paulo: Saraiva, 2012. p. 111-147.

266 ARAÚJO, Francisco Firmo Barreto de; SANTIAGO, Nestor Eduardo Araruna. Garantismo jurídico, democracia material e a defensoria pública: contraditório e defesa do acusado não hipossuficiente. **Revista Magister de Direito Penal e Processual Penal**, Porto Alegre, v. 11, n. 66, p. 67-84, jun./jul. 2015.

267 Conforme acentuado em relevante trabalho: ROCHA, Jorge Bheron. **O histórico do arcabouço normativo da defensoria pública**: da assistência judiciária à assistência defensorial internacional. In: ANTUNES, Maria João; SANTOS, Cláudia Cruz; AMARAL, Claudio do Prado. **Os novos atores da justiça penal**. Coimbra: Almedina, 2016. p. 265-315. E, para além das questões exclusivamente penais, ver: SÁ, Waltenberg Lima de. Uma nova função da defensoria pública perante o direito internacional dos direitos humanos. Direito Público, São Paulo, v. 7, n. 33, p. 37-49, maio/jun. 2010.

268 BRASIL. Senado Federal. **Anteprojeto de reforma do Código de Processo Penal**. Op. Cit.

órgão funciona como verdadeiro instrumento de justiça social num País marcado por graves desigualdades. Pensando em valorizar a posição da Defensoria Pública na cena do processo penal brasileiro, decidimos elevá-la formalmente à condição de *sujeito processual*, inserindo novo Capítulo no Título IV do Livro I do projeto de Código. É óbvio que a vocação institucional do referido órgão está voltada à assistência dos hipossuficientes, conforme prefigura o art. 134, *caput*, da CF. No entanto, no âmbito do processo penal, temos a peculiaridade de que a defesa técnica deve ser garantida a todos os acusados, independentemente da sua condição socioeconômica. Coube-nos esclarecer, sem embargo, que o acusado que possuir condições econômicas e não constituir advogado poderá arcar com os honorários relativos à assistência judiciária prestada pela Defensoria Pública, prevendo-se que os valores serão revertidos para o citado órgão.

Do ponto de vista sistêmico a alteração proposta enseja uma indesejável separação estrutural quando se fala da Defensoria atuando na defesa da pessoa acusada e poderia ter sido mais bem trabalhada quando se concebe que essa Instituição pode atuar, também, nos interesses da vítima, mesmo porque, no projeto apresentado e acolhido no Senado, a vítima poderá ingressar como *parte civil* na persecução de interesses patrimoniais indenizatórios.

Assim, com a devida vênia, melhor seria a manutenção da individualização do tratamento da Defensoria, mas destacando seu papel de representação judicial não somente da pessoa acusada, mas da vítima ou seus representantes legais, quando e se o caso.

Superado esse aspecto, o tratamento *do acusado* poderia ser indicado de maneira mais atualizada, referindo-se esse texto legal à *pessoa acusada*, não apenas para evitar a ocorrência do sexismo, mas, também, para indicar de maneira didática a condição de *pessoa* submetida à persecução penal. O mesmo vale, por idênticas razões, à superação de *defensor* pela redação *da sua defesa*.

Contornados esses tópicos, cuja importância se prende à compreensão do sistema processual como um todo, é de rigor enaltecer o avanço normativo conferido ao tema, destacando-se a superioridade técnica da redação do projeto no *caput* do então Artigo 60[269], empobrecido que foi nos trabalhos do Senado pela indevida inclusão da locução *alegações finais* na nova redação proposta[270], evidenciando descompasso com a oralidade regente no modelo acusatório.

---

269 CJ: "Art. 60. Todo acusado terá direito à defesa técnica em todos os atos do processo penal, exigindo-se manifestação fundamentada por ocasião das alegações finais e em todas as demais oportunidades em que seja necessária ao efetivo exercício da ampla defesa e do contraditório".
270 RFS: "Art. 60. Todo acusado terá direito à defesa técnica em todos os atos do processo penal, exigindo-se manifestação fundamentada por ocasião das alegações finais e em todas as demais oportunidades em que seja necessária ao efetivo exercício da ampla defesa e do contraditório" (sem grifo no original).

No mais, a efetividade da defesa, já inserida desde 2003 com a necessidade de fundamentação das postulações defensivas[271], ao menos para a defesa dativa, vem também detalhada com o exercício do contato prévio entre pessoa acusada e defesa[272] e mesmo a possibilidade de adiamento de audiência se, diante da complexidade do caso, o exercício da defesa técnica dativa restar prejudicado face a ausência da defesa constituída.[273]

Nesse ponto, merece destaque a fundamentação da inserção da norma que excepciona esse contato, no dizer do Relator Senador Renato Casagrande:

> O ponto mais delicado, contudo, é a questão da entrevista entre defensor e acusado. Em muitos casos, como é notório, o defensor público ou dativo não consegue ouvir o acusado antes de promover a defesa de seus interesses. Quando o interrogatório era o primeiro ato do processo, o problema era menor, uma vez que o réu, preso ou solto, travava contato com seu defensor naquela oportunidade inicial. Desde a Lei nº 11.719, de 2008, o interrogatório passou a ser o último ato da instrução. As razões dessa alteração são justificáveis e amplamente aceitas pela doutrina. É que, falando por último, o réu está em melhores condições de conhecer todas as alegações produzidas em seu desfavor, especialmente no que se refere aos depoimentos das testemunhas de acusação. No entanto, na prática, sobretudo no caso de réus pobres, o contato com o defensor público acabou sendo adiado para o final da instrução. Não raro, a defesa técnica é produzida sem que o defensor público tenha tido contato pessoal mais proveitoso com o seu representado. Para remediar o problema, propusemos a inserção de parágrafo no art. 60 do projeto de Código, para prever que o defensor deverá ouvir o acusado, salvo em caso de manifesta impossibilidade, hipótese em que será feito o registro dessa situação excepcional nas manifestações da defesa técnica.
>
> O ideal seria que, em todos os processos, o defensor público se entrevistasse pessoalmente com o réu, antes de peticionar em favor de sua defesa. Todavia, como existe uma enorme diferença entre aquilo que é ideal e aquilo que é possível, ressalvamos os casos de impossibilidade manifesta de realização daquela entrevista, contanto que o defensor registre essa situação excepcional nas suas manifestações.[274]

---

271 CPPV: "Parágrafo único. A defesa técnica, quando realizada por defensor público ou dativo, será sempre exercida através de manifestação fundamentada. (Incluído pela Lei nº 10.792, de 01.12.2003)".

272 RFS: "§ 2º Com vistas ao pleno atendimento do disposto no *caput* deste artigo, o defensor deverá ouvir pessoalmente o acusado, salvo em caso de manifesta impossibilidade, quando será feito o registro dessa situação excepcional".

273 RFS: "Art. [...] § 2º Tratando-se de instrução relativa a matéria de maior complexidade probatória, a exigir aprofundado conhecimento da causa, o juiz poderá adiar a realização do ato, com a designação de defensor, para assegurar o pleno exercício do direito de defesa".

274 BRASIL. Senado Federal. **Anteprojeto de reforma do Código de Processo Penal**. Op. Cit.

Significativa alteração acontece desde o projeto, e assim é mantida no Senado, com a supressão da redação atual do Art. 265 do Código em vigor: "O defensor não poderá abandonar o processo senão por motivo imperioso, comunicado previamente o juiz, sob pena de multa de 10 (dez) a 100 (cem) salários mínimos, sem prejuízo das demais sanções cabíveis", com a redação dada pela Lei nº 11.719, de 2008, talvez pelas críticas recebidas pela Ordem dos Advogados do Brasil que chegou a propor ação direta de inconstitucionalidade tendo como objeto o sobredito artigo.[275]

No mais, o tratamento reservado à completa qualificação da pessoa acusada, hoje previsto no art. 259 e que acabou recebendo, no Senado, a seguinte redação, com o que se manteve idêntica redação constante no projeto:

> Art. 63. A ausência de comprovação da identidade civil do acusado não impedirá a ação penal, quando certa a identificação de suas características pessoais por outros meios. A qualquer tempo, no curso do processo, do julgamento ou da execução da sentença, se for descoberta a sua qualificação, far-se-á a retificação por termo nos autos, sem prejuízo da validade dos atos precedentes.

Inova de maneira decisiva, tanto o projeto como o trabalho no Senado, ao constituir o interrogatório da pessoa acusada na estrutura da defesa, afastando-o da concepção de *meio de prova* ou de possuir natureza mista mantendo-se, no mais, sua estrutura bifásica, com indagações referentes à pessoa acusada e aos fatos a ela imputados.[276]

Com efeito, na comissão acadêmica foi concebida a redação (Art. 63), "O interrogatório constitui meio de defesa do investigado ou acusado e será realizado na presença de seu defensor", a qual foi acolhida no Senado e assim se manteve no envio para a Câmara.

Além dessa tomada de postura legislativa, desde o projeto fica concebido um modelo que se poderia dizer *unificado* para esse ato, a ser observado quando da investigação criminal – em qualquer de suas modalidades, acrescente-se – ato para o qual a defesa técnica passa a ser inafastavelmente presente, inclusive com a possibilidade de não realização do ato mesmo quando da prisão em flagrante.[277]

---

275 BRASIL. Supremo Tribunal Federal. **Ação Direta de Inconstitucionalidade n. 4398/DF**. Tribunal Pleno. Relatora Min. Carmen Lucia. J: 05/08/2020. Publicação 29/09/2020. Disponível em: <https://jurisprudencia.stf.jus.br/pages/search/sjur432702/false>. Acesso em: 2 dez. 2021.
276 RFS: "Art. 67. O interrogatório será constituído de duas partes: a primeira, sobre a pessoa do interrogando, e a segunda, sobre os fatos".
277 RFS: "Art. 64 [...] § 1º No caso de flagrante delito, se, por qualquer motivo, não se puder contar com a assistência de advogado ou defensor público no local, o auto de prisão em flagrante será lavrado e encaminhado ao juiz das garantias sem o interrogatório do conduzido, aguardando o delegado de polícia o momento mais adequado para realizá-lo, salvo se o interrogando manifestar livremente a vontade de ser ouvido naquela oportunidade".

Avança, também, o tratamento da matéria quando se reveste o ato de medidas protetitvas à pessoa interrogada (numa melhor adequação terminológica empregada), a fim de salvaguardar sua manifestação de vontade de forma espontânea[278], com todo acesso ao seu idioma de origem[279] e sem a incentivos forjados[280] e a preservação de sua integridade física.[281]

A leitura de direitos, inclusive quanto à possibilidade de ficar calado ou as consequências de sua manifestação dá-se, como de rigor, antecipadamente ao ato, sob risco de sua plena ineficácia se postergado, com a necessária informação sobre o conteúdo da acusação ou das investigações em curso, com a ressalva explicitada pela conjugação do inciso I e parágrafo único do art. 66.[282]

O registro do ato poderia ter avançado definitivamente para o meio audiovisual, com previsão expressa, mas ainda concebidos na forma escrita[283] como aparentemente preponderante sobre as demais. O registro em áudio e vídeo, além de ser acessível mediante tecnologia óbvia e de custo baixíssimo elimina todos os inconvenientes do registro escrito, notadamente quando se questiona a lisura do ato praticado, em particular no momento investigativo, argumento assaz corrente em inúmeros processos criminais.

Sendo as observações acima observáveis, obrigatoriamente, em todos os interrogatórios, disposições específicas existem para o ato em Juízo, notadamente a manutenção do denominado sistema *presidencialista*, no sentido da prioridade ser dada às perguntas do julgador, restando às partes as perguntas complementares, as quais poderão formulá-las diretamente à pessoa acusada.

Nesse particular, deduzir da realização das perguntas diretas a existência de um verdadeiro e completo modelo anglossaxão com o rotulado *cross examination* é dar um salto largo demais no direito comparado. Nesse sentido, é prudente a

---

278 RFS: "Art. 65. Será respeitada em sua plenitude a capacidade de compreensão e discernimento do interrogando, não se admitindo o emprego de métodos ou técnicas ilícitas e de quaisquer formas de coação, intimidação ou ameaça contra a liberdade de declarar, sendo irrelevante, nesse caso, o consentimento da pessoa interrogada".
279 RFS: "Art. 69. Assegura-se ao interrogando, na fase de investigação ou de instrução processual, o direito de ser assistido gratuitamente por um intérprete, caso não compreenda bem ou não fale a língua portuguesa".
280 RFS: "Art. 65 [...] § 1º A autoridade responsável pelo interrogatório não poderá prometer vantagens sem expresso amparo legal".
281 RFS: "Art. 65 [...] § 2º O interrogatório não se prolongará por tempo excessivo, impondo-se o respeito à integridade física e mental do interrogando. O tempo de duração do interrogatório será expressamente consignado no termo de declarações".
282 RFS: "Art. 66. Antes do interrogatório, o investigado ou acusado será informado: I – do inteiro teor dos fatos que lhe são imputados ou, estando ainda na fase de investigação, dos elementos informativos então existentes; ... Parágrafo único. Em relação à parte final do inciso I do caput deste artigo, a autoridade não está obrigada a revelar as fontes de prova já identificadas ou a linha de investigação adotada".
283 RFS: "Art. 68. As declarações prestadas serão reduzidas a termo, lidas e assinadas pelo interrogando e seu defensor, assim como pela autoridade responsável pelo ato".

observação do relator Senador Renato Casagrande, quando de seu trabalho de relatoria, ao pontuar que estaríamos, apenas, nos "*aproximando* do denominado sistema *cross examination*".[284]

O controle da pertinência e relevância da indagação, além da própria maneira de sua formulação devem, por certo, ser exercido de maneira direta e objetiva pelo julgador, ele próprio sujeito a esses critérios quando realizar suas indagações, em particular quanto ao modo de exercê-las.

Resta, por derradeiro, o regime do interrogatório do réu preso, prioritariamente realizado na sede do juízo (e, assim, corrigindo-se uma grave distorção do atual artigo 185, § 1o.) e, como regra de exceção por videoconferência, reiterando os termos do atual art. 185, § 2º, em seus incisos I, II e III, mas excluindo-se o inciso IV atualmente em vigor, incluído pela Lei 11900-2008 e que prevê a possibilidade de realizar o ato por videoconferência para *responder à gravíssima questão de ordem pública*, exclusão que já se cogitava na redação do projeto pela comissão acadêmica.

Cabe, ao final destacar importante redação agora contemplada no art. 72, parágrafo único, da redação do Senado ao determinar que *é nulo o interrogatório que não observar as regras previstas nesta Seção (disposições gerais)*. A extensão dessa nulidade, no entanto, não foi enfrentada pelo legislador, deixando em aberto, uma vez mais, as consequências dessa inobservância.

2.7 Peritos e intérpretes

2.7.1 Tratamento no CPP

Previstos como funcionários auxiliares da Justiça, peritos e intérpretes estão sujeitos ao regime de incompatibilidades previsto para os demais intervenientes oficiais da administração da justiça penal a teor dos arts. 105 e 112, sobre eles recaindo as hipóteses de suspeição, impedimento ou incompatibilidades.

2.7.2 Tratamento no NCPP

Malgrado nem peritos, nem intérpretes possam ser considerados como *sujeitos do processo*, merecem inserção nesse tópico, cabendo destacar que

> Ao dispor sobre os peritos e intérpretes, o projeto de Código reproduz, em boa parte, a disciplina dos arts. 275 e seguintes do atual CPP. Porém, em alguns pontos, as modificações não são irrelevantes. A principal delas é a que

---

284 BRASIL. Senado Federal. **Anteprojeto de reforma do Código de Processo Penal**. Op. Cit.

equipara ao perito oficial "o servidor público integrante de carreira, portador de conhecimentos técnicos específicos na matéria objeto da perícia, atendidos os requisitos do art. 196", conforme redação do art. 83 do PLS nº 156, de 2009. Além do mais, no lugar da aplicação de multa ao perito faltoso, o projeto de Código determina a apuração das responsabilidades civil, penal e disciplinar (art. 84, parágrafo único). Da mesma forma, o projeto de Código não reproduz as restrições do art. 279 do atual CPP, que, entre outras restrições, proíbe que a função de perito seja exercida por menor de 21 anos.[285]

Deve-se ressaltar que, com a Lei 12.030, sancionada em 17 de setembro de 2009, passou-se a prever, em nível federal, que no exercício da atividade de perícia oficial de natureza criminal, é assegurado autonomia técnica, científica e funcional, exigido concurso público, com formação acadêmica específica, para o provimento do cargo de perito oficial (Art. 2º).

---

285 Idem.

Capítulo 3

Jurisdição e Competência no Processo Penal

3.1 Da jurisdição

3.1.1 Definição

A partir do momento na História em que o Estado Moderno se concretiza de modo centralizador, unitário, unificante, que tende à monopolização simultânea da produção jurídica (através da subordinação de todas as fontes de produção do Direito até aquela que é própria do poder estatal organizado, isto é, a lei) e do aparelho de coação (através da transformação dos juízes em funcionários da coroa e da formação de exércitos nacionais)[1], jurisdição passa a ser entendida como *a manifestação jurídica do poder estatal de definir a aplicação da norma legal numa determinada situação concreta.*

Assim, a jurisdição atua em casos concretos (não é consultiva) *e de forma concreta* recompõe o *bem da vida* lesado após o percurso do devido processo legal. No marco do Estado de Direito, a jurisdição deve atuar em estreita correlação com a apuração da lesão ao bem tutelado e somente decidir após o exaurimento (cognição) probatório.

> **Análise Crítica:** A cognição acima referida será modulada de acordo com a espécie de tutela buscada dando ensejo às várias formas de sua manifestação (exauriente, não exauriente, por exemplo), como se verá no capítulo específico sobre as várias formas de processo e procedimento.

3.1.2 Unicidade da jurisdição

Ligada tradicionalmente ao conceito de Estado e ainda apegada aos postulados de territorialidade e soberania, deve-se entender a jurisdição como *una*, mas passível de ser dividida na sua atuação de acordo com critérios estabelecidos pelo ordenamento jurídico, os quais levam em conta a especialidade do direito material sobre o qual haverá a decisão. Somente a partir dessa premissa é possível falar em *jurisdições*.

Da mesma forma não existe entre elas qualquer grau de superioridade ou hierarquia, mas, somente, diferenciação a partir do seu objeto de atuação. Também a partir dessa premissa, perde sentido falar-se em jurisdição *mais graduada* ou *menos graduada* como faz o CPP no seu artigo 74, § 2º.

Assim, o(a) magistrado(a) da mais alta Corte e aquele(a) da menor comarca atuam a jurisdição da mesma forma sendo-lhes diferente, apenas, o direito material aplicado.

---

1 BOBBIO, Norberto. **Dicionário de Política**. 11. ed. Brasília: UNB, 1998. 1 v. p. 349.

Análise Crítica: Surge, aqui, a inevitável preocupação com mecanismos unificadores de entendimento como súmulas vinculantes posto que, rigorosamente falando, incidem sobre a manifestação de poder (jurisdição) de um determinado órgão jurisdicional sobre outro além de inibir a necessária análise individualizada dos conflitos jurídicos. Esses mecanismos somente se justificam a partir do fenômeno da massificação da atuação do Poder Judiciário e da necessidade de tornar menos custosa e menos contraditória a atuação jurisdicional. Assim, se forem tidos como inevitáveis, tais mecanismos unificadores devem prever formas de atualização e modificação a fim de que gerações futuras não fiquem atreladas a entendimentos produzidos em realidades sociais passadas.

Como será visto mais adiante, a unicidade da jurisdição não afasta a necessidade de reparti-la entre os órgãos fracionários para que se alcance, numa situação concreta, o Juízo que apreciará um determinado caso penal. Assim,

> A função jurisdicional, que é uma só e atribuída abstratamente a todos os órgãos integrantes do Poder Judiciário, passa por um processo gradativo de concretização, até chegar-se à determinação do juiz competente para determinado processo; através de regras legais que atribuem a cada órgão o exercício da jurisdição com referência a dada categoria de causas (regras de competência), excluem-se os demais órgãos jurisdicionais para que só aquele deva exercê-la ali, em concreto.[2]

Análise Crítica: Como será analisado, essa distribuição, para o processo penal, não pode ser encarada da mesma maneira que no processo civil, embora o raciocínio escalonado sugerido seja também válido para esse ramo processual.[3]

3.1.3 Jurisdição, soberania e direitos fundamentais

Na forma como construída pela Política, a Jurisdição se atrela historicamente à soberania e ao território como corolário daquela, posto que espaço geográfico

---

[2] CINTRA, Antônio Carlos de Araújo; GRINOVER, Ada Pellegrini; DINAMARCO, Cândido Rangel. 19. ed. **Teoria geral do processo**. São Paulo: Malheiros, 2003. p. 230.

[3] Nada obstante nem sempre exista essa advertência na abalizada doutrina. Nesse sentido: GRINOVER Ada Pelegrini; FERNANDES Antonio Scarance; GOMES FILHO, Antonio Magalhães. **As nulidades no processo penal**. 7. ed. São Paulo: RT, 2001. p. 43: "[...] passa por um processo gradativo de concretização, até chegar-se à determinação do juiz competente para determinado processo: através das regras constitucionais e legais que atribuem a cada órgão o exercício da jurisdição com referência a dada categoria de causas (regras de competência), excluem-se os demais órgãos jurisdicionais para que só aquele deva exercê-la, em concreto."

(território) e poder último de ordenar (soberania) andam inevitavelmente juntos na concepção do Estado moderno. Assim, a soberania tanto se constrói no interior de um determinado espaço (soberania interna) como se projeta na relação desse espaço com outros espaços igualmente soberanos (soberania externa) naquilo que contemporaneamente se poderia chamar de *relações internacionais*.

E, assim, todo o ordenamento jurídico se construiu enquanto *norma* e como *cultura da norma*, a dizer, a forma de conceber as bases teóricas e a forma de atuar, na prática, o ordenamento.

No entanto, o advento da consolidação dos direitos fundamentais a partir do final da Segunda Guerra Mundial (1939-1945) progressivamente fez superar a visão tradicional de soberania para compreender que, diante do aprofundamento das relações internacionais e a busca da tutela efetiva daqueles direitos há necessidade de reconstruir-se o conceito de soberania, o qual "deixa de ser uma liberdade absoluta e selvagem e se subordina, juridicamente, a duas normas fundamentais: o imperativo da paz e a tutela dos direitos humanos".[4]

Sobre esse aspecto, como já desenvolvido também no capítulo referente aos princípios constitucionais e convencionais, a ordem jurídica interna não pode mais ser vista como isolada do contexto internacional e não pode ser empregada de modo a convalidar graves violações de direitos fundamentais.

O choque do conceito *clássico* de soberania com o *contemporâneo* pode ser claramente visualizado na condenação do Brasil pela Corte Interamericana de Direitos Humanos no *Caso Gomes Lund e Outros* (Guerrilha do Araguaia) vs. *Brasil*, Exceções Preliminares, Fundo, reparação e custas, Sentença série C, nº 219, de 24 *de novembro de* 2010. Isso significa, no campo penal, o surgimento e a progressiva consolidação da chamada jurisdição universal.[5]

3.1.3.1 Jurisdição universal: conceito e manifestações

Jurisdição universal pode ser compreendida como a possibilidade de atuação da jurisdição de determinado país para a apuração de graves ofensas a direitos humanos que constituam crimes contra humanidade, crimes de guerra, genocídio

---

4 FERRAJOLI, Luigi. **A soberania no mundo moderno**. São Paulo: Martins Fontes, 2002, 110 p. [ISBN 85-336-1720-8]. p. 39.
5 Para uma ampla visão dessa discussão ver: SCHABAS, William A. International Justice for International Crimes: an Idea whose Time has Come. **European Review**, v. 14, n. 04, p. 421-439, 2006.

ou tortura ainda que tais fatos tenham acontecido em outro país[6]. Quando um ordenamento atua ilimitadamente em tais casos, sem qualquer causa de atração direta com aquele que desenvolverá a atividade jurisdicional tem-se a chamada jurisdição universal irrestrita, cujo exemplo foi a legislação da Bélgica[7]; quando existirem limites a essa atuação, como a necessidade de que vítimas dessas condutas sejam nacionais de um determinado país e o crime cometido em outro, tem-se a chamada *jurisdição universal mitigada*.

Sobre a situação brasileira, já pontuamos[8] que o tema tem disciplina no Código Penal quando trata da *territorialidade* (art. 5º) cuja sistemática complementada com o art. 7º (extraterritorialidade), sendo certo que

> (...) para o caso do crime de genocídio, (inciso I, d), podemos afirmar que o Brasil adota o princípio da jurisdição extraterritorial incondicionada, que, porém, não se confunde com a jurisdição universal "pura", porque exige que o agente seja brasileiro, ou estrangeiro domiciliado no país.[9]

Nada obstante o Código Penal tenha se afastado da jurisdição universal *stricto sensu*, ele autoriza um *"passo intermediário entre uma jurisdição baseada estritamente na territorialidade e uma jurisdição propriamente universal"*, ou *jurisdição universal mitigada*.[10]

Ainda na nossa legislação,

> A lei que regulamenta o crime de *genocídio* não faz quaisquer referências sobre competência ou jurisdição. Já, em relação à *tortura*, a lei que a regulamentou contém disposição expressa, no sentido de que ser ela aplicável ainda que o

---

6 Como se dá na persecução na Itália de brasileiros que cometeram crimes durante o regime militar no desenvolvimento da chamada "operação Condor": CESAR, Janaina. Justiça italiana aceita denúncia contra militares brasileiros acusados de assassinato na ditadura: quatro militares serão processados pelo assassinato do cidadão ítalo-argentino Lorenzo Viñas Gigli, durante Operação Condor; citados não reconhecem denúncia. 10 fev. 2016. Disponível em: <http://operamundi.uol.com.br/conteudo/noticias/43177/justica+italiana+aceita+denuncia+contra+militares+brasileiros+acusados+de+assassinato+na+ditadura.shtml>. Acesso em: 2 dez. 2021.
7 WEDGWOOD, Ruth. National Courts and the Prosecution of War Crimes. In: MCDONALD, Gabrielle Kirk; SWAAK-GOLDMANA, Olivia (Ed.). **Substantive and Procedural Aspects Of International Criminal Law**: the Experience of International and National Courts. New York: Kluwer Law International, 2000. 1 v. p. 393-400.
8 MOURA, Maria Thereza Rocha de Assis et al. Jurisdicción penal para crímenes internacionales en América Latina. **Revista Penal**, v. 10, p. 130-160, 2002. Também publicado em: MOURA, Maria Thereza Rocha de Assis; STEINER, Sylvia Helena de Figueiredo; CHOUKR, Fauzi Hassan. Jurisdição penal para crimes internacionais na América Latina. **Max-Planck-Institut für ausländisches und internationales Strafrecht**, 2001. (informe).
9 COSTA JÚNIOR, Paulo José da. **Curso de Direito Penal**. 12. ed. São Paulo: Saraiva, 2016. p. 38.
10 CANÊDO, Carlos. **O genocídio como crime internacional**. Belo Horizonte: Del Rey, 1999. p. 211.

crime não tenha sido cometido em território nacional, desde que a vítima seja brasileira ou que o agente se encontre em território brasileiro[11]. Portanto, o crime de *tortura*, quanto à jurisdição, difere do crime de *genocídio*, pois não se vincula à nacionalidade do agente, mas sim da vítima, ambos exigindo que o agente se encontre em território nacional.[12]

Com relação aos demais crimes

(...) os quais o país se obriga a reprimir por tratados ou convenções exigem um *concurso de condições*, que restringem ainda mais o princípio da jurisdição universal mitigada, embora não se leve em conta a nacionalidade do agente. Aqui poderíamos enquadrar os *crimes de guerra*, e os demais crimes contra a humanidade.[13]

Resumindo, no Brasil,

Para o crime de *genocídio*, aplica-se o princípio da universalidade mitigada, prevista no art. 7º, inciso I, alínea "d", do Código Penal [...] pois condiciona a aplicação do princípio aos casos em que o agente for brasileiro, ou domiciliado no país[14]; Para o crime de *tortura* e para os demais tratados, aplica-se ao disposto no art. 7º, inciso II, alínea "a", do Código Penal, isto é, exige-se um concurso de condições para que a jurisdição brasileira se exerça.[15]

Jurisdição universal e princípio da complementariedade: o relacionamento do Brasil com o Tribunal Penal Internacional

O princípio da complementariedade significa que a jurisdição supranacional somente atuará se as condições objetivas e subjetivas do direito interno não forem atuadas por, no primeiro caso, não existir norma de direito material a ser

---

11 Diz o art. 2º da Lei 9.455/97: "O disposto nesta Lei aplica-se ainda quando o crime não tenha sido cometido em território nacional, sendo a vítima brasileira ou encontrando-se o agente em local sob jurisdição brasileira".
12 MOURA, Maria Thereza Rocha de Assis; et. al. Jurisdicción penal para crímenes internacionales en América Latina. **Revista Penal**, v. 10, p. 130-160, 2002. Também publicado em: MOURA, Maria Thereza Rocha de Assis; STEINER, Sylvia Helena de Figueiredo; CHOUKR, Fauzi Hassan. Jurisdição penal para crimes internacionais na América Latina. **Max-Planck-Institut für ausländisches und internationales Strafrecht**, 2001. (informe).
13 Idem.
14 Lembre-se que a universalidade plena significa a competência, independentemente de qualquer vínculo entre o agente ou a vítima com o Estado que decide exercê-la.
15 MOURA, Maria Thereza Rocha de Assis et al. Op. Cit. Também publicado em: MOURA, Maria Thereza Rocha de Assis; STEINER, Sylvia Helena de Figueiredo; CHOUKR, Fauzi Hassan. Op. cit.

adjudicada e, no segundo, pelo funcionamento da jurisdição local ter ocorrido exclusivamente de forma fraudulenta ao devido processo legal.[16]

Para entender na sua integralidade esse princípio que ancora fortemente o relacionamento do Brasil com o Tribunal Penal Internacional é necessário resgatar minimamente o histórico de participação brasileira na criação daquela Corte. Descontada toda a maturação dos anos que antecederam a conferência em Roma[17], bem como sendo desnecessário relembrar a forma pela qual os compromissos foram assumidos nos estertores da reunião diplomática[18], importa-nos considerar algumas nuances do comportamento brasileiro ao longo do processo.

De um lado, como oficialmente reconhecido, houve um engajamento histórico[19] na medida em que o país esteve presente nas reuniões preparatórias e acompanhou o desenrolar dos acontecimentos até a Conferência de Roma. No entanto, objetivamente falando, a adesão formal inicial do Brasil foi tardia, tendo se dado somente em 7 de abril de 2000, quando foi assinado o Estatuto. Comparado com a Argentina, que o assinou em 08 de janeiro de 1999 e o ratificou em 08 de fevereiro de 2001, ficamos atrás no cenário sul-americano, bem como

---

16 REZEK, Francisco. Tribunal Penal Internacional: princípio da complementariedade e soberania. **Revista do Centro de Estudos Judiciários do Conselho da Justiça Federal**, n. 11, 2000; Ainda: DISSENHA, Rui Carlo. Anistias como prática do direito internacional criminal e a complementaridade do Tribunal Penal Internacional. **Revista Brasileira de Direito Internacional-RBDI**, n. 1, 2006. Sobre complementaridade e soberania: PIOVESAN, Flávia. Princípio da complementaridade e soberania. **Revista CEJ**, Brasília, n. 11, p. 71-74, 2000; JAPIASSÚ, Carlos Eduardo Adriano. **O Tribunal Penal Internacional**: a Internacionalização do Direito Penal, v. 1, 2004; LEWANDOWSKI, Enrique Ricardo. O Tribunal Penal Internacional: de uma cultura de impunidade para uma cultura de responsabilidade. **Estudos avançados**, v. 16, n. 45, p. 187-197, 2002.

17 Para uma visão dos trabalhos antecedentes ao Estatuto de Roma, BASSIOUNI, M. Cherif. Historical Survey: 1919-1998. International Criminal Court: Ratification and Implementing Legislation. **Nouvelles Études Pénales**, [S.l.], Érès, p. 1-43, 1999; POLITI, Mauro, **The Establishment of an International Criminal Court at a Crossroad**: Issues and Prospects after the First Session of the Preparatory Committee. p. 115 e seguintes, além da fartíssima bibliografia mencionada no texto de Bassiouini supramencionado (ver as páginas 33 e seguintes).

18 A propósito desse ponto, CHOUKR, Fauzi Hassan; AMBOS, Kai (Org.). **Tribunal Penal Internacional**. São Paulo: RT, 2000. passim.

19 A esse respeito, MEDEIROS CACHAPUZ, Antônio Paulo de. **O Brasil e o Tribunal Penal Internacional**. Disponível em: <http://www.neofito.com.br/artigos/art01/penal126.htm>. Acesso em: 28 jan. 2003, artigo no qual o autor procura demonstrar o engajamento substancial do Estado brasileiro com a criação do Tribunal Penal Internacional.

de fora do grupo dos 60 países que ratificaram inicialmente o Estatuto possibilitando, assim, que ele entrasse em vigor.[20]

No entanto, é de rigor ser dito que o Brasil ocupou um espaço de vanguarda num dos momentos mais críticos da recém existência do Tribunal. Mal se lhe havia conseguido a base de funcionamento, com a ratificação de sessenta países como determinado pelo Estatuto, o Conselho de Segurança da ONU fez aprovar a Resolução 1422 (2002) que, nascida no contexto do Tribunal para a antiga Iugoslávia, na verdade criou um mecanismo de não persecução para os integrantes das forças de paz atuantes em obediência do Conselho de Segurança, na medida em que, utilizando o disposto no art. 16, do Estatuto de Roma, impede por determinado período o início do processo, com possibilidade de reiteração indefinida do impedimento, a gerar, concretamente, impunidade.

Voltando ao cenário interno, uma vez assinado o Estatuto e depois das dificuldades de sua ratificação entre nós, o que se deu com o Decreto Legislativo nº 112, de 2002, o que aprovou o texto do Estatuto de Roma do Tribunal Penal Internacional, em 17 de julho de 1998 e assinado pelo Brasil em 7 de fevereiro de 2000, com a seguinte redação:

> Art. 1º Fica aprovado o texto do Estatuto de Roma do Tribunal Penal Internacional, aprovado em 17 de julho de 1998 e assinado pelo Brasil em 7 de fevereiro de 2000. Parágrafo Único. Ficam sujeitos à aprovação do Congresso Nacional quaisquer atos que possam resultar em revisão do referido Estatuto, bem como quaisquer ajustes complementares quem nos termos do inciso I do art. 49 da Constituição Federal, acarretem encargos ou compromissos gravosos ao patrimônio nacional. Art. 2º Este Decreto Legislativo entra em vigor na data de sua publicação.

Contudo, mesmo após a ratificação e, na sequência, a EC 45/2004, permanecia (e permanece até o momento da edição desta Obra) a lacuna de direito material vez que não há normas incriminadoras no direito interno (à exceção do genocídio)

---

20 Anote-se que 10 países ratificaram simultaneamente o Estatuto em 11 de abril de 2002, entre eles a Romênia, Nigéria, Mongólia e Camboja. Cabe lembrar, igualmente, que a Nigéria viveu um golpe de Estado em dezembro de 1999, e que a Constituição do Camboja, tal como a nossa, induz à proibição da pena de morte (Article 31 – The Kingdom of Cambodia shall recognize and respect human rights as stipulated in the United Nations Charter, the Universal Declaration of human Rights, the covenants and conventions related to human rights, women's and children's rights). (CAMBODIA. **Constituion of Cambodia**. Disponível em: <https://www.concourt.am/armenian/legal_resources/world_constitutions/constit/cambodia/cambod-e.htm>. Acesso em: 10 jan. 2003). Mesmo assim, as adesões desses países foram mais expeditas que a brasileira, apenas para ficar com essas duas situações objetivas.

que possam atuar a jurisdição brasileira de modo a que não viesse a ser aplicado o princípio da complementariedade acima exposto.[21]

A dizer, na medida em que o Brasil se encontra inserido no contexto do TPI, a ela subordinando-se de acordo com as regras do Estatuto de Roma, a jurisdição brasileira encontra-se totalmente fragilizada enquanto não houver, no direito interno, as normas incriminadoras previstas no Estatuto de Roma porque não há normas penais materiais a serem adjudicadas na jurisdição nacional.

A inação do Estado brasileiro em adaptar-se ao Estatuto de Roma implica, no plano processual, a imediata aplicação do princípio da complementariedade e, portanto, a atuação direta do TPI.

3.1.4 Objetivos da jurisdição

Numa obra que merece destaque na literatura nacional e que foi produzida fora da seara penal – mas que para ela se projetou –, Cândido Rangel Dinamarco[22] apontou como *escopos* (objetivos) da jurisdição a *pacificação com justiça* (escopo social), o *político* (liberdade, participação, afirmação da autoridade do Estado e do seu ordenamento) e o *jurídico* (atuação da vontade concreta do direito).

Essa visão parte essencialmente da observação da jurisdição pela ótica do Estado e da forma de desenvolver o poder de julgar. Tanto assim o é que o consagrado autor dirige esses objetivos (escopos) à atuação do(a) Magistrado(a) e dedica a abordagem do processo ligando-o ao fenômeno do poder estatal, bem como induz à concepção de uma teoria geral do processo unificada a partir do poder de julgar (jurisdição).

> **Análise Crítica:** É necessário ter profunda cautela em projetar essas afirmações para o processo penal, o que aconteceria com o emprego da chamada *teoria geral do processo*. O processo penal não pode se valer de um *juiz pacificador* que pode se aproximar perigosamente da ideia de um juiz que se veja como um propulsor de *segurança pública*. O papel do juiz, no marco da estrita legalidade na sua atuação, assim como da hermenêutica constitucional/convencional na interpretação das normas do sistema penal, não pode se aproximar do *justiciamento*, com emprego de argumentos como clamor público ou pressão midiática e deve sempre ter como ponto de partida de sua atuação a presunção de inocência e a dignidade da pessoa humana.

---

21 Há previsão de adaptação no PL de reforma do Código Penal. A respeito ver nosso texto A Reforma do Código Penal Brasileiro e a Adaptação da legislação brasileira aos tipos penais internacionais: CHOUKR, Fauzi Hassan. A reforma do Código Penal brasileiro e a adaptaçao da legislação brasileira aos tipos penais internacionais. In: GRECO, Rogerio (Org.). **Comentários ao Projeto do Novo Código Penal PLS 236/2012.** Niterói/RJ: Impetus, 2013. 1 v. p. 307-324.

22 DINAMARCO, Cândido Rangel. **A instrumentalidade do processo.** 10. ed. São Paulo: Malheiros, 2002.

No entanto, o momento atual no cenário internacional e interno impõe a revisão de estruturas e, com base na necessidade de concretização de tutela dos direitos fundamentais é possível entender como escopo primário da jurisdição a afirmação concreta dos direitos fundamentais e, a partir disso, estruturar-se toda atividade jurisdicional.

Isso significa, no campo penal, otimizar-se a tutela de direitos fundamentais de todas as pessoas envolvidas (acusado(a), vítima, testemunhas) no que se pode chamar de *caso penal*[23], quaisquer que sejam suas *posições processuais*[24]. A tutela de direitos fundamentais deve nortear todo o funcionamento da jurisdição e, observando-a a partir dessa premissa, muda por completo seu perfil de atuação.

3.1.5 Relação da jurisdição com o direito de ação

Jurisdição é um poder que precisa ser atuado concretamente e, para tanto, necessita de instrumentos que lhe dêem vida. O primeiro deles é o direito de ação que será corporificado no processo.

Partindo do mais alto grau de abstração (jurisdição), tem-se como primeiro instrumento de sua concretização o direito de ação. Nesse sentido, é correto afirmar que a maneira como se encara o direito de ação depende do modo que se compreende a atuação política do Estado manifestada no seu poder de decidir (jurisdição).

O processo penal brasileiro é carente entre nós, ao longo o desenvolvimento da ciência processual, de reflexões próprias sobre o tema valendo-se, inevitavelmente, dos postulados teóricos do processo civil para tanto.

Esse cenário foi ainda mais acentuado com a onipresença nas discussões teóricas da denominada *teoria geral do processo*, que acelerou a construção de pontes conceituais entre os vários ramos processuais sem atentar para as imprescindíveis especificidades que levam à conclusão da inviabilidade científica dessa *teoria geral*.

No campo do direito de ação, tem-se um dos grandes exemplos dessa migração conceitual do processo civil para o processo penal. Não por outra razão é natural recordar-se, com base na lição de Buzaid[25], a exposição tradicional das doutrinas mais concentradas de explicação do direito de ação:

---

23 A esse respeito veja-se COUTINHO, Jacinto Nelson de Miranda. **A lide e o conteúdo do processo penal**. Curitiba: Juruá, 1989.
24 Para uma introdução a esse conceito e à história de seu idealizador ver LOPES JÚNIOR, Aury; AFLEN DA SILVA, Pablo Rodrigo. A incompreendida concepção de processo como situação jurídica: vida e obra de James Goldschmidt. **Panóptica: Direito, Sociedade e Cultura**, v. 4, n. 3, p. 23-48, 2009.
25 BUZAID, Alfredo. A influência de Liebman no direito processual civil brasileiro. **Revista de Processo**, São Paulo, v. 7, n. 27, p. 12-26, jul. 1982.

a] a do **Rechtsschutzanspruch**: sob essa denominação, Wach definiu o direito subjetivo público processual, pertencente ao titular de um direito material dirigido contra o Estado, ao qual se pede uma proteção jurídica mediante uma sentença favorável e dirigida contra o réu, a fim de que este sofra o ato estatal protetor.

b] a dos **direitos potestativos**: utilizando o conceito de direito potestativo, Chiovenda, na Itália, concebeu a ação como o poder jurídico de realizar as condições para atuação da vontade da lei.

c] e a da **ação como direito abstrato**: é ela um direito subjetivo público individual do cidadão contra o Estado (direito cívico), que tem como elemento substancial o interesse secundário e abstrato do indivíduo à intervenção do Estado para a eliminação dos obstáculos que, por qualquer razão, se interpõem à atuação do direito.

A concepção prevalente no Brasil é a de Liebmann, como um direito abstrato (embora muitas vezes apregoado como *misto*), fundado no exercício de um direito subjetivo público. Contudo, a permanência dessa categoria de direitos perante os fundamentos contemporâneos do Estado social e democrático de direito é altamente duvidosa.

Da conceituação para o direito de ação com base na visão da doutrina dominante para o tema, temos, especificamente para o processo penal, que:

I] ela não responde à necessária premissa constitucional para o processo penal, não apenas no que tange à discussão sobre quais são as *condições* do exercício do direito de ação, mas, sobretudo, no vínculo a uma forma de compreensão da jurisdição, tornando como válida uma atividade meramente decisionista e desapegado à concretização do direito material em questão[26].

II] disto decorrerá que o direito de ação, tal como empregado no processo penal pátrio contemporâneo, atua uma forma de jurisdição por não raras vezes atentatória ao Estado de Direito. Nesse ponto, o processo passa a ser um instrumento de política governamental na qual a posição central é ocupada pelo Estado-Jurisdição como órgão decisório, sendo a busca da *resposta* jurisdicional a grande meta, ainda que ela se dê de um ponto de vista meramente formal e, em grande medida, sem lastro no direito material correspondente, o que é particularmente visível no âmbito da denominada *justiça penal consensual*.

---

26 O maior exemplo disso é o JECRim, cujo resultado "transação penal" pode simplesmente não ter qualquer relação com o direito material envolvido e constituir-se em uma "pena" cujo único significado é a sua própria imposição (qual o sentido jurídico penal, na teoria das penas, da imposição de um "cesta básica" ao "autor do fato"?).

Análise Crítica: Recentemente, Elmir Duclerc[27], partindo do reconhecimento da interação entre as estruturas de direito penal material e o direito processual penal, numa aproximação que remete ao conjunto teórico de um sistema integrado penal[28], repudia a teoria geral do processo e busca edificar as bases de uma teoria própria do processo penal com inegáveis reflexos no direito de ação que acaba assumindo um caráter igualmente concreto sobretudo quando afirma, como decorrência das premissas que adota, que "a ação penal só poderá ser exercida nos casos em que haja de fato um bem jurídico penalmente tutelado e pertencente a um sujeito concreto de direto".

3.1.6 Jurisdição, Direito Penal e Direito Processual Penal

3.1.6.1 Princípios

Inafastabilidade

A inafastabilidade controle jurisdicional advém diretamente da letra da CR que, no seu art. 5º, XXXV, dispõe que "a lei não excluirá da apreciação do Poder Judiciário lesão ou ameaça a direito."

Trata-se, assim, da garantia de acesso à justiça, amparado igualmente pela CADH e pela forma como ela é interpretada. Assim, em caso que culminou com a censura o Estado brasileiro, afirmou a CIDH que

> [...] a instauração do Inquérito Policial não eximia o Estado de sua responsabilidade em negar acesso à justiça a Simone André Diniz. Isto porque o Inquérito Policial, como peça meramente informativa não era remédio jurídico adequado e eficaz para processar, sancionar e reparar uma denúncia de violação de direitos humanos, de acordo com os padrões convencionais. Neste caso, o meio jurídico idôneo seria a ação penal pública, instaurada pelo Ministério Público que conferiria ao juiz o poder de, havendo indícios da ocorrência do crime,

---

27 RAMALHO JUNIOR, Elmir Duclerc. Ensaio para uma teoria agnóstica do processo penal. **Revista Eletrônica Direito e Política**, Programa de Pós-Graduação *Stricto Sensu* em Ciência Jurídica da UNIVALI, Itajaí, v. 10, n. 2, 1º quadrimestre de 2015. Disponível em: <www.univali.br/direitoepolitica – ISSN 1980-7791>. Acesso em: 2 dez. 2021.

28 Ver, sobretudo, WOLTER, Jürgen; FREUND, Georg. **El sistema integral del derecho penal**. Madrid: Marcial Pons, 2004. Igualmente: RINCONES, Francisco Martínez. La política criminal y el derecho penal de la constitución: nuevas reflexiones sobre el modelo integrado de las ciencias penales. **Capítulo Criminológico**, v. 26, n. 2, 1998; SALVADOR NETTO, Alamiro Velludo. **Finalidades da pena, conceito material de delito e sistema penal integral**. Tese (Doutorado em Direito Penal). Universidade de São Paulo, São Paulo, 2008.

julgar o autor da violação e eventualmente condená-lo, o que não ocorreu no particular.[29]

É necessário superar, portanto, o critério formal sustentando pela doutrina processual penal brasileira que aproxima apreciação da lesão pelo Poder Judiciário com o controle de atos administrativos praticados pela jurisdição, tema particularmente importante no arquivamento das investigações como visto no capítulo próprio.

Indelegabilidade

Trata-se da impossibilidade, a partir da CR, de que órgãos não jurisdicionais venham exercer as funções típicas da jurisdição. É igualmente impossível haver delegação de atividades concretas da jurisdição, por um Juiz, a quem não exerce essa função.

> **Análise Crítica:** É pelo princípio da indelegabilidade da jurisdição que são rebatidos argumentos como aqueles apresentados no âmbito da discussão da *audiência de custódia* – que nada mais é que o controle jurisdicional da prisão – que a verificação das condições do flagrante pelo delegado de polícia bastaria para atender o disposto na CADH. No direito brasileiro, o controle jurisdicional não pode ser repassado a autoridades administrativas, sobretudo no controle da legalidade da prisão.

Inércia

Deriva diretamente do modelo constitucional-convencional do processo penal ou também denominado neste Manual de *acusatório* como já exposto no Capítulo 1, a *inércia* da jurisdição que não pode ser reduzida à restrição do desencadeamento inicial do processo, mas se estende a todos os atos típicos de postulação.

Assim, a inércia se projeta inevitavelmente para a impossibilidade judicial de formular postulações nitidamente acusadoras como já existiu antes da CR/88 com o então denominado *procedimento judicialiforme* para apurar contravenção penal (art. 26 do CPP[30], hoje revogado) e homicídio ou lesões corporais culposas (art. 1º da Lei 4.611/65), nos quais o juiz podia dar início à ação penal mediante portaria, possibilidade que foi excluída por letra expressa da Constituição de 1988 (art. 129, I) e que não se vincula com a ideia de *oficialidade* como sustentando por parte da doutrina, com a devida vênia.[31]

---

29 COMISSÃO INTERAMERICANA DE DIREITOS HUMANOS. **Relatório nº 66/06**. Caso 12.001. Simone André Diniz × Brasil. 21 de outubro de 2006. Disponível em: <http://www.cidh.org/annualrep/2006port/brasil.12001port.htm>. Acesso em: 2 dez. 2021.

30 "Art. 26. A ação penal, nas contravenções, será iniciada com o auto de prisão em flagrante ou por meio de portaria expedida pela autoridade judiciária ou policial".

31 CUNHA, Rogério Sanches; et al. **Processo Penal Prático**. Salvador: JusPODVIM, 2007. p. 29

Mas, igualmente ofensiva à inércia da jurisdição era a disciplina do art. 384 do CPP, que viveu pacificamente na prática jurídica como se verá no capítulo sobre *Procedimentos* neste Manual e, ainda intacta, a estrutura da pronúncia no rito do júri com as observações próprias efetuadas no tópico específico sobre *Júri* nesta Obra.

Outra fundamental manifestação da *inércia* no marco teórico adotado nesta Obra é ligada à instrução processual, com as limitações inerentes ao Juiz no papel de protagonista probatório suplantando direta ou indiretamente a posição do acusador público ou privado. Sobre esse aspecto remete-se o(a) leitor(a) ao capítulo das *provas* neste anual.

A inércia da jurisdição é legitimamente afastada quando da movimentação do processo zelando pela sua duração razoável e pelo óbvio papel que desempenha na verificação da legalidade dos atos processuais para o que está o órgão julgador efetivamente comprometido com uma postura não só ativa como, mais que isto, proativa.

Imprescindibilidade

Decorre logicamente do marco teórico aqui adotado que somente após o funcionamento da jurisdição mediante o exercício da ação penal atuada no devido processo legal (processo) seja alcançada a recomposição do mundo da vida que, no sistema penal, se dá com a imposição da pena no marco de sua estrita legalidade.

Nesse sentido, a jurisdição penal é imprescindível à própria concretização do Direito Penal material, algo sempre exposto por nós em obras anteriores[32], dada nossa histórica vinculação ao direito concreto de ação e que atualmente é também encampada por distintos doutrinadores processuais penais[33], formando uma base teórica que compreende que somente com a atuação concreta da jurisdição penal se tem a imposição da pena legítima e, por consequência, a quebra do princípio da presunção de inocência para aquele caso concreto.

> **Análise Crítica:** Portanto, a imposição de uma sanção penal que acarreta a quebra do princípio da presunção de inocência somente se dá com a exauriente jurisdicional por meio de um direito de ação que se materializa mediante um processo. Em assim sendo, ficam à margem do modelo as estruturas negociadas de pena sem processo, que geram sentenças impositivas de sanção penal sem o exercício da própria jurisdição mediante ação e processo. Tais mecanismos, hoje inevitavelmente presentes em quase todos os ordenamentos

---

[32] Especialmente nosso **Código de Processo Penal**: comentários consolidados e crítica jurisprudencial desde sua 1ª. Edição e hoje publicada pela Ed. Saraiva/SP em sua 9ª.
[33] LOPES JÚNIOR, Aury. **Direito processual penal e sua conformidade constitucional**. Rio de Janeiro: Lumen Juris, 2009. 1 v. p. 86; CASARA, Rubens R.R.; MELCHIOR, Antonio Pedro. **Teoria do processo penal brasileiro**. Rio de Janeiro: Lumen Juris, 2013. 1 v. p. 112.

jurídicos e de qualquer *família jurídica* (*civil law, common law*), apresentam-se justificados mediante estratégias utilitaristas como apontou em texto exemplar Silva Franco ao referir-se à ciência penal a partir dos anos oitenta sentenciando que

> (...) a função nitidamente instrumental do Direito Penal ingressa numa fase crepuscular cedendo passo, na atualidade, à consideração de que o controle penal desempenha uma função nitidamente simbólica. A intervenção penal não objetiva mais tutelar, com eficácia, os bens jurídicos considerados essenciais para a convivencialidade, mas apenas produzir um impacto tranquilizador sobre o cidadão e sobre a opinião pública, acalmando os sentimentos, individual ou coletivo, de insegurança[34]Esse papel anômalo do sistema penal se reflete na produção de penas sem processo e de jurisdição sem ação.

3.1.7 A organização administrativa da jurisdição brasileira

A estrutura judiciária brasileira tem seus alicerces no texto constitucional que, nesse contexto, manteve as linhas básicas das Constituições precedentes dada a manutenção do modelo federativo.

Assim, no topo da pirâmide judiciária está o Supremo Tribunal Federal (STF), cuja desejada finalidade é a de ser uma exclusiva corte constitucional. No entanto, o STF ainda mantém resquícios de competência de matérias que escapam à ordem tipicamente constitucional (art. 102 da CF), embora a maior parte dos casos levados a julgamento diga respeito a esse tema. No campo penal, ao STF cabe o julgamento do Presidente da República (102, I, "b" e "c") em crime comuns, além de *Habeas Corpus* envolvendo o maior mandatário e outras pessoas expressamente indicadas.

Análise Crítica: Os *chamados crimes de competência originária* têm sua investigação e processo definidos no Regimento Interno do STF e são objeto de análise específica no capítulo respectivo da investigação criminal e do processo neste Manual.

Abaixo do STF existem outros Tribunais Superiores que também têm competência criminal (Superior Tribunal de Justiça – STJ; Tribunal Superior Eleitoral – TSE; Superior Tribunal Militar – STM), também com determinação constitucional dessa competência. Como o Brasil é um Estado federado, há divisão

---

34 SILVA FRANCO, Alberto. Prefácio. In: PIERANGELI, Jose Henrique; ZAFFARONI, Eugenio Raul. **Manual de Direito Penal Brasileiro**: Parte Geral. São Paulo: Revista dos Tribunais, 1996. p. 10.

das Justiças em *federal* e *comum* (esta ligada aos Estados-membros), sendo que aquela (federal) tem sua competência determinada pela Constituição (art. 107) e a justiça comum tem competência por exclusão.

Assim, a Justiça Federal está dividida em três instâncias (podendo se tornar quatro, com a inclusão do STF se a matéria for de ordem constitucional), a saber: Justiça de 1º grau; Tribunal Regional Federal e Superior Tribunal de Justiça. Já a Justiça *comum* possui também três graus, com a possível elevação a quatro se a matéria for constitucional, donde se tem a Justiça de 1º grau, Tribunal de Justiça, Superior Tribunal de Justiça e STF. Como se vê, o Superior Tribunal de Justiça aparece numa posição ambivalente, o que é justificado pelo fato de ter nascido com a missão de absorver toda a matéria não constitucional anteriormente destinada ao Supremo Tribunal Federal.

No âmbito de cada Estado existe uma organização judiciária própria, estabelecida nas Leis de Organização Judiciária, quase todas carentes de boa técnica processual e de mutação constante. O mesmo é válido na esfera da Justiça Federal.

Essa prolixa estrutura refletirá na forma de distribuir o poder de julgar entre os vários órgãos fracionados que compõem a Justiça no Brasil, pois para cada um deles está reservada uma esfera própria e única. A tarefa de administrar essa repartição de poder será efetuada pelas regras de competência como adiante se verá.

3.2 Da competência

3.2.1 Definição de competência

Numa primeira abordagem, a competência pode ser compreendida como *a distribuição do poder jurisdicional por entre os vários órgãos que integram o Poder Judiciário*, definição que leva em conta a racionalização administrativa nas atividades concretas daquele Poder ou, como afirma Alberto Binder, a delimitação se dá por motivos práticos: a necessidade de dividir o trabalho dentro de um dado Estado por motivos territoriais, materiais e funcionais.[35]

Porém, mais do que isso, a definição da competência penal efetiva a chamada *garantia do juiz natural*, recordando-se com Miranda Coutinho (2002) que

> [...] preferiu nosso legislador constituinte, seguindo o alerta da nossa melhor doutrina, em face dos acontecimentos ocorridos no país e profundamente conhecidos (veja-se a atuação do Ato Institucional no 2, de 27.10.65, e a discussão no STF a respeito da matéria, com seus respectivos resultados práticos), tratá-la

---

35 BINDER, Alberto. M. **Introdução ao direito processual penal**. Tradução de Fernando Zani. Revisão e apresentação de Fauzi Hassan Choukr. Rio de Janeiro, Lumen Juris, 2003. p. 248.

de modo a não deixar margem às dúvidas, como garantia constitucional do cidadão, no art. 5º, LIII: "ninguém será processado nem sentenciado senão pela autoridade competente". Parte considerável de nossa doutrina, no entanto, quiçá por não se dar conta da situação, mormente após a definição constitucional, continua insistindo que a matéria referente à competência não tem aplicação no princípio em discussão. Em verdade, o que se está a negar, aqui, é a própria CF, empeçando-se a sua efetivação.[36]

Por tal fundamento e no marco teórico deste Manual, há de se considerar que o princípio do juiz natural deve ser enxergado no sentido inverso do apregoado por prestigiosa doutrina quando afirma que

> [...] as garantias constitucionais-processuais, mesmo quando aparentemente postas em benefício da parte, visam em primeiro lugar ao interesse público na condução do processo segundo as regras do devido processo legal. [...] vez que a fruição da garantia do juiz natural exteriorizada nas regras de competência integra o devido processo legal e não pode ser manipulada em nome de um "interesse público". Trata-se, assim, de avançar as posições consagradamente afirmadoras que [...] jurisdição, foro e juízo são os três momentos dessa paulatina operação de concretização do poder conferido de maneira abstrata ao poder judiciário; quando se chega ao terceiro momento dessa escala de ascendente concretização, determinada está a competência para o processo e julgamento de uma causa penal individualizada.[37]

Como pontuou Frederico Marques[38] para enfatizá-la como o *direito fundamental dos cidadãos* na consolidada apreciação de Figueiredo Dias.[39]

Análise Crítica: Ao deslocar a definição da competência que parte de atividade racionalizadora do Poder estatal e que atua em consonância com os interesses deste para o âmbito da tutela de direitos fundamentais enfatiza-se a base constitucional e convencional do tema e diminui-se a possibilidade de inovação de órgãos jurisdicionais para processos já em curso.

---

36 COUTINHO, Jacinto Nelson de Miranda. Introdução aos princípios do direito processual penal brasileiro. **Separata ITEC**, ano I, n. 4, jan./fev./mar 2000, p. 3.

37 GRINOVER, Ada Pellegrini; GOMES FILHO, Antonio Magalhães; SCARANCE FERNANDES, Antonio. **As nulidades no processo penal**. São Paulo: Revista dos Tribunais, 2009. p. 22.

38 MARQUES, José Frederico. **Da competência em matéria penal**. São Paulo: Saraiva, 1953. p. 50.

39 DIAS, Jorge de Figueiredo. Sobre o sentido do princípio jurídico-constitucional do "juiz natural". **Revista de Legislação e de Jurisprudência**, ano 111, 1974. p. 322.

3.2.1.1 A perpetuação da competência (*perpetuatio jurisdictionis*)

A *perpetuação da jurisdição* surge como decorrência direta da concepção da competência como distribuição do poder de julgar e, pelas bases teóricas aqui adotadas, deve ser compreendida como um fator de limitação à modificação do julgador natural para os processos já em andamento. Contudo, dadas as inúmeras regras de fixação e modificação da competência as quais serão analisadas com mais vagar na sequência, torna-se complexa a tarefa de preservar o juiz natural da causa no direito brasileiro.

Um esboço de limitação da alteração da competência mais facilmente identificável está ligada aos critérios que integram a chamada competência *relativa*, notadamente a territorial, que não poderia ser cambiada, salvo na hipótese de extinção do órgão jurisdicional. Contudo, nada impediria, mesmo nessa hipótese, que a extinção completa do órgão ficasse condicionada ao exaurimento do julgamento dos processos que ali transcorressem.

Caso mais sensível, posto que possui fundamentos constitucionais, é chamado foro por prerrogativa de função para contemplar os casos em que (i) a pessoa acusada cometesse crime antes de deter tal foro e, uma vez com o processo já em curso fosse modificada a competência para o novo Juízo obedecendo-se o cargo galgado e (ii) a pessoa fosse detentora dessa prerrogativa e a perdesse ao longo do processo como se dá, por exemplo, com o fim do mandado parlamentar. Situação mais aberrante era a do cometimento do crime e início do processo (ambas situações) *após* a perda da prerrogativa de foro, tema que chegou a ser sumulado e cujo entendimento foi oportunamente cancelado pelo STF.[40]

A questão que se coloca, além da necessária crítica ao chamado *foro especial* ou *por prerrogativa de função*, é o deslocamento do juiz natural da causa. Tomando como premissa a aqui adotada, que a jurisdição se perpetua com o início do processo, não haveria óbice em considerar que as modificações pessoais posteriores não haveriam de interferir na determinação do juiz natural que teria obedecido os ditames constitucionais e legais no momento em que o processo teve seu marco inicial.

Outrossim, ao tratar dos critérios de modificação da competência, será analisada questão específica sobre a prorrogação da jurisdição quando das hipóteses de modificação (continência e conexão) da competência para as hipóteses de fixação *ratione materiae*.

---

40 BRASIL. Supremo Tribunal Federal. **Súmula n. 394**: cometido o crime durante o exercício funcional, prevalece a competência especial por prerrogativa de função, ainda que o inquérito ou a ação penal sejam iniciados após a cessação daquele exercício. (Cancelada). Disponível em: <https://jurisprudencia.stf.jus.br/pages/search/seq-sumula394/false>. Acesso em: 2 dez. 2021.

3.2.2 Competência como pressuposto processual

Mais uma herança da teoria geral do processo[41] é a incorporação da discussão no processo penal dos chamados *pressupostos processuais*, que, da forma como foi desenvolvida, tem fortes raízes no processo civil. Tais *pressupostos* são considerados como condições indispensáveis para o desenvolvimento válido e regular do processo.

Tomando-se em conta sempre aquilo que se produziu no campo processual civil, duas são as tendências contemporâneas de compreensão do assunto: uma mais ampla, que aloca nos *pressupostos* todos os requisitos para que o processo nasça e se desenvolva validamente, requisitos estes que podem ser tanto *objetivos* e este, por sua vez, positivos (v.g., citação válida) como negativos (v.g., existência de coisa julgada) como *subjetivos* e os pressupostos subjetivos onde se encontra o tema do juiz natural em suas manifestações (competência, imparcialidade) e às partes.[42]

Projetando essas colocações para o processo penal, Tornaghi aponta

> Para que surja uma relação jurídica processual é mister, antes do mais, uma provocação do Estado: denúncia, queixa, no processo criminal [...]. Mas essa provocação é dirigida a uma órgão específico munido do poder de julgar. Se esse poder não existe na pessoa física ou no órgão provocado, não nascerá uma relação jurídica, mas, quando muito, uma relação de fato, irrelevante para o Direito judiciário. Tal provocação deve ser feita, ao órgão judiciário, por quem seja parte numa causa, e há de ser dirigida, por intermédio dele, órgão, à outra parte.[43]

Análise Crítica: Quando se acentua a *relatividade* da competência no processo penal tornando, assim, mais elástica a *prorrogação* da competência do órgão jurisdicional, maior será a possibilidade de convalidação da relação processual. Isso somado a uma interpretação mais complacente do que se considera como *organização do Tribunal*, passível de ser legislada no âmbito das leis de *organização judiciária* faz com que a competência penal potencialmente agrida a garantia do juiz natural, tornando-a por demais maleável. Por tal razão, autores que também comungam de uma visão mais rígida das bases constitucionais (e convencionais) do processo penal tendem a criticar esse

---

41 CINTRA, Antonio Carlos de Araújo; GRINOVER, Ada Pellegrini; DINAMARCO, Cândido Rangel. Op. Cit.
42 BEDAQUE, José Roberto dos Santos. **Poderes instrutórios do juiz**. 3. ed. rev., atual. e ampl. São Paulo: RT, 2001. p 48-49.
43 TORNAGHI, Hélio. **A relação processual penal**. São Paulo: Saraiva, 1987. p. 73

> cenário[44], crítica que aqui também se adota destacando-se que essa instabilidade intrínseca ao modelo teórico autoriza que se use a competência penal como instrumento de segurança pública, função espúria ao Poder Judiciário.

3.2.3 Competência como matéria de processo e atribuição para legislar

A fixação da competência é matéria processual, mas a sua organização entre os órgãos fracionários do Judiciário é objeto da Lei de Organização Judiciária. Essa distinção, contudo, não é simples na prática, pois pode desgastar o princípio do juiz natural. O tema, que já foi analisado neste Manual no capítulo referente à norma processual penal, deve aqui ser mais uma vez ilustrado, recordando-se, com Vicente Greco Filho, que

> As normas de organização Judiciária estão entre o direito administrativo e o direito processual. São administrativas na medida em que estruturam órgãos públicos, não interferindo em direitos e ônus das partes; servem de apoio ao direito processual e estão a serviço deste[45].

E, nessa confluência de difícil distinção entre o que é processo e o que é lei de organização judiciária há várias situações que podem ser consideradas, no mínimo, problemáticas, como a criação de varas especializadas para determinado tipo de criminalidade, a criação, por ato administrativo de um Tribunal[46], de órgão fracionário com competência para apreciar o desenvolvimento da investigação criminal[47]; de órgãos fracionários com competência para deliberar sobre a prisão cautelar da pessoa presa em flagrante[48] ou a fixação da competência na execução penal.[49]

Na tarefa hermenêutica de encontrar um equilíbrio entre as várias faces dessa discussão, uma primeira regra *negativa*, a dizer, que não se pode fazer nessa seara – seja pelo aspecto da competência para legislar por lei ordinária, seja no

---

44 Por todos, ver LOPES JÚNIOR, Aury. **Direito Processual Penal e sua conformidade constitucional**. 7. ed. Rio de Janeiro: Lumen Juris, 2011. 1 v. p. 487 e ss.
45 GRECO FILHO, Vicente. **Manual de processo penal**. São Paulo: Saraiva, 1991. p. 85.
46 O Estado de São Paulo parece ter absorvido a crítica recebida quando da criação do Dipo – Departamento de Inquéritos Policiais – e tratou, ao menos, de disciplinar a matéria por meio de lei (complementar!) estadual: Lei Complementar nº 1.208, de 23 de julho de 2013.
47 Algo que, em alguma medida, estaria próximo ao chamado "juiz de garantias" tratado no Capítulo da Investigação Criminal neste Manual.
48 Ver tópico específico sobre a "audiência de custódia" no capítulo própria das medidas cautelares pessoais neste Manual para a compreensão dessa "audiência."
49 Neste caso específico com uma particularidade que é a redação do art. 65 da Lei Federal nº 7.210/84 (Lei de Execução Penal), *verbis*: "A execução penal competirá ao Juiz indicado na lei local de organização judiciária e, na sua ausência, ao da sentença".

âmbito das modificações de organização judiciária – é alterar a condução dos processos já em curso.

Como já advertiu Leonardo Greco

> As leis de organização judiciária, ao criarem varas especializadas, precisam avaliar com cuidado a incidência das novas regras de competência absoluta sobre os feitos pendentes perante órgãos jurisdicionais preexistentes, porque a transferência imediata de todos eles aos novos órgãos pode inviabilizar desde logo o seu funcionamento pelo excessivo volume de trabalho. Por isso, é comum que essas leis, ao criarem novos órgãos [...], estabeleçam em disposições transitórias a continuidade da competência dos órgãos antigos para os feitos que neles já se encontram em andamento [...].[50]

De forma mais abrangente, já foi pontuado que

> [...] pode cada Estado da Federação, em suas Leis de Organização Judiciária, determinar o órgão jurisdicional competente, nas Comarcas em que houver dois ou mais juízes, igualmente competentes, levando-se em conta a natureza da infração. Esta pode ser aferida por qualquer critério: espécie de pena (reclusão, detenção, prisão simples ou multa); as diversas espécies de crime (crime de dano ou de perigo, material ou formal, crime de ação pública e de ação privada, crime comissivo ou omissivo, crimes instantâneos e permanentes, crimes dolosos, culposos e preterdolosos, crimes simples e qualificados, crimes principais e acessórios etc.). Pode, inclusive, considerar a objetividade jurídica (crime contra o patrimônio, crime contra a saúde pública, crime contra a honra etc.).[51]

Entretanto, essa abrangência precisa ter limites como leciona Coutinho, ao afirmar que

> Em suma: fixadas as regras do jogo, não mais se modificam, como se sabe da fonte histórica do princípio, voltado a garantir a isonomia para todos os acusados. Assim, ninguém deve deixar de saber, de antemão, quais os órgãos jurisdicionais que intervirão no processo.[52]

Simples na sua explanação teórica, posto que as posições acima comungam em maior ou menor grau a percepção da função política do juiz natural na sua face legislativa[53], a saída mais aderente aos fundamentos constitucionais do processo é a de preservar os *casos penais* já em curso perante seus órgãos jurisdicionais

---

50 GRECO, Leonardo. **Instituições de processo civil**. Rio de Janeiro: Forense, 2009. 1 v. p. 174-175.
51 TOURINHO FILHO, Fernando da Costa. **Código de Processo Penal comentado**. 12. ed. São Paulo: Saraiva, 2009. p. 278-279.
52 COUTINHO Jacinto Nelson de Miranda. O princípio do juiz natural na CF/88: ordem e desordem. **Revista de informação legislativa**, v. 45, n. 179, p. 165-178, jul./set. 2008.
53 Vide neste Manual, Capítulo 1, princípio do juiz natural.

de origem e reservar aos órgãos criados a posteriori os novos casos, sem transferência dos antigos. Seria admissível exceção a esse raciocínio o caso singular da extinção do órgão jurisdicional como se passou quando da edição da CR/88 com o antigo Tribunal Federal de Recursos, que deu origem ao atual Superior Tribunal de Justiça.[54]

Por isso, a lição de prestigiosa doutrina quando afirma que

> A distinção fundamental entre a vedação dos tribunais de exceção (art. 5º, inciso XXXVII), de um lado, e o direito ao juiz competente predeterminado por lei (art. 5º, inciso LIII), de outro, é que a primeira diz respeito à constituição do órgão em relação à organização judiciária, enquanto que o segundo diz respeito à distribuição de competência entre os órgãos previamente instituídos, isto é, pertencentes à organização judiciária segundo as normas constitucionais. Ou seja, a análise do juiz competente pressupõe ser este um órgão constitucionalmente previsto como integrante do Poder Judiciário, isto é, não se tratar de um tribunal de exceção ou extraordinário.[55]

Necessita ser observada com mais acuidade, posto que, mesmo que previsto na lei de organização judiciária e com obediência à hierarquia constitucional, sua simples constituição normativa pode tornar o órgão fracionário afrontoso ao juiz natural quando sua criação a posteriori dos fatos apurados chamar para si a competência daqueles casos penais já em curso.

3.2.4 Espécies de competência: absoluta e relativa

A fragmentação da jurisdição que, como apontado, busca racionalizar a atividade jurisdicional, é feita por critérios que, por sua vez, são agrupáveis em espécies e que se polarizam em dois: a competência *absoluta* e a *relativa*.

Diferentemente da jurisdição, que é uma e não apresenta graus ou hierarquia, a competência é fragmentada e pode ser hierarquizada, sendo possível falar em competência de grau superior em relação a outra, sobretudo quando se leva

---

54 Nada obstante, o STF já decidiu em sentido exatamente oposto no julgamento do HC n. 88.660, no qual se considerou obediente à CR a criação de (novas) varas especializadas para julgamento de crimes contra o sistema financeiro como, igualmente constitucional, a transferência dos casos já em curso para aqueles novos órgãos fracionários. BRASIL. Supremo Tribunal Federal. **Habeas Corpus n. 88.660/CE**. Op. Cit.

55 BADARÓ, Gustavo Henrique Righi Ivahy. **A garantia do juiz natural no processo penal**: delimitação do conteúdo e análise em face das regras constitucionais e legais de determinação e modificação de competência no direito processual penal brasileiro. Tese (Livre-Docência em Direito Processual Penal). Faculdade de Direito da Universidade de São Paulo, São Paulo, 2010. p. 142.

em consideração a chamada competência para julgar recursos (competência recursal). Isso porque, na racionalização da distribuição jurisdicional, há competências que pertencem ao texto constitucional e que ali radicam sua posição jurídica. Deriva dessa ubiquação constitucional sua gradação superior e sua prevalência em relação às demais espécies de competência.

E do texto constitucional, nasce a chamada espécie *absoluta* de competência, composta pelos critérios *matéria* e *hierárquico-funcional* (ou *por prerrogativa de função*). Rigorosamente falando, são temas apenas formalmente constitucionais, mas ali estão e orientam toda a pirâmide jurídica.

No entanto, a estrutura federada do Estado brasileiro possibilita aos Estados-membros que editem suas próprias constituições (e aos municípios, suas leis orgânicas) que, por sua vez, também conterão outras hipóteses de competência *material* ou *hierárquico-funcional*. Além disso, em situações mais esparsas, determinadas carreiras jurídicas cujos integrantes se subsumam ao chamado *foro por prerrogativa de função* possuem leis orgânicas que tocam nesses assuntos e, se não se opõem ao determinado na Constituição da República, geram problemas interpretativos quando cotejados eventualmente com Constituições Estaduais.

Fora da estrutura constitucional, preponderantemente no CPP e legislações esparsas, se encontram os demais critérios: *território* e *eleição de foro*, este último absolutamente desimportante (mas previsto) no processo penal, e o primeiro verdadeiramente essencial posto que regula a grande maior parte dos casos penais.

Esses critérios, agrupados sob o rótulo de *competência relativa* sucumbem diante dos critérios de natureza *absoluta* de acordo com a vasta e dominante literatura e jurisprudência brasileiras.

Quando tais critérios são analisados isoladamente a subsunção de um deles a determinada espécie é simples e direto e pouco problemático; contudo, quando um mesmo caso mescla mais de um critério (funcional + territorial) ou quando dois critérios da mesma espécie situação não é tão objetiva assim.

Entretanto, há pelo menos uma situação que foge desse esquema dicotômico simplista, que é o tribunal do júri como se verá na análise específica do tema do *desaforamento* neste Manual, posto que a territorialidade, no júri, não pode ser encarada como *relativa* diante das raízes históricas dessa forma de participação popular na administração da justiça.

Análise Crítica: No marco teórico deste Manual, enfatiza-se que a competência definida em razão do critério territorial, como manifestação do Juiz Natural na maneira como exposta deve ser entendida como um critério absoluto, com todas as características a ele inerentes.

3.2.4.1 Consequências práticas da distinção entre competência absoluta e relativa

A partir das espécies que agrupam os critérios na forma acimaexposta, e muito à sombra daquilo que se produziu na literatura processual civil, o regime de tratamento pode ser assim resumido quanto à competência absoluta:

a) É improrrogável;
b) Quando inobservada, é causa de nulidade insanável;
c) Pode ser arguida em qualquer tempo e grau de jurisdição;
d) Pode ser arguida pelas partes ou reconhecida de ofício;
e) Não preclui;
f) Pode ser reconhecida pelo emprego do habeas corpus.

Em sentido oposto, quanto à incompetência relativa:

a) É *prorrogável*;
b) Não dá causa a nulidades insanáveis;
c) Tem de ser arguida em tempo oportuno;
d) Somente é reconhecida por provocação das partes;
e) Preclui;
f) É reconhecida por via da exceção de competência[56].

Os regimes jurídicos de cada qual são, por assim dizer, antagônicos e colocam a competência absoluta muito próxima a um tema de *ordem pública*, enquanto a *relativa* se aproximaria mais de algo disponível pelas partes. Isso terá reflexos práticos de grande monta quando for levado em conta que a competência é um dos pressupostos essenciais do processo.

---

56 A título de exemplo, a consagração desses postulados em acórdão que invoca súmula do STJ a respeito: Processual penal. Conflito negativo de competência. Competência territorial. Incompetência relativa. Impossibilidade de reconhecimento de ofício pelo juiz. Súmula n. 33 do STJ. [...] 2. "Em se tratando de competência territorial, portanto, relativa, não pode o Juiz reconhecê-la de ofício, tendo em vista o disposto na Súmula 33, do egrégio Superior Tribunal de Justiça, no sentido de que 'A incompetência relativa não pode ser declarada de ofício'" (CC 0023810-53.2011.4.01.0000/MT, Rel. Desembargador Federal Ítalo Fioravanti Sabo Mendes, Segunda Seção, e-DJF1 de 30/05/2012, p. 32) (...). BRASIL. Tribunal Regional Federal (1ª Região). **Conflito de Competência n. 00334910820154010000**. Segunda Seção. Relator Des. Federal Hilton Queiroz. Data de Julgamento: 19/08/2015. Data de Publicação: 11/09/2015. Disponível em: <https://trf-1.jusbrasil.com.br/jurisprudencia/253378902/conflito-de-competencia--cc-334910820154010000>. Acesso em: 9 jun. 2021.

3.2.4.2 Os meios de impugnação de acordo com as espécies de competência

Competência absoluta e sua impugnação

De acordo com sua natureza de *ordem pública* da qual decorre a impossibilidade de sua *prorrogação*, a competência absoluta pode ser discutida por meio de habeas corpus e pode ser reconhecida de ofício, não possuindo, portanto, um mecanismo específico a ser manejado num momento específico da marcha processual.

Competência relativa e sua impugnação

Nos termos do art. 108 e seguintes do CPP, a chamada *exceção de incompetência* é meio para alegar a ocorrência das denominadas incompetências de natureza relativa, cabendo seu emprego no momento oportuno sob pena de preclusão (TJSP – RT 545/344), não sendo possível substituir o emprego desse mecanismo por outro como o *habeas corpus*.

A possibilidade de arguição da competência relativa apenas pela via da exceção foi acolhida em entendimento sumulado no STJ, que, no enunciado n. 33 assim dispõe: "A incompetência relativa não pode ser declarada de ofício". A invocação dessa súmula é, contudo, problemática para o processo penal posto que ela foi concebida especificamente com precedentes processuais civis[57]. Tal origem fez com que alguns precedentes resolvessem afastá-la exatamente sob essa fundamentação.[58]

---

57 BRASIL. Superior Tribunal de Justiça. Conflito de **Competência n. 1.496/SP**. Primeira Seção. Relator: Min. Helio Mosimann. Data de Julgamento: 17/11/1990. Data de Publicação: 17/12/1990. **RSTJ**, v. 33, p. 386. BRASIL. Superior Tribunal de Justiça. Conflito de Competência n. 1519/SP. Primeira Seção. Relator Min. Ilmar Galvão. Data de Julgamento: 13/11/1990. Data de Publicação: 08/04/1991. **RSTJ**, v. 33, p. 391. BRASIL. Superior Tribunal de Justiça. Conflito de Competência n. 1506/DF. Primeira Seção. Relator Min. Luiz Vicente Cernicchiaro. Data de Julgamento: 13/11/1990. Data de Publicação: 19/08/1991. **RSTJ**, v. 33, p. 389. BRASIL. Superior Tribunal de Justiça. Conflito de Competência n. 245/MG. Segunda Seção. Relator Min. Sálvio de Figueiredo Teixeira. Data de Julgamento: 28/06/1989. Publicação: 11/09/1989. **RSTJ**, v. 3, p. 741. BRASIL. Superior Tribunal de Justiça. Conflito de Competência n. 872/SP. Segunda Seção. Relator Min. Athos Carneiro. Data de Julgamento: 27/06/1990. Publicação: 20/08/1990. **RSTJ**, v. 33, p. 383. BRASIL. Superior Tribunal de Justiça. Conflito de Competência n. 1589/RN. Segunda Seção. Relator Min. Waldemar Zveiter. Data de Julgamento: 27/02/1991. Publicação: 01/04/1991. **RSTJ**, v. 33, p. 395;

58 "Diferentemente do que ocorre no processo civil, a competência, seja absoluta ou relativa, pode ser apreciada de ofício pelo julgador, consoante previsto no art. 109 do Código de Processo Penal, sendo inaplicável o enunciado da Súmula nº 33/STJ, por se destinar a processos cíveis. Preliminar rejeitada. II. O meio utilizado para a ação delitiva, que consistia em omitir obrigação administrativa (sanção pecuniária por anterior extrapolação de prazo de permanência em solo brasileiro) se mostrou absolutamente ineficaz, no caso concreto, diante do uso de sistema informatizado pelo serviço de imigração brasileiro. III. Aplicável o art. 17 do Código Penal, resta absolvido o réu ex vi do art. 386 do Código de Processo Penal. IV. Apelação provida." BRASIL. Tribunal Regional Federal (5ª Região). **Apelação Criminal n. 6373/RN 0001783-90.2008.4.05.8400**. Quarta Turma. Relator: Desembargadora Federal Margarida Cantarelli. Data de Julgamento: 31/03/2009. Data de Publicação: 17/04/2009. **Diário da Justiça** de 17/04/2009, n. 73, p. 473, 2009.

Respeitável doutrina resolveu adotar um certo tom conciliatório sobre o assunto, afirmando que: "o magistrado só poderá declarar-se de ofício incompetente até o momento processual que as partes dispunham para suscitar a mesma, qual seja, o prazo de apresentação da defesa preliminar, que é de dez dias (art. 396, CPP)."[59]

Com a devida vênia, a tentativa conciliatória parece guardar dificuldade para sua plena aceitação posto que, ou se considera a competência como prorrogável ou não; e, em assim sendo, não seria sistematicamente aceitável que passasse de uma condição a outra apenas pela superação de determinada etapa na marcha procedimental[60].

A questão aqui parece residir na própria construção teórica do juiz natural como antes apontado e, uma vez admitida que a maleabilidade conceitual se presta a objetivos outros que não a obediência estrita daquele primado constitucional, haveria de ser aceita a primeira parte do alerta Frederico Marques[61], quando afirma que "A competência, no processo penal, é de regra absoluta" para efetivamente desconstruir a parte seguinte da sua afirmação quando pondera que "Apenas em se tratando de competência de foro é que se tem admitido a *prorogatio fori* em virtude da não arguição da declinatória do foro".

Nesse ponto, postura mais abrangente, ao afirmar que:[62]

> No processo penal, em todas as questões de competência, o próprio juiz pode declarar sua incompetência, segundo a regra básica de que o juiz é sempre o juiz da própria competência. Nesse sentido, toda incompetência, mesmo a territorial, é absoluta, porque pode ser reconhecida de ofício.

Tende a ser mais aceitável que o reconhecimento parcial dessa *natureza*. E esse parece ser o encaminhamento contemporâneo do tema em segmentos

---

59 TÁVORA; ALENCAR. Op. Cit. 2009, p. 219
60 Ademais, o que se preconiza não é a superação da dicotomia relativo × absoluto, mas sim uma nova racionalização da forma de sua arguição.
61 MARQUES, José Frederico. **Elementos de direito processual penal**. 1. ed. 2 tiragem. Campinas: Bookseller, 1998. p. 370-404.
62 GRECO FILHO, Vicente. Op. Cit. p. 147-148.

da jurisprudência que, paulatinamente, se consolida pela aceitação do reconhecimento *de ofício* da incompetência em razão do território.[63]

Agregue-se ao quanto discutido a potencial arguição da incompetência territorial ainda no transcurso da investigação criminal seja na modalidade inquérito policial[64] ou na investigação conduzida pelo MP.

Tomando-se a doutrina tradicional refletida na jurisprudência, que vê a investigação de um modo independente do destino do próprio processo crime, é natural que se compreenda que as eventuais discussões sobre o foro competente não se estendam à etapa investigativa[65]. E, mais ainda, que haja uma parte da

---

63 "1. Conflito de jurisdição suscitado pelo Juízo da 11ª Vara da Seção Judiciária de Alagoas (Santana do Ipanema) em face do Juízo da 8ª Vara Federal de Alagoas (Arapiraca). 2. O suscitado declinou de ofício da competência para processar e julgar ação penal em razão de denúncia oferecida pelo Ministério Público Federal em desfavor de José Damascena Filho e outros, pela prática de diversos crimes contra o erário público (fls. 25 e v.). 3. O suscitante entendeu que a competência territorial do art. 70 de CPP seria relativa, não podendo ser declinada de ofício, e suscitou o Conflito de Jurisdição ora em análise (f. 26/27), manifestando-se o MPF pelo conhecimento do conflito e, no mérito, pela competência do juízo suscitado (f. 32/35). 4. As regras e princípios de definição da competência territorial na jurisdição criminal – diversamente do que ocorre na jurisdição civil, em que prevalece o interesse das partes – atendem a imperativos de ordem pública voltados à viabilização e fidelização da produção probatória na busca pela verdade real, bem como à garantia do direito de defesa do réu. Torna-se, portanto, possível ao juízo criminal a declinação de competência territorial ex officio. Precedente do TRF da 5ª Região (CC1968/SE). 5. O CPP, art. 70, estabelece que a fixação da competência, de regra, é determinada pelo lugar em que se consumou a infração. 6. Competência da Vara Federal que a abrange o Município onde o ilícito foi cometido (Dois Riachos/AL), de conformidade com a Resolução TRF5 n. 31/2011. 7. Conflito de jurisdição que se conhece, para declarar competente o Juízo Suscitante, no caso, o Juízo da 11ª Vara Federal da Seção Judiciária de Alagoas, sediada em Santana do Ipanema/AL". BRASIL. Tribunal Regional Federal (5ª Região). **Conflito de Jurisdição n. 31615120144050000**. Pleno. Relator: Desembargador Federal Rogério Roberto Gonçalves de Abreu. Data de Julgamento: 21/05/2014. Data de Publicação: 03/06/ 2014. Disponível em: <https://trf-5.jusbrasil.com.br/jurisprudencia/25166222/cj-conflito--de-jurisdicao-cj-31615120144050000-trf5>. Acesso em: 2 dez. 2021.

64 Tem prevenção para a ação penal o juiz que primeiro toma conhecimento da causa e examina a representação policial relativa aos pedidos de prisão temporária, busca e apreensão e interceptação telefônica, nos termos do art. 75, parágrafo único, c/c o art. 83 do CPP. BRASIL. Supremo Tribunal Federal. **Habeas Corpus n. 88.214/PE**. Primeira Turma. Relator Min. Marco Aurélio. Data de Julgamento: 28 abr. 2009. Publicação: 14 ago. 2009. Disponível em: <https://jurisprudencia.stf.jus.br/pages/search/sjur164325/false>. Acesso em: 2 dez. 2021.

65 Assim, ilustrativamente, "1. Na alteração da jurisdição territorial das subseções mencionadas no artigo 1º da Resolução 55, de 04-6-2012, da Presidência deste Regional, restou vedada a redistribuição de processos (parágrafo único), não se incluindo nesse rol procedimentos investigatórios e atos preparatórios da ação penal. 2. Inquérito policial instaurado para apurar crime em município que teve sua jurisdição alterada pela aludida normativa, tramitando somente entre o órgão ministerial e a Polícia Federal, sem oferecimento da denúncia, passa a ser de competência da nova jurisdição territorial. 3. A declinação da competência antes da análise dos requisitos necessários ao recebimento da exordial acusatória não apenas observa como também concretiza o princípio do juiz natural". BRASIL. Tribunal Regional Federal (4ª Região). **Recurso Criminal em Sentido Estrito n. 50010193920134047214/SC**. 5001019-39.2013.404.7214. Oitava Turma. Relator: Victor Luiz Dos Santos Laus. Data de Julgamento: 16/07/2014. Data de Publicação: D.E. 31/07/2014. Disponível em: <https://trf-4.jusbrasil.com.br/jurisprudencia/130512242/recurso-criminal-em--sentido-estrito-rccr-50010193920134047214-sc-5001019-3920134047214/inteiro-teor-130512249>. Acesso em: 2 dez. 2021.

discussão reservada ao tema da prevenção como será visto na sequência em tópico apartado.

A tempestividade da arguição é fundamental com base no reconhecimento de sua natureza *relativa*, impregnada pela noção de prejuízo[66] e oportunidade de sua arguição sob pena de preclusão, que se dá com o momento de oferecimento da defesa[67] de forma escrita ou, numa rara concessão do CPP ao primado da oralidade, também dessa forma, opção que se mostra residual nas previsões legais dos procedimentos e, mais ainda, rara na prática.

Da decisão que julga o mérito da exceção cabe recurso em sentido estrito previsto no caso do art. 581, II[68], mas apenas para a hipótese em que for reconhecida a incompetência, a dizer, for julgada procedente a exceção oposta. O não acolhimento da exceção é, na letra do CPP, irrecorrível e assim é repercutida a literalidade da lei na jurisprudência dominante[69], deixando em aberto a pertinência dessa disposição à luz da CR e da CADH.

3.2.5 As etapas de concretização da competência: critérios de fixação e modificação da competência

Na caminhada de identificação da competência no caso concreto é necessário que se verifique duas ordens de situações que influenciarão na determinação do órgão jurisdicional: os critérios que *fixam* a competência e, como tais são precedentes aos denominados critérios que *modificam* uma competência já determinada.

Dentre os critérios de *fixação*, estão a matéria tratada (*ratione materiae*), o critério hierárquico-funcional (*ratione personae*) e o critério territorial (*ratione loci*). Já edentre os denominados *critérios de modificação* encontram-se a conexão, a continência e a prevenção. O CPP ainda trata de um outro mecanismo, a distribuição que não é, na sua essência, nem um ou outro critério, mas, sim, a afirmação administrativa da ocorrência de um critério de fixação[70], como adiante se verá.

---

66 Vide o desenvolvimento desse conceito no capítulo referente às nulidades neste manual.
67 Vide neste Manual o capítulo sobre o desenvolvimento das etapas do procedimento.
68 "II – que concluir pela incompetência do juízo."
69 Da decisão que rejeita exceção de incompetência não cabe recurso. Resta à parte a impetração de *Habeas Corpus*, em caso de flagrante ilegalidade, inocorrente na hipótese, ou arguir a questão como preliminar em eventual recurso de apelação. 2. Apelo não conhecido. BRASIL. Tribunal Regional Federal (1ª Região). Apelação Criminal n. 9560/MT. 2007.36.00.009560-8/MT. Terceira Turma. Relator Desembargador Federal Tourinho Neto. Julgamento: 2 dez. 2008. Publicação e-DJF1 de 02/02/2009, p. 137. Disponível em: <https://trf-1.jusbrasil.com.br/jurisprudencia/2350177/apelacao-criminal-acr-9560-mt-20073600009560-8/inteiro-teor-100839895>. Acesso em: 2 abr. 2021.
70 No dizer de Tourinho Filho, um "instituto disciplinador de serviços". TOURINHO FILHO, Fernando da Costa. **Manual de processo penal**. 3. ed. São Paulo: Saraiva, 2003. p. 251.

Assim, seguindo uma tradicional abordagem daquilo que se denominou de *etapas de concretização da competência*, uma vez fixada a jurisdição nacional passa-se a verificar:

2º) Competência originária do Supremo Tribunal Federal – a causa ou questão é de competência originária do STF?

3º) Competência de 'Justiças' – a causa ou questão é de competência de Justiça especializada ou de Justiça comum?

4º) Competência originária – a causa ou questão é de competência originária de Tribunais Superiores, Tribunais de 2º grau de jurisdição ou de Juízos de 1º grau de jurisdição?

5º) Competência de foro – qual a unidade judiciária básica, em que se divide geograficamente o território em que a Justiça (especializada ou comum), possui competência para processar e julgar a causa?

6º) Competência de juízo – perante qual órgão jurisdicional deve ser processada e julgada a causa?[71]

Para alcançar no caso concreto o Juízo perante o qual transcorrerá determinado processo e levando-se em conta o itinerário acima esboçado, o processo penal, não sem alguma complexidade normativa que se reflete na doutrina e na prática, se vale de critérios que fixam a competência bem como de outros que modificam a competência fixada, como adiante se verá.

3.2.6 Critérios de fixação de competência

3.2.6.1 Espécies

Critério territorial

Resume a posição majoritária da doutrina e da jurisprudência a lição de Carnelutti quando afirma que "A determinação da competência territorial de primeiro grau funda-se, pois, no lugar em que foi cometido o delito; ele é chamado de local do delito"[72] justificada pelo fato de que:

---

71 RODRIGUES NETTO, Nelson. Qual o juízo competente para a minha ação? **Revista de Processo**, v. 146, p. 359-372, 2007.
72 CARNELUTTI, Francesco. **Lições sobre o processo penal**. Campinas: Bookseler, 2004. 2 v. p.306.

Aqui, a maior preocupação da legislação ordinária é, pois, com a reconstrução da verdade processual, atentando-se sobremaneira à qualidade da instrução probatória e às regras atinentes e pertinentes à formação do convencimento judicial.[73]

Portanto, a fixação do critério territorial está ligada a uma alegada melhor qualidade da produção probatória, dado que ouvir testemunhas, eventualmente vítimas e produção da prova pericial, e até mesmo documental, estariam otimizadas porquanto produzidas em maior proximidade com o local onde a conduta foi praticada e deve ser apurada.

> **Análise Crítica:** Aceitável essa linha de fundamentação, problemas contemporâneos de direito penal material, sobretudo a criminalidade cibernética, colocam em xeque a consagrada fixação da competência pelo critério territorial. Particularmente com relação a essa forma de criminalidade não apenas questões de territorialidade se colocam (sede do provedor × local em que se encontra a vítima; sede do provedor × local do efetivo dano pela conduta imputada) mas, também, questões ligadas à competência material (justiça federal × justiça estadual).

Identificação da territorialidade

Pela "Consumação" e "princípio do esboço do resultado"

Diz o artigo Art. 70 do CPP que "A competência será, de regra, determinada pelo lugar em que se consumar a infração, ou, no caso de tentativa, pelo lugar em que for praticado o último ato de execução."

A definição da consumação de uma conduta penalmente típica não é dada pelo CPP, mas, sim, pelo Código Penal que em seu art. 6º, aduz que *Considera-se praticado o crime no lugar em que ocorreu a ação ou omissão, no todo ou em parte, bem como onde se produziu ou deveria produzir-se o resultado* definição esta que induzirá não apenas a conformação da competência territorial como, em larga medida, a lei aplicável e que será sensível à classificação das condutas típicas de acordo com o momento de sua consumação[74] com diretos reflexos no critério territorial de fixação de competência.

Muito embora a literalidade do artigo em questão imponha o local da consumação do crime como o da fixação da competência territorial, situações existem nas quais a prática do crime não coincide localmente com a da consumação, entendida como o local onde o evento naturalístico se opera.

---

73 OLIVEIRA, Eugênio Pacelli de. **Curso de Processo Penal**. 9. ed. Rio de Janeiro: Lumen Juris, 2008. p. 220-221.
74 SIQUEIRA, Geraldo Batista de. Da competência pelo lugar da infração: crimes plurilocais e crimes à distância. **Justitia**, São Paulo, v. 50, n. 144, p. 70-84, out./dez. 1988.

Não por outra razão lição doutrinária buscou evidenciar que, em tais situações, seria necessário *flexibilizar* o conceito de consumação para, dentro de um viés *teleológico* buscar aquele que seria o local mais racional para fixar a competência, a dizer, o melhor lugar para coleta da prova. A esse raciocínio emprestou-se a alcunha de *princípio*, ligando-o a um hipotético *esboço do resultado*.[75]

Esse rótulo jurídico, que, na verdade, nada tem de *princípio*, é uma solução conhecida anteriormente pela doutrina como anota Frederico Marques[76], que, enfatizando tratar-se o tema da consumação algo diretamente ligado ao direito penal material, pontuava clássico exemplo de pessoa localizada em determinado lugar (A), atingido por uma bala proveniente de outro ponto (B) e falecendo em terceira localidade (C) para concluir que o local competente para a apuração do crime seria o local da ação (B) e não onde a morte se deu (C).

Atos de execução e territorialidade

Toda discussão lançada pelo art. 70 do CPP quanto à execução da conduta típica, consumação e tentativa remete, uma vez mais, às estruturas construídas sobre a matéria pela lei penal material e à dogmática penal. O processo penal nesse ponto se vale desse arcabouço para fixar a competência territorial.

E a literatura penal a esse respeito é imensa[77] e reflete toda a gama de discussões sobre as teorias do tipo, da conduta e mesmo a legitimação da pena, mas, de forma geral, caracteriza-se a consumação com o aperfeiçoamento total das condutas previstas no tipo e a tentativa tem sua ocorrência quando houver a concretização dos elementos contidos no tipo, definição encontrada na redação do art. 14, I e II, do Código Penal.

Para o processo penal, a definição do que venha a ser ato de execução importa para a identificação geográfica do local em que ele ocorreu com vistas a ali fixar a competência territorial. O resultado e, por consequência, quando a ele atrelado, a consumação, uma vez ocorrido fora do território nacional será, para fins processuais, irrelevante num primeiro momento. Sua importância será sentida em outros termos, caso desencadeie a jurisdição de outro país e, nele, uma persecução própria que venha a concorrer com a brasileira.

> **Análise Crítica:** A discussão sobre cogitação, atos preparatórios e execução ganha contornos diferenciados quando se percebe a expansão dos chamados *crimes de perigo abstrato*[78], que tendem a antecipar o momento consumativo de modo a expandir a possibilidade de punição.

---

75 PEDROSO, Fernando de Almeida. Competência penal: princípio do esboço do resultado e crimes qualificados pelo evento. Justitia, São Paulo, v. 54, n. 158, p. 17-26, abr./jun. 1992.
76 MARQUES, José Frederico. **Da Competência em matéria penal**. Op. Cit., p. 170/171.
77 Na literatura nacional, por todos, ZAFFARONI, Eugenio Raúl; PIERANGELI, José Henrique. **Da tentativa**: Doutrina e Jurisprudência. 9. ed. São Paulo: Revista dos Tribunais, 2010.
78 Sobre o assunto, de forma mais ampla: COSTA, José Francisco de Faria. **O perigo em direito penal**. Coimbra: Editora Coimbra. 2000.

Conceito de território

A definição de território encontra-se esparsa no seu aspecto terrestre, marítimo[79] fluvial[80] ou aéreo[81]. Como pontuou o STF num provimento que ilustra bem esse cenário,

> Ressalvadas as hipóteses previstas em tratados, convenções e regras de direito internacional, os órgãos integrantes do Poder Judiciário brasileiro acham-se delimitados, quanto ao exercício da atividade jurisdicional, pelo conceito — que é eminentemente jurídico — de território. É que a prática da jurisdição, por efeito de autolimitação imposta pelo próprio legislador doméstico de cada Estado nacional, submete-se, em regra, ao âmbito de validade espacial do ordenamento positivo interno. O conceito de jurisdição encerra não só a ideia de *potestas*, mas supõe, também, a noção de *imperium*, a evidenciar que não há jurisdição onde o Estado-juiz não dispõe de capacidade para impor, em caráter compulsório, a observância de seus comandos ou determinações. *Nulla jurisdictio sine imperio.* Falece poder, ao STF, para impor, a qualquer legação diplomática estrangeira sediada em nosso País, o cumprimento de determinações emanadas desta Corte, tendo em vista a relevantíssima circunstância de que — ressalvadas situações específicas (RTJ 133/159, rel. min. Sydney Sanches – RTJ 161/643-644, rel. min. Celso de Mello – RTJ 184/740-741, rel. min. Celso de Mello) – não estão elas sujeitas, em regra, à jurisdição do Estado brasileiro. A questão do exercício, por juízes e tribunais nacionais, do poder jurisdicional: a jurisdição, embora teoricamente ilimitável no âmbito espacial, há de ser exercida, em regra, nos limites territoriais do Estado brasileiro, em consideração aos princípios da efetividade e da submissão.[82]

---

79 Lei nº 8.617/93: "O mar territorial brasileiro compreende uma faixa de doze milhas marítimas de largura, medidas a partir da linha de baixa-mar do litoral continental brasileiro, tal como indicado nas cartas náuticas de grande escala, reconhecidas oficialmente pelo Brasil" (art. 1º, "*caput*"). Acresça-se que "o território marítimo brasileiro, ou seja, as águas sob jurisdição brasileira, abrange o mar territorial, a zona contígua, a zona econômica exclusiva e a plataforma continental. E, que, portanto, não há que se confundir território marítimo brasileiro com mar territorial". OLIVEIRA, Eduardo Santos de. Os limites do território nacional brasileiro sob a perspectiva do Tratado sobre o Direito do Mar: uma questão de segurança nacional. **Âmbito Jurídico**, Rio Grande, v. XV, n. 101, jun. 2012. Disponível em: <http://www.ambito-juridico.com.br/site/?n_link=revista_artigos_leitura&artigo_id=11823>. Acesso em: 2 dez. 2021.

80 Lei n. 9.432/97: BRASIL. **Lei n. 9432 de 1997**. Dispõe sobre a ordenação do transporte aquaviário e dá outras providências. Disponível em: <http://www.planalto.gov.br/ccivil_03/leis/L9432.htm>. Acesso em 10 jun. 2021.

81 Dec-lei n. 234/67. Tratado do Espaço Cósmico das Nações Unidas (ONU), ratificado pelo Dec-64.362/69. Revogado pela Lei n. 7565 de 1986. BRASIL. **Lei n. 7565 de 1986**. Dispõe sobre o Código Brasileiro de Aeronáutica. Disponível em: <http://www.planalto.gov.br/ccivil_03/leis/L7565.htm>. Acesso em 10 jun. 2021.

82 BRASIL. Supremo Tribunal Federal. **Habeas Corpus n. 102.041/SP**. Segunda Turma. Relator Min. Celso de Mello. Julgamento: 20-4-2010. Publicação: DJE de 20-8-2010. Disponível em: <https://www.conjur.com.br/dl/habeas-corpus-negado-russo-boris.pdf>. Acesso em: 2 dez. 2021.

A esse território físico ou real, soma-se o território por ficção na letra do art. 5º, do CP:

> Para os efeitos penais, consideram-se como extensão do território nacional as embarcações e aeronaves brasileiras, de natureza pública ou a serviço do governo brasileiro onde quer que se encontrem, bem como as aeronaves e as embarcações brasileiras, mercantes ou de propriedade privada, que se achem, respectivamente, no espaço aéreo correspondente ou em alto-mar.[...]
>
> § 2º É também aplicável a lei brasileira aos crimes praticados a bordo de aeronaves ou embarcações estrangeiras de propriedade privada, achando-se aquelas em pouso no território nacional ou em voo no espaço aéreo correspondente, e estas em porto ou mar territorial do Brasil.

Análise Crítica: Aqui uma vez a questão de novas formas de criminalidade, sobretudo a cibernética que compele a refletir sobre a ausência de limites físicos ou mesmo de ficção para aquelas condutas. Pode-se valer, no caso, do conceito de crimes à distância para definir o local da ação de acordo com o art. 6º, do CP (Considera-se praticado o crime no lugar em que ocorreu a ação ou omissão, no todo ou em parte, bem como onde se produziu ou deveria produzir-se o resultado), fixando-se a competência territorial a partir desses preceitos. Quando, no entanto, uma das formas de tortura (tortura psicológica) for praticada por meios cibernéticos, a legislação brasileira será aplicável desde que a vítima seja brasileira ou o suspeito/acusado esteja sob a jurisdição brasileira situação na qual poderá ser aplicado o art. 88 do CPP (No processo por crimes praticados fora do território brasileiro, será competente o juízo da Capital do Estado onde houver por último residido o acusado. Se este nunca tiver residido no Brasil, será competente o juízo da Capital da República.).

■ **Delimitação geográfica das comarcas e em seu interior.**

A delimitação geográfica de cada território jurisdicional – comarca – é típica matéria de organização judiciária e a competência assim delimitada, de natureza territorial, haveria de ser considerada como relativa no marco dos comentários até aqui expostos.

Contudo, nem toda delimitação geográfica pode ser assim encarada. Quando, numa mesma comarca, houver a divisão em foros regionais essa divisão, embora geográfica[83], poderá ser tida como de natureza *absoluta* e não relativa, vez que a relativização das delimitações geográficas, se desrespeitada ao extremo, faria perder o próprio sentido da existência de uma divisão.

---

83 Esta divisão pode contemplar, também, critérios materiais, como ocorre na cidade de São Paulo, onde os chamados "foros regionais", na área criminal, inicialmente julgavam os tipos penais apenados com pena de detenção e as contravenções.

Quando assim ocorre fica evidenciada a manipulação do conceito de territorialidade e sua *natureza* de acordo, sobretudo, com os interesses da Administração e não necessariamente como uma decorrência do Juiz Natural nas faces que representa num processo penal no Estado de Direito.

Territorialidade e crimes continuado e permanente

Para as situações de continuidade e permanência da conduta típica a solução encontrada pelo CPP foi a aplicação do mecanismo da prevenção, matéria que será abordada no tópico 2.7.3 abaixo.

Por aqui deve ser destacado que a prevenção apenas atuará como *instrumento de definição entre dois órgãos jurisdicionais igualmente competentes pelo critério territorial*, sendo certo que, de acordo com o art. 71 do CP, a continuidade delitiva se dá

> Quando o agente, mediante mais de uma ação ou omissão, pratica dois ou mais crimes da mesma espécie e, pelas condições de tempo, lugar, maneira de execução e outras semelhantes, devem os subsequentes ser havidos como continuação do primeiro, aplicasse-lhe a pena de um só dos crimes, se idênticas, ou a mais grave, se diversas, aumentada, em qualquer caso, de um sexto a dois terços.

E, por seu turno, a permanência, tratando-se, na verdade, como pontua Busato, de uma ficção jurídica[84] cujo objetivo último é evitar a desproporcionalidade na aplicação das penas se tomada cada uma das ações sequenciais que integram a conduta continuada de forma isolada[85].

Ainda de acordo com esse mesmo referencial teórico[86], o crime permanente se caracteriza pela sua protração no tempo e a ação segue enquanto durar a permanência. Os reflexos dessa construção se fazem sentir não apenas no que toca à fixação da competência, mas, também, na contagem do prazo prescricional.

Pelo "domicílio" ou "residência"

O domicílio, em primeiro plano, e a residência, como alternativa àquele, são subsidiários no contexto territorial ao do local da infração. Assim, aplicam-se residualmente e, inseridos no marco de um critério tido como *relativo*, podem gerar a prorrogação da competência mesmo que se venha a conhecer, posteriormente, o local da infração.

---

84 BUSATO, Paulo. **Direito Penal**: parte geral. 1. ed. São Paulo: Atlas, 2014. 1 v. p. 936-937.

85 Nada obstante, o renomado autor também reconhece que, ao lado da justificação desse mecanismo pela ótica da teoria das penas cabe, igualmente, sua justificação igualmente pela teoria da imputação, especialmente quando se falar dos crimes de acumulação. Sendo assim, em suas palavras, a continuidade delitiva deve ser vista de forma "holística".

86 BUSATO, Paulo. Op. Cit., p. 147.

Conceito de domicílio

A fixação da competência pelo domicílio da pessoa suspeita/acusada é um critério territorial subsidiário em relação ao do local da infração, nos termos do art. 72 do CPP.

A conceituação de domicílio não é dada pela legislação processual penal, mas, sim, pelo Código Civil, pela conjugação dos artigos 70 a 72, dispondo aquele texto legal que:

> Art. 70. O domicílio da pessoa natural é o lugar onde ela estabelece a sua residência com ânimo definitivo.;

> Art. 71. Se, porém, a pessoa natural tiver diversas residências, onde, alternadamente, viva, considerar-se-á domicílio seu qualquer delas.;

> Art. 72. É também domicílio da pessoa natural, quanto às relações concernentes à profissão, o lugar onde está é exercida; Parágrafo único. Se a pessoa exercitar profissão em lugares diversos, cada um deles constituirá domicílio para as relações que lhe corresponderem.

Se, para a lei civil, o conceito de domicílio qualifica o da residência pelo atributo da definitividade, o processo penal se vale de um e de outro, buscando primeiro a identificação do domicílio e, depois, quaisquer de suas residências. Ao final, frustrada a localização quer de um, quer de outro local, satisfaz-se o processo penal por um tipo aleatório de prevenção, fundado no conhecimento primário do fato por qualquer juiz mesmo que não tenha qualquer vínculo com um ou outro local.

Para fins da pessoa jurídica, dispõe-se que, tendo a pessoa jurídica diversos estabelecimentos em lugares diferentes, cada um deles será considerado domicílio para os atos nele praticados, e se a administração, ou diretoria, tiver a sede no estrangeiro, haver-se-á por domicílio da pessoa jurídica, no tocante às obrigações contraídas por cada uma das suas agências, o lugar do estabelecimento, sito no Brasil, a que ela corresponder.

Pela escolha da parte

O chamado *foro de eleição*, tão usual no processo civil, surge no processo penal para as hipóteses exclusivas de ação penal privada exclusiva ou genuína[87], não se manifestando ação privada subsidiária da pública, cujo regime de legitimação alterado para fins de controle popular na administração da justiça não implica a alteração no regime de fixação da competência.

Nesse caso, a opção é exercida pelo autor da ação (querelante) de forma autônoma e não pode ser declinada pelo Juízo ou pelo Ministério Público que nela

---

87 Vide a classificação das ações penais no Capítulo 3 deste Manual.

atua com função de *custus legis*, desde que a eleição tenha ocorrido para o foro do domicílio ou a residência do querelado.

Assim, o foro é de eleição, mas *não é aleatório* e nele não parece caber a providência da última parte do art. 72, § 2º, do CPP ao viabilizar a livre distribuição que gera a competência por prevenção para o juiz que primeiro tomar contato com o caso. Isso porque essa hipótese é reservada àquelas situações em que: (i) o local da infração for desconhecido; (ii) o local do domicílio do suspeito/acusado for desconhecido e (iii) o local da residência do suspeito/acusado for desconhecido.

Critério em razão da matéria

Relevante critério de fixação da competência é aquele material (na expressão latina *ratione materiae*), cuja *natureza* é consensualmente considerada como absoluta e assim o é diante da sua fundamentação constitucional.[88]

Com efeito, como assunto formalmente constitucional, a sua presença é constante nos textos constitucionais para reservar determinados bens jurídicos à esfera de tutela da União passando-se, por exclusão, àquilo que pertence às Justiças Estaduais.

Contudo, o próprio texto constitucional reserva outras dificuldades para a identificação da competência em razão da matéria quando, no âmbito da União, fraciona os órgãos jurisdicionais por matérias especializadas. Nesse contexto, a Justiça da União apresenta-se dividida nas matérias trabalhistas, eleitoral, militar e, por exclusão, a denominada *justiça comum federal*, que abraça todas as matérias que ficam de fora do âmbito da demais.

Até a EC 45, não havia qualquer discussão sobre a inexistência de competência material penal no âmbito da Justiça do Trabalho, assunto que aflorou pela redação ali encontrada dispondo que aquela Justiça decidiria sobre os habeas corpus lá aforados. Confundindo o habeas corpus como uma *ação de natureza penal* (vide discussões no capítulo sobre Habeas Corpus neste Manual) foi imediata a conclusão para alguns articulistas que teria sido deflagrada a competência penal na Justiça do Trabalho.

O passar dos anos e a imediata reação doutrinária afastaram essa conclusão, cuja desestrutura sistêmica sempre foi evidente e os crimes contra a organização do trabalho inseridos no Código Penal continuaram a ser apreciados, como sempre foram, pela justiça *comum*.

Se à JT não se empresta foro de decisões penais, a Justiça Militar da União (JM) afigura-se como exatamente oposta, a dizer, sua competência é essencialmente penal e, por seu turno, a Justiça Eleitoral (JE) que é, em si, dotada de imensas peculiaridades, possui campo legítimo de atuação na área penal, posto que o Código Eleitoral (CE).

---

[88] Vide CR, art. 109, incisos I a XI para a competência da Justiça Federal comum.

Especificamente quanto à Justiça Militar, a Lei 13.491/2017 trouxe inúmeros questionamentos porquanto passou a prever a competência dessa Justiça especializada para *todos os crimes* previstos na legislação penal especial ampliando, assim, o conceito de *crime militar* tal como previsto no art. 9º do CPM, bem como teria alterado, em alguma medida, o julgamento pelo tribunal do júri em situações específicas como adiante se verá.

Nada obstante essa ampliação, o eixo central de compreensão da matéria alinhado à concepção de exceção do funcionamento dessa jurisdição em comparação à jurisdição civil (não militar) permanece: deve haver a comprovação de ofensa a *bens jurídicos* estritamente militares para que os tipos penais da legislação extracodificada sejam enquadráveis na classificação de *crimes militares extravagantes*.[89]

A excepcionalidade da jurisdição militar é reconhecida reiteradamente pela CIDH para quem apenas militares da ativa devem ser julgados por essa Justiça e por crimes que ofendam bens estritos militares, conforme assentado desde o procedendo Loaiza Tamayo × Peru, em 1987, e repetido no julgamento do caso Lori Berenson Mejía × Peru, em 2004, onde se destaca que

> (141). Es necesario señalar, como se ha hecho en otros casos, que la jurisdicción militar se establece para mantener el orden y la disciplina en las fuerzas armadas. Por ello, su aplicación se reserva a los militares que hayan incurrido en delito o falta en el ejercicio de sus funciones y bajo ciertas circunstancias. [...]", sendo certo que "La Corte ha dicho que "[c]uando la justicia militar asume competencia sobre un asunto que debe conocer la justicia ordinaria, se ve afectado el derecho al juez natural y, a fortiori, el debido proceso, el cual, a su vez, encuéntrase íntimamente ligado al propio derecho de acceso a la justicia.[90]

Acrescente-se que a Lei 13.491/2017, concebida em um processo legislativo específico e cuja concretização extrapolou em muito o cenário técnico-político que justificaria sua aprovação[91], acarreta reflexos no deslocamento da competência para os casos já em andamento visto que se trata, essencialmente, de

---

89 NEVES. Cícero Robson Coimbra. **Inquietações na investigação criminal militar após a entrada em vigor da Lei n. 13.491, de 13 de outubro de 2017.** Disponível em: <http://www.mpm.mp.br/portal/wp-content/uploads/2017/11/apresentacao-workshop-lei-13491-cicero.pdf>. Acesso em: 2 dez. 2021.

90 COMISSÃO INTERAMERICANA DE DIREITOS HUMANOS. Caso Lori Berenson Mejía Vs. Perú. Interpretación de la Sentencia de Fondo, Reparaciones y Costas, Sentencia del 23 de junio de 2005.

91 E, aqui, não se faz referência à formalilização do pocesso legislativo, tema discutido com bastante percuciência por GALVÃO, Fernando. **Não há inconstitucionalidade formal na Lei 13.491/2017.** 18 nov. 2017. Disponível em: <https://www.observatoriodajusticamilitar.info/single-post/2017/11/18/n%C3%A3o-h%C3%A1-inconstitucionalidade-formal-na-lei-134912017>. Acesso em 10 jun. 2021. O que se tem é seu alheiamento às discussões limitativas da própria jurisdição militar na forma discutida pela CADH.

uma competência *em razão da matéria*, critério de fixação absoluto porquanto assentado constitucionalmente.

Ainda do ponto de vista processual, acende-se discussão sobre a possibilidade o emprego da estrutura de *crimes hediondos* ao novo quadro normativo, o que conta com apoio de prestigiosa doutrina.[92]

Todas essas Justiças especializadas possuem uma estrutura hierarquizada que culmina nos tribunais superiores (Eleitoral, Militar e do Trabalho) e se verticaliza para baixo com os tribunais regionais e, por fim, os órgãos fracionários locais (Varas Trabalhistas e Juntas Militares), sendo que a Justiça Eleitoral em primeiro grau vale-se da estrutura judiciária dos Estados membros, com Juízes e membros do Ministério Público especialmente designados para desempenhar atribuições eleitorais por determinado período. A estrutura física dos cartórios eleitorais acompanha as zonas eleitorais de uma determinada localidade.

A Justiça Federal *comum* tem como base as varas federais, que têm seus provimentos, em grau de recurso, revistos pelos tribunais regionais federais, cinco em atual funcionamento.

Entretanto, como o sistema recursal contido na CR/88 é vasto, de todas essas decisões sempre haverá espaço, nos limites das competências ali previstas, para que um determinado caso seja apreciado pelo STJ, em sede de recurso especial ou pelo STF, em sede de recurso extraordinário dependendo da natureza da discussão no âmbito do duplo grau (em quádruplo grau, em algumas situações).

Por outro lado, a Justiça Estadual (JEst) tem sua competência residualmente determinada em relação às das Justiças da União. A Justiça Estadual também possui especializações, a saber, a Justiça Militar estadual, prevista no texto constitucional[93] e que é o primeiro elemento diferenciado de prestação jurisdicional.

Em seguida, é necessário verificar se o tema em questão se submete, no âmbito criminal, às especializações da: (i) violência doméstica; (ii) juizado especial criminal e (iii) tribunal do júri, todos órgãos fracionários da JEst. Caso negativa a resposta para qualquer das hipóteses anteriores, só então estaremos diante da atividade da JEst tida como *comum*.

---

92 GALVÃO, Fernando. **Novos Desafios da competência criminal**. 16 out. 2017. Disponível em: <http://www.tjmmg.jus.br/noticias-do-tjmmg/5396-novos-desafios-na-competencia-criminal>. Acesso em: 2 dez. 2021. Em sentido contrário, CABETTE, Eduardo Luiz Santos. Crimes Militares praticados contra civil – Competência de acordo com a Lei 13.491/17. Revista Jus Navigandi, ISSN 1518-4862, Teresina, ano 22, n. 5223, 19 out. 2017. Disponível em: <https://jus.com.br/artigos/61211>. Acesso em: 2 dez. 2021.

93 CR, Art. 125. "Os Estados organizarão sua Justiça, observados os princípios estabelecidos nesta Constituição. § 3º A lei estadual poderá criar, mediante proposta do Tribunal de Justiça, a Justiça Militar estadual, constituída, em primeiro grau, pelos juízes de direito e pelos Conselhos de Justiça e, em segundo grau, pelo próprio Tribunal de Justiça, ou por Tribunal de Justiça Militar nos Estados em que o efetivo militar seja superior a vinte mil integrantes. (Redação dada pela Emenda Constitucional nº 45, de 2004)".

Diante da extensa e complexa estrutura da Justiça brasileira é inevitável que surja dúvida sobre qual o órgão jurisdicional competente para apreciar determinada matéria levada a juízo. Para solucionar esse impasse que pode consumir anos de trabalho da jurisdição brasileira, com altíssimos custos e não raras vezes propiciador da ocorrência da prescrição existe o mecanismo do conflito de competência que será analisado ao final deste capítulo, em apartado.

O incidente de deslocamento de competência (IDC)

Conceito

Trata-se de critério de modificação da competência em razão da matéria cujo fundamento é a constatação da ocorrência de graves violações de direitos humanos, conceito sem definição legal e que deve ser analisado em cada situação concreta. Tem fundo constitucional e, portanto, reveste-se das características de competência absoluta.

Emenda 45 e o IDC

O roteiro traçado pelo texto final da Emenda 45 foi longo nos anos 90 do século passado e alimentado, naquilo que diz respeito mais de perto ao tema ora enfocado, pelas graves violações a direitos humanos com repercussão internacional que expuseram o Brasil a uma situação delicada perante a comunidade global. Episódios como as chacinas da Candelária, Carandiru, Eldorado dos Carajás e outras tantas nas periferias das cidades brasileiras de maior porte alimentaram a justa indignação daqueles que, no plano jurídico, desejavam mecanismos mais hábeis para lidar com essas tragédias sociais.

Com efeito, das vozes mais marcantes foi a de Flávia Piovesan[94] (2004) que, na condição de Membro do Conselho de Defesa dos Direitos da Pessoa Humana, justificava a federalização com a potencial responsabilização da União em casos com os acima mencionados, ponderando que:

---

94 PIOVESAN, Flávia. **Parecer**: Proposta de federalização dos crimes de direitos humanos. Disponível em: <http://www.pgr.mpf.gov.br/pgr/pfdc/informativos/2004/35/Parecer%20Flavia%20Piovesan.doc>. Acesso em: 2 dez. 2021.

Atualmente, há, em média, 100 casos contra o Brasil pendentes na Comissão Interamericana de Direitos Humanos. Na Corte Interamericana, há apenas dois casos contra o Brasil – um deles é o caso do Presídio de Urso Branco em Rondônia (em que houve a concessão de medidas provisionais pela Corte) e o outro é concernente à morte de vítima em clínica psiquiátrica no Rio de Janeiro. O balanço destes casos reflete o desafio da universalização de direitos humanos no Brasil. Basta atentar que a maioria significativa deles envolve a violação a direitos civis – especialmente aos direitos à vida e à integridade física. Destacam-se, nesse sentido, casos denunciando execuções sumárias; detenções ilegais e arbitrárias; julgamentos injustos; tortura; impunidade face à incapacidade do Estado em investigar, processar e punir; bem como o grave padrão de violação aos direitos de grupos socialmente vulneráveis, como os povos indígenas, as mulheres, as crianças e adolescentes, as populações afrodescendentes, dentre outras. Cabe atentar que, deste universo de 100 casos, apenas dois (concernentes a trabalho escravo) apontam à responsabilidade direta da União em face da violação de direitos humanos. Nos demais casos – 98% deles – a responsabilidade é do Estado.

Ao lado desse argumento de essencial caráter pragmático, argumentos periféricos de justificação também foram apresentados, como a compatibilidade do mecanismo com o restante da CR e até mesmo a analogia com o desaforamento previsto no art. 424 do Código de Processo Penal. E, com essas justificativas a Emenda foi aprovada e entrou em vigor, malgrado todos os problemas de ordem sistêmica perante a CR que já despontam na prática.

O Incidente de Deslocamento de Competência (IDC) e sua mecânica política – comparação de casos práticos

Conforme já apontado, o que sempre se quis com o escopo jurídico-político do juiz natural é evitar a manipulação política da seleção do órgão julgador. Até o momento em que a primeira edição desta Obra foi escrita, cinco casos foram objeto do IDC, tendo sido o deslocamento admitido em três deles.

O primeiro foi o Caso Dorothy Stang (IDC 01/05) negado pelo STJ por entender aquela Corte que a Jurisdição local havia atuado a contento.[95]

O segundo foi o *Caso Manoel Mattos*, vítima de homicídio em janeiro de 2009 na praia de Acaú, em Pitimbú, município do litoral sul da Paraíba. O crime teve ligação com a atuação profissional da vítima, que era advogado e havia atuado em casos de grupo de extermínio. A 3ª Seção do STJ decidiu que era "notória a incapacidade das instâncias e autoridades locais em oferecer respostas efetivas" ao caso, que foi deslocado para a JF do Estado.

Levado o caso a julgamento pelo tribunal do júri federal em 15 de abril de 2015, os acusados "Flávio Inácio Pereira, apontado como um dos mandantes da

---

[95] Acatou-se, assim, a explicação do Judiciário local, cujo trecho principal é aqui transcrito: Em Pacajá, o Poder Judiciário estadual conta com uma vara única. O Dr. Lucas do Carmo de Jesus é o juiz titular da comarca, com residência fixada na localidade, onde impulsiona os serviços forenses e, segundo as informações do qual (cópia anexa), as polícias Civil e Federal instauraram seus inquéritos, respectivamente, em 12/02/2005 e 13/02/2005, tendo concluído as investigações, antes do prazo legal de 30 dias, sendo que os procedimentos iniciais da fase de instrução foram realizados em tempo recorde. Ainda nessa fase, cerca de dezesseis medidas cautelares penais foram requeridas pelo Ministério Público e pelas polícias judiciárias que conduziam as investigações ao Juízo de Pacajá, tais como, prisões temporárias, preventivas, pedidos de interceptações telefônicas, que foram registradas e autuadas em apartado e, apreciadas no menor tempo possível. Foram indiciados Rayfran das Neves Sales, Clodoaldo Carlos Batista, Amair Feijoli da Cunha e Vitalmiro Bastos de Moura, que tiveram suas prisões preventivas decretadas, e foram presos, à exceção do último acusado, em 20/02/2005, 22/02/2005 e 19/02/2005, respectivamente. O oferecimento da denúncia pelo membro do Ministério Público Estadual foi feito de forma célere, tendo sido apresentada essa peça também antes do prazo legal, em 07/03/2005 em face dos 4 (quatro) indiciados, por homicídio duplamente qualificado, na qual são apontados como incursos nas sanções punitivas previstas no art. 121, § 2º, incisos I e IV, do Código Penal Brasileiro. Clodoaldo Carlos Batista e Rayfran das Neves Sales são apontados como executores do assassinato, Amair Feijoli da Cunha foi denunciado como intermediário do crime. O quarto denunciado, Vitalmiro Barros de Moura, que continua foragido, foi denunciado como o mandante do crime. A denúncia foi recebida e no mesmo dia, em despacho, o magistrado definiu o dia 15, às 9h, para o interrogatório dos réus que estão recolhidos no Complexo Penitenciário de Americano, localizado no município de Santa Izabel do Pará, 38 km de Belém, determinando, também, o desmembramento do processo em relação ao réu solto, para que não haja demora na instrução processual relacionada aos outros três que estão recolhidos. No dia aprazado o juiz antes referido se deslocou da comarca e interrogou os denunciados no próprio presídio, entre às 10h a 22h 30min., sendo que, ao final, foi concedido aos defensores dos acusados o prazo de 3 (três) dias para a apresentação de defesa prévia e designados os dias 21/03/2005 e 23/03/2005 para a oitiva das testemunhas arroladas pela acusação. Esclareceu, ainda, aquele magistrado que a testemunha Cícero Pinto da Cruz está incluída no Programa de Proteção de Vítimas e Testemunhas e está residindo em Belém, razão pela qual, e por questões de segurança, foi determinada a realização da audiência para sua oitiva nesta Capital, no dia 21/03/2003, às 09h00m, sendo que as demais testemunhas arroladas pela acusação (seis), serão ouvidas no Fórum da Comarca de Pacajá, no dia 23/03/2005, a partir das 09h00m. As partes foram intimadas das deliberações do Juízo na própria audiência. Informou, por fim, o Dr. Lucas de Jesus que aos acusados Rayfran e Clodoaldo foram nomeadas defensoras públicas, eis que não tinham advogados constituídos para promover suas defesas, bem como que todas as diligências requeridas pelo Ministério Público local foram deferidas, consistentes na juntada de peças periciais, de levantamento do local do crime e reprodução simulada do crime, restando a apresentação do laudo de exames correlatos à necropsia, da perícia de danos no veículo queimado próximo ao local do crime, da reprodução simulada da cena do crime e laudo da perícia de recenticidade e eficiência da arma do crime."

Jurisdição e Competência no Processo Penal | 211 |

execução, e José da Silva Martins (autor dos disparos) foram considerados culpados pelo Conselho de Sentença. Flávio Inácio Pereira e José da Silva Martins pegaram, respectivamente, 26 e 25 anos."[96]

O IDC n. 03 tem como objeto o "deslocamento dos procedimentos administrativos ou judiciais de investigação, inquéritos policiais ou ações penais relacionados a violência policial e atuação de grupos de extermínio no Estado de GO desde 2000".

Nesse caso, o STJ assentou e algumas premissas de apreciação e acolhimento do IDC, podendo ser apresentados os seguintes tópicos:

a] É obrigatória a demonstração inequívoca da total incapacidade das instâncias e autoridades locais em oferecer respostas às ocorrências de grave violação aos direitos humanos.
b] No momento do exame dessa condição, devem incidir os princípios da proporcionalidade e razoabilidade, estes que, embora não estejam expressamente positivados, já foram sacramentados na jurisprudência pátria.
c] Não se pode confundir incapacidade ou ineficácia das instâncias e autoridades locais com ineficiência.
d] Enquanto a incapacidade ou ineficácia derivam de completa ignorância no exercício das atividades estatais tendentes à responsabilização dos autores dos delitos apontados, a ineficiência constitui a ausência de obtenção de resultados úteis e capazes de gerar consequências jurídicas, não obstante o conjunto de providências adotadas.
e] Morosidade judiciária, por si só, não justifica a pretensão.[97]

O quinto caso, IDC n. 5, tem como objeto a morte do promotor de Justiça estadual Thiago Faria Soares (MPPE) cuja atuação funcional combatia grupos de extermínio no interior de PE. Na decisão, a 3ª Turma do STJ concluiu que

> A falta de entendimento operacional entre a Polícia Civil e o Ministério Público estadual ensejou um conjunto de falhas na investigação criminal que arrisca comprometer o resultado final da persecução penal, com possibilidade, inclusive, de gerar a impunidade dos mandantes e dos executores do citado crime

---

96 JUSTIÇA condena dois réus pela morte do advogado Manoel Mattos: outros 3 acusados foram absolvidos em júri popular realizado no Recife. Vítima atuava contra grupos de extermínio e foi morta na PB, em 2009. **G1 Pernambuco**. 15 abr. 2015. Disponível em: <http://g1.globo.com/pernambuco/noticia/2015/04/justica-condena-dois-reus-pela-morte-do-advogado-manoel--mattos.html>. Acesso em: 2 dez. 2021.
97 BRASIL. Superior Tribunal de Justiça. **Recurso Extraordinário no Incidente de Deslocamento de Competência/GO 2013/0138069-04.2013.3.00.0000**. Relatora Min. Laurita Vaz. Julgamento: 29/05/2015. Data de Publicação: DJ 05/06/2015. Dsponível em: <https://stj.jusbrasil.com.br/jurisprudencia/195445259/re-no-incidente-de-deslocamento-de-competencia-re-no-idc--3-go-2013-0138069-0>. Acesso em: 2 dez. 2021.

de homicídio. O julgamento pelo Tribunal do Júri federal aconteceu em 28 de outubro de 2016 e 'José Maria Pedro Rosendo Barbosa, acusado de ser o mandante do crime, foi condenado a 50 anos e 4 meses de reclusão em regime fechado pelo homicídio doloso do promotor e pelas duas tentativas de homicídio.[98]

O IDC n. 4 é o *único caso não penal até o momento.*

> [...] Foi aforado pelo próprio interessado, o que levou ao não conhecimento da matéria que tinha como objeto [...] aposentadoria por invalidez permanente, motivada por laudo que teria constatado quadro de "esquizofrenia paranoide" e de "psicopatia". Alega que "com a publicidade dos autos nos órgãos oficiais e do nome do autor como 'esquizofrênico e psicopata', o ofendido passou a sofrer agressões físicas e morais na sociedade pernambucana nas vias públicas, o que vem gerando perigo de morte à sua vida e tormento à sua família.[99]

Contudo, tão interessante quanto analisar o comportamento do IDC é verificar os casos nos quais ele *não foi* atuado pelo MPF.

Um desses casos foi levado ao conhecimento do MPF pela Fundação Interamericana de Direitos Humanos e o Centro Santo Dias de Direitos Humanos da Arquidiocese de São Paulo tendo como objeto "a ocorrência de 7 (sete) homicídios de moradores de rua, acontecidos no período de 19 de agosto a 2 de setembro de 2004", sustentada a necessidade da instauração de incidente diante da absoluta inércia da polícia civil estadual e sob o argumento de que as investigações não estão comprometidas com a busca da verdade dos fatos, tendo sido instauradas apenas "com o interesse em provocar querelas de natureza político partidária entre as administrações estadual e municipal".[100]

Uma vez prestadas as informações pelos órgãos ligados à administração da Justiça no Estado em questão, a PGR textualmente concluiu que todas as providências estavam sendo tomadas pelos órgãos locais e que a *federalização* não se justificava.

Mas, para além das discussões (essenciais) do emprego do IDC, algumas notas sobre sua estrutura técnica também merecem destaque.

---

98 MANDANTE da morte do promotor de Itaíba é condenado a 50 anos de prisão: Zé Maria foi considerado culpado pelo júri de mandar matar promotor. José Marisvaldo foi condenado a 40 anos e 8 meses; Adeíldo foi absolvido. **G1 Pernambuco.** 28 out. 2016. Disponível em: <http://g1.globo.com/pernambuco/noticia/2016/10/mandante-da-morte-do-promotor-de-itaiba-e-condenado-50-anos-de-prisao.html>. Acesso em: 2 dez. 2021.

99 BRASIL. Superior Tribunal de Justiça. **Incidente de Deslocamento de Competência n. 4/PE (2013/0278698-1).** Relator: Min. Rogério Schietti. J. em 20 de maio de 2014. Disponível em: <https://www.migalhas.com.br/arquivos/2015/1/art20150108-09.pdf>. Acesso em: 2 dez. 2021.

100 Grifos no original. Documento protocolado na e. PGR sob n. 1.00.000.011297/2004.

Aspectos práticos da propositura do IDC

O IDC, como incidente processual fundado num critério material – grave violação de direitos humanos – deve ser postulado perante o STJ a partir de provocação do Procurador Geral da República, que, por sua vez, atua de ofício ou mediante a provocação de terceiros que podem ser: os atores processuais intervenientes na persecução original (juiz, Ministério Público) ou mesmo entidades não governamentais, como exposto no tópico anterior.

Esse caráter metajurídico do IDC, somado a seus objetivos de otimização da tutela de direitos humanos faz com que se possa cogitar a possibilidade de sua provocação também pelo assistente da acusação, malgrado a ausência de expressa previsão legal nesse sentido ou mesmo por organismos policiais ainda no curso da investigação na modalidade inquérito policial.

Contudo, se o IDC sofre controle judicial quando há a oposição do incidente, há sérios problemas quando da *inação* do PGR, aqui entendida não apenas como excessiva demora em aforar o mecanismo mas, também, nos casos em que a PGR resolve não atuar o IDC.

Com efeito, não há qualquer forma de controle acerca desse arquivamento e, levando-se em conta a jurisprudência do e. STF para uma situação potencialmente análoga (arquivamento de inquéritos policiais nos crimes de competência originária), não caberá qualquer controle fora do âmbito institucional do próprio legitimado ativo.

Mas, se já não existe controle sobre o agente provocador, o controle sobre o conteúdo do mérito também é extremamente fragilizado, e não se fala aqui da possibilidade de emprego de algum recurso ou ação autônoma de impugnação, mas sim o controle da racionalidade do julgamento. Para tanto, basta o ponto nodal do acórdão:

> O deslocamento de competência – em que a existência de crime praticado com grave violação aos direitos humanos é pressuposto de admissibilidade do pedido – deve atender ao princípio da proporcionalidade (adequação, necessidade e proporcionalidade em sentido estrito), compreendido na demonstração concreta de risco de descumprimento de obrigações decorrentes de tratados internacionais firmados pelo Brasil, resultante da inércia, negligência, falta de vontade política ou de condições reais do Estado-membro, por suas instituições, em proceder à devida persecução penal. (grifos no original – STJ – IDC n. 01 – PA)

Assim, em nome da existência desse mecanismo, insere-se na estrutura persecutória, ao arrepio do modelo constitucional, a proporcionalidade como critério de determinação do juiz natural, sustentada na presença (ou ausência) de vontade política (seja lá o que isto venha a significar) ou *condições-reais*.

Outro aspecto prático de grande importância é que o IDC acarreta não apenas a possibilidade de deslocar processos, mas, também, investigações como se deu no julgamento do IDC n° 03, no qual se fez ainda a migração da competência de forma parcial em relação aos fatos investigados, posto que, naquele caso, foi deslocada apenas a competência para apreciação de alguns dos fatos envolvidos.[101]

Aspecto de fundamental importância é a ausência de uma definição clara do que vem a ser *grave violação de direitos humanos*, como já pontuado, conceito nuclear para o funcionamento do IDC.

Ainda no julgamento do Incidente n. 03 o Min. Relator, Jorge Mussi, pontuou que

> [...] a sua propositura exige não só a existência de grave violação a direitos humanos, mas também a necessidade de assegurar o cumprimento de obrigações internacionais avençadas, estando-se diante de omissão ou incapacidade das autoridades responsáveis pela apuração dos ilícitos.

Assim, no universo de casos existentes até 2015, o que se observa é que a construção jurídico-processual de *graves violações* está potencialmente ligado a fatos extraprocessuais (*vide caso Dorothy Stang*) que, somados a comportamentos processuais constroem o cenário de excepcionalidade que se reveste o IDC. Nos casos até aqui aforados, o conceito de *grupo de extermínio* é sempre presente.[102]

Nada obstante, por mais nobre que sejam os objetivos, há argumentos contrários que inibem a efetividade da tutela de direitos humanos por esse mecanismo.

IDC e efetiva tutela de direitos humanos

O argumento de fundo sempre trabalhado por prestigiosa doutrina é o da necessidade da responsabilização da União no plano internacional quando da violação interna dos direitos humanos como decorrência lógica da inserção do Brasil no cenário internacional. Isso é obviamente correto, mas daí a desconstruir o pacto federativo com a justificativa que a União arcará com os prejuízos materiais e políticos das violações é um salto demasiadamente grande.

Em primeiro lugar porque, se violações internas aos direitos humanos há em algum membro federado, o mecanismo para solucionar este ponto é

---

101 Naquele acórdão, o STJ "determinou a transferência imediata à Polícia Federal, sob a fiscalização do Ministério Público Federal e sob a jurisdição do juízo federal criminal, do inquérito policial envolvendo o desaparecimento de Célio Roberto; do procedimento inquisitivo que trata do crime de tortura contra Michel Rodrigues da Silva; e do inquérito policial que apura o desaparecimento de Pedro Nunes da Silva e Cleiton Rodrigues. As demais ações penais e inquéritos citados no incidente de deslocamento continuam a tramitar na esfera estadual, pois os ministros não identificaram ineficácia ou incapacidade por parte das autoridades de Goiás. Entretanto, a Seção recomendou ao Tribunal de Justiça de Goiás (TJGO) e ao Ministério Público estadual, assim como aos juízes criminais e desembargadores, que deem prioridade a essas ações."
102 MPF – Antonio Fernando Barros e Silva de Souza (PGR). Ajuizamento IDC 2, em tópico sobre "hipóteses de grave violação de direitos humanos". 23 jun. 2009.

a intervenção federal que, se não aplicada por questões meramente políticas é, na verdade, o instrumento determinado pelo Constituinte originário para solucionar essas omissões dos entes federados.

Outro argumento fundamental, do qual ousamos discordar de vozes abalizadas, é de que o IDC é um instrumento cooperatório e que otimiza a *salutar* disputa entre União e eEstados para que se alcance uma melhor proteção aos direitos humanos.

Com efeito, inicialmente cabe indagar até que ponto cooperação se faz com exclusão do Estado-membro do processo democrático. Some-se a isso a inevitável constatação de que, uma vez descompromissado com a construção democrática – pois, uma vez afastado sanção alguma se lhe impõe – não haverá incentivo para que se construam, como afirma a ementa do e. STJ, as tais das "condições reais do Estado-membro, por suas instituições, em proceder à devida persecução penal".

Ainda em termos cooperatórios, a própria CR em uma das suas infindáveis emendas já disponibilizou toda a estrutura investigativa da Polícia Federal em casos de repercussão internacional ou interestadual, donde os mecanismos para que haja parceira "democrática" entre instituições já se encontra montada.

O emprego análogo do desaforamento carece de sustentação perante a estrutura constitucional do processo penal, conforme demonstramos em obras anteriores e tem, nas suas entrelinhas, a inconsistente afirmação de que a esfera judicial federal é mais eficiente que as estaduais.

O IDC enquanto instrumento retórico de otimização da proteção aos direitos humanos parece lamentavelmente fadado ao mero emprego simbólico, inserido numa (re)forma constitucional criticada exatamente por esse aspecto e que, na essência, pode continuar a encobrir os graves problemas estruturais do Estado brasileiro perante a opinião pública nacional e internacional.

Violência de gênero

A preocupação da comunidade internacional com a denominada *violência de gênero* não é nova, como também não é nova a interação do Estado brasileiro nesse cenário.

Ligados a esse movimento, podem ser recordados, desde a Carta das Nações Unidas, de 1945, onde se encontra o estabelecimento da igualdade entre homens e mulheres, passando pela criação da Comissão da Condição Jurídica e Social da Mulher (de 1946) e textos que estabelecem patamares para o tratamento equânime entre homens e mulheres no plano salarial, a equidade entre homens e mulheres na relação de convivência no casamento, até aqueles mais abrangentes como Pacto de Direitos Civis e Políticos de 1966 e outros mais específicos como a *Declaração sobre a Eliminação de Discriminação contra a Mulher*, transformada em Convenção no ano de 1979, em vigor em 1981, e que daria base para uma série de atividades e estudos no âmbito da ONU sobre a condição da mulher, até que se alcançasse, em 1993, em Belém do Pará/BR, sob os auspícios da OEA, a Convenção Interamericana para Erradicar a Violência contra a Mulher (1994).

Destaca-se de forma imediata nesse processo a Convenção de 1994 da OEA que o Brasil ratificou em 27.11.1995, inclusive como parte do I Plano Nacional de Direitos Humanos, este por sua vez compreendido num processo macropolítico que tem seu nascedouro com a própria Constituição de 1988 e que exigiria uma significativa mudança de compromisso do Estado brasileiro com o tema dos direitos humanos nos planos interno e internacional.

Afigura-se nesse ponto, de nodal importância, a ratificação, pelo Brasil, em 1992, da Convenção Americana de Direitos Humanos, bem como a posterior assunção da competência da , em 1998, cuja jurisdição haveria de influenciar definitivamente o direito interno.

Observado o sistema penal, não é possível identificar, no arco temporal que vai da Constituição de 1988 até a edição da Lei 11.340/2006 (a denominada Lei Maria da Penha), qualquer tendência de direito interno no sentido de concretizar os compromissos internacionais assumidos pelo Brasil.

Em 1988, quando a Constituição entrou em vigor, a disciplina penal sobre o tema cingia-se ao Código Penal reformado em sua parte geral em 1984, ainda, portanto, no contexto do estado de exceção militar, e o tratamento da *violência de gênero* limitava-se a uma operacionalmente insignificante circunstância de agravamento de pena introduzida pela Lei 7.209/1984.

Apenas em 2004 houve algum reflexo do movimento de internacionalização no sistema penal pátrio, com a edição da Lei 10.886/04 que criou o tipo penal da *violência doméstica* por meio do acréscimo dos §§ 9º e 10 ao art. 129, do Código Penal, o qual viria a sofrer nova alteração com a redação determinada pelo artigo 44, da Lei Maria da Penha, aumentando a pena máxima cominada de modo que não se pudesse falar na possibilidade de um dos mecanismos transacionais conhecidos no direito brasileiro, o da *transação penal*.

Mas, se o tratamento do direito penal material era pouco condizente com os compromissos firmados no plano internacional, o direito processual penal tratou de transformar as potenciais situações de violência doméstica em *infrações penais de menor potencial ofensivo*, na medida em que a maior parte das condutas verificáveis no cotidiano se subsumiria a ameaças ou lesões corporais dolosas (leves) as quais redundavam na aplicação dos mecanismos transacionais sobre a pena (art. 76 da Lei 9099/95) ou, residualmente, no desenvolvimento do processo (art. 89 da Lei 9099/95).

Como decorrência sistêmica desse tratamento, inviabilizou-se por completo a incidência de medidas cautelares (ou pré-cautelares) nessas hipóteses, como a própria prisão em flagrante ou a decretação da prisão preventiva, dado que incompatíveis com a estrutura da justiça penal consensual nas hipóteses mais corriqueiras como lesão corporal ou ameaça. Tal quadro somente viria a ser alterado com a Lei Maria da Penha, em especial com seus artigos 41 e 42.

O primeiro artigo antes mencionado (art. 41) das Disposições Finais da Lei 11.340/06, explicitamente afasta a aplicação da Lei 9099/95.

Para entender como esse afastamento se deu no processo legislativo, é importante frisar que a Lei Maria da Penha nasce com a criação, pelo Decreto nº 5.030, de 31 de março de 2004, de um *grupo de trabalho interministerial*, contando com os seguintes órgãos do Poder Executivo da União: Secretaria Especial de Políticas para as Mulheres (SPM) da Presidência da República (coordenação); Casa Civil da Presidência da República; Advocacia-Geral da União; Ministério da Saúde; Secretaria Especial dos Direitos Humanos da Presidência da República; Secretaria Especial de Políticas de Promoção da Igualdade Racial da Presidência da República; Ministério da Justiça e Secretaria Nacional de Segurança Pública. Esse grupo apresentou ao Congresso, em nome do Poder Executivo, aquilo que seria o projeto de lei nº 4.559, de 2004.

De relevo pontuar, no presente momento, a iniciativa do projeto pelo Executivo, assumidamente em virtude da sanção sofrida pelo Brasil no contexto do sistema interamericano de direitos humanos como atrás exposto. Da *mensagem* enviada pelo Executivo ao Legislativo, deve ser destacado o seguinte trecho, que deve orientar a compreensão da norma:

> É contra as relações desiguais que se impõem os direitos humanos das mulheres. O respeito à igualdade está a exigir, portanto, uma lei específica que dê proteção e dignidade às mulheres vítimas de violência doméstica. Não haverá democracia efetiva e igualdade real enquanto o problema da violência doméstica não for devidamente considerado. Os direitos à vida, à saúde e à integridade física das mulheres são violados quando um membro da família tira vantagem de sua força física ou posição de autoridade para infligir maus tratos físicos, sexuais, morais e psicológicos.

É importante frisar igualmente que, na proposta originária enviada pelo Executivo, não havia o afastamento total dos institutos previstos na Lei 9.099/95, mas, sim, alteração de sua estrutura para, por exemplo, postergar a celebração da transação penal na forma do artigo 76 daquele diploma legal.

O repúdio aos mecanismos transacionais da Lei 9.099/95 não surgiu, assim, no Executivo, mas sim no Parlamento, como se pode observar das incisivas observações da Relatora Dep. Jandira Feghali. Textualmente:

Os Juizados Especiais Criminais (JECrims), criados pela lei 9099/95, significaram uma conquista da sociedade para desafogar as diversas varas do Poder Judiciário e acelerar decisão sobre diversos delitos, mas não foram criados para tratar crimes de violência contra a mulher. Não têm na sua abrangência legal, competência para tratar de questões que envolvam direito de família e no âmbito criminal, trata especificamente de violações de menor potencial ofensivo. Já está consagrado em todas as convenções e tratados internacionais, ratificados pelo Brasil, que a violência contra a mulher é uma violação aos direitos humanos. Ao analisarmos dez anos de atuação dos Juizados Especiais vemos que os resultados reforçam a impunidade, permitindo a reincidência e agravamento do ato violento – 90% dos casos são arquivados ou levados a transação penal. Neste sentido é clara a descrição feita pela Dr.ª Flávia Piovesan (professora doutora de direito constitucional e direitos humanos da PUC/SP): "O grau de ineficácia da referida lei revela o paradoxo do Estado romper com a clássica dicotomia público-privado, de forma a dar visibilidade a violações que ocorrem no domínio privado, para, então, devolvê-las a este mesmo domínio, sob o manto da banalização, em que o agressor é condenado a pagar à vítima uma cesta básica ou meio fogão ou meia geladeira. [...] Os casos de violência contra a mulher são vistos como meras querelas domésticas, ora como reflexo do ato de vingança ou implicância da vítima, ora decorrentes da culpabilidade da própria vítima, no perverso jogo de que a mulher teria merecido, por seu comportamento, a resposta violenta.

Não por outra razão, a DD Relatora do projeto original apresentou substitutivo excluindo, por completo, a incidência da Lei 9099/95 no enfrentamento da violência aqui enfocada e assim acabou por ser aprovado o diploma legal em questão, para insatisfação de parte dos operadores do Direito e mesmo em desacordo com a visão original do próprio Poder Executivo.

Juizados Especiais Criminais

A competência fixada para aquilo que se denomina de infração penal de menor potencial, atuada pelo Juizado Especial Criminal (JEcrim) ofensivo é natureza material, portanto, absoluta e se caracteriza pelo acúmulo das seguintes condições:

Quantidade da pena: esse critério encontra-se no art. art. 61 da Lei 9.099/95 com a redação dada pela Lei nº 11.313, de 2006: "Consideram-se infrações penais de menor potencial ofensivo, para os efeitos desta Lei, as contravenções penais e os crimes a que a lei comine pena máxima não superior a 2 (dois) anos, cumulada ou não com multa."

Complexidade da causa: está previsto no art. Art. 77, § 2º:

> Se a complexidade ou circunstâncias do caso não permitirem a formulação da denúncia, o Ministério Público poderá requerer ao Juiz o encaminhamento das peças existentes, na forma do parágrafo único do art. 66 desta Lei.[103]

É verificável na situação concreta que demanda análise objetiva levando-se em conta, sobretudo – mas não exclusivamente – a cognição necessária e a incapacidade do rito processual previsto naquela lei de lhe dar vazão.

Comportamento da pessoa acusada em juízo: trata-se da situação do não encontro da pessoa acusada que, a teor do art. 66 da Lei 9.099/95 autoriza o deslocamento da causa para uma vara judicial *comum*.[104]

A concluir, portanto, que não basta o limite de pena para fixação da competência material do Juizado: é necessário que a causa não seja complexa e que a pessoa imputada seja localizada. Caso contrário o caso é remetido à Justiça *comum*.

Entretanto, se a materialidade é o critério primário de fixação, a territorialidade também se faz presente no âmbito de funcionamento desse microssistema jurídico a teor do artigo art. 63: "A competência do Juizado será determinada pelo lugar em que foi praticada a infração penal". Assim, não é *qualquer* juizado que deverá judicar no caso concreto, mas si aquele do lugar da infração. Mais um exemplo da mescla de critérios de natureza diferente (material e territorial) no mesmo caso concreto.

Há, porém, um aspecto de necessário destaque quando se comenta, sob qualquer aspecto, o microssistema da Lei 9.099/95: o da utilização dos mecanismos daquele diploma legal (transação, suspensão condicional do processo) por órgãos que não são o *Juizado Especial Criminal*, como o Tribunal do Júri (TJr) ou cortes superiores, estas últimas quando, em razão do critério hierárquico-funcional (*vide* tópico específico neste Capítulo), apreciam infrações penais de menor potencial ofensivo.

Quando isso ocorre, não significa outra coisa senão o emprego de técnicas de despenalização e não que um órgão com competência originária seja um *Juizado Especial Criminal*, pois haverá a absorção da competência de um (a de menor potencial ofensivo) pelo outro (órgão de competência originária) ou, se se preferir, a absorção do critério material pelo hierárquico funcional.

---

103 E, também, nas ações penais privadas: "§ 3º Na ação penal de iniciativa do ofendido poderá ser oferecida queixa oral, cabendo ao Juiz verificar se a complexidade e as circunstâncias do caso determinam a adoção das providências previstas no parágrafo único do art. 66 desta Lei".
104 "Art. 66. [...] Parágrafo único. Não encontrado o acusado para ser citado, o Juiz encaminhará as peças existentes ao Juízo comum para adoção do procedimento previsto em lei".

Crimes dolosos contra a vida

A competência material para julgamento dos crimes dolosos contra a vida tem assento constitucional em praticamente todas as Constituições brasileiras, à exceção daquela de 1937 que, para muitos constitucionalistas menos que uma Constituição foi uma *Polaca*[105]. Sintomaticamente, foi sob os auspícios daquele texto jurídico que foi erigido o Decreto[106] e que acabou inspirando o CPP que viria a ser unificado poucos anos depois e, mais ainda, mantido em suas linhas básicas na reforma de 2008 como será oportunamente visto neste Manual no Capítulo sobre o Júri.

Da fixação da competência pelo júri, previsto na CR, deve-se caminhar para as disposições do CPP a respeito e, mais ainda, merece particular atenção a forma como se construiu ao longo dos anos o conceito de "crime doloso contra a vida", com forte apego à ubiquação desse bem jurídico no Código Penal e, como consequência, o afastamento de todos os eventos com resultado morte da competência do tribunal do júri (v.g., roubo seguido de morte[107], estupro seguido de morte, tortura seguida de morte).

Competência material para tais crimes que podem vir a afetar interesses da União e, portanto, geral o chamado *Júri Federal*, de rara incidência prática, mas inegavelmente existente no cenário jurídico[108]. E, nesse contexto, deve-se

---

105 Sobre o assunto ver PORTO, Walter Costa. **1937**. 3. ed. Brasília: Senado Federal, Subsecretaria de Edições Técnicas, 2012.
106 Decreto-Lei n. 167/38 sobre o júri. BRASIL. **Decreto-Lei n. 167, de 05 de janeiro de 1938**. Regula a instituição do Juri. Disponível em: <http://www.planalto.gov.br/ccivil_03/decreto-lei/1937-1946/del0167.htm>. Acesso em: 2 dez. 2021.
107 Súmula n. 603 do STF: A competência para o processo e julgamento de latrocínio é do juiz singular e não do tribunal do júri. BRASIL. Supremo Tribunal Federal. **Súmula 603**. Disponível em: <https://jurisprudencia.stf.jus.br/pages/search/seq-sumula603/false>. Acesso em: 2 dez. 2021.
108 Ver: MOURÃO, Natália Lemos. Por que a Justiça Federal julga formando um júri e o Supremo Tribunal Federal julga em plenário simples? **Âmbito Jurídico**, Rio Grande, v. XIV, n. 93, out. 2011. Disponível em: <http://www.ambito-juridico.com.br/site/index.php?n_link=revista_artigos_leitura&artigo_id=10602>. Acesso em: 2 dez. 2021.

observar tema de igualmente rara incidência prática, mas já registrado na jurisprudência[109] e que alimenta saudáveis discussões teóricas: a fixação do genocídio como crime doloso contra a vida – ou não – e a competência de seu julgamento.

---

109 CONSTITUCIONAL E PROCESSUAL PENAL – RECURSO ESPECIAL – CRIMINAL – CRIME DE GENOCÍDIO CONEXO COM OUTROS DELITOS – COMPETÊNCIA – JUSTIÇA FEDERAL – JUIZ SINGULAR – ETNIA – ÍNDIOS YANOMAMI – ALÍNEA "A", DO ART. 1º, DA LEI Nº 2.889/56 C/C ART. 74, PARÁG. 1º, DO CPP E ART. 5º, XXXVIII, DA CF – PREQUESTIONAMENTO IMPLÍCITO – CONHECIMENTO – SENTENÇA MONOCRÁTICA RESTABELECIDA. 1 – Inicialmente, reconhecida extinta a punibilidade de FRANCISCO ALVES RODRIGUES, em virtude de seu falecimento, conforme certidão de óbito juntada às fls. 1.807 dos autos (art. 107, I, CP). 2 – Aos réus-recorridos é imputada a perpetração dos delitos de lavra garimpeira ilegal, contrabando ou descaminho, ocultação de cadáver, dano, formação de quadrilha ou bando, todos em conexão com genocídio e associação para o genocídio, na figura da alínea "a", do art. 1.º da Lei n.º 2.889/56, cometidos contra os índios YANOMAMI, no chamado "MASSACRE DE HAXIMÚ", que resultou na morte de 12 índios, sendo 01 homem adulto, 02 mulheres, 01 idosa cega, 03 moças e 05 crianças (entre 01 e 08 anos de idade), bem como em 03 índios feridos, entre eles, 02 crianças. 3 – Esta Corte, através de seu Órgão Especial, posicionou-se no sentido de que a violação à determinada norma legal ou dissídio sobre sua interpretação, não requer, necessariamente, que tal dispositivo tenha sido expressamente mencionado no v. acórdão do Tribunal de origem. Cuida-se do chamado prequestionamento implícito (cf. EREsp nºs 181.682/PE, 144.844/RS e 155.321/SP). Sendo a hipótese dos autos, afasta-se a aplicabilidade da Súmula 356/STF para conhecer do recurso, no tocante à suposta infringência aos arts. 74, parág. 1º, do Código de Processo Penal e 1º, "a", da Lei nº 2.889/56. 4 – Como bem asseverado pela r. sentença e pelo v. decisum colegiado, cuida-se, primeiramente, de competência federal, porquanto deflui do fato de terem sido praticados delitos penais em detrimento de bens tutelados pela União Federal, envolvendo, no caso concreto, direitos indígenas, entre eles, o direito maior à própria vida (art. 109, incisos IV e XI, da Constituição Federal). Precedente do STF (RE nº 179.485/2-AM). Logo, a essa Corte de Uniformização sobeja, apenas e tão somente, a análise do crime de genocídio e a competência para seu julgamento, em face ao art. 74, parág. 1º, do Código de Processo Penal, tido como violado. 5 – Pratica genocídio quem, intencionalmente, pretende destruir, no todo ou em parte, um grupo nacional, étnico, racial ou religioso, cometendo, para tanto, atos como o assassinato de membros do grupo, dano grave à sua integridade física ou mental, submissão intencional destes ou, ainda, tome medidas a impedir os nascimentos no seio do grupo, bem como promova a transferência forçada de menores do grupo para outro. Inteligência dos arts. 2º da Convenção Contra o Genocídio, ratificada pelo Decreto nº 30.822/52, c/c 1º, alínea "a", da Lei nº 2.889/56. 6 – Neste diapasão, no caso sub judice, o bem jurídico tutelado não é a vida do indivíduo considerado em si mesmo, mas sim a vida em comum do grupo de homens ou parte deste, ou seja, da comunidade de povos, mais precisamente, da etnia dos silvícolas integrantes da tribo HAXIMÚ, dos YANOMAMI, localizada em terras férteis para a lavra garimpeira. 7 – O crime de genocídio tem objetividade jurídica, tipos objetivos e subjetivos, bem como sujeito passivo, inteiramente distintos daqueles arrolados como crimes contra a vida. Assim, a ideia de submeter tal crime ao Tribunal do Júri encontra óbice no próprio ordenamento processual penal, porquanto não há em seu bojo previsão para este delito, sendo possível apenas e somente a condenação dos crimes especificamente nele previstos, não se podendo neles incluir, desta forma, qualquer crime que haja morte da vítima, ainda que causada dolosamente. Aplicação dos arts. 5º, inciso XXXVIII, da Constituição Federal c/c 74, parág. 1º, do Código de Processo Penal. 8 – Recurso conhecido e provido para, reformando o v. aresto a quo, declarar competente o Juiz Singular Federal para apreciar os delitos arrolados na denúncia, devendo o Tribunal de origem julgar as apelações que restaram, naquela oportunidade, prejudicadas, bem como o pedido de liberdade provisória formulado às fls. 1.823/1.832 destes autos. Decretada extinta a punibilidade em relação ao réu FRANCISCO ALVES RODRIGUES, nos termos do art. 107, I, do CP, em razão de seu falecimento. BRASIL. Superior Tribunal de Justiça. **Recurso Especial n. 222653/RR**. Quinta Turma. Relator: Min. Jorge Scartezzini. Julgamento: 12 set. 2000. Publicação: 30 out. 2000. Disponível em: <https://stj.jusbrasil.com.br/jurisprudencia/332280/recurso-especial-resp-222653-rr-1999-0061733-9/inteiro-teor-100240453>. Acesso em: 2 dez. 2021.

Previsto no ordenamento jurídico pela Lei nº 2.889, de 1 de outubro de 1956, como decorrência da adesão do Brasil à Convenção para a Prevenção e a Repressão do Crime de Genocídio (1948), a norma foi raramente invocada no ordenamento brasileiro e, numa delas, pós-texto constitucional de 1988, o STJ o descaracterizou como crime contra a vida apoiando-se na consolidada compreensão do tema como já exposto e, reconhecendo que, no caso concreto, havia uma ofensa à União por se tratar de ataque a população indígena reconheceu a Justiça Federal como competente e o Juízo singular para apreciá-la.

Limitado o conceito de crime doloso contra a vida ao homicídio, aborto, infanticídio e auxílio, instigação ou induzimento ao suicídio, a competência do TJr será, contudo, estendida a todos os demais crimes que com aqueles forem conexos, atraindo desta forma uma competência que vai além da literalidade do texto constitucional quando a restringe aos crimes dolosos contra a vida. Essa atração causará alguns problemas operacionais quando da análise da viabilidade da causa (pronúncia) ou da desclassificação da conduta típica naquela fase ou mesmo no julgamento em sessão plenária como será visto no capítulo próprio.

Mais ainda, a competência do TJr, constitucional que é e, portanto, de natureza absoluta, em algumas situações, deverá ser harmonizada com a competência hierárquico-funcional quando o crime for cometido por aquele que detém foro por prerrogativa de função. Nessas hipóteses deverá ser observado em primeiro lugar essa competência hierárquico-funcional tem assento na mesma CR ou se advém de texto de Constituição Estadual.

Caso previsto na CR, prevalecerá aquela mais especial, a saber, a de prerrogativa de função; caso prevista em outro texto constitucional estadual, deve ser mantida a competência do júri. Este, inclusive, o entendimento sumulado do STF (Súmula 721): A competência constitucional do tribunal do júri prevalece sobre o foro por prerrogativa de função estabelecido exclusivamente pela constituição estadual.

A súmula tem eco na doutrina, como aponta Karam:[110]

> [...] deixando de excepcionar as aludidas regras, o constituinte fez uma opção política, que, embora criticável, há que ser observada: no confronto entre o direito individual do cidadão que ocupa determinados cargos públicos de ser submetido a julgamento pelo júri, quando lhe for imputada a prática de crime doloso contra a vida, e o interesse do Estado em garantir a preservação da dignidade e da relevância daqueles determinados cargos públicos, através da intervenção no processo tão somente de órgãos jurisdicionais de graduação superior, optou o constituinte pelo sacrifício do direito individual em prol de um interesse da coletividade (que, pelo menos em tese, o Estado representa).

---

[110] KARAM, Maria Lúcia. **Competência no processo penal**. 2. ed. São Paulo: RT, 1998. p. 90-91.

No entanto, problemas permanecem na tentativa de harmonizar esses dois critérios de matriz constitucional. Um deles é o crime doloso contra a vida praticado por parlamentar estadual (homicídio praticado por deputado estadual, por exemplo), cuja previsão de especialidade do foro por prerrogativa de função não está na CR, mas sim na Constituição Estadual.

Caso diretamente ligado a esse assunto foi apreciado pelo STJ e assim julgado:

> Em matéria de competência penal, o entendimento jurisprudencial dos Tribunais Superiores é no sentido de que o foro por prerrogativa de função, quando estabelecido na Constituição Federal, prevalece mesmo em face da competência do Tribunal do Júri, pois ambos encontram-se disciplinados no mesmo diploma legislativo. II. De outro lado, estabelecida a imunidade processual na Constituição do Estado, esta competência não poderá prevalecer sobre a Carta Magna, norma de grau hierárquico superior. Inteligência da Súmula 721/STF. III. A garantia do cidadão de ser julgado pelos seus pares perante o Tribunal do Júri prevalece sobre o foro especial por prerrogativa de função estabelecido em Constituição estadual, pois os direitos fundamentais inseridos no art. 5º da Constituição Federal, inalienáveis e indisponíveis, não podem ser suprimidos nem mesmo pelo poder constituinte derivado, pois alçado à condição de "cláusula pétrea". IV. *O verbete sumular n.º 721/STF não conflita com a possibilidade de simetria que a Constituição Federal admite para a Organização da Justiça Estadual (artigos 25 e 125, § 1º) e nem com a aplicação extensiva do art. 27, § 1º aos Deputados Estaduais em determinados temas, particularmente no da inviolabilidade e da imunidade dos Deputados Federais. V. Abrangência da prerrogativa de cargo ou função na expressão inviolabilidade e imunidade (art. 27, § 1º, da CF), autorizando às Constituições Estaduais a estender aos Deputados Estaduais as mesmas imunidades e inviolabilidades, aí compreendida a prerrogativa de foro.* VI. Inaplicabilidade da Súmula 721/STF aos Deputados Estaduais, por extensão da garantia do art. 27, § 1º da Constituição Federal. VII. Ordem concedida, nos termos do voto do Relator.[111]

Análise Crítica: A posição lançada no acórdão acima mencionado está baseada numa espécie de *simetria constitucional* que, partindo da estrutura do estado federativo brasileiro, conclui que as mesmas posições jurídicas adotadas para a União devem ser preservadas para os Estados-membros. Essa construção teórica, que já contou com adesão significativa da doutrina constitucional brasileira até a CR/88, além de ser contemporaneamente criticada

---

111 BRASIL. Superior Tribunal de Justiça. **Habeas Corpus n. 109.941/RJ**. Quinta Turma. Relator: Min. Gilson Dipp. Julgado em: 02/12/2010. Publicação: DJe 04/04/2011. Disponível em: <https://scon.stj.jus.br/SCON/jurisprudencia/toc.jsp?i=1&b=ACOR&livre=((%27HC%27.clap.+e+@num=%27109941%27)+ou+(%27HC%27+adj+%27109941%27.suce.))&thesaurus=JURIDICO&fr=veja>. Acesso em: 2 dez. 2021.

> por segmentos expressivos de doutrinadores[112] da área, não pode chegar ao ponto de escrever-se um texto que não existe (uma distorcida mutação constitucional) como se fez no julgado acima.

Ainda sobre competência do TJr, deve-se destacar seu relacionamento com os institutos despenalizadores da Lei 9.099/95, transação penal (art. 72) e suspensão condicional do processo (art. 89) que devem ser empregados no procedimento do júri quando, desclassificada a conduta, houver a possibilidade do emprego daqueles mecanismos, tema que foi problemático até a reforma legislativa de 2008 que, de certa forma, reestruturando procedimentos, buscou clarificar que tanto a transação como a suspensão condicional do processo devem ser atuados no rito do júri.

No âmbito do júri deve ser destacada a competência para julgamento dos crimes dolosos contra a vida praticados por militares, contra civis, mesmo que no transcurso de suas atividades funcionais.

Esse é um assunto de grande atualidade e de inegável repercussão social. Os dados merecem a seguinte conclusão pelo Fórum Brasileiro de Segurança Pública:

> [...] em termos substantivos, não obstante as limitações indicadas na qualidade dos dados, a conclusão é que o balanço alcançado pelo levantamento FBSP é bastante triste: considerados apenas os dados do ano de 2012, verificamos que ao menos 5 pessoas morrem vítimas da intervenção policial no Brasil todos os dias, ou seja, ao menos 1890 vidados foram tiradas pela ação das policiais civis e militares em situação de "confronto". Se consideramos a série histórica proposta pelo estudo, o resultado é o mesmo: utilizando os dados doas anos 2000 até 2012 em média 4,9 pessoas morrem todos os dias por intervenções policiais.[113]

Por outro lado,

> [...] os dados de vitimização policial reforçam ainda mais nossa análise sobre o padrão de atuação das polícias brasileiras: a taxa de mortalidade por homicídio de um policial no Brasil é três vezes superior à taxa de homicídio de um cidadão comum. Nada obstante, os dados de vitimização policial também são considerados frágeis e, portanto, podem estar subnotificados. As informações aqui apresentadas revelam que polícia e sociedade encontram-se, hoje, sob fogo cruzado: morrem muitos civis todos os anos em decorrência da intervenção policial, mas também muitos policiais, cuja mortalidade se dá especialmente fora do serviço.[114]

---

112 LEONCY, Léo Ferreira. **Princípio da simetria e argumento analógico**: o uso da analogia na resolução de questões federativas sem solução constitucional evidente. Tese (Doutorado em Direito do Estado). Universidade de São Paulo. São Paulo, 2011.

113 BUENO, Samira; CERQUEIRA, Daniel; LIMA, Renato Sérgio de. Sob fogo cruzado II: letalidade da ação policial. In: **Anuário Brasileiro de Segurança Pública**. São Paulo, ano 7., p. 118-127, 2013. Disponível em: <https://forumseguranca.org.br/storage/7_anuario_2013-corrigido.pdf>. Acesso em: 11 jan. 2022. p. 125.

114 Idem. p. 126.

Desde a Lei 9.299/1996, afastou-se da *Justiça Castrense* após modificar a natureza de crime militar na forma do art. 9º, do Código Penal Militar[115], determinou-se que a competência dos crimes dolosos contra a vida praticados por policiais militares fosse abarcada pelo TJr. Nada obstante, manteve a apuração dessas infrações por meio de Inquéritos Policiais Militares (IPMs).

Essa cisão (competência para julgamento pela justiça comum estadual e apuração da infração por meio de inquéritos policiais militares) é afrontosa à CR, pois não se pode desenvolver o controle da investigação por órgãos jurisdicionais fracionados que não pertencem aos quadros da Justiça competente para apreciação da sua conclusão no mérito (para arquivamento ou oferecimento da denúncia).

E, malgrado passados mais de vinte anos da edição da Lei, essas distorções ainda são sentidas na prática. A anomalia não tardou a provocar metástases interpretativas que, se não enfrentadas com a melhor técnica, simplesmente levariam à própria desconstituição da *reforma* de 1996.

Com efeito, inicialmente o tema surgiu no âmbito de conflito de atribuições, sendo exemplo disso o Protocolado n. 95.815/12 no âmbito do MPSP dirimido pelo Exmo. Procurador-Geral de Justiça nos seguintes termos:

> 1] Se compete à Justiça Comum Estadual processar e julgar crimes dolosos contra a vida de civil praticados por militar (art. 125, § 4º, CF/88; art. 9º, parágrafo único, CPM; art. 82, § 2º, CPPM), a ela compete também, e privativamente, pronunciar-se, em sede de promoção de arquivamento do inquérito policial, recebimento de denúncia, decisão de pronúncia ou plenária, sobre a ausência ou insuficiência de provas, excludente de ilicitude, inclusive a tese de legítima defesa. 2. Descabimento de providências nos tribunais superiores em face de processos com decisão transitada em julgado que subtraem a competência da Justiça Comum Estadual para o exame de crime doloso contra a vida de civil praticado por militar, tendo em vista a nulidade do consequente arquivamento dos respectivos inquéritos policiais militares, e a possibilidade de remessa de cópia integral à Promotoria de Justiça do Tribunal de Júri pela Promotoria de Justiça Militar, que se recomenda. 3. Possibilidade de recursos e outros remédios processuais em relação aos demais casos não julgados ou sem trânsito em julgado. 4. Comunicação à Procuradoria de Justiça Criminal e à Promotoria de Justiça Militar. (Despacho do Procurador-Geral de Justiça de 22/10/2012).

---

115 E, com isso, tornar injustificadas as críticas de inconstitucionalidade da norma tal como apresentadas à época por segmentos de intérpretes no mais das vezes ligados às próprias forças policiais militares.

A interpretação era realmente esdrúxula por parte da *justiça castrense*: se ficar comprovada a ocorrência da legítima defesa não há crime e, portanto, não haveria de ser encaminhada a investigação criminal para a justiça *civil*.

A situação foi enfrentada pelo STJ no Conflito de Competência nº 131.899 – Rel. Ministro Rogerio Schietti Cruz, suscitado a partir de determinado despacho judicial no qual se afirmava:

> Inexiste razão jurídica para o envio dos autos originais do presente IPM para a manifestação dos promotores do Júri, vez que, a subscritora do requerimento é Promotora de Justiça militar, logo, cabendo-lhe, s.m.j, a manifestação da existência, ou não, de delito de homicídio, quando então apenas na hipótese positiva, os autos do IPM deverão ser enviados ao Júri. XII. Nada impede que cópias do presente IPM sejam promovidas por parte do Ministério Público, para exame por parte dos promotores de justiça que atuam junto às Varas do Júri, ainda quando se reconheça a existência de excludentes de ilicitude, como ocorrem no caso em concreto. XIII. O que não se pode admitir é o envio dos autos originais do IPM ao Júri, sem que esta Justiça Especializada diga no mérito se existe, ou não, crime doloso contra a vida de civil, conforme se infere da Lei 9299/96 e da ADI 001/10, in verbis: XIX. Por esses motivos, aqui resumidos, e outros mais, se necessário for utilizar oportunamente, incabível a remessa dos autos originais deste IPM ao Júri, como requerido pelo ilustre e culto Promotor de Justiça, sem que, no mérito, esta Justiça Militar decida sobre o que é de sua competência, já solidificada por parte da jurisprudência e da doutrina especializada. (Fls. 265/267).

Pois, de fato, diversamente do que ponderava aquele magistrado, havia *melhor* juízo interpretativo a ser dado ao tema e assim o foi pelo DD Ministro Relator ao definir que "a determinação de arquivamento dos autos realizada pelo Juízo castrense dever ser, de pronto, tornada sem efeito." Isso porque, o § 2º do art. 82 do Código de Processo Penal Militar determina que, "nos crimes dolosos contra a vida, praticados contra civil, a Justiça Militar encaminhará os autos do inquérito policial militar à justiça comum". Aqui é de ser destacado que o juízo natural para a apreciação dessas hipóteses é a Justiça *civil* a quem cabe definir se houve ou não a incidência de qualquer excludente e não aquela militar.

Houve o aforamento de ação direta de inconstitucionalidade pela ADEPOL (Associação dos Delegados de Polícia do Brasil) pleiteando o afastamento da eficácia dessa norma do ordenamento jurídico – Adi 1494. Negada a liminar pelo Min. Relator (Celso de Mello, em 09/04/1997) o mérito do julgamento nunca foi alcançado pois nessa ação, assim como em outras tantas aforadas por aquela Associação foi julgada carecedora por falta de legitimidade ativa (em 17/08/2001).

A Lei 13.491/2017 já discutida em tópico anterior trouxe novo campo de análise ao tema do julgamento, pelo tribuna do júri, de militares quando, nos termos do art. § 2º, praticados no contexto:

> "Art. 9º [...]
>
> I – do cumprimento de atribuições que lhes forem estabelecidas pelo Presidente da República ou pelo Ministro de Estado da Defesa; II – de ação que envolva a segurança de instituição militar ou de missão militar, mesmo que não beligerante; ou III – de atividade de natureza militar, de operação de paz, de garantia da lei e da ordem ou de atribuição subsidiária, realizadas em conformidade com o disposto no art. 142 da Constituição Federal e na forma dos seguintes diplomas legais: a) Lei no 7.565, de 19 de dezembro de 1986 – Código Brasileiro de Aeronáutica; b) Lei Complementar no 97, de 9 de junho de 1999; c) Decreto-Lei no 1.002, de 21 de outubro de 1969 – Código de Processo Penal Militar; e d) Lei no 4.737, de 15 de julho de 1965 – Código Eleitoral. " (NR).

Atentos ao marco jurídico desta Obra, temos como inoportunista essa neo-expansão da jurisdição militar que se orienta no sentido oposto ao da expecionalidade dessa Justiça. Ademais, esse alargamento se insere num macrocontexto no qual a tarefa de segurança pública, que deve ser comcebida como prioritariamente civil no Estado de Direito vir sofrendo no Brasil, progressivamente, uma crescente militarização.

A lógica que deve prevalecer é que ao adentrar na administração da vida civil, as forças militares só mantêm o que lhes é próprio em termos organizacionais, jamais expandindo sua natureza militar a outros campos sob o evidente risco de militarização das atividades sociais.

Um derradeiro aspecto da competência material do Tribunal do Júri merece ser destacado: a hipótese da ocorrência de um crime doloso contra a vida com crime eleitoral.

Tourinho Filho apresenta solução que é a atração da competência da JE para julgamento do crime doloso contra a vida sob o argumento de que teria havido a recepção, pelo texto atual da CR/88 da causa de atração existente no modelo jurídico anterior[116]. Lamentavelmente, não existe qualquer previsão no texto constitucional em vigor que suporte a afirmação acima, restando prejudicada a conclusão alcançada pelo consagrado doutrinador.

---

116 TOURINHO FILHO, Fernando da Costa. **Código de processo penal comentado**: arts. 1º a 393. São Paulo: Saraiva, 1997. 1 v. p. 174.

Outra destacada posição na doutrina sobre o tema é de Suzana Camargo[117], para quem:

> Assim, todos esses ângulos reforçam a conclusão de que havendo conexão entre crimes eleitorais e crimes dolosos contra a vida, o julgamento de todos eles está afeto à Justiça Eleitoral, e não ao Tribunal do Júri. E mais, nesses casos, nem sempre estará presente a competência da Justiça Eleitoral, pois poderá restar afastada se configurada a competência funcional ou por prerrogativa de função outorgada a outros órgãos jurisdicionais pela Constituição Federal.

Malgrado a respeitabilidade das posições expostas, às quais se somam entendimentos de caber ao tribunal do júri a competência para julgamento mediante o emprego da conexão a seu favor[118] e da separação absoluta dos julgamentos, afastando-se a ocorrência da conexão[119], entendemos, em seguida à outra prestigiosa concepção teórica sobre o tema, que o caso merece apreciação por conexão ao tribunal do júri, mas este perante a Justiça Federal *comum*.[120]

Isso porque à JE não se prevê a possibilidade de uma estrutura judicante como TJr, diversamente como ocorre na JF *comum* e nas Justiças estaduais; a outra, porque, de igual fonte constitucional, a do tribunal do júri constitui-se como *cláusula pétrea de proteção aos direitos e garantias individuais*, enquanto a competência da JE é de cunho meramente organizacional e, portanto, axiologicamente inferior àquela disposição. Contudo, é de ser reconhecido que o caso que comportaria a conexão implicaria numa potencial ofensa a uma atividade humana diretamente ligada aos interesses da União que é a responsável por zelar pelos destinos das matérias eleitorais sendo-lhe assim cabível absorver, em seu órgão fracionário do júri, a competência conexa.

Critério hierárquico-funcional – foro por prerrogativa de função

Estabelecido como um dos mais destacados e constantes critérios de fixação da competência em sede constitucional[121], o *foro por prerrogativa de função*, também conhecido como *critério hierárquico-funcional* e, também, *foro privilegiado*, é tido como critério de natureza absoluta que apresenta primazia em relação a todos os demais.

---

117 GOMES, Suzana de Camargo. **Crimes eleitorais**. 4. ed. rev., atual. e ampl. São Paulo: Revista dos Tribunais, 2010. p. 54.

118 PONTE, Antônio Carlos da. **Crimes eleitorais**. São Paulo: Saraiva, 2008. p. 119.

119 Por todos, RANGEL, Paulo. **Direito processual penal**. 22. ed. São Paulo: Atlas, 2014. p. 382.

120 Sobre a mesma solução e com anterioridade em relação à forma como aqui exposta, GONÇALVES, Luiz Carlos dos Santos. **Crimes eleitorais e processo penal eleitoral**. São Paulo: Atlas S.A., 2012. p. 156.

121 Desde o início da República, com a CR de 1891, o tema se faz presente: "Art 57 – Os Juízes federais são vitalícios e perderão o cargo unicamente por sentença judicial [...] § 2º – O Senado julgará os membros do Supremo Tribunal Federal nos crimes de responsabilidade, e este os Juízes federais inferiores".

Quando não previsto expressamente em texto constitucional, coube ao STF ampliar, por via interpretativa, essa regra, sendo a

> Jurisprudência secular da Corte Suprema, consolidada na Súmula 394, editada em 3 de abril de 1964, estendera, em exegese ampliativa, o foro privilegiado a ex-autoridades, na hipótese em que, cometido o crime durante o exercício funcional, o inquérito ou a ação penal fossem iniciados após a cessação daquele exercício.[122]

Tal compreensão sobreviveria até longos anos após a entrada em vigor da CR/88, sendo revogada a partir do julgamento do Inquérito n. 687-SP, que *cancelou* a súmula mencionada.

Esse critério de fixação da competência foi responsável na História recente brasileira e, em particular, do sistema penal, por um inédito esforço de transformar em penal uma lei de natureza civil e, assim, ganhar-se a especialidade do foro. Tratou-se do movimento legislativo que culminou com a edição da Lei 10.628, de 24 de dezembro de 2002, já declarada inconstitucional, mas que merece ser aqui destacada.

Tudo começa com a edição da Lei 8.429, de 2 de junho de 1992, paradoxalmente vinda à luz nos meses finais do governo do então presidente Fernando Collor de Melo, ele mesmo o primeiro presidente brasileiro a ter o cargo perdido por força do processo político de *impeachment* por práticas de corrupção. Desde seu início, ela foi saudada como um profundo mecanismo de reforma do Estado.

Essa lei apresenta significativas mudanças em relação às suas predecessoras que, na verdade, nas inúmeras décadas em que esteve em vigor, jamais teve qualquer operacionalidade prática. Dentre os vários pontos de destaque que podem ser mencionados nesse diploma legal, merecem destaque os seguintes:

I] o amplo âmbito de abrangência da lei estipulado no art. 1º e seu direto vínculo com os princípios constitucionais que regem a administração contidos, sobretudo, no art. 37 da CR/88, cuja desatenção é considerada expressamente como ato de improbidade a teor do art. 11 da lei em comento. Tal redação, *aberta*, por assim dizer, propiciou que a ideia da responsabilidade por atos de improbidade administrativa alcançasse os mais variados segmentos da administração, como, por exemplo, a ambiental.

II] numeração apenas exemplificativa dos atos que podem constituir improbidade administrativa, sem que necessariamente causem prejuízo ao erário, previstos no art. 9º, como (I) receber, para si ou para outrem, dinheiro, bem móvel ou imóvel, ou qualquer outra vantagem econômica, direta ou indireta,

---

[122] ROLIM, Luciano. Limitações constitucionais intangíveis ao foro privilegiado. **Boletim Científico ESMPU**, Brasília, ano 4, n. 14, p. 111-146, jan./mar. 2005.

a título de comissão, percentagem, gratificação ou presente de quem tenha interesse, direto ou indireto, que possa ser atingido ou amparado por ação ou omissão decorrente das atribuições do agente público; ou (VII) adquirir, para si ou para outrem, no exercício de mandato, cargo, emprego ou função pública, bens de qualquer natureza cujo valor seja desproporcional à evolução do patrimônio ou à renda do agente público.

III] enumeração apenas exemplificativa dos atos que, ímprobos, causam prejuízo ao erário, previstos no art. 10, tais como (XI) liberar verba pública sem a estrita observância das normas pertinentes ou influir de qualquer forma para a sua aplicação irregular ou (XII) permitir, facilitar ou concorrer para que terceiro se enriqueça ilicitamente.

IV] penas civis proporcionalmente graves como ressarcimento integral do dano, quando houver; perda da função pública, suspensão dos direitos políticos de oito a dez anos, pagamento de multa civil de até três vezes o valor do acréscimo patrimonial, entre outras.

Entretanto, ao lado de todas essas disposições de direito material, a forma de acesso ao Judiciário para a persecução civil também mudou radicalmente. Tal mudança é perceptível desde o início das apurações, com a criação de um instrumento de investigação especificamente atuado pelo Ministério Público, o denominado *inquérito civil público*, definido como procedimento administrativo e de caráter pré-processual, com atos e procedimentos extrajudiciais. Não é, pois, cogente ou impositivo, dependendo a sua necessidade, ou não, das provas ou quaisquer elementos informativos precedentemente coligidos. Existindo prévia demonstração hábil para o exercício responsável da Ação Civil Pública, o alvitre do seu ajuizamento, ou não, é do Ministério Público, uma vez que o inquérito não é imprescindível, nem condição de procedibilidade. A decisão sobre a dispensa, ou não, está reservada ao Ministério Público, por óbvio, interditada a possibilidade de lide temerária ou com o sinete da má-fé, parecendo ser este um dos fatores – senão o fator – determinante para a criação de uma cultura de combate judicial aos atos de corrupção.

Repetindo, no art. 14, o direito de petição previsto no texto constitucional – mas ao mesmo tempo dando-lhe certos requisitos diferenciadores da genérica redação constitucional – a Lei conferes amplos poderes ao Ministério Público na persecução civil dos atos de improbidade, na verdade alocando-o de forma diferenciado em todo esse movimento de (re)construção de uma cultura de responsabilização – ao menos em âmbito civil – dos atos de corrupção. Assim, o Ministério Público terá a titularidade da propositura da ação, podendo ser coadjuvado por outras entidades de direito público – ou a elas assistir, quando não tiver exercido seu papel de colegitimado ordinário – mas sempre, em qualquer hipótese, intervindo na relação processual.

A turbulência causada pela aplicação da lei em análise tem sido alvo de enfoques os mais variados. Por certo, entre os operadores do direito, especialmente os diretamente ligados ao Ministério Público, existe uma grande exaltação desse modelo jurídico e do próprio papel da instituição Ministério Público. Essa visão não é necessariamente unânime, não faltando críticas a inúmeras atuações daquele órgão para apontar, especialmente, o emprego político desse instrumento legal e, sem dúvida, execrar a excessiva aparição pública de vários membros do órgão estatal. Apenas muito recentemente veio à luz um texto que parece condensar as críticas em jogo e desnudar aspectos empíricos até então difusos, dando uma dimensão crítica mais concreta do papel do Ministério Público em todo esse contexto.

Sem embargo de toda a discussão acima, fato é que o emprego da lei de improbidade alterou o marasmo da persecução judicial tanto na esfera civil como na penal, dadas as íntimas relações dessas esferas. E foi exatamente por conta dessa aproximação que um forte movimento político se deu com intuito de alterar a competência de julgamento. Para compreender as razões dessa mudança a partir de sua lógica jurídica, algumas explicações prévias são necessárias.

Em primeiro lugar, as consequências de direito material na esfera cível e penal são muito próximas. Com efeito, são considerados efeitos da condenação penal, entre outros, de acordo com o art. 92 do Código Penal, "a perda de cargo, função pública ou mandato eletivo, nos crimes praticados com abuso de poder ou violação de dever para com a Administração Pública quando a pena aplicada for superior a 4 (quatro) anos" e, com base nesse possível efeito, há alguns anos houve uma batalha judicial na qual se discutiu se as normas de improbidade administrativa têm natureza civil ou penal. Por apertada maioria (apenas um voto), o Superior Tribunal de Justiça decidiu que a lei sobre improbidade administrativa tem natureza civil o que não impediu, tempos depois, que a mesma matéria fosse levada a conhecimento do Supremo Tribunal Federal, onde, no momento em que este trabalho é escrito, ainda se encontra pendente de julgamento.

Buscando dar à lei de improbidade administrativa natureza penal, o que se visa é, na verdade, à alteração do foro competente para julgamento dessas ações quando houver no polo passivo determinadas categorias de réus que, para ações penais, gozam de competência originária diferenciada (também chamado, sob fortes críticas doutrinárias, de foro privilegiado). É o caso do presidente da república e ministros de Estado, governadores de estado e prefeitos, que têm essas ações apreciadas originariamente por tribunais superiores e não pelos órgãos jurisdicionais de primeiro grau. Com essa forma de interpretação se procura usufruir da conhecida sobrecarga dos Tribunais, sua famigerada lentidão, além de se valer de uma ritualização totalmente rebuscada e que possui inúmeros mecanismos de obstaculização para que se alcance uma sentença de mérito.

Assim, nesse contexto, inúmeras impugnações judiciais foram tentadas para que se reconhecesse a natureza penal da lei de improbidade administrativa, reiteradamente tendo sido decidido por inúmeros Tribunais brasileiros que o prefeito só tem foro privilegiado quando acusado de prática criminosa. A competência para processar ação civil pública por improbidade administrativa atribuída a prefeito, ainda que fundada em fatos criminosos, e do juízo de primeiro grau, reiterando-se que, tratando-se de ação civil pública que visa apurar improbidade administrativa, a competência continua na Justiça comum de primeiro grau. Tanto quanto a jurisprudência, a doutrina também sempre se insurgiu contra essa tentativa de deslocamento de competência.

No entanto, os trabalhos políticos se fizeram mais fortes que toda a negativa doutrinária e jurisprudencial e, aproveitando da tramitação de um projeto de lei que visava alterar o artigo do Código de Processo Penal que trata da competência para ações penais contra agentes públicos mesmo quando já não estão mais no cargo que ocupavam à época do crime supostamente cometido, aproveitou-se a oportunidade e se fez inserir a previsão da competência criminal para as persecuções sobre improbidade administrativa.

A reação contra essa modificação foi imediata pelos operadores jurídicos, especialmente no âmbito dos Ministérios Públicos estaduais e no Federal e a insurgência se refletiu na jurisprudência, cabendo ser destacado que nos poucos meses em que se encontrava em vigor a norma teve sua inconstitucionalidade reconhecida por meio do controle difuso de constitucionalidade em inúmeras ocasiões, e, posteriormente, declarada inconstitucional pelo STF.[123]

O foro por prerrogativa de função encontra cada vez mais resistência social e teve um "divisor de águas" no caso do julgamento do processo AP 470 no STF, processo até então de magnitude singular e que provocou necessária reflexão sobre vários aspectos dessa especialização de foro, como destacadamente a reunião de processos por meio da conexão ou continência, atraindo para o foro especial pessoas que não o detêm, além de sua (in)compatibilidade com o duplo grau de jurisdição.

Os casos acima mencionados, a saber, o julgamento da inconstitucionalidade da Lei 10628/2002 citada, também arguida pelas Ações Diretas de Inconstitucionalidade 2.797-2/DF e 2.860-0/DF e o então Inquérito que originaria o Processo De Competência Originária 470 têm em comum a base constitucional e o problema

---

123 BRASIL. SUPREMO TRIBUNAL FEDERAL. **Ação Direta de Inconstitucionalidade n. 2797**. Tribunal Pleno. Relator: Min. Sepúlveda Pertence. Julgado em: 15/09/2005. Publicado em: DJ 19-12-2006. Disponível em: <https://jurisprudencia.stf.jus.br/pages/search/sjur7226/false>. Acesso em: 2 dez. 2021.

da extensão do foro privilegiado para quem não o detém por força da conexão ou continência de ações.

Semelhantes em seu tema de fundo, mereceram, contudo, soluções diferentes, pois enquanto no primeiro caso houve uma abordagem essencialmente constitucional, com análise da impossibilidade da lei ordinária impor a extensão do quanto foi previsto no texto da CR para concluir que "No plano federal, as hipóteses de competência cível ou criminal dos tribunais da União são as previstas na Constituição da República ou dela implicitamente decorrentes, salvo quando esta mesma remeta à lei a sua fixação".[124]

No Processo 470, quando a persecução ainda se encontrava na etapa investigativa foi suscitada a questão do desmembramento para quem não detinha o chamado *foro por prerrogativa de função*[125]. Embora o Min. Relator Joaquim Barbosa tenha decidido pela separação do processo com a remessa ao juízo comum os casos dos que não detinham o chamado *foro por prerrogativa de função*[126], o colegiado do STF optou por um entendimento a partir do CPP, deixando de analisar o fundo constitucional do assunto, e decidiu por maioria rejeitar

> A proposta de adoção do critério subjetivo para o desmembramento do inquérito, nos termos do artigo 80 do CPP, resta o critério objetivo, que, por sua vez, é desprovido de utilidade no caso concreto, em face da complexidade do feito. Inquérito não desmembrado. Questão de ordem resolvida no sentido da permanência, sob a jurisdição do Supremo Tribunal Federal, de todas as pessoas denunciadas.[127]

Nesse julgamento, o "Supremo Tribunal Federal, não se debruçou na oportunidade sobre a questão constitucional mais sensível, se poderia uma norma

---

124 Idem.
125 "O relator disse ainda que, atualmente, apenas seis dos 40 denunciados possuem prerrogativa de foro por serem deputados federais: João Paulo Cunha (PT-SP), José Janene (PP-PR), Pedro Henry (PP-MT), Romeu Queiroz (PTB-MG), Professor Luizinho (PT-SP) e João Magno (PT-MG). Ele destacou que os deputados João Paulo Cunha (PT-SP) e Pedro Henry (PP-MT) se reelegeram nas eleições de outubro e José Genoino (PT-SP), Valdemar Costa Neto (PL-SP) e Paulo Rocha (PT-PA) também se elegeram. Com isso, esses cinco vão adquirir ou manter direito a foro privilegiado no início do próximo ano". BRASIL. Supremo Tribunal Federal. **Ação Direta de Inconstitucionalidade n. 2797**. Op. Cit.
126 Houve três linhas de voto: a) o do ministro Joaquim Barbosa, que queria manter no STF apenas os processos de quem têm prerrogativa de foro; b) a manutenção das investigações contra os 40 denunciados na Corte, proposta pela ministra Cármen Lúcia Antunes Rocha; c) por fim, a solução proposta pelo ministro Sepúlveda Pertence – classificada de "voto médio" – de manter no Supremo os denunciados que detêm foro privilegiado junto com os coautores desses. BRASIL. Supremo Tribunal Federal. **Ação Direta de Inconstitucionalidade n. 2797**. Op. Cit.
127 BRASIL. Supremo Tribunal Federal. **Inquérito-Questão de Ordem n. 2245**. Tribunal Pleno. Relator Ministro Joaquim Barbosa. Julgado em: 06/12/2006. Publicado em: 09/11/2007. Disponível em: <https://stf.jusbrasil.com.br/jurisprudencia/756199/inquerito-inq-2245-mg>. Acesso em: 2 dez. 2021.

infraconstitucional modificar ou ampliar a competência do Supremo Tribunal Federal"[128], compreensão que foi reiterada pela Corte quando da apreciação do recebimento da denúncia e que foi solucionada pela maioria da Corte com a justificativa da preclusão da matéria[129].

Na verdade, o STF, ao assim decidir, reproduzia entendimento constante em sua História e que acabou por ser sumulado (Súmula STF nº 704): não viola as garantias do juiz natural, da ampla defesa e do devido processo legal a atração por continência ou conexão do processo do corréu ao foro por prerrogativa de função de um dos denunciados.[130]

O que há de emblemático na construção desse entendimento é que os precedentes usados tiveram pouca adesão ao aspecto constitucional do foro por prerrogativa de função, valendo-se, sobretudo, de discussões rasantes ao CPP[131]. E, assim fazendo, mesmo a Corte Suprema valeu-se da desatualizada postura de submeter a CR ao CPP, e não o contrário.

Contudo, pode-se verificar alguns sinais de reversão dessa linha de entendimento no âmbito do STF a partir do Inquérito 3514/SP, relatado pelo Min Marco Aurélio (vencido no caso do Processo 471 sobre esse tema), no qual foi decidido que "A competência por prerrogativa de foro é de Direito estrito, não se podendo, considerada conexão ou continência, estendê-la a ponto de alcançar inquérito ou ação penal relativos a cidadão comum".

Verdade seja dita, o argumento preponderante foi utilitário: a sobrecarga de serviço do STF com a ampliação, por via de interpretação, da competência originária. Veja-se:

---

128 ARAÚJO, Gabriela Shizue Soares de. Mensalão: ampliação da competência originária do STF por prerrogativa de função. **Revista Jus Navigandi**, Teresina, ano 18, n. 3605, 15 mai. 2013. Disponível em: <https://jus.com.br/artigos/24438>. Acesso em: 2 dez. 2021.
129 Restando isolados os votos dos Mins. Lewandowski e Marco Aurélio, que insistiram na impossibilidade da corte ter sua competência ampliada por força de interpretação do CPP em superioridade ao que determina o texto constitucional.
130 BRASIL. Supremo Tribunal Federal. Súmula n. 704. DJU 09.10.2003. Disponível em: <https://jurisprudencia.stf.jus.br/pages/search/seq-sumula704/false>. Acesso em: 2 dez. 2021.
131 BRASIL. Supremo Tribunal Federal. **Habeas Corpus n. 68.846/RJ**. Tribunal Pleno. Relator Min. Ilmar Galvão. Julgado em 02 out. 1991. Publicado em: 16 jun. 1995. Disponível em: <https://jurisprudencia.stf.jus.br/pages/search/sjur111560/false>. Acesso em: 2 dez. 2021; BRASIL. Supremo Tribunal Federal. **Recurso Extraordinário n. 170.125/RJ**. Primeira Turma. Relator: Min. Ilmar Galvão. Julgado em 20 set. 1994. Publicado em: 09 jun. 1995. Disponível em: <https://redir.stf.jus.br/paginadorpub/paginador.jsp?docTP=AC&docID=218371>. Acesso em: 2 dez. 2021; e no BRASIL. Supremo Tribunal Federal. **Habeas Corpus n. 75.841 e n. 74.573**, ambos da Segunda Turma, sob relatoria do Min. Carlos Velloso, julgados, respectivamente, em 10 mar. 1997 e 10 mar. 1998. Os dois precedentes foram mencionados na Súmula 704 STF. BRASIL. Supremo Tribunal Federal. Súmula n. 704. DJU 09.10.2003. Disponível em: <https://jurisprudencia.stf.jus.br/pages/search/seq-sumula704/false>. Acesso em: 2 dez. 2021.

O Supremo, hoje, encontra-se inviabilizado ante sobrecarga invencível de processos. Então, os plúrimos, a revelarem ações penais ajuizadas contra diversos cidadãos, viriam a emperrar, ainda mais, a máquina existente, projetando para as calendas gregas o desfecho almejado. A problemática do tratamento igualitário – e cada processo possui peculiaridades próprias, elementos probatórios individualizados – não é definitiva, ante a recorribilidade prevista pela ordem jurídica e, até mesmo, a existência da ação constitucional do habeas corpus. Em síntese, somente devem tramitar sob a direção do Supremo os inquéritos que envolvam detentores de prerrogativa de foro, detentores do direito de ajuizada ação penal, virem a ser julgados por ele, procedendo-se ao desdobramento conforme ocorrido na espécie.

Pondere-se o reconhecimento pelo Min. Barroso que:

> O elemento mais constante na jurisprudência tem sido a falta de um critério estável, não sendo possível identificar uma orientação colegiada inequívoca. Essa oscilação prejudica a segurança jurídica e faz com que a Corte precise despender uma grande quantidade de energia a cada novo processo, em lugar de firmar um entendimento dominante a ser aplicado nas diferentes situações concretas.

Para, finalmente, concluir a título de orientação permanente que:

> Se estabeleça o critério de que o desmembramento seja a regra geral, admitindo-se exceção nos casos em que os fatos relevantes estejam de tal forma relacionados que o julgamento em separado possa ocasionar prejuízo relevante à prestação jurisdicional.

Análise Crítica: Analisar o comportamento do STF é diferenciadamente necessário pois, na condição de detentor da hermenêutica irrecorrível nessas situações e animado pelas linhas contemporâneas de interpretação constitucional (não raras vezes entendendo a mutação constitucional como possibilidade de reescrever textualmente o próprio texto constitucional), acaba por orientar uma determinada construção teórica afirmadora da supremacia do CPP sobre a CR e, por via reflexa, da própria CADH. O tema voltará a ser abordado neste Capítulo quando forem tecidas considerações sobre o tema da continência.

Pode-se concluir sobre o relacionamento do foro por prerrogativa de função e os mecanismos de conexão e continência que:

a] Esse critério de competência, se não abolido do corpo constitucional deve ser interpretado de forma restritiva.

b] Essa restrição interpretativa deve conduzir à conclusão de que não é cabível a extensão desse foro a quem não o detém.

c] Os mecanismos de conexão e continência são facultativos e sua utilização deve ser condicionada aos primados de racionalidade decisória e probatória, não servindo como mecanismo de ampliação das hipóteses excepcionais de competência previstas na CR.

Para além desse relacionamento do foro por prerrogativa de função com os mecanismos de conexão e continência, deve ser analisada a pertinência dessa competência diferenciada com o duplo grau de jurisdição, tema que hoje tem inegável assento no ordenamento brasileiro e mesmo postura protoconstitucional de acordo com a CADH, quando não efetivamente constitucional de acordo com a literatura que vê naquela convenção de *status* constitucional.

Se o critério hierárquico-funcional foi historicamente criticado pela seletividade que lhe é inata – e pela constatação estatística da sua iniquidade prática –, o aumento da frequência com que vem sendo chamado a atuar nos últimos anos na praxe judiciária, ao lado da qualidade das pessoas acusadas, chamou a atenção para a possível incompatibilidade desse mecanismo com o duplo grau de jurisdição posto que, nas situações-limite julgadas no STF, não há grau de recurso a ser empregado.

Com efeito, como recorda prestigiosa doutrina[132] ao analisar caso emblemático da CIDH (caso Barreto Leiva vs. Venezuela):

> [...] Diferentemente do que se passa com o sistema europeu, vem o sistema interamericano afirmando que o respeito ao duplo grau de jurisdição é absolutamente indispensável, mesmo que se trate de condenação pelo órgão máximo do país. Não existem ressalvas no sistema interamericano em relação ao duplo grau de jurisdição [...]. No caso "Barreto Leiva contra Venezuela", a Corte, em sua decisão de 17.11.09, apresentou duas surpresas: a primeira é que fez valer em toda a sua integralidade o direito ao duplo grau de jurisdição (direito de ser julgado duas vezes, de forma ampla e ilimitada) e a segunda é que deixou claro que esse direito vale para todos os réus, inclusive os julgados pelo Tribunal máximo do país, em razão do foro especial por prerrogativa de função ou de conexão com quem desfruta dessa prerrogativa [...] De outro lado, também deve o Estado fazer as devidas adequações no seu direito interno, de forma a garantir sempre o duplo grau de jurisdição, mesmo quando se trata de réu com foro especial por prerrogativa de função. De outro lado, quando o julgamento acontece na Corte Máxima, a única interpretação possível do art. 8º, II, "h", da

---

132 GOMES, Luiz Flávio; MAZZUOLI, Valério de Oliveira. **Comentários à Convenção Americana de Direitos Humanos**. 2. ed. São Paulo: RT, 2009. p. 120.

CADH, é que este mesmo tribunal é o competente para o segundo julgamento. Foi isso que determinou a CIDH no caso 'Barreto Leiva'. Quando não existe outro juiz ou Corte "superior", é a mesma Corte máxima que deve proceder ao segundo julgamento porque, no âmbito criminal, nenhum réu jamais pode ser tolhido desse segundo julgamento (consoante a firme e incisiva jurisprudência da CIDH).

Sendo necessário, pois, adequar o direito interno à CADH, e louvado o esforço doutrinário mencionado acima, deve-se destacar que a compreensão de duplo grau de jurisdição não haveria de envolver o julgamento do recurso do caso pelo mesmo órgão jurisdicional que prolatou o provimento questionado[133] e, por certo, deve contemplar a possibilidade de revisão de questões preliminares e de fundo (mérito) antes de formação da coisa julgada[134], portanto não se pode confundir o direito ao duplo grau com a possibilidade de ajuizamento da revisão criminal.

É certo também que em 2014, portanto após o julgamento do processo 470, a CIDH julgou o caso Liakat Ali Alibux vs. Suriname, decidindo que o duplo grau de jurisdição nos processos de competência originária pode ser satisfeito com julgamento de recurso amplo por outro órgão dentro da mesma corte desde que venha ser composto por magistrados que não participaram do julgamento recorrido.[135]

Da distribuição

Como já pontuado anteriormente, a distribuição é a afirmação administrativa da ocorrência de um critério de fixação[136], mas levando-se em conta critérios de fixação de status idêntico, pois no cotejo de critérios distintos de fixação (*v.g.*, hierárquico-funcional em cotejo com o territorial), prevalecerá aquele que tiver seu fundamento legal em norma de posição jurídica mais elevada, ainda que distribuído posteriormente.

Não por outra razão, o CPP em seu art. 75 dispõe: "A precedência da distribuição fixará a competência quando, na mesma circunscrição judiciária, houver mais de um juiz igualmente competente". Contudo, é o parágrafo único do

---

133 Vide discussão do conceito no Capítulo 1 deste Manual. Aqui reitera-se que esse entendimento já foi esposado pela própria CIDH no Caso Herrera Ulloa vs. Costa Rica, nada obstante a mudança de orientação no *Caso Barreto Leiva* mencionado. CORTE INTERAMERICANA DE DIREITOS HUMANOS. **Caso Herrera Ulloa vs. Costa Rica**. Sentença de 2 jul. 2004. Disponível em: <https://corteidh.or.cr/docs/casos/articulos/seriec_107_esp.pdf>. Acesso em: 2 dez. 2021.

134 CORTE INTERAMERICANA DE DIREITOS HUMANOS. **Caso Herrera Ulloa vs. Costa Rica**. Sentença de 2 jul. 2004. Disponível em: <https://corteidh.or.cr/docs/casos/articulos/seriec_107_esp.pdf>. Acesso em: 2 dez. 2021.

135 Para uma ampla e profunda análise do tema, ver: FARIA, Lucas Adam Martinez. **O Supremo Tribunal Federal e a Corte Interamericana de Direitos Humanos**: diálogos transjudiciais no duplo grau de jurisdição interpretado. 2014. Disponível em: <http://www.sbdp.org.br/ver_monografia.php?idMono=259>. Acesso em: 2 dez. 2021.

136 No dizer de Tourinho Filho, um "instituto disciplinador de serviços", como já citado. TOURINHO FILHO, Fernando da Costa. **Manual de processo penal**. Op. Cit., p. 251.

mencionado artigo que merece atenção mais destacada ao prever que: "A distribuição realizada para o efeito da concessão de fiança ou da decretação de prisão preventiva ou de qualquer diligência anterior à denúncia ou queixa prevenirá a da ação penal".

Há problemas sistêmicos dessa previsão em relação aos conceitos atuais de tratamento da investigação criminal, os quais são alvo de análise no capítulo específico sobre investigação criminal neste Manual[137]. Contudo, para além dos problemas sistêmicos, deve ser pontuado que *distribuição* é um mecanismo que caminha intimamente ligado ao tema da *prevenção*, este um critério de modificação da competência que será abordado na sequência.

Distribuição *previne* a competência ao longo de toda persecução e, a teor do CPP, desde a fase investigativa. Assim, deve-se levá-la em conta na solução de precedência entre investigações, entre aforamento de acusação pública ou privada e, também, na distribuição de recursos entre órgãos fracionários de um determinado tribunal, neste caso devendo ser observadas as regras regimentais internas de cada corte.

3.2.7 Critérios de modificação da competência

3.2.7.1 Espécies, finalidades e regime de atuação

Analisados os critérios que fixam a competência, é necessário observar o tratamento dado àqueles que modificam a competência: a *continência*, a *conexão* e a *prevenção*. Cada um deles será abordado separadamente na sequência.

A *conexão* e a *continência*, ao modificarem a competência estabelecida pelos critérios fixadores, buscam fornecer à persecução penal os atributos de racionalidade decisória (evitando-se decisões conflitantes), racionalidade probatória (produção otimizada de provas) e uma prestação jurisdicional mais célere. A *prevenção*, por seu turno, é um critério modificador que visa dirimir uma situação duvidosa sobre o órgão jurisdicional fracionado competente entre aqueles que assim seriam de acordo com critérios fixadores.

Essas finalidades são comumente descritas na doutrina e na jurisprudência e devem ser contemporaneamente acrescidas com a preocupação de que não haja, pelo emprego desses mecanismos, diminuição dos direitos integrantes ao devido processo legal. A dizer, não podem ser encaradas como mecanismos exclusivamente voltados para a construção de uma política processual dos interesses da acusação.

---

137 V.g., o papel do juiz na investigação criminal, com a consequente necessidade de previsão de um órgão jurisdicional que vele sobre os incidentes jurisdicionalizados.

Para as hipóteses de *conexão* e *continência* há algumas características comuns que aqui passam a ser denominadas de *regime de atuação*. A primeira a ser considerada é a *não obrigatoriedade da união dos processos*.

Com efeito, a *conexão* e a *continência* somente se justificam quando alcançam as finalidades a que se destinam. Assim, a reunião de processos que, num primeiro momento, caminhariam isoladamente, somente se justifica se esse acúmulo cumprir suas finalidades, descartando-se a comunhão das persecuções quando, ao contrário do que se busca, ela vier, por exemplo, a tumultuar a produção probatória ou aumentar a duração do processo.

Assim, a regra do art. 80 do CPP é muito mais que uma *faculdade* do julgador ao dispor que:

> Será facultativa a separação dos processos quando as infrações tiverem sido praticadas em circunstâncias de tempo ou de lugar diferentes, ou, quando pelo excessivo número de acusados e para não lhes prolongar a prisão provisória, ou por outro motivo relevante, o juiz reputar conveniente a separação.

Isso sim é um imperativo para otimização da marcha processual e garantia de um devido processo legal desenvolvido em tempo razoável. Ao lado disso, é obrigatória a separação sempre que a comunhão de processos vier a acarretar a dilação indevida de uma medida cautelar pessoal (e não apenas a prisão, como se verá).

O descompasso de tempo e espaço entre as práticas criminosas pode ser aquilatada de forma objetiva, havendo uma consolidada literatura de direito penal material a respeito quando se fala do crime continuado. Nesse ponto, a continuidade delitiva poderá ser reconhecida posteriormente, pelo Juízo das Execuções em sede de unificação de penas.

A excessiva quantidade de pessoas acusadas é um critério em si, independentemente do que narra a redação do artigo que induz que a ele se acumule a existência de prisão em desfavor de algumas das pessoas acusadas. Com efeito, com a pretendida unificação da instrução em audiência conforme preconizado pela reforma de 2008, a pluralidade excessiva no polo passivo passa a ser um fator definitivo de desestruturação da marcha procedimental algo que, de resto, já se fazia sentir no rito do júri desde antes da reforma de 2008.

Entretanto, a situação da existência de prisão cautelar precisa ser devidamente atualizada para as estruturas em vigor desde 2011. Sem adentrar nos detalhes que são abordados no Capítulo próprio das Cautelares neste Manual, é de rigor enfatizar que a regra do art. 80 deve ser aplicada não apenas na hipótese de prisão cautelar, mas em todas aquelas em que haja medida cautelar em curso, seja ela privativa da liberdade ou não. O que se deve buscar aqui é a prestação jurisdicional mais célere quando houver qualquer incidência em direitos individuais a fim de separar as hipóteses entre quem está submetido à constrição e quem não o está.

Outro aspecto é o *regime temporal* da aplicação desses mecanismos, a dizer, eles somente atuarão enquanto houver certa sincronia de tempo entre as persecuções a serem reunidas. Isso faz com que não sejam unidas persecuções em estágios procedimentais extremamente díspares, o que implicaria a estagnação de um dos processos até que o outro alcançasse o mesmo estágio procedimental. Implica, também, o reconhecimento da óbvia impossibilidade de reunir um processo já findo, ainda que com trânsito em julgado pendente com outro que não alcançou o provimento de primeiro grau. E, mais impossível ainda, reunir-se um processo já findo com outro em andamento.

No regime temporal há, ainda, a previsão do Art. 82:

> Se, não obstante a conexão ou continência forem instaurados processos diferentes, a autoridade de jurisdição prevalente deverá avocar os processos que corram perante os outros juízes, salvo se já estiverem com sentença definitiva. Neste caso, a unidade dos processos só se dará, ulteriormente, para o efeito de soma ou de unificação das penas.

Essa previsão reafirma o limite temporal do trânsito em julgado para que se dê a união de processos como já exposto e trabalha com um mecanismo cujo conceito é alvo de potenciais críticas pelo seu passado ligado a períodos de exceção do estado de direito: a *avocação*. Com efeito, trata-se da forma pela qual, entre dois Juízos competentes por critérios de fixação de igual peso jurídico, e amparada pelos critérios orientadores da atuação da conexão ou da continência, um deles tem a *faculdade* de agregar todos os processos perante um único órgão jurisdicional, este denominado pelo artigo de lei como *prevalente*.

Não havendo entre esses órgãos jurisdicionais fracionários qualquer relação hierárquica, o pedido de unificação de processos feito por um determinado Juízo não precisa, necessariamente, ser acatado pelo Juízo solicitado, dirimindo-se a dúvida quanto à competência no caso concreto pelo mecanismo do conflito de competência, matéria objeto de tópico específico neste Capítulo.

Limitadas temporalmente e facultativas na sua essência, conexão e continência possuem regime específico que disciplina a atração de um processo por outro. A dizer, existe uma escala legalmente determinada para o agrupamento processual quando da ocorrência da conexão ou da continência.

A primeira delas é a preponderância da competência do tribunal do júri nas causas que lhe são conexas ou contidas, exceção feita àquelas que envolvam especialização material de fundo constitucional como já exposto acerca do relacionamento do TJr com a competência hierárquico-funcional.[138]

Lamentavelmente, o CPP possui terminologia inadequada nas regras seguintes ao falar em *jurisdições da mesma categoria* ou mesmo *jurisdição mais graduada*. Assim, carece de base dogmática a previsão legal que determina que (art. 78 [...] III – no concurso de jurisdições de diversas categorias, predominará a de maior graduação). Trata-se, na verdade, de especializações dos órgãos fracionários do Poder Judiciário conforme exposto no início deste Capítulo.

Nada obstante, o regime de agrupamento de processos em que houver conexão ou continência de processos cuja competência tenha sido fixada por critérios idênticos (v.g., em razão da matéria)[139] é da gravidade da pena cominada para as hipóteses ou, se iguais as penas, atrairá a competência o Juízo do maior número de condutas típicas objeto de persecução[140] e, de forma residual, a prevenção.[141]

Se a reunião de processos é facultativa, a separação de processos tem regime obrigatório nas seguintes hipóteses previstas no art. 79 do CPP: a) houver concurso de crimes entre a jurisdição militar e a civil; b) houver concurso de agentes entre imputáveis e inimputáveis etários, cabendo à Vara da Infância e Juventude o processo e julgamento destes últimos; c) quando houver a superveniência de doença mental da pessoa acusada.

O mesmo artigo ainda disciplina a separação de *julgamentos* (e não de processo) nos casos de continência com pessoa acusada foragida, devendo ser atualizadas a compreensão de revelia nos termos do art. 366 do CPP, remetendo o leitor para o Capítulo sobre Procedimentos neste Manual.

Por fim, a perpetuação da jurisdição está prevista no art. 81 do CPP para as hipóteses de união de processos:

> Verificada a reunião dos processos por conexão ou continência, ainda que no processo da sua competência própria venha o juiz ou tribunal a proferir sentença absolutória ou que desclassifique a infração para outra que não se inclua na sua competência, continuará competente em relação aos demais processos.

Ao lado do quanto já abordado neste capítulo a respeito, deve o tema ser aqui retomado para abordar situação singular que é a do crime de tráfico internacional

---

138 "Art. 78. Na determinação da competência por conexão ou continência, serão observadas as seguintes regras. I – no concurso entre a competência do júri e a de outro órgão da jurisdição comum, prevalecerá a competência do júri (Redação dada pela Lei nº 263, de 23.2.1948)".
139 "Art. 78 [...] II – no concurso de jurisdições da mesma categoria: (Redação dada pela Lei nº 263, de 23.2.1948) [...] a) preponderará a do lugar da infração, à qual for cominada a pena mais grave (Redação dada pela Lei nº 263, de 23.2.1948)".
140 "Art. 78 [...] b) prevalecerá a do lugar em que houver ocorrido o maior número de infrações, se as respectivas penas forem de igual gravidade (Redação dada pela Lei nº 263, de 23.2.1948)".
141 "Art. 78 [...] c) firmar-se-á a competência pela prevenção, nos outros casos (Redação dada pela Lei nº 263, de 23.2.1948)".

de drogas conexo a outros crimes que não seriam atraídos à Justiça Federal se não fosse aquela conduta. De resto, essa situação pode ser estendida a outras tantas que tenham atração por via da conexão ou continência para órgão fracionário com competência *ratione materiae*. Analisando a questão, Fischer[142] assevera que desclassificado o crime para o de tráfico nacional e inexistindo conexão por se tratar de crime único, o julgamento deve ser efetuado pela jurisdição estadual e para lá o processo deve ser encaminhado. Essa posição nos parece correta pois não há possibilidade de prorrogar uma competência em razão da matéria quando, em hipótese de crime único – ausentes, pois, situações de conexão ou continência – venha o crime a ser desclassificado.

3.2.7.2 Continência

A menção à continência no processo penal tem direta ligação com as disposições sobre concurso de pessoas disciplinada no Código Penal no caso do art. 77, I, do CPP e, no caso do mesmo artigo, em seu inciso II[143], com a devida atualização legislativa, com as hipóteses de erro de execução e concurso formal, temas cujas bases teóricas encontram-se no direito material penal.

À luz da doutrina construída desde o início do CPP e reproduzida recorrentemente, a posição de Tornaghi sempre mereceu destaque ao afirmar que

> Em resumo, pode dizer-se: quando com vários fatos se pratica um só crime, há unidade (crime continuado, crime progressivo, crime plurissubsistente); quando com vários fatos se cometem vários crimes, há conexão (desde que haja

---

142 FISCHER, Douglas. A desclassificação do tráfico internacional de entorpecentes. Boletim dos Procuradores da República, São Paulo, v. 5, n. 61, p.18-25, maio 2003.
143 A redação original do CPP é: II – no caso de infração cometida nas condições previstas nos arts. 51, § 1º, 53, segunda parte, e 54 do Código Penal. Na redação do CP à época o artigo 51, §1º tratava do concurso formal (Art. 51. Quando o agente, mediante mais de uma ação ou omissão, pratica dois ou mais crimes, idênticos ou não, aplicam-se cumulativamente as penas em que haja incorrido. No caso de aplicação cumulativa de penas de reclusão e de detenção, executa-se primeiro aquela. Concurso formal § 1º Quando o agente, mediante uma só ação ou omissão, pratica dois ou mais crimes, a que se cominam penas privativas de liberdade, impõe-se-lhe a mais grave, ou, se idênticas, somente uma delas, mas aumentada, em qualquer caso, de um sexto até metade. As penas aplicam-se, entretanto, cumulativamente, se a acção ou omissão é dolosa e os crimes concorrentes resultam de desígnios autônomos.); o artigo 53 falava em erro de execução (Art. 53. Quando, por acidente ou erro no uso dos meios de execução, o agente, ao envez de atingir a pessoa que pretendia ofender, atinge pessoa diversa, responde como se tivesse praticado o crime contra aquela, atendendo-se ao disposto no art. 17, § 3º, 2ª parte. No caso de ser também atingida a pessoa que o agente pretendia ofender, aplica-se a regra do § 1º do art. 51.) e o art. 54 em "resultado diverso do pretendido" (Art. 54. Fora dos casos do artigo anterior, quando, por acidente ou erro na execução do crime, sobrévem resultado diverso do pretendido, o agente responde por culpa, se o fato é previsto como crime culposo; se ocorre também o resultado pretendido, aplica-se a regra do § 1º do art. 51.)

o elemento comum de que se falou acima, é claro); quando com um só fato se praticam vários crimes, há continência. [144]

Porém, a questão contemporânea do tema da continência, sobretudo quando se fala da primeira hipótese legal (pluralidade de pessoas) está na potencial ampliação do chamado foro por prerrogativa de função como analisado no tópico específico dessa causa de fixação de competência sob o risco de alargar competência constitucional por meio de interpretação do CPP em potencial descompasso com a CR.

Com efeito, a vinculação entre o foro por prerrogativa de função e causas modificativas de competência já foi objeto de análise em tópico apartado neste capítulo. Contudo, merece aqui destaque especial a vinculação específica daquela forma de fixação da competência (foro por prerrogativa de função) com a da continência enquanto causa modificativa.

Debruçando-se sobre o assunto no contexto do paradigmático caso do processo 470, Pacelli[145] afirma que não teria havido qualquer ofensa ao texto constitucional com a ampliação de foro que ali se operou pois ambos critérios fixadores têm assento constitucional (prerrogativa de foro e em razão da matéria) e que a fixação da competência num órgão jurisdicional colegiado (STF) seria aceito porquanto o desdobramento do processo, com a manutenção no STF apenas dos réus com foro por prerrogativa de função e para outros juízos singulares os processos dos demais acusados, seria de alguma forma mais *garantidor* às pessoas acusadas, vez que todas seriam julgadas por um órgão colegiado. O mesmo Autor afasta a alegação que a competência originária violaria o duplo grau de jurisdição.

Ainda no texto mencionado, enfatiza-se a continência, critério de modificação da competência, como mecanismo inerente à democracia, vez que seria ela a responsável por otimizar a igualdade de todos perante a Administração Pública, a merecer julgamento equânime na medida da culpabilidade de cada qual. Ao final de seu texto arremata o doutrinador que a pessoa que não teria originalmente sua causa julgada pelo STF ou por Tribunal Superior de qualquer forma teria naquela Corte julgado seu recurso.

Pois bem, descontadas as respeitosas divergências de nossa parte para com inúmeras das argumentações lançadas no trabalho justificador do acerto do provimento do STF no processo 470, um aspecto – e o central – merece comunhão devida: a continência como otimizadora do princípio da igualdade na tarefa decisória.

---

144 TORNAGHI, Hélio. **Instituições de Processo Penal**. 2. ed. São Paulo: Saraiva, 1977. 2 v. p. 155.
145 PACELLI, Eugenio. Unidade de julgamento, igualdade de tratamento e o juiz natural: entre ponderações, acomodações e adequações constitucionais. **Revista Brasileira de Ciências Criminais**, São Paulo, v. 22, n. 106, p.137-155, jan./fev. 2014.

Entretanto, essa igualdade de tratamento processual não pode ser manejada de forma a distorcer a figura do juiz natural, sobretudo com a ampliação da competência constitucionalmente estabelecida. Vale, porém, como norte seguro da prestação jurisdicional quando da apuração de condutas em possível culpa concorrente como pontualmente destacado pela doutrina.[146]

Outro tema que merece destaque no campo da continência é discussão sobre o processo unificado entre causas de infração penal de menor potencial ofensivo e outras que não o são, após a edição da Lei 9099/95. A respeito do tema, vozes autorizadas se pronunciaram, dentre elas Dalabrida[147], ao afirmar que

> Havendo conexão ou continência entre infrações de menor potencial ofensivo e outras de natureza diversa, via de regra, impõe-se a disjunção de processos, devendo o promotor de justiça, portanto, oferecer denúncias em separado perante os respectivos juízos competentes, face à inaplicabilidade do art. 78, II do CPP, por importar sua incidência em afronta à Constituição Federal.

Um dos problemas mais tormentosos era a comunhão de causas de menor potencial ofensivo com aquelas de competência do júri. Buscando solucionar toda uma longa discussão jurídica sobre o tema, foi editada a Lei 11.313/06, alterando os artigos 60 e 61 da Lei n. 9.099, de 26 de setembro de 1995, que passam a vigorar com as seguintes alterações:

> Art. 60. O Juizado Especial Criminal, provido por juízes togados ou togados e leigos, tem competência para a conciliação, o julgamento e a execução das infrações penais de menor potencial ofensivo, respeitadas as regras de conexão e continência.
>
> Parágrafo único. Na reunião de processos, perante o juízo comum ou o tribunal do júri, decorrentes da aplicação das regras de conexão e continência, observar-se-ão os institutos da transação penal e da composição dos danos civis. (NR)
>
> Art. 61. Consideram-se infrações penais de menor potencial ofensivo, para os efeitos desta Lei, as contravenções penais e os crimes a que a lei comine pena máxima não superior a 2 (dois) anos, cumulada ou não com multa. (NR)

---

146 PIERANGELI, José Henrique. Devido processo legal, continência e crime culposo. Revista Brasileira de Ciências Criminais, São Paulo, v. 2, n. 5, p. 107-119, jan./mar. 1994.
147 DALABRIDA, Sidney Eloy. Conexão e continência na lei n. 9099/95. **Boletim IBCCRIM**, São Paulo, n. 57, p. 03-04, ago. 1997.

Da mesma maneira foi alterado o artigo 2º da Lei nº 10.259, de 12 de julho de 2001, passando a vigorar com a seguinte redação:

> Art. 2º. Compete ao Juizado Especial Federal Criminal processar e julgar os feitos de competência da Justiça Federal relativos às infrações de menor potencial ofensivo, respeitadas as regras de conexão e continência.
>
> Parágrafo único. Na reunião de processos, perante o juízo comum ou o tribunal do júri, decorrente da aplicação das regras de conexão e continência, observar-se-ão os institutos da transação penal e da composição dos danos civis. (NR)

Optou-se, assim, pela absorção na competência pelo tribunal do júri, das causas de menor potencial ofensivo e naquele órgão jurisdicional a aplicação dos institutos despenalizadores constantes na lei especial. Nada obstante, a crítica ao deslocamento de uma competência determinada pela CR por lei infraconstitucional permanece.

Conexão e suas Espécies

É da literatura processual penal consolidada que a conexão possui três espécies: a intersubjetiva, a objetiva e a instrumental. A conexão intersubjetiva, por seu turno, seria dividida em: a) concurso; b) reciprocidade e c) simultaneidade.

Essa divisão procura acompanhar o disposto no artigo 76 do CPP:

> Art. 76. A competência será determinada pela conexão:
>
> I – se, ocorrendo duas ou mais infrações, houverem sido praticadas, ao mesmo tempo, por várias pessoas reunidas, ou por várias pessoas em concurso, embora diverso o tempo e o lugar, ou por várias pessoas, umas contra as outras;
>
> II – se, no mesmo caso, houverem sido umas praticadas para facilitar ou ocultar as outras ou para conseguir impunidade ou vantagem em relação a qualquer delas;
>
> III – quando a prova de uma infração ou de qualquer de suas circunstâncias elementares influir na prova de outra infração.

Esse liame subjetivo é apresentado largamente pela doutrina com a seguinte divisão:

a] Por concurso: duas ou mais pessoas praticando duas ou mais infrações penais.
b] Por reciprocidade: duas ou mais pessoas praticando crimes umas contra as outras.
c] Por simultaneidade: duas ou mais infrações praticadas por duas ou mais pessoas sem que qualquer ajuste prévio entre elas.

Quanto ao liame objetivo, ele se caracteriza quando houver a prática de um crime para facilitar a ocultação, vantagem ou prática de outro. Por outro lado, quando se tratar de conexão com vistas a otimizar a produção probatória tem-se a chamada conexão instrumental (ou, também, probatória).

O que deve ficar explicito em todas essas modalidades é que a conexão *pressupõe a existência de dois ou mais crimes. Não há, pois, conexão de uma única conduta criminosa.*

3.2.7.3 Prevenção[148]

A prevenção é tida quase que unanimemente na literatura nacional como uma causa de *atração* de processos, constituindo-se num mecanismo de modificação de competência entre duas situações definidas por critérios de idêntico peso jurídico.

No entanto, a doutrina mais envolvida com a leitura substancial do processo penal à luz da CR e da CADH, como se observa nas posturas de Geraldo Prado e Paulo Rangel em inúmeras palestras e, ainda, dentre outros Lopes Jr[149] pontuamos que a prevenção deve servir como instrumento de preservação da integridade (imparcialidade) do juiz natural e não como forma de sua potencial *contaminação* com atos anteriores da persecução que podem lhe (de)formar o convencimento sem a estrita obediência do devido processo legal.

---

148 Art. 83. Verificar-se-á a competência por prevenção toda vez que, concorrendo dois ou mais juízes igualmente competentes ou com jurisdição cumulativa, um deles tiver antecedido aos outros na prática de algum ato do processo ou de medida a este relativa, ainda que anterior ao oferecimento da denúncia ou da queixa (arts. 70, § 3º, 71, 72, § 2º, e 78, II, c).

149 Desse autor em particular, a seguinte observação: "O problema de se ter um juiz com poderes instrutórios vê-se potencializado em sistemas como o brasileiro, que, ao conceberem a prevenção como causa de fixação da competência, geram a imensa monstruosidade jurídica: um juiz investiga e, depois, na fase processual, julga. Mas a crise não surge só com o juiz instrutor, senão com os diversos pré-juízos que os juízes rotineiramente fazem sobre atos da investigação preliminar, gerando um imenso prejuízo. Esse é o ponto nevrálgico da questão: o prejuízo que gera os diversos pré-juízos feitos na investigação preliminar" (grifos no original), para concluir pouco depois, de forma categórica que "Em definitivo, a prevenção deve ser uma causa de exclusão da competência". LOPES JÚNIOR, Aury. Juízes inquisidores e paranoicos: uma crítica à prevenção a partir da jurisprudência do Tribunal Europeu de Direitos Humanos. **Boletim IBCCRIM**, São Paulo, v. 11, n. 127, p. 10-11, jun. 2003.

Tomada essa premissa, tem-se por exemplo que o juiz que acompanha a investigação não deveria ter contato[150] com a acusação formal recebida (sem prejuízo de toda a discussão já travada quanto à necessidade de um *juiz de garantias* como exposto no capítulo sobre investigação criminal neste manual) e o juiz que recebe ou rejeita a acusação não haveria de ser o mesmo a presidir a colheita probatória e julgamento do mérito da causa. Tudo como forma de não estimular o contágio do magistrado com elementos alheios ao *juízo oral* onde deve se desenvolver a exauriente cognição em contraditório pleno.

E tais observações se somam àquelas feitas com grande envergadura intelectual por Maya[151], que, de forma vertical e assentado nas discussões contemporâneas do processo penal constitucional e convencional, propôs de forma sistêmica a revisão do poder de atração da prevenção para considerá-la de forma exatamente oposta, como causa de afastamento da competência.

Nada obstante, toda essa discussão ainda está por ser amadurecida na literatura nacional que, por ora, se contenta com a posição consagrada no CPP e que se apresenta reverberada na jurisprudência consolidada do STF (Súmula 706): É relativa a nulidade decorrente da inobservância da competência penal por prevenção.

3.2.8 Conflito de competência

O denominado *conflito de competência*, tratado pelo CPP como *conflito de jurisdição* é o mecanismo pelo qual é dirimida a dúvida sobre qual é o órgão jurisdicional fracionário com competência para um determinado processo.

Quando dois órgãos entendem, ao mesmo tempo, serem competentes tem-se o chamado conflito positivo de competência; em sentido contrário, quando

---

150 Exemplos da intepretação estritamente vinculada ao CPP na jurisprudência: "Incompetência do juízo. Improcedência: competência firmada por prevenção em virtude de o juiz ter decidido medida cautelar em mandado de segurança pelo qual a defesa visava ao acesso dos autos do inquérito policial. Ainda que assim não fosse, a incompetência por ausência de prevenção geraria nulidade relativa, fazendo-se necessária a demonstração de prejuízo." BRASIL. Supremo Tribunal Federal. Habeas Corpus n. **99.353**. Segunda Turma. Relator Min. Eros Grau. Julgamento em: 18-8-2009. Publicação: DJE de 23-10-2009. Disponível em: <https://jurisprudencia.stf.jus.br/pages/search/sjur168463/false>. Acesso em: 10 jun. 2021. No mesmo sentido: BRASIL. Supremo Tribunal Federal. Habeas Corpus n. **83.086**. Segunda Turma. Relator Min. Carlos Velloso. Julgamento em: 16-12-2003. Publicação em: DJ de 12-3-2004. Disponível em: <https://jurisprudencia.stf.jus.br/pages/search/sjur96266/false>. Acesso em: 2 dez. 2021. Ainda nesse âmbito: "Tem prevenção para a ação penal o juiz que primeiro toma conhecimento da causa e examina a representação policial relativa aos pedidos de prisão temporária, busca e apreensão e interceptação telefônica, nos termos do art. 75, parágrafo único, c/c o art. 83 do CPP". BRASIL. Supremo Tribunal Federal. **Habeas Corpus n. 88.214/PE**. Primeira Turma. Relator Min. Marco Aurélio. Data de Julgamento: 28 abr. 2009. Publicação: 14 ago. 2009. Disponível em: <https://jurisprudencia.stf.jus.br/pages/search/sjur164325/false>. Acesso em: 2 dez. 2021.

151 MAYA, André Machado. **Imparcialidade e processo penal**: da prevenção da competência ao juiz de garantias. Rio de Janeiro: Lúmen Júris, 2011.

ambos entenderem faltar a competência para o caso concreto tem-se o conflito negativo de competência.[152]

Envolvendo dois órgãos fracionários da jurisdição estadual, a solução é dada pelo Tribunal de Justiça do Estado em questão; contudo, se um dos órgãos fracionários pertencer à jurisdição especializada estadual (*v.g.* Justiça Militar), a solução será dada pelo STJ[153-154], assim como entre juízos de tribunais estaduais distintos.

Se a dúvida surgir entre órgãos fracionários da Justiça Estadual em contraponto à Federal, a solução é dada pelo STJ, assim como entre órgãos fracionários da Justiça Federal, sejam eles pertencentes à jurisdição federal especializada ou comum.[155]

Por seu turno, havendo discussão sobre a competência do STJ entre suas turmas, entre este e os tribunais superiores e entre eles, a solução do conflito é dado pelo STF.[156]

Por seu turno, quando o conflito for suscitado por juízes federais vinculados a um mesmo Tribunal Regional Federal, caberá a este o julgamento do conflito. Da mesma maneira, quando do caso de competência federal comum delegada à estadual (v.g., tráfico de drogas) houver conflito entre o órgão fracionário estadual e o federal, o conflito será julgado pelo TRF (Súmula 3, do STJ).

Excetua-se dessa regra a competência delegada eleitoral, cuja competência para julgamento pertence ao STJ (art. 105, I, d da CR) no caso de conflitos, enfatizando-se que a Justiça Eleitoral tem sua competência fixada no tempo e

---

152 CPP: "Art. 114. Haverá conflito de jurisdição: I – quando duas ou mais autoridades judiciárias se considerarem competentes, ou incompetentes, para conhecer do mesmo fato criminoso; II – quando entre elas surgir controvérsia sobre unidade de juízo, junção ou separação de processos".
153 "Estado da Federação que possui Tribunal de Justiça Militar. Conflito de jurisdição entre auditor militar e juiz de direito. Compete, nesse caso, ao STJ dirimir o conflito, a teor do art. 105, I, d, da Constituição, porque se trata de dissídio entre juízes sujeitos a tribunais diversos. Somente nos Estados onde não houver Tribunal de Justiça Militar os auditores militares estaduais ficam sujeitos ao Tribunal de Justiça do Estado, a quem caberá julgar conflito de jurisdição entre esses magistrados e os juízes de direito." BRASIL. Supremo Tribunal Federal. **Recurso Extraordinário n. 200.695**. Segunda Turma. Relator Min. Néri da Silveira. Julgamento em: 17-9-1996. Publicação em: DJ de 21-5-1997. Disponível em: <https://jurisprudencia.stf.jus.br/pages/search/sjur117562/false>. Acesso em: 2 dez. 2021.
154 O STF possui a Súmula 555 ("É competente o tribunal de justiça para julgar conflito de jurisdição entre juiz de direito do Estado e a Justiça Militar local."), adotada em 15/12/1976 e que não foi recepcionada pela CR/88. BRASIL. Supremo Tribunal Federal. **Súmula n. 555**. Disponível em: <https://jurisprudencia.stf.jus.br/pages/search/seq-sumula555/false>. Acesso em: 2 dez. 2021.
155 Art. 105. Compete ao Superior Tribunal de Justiça: I – processar e julgar, originariamente: ... d) os conflitos de competência entre quaisquer tribunais, ressalvado o disposto no art. 102, I, "o", bem como entre tribunal e juízes a ele não vinculados e entre juízes vinculados a tribunais diversos.
156 Art. 102. Compete ao Supremo Tribunal Federal, precipuamente, a guarda da Constituição, cabendo-lhe: I – processar e julgar, originariamente: (...) o) os conflitos de competência entre o Superior Tribunal de Justiça e quaisquer tribunais, entre Tribunais Superiores, ou entre estes e qualquer outro tribunal.

que para atrair essa competência especializada a conduta deve ter conotações eleitoreiras.[157]

Assim, já assentou a jurisprudência do Superior Tribunal de Justiça, ao qual cabe julgar conflitos entre juízes eleitorais e juízes de direito (CR, art. 105' I, "d"),

Procedimento

O conflito é provocável de ofício ou por requerimento das partes no processo penal, não havendo previsão de que seja suscitado por autoridade policial no curso da investigação ou pelo assistente da acusação no caso do processo já em andamento.

A suscitação, no caso do conflito negativo, pode ser feita nos próprios autos do processo se suscitadas pelo próprio Juízo em forma de representação, sempre por escrito; quando provocada pelas partes, também por meio de requerimento escrito, deverá ser autuada.

Na Corte que resolverá o conflito, distribuído o caso a um Relator, poderá haver o sobrestamento do processo na origem até a solução definitiva, cabendo, contudo, a nomeação de um Magistrado para solucionar situações de urgência até a solução definitiva. Essa providência não elimina a possibilidade de considerar-se excessiva a duração de uma prisão cautelar na pendência da solução definitiva do conflito suscitado.[158]

Ainda no Tribunal, após ouvido o Ministério Público em segundo grau, o caso será julgado na sessão imediata.

Julgado o conflito e dirimida a dúvida com a definição da competência para um dos órgãos conflitantes, os atos praticados no Juízo anterior são reputados

---

[157] Sobre crime contra a honra: BRASIL. Superior Tribunal de Justiça. Conflito de Competência n. 3.852-SP. Terceira Seção. Relator Min. José Dantas. Julgado em: 05/08/1993. Publicado em: DJU de 23.08.93; BRASIL. Superior Tribunal de Justiça. **Conflito de Competência n. 4.187/PR**. Terceira Seção. Relator Min. Ademar Maciel. Julgado em: 05/08/1993. Publicado em: DJU de 30.08.93; sobre crime de falso testemunho: A prática do delito de falso testemunho, cometido por ocasião de depoimento perante o Ministério Público Eleitoral, enseja a competência da Justiça Federal, em razão do evidente interesse da União na administração da Justiça Eleitoral. Precedentes. 2. Na eventualidade de ficar caracterizado o crime do art. 299 do Código Eleitoral, este deverá ser processado e julgado na Justiça Eleitoral, sem interferir no andamento do processo relacionado ao crime de falso testemunho, porquanto a competência da Justiça Federal está expressamente fixada na Constituição Federal, não se aplicando, dessa forma, o critério da especialidade, previsto nos arts. 78, IV, do CPP e 35, II, do Código Eleitoral, circunstância que impede a reunião dos processos na Justiça especializada. Precedentes. 3. Conflito conhecido para declarar competente o Juízo Federal da 3ª Vara Criminal da Seção Judiciária do Rio Grande do Sul, o suscitado. BRASIL. Superior Tribunal de Justiça. **Conflito de Competência n. 126.729/RS**. Terceira Seção. Relator Min. Marco Aurélio Bellizze. Julgado em: 24/04/2013. Publicação: DJe 30/04/2013.
[158] BRASIL. Superior Tribunal de Justiça. **Habeas Corpus n. 94.247/BA**. Primeira Turma. Relatora: Min. Carmen Lúcia. Julgamento em: 24-6-2008. Publicação: DJE de 9-5-2008. Disponível em: <https://jurisprudencia.stf.jus.br/pages/search/sjur87514/false>. Acesso em: 2 dez. 2021.

válidos, inclusive os que determinaram medidas cautelares de ordem pessoal, real ou probatória.

O provimento que julga o conflito é tido pelo CPP como irrecorrível. Nada obstante, em casos diretamente envolvendo questões do direito de liberdade – e não apenas por via reflexa – conhece-se do *Habeas Corpus*.[159]

3.2.9 Material complementar

3.2.9.1 Súmulas do STJ e STF sobre competência em matéria penal

I] a competência para o processo e julgamento de latrocínio (art. 157, § 3º, última parte, CP) é do juiz singular e não do tribunal do júri (Súmula 603 do STF).

II] subsiste a competência do Supremo Tribunal Federal para conhecer e julgar a apelação, nos crimes da Lei De Segurança Nacional, se houve sentença antes da vigência do AI 2 (Súmula 526 do STF).

III] salvo ocorrência de tráfico com o exterior, quando, então, a competência será da Justiça Federal, compete a justiça dos Estados o processo e o julgamento dos crimes relativos a drogas (Súmula 522 do STF).

IV] o foro competente para o processo e julgamento dos crimes de estelionato, sob a modalidade da emissão dolosa de cheque sem provisão de fundos, é o do local onde se deu a recusa do pagamento pelo sacado (Súmula 521 do STF).

V] compete a justiça dos Estados, em ambas as instâncias, o processo e o julgamento dos crimes contra a economia popular (Súmula 498 do STF).

VI] o juízo federal é competente para processar e julgar acusado de crime de uso de passaporte falso e o do lugar onde o delito se consumou (Súmula 200 do STJ).

VII] compete ao juízo das Execuções Penais dos Estados a execução das penas impostas a sentenciados pela Justiça Federal, Militar ou Eleitoral, quando recolhidos a estabelecimentos sujeitos a administração estadual (Súmula 192 do STJ).

VIII] compete a justiça comum processar e julgar militar por crime de abuso de autoridade, ainda que praticado em serviço (Súmula 172 do STJ).

---

159 BRASIL. Supremo Tribunal Federal. **Habeas Corpus n. 100.087/SP**. Segunda Turma. Relatora: Min. Ellen Gracie. Julgamento em: 16-3-2010. Publicado em: DJE de 9-4-2010. Disponível em: <https://jurisprudencia.stf.jus.br/pages/search/sjur175275/false>. Acesso em: 2 dez. 2021.

IX] compete a justiça federal processar e julgar crime de falso testemunho cometido no processo trabalhista (Súmula 165 do STJ).

X] a competência para o processo e julgamento por crime de contrabando ou descaminho (art. 334, CP) define-se pela prevenção do juízo federal do lugar da apreensão dos bens (Súmula 151 do STJ).

XI] compete à justiça federal processar e julgar os crimes praticados contra funcionário público federal, quando relacionados com o exercício da função (Súmula 147 do STJ).

XII] compete à justiça comum estadual processar e julgar crime em que o indígena figure como autor ou vítima (Súmula 140 do STJ).

XIII] compete à justiça federal o processo e julgamento unificado dos crimes conexos de competência federal e estadual, não se aplicando a regra do art. 78, II, "a", do Código De Processo Penal (Súmula 122 do STJ).

XIV] compete a justiça comum estadual processar e julgar crime de estelionato praticado mediante falsificação das guias de recolhimento das contribuições previdenciárias, quando não ocorrente lesão a autarquia federal (Súmula 107 do STJ).

XV] compete a justiça estadual o processo e julgamento dos crimes de falsificação e uso de documento falso relativo a estabelecimento particular de ensino (Súmula 104 do STJ).

XVI] a utilização de papel moeda grosseiramente falsificado configura, em tese, o crime de estelionato, da competência da justiça estadual (Súmula 73 do STJ).

XVII] compete a justiça federal processar e julgar os crimes praticados contra a fauna (Súmula 91 do STJ).

XVIII] compete a justiça estadual militar processar e julgar o policial militar pela prática do crime militar, e a comum pela prática do crime comum simultâneo àquele (Súmula 90 do STJ).

XIX] compete a justiça militar processar e julgar policial de corporação estadual, ainda que o delito tenha sido praticado em outra unidade federativa (Súmula 78 do STJ).

XX] compete a justiça comum estadual processar e julgar o policial militar por crime de promover ou facilitar a fuga de preso de estabelecimento penal (Súmula 75 do STJ)

XXI] compete a justiça estadual processar e julgar o crime de falsa anotação na carteira de trabalho e previdência social, atribuído a empresa privada (Súmula 65 do STJ).

XXII] compete a justiça comum estadual processar e julgar civil acusado de prática de crime contra instituições militares estaduais (Súmula 53 do STJ).

XXIII] compete ao juízo do local da obtenção da vantagem ilícita processar e julgar crime de estelionato cometido mediante falsificação de cheque (Súmula 48 do STJ).

XXIV] compete a justiça militar processar e julgar crime cometido por militar contra civil, com emprego de arma pertencente a corporação, mesmo não estando em serviço (Súmula 47 do STJ).

XXV] compete a justiça comum estadual processar e julgar as causas cíveis em que e parte sociedade de economia mista e os crimes praticados em seu detrimento (Súmula 42 do STJ).

XXVI] compete a justiça estadual comum, na vigência da constituição de 1988, o processo por contravenção penal, ainda que praticada em detrimento de bens, serviços ou interesse da União ou de suas entidades (Súmula 38 do STJ).

XXVII] compete a justiça comum estadual processar e julgar delito decorrente de acidente de trânsito envolvendo viatura de polícia militar, salvo se autor e vítima forem policiais militares em situação de atividade (Súmula 6 do STJ).

Súmula 53 STJ – "Compete à justiça comum estadual processar e julgar civil acusado da prática de crime contra instituições militares estaduais."

Súmula 3 STJ – Compete ao Tribunal Regional Federal dirimir conflito de competência verificado, na respectiva região, entre juiz federal e juiz estadual investido de jurisdição federal.

Capítulo 4
Da Investigação Criminal

4.1 Conceito

A investigação criminal é a primeira fase da persecução penal, em que são produzidos elementos informativos ou provas tendentes a embasar a convicção do titular da ação penal para que atue em Juízo (promova a acusação) ou perante o Juízo (com o arquivamento).

Nela incide o necessário controle jurisdicional toda vez que atos investigativos adentrem em esferas de direitos fundamentais da pessoa física ou jurídica submetida à investigação, sendo-lhes dada a oportunidade de exercer meios defensivos que, no entanto, não implicam a formação do contraditório perante a autoridade encarregada de efetuar a investigação.

A investigação criminal é gênero da qual são espécies diretas o inquérito policial e a investigação pelo Ministério Público[1] e se insere no cenário das inúmeras formas de investigação presentes no ordenamento brasileiro a partir da CR/88, onde se encontram também formas inicialmente não penais de apuração, mas que podem, reflexamente, serem utilizadas na jurisdição penal como o trabalho das comissões parlamentares de inquérito ou o inquérito civil público.

4.2 Dinâmica

A investigação criminal está submetida a um regime de legalidade estrita e somente pode ser desencadeada diante da existência de um fundamento razoável a respeito da prática de uma conduta penalmente relevante, que já foi denominada por tipicidade aparente[2], desenvolvendo-se em momento anterior à formulação da acusação que dá origem ao processo de conhecimento. Nada obstante, para determinados tipos de criminalidade, constrói-se o conceito de investigação proativa com técnicas específicas de investigação.[3]

A investigação criminal desenvolve-se visando construir um acervo de conhecimento sobre a conduta criminalmente relevante praticada por pessoas físicas ou jurídicas de modo a embasar a tomada de decisão pelo acusador público ou privado de propor a acusação formal ou provocar o arquivamento. Assim sendo,

---

1 Como já sustentávamos desde a defesa de nossa dissertação de Mestrado, em 1994, sob o título "As garantias constitucionais na investigação criminal" (Faculdade de Direito da USP, em 1994). Em edição comercial: CHOUKR, Fauzi Hassan. As garantias constitucionais na investigação criminal. 3. ed. rev., ampl. e atualiz. Rio de Janeiro: Lúmen Júris, 2006.
2 COUTINHO, Jacinto Nelson de Miranda. **A lide e o conteúdo do processo penal**. Curitiba: Juruá, 1998. p. 149-151.
3 Tendo como base o Art. 20 da Convenção das Nações Unidas contra o Crime Organizado Transnacional e Art. 50 da Convenção das Nações Unidas contra a Corrupção.

a investigação criminal somente se coaduna com o Estado de Direito quando tiver essa finalidade instrumental.

O direito brasileiro conta com investigações conduzidas de forma praticamente autônoma pela polícia, situação prática de maior incidência e a única minimamente disciplinada especificamente pelo CPP, o chamado inquérito policial. Ao mesmo tempo, após 1988 e depois de candentes discussões políticas e jurídicas assentou-se a óbvia possibilidade do Ministério Público desenvolver suas investigações criminais.

Essa dualidade de investigações, potencialmente concomitantes e acarretando distintos juízos de valor entre investigadores e órgãos de execução do Ministério Público não encontra paralelo no direito processual penal contemporâneo, notadamente nos países que servem de base para análise no direito brasileiro. Tampouco existe como recomendação ou previsão no direito internacional público, seja no âmbito dos sistemas regionais de proteção aos direitos humanos (americano ou europeu) ou no espaço do Tribunal Penal Internacional.

Por fim, esse momento investigativo deve prever graus de participação defensiva, com exercício de direitos fundamentais pela pessoa física ou jurídica submetida à investigação sem que, entretanto, possa existir contraditório no sentido técnico da palavra.

4.3 Espécies

Para analisar de forma racional o tema da investigação criminal, sobretudo no cenário jurídico tão fragmentado quanto o brasileiro é necessário ter em conta de forma destacada:

- Seu controle (quem investiga);
- Tipo de criminalidade investigada;
- Quem é a pessoa submetida à investigação;
- Pela sua maior abrangência inicia-se pelo critério do controle da investigação.

4.3.1 Quanto ao controle da investigação

4.3.1.1 Investigação pelo juiz: Juizado de Instrução

Uma das formas de investigação criminal de grande importância histórica é aquela que tem como protagonista o Juiz, responsável que é pela condução substancial dessa fase.

Da Investigação Criminal | 257

Fortemente inspirado no direito francês, nele "O juiz de instrução tem um duplo papel, como investigador e como juiz" e "Os direitos de defesa são muito reduzidos quando da investigação."[4]

Sem embargo de sua importância histórica e os fundamentos empregados para sua manutenção em alguns países da Europa continental, sobretudo a independência judicial ao investigar, atributo este ausente quando se pensa na polícia e, em larga ao medida, ao próprio Ministério Público, é fundamental destacar que, mesmo nos países que possuem esta estrutura de longa data (França, Espanha, Bélgica) atualmente se trata de um modelo em superação como se observa nas decisões tomadas pela Corte Europeia de Direitos Humanos[5].

Não por outra razão, é lembrado por Figueiredo Dias, que

> (...) não deve haver juiz de instrução, pois que este não tem poderes de investigação, mas juiz da instrução, como o juiz de instrução em Portugal, o juiz das investigações preliminares em Itália, o juiz de controle da legalidade na Alemanha, ou o "juiz das liberdades" do processo penal europeu. Um juiz para controlar a legalidade na recolha das provas, para autorizar as medidas coercitivas e para fiscalizar a investigação oficial.[6]

O direito brasileiro nunca estabeleceu o juizado de instrução como regra posto que, segundo a exposição de motivos do Código de Processo Penal, da autoria de seu mentor maior, Francisco Campos,

> O preconizado juízo de instrução, que importaria limitar a função da autoridade policial a prender criminosos, averiguar a materialidade dos crimes e indicar testemunhas, só é praticável sob a condição de que as distâncias dentro do seu território de jurisdição sejam fácil e rapidamente superáveis. Para atuar proficuamente em comarcas extensas, e posto que deve ser excluída a hipótese de criação de juizados de instrução em cada sede do distrito, seria preciso que o juiz instrutor possuísse o dom da ubiquidade.[7]

Essa justificativa, incompleta do ponto de vista técnico porque onde existem os juizados de instrução a polícia não é impedida de prender (p. ex., nos casos de flagrante) era conveniente do ponto de vista político que acabou por conceber um modelo investigativo maleável de acordo com os interesses políticos dominantes,

---

4 DERVIEUX, Valérie. O sistema francês. In: DELMAS-MARTY, Mireille (Org.). **Processos Penais da Europa**. Rio de Janeiro: Lumen Juris, 2005.
5 GÓMEZ COLOMER, Juan Luis. La instrucción del proceso penal por el Ministerio Fiscal: aspectos estructurales a la luz del derecho comparado. **Revista del Ministerio Fiscal**, ISSN 1135-0628, n. 4, p. 83-113, 1997.
6 Apud RODRIGUES, Anabela Miranda. A fase preparatória do processo penal: tendências na Europa. O caso português. **Revista Brasileira de Ciências Criminais**, n. 9, p. 27, 2001.
7 BRASIL. **Decreto-Lei n. 3.689 de 3 de outubro de 1941**: Código de Processo Penal. Disponível em: <http://www.planalto.gov.br/ccivil_03/Decreto-Lei/Del3689.htm>. Acesso em: 3 jun. 2021.

com sua instauração e transcurso perante uma autoridade (policial) totalmente dependente do Poder Executivo e que culminava com a atuação de outra Instituição *à época* de igual fragilidade e dependência política (o Ministério Público).

Desprestigiada legislativamente, a ideia contou com alguma simpatia da doutrina[8] e com esparsos projetos de lei no sentido de sua instituição sendo que o último deles[9] de extrema vagueza pois se limitava a definir que (Art. 4º):

> As condutas penalmente tipificadas, seja no ato da infração penal, ao longo ou após a conclusão do inquérito policial, ou ainda aquelas já iniciadas através de ação penal, poderão ser objeto de apreciação e julgamento pelos Juizados de Instrução Criminal, nos termos do art. 1º.

Que, por sua vez, determina: "Esta lei orienta a criação, funcionamento e regulamentação de Juizados de Instrução Criminal".[10]

A discutível iniciativa legislativa foi censurada pela própria Comissão de Constituição e Justiça da Câmara que se posicionou pela inconstitucionalidade da proposta sob o fundamento que, ao relegar a verdadeira regulamentação do tema ao CNJ, teria havido violação do texto constitucional na ótica do relator Grabiel Chalita (PMDB-SP)[11] mas sem adentrar nas considerações sistêmicas da proposta e sua incompatibilidade material com o modelo acusatório.

4.3.1.2 Investigação pelo Ministério Público

Inicialmente é importante destacar uma vez mais que, no cenário constitucional, as formas de investigação são múltiplas, passando pela investigação no aspecto político com as Comissões Parlamentares de Inquérito (art. 58), o inquérito civil, preparatório ao exercício da ação civil pública (art. 129, III) e a apuração das

---

8 BORGES, Edinaldo de Holanda. O sistema processual acusatório e o juizado de instrução. **Boletim Científico da Escola Superior do Ministério Público da União**, v. 2, n. 6, p. 47-56, jan./mar. 2003. Ainda, de forma mais abrangente e pela criação do "Juizado": GOMES, Luiz Flávio. Juizados de instrução e colaborador da Justiça: esboço de proposta legislativa. **Jus Navigandi**, Teresina, ano 12, n. 1509, 19 ago. 2007. Disponível em: <http://jus.com.br/revista/texto/10294>. Acesso em: 9 jan. 2013. Ainda FONSECA, José Arnaldo da. Juizado de instrução criminal. In: CONSELHO DA JUSTIÇA FEDERAL. **Propostas da Comissão de Altos Estudos da Justiça Federal**. Brasília: Conselho da Justiça Federal; Centro de Estudos Judiciários, 2003. 1 v. p. 31-43.
9 Projeto de Lei 19/11, do deputado Maurício Rands (PT-PE). RANDS, Maurício. Câmara dos Deputados. **Projeto de lei**. Disponível em: <http://www.camara.gov.br/proposicoesWeb/prop_mostrarintegra;jsessionid=F2F3D01E91D7A21B99F32EA55A9E8D8B.node1?codteor=836767&filename=PL+19/2011>. Acesso em: 2 dez. 2021.
10 Idem.
11 Comissão de Constituição e Justiça. **Projeto de Lei n. 19 de 2011**. Orienta a criação, funcionamento e regulamentação de Juizados de Instrução Criminal e dá outras providências. Disponível em: <http://www.camara.gov.br/proposicoesWeb/prop_mostrarintegra;jsessionid=F2F3D01E91D7A21B99F32EA55A9E8D8B.node1?codteor=900245&filename=Tramitacao-PL+19/2011>. Acesso em: 2 dez. 2021.

infrações penais prevista no art. 144 como função da Polícia Federal no âmbito da competência da Justiça Federal e, por exclusão, as funções de investigação da Polícia Civil dos Estados, ressalvada a apuração dos crimes militares.

Assim, fica claro que não existe a indicação de monopólio investigativo às instituições policiais bem como é inquestionável que muitas dessas modalidades de investigação, embora de natureza extrapenais, produzem informações ou mesmo provas que podem ser usadas na persecução penal.

Com efeito, a grave distorção que se dá na apreciação do texto de 1988 é a que advém da sua leitura segmentada, não sistêmica e, portanto, fadada a conclusões igualmente incompletas, erro que facilmente ocorre quando se afirma que

> Enfim, ao Ministério Público... O que não lhe é constitucionalmente assegurado é produzir, sozinho, a investigação [...]. O sistema processual penal foi elaborado para apresentar-se equilibrado e harmônico, não devendo existir qualquer instituição superpoderosa. Note-se que, quando a polícia judiciária elabora e conduz a investigação criminal, é supervisionada pelo Ministério Público e pelo Juiz de Direito. Este, ao conduzir a instrução criminal, tem a supervisão das partes – Ministério Público e advogados.[12]

Da ideia exposta, além de não se tratar de opção mover ou não a ação penal, em momento algum a investigação efetivada pelo Ministério Público está isenta de controle jurisdicional quer no seu transcurso quer na avaliação de seu conteúdo seja na propositura da ação quer na promoção de arquivamento (o artigo 28 do CPP não sofreu alterações pela ordem constitucional e, ao contrário, foi enfatizado por ela e tardiamente alterado coma a Lei 13.694/2019). Por isso mesmo não há sentido técnico algum em falar em *superpoder* institucional.

Por isso, a discussão que iniciamos ao abordar as garantias constitucionais da investigação criminal tinha na sua pesquisa a inequívoca conclusão da possibilidade de investigações atuadas diretamente pelo Ministério Público, como também se manifestaram Streck e Feldens[13] e Rangel[14] quando se debruçaram sobre o assunto.[15]

O que ora se afirma, ou seja, a inexistência de monopólio investigativo pela polícia e a possibilidade da arregimentação de informações pelo Ministério

---

12 NUCCI, Guilherme de Souza. **Código de Processo Penal comentado**. 6. ed. São Paulo: Revista dos Tribunais, 2007.
13 STRECK, Lenio Luiz; FELDENS, Luciano. **Crime e Constituição**: a legitimidade da função investigatória do Ministério Público. Rio de Janeiro: Forense, 2003. 120 p.
14 RANGEL, Paulo. **Investigação criminal direta pelo Ministério Público**: visão crítica. Rio de Janeiro: Lumen Juris, 2003. 272 p.
15 Da mesma forma, MOREIRA, Rômulo de Andrade. Ministério público e poder investigatório criminal. **Informativo Jurídico Consulex**, v. 15, n. 2, p. 7-9, 8 jan. 2001.

Público para formação de seu convencimento[16] não é situação nova no direito brasileiro[17], pois mesmo na estrutura do Código de Processo Penal já há essa possibilidade e nunca se cogitou em óbices ao órgão do Ministério Público que colheu as informações propor a ação penal.[18]

Tampouco não há nada de novo quando se coteja esta afirmação com consolidada corrente jurisprudencial e doutrinária que dá pela prescindibilidade do inquérito policial para o oferecimento da denúncia, inclusive com a possibilidade de particulares compilarem elementos informativos e os entregarem ao Ministério Público que assim, de forma direta, pode propor a ação penal a teor do quando disposto no artigo 27 do CPP.

Qualquer pessoa do povo poderá provocar a iniciativa do Ministério Público, nos casos em que caiba a ação pública, fornecendo-lhe, por escrito, informações sobre o fato e a autoria e indicando o tempo, o lugar e os elementos de convicção). Aliás essa norma leva ao absurdo a defesa da impossibilidade de investigação pelo Ministério Público pois faculta ao particular colher informações, mas impede o próprio Parquet de fazê-lo e o torna refém de uma única e exclusiva forma de investigação.

Verifica-se, assim, que não há óbices legais à possibilidade do legitimado ativo receber autonomamente as informações para formação de seu juízo de valor sobre a propositura ou não da ação penal, que não há necessidade que essas informações sejam trazidas na modalidade de investigação inquérito policial e que, no transcurso desta modalidade o acusador público tem amplos poderes de determinação de atos.

4.3.1.3 Investigação pela Polícia

Trata-se, na verdade, da forma usual de investigação no direito brasileiro, estabelecida no Código de Processo Penal e que será detalhada a partir do tópico "6", infra.

4.3.1.4 Investigação pela Defesa

A investigação defensiva não existe como algo estruturado no atual Código de Processo Penal havendo, apenas, referência a postulações defensivas perante a

---

16 HAMILTON, Sérgio Demoro. A Amplitude das Atribuições do Ministério Público na Investigação Penal. **Revista do Ministério Público**, Ministério Público do Estado do Rio de Janeiro, n.6, p.226-243, jul./dez. 1997.
17 GONÇALVES, Wagner. Denúncia: possibilidade de investigação pelo Ministério Público: desnecessidade do inquérito policial. **Boletim dos Procuradores da República**, v. 5, n. 55, p. 27-31, nov. 2002.
18 FARIAS, Cristiano Chaves de. A Investigação criminal direta pelo Ministério Público e a inexistência de impedimento/suspeição para o oferecimento de denúncia. **Revista dos Tribunais**, São Paulo, v. 88, n. 769, p. 480-486, nov. 1999.

autoridade policial (art. 14 do CPP). Tal norma deve ser estendida àquelas hipóteses de investigação desenvolvida pelo Ministério Público.

No Projeto de Lei 156[19] oriundo do Senado da República[20] que se afigura como a única tentativa em 25 anos[21] de reformar por completo o Código de Processo Penal e a primeira com esse perfil desde a reconstitucionalizão de 1988, após os trabalhos da Comissão de Juristas, o Senado aprovou, com ligeiras modificações, o texto do artigo 14 que confere alguma forma à *investigação defensiva*, com a seguinte redação:

> É facultado ao investigado, por meio de seu advogado, de defensor público ou de outros mandatários com poderes expressos, tomar a iniciativa de identificar fontes de prova em favor de sua defesa, podendo inclusive entrevistar pessoas. Parágrafo único. As entrevistas realizadas na forma do *caput* deste artigo deverão ser precedidas de esclarecimentos sobre seus objetivos e do consentimento das pessoas ouvidas.

Como a literatura nacional carece de adensamento sobre a matéria nada obstante a existência de obras sobre o tema[22] deixando, assim, de decantar o assunto de modo a torná-lo naturalmente presente entre nós, resta concluir que estamos diante da importação de um modelo de investigação, e sua aparente origem pode ser a da norma do direito italiano que conhece desde a recodificação de 1988 certa estrutura de investigação pela *defesa* como, inclusive, um sinal de aproximação a mais com os modelos de *common law*.

Com efeito, na redação original daquele Código, no artigo 38 já havia previsão – pouco operacional diante da então vagueza da norma – de investigações defensivas, norma que sofreu forte modificação com a Lei 332/95 que, acrescentando disposições à original, possibilitou à defesa a apresentação direta ao Juízo as investigações por ela efetuadas sem, contudo, eliminar questionamentos acerca da confiabilidade do produto de tais investigações defensivas.

Mas, foi com a modificação da Constituição italiana em 1999, e a nova redação dada ao artigo 111 que se estabeleceu marco distintivo na matéria naquele país posto ter havido a introdução de texto que, aproximando-se daquilo que existe no art. 5º, LV da nossa Constituição, estabeleceu o contraditório e paridade de armas em todo *processo* e explicitou a possibilidade da defesa possuir tempo e

---

19 Texto integral do Projeto de Lei disponível no site do Senado Federal. BRASIL. Senado Federal. **Projeto de Lei do Senado n. 156 de 2009.** Disponível em: <www.senado.gov.br/novocpp>. Acesso em: 10 jun. 2021.
20 Criada na forma do Requerimento nº 227, de 2008, aditado pelos Requerimentos nº (s) 751 e 794, de 2008, e pelos Atos do Presidente nº (s) 11, 17 e 18, de 2008.
21 Para uma ampla visão das tentativas de reforma do CPP em termos parciais e globais, veja-se PASSOS, Edilenice. Op. Cit
22 Dentre outros, SAAD, Marta. **O direito de defesa no inquérito policial.** São Paulo: Revista dos Tribunais, 2004.

condições necessárias ao seu preparo, além de possibilitar-lhe a intimação e oitiva de pessoas de seu interesse nas mesmas condições da acusação.

Tais disposições renovadas deram origem à lei 397/2000 que modificaram a estrutura da investigação defensiva que, ab-rogando o então artigo 38, tipificou os atos de investigação defensivos "disciplinando singularmente os atos de aquisição indireta dos elementos de prova (...) e de aquisição direta (requisição de documentos junto à Administração Pública, elaboração de croquis ou de provas irrepetíveis)"[23] bem como veio a eliminar uma das mais delicadas questões práticas sobre essa forma de investigação que é a da utilização do produto investigativo e seu peso na formação do convencimento do julgador, determinando a equivalência entre o resultado dessa investigação e daquela efetuada pelo acusador em autos próprios de investigação da defesa.[24]

Da análise de direito comparado pode-se recear que a norma brasileira em gestação venha a sofrer dos mesmos problemas de vagueza e incerteza que se apresentavam no texto original do CPP italiano. Assim, sendo uma possibilidade concreta no ordenamento pátrio a introdução dessa forma investigativa, urge aperfeiçoar o texto que vier a entrar em vigor a fim de não transformar essa modalidade em algo que a torne inoperável e um obstáculo para uma perfeita prestação jurisdicional.

4.3.2 Quanto ao tipo de criminalidade

A partir da CR de 1988 o sistema de classificação das infrações penais sofreu significativa alteração em relação ao modelo proposto nos anos 1930-40 quando se dividia a gravidade da infração penal em crimes e contravenções, sendo aqueles apenados com reclusão ou detenção e estas últimas com prisão *simples*.

Essa divisão tinha significativa importância, inclusive, para os ritos processuais, posto que os crimes com pena de reclusão tinham sua persecução pelo procedimento ordinário enquanto as detenções eram, de regra, apuráveis pelo rito sumário e as prisões na forma *judicialiforme*.

Nada obstante, a investigação criminal predominante era o inquérito policial e as técnicas investigativas eram essencialmente as mesmas em todo esse cenário.

Mas, o texto constitucional inovou criando um nível de microcriminalidade – as infrações penais de menor potencial ofensivo –, de um lado e, de outro, a criminalidade hedionda deixando, no intermédio, a criminalidade *ordinária* e possibilitou o estabelecimento de instrumentos persecutórios próprios para cada uma dessas espécies regrados pela legislação ordinária.

---

23 APRILE, Ercole; SILVESTRI, Pietro. **La formazione della prova penale**. Milao: Giuffrè Editt, 2002. p. 23
24 Ibidem, p. 24.

4.3.2.1 Criminalidade de menor potencial ofensivo

Para as infrações penais de menor potencial ofensivo o modelo investigativo parece inexistente e, na prática, de certa forma o é, causando graves distorções com resultados marcantemente injustos ou, como já foi afirmado na jurisprudência, "Não é pouco que, por meio dessa Lei, possa aplicar-se pena sem acusação formalizada, sem defesa, sem culpa provada e, se calhar, até mesmo sem fato ilícito" (Tribunal de Alçada Criminal de SP. ACr nº 1.301.813/9. Rel. Juiz Ricardo Dip; j. 8/4/2002).

Assim, valendo-se de depoimentos sumarizados ao extremo e sem qualquer estrutura operacional no campo pericial que possa satisfazer o primado da celeridade que inspira esse modelo, o registro policial, como regra, deságua em propostas de transação igualmente precárias, aumentando o sentimento de impunidade.

Neste ponto, como salientou prestigiosa fonte doutrinária,

> A Lei de 9.099/95 não eliminou a atividade da polícia judiciária, apenas circunscreveu-a, em limites mais estreitos quantitativa e qualitativamente (...). A autoridade policial tem que ter consciência que referido *termo* deverá reunir dados suficientes para possibilitar ao titular da ação penal postular a aplicação da lei penal, isto é, tem que configurar a existência de *justa causa* para a proposta de aplicação de penas alternativas à prisão que, em outros termos, não deixa de ser o *início* e, quando aceita, fim da ação penal (...). Por tudo isso, o Termo Circunstanciado não pode assemelhar-se a velha certidão de ocorrência de antigamente que, além de uma declaração, de regra, unilateral, era absolutamente insuficiente, por não apresentar o mínimo necessário para o início de uma demanda penal. Será indispensável, no mínimo, a versão dos dois polos envolvidos no conflito, social, além do rol de testemunhas, com as respectivas qualificações e endereços, bem como da requisição dos exames necessários.[25]

Não se pode, portanto, confundir informalidade com ausência pura e simples de atos investigativos, a dizer que o exercício da ação penal pode abrir mão de uma etapa preparatória prévia que venha a evitar abusos no exercício daquela. Em outras palavras, simplificação da investigação não é sinônimo de sua supressão.

4.3.2.2 Meios investigativos e macrocriminalidade

Há, ainda, o modelo investigativo voltado à apuração dos crimes de *macrocriminalidade* ou criminalidade de *especial gravidade*.

Atualmente se pode ver com clareza que esses métodos investigativos se constituíram como um sistema verdadeiramente paralelo de persecução, introduzindo

---

[25] BITENCOURT, Cezar Roberto. **Juizados Especiais Criminais e Alternativas à Pena de Prisão**. 2. ed. Porto Alegre: Livraria do Advogado, 1996. p. 164 e 165.

toda uma sorte de instrumentos que, à mingua de uma denominação específica na doutrina brasileira, optamos por denominá-la emprestando a nomenclatura advinda do direito italiano: o sistema emergencial.[26]

Neste Capítulo serão abordados a ação controlada e a infiltração de agentes posto que incidem diretamente em momentos investigativos de forma exclusiva. A delação premiada, por sua vez, como pode acontecer já no curso do processo penal será tratada no Capítulo das Provas nesta Obra.

4.3.2.3 Criminalidade "ordinária"

Resta à criminalidade *ordinária* a estrutura tradicional do processo penal, cuja regulação se dá basicamente pelo Código de Processo Penal ao disciplinar a modalidade investigativa inquérito policial que se aplica, por analogia, às investigações desenvolvidas pelo Ministério Público enquanto não houver regras específicas para esta forma de investigar.

4.3.3 Quanto ao momento de sua realização em relação ao ato investigativo

4.3.3.1 Investigação "proativa" e Investigação reativa

Quanto ao momento no tempo em que a investigação se realizada, há possibilidade de duas distinções:

I] Após o cometimento do delito: investigação que se pode denominar de *reativa* ou
II] A investigação antecedente à prática criminosa ou investigação *proativa*.

É do modelo *emergencial*, com sua estrutura específica e paralela aos cânones conhecidos que surge uma forma de investigação diferenciada no tempo e completamente diferente do modelo originário do CPP que se fundava na apuração *a posteriori* dos atos criminosos numa mecânica de reação ao crime já praticado (modelo reativo).

No entanto, a denominada macrocriminalidade, nacional ou transnacional – passou a exigir técnicas investigativas que eram historicamente relegadas às persecuções políticas (infiltração de agentes estatais; colaboração, denuncismo premiado).

---

26 CHOUKR, Fauzi Hassan. Bases para compreensão e crítica do direito emergencial. In: SHECAIRA, Sérgio Salomão (Org.). **Estudos criminais em homenagem a Evandro Lins e Silva**: criminalista do século. São Paulo: Método, 2001. 367 p. ISBN 85-86456-18-7. p. 135-153.

Já o CPP sempre foi estruturado de forma a investigar reativamente, a dizer, após a prática do fato criminoso. Essa característica é importante e enfatiza o processo penal tradicional como um *reconstrutor de fatos* e não como *antecipador de hipóteses*. Exatamente desta característica temporal extrai-se toda disciplina probatória com a qual se pretenderá demonstrar (ou refutar) a responsabilidade pela conduta atribuída.

4.3.4 Quanto ao cargo ou função da pessoa investigada: Investigação e foro por prerrogativa de função

O denominado *foro por prerrogativa de função*, critério material de determinação inicial da competência voltado para apuração de tipos penais envolvendo determinados detentores de cargos públicos[27] possui um modelo investigativo lacunoso e que, pouco a pouco, vai se distanciando do modelo previsto no Código de Processo Penal a partir, sobretudo, da interpretação do art. 231 do Regimento Interno do STF.

A partir da forma de compreensão dessa norma, o movimento expansionista do foro por prerrogativa de função vivido após 1988 o STF foi ampliando as singularidades dessa forma de investigação, seja o que diz respeito ao seu início (formas de instauração), desenvolvimento (prática de atos investigatórios) e conclusão (com particular interesse neste momento o arquivamento da investigação) como se verá na sequência.

a] Instauração da investigação

Uma das principais discussões da investigação no âmbito aqui tratado é a forma de sua instauração posto que a compreensão anterior do STF sobre a instauração da investigação já foi de dotar de maior autonomia os agentes investigativos como se vê adiante:

> Para instauração de Inquérito Policial contra Parlamentar, não precisa a Autoridade Policial obter prévia autorização da Câmara dos Deputados, nem do Supremo Tribunal Federal. Precisa, isto sim, submeter o Inquérito, no prazo legal, ao Supremo Tribunal Federal, pois é perante este que eventual ação penal nele embasada poderá ser processada e julgada. "H.C." indeferido, ficando, cassada a medida liminar, pois o Inquérito Policial, se houver necessidade de novas diligências, deve prosseguir na mesma Delegacia da Polícia Federal

---

27 Vide arts. 29, X, 53, § 3º, 86, § 1º, I, 96, III, 102, I, b, c, 105, I, a, e 108, I, a, da CR/88 e, entre outras, a Lei n. 11.497/2007, que alterou a redação do art. 25, parágrafo único, da Lei n. 10.683/2003 expandido as hipóteses desses cargos.

[...], sob controle jurisdicional direto do Supremo Tribunal Federal. (STF – HC: 80592 PR, Relator: SYDNEY SANCHES, Data de Julgamento: 03/04/2001, Primeira Turma, Data de Publicação: DJ 22-06-2001 PP-00023 – 02036-02 PP-00224).

Incidindo sobre a matéria, a Emenda Constitucional n. 35 de 2001 acabou por orientar a revisão interpretativa do STF que passou a pontuar que

> A Polícia Federal não está autorizada a abrir de ofício inquérito policial para apurar a conduta de parlamentares federais ou do próprio Presidente da República (no caso do STF). No exercício de competência penal originária do STF (CF, art. 102, I, "b" c/c Lei nº 8.038/1990, art. 2º e RI/STF, arts. 230 a 234), a atividade de supervisão judicial deve ser constitucionalmente desempenhada durante toda a tramitação das investigações desde a abertura dos procedimentos investigatórios até o eventual oferecimento, ou não, de denúncia pelo dominus litis. [...] (Pet QO 3.825/MT, rel. Min. Sepúlveda Pertence, rel. p/ ac. Min. Gilmar Mendes, pleno, 10.10.2007, DJE 03.04.2008)

O fundamento dessa revisão interpretativa está na elasticidade da compreensão dos denominados *poderes implícitos* extraíveis do texto constitucional pelos quais foi estendida a atuação do STF para todas as etapas da investigação.

b] Indiciamento

Também com base nos poderes implícitos, o próprio desenvolvimento dos atos investigativos e, em especial, do indiciamento, teve sua compreensão alterada.

Assim, no Inq. 2411 o STF decidiu que

> Assim, a discussão acerca dessa possibilidade não é uma mera formulação hipotética. Daí a necessidade de definição das competências constitucionais dos relatores desta Suprema Corte nos inquéritos originários. Segundo a manifestação do Procurador-Geral da República, a iniciativa do procedimento investigatório deve ser confiada ao MPF contando com a supervisão do Ministro-Relator dessa Corte. Nesse contexto, a Polícia Federal não estaria autorizada a abrir de ofício inquérito policial para apurar a conduta de parlamentares federais ou do próprio Presidente da República (no caso do STF). Diante do exposto e na linha dos precedentes arrolados, voto no sentido de que a questão de ordem ora apreciada seja resolvida nos seguintes termos: no exercício de competência penal originária do STF (CF, art. 102, I, "b" c/c Lei no 8.038/1990, art. 20), a atividade de supervisão judicial deve ser constitucionalmente desempenhada durante toda a tramitação das investigações (isto é, desde a abertura dos procedimentos investigatórios até o eventual oferecimento, ou não, de denúncia pelo dominus litis). Nestes termos, na linha do parecer da PGR, voto pela anulação

do ato formal de indiciamento promovido pela autoridade policial em face do parlamentar investigado.

De forma mais ampla tem-se que o controle do desenvolvimento da investigação também cabe à Corte como decorrência de seus *poderes implícitos* conforme assentado pelo STF na Rcl 2349/TO, T2, DJ 05.08.2005 e na Rcl 1150/PR, Tribunal Pleno, DJ 06.12.2002. Neste sentido:

> I – A inobservância da prerrogativa de foro conferida a Deputado Estadual, ainda que na fase pré-processual, torna ilícitos os atos investigatórios praticados após sua diplomação.
>
> II – O trancamento da ação penal, em habeas corpus, constitui medida excepcional que só deve ser aplicada quando indiscutível a ausência de justa causa ou quando há flagrante ilegalidade demonstrada em inequívoca prova pré-constituída.
>
> III – Ordem denegada. (STF: HC 94.705/RJ, rel. Min. Ricardo Lewandowski, T1, 09.06.2009, DJE 30.06.2009)

c] Controle do Arquivamento

A matéria é tratada pela Lei nº 8.038/90[28], assim pelo RISTF (art.231), pelo RISTJ (art. 219), e, a partir dessas bases legais foi concluído pelo STF:

> A manifestação formulada pelo Procurador-Geral da República, no sentido do arquivamento de inquérito penal, possui caráter irretratável, não sendo, portanto, passível de reconsideração ou revisão, ressalvada, no entanto, a hipótese de surgimento de novas provas. Com base nesse entendimento, e salientando, ainda, o fato de que tal manifestação, no caso, representa a vontade do órgão, e não da pessoa do titular do cargo, o Tribunal, por maioria – na linha da orientação firmada na Corte no sentido de que o STF, *no âmbito de sua competência penal originária, está compelido a determinar o arquivamento de inquérito policial quando requerido pelo Procurador-Geral da República por ausência de base empírica* –, determinou o arquivamento de inquérito penal, conforme proposto no primeiro pronunciamento do órgão do Ministério Público. Desconsiderou-se, portanto, já que evidenciado na espécie que não houve o surgimento de novas provas, o segundo pronunciamento apresentado pelo sucessor no cargo, pelo qual o Ministério Público, em juízo de retratação, pretendia o recebimento da denúncia. Vencidos os Ministros Ellen Gracie, relatora, e Celso de Mello, por

---

28 Art. 3º – Compete ao relator: I – determinar o arquivamento do inquérito ou de peças informativas, quando o requerer o Ministério Público, ou submeter o requerimento à decisão competente do Tribunal.

entenderem possível o juízo de retratabilidade, sem a exigência do surgimento de novas provas, desde que formulado antes da superveniência de decisão judicial desta Corte, salientando, ademais, que, como titular da ação penal, compete ao Ministério Público promover ou deixar de promovê-la. Precedentes citados: HC 80560/GO (DJU de 30.3.2001), RHC 59607/PE (DJU de 25.2.83) e Inq 1443/SP (DJU de 5.10.2001). Inq 2028/BA, rel. orig. Ministra Ellen Gracie, rel. p/ o acórdão Min. Joaquim Barbosa, 28.4.2004.(INQ-2028)

Ainda neste tema é necessário destacar que a promoção de arquivamento deve ser submetida à Corte mesmo quando se trate de investigação oriunda do próprio Ministério Público e não na modalidade *inquérito policial* consoante entendimento esposado no mesmo acórdão citado.

Em resumo, foi-se disciplinando, progressivamente, por meio das interpretações do STF e, em particular, pela incidência constante dos denominados *poderes implícitos*, a forma de administrar concretamente a investigação criminal, como se verifica com clareza quando a Corte afirmou que: "a outorga de competência originária para processar e julgar determinadas Autoridades ("detentoras de foro por prerrogativa de função") não se limita ao processo criminal em si mesmo, mas, à base da teoria dos poderes implícitos, estende-se à fase apuratória pré-processual (...)."[29]

Restrições investigativas outras existem de modo a tornar atos da investigação criminal ordinária impossíveis de serem autuados quando se trate de membros do Poder Judiciário (art. 33 da LOMAN[30]), e do Ministério Público Lei Orgânica SP, art. 222)[31], numa estrutura investigativa que se aproxima por demais do juiz investigador e cuja compatibilidade com o modelo acusatório constitucional-convencional é questionada.[32]

---

29 BRASIL. Supremo Tribunal Federal. **Reclamação n. 2.349/TO**. Segunda Turma. Relator Min. Carlos Velloso. Julgamento em 10/03/2004. DJE 5/08/2005. Disponível em: <https://jurisprudencia.stf.jus.br/pages/search/sjur10595/false>. Acesso em: 11 jun. 2021; BRASIL. Supremo Tribunal Federal. **Reclamação n. 1.150/PR**. Tribunal Pleno. Relator Min. Gilmar Mendes. Julgamento em 14/11/2002. DJE 06/12/2002. Disponível em: <https://jurisprudencia.stf.jus.br/pages/search/sjur97513/false>. Acesso em: 11 jun. 2021.
30 Parágrafo único. Quando, no curso de investigação, houver indício da prática de crime por parte do magistrado, a autoridade policial, civil ou militar, remeterá os respectivos autos ao tribunal ou órgão especial competente para o julgamento, a fim de que prossiga na investigação.
31 Art. 222. Quando, no curso de investigação, houver indício de prática de infração penal por parte de membro do Ministério Público, a autoridade policial, civil ou militar, remeterá imediatamente os respectivos autos ao Procurador-Geral de Justiça, a quem competirá dar prosseguimento à apuração do fato.
32 SILVA, Eduardo Pereira da. Prerrogativa de foro no inquérito policial. **Revista CEJ**, v. 11, n. 36, p. 6-13, 2007.

4.4 Finalidade e importância

4.4.1 Construção do conhecimento sobre o fato investigado

A investigação criminal é tradicionalmente compreendida como o conjunto de informações e provas destinado a orientar a formação do convencimento de quem tem o poder de acusar para que: (i) formule a acusação ou (ii) desencadeie o mecanismo de arquivamento, além de dar suporte às medidas cautelares específicas a esse momento da persecução.

Deve ser destacado que a investigação criminal tem uma função legítima e indispensável no Estado de Direito posto que a ausência de investigação significaria a paralisia do sistema persecutório porquanto, na propositura da acusação que desencadeia o processo de conhecimento ou na provocação de medidas cautelares – assim como na promoção de arquivamento – haveria carência absoluta de suporte para qualquer tomada de decisão.

Assim, seja na forma de investigação criminal pelo Ministério Público, seja no inquérito policial, serve esta fase como mecanismo de diminuição de riscos de propositaras infundadas da ação penal ou de arquivamentos substancialmente insustentáveis.

Essa forma de entendimento já contou com respaldo na jurisprudência, como no caso em que se afirmou que

> A princípio, o inquérito policial apenas fornece elementos informativos, que se prestam para a formação da *opinio delicti* do órgão acusador. Em um Estado de Direito que se pretende Democrático não há espaço para a máxima *in dubio pro societate*. Pelo contrário, para a sujeição do indivíduo aos rigores do processo penal é indispensável que a Polícia amealhe elementos informativos suficientes e iluminados pela coerência – sob pena de se iniciar uma ação penal iníqua e inócua, carente, pois, de justa causa.[33]

No entanto, os contornos contemporâneos da investigação a partir de suas bases constitucionais e convencionais obrigam que a investigação seja vista, também, como mecanismo de obtenção de informações ou provas tendentes a exculpar a pessoa suspeita, seja ela física ou jurídica.

---

[33] BRASIL. Superior Tribunal de Justiça. **Habeas Corpus n. 14.7105/SP**. Sexta Turma. Relatora Min. Maria Thereza de Assis Moura. Julgamento: 23/02/2010. Publicação: DJe 15/03/2010. Disponível em: <https://scon.stj.jus.br/SCON/jurisprudencia/toc.jsp?i=1&b=ACOR&livre=((%27HC%27.clap.+e+@num=%27147105%27)+ou+(%27HC%27+adj+%27147105%27.suce.))&thesaurus=JURIDICO&fr=veja>. Acesso em: 10 jun. 2021.

Esse dever não está estampado no CPP, tampouco aparece de maneira evidente no projeto de NCPP, devendo ser extraído dos fundamentos do sistema constitucional-convencional.

4.4.2 Limites da utilização da investigação criminal no processo de conhecimento

Indispensável na sua finalidade, a investigação criminal acaba por ocupar espaços processuais que não lhe são próprios na tomada de decisão do mérito do processo de conhecimento, servindo como verdadeiro arrimo para condenação aí residindo, talvez, a mais séria distorção encontrada na realização da nossa justiça penal: a indevida intromissão dos elementos de informação coletados durante a investigação na atividade jurisdicional.

Acerca do tema já nos manifestamos[34] para afirmar que

> Nessa ordem de ideias, é forçoso colocar em primeiro plano o que é indevidamente transposto da fase investigativa para a judicial. Para isto é necessário lembrar que, no transcurso daquela etapa, basicamente duas ordens de elementos informativos são produzidas: uma de cunho perecível e outra de caráter perene.

A distinção preconizada em 1993[35] colocava entre as primeiras os elementos informativos cautelares, onde se encontram, por exemplo, as perícias médicas, os laudos de constatação, os exames periciais em documentos, grafias, local de delito e outros análogos, ou seja, todos aqueles que autorizam Galdino Siqueira a proclamar, e Campos Barros a repetir que a investigação tem uma natureza acautelatória.

Do outro lado encontram-se aqueles informes da investigação que, pela sua característica, podem ser repetidos em juízo. Nessa categoria encontra-se, basicamente, a informação subjetiva, ou seja, as declarações prestadas por vítima e testemunhas, estas presenciais ou referenciais aos fatos apurados.

Destacava-se que esta divisão, meramente referencial, encontra exceções. Assim, um meio de prova tipicamente subjetivo pode revestir-se de natureza acautelatória, como nas hipóteses em que há sério risco à saúde do depoente e, caso seu depoimento não seja tomado de plano, poderá não mais ser repetido. Essa distinção viria a ser adotada legislativamente em 2008, com a reforma do

---

34 CHOUKR, Fauzi Hassan. **Garantias Constitucionais na Investigação Criminal**. Op. Cit., passim. Posteriormente a doutrina processual incorporou definitivamente essa abordagem: LOPES JUNIOR, Aury, **Direito Processual Penal e sua Conformidade Constitucional**. 3. ed. rev. atual. Rio de Janeiro: Lumen Juris, 2008. 1v. p. 282.

35 E assim já se manifestava a doutrina mesmo antes da CR/88: BOSHI, José Antonio Paganella. **Persecução penal**: inquérito policial, ação penal e ministério público. Rio de Janeiro: Aide, 1987. p. 124.

artigo 156 e que é tratado com maiores detalhes no capítulo específico sobre *Provas* desta Obra.

Contudo, a reforma legislativa não conseguiu frear a transposição do conteúdo da investigação no processo de conhecimento, o que é ainda mais acentuado pelo já discutido tema da presença, no processo de conhecimento, do juiz que acompanhou as investigações e que absorve os meios de prova subjetivos colhidos na investigação já no curso da ação penal.

O quadro se agrava na medida em que o interrogatório policial acaba se transformando em verdadeiro esteio para o convencimento do julgador, e é empregado como fonte de condenação, mormente nas hipóteses em que existe uma *confissão*.

Por isso, nesse quadro fático não raras vezes sombrio, avulta em importância a postura do Supremo Tribunal Federal, no julgamento do Recurso n. 136.239.1, Relator Ministro Celso de Mello, DJU de 14/8/1992, p. 12.227:

> O inquérito policial constitui mero procedimento administrativo de caráter investigatório, destinado a subsidiar a atuação do Ministério Público. Trata-se de peça informativa cujos elementos instrutórios, precipuamente destinados ao órgão da acusação pública – habilitá-lo-ão a instaurar a *persecutio criminis in judicio*. A unilateralidade das investigações desenvolvidas pela Polícia Judiciária na fase preliminar da persecução penal (*informatio delicti*) e o caráter inquisitivo que assinala a atuação da autoridade policial não autorizam, sob pena de grave ofensa à garantia constitucional do contraditório e da plenitude de defesa, a formulação de decisão condenatória cujo único suporte seja a prova, não reproduzida em juízo, consubstanciadas nas peças de inquérito.

Todas essas posições jurisprudências colhidas quando do trabalho original que inspira o presente texto permanecem atuais depois de duas décadas, assim como é atual a conclusão alcançada àquela época para afirmar que

> Com isto acaba sendo transformada a jurisdição penal em mero desdobramento da atividade investigativa. A situação seria diferente se, num primeiro momento, tivéssemos uma saudável separação dos autos da investigação dos definitivos e, ainda, se, dentro de uma reestruturação do sistema judiciário, tivéssemos um juiz para atuar no primeiro contato com a notícia da apuração do delito diverso daquele que julgasse o mérito da causa.[36]

Conclui-se, igualmente, que a utilização dos meios repetíveis de prova produzidos na investigação como fundamento do convencimento do julgador não é aceitável quer pela estrutura constitucional-convencional do processo penal quer

---

36 CHOUKR, Fauzi Hassan. **Garantias Constitucionais na Investigação Criminal**. Op. Cit.

pela própria letra do CPP reformado em 2008 diante do inevitável rebaixamento do exercício dos direitos defensivos.

E, ainda que seja possível a utilização das provas (agora em sentido técnico e não na linguagem vulgar) diante da sua natureza cautelar ou irrepetível, deve ser prestigiado igualmente, o quanto possível, o exercício daqueles mesmos direitos defensivos de modo a que se preserve que a construção do convencimento judicial se dê, de forma preponderante, pelo acervo de cognição produzido em amplo contraditório e direitos defensivos.

Isto não significa a diminuição da importância da investigação, mas, sim, sua utilização nos necessários limites constitucionais e convencionais.

4.4.2.1 Comunhão de autos entre a investigação e o processo

A repudiada influência em juízo dos informes colhidos nas investigações deve-se parcialmente à inexistência de separação dos autos da investigação daqueles que formarão a ação penal; pode-se dizer que há uma comunhão de *bases físicas* de um e outro momento. Com efeito, transpõe-se materialmente tudo aquilo que foi produzido na fase de preparação para os autos definitivos, e a intromissão, ainda que inconsciente, acaba acontecendo até pelo manuseio corriqueiro do processo.

Se a cisão física dos volumes não é, por si, a tábua de salvação do sistema, fato é que sua adoção ajudaria em muito, pelo menos na medida em que obrigaria o titular da ação a jurisdicionalmente produzir as provas necessárias para a comprovação da imputação criminosa dirigida ao acusado, não se servindo, com a largueza que hoje se encontra, da investigação para sustentar uma condenação.

Ao contrário do que se pode pensar, o tema não é historicamente desconhecido entre nós. A doutrina brasileira já foi sensível para a questão quando da fase pluralista de legislação processual, momento este imediatamente anterior à unificação operada com a entrada em vigor do combalido código atual. No trabalho de reforma legislativa do então *estado neutro*, na verdade o Distrito Federal, à época o Rio de Janeiro, houve a proposta de adoção do sistema como aqui preconizado, separação fascicular, na terminologia do código italiano.

Cardoso de Mello[37] ao abordar o processo reformista daquela década (Projeto Hélio Tornaghi), esclareceu que

> no seio da comissão encarregada pelo Min. João Alves, de elaborar um novo Código de Processo Penal para o antigo Município Neutro, comissão de que

---

37 CARDOSO DE MELLO, João de Deus. **Ciclo de Conferências sobre o Anteprojeto do Código de Processo Penal Brasileiro**, de Autoria do Prof. Hélio Tornaghi. São Paulo: IMESP, 1966. p. 36 e seguintes.

participava o prof. Candido Mendes de Almeida, cogitou-se seriamente, ao que se informa, da abolição do inquérito policial e de transformação dos pretores em juízes de instrução... Com tal objetivo, o Código de 1924, distinguia a investigação da inquirição. O processo de investigação, contendo o auto de prisão em flagrante e os laudos periciais, acompanharia a denúncia ou queixa, para fundamentá-la. Dos autos de inquirição tomaria conhecimento exclusivo o Ministério Público, proibida, expressis verbis, a sua juntada ao processo da ação, seja em original, seja através de certidões. Infelizmente, não houve guarida para esta feliz concepção da relação investigação/processo, e, nas propostas de alteração do Código que se seguiram, não se retomou o tema, buscando-se enfrentar aspectos superficiais da investigação.

A divisão fascicular diminuiria sensivelmente o emprego na ação penal das informações colhidas na investigação, servindo como mecanismo de dinamização da fase jurisdicional, compelindo os atores da justiça criminal, especificamente o titular da ação penal, a movimentarem-se com mais dinamismo em juízo e abandonarem a tranqüila posição de meros usuários dos informes preparativos.

As reformas pontuais, metodologia preferida do legislador brasileiro para a *modernização* do processo penal nunca tangenciaram essa preocupação. O mesmo se diga do PLS 156, nascido com vocação para a reforma global do processo penal e que neste ponto nada alterou.

4.5 Instituições e sujeitos atuantes

4.5.1 Polícia[38]

O artigo 144 da Constituição Federal prevê uma série de policias, *cabendo à Polícia Federal apurar infrações penais contra a ordem política e social ou em detrimento de bens, serviços e interesses da União ou de suas entidades autárquicas e empresas públicas, assim como outras infrações cuja prática tenha repercussão interestadual*

---

[38] Parte dos comentários aqui expostos foi produzida em nosso trabalho CHOUKR, Fauzi Hassan; BACILA, Carlos Roberto. Polícia e Estado de Direito na América Latina: Relatório Brasileiro. In: AMBOS, Kai; GÓMEZ COLOMER, Juan-Luis; VOGLER, Richard (Coord.). **La Policía en los Estados de Derecho Latinoamericanos**. Bogotá: Gustavo Imánez, 2003. Ver, também, COSTA, Paula Bajer Fernandes Martins da. Sobre a Posição da Polícia Judiciária na Estrutura do Direito Processual Penal Brasileiro da Atualidade. **Revista Brasileira de Ciências Criminais**, v. 7, n. 26, p. 213-220, abr./jun. 1999.

ou internacional e exija repressão uniforme, segundo se dispuser em lei[39], exercendo, dentre outras funções[40], com exclusividade, as funções de polícia judiciária da União[41].

O rol de instituições policiais contido na Constituição é vasto e pode ser apresentado graficamente da seguinte forma:

Quanto à forma de Estado	Polícia Federal Policia Estaduais Guardas Municipais	
Quanto à estrutura de Estado	Civil Militar	
Quanto ao tipo de atividade Policial	a) Investigativa	Realizada pela polícia civil Realizada pela polícia militar
	b) Policiamento	Realizada pela polícia militar estadual Realizada pelas polícias federais especiais

Fonte: o autor (2021).

Todas essas estruturas têm, no entanto, um ponto em comum: o atrelamento ao Poder Executivo.

Desta forma, se tomado o primeiro critério de classificação proposto, teremos que no âmbito federal, o chefe da instituição, denominado *Superintendente da Polícia Federal*, que chefia o chamado *Departamento de Polícia Federal* (DPF) está subordinado ao Ministro da Justiça que, por seu turno, liga-se ao Presidente da República. É um cargo de confiança, a dizer, pode-se demitir *ad nutum* o Superintendente, que não goza (como de resto em todas as demais situações) de qualquer tipo de período fixo de administração. Não há, por sua vez, qualquer controle externo – técnico ou político – a esta nomeação. Ao Superintendente está ligada toda a estrutura do DPF.

Os policiais federais são arregimentados por concurso público nacional uma vez obedecidos os denominados *requisitos gerais*, que testará os candidatos em várias etapas, nas provas de capacidade médica, física, psíquica e de conhecimentos. Para as denominadas *carreiras básicas*, que são as de escrivão e *agente*, exige-se que o candidato esteja, pelo menos, realizando curso superior. O *perito* deve ser habilitado igualmente em curso universitário que lhe possibilite o exercício da polícia científica e a sua formação básica ocorre na academia policial.

Porém, para tornar-se *Delegado de Polícia Federal*, é preciso que o candidato seja bacharel em direito e, após aprovado em concurso público nacional que

---

39 Art. 144, § 1º, **I**.
40 Art. 144, § 1º, II – prevenir e reprimir o tráfico ilícito de entorpecentes e drogas afins, o contrabando e o descaminho, sem prejuízo da ação fazendária e de outros órgãos públicos nas respectivas áreas de competência; III – exercer as funções de polícia marítima, aeroportuária e de fronteiras.
41 Art. 144, § 1º, **IV**.

indaga sobre matérias jurídicas, seja aprovado no Curso de formação da Academia Nacional de Polícia.

Da mesma maneira, no âmbito estadual, a polícia civil e a militar estão subordinadas à denominada Secretaria de Segurança Pública, cujo titular, o Secretário de Segurança Pública é diretamente nomeado pelo Governador do Estado. O chefe da Polícia Civil, denominado *Delegado Geral de Polícia* é nomeado pelo Poder Executivo, sofrendo as mesmas restrições enunciadas no parágrafo anterior. A carreira, hierarquizada, é preenchida por meio de concurso público, com alguns requisitos comuns, passando por uma continuação do processo seletivo que é o curso na Academia de Polícia do seu Estado. Acrescente-se, por oportuno, que a Academia de Polícia tem atividades também de reciclagem, além daquela mencionada.

Igualmente, o *Comandante Geral da Polícia Militar*, órgão máximo da estrutura militar no âmbito estadual é nomeado diretamente pelo Poder Executivo, devendo ser possuidor da maior patente.

Pode, da mesma forma que os civis, ser demitido de acordo com a conveniência do que lhe nomeou e não está sujeito a qualquer controle na sua forma de nomeação. O ingresso na carreira policial militar também se dá por meio de concurso público, mediante teste psicológico, médico, de capacidade física e com considerado rigor, o que pode ser constatado pelo número de candidatos aprovados em relação ao número de candidatos inscritos. Na sequência, os aprovados devem passar por cursos de adaptação.

4.5.1.1 Conceito de Autoridade Policial

O conceito de autoridade policial para fins da investigação criminal não se encontra presente na redação do CPP que se limita a enunciar no art. 13 (alguns) de seus poderes/deveres ao longo da investigação.

O tema ganhou destaque após a edição da Lei 9099/95 que acabou gerando, por parte da Polícia Militar, a provocação da extensão do conceito de autoridade policial para fins de registro, por milicianos, das infrações penais de menor potencial ofensivo e seu encaminhamento ao Judiciário.

Sempre sustentamos que informalidade, celeridade, simplicidade não podem ser usadas de modo a subverter a ordem constitucional na qual não existe qualquer autorização para tanto. No mais, como já apontado nesta Obra, entendemos que, mesmo de forma sumária, existe um trabalho investigativo a ser desenvolvido no âmbito dos juizados especiais criminais que não poderia ser elaborado senão pela autoridade policial na forma do art. 144 da CR/88.[42]

Da subordinação dessas normas à CR/88, sobretudo no art. 144 parece-nos inviável ampliar o conceito jurídico, para fins da investigação criminal nos crimes não militares, da figura do Delegado de Polícia na modalidade de investigação que é presidida por autoridade policial.

Finalmente, a Lei n 12830/2013 apontou o Delegado de Polícia como autoridade policial para fins das atividades investigativas de forma clara.

4.5.1.2 Regras de exceção, suspeição ou impedimento e sua aplicação ao Delegado de Polícia

É corrente na literatura nacional e amparada de certa maneira pela própria legislação, a inexistência de reflexos das causas de suspeição ou impedimento das autoridades policiais no curso da ação penal.

Assim, a teor do artigo 107 do CPP tem-se que "Não se poderá opor suspeição às autoridades policiais nos atos do inquérito, mas deverão elas declarar-se suspeitas, quando ocorrer motivo legal" remetendo o artigo às causas de suspeição previstas no art. 254 do mesmo diploma legal.

Com efeito, a impossibilidade de oposição de exceção de suspeição é tratada no contexto mais amplo da não irradiação de eventuais vícios da fase investigativa na judicial conforme a visão consolidada da doutrina e da jurisprudência na forma tradicional de encarar-se a investigação na modalidade inquérito policial[43]

---

42 Nesse sentido a Resolução n. 233 da SSP/SP. SÃO PAULO. Secretaria de Segurança Pública. **Resolução SSP n. 233 de 9 set. 2009**. Regulamenta a elaboração de Termo Circunstanciado, previsto no artigo 69 da Lei n. 9099 de 26 de setembro de 1995. Disponível em: <https://smastr16.blob.core.windows.net/consema/2011/11/oficio_consema_2009_234/Resolucao_SSP_de_09-09-2009.pdf>. Acesso em: 11 jun. 2021.

43 É incabível a anulação de processo penal em razão de suposta irregularidade verificada em inquérito policial. Esse o entendimento da Segunda Turma, que, ao reafirmar a jurisprudência assentada na matéria, negou provimento a recurso ordinário em "habeas corpus" em que se pleiteava a anulação de atos praticados em inquérito policial presidido por delegado alegadamente suspeito. Precedentes citados: BRASIL. Superior Tribunal de Justiça. **Recurso em Habeas Corpus n. 43.878/SP**. Segunda Turma. Relator Min. Evandro Lins. Julgamento em: 21-2-1967. Publicação: DJE de 5-4-1967. Disponível em: <https://jurisprudencia.stf.jus.br/pages/search/sjur122434/false>. Acesso em: 11 jun. 2021; BRASIL. Superior Tribunal de Justiça. **Habeas Corpus n. 73.271/SP**. Primeira Turma. Relator Min. Celso de Mello. Julgamento em: 19-03-1996. Publicação: DJU de 4.10.1996. Disponível em: <https://jurisprudencia.stf.jus.br/pages/search/sjur117875/false>. Acesso em 11 jun. 2021; BRASIL. Superior Tribunal de Justiça. **Recurso em Habeas Corpus n. 131.450/DF**. Segunda Turma. Relatora Min. Carmen Lúcia. Julgamento em: 03-05-2016. Publicação: 17-05-2016. Disponível em: <https://jurisprudencia.stf.jus.br/pages/search/sjur348294/false>. Acesso em: 11 jun. 2021.

mas que sofre críticas a partir de uma apregoada abordagem constitucional do processo penal que enxerga a não recepção desse artigo pela CR/88.[44]

Por certo que a autoridade investigadora, seja ela o Delegado de Polícia ou o órgão do Ministério Público não pode atuar funcionalmente sob qualquer das hipóteses de suspeição enumeradas no art. 254 cuja incidência no caso concreto compromete a higidez da condução das investigações além de ser moralmente inaceitável.

4.5.2 Ministério Público

O Ministério Público ganha com a CR/88 o poder exclusivo da promoção da ação penal e isso repercutirá tanto na sua atuação como produtor autônomo da investigação criminal como na sua atuação na investigação policial modalidade inquérito policial que é *presidida* pelo Delegado de Polícia.

Neste tópico será abordado com especial atenção a relação entre o Ministério Público e a Polícia investigativa na produção do inquérito policial civil. A relação daquela instituição com a autoridade policial militar que conduz o IPM será, quando o caso, merecedora de destaque.

4.5.2.1 Requisição de produção de atos de investigação antes do relatório final da Autoridade Policial

No modo de investigação inquérito policial o Ministério Público exerce poderes requisitórios que se manifestam sem alterar, em essência, o papel protagonista da autoridade policial que, no entanto, não tem o poder legal de recusar a realização do quanto requisitado, em princípio.

Por certo, a requisição ministerial não pode conter a determinação da produção de atos investigativos ilegais ou ilícitos o que geraria o dever de recusar a sua produção, pela Autoridade Policial, de forma vinculadamente motivada a esse fundamento.

Contudo, a existência de um modelo investigativo que é presidido pela Polícia gera potencialmente uma cisão de entendimento quanto à *oportunidade* de realização de determinado ato investigativo *em determinado momento*.

Essa, sem dúvida, uma das mais agudas manifestações (ao lado do juízo do indiciamento) da existência de um duplo juízo de valores sobre o andamento da investigação.

---

44 ROSA, Lucas Costa da. Suspeição do delegado de polícia. A incompatibilidade do art. 107, primeira parte, do CPP, frente à CF/88. **Jus Navigandi**, Teresina, ano 16, n. 3046, 3 nov. 2011. Disponível em: <http://jus.com.br/revista/texto/20337>. Acesso em: 11 jan. 2022.

Negar a produção do ato requisitado seria alcançar a impossível subordinação de quem tem o poder de acusar a quem tem o dever de investigar; e negar o fato de que quem detém o conhecimento concreto do desenvolvimento da investigação é quem a conduz na modalidade inquérito policial, a Polícia, é ingenuamente negar a realidade.

O sistema tal como hoje existente não deixa outros caminhos senão da convivência cordial institucional de modo a que a investigação alcance seus resultados desejados. Para além disso, apenas a reforma legal poderia oferecer soluções outras.

Ainda neste cenário, pelo quadro abaixo pode-se constatar todas as possibilidades de intervenção do *Parquet* em atos investigativos praticados ao longo do inquérito:

Ato de Investigação (Medidas não cautelares)	Comportamento Policial	Atuação pelo Ministério Público
Recebimento de comunicação do crime	Preferencial	Sem previsão legal
Preservação do local de crime	Preferencial	Possível, mas de difícil ocorrência
Oitiva de Pessoas	Preferencial	Poder de requisição
Elaboração de Perícias	Preferencial	Poder de requisição
Acareação	Preferencial	Poder de requisição
Reconstrução do crime	Preferencial	Poder de requisição
Interrogatório	Preferencial	Poder de requisição
Indiciamento	Preferencial	Ato exclusivo da polícia judiciária
Identificação	Preferencial	Ato exclusivo da polícia judiciária

Fonte: o autor (2021)

4.5.2.2 Requisição de produção de atos de investigação após do relatório final da Autoridade Policial

O modelo brasileiro indica a possibilidade de a Autoridade Policial elaborar, a seu juízo, o *relatório final* das diligências que entende terem sido possíveis, necessárias ou suficientes e, ainda, realizar seus próprios requerimentos denominados representação.

Nada obstante, a conclusão definitiva da investigação criminal não está circunscrita ao *relatório final* policial, motivo pelo qual novas diligências podem ser objeto de requisição do Ministério Público, desde que estritamente necessárias à formação de seu juízo de valor e de forma fundamentada.

Neste momento há algum grau de intervenção judicial a teor do quanto dispõe o CPP. Sem embargo, tal intervenção – denegando a realização de uma diligência, por exemplo – não pode tumultuar a persecução penal na fase ainda investigativa.

Por isso, intervenções judiciais precoces vêm reiteradamente merecendo a censura dos Tribunais[45], por "(...) importar em tumulto processual, passível de ser sanado por meio de correição parcial."[46]

4.5.2.3 Controle externo da atividade policial

O controle externo instituído pela CR/88 está inserido na conformação acusatória do processo penal e encontra mecanismos similares no direito comparado. Lamenta-se, embora seja compreensível, que o projeto de reforma global do CPP (PLS 165/09) não tenha enfrentado minimamente a questão.

Entre nós, inúmeras normas regulamentadoras da atividade de controle da polícia foram editadas e, quase sempre, foram alvos de questionamento quanto à sua constitucionalidade.[47]

---

45 BRASIL. Tribunal Regional Federal (4ª Região). **Correição Parcial n. 9504349510/PR.** Primeira Turma. Relator Desembargador Federal João Surreaux Chagas. DJ 03.04.1996. Disponível em: <https://jurisprudencia.trf4.jus.br/pesquisa/resultado_pesquisa.php>. Acesso em 13 jun. 2021. BRASIL. Tribunal Regional Federal (4ª Região). **Correição Parcial n. 200004010420514/RS.** Primeira Turma. Relator Desembargador Federal Amir José F. Sarti. DJU 06.09.2000. Disponível em: <https://www2.trf4.jus.br/trf4/controlador.php?acao=consulta_processual_resultado_pesquisa&selForma=NU&txtValor=200004010420514&chkMostrarBaixados=S&todasfases=&todosvalores=&todaspartes=&txtDataFase=&selOrigem=TRF&sistema=&txtChave=>. Acesso em: 13 jun. 2021.

46 RIO GRANDE DO SUL. Tribunal de Justiça do Rio Grande do Sul. **Correição Parcial n. 70011217783.** 3ª Câmara Criminal. Relator Des. Danúbio Edon Franco. Julgado em 12/05/2005. Disponível em: <https://www.tjrs.jus.br/site_php/consulta/consulta_processo.php?nome_comarca=Tribunal%20de%20Justi%C3%A7a%20do%20RS&versao=&versao_fonetica=1&tipo=1&id_comarca=700&num_processo_mask=&num_processo=70011217783&codEmenta=7706337&temIntTeor=true>. Acesso em: 13 jun. 2021.

47 BRASIL. Supremo Tribunal Federal. **Ação Direta de Inconstitucionalidade (Medida Liminar) n. 1138-3/RJ.** Tribunal Pleno. Relator Min. Ilmar Galvão. Julgado em: 15/03/1995. Publicado em: DJ 16-02-1996. Disponível em: <https://redir.stf.jus.br/paginadorpub/paginador.jsp?docTP=AC&docID=951>. Acesso em: 13 jun. 2021; BRASIL. Supremo Tribunal Federal. **Ação Direta de Inconstitucionalidade (Medida Liminar) n. 1875-1/DF.** Tribunal Pleno. Relator Min. Celso de Mello. Julgado em: 20/06/2001. Publicado em: DJ 11-12-2008. Disponível em: <http://www.stf.jus.br/portal/peticaoInicial/verPeticaoInicial.asp?base=ADI&documento=&s1=1869&numProcesso=1875>. Acesso em: 13 jun. 2021; BRASIL. Supremo Tribunal Federal. **Ação Direta de Inconstitucionalidade (Medida Liminar) n. 1869-1/PE.** Tribunal Pleno. Relator Min. Moreira Alves. Julgado em: 02/09/1998. Disponível em: <http://www.stf.jus.br/portal/peticaoInicial/verPeticaoInicial.asp?base=ADI&documento=&s1=1869&numProcesso=1968>. Acesso em: 13 jun. 2021

Superado pelo próprio texto constitucional o "porquê" do controle dada sua pertinência clara ao modelo acusatório de processo penal, dois outros pontos devem ser enfrentados: o *objeto* a ser controlado e qual a *forma de controle* adotada pela Constituição brasileira[48].

A delimitação do objeto aparece na fórmula *controle externo da atividade policial*, deixando em aberto qual o espaço a ser controlado, na medida em que a atividade policial apresenta inúmeros aspectos, não se prendendo exclusivamente à função de polícia judiciária.

Por toda a construção até aqui erguida, tanto no que tange à matéria no direito comparado, como no nacional, não se pode escapar da conclusão de ser este controle exercitado sobre a Polícia, na sua função de fornecer meios para a propositura da ação penal, seja ela em que âmbito for: estadual, federal ou mesmo a Polícia Militar naquilo que atine à produção de meios de prova para a propositura da ação penal.

A *forma de controle* será exercitada sobre aquela parcela da polícia que empreenda as funções judiciárias, sobretudo por poderes requisitórios e de orientação por parte do controlador, mas sem que chegue este último a impor sanções punitivas em âmbito correcional àqueles servidores que exercitem as funções anunciadas.

Caberá, por certo, a possibilidade de requerer-se a adoção dessas medidas ao órgão competente, mas sem o poder decisório, pois aí estaria atuando um controle *interno* da atividade policial.

O que ambas as situações demonstram é a necessidade imperiosa de regulamentar a matéria por via do Parlamento, e não por atos administrativos internos a cada uma das instituições envolvidas, na forma como determinado pela CR/88.

Sem embargo, é de ser reconhecido que as normas em vigor, ainda que de forma não completa, possibilitam um certo grau de controle externo da atividade policial com o objeto ora delimitado. No mais, não se pode descartar que, dependendo da situação fática que estiver sendo controlada, até mesmo as normas referentes à improbidade administrativa podem ser invocadas.

4.5.3 Magistratura

A partir da instauração do princípio acusatório no processo penal tem-se como absolutamente indispensável a separação das funções de acusar e julgar, devendo-se projetar dessa base sua repercussão para a investigação criminal.

---

48 Proposta de abordagem efetuada desde as pesquisas para a obra *Garantias Constitucionais na Investigação Criminal* defendida em 1994 na FADUSP. CHOUKR, Fauzi Hassan. As garantias constitucionais na investigação criminal. Op. Cit.

Dentro da matriz constitucional, a parcela de atuação reservada ao juiz ficará destinada à guarda dos direitos fundamentais, especialmente os da pessoa (física ou jurídica) submetida à investigação, que venham a ser afetados na tarefa investigativa.

Isso não importa em descurar direitos fundamentais de outras pessoas envolvidas na apuração da conduta tida como criminosa como, por exemplo, a preservação da intimidade e segurança de vítimas ou testemunhas quando necessário.

O mecanismo técnico pelo qual se dará a intervenção judicial como única forma de determinar a possível *mitigação* dos direitos do investigado será por meio do denominado *incidente jurisdicional*. Assim, no caso pátrio, exemplos desta participação do magistrado encontram-se na necessária ordem judicial para as buscas domiciliares nos crimes não permanentes, além daquelas medidas cautelares de ordem patrimonial e, nas hipóteses de interceptação telefônica.

Sendo esse juiz concebido como um verdadeiro *tertius* na persecução, e não lhe cabendo papel ativo na construção do *caso penal*[49], o modelo acusatório político-jurídico exige do Juiz uma função de guardião derradeiro dos direitos e garantias fundamentais[50], razão pelo qual já tivemos, há mais de quinze anos, a oportunidade de denominá-lo de *juiz de garantias*. [51]

Deve-se enfatizar que o Juiz de Garantias não é um juiz investigador.

Não tem qualquer semelhança funcional com o *juiz de instrução* francês, espanhol ou belga. O papel existente hoje, no direito francês, do juiz de garantias, corresponde ao denominado *Juiz de Liberdades*, criado pela lei de 15 de junho de 2.000[52], sendo que em 2009 o Governo Nicolas Sarkozy enviou ao Parlamento projeto de ampla reforma do processo penal francês, com a supressão da figura

---

49 Este um caro conceito a Miranda COUTINHO, Jacinto Nelson de. **A lide e o conteúdo do processo penal.** Curitiba: Juruá, 1989.
50 De resto papel que cabe à função judicial como um todo no estado democrático e de direito, sobretudo quando a constituição necessita de concretização dada a natureza programática de suas normas. Por todos, CANOTILHO, José Joaquim Gomes. **Constituição Dirigente e Vinculação do Legislador:** Contributo para a Compreensão das Normas Constitucionais Programáticas. 2. ed. Coimbra: Coimbra Ed., 2001.
51 Choukr, Fauzi Hassan. **Garantias Constitucionais na Investigação Criminal.** 3. ed. rev., ampl., atualiz. Rio de Janeiro: Lumen Juris, 2006. Dissertação de Mestrado defendida na USP em 1993 e com sua mais recente edição comercial (3a. edição) pela Ed. Lúmen Júris (RJ). Desde a concepção da dissertação expôs-se, claramente, a necessidade do incremento da estrutura exposta no corpo do presente texto e adoção do denominado *juiz de garantias* ou *juiz garantidor*.
52 BOUDIBA, Samira. **Le juge des libertés dans la procédure pénale:** Etude comparée franco-italienne. Nancy: Éditions Universitaires Européennes, 2010.

do juiz de instrução, hoje atuante em destacada minoria de casos, nada obstante os mais importantes.[53]

Assume-se, desta forma, a pretensão de aproximar o modelo brasileiro àquele existente, por exemplo, na Itália[54] (ainda falando em sistemas europeus continentais) ou acompanhar a larga tendência também identificada nas reformas latino-americanas já citadas[55], as quais, em sua marcante maioria, edificaram mecanismos idênticos àqueles reformados na Europa para afastar o juiz do domínio material da investigação e destinar sua atuação ao controle da legalidade das investigações e a eventual necessidade de mitigar-se direitos fundamentais da pessoa suspeita.

Contudo, diferentemente do que ocorre em modelos melhor adaptados à estrutura acusatória do processo penal, o nosso não prevê a figura de um juiz exclusivo para o andamento das investigações, muito menos com uma feição *garantidora* como aque existe hoje em larga parte dos ordenamentos europeus e na América Latina.

No direito brasileiro, o CPP dispõe que o juiz que determinar tais medidas estará prevento para julgamento do processo-crime[56] com o que, embora não investigando, terá contato direto com o *objeto da investigação* e, mais que isto, sua formação de convencimento será efetivamente influenciada por tudo quanto for produzido em sede investigativa.

Ademais, além de ser o mesmo julgador a acompanhar investigação e processo-crime, os próprios autos da investigação caminharão ao lado dos da ação penal facilitando o contato de conteúdo.

Esse juiz que não mais investiga, mas que atua em incidentes jurisdicionais é o mesmo que fará o controle sobre a promoção de arquivamento (vide tópico neste capítulo), analisará o conteúdo da acusação formulada aceitando-a ou rejeitando-a.

---

53 "Le juge d'instruction n'intervient qu'au pénal, et que dans 5 % des affaires. Mais ces 5 % concernent les affaires les plus délicates, les plus complexes ou les plus graves. 5 % qui pèsent beaucoup. La tradition française du juge d'instruction, ce n'est pas une affaire de personne, mais c'est un modèle de procédure, le modèle inquisitorial. La loi s'en remet à un juge pour conduire l'enquête, prendre les initiatives et notamment les mesures coercitives indispensables à l'avancement de l'enquête. Ce système inquisitorial place le magistrat dans une objective contradiction d'exercice: juge et enquêteur." Disponível em: <http://lesactualitesdudroit.20minutes-blogs.fr/archive/2009/01/07/juge-d-instruction-le-debut-de-la-fin.html>. Acesso em: 11 jan. 2022.

54 FERRAIOLI, Marzia. **Il ruolo di 'garante' del giudice per le indagini preliminari**. Padova: Cedam, 1993. p. 141-143; GREVI, Vittorio. La garanzia dell'intervento giurisdizionale nel corso delle indagini preliminar. **Giustizia Penale**, v. I, p. 359, 1988.

55 DeShazo, Peter; VARGAS, Juan Enrique. **Evaluación de la Reforma Judicial en América Latina**. Santiago do Chile: CSIS Americas Program e Centro de Estudios de Justicia de las Américas, CEJA, 2005.

56 Ver capítulo sobre Jurisdição e Competência para comentários complementares sobre o tema da prevenção.

E, assim estruturado atualmente o tema no direito brasileiro, aquilo que é concebido como um mecanismo de controle dos atos investigativos oficiais passa a ser um mecanismo de potencial contaminação no convencimento do magistrado, incrementando um papel distorcido da atuação judicial como aponta com precisão Zaffaroni,

> [...] Não são os juízes que exercem o poder punitivo, mas sim as agências executivas, de acordo com o maior ou menor espaço que lhes concedam as agências políticas (legislativas) e que o poder jurídico (judicial) não lhes pode suprimir. O poder de que os juízes dispõem é de contenção e, às vezes, de redução. A mais óbvia função dos juízes penais e do direito penal como planejamento das decisões judiciais é a contenção do poder punitivo. Sem a contenção jurídica (judicial) o poder punitivo ficaria liberado ao puro impulso das agências executivas e políticas e, por conseguinte, desapareceriam o estado de direito e a própria república.[57]

Portanto, para além de consagrar a figura do juiz controlador da investigação é necessário, concomitantemente, *rever a forma de aplicação do conceito de prevenção* a fim de que ele cumpra, igualmente, seu papel adequado no modelo acusatório.

No Projeto de Novo Código de Processo Penal (NCPP) a criação de um órgão jurisdicional específico para zelar pelos direitos fundamentais[58] e pela regularidade da tramitação da investigação[59] foi sugerida e vem sendo aceito no processo legislativo pelo Parlamento.

Entretanto, a perplexidade causada e o desconcerto do correto entendimento sobre sua estrutura e função naturalmente surgiu, alimentado, igualmente, por algumas críticas de caráter operacional que devem ser analisadas com seriedade, mas que não configuram óbice instransponível para a concretização desse importante instrumento no novo modelo jurídico.

Pode-se, assim, acompanhar a pretensão reformista quanto ao Juiz de Garantias na seguinte exposição de motivos do Sen. Renato Casagrande na apreciação do tema em seu relatório quando o PLS 156/09 tramitava no Senado sob sua relatoria:

---

57 ZAFFARONI, E. Raúl. et al. **Direito penal brasileiro**: teoria geral do direito penal. Rio de Janeiro: Revan, 2003. p. 40.
58 MAYA, André Machado. **Imparcialidade e processo penal**. Op. Cit.; SILVEIRA, Fabiano Augusto Martins. O código, as cautelares e o juiz das garantias. **Revista de informação legislativa**, Brasília, v. 46, n. 183, p.77-93, jul./set. 2009.
59 Como se dá, por exemplo, na Itália. Veja-se CORDERO, Franco. **Procedura penale**. 2. ed. Milano: Giuffré, 1993. p. 477. "Viene qui in gioco il giudice per le indagini preliminari nella sua funzione tipica di "organo di garanzia e di controllo nella fase investigativa".

A ideia é garantir ao juiz do processo ampla liberdade crítica em relação ao material colhido na fase de investigação. O raciocínio é o seguinte: o juiz que atua no inquérito, seja mantendo o flagrante ou decretando a prisão preventiva do investigado, seja autorizando a quebra dos dados resguardados por sigilo constitucional, incluindo a interceptação das conversas telefônicas, seja permitindo técnicas invasivas como a infiltração de agentes, pois bem, esse juiz tende, cedo ou tarde, a assumir a perspectiva dos órgãos de persecução criminal (polícia e Ministério Público). Por isso, para que o processo tenha respeitado o equilíbrio de forças e assegurada a imparcialidade do magistrado, seria melhor, na ótica do PLS nº 156, de 2009, separar as duas funções. (...) Todavia, é preciso ter claro que o juiz das garantias difere do juiz das varas de inquérito policial, hoje instituídas em algumas capitais, como São Paulo e Belo Horizonte. É que o juiz das garantias deve ser compreendido na estrutura do modelo acusatório que se quer adotar. Por conseguinte, o juiz das garantias não será o gerente do inquérito policial, pois não lhe cabe requisitar a abertura da investigação tampouco solicitar diligências à autoridade policial. Ele agirá mediante provocação, isto é, a sua participação ficará limitada aos casos em que a investigação atinja direitos fundamentais da pessoa investigada. O inquérito tramitará diretamente entre polícia e Ministério Público. Quando houver necessidade, referidos órgão dirigir-se-ão ao juiz das garantias. Hoje, diferentemente, tudo passa pelo juiz da vara de inquéritos policiais.[60]

4.5.4 Defesa Técnica

A presença de defensor técnico já na fase investigativa decorre da construção constitucional e convencional e se projeta para a legislação infraconstitucional em vários instrumentos jurídicos como, por exemplo, o Estatuto da OAB e, certamente, no CPP, nada obstante na sua redação original não haja a presença expressa da defesa constituída nessa etapa persecutória.

Com relação ao Estatuto da OAB, a Lei 13245 de 2016 causou açodadas interpretações que tendiam a encarar a norma como introdutória de um verdadeiro contraditório na fase investigativa.

Inserida no marco da reforma do Estatuto da Ordem dos Advogados do Brasil, cuja análise detalhamos em texto específico repetimos aqui a conclusão alcançada acerca do tema assentando que daquele cenário legislativo, aquilo que abriria as portas a um desejado contraditório na investigação foi expressamente vetado na sanção Presidencial ao Projeto pois

---

60 Relatório apresentado pelo Senador Renato Casagrande no processo legislativo do PLS 156/09, disponível no site do Senado Federal. BRASIL. Senado Federal. **Anteprojeto de reforma do Código de Processo Penal**. Op. Cit.

Da forma como redigido, o dispositivo poderia levar à interpretação equivocada de que a requisição a que faz referência seria mandatória, resultando em embaraços no âmbito de investigações e consequentes prejuízos à administração da justiça. Interpretação semelhante já foi afastada pelo Supremo Tribunal Federal – STF, em sede de Ação Direita de Inconstitucionalidade de dispositivos da própria Lei no 8.906, de 4 de julho de 1994 – Estatuto da Advocacia e a Ordem dos Advogados do Brasil (ADI 1127/DF). Além disso, resta, de qualquer forma, assegurado o direito de petição aos Poderes Públicos em defesa de direitos ou contra ilegalidade ou abuso de poder, nos termos da alínea 'a', do inciso XXXIV, do art. 50, da Constituição.[61]

Com efeito, afastada expressamente qualquer insinuação legislativa à existência do contraditório na investigação, ficam plenamente reforçados outros direitos de defesa e, rigorosamente falando, nada que já não tivesse sido sumulado, malgrado de aplicabilidade prática questionável.

A questão que aqui fica é a da imposição da *sanção de nulidade* ao restante da investigação, tópico a que seguramente se retornaria em eventual ação penal para argui-la por *contaminada*. E a preocupação sobressai quando se tem essa matéria (nulidade processual) disciplinada em projeto de lei que diz respeito ao exercício de uma das carreiras jurídicas, nada impedindo que, em reformas de leis orgânicas da Magistratura, do Ministério Público ou mesmo das carreiras policiais se passasse a disciplinar temas processuais penais usando-se o mesmo raciocínio e, porque não, já que quase tudo é válido no lobbies do processo legislativo, em sentido contrário ao que foi disciplinado pela lei em comento.

Ainda no que tange à defesa técnica no CPP, para além da discussão da presença do defensor constituído na forma acima indicada, a necessária conformação constitucional do processo penal abre outra linha de possibilidades, qual seja, a extensão das manifestações defensivas no curso da etapa pré-processual.

Por isso, no projeto NCPP já mencionado, o artigo 12 prevê:

> É garantido ao investigado e ao seu defensor acesso a todo material já produzido na investigação criminal, salvo no que concerne, estritamente, às diligências em andamento. Parágrafo único. O acesso a que faz referência o *caput* deste artigo compreende consulta ampla, apontamentos e reprodução por fotocópia ou outros meios técnicos compatíveis com a natureza do material.

Já no art. 14 tem-se que

---

61 CHOUKR, Fauzi Hassan. **Lei 13245 de 2016**: o que há efetivamente de novo na investigação criminal. Disponível em: <http://canalcienciascriminais.jusbrasil.com.br/artigos/299377569/lei-13245-2016-o-que-ha-efetivamente-de-novo-na-investigacao-criminal>. Acesso em: 13 jun. 2021.

É facultado ao investigado, por meio de seu advogado, de defensor público ou de outros mandatários com poderes expressos, tomar a iniciativa de identificar fontes de prova em favor de sua defesa, podendo inclusive entrevistar pessoas. Parágrafo único. As entrevistas realizadas na forma do *caput* deste artigo deverão ser precedidas de esclarecimentos sobre seus objetivos e do consentimento das pessoas ouvidas.

Observando-se essas duas normas projetadas no direito nacional em relação a alguns modelos de direito comparado, merece destaque a divisão entre o direito à informação (art. 12, supra) e o direito à intervenção defensiva (art. 14).

Superando as discussões sobre o acesso aos autos pelo Defensor, o STF editou a 14ª Súmula Vinculante com o seguinte texto: "É direito do defensor, no interesse do representado, ter acesso amplo aos elementos de prova que, já documentados em procedimento investigatório realizado por órgão com competência de polícia judiciária, digam respeito ao exercício do direito de defesa."

Para além da crítica de conceitos, é imperioso destacar que a súmula ampara o acesso àquilo que estiver documentado descartando-se, assim, acesso a conteúdo de diligências em curso ou, já produzidas, ainda não formalmente anexadas aos autos.

Esse aspecto visa resguardar a integridade do ato investigativo em andamento[62], argumento que fez com que a PGR se posicionasse contra a edição do texto pelo STF e, de certa maneira, esteve nos votos contrários dos Ministro Joaquim Barbosa e Carmen Lucia, dissidentes que foram na aprovação da sumula que, por sinal, foi provocada pela OAB numa postura até então inédita junto ao STF que havia promulgado os textos anteriores por provocação dos próprios Ministros da Corte.

---

62 Mandado de segurança. Acesso a inquérito policial. Liminar satisfativa. Confirmação. Súmula Vinculante nº 14, do STF. Precedentes do STJ. Provas já produzidas. Concessão da segurança em definitivo com confirmação da liminar 1. Especificamente no caso deste mandamus, a concessão da ordem em caráter liminar satisfez a pretensão do autor, porquanto se garantiu o acesso aos autos de inquérito policial. Conforme a comprovação de direito líquido e certo, basta ao Órgão Colegiado confirmar a decisão exarada em sede sumaríssima. 2. Ao advogado constituído é garantido o acesso aos autos de inquérito policial, nos termos da Súmula Vinculante nº 14, do Excelso Prctório. 3. O accsso dar sc á sobre os documentos já juntados no procedimento, sob pena de se fragilizar ou frustrar as investigações dependentes do elemento surpresa. PARANÁ. Tribunal de Justiça do Paraná. **Mandado de Segura n. 8573439/PR** (Acórdão). Quinta Câmara Criminal. Relator: Rogério Etzel. Data de Julgamento: 08/03/2012. Disponível em: <https://tj-pr.jusbrasil. com.br/jurisprudencia/21451814/8573439-pr-857343-9-acordao-tjpr>. Acesso em: 13 jun. 2021.

4.5.5 Pessoa suspeita

4.5.5.1 Definição jurídica da condição de pessoa suspeita

A condição jurídica de *pessoa suspeita* não possui, no direito brasileiro, tratamento condizente com bases constitucionais-convencionais pelas quais só é possível que o titular do poder de acusar possa impor a alguém, na investigação, a condição de suspeito formal posto que desta decisão advém a fruição de direitos defensivos que outras pessoas não gozarão.

Afirmamos que o modelo brasileiro se afasta da base constitucional-convencional porque num processo condizente com o Estado de Direito não é possível que seja definida a condição de pessoa suspeita por quem não detém o poder de formular a acusação. Assim, não basta que exista[63] um *antecedente lógico* entre essa suspeita e a eventual futura acusação formal. É necessário que o ato seja provocado por quem detém o poder de acusar e não por qualquer outra entidade da administração pública ou por terceiros.

No direito pátrio a única forma minimamente regrada sobre esse assunto, o indiciamento (vide tópico na sequência), é tomado por ato policial e não por quem detém o poder de acusar, causando a perplexidade de que o suspeito policial de hoje não será, obrigatoriamente, o acusado formal de amanhã[64]. Mais ainda, o titular do poder de acusar pode formular a acusação contra alguém que jamais, durante a investigação, teve a condição jurídica de suspeita garantida.[65]

Assim, o desestruturado sistema pátrio possibilita acusar formalmente alguém que nunca pode exercer direitos defensivos na investigação ao mesmo tempo que a pessoa considerada como suspeita pela ótica exclusivamente policial pode se transformar em mera testemunha quando da formulação da acusação oficial.

E as distorções sobre o tema ganham proporções irrefreáveis como se observa do então art. 17-D da Lei 12683/12 que prevê o afastamento cautelar de servidor

---

63 ZILLI, Marcos Alexandre Coelho. Liberdade! Abre as asas sobre nós. **Boletim IBCCrim**, n. 91, junho/2000. Disponível em: <http://www.ibccrim.org.br/boletim_artigo/742-Liberdade-Abre--as-asas-sobre-nos>. Acesso em: 13 jun. 2021.

64 E não se pode aqui, como se afirma quase em sede de senso comum, que "como a pessoa denunciada" não será necessariamente condenada, logo, a formação da condição de suspeito pode-se dar por quem não detém o poder de acusar.

65 A isso denominamos *ausência de funcionalidade* como recordado em texto que buscou aferir que da condição de suspeita (indiciamento) advém a fruição de direitos defensivos o que, por óbvio, correto, mas que não desnatura a disfunção do indiciamento tal como colocado no direito brasileiro. D'ANGELO, Andréa Cristina; DEZEM, Guilherme Madeira. Acesso aos autos do inquérito policial pelo não formalmente indiciado. **Boletim IBCCRIM**, São Paulo, v. 14, n. 162, p.13-14, maio 2006.

público quando do indiciamento em crime de lavagem de capitais[66] e que é objeto da Adi 4911, ainda pendente de julgamento quando da edição da presente Obra.

Visando dar algum sentido ao esquizofrênico quadro normativo brasileiro o Projeto de NCPP possui a previsão de uma norma genérica com a seguinte redação:

> Art. 10. Para todos os efeitos legais, caracteriza-se a condição jurídica de *investigado* a partir do momento em que é realizado o primeiro ato ou procedimento investigativo em relação à pessoa sobre a qual pesam indicações de autoria ou participação na prática de uma infração penal, independentemente de qualificação formal atribuída pela autoridade responsável pela investigação.

Salutar na sua intenção, o Projeto como um todo ainda mantém a disfunção criticada nos parágrafos anteriores, mas evolui em relação ao modelo jurídico atual para começar a indicar que a condição de suspeita, mais que um capricho da autoridade investigativa, deve ser vista como um direito fundamental da pessoa submetida à investigação, aproximando-se desta forma da base constitucional-convencional.

O indiciamento

Conceito: Indiciamento é o juízo de valor sobre a consolidação da autoria, comprovação de materialidade e constituição do elemento subjetivo próprio à conduta investigada, efetivado pela Autoridade Policial, no curso da investigação modalidade inquérito policial.

Apenas na modalidade investigativa inquérito policial aparece, pela letra do CPP, a menção à posição jurídica *indiciado* (há a palavra nos arts. 6°, V, 10, § 3°, e 15).

Contudo, o tema ganhou importante revigoramento legal com a edição da Lei 12830/2016 que, em seu artigo 1°, §6°, dispôs que "O indiciamento, privativo do delegado de polícia, dar-se-á por ato fundamentado, mediante análise técnico-jurídica do fato, que deverá indicar a autoria, materialidade e suas circunstâncias".

Esse diploma legal significou uma resposta política à rejeição da denominada PEC 37 e serviu apenas para frisar o ato como privativo da autoridade policial com atribuições investigativas enaltecendo o juízo de valor por ela feito sobre autoria, materialidade e circunstâncias do crime. Assumiu-se, assim, o quanto já prelecionava prestigiosa fonte doutrinária mesmo antes da CR/88.[67]

---

[66] Art. 17-D. Em caso de indiciamento de servidor público, este será afastado, sem prejuízo de remuneração e demais direitos previstos em lei, até que o juiz competente autorize, em decisão fundamentada, o seu retorno. (Incluído pela Lei n° 12.683, de 2012)

[67] PITOMBO, Sergio Marcos de Moraes. O indiciamento como ato de polícia judiciária. **Revista dos Tribunais**, São Paulo, v. 577, p. 313-316, nov. 1983.

Nada obstante, os sérios problemas estruturais apontados no tópico anterior persistem. Tendo, contudo, previsão legal, é forçoso compreender sua melhor forma de funcionamento a fim de minimizar sua disfuncionalidade.

Frise-se, de início, que a consolidação da condição de suspeito pela rotulação de indiciado já foi alvo de precisa consideração do STF que sintetizou precisos postulados teóricos quando afirmou que

> A unilateralidade das investigações preparatórias da ação penal não autoriza a Polícia Judiciária a desrespeitar as garantias jurídicas que assistem ao indiciado, que não mais pode ser considerado mero objeto de investigações. O indiciado é sujeito de direitos e dispõe de garantias, legais e constitucionais, cuja inobservância, pelos agentes do Estado, além de eventualmente induzir-lhes a responsabilidade penal por abuso de poder, pode gerar a absoluta desvalia das provas ilicitamente obtidas no curso da investigação policial (...). Esse entendimento – que reflete a própria jurisprudência do Supremo Tribunal Federal, construída sob a égide da vigente Constituição – encontra apoio na lição de autores eminentes, que, não desconhecendo que o exercício do poder não autoriza a prática do arbítrio (ainda que se cuide de mera investigação conduzida sem a garantia do contraditório), enfatizam que, em tal procedimento inquisitivo, há direitos titularizados pelo indiciado que não podem ser ignorados pelo Estado. Cabe referir, nesse sentido, o magistério de Fauzi Hassan Choukr (*Garantias constitucionais na investigação criminal*, p. 74, item n. 4.2, 1995, RT); Ada Pellegrini Grinover (A polícia civil e as garantias constitucionais de liberdade, in *A polícia à luz do direito*, p. 17, 1991, RT); Rogério Lauria Tucci (*Direitos e garantias individuais no processo penal brasileiro*, p. 383, 1993, Saraiva); Roberto Maurício Genofre (O indiciado: de objeto de investigações a sujeito de direitos, in *Justiça e Democracia*, v. 1/181, item n. 4, 1996, RT); Paulo Fernando Silveira (*Devido processo legal – Due process of law*, p. 101, 1996, Del Rey); Romeu de Almeida Salles Junior (*Inquérito policial e ação penal*, p. 60-61, item n. 48, 7. ed., 1998, Saraiva) e Luiz Carlos Rocha (*Investigação policial – Teoria e prática*, p. 109, item n. 2, 1998, Saraiva), dentre outros. (RTJ 168/896-897. Relator Min. Celso de Mello).[68]

Quanto à *presença da pessoa* a ser indiciada quando do indiciamento, este é comumente dividido em *direto*, quando a pessoa suspeita estiver presente, e

---

68 BRASIL. Supremo Tribunal Federal. **HC 93767/DF**. Relator Min. Celso de Mello. J: 12 fev. 2008. Disponível em: <https://stf.jusbrasil.com.br/jurisprudencia/14774791/medida-cautelar-no-habeas-corpus-hc-93767-df-stf>. Acesso em: 13 jun. 2021.

indireto, quando ausente ou desconhecido seu paradeiro,[69] situação que já mereceu atenção por seus potenciais abusos.[70]

Outro ponto de relevante interesse prático é o *momento da ocorrência do indiciamento*.

Quer pelo CPP, quer pela Lei 12.830/2013 não existe um mínimo de investigação a ser desenvolvido antes que se proceda ao indiciamento.

Na ótica do Código ele pode acontecer, simplesmente, após a instauração formal da investigação, mesmo fora das hipóteses de flagrante, o que configura inegável arbitrariedade legislativa, descompassada dos valores fundadores do sistema jurídico a partir da CR e da CADH, chegando-se a afirmar textualmente que "O indiciamento e interrogatório serão procedidos pela autoridade policial, no instante em que julgar conveniente, pois esta é uma prerrogativa sua" (HC 265.270-3, Orlândia, 3ª Câmara Criminal, rel. Walter Guilherme, 9-2-1999, v.u.).

Assim, forçoso acompanhar a lição de Steiner[71], para quem

> (...) levando-se em conta que a Constituição Federal centra o rol de direitos e garantias individuais no princípio da dignidade do ser humano, não temos dúvidas em apontar a ilegalidade do ato de indiciamento antes da definição da materialidade delitiva e antes que suficientes os indícios de autoria.

Ademais, rigorosamente falando, não há sentido no ato de *indiciamento* após ou no momento do oferecimento da denúncia. Nada obstante, trata-se de prática que, não podendo ser considerada corriqueira, também não é rara.

Apesar da ausência de repercussões internas à propositura da ação penal, significativa magnitude social envolve o indiciamento.

Para comprovar tal afirmação, basta que se abra qualquer jornal ou se assista às notas policiais em telejornais para que se constate, de forma até estarrecedora, que ele tem mais repercussão junto à comunidade do que a confirmação de uma sentença condenatória pelo Supremo Tribunal Federal.

Cabe aqui lembrar que, para a maior parte da sociedade brasileira, a justiça criminal está nitidamente identificada com a atividade policial como já afirmado por Dias Teixeira:

> Aos olhos do público, o Direito Penal exerce sua eficácia repressiva em dois momentos: quando o autor do delito é preso em flagrante ou, não havendo prisão

---

69 TUCCI, Rogério Lauria. Indiciamento e qualificação indireta. Fase de investigação criminal. **Distinção**, Revista dos Tribunais, São Paulo, v. 571, p. 291-294, maio 1983.
70 QUEIJO, Maria Elizabeth. Os abusos no indiciamento indireto. **Boletim IBCCRIM**, São Paulo, v. 19, n. 223, p.8-9, jun. 2011.
71 STEINER, Sylvia Helena F. O Indiciamento em Inquérito Policial como Ato de Constrangimento – Legal ou Ilegal. **Revista Brasileira de Ciências Criminais**, v. 24, p. 305-308, 1998/maio 2002.

em flagrante (e, sobretudo, nas hipóteses de crimes que afetam mais a sociedade e demandam investigações complexas), por ocasião do indiciamento policial do suposto autor. Geralmente, são essas as oportunidades em que o público leigo toma conhecimento da resposta do Estado a um delito.... Assim, o chamado indiciamento policial constitui-se num momento privilegiado de realização do Direito Penal, para a população. É a "condenação social" do suposto autor do crime. A sentença penal condenatória (resposta do Estado ao autor de um delito) acarreta graves conseqüências para essa pessoa, ainda que não implique em sua prisão. O próprio direito do Estado em processar um indivíduo, quando se reúnem algumas provas contra ele, constitui-se num extraordinário instrumento de repressão. Porém, esses atos são pouco visíveis para a sociedade.[72]

Por fim, sem embargo dos percalços técnicos apontados, o indiciamento é ato de imensa repercussão midiática, sendo que a exposição pública é justificada, em alguma medida, pela compreensão de que esse ato não configura qualquer tipo de constrangimento mesmo quando sequer a ação penal seja proposta e sem que isto venha significar direito a qualquer reparação pelo dano causado à pessoa que sofreu a pecha. Raras vezes a jurisprudência se mostra clara em sentido contrário, reconhecendo o dever do Estado em indenizar e a responsabilidade do funcionário.[73]

Contemporaneamente, o ato de indiciamento, quando praticado em sede de investigação apuradora de delitos econômicos, gera potenciais consequências no próprio mercado financeiro quando pessoas da alta administração de instituições[74] – elas mesmas não sujeitas à condição de investigadas porquanto impossível a persecução contra pessoas jurídicas fora do campo ambiental – são indiciadas.

Assim, acionistas de todas as dimensões são afetados pela oscilação do preço de mercado (ações) da instituição por força de mero juízo de valor policial. Na hipótese – um caso concreto rumoroso – o valor das ações de determinada instituição financeira caiu 5%[75] após o indiciamento de seu presidente. Ato que não tem qualquer repercussão para o processo penal, gerará direito de indenização a quem a ele foi submetido (pessoa indiciada) caso sequer seja criminalmente

---

72 DIAS TEIXEIRA, Francisco. Indiciamento e presunção de inocência. **Boletim Instituto Brasileiro de Ciências Criminais**, São Paulo, n.71, p. 14, out. 1998.
73 Uma das raras exceções: SANTA CATARINA. Tribunal de Justiça de Santa Catarina. **Apelação cível n. 2003.002970-2**. Relator Des. Vanderlei Romer. Data da Decisão: 06/11/2003.
74 MATAIS, Andreza; POLLO, Luiza. PF indicia presidente do Bradesco. 31 maio 2016. **Estadão**: Política. Disponível em: <http://politica.estadao.com.br/blogs/coluna-do-estadao/pf-pede--indiciamento-de-presidente-do-bradesco/>. Acesso em: 13 jun. 2021.
75 AÇÕES do Bradesco caem 5% com indiciamento de presidente pela PF. Disponível em: <http://www1.folha.uol.com.br/mercado/2016/05/1776749-acoes-do-bradesco-caem-5-com--indiciamento-de-presidente-pela-pf.shtml>. Acesso em: 13 jun. 2021.

processada, bem como a todos os acionistas que se sentirem prejudicados com a situação. A conta, por certo, é paga pelo Erário.

Coleta de informes sobre a pessoa suspeita (identificação criminal)

O tema tem base constitucional[76] e coloca ponto final em uma calorosa disputa jurisprudencial e doutrinária que agora tem tratamento legislativo dado pela Lei n. 12.037, de 1º de outubro de 2009, que disciplina o tema no art. 3º nos seus incisos I a VI pelo qual a identificação criminal será possível mesmo que a pessoa seja civilmente identificada.

Pode-se separar as hipóteses contida no art. 3º entre aquelas que versam sobre suspeita de inidoneidade do documento (incisos I[77]), imprestabilidade (II[78], III[79], V[80] e VI[81]) e necessidade de identificação criminal para as investigações (IV[82]). Esta última hipótese é a única para a qual a lei impõe ordem judicial.

Assim, sob esse fundamento, mudará o regime de determinação da identificação, que deverá contar com os seguintes passos:

a) será sempre decidida pelo Juiz Natural, e não poderá ser determinada exclusivamente pela autoridade policial ou outra que proceda a investigação;
b) tal determinação deverá apresentar a devida fundamentação da autoridade judicial;
c) poderá ser promovida de ofício ou por provocação policial, do Ministério Público ou "da defesa".

Não trata o regime jurídico de possibilidade recursal da decisão denegatória ou determinativa da identificação, recaindo eventual impugnação no âmbito das ações autônomas de impugnação.

O conceito de conveniência da investigação não é determinado em lei e deve ser construído empiricamente e com o risco de algum custo para a legalidade estrita do processo penal, pois não há balizas mínimas na lei específica que norteiem essa interpretação.

---

76 Para uma análise mais aprofundada ver SOBRINHO, Mario Sérgio. **A identificação criminal**. São Paulo: Revista dos Tribunais, 2003. 197 p. ISBN 85-203-2446-0.
77 I – o documento apresentar rasura ou tiver indício de falsificação.
78 II – o documento apresentado for insuficiente para identificar cabalmente o indiciado.
79 III – o indiciado portar documentos de identidade distintos, com informações conflitantes entre si.
80 V – constar de registros policiais o uso de outros nomes ou diferentes qualificações.
81 VI – o estado de conservação ou a distância temporal ou da localidade da expedição do documento apresentado impossibilite a completa identificação dos caracteres essenciais.
82 IV – a identificação criminal for essencial às investigações policiais, segundo despacho da autoridade judiciária competente, que decidirá de ofício ou mediante representação da autoridade policial, do Ministério Público ou da defesa.

Por fim, dois artigos separadamente zelam pela dignidade da pessoa submetida à identificação criminal. O primeiro deles (art. 4º) é genérico, apontando que "a autoridade encarregada tomará as providências necessárias para evitar o constrangimento do identificado", e o segundo, mais específico (art. 6º), dispõe que "É vedado mencionar a identificação criminal do indiciado em atestados de antecedentes ou em informações não destinadas ao juízo criminal, antes do trânsito em julgado da sentença condenatória".

Posteriormente foi introduzido no direito brasileiro[83] o regime de identificação pelo DNA[84] com a Lei n. 12.654, de 28 de maio de 2012[85], que é

a) Facultativa, na hipótese da investigação criminal na hipótese do inciso IV do art. 3º da Lei 12.037/2009, como acima mencionado;
b) Obrigatória, no caso de condenações por crimes com violência contra a pessoa ou que se inclua no rol dos crimes hediondos.

O modelo brasileiro pauta-se pela oficialidade da coleta e análise do material recolhidos que será armazenado sob o manto do sigilo, sempre sob as responsabilidades civil, criminal e administrativa dos responsáveis por sua guarda, e que não se presta a revelar traços somáticos ou comportamentais das pessoas, exceto determinação genética de gênero. Prevê, ainda, a exclusão do material constante no banco de dados com a ocorrência da prescrição do *delito* praticado.

Dentre os vários pontos que se pode considerar como delicados da lei está a forma da obtenção do material e a incidência do *nemo tenetur se detegere* nesse contexto. Tratando-se de tema que possui tratamento mais abrangente no campo probatório, remetemos o leitor para comentários mais detalhados no capítulo da Prova nesta Obra.

---

[83] Situação já verificada no direito comparado, inclusive com o conclame para a cooperação penal internacional de troca de informações. A ver em MONIZ, Helena. A base de dados de perfis de ADN para fins de identificação civil e criminal e a cooperação transfronteiras em matéria de transferência de perfis de ADN. **Revista do Ministério Público de Lisboa**, Lisboa, v. 30, n. 120, p.145-156, out./dez. 2009.
[84] Com funcionalidade mais ampla que as digitais: NOVAES, Luiz Carlos Garcez. A identificação humana por DNA pode substituir a identificação humana por impressão digital. **Revista Brasileira de Ciências Criminais**, São Paulo, v. 12, n. 51, p.237-251, nov./dez. 2004.
[85] Para uma análise crítica da disciplina legal ver GUEDES, Gabriel Pinto; FELIX, Yuri. A identificação genética na Lei nº 12.654/2012 e os princípios de direito processual penal no estado democrático de direito. **Revista de Estudos Criminais**, Porto Alegre, v. 12, n. 53, p.157-179, abr./jun. 2014. Também VAY, Giancarlo Silkunas; SILVA, Pedro José Rocha e. A identificação criminal mediante coleta de material biológico que implique intervenção corporal e o princípio do neno tenetur se detegere. **Boletim IBCCRIM**, São Paulo, v. 20, n. 239, p. 13-14, out. 2012.

Interrogatório da pessoa suspeita

A oitiva da pessoa suspeita (indiciada) se materializa por meio do interrogatório realizado pela autoridade policial quando da modalidade inquérito policial ou pelo membro do Ministério Público.

Prática contestada em inúmeros países, apresenta-se como um dos momentos em que é conferido maior valor na investigação nada obstante haja fragilização de direitos defensivos causada pelos seguintes aspectos principais: a) ausência de obrigatoriedade da defesa técnica, sem embargo das modificações havidas com a Lei 13245/2016; b) a forma precária de registro deste ato investigativo, no mais das vezes colhido sem qualquer suporte de mídia (gravação de imagem ou som); c) projeção irrestrita de seu conteúdo para o processo de conhecimento.

À parte essas condições, o interrogatório deve seguir o quanto disposto no CPP para a oitiva da pessoa acusada em juízo e cuja dinâmica será desenvolvida em capítulo específico desta Obra.

4.5.5.2 Presunção de Inocência

Princípio de fundamental importância, que aparece consagrado expressamente na Constituição (art. 5º, LVII) e na CADH é o da presunção de inocência determinando o texto constitucional que *ninguém será considerado culpado até o trânsito em julgado da sentença penal condenatória*.

A presunção de inocência enquanto marco normativo e cultural é também aplicável à fase investigativa, constituindo verdadeira matriz para a compreensão global do sistema instrumental penal, requerendo, inegavelmente, um compromisso não apenas técnico, mas, também, ético, do modelo.

Uma de suas consequências mais sensíveis é o deslocamento da figura do ser humano da condição de objeto do processo ou da investigação para a condição de sujeito, com direitos e deveres adequados a essa atividade.

Ao lado dessa característica de fundo, o princípio também é autoaplicável, decorrendo de imediato a não receptação ou perda da eficácia das normas infraconstitucionais que não se conformem ao texto constitucional e convencional.

Para a investigação criminal avulta em importância o denominado direito de não fazer prova contra si mesmo e uma das suas manifestações mais óbvias, o direito ao silêncio.

No entanto, no inquérito policial (assim como em outras formas de investigação) há um aspecto que diz respeito à possibilidade de alguém vir a ser ouvido como testemunha inicialmente – e, portanto, com a obrigação de dizer a verdade ou, mais ainda, não poder calar-se – para, em seguida, ser *indiciado*, com óbvios prejuízos ao exercício do direito apontado.

Outro desdobramento é o reconhecimento a qualquer pessoa de não produzir prova contra si mesmo. Assim, ainda que ouvida na condição de testemunha, o suspeito potencial poderia calar invocando essa condição, de resto reconhecida pelos Tribunais em várias oportunidades (p.ex. TRF – 4ª Região – HC 2779 – DJU Data: 04/06/2001 – Relator Amir Sarti).

Assim, quer na condição de indiciado ou mesmo na condição de pessoa ouvida como testemunha, reconhece-se o denominado *privilégio contra autoincriminação* e, segundo várias manifestações do e. STF, isto, por exemplo, "permite ao paciente o exercício do direito de silêncio, não estando, por essa razão, obrigado a fornecer os padrões vocais necessários a subsidiar prova pericial que entende lhe ser desfavorável." (HC n. 83.096. Relatora Min. Ellen Gracie, DJ 12/12/03) e "há de ser interpretado no sentido de não poder ser o indiciado compelido a fornecer padrões gráficos do próprio punho, para os exames periciais, cabendo apenas ser intimado para fazê-lo a seu alvedrio." (HC 77.135, Rel. Min. Ilmar Galvão, DJ 06/11/98)

Como consequência, ainda de acordo com o e. STF, tem-se que

> O direito à informação da faculdade de manter-se silente ganhou dignidade constitucional, porque instrumento insubstituível da eficácia real da vetusta garantia contra a autoincriminação que a persistência planetária dos abusos policiais não deixa perder atualidade. Em princípio, ao invés de constituir desprezível irregularidade, a omissão do dever de informação ao preso dos seus direitos, no momento adequado, gera efetivamente a nulidade e impõe a desconsideração de todas as informações incriminatórias dele anteriormente obtidas, assim como das provas delas derivadas. (HC 78.708, Rel. Min. Sepúlveda Pertence, DJ 16/04/99)

Por essa razão, o NCPP cria a situação jurídica de suspeito independentemente do ato de formalização dessa condição de modo a que desde o momento em que atos investigativos sejam claramente tomados em desfavor de determinada pessoa ela possa se valer dos direitos constitucionais que lhe são próprios nessa posição jurídica.[86]

---

[86] Vide a redação do PLS 156/09 na forma como votada no Senado e encaminhada para a Câmara: Art. 10. Para todos os efeitos legais, caracteriza-se a condição jurídica de "investigado" a partir do momento em que é realizado o primeiro ato ou procedimento investigativo em relação à pessoa sobre a qual pesam indicações de autoria ou participação na prática de uma infração penal, independentemente de qualificação formal atribuída pela autoridade responsável pela investigação.

4.5.5.3 Direito à Informação

O direito à informação da pessoa submetida à investigação está amparado no texto constitucional quando da ocorrência da prisão em flagrante (vide tópico específico neste Capítulo) a fim de que ela tenha conhecimento do local de sua prisão, autoridade que a efetuou e conhecimento das razões pelas quais está sendo presa.

À parte essas disposições, no desenvolvimento dos atos investigativos do inquérito policial não existe a necessária disciplina legal que obrigue as autoridades encarregadas da investigação de fornecer à pessoa já formalmente considerada como suspeita (indiciada) dados sobre o desenrolar das etapas investigativas que, quando muito, são acessíveis pela sua defesa técnica, se houver.

4.5.5.4 Intimidade, investigação e mídia: a "publicidade externa"

A publicidade, entendida como garantia inarredável para a consecução de um processo democrático[87] foi matéria na Constituição Imperial (art. 159) e na Republicana de 1934 (art. 113, § 35).

No texto da CR/88, ainda em sede de art. 5º, pode-se encontrar a norma do inciso LX, prevendo a publicidade dos atos processuais, salvo quando a defesa da intimidade ou o interesse social indicarem o sigilo, malgrado a emenda constitucional 45/04 possa dar margem à ampliação dessa denominada *publicidade externa* de atos de investigação.[88]

Uma regra que nasceu praticamente morta com o Código de Processo Penal foi a do sigilo do inquérito, estipulada no art. 20: *a autoridade assegurará no inquérito o sigilo necessário à elucidação do fato ou exigido pelo interesse da sociedade*. O cotidiano de há muito a sepultou, tendo transformado a investigação criminal em verdadeiro palco para o estrelato de agentes públicos e alimentando toda uma indústria jornalística que vive em torno do tema. Falar de sigilo da investigação nesse quadro é cair no abismo entre a realidade dos fatos e o direito positivo.

O desrespeito à figura humana nesse caso é flagrante. Como uma máquina compressora, a imprensa julga, prejulga e cria um espaço decisório que, sem sombra de dúvida, gera indevida influência na atividade persecutória, alimentando

---

87 GRINOVER, Ada Pellegrini; GOMES FILHO, Antonio Magalhães; SCARANCE FERNANDES, Antonio. **As nulidades no processo penal**. São Paulo: Editora Revista dos Tribunais, 1993, p. 66.
88 Vide a atual redação do art. 93, IX: todos os julgamentos dos órgãos do Poder Judiciário serão públicos, e fundamentadas todas as decisões, sob pena de nulidade, podendo a lei limitar a presença, em determinados atos, às próprias partes e a seus advogados, ou somente a estes, em casos nos quais a preservação do direito à intimidade do interessado no sigilo não prejudique o interesse público à informação.

expectativas e ajudando a debilitar ainda mais a já combalida confiança na Justiça criminal quando o indiciado não é condenado.

Mas, entre nós, infelizmente parece vingar a ideia de que o suspeito deve ser execrado publicamente antes mesmo de ser processado, numa clara derrocada do princípio da presunção de inocência que a duras penas ganhou dimensão jurídica entre nós, quanto mais a social, servindo de claro exemplo a lição de Foucault,[89] quando fala sobre o suplício dos condenados e sua exposição pública.

4.5.5.5 Participação defensiva e forças de segurança

A Lei 13.964/2019 definiu de forma mais detalhada que em outras situações, a participação defensiva para integrantes de instituições abarcadas no art. 144 da CR quando o "objeto for a investigação de fatos relacionados ao uso da força letal praticados no exercício profissional, de forma consumada ou tentada".

Trata-se, na verdade, de uma opção política de evitar-se as reiteradas críticas ao alto grau de letalidade policial sobretudo na prática de homicídios e as intervenções defensivas dispostas na nova redação do artigo 14 nunca foram vedadas a qualquer agente de segurança pública, ou militares que façam essa função em operações de *Garantia da Lei e Ordem*.

O marco distintivo surge pela obrigatoriedade da presença de defesa técnica na forma ora determinada pelo artigo reformado providência que, não sendo exclusiva de determinados suspeitos, deveria ser a regra para acompanhamento da investigação criminal, posto que se trata de direito defensivo previsto no marco constitucional-convencional.

4.5.6 Produção e documentação dos atos investigativos

Como regra, os atos procedimentais estão submetidos ao regime de legalidade estrita do processo penal cujas bases foram discutidas no capítulo introdutório desta Obra. Assim, não haveria de ser permitido espaço para atos que não contivessem previsão expressa no CPP sendo certo, contudo, que poucos são os atos diretamente regrados no tópico específico da investigação no Código.

Isso acarreta que assuntos como, por exemplo, o interrogatório da pessoa suspeita deva obedecer às regras dispostas para o interrogatório judicial ou a forma da tomada de depoimentos esteja disciplinada na parte específica das provas.

---

89 FOUCAULT, Michel. **Vigiar e Punir**. História da Violência nas Prisões. Petrópolis: Vozes, 1996, especialmente p. 11.

Quanto à forma de documentação dos atos investigativos, a estrutura do CPP é a mais burocrática e conservadora possível e não assimilou as provocações de inovação tecnológica na documentação tal como se deu com a reforma de 2008.

Com efeito, desde os trabalhos da Comissão Grinover instituída em 2000 discute-se a simplificação da investigação, sendo que naquele contexto, com intuito de desburocratizar, paradoxalmente foi o anteprojeto responsável pela criação de uma forma de investigação híbrida, que mescla princípios do termo circunstanciado e fica a meio caminho do inquérito policial, neste podendo ser convertido por determinação exclusiva do Ministério Público, ex officio ou a requerimento da pessoa interessada. A pergunta que pode ser feita é quanto à real necessidade de sua criação.

Aquele texto previa, de acordo com o item 6 da exposição de motivos, que a apuração sumária deverá ser realizada de forma singela, e o mais celeremente possível, com a prática dos atos indispensáveis à preparação da prova a ser produzida em juízo, e colheita de depoimentos em qualquer local, oral, informal e resumidamente. Vai de encontro a fundamentação e o texto previsto no art. 6º, ao próprio espírito do texto constitucional quando fala em depoimentos em qualquer local (sic), de forma oral (sic) e resumidamente.

Esse encaminhamento prevalece no projeto de NCPP que, ao disciplinar especificamente a investigação na modalidade inquérito policial, prevê no art. 29:

> Art. 29. No inquérito, as diligências serão realizadas de forma objetiva e no menor prazo possível, sendo que as informações e depoimentos poderão ser tomados em qualquer local, cabendo à autoridade policial resumi-los nos autos com fidedignidade, se colhidos de modo informal. §1º O registro do interrogatório do investigado, das declarações da vítima e dos depoimentos das testemunhas poderá ser feito por escrito ou mediante gravação de áudio ou filmagem, com o fim de obter maior fidelidade das informações prestadas. §2º Se o registro se der por gravação de áudio ou filmagem, fica assegurada a sua transcrição a pedido do investigado, de seu defensor ou do Ministério Público.

Cumpre cifrar que, com a Lei 11690/2008 o emprego de tecnologia na forma de produção e documentação dos atos processuais não apenas é possível durante a investigação como, mais além, há de ser encarada como obrigatória.

4.5.6.1 Vício na produção dos atos e seus reflexos processuais

Na forma como tradicionalmente a doutrina e a jurisprudência encaram o relacionamento entre a investigação e as nulidades, a conclusão é que os eventuais vícios que ocorram naquela etapa não se projetam para o transcurso do eventual futuro processo de conhecimento.

Nesse sentido, a título meramente ilustrativo, acórdão recente do STF assim conclui: É incabível a anulação de processo penal em razão de suposta irregularidade verificada em inquérito policial. Esse o entendimento da Segunda Turma, que, ao reafirmar a jurisprudência assentada na matéria, negou provimento a recurso ordinário em *habeas corpus* em que se pleiteava a anulação de atos praticados em inquérito policial presidido por delegado alegadamente suspeito. Precedentes citados: RHC 43.878/SP (DJU de 5.4.1967) e HC 73.271/SP (DJU de 4.10.1996)[90].

Mas, deve ser ponderado que a tolerância com vícios de atuação do Estado serve como estímulo à ilegalidade e, em casos extremos, ao arbítrio.

Por isso não pode perder de vista que se a prova (no sentido técnico formal) for eivada e for ela o único elemento de sustentação da acusação, é possível haver a rejeição da acusação formulada.

Caso, contudo, a acusação esteja lastreada em elementos diversos que aquele produzido com ofensa à ilegalidade, poderá ela ser preservada, mas afastando-se o quando for produto de ilegalidade ou arbítrio.

Ademais, deve ser ressaltado que toda essa discussão somente tem a projeção que possui no direito brasileiro diante de seu profundo descompasso com o marco constitucional-convencional, distanciamento este que é responsável pela utilização irrefreada do produto da investigação como arrimo de sentenças de mérito.

Num sistema processual de feição acusatória, com a obrigatoriedade da produção probatória em audiência sob a responsabilidade incontornável do acusador público, o produto da investigação não possui a projeção que aqui se dá mesmo no espaço das provas periciais que precisam ser efetivamente introduzidas como prova perante o juiz natural, pelo método da oralidade, em audiência.

Enquanto não houver substancial alteração no modo de conceber o processo penal brasileiro com um giro Copérnico rumo à acusatoriedade constitucional-convencional a investigação e seus vícios continuarão ocupando espaço indevido no processo e levará consigo para a prestação jurisdicional todas suas eivas.

---

90 BRASIL. Superior Tribunal de Justiça. **Recurso em Habeas Corpus n. 131.450/DF**. Op. Cit.

4.6 Investigação pela polícia – inquérito policial

No presente Título será observada de forma mais específica a investigação na modalidade inquérito policial porque é a única especificamente regrada no CPP e, por tal razão, serve de base por analogia para outras formas de investigação. Ademais, é a de maior incidência prática.

4.6.1 Definição

É a espécie da investigação criminal presidida por Delegado de Polícia de carreira que, sob o controle externo do Ministério Público, coleta os elementos de informação e provas destinadas à análise do titular da ação penal que decidirá sobre promover ou não a ação penal.

4.6.2 Inquérito Policial: formas de início

A investigação na modalidade inquérito policial pode ser iniciada por diversas formas.

a] Prisão em flagrante;
b] Informação levada a polícia (por vítima, terceiros, órgãos públicos);
c] Instauração de ofício pela autoridade policial;
d] Requisição do Ministério Público / Magistrado;
e] Requisição do Ministro da Justiça.

4.6.2.1 Importância da definição da forma de início e controle da legalidade (*habeas corpus*)

A análise das formas de início da investigação na modalidade inquérito policial, para além do conhecimento teórico de suas distinções guarda, entre as repercussões práticas, uma de singular importância: a identificação do responsável pelo desencadeamento dessa fase da persecução e o controle da legalidade de sua atuação pela via do *habeas corpus*.

Com efeito, da conjugação das inúmeras regras de início da investigação, das pessoas envolvidas como potenciais investigadas e das regras de competência para apreciação de habeas corpus destaca-se a importância de identificar, com clareza, quem deu efetivamente início à atividade investigativa e, a partir daí, manejar corretamente o assim denominado *remédio heroico*.

Para tanto, deve-se ter em conta as explicações que se seguirão que devem ser lidas em conjunto com o quanto está descrito nos capítulos sobre competência e habeas corpus nesta Obra.

4.6.2.2 Prisão em flagrante

A flagrância é uma situação de fato (estado) que, dentro das restritas hipóteses legais previstas, autoriza que seja proferida a denominada *voz de prisão em flagrante* a qual, como regra na investigação da criminalidade ordinária acarreta a lavratura do auto de prisão em flagrante (mas não assim na macrocriminalidade ou na criminalidade de menor potencial ofensivo).

A necessidade de separar de forma clara e precisa os momentos indicados surge dos diferentes fundamentos e funções de cada posto que

> No âmbito do flagrante, a prisão é o próprio objetivo da "voz". Destarte, por raciocínio de exclusão, sempre que não for caracterizado o estado de flagrância também não caberá a voz de prisão (em flagrante). Note-se, ainda, que em algumas situações, apesar do estado de flagrância, não é cabível a prisão e, assim, por coerência, também não será cabível o proferimento da voz de prisão.[91]

Assim, a impossibilidade de lavrar-se o auto de prisão não significa a inocorrência do estado de flagrante, tampouco desautoriza que, nos casos de flagrante obrigatório, seja proferida a voz de prisão.

Trata-se, assim, de tema de importância teórica e de inegáveis repercussões práticas.

Pode-se, desta forma, analisar o cenário daquilo que se denominaria de forma abrangente e genérica como *flagrante delito* pelos seguintes aspectos:

a] *natureza da constrição da liberdade que advém do flagrante;*
b] fundamentos legais que caracterizam o estado de flagrância e
c] formalização do auto de prisão em flagrante.

Prisão em flagrante como precautela

A Lei 12.403/11 assume a natureza jurídica da prisão em flagrante como *precautelar*.

A consequência prática dessa postura normativa que, por sua vez, decorre do marco teórico constitucional e convencional é que a manutenção de alguém preso decorrerá da *conversão* da prisão em flagrante em preventiva ou temporária de acordo com estritos fundamentos cautelares.

---

91 NASSARO, Adilson Luís Franco. A voz de prisão em flagrante. **Jus Navigandi**, Teresina, ano 12, n. 1319, 10 fev. 2007. Disponível em: <http://jus.com.br/revista/texto/9483>. Acesso em: 11 jan. 2022.

Assim, não é possível afirmar-se que a pessoa submetida à acusação permanece presa ao longo do processo *em virtude da prisão em flagrante*.

A afirmação de ser o flagrante um *precautela* não é nova, malgrado as fontes históricas nem sempre sejam devidamente reconhecidas, sendo que muito antes da atual Constituição e da entrada em vigor da Convenção Americana de Direitos do Homem voz autorizada apontava, observando a estrutura constitucional e infraconstitucional então existente, que

> Ainda levando em conta o momento processual em que se realiza a medida, muitas vezes antecedendo a própria formação da relação processual, costuma a doutrina emprestar-lhe a denominação de precautela ou cautela de primeiro e segundo grau. Tal ocorre com a prisão em flagrante, em relação às cautelas de natureza pessoal, uma vez que depois de efetuada deve ser comunicada à autoridade judiciária competente (Constituição Federal, art. 153, § 12, última parte), rendendo ensejo a uma verdadeira cognição cautelar, por isso que essa autoridade deverá relaxar a prisão, se esta não for legal. O mesmo ocorre com a apreensão de coisas pela polícia judiciária (art. 6.º, n. II, do CPP), providência esta que também pode ser examinada, em momento posterior pelo juiz competente, atento ao procedimento previsto no art. 120 e seus §§ do CPP.[92]

Absolutamente atual e pertinente, essa visão acabou solapada pela doutrina dominante que entendia, sobretudo após a reforma penal de 1977, ser o flagrante uma verdadeira cautela penal[93] e *como consequência prática* justificava a possibilidade de manter-se alguém preso ao longo do processo pelos fundamentos daquela modalidade de prisão e não pelos fundamentos próprios da prisão cautelar.

Chega-se nesse sentido a ser afirmado, sem muita atenção ao primado constitucional que se trata de "*modalidade de prisão cautelar, de natureza administrativa,*

---

[92] CAMPOS BARROS, Romeu Pires. O Processo Penal Cautelar. **Revista de Processo** – RePRO v. 2, n. 7/8, p. 220, jul./dez. 1977. Esse mesmo doutrinador em outra obra de invulgar relevância na literatura brasileira sobre o tema apontava, em 1982, que "Assim, a prisão em flagrante representa pela sua instrumentalidade pré-cautela em relação à prisão preventiva (...)" CAMPOS BARROS, Romeu Pires. **Processo Penal Cautelar**. SP: Forense, 1982. p. 124.

[93] *In verbis*: "Retomando à problemática específica da prisão em flagrante, podemos afirmar que, após a reforma da Lei 6.416/77, passou ela a depender do efetivo *periculum in mora*. Em outras palavras, a sua manutenção ficará condicionada a um criterioso juízo de necessidade, tornando visível a sua condição de verdadeira medida cautelar.", o que não se dava até então, sendo que "Difícil era enquadrar tal espécie de prisão provisória dentre as chamadas medidas cautelares penais. Até o ano de 1977, preso o agente em razão de flagrante deveria necessariamente assim aguardar o julgamento, salvo nos casos em que o Código permitia livrar-se solto ou que, através do instituto da fiança, quando cabível, fosse deferida a sua liberdade provisória. Igual benefício já era também admitido se houvesse prova de que a conduta se encontrava justificada por alguma excludente de ilicitude, nos termos do art. 310 do CPP." JARDIM, Afrânio Silva. Visão sistemática da prisão provisória no código de processo penal. **Direito Processual Penal**. 6. ed. Rio de Janeiro: Forense, 1997. Também em REPRO 41/106.

realizada no instante em que desenvolve ou termina de se concluir a infração penal (crime ou contravenção penal)."[94].

Atenta a essa evidente distorção, parte da doutrina[95] se esforça para conciliar a necessidade da decisão judicial determinante da prisão com o fato de que era – e é – uma constrição efetivada por autoridades administrativas na sua formalização e passível de ser deflagrada por qualquer um do povo por meio da "voz de prisão". A solução encontrada era a de apresentar-se o flagrante como algo único e que dependia de cognição judicial imediata para verificação de sua legalidade, inclusive por determinação constitucional.

Outro aspecto destacado na sustentação da prisão em flagrante como medida cautelar era:

> a ausência de qualquer instrumentalidade entre a prisão em flagrante e eventual medida cautelar restritiva à liberdade de locomoção que venha a se fazer necessária. Se a prisão em flagrante tivesse qualquer natureza pré-cautelar, todos os crimes que se apenam com detenção com relação aos quais seria impossível a decretação de uma prisão preventiva, a teor do disposto no artigo 313, I, do CPP, e que não se encontram no rol daqueles passíveis de prisão temporária (artigo 1o da Lei 7.960/89), vale dizer, todos os crimes com relação aos quais jamais seria possível a emissão de um decreto de prisão cautelar na fase pré-processual, não autorizariam, por conseguinte, qualquer segregação em flagrante.[96]

Essa construção manifesta profundo descompasso com a estrutura constitucional instaurada em 1988 e com todas as convenções internacionais assumidas pelo Brasil desde então as quais, verdadeiramente, impõem a necessária concepção precautelar a essa forma de prisão e, como consequência, a necessária análise dos requisitos cautelares para a continuidade da custódia em seu título jurídico adequado, a da prisão preventiva. Desta forma, posições como as anteriormente expostas autorizavam, do ponto de vista prático, que uma pessoa fosse mantida presa sem fundamentos cautelares expressos, mas apenas com base no estado de flagrância assumindo-se que a prisão pudesse ser um fim em si mesmo.

Não por outra razão, a literatura substancialmente afinada com o marco constitucional-convencional do processo penal passou a enfatizar progressivamente

---

94 NUCCI, Guilherme de Souza. **Código de Processo Penal comentado**. São Paulo: Revista dos Tribunais, 2002. p. 524.
95 FERNANDES, Antonio Scarance. **Reação defensiva à imputação**. São Paulo: Revista dos Tribunais, 2002. p. 137.
96 SILVA, Marcelo Cardozo da. **Prisão em flagrante e prisão preventiva**. Porto Alegre: TRF – 4a Região, 2008 (Currículo Permanente. Caderno de Direito Penal: módulo 4). Disponível em: <http://www2.trf4.jus.br/trf4/upload/editor/rom_MARCELO_CARDOZO.pdf>. Acesso em: 14 jan. 2022.

a natureza precautelar do flagrante[97], agora consagrada pela legislação infraconstitucional, insistindo na verificação daquilo que denominamos de *necessidade cautelar* (vide capítulo das Cautelares) para confirmar-se (ou não) a necessidade da imposição de alguma medida cautelar de caráter pessoal posteriormente à concretização da prisão em flagrante.

A prisão em flagrante, marco jurídica de uma situação de fato, exige a existência do estado de flagrância para que possa ser concretizada como adiante se verá.

O estado de flagrância

Considerações gerais

O estado de flagrância se caracteriza pela escolha do legislador de certas situações fáticas que passam a autorizar a imediata intervenção estatal sobre o direito à liberdade.

Malgrado se trate de uma escolha legislativa, ela se encontra doutrinariamente assentada em determinados pressupostos como a reação social imediata à prática da conduta típica e necessidade de coleta imediata da prova[98] e até mesmo a certa pretensão de finalidades da pena como inibidora de comportamentos violadores da norma penal.[99]

Pela natureza das normas processuais penais que diretamente incidem sobre a liberdade, as hipóteses do estado de flagrância merecem tratamento taxativo e restrição interpretativa que decorrem da natureza da norma processual penal como já visto nesta Obra, com sua aproximação à norma de direito material penal no que diz respeito à sua certeza (*lex certa*) e sem a possibilidade de interpretações que restrinjam direitos fundamentais de forma mais ampla que a definida pelo legislador.

Merece destacar, igualmente, que nesse particular ambiente do estado de flagrância, o legislador optou por ampliar o leque de intervenientes surgindo daí a divisão da prisão em flagrante (*rectius*: da voz em prisão em flagrante) em *obrigatório* ou *facultativo* que leva em conta os que têm a obrigação legal de fazê-lo (funcionários) e aos particulares, que detêm a faculdade de *dar voz de prisão* e seu fundamento legal está no art. 301 do CPP que dispõe que "Qualquer do povo poderá e as autoridades policiais e seus agentes deverão prender quem quer que seja encontrado em flagrante delito."

---

97 LOPES JÚNIOR, Aury. Crimes hediondos e a prisão em flagrante como medida pré-cautelar. **Revista de Estudos Criminais**, n. 3, 2001. p. 73-83.

98 MARQUES, José Frederico. **Tratado de direito penal**. Campinas: Millennium, 2002. p. 73-75, também citado por LIMA, Marcellus Polastri. **A tutela Cautelar no Processo Penal**. 2. ed. Rio de Janeiro: Lumen Juris, 2009. p. 227.

99 SILVA, Marcelo Cardozo da. **A prisão em flagrante na constituição**. Diseertação (Mestrado em Direito). Universidade Federal do Rio Grande do Sul. Porto Alegre, 2005. Disponível em: <https://lume.ufrgs.br/bitstream/handle/10183/7316/000498160.pdf?sequence=1&isAllowed=y>. Acesso em: 13 jun. 2021. p. 58.

Essa intervenção popular mereceu apreciação entusiasmada quando se afirmou que

> O caráter cautelar da prisão em flagrante destoa dos critérios cautelares das demais prisões provisórias. O ponto nuclear da diferença entre a prisão em flagrante e as demais modalidades de prisão cautelar é a abertura legal da primeira para que qualquer cidadão inicie o procedimento, mediante constrição da liberdade de outrem. Nisso, é mais democrática do que as demais espécies de prisão provisória, porque amplia o discurso jurídico a todo cidadão que presencie a situação de flagrância delitiva.[100]

Embora possa ser identificado algum grau de participação popular nesse particular momento da atividade persecutória estatal, não é de prisão preventiva que se trata o flagrante – e nem assim o é na sua concepção como cautelar penal para aqueles que assim o entendem – mas sim de precautela que, na forma analisada na sequência, exige a intervenção estatal.

Disciplina básica do estado de flagrância

a] Flagrante Próprio (art. 302, I e II)

As hipóteses que caracterizam o estado de flagrância estão fundadas na sua estrita legalidade e em limites fixados em lei que não podem ser alargados pelo intérprete doutrinário ou pelo magistrado.

Em primeiro plano, o artigo 302 do CPP define que se encontra em estado de flagrancia quem *está cometendo a infração penal* (inciso I) e, no inciso II, a situação em que a pessoa *acaba de cometê-la* referindo-se, portanto, ao próprio momento em que a infração está em execução e nele se dá a prisão do agente.

Ambas situações compõem o denominado *flagrante próprio* e não exigem, como era do sistema jurídico anterior à unificação legislativa processual penal, a presença do chamado *clamor público*[101] para sua caracterização.

b] Flagrante impróprio (art. 302, III)

Dessas situações se distingue aquela prevista no inciso III do mesmo artigo que dispõe que se considera em estado de flagrancia quem é perseguido, logo após, pela autoridade, pelo ofendido ou por qualquer pessoa, em situação que faça presumir ser autor da infração e que se denomina de *flagrante presumido.*

---

100 BARROS, Vinícius Diniz Monteiro de. **A prisão em flagrante no modelo constitucional de processo e a atuação dos sujeitos processuais.** 168 f. Dissertação (Mestrado em Direito Processual). Pontifícia Universidade Católica de Minas Gerais. Belo Horizonte, 2011.

101 DELMANTO Junior, Roberto. **As modalidades de Prisão Provisória e seu prazo de duração.** 2. ed. Rio de Janeiro: Renovar, 2001. p. 100.

Estampa a norma, desta forma, os três elementos constitutivos dessa situacao de fato:
a] Existência de perseguição;
b] Lapso temporal: *logo após*;
c] Presunção de autoria.

Numa interpretação mais severa de cada um desses componentes pode-se verificar que todos apresentam problemas de compatibilidade constitucional.

Até mesmo o primeiro, a existência de perseguição, pode dar margem a controvérsias diante de situações como a interrupção, ainda que momentânea, do encalço a fim de que se verifique se, mesmo pausada (e em que lapso) ainda se pode considerar como estando perseguição em curso.

Para tentar vencer essa dificuldade já se cogitou entender que a perseguição deve gerar desassossego ao perseguido que não teria, assim, a liberdade de deliberar sobre seu *paradeiro*.[102]

Essa visão, aparentemente sedutora, guarda a modificação da ótica da perseguição, de *quem persegue* para *quem é perseguido* e parece não resistir à observação que a pessoa perseguida pode acreditar que não está mais sendo buscada quando, na verdade, ainda pode ser o alvo de verificações policiais, por exemplo.

Por isso entendemos que não se pode abandonar o viés do agente perseguidor (seja a vítima ou, mais comumente, policiais) posto que é a postura ativa destes que cobra o texto legal e não a da pessoa perseguida. E os reflexos disto se projetam para o Direito Penal material posto que aquele que é perseguido não pode, em crimes patrimoniais por exemplo, ser considerado como detentor de forma pacífica do bem injustamente tentado donde a configuração da tentativa e não da forma consumada da conduta.

Porém, com mais destaque entre comentaristas e julgadores, o emprego da expressão *logo após* com seus problemas operacionais, acarreta, verdadeiramente, o *casuísmo* (e não a uma construção empírica logicamente desenvolvida) para resolver a situação.

Assim, já se entendeu que "a expressão 'logo após', não significa apenas *poucos minutos depois, alcançando*, em vários precedentes da jurisprudência, até mesmo *horas após* o cometimento da conduta criminosa". O fato é que não existe qualquer marco temporal concreto a respeito, mesmo o mítico de vinte e quatro horas que pode, em situações excepcionalíssimas, ser vencido.[103]

---

102 GRECO FILHO, Vicente. **Manual de Processo Penal**. 6. ed. São Paulo: Saraiva, 1999. p. 267-268.
103 FEITOZA, Denilson. **Direito Processual Penal**: teoria, crítica e práxis. 6. ed. Niterói: Impetus, 2009. p. 840.

As situações apontadas pela jurisprudência ecoam, de certa maneira, das discussões doutrinárias, dentre elas a de Frederico Marques[104] para quem seria possível considerar-se a persistência do estado de flagrante sem que houvesse ocorrido qualquer interrupção na perseguição, mas até certo ponto no tempo posto que, a partir daí, mesmo com a perseguição, não haveria mais o estado de flagrância.

Da mesma maneira as posições restritivas de Rangel[105], com o que se tentar confinar viés autoritário das hipóteses flagrâncias como apontado certeiramente por Oliveira.[106]

Contudo, reconhecendo a total impossibilidade de delimitação legal do conceito logo após o que se tem é o voluntarismo interpretativo de todos os intervenientes (policiais, órgãos do MP, magistrados) exemplificado no aresto que pontua que este inciso

> (...) deve ser entendido normativamente. O dado cronológico passa para plano secundário. Assim, se uma pessoa, em tempo razoável, a perseguir, por si mesma, o agente do delito, preferiu, porque mais eficaz, buscar o auxílio do policial, normativamente, está havendo a perseguição. O tempo não se mede no relógio; necessário socorrer-se do juízo de razoabilidade.[107]

c] Flagrante presumido (art. 302, IV, do CPP)

Se a hipótese anterior já tratava de uma determinada presunção, o inciso IV (é encontrado, logo depois, com instrumentos, armas, objetos ou papéis que façam presumir ser ele autor da infração) fala, na verdade, de uma ficção, reconhecendo-se que "a doutrina e a jurisprudência vêm concedendo uma interpretação mais elástica à expressão 'logo depois' contida no inciso IV, do artigo 302, da Lei Instrumental Penal, mais até do que a prevista no inciso anterior ('logo após')."[108]

A presunção enunciada neste inciso também é de discutível aderência constitucional-convencional e abre portas a juízos extremamente subjetivos sobre a *autoria* numa norma que destaca a *posse de objetos em sentido amplo* como ressaltado por reconhecida fonte doutrinária ao afirmar que

---

104 MARQUES, José Frederico. **Elementos de Direito Processual Penal**. Campinas: BookSeller, 1997. 4v. p.78.
105 RANGEL, Paulo. **Direito Processual Penal**. 16. ed. Rio de Janeiro: Lumen Juris, 2009. p. 689.
106 OLIVEIRA, Eugênio Pacelli de. **Curso de Processo Penal**. 8. ed. Rio de Janeiro: Lúmen Júris, 2007. p. 410.
107 BRASIL. Superior Tribunal de Justiça. **RHC 5189 SP 1995/0071205-9 LEXSTJ**. Sexta Turma. Relator Min. Luiz Vicente Cernicchiaro. vol. 90 p. 293, DJ 16.09.1996 p. 33795.
108 BRASIL. Superior Tribunal de Justiça. HC 0054027-39.2003.3.00.0000 MG 2003/0054027-9. Sexta Turma. Relator Min. Paulo Medina. Publicação DJ 04.08.2003 p. 443.

Não é necessário no caso que haja perseguição, mas sim que a pessoa seja encontrada logo depois da prática do ilícito com coisas que traduzem um veemente indício da autoria ou participação no crime. Nessa hipótese, a pessoa não é 'perseguida', mas 'encontrada', pouco importando se por puro acaso, ou se foi procurada após rápidas investigações. Para a configuração da flagrância presumida nada mais se exige do que estar o presumível delinquente na posse de coisas que indicam ser ele o autor do delito acabado de cometer.[109]

Esta, pois, outra das dificuldades de interpretação deste inciso, a de delimitar alguma diferenciação entre as locuções *logo depois* (inciso IV) e *logo após* (inciso III) do art. 302 sendo que parte da doutrina já ponderou que

Na hipótese do inciso IV, menor é o arbítrio na apreciação do elemento cronológico, precisamente porque falta a circunstância objetiva, concreta, visível, da perseguição. Essa hipótese é muito mais delicada que a do inciso III. Muito mais perigosa. Muito mais sujeita a arbitrariedade e a ampliações desmedidas de que tornem seus limites sem contornos.[110]

Na atividade dos Tribunais, contudo, já houve caso em que analisando as balizas temporais mencionadas no art. 302, indo exatamente de encontro aos postulados teóricos restritivos de entendimento da matéria, considerou que

A expressão "acaba de cometê-la", empregada no flagrante próprio, significa imediatamente após o cometimento do crime; "logo após", no flagrante impróprio, compreende um lapso temporal maior; e, finalmente, o "logo depois", do flagrante presumido, engloba um espaço de tempo maior ainda.[111]

A conclusão é que essas expressões, à míngua de legalidade estrita, passam a clamar pelas "peculiaridades do caso concreto, observando-se sempre o princípio constitucional da razoabilidade"[112] e acarretam soluções distintas para situações fáticas de igual porte.

---

109 MIRABETE, Julio Fabbrini. **Código de Processo Penal Interpretado**. 8. ed. São Paulo: Atlas, 2001. p. 644.
110 DELMANTO Junior, Roberto. As Modalidades de Prisão Provisória e seu Prazo de Duração. Op. Cit., p. 104.
111 BRASIL. Tribunal Regional Federal (3ª Região). **Habeas Corpus n. 45846**. Processo HC 201103000158016. Segunda Turma. Relatora Juíza Cecília Mello. Decisão: 13/09/2011. E-DJF3: 22/09/2011, p. 153. Disponível em: <http://web.trf3.jus.br/base-textual/Home/ListaResumida/1?np=0>. Acesso em: 13 jun. 2021.
112 RONDÔNIA. Tribunal de Justiça de Rondônia. **Processo 100.008.2006.001385-8 – Habeas Corpus**. Relator Desembargador Cássio Rodolfo Sbarzi Guedes. J. em: 06/09/2006. Publicado em 20/09/2006. Disponível em: <http://webapp.tjro.jus.br/juris/consulta/detalhesJuris.jsf?cid=1>. Acesso em: 13 jun. 2021.

Destaque-se que, de *lege ferenda*, o PLS 165 dispôs em sua redação original de forma mais enxuta[113] acompanhando desta forma a objetividade do Código de Processo Penal português em seu artigo 256[114] temos que a interpretação sistematizada que melhor se adéqua à possibilidade de *presunção* do flagrante na atual legislação brasileira é a *restritiva* porquanto a própria presunção é de difícil coadunação com a estrutura constitucional do processo penal e menos ainda, por esse mesmo fundamento, haverá de ter interpretações elásticas.

Por fim, ainda em âmbito de perspectivas de reforma, o PL 373/2015 busca dar ao art. 302 um novo inciso: "V- é encontrado, tempo depois, reconhecido pela vítima, por testemunha do crime pessoalmente, ou por terceiro, que o reconheça por filmagem ou foto da ação criminosa, ou por ter sido encontrado e confessado o crime."[115]

d] Crime Permanente

Conforme disposto no art. 303 do CPP, "Nas infrações permanentes, entende-se o agente em flagrante delito enquanto não cessar a permanência" e de longa data a doutrina trabalha a conceituação do crime permanente, cujo resultado prático, para fins processuais penais, é o de perpetuar o estado de flagrância.

Assim, explica-se que "diferentes são os crimes que não se completam na produção de determinado estado, senão que se mantêm pela vontade delitiva do sujeito ativo, como, por exemplo, no crime de sequestro ou cárcere privado (...) ou no crime de violação ao domicílio."[116]

E, como afirma Busato, também lembrado pelos penalistas supramencionados, que "o momento consumativo segue acontecendo e o tempo do crime passa a ser o tempo em que cessa a permanência."[117]

---

113 Art. 538. "Considera-se em flagrante delito quem: I – está cometendo a infração penal; II – é perseguido ou encontrado, logo após, pela autoridade, pela vítima ou por qualquer pessoa, em situação que faça presumir ser o autor da infração."

114 "1 – É flagrante delito todo o crime que se está cometendo ou se acabou de cometer. 2 – Reputa-se também flagrante delito o caso em que o agente for, logo após o crime, perseguido por qualquer pessoa ou encontrado com objectos ou sinais que mostrem claramente que acabou de o cometer ou nele participar.

115 Seu Relator, Dep. Delegado Éder Mauro PSD/PA, argumenta: "A grande maioria dos crimes, principalmente os violentos, não tem resposta do Estado com a prisão em flagrante. Ocorre que, muitas vezes as provas são alcançadas muito tempo depois, por motivos diversos que vão desde o reconhecimento por vídeo, foto pela vítima ou testemunha da ação criminosa, dentre outros motivos; no entanto, já fora do prazo definido por "logo após" e "logo depois" das já previstas possibilidades de prisão flagrante, mas que significam um curto espaço de tempo, concedendo ao criminoso vantagem de livra-se da prisão, mesmo que seja reconhecido."

116 MARTINELLI, João Paulo Orsini; DE BEM, Leonardo Schmitt. **Lições Fundamentais de Direito Penal**. 1. ed. São Paulo: Saraiva, 2016. p. 377.

117 BUSATO, Paulo Cesar. **Direito Penal**. Op. Cit. p. 11.

A crise do estado flagrancial

Conceito: Por *crise no estado flagrancial* definimos as situações nas quais, constatado o estado de flagrante nos moldes do art. 302 do CPP, dele não decorre ou a voz de prisão ou a formalização do auto de prisão flagrante.

a) Flagrante Preparado – e sua diferença para com o Flagrante Esperado

Distinção de grande repercussão prática é aquela entre o *flagrante preparado* e o *flagrante esperado*.

O chamado flagrante preparado existe quando o estado flagrancial é desencadeado por uma atitude ativa dos agentes públicos com provocação ou induzimento à verdadeira prática criminosa.

É comum na doutrina a severa crítica a esta postura, ora rotulando-a de mera ser meramente teatral[118] com o que se aproxima a noção de flagrante preparado com a do crime impossível previsto no artigo 17 do Código Penal (impropriedade do meio).

Porém, com a criação de tipos penais com previsão de várias condutas (crimes de ação múltipla), sendo algumas delas de caráter permanente (v.g., manter em depósito) o flagrante, ainda que provocado em relação aos crimes instantâneos ou de consumação instantânea, mas de efeitos permanentes pode subsistir em relação àqueloutras condutas.

A condensação de entendimentos foi sumulada pelo e. STF, na Súmula 145, que aduz: "não há crime quando a preparação do flagrante pela polícia torna impossível a sua consumação."

A consequência jurídica é o *relaxamento da prisão* pela inexistência da prática criminosa. Nestas hipóteses, uma vez entendido que a própria conduta material não foi praticada, não se poderia efetuar qualquer conversão em qualquer das modalidades de prisão cautelar e mesmo instaurar-se investigação criminal tendo como objeto ação típica inexistente a teor do entendimento sumulado.

Trata-se, assim, de uma das mais importantes manifestações do delicado tema da nulificação dos atos investigativos e dos seus efeitos para o processo crime, cuja abordagem mais ampla será feita em tópico apartado.

Já no denominado flagrante esperado a atitude de quem efetua a prisão é passiva em relação àquela pessoa que comete o crime para, então, efetivar a prisão.

---

118 LOPES JÚNIOR, Aury. **Direito Processual Penal**. 9. ed. São Paulo: Saraiva, 2012. p. 807.

Nessas hipóteses há integridade do estado flagrancial decorrendo a legitima voz de prisão e a efetivação do auto de prisão em flagrante.

b] Ação controlada

Conceito: *Ação controlada* no que diz respeito ao estado de flagrância é a permissão legal nos casos de investigação de criminalidade organizada para que não seja dada voz de prisão e consequente lavratura do auto visando maior eficiência da investigação criminal.

Uma das situações críticas mais específicas do estado de flagrância é a denominada *ação controlada*.

Técnica investigativa inserida claramente no contexto do *processo penal de emergência*[119] encontra antecedentes no direito brasileiro[120] e atualmente encontra-se prevista de forma mais detalhada nos arts. 8º e 9º da Lei 12850/2013, legislação que redefiniu o conceito de organização criminosa com o que se busca concretizar no direito interno o disposto no art. 2 da Convenção de Palermo.[121]

---

119 CHOUKR, Fauzi Hassan. **Processo penal de emergência**. Op. Cit., especialmente capítulo 1.
120 Nas Leis 9.034/95 (art. 2º, II), posteriormente modificada pela de nº 10.217, de 11.4.2001 e 11.343/06 (art. 53, II). Presente, também, na Lei nº 12.683, de 9 de julho de 2012, que alterou a persecução nos crimes de lavagem de dinheiro, estabeleceu no Art. 4º-B.
121 Artigo 2. Terminologia. Para efeitos da presente Convenção, entende-se por: a) "Grupo criminoso organizado" – grupo estruturado de três ou mais pessoas, existente há algum tempo e atuando concertadamente com o propósito de cometer uma ou mais infrações graves ou enunciadas na presente Convenção, com a intenção de obter, direta ou indiretamente, um benefício econômico ou outro benefício material.

Esquematicamente:[122]

Lei	Artigo	Incidência	Situação Atual
9.034/95 e 10.217/01	2º	Crime Organizado	Completamente Revogada
12.683/2012	4º B	Lavagem de dinheiro	Em vigor
12.850/2013	8º e 9º	Crime Organizado	Em vigor
11.343/2006	53, II	Estabelece normas para repressão à produção não autorizada e ao tráfico ilícito de drogas; define crimes e dá outras providências	Em vigor

Fonte: o autor (2021).

Para fins do presente tópico interessa destacar a *ação controlada* como forma de retardamento das medidas persecutórias constritivas da liberdade e, mais exatamente, a não efetivação da voz de prisão em flagrante e consequente lavratura do auto respectivo, embora possam ser identificadas outras formas de ação controlada.

Parte da doutrina denomina como flagrante *prorrogado* ou *diferido* a hipótese de não efetivação da prisão em flagrante nesses casos. Contudo, duas situações nesse cenário devem ser claramente distinguidas:

---

[122] Art. 4º B. A ordem de prisão de pessoas ou as medidas assecuratórias de bens, direitos ou valores poderão ser suspensas pelo juiz, ouvido o Ministério Público, quando a sua execução imediata puder comprometer as investigações.
Art. 8º. Consiste a ação controlada em retardar a intervenção policial ou administrativa relativa à ação praticada por organização criminosa ou a ela vinculada, desde que mantida sob observação e acompanhamento para que a medida legal se concretize no momento mais eficaz à formação de provas e obtenção de informações. § 1º O retardamento da intervenção policial ou administrativa será previamente comunicado ao juiz competente que, se for o caso, estabelecerá os seus limites e comunicará ao Ministério Público. § 2º A comunicação será sigilosamente distribuída de forma a não conter informações que possam indicar a operação a ser efetuada. § 3º Até o encerramento da diligência, o acesso aos autos será restrito ao juiz, ao Ministério Público e ao delegado de polícia, como forma de garantir o êxito das investigações. § 4º Ao término da diligência, elaborar-se-á auto circunstanciado acerca da ação controlada.
Art. 9º. Se a ação controlada envolver transposição de fronteiras, o retardamento da intervenção policial ou administrativa somente poderá ocorrer com a cooperação das autoridades dos países que figurem como provável itinerário ou destino do investigado, de modo a reduzir os riscos de fuga e extravio do produto, objeto, instrumento ou proveito do crime.
Art. 53. Em qualquer fase da persecução criminal relativa aos crimes previstos nesta Lei, são permitidos, além dos previstos em lei, mediante autorização judicial e ouvido o Ministério Público, os seguintes procedimentos investigatórios: (...) II–a não-atuação policial sobre os portadores de drogas, seus precursores químicos ou outros produtos utilizados em sua produção, que se encontrem no território brasileiro, com a finalidade de identificar e responsabilizar maior número de integrantes de operações de tráfico e distribuição, sem prejuízo da ação penal cabível.

a) O crime em curso é permanente: nessas hipóteses não se fala em retardamento da voz de prisão, que pode advir a qualquer momento enquanto não cessar a permanência da conduta;

b) O crime é instantâneo: nessas hipóteses, havendo a ação controlada, a autoridade pode deixar de efetivar a prisão no momento da consumação para fazê-lo posteriormente nos limites estabelecidos por ordem judicial.

Assim, na hipótese do item b supra, já se afirmou que não poderia haver, a posteriori, a prisão em flagrante porquanto ausentes quaisquer das hipóteses do art. 302 do CPP. Conclui-se que para essa base doutrinária somente seria possível a decretação ou da prisão temporária ou da preventiva.

No entanto, a tomar a forma aberta como se entende o art. 302, IV, do CPP como já analisado, não seria possível descartar, de plano, a possibilidade da prisão em flagrante a depender da situação concreta em que houve o retardamento da ação policial para os casos da Lei 13850/2013. Haveria, ainda, de ser ponderado que essa é a finalidade do controle da ação que abre mão da imediata voz de prisão.

Porém, como já assinalado, não existe apenas um regime jurídico de ação controlada no direito brasileiro posto que as previsões da lei de drogas e da lavagem de dinheiro se aplicam independentemente da constatação de haver organização criminosa atuando.

Por essa linha de entendimento, a norma da lei de lavagem de dinheiro é clara em afastar a execução da ordem de prisão das pessoas a preservar a natureza da constrição (nesse caso, a prisão em flagrante), por expressa determinação judicial e para resguardar a eficiência da investigação.

E, também em nome da eficiência, a previsão da lei de drogas que suspende a voz de prisão em flagrante para as hipóteses do art. 53. Nesse caso, o conceito de suspensão parece preservar a ocorrência do estado de flagrante para viabilizar a prisão, posteriormente, a esse título.

Acrescente-se que essa estratégia legal (o controle do momento da prisão) acarreta um giro na compreensão clássica do tema da prisão em flagrante pois transforma um poder-dever dos agentes persecutórios em impedir a prática criminosa num mecanismo de obtenção de meios de prova em proveito de um momento mais eficaz à formação de provas e obtenção de informações, como diz a literalidade do artigo de lei de enfrentamento do crime organizado.

Por fim é necessário mencionar a observação contida em texto que analisa a relação entre a ação controlada e outro meio extraordinário de investigação que é a infiltração de agentes quando se afirma que

> A autorização para a infiltração traz implícita a autorização para a ação controlada, porque a infiltração traz em si o retardamento da ação policial em face de

crimes ocorridos durante o período de vigilância infiltrada, aguardando-se o momento mais eficaz para a atuação policial à obtenção de provas e informações bem como a preservação da integridade do infiltrado.[123]

Essa afirmação, ainda que restrita ao âmbito da Lei 12.850/2013, parece ser pode demais extensa posto que não pode extrair de forma direta do que consta dos artigos 11 e seguintes daquele diploma legal a comunhão desses meios extraordinários de investigação.

c] Causas de exculpação

A extensão da análise da ocorrência de causas de exculpação é tema dos mais delicados na *crise do estado flagrancial*.

No regime anterior à reforma trazida pela Lei 12403/11 era recorrente a preocupação com a possibilidade de, pela autoridade policial responsável pela lavratura do auto de prisão em flagrante, ser reconhecida a ocorrência de alguma causa de exclusão da tipicidade ou culpabilidade, em especial a legítima defesa orientando-se a doutrina, desde o início da vigência do Código de Processo Penal, pela impossibilidade.

Progressivamente, trabalhos doutrinários e iniciativas legislativas surgiram de modo a justificar a possibilidade da não efetivação do auto de prisão ou da manutenção da prisão nessas situações, considerando-se que[124]

> A autoridade policial, por força do art. 304, § 1º., do CPP, poderá, é certo, relaxar a prisão em flagrante, se da oitiva do condutor, das testemunhas, do ofendido e do interrogatório do autor do fato, verificar que delas não resulta contra o último *fundada suspeita* (...) Contudo, para que a autoridade policial relaxe o flagrante, e o promotor de justiça requeira o arquivamento do inquérito policial, é necessário que a prova da excludente de antijuridicidade seja segura, indene de dúvida, forte, robusta, irretorquível, incontroversa, límpida etc. Na existência de dúvida, o flagrante não será relaxado e o inquérito policial não será arquivado, uma vez que nesta fase não se reclama juízo de certeza (...). Admitir o processo quando a excludente de antijuridicidade se mostra provável, vamos lá, afinal é o meio adequado para que seja conhecida e reconhecida; mas admitir a prisão provisória quando há forte juízo de probabilidade de estar o réu acobertado por uma excludente de ilicitude seria grave ofensa ao direito de liberdade. Daí a garantia da liberdade provisória com fundamento no parágrafo único do art. 310 do CPP.

---

123 GRECO, Vicente. **Comentários à lei de organização criminosa**: Lei nº 12.850/13. São Paulo: Saraiva, 2014, p. 42
124 MUCCIO, Hidejalma. **Curso de Processo Penal**. 2. ed. Rio de Janeiro: Forense, 2011. p. 1214-1215.

Como se verá em tópico específico, o tema se vincula aos limites de cognição pela autoridade administrativa policial. O eixo lógico do assunto é que o flagrante se afigura aperfeiçoado como ato com as obediências formais e materiais e se reserva à jurisdição, de plano, a análise da ocorrência de causas de exclusão. Trata-se, assim, de destinar a atividade administrativa policial aos limites que lhe são próprios.

Cumpre acrescer que o modelo jurisdicional se aperfeiçoa com o imediato controle jurisdicional da prisão que se dá na denominada *audiência de custódia* espaço adequado para que a jurisdição exerça a necessária verificação da denominada *necessidade cautelar* conforme discutido em capítulo próprio desta Obra.

d] Apresentação espontânea

No CPP, após o advento da reforma de 2011 foi revogado o então art. 317 que disciplinava o tema. Ainda que de forma sumária, motivo pelo qual, hoje, a apresentação espontânea encontra-se melhor regrada no CPPM que no CPP posto que lá existe a previsão do Art. 262 que veda a lavratura do auto de prisão.

A apresentação espontânea não desnatura o estado flagrancial. Tome-se como exemplo a situação da pessoa que *logo depois* se apresenta à autoridade policial com instrumentos que tenham sido usados no crime, caso em que se poderia cogitar a aplicação do art. 302, IV, do CPP.

Mas, essa apresentação sempre gerou questionamentos sobre a possibilidade de que fosse proferida voz de prisão e/ou a formalização do auto de prisão em flagrante. E a inquietação técnica era reforçada pela antiga compreensão do flagrante como medida cautelar que, como visto no capítulo próprio, autorizava a manutenção da prisão ao longo de todo processo, àquele título.

Na atual disciplina legal nada impede que se veja presente o estado de flagrância, com a respectiva voz de prisão e lavratura do auto para, na sequência, com o controle judicial em audiência da verificação da *necessidade cautelar* será devidamente avaliada extensão da espontaneidade da apresentação em cotejo com a segurança do Juízo.

Formalização do auto de prisão em flagrante

A construção da autuação

Do ponto de vista da forma de elaboração do auto de prisão em flagrante, a reforma trazida com a Lei 12.403/11 manteve essencialmente intacta a estrutura do auto de prisão em flagrante como já dispunha o CPP inclusive com as reformas já introduzidas em 2007 com a Lei 11.449, destacando-se que a produção física do documento (auto) não se dá em *documento único* como no regime original do CPP mas, sim, com a colação dos vários depoimentos tomados.

a] Ordem das Oitivas

O auto de prisão em flagrante delito é produzido em conformidade com estrita disposição legal havendo pouca tolerância para a inobservância das formalidades exigidas em lei.

A base da estrutura se encontra no art. 304 do CPP, sendo que o auto se desdobra nas seguintes etapas:

I] Ouvir o condutor, entregando-lhe cópia do seu termo de depoimento;
II] Elaborar o *recibo de entrega do preso*, fornecendo uma via ao condutor;
III] Colher depoimentos de testemunhas e declarações de vítimas, em peças independentes, dispensando cada parte após a respectiva oitiva e a coleta isolada da assinatura no termo próprio;
IV] Proceder ao interrogatório do preso, em termo próprio;
V] Redigir o auto de prisão em flagrante delito, conglobando as peças antecedentemente produzidas.

A apresentação da pessoa presa é regra cuja exceção se dá quando, pelas circunstâncias de fato, notadamente a hospitalização da pessoa envolvida, ela não pode ser levada à unidade policial para a confecção do auto.

Essa situação é plausível e dela se distingue outra na qual

> Configura constrangimento ilegal a lavratura do auto de prisão em flagrante muitos dias após os fatos, violando-se os comandos constitucionais (art. 5º, LXII, CF) e infraconstitucionais (art. 306, § 1º, do Código de Processo Penal). b) O fato de o paciente ter sido hospitalizado não obsta a lavratura do flagrante, já que o interrogatório pode ser posterior, não sendo condição obrigatória para a formalização do ato.[125]

A entrega da pessoa presa ao condutor se dá mediante documento que é a entrega de preso, providencia que não se confunde com a expedição da *nota de culpa* como adiante se verá que foi introduzida pela Lei 11113/05 que deu a atual redação ao artigo.

A importância prática dessa disposição está em delimitar a responsabilidade (civil, criminal e administrativa) pela integridade física da pessoa custodiada que, até a emissão desse documento, permanece nas mãos daqueles que efetuaram a voz de prisão e conduziram o agente até a unidade policial.

A identificação dos respectivos termos se dá com a assinatura correspondente a cada qual resguardando-se a hipótese de eventual analfabetismo dos envolvidos na lavratura, especialmente da pessoa presa, tem-se que o auto de prisão em

---

[125] BRASIL. TJ-PR–HC: 7371462 PR 0737146-2, Relator: Rogério Kanayama, Data de Julgamento: 17/02/2011, 3ª Câmara Criminal, Data de Publicação: DJ: 579.

flagrante será assinado por duas testemunhas, que tenham ouvido sua leitura na presença desta.

b] Atuação da defesa técnica

Importante norma é a contida no art. 306, §1º que determina a imediata comunicação da ocorrência da prisão em flagrante à Defensoria Pública quando a pessoa presa não informar o nome de seu advogado.

Sem embargo, algumas ponderações precisam ser feitas no intuito de otimizar a fruição dessa norma emanada da CR. A primeira delas diz respeito à necessidade de estruturação adequada dessa fundamental Instituição que é a Defensoria Pública, para que ela possa cumprir de forma efetiva o mandamento infraconstitucional.

Outro ponto que pode ser extraído de uma exegese em conformidade com a efetivação do preceito constitucional da defesa técnica, é que a comunicação ao órgão defensivo deva se dar quando da lavratura do flagrante, e não após sua consumação. Tal medida, ao contrário de obstar os trabalhos policiais, tende a lhes dotar de inegável transparência, conferindo ainda mais peso e credibilidade aos procedimentos específicos, inclusive quando discutidos ao longo da ação penal.

Mas não parece adequado interpretar como substitutivo da informação à família a presença de eventual defensor constituído sob o argumento que "A assistência do advogado constituído, no momento da lavratura do auto, supre a falta de comunicação de sua prisão, à família."[126]

c] Atuação do Ministério Público

Excepcionada a possibilidade da voz de prisão em flagrante ter sido dada por um órgão do Ministério Público, o contato funcional do Parquet com a formalização do auto de prisão em flagrante se dá com a obrigatoriedade da informação, ao Ministério Público, da lavratura do auto de prisão em flagrante nos termos do art. 306 do CPP, providencia que se encontrava prevista apenas no art. 10 da Lei Complementar Federal nº. 75/93 (Lei Orgânica do Ministério Público da União), utilizável também pelos Ministérios Públicos dos Estado (nos termos do art. 80 da Lei nº. 8.625/93).

Trata-se de mecanismo que incrementa, assim, o controle externo da atividade policial pelo MP e acentua, igualmente, o controle interno das investigações policiais, cujo destinatário, por certo, é o titular da ação penal.

Cifre-se, contudo, que o fato de o Promotor de Justiça que ofereceu a denúncia contra os Pacientes ter acompanhado a lavratura do auto de prisão em flagrante

---

[126] BRASIL. STJ. RHC 2526 MG 1993/0002251-2. Relator Ministro CID FLAQUER SCARTEZZINI. Publicação DJ 05.04.1993 p. 5846. RT vol. 693 p. 406.

e demais atos processuais não induz a qualquer ilegalidade ou nulidade do inquérito e da consequente ação penal promovida, o que, aliás, é perfeitamente justificável em razão do que disposto no art. 129, inc. VII, da Constituição da República.

Esse controle é agora incrementado com a denominada *audiência de custódia* para a qual o Ministério Público deve se preparar desde o recebimento da comunicação na forma disposta neste artigo podendo, a seu juízo, efetuar diligências complementares voltada para aquela audiência, com o objetivo de postular a configuração da *necessidade cautelar* com a imposição das medidas necessárias para o caso concreto.

d] Controle judicial

A atuação judicial tem seu momento central na denominada *audiencia de custódia* na qual é verificada a presença de *necessidade cautelar* conforme analisado em capítulo próprio desta Obra.

Contudo, destaque-se aqui a verificação da legalidade da prisão, cuja inocorrência (prisão ilegal) acarreta o denominado *relaxamento* da prisão pela ausência dos seus pressupostos materiais e formais, podendo haver a configuração de crimes de abuso de autoridade quando da ausência de comunicação imediata (Lei nº 4898/65) nos termos do art. 4º, c, e, da mesma forma, a prisão manifestamente ilegal art. 3º, a, b; art. 4º, a, da mesma maneira que a omissão no controle jurisdicional implica em crime de igual tratamento a teor da alinea d do Artigo 4º sem prejuízo das sanções administrativas.

Regime jurídico da pessoa presa

a] Pessoas detentoras de cargos e regras especiais

Nem todas as situações que ensejam a prisão em flagrante têm o mesmo tratamento previsto no Código de Processo Penal. Com efeito, inúmeras disposições dão colorido especial quando a pessoa a ser presa for detentora de determinadas condições profissionais.

Assim, por exemplo, mesmo em sede constitucional tem-se, no caso, parlamentares que

> Desde a expedição do diploma, os membros do Congresso Nacional não poderão ser presos, salvo em flagrante de crime inafiançável. Nesse caso, os autos serão remetidos dentro de vinte e quatro horas à Casa respectiva, para que, pelo voto da maioria de seus membros, resolva sobre a prisão (Art. 53 com redação determinada pela Emenda Constitucional nº 35, de 2001).

Da Investigação Criminal | 319

No âmbito do Ministério Público, tem-se que

> São prerrogativas dos membros do Ministério Público da União: (...) II – processuais: (...) d) ser preso ou detido somente por ordem escrita do tribunal competente ou em razão de flagrante de crime inafiançável, caso em que a autoridade fará imediata comunicação àquele tribunal e ao Procurador-Geral da República, sob pena de responsabilidade (Art. 18 da Lei Complementar n° 75, de 20 de maio de 1993 que dispõe sobre a organização, as atribuições e o Estatuto do Ministério Público da União, estendendo-se igual norma para o Ministério Público dos Estados).

O mesmo vale para os Defensores Públicos (Art. 44 da Lei Complementar 80/94):

> São prerrogativas dos membros da Defensoria Pública da União: (...) II–não ser preso, senão por ordem judicial escrita, salvo em flagrante, caso em que a autoridade fará imediata comunicação ao Defensor Público Geral.

Também para os advogados, o Estatuto da OAB (Lei n° 8.906, de 04 de julho de 1994) no art. 7° preconiza que "são direitos do advogado: [...] IV – ter a presença de representante da OAB, quando preso em flagrante, por motivo ligado ao exercício da advocacia, para lavratura do auto respectivo, sob pena de nulidade e, nos demais casos, a comunicação expressa à seccional da OAB."

Merece destaque, por fim a disposição do art. 301 do Código de Trânsito (Lei 9.503/1997) ao dispor que "ao condutor de veículo, nos casos de acidentes de trânsito de que resulte vítima, não se imporá a prisão em flagrante, nem se exigirá fiança, se prestar pronto e integral socorro àquela."

b] Direitos e deveres da pessoa presa

No primeiro plano da gama de direitos da pessoa presa em flagrante está, por certo, a manutenção de sua dignidade e o zelo, pelo Estado, de sua integridade física.

Mas o direito à informação surge de forma particularmente acentuada no regime jurídico pós 1988 revigorou o modelo anterior que se resumia, basicamente, à expedição da *nota de culpa*, documento existente na órbita do processo penal desde o Império. Por sinal, a Constituição de 1824 tinha norma ricamente detalhada sobre o tema, apontando que

> (...) ninguém poderá ser preso sem culpa formada, exceto nos casos declarados em lei; e nestes, dentro de vinte e quatro horas contadas da entrada na prisão... o Juiz, por uma Nota, por ele assinada, fará constar ao réu o motivo da prisão, o nome do seu acusador, e o das testemunhas, havendo-as (art. 179, VIII).

A Constituição de 1891, de forma idêntica à do Império, deu tratamento ao tema (art. 72, § 16), mas a de 1934 foi mais pobre, silenciando quanto ao tema da nota de culpa, fazendo inserir menção apenas aos casos de flagrante delito (arts. 113-21). Nesse ponto, foi seguida pela de 1937 (arts. 122-11). Nesses casos, a redação empobrecida fez apenas constar a impossibilidade de prisão em determinados casos, omitindo-se a expedição da nota (e, por consequência a explicitação da acusação e identificador do acusador). Isto ficou disciplinado apenas pela legislação infraconstitucional. Posteriormente, a Constituição de 1946, no art. 141, §§ 20 a 22, deu semelhante tratamento ao tema, secundada pela de 1967, artigo 150, § 12, e a seguinte Emenda Constitucional nº 1/69, que disciplinava o tema no art. 153, § 12. Chegou-se assim ao texto de 1988, bem mais amplo que todos os anteriores.

A nota de culpa se reveste do primeiro conhecimento sobre as razões pelas quais a pessoa se encontra presa. No entanto, como já visto em inúmeras passagens deste livro, as efetivas razões da persecução não são as constantes da nota de culpa, pois não efetuado o juízo de valor sobre a conduta pelo legitimado ativo.

A expedição fora do prazo é causa de *relaxamento* (TRF Terceira Região – Segunda Turma – Rel. Juiz Souza Ribeiro – 20/03/2002), nada obstante já se tenha considerado que *não se pronuncia a nulidade* do flagrante em decorrência da falta de entrega imediata da nota de culpa ao preso quando se verifica que a omissão da formalidade decorreu de impossibilidade material, e o paciente, já denunciado e interrogado inclusive em Juízo, foi devidamente cientificado da acusação feita contra ele. Válido o flagrante, deve a Autoridade Judiciária unicamente se manifestar acerca da concessão ou não da liberdade provisória ao preso, podendo tal manifestação ser sucinta uma vez que, acusado de crime reputado hediondo, a própria lei lhe veda a outorga de liberdade provisória, em dispositivo a propósito do qual o próprio Supremo Tribunal já considerou não infringir a Constituição. Constituição (TJPR Habeas Corpus – 0083938-5, Relator: Gil Trota Telles Data de Julgamento: 25/11/1999, 2ª Câmara Criminal, Data de Publicação: 06/12/1999 DJ: 5525).

Ela constitui, assim, numa avaliação *policial* sobre a conduta praticada, cujos resultados jurídicos podem ser absolutamente distintos a partir do momento em que a comunicação do flagrante for analisada judicialmente e, mais ainda, quando o órgão acusatório efetivamente valorar o conteúdo jurídico da ação humana, podendo até mesmo concordar com a avaliação policial, mas não estando adstrito a ela.

Desta forma, resta indagar, de um ponto de vista substancial, qual é a efetiva amplitude desse direito à informação, na medida em que: a) É a pessoa presa informada do juízo de valor efetuado pela polícia; b) Esse juízo de valor ainda não foi submetido ao crivo jurisdicional (lembrando-se que o preso não terá contato imediato com o juiz, conforme impõe a CADH); c) Esse juízo de valor não corresponde ao do titular da ação penal, este sim que imporá os contornos jurídicos da constrição da liberdade.

Como eixo de sustentação desse direito à informação deve-se vivificar a noção de efetiva compreensão das razões da prisão crescendo em importância nesse particular mecanismos que auxiliem que pessoas de baixa formação cultural possam ter uma ideia tão clara quanto possível do que se passa em termos penais, evitando-se o linguajar técnico rebuscado e o desfiar de números de artigos e leis. Igualmente deve ser acentuada a participação de intérpretes nesse momento nos casos que envolvam pessoas cuja língua materna não seja o português.

Autuação em flagrante e espécies de ação penal

Larga parte da doutrina apresenta distinções quando o flagrante se relaciona com tipos penais passíveis de persecução pública (condicionada ou não) ou crimes de ação privada, salientando que

> Embora a lei processual silencie a respeito, é pacífico na doutrina e na jurisprudência que, capturado o autor da infração penal que se apure por essas espécies de ação, deve ser ouvida a vítima ou seu representante legal para que ofereça a representação ou manifeste o desejo de oferecer queixa oportunamente. Como bem afirma Fernando de Almeida Pedroso, a prisão deve ser ratificada pela vítima ou seu responsável dentro do prazo para a expedição de nota de culpa (24 horas).[127]

Historicamente cabe ressaltar que Hélio Tornaghi[128] apontou que

> O flagrante é também ato inicial do inquérito, e se esse não pode sequer começar sem precedente requerimento ou representação do ofendido, segue-se que nos crimes de ação privada ou nos de ação pública dependente de representação a prisão em flagrante e a lavratura do respectivo auto dependem do consentimento anterior do ofendido. O mesmo acontece com a requisição do Ministro da Justiça ou de quem de direito, quando a lei penal a exige.

Neste ponto é importante destacar que *a configuração do estado de flagrância independe da legitimidade ativa para a persecução penal* posto que surge das hipóteses expressamente previstas no art. 302.

O que pode gerar alguma perplexidade é a *formalização do auto de prisão em flagrante* após ser proferida a voz de prisão nas hipóteses que a ação penal for de iniciativa privada ou, sendo pública, dependa de representação.

---

127 MIRABETE, Julio Fabbrini. **Código de Processo Penal Interpretado**. 5. ed. São Paulo: Atlas, 1997, p. 375

128 TORNAGHI, Hélio. **Curso de processo penal**. 8. ed. São Paulo: Saraiva, 1992. v 2. p. 61.

O modelo brasileiro se comporta como se a intenção legislativa tivesse sido a de separar a formalização do auto de prisão e a instauração formal da investigação, tornando-as independentes uma em relação a outra, mesmo porque há situações em que a vítima não está fisicamente presente quando da prática criminosa como acontece nos crimes de iniciativa privada exclusiva que ofendem o bem jurídico *direito autoral* na conjugação dos atuais artigos 184, § 3o e 186, IV do Código Penal.

No projeto de NCPP, na redação original da Comissão de Juristas que deu origem ao PLS 156, não havia previsão para as hipóteses de flagrante em caso de ação penal pública condicionada, cabendo igualmente destacar, naquele projeto, a extinção da ação penal privada.

A título de complemento anote-se que, ao nosso sentir, a melhor sistematização no direito comparado é a do CPP português que impede a prisão em flagrante para crimes de ação privada determinando, apenas, o registro da ocorrência e, quanto às ações públicas condicionadas, impõe a imediata manifestação da vontade.

Remanescendo o problema diante da atual omissão legal, quer-nos parecer que a voz de prisão haverá de ser proferida e, não sendo o caso de incidência da Lei 9.099/95 – que abrangerá parte significativa das situações envolvendo ações penais privadas ou públicas condicionadas – o auto também deverá ser lavrado, formalizando-se a prisão e conseguinte fixação de fiança, se o caso.

Vícios da atuação e suas consequências

A lavratura do auto de prisão em flagrante é ato jurídico complexo no seu aspecto formal e material.

Pelo primeiro entende-se o conjunto de dispositivos procedimentais que regem todo esse momento; pelo segundo, a verificação da ocorrência de uma norma penal violada e da situação de flagrância prevista no art. 302, norma esta que, embora processual, exige uma compreensão materialmente adequada ao comportamento do agente.

Violações a esses aspectos configuram ilegalidade as quais geram, sob o nome abrangente de *relaxamento* da prisão, a soltura da pessoa eventualmente submetida à custódia e, em algumas situações, no próprio arquivamento da investigação com essa modalidade de início.

Neste ponto o assentamento da matéria se encontra no art. 564 do CPP que determina que "A nulidade ocorrerá nos seguintes casos: (...) III – por falta das fórmulas ou dos termos seguintes: a) a denúncia ou a queixa e a representação e, nos processos de contravenções penais, a portaria ou o *auto de prisão em flagrante*." (sem grifo no original)

Como já afirmado largamente por prestigiosa doutrina, "as formalidades do auto de flagrante são indeclináveis, pois o referido auto é exigido *ad solemnitatem*, como instrumento imprescindível da coação cautelar que nele vem documentada."[129]

A orientação predominante na jurisprudência é, sem dúvida, a de não projetar os vícios da formalização do auto nos desdobramentos da persecução e, como regra geral, a de não antecipar aspectos de ordem material que tenderão a ser analisados na cognição exauriente no processo.

4.6.2.3 Inquérito iniciado por portaria

Definição de portaria

Conceito: Portaria é o ato administrativo vinculado expedido (baixado) pela autoridade policial e que instaura formalmente a investigação criminal na modalidade inquérito policial.

Os fatos que nela estão contidos podem chegar ao conhecimento da autoridade por fonte desconhecida (denúncia anônima) ou por fonte conhecida, normalmente após a comunicação formal dos fatos registrada em documento denominado boletim de ocorrência.

A partir de conhecimento provocado

De origem conhecida

A provação por origem conhecida é forma habitual e pode dar margem, quando dolosamente atuada, ao crime de falsa comunicação de crime nos termos dos arts. 339 ou 340 do Código Penal.

Por informação anônima

A informação anônima como suporte para desencadeamento da investigação é tema tormentoso na doutrina e jurisprudência pátrias, e o modo de compreender seu emprego acarreta resultados práticos opostos.

Com efeito, é pontuado por relevante doutrina que

> Na verdade, se o nosso CP erigiu à categoria de crime a conduta de todo aquele que dá causa à instauração de investigação policial ou de processo judicial contra alguém, imputando-lhe crime de que o sabe inocente, como poderiam os 'denunciados' chamar à responsabilidade o autor da *delatio criminis* se esta pudesse ser anônima? A vingar entendimento diverso, será muito cômodo para os salteadores da honra alheia vomitarem, na calada da noite, à porta

---

129 MARQUES, José Frederico. **Elementos de Direito Processual Penal**. 2. ed. Campinas: Millennium, 2000. v. 1. p. 82.

das Delegacias, seus informes pérfidos e ignominiosos, de maneira atrevida, seguros, absolutamente seguros, da impunidade.[130]

Digladiam-se nesse contexto o emprego argumentativo da vedação ao anonimato contido na CR/1988 de um lado e, de outro, o emprego à proporcionalidade (enquanto *princípio*) a justificar o início da investigação e seu transcurso válido.

Afastamos, aqui, a vedação do anonimato como argumento porquanto sua origem histórica está ligada a outra justificativa, qual seja, a liberdade de expressão e manifestação de pensamento consoante clássica lição constitucional

> A liberdade de manifestação do pensamento tem seu ônus, tal como o de o manifestante identificar-se, assumir claramente a autoria do produto do pensamento manifestado, para, em sendo o caso, responder por eventuais danos a terceiros. Daí porque a Constituição veda o anonimato. A manifestação do pensamento não raro atinge situações jurídicas de outras pessoas a que corre o direito, também fundamental individual, de resposta. O art. 5º, V, o consigna nos termos seguintes: é assegurado o direito de resposta, proporcional ao agravo, além da indenização por dano material, moral ou à imagem. Esse direito de resposta, como visto antes, é também uma garantia de eficácia do direito à privacidade. Esse é um tipo de conflito que se verifica com bastante frequência no exercício da liberdade de informação e comunicação. (sem grifo no original)[131]

Daí porque o que se veda não é o início da investigação por fonte anônima, mas, como se dá em caso de investigação provocada por pessoa identificada, que o desencadeamento da persecução se dê por conduta manifestamente atípica ou, de plano, constatada como inverossímil.

Ademais, não pode a autoridade pública, diante da notícia da ocorrência de uma conduta penalmente relevante, simplesmente omitir-se da atividade investigativa, inclusive sob o risco de prevaricar se assim proceder.

Em complemento destaque-se que, assim como em investigações iniciadas por fonte conhecida, não se pode, de plano, empregar-se os métodos investigativos tidos como residuais (v.g., interceptação telefônica) e a ilegalidade daí resultante não se deve ao anonimato, mas, sim, à quebra da excepcionalidade do meio de investigação empregado.

Contudo, um tanto distante dessa compreensão, o início da investigação por denúncia anônima levou o Supremo Tribunal Federal a afirmar que

---

[130] Tourinho Filho, Fernando da Costa. **Código de Processo Penal Comentado**. São Paulo: Saraiva, 2009. p. 48.
[131] SILVA, JOSÉ AFONSO DA. **Curso de Direito Constitucional Positivo**. 20. Ed. São Paulo: Malheiros, 2002. p. 244.

> (...) nada impede a deflagração da persecução penal pela chamada "denúncia anônima", desde que esta seja seguida de diligências realizadas para averiguar os fatos nela noticiados (86.082, rel. min. Ellen Gracie, DJe de 22.08.2008; 90.178, rel. min. Cezar Peluso, DJe de 26.03.2010; e HC 95.244, rel. min. Dias Toffoli, DJe de 30.04.2010).

Assim criou-se, inadvertidamente, uma fase inexistente no processo penal, a de apurações anteriores ao inquérito para, depois, formalmente instaurá-lo, se o caso o que, segundo aquela Corte, está em perfeita consonância com o entendimento firmado no precedente supracitado, no que tange à realização de diligências preliminares para apurar a veracidade das informações obtidas anonimamente e, então, instaurar o procedimento investigatório propriamente dito.

Posteriormente, no HC 106.152, a 1ª Turma do STF voltou a afirmar a possibilidade de utilizar notícias-crime anônimas para a deflagração de investigações criminais preliminares:

> A Turma, de início, reafirmou o entendimento da Corte no sentido de que notícias anônimas não autorizam, por si sós, a propositura de ação penal ou mesmo, na fase de investigação preliminar, o emprego de métodos invasivos de investigação, como interceptação telefônica ou busca e apreensão. Entretanto, elas podem constituir fonte de informação e de provas que não pode ser simplesmente descartada pelos órgãos do Poder Judiciário. Assim, assentou a inexistência de invalidade na investigação instaurada a partir de notícia crime anônima encaminhada ao MPF. Destacou que em um mundo no qual o crime torna-se cada vez mais complexo e organizado, seria natural que a pessoa comum tivesse receio de se expor ao comunicar a ocorrência de delito. Daí a admissibilidade de notícias-crime anônimas. Nas investigações preliminares, ao se verificar a credibilidade do que fora noticiado, a investigação poderia prosseguir, inclusive, se houvesse agregação de novas provas e se preenchidos os requisitos legais, com o emprego de métodos especiais de investigação ou mesmo com a propositura de ação penal, desde que, no último caso, as novas provas caracterizassem justa causa. Elementos probatórios colhidos pelas autoridades policiais teriam constatado a inexistência de registro de bens, imóveis e veículos ou qualquer propriedade em nome dos sócios constantes no contrato social de empresa cujos lançamentos tributários eram expressivos, o que poderia caracterizar não serem os reais proprietários. Na situação dos autos, fora a interceptação telefônica que revelara os indícios da prática de crimes mais relevantes. Não haveria que se falar, portanto, em utilização indevida da notícia crime anônima, cujo tratamento observara a jurisprudência do STF. Ademais, a investigação e a persecução penal teriam prosseguido com base nas provas colacionadas a partir dela e não com fulcro exclusivo nela. De igual

forma, as diligências mais invasivas, como a interceptação telefônica, só foram deflagradas após a colheita de vários elementos probatórios que corroboravam o teor da notícia anônima e que, por si só, autorizavam a medida investigatória.

Trata-se, na verdade, de postura que acabou criando um hiato de ilegalidade porquanto não existem investigações informais anteriores àquelas determinadas pela lei processual penal.

E, à margem da legalidade estrita, essas investigações anteriores que, de resto, não configuram novidade permanecem sem qualquer tipo de controle quanto à sua duração, forma e mecanismo de arquivamento.

A partir de conhecimento de ofício da Autoridade Policial

A instauração da investigação, de ofício, pela autoridade com atribuição para investigar é acolhida pelo CPP que impõe o dever de atuar do funcionário público encarregado dessa fase da persecução. Sua omissão, dependendo do caso concreto, pode gerar a figura típica da prevaricação.

A limitação à atividade de ofício da autoridade investigativa está prevista nas hipóteses de ação penal privada a teor do disposto no art. 5º, V, do CPP. Nesses casos, ainda que tenha conhecimento de ofício da conduta em tese criminosa, a autoridade investigadora estará sujeita à provocação da pessoa ofendida, seja ela física ou jurídica.

Por Requisição

A requisição de instauração de investigação é mecanismo previsto no CPP e possui, em princípio, caráter compulsório.

Sem embargo, não estará a autoridade investigadora obrigada a instaurar procedimento investigativo manifestamente ilegal, seja pela evidente ausência de tipicidade da conduta atribuída ou pela constatação, de plano, do transcurso do lapso prescricional em abstrato.

Essa requisição pode partir do Ministério Público, do Magistrado ou do Ministro da Justiça, este último atuante quando necessária a apuração de crimes contra a honra do Presidente da República ou chefe de governo estrangeiro (art. 145, parágrafo único, do CP) e nos crimes praticados por estrangeiro contra o brasileiro fora do Brasil (art. 7º, § 3º, do CP).

A possibilidade de requisição de inquérito por Magistrado sofre críticas à luz do modelo acusatório de processo e já tivemos a oportunidade de acompanhar essa crítica em trabalho anterior aqui reafirmada com a compreensão que o órgão judicial não deve ter papel que se assemelhe, de qualquer forma, a propulsor ou protagonista da investigação.

A requisição do Ministério Público foi concebida num momento em que não se cogitava a autonomia investigativa da forma como se estabeleceu após 1988.

Nada obstante sua previsão permanece e, não sendo o caso de manifesta ilegalidade, deve ser atendida sem objeção.

Requerimento

O requerimento difere da representação pela sua legitimação e pela sua forma. A parte isso, é objeto de um juízo de valor por parte da autoridade investigativa que pode deferi-lo ou não, situação esta que desencadeará a possibilidade de recurso ao superior hierárquico para eventual revisão.

Provocado especificamente pela vítima ou por quem tenha o poder de representá-la, o requerimento, malgrado informal, deve ser minimamente circunscrito aos fatos e, se possível, identificar potenciais suspeitos. Sua apresentação não exige que seja subscrito por profissional técnico.

4.6.3 Atos de Investigação

Conceito: Atos de investigação são aqueles que visam estabelecer um conjunto de informações ou provas acerca da conduta investigada instruindo o convencimento do titular da ação penal ou as teses defensivas.

Os atos de investigação não possuem uma ordem preestabelecida como regra geral. Porém, pode-se considerar, a teor de determinadas normas como a lei de interceptação telefônica, que existem aqueles que se pode denominar de *ordinários* e outros que são *extraordinários* ou residuais.

Estes últimos são possíveis apenas com o esgotamento das vias normais e seu caráter residual se dá pela aguda inserção nos direitos fundamentais da pessoa submetida à investigação. Como decorrência, para que possam validamente existir devem ser objeto de ordem judicial motivada e vinculada.

O CPP regula de forma precária a *forma* dos atos investigativos e impõe que a *documentação* dos atos investigativos se dê por escrito banhando assim a fase anterior ao processo de todos os atributos do padrão inquisitivo de persecução.

Quando da tentativa de reformar parcialmente o CPP, a já denominada Comissão *Grinover* apontou, para a investigação – naquele anteprojeto reduzida à forma de inquérito policial – caminho semelhante ao trilhado pela Lei 9099/95 para incrementar em sede penal alguns princípios procedimentais então mais comuns ao processo civil, notadamente o da informalidade, que ganhou ares de importância na estrutura daqueles Juizados na fase processual em sentido estrito e a projetou igualmente para aquilo que se poderia denominar *investigação adequada* aos limites dos delitos de menor potencial ofensivo.

Aqueles trabalhos legislativos não prosperaram, e o NCPP avançou no *registro dos atos investigativos*, ali chamados de diligências, para expressamente prever que serão documentados em áudio e vídeo de forma a garantir a fidelidade de seu conteúdo.

No atual regime legal já é possível essa forma de documentação levando-se em conta o que dispõe o CPP quanto ao registro das audiências e que deve ser usado por analogia para a documentação dos atos investigativos com ganhos evidentes para a Administração da Justiça.

Para a análise da forma de tomada de depoimentos, produção de atos de natureza pericial, documental ou atos investigativos de natureza cautelar ou irrepetível remete-se o(a) leitor(a) para o Capítulo referente às provas nesta Obra.

4.6.3.1 Intervenções defensivas e a discussão sobre contraditório

Tradicionalmente a investigação preliminar sempre foi encarada como uma etapa administrativa, cuja finalidade é a de fornecer elementos para o legitimado ativo propor ou não a ação penal.

A visão tradicional pode ser ilustrada pela clássica fala de Mendes de Almeida[132] quando afirmava que, não sendo a atividade de investigação policial, que o inquérito registra, destinada a servir de base à decisão da causa, é do ponto de vista constitucional perfeitamente admissível que se desenvolva sem a necessidade da defesa.

Continuando, expunha que a autoridade policial é, assim, puramente inquisitiva, o que lhe assegura, com a maior liberdade de ação e a melhor oportunidade de segredo das diligências, o necessário êxito na descoberta do fato e na pesquisa e conservação dos meios de prova.

De forma geral, e praticamente sem discrepâncias, a posição dominante antes da Constituição de 1988 era a de não admitir o contraditório na fase investigatória, dada sua natureza e finalidade.

Lembre-se, ademais, que o contraditório não foi expressamente ventilado na Constituição Imperial, tampouco nas Constituições de 1891 e 1934, surgindo inusitadamente na Carta de 1937, no art. 122, 11, redigido da seguinte forma: À exceção do flagrante delito, a prisão não poderá efetuar-se senão depois da pronúncia do indiciado, salvo os casos determinados em lei e mediante ordem escrita da autoridade competente. Ninguém poderá ser conservado em prisão sem culpa formada, senão pela autoridade competente, em virtude de lei e na forma por ela regulada; a instrução criminal será contraditória, asseguradas, antes e depois da formação da culpa, as necessárias garantias de defesa. Posteriormente, a CF de 1946 também abrigou o tema art. 141, § 25, assim o fazendo,

---

132 Mendes De Almeida Jr, João. **O Processo Criminal Brazileiro**. Rio de Janeiro: Ed. Typografia Nacional, 1920. Passim.

igualmente, a CF de 1967 (art. 150, § 15) e a Emenda Constitucional no 1, de 1969, no seu art. 155, § 15.

Com a reconstitucionalização em 1988 a discussão foi reanimada graças ao art. 5o, LV, ao dispor que aos litigantes, em processo judicial ou administrativo, e aos acusados em geral, são assegurados o contraditório e ampla defesa, com os meios e recursos a ela inerentes, possibilidade que cede espaço quando se analisa o tema.

São argumentos básicos para que haja contraditório já na investigação:

a] ser esta etapa um verdadeiro *processo administrativo* preparatório ao exercício da ação penal;
b] haver neste processo um conflito de interesses, portanto existindo litígio e, por consequência, litigantes. O contraditório surge, então, exatamente dentro do quadro garantidor do novo direito processual administrativo.

O ponto central parece estar reservado para o status que apresenta o suspeito nesse momento, e se é correto poder encará-lo como acusado ou como litigante como preceitua o texto constitucional, com o intuito de poder exercitar o princípio do contraditório.

Vozes surgiram no sentido de afirmar que, dada a ausência de técnica do legislador no ato de edição normativa, muito bem seria possível *a utilização do vocábulo processo para designar procedimento*, enquadrando-se aí o procedimento administrativo que é o inquérito policial, inserindo desde esta etapa a figura do *acusado* e, portanto, admitindo o contraditório.

Analisando o tema já de modo diverso, Grinover apontou que a inexistência de um verdadeiro status de acusado impediria a incidência do contraditório ao longo da investigação. Posição diversa seria aquela do inquérito administrativo.

Posição consolidada sobre o tema parece-nos a de Fernandes e Boechat quando dizem que

> As afirmações da possibilidade de litigante, o que, por via indireta, nos leva a concluir na possibilidade de lide e de um acusado já na fase de inquérito, esbarram no sentido da atividade inquisitorial policial, como aventamos acima, bem como no conceito de processo penal dado por alguns autores. Se o procedimento do inquérito visa colher dados para a formação de uma acusação futura é conclusivo que essa acusação, qual seja, a imputação a alguém de um fato descrito em lei como delituoso, ainda não existe.[133]

---

133 PONTES, Evandro Fernandes de; ALBERNAZ, Flávio Boechat. Contraditório e Inquérito Policial no Direito Brasileiro. In: PONTES, Evandro Fernandes de; ALBERNAZ, Flávio Boechat. **O Mundo à Revelia**. Campinas: AgáJuris, 2000.

Há, por certo, diferença entre o conteúdo jurídico daquilo que representa o *acusado* e o *litigante*. Na melhor conceituação técnica, a figura do acusado é reservada para a fase judicial, onde há uma acusação formulada pelo titular da ação e aceita pelo Poder Judiciário, instaurando-se aí uma verdadeira relação jurídico-processual.

Contemporaneamente, quando se tem maturidade de pesquisas pelo método comparado observa-se a impropriedade de discussão acerca da existência de contraditório em fase investigativa, reservando-se a melhor técnica processual para:

Entender a existência de mecanismos defensivos na investigação, inclusive com a possibilidade de formação de investigações defensivas que serão usadas como elementos confrontadores quando do juízo de recebimento da acusação formal;

Aprimorar os mecanismos de filtragem processual a fim de que não exista a inadvertida intromissão de elementos informativos no juízo de mérito.

4.6.4 Indiciamento e Identificação criminal

Para estes temas remetemos o(a) leitor(a) para os itens 4.5.5.1.1 e 4.5.5.1.3, supra.

4.6.5 Juízos de valor efetuados pela Autoridade Policial

Ponto altamente significativo do ponto de vista prático é a definição jurídica dada pela Autoridade Policial à conduta praticada dado que, no sistema jurídico dessa classificação advêm consequências jurídicas diversas num momento imediato.

Por isso é da base constitucional-convencional que esses juízos de valor venham a ser o mais prontamente possível submetidos ao controle judicial como se dá, por exemplo, com a prisão em flagrante cujo controle judicial pelas denominadas audiências de custódia é exemplo contemporâneo.

Da mesma maneira, pela mesma base constitucional-convencional pedidos invasivos à liberdade como prisão temporária dependem da prévia manifestação do acusador público que detém o controle sobre o conteúdo da acusação à qual a investigação se presta.

4.6.6 Limitação Temporal do Inquérito Policial

As previsões de fixação de prazo para conclusão da investigação contidas no CPP e em eventuais legislações extravagantes além de inoperantes na prática não atendem os reclamos contemporâneos da CR/1988 e da CADH.

Ademais, a tímida limitação temporal apresenta dois pontos negativos evidentes:

a) Possibilita a duração da investigação pelo tempo em abstrato para a prescrição mesclando conceitos distintos (prescrição × duração da investigação);
b) Não atende o primado da duração razoável da investigação, *princípio* escrito para o processo e que com a entrada em vigor da Emenda Constitucional 45/04 passou a ser projetada também para aquela etapa da persecução.

Necessária do ponto de vista técnico, também é amplamente justificável a existência de uma baliza temporal na medida em que os elementos de informação, sobretudo os pessoais ou subjetivos, ou seja, aqueles cujo tempo de vida útil é por demais curto, podem ser empregados com toda sua eficácia.

a) Controle típico

No Código de Processo Penal o art. 10 do CPP determina que o inquérito seja concluído em dez dias caso o indiciado esteja preso, ou trinta, se solto.

Afora esta colocação genérica do Código de Processo Penal, legislações extravagantes possuem disposição diversa sobre a matéria, tal como a Lei nº 11.343/2006, que prevê estando o indiciado preso, o prazo para a remessa dos autos a Juízo é de 30 dias, e 90 dias caso o indiciado esteja solto.

Muito embora tenha o legislador procurado delimitar temporalmente o trâmite da investigação na modalidade inquérito policial, não soube fazê-lo, criando um artigo superficialmente rigoroso, mas praticamente inoperante, além de tecnicamente imperfeito.

Imperfeito enquanto técnica porque despreza a atividade valorativa do titular da ação penal, que dará a última palavra sobre quando o feito está verdadeiramente concluído e apto para ensejar a propositura da ação penal ou o arquivamento da investigação.

Assim é que, mesmo na hipótese mais drástica (indiciado preso), onde o prazo é menor, nem por isto necessariamente dá-se por concluída a investigação no decêndio. Certo é que, nesses casos, não pode o indiciado continuar sofrendo uma constrição à liberdade e, se não oferecida a inicial acusatória dentro do prazo aludido, deverá ser posto solto.

Malgrado ser essa a dinâmica desejável perante a CR/88, não raras vezes julgados caminham em sentido contrário, admitindo a não conclusão do inquérito mesmo 30 dias após a prisão determinada, considerando a inexistência de constrangimento.

O desvio propiciado pela ausência de técnica do código é tamanho, que a preocupação jurisprudencial nesses casos não é sequer com a atividade axiológica do legitimado ativo, mas sim com a remessa burocrática dos autos da unidade policial para os Tribunais (o que na verdade é uma incoerência, vez que a tramitação física deveria se limitar entre a Polícia Judiciária e o Ministério Público).

Daí a questão se deslocar para saber se constitui constrangimento o envio dos autos no undécimo dia ou não (ver RTJ 58/181, entre outras). Mas isto em hipótese alguma significa que a investigação será encerrada ao final do termo mencionado. Ao contrário, ela se estenderá para que o legitimado ativo possa formar sua convicção.

Situação mais fácil de ser visualizada é aquela onde o indiciado não está preso, ou mesmo é desconhecido. Nesses casos, o prazo é de trinta dias, e o período pode ser renovado por igual tempo a critério do titular da ação, até que esteja maturado seu juízo a respeito dos fatos.

Outro desvio técnico e sistemático é a duplicidade de períodos que prevê o Código. Um prazo para concluir a investigação e outro para propor a acusação, como se fosse possível cindir temporalmente essas atividades. Pela linha adotada, a atividade investigativa somente se dá por encerrada quando o titular da ação efetua um juízo de valor acerca de seu conteúdo, propondo a ação ou o arquivamento dos autos.

A ausência da barreira cronológica fomenta o desaparelhamento do Estado e o despreparo dos profissionais que lidam com a matéria que, desobrigados a controlar sua atividade no tempo, não se inibem em propugnar prazos meramente dilatórios, no que são passivamente correspondidos pelos outros agentes da justiça criminal.

Se pelas vias normais não há óbice temporal ao exercício do direito de investigar, por caminhos tortuosos o legislador pátrio impôs barreiras. Como se verá, é um controle *póstumo*, cuja verificação somente pode ser feita quando o Estado declarar que não pode mais punir o sujeito ativo.

b] Atuação de um Controle Atípico

Até a edição da Lei nº 12.234, de 2010 havia uma espécie anômala de controle do prazo da investigação, a denominada prescrição retroativa pela qual aquele sistema delimitava o tempo *a posteriori*, já no final do processo *com sentença condenatória* a significar que o Estado movimentara toda a máquina repressiva para, no final de sua atividade, declarar que o período investigatório superou o máximo que lhe era permitido, sancionando a morosidade com a imprestabilidade de utilização de seus elementos informativos.

Na atual disciplina legal não é mais possível falar naquela modalidade de prescrição e o desencadeamento do controle *atípico* ou *anômalo*. Restou, apenas, o prazo prescricional em abstrato como regular definitivo da duração da investigação, que pode se desenvolver enquanto aquele não expirar, na já apontada confusão entre prescrição e marco limite da investigação.

Nesta matéria o PLS 156, a dizer, o NCPP saiu do Senado com redação que nada altera o quadro atual, incorrendo nos mesmos equívocos técnicos e constituindo, de forma preocupante, num estímulo à ineficiência.

4.6.7 Encerramento da investigação: o arquivamento

A lei 13.9664/2019 modificou a redação do artigo 28 para deixar em evidência o modelo de controle da investigação criminal que, na verdade, sempre foi o interno-hierárquico como exposto neste Livro. Contudo, por força da medida cautelar na ação direta de inconstitucionalidade ADI 6.298 tendo como Relato o Min. Luiz Fux e que foi proposta pela Associação Dos Magistrados Brasileiros e outro(a/s) à qual se somaram as ADIs 6.299, 6.300 e 6305 foi determinada a suspensão da norma em questão mantendo-se, assim, a redação do CPP até o julgamento do mérito ou a revogação da decisão liminar. Por essa razão os comentários que se seguem não levam em conta esta alteração normativa, uma vez que a atual Edição deste livro foi finalizada antes do julgamento das referidas Ações.

Ao dar por concluída a investigação sobre o fato criminoso, o Ministério Público poderá propor a ação penal ou arquivar o feito.

Conceito: arquivamento é o mecanismo pelo qual, o detentor do poder de acusar, após efetivar seu juízo de valor sobre o conteúdo da investigação, decide por não oferecer a acusação formal.

> **Análise Crítica:** A opção do CPP em conferir ao detentor do poder de acusar a palavra final sobre o arquivamento da investigação não foi um lapso político de um legislador autoritário. Ao contrário, foi exatamente pensando na possível manipulação política do Ministério Público que se lhe conferiu a verificação de processar ou não, na medida em que, àquela época, tal instituição não gozava das prerrogativas e garantias constitucionais de que hoje desfruta, sendo o Procurador Geral demissível *ad nutum* pelo titular do Poder Executivo. Hoje se pode ver o mecanismo com lentes acusatórias, porém não é esta sua gênese histórica.

4.6.7.1 Papel dos intervenientes

Conceito: O modelo brasileiro para o arquivamento é o interno-hierárquico, cuja provocação de controle reside exclusivamente nas mãos do Magistrado. A autoridade investigadora não exerce qualquer papel neste mecanismo de controle, tampouco a vítima.

Esse é o entendimento sobre o conteúdo do art. 28 do Código de Processo Penal, que acabou por montar uma estrutura de regulação da atividade do Ministério Público empregado até mesmo em outros ramos processuais por analogia.

Pelo disposto no mencionado artigo, o Juiz pode discordar do arquivamento promovido pelo órgão de execução do Ministério Público. No entanto, o controle será exercitado pelo Procurador Geral de Justiça, que, acolhendo o entendimento do magistrado, designará outro órgão de execução para oferecer a inicial acusatória ou, entendendo não ser o caso da propositura de ação, determinará o arquivamento da investigação.

Esta arquitetura jurídica é particularmente mais evidente no caso do arquivamento dos crimes de competência originária dos Tribunais. Com efeito, já se decidiu no âmbito do STJ que

> Se membro do MPF, atuando no STJ, requerer o arquivamento do inquérito policial ou de quaisquer peças de informação que tramitem originariamente perante o STJ, este, mesmo considerando improcedentes as razões invocadas, deverá determinar o arquivamento solicitado, sem a possibilidade de remessa para o Procurador-Geral da República, não se aplicando o art. 28 do CPP. O entendimento se harmoniza com a jurisprudência do próprio STJ no sentido de que os membros do MPF atuam por delegação do Procurador-Geral da República na instância especial. Portanto, se eles já estão atuando em nome do PGR, seria um contrassenso aplicar o art. 28. Diante disso, nos casos em que o titular da ação penal se manifesta pelo arquivamento de inquérito policial ou de peças de informação, não há outra medida a ser tomada. Logo, não há razão em aplicar o art. 28 do CPP nos procedimentos de competência originária do STJ. Precedentes citados: Rp 409-DF, Corte Especial, DJe 14/10/2011; AgRg na Sd 150-SP, Corte Especial, DJe 5/5/2008; e AgRg na NC 86-SP, Corte Especial, DJ 11/6/2001.

A conclusão que se extrai é que o modelo brasileiro se aproxima daqueles onde o controle sobre o arquivamento remanesce nas mãos do titular da ação penal, não cabendo ao órgão julgador a imposição do exercício da ação penal não sendo dado ao Magistrado, em nosso sistema, impor ao órgão do Ministério Público que proceda a acusação, diversamente do quanto apregoado em sede doutrinária anterior a 1988 e distante da base acusatória do processo penal no marco constitucional-convencional.

O mecanismo de solução do conflito interpretativo é o hierárquico e a participação da vítima ou seu representante legal é nenhuma. Inexiste, igualmente, qualquer previsão de participação de terceiros nessa estrutura.

Quanto à participação da vítima, considere-se que ressuscitada pela Constituição de 1.988, a ação penal privada *subsidiária da pública* não cumpre a missão de dar à pessoa ofendida qualquer espaço jurídico no mecanismo de controle do arquivamento, deixando a descoberto qualquer modo de participação popular na administração da justiça penal neste momento.

Mais ainda: enfraquece mecanismos de participação social em casos de ofensa a penal a direitos metaindividuais, como nos casos de corrupção, graves violações de direitos humanos e crimes ambientais, estes também possíveis de serem cometidos por pessoas jurídicas.

Isto porque, mesmo após 1988 permaneceu o entendimento já existente no estatuto instrumental penal, de que a *ação subsidiária* somente pode ser intentada quando da inatividade o órgão oficial. E são raros os doutrinadores que sustentam que o arquivamento da investigação é sinônimo de inatividade.

4.6.7.2 Arquivamento e *coisa julgada*

A forma como tradicionalmente se aborda o arquivamento, como ato judicial – que não é, como já visto, sendo o Juiz apenas o provocador do controle interno-hierárquico do Ministério Público – adensou a discussão acerca da existência de *coisa julgada* nesse momento.

Fato é que, de forma geral, o CPP não cuidou com a devida acuidade da questão dos motivos que dão ensejo ao arquivamento e seus reflexos perante a possibilidade de reabertura das investigações, restando ao art. 18, além de falar em "Depois de ordenado o arquivamento do inquérito pela autoridade judiciária" mencionar a possibilidade de reabertura nos casos de "por falta de base para a denúncia".

Colocada como está, a lei processual encerra o entendimento de ser o arquivamento um ato quase exclusivamente voltado para a hipótese de inexistir prova para a propositura da ação penal, deixando de lado temas importantes como a atipicidade, a ocorrência da prescrição e da decadência. Nestes casos, dadas as implicações decorrentes da motivação utilizada, o tratamento por certo não pode ser o mesmo empregado para os casos de insuficiência de elementos de convicção.

No tocante à ocorrência da prescrição ou decadência, o reconhecimento da passagem dos respectivos prazos não autoriza a possibilidade de reabertura das investigações pela mesma conduta inicialmente verificada.

A mesma conclusão é válida para a ausência de tipicidade, vez que está em jogo a inexistência de comando legal autorizador da persecução da ação penal.

Parte da doutrina sentiu a importância do tema e, ante a disparidade de situações tratadas de forma idêntica, chegou a preconizar a existência de uma sentença, com força de coisa julgada formal, possuindo em seu bojo a cláusula *rebus sic stantibus* para o caso de surgimento de novas provas. Miranda Coutinho também defendeu que o despacho de arquivamento é uma decisão jurisdicional e que produz a chamada coisa julgada *rebus sic stantibus*, que se faz presente mesmo quando o juiz reconheça a falta das condições da ação contidas no então Artigo 43 e que tal reconhecimento tem natureza cautelar.

Venia concessa ao entendimento esposado, a inexistência da coisa julgada é patente ante a inexistência de uma relação jurídico-processual donde ela possa provir. E não podia ser diferente pois não é o órgão jurisdicional responsável pela *decisão de arquivar*, mas, sim, pelo *desencadeamento do controle* dentro do próprio Ministério Público.

Neste ponto, a linguagem do art. 18 do CPP quando fala em "Depois de *ordenado o arquivamento do inquérito pela autoridade judiciária*" e a interpretação literal que a ele se segue não se moldam à análise sistêmica do mecanismo do arquivamento. E não será a primeira nem a última das normas do CPP a faltar em técnica jurídica e em inconsistência sistêmica.

A atividade do magistrado no despacho de arquivamento é uma atividade de controle que pode ter conteúdo positivo (coloca-se favoravelmente ao arquivamento) ou negativo (discorda da posição ministerial formulada). Neste último caso, seu conteúdo tem o efeito de provocar o titular da ação penal a rever o fundo de sua decisão administrativa, e nada mais. A conjugação de fatores exposta leva-nos à conclusão de que, no direito brasileiro, o arquivamento não é um instante "jurisdicionalizado", impedindo-se por este motivo a construção de raciocínio que chegue à qualificação do ato como sentença e seus desdobramentos naturais.

Resta que não se pode tratar de forma idêntica a motivação de arquivamento do inquérito nos casos de atipicidade e os correlatos já mencionados e no caso de falta de elementos para a propositura da ação penal.

4.6.7.3 Reabertura da investigação: art. 18 do CPP

O tratamento do tema é reservado ao art. 18 do CPP que fala, apegado à linguagem da época em que entrou em vigor, sobre a possibilidade de *novas provas* surgirem de modo a embasar a reabertura da investigação. Contemporaneamente o conceito de prova está disciplinado no art. 156 do CPP e não se coaduna com a forma não-técnica empregada pelo CPP na sua redação original.

Em sede jurisprudencial, o STF reconheceu que o arquivamento de inquérito policial em razão do reconhecimento de excludente de ilicitude não faz coisa julgada material.

Observado o quadro acima, destaque-se doutrinariamente que:

a] Da forma como já exposto não existe *coisa julgada* formal ou material no ato de controle interno-hierárquico desenvolvido pelo Magistrado;
b] Novos elementos de informação ou mesmo *provas* (sem sede cautelar) podem demonstrar que o fundamento da causa de exculpação invocada não se coadunava com a dinâmica dos fatos;
c] Novos elementos de informação ou mesmo *provas* (sem sede cautelar) podem levar à constatação da possibilidade de acusar;
d] Decisões conclusivas sobre atipicidade e causas extintivas da punibilidade produzidas após controle judicial de provocação interno-hierárquico impedem a reabertura de investigação *pelos mesmos fatos*.

Pela leitura que deve nortear o processo penal, a norma convencional que determina que ninguém poderá sofrer dupla persecução pelos mesmos fatos é a base normativa-axiológica que aqui se aplica, sendo que quando da ocorrência de juízos conclusivos quanto a atipicidade e causas extintivas da punibilidade, a decisão estatal de não processar que já foi emanada pelo Ministério Público e submetida ao controle judicial não autorizam a reabertura da investigação pelos *mesmos fatos*.

Aqui, pois, outro ponto de tensão dada a coexistência de formas diversas de investigação com potenciais juízos de valor distintos entre autoridades investigativas e Ministério Público: o da definição do *objeto da investigação*.

Outro aspecto que aqui deve ser destacado é o conceito de *novas* provas (*rectius*: elementos de informação; provas cautelares). E esse destaque nasce da base constitucional-convencional que orienta este trabalho.

É da estrutura constitucional-convencional que a atividade persecutória e, dentre elas, a investigativa, seja moldada pela *efetividade e completude*, afirmação extraída a partir de decisões significativas no direito internacional público em sede de sistemas regionais protetivos de direitos humanos quando afirmam esses atributos da investigação, notadamente naquelas que dizem respeito a graves violações de direitos humanos.

Mas, para além dos casos de investigações sobre graves violações, esses são atributos que devem nortear qualquer atividade persecutória e, por eles deve ser concluído que a palavra *novas* contida no art. 18 do CPP deve ser interpretada não apenas da forma tradicional, a dizer, que fossem "desconhecidas" mesmo quando a investigação estava em curso, mas que da análise judicial que se seguirá seja verificado se a investigação inicial foi desempenhada com efetividade e completude.

Mas, no modelo constitucional-convencional que deve ser seguido pelo CPP uma pergunta ainda deve ser feita: quem controla a *reabertura* da investigação e quando se dá esse controle.

A reabertura da investigação haveria de ser compreendida como ato do investigador e não como atividade jurisdicional. O papel jurisdicional seria o controle quando, proposta a acusação, fosse verificado ter ela sido provocada sem que qualquer elemento novo tivesse sido produzido.

No entanto, na dinâmica do CPP, pode-se chegar a conclusão diversa, a de que deveria haver uma ordem judicial para autorizar a retomada da marcha investigativa o que significa dizer, deve o Juiz fazer uma análise do mérito da *nova prova* e, por consequência, significa que o magistrado desenvolve controle material dos atos investigativos.

Dessa forma de compreender o mecanismo de reabertura, com o controle jurisdicional, advém que o magistrado autorizador do reinício da investigação passa a ser tido como *autoridade coatora* para fins de identificação da competência quando da impetração de habeas corpus que pode ser usado, em tese, para *trancar* a investigação reaberta.

4.6.7.4 Inexistência de *arquivamentos implícitos*

Há uma discussão teórico-prática no tema do arquivamento que atende pelo jargão *arquivamento implícito*.

Fruto de mais uma entre tantas incongruências do desestruturado modelo investigativo brasileiro, seria o *arquivamento implícito* a ausência de manifestação do Ministério Público diretamente quanto a alguma pessoa tida como *investigada*.

Diante da disciplina constitucional de legitimação para o exercício da ação penal, não cabe impor ao legitimado ativo que se manifeste sobre o juízo de valor efetuado por outras agências públicas. Isto significaria a subversão da ordem constitucional e, na verdade, o atrelamento do titular da ação penal a outros órgãos administrativos.

Sendo assim, também por esse aspecto perde sentido a existência de mecanismos inquisitivos que privilegiem a manifestação de convencimento de quem não exercerá a ação penal, notadamente o indiciamento.

No direito brasileiro, no entanto, como o titular da ação penal vê-se distante da forma de investigação mais corriqueira – o inquérito policial –, na verdade factualmente conduzido pela autoridade policial (civil ou militar, dependendo do crime que se apura) que detém inúmeros momentos de valoração que não sofrem qualquer controle prévio pelo titular da ação penal, a doutrina e jurisprudência pátrias se acomodaram com a dualidade exposta, e legitimam, também por esse intermédio, uma persecução marcadamente policialesca, em detrimento da efetiva valoração a ser apresentada em juízo.

A Lei 13.9664/2019 modificou a redação dos artigos 3º-A, 3º-B, 3º-C, 3º-D, 3ª-E, 3º-F, do Código de Processo Penal) para criar a figura do *juiz de garantias* e disciplinar sua atuação. Contudo, por força da medida cautelar na ação direta de inconstitucionalidade ADI 6.298 tendo como Relato o Ministro Luiz Fux e que foi proposta pela Associação Dos Magistrados Brasileiros e outro(a/s) à qual se somaram as ADIs 6.299, 6.300 e 6305 foi determinada a suspensão da norma em questão mantendo-se, assim, a redação do CPP até o julgamento do mérito ou a revogação da decisão liminar. Por essa razão os comentários que se seguem não levam em conta esta alteração normativa, uma vez que a atual Edição deste livro foi finalizada antes do julgamento das referidas Ações.

Capítulo 5

Formação da
Acusação Penal

5.1 Da Acusação Penal

5.1.1 Fundamentos constitucionais e convencionais

O devido processo legal no marco constitucional-convencional exige a constante superação do paradigma inquisitivo de processo em que, na redação original do CPP e em algumas leis posteriores até a CR/88, se admitia que a acusação penal fosse atuada pelo próprio magistrado ou mesmo por autoridades policiais.

A CR/88 exigiu a clara separação de funções entre o MP e órgão judicante e estabeleceu a propositura da acusação penal pública como atribuição *privativa* do Ministério Público afastando, por consequência, todas as normas no ordenamento jurídico que autorizavam esse exercício por outros órgãos estatais.

Não sendo a acusação penal uma obrigação desprovida de base fático-jurídica (ver discussão abaixo nos tópicos *obrigatoriedade* e *justa causa*), a decisão de não acusar é, igualmente, privativa do acusador público, a qual deve estar submetida a controle que, no caso brasileiro, é restrito à figura do magistrado (vide discussão no Capítulo 4 no tema do arquivamento da investigação criminal), mas que poderia, num sistema mais aderente à posição da vítima no processo penal, ser também estendida a esta figura.

De qualquer modo, com a disciplina constitucional afasta-se o sistema brasileiro da possibilidade impor-se ao Ministério Público, por decisão judicial, o dever de acusar quando, esgotadas as instâncias de controle, for determinado o arquivamento por decisão interno-hierárquica nos termos do art. 28 do CPP.

Dessa atribuição constitucional privativa de titularidade da *persecução penal*, são extraíveis algumas outras conclusões além da separação de atribuições já mencionada:

a) O acusador público, para exercer sua atribuição privativa constitucional deve ter a possibilidade de exercer todas as atividades que sirvam para o cumprimento da missão constitucional. Disso deriva, por exemplo, os poderes investigatórios do MP sem a dependência da investigação na modalidade inquérito policial como discutido no Capítulo 4 desta Obra;

b) Todas as atividades de imputação que reflitam em direitos e garantias individuais devem ser assumidas, privativamente, por quem tem legitimidade para acusar, ainda que essa imputação ocorra durante a investigação preliminar;

c] Todas as atividades de cunho postulatório no curso do processo penal devem ser exercidas privativamente por quem tem a atribuição constitucional de acusar;
d] Dentre essas postulações encontram-se as que alteram o conteúdo substancial da acusação e todas as correções meramente materiais, mas que impliquem em modificação da situação defensiva da pessoa submetida à persecução;
e] O limite da acusação perante o juiz natural deve ser efetivado por quem tem a atribuição constitucional privativa de acusar, não sendo possível que decisões judiciais impliquem em acusação mais ampla que aquela pretendida pelo acusador público;
f] A postura processual do acusador público deve nortear o âmbito de atuação da autoridade judicante. Apenas na matriz inquisitiva o processo pode ser tratado como uma atividade de *verificação ilimitada da verdade* sem correspondência a uma postulação objetiva e direta de necessidade de imposição da pena.

Tomado o texto constitucional e o marco convencional, o CPP apresenta inúmeros pontos de vulnerabilidade sobre os pontos acima expostos. Mas, nos limites do presente Capítulo é necessário analisar as disposições que digam respeito à formação da acusação penal, cuja disciplina encontra-se, em parte, no CPP e, em parte, no CP.

De maneira objetiva o sistema CPP-CP cuida da acusação penal em duas grandes vertentes: a acusação pública (ação penal pública) e a acusação privada (ação penal privada).

Nas primeiras há de se destacar, ainda, a possibilidade do acusador público vir a promover a acusação sob autorização de quem foi lesado em seu bem jurídico, criando-se uma manifestação para tanto, a *representação*. Assim, embora de atribuição do acusador público, sua atuação é *condicionada a esta representação*.

Além disso, o direito brasileiro conhece a atuação da vítima (vide Capítulo 2 nesta Obra) em duas grandes manifestações: a) como controladora da inação do Ministério Público e b) como acusadora particular, exercendo a chamada *ação penal privada* (vide tópico na sequência, neste Capítulo onde será analisada, inclusive, sua pertinência constitucional).

A partir do texto constitucional pode-se colocar uma indagação acerca da chamada acusação privada *genuína* (ação penal privada): a de ser ou não compatível com o texto constitucional a previsão infraconstitucional de particulares exercerem de forma autônoma e exclusiva a acusação penal.

Com efeito, a literatura nacional já se ocupou do tema[1], mas sem o olhar constitucional que não lhe era exigível à época dos debates iniciais.

O atual projeto de NCPP, por sua vez, desde as discussões acadêmicas que lhes deram origem, filiou-se à eliminação desta forma de acusação.

Como efeito, na Relatoria do Senado a respeito do PLS 156/09 esclareceu-se que

> A Exposição de Motivos dedica longas linhas à proposta de extinção da ação penal privativa do ofendido, registrando que permanece intacto o direito à ação penal subsidiária da pública, previsto no art. 5º, LIX, da CF, caso o Ministério Público não ofereça a denúncia no prazo legal. Em complemento, quanto aos crimes hoje processados mediante queixa, o projeto de Código passa a exigir a representação da vítima, transformando-os em crimes que se processam mediante ação pública condicionada.[2]

E naquele momento do processo legislativo a extinção foi aceita, assumindo-se como regra de transição que os processos em andamento quando a reforma vier a ser aprovada com essa modificação os processos então já iniciados manterão seu curso normal, valendo a modificação para as demais situações.

A reforma projetada se valeu da análise constitucional aqui provocada para, empregando argumentos comparativos, assumir que

> Evidentemente, não há qualquer incompatibilidade entre o aludido modelo processual e a existência de uma ação penal, privativa, substitutiva ou subsidiária, de iniciativa do particular. Portugal, Alemanha e Espanha, por exemplo, admitem iniciativas privadas na persecução penal. Trata-se, em verdade, de uma questão a ser definida politicamente, segundo a compreensão que se tem acerca da natureza e dos objetivos da intervenção estatal penal.[3]

---

1 A insubsistência da *ação penal privada* é discutida no direito brasileiro desde antes da entrada em vigor do CPP, tendo Canuto Mendes de Almeida dedicado sua obra de cátedra ao tema, em 1938, na Faculdade de Direito da USP: MENDES DE ALMEIDA, Joaquim Canuto. **Ação Penal** (Análises e confrontos). 1. ed. São Paulo: Revista dos Tribunais, 1938. ISBN: C29341. 237 p. Ada Pelegrini Grinover dedicou alentado artigo ao tema muito antes da CR/88 defendendo a permanência dessa "ação" sob a égide do regime constitucional anterior: GRINOVER, Ada Pellegrini. Queixa, representação e querela: contrastes e confrontos. Ciência Penal, Rio de Janeiro, v. 3, n. 3, p. 48-102, 1976.

2 Relatório Sen. Renato Casagrande ao PLS 156/09. BRASIL. Senado Federal. **Anteprojeto de reforma do Código de Processo Penal**. Op. Cit.

3 BRASIL. Senado Federal. Comissão de Juristas Responsável pela Elaboração de Anteprojeto de Reforma do Código de Processo Penal. **Anteprojeto de Reforma do Código de Processo Penal**. Brasília: Senado Federal, Subsecretaria de Edições Técnicas, 2009. 160 p. Disponível em: <https://www2.senado.leg.br/bdsf/bitstream/handle/id/182956/000182956.pdf?sequence=10&isAllowed=y>. Acesso em: 3 jun. 2021. p. 20.

Nesse argumento existe, ao menos, a impropriedade da invocação da ação subsidiária que, como será tratado neste Capítulo, se ocupa do salutar papel de controladora da inação do acusador público.[4]

Mas, atentando-se para as considerações de Canuto na obra já mencionada quando se refere que a *ação* (ou o direito de ação) é sempre *pública*, podendo ser a *legitimação* para seu exercício *exclusivamente privada* pondera-se, a partir do marco constitucional-convencional que orienta esta Obra, que essa legitimação:[5]

a) Trata como um bem privado normas penais; e, se tais bens podem ser tratados de forma *exclusivamente* privada não necessitam do direito material penal para tutelá-las;
b) Não há parâmetros claros para deslocar a legitimação a fim de considerar uma *ação penal* como *privada*. Esse descompasso é particularmente anotado no quadro dos *crimes sexuais*, por exemplo[6];
c) Na construção de acusações privadas são usados órgãos públicos com atribuições investigativas que passam a exercer suas funções para atender interesses particulares disponíveis.

5.1.2 Apontamentos sobre a legitimação para acusar

Uma das grandes contribuições ofertada por Barbosa Moreira para a ciência processual foi a da sistematização da legitimação processual, sobretudo a extraordinária que, sem que se socorra a uma *teoria geral do processo*, pode servir como base de reflexão para o processo penal evitando-se, assim, um mero transplante conceitual.

Iniciando por afirmar que "de três modos pode alguém assumir a posição de parte no processo: tomando a iniciativa de instaurá-lo, sendo chamado a Juízo para ver-se processar, ou intervindo em processo já iniciado por outras pessoas"[7], o renomado jurista aperfeiçoará a distinção entre a chamada legitimação

---

4 Como apontado por prestigiosa doutrina desde os tempos recentes à entrada em vigor da CR/88: COMPARATO, Fábio Konder. A nova cidadania. **Lua Nova**, São Paulo, n. 28-29, p. 85-106, Abr. 1993.
5 Comungando da restrição a essa forma de acusação, OLIVEIRA, Eugênio Pacelli de. O processo penal como dialética da incerteza. Revista de Informação Legislativa, p. 67, 2009, nada obstante se valha, para tanto, da ideia de intervenção mínima do Estado como fundamento do próprio Direito Penal.
6 No mesmo sentido, anotando a clara inconstitucionalidade dessa legitimação, STRECK, Lenio Luiz. Constituição e Bem Jurídico: a Ação Penal nos crimes de Estupro e Atentado Violento ao Pudor-O Sentido Hermenêutico-Constitucional do art. 225 do CP. **Revista da AJURIS**, n. 101-102, p. 179, 2006.
7 MOREIRA, José Carlos Barbosa. **Apontamentos para um estudo sistemático da legitimação extraordinária**. São Paulo: Revista dos Tribunais, 1969.

ordinária e a extraordinária, subdividindo-a em *autônoma* (quando o contraditório tem-se como regular com a só presença do legitimado extraordinário) e *subordinada* (onde há a necessidade da presença do legitimado ordinário).

A *legitimação extraordinária autônoma* pode ser *exclusiva* ou *concorrente*, hipótese esta em que, para a regularidade do contraditório é indiferente a presença do legitimado ordinário. Na sequência, aduz que, nas hipóteses onde figurava no processo *ab initio* o legitimado extraordinário, e depois intervém, podendo fazê-lo, o ordinário, ambos poderão continuar na posição de coautores ou o extraordinário quedará na posição de assistente.

Essa sistematização atende as necessidades conceituais da legitimação no processo penal à luz da CR/88 e da CADH, pois o art. 129, I, conferiu a legitimação ordinária nas acusações públicas, privativamente ao Ministério Público e alocou a vítima como legitimada extraordinária na hipótese de controle da acusação privada subsidiária. Da mesma maneira confere coerência às chamadas acusações privadas exclusivas na forma disciplinada pelo CPP para os que sustentam sua compatibilidade constitucional.

Essa legitimação, ao se manifestar na provocação acusadora está subordinada a uma série de técnicas como adiante se verá.

5.1.3 As técnicas reitoras da acusação

Para que seja exercido o *direito de ação* são empregáveis algumas técnicas, muitas das quais são denominadas, de forma equivocada, ao nosso sentir, de *princípios*.

Nesse ponto *técnica*, na lição de Ferraz Junior, "é o conjunto dos instrumentos, variáveis conforme os objetos e temas"[8], ao passo que os princípios, estes de ordem geral, dão coesão ao sistema.

O que se verá a seguir é um rol de técnicas e seus desdobramentos. O princípio, sempre de caráter geral, é o da jurisdicionalidade da ação penal e a impossibilidade de seu afastamento, esta última condição essencial para a concretização da norma penal material como já discutido no Capítulo 1 desta Obra.

Inicia-se pela mais icônica dessas técnicas, a da *obrigação de acusar*, ou o debatido *princípio da obrigatoriedade da ação penal*.

5.1.3.1 A *Obrigatoriedade* de acusar: a acusação pública

A obrigatoriedade é corriqueiramente apresentada como um dos *princípios fundamentais* do exercício da ação penal pública e se manifesta na medida em que, uma vez presentes os elementos constitutivos da ocorrência da conduta

---

8 NAGEL, Ernest. Ciência: natureza e objetivo. In: Morgenbesser, S. **Filosofia da ciência**. São Paulo: Cultrix, 1967. p. 19. *apud* FERRAZ JÚNIOR, Tércio Sampaio. **A ciência do direito**. São Paulo: Atlas, 1980. especialmente p. 11.

penalmente típica, deve o Estado exercitar a acusação penal, não cabendo ao órgão promovente a opção entre exercê-la ou não.

Ou, dito de outra forma, uma vez definida a conduta típica e traçado o roteiro persecutório, este deve ser atuado dentro do mais exato caminho da legalidade[9], sob pena da instauração da desigualdade e, no limite, do arbítrio. Sua fonte infraconstitucional seria o art. 24 do CPP.[10]

Nesse sentido, à obrigatoriedade opõe-se discricionariedade ou oportunidade, marcada pelo não exercício motivado – total ou parcialmente – da *acusação penal*.

Na linha de pensamento de autores como Ferrajoli, o sistema penal não comporta espaços de negociação ou tolerância com a ocorrência do fato criminoso e sua não persecução a juízo do Estado. Na literatura brasileira essa afirmação é compartilhada, entre inúmeros autores, por Afrânio Silva Jardim quando exclama que

> não se justificaria que, como regra legal, pudessem os funcionários investidos no órgão público afastar a aplicação do Direito Penal legislado ao caso concreto, ao seu talante ou juízo discricionário, baseado em critérios de oportunidade e conveniência, nem sempre muito claros ou definidos. É princípio assente no Direito que a ninguém é dado dispor do que não lhe pertence, mormente em se tratando de valores sociais absolutamente relevantes.[11]

Merece ser destacado, portanto, que a técnica da obrigatoriedade advém de uma das leituras possíveis do texto constitucional caso se queira seguir a base empregada por Ferrajoli e Silva Jardim: a forma como se compreende o princípio da igualdade e, também da legalidade estrita.

Contudo, há de ser ponderado que países com a mesma base constitucional-convencional que a brasileira trabalham largos espaços de *não-acusação*, sendo necessário distinguir de forma clara as seguintes situações:

a] A *não acusação* por exercício de discricionariedade regrada;
b] A *não acusação* parcial, por meio de acordo com este objeto;
c] A *acusação* com acordo sobre a suspensão do processo;
d] A *acusação* com acordo sobre a pena.

---

9   FERRAJOLI, Luigi. **Diritto e ragione: teoria del garantismo penale**. 3. ed. Roma-Bari: Laterza, 1996. Especialmente capítulo 8, passim.
10 Como citado, entre vários autores, por TÁVORA, Nestor; ALENCAR, Rosmar Rodrigues. **Curso de Direito Processual Penal**. 9. ed. Salvador: JusPodivm, 2014. p. 165. Nada obstante, em momento algum do referido artigo encontra-se a "obrigação" de acusar, mas sim que quando a acusação tiver de ser pública o será por "denúncia" produzida pelo MP.
11 JARDIM, Afrânio Silva. **Ação Penal Pública**: Princípio da Obrigatoriedade. 3. ed. rev. e atualiz. segundo a Lei 9.099/95. Rio de Janeiro: Saraiva, 1998. p.49.

O quadro a seguir mostra o comportamento, no direito comparado latino-americano, a partir das reformas globais dos respectivos países, as situações acima[12]:

Nesse quadro observa-se a clara distinção das manifestações:

I] Faculdades discricionárias, divididas, por sua vez, em:

   a) Arquivamento (archivo)
   b) Não interesse em que se proceda à acusação (desestimación)
   c) Oportunidade (oportunidad)

II] Saídas alternativas ao processo – alternativas para não acusar

   a) Suspensão condicionada para não acusar (diferente do art. 89 da Lei 9099/95 em que a acusação já foi lançada)
   b) Acordo reparatório (art. 72 da Lei 9099/95)
   c) Conciliação / mediação (sem previsão direta com o direito brasileiro)

III] Saídas alternativas no processo: procedimentos abreviados.

Por essa exposição os itens 1 e 2 constituem a derrogação da técnica da obrigatoriedade, enquanto na terceira hipótese houve a acusação formal.[13]

Olhando o direito interno, e tendo em mente que obrigatoriedade não implica a persecução infundada, decorrente de mera comunicação de uma conduta supostamente criminosa às agências oficiais[14] – donde a relevância da *justa causa* na forma discutida neste Capítulo – se extrai, embora com certa dose de obviedade, que mesmo no seio da obrigatoriedade existe espaço para uma atividade hermenêutica do acusador público para não acusar, sempre sujeita a controle.

---

12   RAMIREZ, Cristián Riego. Informe comparativo: Seguimento de los procesos de reforma judicial en América Latina. **Centro de Estudios de la Justicia de las Américas – CEJA**, Santiago, 2005, p. 9. Disponível em: <http://hrlibrary.umn.edu/research/peru-Seguimiento%20de%20los%20Procesos%20de%20Reforma%20del%20Sistema%20de%20Justicia.%20Riego.pdf>. Acesso em: 13 jun. 2021.

13   Para uma visão do direito comparado sobre o tema acessível na literatura brasileira, ver: de MA, Yue. A discricionariedade do promotor de justiça e a transação penal nos Estados Unidos, França, Alemanha e Itália: uma perspectiva comparada. **Revista Do Conselho Nacional Do Ministério Público**, n. 1, p. 192, 2011. Disponível em: <http://www.cnmp.mp.br/portal/images/stories/Destaques/Publicacoes/Revista_cn mp_vol1_para_web.pdf>. Acesso em: 14 jun. 2021. p. 192 e seguintes.

14   Nesse caminho a lição de Afrânio Silva Jardim, ao afirmar que "[...]torna-se necessária ao regular exercício da ação penal a sólida demonstração, prima facie, de que a acusação não é temerária ou leviana, por isso que lastreada em um mínimo de prova. (...) É preciso deixar claro que a justa causa pressupõe um mínimo de lastro probatório no inquérito ou peças de informação. É necessário que haja alguma prova, ainda que leve. JARDIM, Afrânio Silva. Arquivamento e desarquivamento do inquérito policial. **Revista de processo – Instituto Brasileiro de Direito Processual (IBDP)**, São Paulo, v. 9, n. 35, p. 264-276, jul./set. 1984. p. 250-251.

E contemporaneamente algumas linhas orientadoras desse *não-acusar*, são assumidas pelo Ministério Público Federal brasileiro:

a) Delito de bagatela – a demonstração da mínima ofensividade da conduta, associada ao baixo grau de periculosidade social da ação;
b) Subsidiariedade do Direito Penal – a verificação de que a aplicação de sanção extrapenal é suficiente para a prevenção e repressão do ilícito;
c) Adequação da sanção penal – a concreta e fundamentada ausência de necessidade e utilidade de aplicação da sanção penal, conforme os fins da pena.[15]

Neste ponto é forçoso pontuar que a solução penal pode ser obtida por outros meios que não a forma clássica de emprego da obrigatoriedade de acusar como se vê no direito comparado.

Contudo, o regime jurídico pátrio carece de importantes mecanismos para superar, no marco constitucional-convencional, a abolição – ou mitigação – da técnica da obrigatoriedade.

O primeiro deles é o controle sobre a forma e o conteúdo de oferecer alguma proposta de transação, um dos problemas mais agudos da Lei 9099/95, ambiente no qual não existem parâmetros claros de negociação, seja no marco daquela norma ou outras de igual nível hierárquico, seja em normas de conduta dos órgãos de execução do Ministério Público.[16]

Outro aspecto é a escassez de mecanismos alternativos à persecução como, por exemplo, a justiça restaurativa pela qual se incrementaria o papel da vítima na administração da justiça penal, assumindo-se, então, que essa forma de solução do conflito penal poderia alcançar resultados mais consistentes no convívio social.

O cenário viria a mudar de forma mais profunda, num primeiro momento, com a Lei 12.850/2013 que regrou a possibilidade de não acusar em crimes de

---

15 BRASIL. Ministério Público Federal. 2ª Câmara de Coordenação e Revisão (matéria criminal). **Orientação n. 30**. Assunto: Critérios a serem observados nas promoções de arquivamento referentes aos crimes não considerados prioritários pela 2ª CCR. Disponível em: <file:///C:/FHC/PPN%20-%20MPF%20-%20criterios%20para%20promocao%20de%20arquivamento%2004072016.pdf>. Acesso em: (21 de julho de 2020). E tal posição vai ao encontro de uma visão contemporânea do MPF não apenas quanto ao não acusar como, também, de forma mais ampla, a uma busca de melhor adequação do rito penal. A este propópito, FALCÃO, Márcio. É hora do Brasil discutir modelo para abreviar o rito do processo penal, diz janot. **JOTA Online**. Disponível em: <http://jota.info/e-hora-brasil-discutir-modelo-para-abreviar-o-rito-processo-penal-diz-janot>. Acesso em: 15. dez. 2016. A respeito ver., também, a análise anterior de GAZOTO, Luís Wanderley. **O princípio da não obrigatoriedade da ação penal pública**: uma crítica ao formalismo no Ministério Público. Barueri/SP: Manole, 2003.
16 Que existem no sistema estadunidense não apenas como meras recomendações. A ver, entre outros, SCHULHOFER, Stephen J.; NAGEL, Ilene H. Plea Negotiations Under the Federal Sentencing Guidelines: Guideline Circumvention and its Dynamics in the Post – Mistretta Period. **Northwestern University Law Review**, v. 91, p. 1284, 1996.

gravidade considerável desde que tenha a pessoa submetida à persecução colaborado com a Justiça Penal como adiante será visto.

Depois, com a criação do denominado *acordo de não persecução penal* (ANPP) pela Lei 13.964/2019, alocando-o no artigo 28-A do CPP, estabeleceu-se o regramento por via de lei para algo que, por *softlaw* havia sido estabelecido pelo CNMP: a possibilidade de substituir a acusação formal por um acordo entre acusador e futuro acusado, assunto que será detalhado no tópico final deste Capítulo.

Releitura a partir da Lei do Crime Organizado (Lei 12.850/2013)

A Lei do crime organizado – Lei 12.850/2013 – passou a prever a possibilidade de, *mesmo estando presentes* os fundamentos para o exercício da acusação pública, o Ministério Público deixe de fazê-la, condicionado aos seguintes aspectos no marco da *colaboração premiada* (tema tratado nesta Obra, no Capítulo 8) quando a o colaborador:

a) Tenha efetiva e voluntariamente colaborado com a investigação e com o processo criminal a fim de que, de forma não necessariamente cumulativa, da colaboração tenha decorrido:

  I) a identificação dos demais coautores e partícipes da organização criminosa e das infrações penais por eles praticadas;
  II) a revelação da estrutura hierárquica e da divisão de tarefas da organização criminosa;
  III) a prevenção de infrações penais decorrentes das atividades da organização criminosa;
  IV) a recuperação total ou parcial do produto ou do proveito das infrações penais praticadas pela organização criminosa;
  V) a localização de eventual vítima com a sua integridade física preservada.

A esta *efetividade da colaboração*, para fins de não oferecimento da acusação penal, somam-se as seguintes condições:

a) Não for o líder da organização criminosa;
b) For o primeiro a prestar efetiva colaboração nos termos deste artigo.

Essa possibilidade de não-acusar acentua uma das faces da discussão da colaboração, que é a de ser vista como mecanismo defensivo, tal qual abordado no Capítulo 8 desta Obra.[17]

Ressalte-se que, assim como a decisão de *arquivar*, a decisão de *não-acusar* na forma acima exposta *não significa inação*, a dizer, não poderia ser aforada a ação penal privada subsidiária da pública, mecanismo de controle sobre a inércia estatal que será analisada ainda neste Capítulo.

`5.1.3.3` A *Indisponibilidade* de acusar

A indisponibilidade é outra marca característica do processo penal, tida como decorrência direta da obrigatoriedade, e se configura pela impossibilidade de haver a disposição da acusação já lançada e acolhida para o início do processo.

Assim, uma vez exercida a acusação ou atos postulatórios como a interposição do recurso, o acusador público não pode deles desistir. Nada obstante isso não se aplica aos meios de prova ou a maioria dos demais atos do processo, como aos incidentes jurisdicionais, chegando-se ao exercício da atividade dos meios impugnativos das decisões a favor do réu e, até mesmo, à possibilidade do pedido de absolvição.

Acerca deste último tema – o pedido de absolvição lançado pelo próprio acusador – remete-se ao quanto discutido no Capítulo 9 sobre a sentença e a coisa julgada penais.

`5.1.3.4` A *Indivisibilidade* da acusação

A indivisibilidade tem previsão legal específica para as acusações privadas exclusivas (art. 48 do CPP), mas há dissenso na literatura sobre sua incidência nas acusações públicas, posição para a qual se inclina parte significativa da doutrina contemporânea.[18]

Tirando o fato de que parte dessa *controvérsia* advém da equivocada compreensão da existência de *arquivamentos implícitos* (vide a este respeito o Capítulo 4 nesta Obra), seria possível, como decorrência direta da técnica da

---

17 Somando-se às bases teóricas ali lançadas também a observação de ARAS, Vladimir Barros. Natureza dúplice da colaboração premiada: instrumento de acusação; ferramenta de defesa. **Blog do Vlad Online**. Disponível em: <https://vladimiraras.blog/2015/05/12/natureza-duplice-da-coloboracao-premiada-instrumento-de-acusacao-ferramenta-de-defesa/>. Acesso em: 22 dez. 2016. E, igualmente, Oliveira quando afirma que "De fato, e a depender do estágio das investigações, a apresentação da colaboração pode surgir com a melhor alternativa defensiva, o que, em si mesmo, não constitui problema insolúvel." OLIVEIRA, Eugênio Pacelli. **Curso de processo penal. 17a. edição. Comentários ao CPP. 5a. edição. Lei 12.850/13.** 16 ago. 2013. Disponível em: <http://www.criminal.mppr.mp.br/arquivos/File/ANEXOS/INF_264_Organizacoes_criminosas_pacelli.pdf>. Acesso em: 15 ago. 2016.

18 Por todos, ver NICOLITT, André. **Manual de Processo Penal**. Rio de Janeiro: Elsevier, 2012. p. 125.

obrigatoriedade, que o acusador público não pudesse escolher *quem acusar*, cabendo-lhe exercer a acusação contra todos que estivessem na mesma situação fático-jurídica.

Nada obstante, a Lei 12.850/2013 acima mencionada, ao derrubar a obrigatoriedade para os casos ali previstos, derruba, igualmente, a indivisibilidade na forma como sustentada a discussão ao longo dos anos de vigência do CPP.

Apresentado as técnicas normalmente identificadas na forma de acusar, é necessário reconhecer como elas se projetam na estrutura concebida pelo sistema CPP-CP.

5.1.3.5 A classificação das formas de acusar e suas características

As técnicas acima expostas se projetam para o exercício da acusação que, como já visto, pode ser de legitimação pública ou privada. Assim, para fins de compreensão dos mecanismos que operam em cada uma delas.

Assim, a manifestação de vontade da vítima – ou de seu representante legal ou pessoas legalmente autorizadas para exercer essa manifestação – aparece em duas vertentes distintas: uma, a de autorizar o acusador público (mecanismo da representação); outra, de provocar a jurisdição por meio da acusação (queixa-crime).

Semelhantes enquanto manifestação de vontade e no prazo para exercê-la, ambos de natureza decadencial de seis meses, diferem quanto ao destinatário: a representação, dirigida ao órgão do MP com atribuição para a acusação, embora possa ser manifestada perante a autoridade policial; a queixa, enquanto postulação de acusação, dirigida ao juiz.

Diferem, igualmente, na sua estrutura: a representação, marcada pela informalidade e sem qualquer exigência ulterior, bastando que o ato denote, de forma clara, o desejo de autorizar o acusador público a proceder a acusação; a queixa, enquanto uma verdadeira petição inaugural, delimitada pela necessária técnica processual, inclusive quanto ao pedido acusatório e à autorização ao procurador com poderes específicos para exercer a atuação profissional, sob risco de ser considerada *inepta*.

Porém, seja qual for a forma de acusar, qualquer acusação necessita de um grau mínimo de sustentação, o que, no direito brasileiro, remete ao tema da *justa causa*.

5.1.3.6 A base para acusar: a *justa* causa

Tentativa de conceituação

Recorde-se, inicialmente, que a justa causa ocupa espaço destacado nas reflexões da dogmática processual penal de longa data, sendo oportuno recordar que já Roberto Lyra[19] aduzia:

> [...] faço da justa causa para a ação penal ponto de partida dinâmico, realista, consequente, do estudo... De que depende a tarefa inicial? De justa causa, isto é, a prática de infração penal. E, quando há justa causa, por que meio surge e se traduz a intervenção da Justiça penal? Pela ação penal.

Conceito de difícil solidificação – malgrado sua posição nodal no sistema persecutório penal – foi apresentada por Frederico Marques como "*causa segundo o direito, causa lícita, ou causa que a ordem prevê*", completando que "*[...] faltará justa causa para a coação, sempre que esta se apresente como ato contra jus*"[20], por Helio Tornaghi como "*[...] a causa suficiente baseada em lei, é aquela sem a qual a coação não terá base em lei*"[21]. E por Tourinho Filho[22] como "*[...] aquela que é conforme ao direito*". Ela ainda é vista em Nelson Hungria: "*A expressão justa causa do art. 648 I, quer dizer causa legítima e não se confunde com ausência de elementos de convicção.*"[23]

Dessa concepção *normativa* da justa causa, que a *assimilava com a própria vigência formal da norma penal*, a doutrina parcialmente migra para uma concepção probatória como pontua Weber Martins Batista, quem supera a conceituação normativa da justa causa e definitivamente enveda por assimilá-la à análise do acervo probatório:

> As garantias expressas e implícitas nas constituições dos países democráticos têm levado suas leis de processo a impedir que alguém seja levado às barras do tribunal sem que haja contra ele um mínimo de prova, um *fumus bonis iuris*. Antes de iniciada a ação, a denúncia é submetida ao controle do juiz e uma das coisas que deve este verificar é se tal peça está instruída com a *informatio delicti*,

---

19 LYRA, Roberto. **Guia do Ensino e do Estudo de Direito Penal**. Rio de Janeiro: Ed. Forense, 1956. p. 18, 37, 38.
20 MARQUES, Frederico. **Elementos de Direito Processual Penal**. Op. Cit. Ver páginas 52, 68, 81, 284, 293, 322 do primeiro volume e páginas 364-365 do quarto volume.
21 TORNAGHI, Hélio. **Curso de Direito Processual Penal**. São Paulo: Saraiva, 1980. 1 e 2 v. Ver páginas XI, XII, XIII, 20, 59, 271, 311 do primeiro volume e p. 384 do segundo volume.
22 TOURINHO FILHO, Fernando da Costa. **Código de Processo Penal Comentado**. São Paulo: Saraiva, 1999. 2v. p. 457.
23 HUNGRIA, Nélson. **Comentários ao Código Penal**. Rio de Janeiro: Revista Forense, 1955. 1 v. 1 e 2 Tomos. Ver p. 10 do volume 1, primeiro tomo e p. 11 do volume 1, segundo tomo.

consubstanciada em inquérito policial ou em outras peças de informação que fundamentem a suspeita de crime e o interesse de agir.[24]

Surge, pois, a posição de Afrânio Silva Jardim, com a tentativa de definir claramente o tema proposto, afirmando que

> Justa causa é suporte probatório mínimo em que se deve lastrear a acusação, tendo em vista que a simples instauração do processo penal já atinge o chamado *status dignitatis* do imputado. Tal lastro probatório nos é fornecido pelo inquérito policial ou pelas peças de informação, que devem acompanhar a acusação penal, arts. 12, 39, § 5, e 46, § 1 do CPP.[25]

Posteriormente à aproximação do conceito de justa causa à possibilidade de demonstrar sua existência por meio de um *suporte probatório*, Moura contribuiu para a discussão da matéria, assimilando-a à "possibilidade da ocorrência da condenação"[26], ao afirmar que "justa causa para ação penal corresponde, no plano jurídico, à legalidade da acusação. E, no plano axiológico, à legitimidade da acusação", completando que

> (...) para que alguém seja acusado em juízo, faz-se imprescindível que a ocorrência do fato típico esteja evidenciada; que haja, no mínimo, probabilidade (e não mera possibilidade) de que o sujeito incriminado seja seu autor, e um mínimo de culpabilidade.

Toda essa preocupação conceitual não é, no entanto, fruto de mera elucubração acadêmica.

Ao contrário, funda-se na legítima necessidade de, no processo penal de matiz constitucional, evitar-se a persecução penal infundada, visto que a existência da persecução penal inegavelmente atinge a dignidade da pessoa àquela submetida, como destaca Afrânio Silva Jardim na passagem acima mencionada, fazendo eco a todos quantos veem o processo a partir de seu fundamento constitucional.[27]

Daí a preocupação com um dos possíveis desdobramentos do conceito de justa causa: o do abuso do direito de acusar.[28]

---

24 BATISTA, Weber Martins. **O Furto e o Roubo no Direito e no Processo Penal**. Rio de Janeiro: Forense, 1997. p. 429, 430-432.
25 JARDIM, Afrânio Silva. **Direito Processual Penal**. Rio de Janeiro: Ed. Forense, 1999. p. 95, 205-221.
26 MOURA, Maria Thereza Rocha de Assis. **Justa causa para a ação penal**: doutrina e jurisprudência. São Paulo: RT, 2001. p. 222.
27 GÖSSEL, Karls Heinz. **El Derecho Procesal Penal en El Estado de Derecho**. Buenos Aires: Rubinzal-Culzoni Editores, 2007. Especialmente pgs. 137/139 para o importante relacionamento da apreciação da justa causa e a separação de juízos, entre aquele que aprecia a fase anterior da persecução e o que julgará o mérito. Nessa análise sobressai a preocupação com a dignidade da pessoa humana para que não seja submetida a uma persecução temerária.
28 Com particular especificidade sobre o tema, SOUZA, Alexandre Araújo de. **O Abuso do direito no processo penal**. Rio de Janeiro: Lúmen Júris, 2007. especialmente pg 92/93.

Nesse ponto, e com a mesma preocupação de delimitação do poder de acusar e não o fazer gratuitamente, a posição de Pacheco[29], para quem o conceito de justa causa parece *acanhado* e insuficiente para acompanhar a estrutura constitucional do processo. A solução por ele preconizada para o tema será objeto de análise adiante, levando-se em conta que as posições expostas foram construídas antes da reforma legislativa de 2008.

Esquematicamente: assim, das posições que contemporaneamente se sobressaem na tentativa de conceituar justa causa, pode-se esquematizar o cenário em:

I] justa causa como *suporte probatório mínimo* para lastrear a acusação;
II] *probabilidade (e não mera possibilidade) da ocorrência da condenação.*

Inserção da justa causa nas condições de ação

Ao lado das discussões tendentes a construir um conceito de justa causa sobressai outra, de igual relevância, a de tentar inseri-la topicamente no quadro de categorias do processo penal, mais exatamente, na forma de encará-la ou não como uma condição da ação.

De inegável sabor processual civil, o tema das condições da ação entra no processo penal fortemente influenciado pela obra de Liebmann, cuja conhecida teoria inicial das condições da ação (legitimidade para agir, interesse para agir e possibilidade jurídica do pedido) influenciou a Escola Processual de São Paulo[30] e, por conseguinte, a elaboração do Código de Processo Civil de 1973.

Transpondo quase que linearmente as considerações daquela construção teórica para o processo penal, inclusive pela influência de uma *teoria geral do processo*[31], a geração diretamente influenciada pela Escola Processual passou a considerar a existência das condições da ação de forma simétrica (legitimidade para agir; interesse para agir e possibilidade jurídica do pedido) ao processo civil e passou a debater se a justa causa seria uma condição da ação autônoma

---

29 PACHECO, Denílson Feitoza. **Direito Processual Penal**: teoria, crítica e práxis. 3. ed. Belo Horizonte: Impetus Editora, 2005. Especialmente p. 298 e seguintes.
30 Para uma visão histórica dessa denominação, seus atores e conteúdo, veja-se MARQUES, José Frederico. **O direito processual em São Paulo**. São Paulo: Saraiva, 1977.
31 Cujo método "comparativo" entre os vários ramos processuais foi desde cedo apontado como passível de críticas por seu próprio idealizador. Neste ponto, CARNELUTTI, Francesco. Per una teoria generale del processo. Op. Cit. Para uma crítica histórica à existência da própria teoria geral do processo pela dificuldade de transposição de conceitos típicos do processo para o processo penal, BUENO VIDIGAL, Luiz Eulálio. Prefácio à 1a. Edição. In: CINTRA, Antônio Carlos de Araújo; GRINOVER, Ada Pellegrini; DINAMARCO, Cândido Rangel. 19. ed. **Teoria geral do processo**. Op. Cit. Ver também a respeito a detalhada crítica de SILVEIRA, Marco Aurélio Nunes da. **As condições da ação no direito processual penal**. Op. Cit., especialmente p. 111 a 130.

em relação às demais ou se deveria ser tratada como uma parte de uma das já existentes, nesse ponto inserida no interesse para agir.[32]

A importância prática desse tema reside nas consequências da decisão que tenham como fundamento a justa causa e projetem essa motivação para o tópico dispositivo.

> **Análise Crítica:** Se considerada como condição da ação ela não estaria, *a priori*, sujeita ao manto da coisa julgada material, podendo ser a postulação renovada. Neste ponto ela não se confundiria com o mérito propriamente dito; caso afastada do cenário de condição de ação e, portanto, sendo passível de ser inserida num contexto de mérito, a decisão sobre sua (in)existência faria coisa julgada material e não haveria a possibilidade de repeti-la em juízo.

Aqui, a lição de Afrânio Silva Jardim mostrou-se também de relevância ímpar[33], alocando-a como uma quarta condição da ação, ao lado das outras que foram trazidas da doutrina processual civil e isto antes da reforma legislativa de 2008 como lembra Oliveira[34], ao afirmar que "Além das conhecidas condições da ação – genéricas e específicas –, Afrânio Silva Jardim, muito antes da Lei 11.719/08, enumerava uma outra, que seria, a seu aviso, a quarta condição da ação: a justa causa".

Nada obstante, outras afirmações sobre o tema marcam o cenário jurídico, como a de Grinover, para quem a justa causa se trata de *condição de procedência do pedido*[35] ou a conclusão de Coutinho, para quem as condições da ação seriam: "a) tipicidade objetiva; b) punibilidade concreta; c) legitimidade da parte; d) justa causa (referente ao art. 43, III, 2ª parte do CPP)"[36], contexto no qual se procura extrair a diferença entre condição da ação como tema de mérito ou não e as já mencionadas consequências para a coisa julgada.

Numa abordagem sincrética, Pacheco culminou por afirmar que "enfim, as condições da ação penal é mérito e é preliminar. Mérito em relação à possibilidade jurídica e à legitimidade *ad causam* passiva, e preliminar em relação ao interesse de agir e à legitimidade *ad causam* ativa."[37]

---

32 Para uma análise crítica dessa transposição conceitual, FIORATTO, Débora Carvalho; BARROS, Flaviane de Magalhães. **Diferenças de tratamento das condições da ação no processo civil para o processo penal brasileiro.** Disponível em: <http://www.conpedi.org/manaus/arquivos/anais/salvador/debora_carvalho_fioratto.pdf>. Acesso em: 28 jan. 2010. Ver também a respeito a detalhada crítica de SILVEIRA, Marco Aurélio Nunes da. **As condições da ação no direito processual penal.** Op. Cit., especialmente p. 111 a 130.

33 JARDIM, Afrânio Silva. **Direito Processual Penal**. Op. Cit., p. 166-167.

34 OLIVEIRA, Eugênio Pacelli de. **Curso de Processo Penal**. Op. Cit., p. 54.

35 GRINOVER, Ada Pellegrini. **As Condições da ação penal:** uma tentativa de revisão. São Paulo: Bushatsky, 1977. p. 133.

36 COUTINHO, Jacinto Nelson de Miranda. **A lide e o conteúdo do processo penal**. (1998) Op. Cit. p. 148 e 149.

37 FIORATTO, Débora Carvalho; BARROS, Flaviane de Magalhães. Op. Cit.

Tentativa de sistematização da justa causa nos precedentes

Como reflexo das inúmeras concepções sobre o tema, não há, na jurisprudência, uma definição clara do que se entende por justa causa.

Podem ser encontradas, se tanto, linhas jurisprudenciais que tentarão lhe dar algum conteúdo. Dentre elas podem ser destacadas:

a) justa causa assimilada ao *elemento normativo subjetivo do tipo*;
b) justa causa assimilada à existência de um conjunto de elementos informativos que *demonstram a prática, em tese, de crime, e indicam a autoria*;
c) justa causa assimilada à não ocorrência da extinção da punibilidade;
d) justa causa assimilada à *imprestabilidade* da peça acusatória.

Como decorrência direta dessas compreensões, ter-se-á a possibilidade da concessão do *habeas corpus* "quando, pela mera exposição dos fatos, se constata que há imputação de fato penalmente atípico ou que inexiste qualquer elemento indiciário demonstrativo da autoria do delito."[38]

Por essa linha jurisprudencial pode-se observar que justa causa, afinal de contas, pode não representar um conceito autônomo, mas apenas a negação da presença de alguns elementos essenciais para a veiculação da acusação ou ao próprio objeto do processo.

Com efeito,

a) enquanto *negação do elemento subjetivo normativo do tipo* justa causa nada mais seria que a atipicidade da conduta;
b) da mesma maneira, não havendo justa causa por falha na indicação do polo passivo (*indícios de autoria*) o que se tem é a negação da legitimação passiva e, por fim;
c) quando se reconhece a inexistência de justa causa face à extinção da punibilidade, a *contrario sensu* está-se dizendo que há justa causa para ação penal toda vez que ainda estiver em curso um prazo prescricional ou decadencial, por exemplo.

---

38 BRASIL. Superior Tribunal de Justiça. **Habeas Corpus**. Relator Min. Vicente Leal. DJ: 18/03/2002, p 00302, a dizer, o reconhecimento "de pronto, sem um exame detalhado da prova [...] a manifesta imprestabilidade da peça acusatória" (BRASIL. Superior Tribunal de Justiça. Habeas Corpus. Relator Min. Paulo Gallotti. DJ: 05/04/2004, p. 00327.

Formação da Acusação Penal | 357

Nada obstante, a conceituação de justa causa à existência de um acervo probatório tem, contemporaneamente, largo espaço na jurisprudência, sobretudo se observadas decisões do STF[39], mesmo porque,

> É na ação penal que deverá se desenvolver o contraditório, na qual serão produzidos todos os elementos de convicção do julgador e garantido ao paciente todos os meios de defesa constitucionalmente previstos. Não é o habeas corpus o instrumento adequado para o exame de questões controvertidas, inerentes ao processo de conhecimento.[40]

A arguição da (ausência da) justiça causa

Antes da reforma pontual dos ritos processuais contidos no Código de Processo Penal em 2008, com o realinhamento do rito ordinário, sumário e sumaríssimo, escrevíamos que seria essencial reestruturar a fase de admissibilidade da denúncia para, inclusive, minimizar as influências indevidas da investigação criminal no curso da ação penal:

> Ao juiz, uma nova estrutura que lhe dê a necessária imparcialidade e possibilite não somente exercitar as funções de garantia, mas, ainda, *as de efetuar um juízo de admissibilidade sem ferir estruturas processuais e ceifando no nascedouro ações inúteis, possibilitando mais espaço para efetuar justiça em casos verdadeiramente ofensivos aos bens penais tutelados.*[41] (sem grifo no original).

Isto porque, na estrutura então vigente, a admissibilidade da denúncia (focando especificamente neste ponto as denominadas *ações penais públicas*) era,

---

39 Inúmeros julgados podem ilustrar a concepção: BRASIL. Supremo Tribunal Federal. **Habeas Corpus n. 94835/SP**. Segunda Turma. Relatora Min. Ellen Gracie. Julgamento: 07/10/2008. Publicação: 24/10/2008. Disponível em: <https://jurisprudencia.stf.jus.br/pages/search/sjur87314/false>. Acesso em: 14 jun. 2021; BRASIL. Supremo Tribunal Federal. **Habeas Corpus n. 94619/SP**. Segunda Turma. Relatora Min. Ellen Gracie. Julgamento: 02/09/2008. Publicação 26/09/2008. Disponível em: <https://jurisprudencia.stf.jus.br/pages/search/sjur87094/false>. Acesso em: 14 jun. 2021; BRASIL. Supremo Tribunal Federal. **Habeas Corpus n. 94752/RS**. Segunda Turma. Relator Min. Eros Grau. Julgamento: 26/08/2008. Publicação 17/10/2008. Disponível em: <https://jurisprudencia.stf.jus.br/pages/search/sjur2382/false>. Acesso em: 14 jun. 2021; BRASIL. Supremo Tribunal Federal. **Habeas Corpus n. 92110/DF**. Segunda Turma. Relator Min. Cezar Peluso. Julgamento: 01/04/2008. Publicação: 13/06/2008. Disponível em: <https://jurisprudencia.stf.jus.br/pages/search/sjur3165/false>. Acesso em: 14 jun. 2021; BRASIL. Supremo Tribunal Federal. **Habeas Corpus n. 93291/RJ**. Primeira Turma. Relator Min. Menezes Direito. Julgamento: 18/03/2008. Publicação: 23/05/2008. Disponível em: <https://jurisprudencia.stf.jus.br/pages/search/sjur88579/false>. Acesso em: 14 jun. 2021.

40 BRASIL. Supremo Tribunal Federal. **Habeas Corpus n. 90187/RJ**. Primeira Turma. Relator Min. Menezes Direito. Julgamento: 04/03/2008. Publicação: 25/04/2008. Disponível em: <https://jurisprudencia.stf.jus.br/pages/search/sjur88535/false>. Acesso em 14 jun. 2021.

41 CHOUKR, Fauzi Hassan. **Garantias constitucionais na investigação criminal**. Op. Cit.

de regra, um rito burocrático e cartorial, perdendo-se a oportunidade de uma verificação sobre sustentabilidade da ação penal, inexistindo outro mecanismo para insurgir-se contra o recebimento frugal (no sentido de simplicidade) da inicial acusatória, senão o do *habeas corpus*.

Nada obstante, paradoxalmente o conceito de justa causa como suporte probatório mínimo faz(ia) do habeas corpus o menos indicado dos mecanismos para discutir a existência ou não de tal acervo.

Neste ponto paradigmática e ilustrativa a seguinte conclusão jurisprudencial:

> A atuação do Supremo Tribunal Federal, na apreciação dos pedidos de habeas corpus voltados ao trancamento de ação penal, deve ocorrer com bastante cuidado, somente sendo possível a concessão da ordem vindicada quando restar evidente e manifesta a atipicidade da conduta, a presença de causa de extinção da punibilidade do paciente ou a ausência de indícios mínimos de autoria e materialidade delitivas. Não é a hipótese dos autos. 3. *A alegação de falta de justa causa não é comprovada de plano no presente habeas corpus e, por isso, deve ser relegada para o procedimento próprio (ou seja, a ação penal já deflagrada) a discussão acerca do conteúdo (formal e material) dos documentos (não apenas o apresentado pelo Ministério Público, mas também o referido pelo impetrante).*
> 4. Habeas corpus denegado.[42] (sem grifo no original).

Assim, para fugir das amarras de um conceito reduzido de justa causa que o assimilava à mera legalidade formal da acusação, o conceito proposto ligando-a ao acervo probatório, acaba(va) por limitar sua análise prática, vez que o mecanismo do habeas corpus não se presta(va) a essa tarefa dada sua diminuta extensão cognitiva.

A renovação legislativa (Lei 11.719 de 2008) e a (re)construção do conceito de justa causa

A tarefa de conceituar justa causa ganhou, com a Lei 11.719 de 2008, novo ânimo, na medida em que pontos importantes da legislação foram alterados ou simplesmente criados de forma inédita.

Em primeiro plano, a tentativa de construir, de forma genérica, um momento de admissibilidade da denúncia que gerou o deslocamento do tema da justa causa para as hipóteses de rejeição da inicial. *In verbis*:

---

42 BRASIL. Supremo Tribunal Federal. **HC n. 91603/DF**. Segunda Turma. Relatora Min. Ellen Gracie. Julgamento: 09/09/2008. Publicação: 26/09/2008. Disponível em: <https://jurisprudencia.stf.jus.br/pages/search/sjur86661/false>. Acesso em: 14 jun. 2021.

> Art. 395. A denúncia ou queixa será rejeitada quando: (Redação dada pela Lei nº 11.719, de 2008).
>
> I – for manifestamente inepta; (Incluído pela Lei nº 11.719, de 2008).
>
> II – faltar pressuposto processual ou condição para o exercício da ação penal; ou (Incluído pela Lei nº 11.719, de 2008).
>
> III – *faltar justa causa para o exercício da ação penal.* (sem grifo no original; incluído pela Lei nº 11.719, de 2008).

Depois, a conceituação legal do que vem a ser prova, diferenciando-a dos informes colhidos na investigação. In verbis:

> Art. 155. O juiz formará sua convicção pela livre apreciação da prova produzida em contraditório judicial, não podendo fundamentar sua decisão exclusivamente nos elementos informativos colhidos na investigação, ressalvadas as provas cautelares, não repetíveis e antecipadas. (sem grifo no original; redação dada pela Lei nº 11.690, de 2008).

A essa disciplina probatória deve ser acrescido o controle sobre as provas impertinentes, irrelevantes ou procrastinatórias, a teor do quando disposto no atual art. 411, parágrafo 2º.

Ainda, há de ser considerado que a reforma de 2008 trouxe uma fase que permite, sem a produção probatória integral, a ocorrência de absolvição sumaria nas situações enumeradas no art. 397, a saber:

> Art. 397. Após o cumprimento do disposto no art. 396-A, e parágrafos, deste Código, o juiz deverá absolver sumariamente o acusado quando verificar: (Redação dada pela Lei nº 11.719, de 2008).
>
> I – a existência manifesta de causa excludente da ilicitude do fato; (Incluído pela Lei nº 11.719, de 2008).
>
> II – a existência manifesta de causa excludente da culpabilidade do agente, salvo inimputabilidade; (Incluído pela Lei nº 11.719, de 2008).
>
> III – que o fato narrado evidentemente não constitui crime; ou (Incluído pela Lei nº 11.719, de 2008).
>
> IV – extinta a punibilidade do agente. (Incluído pela Lei nº 11.719, de 2008).

No mais, a manutenção da expressão ausência justa causa que impõe o trancamento da ação penal mediante o emprego do habeas corpus.

Todo esse cenário passa a ter reflexos na tentativa de conceituação de justa causa após as reformas de 2008 como adiante se procurará investigar.

Justa causa e suporte probatório mínimo

A relevância e a grandeza da construção de Afrânio Silva Jardim para o tema da justa causa colocam em xeque qualquer tentativa de crítica leviana. Justamente por esse motivo apreciaríamos que as considerações que se seguirão fossem vistas como um *contraponto possível* àquela que é a mais bem-acabada tentativa de conceituação, contraponto que se forma a partir da estrutura processual reformada em 2008, *que é distinta da empregada* pelo grande processualista carioca.

Assim, o primeiro aspecto a ser considerado é o da pertinência do conceito de justa causa como *suporte probatório mínimo*, visto que esse suporte não se confunde com a justa causa em si *mas é, na verdade, o meio de sua demonstração processual*.

Poder-se-ia, inclusive, acrescentar-se que esse *suporte probatório mínimo* deve explicitamente consagrar apenas as *provas lícitas*, (vide Capítulo 8, nesta Obra) observação que, embora basilar e simplória, é essencial no direito brasileiro, dado que *pode haver um suporte probatório mínimo manifestado em provas ilícitas que*, inadmissíveis no processo, *tornariam a justa causa processualmente indemonstrável*.

Mas, sendo justa causa aquilo que pode ser processualmente demonstrado por meio de provas lícitas, é de se ponderar que *essa demonstração cumpre* uma determinada *finalidade concreta*, na esteira do quanto considerado por Pacheco a partir da síntese que faz entre a posição de Silva Jardim e a obra de Moura, todas acima mencionadas.

Neste ponto, ao invés do sincretismo preconizado, atemo-nos ao quanto já foi, ainda que sucintamente, trabalhado em obra anterior[43], quando afirmamos que

> Essa visão (...) é condizente com uma estrutura processual na qual o direito de ação é um direito "concreto", pois somente há sentido em submeter-se alguém à jurisdição quando houver a necessidade de recomposição do mundo da vida, e caso essa submissão ainda não tenha acontecido. O exercício "abstrato" do direito de ação viola o modelo constitucional e induz ao reconhecimento da justa causa *tout court* quando formalmente veiculada a acusação.

Análise Crítica: Assim, justa causa, veiculada processualmente por meio das provas licitas, cumpre uma finalidade basilar no Estado de Direito, a de evitar-se que a ação penal tenha um conteúdo abstrato[44], submetendo-se alguém ao alvedrio estatal sem que exista a probabilidade (na linguagem de moura)

---

43 CHOUKR, Fauzi Hassan. **Código de processo penal**: comentários consolidados e crítica jurisprudencial. 3 ed. Rio de Janeiro: Lúmen Júris, 2009. p.850
44 As dimensões e a finalidade do presente texto não permitem que se adentre numa das consequências fundamentais dessa concepção, a da superação da teoria de Liebmann (ecletismo abstrato) para o processo penal.

da recomposição do mundo da vida, o que, pela Direito Penal, somente se dá com o esgotamento de alguma das finalidades preconizadas para a pena que seja compatível com a estrutura daquele mesmo Estado de Direito.

Acrescente-se, ainda, a igualmente basilar noção que essa recomposição, no caso do sistema penal, somente pode-se dar por meio do processo penal – como já destacado nos Capítulos 1 e 3 desta Obra, revestido de suas garantias próprias as quais legalizam e legitimam o curso da recomposição acima mencionada. Trata-se, mais que qualquer outro campo, da inafastabilidade do controle jurisdicional que nesta seara alcança a maior extensão de seu significado técnico-jurídico.

Pode-se assim resumir que justa causa é:

a] Enquanto conceito: é a *perspectiva* da necessidade de recomposição do mundo da vida mediante o inafastável emprego do processo com a demonstração mínima diante das provas lícitas e elementos de informação trazidos da investigação criminal;

b] Enquanto demonstração: pelo emprego dos meios de prova lícitos;

c] Enquanto finalidade: a recomposição do mundo da vida pela imposição da pena e a submissão a ela nos limites da lei.

Sendo esse um caminho teoricamente valido a ser seguido, impõe pesquisar como ele pode ser compatível com a nova estrutura legal, quando ela define de maneira inédita o que é prova e estabelece que a justa causa é uma das hipóteses de rejeição liminar da denúncia (e não causa de absolvição sumária).

Justa causa hipótese autônoma para o recebimento da inicial acusatória (denúncia ou queixa-crime) e suporte probatório mínimo

O art. 395 reformado incluiu explicitamente a justa causa como uma das hipóteses de rejeição da denúncia ou queixa.

De forma igualmente explícita não a alocou como uma *condição* da ação, fazendo-se omisso em explicitar qual seria *a* condição da ação (a literalidade da lei fala apenas em condição da ação no singular, abrindo espaço para a minimização da construção de Liebmann no processo penal).

Neste ponto, diferentemente de Oliveira não cremos que se está diante de uma ampliação das condições da ação, mas, ao contrário, no enxugamento dessas hipóteses, com as consequências já anunciadas para o tema da coisa julgada, malgrado o ceticismo de Pacheco para com essa conclusão.

Sendo assim, fundamentar o magistrado na rejeição da inicial por justa causa *isoladamente*, implica em ter ele considerado que a inicial de *acusação era formalmente apta*, a dizer, cumpriu com os requisitos do art. 41 do Código de Processo Penal (como regra geral).[45]

Do Artigo 41 que orienta a formação estrutural da denúncia ou queixa pode-se afirmar que não implica em inépcia o seguinte rol de situações:

a] ausência do rol de testemunhas, posto que facultativa sua indicação;
b] capitulação equivocada do tipo legal afirmado, dado o teor do art. 383 reformado do Código;
c] a qualificação da pessoa acusada, quando não implicar em processar-se alguém indevidamente, seja pela impossibilidade etária de fazê-lo, seja por se tratar de equívoco de dado de qualificação da pessoa que efetivamente é acusada, mas que não implique em atribuir essa identidade a pessoa diversa.

Estavam presentes os *pressupostos processuais*. Ao mencionar expressamente a falta de pressupostos processuais como causa de rejeição da denúncia (ou queixa), a reforma adentrou em tema dogmático sujeito a inúmeras controvérsias.

Numa linha de exposição do tema, tem-se com Frederico Marques[46] que pressupostos processuais se dividem em subjetivos e objetivos. Os subjetivos, são os tratam dos sujeitos principais da relação processual, ou seja, ao juiz e partes, e os objetivos se referem à subordinação do procedimento às normas legais e à inexistência de fatos impeditivos, como a litispendência ou a coisa julgada. De qualquer forma, a tendência é ter os pressupostos processuais como essenciais para a instauração da relação válida no âmbito processual, o que parece reafirmado pela disciplina renovada do presente artigo.

Deve ser destacado, igualmente, que os pressupostos processuais não se confundem com as condições de ação, sobretudo numa linguagem à Chiovenda, numa perspectiva de direito concreto de ação, porquanto estes últimos condicionam um pronunciamento favorável ao autor, enquanto os primeiros apenas autorizam o funcionamento da Administração da Justiça e não implicam numa sentença de mérito favorável ao autor.

Por fim, estava presente *a condição para o exercício da ação penal*. Tomando-se o sentido literal da norma em questão, restaria pontuar que a lei não trouxe uma indicação clara e menos ainda precisa de qual(is) seria(m) tais condições, empregando-se a clássica ideia de Liebmann apenas para a existência dessa categoria.

---

45 Literalmente: Art. 41. A denúncia ou queixa conterá a exposição do fato criminoso, com todas as suas circunstâncias, a qualificação do acusado ou esclarecimentos pelos quais se possa identificá-lo, a classificação do crime e, quando necessário, o rol das testemunhas.
46 Frederico Marques, José. **Elementos de Direito Processual Penal** (1997). Op. Cit. Ver segundo volume.

Caso a proposta doutrinária acima exposta fosse aceita como válida para conceituar justa causa, o magistrado, ao refutar a inicial isoladamente declarando a ausência desse item (justa causa) estaria dizendo que (a) o processo era desnecessário para recompor o mundo da vida e/ou (b) as provas-informes que instrumentalizariam a justa causa não seriam lícitos.

Momento do reconhecimento da justa causa

A justa causa foi alocada corretamente, dentro da perspectiva que seguirá no plano da rejeição da denúncia ou queixa quando do aforamento dessas peças.

Isto porque, sendo prova no sentido técnico formal aquilo que se produz em contraditório como regra e, como exceção, os meios de informação produzidos na investigação criminal que revestidos da condição de cautelaridade, irrepetibilidade e antecipação acabam por galgar essa *natureza*, parece-nos que somente é possível entender as hipóteses de absolvição sumária dentro de uma moldura constitucional a partir da qual já houve um mínimo de cognição – ainda que não exaurida – que demonstra, de plano, a ocorrência das hipóteses do art. 397, excetuando-se a que fala em *absolvição sumária* pelo reconhecimento de *extinta a punibilidade do agente*, fundamento que, rigorosamente falando, não diz respeito a matéria absolutória mas, sim, da perda do direito de punir pelo Estado.

Assim, é com a rejeição da denúncia ou queixa, de plano, que se reconhece a inexistência da "*perspectiva* da necessidade de recomposição do mundo da vida mediante o inafastável emprego do processo com a demonstração mínima diante das provas lícitas e elementos de informação trazidos da investigação criminal" e não como o "direito a fazer prova daquilo que se alega".

Justa causa e perspectiva de recomposição do mundo da vida

Do cenário acima exposto e pelo diálogo com o conceito de justa causa a partir da definição proposta por Afrânio Silva Jardim, podemos entender que a forma pela qual a justa causa foi tratada a partir da reforma reservou-lhe um destino de singular importância no processo penal: a de ser a base legal até então faltante para que se possa impedir que venha à tona um processo desvinculado de uma finalidade concreta, com a imposição de uma pena que somente teria significado o exercício da *Administração da Justiça* pura e simples, sem a modificação do mundo da vida que já se sabia impossível de ocorrer porque, por exemplo, seria reconhecida a prescrição pela pena ao final aplicada.

No mesmo sentido a conclusão de Scarance Fernandes[47], quando afirma que, em casos como o presente, "faltaria justa causa para a ação penal, seja como

---

47 FERNANDES, Antônio Scarance. A Provável Prescrição Retroativa e a Falta de Justa Causa para a Ação Penal. **Cadernos de Doutrina e Jurisprudência da Associação Paulista do Ministério Público**, n. 6, p. 38-43.

interesse de agir, na posição de alguns doutrinadores, seja no exame provisório e antecipado de mérito para aferir da justiça da acusação".

Na demonstração dos principais argumentos que admitem ou repelem o reconhecimento da prescrição em perspectiva, um chamava a atenção em especial: o emprego da CR como fundamento da possibilidade de impor-se ao imputado um processo penal cujo resultado é potencialmente inócuo. Neste sentido, a verdadeira pena a que foi submetida a pessoa acusada não é a de direito material, mas sim a própria existência do processo. E tal consequência se encontra amparada, nessa parte da jurisprudência, pelo próprio devido processo legal.

Efetivamente, ao entender a matéria dessa forma tem-se, com a devida vênia, a inversão da razão de ser do devido processo legal. Quanto ao argumento da imprevisibilidade do conteúdo da sentença condenatória, ou *prognóstico* tal como afirmado em vários provimentos anteriormente mencionados, é de ser ponderado que a *projeção* é usada em inúmeras passagens do processo penal sem que isso seja tão traumatizante para o Magistrado. Com efeito, ao afirmar a potencial possibilidade de *voltar a delinquir* e, assim, decretar a prisão preventiva de alguém com fundamento na *ordem pública* não está fazendo outra coisa o julgador senão um prognóstico, uma previsão, uma conjectura.

Conclusivamente, a justa causa nos moldes propostos funciona como um mecanismo de adesão ao processo penal constitucional, visto que impede o exercício abstrato da Justiça criminal, condicionando seu fundamento a uma concreta demonstração da necessidade da recomposição do mundo da vida pela aplicação de uma pena que atenda às suas finalidades estritas num Estado Democrático e de Direito.

Mesmo que isso já pudesse ser extraído da redação do art. 648 do Código de Processo Penal que se mantém inalterado até o momento, é da nova estrutura da rejeição liminar da denúncia ou queixa, analisada em conjunto com os temas que lhe são correlatos como a absolvição sumária e o conceito técnico-formal de prova no processo penal que se pode alcançar o resultado acima exposto, devendo-se a Afrânio Silva Jardim o papel de catalisador das ideias sobre o tema, mesmo porque, à míngua de um conceito legal de justa causa para o processo penal, que se contenta com a mera referência à sua existência, sempre coube ao intérprete responsável – e, neste particular, Silva Jardim é um exemplo – buscar evitar a expansão de um sistema penal em direção ao arbítrio, que tem na justa causa uma de suas mais fortes barreiras.

5.1.3.7 A veiculação da acusação e seus requisitos

A acusação pública ou privada é apresentada por escrito, como regra, no processo penal brasileiro. A exceção a essa forma encontra-se na Lei 9099/95 quando, após infrutífera a composição civil ou a transação penal, o acusador pode manifestar a acusação oralmente, em audiência.

Seja na forma oral, como exceção, ou na escrita, como regra, a veiculação da acusação deve cumprir determinados requisitos formais para ser considerado apta, conceito que, em seu reverso, gera a inépcia, situação na qual a peça inaugural pode ser rejeitada, com a possibilidade do emprego do recurso em sentido estrito para reverter aquela decisão.

Obrigatoriamente a veiculação da acusação deve conter:

a) Endereçamento ao juízo competente;
b) Identificação do acusador (situação particularmente destacada quando se tratar de acusação privada);
c) Identificação da pessoa acusada (física ou jurídica; de forma individualizada na hipótese de concurso de pessoas);
d) Descrição da conduta penalmente relevante com sua delimitação de tempo e local, inclusive;
e) Manifestação da pretensão penal (o *pedido*) e,
f) Manifestação para atribuição de liquidez parcial do valor a ser pago à vítima a título de indenização (vide comentários a este respeito no Capítulo 2 desta Obra).

Dos itens enunciados, o CPP colide frontalmente com as bases constitucionais-convencionais quando possibilita que a acusação seja lançada sem os dados de individualização da pessoa imputada, simplesmente apontando-a pelas suas características, ou na locução do art. 41, com os *esclarecimentos pelos quais se possa identificá-lo*.

A ofensa aos parâmetros constitucionais-convencionais advém da obrigatoriedade de identificação precisa da pessoa a ser imputada e, tanto assim o é, que reformas posteriores do CPP autorizam a prisão temporária para esta finalidade e, mesmo, a prisão preventiva (art. 313 do CPP).

Mas, o grande problema que se coloca diante da estrutura acusatória constitucional-convencional é que se pode exigir como *pedido* na acusação pública, já que na acusação privada o pedido condenatório é obrigatório sob pena de perempção a teor do disposto no art. 60, III, do CPP.

Com efeito, que pedido deve haver disso não resta dúvida, pois a acusação não é uma mera manifestação de intenções.

Mas, no marco inquisitivo que permeia o processo penal brasileiro e de parte da literatura sobre ele formada – muita da qual ainda tributária de posições assumidas antes da CR/88 – anima compreensões como a da *desnecessidade do pedido* ou de ser o pedido condenatório algo *implícito*[48] no oferecimento da acusação afastando-se de importante observação que esclarece que a acusação é formada de imputação e pedido.[49]

O rasgo inquisitivo da posição que vê a *desnecessidade* ou o viés *implícito* do pedido condenatório está na compreensão do próprio papel da jurisdição que, naquele cenário – inquisitivo – é um *fim em si mesmo*, e se movimenta com postulações abstratas, como seria a mera solicitação da atuação judicial para que *no caso concreto seja feita justiça*.

No processo penal acusatório, o MP assume inevitavelmente o papel de *parte*, não lhe cabendo outra função que não essa. Não *opina*; não emite *pareceres* no curso da acusação pública. Assim, consequentemente, deve postular – porque com base mínima para tanto, caso contrário não teria oferecido a acusação (denúncia) – a aplicação da pena.

Essa afirmação retira o acusador público da histórica zona de conforto no qual o sistema inquisitivo de processo o colocou, pois exige que sua acusação não seja fruto da inércia do funcionamento da administração da justiça penal, mas, sim, decorrente da análise jurídica estrita, banhada pelo compromisso deôntico ao acusar.[50]

E, como arremata com precisão Santiago,[51]

> (...) a acusação responsável, assim, é a racionalização do direito de punir a partir do Ministério Público e de suas funções institucionais. Envolve de um lado o incremento à cautela e rigor técnico no tratamento dos meios probatórios no direito processual penal, desde o cometimento do delito, garantindo o respeito ao devido processo legal, contraditório e ampla defesa, em seus aspectos formais e materiais, em vista da dignidade da pessoa humana e direitos fundamentais.

---

48 Posições retratadas no texto de AMORIM, Pierre Souto Maior C. A inépcia da denúncia por falta do pedido de condenação. **Juris Plenum Ouro**, v. 1, p. 1, 2015.

49 JARDIM, Afrânio Silva; AMORIM, Pierre Souto Maior Coutinho de. **Direito Processual Penal**: estudos e pareceres. 13. ed. Rio de Janeiro: Lumen Juris, 2013. p. 170-172. Mas, sem que se adira à simpatia dos autores por uma teoria geral do processo e o emprego do processo civil como ponto de partida para análise.

50 Como exposto na literatura italiana quando da reforma do CPP. A ver, PISANI, Mario. Il Pubblico Ministero nel Nuovo Processo Penale: Profili Deontologici. **RDP**, v. 1, p. 181 e seguintes, onde se apontam bases para uma nova cultura do processo penal. Veja-se, ainda, PALMA, Nitto Francesco. La Deontologia del Pubblico Ministero nel Nuovo Codice. **Giustizia Penale**, v. III, p. 150 e seguintes.

51 SANTIAGO, Nestor Eduardo Araruna; OLIVEIRA, A. L. T. A acusação responsável como direito fundamental. In: Congresso Nacional do CONPEDI, 19, 2010. **Anais do XIX Encontro Nacional do Conpedi**. Florianópolis: UFSC, 2010. p. 1238-1251.

Nada obstante, uma vez lançada a acusação podem ser detectados excessos ou desvios, como adiante será visto.

5.1.3.8 Os desvios da acusação

Recorde-se com Roxin uma vez mais que

> com a aparição de um direito de persecução penal estatal, surgiu também, a sua vez, a necessidade de erigir barreiras contra a possibilidade de abuso do poder estatal. O alcance desses limites é, por certo, uma questão da respectiva Constituição do Estado.[52]

A acusação, no quadro constitucional-convencional deve propiciar à pessoa acusada a possibilidade de exercer de maneira plena o direito ao contraditório e a ampla defesa. Nesse último aspecto deve ser entendido, também, o *nemo tenetur* e um dos seus desdobramentos, o direito ao silêncio.

Isso decorre das bases da CR e da CADH, especificamente dos artigos 8.2 *a*, onde se prescreve a *comunicação prévia e pormenorizada ao acusado da acusação formulada*. Mais ainda, o Pacto Internacional de Direitos Civis e Políticos de 1966, integrante do ordenamento brasileiro, determina em seu artigo 13, 3, *a*, que a pessoa acusada tem o direito "de ser informado, sem demora, numa língua que compreenda e de forma minuciosa, da natureza e dos motivos da acusação contra ela formulada."

Contudo, permanece na literatura e no campo dos precedentes leitura diversa, autorizando distorções que comprometem o direito defensivo.

A acusação abusiva

A expansão indevida da acusação é própria da estrutura inquisitiva de processo pela qual a atuação da jurisdição é ilimitada na busca da sofística *verdade real*.

E essa expansão se acentua no processo penal contemporâneo, marcado por mecanismos transacionais e emergenciais que fazem com que, mais que nunca, a acusação penal e seu desenvolvimento processual se assemelhem a um jogo[53] no qual imputações muito superiores às bases fáticas que as sustentam são lançadas para, na contrapartida da negociação penal, venham a diminuir sensivelmente seu campo de abrangência.

Assim, quanto mais hostil ao Estado de direito for o regramento da persecução, maior será a preocupação com o abuso do poder de acusar. Não por outra razão,

---

52 ROXIN, Claus. **Derecho Procesal Penal**. 25. ed. Buenos Aires: Del Puerto, 2000. p. 02.
53 Para uma ampla visão da "teoria dos jogos" aplicada ao processo penal, ver a obra paradigmática de ROSA, Alexandre Morais da. **Guia compacto do processo penal conforme a teoria dos jogos**. 4. ed. Florianópolis: Empório do Direito, 2016.

um dos estudos mais significativos desse tema foi concebido durante o período de exceção.[54]

Como tentativa de minimizar a oferta abusiva de imputações, há a preocupação com a forma como se dá a admissibilidade da acusação que, no direito brasileiro, foi tema pautado para a reforma que entrou em vigor em 2008. Lamentavelmente, como se verá no Capítulo 6 desta Obra, a mudança legislativa não foi apta a produzir qualquer efeito sensível neste tema, mantendo-se o cenário atual pouco diferente daquele concebido pelo CPP na sua forma anterior.

Isso se acentua quando há juízos de admissibilidade que não são efetuados pelo juiz natural da causa ou com incrementos de juízos meramente delibativos no momento de aferição das postulações iniciais, com o que se projeta para o fim do processo um juízo de limitação que deveria acontecer no início a fim de que acusação não venha a ser superior àquilo que pode efetivamente ser.

A acusação alternativa

À base constitucional-convencional já mencionada deve ser acrescida abalizada leitura do direito penal material, pela qual a atribuição (imputação) deve ser dirigida a pessoa determinada, com o que se exclui possa ela ter sido praticada por terceiros[55]. E, permitimo-nos acrescer, deve ser uma imputação determinada quanto à conduta imputada.

Esquivando-se dessas premissas – mesmo porque se trata de construção teórica muito anterior ao atual cenário constitucional-convencional – existe a chamada *denúncia alternativa*, que consiste em atribuir de forma imprecisa a conduta típica de modo a que o acusador possa eleger, dentro do marco que melhor lhe convém, a hipótese de acusação.

Ou, como se apresenta conceituada ainda antes da CR/88,

> diz-se alternativa a imputação quando a peça acusatória vestibular atribui ao réu mais de uma conduta penalmente relevante, asseverando que apenas uma delas terá sido praticada pelo imputado, embora todas se apresentem como prováveis, em face da prova do inquérito. Desta forma, fica expresso, na denúncia ou queixa, que a pretensão punitiva se lastreia nesta ou naquela ação narrada.[56]

---

54 A propósito o texto de FRAGOSO, Heleno Cláudio. Ilegalidade e abuso de poder na denúncia e na prisão preventiva. **Revista Brasileira de Criminologia e Direito Penal**. Rio de Janeiro, n. 13, p. 72, 1967. Ainda no mesmo período, GOMES DA CRUZ, José Raimundo. Justa causa e abuso de poder referentes à propositura da ação penal. **Justitia**, São Paulo, ano 29, v. 58, 3.trim. 1967.
55 TAVARES, Juarez. **Teoria do Injusto Penal**. 2. ed. Belo Horizonte: Del Rey. 2002. p. 252.
56 JARDIM, Afrânio Silva. Direito Processual Penal. 11 ed. Rio de Janeiro: Forense, 2005. p. 149. De forma idêntica a posição de MARQUES, José Frederico. **Elementos de Direito Processual Penal**. (1998). Op. Cit. p. 153/154, em produção original igualmente anterior ao marco constitucional-convencional.

Ofende, assim, as garantias defensivas[57], tornando a produção probatória um exercício igualmente aleatório. Nesse ponto merece ser pontuado que as bases constitucionais-convencionais apontam para a existência da *ampla defesa*, e não *ampla acusação*, sendo inviável qualquer simetria entre teses defensivas alternativas e acusação alternativa.[58]

A acusação genérica

Quanto à acusação genérica, comum em determinadas formas de criminalidade[59], sua tolerância jurisprudencial[60] é proporcionalmente oposta às críticas fundadas que recebe pela violação das mesmas bases constitucionais-convencionais por parte da doutrina.[61]

Aliás, quanto aos precedentes sobre a matéria, merece destaque especial o julgamento do STF que, em 2005[62], emprega como paradigma caso havido antes da CR/88 e da CADH, a saber, o RHC no 59.857-SP, Rel. Min. Firmino Paz, DJ de 10.12.1982.

Essa forma de proceder a acusação exemplifica bem as violações defensivas acima apontadas e seu enfrentamento pode ser feito com uma mudança no direito penal material no que tange aos chamados crimes societários[63], com a

---

57 Nesse sentido, entre outros, SILVA, José Carlos Loureiro da. A denúncia alternativa viola o direito de defesa. In: SILVA, Marco Antonio Marques da. **Processo penal e garantias constitucionais**. São Paulo: Quartier Latin, 2006. p. 405-423.

58 Como sustentado por SOUZA, Alexander Araujo de. A imputação alternativa no processo penal: exercício abusivo do direito de ação penal condenatória? In: BASTOS, Marcelo Lessa; AMORIM, Pierre Souto Maior Coutinho de. **Tributo a Afrânio Silva Jardim: escritos e estudos**. Rio de Janeiro: Lúmen Júris, 2011. p. 1-7.

59 Cuja crítica existe em várias análises como, por exemplo, MENEZES, Bruno Seligman; PAULI, Cristiane Penning. A denúncia genérica nos delitos societários como óbice à concretização de um processo penal democrático. **Revista Eletrônica Direito e Sociedade-REDES**, v. 1, n. 1, p. 25-47, 2013.

60 Como, por exemplo, no precedente do BRASIL. Superior Tribunal de Justiça. **Recurso em Habeas Corpus n. 20.109/MG**. Sexta Turma. Relatora Ministra Maria Thereza de Assis Moura. Julgado em: 01/09/2009. Publicação: DJe em: 19/10/2009.

61 Entre outros ver QUEIROZ, Eduardo Gomes de. Denúncia genérica nos crimes societários: um retrocesso ao Estado Novo. Análise sob o ponto de vista da atual ordem constitucional, do direito supralegal e da legislação ordinária. **Revista Síntese de Direito Penal e Processual Penal**, v. 8, n. 47, p. 67-77, 2008. Ainda, PRATES, Renato Martins. A acusação genérica nos crimes societários. **Revista CEJ**, v. 4, n. 10, p. 35-41, 2000 e SANTIAGO, Nestor Eduardo Araruna. Criminalidade econômica, denúncia genérica e devido processo legal. **Revista Opinião Jurídica. Fortaleza**, v. 4, n. 6, p. 262-272, 2005; KNIPPEL, Edson Luz. Denúncia genérica: inconstitucionalidade. In: D'URSO, Umberto Luiz Borges; D'URSO, Clarice (Org.). **Temas de direito penal e processo penal**. [S.l.: s.n.] [2014?]. p. 57-62.

62 BRASIL. Supremo Tribunal Federal. **Habeas Corpus n. 85549/SP**. Primeira Turma. Relator Min. Sepúlveda Pertence. Julgado em: 13/09/2005. Publicação: 14/10/2005. Disponível em: <https://jurisprudencia.stf.jus.br/pages/search/sjur93948/false>. Acesso em: 14 jun. 2021.

63 Para uma crítica mais ampla nesse cenário, CARVALHO, Salo de; WUNDERLICH, Alexandre. Criminalidade econômica e denúncia genérica: uma prática inquisitiva. In: FAYET JÚNIOR, Ney. **Ensaios penais em homenagem ao Professor Alberto Rufino Rodrigues de Sousa**. Porto Alegre: Ricardo Lenz, 2003. p. 693-707.

possibilidade de ampliação da responsabilidade penal da pessoa jurídica[64], com o que se eliminaria essa forma de abuso do poder de acusar em relação à pessoa física e se colocaria no polo passivo quem realmente se beneficia da conduta: a pessoa jurídica.

5.1.4 A veiculação da acusação e a identificação do objeto do processo

5.1.4.1 Função garantidora do objeto da acusação

De nossa parte, em obra anterior[65] destacamos que a fixação do objeto do processo tem um papel de garantia essencial na persecução conforme ao modelo acusatório e ao Estado de Direito, pois delimita o espaço de cognição a ser desenvolvido no processo e orienta os limites do contraditório e da ampla defesa. E, no conjunto desses fatores, condiciona os limites objetivos da coisa julgada (vide Capítulo 9 nesta Obra).

5.1.4.2 Algumas posições sobre o conceito de objeto do processo

Gloeckner[66] apresenta aguda abordagem da evolução do conceito de *actio* e seus desdobramentos, alcançando a compreensão fascista de Rocco que, utilizando-se do conceito de *direito subjetivo* do Estado ao exercício do *jus puniendi* (este compondo a relação jurídico-processual, na explanação do doutrinador citado) passa a tratar a pessoa submetida à persecução como um objeto, concluindo que, naquela formulação antidemocrática, "o objeto da punição é a própria pessoa que comete a infração penal, um direito, como prefere denominar Rocco, sobre a própria personalidade do acusado, ao melhor estilo da ideologia da defesa."[67]

Buscando superar as arramas que prendem aquela concepção de processo a um modelo de supremacia do Estado e de objetificação da pessoa acusada, o eminente professor gaúcho, apoiado em Guasp e Goldschimidt, acompanha a postura de Lopes Jr., para concluir que

> O objeto do processo penal é uma pretensão acusatória. Esta pretensão acusatória será entendida como um direito ao processo – jus ut procedatur. Este poder

---

64 A esse respeito ver: CHOUKR, Fauzi Hassan; LOUREIRO, Maria Fernanda e VERVAELE, John. Op. Cit. Ver volume 1.
65 CHOUKR, Fauzi Hassan. **Código de Processo Penal**. Op. Cit. Especialmente comentário ao art. 41.
66 GLOECKNER, Ricardo Jacobsen. Inaplicabilidade do conceito de ação ao processo penal. **Sistema penal & violência**, v. 3, n. 1, p. 47-61, 2011.
67 GLOECKNER, Ricardo Jacobsen. *Ibidem*, p. 51.

que detém o Ministério Público de levar adiante a acusação e de ser examinado pelo Estado se constitui como um poder condicionado, relativizado.[68]

Com outro viés de análise, Malan[69] faz acurada apreciação dos conceitos de acusação e imputação, concluindo que

> (...) se equivalem, caracterizando o ato processual através do qual se formula a pretensão processual penal. O objeto processual, por sua vez, não é a própria acusação ou imputação, e sim o seu conteúdo, ou seja, o fato naturalístico atribuído ao réu (...) independente da sua qualificação jurídico-penal.

Nessa mesma linha, Rangel[70], apoiado em Roxin, afirma que

> O objeto do processo é um consectário lógico do sistema acusatório, pois refere-se aos "fatos descritos na acusação" os quais o juiz não poderia conhecer se não houvesse provocação da parte autora, no nosso caso, o Ministério Público.

E Maier explica que

> Deve entender-se que "fato" é qualquer acontecimento histórico, afirmado hipoteticamente como certo, que se realiza por ação ou omissão e que é penalmente relevante, a dizer, suscetível de ser enquadrada em qualquer norma penal e que, como tal, para que lhe seja atribuível deve ser empregado o processo penal contra a pessoa que o praticou. A identidade que fala aqui é fática, sobre fatos concretos e não sobre qualificações jurídicas, porque, caso contrário, poderiam ser persequíveis simultânea ou sucessivamente invocando-se outra qualificação jurídica o que, certamente, é inaceitável.[71]

Essa posição do eminente jurista argentino ecoa na jurisprudência da CIDH, quando considera como identificador do objeto do processo a descrição dos fatos, e não a sua inserção em determinado tipo penal.[72]

Conceito: Também entendemos que o objeto do processo compreende a descrição fática que sustenta a pretensão acusatória[73] e que gera o pedido de

---

68 Idem.
69 MALAN, Diogo Rudge. **A sentença incongruente no processo penal**. Rio de Janeiro: Lumen Juris, 2003. p. 103 e seguintes.
70 RANGEL, Paulo. O garantismo penal e o aditamento à denúncia. **Revista Forense**, Rio de Janeiro, v. 363, n. 363, p. 01-549, 2000.
71 MAIER, Julio. **Derecho Procesal Penal**. Fundamentos. Buenos Aires: Del Puerto, 2003. Tomo 1. p. 600. Tradução livre.
72 CORTE INTERAMERICANA DE DERECHOS HUMANOS. **Caso Loayza Tamayo vs. Peru**. Sentencia de 17 de septiembre de 1997. Disponível em: <https://www.corteidh.or.cr/docs/casos/articulos/seriec_33_esp.pdf>. Acesso em: 14 jun. 2021. p. 66-70.
73 E essa pretensão já foi dividida na doutrina como "processual" ou "material". A primeira, compreendida como a necessidade do processo; segunda, como pretensão da imposição da pena, donde seu aspecto "material". BADARÓ, Gustavo Henrique Righi Ivahy. **Correlação entre acusação e sentença**. 2. ed. São Paulo: Revista dos Tribunais, 2009. p. 70 e seguintes.

inafastável intervenção estatal para imposição da pena. É da descrição fática que se desdobra a produção probatória das partes e sobre ele que incidirá o limite objetivo da coisa julgada impedindo nova persecução pelos mesmos fundamentos.

`5.1.4.3` Crítica ao modelo brasileiro de controle sobre o objeto do processo

No Direito brasileiro, uma das mais profundas manifestações de inquisitividade é a possibilidade da (re)definição do objeto do processo a qualquer momento até a prolação da sentença em primeiro grau vedando-se, apenas, que seja a acusação modificada em grau de recurso.

Assim, a possibilidade de alterações substanciais na descrição fática – e mesmo a correção – jurídica são manifestações da incompletude ou mesmo precariedade das bases de informação (entenda-se, a investigação) que sustentam a acusação e que propicia que os meios de prova empregados na construção da cognição processual revelem situações fáticas desconhecidas do próprio acusador.

Essa flutuação probatória sempre foi vista com naturalidade e a censura feita a estes mecanismos restringiu-se a ainda maior incompatibilidade constitucional da redação do art. 384 até a reforma de 2008 como adiante se verá.

Essa possibilidade de flutuação do verdadeiro conteúdo da acusação é, então, causada primordialmente pelos seguintes fatores:

a] Precariedade e incompletude da investigação, que gera acusações frágeis; e,
b] Inexistência de uma verdadeira fase de filtragem do conteúdo da acusação, que cumpra o papel de estabilizar o objeto do processo o mais cedo possível.

Houve uma tentativa de reformular o modelo brasileiro de modo a adequá-lo às premissas constitucionais com a reforma de 2008. Nada obstante, se alguma evolução legislativa houve, ao menos no que diz respeito ao estabelecimento de uma fase formal de admissibilidade com contraditório escrito, não se pode dizer que tenha desde já havido uma assimilação cultural do novo sistema, ainda que com as imperfeições que serão objeto de consideração no Capítulo 6 desta Obra.

`5.1.4.4` A exceção de litispendência e a proteção do ne bis in idem[74]

Uma vez definido o objeto do processo torna-se inviável a *dupla persecução* sobre os mesmos fatos que, na linguagem do CPP é identificado pela palavra *litispendência*, cujo conceito não se encontra na legislação processual penal, sendo inviável

---

74 Ou a expressão bis de eadem res ne sit action.

Formação da Acusação Penal | 373 |

transpor-se, de forma linear a partir de uma teoria geral do processo, o conceito processual civil para o campo processual penal.[75]

Observado o direito comparado, particularmente no âmbito da common law, há densos estudos sobre o tema, que se ocupam largamente de sua construção histórica[76] e de suas dimensões contemporâneas, sobretudo a garantia da 5ª Emenda no EUA pela qual se impede a renovação da persecução pelos mesmos fatos sobre os quais ela já foi absolvida ou condenada, ou impede a imposição de múltiplas penalidades pela mesma conduta em processos sucessivos ou, ainda, impede a persecução renovada pelos mesmos fatos após a acusação ter sido retirada ou rejeitada em fase inicial de admissibilidade.

Na literatura latino-americana o tema ocupa espaço em obras significativas há tempos[77], destacando sua importância na construção daquilo que, contemporaneamente, chamamos de Estado de Direito[78] e sua intima ligação com a coisa julgada, embora não se esgote nela.

Análise Crítica: Isto porque impede-se a dupla persecução ainda que não exista a coisa julgada no caso inicial, evitando-se a sobrecarga das acusações sobre os mesmos fatos.

---

75 Como apontado no seguinte precedente: "a) legitimidade ativa e passiva; b) causa de pedir; c) pedido. [...] a teoria geral do processo civil só parcialmente se projeta na teoria geral do processo penal, dado, por exemplo, neste último, não haver pedido, no sentido do processo civil, porque inexiste lide, só analogicamente, far-se-á a aproximação. Não há lide porque, juridicamente, o Ministério Público não se opõe ao réu; ao contrário, os interesses se encontram no mesmo ponto: não haver punição senão pelo fato cometido. [...] Apesar da aproximação dos institutos, na área processual penal, projeção do princípio da reserva legal, impossível punir a pessoa, duas vezes, pelo mesmo fato. Resulta do comando penal – non bis in idem. Com isso, afasta-se, terminantemente, a fluência de processo, cuja denúncia repita fato em curso, ou definitivamente apreciado em outro processo". BRASIL. Superior Tribunal de Justiça. **Habeas Corpus n. 4325/RJ. 1996/0002645-9**. Sexta Turma. Relator Min. Adhemar Maciel. Data de Julgamento: 10/06/1996. Data de Publicação: DJ 22.09.1997, p. 46556. Disponível em: <https://stj.jusbrasil.com.br/jurisprudencia/19921998/habeas-corpus-hc-4325-rj-1996-0002645-9/inteiro-teor-104647364>. Acesso em: 14 jun. 2021. Ainda que não endosse todas as afirmações do voto do Relator, a restrição ao emprego da teoria geral do processo deve ser acompanhada de acordo com o marco teórico desta Obra.
76 RUDSTEIN, David S. Brief History of the Fifth Amendment Guarantee against Double Jeopardy. A. **William & Mary Bill of Rights Journal**, v. 14, p. 193, 2005.
77 MAIER, Julio B. J. Inadmissibilidade de la persecución penal múltiple (ne bis in ídem). **Doctrina Penal**: Teoría y prática en las ciencias penales, Buenos Aires, v. 9, 33/36, p. 415-461, 1986.
78 A esse respeito a afirmação de HENDLER, Edmundo S. Una regla que confirma sus excepciones: ne bis in idem. In: HENDLER, Edmundo S. **Las garantías penales y procesales**: enfoque histórico-comparado. Buenos Aires: Del Puerto, 2004. p. 131-148: 'Es indudable asimismo el significado político que asumió en el devenir histórico de la cultura occidental al establecerse como restricción al derecho de perseguir o de imponer castigos, derecho éste que fue apropiado y convertido en prerrogativa de la autoridad centralizada de los reyes a medida que fueron forjándose los grandes estados nacionales. Ese significado tuvo clara expresión con las proclamas de derechos de fines del siglo XVIII, y su consolidación ya con perspectivas de vigencia supranacional, tuvo lugar en época relativamente reciente, con los tratados internacionales de la comunidad europea y la organización interamericana celebrados en la segunda mitad del siglo XX".

No direito brasileiro o *ne bis in idem* aparece progressivamente nas discussões[79] que apresentam sua intima ligação com o sistema interamericano de direitos humanos[80] e sua projeção também constitucional[81], neste ponto sem previsão específica.

No CPP a litispendência é objeto de exceção no art. 95, II, (no mesmo contexto da *exceção de coisa julgada*), compartilhando, como as demais, o rito da exceção de incompetência e, dado seu caráter de ordem pública é oponível em qualquer tempo e pode ser acolhida, inclusive, em grau de recurso, neste caso como preliminar em grau de apelação.

Como regra a exceção não suspende o processo à luz da literalidade do CPP. Nada obstante não é possível, no marco constitucional-convencional manter-se a concomitância de acusações cuja identidade se alega dado o severo gravame a que se submete a pessoa acusada.

Assim, temos que, não indeferida de plano a exceção de litispendência diante de manifesta insubsistência, deve o segundo caso ser sobrestado até a definição, pelo juízo excepto, do tema debatido.

O acolhimento dessa exceção é impugnável por via do recurso em sentido estrito (art. 581, III, do CPP[82]) enquanto sua rejeição não comporta recurso específico sendo, assim, empregável o habeas corpus. Se o juiz não a acolher e houver litispendência, na falta de recurso específico, é cabível o *habeas corpus*.[83]

5.1.5 Alterações na acusação

É da persistência da matriz do CPP a possibilidade de alterar-se, ao longo do processo – e, portanto, com a acusação já veiculada – tanto o conteúdo fático quanto a capitulação jurídica.

Modificada a estrutura original com a reforma da Lei 11.719, de 2008, já se ponderou que,

> (...) se a reforma foi feliz no que se refere à nova redação do artigo 384, que regula a *mutatio libelli*, realçando os princípios constitucionais do juiz natural

---

79 Entre outras obras, uma específica sobre o tema: SABOYA, Keity. **Ne bis in idem**: história, teoria e perspectivas. Rio de Janeiro: Lumen Juris, 2014.
80 BELTRAME, Priscila Akemi. Proibição de submissão a novo julgamento – regra do ne bis in idem – o sistema interamericano de direitos humanos e o direito comparado. **Revista Brasileira de Ciências Criminais**, São Paulo, v. 17, n. 80, p. 407-430, set./out. 2009.
81 MAIA, Rodolfo Tigre. O princípio do ne bis in idem e a Constituição brasileira de 1988. **Boletim Científico**, Escola do Ministério Público da União, v. 16, p. 11-75, 2005.
82 Art. 581: Caberá recurso, no sentido estrito, da decisão, despacho ou sentença: (...) III – que julgar procedentes as exceções, salvo a de suspeição.
83 A título exemplificativo, o seguinte precedente: BRASIL. Tribunal Regional Federal (1ª Região). **ACR n. 20973220114014200**. Terceira Turma. Relatora Desembargadora Federal Mônica Sifuentes. Data de Julgamento: 09/09/2014. Publicação: 19/09/2014.

e do contraditório, reforçando a inércia do magistrado e aumentando a responsabilidade do Ministério Público no instituto, o mesmo não pode ser dito quanto à redação do artigo 383, que regula a *emendatio libelli*. Esta sofreu alterações importantes, porém, insuficientes, segundo alguns doutrinadores. Isto porque a atual redação ainda dá ao juiz um poder muito grande ao permitir que ele altere a classificação do crime sem consulta ao Ministério Público e sem possibilidade de manifestação da defesa.[84]

Inserida no contexto maior da alteração da acusação, ambas situações traduzem o sintoma já destacado da incompletude da investigação e do escasso domínio do acusador sobre o material informativo que possui em mãos e que lança em Juízo a título de acusação, percurso no qual é visto com naturalidade que se possa flutuar a configuração típica e a descrição fática.

Assim, as críticas expendidas às previsões normativas antes da sobredita reforma eram voltadas para a manifestação colisão do regime anterior com a CR/88, pois permitiam ao juiz assumir papel *ativo* na construção da acusação. Se crítica houve quanto à impropriedade sistêmica da própria existência dessas previsões, ela se perdeu pois isolada e incapaz de fazer frente ao modelo inquisitivo que ainda persiste e que não é modificado por reformas pontuais, como já destacado no Capítulo 1 desta Obra.

Presentes no CPP, precisam ser analisadas como se fará na sequência.

5.1.5.1 Modificações na acusação pública (aditamento)

As modificações na acusação pública podem vir a corrigir:

a) Aspectos deficitários por erros materiais sem qualquer repercussão na alteração fática ou atribuição de qualificação jurídica;
b) A atribuição da qualificação jurídica; ou
c) A descrição fática.

Se a primeira hipótese pode ser configurada como irrelevante para ao devido processo legal, as duas outras alteram sensivelmente o equilíbrio processual e afetam a condição defensiva da pessoa submetida à persecução. E afirmamos isto desde a 1ª. Edição dos nossos Comentários ao Código de Processo Penal quando destacávamos a imperiosa necessidade de adequação constitucional dos arts. 383 e 384 do CPP.

---

84 RIBEIRO, Ludmila Mendonça Lopes; MACHADO, Igor Suzano; SILVA, Klarissa Almeida. A reforma processual penal de 2008 e a efetivação dos direitos humanos do acusado. **Revista Direito GV**, São Paulo, n. 8(2), p. 677-702, jul-dez. 2012. p. 694.

Mas, como qualquer alteração na veiculação da acusação, descabe, a partir do modelo constitucional, o protagonismo judicial pois decorre da norma do art. 129, I, do texto constitucional.

Essa base justificou a mudança legislativa em 2008, mas, como sempre, com agudas permanências do modelo anterior no reformado.

Aditamento à descrição fática – art. 384 do CPP (*mutatio libelli*)

As formas de modificação do conteúdo original da acusação sofreram modificação com o advento da Lei n. 11.719/2008. Nos trabalhos da Comissão Grinover, o texto sugerido era o seguinte:

> Art. 384. Encerrada a instrução probatória, se entender cabível nova definição jurídica do fato, em consequência de prova existente nos autos de elemento ou circunstância da infração penal não contida na acusação, o Ministério Público poderá aditar a denúncia ou queixa, se em virtude desta houver sido instaurado o processo em crime de ação pública, reduzindo-se a termo o aditamento, quando feito oralmente.
>
> § 1º Ouvido o defensor do acusado e admitido o aditamento, o juiz, a requerimento de qualquer das partes, designará dia e hora para continuação da audiência, com inquirição de testemunhas, novo interrogatório do acusado, realização de debates e julgamento.
>
> § 2º Aplicam-se ao previsto no caput deste artigo as disposições dos §§ 3º e 4º do art. 383.
>
> § 3º Havendo aditamento, cada parte poderá arrolar até três testemunhas, no prazo de três dias.
>
> § 4º Não recebido o aditamento, a audiência prosseguirá. (NR)

Quanto à gênese da reforma de 2008 igualmente pontuávamos que "o grande acerto da nova disciplina vem na correta configuração da acusatoriedade quanto ao "caput" do art. 384, que na verdade se constitui em texto não recepcionado pela Constituição em vigor por significar verdadeiro exercício do direito de ação pelo magistrado. Doravante, com a aprovação do texto na forma em que se encontra, haverá a necessidade de manifestação do titular da ação penal para a reconfiguração do tipo penal quanto à essência da sua conduta, apresentando-se o acusado para contrariar a alteração, e com isto preservando a correlação entre acusação e sentença, cujo "princípio [...], também chamado da congruência da condenação com a imputação, ou, ainda, da correspondência entre o objeto da ação e o objeto da sentença, liga-se ao princípio da inércia da jurisdição e, no processo penal, constitui efetiva garantia do réu, dando-lhe

certeza de que não poderá ser condenado sem que tenha tido oportunidade de se defender da acusação".[85]

Tal entendimento acabou por ser expressamente reconhecido na nova legislação.

A reforma de 2008, se não pode ser festejada completamente, ao menos trouxe um lenitivo ao quadro de profunda desconformidade constitucional existente na redação anterior do art. 384[86], o qual permite que a descrição dos fatos venha a ser alterada ao longo do exercício do processo – mais exatamente, quando da prolação da sentença na ubiquação do CPP – que permitia que essa alteração fosse feita pelo magistrado, com o que se violava claramente uma das decorrências da titularidade da acusação contida no art. 129, I, da CR/88.

A partir de 2008, havendo modificação fática que foi "descoberta" ao longo da cognição ou, na locução do caput do art. 384, "em consequência de prova existente nos autos de elemento ou circunstância da infração penal não contida na acusação", o julgador deverá provocar o Ministério Público para que adite a acusação, com o que se renova a produção probatória.

Caso o acusador não modifique, o CPP prevê o mecanismo do art. 28, que aqui assume o papel de controlador do órgão de execução do Ministério Público, a ser provocado pelo magistrado e resolvido pelo Procurador Geral. Contudo, a aplicação do art. 28 já foi censurada por prestigiosa doutrina[87] no âmbito da discussão do NCPP pela perda da sua funcionalidade originária.

A recusa ao aditamento implica a manutenção da acusação na forma inicial, descabendo ao Magistrado alterá-la e, caso convencido da impropriedade da forma como foi formulada e mantida, dar pela improcedência da ação.

No que toca à intervenção defensiva, o modelo brasileiro limitou-se a prevê-la para que ocorra no prazo de cinco dias, quando a denúncia for aditada, seja oralmente, seja por escrito, e a possibilidade consequente de arrolar testemunhas até o número de três.

Nada se prevê quanto à renovação da citação dos novos termos da acusação, falha técnica que precisa ser suprida por interpretação sistêmica que venha a indicar a renovação da citação nessa hipótese, com todos os problemas que podem vir a surgir na forma discutida nestes Comentários ao art. 366, para onde remetemos o leitor.

---

85 AMBOS, Kai; CHOUKR, Fauzi Hassan. **A reforma do processo penal no Brasil e na América Latina**. São Paulo: Método, 2001.
86 E que foi apregoada pela doutrina anterior à reforma como "uma das mais autoritárias manifestações do nosso ordenamento processual penal". OLIVEIRA, Eugênio Pacelli. **Curso de processo penal**. 7. ed. Belo Horizonte: Del Rey, 2007, p. 510.
87 GLOECKNER, Ricardo Jacobsen. Nulidade na imputação criminal: Operação Lava Jato e o art. 383 do CPP. **Revista Brasileira de Ciências Criminais**, São Paulo, v. 24, n. 122, p. 281-307., ago. 2016.

Aditamento à qualificação da conduta – art. 383 do CPP (*emendatio libelli*)

A possibilidade de o Juiz, de ofício, alterar a imputação jurídica dos fatos articulados na acusação sempre foi vista com naturalidade diante da invocação do brocardo jurídico da *mihi factum, dabo tibi jus* ou sua variante *narra mihi factum, dabo tibi jus* traduzido livremente como "dê-se-me os fatos e lhe será dado o que de direito".

Na concepção originária do CPP também havia consequências jurídicas distintas para a situação processual da pessoa acusada (ou investigada) que adviesse da mera enunciação da norma legal, sobretudo no campo da prisão cautelar obrigatória, *ex legge*[88], o que era visto com naturalidade por parte significativa da doutrina[89] que, inclusive, jamais teceu críticas aguadas à própria colocação tópica do tema no Código, ao final, quando da prolação da sentença.[90]

Com as mudanças legislativas após 1988 a qualificação jurídica da imputação passou a ser relevante não apenas para a imposição de maiores gravames em sede cautelar (v.g. com a possibilidade ou não da decisão sobre prisão temporária), mas, também, do rito (v.g. Lei 9099/95 ou mesmo no art. 28 da Lei de 11346/2006), na solução alternativa *no processo* (v.g. aplicação do art. 89 da Lei 9099/95) e na forma de execução da pena (v.g. a lei dos crimes hediondos).[91]

Assim, a correta qualificação jurídica, antes de ser um mero passo formal na veiculação da acusação importa, sim, na seara defensiva como bem apontado por prestigiosa doutrina[92] sendo inconcebível que a persecução penal se dê de forma mais gravosa que a qualificação jurídica correta poderia acarretar, como anodinamente apresentado no §1º do art. 383 que admite a possibilidade de suspensão do processo quando o processo estiver em vias de ser sentenciado.

> **Análise Crítica:** Por isso a colocação tópica deste tema no tratamento da sentença penal carece de consistência constitucional-convencional. É direito da pessoa submetida à persecução ser processada *desde a veiculação da*

---

88 Conforme já trabalhado no Capítulo 12 desta Obra. Aqui, reitera-se esse histórico com a citação de BARROS, Romeu Pires de Campos. Processo penal cautelar. **Revista da Faculdade de Direito da UFG**, v. 7, n. 1-2, p. 119-121, 2010, especialmente p. 44, tópico n. 42.
89 Destoando da corrente majoritária, FEITOZA, Denilson. **Direito processual penal**: teoria crítica e práxis. 5. ed. rev. ampl. e atual. Niterói, RJ: Impetus, 2008. p. 266.
90 Crítica que viria a surgir de forma mais enfática depois da CR/88: HAMILTON, Sérgio Demoro. O aditamento provocado, uma heresia. **Revista Síntese de direito penal e processual penal**, Porto Alegre, v. 4, n. 25, p. 9-20, abr./maio 2004, especialmente p. 11.
91 Como precisamente criticado por PRADO, Geraldo Luiz Mascarenhas. Sistema acusatório: a conformidade constitucional das leis processuais penais após 1988. **Revista de Ciências Sociais**. v. 4, n. 1. Rio de Janeiro: Ed. Universidade Gama Filho, 1988, p. 180.
92 FERNANDES, Antonio Scarance. A correlação entre imputação e sentença no Brasil. **Revista Brasileira de Ciências Criminais**, São Paulo, v. 18, n. 85, p. 324-352., jul./ago. 2010, especialmente p. 27/28.

acusação pela figura típica adequada e não por outra que somente venha a ser desvelada na sentença.[93]

5.1.6 O controle da inação do acusador público: a ação penal privada *subsidiária da pública*

5.1.6.1 Fundamentos legais

A Constituição de 1988, pródiga que é em garantias de refreamento do exercício do poder estatal, deu alento a uma matéria que, pelo seu desuso, parecia fadada ao desaparecimento, como apontou Fernandes.[94]

As causas desse sucateamento são as mais variadas. Uma, de caráter normativo: não há no direito brasileiro um mecanismo de comunicação à vítima da inércia do Ministério Público no oferecimento da acusação penal ou promoção de arquivamento; outras, ligadas a fatores de ordem econômica e cultural as quais dificultam o exercício dessa modalidade de ação.

No entanto, ainda que sem uma visão global da matéria, uma vez que disciplinou a mesma ação penal em dois momentos distintos, a CR/88 modernizou o assunto prevendo como direito fundamental a admissão da acusação privada nos crimes de persecução pública, se esta não for intentada no prazo legal (art. 5º, LIX), com o que se resgatou, ainda que timidamente, a discussão sobre a matéria.[95]

Importa frisar que se trata de mecanismo de controle da *inação do acusador público*, e não de uma tomada de postura quanto ao arquivamento da investigação.[96]

Para o controle do arquivamento da investigação o modelo brasileiro carece de urgente reforma para propiciar outros legitimados a essa atribuição, hoje restrita à provocação judicial como exposto no Capítulo 4 desta Obra, ato contra o qual a acusação subsidiária não pode ser encarada como um *meio de impugnação*.[97]

---

93 Assim, o problema aqui não é a quebra da identidade do objeto do processo, mas em sensível abalo na condição jurídico-processual da pessoa acusada ou investigada.
94 FERNANDES, Antonio Scarance. A vítima no processo penal brasileiro. In: FERNANDES, Scarance et al. **La víctima en el proceso penal**: su regimen legal em Argentina, Bolivia, Brasil, Chile, Paraguay, Uruguay. Buenos Aires: Depalma, 1997.
95 A ver, entre os autores que se dedicaram ao tema, CARVALHO, Luis Gustavo Grandinetti Castanho de. Ação penal. Ação penal privada subsidiária da pública. Ação penal pública. In: CARVALHO, Luis Gustavo Grandinetti Castanho de. **Processo penal e constituição: princípios constitucionais do processo penal**. 4. ed. Rio de Janeiro: Lúmen Júris, 2006. p. 183-198.
96 Diferentemente do sustentado por CORTIZO SOBRINHO, Raymundo. Cabimento da ação penal privada subsidiária da pública no arquivamento de inquérito policial. Arquivos da Polícia Civil – **Revista tecnocientífica**, São Paulo, n. 48, p. 183-185, 2005.
97 Diversamente do sustentado por BEZERRA, Fabio Luiz de Oliveira. Hipóteses controvertidas de cabimento da ação penal privada subsidiária da pública. **Revista IOB de Direito Penal e Processual Penal**, Porto Alegre, v. 10, n. 57, p. 68-85, ago./set. 2009.

Tanto assim o é que numa eventual concomitância da promoção de arquivamento e oferecimento da queixa privada subsidiária, situação hipoteticamente possível, prevalece o interesse manifestado pelo legitimado ordinário, dada a sua posição processual. Caso contrário haveria inversão indevida da natureza da legitimidade.

Ainda nesse contexto, não se pode admitir a queixa subsidiária para complementação da denúncia. Primeiro, porque não há inatividade em torno da atividade ministerial, como preconiza o texto constitucional. Depois, porque caso tenha havido a (in)devida exclusão de fato ou pessoa da inicial acusatória, poderá o órgão promovente aditá-la, caso assim entenda.

Ao contrário, o Ministério Público, de acordo com expressa previsão legal, pode complementar a queixa ou oferecer denúncia substitutiva. Cabe esclarecer que, substancialmente, tem elas a mesma forma, a teor do disposto no Artigo 43 do CPP.

No entanto, se desejar aditar a queixa, deverá fazê-lo nos termos do § 2º do art. 46. O prazo para o aditamento da queixa será de 3 (três) dias, contado da data em que o órgão do Ministério Público receber os autos, e, se este não se pronunciar dentro do tríduo, entender-se-á que não tem o que aditar, prosseguindo-se nos demais termo do processo.

Ponto de particular relevância é o de saber até quando a acusação subsidiária pode ser ajuizada.

Muito embora seja, na essência, acusação de legitimação pública equivocamente rotulada de *privada*, há disposição expressa quanto ao período de legitimidade, a teor do disposto no Artigo 38 do Código de Processo Penal, cabendo lembrar que, nos termos do Artigo 46 do CPP, o prazo para oferecimento da denúncia, estando o réu preso, será de 5 (cinco) dias, contado da data em que o órgão do Ministério Público receber os autos inquérito policial, e de 15 (quinze) dias, se o réu estiver solto ou afiançado.

No último caso, se houver devolução do inquérito à autoridade policial (Artigo 16), contar-se-á o prazo da data em que o órgão do Ministério Público receber novamente os autos. E, de acordo com § 1º do mencionado artigo, "quando o Ministério Público dispensar o inquérito policial, o prazo para oferecimento da denúncia contar-se-á da data em que tiver recebido as peças de informações ou a representação".

A sistemática brasileira restringiu temporalmente o lapso de legitimidade extraordinária da vítima, algo que, à luz da CR/88, não se sustenta porquanto violaria a finalidade de controle do acusador público.[98]

---

98 Idêntica situação existe na Lei nº 11.101, de 09 de fevereiro de 2005.

No caso de rejeição da inicial, a natureza da legitimação indica que o exercício do recurso em sentido estrito se dá por qualquer dos legitimados, cabendo ressaltar que, na concomitância ou exclusiva interposição pelo *Parquet*, o querelado deixa o polo ativo.

Por derradeiro, já se entendeu não haver possibilidade jurídica dessa modalidade de ação em sede penal militar, uma vez que nesse sistema

> A ação penal (...) é sempre pública incondicionada. Não se aplica, subsidiariamente, o código de processo penal. Aquele tratou exaustivamente da matéria; aplicação subsidiária ocorre quando o texto fundamental, para completar-se, reclama interpretação de outra norma. Não é caso, pois, de ação penal pública de iniciativa privada.[99]

Posição que, malgrado esposada após a CR/88, colide com o texto constitucional.[100]

5.1.6.2 Uma acusação pública ou privada?

Ainda que se rotule acusação como de iniciativa privada, indicando-se que a peça inicial se trata de uma *queixa-crime* e que seu legitimado deva ser rotulado de *querelante*, a sua melhor compreensão encaminha-se, sem sombra de dúvidas, para a acusação pública na sua forma de persecução.

Disso decorre que as técnicas empregadas serão as apontadas nos tópicos precedentes, com a obrigatoriedade, indisponibilidade e indivisibilidade, e suas consequentes aplicações.

Mas, para além de identificar qual a natureza jurídica correta da forma de persecução – de resto ponto assentado na doutrina e jurisprudência –, merece uma atenção mais acurada a natureza da legitimação da vítima, questão essa observada pela ótica da ciência processual.

E a melhor forma de entender essa acusação deriva da abordagem de Barbosa Moreira (*vide* item 5.1.2.1., supra) dado que o Direito brasileiro, dentro da classificação mencionada, coloca a vítima, quando do seu exercício de controle da ação penal pública, condicionada ou não, como legitimado extraordinário – uma vez que a legitimação ordinária cabe ao Ministério Público –, exercendo-a de forma autônoma, na medida em que não há necessidade da aquiescência do órgão oficial para o ajuizamento da ação.

---

99 BRASIL. Superior Tribunal de Justiça. **RHC 3957 SP 1994/0030746-2** Sexta Turma. Relator Ministro Luiz Vicente Cernicchiaro. Decisão: 18.10.1994. Publicação: 28.11.1994. p. 32642.
100 Nesse sentido, também, ROTH, Ronaldo João. A ação penal privada subsidiária da pública e o ofendido atuar no processo penal militar. **Direito Militar: Revista da Associação dos Magistrados das Justiças Militares Estaduais**, Florianópolis, v. 12, n. 72, p. 27-29, jul./ago. 2008.

E será concorrente, porque não há necessidade do Ministério Público assumir o polo ativo, podendo ser desenvolvido regularmente o contraditório nessa condição. A presença do órgão ministerial será necessária a teor do CPP, porque legitimado ativo ordinário. Caso, entretanto, o Ministério Público resolva assumir a legitimidade ativa (e pode fazê-lo a qualquer tempo), o legitimado extraordinário declina sua condição de parte, habilitando-se, se assim desejar, como assistente.[101]

`5.1.6.3` O desenvolvimento da atividade processual

Ao querelante, no exercício da modalidade de ação aqui tratada, cabe a proposta de suspensão condicional do processo, bem como a eventual fiscalização do cumprimento das condições desta, caso o órgão oficial não tenha reassumido sua posição de legitimado ativo.

Ao acusador subsidiário cabe a análise dos requisitos do art. 89 da Lei 90955/95 e, uma vez constatada a presença dos aspectos *objetivos* e *subjetivos*, deverá efetuar a proposta; ou, se não o fizer, deve, assim como o acusador público o faria, motivar sua postura processual. No entanto, se não propuser a suspensão, bem como silenciar sobre a omissão, serão instados ambos legitimados a fazê-lo.

Se a acusação privada foi concebida como meio de controle sobre a inação do acusador público, resta cogitar como se dá essa subsidiariedade no que toca às medidas cautelares.

Como efeito, com a reforma das cautelares em 2011, foi ampliado para o assistente da acusação o poder postulatório da prisão cautelar, cuja crítica de inconstitucionalidade já foi desenvolvida no Capítulo 2 desta Obra.

Contudo, assistente não é parte, como lá afirmado, mas aqui o é, com a legitimidade na forma detalhada neste Capítulo. Assim, deve-se entender, numa linha de coerência, que o legitimado extraordinário acaba possuindo os poderes processuais necessários, também, à efetividade do processo de conhecimento e, assim, pode postular a verificação da necessidade cautelar e imposição das medidas adequadas e proporcionais também nessa área.

---

101 Essa passagem não é, entretanto, automática. Haverá necessidade da habilitação específica dado que, como é cediço na esfera processual, não se impõe a alguém a qualidade de litigante ou coadjuvante deste, restando a assunção dessa posição na esfera de disponibilidade do interessado. Caso o querelante inicial assim desejar, pura e simplesmente deixará por completo a relação processual.

Formação da Acusação Penal | 383 |

5.1.7 A opção por não acusar: o acordo de não persecução penal (ANPP)

Fruto da reforma trazida pela Lei 13.964/2019, o *Acordo de não persecução penal* (ANPP)[102] consolida o regramento da matéria disciplinada pelas Resoluções 181 e 183 do CNMP[103], que sempre foram alvo de críticas pela sua origem (órgão de controle externo do MP) e pelo mecanismo jurídico empregado para regrar o tema (*resolução* ou, de forma mais ampla, *softlaw*).[104]

Na essência trata-se de um mecanismo de resolução alternativa *no* processo penal e não *ao* processo penal porquanto seu emprego técnico se dá quando verificadas as bases de imputação para oferecimento da acusação formal que, no entanto, não é apresentada por uma opção igualmente técnica do acusador, com aquiescência da pessoa acusada e sob escrutínio, pelo órgão julgador, de legalidade estrita e de cumprimento dos fins da pena.

Assim, o ANPP se dá no interior de uma acusação formal que se mantém suspensa enquanto as condições acordadas estiverem sendo cumpridas até o momento em que, exauridas, geram a extinção da punibilidade. Neste ponto, uma diferença entre este *instituto* e a suspensão condicional do processo: no ANPP não se tem o início de um processo formal, diferentemente do art. 89 da Lei 9099/95 em que há o oferecimento da acusação (pública ou privada) e, quando da sua análise se procede à verificação das hipóteses legais para a suspensão do processo.

Alocar o ANPP no campo de uma solução alternativa *no* processo não é um mero exercício acadêmico, porque disso decorre a estrita legalidade de todos os mecanismos envolvidos na construção e nas exigências do acordo. E, em assim sendo, a previsão de que o órgão acusador pode *propor* condições não

---

102 Para uma breve visão sobre mecanismos similares no direito estadunidense ver DOTTI, René Ariel; SCANDELARI, Gustavo Britta. Acordos de não persecução e de aplicação imediata de pena: o plea bargain brasileiro. **Boletim IBCCRIM**, São Paulo, v. 27, n. 317, p. 5-7, abr. 2019. Disponível em: <http://200.205.38.50/biblioteca/index.asp?codigo_sophia=150548>. Acesso em: 31 mar. 2020.
103 Sobre a criação desse mecanismo ver ANDRADE, Mauro Fonseca; BRANDALISE, Rodrigo da Silva. Observações preliminares sobre o acordo de não persecução penal: da inconstitucionalidade à inconsistência argumentativa. **Revista da Faculdade de Direito da UFRGS**, v. 1, n. 37, 2017.
104 Ver, entre outros, LEITE, Ana Carolina Medeiros; BARBOSA, João Batista Machado. A (in)constitucionalidade do acordo de não persecução penal: uma análise do art. 18 das resoluções nº 181 e 183 do CNMP. **Revista In Verbis**, Natal, v. 24, n. 45, p. 61-82., jan./jun. 2019. Disponível em: <http://200.205.38.50/biblioteca/index.asp?codigo_sophia=153145>. Acesso em: 14 jun. 2021; BARROS, Francisco Dirceu. Constitucionalidade do Acordo de Não persecução Penal. In: CUNHA, Rogério Sanches et al. (Coord.). **Acordo de Não Persecução Penal**: Resolução 181/2017 do CNMP com as alterações feitas pela Res. 183/2018. 2. ed. rev., ampl. e atual. Salvador: Editora JusPodivm, 2018.

expressamente previstas na lei penal material não encontra, no marco constitucional-convencional adotado nesta obra, respaldo.[105]

Merece, ainda, reflexão a questão da alocação do ANPP no plano dos institutos jurídicos levantando as mesmas controvérsias existentes em situações como a colaboração premiada, ela mesma reorganizada pela Lei 13.964/2019 para fazer constar, entre outros aspectos, sua *natureza* como *negócio jurídico processual*, classificação que tende a se consolidar, também, em torno do ANPP.

5.1.7.1 Legitimação para propor o acordo

A legitimação para a propositura do ANPP foi reservada exclusivamente ao Ministério Público, afiliando-se essa decisão legislativa ao modelo acusatório de processo que, pela mesma reforma trazida com a Lei 13.964/2019, foi incorporado ao CPP, no art. 3º-A (vide maiores comentários no Capítulo 1 deste Livro).

Que não seja ele exercível por quem não detém a titularidade da acusação formal é um inegável acerto desde o marco constitucional-convencional. Afasta-se, assim, desse papel a figura do julgador e de órgãos policiais e, como não há acusação formal recebida, não há que se falar em assistência da acusação.

Resta, no entanto, a figura da ação penal privada subsidiária da pública na qual o autor privado possui legitimidade extraordinária como já trabalhado neste livro. E essa legitimação decorre, exatamente, da inação do acusador público exatamente no momento da apreciação dos fundamentos para acusar, que é o momento que a legislação concebeu como a mais adequada para a celebração deste acordo (mas não o único momento como será visto na sequência).

Sendo assim, resta a indagação sobre a possibilidade de o ANPP ser formulado por esse autor privado subsidiário e, caso essa possibilidade seja acolhida, o papel do Ministério Público na sequência.

Se, por um lado, toda a designação formal de legitimação adotada pela Lei 13.964/2019 refere-se exclusivamente ao Ministério Público, é da estrutura de controle sobre o acusador público que se possa oferecer a acusação integral e formal pois todos os poderes e deveres processuais cabíveis ao legitimado ordinário são transferidos ao legitimado extraordinário. Daí poder-se concluir ser contraditório conceber que não pudesse fazer o menos, ou seja, acordar a não persecução. Aliás, semelhante conclusão foi alcançada em relação à efetivação

---

[105] Art. 28-A, V – cumprir, por prazo determinado, outra condição indicada pelo Ministério Público, desde que proporcional e compatível com a infração penal imputada.

da proposta de suspensão condicional do processo pela doutrina que lhe deu toda justificação teórica à época de sua criação e entrada em vigor.[106]

Em caso de não acolhimento do ANPP ou de descumprimento das obrigações impostas, deve o Ministério Público reassumir a plena titularidade, perdendo o autor privado sua legitimação.

5.1.7.2 Legitimidade passiva para celebração do acordo

Como o direito brasileiro conhece a responsabilidade penal da pessoa jurídica apenas nos restritos casos da criminalidade ambiental, no tema do ANPP – assim como em vários outros ligados ao processo penal da pessoa jurídica como ré – as discussões sobre as particularidades dos instrumentos processuais em relação à pessoa jurídica são sucintas, para não dizer inexistentes.

Por isso, cabe destacar as poucas preocupações sobre a matéria[107] no cenário interno, as quais podem – e devem – vir ilustradas pela leitura comparada quando esta, de uma maneira crítica, adverte para a chamada *erosão* da responsabilidade penal da pessoa jurídica por meio desses acordos[108], sobretudo quando, em outros ordenamentos, a responsabilidade penal da pessoa jurídica é exigível em casos de corrupção[109] e, de forma ampla, em vários os tipos penais.

Isto porque ANPP celebrados com pessoas jurídicas tendem a exponenciar a sua força econômica sobre os fins do sistema penal na medida, nada obstante certos limites impostos, tanto de natureza processual (impossibilidade de reiteração de acordos a curto e médio prazos) como de direito material (fins da pena).

---

106 "A proposta de suspensão do processo, pelo que diz a lei, cabe exclusivamente ao Ministério Público (art. 89). Só pode ocorrer, portanto, em ação penal pública. A única exceção a essa regra está na ação penal privada subsidiária da pública (CPP, art. 29)." GRINOVER, Ada Pellegrini; GOMES FILHO, Antonio Magalhães; FERNANDES, Antonio Scarance. **Juizados Especiais Criminais**. São Paulo: Revista dos Tribunais, 1995. p. 210.

107 MORAES, Rodrigo Iennaco de. A celebração de acordo de não persecução penal entre o Ministério Público e a pessoa jurídica responsável por crime ambiental. In: CARVALHO, Érika Mendes; PRADO, Alessandra Rapassi Mascarenhas (Org.). **Repensando a proteção do meio ambiente: 20 anos da lei 9.605/98**. Belo Horizonte: D'Plácido, 2018. Disponível em: <http://200.205.38.50/biblioteca/index.asp?codigo_sophia=146129>. Acesso em: 14 jun. 2021. p. 269-287.

108 UHLMANN, David M. Deferred prosecution and non-prosecution agreements and the erosion of corporate criminal liability. Maryland Law Review, v. 72, p. 1295, 2012. Para uma visão otimista deste método no Reino Unido, ver ZEPEDA, Rodrigo. **Deferred Prosecution Agreements**: A Decidedly British Perspective. 28 jun. 2014. Disponível em: <https://papers.ssrn.com/sol3/papers.cfm?abstract_id=2459598>. Acesso em: 14 jun. 2021. (SSRN 2459598).

109 KOEHLER, Mike. Measuring the Impact of Non-Prosecution and Deferred Prosecution Agreements on Foreign Corrupt Practices Act Enforcement. **University of California, Davis, Law Review**, v. 49, p. 497, 2015, com particular destaque para maneira informal e pragmática com que esses acordos surgiram na persecução contra pessoas jurídicas por atos de corrupção. Ainda, ARLEN, Jennifer. Prosecuting beyond the rule of law: corporate mandates imposed through deferred prosecution agreements. **Journal of Legal Analysis**, v. 8, n. 1, p. 191-234, 2016; KAAL, Wulf A.; LACINE, Timothy A. Effect of Deferred and Non-Prosecution Agreements on Corporate Governance: Evidence from 1993-2013. **Business Lawyer**, v. 70, p. 61, 2014.

Ademais, caso se queira ter como premissa a integridade do sistema penal como aferidor de sua *eficiência*, "em um sistema jurídico baseado no estado de direito, a qualidade é mais importante que a quantidade de sanções executadas"[110].

Outrossim, todo incremento de mecanismos negociais faz surgir a preocupação quanto ao abuso de poder do órgão acusador, algo que é também identificável em certos campos do comparatismo com a *common law* estadunidense[111], abuso que se apresenta não apenas quanto a possíveis acordos diante de acusações frágeis, mas porque enquanto cláusulas acordadas passa-se a exigir uma modificação na forma de *governança corporativa*.[112]

No que toca às pessoas físicas, a legitimação para celebração do ANPP recai sobre a pessoa apontada como autora da conduta praticada desde que, obviamente, seja imputável para tanto.

Cabe uma referência expressa ao poder de insurgência da pessoa submetida à persecução quando do não oferecimento da proposta, facultada a invocação do controle interno hierárquico do Ministério Público, nos mesmos moldes do controle do arquivamento da investigação, para rever a postura negacionista.

Reside, aqui, a mesma compreensão dominante de ser a proposta um *direito público subjetivo* da pessoa potencialmente acusada, nos mesmos moldes da transação penal e da suspensão condicional do processo. E, pelas mesmas razões cabe aqui a crítica efetuada neste Livro, no tópico referente àquela suspensão, acerca desta compreensão doutrinária.

5.1.7.3 Objeto do ANPP

O ANPP tem como objeto a íntegra da conduta que seria imputada. Não se trata, assim, de negociação sobre o conteúdo da acusação ou outros aspectos que possam importar na restrição de direitos fundamentais da pessoa que potencialmente seria acusada de maneira formal.[113]

Não por outra razão, a celebração do acordo deve fazer constar de forma minudente, tal como constaria da acusação formal, a descrição da conduta que seria imputada e que, pelo acordo, não está sendo alvo de uma acusação formal.

---

110 "Yet in a legal system based on the rule of law, quality of enforcement is more important than quantity of enforcement", KOEHLER, Mike. Op. Cit.
111 LAWLOR, David. Corporate Deferred Prosecution Agreements: An Unjust Parallel Criminal Justice System. **Western State University Law Review**, v. 46, p. 27, 2019.
112 "Non-prosecution and deferred prosecution agreements routinely impose intrusive governance and compliance reforms on corporations in the apparent belief that they will make recidivism less likely". LANGEVOORT, Donald C. Cultures of compliance. American Criminal Law Review, v. 54, p. 933, 2017. Também KAAL, Wulf A.; LACINE, Timothy A. Op. Cit.
113 Por isso não se trata de "plea bargaining" como apontado em manifestação teórica sobre o assunto: TRINDADE, Ana Carolina Reis; FARIA, Marcus Vinícius Aguiar. Constitucionalidade do Acordo de Não Persecução Penal: uma análise sobre o plea bargaining brasileiro. **Anais Eletrônicos CIC**, v. 17, n. 17, 2019.

5.1.7.4 Finalidades materiais do ANPP

Concebido como um mecanismo alternativo no processo penal no sentido trabalhado neste Livro, o ANPP possui finalidades penais materiais, a dizer, o conteúdo acordado está vinculado aos fins da pena legítimos no Estado de Direito e obedientes ao marco constitucional-convencional.

Assim, finalidades preventivas-gerais e específicas são contempladas de modo a que as cláusulas contemplem reprovabilidade da conduta em relação à pessoa que praticou conduta e de caráter mais geral de forma a dissuadir práticas semelhantes, amparadas essas disposições pela sua *necessidade* e *suficiência*.

Para tanto, as *condições* do acordo (para que não sejam denominadas como *penas*) baseiam-se, essencialmente, nas penas restritivas de direitos enunciadas no art. 44 do Código Penal, acrescidas de outras *condições* acordadas a partir de provocação do Ministério Público que se adequem às finalidades tratadas neste tópico, e cuja abrangência já foi criticada quando da apresentação do tema em comento.

Tais aspectos são objeto de controle judicial sobre os termos do acordo celebrado e, diante do eventual desatendimento dessas finalidades poderá o acordo ser vedado judicialmente, invocando-se mecanismos de controle interno-hierárquico no Ministério Público para sua correção.

5.1.7.5 Impedimentos penais materiais ao ANPP

A celebração do ANPP está condicionada a pressupostos processuais *negativos*, a dizer, à inexistência de situações processuais que a lei determina como impeditivas, a saber: i) ser a conduta praticada definida como infração de menor potencial ofensivo e ii) nos crimes praticados no âmbito de violência doméstica ou familiar, ou praticados contra a mulher por razões da condição de sexo feminino, em favor do agressor.

A segunda restrição acima mencionada não fazia parte da proposta original enviado ao Congresso Nacional que previa restrições ligadas à prática de crimes hediondos ou crimes cometidos por militares[114] e acabou sendo incorporada no processo legislativo.

---

114 BRASIL. Câmara dos Deputados. **Projeto de Lei n. 10372 de 2018.** Introduz modificações na legislação penal e processual penal para aperfeiçoar o combate ao crime organizado, aos delitos de tráfico de drogas, tráfico de armas e milícia privada, aos crimes cometidos com violência ou grave ameaça e crimes hediondos, bem como para agilizar e modernizar a investigação criminal e a persecução penal. Disponível em: <https://www.camara.leg.br/proposicoesWeb/prop_mostrarintegra;jsessionid=node01euugymtrz73dr3zrg10lywtg18861641.node0?codteor=1666497&filename=PL+10372/2018>. Acesso em: 14 jun. 2021.

Além da impossibilidade de celebração do ANPP para essas figuras típicas, são excluídas as condutas que importem em violência ou grave ameaça à vítima e que tenham pena mínima inferior a 4 anos de privação da liberdade.

Esta previsão de quantidade de pena tende a erodir, progressivamente, a suspensão condicional do processo porquanto esta última tem como parâmetro de pena mínima cominada aquela que for igual ou inferior a um ano e, ainda que o art. 89 da Lei 9099/95 faça referência aos pressupostos do art. 77 do Código Penal (sursis), fato é que todos esses podem ser englobados, igualmente, nas finalidades da pena e nas restrições pessoais que cabem ao ANPP.

Mas, é de certa forma surpreendente que o regramento do ANPP faça referência a "infrações insignificantes" como exceção às condições desfavoráveis da pessoa submetida à persecução (vide tópico infra) abraçando, assim, um conceito teórico de rara dificuldade de conceituação e com largas inconsistências no seu reconhecimento prático.[115]

5.1.7.6 Impedimentos processuais ao ANPP

A disciplina do art. 28-A veda a celebração do ANPP quando a pessoa (física ou jurídica) tiver sido beneficiada pelo mesmo acordo, por transação penal ou por suspensão condicional do processo, em até cinco anos a contar da data da celebração do pacto. Tal previsão renova aquela prevista no art. 72 da Lei 9.099/95 que impede a transação penal em condições semelhantes.

5.1.7.7 Impedimentos pessoais à propositura do ANPP

Além dos impedimentos materiais e processuais ao ANPP, aqueles advindos das normas penais e estes últimos de situações processuais, o art. 28-A veda a possibilidade da celebração do acordo quando a pessoa submetida à persecução for *reincidente* e sua conduta criminosa for *habitual, profissional* ou *reiterada*, numa clara alusão à habitualidade criminosa[116] que se vê impedida de ser beneficiada por essa formal de consenso.

---

115 Ver, na vasta bibliografia a respeito, dentre outros, BOTTINI, Pierpaolo Cruz. A confusa exegese do princípio da insignificância. In: RASCOVSKI, Luiz (Coord.). **Temas relevantes de direito penal e processual penal**. São Paulo: Saraiva, 2012. Disponível em: <http://200.205.38.50/biblioteca/index.asp?codigo_sophia=102545>. Acesso em: (21 de julho de 2020). p. 237-252; GOMES, Luiz Flávio. Delito de bagatela: princípios da insignificância e da irrelevância penal do fato. **Boletim IBCCRIM**, São Paulo, v. 9, n. 102, p. 02-04. maio 2001 e MAÑAS, Carlos Vico. **O princípio da insignificância como excludente da tipicidade no direito penal**. São Paulo: Saraiva, 1994. 87 p. ISBN 85-02-01371-8.
116 Na ampla literatura sobre o tema ver, entre outros, CEREZO MIR, José. El tratamiento penal de los delicuentes habituales. **Revista de derecho penal y procesal penal**, Buenos Aires, n. 12, p. 1091-1099, ago. 2005; CERNICCHIARO, Luiz Vicente. Crime continuado e habitualidade criminosa. **Jus**: Revista jurídica do Ministério Público, Belo Horizonte, v. 26, n. 18, p. 225-227, 1995.

5.1.7.8 Momento para oferecimento e apreciação do ANPP

Pensado como alternativa à acusação formal, a lógica desse mecanismo imporia que seu cabimento se desse apenas no intervalo entre a finalização da investigação e a formalização da acusação, mas antes de seu encaminhamento ao Juiz Natural. Esta, aliás, a diretriz institucional do MP.[117]

Contudo, a observar-se a experiência doutrinária e jurisprudencial construída, sobretudo, com relação à suspensão condicional do processo (art. 89 da Lei 9.099/95), tenderá a existir a possibilidade de celebração desse acordo com a acusação já formulada e mesmo em grau de recurso, opções essas que, com a devida vênia aos entendimentos contrários, não parece ser adequada do ponto de vista sistêmico.

Também por esse aspecto pode-se justificar a efetivação do ANPP para processos em andamento quando da entrada em vigor da lei sendo, com efeito, o trânsito em julgado da sentença condenatória o único limite que seria imponível ao acordo.

5.1.7.9 O papel do órgão julgador perante o ANPP

O ANPP concebe o protagonismo do acusador e da pessoa submetida à persecução na construção do acordo. Assim, o papel do órgão julgador diz respeito ao controle da legalidade estrita, da voluntariedade e do cumprimento dos fins da pena que, não aplicada após um devido processo legal íntegro, ainda permanece a partir das cláusulas acordadas.

Estas duas faces de atuação implicam no reconhecimento que o órgão judicial não se encontra, ao menos num primeiro momento, tão distante do mérito do acordo celebrado. Isto porque, se o controle da legalidade possui parâmetros objetivos a partir da própria lei penal e processual penal, o controle sobre os fins da pena se apresenta de forma absolutamente distinta, exigindo algo que somente seria possível a partir da relação existente entre conduta e culpabilidade, entremeada que é pela construção da cognição (prova) que verdadeiramente é o fio condutor da aplicação plena do art. 59 do Código Penal.

Ademais, a cláusula aberta que confere ao Ministério Público poderes para inserir no acordo comportamentos fora de qualquer marco penal de estrita legalidade, a "cumprir, por prazo determinado, outra condição indicada pelo Ministério Público, desde que proporcional e compatível com a infração penal

---

117 Enunciado 20 (Art. 28-A) Cabe acordo de não persecução penal para fatos ocorridos antes da vigência da Lei nº 13.964/2019, desde que não recebida a denúncia. GRUPO NACIONAL DE COORDENADORES DE CENTRO DE APOIO CRIMINAL (GNCCRIM). Comissão Especial: **Enunciados Interpretativos da Lei Anticrime**. Disponível em: <http://www.criminal.mppr.mp.br/arquivos/File/GNCCRIM_-_ANALISE_LEI_ANTICRIME_JANEIRO_2020.pdf>. Acesso em: 14 jun. 2021.

imputada" (art. 28-A, V), implica numa valoração judicial da conduta praticada e do comportamento imposto (evitando-se denominar essa condição de *pena*) com vistas à consecução de objetivos preventivos gerais e específicos, estes próprios do Direito Penal condicionado ao Estado de Direito.

Essa avaliação judicial, se positiva, acarreta a homologação do acordo e sua passagem para a etapa de cumprimento e fiscalização; caso negativa, implica na devolução "[d]os autos ao Ministério Público para a análise da necessidade de complementação das investigações ou o oferecimento da denúncia"[118] e, caso haja inconformismo do órgão de execução do Ministério Público, a via impugnativa a ser exercida é a do recurso em sentido estrito, também renovado no marco da Lei 13.964/2019 para contemplar esta hipótese.[119]

5.1.7.10 Fiscalização e consequências de eventual descumprimento

Uma vez preenchidos os requisitos formais de quantidade de pena e finalidades da pena alcançada pelas restrições acordadas, segue-se a homologação e, a partir daí, a fiscalização incumbe ao órgão do Ministério Público com atribuição para tanto. Em caso de descumprimento, a acusação formal já está formalizada sendo o caso de sua análise para prosseguimento das vias processuais ordinárias.

Nada obstante não querer ser visto como impositor de uma pena, o art. 28-A aloca o acompanhamento do cumprimento das condições do ANPP à Vara das Execuções Criminais, seja ela exclusiva ou, de forma mais ampla, ao Juízo a que couber essa competência na comarca arrastando consigo o órgão do Ministério Público que ali atua. De forma clara, a nova disciplina legislativa quis diferenciar os órgãos intervenientes entre aqueles que celebram e aqueles que fiscalizam o cumprimento das condições.

Sendo esse o cenário, por uma questão de coerência sistêmica, aos intervenientes na fiscalização caberia apenas e tão somente o exercício do acompanhamento, sendo o descumprimento–e suas eventuais justificativas para tanto–e a análise da adimplência integral, com a consequente extinção da punibilidade, exercíveis pelo Juízo da Vara onde o acordo foi homologado, no caso de comarcas com maior estrutura e onde essa divisão for clara e importar potenciais conflitos de competência ou atribuições.

---

118 Conjugação do art. 28-A, § 8º (Recusada a homologação, o juiz devolverá).
119 "Art. 581... XXV – que recusar homologação à proposta de acordo de não persecução penal, previsto no art. 28-A desta Lei." (NR)

5.1.7.11 ANPP e fluxo da prescrição penal

Na redação do projeto enviado à Câmara dos Deputados pelo Poder Executivo já constava o fluxo do ANPP como causa suspensiva do fluxo da prescrição penal[120] e assim foi mantida ao passar pelo Senado Federal: "A prescrição deixa de correr na pendência de embargos de declaração ou de recursos aos tribunais superiores, quando inadmissíveis (Pacote Anticrime) e também enquanto não cumprido ou não rescindido o acordo de não persecução penal."[121]

---

120 Art. 116. (...) IV – enquanto não cumprido ou não rescindido o acordo de não persecução penal.". Disponível em: BRASIL. Câmara dos Deputados. Projeto de Lei n. 10372 de 2018. Introduz modificações na legislação penal e processual penal para aperfeiçoar o combate ao crime organizado, aos delitos de tráfico de drogas, tráfico de armas e milícia privada, aos crimes cometidos com violência ou grave ameaça e crimes hediondos, bem como para agilizar e modernizar a investigação criminal e a persecução penal. Disponível em: <https://www.camara.leg.br/proposicoesWeb/prop_mostrarintegra;jsessionid=node01euugymtrz73dr3zrg1olywtg18861641.node0?codteor=1666497&filename=PL+10372/2018>. Acesso em: 14 jun. 2021.

121 BRASIL. Senado Federal. Comissão de Constituição, Justiça e Cidadania. **Projeto de Lei n. 6.341, de 2019** (nº 10.372, de 2018, na origem). Disponível em: <file:///C:/Users/usu%C3%A1rio/Downloads/DOC-Relat%C3%B3rio%20Legislativo%20-%20SF192929274625-20191210.pdf>. Acesso em: 14 jun. 2021.

Capítulo 6

Teoria Geral do Procedimento e Procedimentos em Espécie

6.1 Bases gerais a partir do modelo acusatório constitucional-convencional

No marco constitucional-convencional que é a orientação desta Obra, o desenvolvimento da marcha processual, com a estrutura prevista em lei, integra de forma inquestionável o conteúdo do devido processo legal não podendo ser vista, apenas, como exteriorização da administração da justiça e, portanto, passível de modificação casuística.

Assim, há direito líquido e certo à produção do rito na forma predeterminada em lei e estabelecido anteriormente aos fatos, salvo modificações que venham a otimizar direitos defensivos (para tanto ver análise complementar no Capítulo 1 desta Obra ao ser tratada a norma processual penal).

6.1.1 A produção dos atos e seus princípios reitores

A forma de ser do processo, a dizer, seu procedimento e os atos que o compõem, deve retratar o marco constitucional-convencional e condicional uma estrutura de *gestão da Justiça criminal* que:

a) Tenha na *oralidade* seu método de trabalho próprio;
b) Venha a *obedecer a uma duração razoável*;
c) Estimule a *publicidade* externa como regra, antítese que é da forma inquisitiva de processo e
d) Só possa ter início *a partir da comunicação pessoal* da acusação à pessoa submetida à persecução a fim de garantir-lhe o contraditório (também apresentado como *publicidade interna*) e a ampla defesa.

Pela sua importância crucial ao modelo acusatório e reflexo direto da estrutura constitucional-convencional inicia-se com a oralidade.

6.1.1.1 A oralidade como método essencial da acusatoriedade

Parta-se, inicialmente, de uma visão comum pela qual a dogmática processual penal concebe a oralidade, pela qual ela

> só se configura: 1) se o juiz que colher as provas orais for o mesmo que julgar a causa (identidade física do juiz); 2) se os atos processuais forem concentrados

em único momento, a fim de que o juiz preserve-os em sua memória até o momento da prolação da decisão (concentração); 3) se o processo não for truncado por constantes interrupções advindas da interposição de recursos à instância superior (irrecorribilidade das decisões interlocutórias); 4) se o juiz colher a prova oral pessoalmente, participando, de forma efetiva e direta da fase instrutória do processo (imediatidade).[1]

Baseada nessa concepção deu-se a reforma de 2008, a qual teria alcançado o patamar de oralidade na medida em que previu, essencialmente, todas as características acima.[2]

Há, por certo, uma defasagem conceitual nessa descrição a qual se projeta na prática, que não corresponde à forma como a doutrina comparada, sobretudo aquela ligada às reformas latino-americanas ao longo dos últimos vinte e cinco anos apresenta o tema.

Assim, com facilidade se vê mesmo após 2008, que as audiências são facilmente cindíveis – e pelos mesmos motivos que o eram antes da reforma – os debates, quando existem, são monólogos entre a parte (acusação ou defesa) perante o funcionário auxiliar da Justiça (quando não, são peças escritas previamente preparadas e juntadas mediante transposição de mídia aos autos) e, não raras vezes, o órgão julgador sequer presente na sala de audiências se encontra, pois necessita despachar em outros autos (escritos) diante do volume de serviços. A sala de audiências, nesse momento, é um palco de solidão, se fosse possível empregar alguma imagem para ilustrá-la.[3]

Assim, é facilmente constatável que a compreensão brasileira não é suficiente para conceber legislativamente uma conversão ao método oral de solução do caso penal.

As considerações que se seguirão nascem da apreciação da fala de Binder[4] sobre o assunto, autor relevante dada sua posição acadêmica e política na América

---

1   BAPTISTA, Bárbara Gomes Lupetti. Entre práticas judiciárias brasileiras e porteñas: percepções acerca da oralidade processual argentina. **Cuadernos de antropología social**, Buenos Aires, n. 33, p. 129-146, jul. 2011. Disponível em: <http://www.scielo.org.ar/scielo.php?script=sci_arttext&pid=S1850-275X2011000100007&lng=es&nrm=iso>. Acesso em: 10 out. 2016.

2   Técnicas que são válidas e reconhecidas pela CIDH. A ver, entre outros, Caso Castillo Petruzzi e outros × Peru, par. 172. CORTE INTERAMERICANA DE DIREITOS HUMANOS. **Caso Castillo vs. Perú**. Sentencia de 30 de mayo de 1999. Disponível em: <https://www.corteidh.or.cr/docs/casos/articulos/seriec_52_esp.pdf >. Acesso em: 14 jun. 2021.

3   E, complete-se, nada adiante "educar para a oralidade" tendo esse palco como referência. Como será visto na sequência, a educação para a litigância oral precisa de capacitação própria. Desta forma, exigir-se nos cursos jurídicos que alunos frequentem aquelas audiências como "formação" é distorcer o aculturamento acusatório para a oralidade. Simplesmente aprende-se a fazer mais do mesmo.

4   BINDER, Alberto M. **La fuerza de la oralidad**. La reforma procesal penal en Córdoba. Córdoba: Alveroni Ediciones, 2003. Todos os trechos citados são traduzidos livremente pelo Autor desta Obra.

Latina e artífice de larga partes das reformas globais na região a partir dos anos 1990.

O autor argentino inicia sua exposição advertindo que "quando se fala de oralidade não estamos dizendo, simplesmente, as atuações de papeis cênicos em um espaço mais ou menos majestoso." E, com base nessa afirmação construímos o primeiro enunciado da oralidade visando a compreensão da matéria:

Enunciado 1 - *oralidade não se confunde com oratória.*

Com efeito, muito amparada na mitologia do júri no direito brasileiro e do seu espaço cênico onde se degladiam personagens mais ou menos habilidosos na construção de falas articuladas, a oralidade se apresenta traduzida desde o ensino do direito como exteriorização daquela habilidade.

Segue Binder para afirmar que a construção do método oral deve "lograr passar de um modelo de administração da Justiça baseada na tramitação de petições (posto que é um modelo de petições administrativas) a uma administração da Justiça baseada no litígio". Donde o segundo enunciado:

Enunciado 2 - *a oralidade como método da administração da justiça implica na construção de um caso perante o julgador natural.*

Por essa afirmação entende-se que a presença dos intervenientes processuais em audiência, perante o juiz natural (e não qualquer outro juiz) constrói concretamente o objeto a ser discutido, exaltando a dimensão humana naquilo que é a intervenção estatal na liberdade em face da alegada prática criminosa. Pressupõe que os intervenientes – acusador e defesa – *saibam construir* o *caso penal* conforme discutido no Capítulo 1 desta Obra.

Nos processos de reforma global dos códigos na América Latina e em caso isolado, como brasileiro, que insiste em reformas pontuais, foi natural que as matrizes inquisitivas disputassem espaço com as novas bases acusatórias. Trata-se, assim, das *permanências da inquisitividade* no modo de administração da justiça e na desconstrução do caso penal em audiência.

Sobre esse cenário aponta Binder algumas estratégias de *permanências*[5] e, dentre elas, algumas que são vistas com muita naturalidade pela doutrina brasileira porque fazem parte historicamente da *tradição* pátria e assim são encaradas também pelos precedentes, como a "A incorporação de prova *por leitura*, a dizer,

---

5   Além das que serão citadas no corpo do texto destacam-se: "Atividade supletiva dos Juízes daquela que seria própria das partes; Poucas horas para realização de julgamentos, mesmo com a presença de recursos para tanto; Tendência a preparar de modo negligente as audiências, ainda que os sistemas jurídicos prevejam tempo suficiente para tanto, com baixa produtividade dos serviços auxiliares; Utilização frequente de provas produzidas de ofício, o que pressupoe rupturas na imparcialidade; Pouca preocupação com a publidade e facilitação para a presença de público; Resistencia a realização de audiências na fases anteriores ao julgamento de mérito Falta de instalações para os juízes de garantia, os quais veem seu trabalho como algo 'de gabinete' e não 'de audiência'". BINDER, Alberto M. **La fuerza de la oralidad**. Op. Cit.

renunciando a sua produção em Juízo público, muitas vezes em contrariedade ao expressamente previsto em Lei" e "Limitações de litigância das partes (limitações a interrogar, alegar, etc.), a dizer, considerando o debate mais como um problema que uma virtude do sistema".

Além dessas, o "Pouco tempo destinado para deliberação e prolação da sentença", a "Suspensão das audiencias sem motivo relevante" e "Sentenças prolatadas frequentemente de forma padronizada"[6] também apontados pelo doutrinador argentino são facilmente identificáveis na prática processual penal brasileira.

E como reflexo natural de todo esse cenário, destaca-se a

> Ausência de preparação dos intervenientes para serem litigantes, não no sentido espúrio que complicam desnecessariamente seus casos e utilizam o "litígio indireto", mas no sentido de saber preparar o caso e apresentá-lo perante o Juiz, obtendo de forma adequada informação e prova e sabendo debatê-las com a parte adversa.[7]

Assim, a inquisitividade que se manifesta na aversão à oralidade como método constitui "uma teoria e uma forma de análise dos problemas da Justiça e do direito processual que segue fincada na ideia de tramitação [de autos] e não utiliza o litígio como conceito-chave."[8]

Todo esse contexto se aproxima muito mais do método de trabalho produzido antes do Iluminismo com a aversão à oralidade como uma característica dominante, como aponta relevante estudo sobre a matéria[9], ao qual se deve somar a afirmação que:

> O sistema inquisitorial, ao menos como adaptado na América Latina, é denotado como um "sistema escrito", não apenas por conta da multiplicidade de postulações e documentações por escrito, mas, também, porque tradicionalmente dá grande ênfase à formalidade, com cada etapa do rito sendo reduzida a escrito e cotejada com outros escritos do processo.[10]

---

6   Situações que são abordadas no instigante texto de BERIZONCE, Roberto Omar; HAZAN, Luciano A. La oralidad no es para jueces cómodos, sino al revés. **Sistemas Judiciales**, Buenos Aires, v. 4, n. 7, p. 8-16., 2004.

7   BINDER, A. M. **La fuerza de la oralidad**. Op. Cit.

8   Idem.

9   FIELD, Martha; FISHER, William. **Legal Reform in Central America**: dispute resolution and property systems. [S.I.]: Harvard University Press, 2001. p. 22-23.

10 CAVISE, Leonard L. The transition from the inquisitorial to the accusatorial system of trial procedure: Why some Latin American lawyers hesitate. **Berkeley Eletronic Press (bepress)**, paper 1552, p. 1-51, 2006. Disponível em: <https://biblioteca.cejamericas.org/bitstream/handle/2015/3622/cavise.pdf?sequence=1&isAllowed=y>. Acesso em 14 jun. 2021. Nota n. 5 em seu texto. Relevante, nesse caso, a preocupação tradicional na doutrina brasileira como se vê em DOTTI, René Ariel. O bom registro da prova oral. **Boletim IBCCRIM**, São Paulo, n. 29, p. 01-02, maio 1995, pelo qual se demonstra a preocupação em transformar em escrito o produto da oralidade como centro do modelo.

Assim, já se considerou que

> [...] caso se possa generalizar esse contexto, parece claro que a transição [da inquisição para a acusatoriedade] terá efeitos para muito além da oralidade, com a redução do papel do juiz e o alargado papel dos postulantes como arquitetos dos casos apresentados.[11]

De toda essa exposição deve ser ressaltado a luz da deformação de compreensão da matéria no Brasil (e que existe, também, em outros modelos quando da superação das matrizes inquisitivas na construção da reforma global de seus respectivos CPPs), a leitura de peças é marcadamente um instrumento do continuismo inquisitivo e se projeta em cruciais momentos práticos como:

a) No processo de conhecimento, na leitura de depoimentos colhidos na investigação[12];
b) No rito do júri, na leitura de peças perante o conselho de sentença, transformando em *prova* algo produzido em momento procedimental anterior, até mesmo na investigação criminal;
c) A reforma dos ritos em 2008 não alterou em nada, substancialmente, esse cenário pois sua compreensão de oralidade é, ainda, aquela tradicionalmente presente na história processual penal brasileira.

O último aspecto acima apontado descortina um desafio adicional: educar para o processo oral[13], o que pressupõe a adoção irrestrita de uma pedagogia jurídica para a alteridade, com o que se quer destacar a necessidade da compreensão do humano no processo, bem como a litigância como epicentro das atividades dos intervenientes, que precisam dispor de capacitação específica para compreendê-la e atuá-la.[14]

Análise Crítica: A ausência da alteridade é algo que a metodologia escrita tão bem mascara na estrutura inquisitiva, que permite seja o processo visto

---

11 CAVISE, Leonard L. Op. Cit., p. 45. Ver, também, VARGAS VIANCOS, Juan Enrique. **Lessons learned**: introduction of oral process in Latin America. Williamsburg, Va.: Lessons Learned / National Center for State Courts, 1996.
12 Entre outros ver MARQUES, Leonardo Augusto Marinho. O princípio da oralidade e a descentralização da informação relevante no processo penal. **Revista de Estudos Criminais**, Porto Alegre, v. 10, n. 46, p. 157-170, jul./set. 2012.
13 Donde a sensível e destacada importância da Academia nesse processo. A ver, entre outros, em MILLS, Jon L.; MCLENDON, Tim. Law Schools as Agents of Change and Justice Reform in the Americas. 20 **Florida Journal of International Law**, S5 (2008), University of Florida Levin College of Law Research Paper, 23 dez. 2015. Disponível em: <https://papers.ssrn.com/sol3/papers.cfm?abstract_id=2706835>. Acesso em: 16 jun. 2021. Ainda, HENDRIX, Steven E. Restructuring Legal Education in Guatemala: A Model for Law School Reform in Latin America? **Journal of Legal Education**, v. 54, n. 4, p. 597-608, 2004.
14 A ver, entre outros, CAVISE, Leonard L. When the Inquisitorial and Adversary Systems Collide: Teaching Trial Advocacy to Latin American Lawyers. **Bepress Legal Series**, p. 1049, 2006.

> como *número*, com decisões que parecem não se referir a seres humanos concretos – quer pessoa acusada, quer a vitimada – as quais são referidas apenas de modo retórico e com decisões padronizadas a partir de postulações igualmente padronizadas, inclusive as defensivas.

E, ainda que se queira abordar a adoção da oralidade pelo seu aspecto meramente gerencial, deve-se recordar que

> Capacitação é uma necessidade lógica para avançar na modificação do comportamento processual. Novos códigos necessitam mais edução jurídica. Reformas processuais requerem treinamento em administração, formas alternativas de resolução de conflitos ou confronto probatório direto e oral.[15]

Por fim, destaque-se que a oralidade não deve ser reduzida à busca da celeridade, que não é seu objetivo primordial, assim como a diminuição das hipóteses de recursos[16]. Estas são, apenas, algumas de suas consequências inevitáveis[17], implicando, sobremaneira, numa nova forma de gestão judicial[18] e de todos os demais intervenientes processuais.

Como a oralidade não se estabelece substancial, a sua ausência é refletida em inúmeros aspectos, entre eles a insuperável duração (ir)razoável do processo, como adiante se verá.

6.1.1.2 A duração razoável do processo como controle para um processo efetivo e justo

Emenda Constitucional 45/04: duração razoável e celeridade do processo

A Emenda Constitucional 45/04, ao determinar que (Art. 5º [...], LXXVIII) "a todos, no âmbito judicial e administrativo, são assegurados a razoável duração do processo e os meios que garantam a celeridade de sua tramitação" incorporou explicitamente o comando advindo da CADH que condiciona o justo processo a uma duração razoável, e que para parte significativa da doutrina já podia ser lida,

---

15 HIRAM E. Chodosh, Reforming Judicial Reform Inspired by U.S. Models, **52 DePaul Law Review**, 351 (2002). Disponível em: <http://via.library.depaul.edu/law-review/vol52/iss2/6>. Acesso em: 21 de julho de 2020. p. 22.

16 FURMANN, Ivan. Os limites da oralidade como forma 'adequada' de produzir verdade no direito. **Revista de Estudos Jurídicos UNESP**, Franca, v. 15, n. 22, p. 429-458., jul./dez. 2011.

17 Ao lado da construção global de um processo justo. A respeito, GONZÁLEZ ÁLVAREZ, Daniel. La oralidad como facilitadora de los fines, principios, garantías del proceso penal. **Revista cubana de derecho**, Havana, n. 11, p. 88-119, 1996.

18 PRECIADO, Mireya González. oralidad y gestión, el reto de hoy. In: DUCE, Mauricio; RIEGO, Cristian; VARGAS, Juan Enrique (Eds.). **Reformas procesales penales en América Latina**: discusiones locales. Santiago: CEJA, 2005. p. 285-306.

desde sua incorporação ao direito brasileiro em 1992, como inserida no próprio texto constitucional[19], embora nem sempre acompanhada tal visão pelo STF.[20]

O marco constitucional-convencional coloca em xeque toda a estrutura processual – *mesmo com a reforma de 2008* – não deixando margem para qualquer dúvida a necessidade da construção de um processo acusatório marcado pelas características da oralidade[21], concentração de atos, desburocratização e mediação direta do juiz (natural) com a prova[22], como assumido no discurso da reforma de 2008 que, no entanto, não foi capaz de dar concretude às bases, bases constitucionais-convencionais como adiante se verá.

Nesse primeiro momento de abordagem devem ser colocados os seguintes aspectos de discussão:

a] Modelos legais de fixação da duração do processo: previsão legal expressa ou juízos empíricos com prazos abertos, com o que se depende de análises com base em proporcionalidade e razoabilidade[23];

b] A duração do processo compreende toda a atividade persecutória, a dizer, até o trânsito em julgado da sentença. Não se satisfaz, portanto, com fixação de limites para *etapas* ou *fases* do processo em primeiro grau e inclui, necessariamente, toda a atividade recursal;

---

19 Para uma visão da inserção da Convenção Americana de Direitos do Homem antes da Emenda Constitucional 45/04, ver CHOUKR, Fauzi H. **A convenção interamericana dos direitos humanos e o direito interno brasileiro**: bases para sua compreensão. Bauru: Edipro, 2001, especialmente capítulo introdutório. Ainda: PIOVESAN, Flávia Cristina. A Constituição de 1988 e os tratados internacionais de proteção dos direitos humanos. **Cadernos de Direito Constitucional e Ciência Política**. São Paulo. v. 6, n. 23, p. 79-90. abr./jun. 1998; CINTRA JUNIOR, Dyrceu Aguiar Dias. A prisão civil do depositário infiel em face da Constituição Federal e dos tratados internacionais sobre direitos humanos. **Revista da Procuradoria Geral do Estado de São Paulo**. São Paulo. n.esp., p.65-75. set. 1998; MAZZUOLI, Valerio de Oliveira. A influência dos tratados internacionais de proteção aos direitos humanos do direito interno brasileiro e a primazia da norma mais favorável como regra de hermenêutica internacional. **Revista da Procuradoria Geral do Estado de São Paulo**, São Paulo, n.53, p.83-106, jun. 2000; ARGUELHO, Silvana Sampaio. A incorporação dos tratados internacionais de proteção dos direitos humanos ao direito brasileiro: a questão da prisão do depositário infiel. **Revista Brasileira de Ciências Criminais**, São Paulo, v. 9, n. 34, p.107-28, 2001.

20 Para um apanhado geral do tema, MAZZUOLI, Valerio de Oliveira. O Supremo Tribunal Federal e os conflitos entre tratados internacionais e leis internas. **Revista de Informação Legislativa**, Brasília, v.39, n.154, p.15-29, abr./jun. 2002.

21 Para uma abordagem complementar ao quanto exposto no item 1.1.1.1, ver GONZALES, Alvarez Daniel. La Oralidad Como Facilitadora De Los Fines, Principios y Garantías Del Proceso Penal. **Ciencias Penales Revista de la Asociación de Ciencias Penales de Costa Rica**. V. 8, n. 11, Jul./1996. Ainda: CAPELLETTI, Mauro. O valor atual do princípio da oralidade. **Revista Jurídica**, Porto Alegre, v.50, n.297, p.12-8, jul. 2002.

22 AMBOS, Kai et al. **Las Reformas Procesales en Latino América**. Buenos Aires: Ad Hoc, 2000.

23 Além do emprego da *eficiência* como norteadora das atividades da Administração, princípio também presente na CR/88. Para análise da sua utilização no tema aqui tratado, ver SANTIAGO, Nestor Eduardo Araruna; DUARTE, Ana Caroline Pinho. Um conceito de duração razoável do processo penal. **Novos Estudos Jurídicos (UNIVALI)** (Cessou em 2007. Cont. ISSN 2175-0491 Novos Estudos Jurídicos (Online), v. 15, p. 242-256, 2010.

c] A superação do prazo razoável e suas consequências: reflexos no processo em andamento, compensações processuais na execução da pena e modelos pecuniários de ressarcimento.

> **Análise Crítica:** Destaque-se que o item *b* é historicamente compreendido na literatura brasileira de forma completamente diversa, que se contenta com a mera duração da *instrução* e sob esse conceito concentrará a discussão que repercutirá nos precedentes de habeas corpus como adiante se verá. Contudo, é claro no campo de precedentes da CADH que:

> La razonabilidad del plazo al que se refiere ese precepto se debe apreciar en relación con la duración total del proceso, desde el primer acto procesal hasta que se dicte sentencia definitiva, incluyendo los recursos de instancia que pudieran eventualmente presentarse.[24]

Inicia-se, assim, pela discussão de regimes de fixação do tempo razoável: com determinação legal expressa ou emprego de juízos abstratos caso a caso.

Conceito de *duração razoável do processo*: fundamento da necessidade de definição legal *fechada*

É da estrutura lógica dos países de tradição da romano-germânica a busca de conceitos sempre fechados para suas disposições legais. No caso concreto, a busca do conceito de duração razoável tende a levar a impasses na dogmática e na jurisprudência dada a acentuada discrepância cultural e normativa entre o marco constitucional-convencional e o Código de Processo Penal.

Quando a EC/45 entrou em vigor o campo de análise da duração razoável do processo era significativamente diferente, com estudos pontuais[25] e centrados, apenas, na análise da duração da *instrução criminal* nos casos em que a pessoa acusada estivesse submetida à prisão cautelar[26] o que, como se verá, não abrange a riqueza e extensão do tema da duração razoável do processo.

Neste ponto é forçoso destacar que, ainda hoje, a discussão se reduz sensivelmente a este mesmo aspecto raramente projetando a duração razoável

---

24 Caso Acuesta × Equador, par. 104 no qual são citados os precedentes Caso Tibi × Equador, nota 6, parágrafo 168 e Caso Suárez Rosero × Equador, nota 60, parágrafo. 70. TRIBUNAL EUROPEU DOS DIREITOS HUMANOS. **Caso Acuesta Calderón vs. Ecuador.** Sentencia de 24 de junio de 2005. Disponível em: <https://www.corteidh.or.cr/docs/casos/articulos/seriec_129_esp1.pdf>. Acesso em: 16 jun. 2021.
25 Como uma referência ao tema no escasso cenário brasileiro antes da Emenda 45, MOREIRA, José Carlos Barbosa. A duração dos processos: alguns dados comparativos. **Revista da EMERJ**, Rio de Janeiro, v.7, n.26, p.52-62, 2004.
26 Neste ponto, a indispensável obra de DELMANTO JÚNIOR, Roberto. **As Modalidades de Prisão** Provisória e seu Prazo de Duração. Op. Cit. Também, CRUZ, Rogerio Schietti Machado. **Prisão cautelar**: dramas, princípios e alternativas. Rio de Janeiro: Lumen Juris, 2006. 215 p.

para o modelo recursal como se reconhece na jurisprudência da CIDH acima mencionada.

Também merece ser evidenciado que as *permanências* na literatura e no campo dos precedentes impedia que houvesse uma análise sedimentada da jurisprudência internacional a partir dos julgados da Corte Interamericana de Direitos do Homem[27] ou mesmo da Corte Europeia de Direitos do Homem, Cortes nas quais o tema já se consolidara há muito e que foram então *descobertos* na produção de precedentes internos de primeira hora.[28]

Esse cenário impôs, igualmente, que as primeiras obras literárias produzidas sobre a matéria se voltassem ao estudo comparado e às abordagens produzidas a partir do direito internacional público.[29]

No cenário latino-americano, a Argentina ocupa lugar de destaque na discussão da duração razoável do processo, cabendo a Daniel Pastor[30] uma das obras mais alentadas sobre o assunto. Nela há pontos essenciais de reflexão, a saber: (i) é possível a construção de um conceito *fechado* de razoabilidade?; (ii) quais as consequências jurídicas da superação do *prazo razoável*, tenha ele ou não um conceito determinado.

---

27 Rara exceção a essa situação encontra-se na alentada obra de CARVALHO RAMOS, Andre de. **Direitos Humanos em Juízo**: Comentários aos Casos Contenciosos e Consultivos da Corte Interamericana de Direitos Humanos. São Paulo: Max Limonad, 2001.

28 E que agora começam a ser "descobertos". Exemplo significativo disso encontra-se em recente julgado do Tribunal de Justiça do Rio Grande do Sul, cuja ementa contém o seguinte teor: "Habeas-corpus. Porte ilegal de armas de fogo e formação de quadrilha. Prisão preventiva. Garantia da ordem pública. (...) Alegação de excesso de prazo na conclusão do feito. Afastamento. Segundo ensina a Corte Europeia de Direitos Humanos, instituição que há muito tempo trabalha com o princípio da razoável duração do processo, aqui erigido à garantia constitucional apenas após a Emenda 45, devemos observar quatro parâmetros para a configuração do excesso de prazo: (1) estrutura do órgão jurisdicional, (2) complexidade da causa, (3) comportamento das partes e (4) comportamento do juiz. Na hipótese, não há nada de anormal no que se refere ao comportamento das partes e do juiz, nem à estrutura do órgão jurisdicional. Assim, a demora na conclusão da instrução, aparentemente, foi ocasionada apenas pela complexidade do feito, onde figuram oito réus, há dez fatos delituosos, sendo arroladas doze testemunhas pela acusação, algumas residentes em outras comarcas, não se sabendo, ainda, quantas foram arroladas pelas defesas. Ademais, é consabido que o prazo criado pela jurisprudência para a conclusão do processo não é estanque, podendo ser dilatado, de forma razoável, em razão da complexidade do feito. Ordem denegada." RIO GRANDE DO SUL. Tribunal de Justiça. **Habeas Corpus n. 70021266473**. Primeira Câmara Criminal. Relator Des. Marco Antônio Ribeiro de Oliveira. Julgado em 26/09/2007. Disponível em: <https://www.tjrs.jus.br/site_php/consulta/consulta_processo.php?nome_comarca=Tribunal%20de%20Justi%C3%A7a%20do%20RS&versao=&versao_fonetica=1&tipo=1&id_comarca=700&num_processo_mask=&num_processo=70021266473&codEmenta=7706337&temIntTeor=true>. Acesso em: 16 jun. 2021.

29 Ver LOPES JÚNIOR, Aury; BADARÓ, Gustavo H. I. Direito ao processo penal no prazo razoável. Rio de Janeiro: Lumen Júris, 2006. Ainda: NICOLITT, André Luiz. **A duração razoável do processo**. Rio de Janeiro: Lumen Juris, 2006. 205 p.

30 PASTOR, Daniel. **El plazo razonable en el proceso del estado de derecho**. Buenos Aires: Ad-Hoc. 2002.

Para o festejado autor argentino, indo *de* encontro à doutrina dominante sobre o tema que trabalha com a abertura do conceito de razoabilidade, a dizer, sem a definição prévia do que venha a ser o prazo razoável, há a necessidade de definição legal da duração processual, tomando como base, para o direito argentino, os prazos máximos de duração da prisão cautelar[31], vez que se trata de um direito fundamental.[32]

Contudo, observado o campo de precedentes do TEDH que desde os anos 1970 concebeu a compreensão que é tida como dominante no campo internacional público, e se projeta para larga parte das construções nos direitos internos, seja no campo dos precedentes, seja na construção dogmática, conclui-se que:

a] O prazo razoável não é exatamente um *prazo* no sentido que se lhe dá o direito material penal, tampouco integra aquilo que se denomina dos prazos próprios no campo processual penal;
b] O processo deve ter sua duração razoável analisada ao final, levando em consideração a "complexidade do assunto, a prova, a gravidade dos fatos, a atitude da pessoa investigada / acusada, a conduta das autoridades encarregadas das persecuções e outras circunstâncias relevantes."[33]

Análise Crítica: Repetimos aqui nossa posição adotada quando das análises iniciais da EC/45 sobre o tema da duração razoável do processo:

Com efeito, malgrado a dificuldade de construir um conceito fechado para *duração razoável do processo*, entendemos ser necessário esforço diferenciado para alcançar essa definição, mormente em um país com nossa tradição histórica de violação aos direitos fundamentais e ainda com largas parcelas dos operadores do direito ideologicamente fincados na inquisitividade processual. Ao menos deverá ser construído um sistema com balizas temporais máximas, aí compreendido eventuais dilações sujeitas a controle jurisdicional que, uma vez superadas, devem acarretar consequências de ordem processual.[34]

E continuávamos:

---

31 Ibidem, p. 488.
32 No direito brasileiro, para uma posição aproximada, ver SLAIBI FILHO, Nagib. Direito fundamental à razoável duração do processo judicial e administrativo. **Revista da EMERJ**, Rio de Janeiro, v.3, n.10, p.118-42, 2000. Para uma nova dimensão do tema pós emenda constitucional 45-04, ver, por exemplo, ARRUDA, Samuel Miranda. **O direito fundamental à razoável duração do processo**. Brasília: Brasília Jurídica, 2006. 415 p.; HOFFMAN, Paulo. **Razoável duração do processo**. São Paulo: Quartier Latin, 2006. 239 p.
33 A ver em PASTOR, Daniel R. Acerca del derecho fundamental al plazo razonable de duración del proceso penal. **Revista de Estudios de la Justicia**, n. 4, p. 51-76, 2004. p. 57.
34 CHOUKR, Fauzi Hassan. A razoabilidade da duração da prestação jurisdicional penal. **Revista Brasileira de Direito Processual** (Impresso), v. 61, p. 121-134, 2008.

Assim, sendo inicialmente correta a observação de Silva Franco[35] quanto ao espírito de entendimento de que o prazo razoável não venha a ser compreendido em desfavor da pessoa acusada, a cultura inquisitiva atrás mencionada tendentemente provocará a deformação da interpretação, não raras vezes ancorada em dificuldades materiais para o funcionamento do aparato judicial, justificativa esta que também não mais pode ser aceita de forma passiva.

A abrangência da *duração razoável*: a extensão de toda atividade persecutória

Para o direito brasileiro, malgrado os anos passados da entrada em vigor da EC/45 a compreensão holística da duração razoável *da prestação jurisdicional* ainda está por ser construída tendo havido, com a reforma dos procedimentos em 2008 até mesmo certa involução no que diz respeito à duração das medidas cautelares, sobretudo a prisão preventiva, única que, até então, possuía algum marco restritivo *ex legge*.

É, pois, necessário desconstruir as bases anteriores forjadas à sombra de uma estrutura inquisitiva de processo e refundar sua compreensão no marco constitucional-convencional. Por isso, desde a sobredita emenda constitucional e com a reforma de 2008 do processo penal que atingiu aspectos do procedimento e das provas deve-se compreender que se trata de delimitação temporal *da tutela de conhecimento tanto quanto da tutela cautelar*.

Fundamentalmente duas situações podem ser identificadas para a análise inicial:

I] A existência de um processo de conhecimento sem a incidência de qualquer medida cautelar;
II] Existência de um processo de conhecimento com uma medida cautelar de ordem pessoal, *seja ela privativa da liberdade ou não*.

Deve aqui ser destacado que a duração razoável da prestação jurisdicional não é sinônimo de transcurso de prazo prescricional. São temas absolutamente distintos e que não se mesclam, salvo em estruturas processuais autoritárias.

Por isso não é possível a acomodação, por força do texto constitucional, com situações nas quais a pessoa acusada / investigada se vê submetida a uma relação processual que se prolonga até alcançar a prescrição regulada pela pena em abstrato. E assim não o é porque nessas hipóteses a norma penal material se vê suplantada pelo processo que, em si, passa a ser a verdadeira pena.[36]

---

35 FRANCO, Alberto Silva. Prazo razoável e o estado democrático de direito. **Boletim IBCCRIM**. São Paulo, v. 13, n. 152, p. 6-7, jul. 2005.
36 Ou como instrumento de "vingança". Numa visão complementar, BINDER, Alberto. Límites y posibilidades de la simplificación del processo, **en Justicia Penal y Estado de Derecho**. Buenos Aires: Ad Hoc, 1993. p. 67.

Deve se amoldar a essa duração razoável o tempo da atividade recursal incluindo-se, aí, os recursos de matriz constitucional – extraordinário e especial – pois a prestação jurisdicional alcança, como reiteradamente enfatizado, até o trânsito em julgado.

Consequências para a superação do prazo razoável

Parece inócua a existência da previsão do prazo razoável caso não advenha dela qualquer *sanção no curso do processo* em que a violação se deu. Assim, as sanções posteriores, de cunho notadamente patrimonial ou mesmo administrativa aos agentes públicos envolvidos devem coexistir com alguma censura à postura estatal.

Observado o direito comparado e a literatura nacional produzida a respeito, um resultado sancionador a ser considerado é o da terminação imediata do feito, posição esta que já mereceu a atenção da doutrina[37]:

> [...] ideal é operar na dimensão processual, com a extinção do feito pela demora excessiva (ou a pena de inutilizzabilità do art. 407.3 do CPP italiano), em prazos muito inferiores aos da prescrição (até porque, o objeto aqui é outro). Mas isso ainda encontra sérias resistências e o modelo brasileiro não contempla nenhuma solução verdadeiramente processual.

Esta também foi a conclusão previamente alcançada por PASTOR na obra mencionada[38] ao sugerir que a superação do prazo razoável venha a constituir uma causa de finalização antecipada do processo, fazendo nascer para o Estado a proibição de continuar com a persecução penal na medida em que houve a quebra de um direito fundamental.

Para o autor argentino mencionado, contudo, parece não ser possível que advenha uma sanção nesse processo finalizado. A sanção que recai sobre o Estado pela superação do prazo razoável é a da impossibilidade da aplicação da norma de direito penal.

> **Análise Crítica:** A terminação do processo sem apreciação do mérito por decurso do prazo *razoável* parece-nos escapar dos limites de plausibilidade mesmo nos sistemas sedimentados nas premissas da acusatoriedade, donde soluções alternativas surgem com mais consistência, malgrado a possibilidade de críticas teóricas persistirem.

---

37 LOPES JÚNIOR, Aury. A (de)mora jurisdicional e o direito de ser julgado em um prazo razoável no processo penal. **Boletim IBCCRIM**, São Paulo, v. 13, n. 152, p. 4-5., jul. 2005.

38 *Ibidem*, p. 541.

Teoria Geral do Procedimento e Procedimentos em Espécie | 405 |

Outra das soluções possíveis no direito internacional público vem da Corte Europeia de Direitos do Homem que projeta o excesso do prazo *razoável* como desconto da pena no caso de sentença condenatória.[39]

Tal solução já encontra eco em decisões pátrias, como aquela do Tribunal de Justiça do Rio Grande do Sul que decidiu:

> Autoria e materialidade suficientemente comprovadas. Condenação confirmada. Redimensionamento da pena. Atenuante inominada do artigo 66 do Código Penal caracterizada pelo longo e injustificado tempo de tramitação do processo (quase oito anos) associado ao não cometimento de novos delitos pelo apelante. Hediondez afastada. Provimento parcial. Unânime.[40]

No corpo do sobredito acórdão tem-se que

> [...] a excessiva duração da demanda penal, como na espécie presente, por culpa exclusiva do aparelho judicial, viola direito fundamental do homem – o de ter um julgamento rápido (artigo 1.º da Declaração dos Direitos do Homem da Virgínia) –, pelo que tal situação deve ser valorada no momento da individualização da pena. Aliás, já há na jurisprudência européia decisões no sentido de atenuar o apenamento, em razão da exorbitante duração do processo criminal (ver Daniel R. Pastor, in "El Plazo Razonable en el Processo del Estado de Derecho", pág. 177/180).

No Brasil houve a tentativa de estabelecer um prazo determinado *em lei* de acordo com o então PLS 183/2007 apresentado pelo então Senador Gilvam Borges, com a seguinte redação:

> Art. 61-A. A duração máxima do processo penal será de três anos, contados do recebimento da denúncia.
>
> *Parágrafo único.* O prazo previsto no *caput* poderá ser prorrogado por seis meses, uma única vez, caso haja sentença condenatória, a fim de permitir a tramitação do recurso interposto.

---

39 No caso da sentença absolutória advinda após término de processo com duração excedida no seu "razoável" a solução patrimonial de indenização parece ser o caminho natural. Em semelhante sentido: da SILVA, Enio Moraes. A garantia constitucional da razoável duração do processo e a defesa do Estado. **Revista de Informação Legislativa**. Brasília, ano 43, n. 172, out./dez. 2006.

40 RIO GRANDE DO SUL. Tribunal de Justiça. **Apelação Crime n. 70007100902**. Quinta Câmara Criminal. Relator Des. Luís Gonzaga da Silva Moura. Julgado em 17.12.2003. Disponível em: <https://www.tjrs.jus.br/site_php/consulta/consulta_processo.php?nome_comarca=Tribunal%20de%20Justi%C3%A7a%20do%20RS&versao=&versao_fonetica=1&tipo=1&id_comarca=700&num_processo_mask=&num_processo=70007100902&codEmenta=7706337&temIntTeor=true>. Acesso em: 16 jun. 2021.

Art. 61-B. Vencido o prazo previsto no artigo anterior, o juiz ou tribunal, de ofício ou a pedido, declarará extinta a ação penal por morosidade judicial.

Parágrafo único. Declarada a extinção da ação penal nos termos do *caput*, a vítima deverá ser indenizada pelos responsáveis e pelo Estado, sem prejuízo das anotações funcionais para efeito de promoção na carreira.

E sua justificativa foi:

Para que a referida garantia constitucional tenha plena efetividade, porém, é necessário fixar um prazo máximo de duração do processo, sobretudo na área processual penal, pois o prolongamento da ação pode ser, ao final, mais doloroso do que a própria pena. Assim, a previsão constitucional deve ganhar concretude, sob pena de ficar como belo texto literário, mas sem nenhuma aplicação prática.[41]

Relatado pelo então Senador Marcondes Perillo na CCJ, foi o projeto rejeitado sob a justificativa que[42]:

[...] se a demora é ocasionada por uma das partes do processo, o juiz deverá responder coercitivamente para impedir sua conduta e puni-la, com base na aplicabilidade imediata do direito fundamental à duração razoável do processo. Se a demora se dá por omissão do magistrado, caberá à parte adotar, além das medidas processuais, outras que considerar adequadas no âmbito do controle administrativo do órgão que ocasionou o prejuízo (corregedorias dos tribunais e Conselho Nacional de Justiça). E se a demora for fruto da falta de aparato material do órgão jurisdicional? Tal situação é consequência da omissão dos demais Poderes constituídos na concretização da estrutura necessária à garantia da celeridade processual. Na forma como redigido, o projeto apenas servirá para justificar ações de indenização contra o Poder Público, numa lógica de ferro: se o Estado veda a defesa privada, obrigando-se a prestar a jurisdição em tempo razoável, deve indenizar quem a obteve tardiamente ou não a obteve dentro do prazo; teremos, assim, mais ações, que exigirão mais juízes para julgá-las, das quais decorrerão outras, para extrair dinheiro do Tesouro do Estado. Apenas agrava-se o problema se o Poder Público não fornece os meios. E o problema não cessaria aí. Restaria ainda aos jurisdicionados, com a justificativa do prazo não observado de 3 anos previsto em lei (se aprovado o Projeto), recorrer ao sistema de proteção internacional dos direitos humanos, por meio da Comissão

---

41 BRASIL. Senado Federal. **Projeto de Lei n. 183 de 2007**. Disponível em: <http://legis.senado.leg.br/mateweb/arquivos/mate-pdf/9702.pdf>. Acesso em: 16 jun. 2021.
42 BRASIL. Senado Federal. Comissão de Constituição, Justiça e Cidadania. **Parecer n. 961 de 2009**. Relator: Senador Marconi Perillo. Disponível em: <https://legis.senado.leg.br/sdleg-getter/documento?dm=3830014&ts=1630426836240&disposition=inline>. Acesso em: 11 jan. 2022. p. 2-3.

Interamericana de Direitos Humanos da Organização dos Estados Americanos (OEA), o que ocasionaria grande mancha política à imagem do País no exterior.

Assim, alicerçado na crônica afirmação de ausência de recursos estatais – que serve para obstar qualquer modificação da estrutura inquisitiva, por sinal – e fortemente preocupado com os prejuízos ao erário e à imagem do Brasil no exterior, a discussão foi encerrada.[43]

> **Análise Crítica:** A sanção processual *interna* no processo em que o direito à duração razoável foi violado pode, no entanto, coexistir com outras de caráter patrimonial, creditados à vítima pelo Estado, ou com a responsabilização dos agentes públicos que deram causa à violação da norma constitucional. A reforma do processo penal, em 2008, caminhou nesse sentido, incorporando a remição dos dias de prisão preventiva imediatamente ao regime de pena ser imposto *naquela condenação*, como será visto no Capítulo 9 desta Obra ao ser tratado o tema da sentença e coisa julgada. Contudo, mantemos nossa compreensão inicial, enfatizando a necessidade de criação de balizas temporais claras na Lei que deve regrar, igualmente, as situações excepcionais. Neste ponto, a crônica justificativa de falta de recursos, ao lado da manutenção de cânones típicos do modelo inquisitivo de processo não podem servir no modelo constitucional-convencional.

6.1.1.3 A publicidade

A publicidade[44] é fundamental na construção de um processo justo em consonância, inclusive, com a ordem internacional[45] que, como visto, tem na oralidade, igualmente, um de seus esteios. Nesse sentido, publicidade e oralidade são complementares, cabendo destacar que,

> [...] em um procedimento escrito pode ser estabelecida a publicidade, porém são normas de cumprimento impossível na prática e apenas um processo oral

---

43 BRASIL. Senado Federal. Comissão de Constituição, Justiça e Cidadania. **Parecer n. 961 de 2009**. Relator: Senador Marconi Perillo. Disponível em: <https://legis.senado.leg.br/sdleg-getter/documento?dm=3830014&ts=1630426836240&disposition=inline>. Acesso em: 11 jan. 2022.
44 Para uma primeira abordagem ver SCHREIBER, Simone. Notas sobre o princípio da publicidade processual no processo penal. **Revista da Seção Judiciária do Rio de Janeiro**, Rio de Janeiro, v. 20, n. 36, p. 133-148., abr. 2013. Também, VIEIRA, Ana Lúcia Menezes. **Processo penal e mídia**. São Paulo: Revista dos Tribunais, 2003.
45 E assim reconhecido em inúmeros documentos internacionais, especialmente: Declaração Universal de Direitos Humanos, artigos 10 e 11.1; Pacto Internacional de Direitos Civis e Políticos, artigo 14.1; Convenção Europeia de Direitos Humanos, art. 6.1 e Estatuto de Roma (Tribunal Penal Internacional), arts. 64 e 67.

e concentrado permite a publicidade e, com ela, a fiscalização popular do funcionamento da Justiça.[46]

Para melhor *compreender o alcance da publicidade e de seu contraposto, o sigilo,* é interessante destacar que:

a] A *publicidade dos atos processuais às partes é irrestrita* para que haja plena fruição do contraditório e da ampla defesa. Essa publicidade é *interna* (atuante no processo) e impede postulações e decisões sem conhecimento da parte contrária. Rigorosamente falando trata-se da necessária *informação dos atos processuais* como condicionante do justo processo;

b] A *publicidade* do processo ao *público em geral – publicidade externa – pode, motivadamente, ser restringida* recaindo sobre aquele caso determinado, o sigilo. Após a EC/45 o interesse público[47] na informação prepondera sobre o direito à intimidade das pessoas acusadas[48] e, em certo sentido, também das vítimas.

Esse conjunto de afirmações é reconhecido pela CIDH que no julgamento do caso Palamara Iribarne Vs. Chile (sentença de de 22 de novembro de 2005), afirmou que

> (...) el juicio penal debe ser público, es decir, no solo el acusado debe tener acceso al proceso, sino que además la sociedad en su conjunto debe tener la posibilidad de observar cómo se ejerce el poder punitivo del Estado.[49]

Dotando a persecução penal de legitimidade *externa*, a dizer, perante a sociedade, a *publicidade* tem assento constitucional transformando-se, assim, em *regra* e, na inversão própria de valores que cabe à acusatoriedade em relação

---

46 BENAVENTE CHORRES, Hesbert; PASTRANA BERDEJO, Juan David. Seguridad pública, proceso penal acusatorio y juicio oral. **Argumentos (Méx.)**, México, v. 24, n. 66, p. 277-313, agosto 2011. Disponível em: <http://www.scielo.org.mx/scielo.php?script=sci_arttext&pid=S0187-57952011000200011&lng=es&nrm=iso>. Acesso em: 10 out. 2016. p. 279. Tradução livre. Donde, para o direito brasileiro, o art. 792 do CPP aparece, como tantos outros momentos, apenas um simulacro de justo processo.

47 Sobre os reflexos do "interesse público" no processo penal, SOUZA, Diego Fajardo Maranha Leão de; LEITE, Rosimeire Ventura. O sigilo no processo criminal e o interesse público à informação. In: ALMEIDA, José Raul Gavião de; FERNANDES, Antonio Scarance. **Sigilo no processo penal**: eficiência e garantismo. São Paulo: Revista dos Tribunais, 2008. p. 203-238.

48 Especificamente preocupado com a exposição da pessoa submetida à persecução ver o trabalho de MARQUES, Leonardo Augusto Marinho; SILVA, Larissa Marila Serrano. Tensão entre publicidade e sigilo na construção do Processo Penal Democrático. In: XVIII Congresso Nacional do CONPEDI – São Paulo, 2009, São Paulo/SP. **Anais do XVIII Congresso Nacional do CONPEDI**, São Paulo – Santa Catarina/SC: Fundação Boiteux, 2009. p. 9479-9499. Disponível em: <http://www.publicadireito.com.br/conpedi/manaus/arquivos/anais/sao_paulo/2248.pdf>. Acesso em: 16 jun. 2021.

49 Para outros casos estudados na doutrina brasileira, ver ANSELMO, Márcio Adriano; CASTRO, Alexandra Pinheiro de. A garantia processual penal da publicidade à luz das cortes europeia e americana de direitos humanos. **Revista Brasileira de Ciências Criminais**, São Paulo, v. 21, n. 101, p. 355-386, mar./abr. 2013.

à inquisitividade, o sigilo passa a ser exceção. Roxin aponta que a publicidade tem, além do papel de legitimação da atuação judicial no seio social, a capacidade de aumentar a responsabilidade dos intervenientes e evitar que situações externas venham a influenciar a decisão do caso[50], posição assumida claramente pelo TEDH.[51]

Mas é exatamente a possibilidade de influência externa ao caso que gera a maior preocupação num modelo em que há julgamento de mérito exclusivamente por leigos[52] e no qual, mesmo perante juízes togados, teme-se a pressão da mídia[53] que serve como fomentadora de uma determinada linha de decisão.[54]

Essa tensão *processo penal – mídia – direito à informação – direito à intimidade* não é resolvida com facilidade em qualquer ordenamento jurídico, exceção feita – e com cautelas – ao modelo inglês onde:

> [...] a lei que organiza as relações entre o direito e a mídia neste país é acima de tudo repressiva e governada por uma simples ideia: a função adequada da justiça prevalece sobre a liberdade de imprensa. Ao menos a partir do momento em que o sistema processual penal esteja em atividade, a imprensa deve ser mantida em silêncio.[55]

Fora essa constatação, a relação tensa persiste como regra, com soluções caso a caso e sempre insatisfatórias, como se dá no Direito brasileiro cuja sociedade

---

50 ROXIN, Claus. **Derecho procesal penal**. (2003). Op. Cit. p. 407.

51 A ver, entre outros, Caso Osinger v. Austria, no. 54645/00, § 44, 24 março de 2005. TRIBUNAL EUROPEU DOS DIREITOS HUMANOS. **Caso Osinger v. Austria n. 54645/00**. Disponível em: <https://sip.lex.pl/orzeczenia-i-pisma-urzedowe/orzeczenia-sadow/54645-00-osinger-v-austria-rezolucja-komitetu-ministrow-521919248>. Acesso em: 16 jun. 2021.

52 E a formação de "juízos paralelos" conforme aponta BAHAMONDE, Rosa Rodríguez. Los juicios paralelos y el proceso ante el tribunal del jurado. **Revista de ciencias jurídicas**, ISSN 1137-0912, n. 6, p. 251-272, 2001, ao defini-lo como "es aquel conjunto de informaciones aparecidas en los medios de comunicación sobre un asunto a tratar por el órgano judicial, generándose una valoración social del comportamiento de personas implicadas". Para o direito brasileiro ver a discussão em VIDAL, Luis Fernando Camargo de Barros. Mídia e júri: possibilidade de restrição da publicidade do processo. **Revista Brasileira de Ciências Criminais**, São Paulo, v. 11, n. 41, p. 113-124, jan./mar. 2003.

53 A midiatização do julgamento é, por certo, uma preocupação constante também no direito comparado reformado. Para uma visão na América Central, PACHECO, José María Tijerino. Mediatización de la oralidad: La perversión del juicio en la práctica judicial penal Centroamericana. **Revista de Derecho**, n. 11, p. 175-194, 2014.

54 Por todos ver, SCHREIBER, Simone. **A publicidade opressiva dos julgamentos criminais**: Uma investigação sobre as consequências e formas de superação da colisão entre a liberdade de expressão e informação e o direito ao julgamento criminal justo, sob a perspectiva da Constituição brasileira de 1988. Rio de Janeiro: Renovar, 2008. Também, AZEVEDO, Bernardo Montalvão Varjão de. O princípio da publicidade no processo penal, liberdade de imprensa e a televisão: uma análise transdisciplinar. **Direito Público**, São Paulo, v. 8, n. 36, p. 128-177, nov./dez. 2010.

55 LEMONDE, Marcel. Mídia e Justiça Penal. In: DELMAS-MARTY, Mireille; SPENCER, John. **Processos Penais da Europa** (Org.). Tradução Fauzi Hassan Choukr e Ana Cláudia Ferigato Choukr. Rio de Janeiro: Ed. Lúmen Júris, 2005. p. 725-755.

enxerga com naturalidade que a imprensa não apenas divulgue fatos, mas crie sobre eles seu próprio julgamento e espraie seus próprios valores.[56]

6.1.1.4 A indispensável participação da pessoa acusada: a impossibilidade da revelia

O direito da pessoa acusada ser informada pessoalmente do conteúdo da acusação já foi discutido no Capítulo 2, item 2.1.1.2.1 nesta obra, quando se tratou, também, da impropriedade de conhecimentos fictos da acusação.

Aqui cuida-se de analisar a disciplina a partir da previsão normativa do art. 366 do CPP, que prevê a suspensão do processo em face da revelia quando estiverem presentes, cumulativamente, as seguintes condições.

Frise-se, desde já, que quaisquer previsões normativas que possibilitem a comunicação da acusação a terceiros são incompatíveis com o marco constitucional-convencional, como será visto a seguir em relação aos militares e como é previsto aos crimes de "lavagem de dinheiro"[57], Lei 12.683/2012, que repete os termos da Lei 9613/98, censurados desde a primeira previsão a respeito por prestigiosa doutrina.[58]

a] Não localização da pessoa acusada

A não localização pessoal a pessoa submetida à persecução é a primeira causa ensejadora da incidência da norma em exame. Como já sedimentado na doutrina e jurisprudência, a citação ficta é excepcional em relação à pessoal, e somente tentada quando frustrado o contato direto com o acusado. Mesmo assim, ainda que citado por edital, o acusado deve ser buscado através de outros meios (expedição de ofícios, concurso policial etc.).

b] Não comparecimento da pessoa acusada

Ao lado da não localização que gera a expedição do edital, deve realmente a pessoa acusada não atender ao chamado da Justiça.

No entanto, ao se falar em comparecimento da pessoa acusada, é necessário indagar em relação a qual acusação se refere a ausência, pergunta essa que se coloca em face do aditamento à denúncia.

---

56 A propósito ver SABBAG, Lucia Maria. O Olhar Através da Televisão: Formas de Construção de Sentidos para a Cidade. **Sínteses** (UNICAMP. Impresso), Campinas, p. 486-494, 10 nov. 2005.
57 "Art. 2º (...) § 2º No processo por crime previsto nesta Lei, não se aplica o disposto no art. 366 do Decreto-Lei nº 3.689, de 3 de outubro de 1941 (Código de Processo Penal), devendo o acusado que não comparecer nem constituir advogado ser citado por edital, prosseguindo o feito até o julgamento, com a nomeação de defensor dativo". (NR)
58 GOMES, Luiz Flávio. Art. 366 do CPP e lei de lavagem de capitais. **Boletim IBCCRIM**, São Paulo, 70/ Ed. Esp. p. 14-15., set. 1998. Também, GOMES, Luiz Flávio; OLIVEIRA, William Terra; CERVINI, Raúl. **Lei de Lavagem de Capitais**. São Paulo: Revista dos Tribunais, 1998. p. 58.

Como aponta Camargo Penteado ainda anteriormente à reforma de 2008, mas com observações que se mantêm válidas,

> [...] inegável que, havendo aditamento, não emfunção do Parágrafo único do art. 384 do Código de Processo Penal, mas por força de conexão, deva seguir-se citação do réu e novo interrogatório, aplicando-se o parágrafo único do art. 384 daquele Estatuto no que tange às provas complementares, por analogia. E o exemplo do inicialmente acusado por rixa qualificada que, posteriormente, sujeita-se à adição em sede de homicídio.[59]

Nesses casos – aditamento por força de conexão – estamos diante de duas acusações distintas, para as quais o réu deve ser citado distintamente.

Caso tenha respondido à primeira e se tornado revel em relação à segunda, pode-se concluir que o processo terá seu normal prosseguimento em face daquela e será suspenso em face da última. Isso se encontra em harmonia com o resto do sistema, inclusive sendo causa interruptiva do prazo prescricional.

Situação que merece reflexão a parte dentro do quadro do aditamento diz respeito ao acréscimo da inicial quando fundada no art. 384 do Código de Processo Penal. Nessa hipótese existe o agravamento da situação do acusado que deverá ser instado a se manifestar, sem que, entretanto, tenha havido uma nova citação. Coloca-se aqui a indagação se, ausentando-se a partir do aditamento nestes moldes, o acusado teria o processo suspenso.

Observado o tema dentro de certos padrões técnicos a resposta seria negativa, na medida em que a relação processual penal está instaurada com a citação inicial que, regularmente efetivada, teve o condão de trazer o acusado para o bojo do processo onde, por sua vez, com a sua participação efetiva, construiu-se o complemento da acusação ou, mais exatamente, sua alteração.

Nesse caso não haveria a suspensão do processo porque se trataria de hipótese de revelia intercorrente, e não daquela inicial que reclama a lei em estudo. O denunciado já esteve nos autos e se ausentou quando a situação se lhe tomou mais gravosa. Sem o que, essa hipótese aditiva não acarreta nova citação, o que é um argumento a mais a favor do entendimento.

c] Não nomeação do defensor

Além de ter sido citado por edital e não ter comparecido, para fins de efetivação da suspensão do processo, a revelia se caracteriza pela ausência de defensor constituído pela pessoa acusada, não suprindo desta forma a presença do patrono a nomeação pelo juiz de defensor dativo.

---

59 PENTEADO, Jacques Camargo. **O Aditamento no Processo Penal**. São Paulo: Saraiva, 1992, especialmente p. 30.

Dentro do espírito da lei, busca-se a plena capacidade defensiva, o que somente aconteceria na hipótese do contato direto com seu defensor regularmente constituído, a quem teria sido dada oportunidade de explanar suas razões e apresentar meios de prova suficientemente hábeis para sua defesa, caracterizando aquilo que a doutrina chama de efetiva paridade de armas entre acusação e defesa, característica marcante do denominado *processo de partes* ou de matriz acusatória.

Uma questão particularmente interessante que se coloca nesse momento é a da interposição de uma manifestação defensiva sem a juntada do respectivo mandato.

Ao lado desta, outra igualmente interessante se apresenta, aquela na qual há uma procuração juntada aos autos ainda em fase de investigação e não reproduzida em juízo porque ausente o réu citado por edital.

O primeiro caso merece a prudência do julgador. Antes de não decretar a suspensão do processo apenas pela juntada da petição – desacompanhada do respectivo mandato – é forçosa a intimação do defensor para que apresente a respectiva outorga, sob pena de não ser considerado como efetivo patrono do réu. Apenas com a regular juntada do instrumento pode ser considerado o réu defendido por advogado constituído, e não ser decretada a suspensão do feito.

Uma vez considerado como patrono regularmente constituído, será este devidamente intimado dos atos praticados através da imprensa oficial ou, a teor do disposto no art. 370 do CPP com a nova redação, "a intimação do defensor constituído, do advogado do querelante e do assistente far-se-á por publicação no órgão incumbido da publicidade dos atos judiciais na Comarca".

No segundo caso, o teor da procuração ofertada merece ser analisado.

Se inexiste previsão expressa de poderes para a defesa em juízo, ditando o instrumento procuratório poderes apenas para acompanhamento da investigação, indubitavelmente não há como se extrair a constituição do patrono, limitando-se aquele mandato aos seus exatos termos. Assim, ausente a pessoa acusada, não se pode extrair que esteja ele defendido por causídico constituído devendo ser suspenso o processo.

Aperfeiçoadas as causas autorizadoras da suspensão, uma vez que estabelecida a revelia do acusado, é necessário verificar quais são as suas consequências.

A primeira delas é a *interrupção do prazo prescricional*.

De todas as consequências da norma em exame a que primeiro chamou a atenção da doutrina e da jurisprudência foi aquela relativa a prescrição, vez que o fluxo do prazo prescricional é interrompido quando da suspensão do processo.

O tema se desdobra em vários itens que foram desde um primeiro momento objeto de inúmeras análises doutrinárias com repercussões em precedentes. Dentre eles, a *natureza da norma* foi um dos que liderou a discussão para defini-la como penal, processual penal ou mista.

Numa das primeiras manifestações sobre a matéria, Damásio apontou a natureza mista da norma, aduzindo que o diploma legal "quando (...) prevê a suspensão do prazo prescricional é (norma) de Direito Penal material. Temos, então, uma disposição mista, impondo princípios de direito substantivo e processual. Quando isto ocorre, prevalece a natureza penal"[60], tendo de imediato sido acompanhado por Gomes que, apoiado em prestigiosa doutrina – sobretudo lusitana – concluiu que "é irretroativa a lei nova que afeta um direito substancial, é retroativa a lei nova que beneficia o autor da infração de qualquer modo."[61]

A partir do elastério acima citado restou basicamente assentado na doutrina e jurisprudência pátrias a natureza mista da norma em questão, com a seguinte consequência no plano prático: A lei, em sendo aplicável aos casos já em curso quando de sua entrada em vigor suspenderia o processo, mas não o prazo prescricional, uma vez que esta situação seria mais gravosa para o réu; em contrapartida, para os casos em trâmite após sua entrada em vigor estariam suspensos tanto o fluxo processual quanto o prazo prescricional.

Tal entendimento foi ampliado pelo laborioso acórdão do Tribunal de Justiça de Santa Catarina, da lavra do eminente Des. Nilton Macedo Machado, julgando caso acontecido antes da entrada em vigor da lei, decidiu que

> [...] a nova redação do art. 366 do Código de Processo Penal, no seu comando processual, aplica-se imediatamente ao processo penal pendente, ainda não julgado, suspendendo-o com resguardo dos atos anteriormente praticados...; no entanto, não se aplica na parte de direito penal, material, vale dizer, suspenso o processo não pode haver suspensão do prazo prescricional em curso quando da vigência da lei nova, a qual não pode retroagir para prejudicá-lo.[62]

Antagonicamente a essa postura, o contundente texto de Cazetta, para quem a norma em tela, de aspectos processuais e de direito material não poderia ser cindida e, por consequência, não poderá retroagir para os casos em andamento e instaurados antes da entrada em vigor da lei, que "somente poderá ser aplicada aos fatos típicos ocorridos a partir do dia 17 de junho de 1996 (inclusive), sob pena de ofensa ao artigo 5º, XL, da Constituição Federal."[63]

---

60 JESUS, Damásio Evangelista de. Notas ao art. 366 do Código de Processo Penal, com redação da Lei 9271/96. **Boletim IBCCrim** 42, junho/96.
61 GOMES, Luiz Flávio. Da Retroatividade (parcial) da Lei 9271/96 (citação por edital). **Boletim IBCCrim**, 42, junho/96.
62 SANTA CATARINA. Tribunal de Justiça. **Recurso Criminal n. 96.008927-6**. Relator Des. Nilton Macedo Machado. Julgado em: 10.12.96. O texto apresenta uma das mais completas visões panorâmicas sobre a doutrina do assunto.
63 CAZETTA. Ubiratan. Da impossibilidade de aplicação da Lei 9271/96 aos processos pendentes. **Boletim do IBCCrim** 51, fevereiro/97. No mesmo sentido o texto da lavra de Mauro Viveiros: VIVEIROS, Mauro. Suspensão do processo e suspensão do prazo prescricional. **Boletim IBCCrim** 48, nov/96, para quem a lei nova seria aplicada apenas aos processos novos, no que acabou por perfilar o entendimento então já esposado por SILVA, Eduardo Araújo da. Da irretoratividade da suspensão do processo. **Boletim IBCCrim** 47, out/1996.

Insurgindo-se contra a posição tradicional – e buscando assim evitar a cisão originada pela interpretação primeira – cumpre cifrar posição externada por Dias Junior, ao sustentar que a suspensão do feito (não importando a data de sua ocorrência) "é mais vantajosa, mesmo com a correspondente suspensão do curso do prazo prescricional, pois a primeira tem amparo constitucional, como revela a exposição de motivos do projeto gerador da lei [...]". Concluindo, na sequência, que "a suspensão do prazo prescricional é um mero detalhe se comparada à paralisação do processo, cujo móvel é justamente impedir que um cidadão seja condenado criminalmente sem sequer ter o conhecimento da imputação que lhe é irrogada."[64]

Interessante é a citada postura uma vez que não envereda pela decantada distinção entre norma penal material × processual como fonte de solução do problema da (ir)retroatividade da lei.

Parte, pura e simplesmente, da premissa da inalterabilidade da situação. Ou seja, nada flui, nem o procedimento e tampouco a prescrição. Assim não há que se falar em prejuízo para o réu pois sua situação está substancialmente inalterada. Mais ainda, se tudo está suspenso, mais benéfico será o quadro para o réu, vez que não terá contra si a possibilidade de prolação de um decreto condenatório.

Malgrado as posições divergentes, a norma em questão tem, efetivamente, uma dupla face. No seu aspecto processual – suspensão do processo vez que presentes os requisitos para tal – deve ter aplicação imediata, a teor do disposto no art. 2º do Código de Processo Penal, alcançando os processos em andamento (e, como se verá mais adiante, inclusive na fase recursal).

Na parte material (adotando-se como dogma seja a prescrição um tema de direito eminentemente material), a suspensão do processo tem um resultado mais gravoso para o réu. Não se trata de uma paralisação sem consequências na vida do acusado, mas sim da suspensão de uma situação da vida por tempo considerável.

A paralisação do processo – e da prescrição, por decorrência – não é um *nada* jurídico na vida da pessoa acusada, mas sim uma situação pendente que paira na vida do réu enquanto a situação perdurar e que se tornaria definitiva diante da compreensão do STF sobre o desdobramento natural deste tema: o lapso de suspensão da prescrição.

Das grandes questões levantadas pela suspensão do processo em face da revelia a da aparente imprescritibilidade é a mais tormentosa. Identificado desde o início o problema, como assentado por Silva Franco, "(...) o texto legal cria, de modo oblíquo, mais um caso de delito imprescritível, fora das hipóteses referidas

---

64 DIAS JÚNIOR, Paulo Roberto. A Aplicação da Lei 9271/96 no tempo. **Boletim IBCCrim** 53, abril/1997. Na verdade, esta também é a posição de Antonio Scarance Fernandes (FERNANDES, Antonio Scarance. A revelia no processo penal – lei 9271/96. In: **Painel de Estudos da Escola Paulista do Ministério Público do Estado de São Paulo**, publicada no DOE de 10.07.96, p. 24).

nos incisos XLII e XLIV", situação que seria inadmissível uma vez que o texto político, ao criar hipóteses de imprescritibilidade, não operou qualquer causa ampliativa do rol a ser suprida por obra do legislador ordinário, como tivemos oportunidade de salientar em texto da mesma época.[65]

Sendo assim, determinado o *dies ad quo* como o da data da decisão suspensiva, resta saber qual será o *dies ad quem*, a partir do qual o prazo terá sua fluência continuada, somando-se o lapso de tempo operado entre a data do recebimento da denúncia e da decisão suspensiva, visto que se trata de causa suspensiva, e não interruptiva (hipótese em que prazo se reiniciaria na integralidade).[66]

A doutrina passou a trabalhar as hipóteses possíveis, variando sobre qual o caminho a seguir, mas acentuando a necessidade de fixação de um termo final para a suspensão.[67]

Basicamente, as possibilidades iniciais levaram sempre em conta como parâmetro o art. 109 do Código Penal, restando saber se seria empregada a pena mínima ou a máxima. No início da vigência da redação então alterada do art. 366, cogitava-se o máximo da pena (posição de Damásio no texto já mencionado) e do mínimo (nossa posição, amparada na CADH e numa compreensão de prazo razoável do processo[68]). Isoladamente, Scarance Fernandes adotou o máximo de cumprimento da pena previsto no CP (30 anos, a teor do art. 73) como limite para suspensão da prescrição.

A posição majoritária havia sido encampada nos projetos de reforma parcial do CPP que entraram em vigor em 2008, tendo sido aprovada no Parlamento a seguinte redação sugerida ao novo art. 363:

> § 2º Não comparecendo o acusado citado por edital, nem constituindo defensor: I – *ficará suspenso o curso do prazo prescricional pelo correspondente ao da prescrição em abstrato do crime objeto da ação (art. 109 do Código Penal); após, recomeçará a fluir aquele*; II – o juiz, a requerimento do Ministério Público ou do querelante ou de ofício, determinará a produção antecipada de provas consideradas urgentes e relevantes, observando a necessidade, adequação e proporcionalidade da medida; III – o juiz poderá decretar a prisão preventiva do acusado, nos termos do disposto nos arts. 312 e 313 deste Código. § 3º As provas referidas no inciso II do § 2º deste artigo serão produzidas com a prévia intimação do Ministério

---

65 SILVA FRANCO, Alberto. Suspensão do processo e suspensão da prescrição. **Boletim IBCCrim** 42, junho/1996 e o nosso "A prescrição na Lei 9271/96". CHOUKR, Fauzi, Hassan. A prescrição na Lei 9271/96. **Boletim IBCCrim** 42, junho/1996.
66 No mesmo sentido, BASTOS, Marcelo Lessa. Lei 9271/96: dois problemas e propostas de solução. **Boletim IBCCrim** 56, julho/1997.
67 Nesse sentido, CUSTÓDIO, Rosier B.; FERRARI, Eduardo R. A Lei 9271/96 e sua aplicação prática. **Boletim IBCCrim**, 56, julho/1997, onde se lamenta um certo comodismo nos julgados em relação a matéria.
68 CHOUKR, Fauzi Hassan. A prescrição na Lei 9271/96. Op. Cit.

Público, do querelante e do defensor público ou dativo, na falta do primeiro, designado para o ato. (sem grifo no original).

Nada obstante a norma foi vetada no processo legislativo, na sanção da Presidência da República, sob o seguinte fundamento:

A despeito de todo o caráter benéfico das inovações promovidas pelo Projeto de Lei, se revela imperiosa a indicação do veto do § 2º do art. 363, eis que em seu inciso I há a previsão de suspensão do prazo prescricional quando o acusado citado não comparecer, nem constituir defensor. Entretanto, não há, concomitantemente, a previsão de suspensão do curso do processo, que existe na atual redação do art. 366 do Código de Processo Penal. Permitir a situação na qual ocorra a suspensão do prazo prescricional, mas não a suspensão do andamento do processo, levaria à tramitação do processo à revelia do acusado, contrariando os ensinamentos da melhor doutrina e jurisprudência processual penal brasileira e atacando frontalmente os princípios constitucionais da proporcionalidade, da ampla defesa e do contraditório. Em virtude da redação do § 3º do referido dispositivo remeter ao texto do § 2º há também que se indicar o veto daquele. Cumpre observar, outrossim, que se impõe ainda, por interesse público, o veto à redação pretendida para o art. 366, a fim de se assegurar vigência ao comando legal atual, qual seja, a suspensão do processo e do prazo prescricional na hipótese do réu citado por edital que não comparecer e tampouco indicar defensor. Ademais, a nova redação do art. 366 não inovaria substancialmente no ordenamento jurídico pátrio, pois a proposta de citação por edital, quando inacessível, por motivo de força maior, o lugar em que estiver o réu, reproduz o procedimento já previsto no Código de Processo Civil e já extensamente aplicado, por analogia, no Processo Penal pelas cortes nacionais. (Mensagem Nº 421, de 20 de junho de 2008).

A posição dominante acabou sendo traduzida na Súmula 415 do STJ, com o seguinte teor: "o período de suspensão do prazo prescricional é regulado pelo máximo da pena cominada".

Contudo, o STF estabeleceu em precedente anterior à sumula do STJ que essa suspensão é indefinida, sob o seguinte fundamento:

2. A indeterminação do prazo da suspensão não constitui, a rigor, hipótese de imprescritibilidade: não impede a retomada do curso da prescrição, apenas a condiciona a um evento futuro e incerto, situação substancialmente diversa da imprescritibilidade. 3. Ademais, a Constituição Federal se limita, no art. 5º, XLII e XLIV, a excluir os crimes que enumera da incidência material das regras da prescrição, sem proibir, em tese, que a legislação ordinária criasse outras hipóteses. 4. Não cabe, nem mesmo sujeitar o período de suspensão de que trata o art. 366 do C.Pr.Penal ao tempo da prescrição em abstrato, pois, "do contrário, o que se teria, nessa hipótese, seria uma causa de interrupção, e

não de suspensão". 5. RE provido, para excluir o limite temporal imposto à suspensão do curso da prescrição.[69]

Nada obstante a posição do STF[70], permanece a imprescritibilidade como *consequência* da suspensão do processo pela revelia e, por isso, não pode haver uma suspensão indefinida do processo, ainda que regulada pelo máximo da pena em abstrato. E, uma vez localizada a pessoa acusada – que na locução do STF pode ter acontecido a qualquer tempo –, resta constatar que o processo retomará sua marcha.

> **Análise Crítica:** Claro fica que não foi criada uma nova categoria de crimes imprescritíveis, como clara também é a imprescritibilidade como consequência de um marco temporal claro para a suspensão do processo em face da revelia. E, nesse ponto, o que a CR/88 veda é a criação de novas formas de imprescritibilidade para além dos próprios crimes que ela enumerou como dotados dessa característica.

Outra consequência do artigo 366 é a *determinação cautelar de produção de provas*.

Com efeito, como já apontado por Campos Barros, ao analisar o chamado depoimento *ad perpetuam rei memoriam*,

> [...] pode, porém, acontecer que alguma testemunha por moléstia ou outro impedimento não possa comparecer no momento processual adequado. Daí a necessidade de antecipação dessa prova. A natureza cautelar desta inquirição preventiva não pode ser posta em dúvida, uma vez que com ela se antecipa o momento normal da produção testemunhal, correspondendo a uma "instrução preventiva no curso da causa", para completar esclarecendo que apenas na oportunidade processual adequada "é que se vai discutir a prova pelas partes e será feita a apreciação pelo juiz. Daí explicar Florian, que nesse caso existe apreensão antecipada da prova mas não debate antecipado."[71]

Como apontamos em trabalho sobre a matéria após a entrada em vigor da então nova redação do art. 366,

> [...] a mera suspensão do processo em face da revelia não se constitui em causa autorizadora da determinação da prova antecipada. A suspensão, por sí apenas, não constitui situação que gere "periculum in mora", ainda que o "fumus boni

---

69 BRASIL. Supremo Tribunal Federal. **Recurso Extraordinário n. 460.971/RS**. Primeira Turma. Relator Min. Sepúlveda Pertence. Julgamento: 13/02/2007. Publicado em: 30/03/2007. Disponível em: <https://jurisprudencia.stf.jus.br/pages/search/sjur6934/false>. Acesso em: 16 jun. 2021.

70 Que também, à época, é de TOURINHO FILHO, Fernando da Costa. **Processo Penal**. 21. ed. São Paulo: Saraiva, 1999. 3v. p. 197-198.

71 CAMPOS BARROS, Romeu Pires. **Processo Penal Cautelar**. Op. Cit. p. 447/448.

iuris" possa ser a priori identificado. Assim, na fundamentação da admissibilidade, o julgador não poderá apenas se escorar no decreto suspensivo, vez que este, isoladamente, nada diz em relação à tutela cautelar.[72]

Essa afirmação veio a ser reconhecida pelo STJ que, em 08/09/2010, publicou a Súmula 455: "A decisão que determina a produção antecipada de provas com base no art. 366 do CPP deve ser concretamente fundamentada, não a justificando unicamente o mero decurso do tempo".

Uma terceira possível consequência é a *decretação da prisão preventiva da pessoa acusada revel.*

A mesma base de raciocínio vale para a decretação da prisão preventiva em seu cotejo com a suspensão do processo em face da revelia. Descontados argumentos utilitaristas, a prisão preventiva deve estar assentada em todos os pressupostos do processo cautelar de ordem pessoal, sob pena de afrontar o texto constitucional e tornar-se uma espécie de *prisão obrigatória.*

Tal entendimento foi também esposado por Gomes Filho, ao sustentar que:

> [...] não se trata aqui, como apressadamente poderia se supor, de um corolário automático da suspensão do processo pela ausência do réu. Semelhante entendimento viria a colidir, inclusive, com o preceito constitucional da presunção de inocência (art. 5º, LVII), que embora não vede as prisões anteriores à condenação torna, certamente, inadmissível a prisão processual obrigatória, banida de nossa legislação pela Lei 5349/67.[73]

6.1.2 As espécies de atos processuais

Os atos processuais possuem uma clássica divisão entre aqueles de postulação, os de instrução e os de comunicação, de acordo com sua finalidade.

Podem, ainda, ser classificados como atos das partes ou dos que integram a administração da Justiça, aí compreendidos os praticados pelo Juiz e aqueles aperfeiçoados pelos funcionários.

Estes últimos, num modelo inquisitivo de administração da justiça assumem uma importância verdadeiramente crucial posto que num procedimento marcado pela baixa oralidade, o funcionamento mecânico dos autos está totalmente subordinado àquele aparato. Não por outra razão foi insistentemente focado no tópico inicial deste Capítulo que a oralidade impõe uma nova forma

---

72 CHOUKR, Fauzi Hassan. Suspensão do processo em face da revelia: comentários à Lei 9271, de 17 de junho de 1996. **Revista Brasileira de Ciências Criminais**, São Paulo, v. 6, n. 23, p. 41-65, jul./set. 1998.

73 GOMES FILHO, Antonio Magalhães. Medidas Cautelares da Lei 9271/96: produção antecipada de provas e prisão preventiva. **Boletim IBCCrim**, 42, junho/1996.

de gerenciamento da administração da justiça na qual a importância da burocracia existe, mas não é um fim em si mesmo como acontece no marco histórico da inquisitividade.

Exatamente pela crítica exposta no parágrafo anterior dá-se relevância metodológica à finalidade do ato para fins de sua classificação.

6.1.2.1 Atos comunicacionais

Conceito: Atos comunicacionais são aqueles que dão conhecimento às partes das postulações da parte contrária ou de atos decisórios ou administrativos praticados pelo Juiz natural ou pelos órgãos auxiliares da justiça, sendo essenciais para o aperfeiçoamento do contraditório e da ampla defesa.

A divisão dos atos comunicacionais

Os atos comunicacionais são divididos no CPP entre atos que dão conhecimento da veiculação da acusação e atos de movimentação processual.

O ato de comunicação da veiculação da acusação é, essencialmente, a citação. Contudo, em procedimentos que admitem uma verdadeira fase de admissibilidade anterior ao recebimento formal da acusação (v.g. no processo contra funcionário público), a comunicação inicial da acusação veiculada (mas ainda não acolhida judicialmente) é a notificação.

Além de dar conhecimento à pessoa acusada, diretamente, do conteúdo da acusação, diz o art. 363 do CPP que a partir dessas espécies de comunicação (citação e notificação) o processo terá completado a sua formação.

Essa *comunicação, pessoal* e *direta* é *válida* para as *pessoas* acusadas que estão em *liberdade* e para aquelas que se encontram *presas*, ainda que em Estado da federação distinto daquele em que o processo tem seu juízo natural. Nesse ponto salutar a edição da seguinte Súmula 351 do STF: "é nula a citação por edital de réu preso na mesma unidade da federação em que o exerce a sua jurisdição". Seu conteúdo é ainda atual mesmo diante do art. 360 do CPP.

Para as demais hipóteses, aquelas que dizem respeito a dar conhecimento dos atos de movimento do processo ou de postulações da parte contrária ou, ainda, das decisões judiciais é usada a *intimação*.

Nada obstante, o CPP se refere também como notificação o ato de comunicação endereçado ao chefe da repartição do funcionário público, assim como do próprio funcionário acusado, para comparecimento em Juízo conforme disposto no art. 359.

A forma de produção dos atos comunicacionais

A forma tradicional da produção dos atos processuais é *por mandado* com entrega por funcionário auxiliar da Justiça (Oficial(a) de Justiça), observação especialmente válida para os atos comunicacionais da acusação (citação ou notificação) que, como visto no Capítulo 2 desta Obra, precisam ser entregues diretamente à pessoa acusada, não se admitindo qualquer forma de citação ficta na leitura da CADH (mas tolerada pelo STF no que tange à citação *por hora certa* no direito brasileiro).

Mas, essa comunicação *por mandado* pode se concretizar de formas diversas, aqui levado em conta, necessariamente, que essa comunicação é obrigatoriamente *pessoal*:

a) Comunicação *por mandado* empregando-se *carta-precatória*: art. 353 do CPP para pessoas acusadas que residam em local diverso do juízo competente;
b) Comunicação do militar – o CPP prevê que se dará na pessoa de seu superior hierárquico. Por todas as razões já expendidas no Capítulo 2, essa norma não é compatível com a CADH. A obrigação deve ser *pessoal* ao acusado(a). A comunicação ao superior hierárquico pode até existir, mas não é ela que aperfeiçoa o conhecimento da acusação;
c) Comunicação por *carta-rogatória*, estando a pessoa acusada no exterior, em local certo e sabido. Esta é a modalidade para comunicação de pessoas que se encontram em *legações estrangeiras* a teor do art. 369 do CPP. Havendo a expedição da rogatória haverá a suspensão do prazo prescricional;
d) Comunicação por *carta de ordem*, mecanismo idêntico à precatória que é usado quando se tratar de caso de competência originária.

A intimação, enquanto ato comunicacional de finalidades diversas é obrigatoriamente pessoal para os órgãos do Ministério Público e para a Defensoria Pública (assim como para todos quantos exerçam a defensoria dativa ou justiça gratuita) e pessoal ou por intimação no diário oficial para advogados constituídos ou para a assistência da acusação.

Ao dar conhecimento na forma indicada em qualquer de suas modalidades, uma das consequências é o início da fruição de prazo para manifestação, concretizando dessa forma o contraditório como se verá a seguir.

6.1.2.2 Atos comunicacionais e prazos processuais

Forma de contagem

Os prazos no processo penal estão regrados pelo art. 798, especialmente em seu §1º, que determina a exclusão do dia do início e inclusão do dia de vencimento.

Essa disciplina *não foi alterada pelo NCPC* posto que, como visto no Capítulo 1 desta Obra, a analogia como integradora do sistema somente ocorre quando houver lacuna legislativa, o que não é o caso[74]. Não por outra razão precedentes acompanham esse entendimento, como aquele do STF que considerou:

> Mostra-se importante destacar, ainda, que, tratando-se de prazo processual penal, o modo de sua contagem é disciplinado por norma legal que expressamente dispõe sobre a matéria (CPP, art. 798, "caput"), o que torna inaplicável a regra fundada no art. 219, "caput", do Código de Processo Civil de 2015, pois, como se sabe, a possibilidade de aplicação analógica da legislação processual civil ao processo penal, embora autorizada pelo art. 3º do próprio Código de Processo Penal, depende, no entanto, para incidir, da existência de omissão na legislação processual penal (Lei de Introdução às Normas do Direito Brasileiro, art. 4º).[75-76]

Assim mantém-se, igualmente, a disciplina específica do CPP que determina o fluxo contínuo para contagem dos prazos, não havendo interrupção pode férias, domingos ou feriados.

---

74 Mesmo diante de argumento que se trate de norma mais benéfica como sustenta Queiroz. O que se deve é, além de responder à indagação acerca de existência de regulamento próprio para o processo penal e se esse regulamento está ou não em consonância com o marco constitucional-convencional. Positivas ambas as respostas, prevalece o ordenamento processual penal. Impacto do novo CPC sobre o velho CPP. QUEIROZ, Paulo de Souza. **Sob risco da ampliação indireta de uma teoria geral do processo e da diminuição do campo próprio do CPP**. Disponível em: <http://emporiododireito.com.br/impacto-do-novo-cpc-sobre-o-velho-cpp-por-paulo-de-souza-queiroz/>. Acesso em: 15 out. 2016.

75 BRASIL. Supremo Tribunal Federal. **Habeas Corpus n. 134.554 RCON/SP**. Relator Min. Celso de Mello. J. 10/06/2016. Disponível em: <http://www.stf.jus.br/arquivo/cms/noticiaNoticiaStf/anexo/HC134554.pdf>. Acesso em: 16 jun. 2021.

76 Também "no âmbito do STJ, mesmo após a vigência do CPC/2015, em controvérsias que versem sobre matéria penal ou processual penal, a contagem do prazo para interposição de agravo contra decisão monocrática de relator continua sendo feita de forma contínua (art. 798 do CPP), e não somente em dias úteis (art. 219 do CPC/2015). Isso porque, diferentemente do que ocorreu com outros artigos da Lei n. 8.038/1990 – norma especial que institui normas procedimentais para os processos que especifica perante o STJ e o STF –, não foi revogado o art. 39, o qual prevê: "Da decisão do Presidente do Tribunal, de Seção, de Turma ou de Relator que causar gravame à parte, caberá agravo para o órgão especial, Seção ou Turma, conforme o caso, no prazo de cinco dias."Ademais, tal previsão legal é secundada pelo disposto no caput do art. 258 do RISTJ, cujo teor prescreve que: "A parte que se considerar agravada por decisão do Presidente da Corte Especial, de Seção, de Turma ou de relator, poderá requerer, dentro de cinco dias, a apresentação do feito em mesa, para que a Corte Especial, a Seção ou a Turma sobre ela se pronuncie, confirmando-a ou reformando-a." Além disso, importa lembrar que o art. 798 do CPP, em seu caput e § 1º, determina, respectivamente, que "Todos os prazos correrão em cartório e serão contínuos e peremptórios, não se interrompendo por férias, domingo ou dia feriado" e que "Não se computará no prazo o dia do começo, incluindo-se, porém, o do vencimento". BRASIL. Superior Tribunal de Justiça. **Agravo Regimental nos Embargos de Declaração nos Embargos de Divergência no agravo em Recurso Especial n. 316.129/SC**. Terceira Seção. Relator Min. Reynaldo Soares da Fonseca. Julgado em: 25/5/2016. Publicação: DJe 01/06/2016. Disponível em: <https://scon.stj.jus.br/SCON/jurisprudencia/toc.jsp?i=1&b=ACOR&livre=((%27AEDEARESP%27.clas.+e+@num=%27316129%27)+ou+(%27AgRg%20nos%20EDcl%20nos%20EAREsp%27+adj+%27316129%27.suce.))&thesaurus=JURIDICO&fr=veja>. Acesso em: 16 jun. 2021.

O termo inicial para contagem do prazo é o *dia da intimação*, e não o da juntada do mandado cumprido em cartório. Nesse sentido, inclusive, a Súmula 710 do STF: "No processo penal, contam-se os prazos da data da intimação, e não da juntada aos autos".

Mas, os prazos podem ter seu início quando da realização de audiência ou sessão plenária, atos que, a rigor, devem ser praticados com a óbvia presença das partes.

Com o processo eletrônico regulado pela Lei nº 11.419/06, e que tem incidência no processo penal, a intimação pelo diário oficial eletrônico faz com os prazos passem a correr do primeiro dia útil após aquela publicação.[77]

Classificação dos prazos e suas consequências

A disciplina do CPP, voltada na sua gênese para um modelo inquisitivo de processo e, portanto, refratária à oralidade é pródiga em disciplinar prazos, de resto uma preocupação acentuada em todos os cenários avessos à concentração e à oralidade como marcos da acusatoriedade. E, uma vez mais, a reforma de 2008, não tendo sido capaz de alterar substancialmente a formação oral do processo penal, impõe a manutenção da atenção a essa classificação e suas consequências.

Os prazos podem ser próprios ou impróprios de acordo com quem os pratica e os efeitos que produzem: os primeiros, praticados pelas partes, acarretam uma "sanção processual", a saber, a preclusão; os impróprios, atuados pela máquina da administração da Justiça, não geram efeitos processuais se descumpridos.

Trata-se de divisão incorporada ao processo penal de longa data pela doutrina, a qual anuncia que

> [...] um prazo é próprio, quando destinado à prática de atos processuais da parte, pois que, quando inobservado, produz consequências de caráter processual.
>
> Impróprio é o prazo imposto aos juízes e seus auxiliares, pois, descumprido, trará conseqüências de natureza disciplinar, e, portanto, não processual.[78]

Nesse cenário destacam-se os prazos para atos do magistrado singular nos termos do art. 800, a saber: a) 10 dias para decisão definitiva ou interlocutória simples; b) 5 dias interlocutória simples; e c) 1 dia despacho de expediente.

Todos esses termos são contados da chamada *data da conclusão* que, na lógica dos autos escritos, é a data que o juiz os recebe em seu gabinete. Uma vez

---

77 Art. 4º, § 3º Considera-se como data da publicação o primeiro dia útil seguinte ao da disponibilização da informação no Diário da Justiça eletrônico; § 4º Os prazos processuais terão início no primeiro dia útil que seguir ao considerado como data da publicação.

78 MARQUES, José Frederico. **Elementos de Direito Processual Penal**. (1965). Op. Cit., citado mais uma vez por ocasião de discussões da reforma do CPP. Daquela feita, referente ao anteprojeto Frederico Marques, em texto de: BRASIL. UFPR. Aspectos da indisponibilidade da norma processual penal. **Revista de informação legislativa**. v. 15, n. 59, p. 25-28, jul./set., 1978. Também em Revista interamericana de direito processual penal. v. 3, n. 12, p. 116-119, out./dez., 1978.

despachados os autos, cabem as providências cartoriais, com prazo regrado pelo art. 799 do CPP: 2 dias.

Já os prazos *próprios*, cabíveis às partes têm, por sua vez, disciplina particular para o Ministério Público e Defensoria Pública que, possuindo direito a intimação pessoal, têm seus prazos contados a partir da *abertura de vistas*, como regra. Nada obstante, para a interposição de recursos há interpretação de que tem seu início com a data da ciência para os respectivos órgãos de atuação.

6.1.2.3 Atos postulatórios

Os atos postulatórios ocorrem ao longo da marcha processual incidindo no âmbito do processo de conhecimento ou no campo das medidas cautelares. Para a execução penal, que constitui um subsistema processual próprio, há possibilidade de postulação, por exemplo, para progressão de regime ou concessão de outros benefícios.

Caracterizam-se esses atos, a partir da CR/88, no que toca ao papel do acusador público, pela iniciativa exclusiva do titular da acusação penal para *quaisquer atos que digam respeito às tutelas penais*, mesmo as cautelares, posto que instrumentais ao processo de conhecimento, como visto no Capítulo 2 acerca dos *sujeitos processuais*.

Isso coloca em descompasso com o marco constitucional qualquer possibilidade legal que permita ao julgador ou a órgãos policiais:

a] postular autonomamente e antecipadamente à manifestação do titular da acusação penal sobre a matéria;
b] postular contrariamente ao quanto seja determinado pelo titular da acusação penal;
c] assumir papéis de conformadores da acusação dando o conteúdo de mérito a ser apreciado pelo julgador natural, como se dá no Tribunal do Júri quando a pronúncia conforma a deliberação de mérito do Conselho de Sentença mesmo quando o acusador venha a postular, em plenário, acusação de menor monta (vide Capítulo 7 sobre o tema da pronúncia e cognição do Conselho de Sentença).

Há, ainda, o aspecto da postulação quanto à improcedência da acusação feita pelo *próprio acusador*, tema que só tem cabimento em uma matriz processual inegavelmente inquisitiva pois no contexto acusatório constitucional-convencional essa possibilidade seria suplantada quer (i) pelo domínio do conteúdo da acusação, impedindo que acusações frágeis sejam veiculadas ou (ii) pela possibilidade de, em situações excepcionais supervenientes constatadas ao longo da produção probatória, o acusador abdicar da própria acusação (situação tratada nesta Obra, no Capítulo 5, quando do tema da veiculação da acusação).

A possibilidade de o Juiz poder condenar independentemente da postulação absolutória do próprio acusador será discutida nesta Obra no Capítulo 9 – sentença e coisa julgada penais.

As postulações defensivas devem ser oportunizadas levando-se em conta a ampla defesa, o que não significa a autorização para postulações procrastinatórias ou que denotem abuso processual. Nada obstante, o ponto inicial de raciocínio deve ser a ampla defesa e a restrição de postulações vista como (necessária e justificada) exceção.

6.1.2.4 Atos instrutórios

A produção probatória é largamente discutida no Capítulo 8 desta Obra, cabendo ao presente capítulo tratar da construção dos atos probatórios na marcha processual.

Desde 2008, com a reforma que buscou trilhar o caminho da oralidade e concentração dos atos processuais, metas que não conseguiu cumprir como já exposto, a produção probatória haveria de ter ganhado uma nova dinâmica.

Mas o cenário reformista, ao tratar da unicidade de audiência e concentração de atos processuais, preocupou-se prioritariamente como o meio de prova testemunhal, nada obstante tenha falado com maior detalhe que o regime anterior na prova pericial ao mencionar oitiva de peritos e eventuais assistentes.

Contudo, a reforma continuou a conceber mesmo a colação da perícia aos autos, assim como o acostamento de documentos da exata maneira que o regime anterior, posto que a lógica cartorial e fundada em *autos de processo* manteve-se rigorosamente intacta.

6.1.2.5 Atos decisórios

Os atos decisórios são classificados a partir da labiríntica estrutura do CPP que projetará um igualmente confuso e ineficiente sistema recursal (vide Capítulo 10 nesta Obra). Essa, na verdade, a grande valia da análise da tipologia das decisões: seus reflexos no sistema impugnativo.

A tomar uma clássica apresentação do tema na literatura nacional[79] concebida muito antes da reforma de 2008 pode-se perceber o quanto ela sobrevive apesar das modificações parciais do CPP.

Ademais, a lógica de produção dos atos decisórios permanece inalterada, com sua produção tolerada sob várias justificativas fora da audiência, excetuando-se a obrigatória prolação da sentença, em plenário, no caso de julgamento de mérito pelo Conselho de Sentença.

---

79 TOURINHO FILHO, Fernando da Costa. **Processo Penal**. São Paulo: Editora Saraiva, 1997. p. 220-224.

6.1.3 A suspensão da marcha processual pelas questões prejudiciais

O processo penal regula em seus Artigos 92 e 93 situações nas quais, *a decisão sobre a existência da infração dependa de solução externa* ao curso probatório da acusação penal[80], matéria que se encontra controvertida em outro âmbito da jurisdição e que constitui objeto autônomo em relação à acusação penal.

Assim, o CPP estipula duas grandes possibilidades de *solução de controvérsia externa*:

a) Decisão sobre o estado civil das pessoas – art. 92; ou
b) Outras questões que não se enquadrem na hipótese anterior – art. 93.

Segundo autorizada abordagem, a precisão do estado civil serve "para dar publicidade, não só de sua condição pessoal, mas também de sua condição patrimonial, destinando-se a proporcionar segurança a terceiros"[81] e

> [...] é estabelecido de acordo com o estado ou não de casado do indivíduo, e sofre alterações conforme o vínculo conjugal termina ou dissolve-se. O ato do casamento cria um vínculo entre os noivos, que passam a desfrutar do estado de casados. Ocorre igualmente a alteração do estado civil dos consortes que, de solteiros, passam à condição de casados.[82]

Na forma da lei civil, o estado civil pode-se apresentar como: a) Solteiro(a); b) Casado(a); c) Divorciado(a); d) Viúvo(a); e) Separado(a)[83]. Há, ainda, a situação do Companheiro(a), que é a pessoa que vive em união estável, cuja publicidade hoje é regrada no Registro Civil de acordo com o Provimento CNJ 37/2014.[84]

Ambas as *controvérsias* constituem matéria de prejudicialidade ao objeto da acusação, a dizer,

> [...] um antecedente lógico e necessário da questão prejudicada, cuja solução condiciona o teor do julgamento da questão subordinada, trazendo ainda consigo a possibilidade de se constituir em objeto de processo autônomo [...] São

---

80 As soluções de questões internas, a dizer, homogêneas, não são passíveis do emprego dos artigos em comento. Tampouco há cabimento da utilização desses artigos no curso de investigação criminal. Nesse caso, os temas aqui tratados, se não resolvidos antes da formação da acusação, impedem seu próprio oferecimento.
81 DIAS, Maria Berenice. **Direito das Famílias**. São Paulo: Revista dos Tribunais, 2008. p. 160.
82 DIAS, Maria Berenice. **Manual de Direito das Famílias**. São Paulo: Editora Revista dos Tribunais, 2010. p. 143-4.
83 NOGUEIRA, Grasiéla Macias; FERMENTÃO, Cleide Aparecida Gomes Rodrigues. O estado civil das pessoas que vivem sob o regime de união estável em face dos direitos da personalidade. **Revista Jurídica Cesumar-Mestrado**, v. 6, n. 1, p. 489-498, 2007.
84 Provimento CNJ 37/2014 – Corregedoria Nacional da Justiça (PDF). 11 de julho de 2014. BRASIL. Corregedoria Nacional da Justiça. **Provimento CNJ 37/2014**. Disponível em: <https://atos.cnj.jus.br/atos/detalhar/atos-normativos?documento=2043>. Acesso em: 16 jun. 2021.

prejudiciais homogêneas as do mesmo ramo de Direito ou que, sendo de ramo diverso, estiveram dentro da mesma espécie de jurisdição. [...] É possível ante a prejudicialidade homogênea verificar se há suspensão obrigatória ou facultativa do processo[85].

No caso dos artigos tratados a prejudicialidade é *externa* ao objeto da acusação e *heterogênea*, porquanto precisa ser resolvida pela jurisdição não-penal dada a opção do CPP para o tratamento do tema.

A solução externa será:

a] Obrigatória no caso do art. 92, acarretando a suspensão do processo penal de conhecimento até a solução da situação de estado no juízo cível. Caso a ação civil que verse sobre a matéria ainda não tenha sido proposta, o Ministério Público deverá ajuizá-la ou nela intervir, se já em curso;

b] Facultativa, no caso do art. 93, diante da eventual complexidade da matéria, acarretando a suspensão do processo penal, mas condicionada a prazo judicialmente determinado que, se prorrogado e mesmo assim superado, implicará na retomada da cognição criminal para decidir *toda a matéria de fato e de direito*. Ademais, a ação civil já deverá ter sido proposta quando da determinação da suspensão do processo penal, caso contrário a marcha processual penal não será interrompida e caberá ao juízo penal decidir a respeito *ainda que a matéria não penal discutida seja complexa.*

Assim, de acordo com procedente leitura da matéria, o Direito brasileiro teria se filiado ao chamado *modelo misto* de solução das prejudiciais externas, combinando obrigatoriedade com facultatividade.[86]

Sobre essa possibilidade de coexistência entre facultatividade e obrigatoriedade, Tornaghi aponta que:

> [...] a distinção entre as hipóteses de remissão obrigatória e as de envio facultativo ao julgamento civil se fez de maneira clara, positiva e segura, levando-se em conta a natureza da sentença civil. Quando ela é puramente declaratória, pode-se seguir o sistema da prejudicialidade facultativa. Quando, porém, não se limita a tornar certa uma relação já existente, mas cria, constitui uma situação jurídica nova, quando, em outras palavras, não é apenas declaratória, mas constitutiva, então deve o juiz criminal aguardar a decisão do juiz cível.[87]

---

85 FERNANDES, Antônio Scarance. **Prejudicialidade**. São Paulo: Revista dos Tribunais, 1988, p. 96.

86 MAIA, D.; MARTINS, R. G. C. Questões Prejudiciais Heterogêneas Facultativas no Processo Penal. **Revista da Facudade de Direito**, Universidade Federal do Ceará, Fortaleza/CE, 626 p., p. 46/4701 mar. 2013.

87 PEREIRA, Jeferson Botelho; FERNANDES, Fernanda Kelly Silva Alves. **Manual de Processo Penal**. Belo Horizonte: D'Plácido, 2015. Ver capítulo 9: Questões e processos incidentes (p. 249-264). Disponível em: <http://www.jefersonbotelho.com.br/das-questoes-e-processos-incidentes/>. Acesso em: 12 jan. 2022.

Nessa linha de exposição, a definição de *estado civil* seria de natureza constitutiva, enquanto as demais teriam natureza *declaratória*, afirmação que, com a devida vênia, não corresponde ao leque de possibilidades quer numa seara (estado civil) quer na outra.

Assim, a opção pela facultatividade determinada no art. 93 será potencialmente geradora de instabilidade jurídica como adiante se verá em função de sentenças cíveis – declaratórias ou constitutivas – que sejam diretamente opostas ao quanto decidido no juízo criminal.

A sentença cível que se projeta para o processo penal, no caso do art. 92, é aquela transitada em julgado. E, com relação ao art. 93 não há por que entender-se de forma diversa dada a necessidade da segurança ínsita à coisa julgada que deve abalizar sua projeção para a esfera penal.

Nada obstante falar em *trânsito em julgado*, há situação de particular complexidade, que é a de se esperar, igualmente, o prazo para a ação rescisória, passível de ajuizamento após dois anos do trânsito em julgado. Se projetada a sentença cível logo após o seu trânsito e gerar efeitos absolutórios, nada mais poderá ser feito na jurisdição penal, sendo inviável o emprego da revisão criminal *pro societate* como será visto no Capítulo 11 desta Obra.

E, nesse ponto, reside a grande dificuldade do art. 93 quando viabiliza a continuidade do processo penal sem aguardar a sentença cível e, ao final, poderá gerar soluções conflituosas entre ambas.

Um exemplo sempre presente no campo dos precedentes é o crédito tributário contestado, cuja discussão cível (certamente após o lançamento do crédito tributário) pode chegar, por exemplo, à anulação daquele crédito posteriormente a uma sentença condenatória penal.[88]

Diante da conflituosidade pode-se imaginar os seguintes cenários:

a] A sentença cível transita em julgado *antes* do trânsito da sentença penal. Nesse caso será fundamento para a verificação da ausência de suporte para a acusação (justa causa);

b] A sentença cível transita em julgado *no curso da execução da pena*: empregando-se a revisão criminal, será fundamento para desconstituir o julgado penal

---

[88] Nesse sentido, dentre outros, o seguinte precedente: "A constituição definitiva do crédito tributário é condição necessária para o ajuizamento da ação penal que verse sobre o crime de sonegação fiscal. Já a pendência de ação anulatória na esfera cível, quando muito, constitui questão prejudicial heterogênea facultativa que, a teor do artigo 93 do CPP, poderá ocasionar a suspensão do curso do processo, a critério do juiz natural da causa." BRASIL. Superior Tribunal de Justiça. **Recurso Especial n. 1.066.641/SC**. Sexta Turma. Relator Ministro Rogério Schietti Cruz. Julgado em: 08/04/2014. Publicação: DJe 25/04/2014. Disponível em: <https://scon.stj.jus.br/SCON/jurisprudencia/toc.jsp?i=1&b=ACOR&livre=((%27RESP%27.clas.+e+@num=%271066641%27)+ou+(%27REsp%27adj+%271066641%27.suce.))&thesaurus=JURIDICO&fr=veja>. Acesso em: 16 jun. 2021.

e será uma das hipóteses de possível concomitância com o habeas corpus para, liminarmente, determinar-se a soltura da pessoa presa ou para fazer cessar qualquer manifestação de sanção que ainda esteja em curso. Eventualmente, caso se queira utilizar a analogia integradora com o NCPC – diante da ausência de norma específica no processo penal – pode-se cogitar, para os mesmos fins do HC, o emprego da tutela de urgência ou evidência[89];

c] A sentença cível transita em julgado *após o cumprimento integral da pena*: cabível a revisão criminal na mesma forma que o item anterior.

Além das consequências sobre a facultatividade ou obrigatoriedade de submeter-se o juízo penal à solução encontrada no juízo cível, há reflexos no campo probatório dentro do próprio processo de cognição penal suspenso, com a produção de provas consideradas urgentes, nelas não se inserindo apenas as testemunhais a teor do que pode ser depreendido do art. 93, sobretudo.

O mesmo Artigo 93 conclama o Ministério Público a *intervir* (sic) no processo externo não penal para que tramite mais rápido, determinação que somente poderá ser cumprida se no processo prejudicial ao penal houver a possibilidade de intervenção do MP.

Quanto à intervenção do órgão de execução do MP nas situações previstas, deve-se atentar para o quanto discutido no Capítulo 2 desta Obra sobre o *promotor natural* e obedecer-se a divisão de atividades funcionais, cuja gama de situações é extremamente variável. Se numa comarca com um único órgão de execução o problema não se coloca, a partir da existência de dois ou mais órgãos deve-se atentar para o quanto disposto nas atribuições funcionais devidamente homologadas.

Por fim, Minagé[90] lembra, ainda, que na hipótese do art. 93 do CPP, uma vez determinada haveria suspensão do prazo prescricional, posição essa que procede do disposto no art. 116, I, do Código Penal.[91]

---

89 Particularmente neste caso, a partir do art. 311, IV, do NCPC.

90 MINAGÉ, Thiago. **Questões Prejudiciais**: Parte I. Disponível em: <http://emporiododireito.com.br/questoes-prejudiciais-parte-i-por-thiago-m-minage/>. Acesso em: 20 out. 2016.

91 "Art. 116 – Antes de passar em julgado a sentença final, a prescrição não corre: I – enquanto não resolvida, em outro processo, questão de que dependa o reconhecimento da existência do crime."

6.2 A saída alternativa no processo: a suspensão condicional do processo (art. 89 da Lei 9099/95)

A suspensão condicional do processo introduzida no marco da Lei 9099/95 constitui a única solução alternativa *no processo* à sentença penal[92], projetando-se para acusações que recaiam sobre pessoas físicas ou jurídicas[93], nestas apenas no caso dos crimes ambientais.[94]

Desde o início essa solução alternativa passou a ser alcunhada por larga parte dos precedentes e por inúmeras fontes doutrinárias como *sursis processual*, expressão que mereceu a justa crítica de Grinover[95] dada a marcante diferença de situações jurídicas que envolvem a suspensão condicional do processo e aquela da pena. Nada obstante, por se tratar de *suspensão* e *condicional*, a alcunha ganhou emprego irrestrito.

A suspensão do processo enquanto mecanismo de *despenalização* e inserido no marco de solução alternativa à sentença penal, está sujeita aos seguintes aspectos:

a] Requisitos objetivos

Como requisitos objetivos estão aqueles de direito *material* e de direito *processual*.

No primeiro caso há os requisitos *positivos*, a dizer, a quantificação da pena ao crime imputado que deve levar em conta o mínimo em abstrato cominado para conduta, *quantum* que deve ser igual ou inferior a um ano.

Nessa contagem deve-se atentar para a hipótese da ocorrência de concurso formal ou material e continuidade delitiva quando, na somatória das penas, a proposta se torna inviável diante da superação do prazo de um ano.

Nesse sentido, inclusive, adensou-se o entendimento dos precedentes na forma da Súmula 243 do STJ:

---

92 Nesse sentido, como todo aparato criminal, é um mecanismo de controle social. A esse respeito ver FOLGADO, Antonio Nobre. **Suspensão condicional do processo penal**: como instrumento de controle social. São Paulo: Juarez de Oliveira, 2002.
93 STIFELMAN, Anelise Grehs. A aplicabilidade da suspensão condicional do processual à pessoa jurídica. **Revista do Ministério Público do Rio Grande do Sul**, Porto Alegre, n. 53, p. 253-270, maio/set. 2004.
94 ver, entre outros, BUZAGLO, Samuel Auday; DANTAS, Marcelo Buzaglo. Transação penal e suspensão do processo-crime e o dano ambiental: considerações sobre os arts. 27 e 28, da lei n. 9.605/98. In: LEITE, José Rubens Morato. **Inovações em direito ambiental**. Florianópolis: Fundação José Arthur Boiteux, 2000. p. 119-131.
95 GRINOVER, Ada Pellegrini; GOMES Filho, Antônio Magalhães; FERNANDES, Antonio Scarance; Gomes, Luiz Flávio. **Juizados especiais criminais**: comentários à Lei 9.099, de 26.09.1995. 4. ed. São Paulo: Revista dos Tribunais, 2002, p. 239.

O benefício da suspensão do processo não é aplicável em relação às infrações penais cometidas em concurso material, concurso formal ou continuidade delitiva, quando a pena mínima cominada, seja pelo somatório, seja pela incidência da majorante, ultrapassar o limite de um (01) ano.

Quanto ao crime continuado, o tema foi sumulado no STF (Súmula 723): Não se admite a suspensão condicional do processo por crime continuado, se a soma da pena mínima da infração mais grave com o aumento mínimo de um sexto for superior a um ano.

A restrição material – hipóteses em que a lei penal veda expressamente a aplicação dessa solução alternativa – diz respeito aos crimes militares (desde a modificação da lei logo após a entrada em vigor)[96] e aos crimes de violência de gênero, posto que a Lei 11.346/2006 expressamente veda a aplicação dessa solução aos crimes cometidos no contexto daquela norma.[97]

Mesmo diante da literalidade da lei, o STJ houve por bem sumular o que consta da norma: A suspensão condicional do processo e a transação penal não se aplicam na hipótese de delitos sujeitos ao rito da Lei Maria da Penha. (Súmula 536, Terceira Seção, julgado em 10/06/2015, DJe 15/06/2015).

Dentre os *requisitos processuais*, pode-se dividir entre os requisitos processuais *internos* e os *externos*.

No primeiro caso, como requisito processual, é necessária que a acusação tenha sido considerada apta e tenha sido formalmente acatada pelo juízo. A acusação rejeitada não gera uma proposta válida de suspensão do processo.

Igualmente dentre os requisitos processuais internos está a citação válida nos termos já discutidos neste Capítulo e no Capítulo 2, pois somente com o processo terá completada a sua *formação*.

Como requisitos processuais externos estão a impossibilidade de a pessoa acusada a estar sendo processada por outra acusação, bem como não possua condenação anterior por crime doloso.

Quanto ao primeiro aspecto (impossibilidade de ofertar-se a suspensão a pessoa que responde a outro processo) a doutrina discute a sua compatibilidade com a presunção de inocência (*vide* Capítulo 2 nesta Obra).[98]

---

96 A esse respeito ver SOARES, Waldyr. A justiça militar e a suspensão condicional do processo. Direito Militar: Revista da Associação dos Magistrados das Justiças Militares Estaduais – AMAJME, Florianópolis, n. 37, p. 23-27, set./out. 2002.

97 A ver, por exemplo em BRITO, Franciane Mary S. Domenici de. A inaplicabilidade da suspensão processual nos delitos de violência doméstica e familiar contra a mulher. **Boletim do Instituto de Ciências Penais**, Belo Horizonte, v. 7, n. 104, p. 4-7, jul./ago. 2010.

98 Entre vários textos a respeito, GOMES JUNIOR, Cyrilo Luciano. Suspensão condicional do processo e presunção de inocência: constitucionalidade do requisito objetivo. **Boletim IBCCRIM**, São Paulo, n. 46, p. 04, set. 1996; ULIANO, Beatriz Corrêas Elias. Suspensão condicional do processo e princípio da presunção de inocência. **Revista da Seção Judiciária do Rio de Janeiro**, Rio de Janeiro, n. 29, p. 31-43, dez. 2010.

Nada obstante as abalizadas posições que veem algum grau de ofensa à presunção de inocência[99], entendemos legítima a restrição a partir de uma opção legislativa e as entendemos como prejudiciais externas homogêneas à proposta de suspensão do processo. Essa visão é encampada por precedente do STF[100], e não significa o impedimento como antecipação de pena em qualquer dos processos, mas sim um critério objetivo encontrado pelo legislador para essa forma de composição.

b] Requisitos subjetivos

Integrando o art. 89 da Lei 9099/95 estão os requisitos do *sursis* a teor do disposto no art. 77 do CP, pelo qual se deve atentar na formulação da proposta para "a culpabilidade, os antecedentes, a conduta social e personalidade do agente, bem como os motivos e as circunstâncias autorizem a concessão do benefício" a dizer, a análise do cabimento dessa solução alternativa está voltada, também, para aspectos subjetivos.[101]

A negativa do oferecimento da proposta suspensiva deve, como sempre, ser fundamentada e, particularmente quanto aos aspectos subjetivos, deve o acusador público ou privado (neste caso tanto na acusação subsidiária privada como na acusação genuinamente privada) esclarecer as razões pelas quais a saída alternativa se mostra concretamente inadequada ao caso.

c] Momento de verificação dos requisitos

Os requisitos subjetivos e objetivos devem ser verificados no momento da avaliação da realização da proposta suspensiva.

Nada obstante, a dificuldade de obtenção de informações mesmo em bancos de dados oficiais é manifesta e surge a possibilidade da efetivação da proposta sem os requisitos legais por desconhecimento do acusador público ou privado.

A discussão que se segue é a de ser possível, com *conhecimento superveniente* pelo acusador, de causas obstativas à formulação da proposta suspensiva, que ele venha a requerer a revogação da suspensão inicialmente ofertada e concedida.

Sendo o caso de manifesta ausência de requisitos legais já existentes à época da proposta suspensiva, não poderia a pessoa acusada se beneficiar

---

99 A ver, principalmente, CASTANHO DE CARVALHO, L.G. Grandinetti; PRADO, Geraldo. **Lei dos Juizados Especiais Criminais**: comentada e anotada. 4. ed. Rio de Janeiro: Lumen Juris, 2006, p. 198. Também, ESTORILIO, Rafael Martins. Com a Palavra, o Estudante: Revogação da suspensão condicional do processo pelo andamento de outra ação penal: da prática judicial à inconstitucionalidade hermética. **Boletim IBCCRIM**, São Paulo, v. 21, n. 246, p. 16-18, mai. 2013.
100 BRASIL. Supremo Tribunal Federal. **Habeas Corpus n. 108103/RS**. Segunda Turma. Relator Min. Gilmar Mendes. J: 8/11/2011. Disponível em: <https://jurisprudencia.stf.jus.br/pages/search/sjur202417/false>. Acesso em: 16 jun. 2021.
101 Ver, também, CICOGNA FAGGIONI, Luiz Roberto. Da constitucionalidade do requisito negativo da reincidência processual na suspensão condicional do processo. Boletim IBCCRIM, São Paulo, n. 67, p. 12-13, jun. 1998.

injustificadamente dessa situação. Contudo, entendimento exclusivamente baseado nessa vertente seria um desestimulo ao aperfeiçoamento das condições operacionais do acusador público ou da necessária diligência do acusador privado.

Assim, entendemos que tendo sido demonstrado que todas as diligências foram tomadas e, mesmo assim, não se conseguiu, no momento da proposta, encontrar o fato obstativo – a existência de outro processo já em curso, por exemplo – por manobra exclusivamente defensiva, como, v.g., o uso de documentação falsa, não há razão para manter-se a proposta suspensiva em curso.

Há uma variante dessa situação que diz respeito à revogação da suspensão, após o período de prova, por fato acontecido durante aquele lapso. Nesse cenário deve-se atentar para posição sustentada por abalizada doutrina quando afirma que

> As hipóteses impeditivas de extinção de punibilidade (revogação obrigatória e facultativa) são verificáveis durante o lapso temporal da suspensão. A extinção da punibilidade do imputado, com o término do prazo, sem pedido de revogação, demonstrado em circunstâncias fáticas e jurídicas (fundamentado), insere-se no rol dos direitos e garantias fundamentais do imputado. Cabe ao Estado, detentor do ius puniendi, durante o prazo de suspensão, ser diligente, fiscalizar não só o cumprimento das condições, mas também eventuais causas de revogação. Findo o prazo da suspensão, possíveis situações que acarretariam a revogação, estão consolidadas e superadas pela dinâmica processual e temporal.[102]

Assim, enquanto não declarada extinta a punibilidade, pode a suspensão ser revogada por causa obstativa acontecida naquele período. Uma vez declarada a extinção e transitada em julgado, extinta estará a punição.[103]

d] Momento de formalização da solução alternativa

Pela lógica da Lei 9099/95 na sua formulação original a suspensão do processo teria cabimento quando do oferecimento da acusação, pública ou privada.

---

[102] GIACOMOLLI, Nereu José. **Juizados Especiais Criminais**: Lei 9.099/95: abordagem crítica. 3 ed. rev. e atual. Porto Alegre: Livraria do Advogado Editora, 2009, p. 232.

[103] Em sentido contrário, entendendo que o decurso do prazo gera automaticamente a extinção da punibilidade mesmo sem a declaração judicial, a posição de BITENCOURT, Cezar Roberto. **Juizados Especiais Criminais e Alternativas à Pena de Prisão.** 2 ed. Porto Alegre: Livraria do Advogado, 1996. p. 132, item n. 8.6: "Se decorrer o período de prova, sem revogação, o juiz declarará extinta a punibilidade. Se eventualmente o juiz não declarar essa extinção, ela ocorrerá igualmente, pois a causa extintiva não é o despacho judicial, mas o decurso do prazo sem revogação. Isso traz como consequência que o processo que estivera suspenso não mais poderá ser instaurado, posto que se operou a extinção da punibilidade, embora não catalogada no artigo 107, mas prevista no art. 89, § 5º, da lei em exame." Essa passagem doutrinária encontra-se encartada como fundamentação em inúmeros precedentes, dentre eles, no RIO DE JANEIRO. Tribunal de Justiça. **Recurso em Sentido Estrito n. 0040137-94.2015.8.19.0001.** Relatora Des. Elizabete Alves De Aguiar. J. em 07 de outubro de 2015. Disponível em: <http://www1.tjrj.jus.br/gedcacheweb/default.aspx?UZIP=1&GEDID=0 0044C18CDAEAB891A5299D11159584D9D08C5042C09305F>. Acesso em: 20 out. 2016.

Essa veiculação, no caso da acusação pública, pode ser feita na própria peça, em tópico apartado ou na manifestação identificada como *cota de oferecimento da denúncia*. Caso a acusação seja privada, inexistindo a sobredita *cota*, deve compor o tópico final com os demais requisitos exigidos.

Porém, reformas sucessivas do CPP foram mudando esse cenário para possibilitar a formalização da proposta quando da alteração do conteúdo da acusação o que, como já visto no Capítulo 5, gera ônus injustificado à pessoa acusada que se vê obrigada à submissão da marcha processual quando não seria necessário fazê-lo.

Da mesma forma existe a possibilidade do oferecimento da proposta quando, no rito do júri, houver a desclassificação do tipo penal para outro que comporte a solução alternativa.

Nessas hipóteses, mais que uma *suspensão do processo* no sentido da não submissão da marcha processual, tem-se uma verdadeira suspensão da prolação da sentença, o que descortina outro aspecto: se a sentença viesse a ser absolutória deveria, ainda assim, ser desencadeado o mecanismo da suspensão.

Ao nosso ver a resposta é negativa. Sendo a proposta da suspensão do processo uma alternativa ao próprio desencadear do andamento processual, seu sentido somente existe *ab initio*. As demais situações devem ser tratadas em suas manifestações específicas e deve prevalecer a solução absolutória sempre que possível ao invés da acolhida judicial da suspensão como saída alternativa.

Ademais, há a possibilidade de haver alteração da tipificação para comportar a hipótese suspensiva quando:

I] Da sentença em primeiro grau que não foi alvo de recurso;
II] Quando do julgamento do recurso interposto que decide por nova capitulação típica.

Nesses casos a ideia de uma *suspensão do processo* se perde por completo para se tornar exclusivamente uma hipótese de suspensão da prolação da sentença condenatória.

A reiteração dessas situações fez com que o STJ editasse a súmula 337 com o seguinte enunciado: É cabível a suspensão condicional do processo na desclassificação do crime e na procedência parcial da pretensão punitiva.

Reconhecida a desclassificação em grau recursal resta a verificação de quem deve ofertar a proposta e perante qual Juízo. Nesse ponto discute-se a necessidade de remessa dos autos ao primeiro grau para o órgão do MP o fizesse e fosse a proposta avaliada pelo órgão julgador inicial. Essa solução é encontrada em inúmeros precedentes.[104]

---

[104] Dentre eles, por exemplo, ESPÍRITO SANTO. Tribunal de Justiça. **Apelação n. 00119537120108080014**. Primeira Câmara Criminal. Relator Ney Batista Coutinho. Data de Julgamento: 29/04/2015. Data de Publicação: 08/05/2015.

Malgrado o entendimento encontrado em inúmeros precedentes e mesmo em várias posições teóricas, entendemos que, por se tratar de solução alternativa e por já ter-se esgotado o trabalho de primeiro grau, nada impede que o órgão do MP oficiante em segundo grau faça a proposta e o próprio Tribunal a reconheça. Não há, nesse ponto, supressão de instância porquanto o primeiro grau já esgotou sua cognição. Ademais, essa solução encontra-se mais consentânea com a efetividade da prestação jurisdicional e otimiza a situação processual do sentenciado.

e] Formalização pelo acusador

No caso da acusação pública, como manifestação do art. 129, I, da CR/88, a proposta de solução alternativa somente pode ser veiculada pelo MP[105], sendo defeso ao julgador, de ofício[106], propô-la.

E a não efetivação dessa proposta somente pode-se dar de forma motivada e com fundamentação restrita à ausência de requisitos na forma determinada em lei, não havendo espaço para a conveniência processual de não fazê-lo.

Normalmente atrela-se a essa discussão a *natureza jurídica* da suspensão para entendê-la como *direito subjetivo*[107] da pessoa acusada de modo a autorizar o magistrado a *efetuar a proposta*.

Com efeito, nada obstante a sedutora nomenclatura *direito subjetivo*, a qual permeia em grande parte, *ainda*, discussões no sistema penal brasileiro, relembramos aqui as considerações de Ferrajoli acerca das origens autoritárias dessa construção teórica e sua inadequação ao modelo constitucional-convencional[108] e, pelas razões ali expostas, deixamos de empregar esse marco conceitual.

Daí porque, consequentemente, ao julgador cumpre instigar o acusador e, no caso do acusador público, eventualmente empregar o mecanismo do art. 28 do CPP, solução essa já sumulada pelo STF (Súmula 696):

> Reunidos os pressupostos legais permissivos da suspensão condicional do processo, mas se recusando o Promotor de Justiça a propô-la, o juiz, dissentindo, remeterá a questão ao Procurador-Geral, aplicando-se por analogia o art. 28 do Código de Processo Penal.

---

105 Num dos primeiros trabalhos sobre o tema, ABADE, Denise Neves. A suspensão condicional do processo e o Ministério Público: Comentários à decisão do STF. **Boletim IBCCRIM**, São Paulo, n. 66, p. 05, maio 1998.

106 A ver também em SIMINI JÚNIOR, Antonio; QUINTANA, Milton. Da impossibilidade de deferir a suspensão condicional do processo ex oficio. **Justitia**, São Paulo, v. 63, n. 193, p. 69-80, jan./mar. 2001. BATISTA, Weber Martins. Suspensão condicional do processo: natureza jurídica; iniciativa da proposta. **Revista CEJ**, v. 2, n. 4, p. 53-57, 1998.

107 GOMES, Luiz Flávio. Sobre a natureza jurídica da proposta do Ministério Público na suspensão condicional do processo: lei 9099/95, art.89. **Justiça e democracia**, São Paulo, n. 1, p. 184-197, 1996. Também, BELO, Warley. Suspensão condicional do processo – direito subjetivo do acusado e de oferecimento obrigatório. **Revista Magister de Direito Penal e Processual Penal**, Porto Alegre, v. 7, n. 42, p. 57-59, jun./jul. 2011.

108 FERRAJOLI, Luigi; CHOUKR, Fauzi Hassan. A teoria do garantismo e seus reflexos no direito e no processo penal (entrevista). **Boletim IBCCRIM**, São Paulo, v. 7, n. 77, p. 3-4, abr. 1999.

Tratando-se de forma alternativa à solução do processo não existe qualquer impedimento sistêmico ou lógico para sua aplicação na acusação de iniciativa privada, o que foi destacado por abalizada doutrina desde o início da vigência da lei.[109]

Nesse caso sua formulação deve se dar pelo acusador particular, nada obstante entendimento institucional de primeira hora em sentido contrário[110] mas rechaçado ao longo dos anos de vigência da norma e repudiado por precedentes.[111]

f] Condições ofertadas

As condições ofertadas são as estritamente previstas na norma penal, descabendo outras imposições de caráter moral[112]. Assim, devem ser consideradas as extrapenais levando-se em conta a finalidade da solução para a melhor inserção da pessoa acusada ao convívio social a teor do disposto no art. art. 79 do CP.

A doutrina que se construiu ao longo dos anos de vigência da lei em questão enfatiza o caráter *despenalizador* dessa solução alternativa, pelo que se conclui a impossibilidade de utilizar esse mecanismo como um meio indireto de alcançar a pena que seria imposta caso houvesse a sentença condenatória, o que é reconhecido pelos precedentes do tema.[113]

A reparação do dano a teor do art. 77 do CP em seu §2º surge como um objetivo da solução alternativa e sua aplicabilidade é relevante sobretudo nos crimes ambientais quando praticados por pessoas jurídicas.[114]

---

109 GOMES, Luiz Flávio. A suspensão condicional do processo na ação penal privada. **Boletim IBCCRIM**, São Paulo, n. 45, p. 11, ago. 1996.

110 PEREIRA, Tatiana. Legitimidade ativa para propor suspensão condicional do processo e transação penal na ação penal exclusivamente privada: MP ou querelante? **Revista MPMG Jurídico**, ano 11, n. 8, p. 56-57, jan./fev./mar./ 2007.

111 Sendo cabível a suspensão condicional do processo nas ações penais privadas, a legitimidade para o oferecimento da proposta é do querelante, o qual figura, na hipótese, como órgão acusador. Precedentes desta Corte e do STF. (...) Queixa-crime recebida, determinando-se a abertura de vista ao querelante, a fim de que se manifeste a respeito da suspensão condicional do processo, em observância ao art. 89 da Lei n.º 9.099/95. BRASIL. Superior Tribunal de Justiça. **Apn: 296 PB 2003/0230827-3**. Corte Especial. Relator Ministro Gilson Dipp. Data de Julgamento: 01/06/2005. Data de Publicação: DJ 12/09/2005 p. 193.

112 Por exemplo, PALAZZOLO, Massimo. Da violação do princípio da reserva legal – imposição de cestas básicas: suspensão do processo. **Boletim IBCCRIM**, São Paulo, v. 11, n. 131, p. 13, out. 2003.

113 Entre outros: "É inviável, à mingua de comando respectivo, impor como condição da suspensão processual, nos moldes do art. 89 da Lei n.º 9.099/95, a prestação de serviço à comunidade. 3. Recurso provido para excluir a prestação de serviço à comunidade como condição da proposta de suspensão do processo formulada ao recorrente". BRASIL. Superior Tribunal de Justiça. **Recurso em Habeas Corpus n. 40843/AL 2013/0314913-8**. Sexta Turma. Relatora Ministra Maria Thereza de Assis Moura. Data de Julgamento: 04/09/2014. Data de Publicação: DJe 15/09/2014.

114 Por todos, ver DELMANTO, Fabio Machado de Almeida; OLIVEIRA NETO, Leo Lopes de. A reparação do dano e a suspensão condicional do processo. **Revista do Instituto de Pesquisas e Estudos**, Bauru, v. 39, n. 44, p. 251-261., set./dez. 2005.

g] Momento da apresentação da proposta à pessoa acusada

Formalizada com a veiculação da acusação, a proposta de suspensão deve ser disponibilizada para a pessoa acusada caso não tenha sido a acusação rechaçada de plano ou não ser o caso de absolvição sumária (vide discussão sobre este tema neste Capítulo).[115]

Nessas hipóteses, não há uma *audiência* para apreciação da proposta, mas sim sua discussão como questão preliminar na audiência concentrada prevista a partir da reforma de 2008 como discutido ao longo deste Capítulo.

Resta apreciar a concomitância da aceitação da proposta de suspensão com a discussão da ausência de justa causa, tema já apreciado no momento do recebimento da acusação, mas sobre o qual não recai a preclusão. Em tese poderia haver a concomitância dessas situações e nada impediria que o Tribunal conhecesse habeas corpus com esse objeto, nada obstante a restritividade de seu emprego.[116]

h] Manifestação defensiva

A manifestação defensiva é imprescindível para o aperfeiçoamento da solução alternativa à sentença e a questão que se coloca é a da hipótese de dissenso entre defensor técnico e pessoa acusada.

Neste ponto, várias fontes doutrinárias apontam para a prevalência da posição técnica[117], afirmação nem sempre acolhida em precedentes que destacam

---

115 E assim reconhecido em precedente do STF: "Diante da formulação de proposta de suspensão condicional do processo pelo Ministério Público, o denunciado tem o direito de aguardar a fase de recebimento da denúncia, para declarar se a aceita ou não. A suspensão condicional do processo, embora traga ínsita a ideia de benefício ao denunciado, que se vê afastado da ação penal mediante o cumprimento de certas condições, não deixa de representar constrangimento, caracterizado pela necessidade de submeter-se a condições que, viesse a ser exonerado da acusação, não lhe seriam impostas. Diante da apresentação da acusação pelo Parquet, a interpretação legal que melhor se coaduna com o princípio da presunção de inocência e a garantia da ampla defesa é a que permite ao denunciado decidir se aceita a proposta após o eventual decreto de recebimento da denúncia e do consequente reconhecimento, pelo Poder Judiciário, da aptidão da peça acusatória e da existência de justa causa para a ação penal. Questão de ordem que se resolve no sentido de permitir a manifestação dos denunciados, quanto à proposta de suspensão condicional do processo, após o eventual recebimento da denúncia." BRASIL. Supremo Tribunal Federal. **Petição 3898/DF.** Tribunal Pleno. Relator Min. Gilmar Mendes. J. 27/08/2009. Publicação: 18/12/2009. Disponível em: <https://jurisprudencia.stf.jus.br/pages/search/sjur171437/false>. Acesso em: 16 jun. 2021. Da mesma maneira: "Com isso, permite-se que a proposta de suspensão condicional do processo seja realizada em um cenário de reconhecida legalidade, e evita-se que o acusado venha a aceitar o benefício em casos de inépcia ou de ausência de justa causa para processamento do feito. Reverência ao due process of law." BRASIL. Superior Tribunal de Justiça. **Recurso em Habeas Corpus n. 35.724/BA.** Quinta Turma. Relatora Min. Laurita Vaz. Julgado em 24.9.2013. DJe 2 out. 2013.
116 Como no precedente BRASIL. Superior Tribunal de Justiça. **Recurso em Habeas Corpus n. 48443/MG.** 2014/0130834-0. Sexta Turma. Relatora Min. Maria Thereza de Assis. Julgado em 16/12/2014. DJe 05/02/2015.
117 Dentre elas, MOREIRA Rômulo de Andrade, **Juizados Especiais Criminais:** o procedimento sumaríssimo. Porto Alegre: Lex Magister, 2013. p. 137.

a autonomia da vontade[118]. Esta parece ser a melhor orientação dada a posição tópica do tema, o de ser, na essência, a celebração de um acordo. Assim, cabendo ao profissional técnico o esclarecimento de todos os pontos à pessoa acusada – e, para seu resguardo, pedindo que assim conste na documentação processual – caberá a ela a palavra final sobre aceitar ou não a suspensão.

i] Decisão

A decisão acerca da proposta suspensiva não encontra recurso definido em lei, disputando as posições doutrinárias sobre o melhor meio impugnativo.

Dentre elas, de um lado, Tourinho[119] que a vê como passível de apelação pois colocaria, diante de condições resolutivas, solução definitiva no processo. Ademais, não consta no rol das hipóteses do art. 581 que, a teor da posição reiterada sobre a matéria, é taxativo (vide Capítulo 10 nesta Obra para maiores comentários).

Malgrado a abalizada posição doutrinária, acreditamos ser impróprio no caso presente considerar a decisão que determina a suspensão do processo como *definitiva* sob condições posto que a definitividade da decisão se dá com o provimento que extingue a punibilidade.

Ademais, conforme a posição teórica assumida nesta Obra ao tratar, no Capítulo dos Recursos (Capítulo 11), o tema da taxatividade ou não do rol do art. 581, temos que a lista ali constante não pode ser considerada exaustiva e, portanto, impeditiva do emprego daquele recurso em situações que não existiam quando o CPP foi editado.

Contudo, tendo a pessoa acusada o direito ao devido processo legal que, na hipótese, compreende o direito à solução alternativa, pode-se cogitar o mandado de segurança para assegurar esse direito líquido e certo. A questão é a da dificuldade de apresentar-se naquela sede cognitiva a liquidez e certeza da forma adequada (vide nesta Obra Capítulo 11 sobre as ações autônomas de impugnação). Outra via de discussão, mas de igual restrição cognitiva é o habeas corpus, nada obstante seja empregável, em tese, esse instrumento.

j] Efeitos e prazos da suspensão

Consolidada a suspensão, a pessoa acusada será submetida às condições determinada pelo prazo estabelecido que é, no mínimo, de dois anos alcançando o máximo de quatro anos *sem possibilidade de prorrogação* na forma da Lei 9099/95.

---

118 BRASIL. Tribunal Regional Federal (3ª Região). **Recurso Criminal n. 45863/SP**. 97.03.045863-7. Segunda Turma. Relator Juiz Arice Amaral. Data de julgamento: 14.3.2000. Data de publicação: 21.6.2000. Disponível em: <https://trf-3.jusbrasil.com.br/jurisprudencia/2088834/recurso--criminal-809-rccr-45863-sp-9703045863-7>. Acesso em: 16 jun. 2021.

119 TOURINHO NETO, Fernando da Costa. **Juizados especiais federais cíveis e criminais**. São Paulo: Revista dos Tribunais, 2002. p. 755.

Nada obstante, no caso dos crimes ambientais (Lei 9605/98), o art. 28, II, permite a prorrogação por até um ano do período de prova a fim de que haja a efetiva reparação do dano ambiental, objetivo primário daquela lei.

Nesse período, além da submissão às condições determinadas, outro efeito de extrema relevância é a suspensão do prazo prescricional pelo período em que o processo estiver suspenso.

Aqui é de ser ponderado que existe um lapso entre o momento em que a acusação é formalmente recebida e o momento da audiência hipoteticamente una na qual, como matéria preliminar, a proposta suspensiva será analisada.

Nesse período há transcurso do período prescricional, que será suspenso com a aceitação da suspensão. Caso haja revogação da suspensão condicional do processo o lapso prescricional será retomado levando-se em conta aquele período inicial pois se trata de hipótese de *suspensão da prescrição* e *não de interrupção*, situação na qual o lapso prescricional seria reiniciado na sua totalidade.

k] Consequências da finalização do período suspensivo

Com o esgotamento do período suspensivo sem qualquer causa de revogação na forma já discutida extingue-se a punibilidade da pessoa acusada, e não será possível contabilizar esse processo para fins de reincidência ou, maus antecedentes.[120]

6.3 Os ritos em espécie

A classificação dos ritos é concebida, historicamente, de acordo com a complexidade da conduta criminosa e esta, por sua vez, na lógica inicial do CPP levava em conta a divisão entre penas de reclusão, detenção e a prisão, esta última reservada para as contravenções.

Assim, naquela lógica os crimes apenados com reclusão eram processados seguindo-se o rito ordinário; os apenas com detenção, pelo rito sumário e as contravenções pelo procedimento específico denominado *judicialiforme*.

Essa divisão manteve-se razoavelmente constante ao longo dos anos, à exceção do procedimento contravencional que, passível de ser iniciado de ofício ou mesmo pela autoridade policial, não foi recepcionado pela CR/88 e resistiu várias críticas quanto à sua excessiva burocratização[121] ainda que sem um olhar estrito ao marco constitucional-convencional.

---

120 Neste sentido, entre outros, DE CARVALHO CAVALCANTI, Carla Adriana. Suspensão condicional do processo (art. 89 da lei 9.099/95): benefício ou constrangimento? **Revista Brasileira de Direito Constitucional**, v. 19, n. 1, p. 401-489, 2012, especialmente p. 467.
121 DEMERCIAN, Pedro Henrique; MACHADO, Martha de Toledo. A desburocratização do procedimento sumário. **Revista Brasileira de Ciências Criminais**, São Paulo, v. 1, n. 2, p. 94-97, abr./jun. 1993.

O cenário seria alterado de forma substancial pela Lei 9099/95 que criou não apenas a hipótese da transação penal como solução alternativa *ao processo* como alterou substancialmente o próprio rito das agora denominadas infrações penais de menor potencial ofensivo.

6.3.1 A classificação dos ritos

Na reorganização legislativa (Lei n. 11.719, de 20-6-2008[122]) fez-se a divisão das espécies de rito em comum e especial, sendo o comum dividido entre o ordinário[123], o sumário e o sumaríssimo, levando-se em conta o quantum da pena prevista em abstrato para a conduta[124], sendo que esse último (sumaríssimo) se destina às infrações penais de menor potencial ofensivo, regrado o procedimento nos termos da Lei n. 9.099/95.

Levando-se em conta a quantidade de pena, independentemente de ser apenada com reclusão ou detenção, a divisão dos ritos mostrou-se da seguinte forma de acordo com o Artigo 394:

I] ordinário, quando tiver por objeto crime cuja sanção máxima cominada for igual ou superior a 4 (quatro) anos de pena privativa de liberdade;
II] sumário, quando tiver por objeto crime cuja sanção máxima cominada seja inferior a 4 (quatro) anos de pena privativa de liberdade;
III] sumaríssimo, para as infrações penais de menor potencial ofensivo, na forma da lei.

Na contagem desses prazos deve-se levar em conta as causas de aumento e diminuição de pena[125] e não, apenas, sua figura básica.

Ao lado dessa divisão tripartida existe, ainda, a possibilidade de ritos especiais contidos no próprio CPP ou nas legislações extravagantes, sem contar o sistema autonomo militar que possui uma estrutura processual própria.

A divisão dos ritos não é capaz de esconder a extrema similitude entre o ordinário e o sumário, cuja diferenciação se dará em detalhes no desenvolvimento

---

122 Que foi saudada como construtora "de sistema com foco nos direitos fundamentais, sem desconsiderar a maior eficácia e a celeridade na composição dos litígios", como se esses aspectos fossem antagônicos. NUNES, Walter. Reforma do Código de Processo Penal: Leis n. 11.689, n. 11.690 e n. 11.719, de 2008. **Revista CEJ**, v. 13, n. 44, p. 20-24, 2009.
123 Para uma descrição genérica do rito ordinário ver FERREIRA, Wanessa Carneiro Molinaro. Recentes alterações do Código de Processo Penal: novo rito do procedimento comum ordinário. **Revista da Seção Judiciária do Rio de Janeiro**, Rio de Janeiro, n. 29, p. 201-209, dez. 2010.
124 Também destacado por MOREIRA, Rômulo de Andrade. A reforma do código de processo penal – procedimentos. **Revista IOB de Direito Penal e Processual Penal**, Porto Alegre, v. 9, n. 52, p. 58-75, out./nov. 2008, p. 67.
125 MENDONÇA, Andrey Borges de. **Nova reforma do código de processo penal**: comentada artigo por artigo. São Paulo: Método, 2008. p. 254.

da audiência, o que coloca em questão a verdadeira razão dessa distinção na forma como concebida desde o anteprojeto acadêmico que deu origem à reforma.

Dessa macroestrutura a dinâmica da audiência é absolutamente idêntica, tendo o rito ordinário a previsão dessa matéria no art. 400 e o rito sumário, de forma absolutamente igual, no art. 534.

Assim, são idênticos os prazos de sustentação oral (20 min) e de sua prorrogação (10 min) e, da mesma forma, as justificativas para a conversão desses "debates" em "memoriais" (complexidade do caso, excessivo número de pessoas acusadas ou necessidade de realização de diligências), com o que se abre o prazo de três dias para cada parte e decisão em até dez dias.

Assim, as diferenças objetivas entre esses dois ritos são:

a] A quantidade de pena que os distinguem;
b] A quantidade de testemunhas indicadas (oito no ordinário e cinco no sumário);
c] A determinação para que, no rito ordinário, a audiência seja marcada, no prazo máximo de sessenta dias (cf. Art. 400) a contar do recebimento da acusação e, no rito sumário, esse prazo é de trinta dias a teor do art. 531.

6.3.2 Os pontos comuns a todos os ritos

A reforma de 2008 buscou estabelecer um mínimo denominador comum a todos os ritos levando em consideração que o rito ordinário reformado possuiria virtudes necessárias para propiciar, no cotejo com todos os demais (a exceção expressa do rito no caso de competência do tribunal do júri), maior amplitude do direito de defesa.

Neste sentido sua supletividade viria solucionar todos os potenciais conflitos entre ritos distintos, situações para as quais, em obediência aos princípios constitucionais que informam o processo penal, em especial o do contraditório e o da ampla defesa, no caso de concurso de crimes – conexos ou continentes – com procedimentos diversos, deve ser adotado o procedimento em que seja prevista a maior possibilidade de defesa ao acusado.[126]

Da boa intenção legislativa restarão mais problemas que soluções posto que os aspectos essenciais amplificadores do direito de defesa não atenderam a melhor técnica iniciando-se a análise pela própria noção de supletividade do rito ordinário.

---

126 BRASIL. Superior Tribunal de Justiça. **Habeas Corpus n. 217972/RJ.** 2011/0213809-0. Sexta Turma. Relator Min. Rogerio Schietti Cruz. Data de Julgamento: 07/11/2013. Data de Publicação: DJe 26/11/2013.

6.3.2.1 A base geral para os ritos e a supletividade do rito ordinário

No art. 394, após enunciar a divisão do procedimento entre *comum* e *especial* e dividir o primeiro em *ordinário*, *sumário* e *sumaríssimo* como já visto, duas regras causam grande impacto teórico e operacional posto que projetam aquilo que foi a pretensão de uma *base geral ritualística*[127] para todos os ritos de primeiro grau (§4º) no que diz respeito à fase de admissibilidade da acusação e a existência de uma *absolvição sumária*.

Impossível deixar de destacar que esse parágrafo contém referência a um artigo já revogado (art. 398), deslize que mereceu a crítica de inúmeros estudiosos nas mais variadas manifestações sobre o assunto.[128]

Ainda nessa *base geral ritualística* o § 5º daquela norma determinou que "aplicam-se subsidiariamente aos procedimentos especial, sumário e sumaríssimo as disposições do procedimento ordinário".

Nesse ponto, malgrado todo o trabalho desenvolvido na tentativa de dar maior racionalidade ao modelo ritualístico do processo penal brasileiro, é necessário destacar a passagem de prestigiosa doutrina que desde o primeiro momento apontou ser:

> [...] difícil estabelecer uma ordenação concatenada e lógica dos atos processuais, no caos estabelecido nos artigos 394 a 536 do CPP. Isso se observa pela previsão de duas ocasiões distintas ao recebimento da denúncia ou da queixa-crime (art. 396 e 399 do CPP). Qual é o verdadeiro recebimento? O recebimento passou a ser duplo, com conte- údos e efeitos diferenciados? Aplicar subsidiariamente o rito comum aos procedimentos especiais (art. 394, parágrafo 2º, do CPP), sim, mas o ordinário, o sumário ou o sumaríssimo, ou qualquer um deles? Há alguma diferença entre as hipóteses de rejeição da denúncia (art. 395 do CPP) e as da absolvição sumária (art. 397 do CPP)?[129]

E as precisas indagações de Giacomolli se confirmaram ao longo dos anos de vigência da reforma posto que, do ponto de vista prático, pouco foi alterado de

---

127 Sem essa nomenclatura, a projeção dessas normas para toda ritualística processual penal foi assentada em inúmeras obras, entre elas TOURINHO FILHO, Fernando da Costa. **Código de processo penal comentado**. 13 ed. rev. e atual. São Paulo: Saraiva, 2010. 2v. p. 23.

128 Dentre eles, SILVA JÚNIOR, Walter Nunes da. **Reforma tópica do processo penal**: inovações aos procedimentos ordinário e sumário, com o novo regime das provas e principais modificações do júri e as medidas cautelares pessoais (prisão e medidas diversas da prisão). Rio de Janeiro: Renovar, 2012.

129 GIACOMOLLI, Nereu José. **Reformas do processo penal**. Op. Cit. p. 59.

substancial no desenvolvimento da marcha processual[130] e mesmo o aspecto que poderia ser considerado como um dos mais positivos, o da alocação do interrogatório da pessoa acusada como ato finalizador do procedimento.[131]

Passa-se, agora, a analisar o primeiro desses aspectos reformados: o contraditório anterior ao recebimento da acusação.

6.3.2.2 A forma e o momento do recebimento da acusação

Um dos traços inquisitivos mais marcantes no rito processual penal era a inexistência de um contraditório preliminar ao recebimento da acusação de modo a impedir que formulações temerárias prosperassem.

Daquele modelo extraia-se um desdobramento de evidente incompatibilidade constitucional: o da ausência de motivação do ato de recebimento da acusação, não raras vezes entendida na doutrina e na jurisprudência como um ato *de mero expediente*[132]. O mais preocupante é que, *mesmo após a reforma de* 2008, e muito tempo depois dela, o próprio STF continua a se manifestar pela desnecessidade dessa fundamentação:

> É firme a jurisprudência deste Supremo Tribunal no sentido de que o ato judicial que formaliza o recebimento da denúncia oferecida pelo Ministério Público não se qualifica nem se equipara, para os fins a que se refere o art. 93, inciso IX, da Constituição, a ato de caráter decisório. O juízo positivo de admissibilidade da acusação penal, ainda que desejável e conveniente a sua motivação, não reclama, contudo, fundamentação. Precedentes. 2. Ordem denegada.[133]

---

130 Nada obstante prestigiosa doutrina avaliar o caráter progressista da previsão de um "contraditório prévio" ao recebimento da acusação, etapa que nunca se concretizou como tal. A respeito, OLIVEIRA, Eugênio Pacelli; FISCHER, Douglas. **Comentários ao Código de Processo Penal e sua jurisprudência**. 2. ed. Rio de Janeiro: Lumen Juris, 2011. p. 869-870; MENDONÇA, Andrey Borges de. **Nova Reforma do Código de Processo Penal**. 2. ed. São Paulo: Método, 2009. p. 260/264.

131 Aspecto prestigiado, entre vários autores de ponto, por BRITO, Alexis Couto de (Coord.). **Recentes reformas processuais**. São Paulo: Premier, 2008. No STF, essa mesma consideração nos seguintes julgados: BRASIL. Supremo Tribunal Federal. **Habeas Corpus n. 87.346/MS**. Primeira Turma. Relator Min. Ricardo Lewandowski. Relatora para o acórdão Ministra Carmen Lucia. Julgado em: 15/08/2006. Publicação: 08/06/2007. Disponível em: <https://jurisprudencia.stf.jus.br/pages/search/sjur89662/false>. Acesso em: 16 jun. 2021; BRASIL. Supremo Tribunal Federal. **Habeas Corpus n. 90.226/SP**. Segunda Turma. Relator Min. Celso de Mello. Julgamento em: 18-12-2007. Publicação: 15-05-2009. Disponível em: <https://jurisprudencia.stf.jus.br/pages/search/sjur88072/false>. Acesso em: 16 jun. 2021.

132 Prática combatida em várias manifestações acadêmicas, dentre elas COSTA, Cláudio; MALAN, Diogo. A inconstitucionalidade da ausência de fundamentação na decisão de recebimento da denúncia. **Discursos Sediciosos: crime, direito e sociedade**, Rio de Janeiro, v. 5, 9/10, p. 221-227, 2000; BASTOS, Marcus Vinicius Reis. A garantia da motivação e o recebimento da denúncia. **Boletim IBCCRIM**, São Paulo, v. 12, n. 141, p. 18-19, ago. 2004.

133 BRASIL. Supremo Tribunal Federal. **Habeas Corpus n. 101971/SP**. Primeira Turma. Relatora Min. Cármen Lúcia. Data de Julgamento: 21/06/2011. Data de Publicação: DJe-170 DIVULG 02-09-2011 PUBLIC 05-09-2011 EMENT VOL-02580-01 PP-00055.

Aliás, é oportuno destacar salutar precedente do STJ que procura elucidar donde se construiu essa compreensão de ausência de necessidade de fundamentação no ato de acolhimento da acusação.

Com efeito, segundo aquela Corte[134]:

> [...] foi em 1973 que se instalou, no Supremo Tribunal, a propósito da natureza do ato judicial de recebimento da denúncia, inteligente e mágica discussão entre Bilac, Alckmin e Xavier, e lá prevaleceu o entendimento de que tal ato, se possui carga decisória, não é, entretanto, "ato decisório mencionado no art. 567". 2. Então, decerto que o recebimento da denúncia não é simples despacho de expediente, ao contrário, pois, de Toledo, no Superior Tribunal, em 1995, no RHC-4.240. De igual sorte, Medina e Quaglia, nos anos 2004 e 2005, nos RHCS 13.545 e 17.974. 3. É, então, correto, hoje e agora, interpretando a regra do art. 516 do Cód. de Pr. Penal, admitir que, se se exige a rejeição da denúncia (ato negativo) em despacho fundamentado, também a decisão que a recebe (ato positivo) há de ser, sempre e sempre, devidamente fundamentada. 4. Pensar de maneira outra seria colocar à frente da liberdade a pretensão punitiva, quando, é sabido, o que se privilegia é a liberdade. Nunca é demais lembrar: (I) "havendo normas de opostas inspirações ideológicas – antinomia de princípio –, a solução do conflito (aparente) há de privilegiar a liberdade, porque a liberdade anda à frente dos outros bens da vida, salvo à frente da própria vida"; e (II) "impõe-se, isto sim, se extraiam conseqüências de um bom, se não excelente, princípio/norma, que cumpre ser preservado para o bem do Estado democrático de direito". 5. Ordem de habeas corpus concedida para se anular toda a ação penal desde, e inclusive, o recebimento da denúncia – a que se procedeu sem fundamentação.

Não é necessário ir muito além da observação do momento em que essa compreensão se consolida no STF para verificar sua absoluta impropriedade diante do marco constitucional-convencional para afirmar a imperiosa necessidade de fundamentação em ambas as situações, recebimento e denegação do recebimento da acusação.

Mais ainda, numa firme tomada de postura constitucional-convencional não se poderia admitir que o mesmo julgador que se manifestou pela recusa viesse a conhecer da causa quando o recebimento da acusação fosse determinado em sede recursal.

Mas foi nesse contexto burocrático e cartorial, sujeito a poucas exceções no âmago do CPP, e inspirado em claro movimento consolidado no direito comparado que vê como indispensável a existência de uma fase concreta de recebimento

---

134 BRASIL. Superior Tribunal de Justiça. **Habeas Corpus n. 76319/SC**. 2007/0022098-8. Sexta Turma. Relator Ministro Nilson Naves. Data de Julgamento: 11/12/2008. Data de Publicação: DJe 23/03/2009.

da acusação – e, obviamente, com fundamentação – que a reforma projetada em 2000 começou a dar vida ao texto que seria promulgado em 2008.

Recorde-se que na redação apresentada pela Comissão Grinover ao Congresso Nacional, o texto era:

Art. 395. Nos procedimentos ordinário e sumário, oferecida a denúncia ou queixa, o juiz, se não a rejeitar liminarmente, ordenará a citação do acusado para responder à acusação, por escrito, no prazo 10 (dez) dias, contados da data da juntada do mandado aos autos ou, no caso de citação por edital, do comparecimento pessoal do acusado ou do defensor constituído.

Miranda Coutinho[135] aponta que:

> [...] tal artigo, ainda como art. 395, quando da tramitação do Projeto de Lei n. 4.207/2001 no Congresso Nacional, recebeu a Emenda n. 1, de 17-5-2007, do Deputado João Campos, com proposta (acolhida) de inclusão do verbo "receber", em mesóclise, restando assim a redação definitiva: "Nos procedimentos ordinário e sumário, oferecida a denúncia ou queixa, o juiz, se não a rejeitar liminarmente, recebê-la-á e ordenará a citação do acusado para responder à acusação, por escrito, no prazo de 10 (dez) dias". O Senado tentou mudar a alteração feita, para se retornar ao texto originário, mas se voltou ao texto da Câmara dos Deputados, o qual se tornou definitivo após a Emenda n. 8, da lavra do ilustre Deputado Federal Regis Fernandes de Oliveira, então relator: a renumeração do artigo (de 395 para 396) veio com o substitutivo apresentado.

O problema do duplo recebimento da denúncia, no entanto, já se afigurava desde a redação inicial sugerida pela Comissão GRINOVER, que, ao mencionar a palavra *citação*, já descortinava a duplicidade de momentos para o recebimento da denúncia. tramitação legislativa apenas o enfatizou.

Se a reforma tivesse se limitado a estipular o disposto no presente artigo, o sistema renovado teria andado a contento. O problema é que os ritos ordinário e sumário cogitaram possuir *dois momentos de recebimento da denúncia ou queixa*: o previsto no artigo 396 e aquele previsto no art. 399, causando imensa perplexidade em quem quer que se aventure a interpretar esse *novo* sistema.

Assim, a primeira dificuldade é verificar qual, efetivamente, é o momento do recebimento da denúncia ou queixa, inclusive para definir-se o marco interruptivo da prescrição e a *natureza* da defesa que se seguirá.

Afirmávamos quando de primeiro enfrentamento da matéria que:

> [...] somos levados a observar que o recebimento da denúncia se dá nos termos do presente artigo [396], quando já houve um juízo positivo de admissibilidade

---

135 COUTINHO, Jacinto Nelson de Miranda. Solução para o absurdo legal e técnico do novo art. 396 do CPP. **O Estado do Paraná** – Caderno Direito e Justiça, Curitiba, p. 8, 21 out. 2008.

com o afastamento da rejeição liminar da inicial acusatória e com a determinação da citação da pessoa acusada. Assim, *a defesa que se seguirá não é uma defesa preliminar*, no sentido de precedente ao recebimento da denúncia nos termos da "lei de tóxicos" (Lei n. 11.343/2006), mas mais se aproxima da defesa prévia que já existia no ordenamento anterior, e que agora se encontra renovada em termos de prazo e com a possibilidade de, se for uma peça processual suficientemente robusta, ensejar o encerramento precoce da ação penal nos termos do art. 397.[136]

Tal posição foi igualmente perfilada por outros comentadores do Código quando da reforma[137] e acabou sendo reconhecida pelos precedentes que se consolidaram sobre a matéria.

Assim, por mais bem-intencionada a tentativa de apresentar o recebimento da acusação em dois momentos[138] inclusive por um viés de maior amplitude de defesa, a situação se coloca de forma exatamente oposta.

Isso porque o recebimento da acusação tem efeitos processuais e materiais, com o aperfeiçoamento da *relação processual* após a citação (que somente se dá com o recebimento da acusação) e a *interrupção da prescrição*, consequência mais destacada a partir da disposição no CP sobre o tema.

Ainda há os reflexos recursais próprios do recebimento/rejeição da acusação penal, a disciplina da impossibilidade da retratação da representação após o acolhimento da acusação e o fim obrigatório da prisão temporária se a pessoa suspeita ainda estiver presa a este título.

Ademais, a esse título (duplo recebimento) afigura-se questionável equiparar essa situação a qualquer das hipóteses de não encaminhamento da acusação ao conselho de sentença para tratá-las como um *duplo recebimento* da maneira como sustentada pela doutrina que esteve diretamente envolvida na construção já problemática do anteprojeto[139] e que compartilhava bancos acadêmicos com

---

136 CHOUKR, Fauzi Hassan. **Código de Processo Penal**: Comentários Consolidados e Crítica Jurisprudencial. 5. ed. Rio de Janeiro: Lúmen Júris, 2011.

137 SILVA JÚNIOR, Walter Nunes da. **Reforma tópica do processo penal**: inovações aos procedimentos ordinário e sumário, com o novo regime das provas e principais modificações do júri. Rio de Janeiro: Renovar, 2009, p. 90; MENDONÇA, Andrey Borges. Reforma do Código de Processo Penal: comentada artigo por artigo. São Paulo: Método, 2008. p. 267-268; SANTOS, L.G. Procedimentos – Lei 11.719/08, de 20.06.2008. In: MOURA, M. T. R. (Org.). **As Reformas no Processo Penal**: as novas Lei de 2008 e os Projetos de Reforma. São Paulo: Revista dos Tribunais, 2008. Op. Cit. p. 23.

138 Como sustentando por DUCLERC, Elmir. **Direito Processual Penal**. 3. ed. Rio de Janeiro: Lumen Juris, 2011, p. 182, para quem "o próprio texto legal está a sugerir que, ao receber a denúncia na forma do art. 396, caput, do CPP, isto é, ao não rejeitá-la liminarmente, o juiz pratica um ato precário, sujeito a reapreciação".

139 FERNANDES, Antonio Scarance; LOPES, Mariângela. O Recebimento da Denúncia no novo procedimento. **Boletim IBCCRIM**, ano 16, n. 190, set./2008, p. 2.

o Deputado Federal que endossou a alteração, para pior, havida no Parlamento, sobre matéria.[140]

Por fim, o art. 397 ao tratar da *absolvição sumária* impõe que a acusação já tenha sido formalmente recebida dado que não é possível absolver alguém que não está sendo formalmente processado. E esse recebimento não é, apenas, um ato mecânico como sustentado por prestigiosa doutrina penal.[141]

Assim, a reforma de 2008 não cumpriu o que dela se esperava no que toca à criação de um efetivo contraditório prévio anterior ao recebimento da acusação, distanciando-se de outros modelos mais bem-acabados como o art. 50 da Lei 11.343/2006 e mesmo o procedimento especial de apuração de crimes cometidos por funcionários públicos a teor do art. 541 do CPP.

Mas o recebimento da acusação está condicionado à verificação das hipóteses do art. 395 que regulam a rejeição da inicial, com os seguintes tópicos:

I] for manifestamente inepta;
II] faltar pressuposto processual ou condição para o exercício da ação penal; ou
III] faltar justa causa para o exercício da ação penal.

Dos temas aqui enunciados destaca-se que os requisitos da peça que veicula a acusação foram abordados no Capítulo 5, assim como a justa causa e que os pressupostos processuais foram analisados no Capítulo 3 desta Obra.

Por aqui cabe destacar que, diferemente do apontado por Fuller[142], jamais se cogita, quer no regime anterior, quer no atual, que o Juiz esteja obrigado a receber acusações por conduta atípica pois este fundamento estaria reservado à hipótese de absolvição sumária. Com efeito, a aptidão da inicial implica a imputação de uma conduta típica e nela se baseia a própria justa causa.

Ainda, a possibilidade de repropor a ação penal que inicialmente havia sido rejeitada não pode se dar em todos os casos, sendo inviável fazê-lo quando decidida a ausência de justa causa para tanto, por exemplo.

Nada obstante, tratando-se de caso em que tiver havido algum problema com a capacidade para estar em juízo, a priori pode ser cogitada a possibilidade de ajuizar novamente a ação.

---

140 Conforme parecer recordado, entre outros, por STEFAM, André. Alterações no Código de Processo Penal: Lei nº 11.719/2008. **Revista Magister de Direito Penal e Processual Penal**, n. 24, Jun/Jul/2008, p. 21.

141 GRECO, Rogério. **Curso de Direito Penal**. 13. ed. Rio de Janeiro: Impetus, 2011, p. 725.

142 FULLER, Paulo Henrique Aranda. A reforma do Procedimento Comum (Lei n. 11.719/08: O momento processual adequado para o recebimento da denúncia ou queixa e a absolvição sumária (art. 397 do CPP). **Boletim IBCCRIM**, ano 16, n. 192, nov./2008, p. 9.

6.3.2.3 A absolvição sumária

Um dos maiores objetivos da reforma de 2008 no campo dos procedimentos era o de propiciar a absolvição da pessoa acusada sem o esgotamento de toda a cognição, estabelecendo um mecanismo que seria assemelhável ao *julgamento antecipado* previsto em outros ordenamentos processuais e cuja criação era concitada por alguns estudos, no Brasil, empregando-se o parâmetro do CPP.[143]

Assim, a absolvição sumária que se emprega em todos os ritos, à exceção daquele do júri que já possui essa possibilidade com características próprias, é cabível *em cognição sumária* quando houver:

a] a existência manifesta de causa excludente da ilicitude do fato;
b] a existência manifesta de causa excludente da culpabilidade do agente, salvo inimputabilidade;
c] que o fato narrado evidentemente não constitui crime; ou
d] extinta a punibilidade do agente.

De plano uma consideração precisa ser destacada: sendo *prova* o quanto definido no art. 156 do CPP a partir da mesma reforma de 2008, todas essas possibilidades surgem sem que houvessse a produção de prova *pelo acusador* da viabilidade da acusação formulada.

E, se assim é, fica sem nexo o recebimento da acusação nos termos do art. 396, momento definido pela Lei – voluntária ou involuntariamente – como o do recebimento da acusação e determinando a citação da pessoa acusada.

Essa contradição lógica se acentua quando o artigo coloca como causa de absolvição a extinção da punibilidade, o que inviabiliza o próprio recebimento da acusação por falta de justa causa e acentua o completo descaminho seguido pela ambição reformista que, simplesmente, não conseguiu edificar uma fase real de verificação da admissibilidade da acusação.

A absolvição, no tratamento do CPP, é provimento de natureza terminativa pelo qual, diante das hipóteses enumeradas neste artigo, o Juiz Natural decide pela improcedência da peça inicial acusatória, sujeitando-se a sentença aos efeitos tratados no art. 386, parágrafo único, incisos I e II.

Dada a estrutura do modelo de reconhecimento da prescrição no Direito brasileiro, surgiu a discussão sobre a possibilidade jurídica de deixar-se de proceder à acusação quando, analisando determinados fatores objetivos (delito imputado)

---

143 Assim, HOLANDA, Erilene da Costa; SILVA, Ticiane Teixeira. Op. Cit. A comparação também é feita por BORGES, Clara Maria Roman. Op. Cit. p. 210.

e subjetivos (condições pessoais da pessoa acusada), reconhecer-se, em projeção, a ocorrência da prescrição.[144]

Ou, com o aponta Delmanto,

> Na prática forense são comuns as situações em que, mesmo antes de recebida a denúncia ou a queixa, já se vislumbra que, na pior das hipóteses, eventual condenação encontrar-se-á prescrita (prescrição em concreto). [...] Nessas situações, por questão de economia processual ou da própria utilidade do processo penal, tem sido suscitada a possibilidade de se declarar, desde logo, extinta a punibilidade com base nessa eventual pena. [...] A nosso ver, acreditamos que a solução para este impasse não se encontra na extinção da punibilidade com base na pena que seria imposta em possível condenação, que realmente nos parece difícil de sustentar, mas, sim, na falta de justa causa para a persecução penal [...].[145]

Essa posição é fortemente rechaçada no âmbito dos precedentes, havendo entendimento sumulado pelo seu não cabimento, a dizer a Súmula 438 do STJ, com a seguinte redação: "É inadmissível a extinção da punibilidade pela prescrição da pretensão punitiva com fundamento em pena hipotética, independentemente da existência ou sorte do processo penal".

Os argumentos podem ser resumidos nos seguintes pontos:

a] ausência de amparo legal (entenda-se, ausência de previsão expressa no CPP e no CP);
b] a pena teria sua prescrição reconhecida com base num prognóstico;
c] há necessidade, pois, do trânsito em julgado da sentença penal condenatória.

Assim, além dos itens anteriormente expostos, vários precedentes dedicam à impossibilidade do reconhecimento da prescrição antecipada os seguintes fundamentos:

a] violação à CR por ofensa ao *devido processo legal*;
b] o juiz não pode presumir a pena que irá aplicar, e
c] não se pode transacionar sobre a pena, e a condenação não está condicionada à vontade das partes.

Quanto ao argumento da imprevisibilidade do conteúdo da sentença condenatória, ou *prognóstico*, tal como afirmado em vários provimentos anteriormente

---

144 A respeito, entre outros, ARAÚJO, José Osterno Campos de. Prescrição antecipada ou trabalho de Sísifo. **Boletim dos Procuradores da República**, São Paulo, v. 3, n. 29, p. 17-18, set. 2000. Ainda DE SANTANA, Magna Oliveira Pires. Prescrição virtual à luz do princípio da dignidade da pessoa humana. **Scientiam Juris**, v. 1, n. 1, p. 46-56, 2013.
145 DELMANTO, Celso et al. **Código Penal comentado**. Rio de Janeiro: Renovar, 1998. p. 189.

mencionados, é de ser ponderado que a *projeção* é usada em inúmeras passagens do processo penal sem que isso seja tão traumatizante para o Magistrado.

Com efeito, ao afirmar a potencial possibilidade de *voltar a delinquir* e, assim, decretar a prisão preventiva de alguém com fundamento na *ordem pública*, não está fazendo outra coisa o julgador senão um prognóstico, uma previsão, uma conjectura. E, no entanto, isso é plenamente aceito pela maioria da doutrina e da jurisprudência.

Fato é que, também aqui, a ausência de uma verdadeira fase de admissibilidade condizente com a estrutura de um processo penal adequado ao Estado de Direito serve como mola propulsora do desvirtuamento. Se existisse, seria o palco correto para dimensionar a questão e alcançar-se um resultado, aí sim, verdadeiramente condizente com o marco constitucional-convencional.

6.3.2.4 A busca da concentração e unicidade

A busca pela concentração e celeridade processuais também fizeram parte da pauta reformista.

Nada obstante, a estrutura apregoada peca pela falta da concreta oralidade e pela manutenção de todas as estruturas anteriores que propiciavam e continuam propiciando que a unicidade de audiência seja uma mera referência, assim como o é a oralidade na forma abordada no início deste Capítulo.

Das estruturas permanentes que constituem a espinha dorsal inquisitiva destacam-se:

a] a irresponsabilidade direta das partes pela produção de suas provas, fruto da concepção inalterada que àquelas cabe apenas a indicação dos meios e não a sua concretização material;

b] como decorrência, acusador (especialmente o público) e defesa (especialmente a pública) que eventualmente se insurgem contra o ativismo judicial probatório, de bom grado se irmanam em exigir do Judiciário que aquele aparato administrativo seja responsável por intimar e trazer suas testemunhas, cobrar pelas perícias tardias ou exigir de órgãos públicos ou privados os documentos que interessam à causa;

c] cada uma dessas situações é sempre tratada, justificadamente ou não, como causa de adiamento de audiências no espírito já descrito por Binder neste capítulo acerca da vocação da permanência inquisitiva na não realização concreta da oralidade;

d] não raras vezes audiências rompidas para que se traga em data futura (e muito futura) determinada testemunha são então realizadas sem que as testemunhas ainda não ouvidas sejam dispensadas, colocando em xeque a verdadeira razão do adiamento inicial e, por consequência, a quebra da desejada unicidade, concentração e oralidade;

e] E, nesse contexto, a maior virtude do sistema inquisitivo permanente: a estrutura de cartas-precatórias, antítese do juiz natural, do promotor natural, da defesa efetiva, da celeridade e da concentração. Perene como se esse mecanismo fosse indispensável ao processo, jamais cogitando-se em qualquer reforma, em qualquer política pública, com rubricas próprias nos orçamentos institucionais para o transporte dessas indispensáveis pessoas a serem ouvidas. Tão indispensáveis que também é inconcebível que sejam ouvidas por meios como videoconferências, cujo emprego parece contaminar o processo com uma tecnologia não-humana, num espaço social onde até mesmo o ensino de qualidade a usa atravessando fronteiras de países e continentes. Mas o processo penal brasileiro é infenso a tudo que possa superar a expedição de um documento escrito, pelo correio, com demora de meses para a concretização de um ato (mas há previsão legal de prazo para cumprimento da precatória, como não haveria de existir...) que pode se resumir a não mais que meia folha escrita de papel.

`6.3.3` Observações sobre o rito sumaríssimo

A previsão de um rito *sumaríssimo* no CPP nada mais é que a incorporação do disposto na Lei 9099/95 para apuração das *infrações penais de menor potencial ofensivo*.

Trata-se, na verdade de um completo subsistema de persecução cuja especificidade tem início com a competência em razão da matéria[146], de sede constitucional, delimitada pelo conceito material de menor potencial ofensivo, hoje consolidado nos termos da Lei nº 10.259 que assim o define: Consideram-se infrações de menor potencial ofensivo, para os efeitos desta Lei, os crimes que a lei comine pena máxima não superior a dois anos, ou multa.

Com esse conceito superou-se o anterior contido na Lei 9.099/95 que, além de estipular a pena máxima de um ano, ainda condicionava que aquele tipo penal não fosse apurado mediante procedimento especial, um contrasenso sentido posto que se tratava de uma definição material que era condicionada por um aspecto procedimental.

Posteriormente foram excluídas desde conceito as condutas típicas comportem a classificação de violência doméstica e familiar contra a mulher nos termos da Lei 11.340/2006, cuja especificidade é plenamente constitucional e assim reconhecida pelo STF, tema que merece discussão específica para sua melhor compreensão.

---

146 O tema dos critérios de definição de competência é discutido no Capítulo 3 desta Obra.

a) Fundamentos da exclusão da violência doméstica e familiar contra a mulher do âmbito da Lei 9.099/95 e de seus mecanismos alternativos

A preocupação da comunidade internacional com a denominada *violência de gênero*[147] não é nova.

Ligados a esse movimento podem ser recordados, desde a Carta das Nações Unidas, de 1945, onde se encontra o estabelecimento da igualdade entre homens e mulheres, passando pelo estabelecimento da Comissão da Condição Jurídica e Social da Mulher (de 1946) e textos que estabelecem patamares para o tratamento equânime entre homens e mulheres no plano salarial[148], a equidade entre homens e mulheres na relação de convivência no casamento[149], até aqueles mais abrangentes como Pacto de Direitos Civis e Políticos de 1966 e outros mais específicos como a "Declaração sobre a eliminação de discriminação contra a mulher"[150], transformada em Convenção no ano de 1979, em vigor em 1981[151], e que daria base para a uma série de atividades e estudos no âmbito da ONU sobre a condição da mulher[152], até que se alcançasse, em 1993, em Belém do Pará/BR, sob os auspícios da OEA, a *Convenção Interamericana para erradicar a violência contra a mulher* (1994).

Destaca-se de forma imediata nesse processo a Convenção de 1994 da OEA, ratificada pelo Brasil em 27.11.1995, inclusive como parte do I Plano Nacional de Direitos Humanos[153], este por sua vez compreendido num processo macropolítico que tem seu nascedouro com a própria Constituição de 1988 e que exigiria uma

---

147 Aqui entendida como STREY, Neves Marlene. Violência de Gênero: Uma questão complexa e interminável. In: STREY, Neves Marlene; AZAMBUJA, Mariana P.R de; JAEGER, Fernanda P. (Org.). **Violência, gênero e políticas públicas**. Porto Alegre: EDIPUCRS, 2004, p. 13-42. p. 13. Recorde-se, também, o quanto afirmado por Sabadell: "Considerando os debates ensejados ao longo da década de 1970, observa-se que o conceito de violência doméstica tendia a ampliar-se: aquilo que inicialmente era entendido como violência física perpetrada contra a mulher (extensível a seus filhos) começa a sofrer profundas transformações. Por um lado, o termo passou a ser interpretado de modo amplo, incluindo a violência emocional e psíquica. Por outro, a mobilização contra a violência doméstica adquiriu um caráter cada vez mais especializado (...). Finalmente, a tendência à ampliação do conceito, já na década de 1980, levou à inclusão de todas as formas de violência que podem ocorrer no âmbito das relações familiares, encontrando-se, nos anos de 1990, autores que sugerem incluir ao conceito as agressões entre vizinhos ou amigos." SABADELL, Ana Lucia. Perspectivas jussociológicas da violência doméstica: efetiva tutela de direitos fundamentais e/ou repressão penal. **Revista dos Tribunais**, n. 840, p. 429. Disponível em: <www.revistasrtonline.com.br>. Acesso em: 12 jan. 2022.
148 Convênio da OIT de 1952.
149 Convenção sobre os direitos da mulher casada de 1957.
150 Declaração sobre a eliminação de discriminação contra a mulher de 1967.
151 Ratificada pelo Brasil em 1º de fevereiro 1984.
152 Dentre outros, o Estudo mundial sobre o papel da mulher no desenvolvimento (1986).
153 Como parte das "Propostas de ações governamentais", integrando aquelas de "proteção do direito à vida – Segurança das pessoas – Curto prazo" estava: "Apoiar programas para prevenir a violência contra grupos em situação mais vulnerável, caso de crianças e adolescentes, idosos, mulheres, negros, indígenas, migrantes, trabalhadores sem terra e homossexuais."

significativa mudança de compromisso do Estado brasileiro com o tema dos direitos humanos nos planos interno e internacional.

Restringindo-se o presente texto ao tratamento legislativo – e sua respectiva prática – no enfrentamento da violência contra a mulher na seara penal, visto que a abrangente análise das políticas públicas dessa matéria desvirtuaria o foco proposto e se tornaria por demais extenso para ser abordado, impõe cotejar a formação do contexto internacional acima exposto e sua projeção para o direito interno, este já banhado pelas novas perspectivas normativas e culturais da Constituição de 1988.

Observado o sistema penal, não é possível identificar, no arco temporal que vai da Constituição de 1988 até a edição da Lei 11.340/2006 (a denominada Lei Maria da Penha), qualquer tendência de direito interno no sentido de concretizar os compromissos internacionais assumidos pelo Brasil.

Em 1988, quando a Constituição entrou em vigor, a disciplina penal sobre o tema cingia-se ao Código Penal reformado em sua parte geral em 1984 ainda, portanto, no contexto do estado de exceção militar, e o tratamento da *violência de gênero* limitava-se a uma operacionalmente insignificante circunstância de agravamento de pena introduzida pela Lei 7209/1984.[154]

Apenas em 2004 houve algum reflexo do movimento de internacionalização no sistema penal pátrio, com a edição da Lei 10.886/04 que criou o tipo penal da *violência doméstica* por meio do acréscimo dos §§ 9º e 10 ao art. 129 do Código Penal.[155]

Pode-se, assim, concluir a alienação substancial do direito penal material aos postulados dos textos internacionais.

Mas, se o tratamento do direito penal material era pouco condizente com os compromissos firmados no plano internacional, o direito processual penal tratou de transformar as potenciais situações de violência doméstica em *infrações penais de menor potencial ofensivo*, na medida em que a maior parte das condutas verificáveis no cotidiano se subsumiria a ameaças ou lesões corporais dolosas (leves) as quais redundavam na aplicação dos mecanismos transacionais sobre a pena (art. 76 da Lei 9.099/95) ou, residualmente, no desenvolvimento do processo (art. 89 da Lei 9.099/95).

É necessário destacar o fracasso operacional, dogmático e de política criminal dos denominados *juizados especiais criminais* no específico âmbito da violência

---

154 Que passou a prever, no art. 61, II, "f" o crime praticado com "abuso de autoridade ou prevalecendo-se de relações domésticas, de coabitação ou de hospitalidade".
155 "§ 9º Se a lesão for praticada contra ascendente, descendente, irmão, cônjuge ou companheiro, ou com quem conviva ou tenha convivido, ou, ainda, prevalecendo-se o agente das relações domésticas, de coabitação ou de hospitalidade: Pena – detenção, de 6 (seis) meses a 1 (um) ano. § 10. Nos casos previstos nos §§ 1º a 3º deste artigo, se as circunstâncias são as indicadas no § 9o deste artigo, aumenta-se a pena em 1/3 (um terço)". (NR).

aqui tratada, tema de resto já reconhecido em inúmeras obras alentadas sobre a matéria[156], particularmente neste tema específico a incapacidade do subsistema da Lei 9.099/95 em atentar para a tutela da vítima no âmbito dessa jurisdição penal diferenciada[157], o que, dentre outras razões, impulsionou posição contrária a essa forma de *justiça penal* por prestigiosa fonte doutrinária.[158]

Não se podia esperar algo diferenciado diante da maneira pela qual, com frágil e manipulada base dogmática sobre o consenso penal no Brasil, aliada a uma estrutura legislativa precária e por demais lacunosa, larga parte dos operadores do direito reiteradamente tratou[159], na prática[160], o complexo fenômeno social que a lei rotulou, por meio de um critério abstrato, de *menor potencial ofensivo*.[161]

Já consolidada a ausência de tutela efetiva da vítima da violência de gênero no âmbito da redação original da Lei 9.099/95, e como fruto da censura sofrida pelo Brasil no âmbito do sistema interamericano de proteção dos direitos humanos[162], foi alterado formalmente o artigo 69 da Lei 9.099/95 para fazer constar em seu parágrafo único reformado que

> Ao autor do fato que, após a lavratura do termo, for imediatamente encaminhado ao juizado ou assumir o compromisso de a ele comparecer, não se imporá

---

156 Por todos, veja-se HERMAN, Leda. **Violência doméstica, a dor que a lei esqueceu, comentários à Lei n.º 9.099/95**. Campinas: CEL-LEX Editora, 2000.

157 WUNDERLICH, Alexandre. A vítima no processo penal (impressões sobre o fracasso da Lei nº 9.099/95). In: WUNDERLICH, Alexandre; CARVALHO, Salo (Org.). **Novos diálogos sobre os Juizados Especiais Criminais**. Rio de Janeiro: Lumen Juris, 2005, p. 15-56.

158 COUTINHO, Jacinto Nélson de Miranda. Manifesto contra os juizados especiais criminais. In: WUNDERLICH, Alexandre; CARVALHO, Salo (Org.). **Novos diálogos sobre os Juizados Especiais Criminais**. Rio de Janeiro: Lumen Juris, 2005, p. 3-14.

159 Ainda com Sabadell pode-se recordar que "Estudos indicam que há pelo menos três razões para que a mulher vítima de violência queira continuar (se possível sob melhores condições) o relacionamento privado com o agressor: medo de não poder prover sozinha as necessidades dos filhos; – depressão e passividade devida à experiência contínua de violência; – temor de sofrer maiores danos e correr risco de morte se abandonar o companheiro violento. A estes fatores, podemos acrescentar os vínculos emocionais com o agressor. (...) Nenhum desses fatores é levado em consideração no caso da intervenção penal". SABADELL, Ana Lucia. Op. Cit.

160 Para uma análise crítica a partir de constatações empíricas do funcionamento do Juizado Especial Criminal no trato da violência de gênero, veja-se PASINATO, Wânia. Justiça para todos: Os juizados especiais criminais e a violência de gênero. **Revista Brasileira de Ciências Criminais – RBCCRIM**, n. 53, p. 201, abr./2005.

161 Veja-se, a propósito, BASTOS, Marcelo Lessa. Violência doméstica e familiar contra a mulher. Lei "Maria da Penha". Alguns comentários. **Jus Navigandi**, Teresina, ano 11, n. 1189, 3 out. 2006. Disponível em: <http://jus.uol.com.br/revista/texto/9006>. Acesso em: 8 mar. 2011.

162 O Brasil acabou sendo acionado na Comissão Interamericana de Direitos Humanos que, em 2001, por meio do Relatório n. 54/2001 (caso 12051), censurou o estado brasileiro por "dilação injustificada" e "tramitação negligente" no processo crime que tinha como vítima a Sra. Maria da Penha Fernandes Maia, recomendando "continuar e aprofundar o processo de reformas que evitem a tolerância estatal e o tratamento discriminatório a respeito da violência doméstica contra as mulheres no Brasil". COMISSÃO INTERAMERICANA DE DIREITOS HUMANOS. **Relatório n. 54/01**. Caso 12.051. Disponível em: <http://www.cidh.org/annualrep/2001port/capitulo3c.htm>. Acesso em: 8 fev. 2011.

prisão em flagrante, nem se exigirá fiança. Em caso de violência doméstica, o juiz poderá determinar, como medida de cautela, seu afastamento do lar, domicílio ou local de convivência com a vítima.[163]

Os dados estatísticos de aplicação dessa norma não são consistentes, mas pode-se depreender de todo o movimento legislativo que culminaria alguns anos mais tarde com a lei 11.340/06 que sua aplicação prática foi praticamente nenhuma, o que se deve, inclusive, por fatores técnicos, na medida em que o artigo modificado era por insuficiente no tratamento da matéria.

Assim, a denominada *Lei Maria da Penha* nasce com a criação, pelo Decreto nº 5.030, de 31 de março de 2004, de um *grupo de trabalho interministerial*, contando com os seguintes órgãos do Poder Executivo da União: Secretaria Especial de Políticas para as Mulheres (SPM) da Presidência da República (coordenação); Casa Civil da Presidência da República; Advocacia-Geral da União; Ministério da Saúde; Secretaria Especial dos Direitos Humanos da Presidência da República; Secretaria Especial de Políticas de Promoção da Igualdade Racial da Presidência da República; Ministério da Justiça e Secretaria Nacional de Segurança Pública. Esse grupo apresentou ao Congresso, em nome do Poder Executivo, aquilo que seria o projeto de lei nº 4.559, de 2004.[164]

De relevo pontuar, no presente momento, a iniciativa do projeto pelo Executivo, assumidamente em virtude da sanção sofrida pelo Brasil no contexto do sistema interamericano de direitos humanos como atrás exposto. Da *mensagem* enviada pelo Executivo ao Legislativo deve ser destacado o seguinte trecho, que deve orientar a compreensão da norma:

> É contra as relações desiguais que se impõem os direitos humanos das mulheres. O respeito à igualdade está a exigir, portanto, uma lei específica que dê proteção e dignidade às mulheres vítimas de violência doméstica. Não haverá democracia efetiva e igualdade real enquanto o problema da violência doméstica não for devidamente considerado. Os direitos à vida, à saúde e à integridade física das mulheres são violados quando um membro da família tira vantagem de sua força física ou posição de autoridade para infligir maus tratos físicos, sexuais, morais e psicológicos.[165]

É importante frisar, igualmente, que na proposta originária enviada pelo Executivo não havia o afastamento total dos institutos previstos na Lei 9.099/95,

---

163 Redação dada pela Lei nº 10.455, de 13.5.2002.
164 Dados também apresentados por ALVES, Fabrício da Mota. Lei Maria da Penha: das discussões à aprovação de uma proposta concreta de combate à violência doméstica e familiar contra a mulher. **Jus Navigandi**, Teresina, ano 11, n. 1133, 8 ago. 2006. Disponível em: <http://jus.uol.com.br/revista/texto/8764>. Acesso em: 6 mar. 2011.
165 BRASIL. Câmara dos Deputados. **Projeto de Lei n. 4559/2004**. Disponível em: <http://www.camara.gov.br/internet/sileg/Prop_Detalhe.asp?id=272058>. Acesso em: 09 fev. 2011.

mas sim alteração de sua estrutura para, por exemplo, postergar a celebração da transação penal na forma do Artigo 76 daquele diploma legal.[166]

O repúdio aos mecanismos transacionais da Lei 9.099/95 não surgiu, assim, no Executivo, mas sim no Parlamento, como se pode observar das incisivas observações da Relatora Dep. Jandira Feghali. Textualmente:

> Os Juizados Especiais Criminais (JECrims), criados pela lei 9.099/95, significaram uma conquista da sociedade para desafogar as diversas varas do Poder Judiciário e acelerar decisão sobre diversos delitos, mas não foram criados para tratar crimes de violência contra a mulher. Não têm na sua abrangência legal, competência para tratar de questões que envolvam direito de família e no âmbito criminal, trata especificamente de violações de menor potencial ofensivo. Já está consagrado em todas as convenções e tratados internacionais, ratificados pelo Brasil, que a violência contra a mulher é uma violação aos direitos humanos. Ao analisarmos dez anos de atuação dos Juizados Especiais vemos que os resultados reforçam a impunidade, permitindo a reincidência e agravamento do ato violento – 90% dos casos são arquivados ou levados a transação penal. Neste sentido é clara a descrição feita pela Dr.ª Flávia Piovesan (professora doutora de direito constitucional e direitos humanos da PUC/SP): "O grau de ineficácia da referida lei revela o paradoxo do Estado romper com a clássica dicotomia público-privado, de forma a dar visibilidade a violações que ocorrem no domínio privado, para, então, devolvê-las a este mesmo domínio, sob o manto da banalização, em que o agressor é condenado a pagar à vítima uma cesta básica ou meio fogão ou meia geladeira. (...) Os casos de violência contra a mulher são vistos como meras querelas domésticas, ora como reflexo do ato de vingança ou implicância da vítima, ora decorrentes da culpabilidade da própria vítima, no

---

[166] "A presente proposta mantém a celeridade do previsto na Lei 9.099/95, mas altera o procedimento do Juizado Especial Criminal em razão da especificidade dos casos de violência doméstica e familiar contra as mulheres. Prevê, a criação de audiência de apresentação para permitir que a vítima seja ouvida primeiro pelo juiz, em separado do agressor, e ainda que a audiência se balize pelo princípio da mediação, não podendo a mulher ser, em nenhuma hipótese, forçada à conciliação. Esta audiência deverá ser conduzida por juiz ou mediador, devendo este último ser profissional do direito, devidamente habilitado no Curso de Ciências Jurídicas e capacitado em questões de gênero. A presente proposta garante, também, que a vítima esteja acompanhada por advogado na audiência, visto que a Lei 9.099/95, em seu artigo 68, concede esta prerrogativa apenas ao agressor. O Projeto propõe, outrossim, alteração na Audiência de Instrução e Julgamento retirando a realização da transação penal da primeira audiência e postergando esta possibilidade para a segunda audiência. O objetivo é disponibilizar ao juiz outras ferramentas mais adequadas e eficazes para solucionar a questão, como por exemplo, o encaminhamento das partes à equipe de atendimento multidisciplinar, realização de exames periciais e providências cautelares. O Projeto proíbe a aplicação de penas restritivas de direito de prestação pecuniária, cesta básica e multa, pois, atualmente, este tipo de pena é comumente aplicado nos Juizados Especiais Criminais em prejuízo da vítima e de sua família." BRASIL. Câmara dos Deputados. **Projeto de Lei n. 4559/2004**. Op. Cit.

perverso jogo de que a mulher teria merecido, por seu comportamento, a resposta violenta."[167](sem grifo no original)

Não por outra razão, a DD Relatora do projeto original apresentou substitutivo excluindo, por completo, a incidência da Lei 9.099/95 no enfrentamento da violência aqui enfocada e assim acabou por ser aprovado o diploma legal em questão, para insatisfação de parte dos operadores do Direito e mesmo em desacordo com a visão original do próprio Poder Executivo.

Com efeito, não foram poucas as vozes que se insurgiram, no plano acadêmico[168], contra o afastamento dos mecanismos da transação penal à brasileira do campo da violência de gênero, as quais reverberaram em inúmeros comportamentos judiciais[169] e em postulação pela declaração de inconstitucionalidade de tópicos da lei em questão.[170]

Não se tem notícias substanciais que tenha havido tamanho repúdio quando, em situação de ampliação dos institutos *despenalizadores*, foram propiciados mecanismos transacionais para infrações que, à época da sua edição, não eram *infrações penais de menor potencial ofensivo.*[171]

---

167 Idem.

168 Por todos, veja-se MOREIRA, Rômulo de Andrade. A Lei Maria da Penha e suas Inconstitucionalidades. **Revista Magister de Direito Penal e Processual Penal**, Porto Alegre, 2004, para quem: "o art. 41 da Lei, certamente [é] o que vem causando o mais acirrado debate na doutrina. Segundo este dispositivo, "aos crimes praticados com violência doméstica e familiar contra a mulher, independentemente da pena prevista, não se aplica a Lei 9.099, de 26 de setembro de 1995". Entendemos tratar-se de artigo inconstitucional. Valem as mesmas observações expendidas quando da análise do art. 17. São igualmente feridos princípios constitucionais (igualdade e proporcionalidade). Assim, para nós, se a infração penal praticada for um crime de menor potencial ofensivo (o art. 41 não se refere às contravenções penais) devem ser aplicadas todas as medidas despenalizadoras previstas na Lei 9.099/95 (composição civil dos danos, transação penal e suspensão condicional do processo), além da medida "descarcerizadora" do art. 69 (Termo Circunstanciado e não lavratura do auto de prisão em flagrante, caso o autor do fato comprometa-se a comparecer ao Juizado Especial Criminal)."

169 De todas as decisões que buscaram atacar a constitucionalidade da Lei Maria da Penha ou fazer incidir nela, ao menos em parte, os chamados "mecanismos despenalizadores" da Lei 9099/95 chama a atenção, pelo órgão jurisdicional prolator, o Habeas Corpus n. 154.801/MS concedido pelo STJ tendo como relator o Min. (convocado) Celso Limongi, julgado em 14/12/2010 e contando com os votos de votos favoráveis dos Ministros Ministra Maria Thereza de Assis Moura e Og Fernandes e com a dissidência do Ministro Haroldo Rodrigues (Desembargador convocado do TJ/CE). BRASIL. Superior Tribunal de Justiça. **Habeas Corpus n. 154801/MS**. Sexta Turma. Relator Min. Celso Limongi. Julgado em: 14/12/2010. Publicação: DJe 03/11/2011.

170 Trata-se da ADI 4424 proposta pela Procuradoria Geral da República, ainda em curso quando o presente artigo era escrito, e sob a relatoria do Min. Marco Aurélio que negou a concessão da liminar pretendida. BRASIL. Supremo Tribunal Federal. **Ação Direta de Inconstitucionalidade n. 4424/DF**. Tribunal Pleno. Relator Min. Marco Aurélio. J.: 09/02/2012. Publicação: 01/08/2014. Disponível em: <https://jurisprudencia.stf.jus.br/pages/search/sjur270575/false>. Acesso em: 12 jan. 2022.

171 Referimo-nos, por exemplo, ao alargamento da transação penal a determinadas infrações de trânsito quando da entrada em vigor, em 1997, do então novo Código de Trânsito que não poderiam ser assim consideradas diante do conceito normativo de infração penal de menor potencial ofensivo em vigor à época.

Teoria Geral do Procedimento e Procedimentos em Espécie | 457

A essa visão se contrapõe aquela do grupo de operadores do direito que vê a perfeita harmonia do texto de lei em questão com os primados constitucionais e supraconstitucionais da matéria – posição assumida nesta Obra –, colocando em relevo que os tratados internacionais assinados e ratificados pelo Brasil enunciados têm força de direito interno e orientam todo o tratamento legislativo específico.[172]

Toda essa construção foi reconhecida como plenamente constitucional pelo STF no marco das Ação de Declaração de Constitucionalidade n. 19 e Ação Declaratória de Inconstitucionalidade n. 4.424.

b] Aspectos procedimentais destacados da Lei 9.099/95

Quando da sua entrada em vigor, a Lei 9.099/95 trouxe modificações significativas na persecução penal, dentre elas (i) a composição civil anterior à persecução penal e, se realizada com êxito, impeditiva da aplicação da lei penal[173], (ii) a existência da celebração de *acordo penal*, ou transação penal na forma do art. 72 daquele diploma legal[174], (iii) ou da suspensão condicional do processo caso acolhida a acusação[175], (iv) a adoção da oralidade e concentração processual desde a formulação da acusação[176] nas hipóteses em que a transação não foi efetuada com êxito e desde que a pessoa acusada tenha sido citada pessoalmente[177] ou, mesmo o sendo, seja o objeto da acusação *complexo* a exigir o procedimento comum.

Questões surgiram desde o início da vigência daquela norma e que não foram completamente solucionadas de forma satisfatória até o presente momento como a possibilidade, ou não, de veiculação da acusação pública diante do inadimplemento da transação o que, por sua vez, implica na discussão da própria *natureza* da sentença impositiva da transação.[178]

Aqui reforça-se o quanto segue:

a] A transação penal é instrumento de solução alternativa *ao processo* (diferentemente da suspensão condicional do processo que é uma alternativa de solução *no* processo);

---

172 Por todos, MAZZUOLI, Valerio de Oliveira; BIANCHINI, Alice. **Lei de violência doméstica e familiar contra a mulher (Lei Maria da Penha)**: constitucionalidade e convencionalidade. Disponível em: <http://www.oab.org.br/editora/revista/users/revista/1242740418174218181901.pdf>. Acesso em: 12 out. 2014.

173 Tema já discutido no Capítulo 2 desta obra ao falar da recomposição do dano civil.

174 Tema já tratado no capítulo 5 ao discutir o chamado princípio da "obrigatoriedade" da ação penal, bem como neste Capítulo, item 2, ao tratar da "natureza" da transação. As considerações ali feitas sobre a suspensão do prazo, no que dizem respeito à sua melhor qualificação jurídica (v.g., como "direito subjetivo" para parte doutrina) aqui se aplicam.

175 Tema tratado neste Capítulo, no tópico n. 2.

176 Sobre a acusação penal e sua veiculação, ver o quanto discutido no Capítulo 5 desta Obra.

177 Sobre a citação ver Capítulo 2 desta Obra quanto ao direito à comunicação pessoal da acusação para a pessoa acusada e, neste Capítulo, tópico 1.1.4 quanto aos efeitos da revelia.

178 Tema tratado no Capítulo 9 – sentença e coisa julgada penal.

b] A proposta de transação cabe exclusivamente ao acusador, sendo defeso ao julgador fazê-lo;
c] A negativa em oferecer a transação penal deve ser fundamentada tomando-se como base a situação concreta, evitando-se juízos genéricos e abstratos.

6.3.4 Anotações sobre os ritos especiais

No CPP encontram-se alguns ritos especiais tendo como objetos os crimes a saber: crimes contra a honra; crimes cometidos por funcionários públicos (afiançáveis) e crimes contra a propriedade imaterial. Além disso há o rito do júri que possui evidentes particularidades procedimentais e que nesta Obra é tratado no Capítulo 7, de forma específica pois enfocado como uma forma diferenciada de Administração da Justiça.

Dentre os previstos no CPP, o de maior especificidade é o destinado à apuração dos crimes contra a honra[179], cuja concepção inicial está nos arts. 519 a 523, parte dos quais ainda em vigor.

Trata-se de exemplo típico de acusação de caráter privado, com as características já apontadas no Capítulo 5 desta Obra, excetuando-se as seguintes exceções que levam em conta a pessoa ofendida:

a] Crime contra a honra cometido contra o Presidente de República, hipótese em que será pública condicionada (art. 145, par. único do CP);
b] Crime contra a honra tendo como vítima funcionário público, hipótese na qual (art. 145 do CP, igualmente pública condicionada)[180];
c] No caso de injúria real (arts. 140, § 2º, e 145, caput, do CP) a acusação será pública incondicionada.

Inicialmente caracteriza-se esse rito por uma etapa prévia de conciliação, de caráter obrigatório quanto no que diz respeito à designação de audiência para tanto, com oitiva das partes e cujo resultado positivo encerra a acusação.

Nesse rito especial também merece destaque o mecanismo defensivo da "exceção da verdade", pelo qual a pessoa acusada (querelada) pode tentar provar a veracidade de suas afirmações quando a ela for imputada o crime de calúnia ou injúria. A difamação não comporta esse mecanismo diante de sua própria natureza.

---

179 Para uma abrangente discussão no direito pena material ver TAVARES, Juarez. Anotações aos crimes contra a honra. **Revista Brasileira de Ciências Criminais**, São Paulo, v. 20, n. 94, p. 89-132, jan./fev. 2012.
180 Nesse caso em particular deve-se atentar para a posição sumulada do STF (Súmula 714): "É concorrente a legitimidade do ofendido, mediante queixa, e do Ministério Público condicionada à representação do ofendido, para a ação penal por crime contra a honra de servidor público em razão do exercício de suas funções."

A exceção é um *incidente processual* na forma de questão prejudicial[181] apresentável quando da defesa logo após o acolhimento da acusação privada, mas possui vedações materiais para ser empregado: a) quando a conduta for imputada a Presidente ou Chefe de Governo estrangeiro[182]; b) quando não houver condenação transitada em julgado, em desfavor do querelante, na hipótese de crime processado mediante acusação privada; c) se o crime apontado contra o querelante, sendo de acusação pública, já transitou em julgado com sentença absolutória.

No caso de a exceção ser oposta por pessoa que ocupa cargo com foro por prerrogativa de função, a teor do art. 85 do CPP, caberá a esse foro o julgamento da exceção oposta. A alegada lógica desse artigo é propiciar ao foro competente para julgamento do eventual crime de competência originária a apreciação dessa ocorrência. Frise-se que, nessas hipóteses, a oposição da exceção se dá no Juízo de origem, que será encarregado de instruí-la, restando ao Tribunal apenas seu julgamento[183].

À exceção da verdade se soma a *exceção do fato notório* a teor do art. 523 do CPP para as hipóteses em que o fato imputado seja de domínio público.

Superados esses aspectos, o rito seguirá a forma disposta na estrutura reformada em 2008, que modificou substancialmente a previsão inicial do CPP posto que, como discutido neste Capítulo, as disposições gerais se aplicam aos ritos especiais.

Nas leis extravagantes e codificações apartadas, entre aquelas a Lei 11346/2006 – *lei de drogas* – e, nestes últimos, o Código Eleitoral, haverá, sempre, a necessidade de sua adaptação às *bases gerais da ritualística* tal como já considerado neste Capítulo, preservando-se as disposições específicas.

Nesse ponto, o art. 50 da Lei 11346/2016 é muito mais claro no que toca ao recebimento da acusação, motivo pelo qual prevalece diante de qualquer dúvida na forma já discutida neste Capítulo entre os arts. 396 e 399 do Código. Mas aquele rito absorve a possibilidade de uma *absolvição sumária*, da mesma forma que deve fazê-lo o Código Eleitoral e todos os demais.

---

181 OLIVEIRA, Eugênio Pacelli. **Curso de Processo Penal**. (2012) Op. Cit. p. 781 a vê como uma causa excludente de ilicitude e, por isso, não precisaria ser procedimentalizada. Com a devida vênia, o objeto da discussão não pode ser assimilado à sua forma de manifestação. Assim, entendemos que essa manifestação defensiva prejudicial deve ser veiculada de forma autônoma.

182 Restrição que merece a crítica de BITENCOURT, Cezar Roberto. **Calúnia contra presidente da república. imputação verdadeira de fato definido como crime**: ausência da elementar "falsamente". Disponível em: <http://www.direitopenalvirtual.com.br/artigos/calunia-contra-presidente-da-republica-imputacao-verdadeira-de-fato-definido-como-crime-ausencia-da-elementar-%E2%80%9Cfalsamente%E2%80%9D>. Acesso em: 20 ago. 2016.

183 Como reconhecido, entre inúmeros precedentes, entre eles: BRASIL. Superior Tribunal de Justiça. **Reclamação n. 7391/MT 2011/0284225-7**. Corte Especial. Relatora Ministra Laurita Vaz. Data de Julgamento: 19/06/2013. Data de Publicação: DJe 01/07/2013.

Capítulo 7
Tribunal do Júri

7.1 A Administração popular da Justiça Penal[1]

A ideia da *participação popular no processo penal* pode se apresentar em pelo menos quatro frentes distintas – mas não excludentes de outras possibilidades de enfoque[2] – a saber:

a) A participação popular refletida na iniciativa da ação penal. Neste ponto falar-se-ia de ampliação da legitimação ativa na propositura das ações, através da ampliação da legitimação ordinária[3] ou com o aprimoramento de mecanismos de legitimação extraordinária (concorrente ou exclusiva)[4], como a ação penal privada subsidiária da pública[5];

b) Participação popular na forma de controle de arquivamento das investigações criminais, com a adoção de meios ampliativos da provocação de controle hierárquico previsto hoje no art. 28 do CPP apenas ao magistrado togado[6];

c) Participação popular na produção das decisões judiciais. Neste ponto entra em cena a abordagem do papel do julgador leigo junto ao Tribunal do Júri e o renascimento da participação não profissional na modalidade

---

1 O presente capítulo apresenta observações elaboradas no texto Participação cidadã e processo penal, destinado ao 1º Congresso Nacional de Direito Penal e Criminologia, Salvador, Bahia, 14 abr. 2000, e sua contribuição para este capítulo inicial me pareceu essencial para situar algumas das ponderações que se seguirão nos capítulos especificamente destinados para a nova Lei, assim como para demonstrar a manutenção da coerência dogmática acerca do tema. In: CHOUKR, Fauzi Hassan. Participação cidadã e processo penal. CONGRESSO NACIONAL DE DIREITO PENAL E CRIMONOLOGIA. 1., Salvador, Bahia, 14 abr. 2000.

2 Poder-se-ia acrescer no mencionado *rol* a motivação das decisões como instrumento de exercício de participação popular na administração da Justiça e não apenas na Justiça penal, como de resto já assentou TARUFFO, Michele. **La Motivazioni Della Sentenza Civile**. Padova: Cedam, 1975.

3 Evidente que tal poderia se dar apenas com a revisão do texto constitucional que hoje é expresso ao determinar a legitimação ativa da ação penal pública na forma da lei ao Ministério Público. Estar-se-ia então retomando o tema da ação penal popular, cujo único exemplo é do caso de crimes de responsabilidade do Presidente da República, num processo que é misto entre jurisdicional e político, desenvolvido perante o Senado Federal, mas presidido pelo Presidente do STF, tendo como base tipos penais edificados na Lei n. 1.079, de 10 de abril de 1950.

4 Sobre este assunto, veja-se, por todos, MOREIRA, José Carlos Barbosa. **Apontamentos para um estudo sistemático da legitimação extraordinária**. Op. Cit.

5 Acerca do assunto, CHOUKR, Fauzi Hassan. Ação penal privada nos crimes de ação penal pública não intentada no prazo legal. In: CHOUKR, Fauzi Hassan. **Processo Penal à Luz da Constituição**. Bauru: Edipro, 1999.

6 A esse respeito, o nosso CHOUKR, Fauzi Hassan. Garantias constitucionais na investigação criminal. Op. Cit. Ainda, em trabalho mais recente, CHOUKR, Fauzi Hassan. Inquérito policial e peças informativas do crime: simplificação e modernização do inquérito. Gravação de depoimentos e declarações por meio eletrônico ou magnético. Hipótese de simples remessa de provas documentais ao Ministério Público. **Revista Justitia**, Brasília, março de 2000. Disponível em: <http://www.revistajustitia.com.br/artigos/488643.pdf>. Acesso em: 12 jan. 2022.

de conciliadores junto ao Juizado Especial de Pequenas Causas por força de preceito constitucional;

d] Participação popular nos mecanismos de justiça restaurativa/terapêuticas. Tais práticas, ainda incipientes no Brasil, demandam pelo envolvimento da vítima e, dependendo da forma como estrutura, até mesmo da comunidade com vistas à interação e integração do ofensor no meio social de forma mais eficaz.

Muito embora do ponto de vista científico as questões atinentes à legitimação para ação penal e o controle acerca do desfecho da investigação mereçam o tratamento de *participação popular no processo penal*, fato é que a doutrina pátria invoca este rótulo para designar o relacionamento da atividade participativa com a do julgamento do caso, numa posição manifestamente restritiva. Neste contexto emergem figuras históricas como a do Juiz de Paz – essencialmente representativo da participação popular na estrutura do Código de Processo Criminal do Império[7-8] – assim como hodiernamente a figura do conciliador no Juizado Especial Criminal.[9]

A opção pelo julgamento leigo, no entanto, nenhum desses mecanismos provoca tanto o imaginário popular – e acadêmico – sobre a matéria quanto o Tribunal do Júri. Este, como ensina Albernaz,[10]

> [...] cuja premissa básica reside na ampliação do acesso e da participação popular
> na Administração da Justiça, encontra fundamento político na luta encabeça-
> da em especial pelos revolucionários franceses, que o importaram do Direito
> Inglês, pela democratização do então vigorante sistema jurídico de solução de

---

7   A este respeito, FLORY, Thomas. **El Juez de paz y el jurado en el Brasil Imperial**: control social y establidad política en el nuevo Estado. Trad. Mariluz Caso. Cidade do México: Fundo de Cultura Económica, 1986, p. 171 e seguintes, tradução da obra FLORY, Thomas. **Judge and Jury in Imperial Brazil – 1808-1871**: Social Control and political stability in the new state. Austin: University of Texas Press, 1981.

8   O tema recebeu novo tratamento constitucional com o texto de 1988, que, em seu art. 98 dispõe que II – justiça de paz, remunerada, composta de cidadãos eleitos pelo voto direto, universal e secreto, com mandato de quatro anos e competência para, na forma da lei, celebrar casamentos, verificar, de ofício ou em face de impugnação apresentada, o processo de habilitação e exercer atribuições conciliatórias, sem caráter jurisdicional, além de outras previstas na legislação

9   Na locução da Constituição Federal, em seu artigo 98: "A União, no Distrito Federal e nos Territórios, e os Estados criarão: I – juizados especiais, providos por juízes togados, ou togados e leigos, competentes para a conciliação, o julgamento e a execução de causas cíveis de menor complexidade e infrações penais de menor potencial ofensivo, mediante os procedimentos oral e sumaríssimo, permitidos, nas hipóteses previstas em lei, a transação e o julgamento de recursos por turmas de juízes de primeiro grau."

10 ALBERNAZ, Flávio Boechat. O Princípio da Motivação das Decisões do Conselho de Sentença. In: CHOUKR, Fauzi Hassan. **Estudos de Processo Penal**: O Mundo à Revelia. Campinas: Agá-Juris, 2000.

conflitos[11], cujos pressupostos de poder e de legitimação do poder eram sistematicamente questionados e revisados pela postura ideológica do sistema que emergia[12], em oposição à vinculada magistratura do *ancien régime*, característica de tempos absolutistas. (mantidas as notas originais do Autor).

Para que se possa compreender o tema para além da mera análise de direito positivo, é necessário, ainda que sucintamente, realizar um apanhado histórico que vincule esse movimento pendular de compreensão com os denominados modelos[13] processuais, dada a íntima vinculação entre ditos modelos e o modo de participação popular na administração da Justiça Penal.

Ao tentar responder sob a ótica garantista a indagação *qual juiz?*, Ferrajoli[14] expõe que:

> [...] a escolha do modelo de juiz — de seus requisitos pessoais, de suas modalidades de seleção e recrutamento, de sua posição constitucional, dos critérios de determinação de suas competências e das formas de controle de sua atividade – de fato está ligada ao modelo de juízo previamente escolhido, e portanto à fonte de legitimação de modo geral atribuída à jurisdição. Esse nexo entre pessoa e rito, entre ordenamento judiciário e método processual, sempre esteve presente na doutrina processualista clássica.

Continua o jurista italiano afirmando que:

> A alternativa entre *juízes-magistrados* e *juízes-cidadãos* sempre formou, não obstante, a opção mais decisiva em matéria de ordenamento judicial [...]. Trata-se de uma alternativa franca, que atravessa e caracteriza toda a história do processo penal e é em larga medida correlativa àquela examinada [...] entre tradição acusatória e tradição inquisitória. Enquanto ao sistema acusatório de fato convém um juiz espectador, dedicado acima de tudo à valoração objetiva e imparcial dos fatos, e, portanto, mais prudente que sapiente, o rito inquisitório

---

11 MARQUES, José Frederico. p. 45 e seguintes. **Apud** ALBERNAZ, Flávio Boechat. Op. Cit.
12 TARUFFO, Michele. Il Significato Costituzionale dell'obbligo di Motivazione. In: GRINOVER; DINAMARCO; WATANABE (Org.). **Participação e Processo**. São Paulo: RT. p. 41-2. *Apud* ALBERNAZ, Flávio Boechat. Op. Cit.
13 Na lição de Reale: "[...] quando se fala em modelo...fala-se em uma estrutura ou esquema que compendia sinteticamente as notas identificadoras ou distintivas de um dado segmento da realidade, a fim de ter-se dele uma base segura de referência no plano científico. Nessa linha de pensamento, o 'modelo jurídico' não indica um fim primordial e abstrato a ser atingido, mas sim o fim ou os fins concretos que se inserem no dever-ser do Direito correspondente a um dado complexo de regras objetivadas ou formalizadas [...]" REALE, Miguel. Op. Cit., p. 38.
14 FERRAJOLI, Luigi. **Direito e Razão**. Trad. brasileira de Fauzi Hassan Choukr, Luiz Flávio Gomes, Ana Paula Zommer e Juarez Tavarez. São Paulo: Revista dos Tribunais, 2013.

exige um juiz ator, representante do interesse punitivo e por isso leguleio, versado nos procedimentos e dotado de capacidade investigativa.[15-16]

Assim, participação popular na administração da Justiça não é apenas um mero problema de opção procedimental, mas repousa na forma de conceber a estrutura do Estado e o relacionamento de poder entre esse mesmo Estado e a sociedade. Tal essência revela também a inserção da matéria quase sempre em sede constitucional[17], até porque tratada como garantia fundamental.[18]

Também em virtude dessa íntima relação entre estrutura de poder, modelo de processo e o processo penal em si mesmo considerado, a estrutura acusatória acabou guardando sinonímia com o ideal democrático, enquanto que, ao contrário, o modelo inquisitivo acabou vinculando-se aos postulados de supremacia indevida do Estado em face do indivíduo, levando consigo o Júri enquanto instrumento, ao menos no imaginário dos países colonizados na América Latina.

Por tal razão, um perfil como o latino-americano (e América do Sul, em particular), quando da superação dos modelos autoritários e a (re) construção da democracia tende a se inclinar com simpatia para a adoção do modelo de júri na atuação da Justiça penal[19], identificando-o como sinal claro da chegada daquele regime político e para indicar que a atividade judicial pertence a todos[20], existindo, além disto, uma clara sinalização de igualdade entre o acusado e os seus

---

15   Idem.

16   Observe-se que quando o autor menciona "juiz espectador" está a se referir do juiz togado que ainda existe dentro do cenário de julgamento dos "juízes-cidadãos", apenas que com uma atividade diferenciada. Como ficou assentado na doutrina de uma maneira quase irreversível, tal juiz o togado é responsável pela aplicação do "direito" norma positiva, enquanto o juiz leigo apreciaria a matéria de fato sem, entretanto, adentrar nos tecnicismos que não domina.

17   Apenas para uma visão do tema no recente âmbito latinoamericano, veja-se o assunto como tratado nas seguintes constituições: Uruguai – Garantias Individuais – segundo a Constituição de 1966 a reforma de 1997 não inovou a seção das garantias individuais. Art. 13. La ley ordinaria podrá establecer el juicio por jurados en las causas criminales. Argentina – Garantias Individuais – segundo a Constituição de 22 de agosto de 1994. Artículo 24°. El Congreso promovera la reforma de la actual legislacion en todos sus ramos, y el establecimiento del juicio por jurados.; México – Garantias Individuais – segundo a Constituição de 1917 com uma emenda de 1994, relativa à matéria – VI. Será juzgado en audiencia pública por un juez o jurado de ciudadanos que sepan leer y escribir, vecinos del lugar y partido en que se cometiere el delito, siempre que éste pueda ser castigado con una pena mayor de un año de prisión. En todo caso serán juzgados por un los delitos cometidos por medio de la prensa contra el orden público o la seguridad exterior o interior de la Nación.

18   É o típico caso da constituiçào brasileira, que em seu artigo 5º dispõe: XXXVIII – é reconhecida a instituição do júri, com a organização que lhe der a lei, assegurados: a) a plenitude de defesa; b) o sigilo das votações; c) a soberania dos veredictos; d) a competência para o julgamento dos crimes dolosos contra a vida.

19   GRINOVER, Ada Pellegrini. **O Código Modelo De Processo Penal Para Ibero-América 10 Anos Depois.** Disponível em: <file:///C:/Users/julic/Downloads/Dialnet-OCodigoModeloDeProcesso PenalParaIberoAmerica10Anos-5085011.pdf>. Acesso em: 12 jan. 2022.

20   Veja-se a instigante análise de SÁEZ, Felipe. **La naturaleza de las reformas judiciales en América Latina**: algunas consideraciones estratégicas. Disponível em: <http://www.oas.org/Juridico/ spanish/adjusti9.htm>. Acesso em 12 jan. 2022.

julgadores.[21] Sem embargo, muitas vezes essas *reformas* pelo caráter mecânico que possuem, servem apenas para entronizar institutos alheios sem, entretanto, refletir sobre suas origens e fundamentos.[22]

Muito da construção do trinômio acusatoriedade – júri – democracia repousava na origem histórica da vinculação do juiz togado ao poder soberano que lhe dava a função judicante, com o consectário de dependência entre o homem julgador e soberano temporal (Rei) ou religioso (Papa), crítica hoje que ainda se pode sentir. Conforme leciona uma vez mais Albernaz,[23]

> No entanto, com a outorga à magistratura profissional de determinadas garantias que lhe asseguraram a independência funcional frente ao Executivo e ao Legislativo, tornou-se mitigado, senão anulado, o fundamento político sobre o qual se sustentava o Tribunal do Júri como fortaleza inexpugnável da democracia, levando adeptos e simpatizantes, na tentativa de outorgar-lhe nova razão de ser, a deslocar a tônica da discussão para o plano técnico, sustentando *"que os jurados atendem melhor aos ditames da individualização da pena e da equidade, que o magistrado profissional."*[24]

---

21 Veja-se a explicação clara de Ferrajoli a respeito do assunto: "Foi em nome desta concepção popular da jurisdição que o pensamento liberal clássico, lembrando dos horrores da inquisição, alinhou-se principalmente em favor do modelo do "juiz cidadão". "O poder judiciário", escreveu Montesquieu, "não deve ser confiado a um senado permanente, mas sim a pessoas escolhidas dentre o povo, em determinados períodos do ano [...] É necessário, além disso, que os juízes possuam a mesma condição do acusado, isto é, sejam seus pares, para que ele não possa suspeitar de ter caído nas mãos de pessoas propensas a lhe tratar com violência". "O povo julga a si mesmo", acrescentou Kant, "através de seus concidadãos que ele nomeia para esse efeito, com livre escolha, como seus representantes, para cada ato particular". Por sua vez, Francesco Carrara quis identificar no instituto dos jurados um dos fundamentos do "quadrilátero das liberdades", e não hesitou em manifestar "repugnância" pelos juízes burocratas, assalariados e dependentes do governo, tanto mais se não afeitos a dar conta dos motivos de suas decisões. E Lauzé de Peret conseguiu chamar "ordinários" só aos juízes populares ou jurados, em cada um dos quais "o acusado vê um outro si mesmo" se forem "seus pares", isto é, "homens semelhantes a ele"; enquanto chamou "especiais" ou de "exceção" todos os juízes permanentes ou "de carreira", "que não são iguais pares ao acusado" e, portanto, na medida em que decidem com base na livre convicção e sem o vínculo das provas legais, equivalem a "ditadores sem risco público". Certamente, admitiam Carrara e Lucchini, os juízes populares não têm "conhecimento legal", o que torna problemática a sua capacidade de apresentar a motivação. Mas os juízes magistrados, acrescentavam, têm o vício mais grave do "costume", que pode provocar a "fossilização intelectual", a "indiferença" e a "perniciosa desenvoltura no decidir". FERRAJOLI, Luigi. **Direito e Razão**. Op Cit.

22 "[...] durante la mayor parte de su historia independiente, el enofoque latinoamericano hacia la reforma há sido en gran medida mecanicista, por cuanto intenta rectificar las deficiencias del desempeño judicial a través de innovaciones aisladas. éstas imitan a menudo medidas introducidas anteriormente en Europa o en los Estados Unidos. Reforma significa, en la mayoria de los casos, redactar de nuevo las leys – hacerlas coincidir con las tendencias modernas." HAMMERGEN, Linn. **Quince años de Reforma Judicial en America Latina: donde estamos y por qué no hemons progresado más**. Reforma Judicial en America Latina: una tarea inconclusa, Bogotá, Alfredo Fuentes Hernández Editor, 1999. Disponível em: <http://www.oas.org/juridico/spanish/adjusti5.htm>. Acesso em: 12 jan. 2022.

23 ALBERNAZ, Flávio Boechat. Op. Cit.

24 Conforme relato de MARQUES, José Frederico. **Apud** ALBERNAZ, Flávio Boechat. Op. Cit., p. 45.

Muito mais que uma discussão racional e fundada explicitamente nas razões políticas de sua adoção, a participação popular no seio do mecanismo do júri assumiu os contornos passionais que a tantos encanta na prática, e uma verdadeira aversão (consciente ou inconsciente) à figura do magistrado togado, a ponto de um parlamentar brasileiro, à época da discussão do Código Criminal do Império, afirmar que

> Nos debates levados a efeito nesta Assembleia se fez da magistratura tanta acrimônia e invenções que parece que as preposições para que se introduza um sistema de júri, estão fundadas menos na excelência dessa instituição que no rancor e no ódio da judicatura estabelecida.[25]

Apresentada assim como uma feição marcantemente *positiva* graças ao apego popular (ou populista) dessa forma de participação, racionalizar a discussão sobre o júri é tarefa a qual poucos se dedicaram[26] e menor ainda o número daqueles que veem a questão sob o enfoque de um mecanismo de exercício de poder e dominação como é, de resto, qualquer instituto jurídico[27], restando a mera análise interpretativa (quase que gramatical) da forma como o tem vem sendo disciplinado no Brasil de junho de 1822, quando aqui se conheceu, pela primeira vez, tal modalidade de julgamento.

O ponto que seguirá procurará demonstrar o desenvolvimento histórico desse *modus* de julgamento especificamente no direito brasileiro. Inicialmente será uma abordagem descritiva a demonstrar a (in)volução do tema.

7.1.1 Considerações sobre o Tribunal do Júri no Brasil

Como explicou Flory em sua obra (de resto um texto sociológico escrito por um brasilianista, nos Estados Unidos, e que sequer possui tradução para o vernáculo), o sistema de Jurado foi a culminação lógica da participação popular aplicada à judicatura, num movimento liberal que havia sido iniciado com a adoção da fortíssima figura do Juiz de Paz, com os ideais de autonomia judicial e localismo e que veio a constituir um ataque frontal à elite judicial. O sistema do júri havia sido implantado três meses antes da independência, ainda sob o domínio português, apenas para crimes de imprensa, e com os jurados eleitos.

---

25 SILVA, José da. Lisboa. **Anais da Assembléia Constituinte**, 1823, p. 153. Apud. FLORY, Thomas. **El Juez de paz y el jurado en el Brasil Imperial**. Op Cit.

26 Um dos raros exemplos é STRECK, Lenio Luiz. **Tribunal do Júri**: Símbolos & Rituais. Porto Alegre: Livraria do Advogado Editora, 1998.

27 CASTRO, Kátia Duarte de. **O júri como instrumento do controle social**. Porto Alegre: Sérgio Antonio Fabris Ed, 1999.

No Brasil independente, uma das primeiras normas sobre o tema retirou a competência para os crimes de imprensa e determinou que os jurados fossem nomeados pelos magistrados da Coroa[28], tendo como requisitos[29]: *bom senso*, probidade e elegibilidade (ser eleitor)[30], vedada a participação da mulher, sendo que seria feita uma lista anual, presidida pelo juiz de paz, que a afixaria na igreja para eventuais impugnações.

O procedimento era bifásico, com um *grande júri* composto por 23 jurados. Tal era a disciplina do art. 238 do Código:[31]

> No dia assignado, achando-se o Juiz de Direito, Escrivão, Jurados, o Promotor nos crimes, em que deve accusar, e a parte accusadora, havendo-a; principiará a sessão pelo toque, da campainha. Em seguida, o Juiz de Direito abrirá a urna das sessenta cedulas, e verificando publicamente, que se acham todas, as recolherá outra vez; feita logo pelo Escrivão a chamada dos Jurados, e achando-se

---

28 FLORY, Thomas. **El Juez de paz y el jurado en el Brasil Imperial**. Op Cit. p. 181.
29 Assim dispunha do Código de Processo Criminal do Império: Art. 23. São aptos para serem jurados rodos os cidadãos, que podem ser Eleitores, sendo de reconhecido bom senso e probidade. Exceptuam-se os Senadores, Deputados, Conselheiros, e Ministros de Estados, Bispos, Magistrados, Officiaes de Justiça, Juizes Ecclesiasticos, Vigarios, Presidentes, e Secretarios dos Governos das Provincias, Commandantes das Armas e dos Corpos da 1.ª linha, completando o art 27. As Camaras Municipaes com os Juizes de Paz, e Parochos, logo que receberem as listas parciaes dos districtos, formarão uma lista geral, excluindo sómente della os que notoriamente não gozarem de conceito publico por falta de intelligencia, integridade, e bons costumes. Se porém em algum Termo, ainda mesmo depois de reunidos, como dispõe o artigo 7.º, resultarem apenas sessenta Juizes de Facto, ou pouco mais, de sorte que não bastem para supprirem as faltas, que por ventura accorram, se ampliará a apuração até numero tal, que seja sufficiente.
30 A dinâmica dos critérios de escolha dos jurados ao longo da história é lapidarmente exposta por Ferrajoli, ao afirmar que "Correlativamente, de tempos em tempos na cultura jurídica mudaram os requisitos exigidos à pessoa do juiz. Na tradição inquisitória pré-moderna "iudex illiteratus repellitur": os juízes, acrescentava-se, "non possunt esse viles, ignobiles aut filii clericorum", mas deviam ser, não diversamente dos atuais juízes concursados, doctores legum, ou seja, juristas de profissão, às vezes vindos de fora para exercitar seu "competente" magistério. Ao contrário, a cultura iluminista contrastou unanimemente com a ideia do juiz técnico e profissional, optando por um juiz não-técnico e popular em seu lugar, não diverso da cozinheira que seria almejada por Lênin para o exercício de todo poder público: um "homem de ordinário bom senso", como conjecturou Beccaria; "todo homem que não seja nem estúpido nem louco, e que tenha uma certa conexão de idéias e uma suficiente experiência do mundo", como propôs Filangieri; um "bom pai de família" com os dons comuns do "homem natural", como escreveu Bentham; um "homem moral" e dotado de "eqüidade", segundo Lauzé di Peret; uma pessoa "peu savant" mas dotada de experiência, como exigiu Voltaire; um cidadão de "educação média", segundo as palavras de Nicola Niccolini. E antes ainda "as qualidades que fazem um bom juiz", todas de caráter não técnico, tinham sido assim enumeradas por Hobbes: "1 Um justo entendimento da lei principal da natureza chamada equidade", que depende "não da leitura dos escritos de outros homens mas da bondade da própria razão natural e da própria meditação... 2 O desprezo por inúteis opulências e promoções; 3 Ser capaz, ao julgar, de se desvencilhar de todo temor, fúria, ódio, amor e compaixão; 4 Paciente e diligente atenção para escutar e memória para reter, ordenar e aplicar o que foi ouvido". FERRAJOLI, Luigi. **Direito e Razão**. Op Cit.
31 Código de Processo Criminal, que data de 29 de novembro de 1832.

completo número legal, observando-se o disposto nos arts. 313, e 315, mandará o mesmo Juiz extrahir da urna por um menino, vinte e trez cedulas.

A possibilidade de recusas injustificadas existia, sendo regulada pelo Art. 275:

> Entrando-se no sorteamento para a formação do 2.º conselho, e à medida que o nome de cada um Juiz de Facto, fôr sendo lido pelo Juiz de direito, farão o accusado, e o accusador suas recusações sem as motivarem. O accusado poderá recusar doze, e o accusador, depois delle, outros tantos tirados à sorte.

Nesse juízo de admissibilidade a presidência do Conselho de Jurados à época era desempenhada pelo primeiro jurado sorteado (admitido) entre os vinte e três, consoante redação do mesmo art. 238, in fine: "As pessoas que ellas designarem formarão o primeiro Conselho de Jurados, que será interinamente presidido pelo primeiro, que tiver sahido á sorte."

O método de assunção ou não da admissibilidade da causa era a resposta a um único quesito, e uma vez existindo fundamento para a admissibilidade da causa, abrir-se-ia a segunda fase do procedimento, também desenvolvida perante um Conselho de Jurados[32], com a seguinte disciplina:

> [...] há materia para accusação, o accusador offercerá em juizo o seu libello accusatorio dentro de vinte e quatro horas, e o Juiz de Direito mandará notificar o accusado, para comparecer na mesma sessão de Jurados, ou na proxima seguinte, quando na presente não seja possivel ultimar-se a accusação (Art. 254).

Nesse momento, o *Segundo Conselho de Jurado*, então composto por 12 membros, (que não poderiam ter integrado o primeiro conselho[33]) analisaria o mérito da causa e responderia a questões para alcançar o veredicto.

O método era o da votação, após debate entre os jurados, vencendo a maioria de conformidade com o art. 270: "Retirando-se os Jurados a outra sala, conferenciarão sós, e a portas fechadas, sobre cada uma das questões propostas, e o que fôr julgado pela maioria absoluta de votos, será escripto, e publicado como no *Jury de accusação*."

Da estrutura apresentada algumas características devem ser extraídas:

a] a eleição popular do jurado foi uma momentânea escolha do legislador que jamais se repetiu no direito positivo, seja no período imperial ou após a proclamação da República;

---

32 Predispunha o Art. 259 que "Formado o segundo Conselho, que deve ser de doze Jurados, guardadas todas as formalidades que estão prescriptas para a formação do primeiro, e prestado o mesmo juramento, o Juiz de Direito fará ao accusado as perguntas que julgar convenientes sobre os artigos no libello, ou contrariedade; e quelles factos sobre que as partes concordarem assignando os artigos, que lhes fôrem relativos, não serão submettidos ao exame dos Jurados".
33 Art. 289. Os jurados que servirem no Jury de accusação, não entrarão no de julgação.

b] o juízo de admissibilidade popular, totalmente consentâneo com o primado da participação popular na administração da justiça, assim como muito mais fiel ao preceito constitucional do juiz natural, jamais retornou ao direito positivo;
c] a discussão da causa entre os jurados como forma de obtenção do veredicto, mecanismo extremamente democrático, fez parte da regulamentação jurídica do tribunal do júri e foi completamente abandonada nas reformas posteriores;
d] a simplificação da quesitação é uma meta a ser alcançada pelas diversas tentativas de reforma, mas qualquer delas não chegou a imaginar em quesito específico sobre a reparação do dano pelo crime causado.

Após os movimentos de rebelião no início do segundo reinado[34] adveio o movimento reacionário que culminou com a reforma de 1841, tendo como uma de suas mais diretas consequências o enfraquecimento do juiz de paz. No entanto, mudanças no júri também se fizeram sentir: necessidade de saber ler e escrever como requisito para funcionar como jurado; aumento da renda mínima e incremento da participação dos proprietários de terras entre estes. A lista de jurados podia ser revista mediante recurso, mas tudo estava sob controle de órgãos governamentais (Juiz togado e Ministério Público), havendo a introdução do recurso judicial quando houvesse julgamento contrário às provas dos autos, além do desaparecimento do primeiro conselho de sentença.

Com efeito, em 1841 foram lançadas as bases do sistema de jurados que perdura até nossos dias (e que não foram de todo abandonadas), com as seguintes características centrais:

a] Controle eminentemente estatal na arregimentação dos jurados;
b] Elitização dos jurados em relação às condições sociais do réu;
c] Eliminação da participação popular na admissibilidade da causa;
d] Burocratização do sistema de admissibilidade da causa.

Todas essas questões (e algumas delas derivadas) têm seu nascedouro num momento histórico de centralização do poder central então enfraquecido com as inúmeras guerras provinciais que desestabilizavam a solidez do Império. Centralizar para governar significava, então, esvaziar os parcos mecanismos de participação popular (seletivos, mas incipientes existentes), dentre os quais o Tribunal do Júri (e o juiz de Paz, este imortalizado em comédia por Martins

---

34 Regente Feijó é eleito regente na I Regência Una em 1834, por meio de um ato adicional à Constituição de 1824 que criou Assembleias Legislativas provinciais para atender às reivindicações federalistas, enfrentando imediatamente inúmeras insurreições pelo país, como a Revolta dos Farrapos, no Sul; a Cabanagem, no Pará; e a Sabinada, na Bahia, e renúncia em 1837. O período é marcado por endurecimento e centralização política e pelas rebeliões nas províncias, como a Balaiada, no Maranhão e no Piauí.

Pena). Desse momento em diante alguns pontos centrais foram timidamente enfrentadas (e até hoje o são), dentre eles:

a) Até que ponto pode-se instituir juízos de admissibilidade por juízes togados, filtrando o conhecimento da causa pela corte popular, sem que se ofenda o primado constitucional do juiz natural?
b) Qual o limite de conhecimento da causa do juiz togado no juízo de admissibilidade?
c) Como a forma de arregimentação do jurado otimiza o princípio da administração da justiça pelos seus pares?

Quando, em 1942, o atual Código entrou em vigor, tais indagações não faziam parte do cenário jurídico dadas as condições políticas então vividas. Depois, acostumou-se a não fazê-las.

Uma breve comparação histórica com a disciplina da matéria na época imperial e aquele reservado ao tema no Código de Processo Penal na sua redação original demonstra a notável coincidência em vários pontos. Fixemo-nos, por ora, no aspecto da arregimentação do jurado, sobretudo na influência do juiz togado nesse ponto.

Com efeito, a Seção III, sob o título *Da Organização do Júri* no Código de Processo Penal, dispunha, em seu Art. 439 que "Anualmente, serão alistados pelo juiz-presidente do júri, sob sua responsabilidade e mediante escolha por conhecimento pessoal ou informação fidedigna" um determinado número de jurados, que variará de acordo com a dimensão da população local, sendo que "O juiz poderá requisitar às autoridades locais, associações de classe, sindicatos profissionais e repartições públicas a indicação de cidadãos que reúnam as condições legais". No mais, o Parágrafo único desse mesmo artigo determina que

> A lista geral, publicada em novembro de cada ano, poderá ser alterada de ofício, ou em virtude de reclamação de qualquer do povo, até à publicação definitiva, na segunda quinzena de dezembro, com recurso, dentro de 20 (vinte) dias, para a superior instância, sem efeito suspensivo.

Na sequência, o artigo Art. 440 determina que

> A lista geral dos jurados, com indicação das respectivas profissões, será publicada pela imprensa, onde houver, ou em editais afixados à porta do edifício do tribunal, lançando-se os nomes dos alistados, com indicação das residências, em cartões iguais, que, verificados com a presença do órgão do Ministério Público, ficarão guardados em urna fechada a chave sob a responsabilidade do juiz.

No mais, o art. 581 do CPP dispõe que caberá recurso, no sentido estrito, da decisão, despacho ou sentença: (XIV) que incluir jurado na lista geral ou desta o excluir.

> **Análise Crítica:** A forma de arregimentação do jurado da maneira como foi concebida na reforma de 1841 permanece, com alterações pouco significativas, até nossos dias. Assim, sob controle hierárquico-burocrático, a participação popular se concretiza mediante listas formadas de maneira protocolar, não raras vezes criando um problema que é a repetição exaustiva das mesmas pessoas para compor o quadro de jurados. Essa situação foi parcialmente enfrentada pela reforma de 2008 como será visto ao longo deste Capítulo.

No mais, o Código de Processo Penal na sua redação anterior brindou o jurado com algumas *prerrogativas*[35] como a prisão especial[36] e o não desconto de vencimentos[37] e com uma longa lista de pessoas isentas da prestação desse *serviço*[38], mas fundamentalmente considerando inescusável a participação, sob pretextos políticos ou religiosos[39] e impondo-lhe as mesmas sanções penais que podem ser

---

35 Art. 437. O exercício efetivo da função de jurado constituirá serviço público relevante, estabelecerá presunção de idoneidade moral e assegurará prisão especial, em caso de crime comum, até o julgamento definitivo, bem como preferência, em igualdade de condições, nas concorrências públicas.

36 É o caso daqueles que prestam o serviço e podem gozar da denominada "prisão especial": Art. 295. Serão recolhidos a quartéis ou a prisão especial, à disposição da autoridade competente, quando sujeitos a prisão antes de condenação definitiva: X – os cidadãos que já tiverem exercido efetivamente a função de jurado, salvo quando excluídos da lista por motivo de incapacidade para o exercício daquela função.

37 Art. 430. Nenhum desconto será feito nos vencimentos do jurado sorteado que comparecer às sessões do júri.

38 Neste sentido: Art. 436. Os jurados serão escolhidos dentre cidadãos de notória idoneidade. Parágrafo único. São isentos do serviço do júri: I – o Presidente da República e os ministros de Estado; II – os governadores ou interventores de Estados ou Territórios, o prefeito do Distrito Federal e seus respectivos secretários; III – os membros do Parlamento Nacional, do Conselho de Economia Nacional, das Assembleias Legislativas dos Estados e das Câmaras Municipais, enquanto durarem suas reuniões; IV – os prefeitos municipais; V – os magistrados e órgãos do Ministério Público; VI – os serventuários e funcionários da justiça; VII – o chefe, demais autoridades e funcionários da Polícia e Segurança Pública; VIII – os militares em serviço ativo; IX – as mulheres que não exerçam função pública e provem que, em virtude de ocupações domésticas, o serviço do júri lhes é particularmente difícil; X – por 1 um ano, mediante requerimento, os que tiverem efetivamente exercido a função de jurado, salvo nos lugares onde tal isenção possa redundar em prejuízo do serviço normal do júri; XI – quando requererem e o juiz reconhecer a necessidade da dispensa: a os médicos e os ministros de confissão religiosa; b os farmacêuticos e as parteiras.

39 Art. 434. O serviço do júri será obrigatório. O alistamento compreenderá os cidadãos maiores de 21 vinte e um anos, isentos os maiores de 60 sessenta. Art. 435. A recusa ao serviço do júri, motivada por convicção religiosa, filosófica ou política, importará a perda dos direitos políticos Constituição, art. 119, b – texto de 1937.

aplicadas ao juiz togado[40] e a Lei Penal procura lhe dar algum tratamento para que exercite com imparcialidade sua função.[41]

Outro ponto que guardava imensa correlação do sistema imperial para aquele inicialmente previsto no Código de Processo Penal é a forma como os jurados julgam, a saber, por questionários e respondendo a temas técnicos e fáticos, sendo forçoso reconhecer, entretanto, que o sistema anterior era mais simples e direto.[42]

Muitos outros pontos de extrema relevância poderiam ser aqui aventados para uma atividade crítica, especialmente o relacionamento do jurado com a prova, formalmente resumida a disposições como a do antigo art. 482 do CPP, que dispõe que "Antes de dar o seu voto, o jurado poderá consultar os autos, ou examinar qualquer outro elemento material de prova existente em juízo", ou análogas, a permitir o jurado o direito de requerer a leitura de peças ou formular perguntas às testemunhas ou réu(s), mas sempre com o crivo de filtragem do juiz togado.

No mais, diferentemente do modelo preconizado no Código imperial, ao menos na sua forma original, o controle da passagem da forma de conhecimento do caso pelo júri em assembleia popular (conselho de sentença) é feito por um magistrado togado, através de um mecanismo de admissibilidade extremamente sujeito a controvérsias pela impossibilidade concreta de delimitar até onde o juiz togado pode ou não pode ir para viabilizar ou não o julgamento da causa pelo corpo de jurados[43], devendo existir em pelo menos uma hipótese (absolvição sumária) um verdadeiro mergulho valorativo no acervo probatório, até que se culmine com a exclusão do caso pelo Conselho de Sentença.

Buscando *reformar* o sistema então vigente – e não com ele *romper* –, o Governo brasileiro buscou, com o Plano Nacional de Direitos Humanos,

> O enfrentamento do crime hoje no Brasil passa, em conjunto com outras me-
> didas, por um aperfeiçoamento legislativo que teve início em 1995 com a apro-
> vação, desde então, de leis importantes, no âmbito do Programa Nacional
> de Direitos Humanos, como a lei que estabeleceu o crime de tortura, a que

---

40 Art. 438. Os jurados serão responsáveis criminalmente, nos mesmos termos em que o são os juízes de ofício, por concussão, corrupção ou prevaricação Código Penal, arts. 316, 317, §§ 1º e 2º, e 319.

41 Neste ponto Lei nº 1.079, de 10 de abril de 1950 Crimes de Responsabilidade dispõe que Art. 6º. São crimes de responsabilidade contra o livre exercício dos Poderes Legislativo e Judiciário e dos poderes constitucionais dos Estados...6 usar de violência ou ameaça, para constranger juiz, ou jurado, a proferir ou deixar de proferir despacho, sentença ou voto, ou a fazer ou deixar de fazer ato do seu ofício; Por seu turno, o Código Penal prescreve Exploração de prestígio Art. 357: Solicitar ou receber dinheiro ou qualquer outra utilidade, a pretexto de influir em juiz, jurado, órgão do Ministério Público, funcionário de justiça, perito, tradutor, intérprete ou testemunha: Pena – reclusão, de 1 um a 5 cinco anos, e multa. Parágrafo único. As penas aumentam-se de um terço, se o agente alega ou insinua que o dinheiro ou utilidade também se destina a qualquer das pessoas referidas neste artigo.

42 Ver capítulo específico sobre quesitação nesta Obra.

43 Fala-se da possibilidade prevista nos artigos 406 e seguintes do Código de Processo Penal.

introduziu o porte ilegal de armas e a que transferiu para a Justiça comum os crimes dolosos praticados por policiais militares.[44-45]

Aduzia-se que, "em continuidade a esse processo de aperfeiçoamento da legislação brasileira, no interesse de proteger os direitos mais fundamentais da pessoa humana, é que listamos novos Projetos de Lei"[46] e, dentre as *ações* previstas, no item 109, constava a modernização do Código de Processo Penal[47], tendo como participantes dessa iniciativa a Presidência da República, por meio da Casa Civil, Secretaria Nacional Antidrogas do Gabinete de Segurança Institucional; Ministério da Justiça, por meio da Comissão de Reforma do Código de Processo Penal e de Diagnóstico do Sistema Penal, da Secretaria de Assuntos Legislativos, da Assessoria Parlamentar, Secretaria Nacional de Justiça e da Secretaria Nacional de Segurança Pública e do Congresso Nacional.

Destas *ações* são os seguintes os resultados esperados para 2000-2002:

- Capacidade jurídica punitiva do Estado ampliada e melhorada com a aprovação e sanção das propostas legislativas, com absorção das modernas tendências do direito e processo penal.
- Inibição das práticas ilícitas.
- Sistema penal brasileiro mais moderno, ágil e eficaz.
- Instrumentos mais eficientes de coerção aos novos tipos penais.

Para concretizar a reforma processual, o então Ministro da Justiça José Carlos Dias baixou a Portaria nº 61, de 20 de janeiro de 2000, publicada no Diário da

---

44 Plano Nacional de Direitos Humanos PNDH tal como apresentado no site oficial do Ministério da Justiça: <www.mj.gov.br>, em março 2001. BRASIL. Presidência da República. **Decreto n. 1904 de 1996** (PNDH1). Disponível em: <http://www.planalto.gov.br/ccivil_03/decreto/D1904.htm>. Acesso em: 12 jan. 2022.

45 Este não foi, contudo, o primeiro influxo reformista parcial do CPP após a edição da Constituição de 1988. E, mesmo naquelas anteriores tentativas a reforma do júri era tema de pauta. A respeito veja-se RAMOS, Joao Gualberto Garcez. O júri como instrumento de efetividade da reforma penal. **Revista dos Tribunais**, São Paulo, v.83, n. 699, p. 283-8. jan. 1994. Ainda: DOTTI, Rene Ariel. Esboço para a reforma do júri. **Revista Brasileira de Ciências Criminais**, São Paulo, v.1, n.3, p.272-97, jul./set. 1993; DOTTI, Rene Ariel. Anteprojeto do júri. **Revista Brasileira de Ciências Criminais**, São Paulo, v.2, n.6, p.293-307, abr./jun. 1994; DOTTI, Rene Ariel. Um novo Tribunal do Júri: Projeto de lei 4.900, de 1995. **Revista de Processo**, Sao Paulo, v.22, n.85, p.128-59, jan./mar. 1997; O'DWER, Edson Freire. Modificações no procedimento do júri. **Revista do Conselho Nacional de Política Criminal e Penitenciária**, Brasília, v.1, n.3, p.101-5, jan./jun. 1994; SILVA JUNIOR, Walter Nunes da. Tribunal do Júri e as modificações propostas. **Revista dos Tribunais**, São Paulo, v.84, n.720, p.399-406, out. 1995.

46 BRASIL. Presidência da República. **Decreto n. 1904 de 1996** (PNDH1). Op. Cit.

47 Além destas, são previstas as seguintes "ações": 108. Projeto de Lei atualizando a Parte Geral do Código Penal; 110. Projeto de Lei reformulando o sistema de execução das penas; 111. Projetos de Lei que reformulem ou tipifiquem algumas figuras delituosas da Parte Especial do Código Penal; 112. Projeto de Lei alterando a Lei de Tóxicos; 113. Projeto de Lei que permita uma punição mais eficaz ao contrabando; 114. Projeto de Lei regulamentando a identificação criminal; 115. Projeto de Lei para previsão de punição mais eficaz ao roubo e à receptação de cargas; 116. Projeto de Lei que estabeleça punição severa a crimes contra policiais; 117. Projeto de Lei que penalize a tentativa de fuga; 118. Projeto de Lei que trate da infiltração policial e da inteligência de sinais.

Justiça em 21/01/2000, constituindo uma comissão para, no prazo de 90 dias a partir de sua instalação, apresentar propostas visando à reforma do código de processo penal brasileiro, comissão esta presidida pela Profa. Ada Pellegrini Grinover e que foi instalada em 8 de fevereiro de 2000.

Muitas das ideias apresentadas por essa Comissão, embora presentes em propostas legislativas anteriores, e mesmo sujeitas às necessárias intervenções e debates parlamentares, inspiraram a redação final da lei sancionada.

7.2 O júri observado a partir do juiz natural

7.2.1 A capacidade para administrar a justiça penal: o julgador leigo

Assumir a condição de jurado no caso concreto é o ponto final de um procedimento de arregimentação de pessoas que passa, essencialmente, por duas etapas: a arregimentação *em abstrato*, e a arregimentação *em concreto*.

A primeira forma compreende, por sua vez, duas etapas, distintas: a inclusão da pessoa na lista anual de jurados e, posteriormente, sua inclusão dentre aquelas pessoas que, para uma determinada *reunião*, potencialmente poderão ser escolhidas para, finalmente, integrar o Conselho de Sentença.

Para cada uma destas etapas, *critérios de exclusão* incidem a fim de preservar a imparcialidade objetiva e subjetiva da pessoa que desempenhará as funções de julgar, seja quando do momento da seleção abstrata na lista anual, na seleção abstrata para determinada reunião periódica e no caso concreto quando da composição do Conselho de Sentença.

Nos tópicos seguintes serão analisadas essas etapas, cabendo destacar, desde já, que as poucas mudanças que ocorreram com a Lei 11.689/08 destinaram-se a tópicos periféricos do tratamento do Juiz leigo, e longe passaram de questionar sua posição judicante ainda confinada estritamente à *sessão de instrução e julgamento*, na qual a *instrução* ainda pode se constituir numa mera narrativa das partes de tudo quanto foi produzido na fase de admissibilidade.

7.2.2 A arregimentação em abstrato

Conceito: Arregimentação em abstrato é o primeiro passo para a concretização da participação popular na administração da justiça pena perante o tribunal do júri e consiste na inserção de uma pessoa na lista geral anual que orientará a formação das listas subsequentes, obedecidas as regras de inclusão e exclusão legalmente estabelecidas.

7.2.2.1 Formação da lista anual

Alterando o disposto nos antigos Artigos 439, 440 e 441, mas mantendo grande parte da sua estrutura, o atual Art. 425 dispõe que:

> Anualmente, serão alistados pelo presidente do Tribunal do Júri de 800 (oitocentos) a 1.500 (um mil e quinhentos) jurados nas comarcas de mais de 1.000.000 (um milhão) de habitantes, de 300 (trezentos) a 700 (setecentos) nas comarcas de mais de 100.000 (cem mil) habitantes e de 80 (oitenta) a 400 (quatrocentos) nas comarcas de menor população.

Ainda o atual § 1º do mesmo artigo dispõe que:

> Nas comarcas onde for necessário, poderá ser aumentado o número de jurados e, ainda, organizada lista de suplentes, depositadas as cédulas em urna especial, com as cautelas mencionadas na parte final do § 3º do art. 426 deste Código" e complementa o § 2º determinando que o juiz presidente requisitará às autoridades locais, associações de classe e de bairro, entidades associativas e culturais, instituições de ensino em geral, universidades, sindicatos, repartições públicas e outros núcleos comunitários a indicação de pessoas que reúnam as condições para exercer a função de jurado.

A arregimentação em abstrato, tanto na disciplina anterior, como na atual, é tarefa da burocracia estatal, sendo que ao Presidente do Tribunal o Júri cabe a missão administrativa de organizar a arregimentação do corpo de jurados. Fiel à tradição instaurada com a reforma de 1841, a indicação de jurados é feita "mediante escolha por conhecimento pessoal ou informação fidedigna" do próprio Juiz Presidente, e *requisitará*, na locução do artigo, "às autoridades locais, associações de classe, sindicatos profissionais e repartições públicas a indicação de cidadãos que reúnam as condições legais".

Sobre este tema, Tucci chegou a afirmar a necessidade do

> alistamento de jurados também em diversificados centros de convivência, com a efetiva participação das associações de bairros, instituições de ensino, entidades culturais; de todos os núcleos populares enfim, que à luz das garantias constitucionais, estão se desenvolvendo de forma autônoma, e refletem as expressões de cidadania, que é um dos princípios fundamentais da República e a base institucional do Tribunal do Júri.[48]

---

48   TUCCI, Rogério Lauria (Coord.). **Tribunal do Júri**: estudos sobre a mais democrática instituição jurídica brasileira. São Paulo: Revista dos Tribunais, 1999. p. 89;

O que acabou sendo contemplado no § 2º do presente artigo.

Na estrutura atual, assim como na anterior, existe a previsão da anualidade da lista geral de pessoas que irão compor o serviço do júri no ano seguinte. Aqui, trata-se do denominado *ano calendário*, com início de vigência da lista em 02 de janeiro do ano seguinte à sua elaboração e homologação até 31 de dezembro do mesmo ano, não se disciplinando a matéria pelo conceito de ano trazido pela lei 810, de 6 de setembro de 1949 que define ano como "o período de doze meses contado do dia do início ao dia e mês correspondentes do ano seguinte" (art. 1º), também denominado como *ano civil*.

A atualização do número de alistamentos era necessária diante da defasagem visível do art. 439. Mas, os números escolhidos, à míngua de qualquer demonstração concreta de como foram alcançados, demonstração essa que não existia nem na exposição de motivos da Comissão Grinover, tampouco na exposição de justificativas no Parlamento, parecem ser fruto de escolha casual, ampliada a teor do quanto disposto no par. 1º que possibilita a ampliação do rol de alistados e a formação de listas suplementares.

Esse aumento, por sinal, deve vir por decisão administrativa motivada e, sem dúvida, obedecendo-se as mesmas regras de alistamento, assim como a lista de suplentes. Ambas as providências, obedientes à anualidade, devem ser tomadas antes do prazo determinado no art. 426, que correspondia, no regime anterior, ao disposto espalhadamente pelos artigos 436, par. único, X e art. 440.

Neste particular, a redação aprovada no *caput* do artigo 426 repete quase que literalmente o quanto disposto no antigo artigo 440, reiterando, inclusive, seus anacronismos, pois a ideia de publicação de *editais na porta do júri* teria sentido na época em que o Código foi originalmente editado. Assim, para que se dê efetiva publicidade, nada impede – e, ao contrário, deve ser estimulado – que meios informatizados sejam empregados, com divulgação nos sítios dos Tribunais de Justiça e mesmo nos endereços dominiais das Comarcas e das Varas específicas do Júri.

> **Análise Crítica:** A possibilidade de superação dos mecanismos defasados tecnologicamente já existiu, no entanto, mesmo na vigência da disciplina anterior. Interessante exemplo do Estado de Sergipe sobre o tema merece menção. Trata-se da Resolução Nº 065/2006 do TJSE que dispõe sobre o Sorteio Eletrônico de Jurados no âmbito do Poder Judiciário do Estado de Sergipe que em seus *considerandos* mencionou expressamente que

> Atualmente, a quase totalidade das Comarcas do Estado de Sergipe cumprem o disposto no art. 439 do Código de Processo Penal mediante procedimento manual;... a necessidade de facilitar não só a composição da lista geral de

jurados habilitados, como também o próprio sorteio de jurados titulares e suplentes visando a futura formação do Conselho de Sentença, nos processos de competência do Tribunal do Júri, valendo-se, em tudo se valendo de soluções tecnológicas;... a necessidade de criar uma base unificada de dados dos Jurados, inclusive os voluntários, por Comarca, em todo o Estado de Sergipe;...que há vários anos a 8ª. Vara Criminal da Comarca de Aracaju adota um software autônomo que permite a composição da lista geral e o sorteio eletrônico de jurados, sem que até o presente momento se tenha articulado qualquer nulidade, até porque não traz nenhum prejuízo às partes; e que a informatização dos procedimentos judiciais visa melhorar a prestação jurisdicional, em consonância com os princípios da celeridade e da eficiência, instituiu mecanismo de Sorteio Eletrônico de Jurados, obrigatoriamente empregado por todos os Juízos.[49]

Outro mecanismo de marcante anacronismo é a preservação do segredo de dados pessoais dos alistados por meio do emprego de *urna fechada à chave*, a qual ficará *sob a responsabilidade do juiz*, como se meios informatizados não fossem superiormente eficientes para tal fim, com a criptografia de dados para os fins colimados. Da mesma forma que no parágrafo anterior, não há por que restringir-se o emprego de mecanismos informatizados desde que a segurança de dados almejada seja realmente garantida.

Assim, potencialmente poderia ser evitada situação como a registrada em acórdão que decidiu sobre "arguição de nulidade, por haver participado jurado

---

[49] Com explicitação minudente do funcionamento do sistema: Art. 3º Os juízos competentes para o uso deste sistema requisitarão aos órgãos ou entidades, públicos ou privados, na primeira semana de outubro de cada ano, para que, no prazo de 10 (dez) dias, forneçam relação com o nome de cidadãos que reúnam os requisitos para serem jurados, indicando o CPF, número do título de eleitor, data de nascimento, grau de instrução, profissão, filiação, endereço residencial com CEP – Código de Endereçamento Postal, telefones, bem como o CNPJ e o endereço do Órgão/Entidade. § 1º A ausência do nome, CPF, data de nascimento, endereço residencial com CEP – Código de Endereçamento Postal, profissão, bem como CNPJ e endereço do Órgão/Entidade, inviabilizará o cadastramento dos jurados. § 2º Todas as relações enviadas pelos Órgãos/Entidades oficiados devem ser cadastradas pelas Secretarias dos Juízos até a primeira semana do mês de novembro de cada ano, § 3º As Secretarias dos Distritos cadastrarão as listas encaminhadas pelos respectivos órgãos e entidades oficiadas, compondo a lista geral da Comarca. § 4º Concluído o cadastro, inclusive com os jurados voluntários, cujo pedido foi deferido pelo juiz, o Escrivão/Chefe de Secretaria emitirá no Sistema de Controle Processual edital com o nome e profissão dos jurados aptos a participar de sorteios no ano seguinte a fim de ser publicado no Diário da Justiça, em se tratando do foro da Capital, ou no átrio do fórum, em se tratando do foro do interior. § 5º Realizadas as alterações na lista geral, de ofício ou a partir de reclamações protocolizadas por qualquer interessado, na forma do parágrafo único do art. 439 do Código de Processo Penal, na segunda quinzena de dezembro será publicada a lista geral de jurados definitiva. § 6º Nas Comarcas que possuírem mais de um juízo competente para presidir o Tribunal do Júri, caberá a cada um, alternadamente, a responsabilidade pela composição e publicação da lista geral de jurados, iniciando-se pela mais antiga. Art. 4º Considera-se jurado voluntário o cidadão que, cadastrando-se pela internet, tem seu alistamento deferido pelo juiz. § 1º Os dados cadastrais do voluntário são os mesmos previstos para o indicado por órgão/entidade. § 2º O pedido de alistamento será apreciado pelo juízo competente do local de residência indicado no cadastro.

que não constava da lista geral. Inexistência da nulidade, porquanto a sua ficha ficou encerrada na urna, havendo apenas omissão na publicação"[50]. A regra a ser seguida, portanto, é aquela que determina que "Não há vício na organização do Júri, se o Conselho de Sentença é formado por jurados sorteados dentre os integrantes da lista anual a que alude o art. 439, do Código de Processo Penal."[51]

Ainda, o sistema atual, repetindo as mesmas bases que o anterior e marcantemente avesso ao emprego de tecnologias no processo, tende a reproduzir situações anotadas por antiga jurisprudência, como a que decidiu sobre "dúvidas improcedentes quanto a identidade de jurado, que tomou parte no julgamento"[52] ou, anos mais tarde, teve de se pronunciar afirmando que

> (...) o descompasso atribuível a equívoco datilográfico não sugere a nulidade do veredicto. Isto ocorre quando na lista grafou-se o patronímico de certo jurado como Adilson e no termo de compromisso constou Adailson.[53]

Na disciplina renovada, a participação do Ministério Público, OAB e Defensoria Pública é essencial para a completa fiscalização do ato de constituição do sigilo. Deve-se ter em conta que a Lei não se contenta com a mera cientificação dessas Instituições, mas exige a presença concreta de seus integrantes indicados para o ato.

Os prazos para conclusão parcial e definitiva das listas prazos são peremptórios e não sujeitos à dilação por liberalidade judicial. A eventual superação desses prazos, não podendo acarretar prejuízos ao funcionamento do Tribunal popular no ano seguinte, ficará sujeita a sanções de ordem administrativa.

A lista anual está revestida do princípio da publicidade, que já foi empregada como fundamento para afastar-se a ocorrência de suspeição ou impedimento, decidindo o STF que "A suspeição dos jurados é matéria preclusa, já que relacionada ao julgamento em plenário deveria ser suscitada antes do sorteio. Se depois, há preclusão, ainda que o motivo seja descoberto após o julgamento. Não procede a alegação de que o óbice apenas foi descoberto posteriormente, visto que, com a publicação da lista de jurados, era plenamente possível à defesa examinar a ocorrência de impedimento ou de suspeição – ou mesmo de mera inconveniência

---

50 BRASIL. Supremo Tribunal Federal. **Habeas Corpus n. 60519/DF**. Segunda Turma. Relator Min. Djaci Falcão. Julgamento: 11/02/1983. Publicação: 06/05/1983. Disponível em: <https://jurisprudencia.stf.jus.br/pages/search/sjur72911/false>. Aceso em: 12 jan. 2022.

51 AMAPÁ. Tribunal de Justiça. **Apelação Criminal n. 2187**/ Acórdão n. 8485. Câmara Única. Relator Des. Mário Gurtyev. J. 27/09/2005. v. Unânime. Publicação: DOE n. 3624, p. 17/10/2005.

52 BRASIL. Supremo Tribunal Federal. **Habeas Corpus n. 31489/PB**. Tribunal Pleno. Relator Min. Edgard Costa. Julgamento: 24.01.1951. Disponível em: <https://redir.stf.jus.br/paginadorpub/paginador.jsp?docTP=AC&docID=605555>. Acesso em: 12 jan. 2022.

53 BRASIL. Supremo Tribunal Federal. **Habeas Corpus n. 70938/DF**. Segunda Turma. Relator Min. Marco Aurélio. J. em: 08/02/1994. Publicação: 10.06.1994. Disponível em: <https://jurisprudencia.stf.jus.br/pages/search/sjur152011/false>. Acesso em: 12 jan. 2022.

na atuação de determinada pessoa no Conselho de Sentença – para que, em plenário, pudesse requerer as exclusões necessárias. Injustificável, portanto, que, somente após o resultado desfavorável, venha a parte alegar nulidade."[54]

Lista Anual – Regime de inclusão

Conceito: regime de inclusão é o conjunto de regras legais que orienta a escolha de determinada pessoa para compor a lista (nesse caso, a anual).

A legislação atual, assim como a anterior, classifica o serviço do júri como *obrigatório* (art. 436, *caput*), mas traz algumas alterações no que diz respeito à prestação desse serviço.

Assim, tanto na condição de jurado *voluntário*, como na hipótese de pessoas *compulsoriamente* indicadas para participar do serviço do júri, *condições primárias de arregimentação* precisam ser observadas.

Critério etário

O Código de Processo Penal continua a dispor sobre limite mínimo e máximo para a possibilidade do *alistamento* como jurado. O mínimo etário é causa de não aceitação peremptória do jurado, enquanto o limite máximo, agora de setenta anos, permanece a faculdade do alistamento.

O regime anterior colocava como idade mínima 21 anos. Tratava-se de situação não bem aceita pela jurisprudência, que já deu a presença de menor de 21 anos como causa de nulidade[55], mas também já reconheceu a regularidade do julgamento na hipótese.[56]

O Código de Processo Penal, no entanto, parecia ter acompanhado a maioridade civil vigente à época de sua entrada em vigor. Anotávamos em edição anterior destes *Comentários* que "Sendo essa a eventual *ratio* da norma, pode-se afirmar que a presença de um menor de vinte e um anos, mas maior de dezoito, pode ser aceita sem causar qualquer vício para o julgamento. Sempre restará alguma discussão, no entanto, acerca do momento em que esta idade deve ser aferida".

A nova regra explicitamente coloca o limite mínimo de 18 anos para a função de jurado. Nada impede, porém, que pessoas maiores de 60 anos atuem como jurados.

Gozo de direitos políticos

Por outro lado, a fruição da cidadania é requisito indispensável para aquisição da condição de jurado, ou seja, poder usufruir os denominados *direitos políticos*, que

> Consistem no conjunto de normas que asseguram o direito subjetivo de participação no processo político e nos órgãos governamentais, garantindo a

---

54 BRASIL. Supremo Tribunal Federal. **Habeas Corpus n. 79359/RJ**. Primeira Turma. Relator Min. Ilmar Galvão. Julgamento: 10/08/1999. Publicação: DJU 25-11-94, p. 32.301.
55 ALAGOAS. Tribunal de Justiça. **Revista dos Tribunais**, v. 751, p. 637.
56 REVISTA dos Tribunais, v. 732, p. 659.

participação do povo no poder de dominação política por meio das diversas modalidades de sufrágio: direito de voto nas eleições, direito de elegibilidade, direito de voto nos plebiscitos e referendo, assim como por outros direitos de participação popular: o direito de iniciativa popular, o direito de propor ação popular e o direito de organizar e participar de partidos políticos.[57]

Levando-se em conta que a nacionalidade pode ser obtida pelo estrangeiro, e sendo a função de jurado excluída daquelas previstas no rol taxativo do art. 12, § 3º da CR/88 que contém o elenco das funções privativas do brasileiro nato, con-clui-se que é possível ao estrangeiro naturalizado o exercício da função de jurado.

Notória idoneidade

Condição historicamente presente para a assunção da condição de jurado, a *notória idoneidade*, na locução de Borges da Rosa, significa que "Tem idoneidade moral o cidadão que se conduz de maneira conforme à Lei, à Moral e aos bons costumes. Tem idoneidade intelectual o cidadão que possui conhecimento su-ficientes para exercer satisfatoriamente a função de jurado."[58]

Por outro lado, o Decreto-Lei 167, de 1938, em seu art. 7º, ressaltou ao dizer: "Os jurados devem ser escolhidos dentre os cidadãos que, por suas condições, ofe-reçam garantias de firmeza, probidade e inteligência no desempenho da função."

Da mesma maneira, não poderia ser recusada em sessão plenária, motiva-damente empregando-se qualquer dessas razões. Mas, no âmbito das recusas imotivadas, não há como evitar que indiretamente essas categorias sejam em-pregadas para que determinada pessoa seja excluída de um caso concreto man-tendo-se, da mesma forma – embora limitada em quantidade – a exclusão por razões preconceituosas.

Lista Anual – regime de exclusão

Conceito: regime de inclusão é o conjunto de regras legais que orienta a vedação de determinada pessoa para compor a lista (neste caso, a anual).

Impossibilidade por razões de cor ou etnia, raça, credo, sexo, profissão, classe social ou econômica, origem ou grau de instrução

Na disciplina atual há previsão expressa para situações as quais não podem servir como justificação para exclusão da pessoa de qualquer das etapas de arregimen-tação. Assim, a pessoa que deseje ser jurada não poderá ser excluída seja da lista geral (seja dos trabalhos concretos da sessão) em razão de cor ou etnia, raça, credo, sexo, profissão, classe social ou econômica, origem ou grau de instrução.

---

57   SILVA, José Afonso da. **Curso de Direito Constitucional Positivo**. 30. ed. São Paulo: Malheiros Editores, 2008. p. 308

58   ROSA, Borges da. **Comentários ao Código de Processo Penal**. São Paulo: Campos, 1999. 2 v. p. 807.

Esta previsão tem caráter mais pedagógico que de operacionalização concreta pois, diante das razões enumeradas, não poderia ser qualquer pessoa excluída da lista geral por força de disposição constitucional.

Hipóteses de isenção

Com a reforma de 2008, a legislação se ocupou de manter e, em certa medida, atualizar as situações que levam à dispensa da pessoa da condição de jurada, verdadeiras hipóteses de isenção. Malgrado a colocação tópica do artigo que trata a matéria, temos que as situações de isenção devem ser vistas, inicialmente, no momento de arregimentação em abstrato quando da produção da lista anual e não na forma do Artigo 454.

Os casos de isenção são aqueles previstos no atual Artigo 437[59] e, pela estrutura da lei atual, que aloca a matéria na Seção VII que dispõe sobre Do Sorteio e da Convocação dos Jurados, pode-se concluir que as pessoas mencionadas naquele dispositivo podem vir a ser integrantes do rol anual, fazer parte do corpo de jurados escolhido para determinada reunião (ordinária ou extraordinária) e somente não virem a servir como juradas quando da sessão (de instrução e julgamento).

Sendo assim, é de se ponderar que o momento primordial para a verificação da situação de isenção é na formação da lista anual, ocasião em que muitas das causas que a geram já podem e devem ser detectadas, afastando-se, de plano, a pessoa nas condições do artigo 437 quando já constituída essa situação no momento da formação da lista anual.

Certamente algumas dessas situações podem ser supervenientes como, por exemplo, a do bacharel em Direito que, alistado para o ano, é aprovado em concurso público para a Magistratura, tomando posse no transcurso do ano em que serviria como jurado e durante o período da reunião para a qual estava convocado.

Mas, uma vez constituída a situação de isenção, não há motivo para que seja aguardada a sessão de julgamento em concreto para que a pessoa seja afastada da condição de jurado.

Neste ponto teria andado melhor a nova lei se tivesse disciplinado a "função de jurado" antes de seu sorteio e convocação (como se dava no regime anterior), não gerando essa distorção.

A lista é taxativa. Assim, "o exercício de cargo de confiança perante a Comissão Permanente de Licitação Municipal não é incompatível com o exercício desse

---

59 "Art. 437. Estão isentos do serviço do júri: I – o Presidente da República e os Ministros de Estado; II – os Governadores e seus respectivos Secretários; III – os membros do Congresso Nacional, das Assembleias Legislativas e das Câmaras Distrital e Municipais; IV – os Prefeitos Municipais; V – os Magistrados e membros do Ministério Público e da Defensoria Pública; VI – os servidores do Poder Judiciário, do Ministério Público e da Defensoria Pública; VII – as autoridades e os servidores da polícia e da segurança pública; VIII – os militares em serviço ativo; IX – os cidadãos maiores de 70 (setenta) anos que requeiram sua dispensa; X – aqueles que o requererem, demonstrando justo impedimento." (NR)

múnus público, eis que não está elencado nas exceções previstas no parágrafo único do art. 436 do CPP, cujo rol é taxativo."[60]

Escusa de consciência

Paralelamente às causas de isenção está a hipótese de (Art. 438) "a recusa ao serviço do júri fundada em convicção religiosa, filosófica ou política importará no dever de prestar serviço alternativo, sob pena de suspensão dos direitos políticos, enquanto não prestar o serviço imposto", alterando o tratamento que era dado à matéria pelo então Artigo 435 para regrar a matéria nos termos da CR/88, art. 5º, VIII.

No regime anterior havia como sanção à recusa aos serviços do júri pelos motivos acima expostos, a perda de direitos políticos, donde a sua não recepção pela CR e pela CADH. Como já se decidiu em caso extrapenal – contudo totalmente aplicável à espécie –, "O efeito decorrente da escusa de consciência, com o advento da Constituição Federal de 1988, perdeu automaticamente sua validade por incompatibilidade com a ordem instaurada" (TRF – Quarta Região DJU 18/06/2003 p. 606 Relator(a) Juíza Maria de Fátima Freitas Labarrère).

O regime atual procurou evitar a perda de direitos políticos de plano, diante da recusa em servir como jurado, passando a prever, inicialmente, a prestação de serviço alternativo e, com seu descumprimento, a *suspensão* (e não mais perda) de tais direitos, amoldando-se ao quanto disposto no artigo 15 da CR/88, c/ art. 5º, VIII.

Conforme apontado pela doutrina constitucional,

> A recusa ao cumprimento de obrigações da espécie, bem assim de obrigações alternativas legalmente fixadas, gera a perda dos direitos políticos. Com efeito, o indivíduo possui o direito à escusa de consciência, mas deve, neste caso, cumprir a obrigação alternativa, sob pena de perda dos direitos políticos.[61]

Sendo que a suspensão, pela sua própria natureza, é temporária[62], devendo ser considerada pelo tempo destinado à prestação de serviços não cumprida pela pessoa que invocou a escusa.

Participação concreta como julgador no ano anterior à formação da lista

Dada a sistemática que orientava o Código de Processo Penal, havia a possibilidade concreta de uma pessoa servir durante largo tempo de sua vida como juiz leigo, beirando a situação a uma indesejada *profissionalização* do julgador leigo.

---

60 BRASIL. Tribunal Regional Federal (1ª Região). **RCCR 74 RR 2003.42.00.000074-6**. Relator Desembargador Federal Hilton Queiroz. DJ: 11/09/2003, p. 48. Órgão Julgador QUARTA TURMA

61 ARAUJO, Luiz Alberto David; NUNES, Vidal Serrano Júnior. Curso de Direito Constitucional. 1. ed. São Paulo: Saraiva, 1998.

62 MORAES, Alexandre de. Direito Constitucional. 6. ed. São Paulo: Atlas, 1999.

A matéria chega a ser ventilada na prática, como em determinada situação na qual se afirmou num recurso defensivo que

> O réu não foi julgado por pares da sociedade leigos, mas foi submetido a julgamento praticado por juízes de fato experimentados e profissionalizados, considerando-se que vários dos sete juízes haviam participado de até três julgamentos no mês de julho de 2000. A participação de vários julgamentos elimina o caráter laico do juiz de fato e prejudica o réu.

Concluindo o acórdão que

> (...) não há qualquer dispositivo legal que dê guarida ao afirmado pela defesa. Ao contrário, nos termos do artigo 427, combinado com o 442, ambos do Código de Processo Penal, é possível que um mesmo jurado funcione em várias sessões, bastando que, para tanto, resulte sorteado (JC 94/504).

A nova sistemática coloca como regra o que era a faculdade prevista no antigo artigo 436, X do CPP que previa a mera possibilidade da exclusão do jurado reiteradamente participante da lista anual e uma das causas da exclusão do Jurado da lista anual é que tenha participado de julgamento no ano anterior.

Para a exclusão, não basta que o jurado tenha sido sorteado para a sessão de julgamento. É necessário que não tenha sido recusado – motivada ou imotivadamente – ou que não tenha se declarado suspeito ou impedido, vindo a participar *concretamente* do julgamento a teor da literalidade do artigo. Também deverá ser considerado como efetivamente participante do Conselho de Sentença mesmo que a composição tenha sido dissolvida por qualquer razão, desde que a sessão de julgamento tenha minimamente desenvolvido alguma atividade instrutória pois a *ratio* da norma é evitar a participação reiterada em julgamentos e não apenas o mero sorteio para participação numa sessão plenária que não chegou a se desenvolver.

Da nova sistemática, salutar no que tange à imposição de *quarentena* na participação, não se pode, no entanto, chegar-se ao ponto de afirmar que houve a efetiva abolição daquilo que pejorativamente se denominou de *jurado profissional*.

Isto porque o atual artigo 426[63], sancionado na forma que foi, além de não colocar um limite no número de participações que a pessoa pode efetivamente

---

63 "Art. 426. A lista geral dos jurados, com indicação das respectivas profissões, será publicada pela imprensa até o dia 10 de outubro de cada ano e divulgada em editais afixados à porta do Tribunal do Júri. § 1º A lista poderá ser alterada, de ofício ou mediante reclamação de qualquer do povo ao juiz presidente até o dia 10 de novembro, data de sua publicação definitiva. § 2º Juntamente com a lista, serão transcritos os arts. 436 a 446 deste Código. § 3º Os nomes e endereços dos alistados, em cartões iguais, após serem verificados na presença do Ministério Público, de advogado indicado pela Seção local da Ordem dos Advogados do Brasil e de defensor indicado pelas Defensorias Públicas competentes, permanecerão guardados em urna fechada a chave, sob a responsabilidade do juiz presidente. § 4º O jurado que tiver integrado o Conselho de Sentença nos 12 (doze) meses que antecederem à publicação da lista geral fica dela excluído. § 5º Anualmente, a lista geral de jurados será, obrigatoriamente, completada." (NR)

desenvolver como jurada ao longo da vida, é mais tímido que a sugestão proposta pela Comissão Grinover que, para a mesma matéria, previa no art. 426 que "§ 4º. Fica excluído da lista geral, pelo prazo de dois anos, o jurado que tiver integrado o Conselho de Sentença no ano anterior." e assim se manteve na tramitação legislativa quando de sua passagem pela Câmara dos Deputados, tendo sofrido alteração quando a matéria foi apreciada no Senado e passou a contar com a atual redação.

A justificativa para a modificação foi assim lançada, conforme parecer do Senador Demóstenes Torres, e, assim, a matéria acabou legislada:[64]

> O § 4º do art. 426 prescreve que o jurado que tiver integrado o Conselho de Sentença no ano anterior ficará excluído da lista geral por dois anos. Apesar de o intuito ser evitar o chamado "jurado profissional", a previsão trará problemas em cidades pequenas, onde é difícil encontrar pessoas com um preparo mínimo para a tarefa. Assim, proponho a redução de dois para um ano da quarentena prevista.

Diversamente do quanto apontado em alguns julgados[65] com base em posição doutrinária que vê nessa norma um *exagero*[66], essa vedação é absoluta, mas não se vincula, de modo algum, a qualquer resultado concreto quando do julgamento em sessão plenária, momento em que teria sido tardiamente notada a falha na formação da lista.

7.2.2.2 Formação da lista para a reunião periódica

Observações introdutórias

A escolha dos jurados para a formação da lista para a reunião periódica se dá, no modelo legal, *após* a elaboração da pauta de julgamento daquele período, nos termos do Artigo 429.

---

64 BRASIL. **Diário do Senado Federal**, Brasília/DF, ano LXII, n. 176, quinta-feira, 1 nov. 2007, p. 38561. Disponível em: <https://legis.senado.leg.br/diarios/ver/883?sequencia=11>. Acesso em: 12 jan. 2022.

65 BRASIL. Superior Tribunal de Justiça. **Habeas Corpus n.177358/SP**. Sexta Turma. Reatora Min. Maria Thereza de Assis Moura. Julgamento: 05/02/2013. Publicação 15/02/2013. Disponível em: <https://scon.stj.jus.br/SCON/jurisprudencia/toc.jsp?i=1&b=ACOR&livre=((%27HC%27. clap.+e+@num=%27177358%27)+ou+(%27HC%27+adj+%27177358%27.suce.))&thesaurus=JURIDIC O&fr=veja>. Acesso em: 12 jan. 2022. "Deve ser reconhecida a nulidade absoluta de ação penal, desde a sessão de julgamento em Tribunal do Júri, na hipótese em que um dos jurados do Conselho de Sentença tenha integrado o júri de outro processo nos doze meses que antecederam à publicação da lista geral de jurados, considerando que o placar da votação tenha sido o de quatro a três em favor da condenação do réu, ainda que a defesa tenha deixado de consignar a insurgência na ata de julgamento da sessão."

66 BADARÓ, Gustavo H. Ivahy. Tribunal do júri. Lei 11.689, de 09.06.2008. In: MOURA, Maria Thereza Rocha de Assis (Coord.). **As reformas no processo penal**: As novas leis de 2008 e os projetos de reforma. São Paulo: Revista dos Tribunais, 2008. p. 112-113.

Ainda, o nome da pessoa a compor o grupo de jurados para a reunião sairá de um *sorteio*, a teor do Artigo 432, alterando parcialmente a mecânica anterior do art. 428, que via o sorteio como "ato que se realiza antes de apregoadas as partes, sendo próprio e exclusivo do juiz presidente do Tribunal do Júri [a] Falta de participação da acusação ou da defesa que não enseja nulidade (TJRS RT 659/298)." Rigorosamente falando, embora o artigo falasse em ato realizado *a portas abertas*, não existia previsão explícita de comunicação para comparecimento das partes, tornando esta aparente publicidade potencialmente inócua.

Consequência lógica de toda uma forma de compreensão da forma de ser e da estrutura de funcionamento do Tribunal do Júri, não se via (e potencialmente continuará assim interpretado) em vários provimentos maiores resultados nas inobservâncias legais. Assim, o "Eventual descumprimento da regra de sorteio não toma inválidos os atos subsequentes" (TJSP – RT 696/347).[67]

A atual legislação, neste ponto, pouco reformou de concreto o modelo legal anterior, pois a participação do Ministério Público, OAB e Defensoria Pública nos Estados onde existente ou da Defensoria Pública da União nos casos de competência da Justiça Federal para composição e atuação do Tribunal do Júri, mais que mera faculdade ou possibilidade haveria de ser considerada como uma necessidade de transparência e, mais ainda, esse momento deveria ser minimante celebrado como um ponto de controle substancial acerca das pessoas que comporão o corpo de jurados para a reunião.

Nada obstante, o art. 433 disciplina a matéria de forma totalmente inversa, tornando meramente formal a presença das partes nesse ato e o controle substancial inexistente.

Regime de inclusão

Conceito: A inclusão na lista para a reunião periódica pressupõe, inicialmente, a presença válida da pessoa na lista anual.

Uma das mais apregoadas reformas em toda a mecânica do júri em 2008 consistiu exatamente no aumento do número de jurados para a reunião que vem em atendimento de suposto reclamo do não alcance do número mínimo de jurados para cada sessão de julgamento em alguns centros. Assim, acreditando-se que o acréscimo de quatro jurados na "reunião" baste para minimizar o problema houve a modificação.

Nada obstante a boa vontade reformadora parece-nos inevitável ponderar que o número alcançado (25) é fruto do acaso, vez que, como sempre, inexistem

---

67 E assim realmente vem acontecendo. A ver precedente em SANTA CATARINA. Tribunal de Justiça. **Apelação Criminal n. 336140/SC**. 2010.033614-0 (TJ-SC). Primeira Câmara Criminal. Relator Newton Varella Júnior. Julgamento: 18 out. 2011. Disponível em: <https://tj-sc.jusbrasil.com.br/jurisprudencia/20653316/apelacao-criminal-acr-336140-sc-2010033614-0-tjsc>. Acesso em: 12 jan. 2022.

dados empíricos concretos que indiquem a razão dessa escolha, bem como não ser o aumento nominal de jurados que irá atacar as causas de fundo que estão por trás do distanciamento da comunidade para com as tarefas judicantes em determinadas comarcas.

Regime de exclusão

Ao afirmar-se que apenas o jurado não sorteado poderá ser incluído em sorteio para as *reuniões futuras*[68] deve-se concluir que o jurado que foi sorteado para uma determinada *reunião periódica* não mais poderá sê-lo em outras *daquele mesmo ano*.

No mais, a previsão se casa em sentido com o disposto no artigo 426, § 4º, que é o artigo que disciplina a exclusão da pessoa que sorteada em sessão de julgamento em concreto para a lista geral do ano seguinte ao do julgamento realizado.

Assim:

I] Ao ser sorteado para uma determinada reunião periódica, o jurado não mais poderá sê-lo para outras reuniões durante o ano em curso não fazendo a lei, neste ponto, a distinção entre reuniões *periódicas* ou *extraordinárias*;

II] Se não sorteado para aquela reunião, poderá sê-lo para outras no mesmo ano, não fazendo a lei, neste ponto, a distinção entre reuniões *periódicas* ou *extraordinárias*;

III] Caso sorteado para a reunião periódica ou extraordinária e vier a fazer parte do conselho de sentença – não bastando, portanto, que tenha sido sorteado, mas, sim que tenha sido *aceito* – não poderá servir como jurado no ano seguinte.

7.2.3 Arregimentação em concreto: Formação do conselho de sentença

7.2.3.1 Observações preliminares

Na atual locução do art. 447, "o Tribunal do Júri é composto por 1 (um) juiz togado, seu presidente e por 25 (vinte e cinco) jurados que serão sorteados dentre os alistados, 7 (sete) dos quais constituirão o Conselho de Sentença em cada sessão de julgamento".

Tendo por base o tratamento constitucional dispensado para a matéria, a primeira Constituição da República, de 1890, constava apenas: "É mantida a

---

68 Art. 433. O sorteio, presidido pelo juiz, far-se-á a portas abertas, cabendo-lhe retirar as cédulas até completar o número de 25 (vinte e cinco) jurados, para a reunião periódica ou extraordinária. [...] § 3º O jurado não sorteado poderá ter o seu nome novamente incluído para as reuniões futuras. (NR)

Tribunal do Júri | 487 |

instituição do júri". Este brevíssimo texto deu margem a acerbas discussões, por entenderem alguns que o júri devia ser mantido com sua forma primitiva, considerado como característica inconfundível, o número de jurados fixado, então em doze.[69]

Posteriormente, a Constituição de 1946, em seu art. 141 dispunha:

> (...) § 28. É mantida a instituição do júri, com a organização que lhe der a lei, contanto que seja sempre ímpar o número de seus membros e garantido o sigilo das votações, a plenitude da defesa do réu e a soberania dos veredictos.

A Constituição de 1988 não menciona o número de jurados a compor o Conselho de Sentença.

Nada obstante, já se decidiu diante do regime anterior que

> A convocação, mediante sorteio, de jurados em número superior ao previsto no art. 433 do CPP (vinte e um para a composição do tribunal do júri), configura nulidade relativa, a exigir oportuna impugnação pela parte interessada, sob pena de preclusão. Com base nesse entendimento, por maioria de votos, a Turma indeferiu *habeas corpus* em que se requeria a anulação do julgamento proferido pelo tribunal do júri.[70]

Na mesma linha de raciocínio, o mesmo STF reconheceu mais de uma década depois que, "Convocação, mediante sorteio, de jurados em número superior ao previsto no art. 433 do Código de Processo Penal configura nulidade relativa, a exigir prova de haver influído na apuração da verdade substancial ou na decisão da causa."[71]

7.2.3.2 Regime de escolha

Procedimento inicial: verificação das cédulas

No regime anterior, o Artigo 443, § 2º, cuja redação era idêntica à do presente texto, harmonizava-se com a previsão do Artigo 447, onde se dispunha que

> (...) aberta a sessão, o presidente do tribunal, depois de resolver sobre as escusas, na forma dos artigos anteriores, abrirá a urna, dela retirará todas as cédulas, verificando uma a uma, e, em seguida, colocará na urna as relativas aos jurados

---

69 AZEVEDO, Bernardo Montalvão Varjão de. **Do assistente de acusação: o (des)assistido pela Constituição.** p. 30-31.
70 BRASIL. Supremo Tribunal Federal. **Habeas Corpus n. 72652/RJ**. Primeira Turma. Relator Min. Celso de Melo. Julgamento: 05/12/1995. Publicação: 22/06/2007. Disponível em: <https://jurisprudencia.stf.jus.br/pages/search/sjur90123/false>. Acesso em: 12 jan. 2022.
71 BRASIL. Supremo Tribunal Federal. **Ação Originária n. 1046 ED/RR**. Tribunal Pleno. Relator Min. Joaquim Barbosa. Revisor Min. Eros Grau. J. em 28/11/2007. Publicação 22/02/2008.

presentes e, fechando-a, anunciará qual o processo que será submetido a julgamento e ordenará ao porteiro que apregoe as partes e as testemunhas [...].

Já vem de longa data a *verificação das cédulas* na forma como estampada no presente artigo. Com efeito, o Código Criminal do Império dispunha em seu artigo 238 que:

> No dia assignado, achando-se o Juiz de Direito, Escrivão, Jurados, o Promotor nos crimes, em que deve accusar, e a parte accusadora, havendo-a; principiará a sessão pelo toque, da campainha. Em seguida, o Juiz de Direito abrirá a urna das sessenta cedulas, e verificando publicamente, que se acham todas, as recolherá outra vez; feita logo pelo Escrivão a chamada dos Jurados, e achando-se completo número legal, observando-se o disposto nos arts. 313 e 315, mandará o mesmo Juiz extrahir da urna por um menino, vinte e trez cédulas. As pessoas que ellas designarem formarão o primeiro Conselho de Jurados, que será interinamente presidido pelo primeiro, que tiver sahido á sorte.

Marrey e outros, observando o tema da verificação das cédulas e com apoio em antiquíssimo julgado, afirmam que cabe ao Juiz Presidente aludida verificação, ao mesmo tempo em que se deve fazer constar expressamente da ata de julgamento a produção do ato, sob pena de considerá-lo como não realizado.[72]

O modelo atual nada dispõe de semelhante, nada obstante contemple o momento da *chamada dos jurados* como limite para que a escusa seja apresentada e verificada sua pertinência, optando por considerar, a teor do disposto no artigo 454, que a sessão ainda não está *aberta* e que antes desse momento, será procedida a mencionada verificação.

Regime de escolha: verificação das hipóteses dos artigos 448 e 449 do CPP

Conceito: Aqui são consideradas as hipóteses previstas nos artigos 448 e 449. A desobediência a essas causas constitui hipótese de nulidade absoluta[73], pois se trata da preservação do juiz natural da causa.

A advertência sobre os impedimentos deve ser certificada em ata.

Assim, as hipóteses de exclusão primária podem ser apresentadas na listagem a seguir:

De todo o rol apresentado, com a modificação legislativa de 2008 foi incorporada a união estável como causa de impedimento que, de fato, melhor se coaduna com a estrutura familiar legalmente reconhecida.

---

72 MARREY, Adriano; STOCO, Rui; SILVA FRANCO, Alberto. **Teoria e Prática do Júri**. 6. ed. São Paulo: Revista dos Tribunais, 1997. p 187.

73 REVISTA dos Tribunais, v. 782, p. 650.

Mas, pode-se lamentar diante do tempo despendido para a reforma, a falta de sintonia com outro tratamento legislativo no campo penal para o termo *família*, a saber, o conceito contido no artigo 5º, II, da Lei 11.340-06 que a conceitua como "como a comunidade formada por indivíduos que são ou se consideram aparentados, unidos por laços naturais, por afinidade ou por vontade expressa", cuja extensão haveria de se projetar para as causas de impedimento tratadas no presente artigo.

O último inciso do Artigo 449 fala em apresentação de manifesta disposição para condenar ou absolver a pessoa acusada, condição cuja verificação se apresenta dificultosa no direito brasileiro pela ausência de um momento substancial de análise da personalidade do julgador no caso concreto.

Assim, deve-se apurar casuisticamente a situação, como aquela em que o

> jurado que, durante o intervalo, diante dos demais, emite palavras que denotam sua posição condenatória antecipada sobre o julgamento, dirigidas ao advogado de defesa [com a] Influência do ato sobre o convencimento dos outros jurados, com a condenação do acusado. [74]

Ou como

> [...] no caso dos autos, um dos jurados elaborou pergunta que, da forma como externada, demonstrou aos demais membros do Conselho de Sentença qual era a sua convicção a respeito do crime em análise. 5. Tendo a defesa se insurgido tempestivamente sobre o referido questionamento, faz-se necessária a anulação do julgamento, restando evidente o prejuízo suportado pelo paciente, que foi condenado por membros do júri que decidiram sob a influência da opinião de um deles, enunciada indevidamente ao tentar sanar uma dúvida. 6. Ordem concedida para anular a sessão de julgamento em apreço, determinando-se que o paciente seja submetido a novo júri. [75]

Regime de escolha: pedido de escusa

Conceito: As *condições secundárias de exclusão* dizem respeito à ausência de escusas para participação na sessão plenária.

A escusa não necessita ser apresentada de forma solene, por escrito, diante da redação do presente Artigo 443. Necessária se faz, no entanto, a apresentação da comprovação necessária para que a dispensa seja deferida e, nos termos do

---

74 RIO GRANDE DO SUL. Tribunal de Justiça. **Revista dos Tribunais**, v. 790, p. 685.
75 BRASIL. Superior Tribunal de Justiça. **Habeas Corpus n. 163197/MS**. 2010/0031522-8. Quinta Turma. Relator Min. Jorge Mussi. Data de publicação: 28/10/2011. Disponível em: <https://scon.stj.jus.br/SCON/jurisprudencia/toc.jsp?i=1&b=ACOR&livre=((%27HC%27.clap.+e+@num=%27163197%27)+ou+(%27HC%27+adj+%27163197%27.suce.))&thesaurus=JURIDICO&fr=veja>. Acesso em: 12 jan. 2022.

art. 444, "o jurado somente será dispensado por decisão motivada do juiz presidente, consignada na ata dos trabalhos", fazendo eco parcialmente ao disposto no art. 443, par. 2º da legislação revogada.

Regime de escolha: recusa imotivada

Conceito: É a chamada *recusa imotivada* e acarreta a aceitação, pelas partes, do jurado sorteado sem que sobre ele tenha recaído qualquer recusa independente de fundamentação.

Assim, dispõe o Art. 468:

> À medida que as cédulas forem sendo retiradas da urna, o juiz presidente as lerá, e a defesa e, depois dela, o Ministério Público poderão recusar os jurados sorteados, até 3 (três) cada parte, sem motivar a recusa. Parágrafo único. O jurado recusado imotivadamente por qualquer das partes será excluído daquela sessão de instrução e julgamento, prosseguindo-se o sorteio para a composição do Conselho de Sentença com os jurados remanescentes. (NR)

O sistema de recusas no direito brasileiro tem larga tradição histórica. Com efeito, o CCI já previa no seu artigo 275:

> Entrando-se no sorteamento para a formação do 2o conselho, e à medida que o nome de cada um Juiz de Facto, fôr sendo lido pelo Juiz de direito, farão o accusado, e o accusador suas recusações sem as motivarem. O accusado poderá recusar doze, e o accusador, depois delle, outros tantos tirados à sorte.

A Ordem da recusa de jurados é peremptória e causa de nulidade, se invertida, pois cabe à pessoa acusada apontar, em primeiro plano, o juiz natural da causa. Outrossim, a inversão tornaria inviável o sistema de desmembramento do julgamento tal como estipulado no Código de Processo Penal.

No novo sistema, conforme previsão do Art. 469 tem-se que

> Se forem 2 (dois) ou mais os acusados, as recusas poderão ser feitas por um só defensor.
>
> § 1º A separação dos julgamentos somente ocorrerá se, em razão das recusas, não for obtido o número mínimo de 7 (sete) jurados para compor o Conselho de Sentença.
>
> § 2º Determinada a separação dos julgamentos, será julgado em primeiro lugar o acusado a quem foi atribuída a autoria do fato ou, em caso de coautoria, aplicar-se-á o critério de preferência disposto no art. 429 deste Código. (NR)

O sistema atual altera o modelo anterior a 2008 na medida em que a recusa a determinado jurado não implica, necessariamente, no desmembramento do julgamento, o que somente se dará quando, em virtude de sucessivas recusas, nelas incluídas as eventuais recusas justificadas, não for alcançado o número mínimo de julgadores leigos.

Nada obstante, no regime anterior, quando da pluralidade de réus com pluralidade de defensores, cada patrono tinha direito a recusar, em nome de seu cliente, jurados. Esse modelo ainda pode persistir porquanto o *caput* do presente artigo não obriga que as recusas sejam feitas de forma unificada, mas apenas possibilita que apenas um dos patronos se manifeste por todas as pessoas acusadas.

E nem poderia ser de outra maneira pois, na hipótese de defensor constituído, não haveria possibilidade de obrigar a pessoa acusada a ter parte de sua defesa atuada por quem ela não contratou. Da mesma maneira, não se poderia obrigar o defensor dativo a ceder parte de sua defesa a outro, ainda que ambos sejam integrantes da mesma carreira pública (Defensoria Pública).

No mais, a ordem para julgamento dos processos separados deve obedecer ao quanto disposto no par. 2º do presente artigo e sua desobediência sem justificativa, acarretando inversão do julgamento entre o autor e aquele que não ostenta essa condição, pode ensejar a nulificação do julgamento. Entre os que se encontram em iguais condições, haverá de ser obedecida a ordem de pauta conforme estipulado no artigo 429.

Saída do jurado e autorização judicial

A saída do jurado da sessão depende de autorização judicial. Assim, tem-se como bom exemplo o "Pedido de dispensa sob a alegação de consulta médica previamente marcada"[76] como causa autorizadora, pelo Magistrado, da saída do jurado.

No regime anterior havia previsão de responsabilidade para o Juiz Presidente ao dispor que "§ 4º Sob pena de responsabilidade, o presidente só relevará as multas em que incorrerem os jurados faltosos, se estes, dentro de 48 (quarenta e oito) horas, após o encerramento da sessão periódica, oferecerem prova de justificado impedimento".

O regime atual dispõe que a comprovação deva se dar de plano e, também de forma distinta do quanto antes estipulado, não prevê sanção ao Magistrado que deferir, sem fundamento devidamente demonstrado, a escusa.

Dispensa *de ofício* do jurado

Analisando caso no qual o Juiz Presidente decidiu, *de ofício* dispensar jurado, ato que posteriormente foi atacado pela Defesa, o STJ decidiu que "A dispensa de jurado pelo juiz-presidente não é causa de nulidade ante a ausência de prejuízo

---

76 REVISTA dos Tribunais, v. 773, p. 571 (TJSP).

para a defesa, configurada no resultado da votação em que maioria expressiva recusa a tese favorável ao réu."[77]

O resultado alcançado parece vincular o procedimento de dispensa com o resultado final alcançado, como se a observância da regra correta dependesse do resultado em concreto o que não quer nos parecer, com a devida vênia, a melhor compreensão do tema.

A sistemática sugere que a dispensa de jurados o impediria de participação de outros julgamentos na mesma sessão. A possibilidade da presença do jurado dispensado já foi avalizada jurisprudencialmente, decidindo-se pela desnecessidade da convocação do suplente. Assim:

> Jurado dispensado de servir em um dos julgamentos, vindo depois a participar dos subsequentes da mesma sessão periódica – Nulidade – Inocorrência – Ausência de violação da regra contida no § 4°, do art. 445, CPP – Jurado não substituído por suplente no julgamento do qual fora dispensado.[78]

Ao final pondere-se que "Instaurada a Sessão Plenária com o número de jurados legalmente exigido, é desinfluente a posterior dispensa de jurados em quantidade que não impediu o direito de recusa das partes e a correta formação do Conselho de Sentença."[79]

Consolidação das escusas e dispensas na ata

Mesmo na atual estrutura a ata de julgamento continua tendo função essencial e, dentre elas, a de conter a solicitação e a decisão sobre o pedido de dispensa.

Assenta-se, assim, uma vez mais, como já o era no regime anterior, que

> O valor da ata de julgamento, cujo conteúdo e a expressão fiel de todas as ocorrências do julgamento (CPP, art. 495), reveste-se de importância essencial. Meras alegações discordantes da parte, desprovidas de qualquer comprovação, não se revelam suficientes para descaracterizarem o teor de veracidade que esse registro processual reflete. A ausência de reclamação ou de protesto da parte interessada reveste-se de aptidão para gerar, de modo irrecusável, a preclusão de sua faculdade processual de argüir qualquer nulidade porventura ocorrida.[80]

---

77 BRASIL. Superior Tribunal de Justiça. **Recurso Ordinário em Habeas Corpus n. 2156/ RJ.** Quinta Turma. Relator Min. Edson Vidigal. Data da decisão: 21/09/1992. Disponível em: <https://scon.stj.jus.br/SCON/GetInteiroTeorDoAcordao?num_registro=199200195890&dt_ publicacao=11/09/1995>. Acesso em: 5 jul. 2021.

78 MINAS GERAIS. Tribunal de Justiça. Processo n. 1.0000.00.213993-9/0001. Relator Kelsen Carneiro. Data da publicação: 12.09.2001.

79 BRASIL. Superior Tribunal de Justiça. **Habeas Corpus n. 176362/SE** 2010/0109851-8. Quinta Turma. Relatora Ministra Laurita Vaz. Data de publicação: 05/12/2012. Disponível em: <https://scon.stj.jus. br/SCON/GetInteiroTeorDoAcordao?num_registro=201001098518&dt_publicacao=05/12/2012>. Acesso em: 5 jul. 2021.

80 REVISTA dos Tribunais de Justiça, v. 136, n. 03, p. 1233.

Por essa razão há de se coadunar com o novo sistema acórdão prolatado na vigência anterior sobre tema idêntico, quando se decidiu pela regularidade de julgamento em que teria havido

> Irregularidades na formação do Corpo de Jurados: um jurado teria se apresentado em nome de outro e teria ocorrido dispensa de jurado não impedido de participar do julgamento. Pontos não objeto da ata de julgamento. Matéria de fato insuscetível de reexame em recurso extraordinário. No aresto recorrido, sequer se teve como comprovado o fato da substituição de um jurado por outro.[81]

Ausência do jurado ou sua saída sem permissão: consequências

Não comparecendo à sessão de julgamento ou dela se retirando sem a devida permissão do juiz togado, a pessoa a serviço do júri incorrerá em multa de 1 (um) a 10 (dez) salários-mínimos, a critério do juiz, de acordo com a sua condição econômica nos termos do atual artigo 442, atualizando o quanto se previa no art. 443, *caput* e § 1º.

Nos termos do Art. 443, "Somente será aceita escusa fundada em motivo relevante devidamente comprovado e apresentada, ressalvadas as hipóteses de força maior, até o momento da chamada dos jurados", cuja correspondência na legislação anterior cabia aos artigos 443, § 2º; art. 447.

Nos termos do art. 445, reproduzindo o artigo 438 da legislação anterior, "O jurado, no exercício da função ou a pretexto de exercê-la, será responsável criminalmente nos mesmos termos em que o são os juízes togados." A redação do artigo é induvidosa, restando apenas ratificar que essa responsabilidade se perfaz com a assunção da posição de jurado no caso concreto, e não com a mera indicação para a lista anual.[82]

Inclusão formal do jurado no conselho: juramento

Conceito: O juramento é ato solene e individual, devendo ser nominalmente invocado cada jurado, quem deve ter consciência do conteúdo do compromisso que presta, pois, a partir dele, é assumida a condição formal de juiz natural da causa para o caso concreto.

O compromisso deve constar de termo próprio (assim como sorteio), no qual devem constar a assinatura dos jurados e do juiz. Contudo,

---

81 BRASIL. Supremo Tribunal Federal. **Recurso Extraordinário n. 115784/SP**. Primeira Turma. Relator Min. Néri da Silveira. DJ em 13-03-1992. Disponível em: <https://redir.stf.jus.br/paginadorpub/paginador.jsp?docTP=AC&docID=205899>. Acesso em: 5 jul. 2021.

82 Ver-se a propósito FARIA JUNIOR, Cesar de. O júri e a responsabilidade penal dos juízes o crime de hermenêutica. **Revista dos Mestrandos em Direito Econômico da UFBA**, Salvador. n. 7. p.93-117. jan./dez. 1999.

Dizer da nulidade no termo de sorteio e compromisso do conselho de sentença, em virtude de falta de assinatura do juiz e dos jurados, além de importar em reexame de provas, com inegável incursão na seara fático-probatória, trata-se de irregularidade que não causou nenhum prejuízo à defesa.[83]

Por isso, é incabível de ser apreciado em sede de *habeas corpus*.

Jurado escolhido: regime de deveres

O revogado artigo 438 dispunha que "Os jurados serão responsáveis criminalmente, nos mesmos termos em que o são os juízes de ofício, por concussão, corrupção ou prevaricação (Código Penal, arts. 316, 317, §§ 1º e 2º, e 319)". Pela atual redação a responsabilização criminal é mais ampla, podendo alcançar outros crimes não expressamente previstos na redação anterior.

No mais, diante da estrutura de funcionamento do Tribunal do Júri, pela qual se compreende que o jurado é *livre* e *soberano* no seu veredicto, não há que se falar em responsabilização civil pelos seus atos a título individual, cabendo eventuais discussões apenas em face do Estado estritamente considerado.

Toda a disciplina aplicável aos jurados ditos *titulares* é igualmente aplicada aos suplentes, quando convocados, a teor do artigo 446 que repete aquele de idêntico número da legislação anterior, dependendo dessa concreta convocação a assunção da posição de jurado, e não apenas da mera inclusão da pessoa no rol da suplência, ao qual, inclusive, se deve publicidade, pois

A convocação de suplentes a integrar o Conselho de Sentença de julgamento do Tribunal Popular sem a devida publicidade, é causa de nulidade relativa, "ex vi" dos artigos 564, IV, combinado com o 572, ambos do CPP, sanável se não arguido *opportune tempore*.[84]

Incomunicabilidade

Outro aspecto importante do regime de deveres da pessoa escolhida para compor o conselho de sentença é a incomunicabilidade, que deverá ser assegurada e registrada especificamente em ata esta situação, garantindo assim o cumprimento do preceito legal, muito embora já se tenha decidido que "a lei processual não erige como formalidade essencial a lavratura de termo de incomunicabilidade dos jurados, pois o que sobreleva é a própria incomunicabilidade."[85]

---

83 JURISPRUDÊNCIA do Superior Tribunal de Justiça, v. 12, p. 272.

84 BRASIL. Superior Tribunal de Justiça. **Recurso em Habeas Corpus n. 3697-4/RS**. Sexta Turma. Relator Min. Pedro Acioli. DJU 12-12-94, p. 34.377. Disponível em: <https://scon.stj.jus.br/SCON/GetInteiroTeorDoAcordao?num_registro=199400166435&dt_publicacao=12/12/1994>. Acesso em: 5 jul. 2021.

85 REVISTA do Superior Tribunal de Justiça, v. 89, p. 459.

Este é, na verdade, um dos esteios de funcionamento do tribunal do júri tal como compreendido no direito brasileiro. O conceito de incomunicabilidade precisa ser compreendido para que se saiba aquilo que o jurado pode ou não fazer em termos de comunicação. E a incomunicabilidade pode ser dividida entre aquela *externa* e a *interna*.

a] Incomunicabilidade externa

A partir jurisprudencial dada ao tema, pode-se apontar que parece correto o teor de determinado provimento que afirma que "a incomunicabilidade não é isolamento do jurado. Vedado comentar o fato em julgamento. Simples telefonema, por si só, não é vedado. Notadamente quando dado antes dos debates. Além disso, só acarreta nulidade demonstrado o prejuízo."[86]

O item *a* demonstra-se razoável no seu fundamento, assim como o item *b*. O último tópico, no entanto, carece de melhor análise. Com efeito, a comunicação exterior, no direito brasileiro sobre temas relativos à causa é motivo de nulidade, mas não a relativa e sim a absoluta.

Com efeito, a partir do momento em que o juiz natural quebra a disposição legal e passa a ter, com terceiros, ponderações sobre o art. 458 do Código de Processo Penal deslinde do processo ou sobre determinado aspecto probatório, ele está, efetivamente, quebrando o cerne jurídico e político da sua participação como juiz do caso.

No mais, também não se considera quebra da incomunicabilidade externa a situação na qual houve "vazamento da informação do resultado após a saída dos jurados da sala secreta e antes da leitura da sentença."[87]

Todas as situações apontadas devem, seguramente, constar da ata de julgamento, vez que, "não havendo qualquer registro na ata da sessão do júri acerca da alegada quebra de incomunicabilidade entre os jurados, impossível é a cassação do julgamento, pois, como cediço, em direito, alegar e não provar é o mesmo que não alegar."[88]

b] Incomunicabilidade interna

Por outro lado, os princípios norteadores da comunicação *interna*, a dizer, com os demais jurados, funcionários, partes, juiz togado e outras pessoas presentes à sessão de julgamento são os mesmos do parágrafo anterior.

---

86 REVISTA do Superior Tribunal de Justiça, v. 21, p. 244.
87 BRASIL. Tribunal Regional Federal (5ª Região). Relator Juiz Lazaro Guimarães. DJ 18/12/1990 p. 5.536.
88 MINAS GERAIS. Tribunal de Justiça. **Apelação Criminal n. 10105100072211001**. Primeira Câmara Criminal. Relator Alberto Deodato Neto. Julgamento: 17/09/2013. Publicação: 27/09/2013. Disponível em: <https://tj-mg.jusbrasil.com.br/jurisprudencia/117335231/apelacao-criminal-apr-10105100072211001-mg?ref=serp>. Acesso em: 5 jul. 2021.

Da mesma maneira, o pedido de esclarecimentos feito pelo julgador leigo ou mesmo a formulação de questões, mormente quando intermediadas pelo juiz togado não significa a quebra da incomunicabilidade. Situação diversa é aquela na qual houve a "existência de conversa direta entre os jurados acerca do julgamento, bem como de possível influência exercida pelo advogado da defesa". Assim,

> Aos jurados não é vedado manter contato com outro membro do Conselho de Sentença a menos que a conversa diga respeito ao caso em julgamento, de molde a influenciar na decisão da causa, com o que não se equipara a comunicação feita no intervalo reservado ao lanche, na presença do Presidente do Júri e das partes, sobre assunto alheio ao caso em apreciação.[89]

Da mesma forma não é vedado ao julgador leigo conversar com outras pessoas presentes à sessão ainda mais quando "o pequeno diálogo entre o Jurado e um terceiro sequer se referiam ao caso em julgamento."[90]

Tampouco está neste contexto

> O fato de ter um jurado, que passou mal, se ausentando momentaneamente do recinto, junto com o oficial de justiça, dirigindo-se até corredor próximo, não implica quebra da incomunicabilidade. Ademais, tal acontecimento sequer constou da ata de julgamento.[91]

Lembre-se,

> Ademais, a regra da incomunicabilidade não é absoluta pois os jurados poderão – desde que não externem opinião ou convicção – dirigir perguntas e solicitar esclarecimentos ao juiz e por intermédio deste às partes (arts. 476 e 478, CPP), além de inquirir testemunhas (art. 468, CPP).[92]

Não constituindo ofensa à incomunicabilidade a situação em que há "Jurado que durante a votação, em resposta a esclarecimento solicitado ao Juiz, por outro jurado, recorda trecho dos debates, sem revelar sua opinião ou voto."[93]

---

89 PARAÍBA. Tribunal de Justiça. Relator Des. Raphael Carneiro Arnaud. Data publicação. 21/09/95.

90 MINAS GERAIS. Tribunal de Justiça. **Processo: APR 10223100258480003**. 5ª Câmara Criminal. Relator Júlio César Lorens. Julgamento: 07/01/2014. Publicação: 13/01/2014.

91 JURISPRUDÊNCIA do Tribunal de Justiça, v. 128, p. 460.

92 BRASIL. Tribunal Regional Federal (4ª Região). Relator Juiz Amir Sarti. DJU 19/09/2001 p. 526.

93 SÃO PAULO. Tribunal de Justiça. **Apelação Criminal n. 166.099-3**. Relator Dante Busana. J. 20.10.94.

7.2.4 Direitos, garantias e prerrogativas do juiz natural

7.2.4.1 Base legal

Nos termos do artigo 439,

O exercício efetivo da função de jurado constituirá serviço público relevante e estabelecerá presunção de idoneidade moral.

Alterando, assim, o dispositivo anterior que previa:

O exercício efetivo da função de jurado constituirá serviço público relevante, estabelecerá presunção de idoneidade moral e assegurará prisão especial, em caso de crime comum, até o julgamento definitivo.

Este, por sua vez, correspondendo em parte ao quanto disciplinado no antigo Artigo 437.

7.2.4.2 Fruição a partir de participação efetiva em julgamentos

As obrigações, direitos e deveres do juiz leigo surgem em virtude de sua participação em concreto, e não da sua mera nominação na lista anual. Assim, quando da verificação da possibilidade de usufruir ou não de *prisão especial*, deve-se levar em conta que se trata de "Benefício que pressupõe tenha o acusado integrado o Conselho de Sentença em algum julgamento pelo Júri [com a] Insuficiência da mera inclusão de seu nome na lista geral de jurados."[94]

Ao lado das menções de eventual incidência típica nas quais os jurados podem incorrer na forma preconizada neste artigo, cabe lembrar que os jurados, no exercício da soberania de julgamento pelo Tribunal do Júri podem ser *vítimas* de condutas tipificadas como crimes de responsabilidade.

Neste ponto, a Lei no 1.079, de 10 de abril de 1950, Crimes de Responsabilidade dispõe que:

> Art. 6º. São crimes de responsabilidade contra o livre exercício dos Poderes Legislativo e Judiciário e dos poderes constitucionais dos Estados (...) usar de violência ou ameaça, para constranger juiz, ou jurado, a proferir ou deixar de proferir despacho, sentença ou voto, ou a fazer ou deixar de fazer ato do seu ofício.

Também o Código Penal, no art. 357 (exploração de prestígio) prevê a tutela ao livre exercício da judicatura pelo leigo:

---

94 BRASIL. Superior Tribunal de Justiça. **Revista dos Tribunais**, v. 698, p. 423.

Solicitar ou receber dinheiro ou qualquer outra utilidade, a pretexto de influir em juiz, jurado, órgão do Ministério Público, funcionário de justiça, perito, tradutor, intérprete ou testemunha: Pena – reclusão, de 1 um a 5 cinco anos, e multa. Parágrafo único. As penas aumentam-se de um terço, se o agente alega ou insinua que o dinheiro ou utilidade também se destina a qualquer das pessoas referidas neste artigo.

7.2.4.3 Direito à prisão especial

O direito à prisão especial está previsto no art. 295, X, do CPP. Contudo, de acordo com Moreira[95], quando da reforma do regime jurídico das cautelares pela Lei 12403/2011 e a exclusão da *prisão especial* da disciplina do art. 438 houve, ao seu ver, revogação daquele inciso X do art. 295, esclarecendo o insigne doutrinador baiano que tratando-se de normas de igual hierarquia, e sendo aquela mais restrita posterior à mais abrangente, houve a exclusão da possibilidade da prisão especial para o jurado.

Descontada a ociosa discussão sobre a inconstitucionalidade da prisão especial havida sob o manto do discurso genérico da igualdade[96], a posição de Moreira apresenta-se arrimada em sólida interpretação da hierarquia das leis. Mas, com a devida vênia, a norma específica que regula a prisão especial é a do 295 do CPP e não a do 438 do mesmo Código. A tomar como inevitável a interpretação de exclusão que lhe é dada haveriam de ser excluídos todos os demais direitos na previstos na norma de enunciação da dignidade da função efetiva de jurado.

Aliás, o próprio artigo seguinte elenca direitos que não estão previstos no anterior de modo a desconfigurar o raciocínio de exclusão para afastar a prisão especial.

Concordamos, isso sim, com a crítica feita por Moreira à ausência de técnica das reformas pontuais.

E, quanto ao tema em comento, a pesquisa nos anais legislativos da reforma das medidas cautelares demonstra que na Comissão de Constituição e Justiça da Câmara dos Deputados, o então Relator do Projeto Deputado José Eduardo Martins Cardoso, endossou projeto substitutivo global àquele inicialmente apresentado para excluir o direito à prisão especial para os jurados – fazendo-o, contudo, sem qualquer fundamentação[97] – tema que não havia sido cogitado quando da aprovação inicial, naquela mesma Comissão, pelo então relator Ibrahim

---

95 MOREIRA, Romulo de Andrade. **Jurado tem direito à prisão especial?** Disponível em: <http://emporiododireito.com.br/o-jurado-tem-direito-a-prisao-especial-por-romulo-andrade-moreira/>. Acesso em: 25 mar. 2016.

96 NUCCI, Guilherme de Souza. **Fim da prisão especial**: posição favorável. Disponível em: <http://genjuridico.com.br/2015/06/16/fim-da-prisao-especial-posicao-favoravel/>. Acesso em: 4 jul. 2021.

97 Parecer em 19 de agosto de 2009.

Abi-Ackel[98], exarado em 07 de janeiro de 2002. Finalmente aprovado em 1º de julho de 2010, o texto nunca cogitou da alteração do art. 295 do CPP.

Atendendo à natureza da função de julgador leigo e a absoluta impropriedade de manter-se cautelarmente preso alguém que pode ter julgado o destino de algum outro eventual ocupante de cela, a prisão especial quer-nos parecer que se mantém justificativa para o jurado.

7.2.4.4 Direito de preferência em concursos públicos e licitações

Também constitui direito do jurado, nos termos do art. 440, posição jurídica parcialmente contemplada na legislação anterior, no art. 437, tendo havido, sem embargo, a ampliação do rol de *direitos do jurado*:

> Na condição do art. 439 deste Código, preferência, em igualdade de condições, nas licitações públicas e no provimento, mediante concurso, de cargo ou função pública, bem como nos casos de promoção funcional ou remoção voluntária.

A preferência em licitações ou em provimento de cargo ou função pública, bem como na hipótese de promoção funcional ou remoção funcional voluntária dá-se no caso de empate entre os concorrentes, funcionando o *efetivo* serviço de jurado como diferencial para o desempate a favor daquele que prestou o serviço. Assim, não se trata de uma vantagem *a priori* no processo seletivo, mas sim de preferência nas condições apontadas.

Da função de jurado, como já previsto no regime anterior no artigo 430, agora se tem pelo atual artigo 441 que "Nenhum desconto será feito nos vencimentos ou salário do jurado sorteado que comparecer à sessão do júri."

7.2.4.5 Direito ao não desconto dos vencimentos

A participação popular na Administração da Justiça, uma vez entendida como manifestação do Estado de Direito, efetivamente é custosa. Não por outra razão os países de tradição anglo-saxã, reconhecendo toda a pertinência estrutural desse mecanismo como forma de realizar a justiça penal, também reconhecem seu elevadíssimo custo social e, também por esse motivo, incentivam mecanismos negociais anteriores ao julgamento.

No caso brasileiro não há tradição do enfrentamento da questão dos custos sociais da função de jurado, nem o quanto isto possa vir a significar em termos

---

98 BRASIL. Câmara dos Deputados. **Histórico de Pareceres, Substitutivos e Votos – PL 4208/2001.** Disponível em: <http://www.camara.gov.br/proposicoesWeb/prop_pareceres_substitutivos_voto s;jsessionid=986081243D41E4484D403C7AA740D130.proposicoesWeb1?idProposicao=26558>. Acesso em: 5 jul. 2021.

gerais da administração da justiça penal dentro de uma perspectiva mais ampla quanto ao custo da violência dos crimes dolosos contra a vida no sistema jurídico-penal brasileiro.

No momento em que estes comentários estão sendo preparados, caso de significativa importância para o tema em pauta se encontra pendente de apreciação no e. STF, já tendo sido alvo de decisão no c. STJ, com a seguinte ementa:

Recurso Especial nº 355.630 – CE (2001/0130545-4) interposto pela União, com fundamento nas alíneas *a* e *c*, do inciso III, do artigo 105, da Constituição da República, contra v. acórdão proferido pelo egrégio Tribunal Regional Federal da 5ª Região.

Do histórico do caso depreende-se que foi impetrado mandado de segurança, com pedido liminar, contra ato da superintendente da Receita Federal da 3ª Região Fiscal no qual os impetrantes, ocupantes do cargo de auditor fiscal, que ao editar a Ordem de Serviço nº 02, de 05 de fevereiro de 1999, a autoridade coatora determinou que o servidor do órgão, convocado como jurado, que não compusesse o Conselho de Sentença na Sessão do Tribunal do Júri, deveria voltar a cumprir as atribuições do cargo. Com base nesse entendimento, foi descontada parcela significativa dos vencimentos dos *impetrantes* por ausências injustificadas ao serviço.

O r. Juízo sentenciante concedeu a ordem, confirmada a liminar, para determinar que

> (...) a ordem de serviço nº 02, de 05.02.99, não incida sobre a situação dos impetrantes, assegurados a eles todos os direitos decorrentes de suas justificadas faltas para comparecimento às sessões do Tribunal do Júri, contando-se integralmente as mesmas como efetivo tempo de serviço para todos os efeitos legais (fls. 67n1).

Ao depois, deferiu o d. Presidente do TRF da 5a Região pedido de suspensão da segurança formulado pela União, sob o fundamento de que lhe parecia

> (...) evidente que a dispensa do serviço a integrantes de carreira de tal relevância para o Estado por período tão distenso (atingindo, em alguns casos, quatro anos) – superior, inclusive, ao lapso temporal em que servem efetivamente como jurados – acarreta lesão grave à economia pública e à ordem administrativa (fls. 310/312).

À apelação da União e à remessa oficial, houve por bem a egrégia Corte de origem negar provimento, em acórdão que espelha seguinte ementa:

> Mandado de segurança. Administrativo. Servidores convocados para participarem das sessões do tribunal do júri. Ausência de participação no conselho de

sentença. Desconto nos vencimentos. Impossibilidade. 1. Proibição de desconto nos vencimentos dos jurados que tomem parte nas sessões do Tribunal do Júri, ainda que não participem dos julgamentos. 2. Servidores que estiveram presentes em todos os dias úteis dos meses de fevereiro a junho, conforme informações prestadas pelos próprios Juízes Presidentes dos Tribunais do Júri. Impossibilidade de desempenho das funções normais de auditor fiscal. 4. Apelação e remessa oficial improvidas (fl. 351).

Diante desse desate, sobreveio o presente recurso especial, no qual aduz a União, em síntese, que foram violados os comandos dos artigos 5º, VIII, 15, IV, e 37 da Constituição Federal, bem como dos arts. 37 e 102, VI, da Lei no 8.112/90, 435, 437 e 457 do Código de Processo Penal e a Ordem de Serviço no 02/99. Nesse sentido, argumenta que "a interpretação lógica dos arts. 430 e 437 do CPP, nos leva a seguinte ilação: nenhum desconto será feito nos vencimentos do jurado sorteado que comparecer às sessões do júri e compuser o Conselho de Sentença".

Afirma, outrossim, que "não se pode ser considerado de efetivo exercício o tempo em que o servidor público se ausenta das suas funções, sem assumir as atividades de julgador de fato no Tribunal do Júri" (fl. 358).

Apreciando toda a matéria, o c. STJ assim decidiu:

> É consabido que o serviço obrigatório prestado ao Tribunal do Júri, considerado serviço público relevante e essencial para a formação do devido processo legal no julgamento de crimes dolosos contra a vida, é imposto a todos os brasileiros. Há expressa disposição normativa no sentido de que *"nenhum desconto será feito nos vencimentos do jurado sorteado que comparecer às sessões do júri"* (art. 430 do CPP). Essa prerrogativa se estende, igualmente, aos servidores públicos alistados, inclusive *por força* do disposto no artigo 102, inciso VI, da Lei no 8.112/90, que considera dias de efetivo serviço o *afastamento* em virtude da prestação de serviço no Tribunal do Júri. Não se justifica, no particular, o desconto na remuneração *dos* auditores fiscais em razão da Ordem de Serviço n. 02/99, da Superintendência da Receita Federal (3ª Região Fiscal). Segundo consta dos termos do r. voto condutor *do* acórdão *recorrido*, com amparo em declarações dos Juízes Presidentes dos 1º, 2º e 3º Tribunais do Júri de Fortaleza, compareceram os servidores todos os dias úteis dos meses de fevereiro a junho de 1999 às sessões do Tribunal do Júri. Recurso especial não conhecido.

Ainda no âmbito da discussão da impossibilidade de desconto de vencimentos para o jurado, o TJMG decidiu que:

> Como a legislação vigente não autoriza computar como de "efetivo serviço" para fins de "gratificação" o período em que o funcionário mineiro alistado como jurado esteve afastado para atendimento de convocação do Tribunal do Júri,

dito período não pode ser usado para pagamento do "Prêmio de Produtividade", vantagem pecuniária que se insere no conceito de "gratificação *propter laborem*" e, como tal, não se encontra sob a proteção do art. 441 do CPP (redação dada pela Lei n.º 11.689/2008), que garante apenas a irredutibilidade de "vencimento ou salário" do jurado que atendeu à convocação[99].

7.2.5 A exceção ao juiz natural: o desaforamento

Conceito: Desaforamento é o mecanismo pelo qual, nas hipóteses restritamente previstas no CPP e mediante o procedimento ali disciplinada é afastada a regra da territorialidade para fixação da competência do julgamento pelo Tribunal do Júri, fixando-se outra comarca para fazê-lo.

7.2.5.1 Aspectos gerais

Na História do Tribunal do Júri no Brasil surge um mecanismo diferenciado para afastar a regra da territorialidade nos casos de competência do Tribunal do Júri[100], cujo emprego se dá em caráter tido como excepcional[101], cabível apenas para os crimes de competência do tribunal do júri dentro daquilo que se poderia chamar de jurisdição penal comum.[102]

Magalhães Noronha apregoava que "é regra fundamental que o réu seja julgado no distrito da culpa, isto é, no local onde cometeu o delito", ante a prevalente

---

99 MINAS GERAIS. Tribunal de Justiça. **Apelação Cível n. 10024102446143001/MG**. Relator Peixoto Henriques. Data de publicação: 05/07/2013. Disponível em: <https://tj-mg.jusbrasil.com.br/jurisprudencia/115963368/apelacao-civel-ac-10024102446143001-mg/inteiro-teor-115963432>. Acesso em: 5 jul. 2021.

100 Inicialmente desconhecido em 1832, o desaforamento tal como se encontra estruturado no código em vigor tributa sua estrutura ao decreto-lei 167/1938.

101 O tema do desaforamento é conhecido em outras searas do direito brasileiro. Com efeito, Lei nº 4.737, de 15 de julho de 1965 Código Eleitoral, publicado no DOU de 19 de julho de 1965, ao afirmar no art. 22 que: Compete ao Tribunal Superior: (...) h os pedidos de desaforamento dos feitos não decididos nos Tribunais Regionais dentro de trinta dias da conclusão ao relator, formulados por partido, candidato, Ministério Público ou parte legitimamente interessada Redação determinada pela Lei n.º 4.961, de 04/05/66. Por outro turno, no Decreto-Lei n.º 1.002, de 21 de outubro de 1969 Código de Processo Penal Militar, afirma-se no conjunto de regras de fixação da competência da Justiça Militar, excepcionando o Art. 87 que "Não prevalecem os critérios de competência indicados nos artigos anteriores, em caso de: (...) c desaforamento". Na Justiça castrense os motivos do desaforamento são Art. 109: a no interesse da ordem pública, da Justiça ou da disciplina militar; b em benefício da segurança pessoal do acusado; c pela impossibilidade de se constituir o Conselho de Justiça ou quando a dificuldade de constituí-lo ou mantê-lo retarde demasiadamente o curso do processo. O pedido de desaforamento, embora denegado, poderá ser renovado se o justificar motivo superveniente art. 110.

102 Impossível de aplicação em outros delitos. Veja-se o seguinte julgado: Latrocínio e formação de quadrilha ou bando – Não cabimento – Pedido cabível somente em processos de competência do Tribunal do Júri – Inteligência do artigo 414, do Código de Processo Penal – Pedido não conhecido. Desaforamento n. 332.489-3. Itaporanga. 6ª Câmara Criminal. Relator Debatin Cardoso. 16.08.01 – V.U.

circunstância do "princípio de que o réu seja julgado por seus pares, isto é, por pessoas que o conheçam, saibam de sua vida, etc"[103] e segundo o sempre mencionado Frederico Marques, o desaforamento "constitui (...) uma verdadeira mudança nas regras de competência territorial, justificável tão-só pelas peculiaridades do júri", sendo uma derrogação da competência territorial, consentida pela lei em face de razões contingentes.[104]

7.2.5.2 Momento da ocorrência

O desaforamento ocorre após a fase de admissibilidade, quando da preparação do caso para ser levado a conhecimento do juiz natural popular. Assim o era na redação do art. 424[105] do Código de Processo Penal e assim também se dá nos novos artigos 427 e 428, pois fora deste contexto não há que se falar nas hipóteses expressamente previstas.

Com efeito, para os casos de perda da imparcialidade do juiz togado o mecanismo empregado é outro, a saber, a exceção de suspeição ou impedimento na forma preconizada pelo CPP[106] e com os fundamentos próprios que, por sinal, podem ser usados para o integrante do Conselho de sentença individualmente considerado.[107]

Situação que é enfrentada pela doutrina diz respeito à impossibilidade, como regra, de desaforamento de um caso quando, em sede recursal, determina-se a anulação do primeiro julgamento e a realização de segunda sessão plenária. A resposta é preliminarmente negativa, ressalvando-se que, se *novos fatos* autorizarem, a regra territorial poderá ser quebrada[108]. Seguindo ementa de julgado do e. STF: Realizado o primeiro julgamento, não é mais possível pedido de desaforamento, a não ser que surjam novos motivos.[109]

---

103 MAGALHÃES NORONHA, Edgard. **Curso de Direito Processual Penal**. 6. ed. São Paulo: Saraiva, 1996. p. 347.
104 MARQUES, José Frederico. **A instituição do júri**. Campinas: Bookseller, 1997. p. 257 e 258.
105 Art. 424 – Se o interesse da ordem pública o reclamar, ou houver dúvida sobre a imparcialidade do júri ou sobre a segurança pessoal do réu, o Tribunal de Apelação, a requerimento de qualquer das partes ou mediante representação do juiz, e ouvido sempre o procurador-geral, poderá desaforar o julgamento para comarca ou termo próximo, onde não subsistam aqueles motivos, após informação do juiz, se a medida não tiver sido solicitada, de ofício, por ele próprio.
106 No CPP: Art. 95 – Poderão ser opostas as exceções de: (...) I – suspeição; a ritualização segue o disposto nos arts. 97-107 do mesmo Código.
107 Art. 458 do CPP: Antes do sorteio do conselho de sentença, o juiz advertirá os jurados dos impedimentos constantes do art. 462, bem como das incompatibilidades legais por suspeição, em razão de parentesco com o juiz, com o promotor, com o advogado, com o réu ou com a vítima, na forma do disposto neste Código sobre os impedimentos ou a suspeição dos juízes togados.
108 Para Mirabette: "Realizado o primeiro julgamento não é mais possível pedido de desaforamento, ocorrendo uma espécie de preclusão, porque atenta contra a soberania do júri, como se houvesse uma censura sobre o primeiro julgamento. Abre-se, porém, a possibilidade de desaforamento para o segundo julgamento, se anulado o primeiro, novos fatos, supervenientes a este, o justificar." MIRABETTE, Julio Fabrini. **Processo Penal**. 4. ed. rev. atual. São Paulo: Atlas, 1995. p. 498.
109 REVISTA do Tribunal de Justiça, São Paulo, v. 45, p. 461.

7.2.5.3 Do procedimento do desaforamento

Prevista sumariamente no artigo 427, a regra nova procedimental é a seguinte:

Procedimento para desaforamento	a) legitimação: qualquer das partes, o assistente do Ministério Público ou juiz;
	b) forma de postulação: requerimento (partes) / representação (juiz);
	c) informação do juiz se a medida não tiver sido solicitada, de ofício, por ele próprio;
	d) prazos: Após o trânsito em julgado da pronúncia e até o início da sessão de julgamento;
	e) procedimento no Tribunal: (i) parecer da PGJ; (ii) acórdão.

Fonte: O autor (2021)

Dela se depreende a inexistência de qualquer formação de um acervo de conhecimento específico para o tema, redundando toda a discussão na alegação de parte-a-parte e nesse aspecto, embora se afirme quanto à impossibilidade de decidir com base em conjecturas ou suposições[110] é difícil fugir desses aspectos exatamente pela ausência da uma forma de produção de provas sobre o alegado.

De qualquer modo, a jurisprudência avalia que "Não é necessária, ao desaforamento, a afirmação da certeza da imparcialidade dos jurados, bastando o fundado receio de que reste comprometida."[111]

Neste ponto, os Tribunais procuram delimitar alguns parâmetros, como o da necessidade da oitiva da parte contrária[112], quando o requerimento for emanado de uma delas[113]. A não oitiva da parte contrária causaria constrangimento passível de ataque por habeas corpus. Nesse sentido o seguinte julgado:

> O processo penal tem por primado o princípio do devido processo legal, cujos fundamentos repousam no contraditório e na ampla defesa. – Consubstancia constrangimento ilegal, passível de reparação por habeas-corpus, o deferimento do pedido de desaforamento requerido pelo Ministério Público, sem

---

110 JURISPRUDÊNCIA do Tribunal de Justiça, v. 240, p. 366.
111 REVISTA de jurisprudência LEX-STF, v. 31, n. 365, 2009, p. 478-485.
112 Para a necessidade da oitiva da defesa, os seguintes precedentes do STF: HC 63.807: REVISTA do Tribunal de Justiça, São Paulo, v. 131, p. 125 e HC 69.054, REVISTA do Tribunal de Justiça, São Paulo, v. 139, p. 242. Igualmente REVISTA do Tribunal de Justiça, São Paulo, v. 128, p. 1170.
113 Nesse ponto cabe lembrar que não é facultado ao assistente postular o desaforamento ou recorrer, de qualquer forma, do provimento que decide a matéria: Interposição, pelo assistente de acusação, contramedida liminar concessiva em desaforamento – Parte legítima – Não conhecimento. – Se ao assistente de acusação não é permitido postular o desaforamento, também lhe é defeso recorrer de decisão que o defere ou indefere e, bem assim, de medida de urgência que, identificando o "periculum in mora", suspende o julgamento até a apreciação do mérito do pedido de desaforamento. – Demais, se fosse reconhecida legitimidade ao assistente, contra decisão de desembargador dos Tribunais de Justiça, a via adequada seria outra, que não a utilizada pelo agravante CF, art. 105, I, "a" e "c". Des. Raphael Carneiro Arnaud – TJ-PB – 1996. Em sentido contrário, no entanto, vendo o assistente como "litisconsorte", Hermínio Porto, Op. Cit., p. 115, com menção jurisprudencial.

Tribunal do Júri | 505

assegurar oportunidade para a manifestação da defesa dos réus, por importar em cerceamento de defesa e afronta à garantia do devido processo legal.[114]

Pode-se questionar se o habeas corpus seria efetivamente o melhor caminho para o ataque ao tema ou se não se estaria aí diante de uma situação de flagrante ofensa a um direito líquido e certo (direito líquido e certo ao devido processo legal). No entanto, o HC surge sempre como primeiro instrumento a ser usado no processo penal enquanto ação impugnativa e assim é operacionalizado tradicionalmente no direito brasileiro.

Outro aspecto é a sobrevalorização das informações do juiz *a quo* sobre a necessidade ou não da adoção da medida[115]. Quando, no entanto, tratar-se de uma *representação* do juiz togado, tudo se dá numa forma correcional, descabendo intervenção das partes, limitando-se a interferência de *terceiros* a um parecer da Procuradoria Geral de Justiça.

Importante modo operacional se instaurou na prática do desaforamento: a possibilidade da concessão de liminar para adiamento do julgamento, quando já determinada a data de sua realização, aguardando-se o julgamento do mérito do pedido. Assim, já se decidiu que

> A suspensão liminar de julgamento do Tribunal do Júri, até que se decida acerca do pedido de desaforamento insere-se no poder geral de cautela do juiz, não se compadecendo com eventual falta de regramento legal para a medida que, a teor da jurisprudência desta Corte, mutatis mutandis, não se sujeita ao crivo do habeas corpus, sob pena de supressão de instância, a não ser que se apresente teratológica, o que não acontece na hipótese vertente. Ademais, a medida ancora-se em norma regimental.[116]

A Lei 11.619-08 ampliou a legitimação para provocação do desaforamento, estendendo-a para a figura do assistente.

A reforma aprovada veio na esteira do quanto já havia sido proposto no projeto de lei 4900-1995[117] e, segundo um de seus principais articuladores, tratava-se de

---

114 Habeas-corpus concedido. DCLA HC N 9800 SP. BRASIL. Superior Tribunal de Justiça. **Habeas Corpus n. 9800/SP.** Sexta Turma. Relator Min. Vicente Leal. Julgamento de 21/9/1999. Publicação: DJ 18/10/1999, p. 283. Disponível em: <https://stj.jusbrasil.com.br/jurisprudencia/8370222/habeas-corpus-hc-9800-sp-1999-0050821-1>. Acesso em: 4 jul. 2021.

115 REVISTA dos Tribunais, v. 639, p. 387 e REVISTA dos Tribunais, v. 639, p. 291. "Ainda: relevantes as informações prestadas pelo juiz presidente do Tribunal do Júri." BRASIL. Supremo Tribunal Federal. **Habeas Corpus n. 93.939/MG.** Primeira Turma. Relator Min. Marco Aurélio. DJe de 06/02/2009. Disponível em: <https://redir.stf.jus.br/paginadorpub/paginador.jsp?docTP=AC&docID=573741>. Acesso em: 4 jul. 2021.

116 DCLA HC 9163 PE. BRASIL. Superior Tribunal de Justiça. **Habeas Corpus n. 9163/PE.** Sexta Turma. Relator Fernando Gonçalves. Publicação: DJ 04/10/1999. Disponível em: <https://stj.jusbrasil.com.br/jurisprudencia/8372394/habeas-corpus-hc-9163-pe-1999-0034116-3/relatorio-e-voto-102620852>. Acesso em: 4 jul. 2021.

117 No projeto "Frederico Marques" havia previsão do desaforamento, mas sem a possibilidade do assistente requerê-lo nos termos do art. 663.

"medida constitutiva de uma possibilidade a mais para a realização da justiça material"[118]. Assim, foi o texto incorporado desde o início dos trabalhos da Comissão Grinover e permaneceu intacto na tramitação legislativa.

Essa possibilidade já fora reconhecida em antigo julgado do STF[119], em acórdão relatado por Nelson Hungria, cuja ementa dispunha: "Desaforamento de julgamento; pode ser requerido por qualquer das partes, e entre estas se há de incluir o assistente. o art. 271 do código do processo penal e completado, neste ponto, pelo art. 424", não sem contar com dissensões no próprio STF. Somente se pode entender essa possibilidade se for compreendido, igualmente, que o assistente pode opor exceção de competência[120]. Todos esses julgados, no entanto, se apresentam anteriores a 1988.

Regras para a redistribuição do processo:

Como forma de minimizar o deslocamento físico, o Código procura dimensionar a remessa do caso para outra comarca da mesma região. A remessa dos autos para comarca fora desses padrões somente pode ser aceita em hipóteses excepcionais, com fundamentação própria para tal fim. Caso contrário, deve ser mantida a proximidade geográfica. No entanto, há um aspecto pouco enfrentado que é o da escolha da comarca mais próxima que, a dizer dos julgados, não

---

118 DOTTI, René Ariel. A reforma do procedimento do júri projeto de lei 4900 de 1995. In: TUCCI, Rogério Lauria (Org.). **Tribunal do Júri**: estudo sobre a mais democrática das instituições jurídicas brasileiras. São Paulo: Revista dos Tribunais, 1999. p. 301.

119 BRASIL. Supremo Tribunal Federal. **Recurso Extraordinário n. 23897**. Primeira Turma. Relator Min. Luis Gallotti. Julgamento: 1/1/1970. Publicação: ADJ data 01-08-1955 PP-02576. Disponível em: <https://stf.jusbrasil.com.br/jurisprudencia/14510138/recurso-extraordinario-re-23897/inteiro-teor-102960409>. Acesso em: 4 jul. 2021. BRASIL. Supremo Tribunal Federal. **Habeas Corpus n. 33035**. Primeira Turma. Relator Min. Nelson Hungria. Julgamento: 31/12/1969. Publicação: ADJ data 25-01-1960 PP-00239 Ement. VOL-00179-01 PP-00344. Disponível em: <https://stf.jusbrasil.com.br/jurisprudencia/643209/habeas-corpus-hc-33035/inteiro-teor-100376832>. Acesso em: 4 jul. 2021.

120 BRASIL. Supremo Tribunal Federal. **Habeas Corpus n. 65132/DF**. Tribunal Pleno. Relator Min. Octavio Gallotti. Julgamento: 12/08/1987. Publicação: 04/09/1987. Disponível em: <https://redir.stf.jus.br/paginadorpub/paginador.jsp?docTP=AC&docID=69376>. Acesso em: 5 jul. 2021; BRASIL. Supremo Tribunal Federal. **Recurso extraordinário n. 74381/SP**. Tribunal Pleno. Relator Min. Antonio Neder. Julgamento 04/10/1972. Publicação: 18/05/1973. Disponível em: <https://redir.stf.jus.br/paginadorpub/paginador.jsp?docTP=AC&docID=170068>. Acesso em 5 jul. 2021; BRASIL. Supremo Tribunal Federal. **Habeas Corpus n. 58410/RJ**. Tribunal Pleno. Relator Min. Moreira Alves. Julgamento: 18/03/1981. Publicação: 15/05/1981. Disponível em: <https://redir.stf.jus.br/paginadorpub/paginador.jsp?docTP=AC&docID=66558>. Acesso em: 5 jul. 2021; BRASIL. Supremo Tribunal Federal. **Inquérito n. 94/RJ**. Tribunal Pleno. Relator Min. Moreira Alves. Julgamento: 13/08/1980. Publicação: 19/09/1980. Disponível em: <https://redir.stf.jus.br/paginadorpub/paginador.jsp?docTP=AC&docID=80427>. Acesso em: 5 jul. 2021; BRASIL. Supremo Tribunal Federal. **Recurso Extraordinário n. 73922/SP**. Tribunal Pleno. Relator Min. Antonio Neder. Julgamento: 16/11/1972. Publicação: 02/03/1973. Disponível em: <https://redir.stf.jus.br/paginadorpub/paginador.jsp?docTP=AC&docID=169631>. Acesso em: 5 jul. 2021.

carece de motivação específica. *Em outras palavras, com quais critérios se escolhe a comarca mais próxima.*[121]

Neste ponto a jurisprudência e a doutrina, sempre construídas a partir de um raciocínio de *negação* e de *exclusão* não conseguem se justificar. Simplesmente não há, dentro do Código e de seus intérpretes mais comuns, clareza alguma para essa redistribuição, ficando ao puro sabor casuísta esse deslocamento. *Sabemos o que não pode ser feito, mas não se sabe como deve ser feito aquilo que a lei manda fazer*. E essa discussão não tem nada de acadêmica, bastando que se veja a lição de Streck[122] a respeito das profundas diferenças que advêm de uma para outra comunidade quando participam do julgamento na corte popular.

Nesse ponto a única restrição seria a impossibilidade de haver o desaforamento para outro Estado – tratando-se de júri de competência da Justiça Estadual -. No dizer de Hermínio Alberto Marques Porto:

> Descabido é o desaforamento para comarca localizada em outro Estado, assim porque em face do sistema federativo adotado no país, desde a implantação do regime republicano (1889), a distribuição da justiça é atribuição de cada unidade da federação, nos respectivos limites territoriais, que demarcam a competência dos juízes e tribunais.[123]

Indo mais além no mesmo tema, a situação ainda é delicada quando, na comarca que recebe o feito desaforado, não há mecanismo algum de impugnação ao recebimento da causa estranha àquela comunidade, vez que não se trata de qualquer modalidade de conflito negativo de competência. Quando muito será empregado o mesmo mecanismo do desaforamento, se as causas do art. 424 subsistirem no novo foro.[124]

A limitação, por sinal, não se dá apenas pela impossibilidade acima mencionada, mas, igualmente, pela restrição das formas de impugnação do próprio provimento de segundo grau que decidiu favoravelmente ao pleito[125]. Visto sob esse prisma, a ordem de desaforamento está mais próxima de uma decisão

---

121 Como se vê, por exemplo, na discussão do BRASIL. Supremo Tribunal Federal. **Recurso em Habeas Corpus n. 94008/RJ**. Primeira Turma. Relator Min. Carlos Britto. Julgamento: 24.6.2008. Publicação: 03/04/2009. Disponível em: <https://redir.stf.jus.br/paginadorpub/paginador.jsp?docTP=AC&docID=584802>. Acesso em: 5 jul. 2021.
122 STRECK, Lenio Luiz. **Tribunal do Júri**: Símbolos & Rituais. Op. Cit. p. 84/85.
123 PORTO, Herminio Alberto Marques. **Júri**. São Paulo: Saraiva, 2005. p. 108.
124 Cai-se na hipótese de desaforamento sucessivo que será tratada em outra parte do presente trabalho.
125 Veja-se a seguinte passagem de comento sobre o tema analisado: "Os embargos infringentes e de nulidade estão previstos no artigo 609 e seu parágrafo, do capítulo em que trata do processo e do julgamento dos recursos em sentido estrito e das apelações. Por isso é praticamente pacífico na doutrina e jurisprudência que só são cabíveis nos acórdãos proferidos em apelação ou em recurso em sentido estrito. Não são cabíveis, pois, em revisão, em habeas corpus, em pedido de desaforamento, em embargos infringentes, em agravo em execução etc.". MIRABETE, Julio Fabbrini. Op. Cit. p. 661.

administrativa, o que se acentua quando se analisa a *relação processual* que desencadeia essa decisão (sentido lato).

Esquematicamente:

DESAFORAMENTO: Definição da nova comarca	Envio para comarca na *mesma região*
	Dentre as da *mesma região* não há critério para escolha
	Não há mecanismo de impugnação pelo Juízo que recebe o processo desaforado

Fonte: O autor (2021)

7.2.5.5 Fundamentos do desaforamento no Código de Processo Penal e sua (in)adequação à Constituição

As causas do desaforamento estão previstas no art. 427 do CPP e são taxativas e apresentadas a seguir:

Esquematicamente:

FUNDAMENTOS PARA O DESAFORAMENTO – art. 427 do CPP	Manutenção da ordem pública
	Preservação da segurança da pessoa acusada
	Preservação da imparcialidade do julgador leigo

Fonte: O autor (2021)

Além destas, o CPP também prevê, sob o título do desaforamento, a modificação da comarca fundado em excesso de serviço, fundamento presente no art. 428 do mesmo Código.

Manutenção da ordem pública

Conceito: O jargão *ordem pública* é largamente usado pelo regime processual penal, sendo sua presença mais marcante sentida no campo das medidas cautelares de ordem pessoal, como um dos fundamentos que, à luz estrita do CPP, autorizariam a necessidade cautelar e, como ali se passa, a expressão *ordem pública* apresenta-se no mais das vezes sem qualquer significado, bastando sua enunciação por si mesma.[126]

Outrossim, alguma tentativa de dar concretude à ordem pública no caso do desaforamento leva em conta a influência das pessoas envolvidas no meio da comunidade que a julgará, sendo que:

> [...] uma vez evidenciada no distrito da culpa a forte influência econômico-financeira do réu, de tal sorte a influenciar no ânimo dos jurados que comporão

---

126 Como, por exemplo, no desaforamento n.º 272.924-3 – Santa Branca – 6ª Câmara Criminal – Relator: Debatin Cardoso – 27.05.99 – V.U.

o Conselho de Sentença, mercê de eventual represália, na hipótese de condenação, mormente diante da aquiescência do Juiz da causa a respeito, há, sim, fundadas dúvidas sobre a isenção dos juízes leigos.[127]

Ou, ainda, a própria pressão de familiares da pessoa acusada, situação em que:

> O constrangimento efetuado por familiares do réu, visitando todos os jurados em suas residências e intimidando-os a votar pela absolvição o acusado, e o pedido de dispensa de vários jurados referente ao julgamento de origem constituem circunstâncias que põem em risco a imparcialidade do Júri.[128]

Preservação da segurança do réu

Neste fundamento o Estado reconhece sua inapetência para preservar a integridade física do acusado e, como solução do "problema" pune o acusado com a privação do juiz natural popular. Sendo fundamento distinto da perda da imparcialidade[129], a preservação da segurança atinge a figura do acusado, e não a de seu julgador. O réu, que deve se submeter à guarda do estado precipuamente quando preso[130], e não tendo sua segurança assegurada, deve se ver submetido a julgamento em base territorial distinta daquela que seria a originariamente correta. O mesmo valeria, segundo orientação de Marrey para a segurança pessoal do defensor do réu[131], citando precedentes do STF. Sem embargo da posição exposta, não nos parece crível privar o réu de seu juiz natural por problemas que digam respeito ao seu patrono.

Preservação da imparcialidade do julgador leigo

A imparcialidade surge como único fundamento verdadeiramente próximo à garantia do juiz natural tal como disciplinado na CR/88. Por uma razão lógica, a imparcialidade se presume, sendo que a situação oposta (imparcialidade) deve vir comprovada de forma específica.

Como já salientado pela doutrina,

> Deve-se salientar que simples suspeita do acusado quanto à imparcialidade do Júri, levantada só pela forma como o crime foi consumado, não é motivo

---

127 PARÁ. Tribunal de Justiça. Processo n. 201330255147. Relator Raimundo Holanda Reis. Julgamento: 28/07/2014.
128 PERNAMBUCO. Tribunal de Justiça. **Processo n. 3850219**. Relator Fábio Eugênio Dantas de Oliveira Lima. Julgamento: 03/02/2016.
129 No entanto nem sempre é assim considerado no caso concreto. Veja-se a seguinte ementa: Dúvida sobre a imparcialidade do júri – Crime de natureza política ocorrido em época de eleições municipais – Conotação entre o fato delituoso e pessoas influentes na localidade filiadas a partido diverso – Revolta popular, pondo em risco a segurança dos acusados – Pedido deferido – Declaração de voto – Inteligência do art. 424 do CPP REVISTA dos Tribunais, v. 581, p. 297.
130 Desaforamento n. 295.554-3 – Itapeva – 5ª Câmara Criminal – Relator: Dante Busana – 10.02.00 – V.U.
131 MARREY, Adriano; STOCO, Rui; SILVA FRANCO, Alberto. Op. Cit., p. 64.

suficiente a autorizar o desaforamento. Tratando-se de medida de exceção, é mister resultem comprovados os motivos alegados, de molde a justificarem a necessidade da derrogação da competência normal do julgamento.[132]

Afastam-se assim deste contexto, as meras conjecturas[133], devendo haver prova inequívoca da situação geradora da imparcialidade[134].

Em outras palavras,

> Sendo o desaforamento medida excepcional recepcionada no Código de Processo Penal, implicando no deslocamento da competência territorial dos julgadores naturais, nos casos de júri, somente pode e deve ser concedido em casos especialíssimos, desde que se faz clara, manifesta, visível e patente situação que possa comprometer um julgamento imparcial, máxime se essa circunstância é referendada ou denunciada pelo magistrado que preside o feito.[135]

Sendo que uma dessas situações é a comoção total da comunidade[136], que necessariamente não advém do presumido prestígio dos envolvidos no local[137]. Quando, no entanto, a sociedade local debate amplamente o fato, com a presença de movimentos inclusive pró-absolvição, já se anteviu nesse cenário a quebra da necessária imparcialidade.[138]

---

132 *Ibidem*, p. 82.

133 Desaforamento – Inadmissibilidade – Não configuração de nenhuma das hipóteses de desaforamento – Ausência das circunstâncias previstas no artigo 424 do Código de Processo Penal – Insuficiente meras suspeitas ou conjecturas a respeito da imparcialidade dos jurados – Pedido indeferido. Desaforamento n. 341.051-3 – São Roque – 4ª Câmara Criminal – Relator: Canellas de Godoy – 07.08.01 – V.U.

134 Desaforamento – Revolta dos habitantes locais – Imparcialidades do júri – Comportamento – Insuficiência de prova – Medida de caráter excepcional – Ausência de prova inequívoca – Pedido indeferido. Desaforamento n.º 219.204-3 – Itararé – 6ª Câmara Criminal – Relator: Geraldo Xavier – 20.02.97 – V.U.

135 Desaforamento – Classe I – 5 – n°. 52/97, de Mirassol D'Oeste.

136 Ameaça de vingança ou retaliação popular – Presença de abaixo assinado com grande número de assinaturas e extensa passeata relacionados ao crime – Circunstância que tolhem a livre manifestação do júri – Pedido deferido Para que se autorize o desaforamento, não se faz mister a certeza de que as circunstâncias tolham a livre manifestação do júri, não se exige sequer a opinião que tal coisa possa suceder; bastam indícios capazes de produzir a indeterminação do espírito, ou de um receio fundado. Relator: Dante Busana – Desaforamento n.º 168.332-3 – Jacupiranga – 01.09.94.

137 Dúvida sobre a imparcialidade do Júri – Conotação política dos delitos imputados ao requerente e prestígio dos familiares dos ofendidos na comunidade local – Informações, todavia, desfavoráveis do juiz de direito da comarca – Pedido indeferido – Inteligência do art. 424 do CPP Ement. REVISTA dos Tribunais, v. 587, p. 320.

138 Desaforamento – Alegação de imparcialidade do Júri – Dúvida confirmada – Relevância das informações do Juiz – Crime que provocou comoção social na Comarca e ampla repercussão no Estado – Concurso de agentes – Presunção de imparcialidade ante movimentos pró-absolvição – Deferimento do pedido. A regra fundamental é a de que o réu deve ser julgado no distrito da culpa. Confirmada, no entanto, a dúvida quanto à imparcialidade dos jurados, impõe-se o deslocamento do julgamento em outra Comarca imune aos motivos determinantes do desaforamento. Rev. do FORO 91/463 Des. Raphael Carneiro Arnaud – TJ-PB – 1993.

Ainda, o relacionamento da comunidade com a divulgação do caso pela mídia sempre é tema a merecer cautela. Lembrando que a demonstração de parcialidade – ou seu mero *risco* na locução jurisprudencial – precisa ser demonstrada e a não apenas insinuada, tem-se como entendimento orientador dessa situação que "A divulgação do fato criminoso pela mídia não reflete o ânimo dos membros integrantes do Conselho de Sentença."[139]

Desaforamento por excesso de serviço ou excesso de prazo para julgamento

O novo artigo 428 determina a possibilidade de desaforamento

> (...) em razão do comprovado excesso de serviço, ouvidos o juiz presidente e a parte contrária, se o julgamento não puder ser realizado no prazo de 6 (seis) meses, contado do trânsito em julgado da decisão de pronúncia. § 1º Para a contagem do prazo referido neste artigo, não se computará o tempo de adiamentos, diligências ou incidentes de interesse da defesa.[140]

No regime anterior havia regra similar, levando-se em conta a então existência do libelo-crime que funcionava como marco inicial da excessiva demora na realização da sessão plenário. Na redação anterior, *se o julgamento não se realizar no período de 1 (um) ano, contado do recebimento do libelo, desde que para a demora não haja concorrido o réu ou a defesa (art. 424 do CPP)*[141]. Igualmente aqui se punia – e continua se punindo – o acusado com o deslocamento da competência territorial pela ineficiência administrativa do Estado que, não provendo a estrutura necessária ao Poder Judiciário, onera o jurisdicionado com a privação de seu juiz natural.

Ao final dessa cláusula o legislador soube condicionar sua ocorrência às atividades exclusivas da defesa, como se a defesa se movimentasse no processo sem controle jurisdicional e pudesse fazer e desfazer da relação processual como melhor lhe aprouvesse. Era assim na sistemática anterior e continua sendo desta forma na norma *renovada*.

Um limite ao excesso temporal era colocado pela jurisprudência, o da impossibilidade de deslocamento da causa em decisão tomada em âmbito meramente administrativo[142], motivada por excesso de serviço[143]. O excesso de serviço passa

---

139 BRASIL. Supremo Tribunal Federal. **Recurso em Habeas Corpus n. 118615/DF**. Relatora Min. Rosa Weber. Julgamento: 17/12/2013. Publicação: DJe-031 DIVULG 13-02-2014 PUBLIC 14-02-2014.
140 O parágrafo 2º desse mesmo artigo, embora alocado sob a rubrica do "desaforamento não trata dessa hipótese legal, mas, sim, de mecanismo de antecipação do julgamento como conseqüência do princípio constitucional do "julgamento no prazo razoável.
141 Relator: Silva Leme – Desaforamento nº 159.267-3 – Orlândia – 21.11.94.
142 TJSP REVISTA dos Tribunais, São Paulo, v. 747, p. 617.
143 MARREY, Adriano; STOCO, Rui; SILVA FRANCO, Alberto. Op. Cit., p. 65.

a ser, como uma espécie de resposta à jurisprudência anterior, uma causa específica de deslocamento do juiz natural agora expressamente prevista no art. 428.

Antecipação do julgamento

Embora alocado no artigo complementar sobre o desaforamento, o parágrafo segundo do art. 428 nos fala em hipótese distinta daquele que sempre apareceu sob a rubrica de "desaforamento", visto que não se trata de deslocamento de competência, mas, sim, da possibilidade de antecipação do julgamento diante da existência de vaga na pauta.

Assim, nos termos da norma supracitada, tem-se que "§ 2º Não havendo excesso de serviço ou existência de processos aguardando julgamento em quantidade que ultrapasse a possibilidade de apreciação pelo Tribunal do Júri, nas reuniões periódicas previstas para o exercício, o acusado poderá requerer ao Tribunal que determine a imediata realização do julgamento".

Em primeiro lugar, há de se ponderar que não é apenas o acusado que poderá postular a antecipação. No plano da igualdade processual e da paridade de armas dentro dos limites éticos do devido processo legal, há de se concluir que a Acusação também poderá fazê-lo e, caso se queira aplicar por analogia a legitimação prevista no art. 427 sob a mesma rubrica (desaforamento), igualmente o poderá o assistente do Ministério Público.

O mecanismo ora previsto também causa alguma perplexidade de interpretação quando se observa sua verdadeira praticidade. Em primeiro plano, porque poderia ser diretamente postulado ao Juízo "a quo", sem a necessidade da intervenção do Tribunal; em segundo plano porque, negada imotivadamente a antecipação, poder-se-ia cogitar na possibilidade de impetração de mandado de segurança (direito líquido e certo a ser julgado mais prontamente que o inicialmente previsto) ou mesmo *habeas corpus* (neste caso, sobretudo, se a pessoa acusada estiver presa).

7.2.5.6 Natureza da relação processual sobre o desaforamento

Da forma destinada pelo CPP, tanto na redação anterior como na atual, ao tema do desaforamento observa-se o padrão inquisitivo que permeia a matéria, sobretudo quando há *representação* (de resto termo empregado muito mais em atividades corretivas que jurisdicionais) de ofício pelo juiz togado. Como toda estrutura inquisitiva, é marcantemente difícil cogitar a existência de uma verdadeira relação processual.

Inexistindo a chamada relação jurídica no tema em exame, mas sim uma sujeição das partes a um mandamento quase administrativo do Estado, lastreado

por sua vez em fundamentos marcadamente não recepcionados pela Constituição, o tema do desaforamento afigura-se como uma incógnita na sua estrutura essencial: deveria ser marcado por um tipo de relação de conhecimento, mas conhecimento algum existe no seu procedimento; culmina com um acórdão que, em caso positivo (deferimento do desaforamento) possui uma espécie de trânsito em julgado que, a dizer da maioria da doutrina e da jurisprudência, somente vale em relação à comarca desaforada, mas nada impede um *novo* pedido de desaforamento para comarca distinta se o caso exigir.

Não se pode, contudo, olhar o tema sem o respeito ao texto constitucional, para observar que o juiz natural da causa não somente é o competente em razão da matéria, mas, também, os pares do(a) acusado(a) de uma determinada comunidade. Assim, o critério territorial é tão absoluto quanto o material, como já exposto e sua derrogação, que se dá reconhecidamente em caráter excepcional, somente pode ser mantida enquanto persistirem os motivos ensejadores do deslocamento. A dizer, sua natureza é essencialmente *cautelar*.

Porquanto cautelar, sua atividade de cognição também existe e deve ser medida dentro dos parâmetros da aparência do direito tutelado e da emergência da medida, condição esta já reconhecida em acórdão citado ao longo do texto pelo qual se diz da atuação de um *poder geral de cautela* quando da concessão da liminar de suspensão do julgamento. Fato é que inexiste no processo penal este *poder geral*, mas o raciocínio de ser uma cautelar típica na sua essência e na sua forma existe e é correto. É nitidamente instrumental essa decisão (sentido lato), posto que não diz respeito ao mérito da causa e *visa garantir aquele que dela faz uso contra uma situação de perigo, sendo que sua provisoriedade está em função da possibilidade de dano resultante dessa situação, estando o provimento cautelar subordinado a essa situação objetiva de perigo.*[144]

7.2.5.7 Natureza do provimento jurisdicional sobre o desaforamento

Considerado como uma relação jurídica de natureza cautelar, seu provimento será revestido dessas características e deverá perdurar em seus efeitos enquanto as causas que o fundamentam ainda estiverem presentes pois, caso contrário, realizar-se-á um julgamento em afronta a um dos critérios essenciais da *ratio* do julgamento popular.

Esta posição não é sustentada pela doutrina mais rente à edição do Código. Para Espínola Filho[145], os efeitos do julgado que determinou o desaforamento são definitivos, "pelo que se proscreve o reaforamento, mesmo que antes do julgamento tenham desaparecido as causas que o determinaram". Frederico

---

144 CAMPOS BARROS, Romeu Pires. Op. Cit., p. 14.
145 Ibidem, p. 236.

Marques completa que, *concedido o desaforamento, o foro substituído é inderro-gável em relação ao originário, mesmo que desapareçam as causas que motivaram a alteração da competência.*[146]

Isto abre portas para a consideração sobre a revisão das causas justificadoras do desaforamento.

7.2.5.8 Revisão das causas justificadoras do desaforamento

Sem previsão no CPP, a revisão das causas que ensejaram o desaforamento pode ocorrer a qualquer tempo na medida em que for aceita a natureza cautelar da decisão.

O procedimento a ser aqui adotado é o mesmo empregado para desaforar o processo da sua competência inicial.

7.2.5.9 Desaforamentos sucessivos

A possibilidade de desaforamentos sucessivos aparece como decorrência da cons-tatação, no foro que recebeu a causa, dos mesmos motivos previstos no art. 424. Como não há meio de impugnação específico para este provimento – consoante comentado em tópico anterior – nada resta senão a invocação de novo provimen-to cautelar para afastar o caso do novo foro. No entanto, como se verá a seguir, o desaforamento sucessivo deve ter como limite a verificação da possibilidade do foro original receber a causa em virtude do desaparecimento das causas que justificaram a derrogação inicial da competência territorial.

7.2.5.10 Reaforamento

Tema que aparece como decorrência lógica da estrutura atrás exposta é o rea-foramento.

É mecanismo negado pela doutrina em muitas ocasiões sob a presunção *abso-luta da manutenção da causa autorizadora do desaforamento. Assim, o que pode ocorrer será um novo desaforamento para terceira comarca, se, porventura o foro indicado para o julgamento, pelo Tribunal, não possuir mais as mesmas garantias. Reaforamento, não.*[147]

No entanto, toda a argumentação quanto à impossibilidade do retorno ao juiz natural pelo local da infração baseia-se em meros argumentos de autoridade[148],

---

146 Ibidem, p. 261

147 PLESE, João J. Desaforamento de julgamento pelo tribunal do júri. **Justitia**, v. 98, p. 53-62, 1977.

148 É, assim, o mero argumento de autoridade de Greco: "Deferido o desaforamento, não haverá reaforamento, ou seja, retorno à comarca de origem, ainda que tenham cessados os motivos que determinaram a deslocação da competência. Poderá, todavia, haver segundo desaforamento, se na nova comarca surgir um dos motivos legais. GRECO FILHO, Vicente. Op. Cit., p.367.

sem qualquer justificativa lógica que os ampare. Pura e simplesmente se nega a hipótese.

Exceções são encontradas nas falas de Tucci[149] e de Hermínio Porto, mas sem flexionar o tema pela ótica do juiz natural e sem adentrar na natureza da decisão sobre o desaforamento.[150]

Essa impossibilidade, muito mais forjada pela doutrina do que fundada em qualquer disposição legal sofreu sensível contestação por parte do e. STF que reconheceu, em julgado recente após a entrada em vigor da CR/88 a possibilidade de reaforamento[151] e reafirmou esse entendimento em outras oportunidades, como no acórdão em que se decidiu que:

> É curial que a decisão concessiva do desaforamento não é imutável. Se no novo foro há também motivos que autorizam o desaforamento, outro há de ser eleito, nada impedindo, inclusive, o reaforamento, se não mais subsistirem as razões que determinaram o deslocamento da competência anterior, principalmente quando tais razões foram de ordem meramente material, como falta de instalações adequadas.[152]

Pela natureza da relação processual tal como defendida no texto, bem como – e principalmente – pela necessidade da preservação do juiz natural, desaparecidas as causas autorizadoras do deslocamento (descontada a crítica da não recepção pela CR/88 de muitas delas) inevitavelmente o feito deve retornar à comarca originária territorialmente.

---

149 Neste ponto, um dos poucos autores contemporâneos que se dedicou ao tema, ainda que de forma bastante breve foi Tucci Op. Cit., 51, admitindo o retorno da causa ao juiz natural, empregando-se o mesmo procedimento previsto para o desaforamento.

150 "O desaforamento é um ato excepcional da Instância Superior, modificador da regra de competência territorial e com restrita aplicação no procedimento do Júri. Porque o crime deve ser julgado na comarca onde foi praticado, firmada a competência do tribunal do júri pela decisão de pronúncia transitada em julgado, terá caráter excepcional a mudança de foro para julgamento determinada pela decisão que concede o desaforamento, decisão que derroga regra de competência territorial satisfeitos os requisitos da lei, e que também é excepcional por afastar o julgamento da causa pelos cidadãos do local do crime. Assim, os pressupostos do desaforamento devem estar seguramente definidos, não devendo ser esquecido que a medida enseja reflexos na defesa técnica e na assistência da acusação e representados pela necessária locomoção para nova Comarca, bem como reflexos em relação ao acusado." PORTO, Hermínio Alberto Marques. **Júri**: Procedimentos e aspectos do julgamento, questionários. 8. ed. São Paulo: Malheiros, 1996. p. 109.

151 O STF reconheceu, em julgado recente após a entrada em vigor da CR/88 a possibilidade de reaforamento: BRASIL. Supremo Tribunal de Justiça. **Habeas Corpus n. 67851/GO**. Relator Min. Sydnei Sanches. Primeira Turma. Julgamento: 24/04/1990. Publicação: DJ 18-05-1990 pp.-04343 EMENTA VOL-01581-01 pp.-00075. Disponível em: < https://redir.stf.jus.br/paginadorpub/paginador.jsp?docTP=AC&docID=70537>. Acesso em 5 jul. 2021. Ainda: "Não se justifica o restabelecimento da competência do foro de origem ('reaforamento'), se permanecem as razões que ditaram o desaforamento" (STF, REVISTA dos Tribunais, v. 661, p. 264).

152 BRASIL. Supremo Tribunal Federal. Habeas Corpus. Relator Néri da Silveira, **Revista do Tribunal de Justiça**, v. 108, p. 128; REVISTA dos Tribunais, São Paulo, v. 581, p. 390.

Neste ponto a crítica quanto à inexistência de um procedimento específico para tal fim não serve para obstar a obediência à Constituição. Quando muito o procedimento de justificação previsto no art. 423 pode ser empregado por analogia; caso contrário, nada impede que se use o próprio procedimento do desaforamento tal como sustentado por Tucci.[153]

7.3 Rito do Tribunal do Júri

7.3.1 A admissibilidade da causa e seu processamento: observações iniciais

Na parte procedimental a proposta reformista apresentou sua maior sensibilidade para a mudança, partindo-se desde o anteprojeto da Comissão Grinover da constatação de que a anterior regulamentação pecava por uma extrema burocratização da denominada fase judicium accusationis do procedimento, que nada mais era que o próprio rito "ordinário" tradicional do processo penal.

Para tentar alterar esse quadro, propôs-se, inicialmente, que seria criada uma fase de admissibilidade com a incidência dos princípios da oralidade, concentração e identidade física do juiz togado, além de ser possibilitada a incrementação da defesa prévia, finda a qual o juiz teria as seguintes possibilidades: pronunciar; impronunciar; desclassificar o delito ou absolver sumariamente.

Dos trabalhos iniciais da Comissão Grinover até a redação final sancionada modificações ocorreram mas, também, inúmeros aspectos foram mantidos como adiante se verá.

7.3.1.1 Especificidade do rito da fase de admissibilidade

A primeira fase do rito do júri tem sua disciplina a partir do artigo 406, que passa a contar com um título que elucida algumas questões técnicas importantes.

Conceito: Ao se referir à *Seção I* como *Da Acusação e da Instrução Preliminar* deve-se entender que:

1] A acusação poderá ter seu conteúdo alterado ao longo do processo e vir a ser apresentada em plenário de forma distinta da que inicialmente formulada e
2] O desenvolvimento probatório que se inicia no momento do art. 406 não é definitivo, justificando a compreensão de que a instrução final se dá em plenário.

---

153 Veja-se, também, USTÁRROZ, Daniel. Breve nota sobre o desaforamento e a possibilidade de reaforamento. **Direito e Justiça**: Revista da Faculdade de Direito da Pontifícia Universidade Católica do Rio Grande do Sul. Porto Alegre, v. 23, n. 23, p.91-104, 2001.

Mecânica sem correspondência com o regime anterior, a modificação operada parte da constatação de que a regulamentação então existente pecava pela extrema burocratização da primeira fase do procedimento, que nada mais era que o próprio rito "ordinário" tradicional do processo penal com ligeiras alterações.

A reforma, na verdade, continuou privilegiando uma fase de admissibilidade com estrutura particular, mas muito próxima da que viria ser contemplada na reforma do rito ordinário, e que se tornou a Lei 11.719-08, dela se distinguindo pela inexistência da previsão do julgamento antecipado nos termos do art. 397, por exemplo.[154]

Fato é que na tramitação legislativa, foi apresentada no Senado, a Emenda nº 01 – CCJ, sugerida pela Comissão composta no âmbito do Poder Judiciário e apresentada aos senadores do Grupo de Trabalho de Reforma Processual Penal, para que fosse suprimido do art. 1º do PLC 20/2007 a seção I do Capítulo II do Título I do Livro II do Decreto-Lei nº 3.689, de 3 de outubro de 1941 – Código de Processo Penal, sob a justificativa de uniformização, "procedimentos já que, em muitas comarcas, a vara do júri é cumulativa à vara criminal comum. A uniformidade de ritos evita equívocos e favorece a celeridade". Com isto desapareceria a especificidade do rito do júri na *fase de admissibilidade*.

A emenda foi rejeitada e, portanto, manteve-se a especificidade do rito na fase de admissibilidade. Essa observação fundada no processo legislativo será importante para analisar-se os limites do emprego da analogia do rito ordinário no presente procedimento.

`7.3.1.2` Denúncia e seus requisitos

Conceito: Não há discrepância nas exigências legais a partir do disposto no artigo 41 e, a contrario sensu, no art. 43, do CPP. Assim, para maiores comentários sobre esses requisitos remetemos o leitor para o Capítulo específico.

a] Testemunhas

Há previsão neste artigo para o número máximo de oito testemunhas quando do oferecimento da denúncia e, embora não se diga, o mesmo vale para a *queixa*, por analogia de integração do ordenamento. Neste ponto pode-se observar que nas redações iniciais propostas o número de testemunhas possível era menor: cinco. Tal limitação incide, igualmente, na defesa prévia.

Acerca do número máximo de testemunhas, o artigo 398 do CPP dispunha antes da reforma de 2008 que "Art. 398. Na instrução do processo serão inquiridas no máximo oito testemunhas de acusação e até oito de defesa. Parágrafo

---

154 Cuja compatibilidade com o rito do júri será apreciada em tópico apartado abaixo.

único. Nesse número não se compreendem as que não prestaram compromisso e as referidas."

Essa norma ganhou interpretação para ser entendida que o número de oito testemunhas corresponderia a cada fato imputado, sendo essa conclusão extraída de várias fontes doutrinárias[155] e repetida pela jurisprudência[156] a partir de interpretação analógica do código de processo civil. Diante da forma em que se encontra redigido o texto, há tendência à manutenção do entendimento anterior.

A indicação de número máximo de testemunhas somente tem sentido num modelo processual em que a verificação da pertinência da produção da prova seja frágil, meramente formal. Muita vez pode acontecer, sobretudo em caso de considerada complexidade, que seja necessário ouvir mais pessoas que a quantidade abstratamente estipulada. Teria sido melhor, nesse ponto, que houvesse liberdade de indicação do número de testemunhas, realizando o magistrado criteriosa análise de conveniência e oportunidade da oitiva de cada qual após expressa justificação, pela parte interessada, da importância de cada qual, situação esta disciplinada com a nova estrutura.

As testemunhas referidas e as que não prestam compromisso – nesse caso não tecnicamente testemunhas, mas, sim, informantes – não eram computadas no limite de indicação diante da redação revogada do artigo 398. Tal previsão ainda se mantém, deslocada agora para o art. 401, § 1º.

Nada obstante, a redação expressa deste artigo implica na indicação de testemunhas, donde se pode concluir que ali não se compreendem os peritos e os informantes; nada, no entanto, com relação às testemunhas referidas. Estas, desconhecidas até o ato probatório, não podem integrar o rol inicial, mas, uma vez detectadas, podem vir a *substituir* alguma inicialmente indicada se seu depoimento for verdadeiramente essencial.

Nada obstante a redação indicar que apenas a defesa deve qualificar suas testemunhas, trata-se de dever processual para ambas as partes o que, no caso da acusação, surge de forma mais simplificada diante da fase investigativa precedente na qual, normalmente, as testemunhas já se encontram qualificadas.

Malgrado a disciplina da apresentação espontânea venha dirigida à Defesa, quando se estipula que ela pode requerer *sua intimação [da testemunha], quando necessário*, é possível a apresentação espontânea igualmente pelo acusador público ou privado, com o ônus da preclusão diante de eventual não comparecimento.

---

[155] OLIVEIRA, Eugênio Pacelli de. **Curso de Processo Penal** (2004). Op. Cit., p. 415; MIRABETE, Julio Fabbrini. **Processo Penal** (2000). Op. Cit., p. 298.
[156] SÃO PAULO. Tribunal de Justiça. **Apelação n. 203.161-3/Limeira**. 2ª Câmara Criminal Extraordinária. Relator Pereira da Silva. J: 01.06.1998, *v.u.*

7.3.1.3 Recebimento da inicial da acusação e seus desdobramentos

Assim, o Juiz receberá a denúncia ou queixa[157] se não a indeferir liminarmente[158], abrindo-se a oportunidade para a *citação* da pessoa acusada e, daí o desdobramento da fase de admissibilidade. Em sendo assim, dúvida não resta que a inicial foi *recebida* e o que se tem é o regime de citação enquanto comunicação da acusação.

E, neste ponto, há inevitável aplicação do artigo 366 do Código o qual, por sua vez, repete texto da CADH e da CR/88 concluindo-se, portanto, que é mantida a possibilidade de revelia inicial da pessoa acusada quando ela não for encontrada pessoalmente, citada por edital não comparecer e não nomear defensor.

7.3.1.4 Defesa preliminar ou defesa prévia

O rito atual dá lugar a uma resposta defensiva que, antes de ser uma defesa preliminar no sentido a este termo dado pelo próprio CPP na apuração dos crimes cometidos por funcionários públicos ou mesmo daquela peça oferecida na Lei de Tóxicos (Lei 11.340-06), é uma defesa prévia.

Rigorosamente falando, todas as oportunidades trazidas nessa etapa defensiva já existiam no modelo anterior, pois era a fase em que as testemunhas eram indicadas, provas poderiam ser oferecidas e exceções poderiam ser opostas como, aliás, já reconhecia a doutrina ao afirmar que

> (...) quando os fatos e elementos impeditivos da formação regular da instância penal, mencionados no art. 95, com a designação de exceções, vêm aduzidos como constitutivos de incidentes procedimental, cumpre ao réu formular a exceção dentro do tríduo que lhe é dado para a apresentação de *defesa prévia* (artigo 108).[159]

7.3.1.5 Forma de contagem do prazo para resposta para a defesa prévia

No processo legislativo da Lei 11.689/2008 foi corrigida impropriedade técnica surgida desde os trabalhos da Comissão Grinover para a redação do renovado artigo 408 que, na sua versão original, tinha o seguinte texto: Art. 408. Não apresentada a resposta no prazo legal, ou se o acusado, citado, não constituir

---

157 A hipótese cabível na atual previsão da CR/88 diz respeito à ação penal privada subsidiária da pública.
158 As hipóteses de rejeição liminar estão tratadas no art. 395.
159 MARQUES, José Frederico. **Elementos de Direito Processual Penal**. Campinas, SP: Bookseller, 1997. 2 v. p. 195.

defensor, o juiz nomeará dativo para oferecê-la, concedendo-lhe vista dos autos por 10 (dez) dias.

No Senado, por força da emenda n. 25, foi sugerida a redação sancionada, sob a justificativa de que "Na redação proposta pelo PLC, o prazo de dez dias é concedido ao defensor nomeado para que tenha vista dos autos, quando, na verdade, esse deve ser o prazo para apresentação mesmo da resposta a que se refere o dispositivo".

A própria menção à figura do Defensor foi corrigida ainda na Câmara, alterando a redação original da Comissão Grinover no artigo mencionado. Com efeito, com correção naquela Casa Legislativa ponderou-se que:[160]

> a. Art. 408: Nos Estados onde a Defensoria Pública está organizada, a defesa dos acusados que não constituírem advogado caberá aos defensores públicos. De acordo com reiteradas decisões do E. STF, "a teor do disposto no artigo 134 da Constituição Federal, cabe à Defensoria Pública, instituição essencial à função jurisdicional do Estado, a orientação e a defesa, em todos os graus, dos necessitados, na forma do artigo 5º, LXXIV, da Carta (...). Ao Estado, no que assegurado constitucionalmente certo direito, cumpre viabilizar o respectivo exercício." (RE 135328/SP – Tribunal Pleno – Relator Min. Marco Aurélio Mello). Desta forma, a redação proposta pelo Projeto, ao determinar a intimação de advogado dativo, parecendo excluir a intimação de defensor público, está em descompasso com a Constituição Federal, razão pela qual a modificação ("defensor nomeado") compatibiliza a redação para determinar a intimação do defensor, que será público ou dativo, conforme o caso.

A intimação do Defensor, quando fornecido pelo Estado, deverá ser pessoal. Trata-se, pois, de aplicação do denominado *princípio da pessoalidade*.

7.3.1.6 (In)dispensabilidade da defesa prévia

A alteração legislativa de 2008 não alterou o entendimento dominante que aponta que a ausência de apresentação da defesa prévia não macula o devido processo legal e o exercício do direito de defesa, insistindo que deve-se zelar, apenas, pela oportunidade de fazê-lo com a aberta do prazo para tanto e necessária comunicação processual.[161]

---

160 Substitutivo na Câmara dos Deputados ao projeto apresentado pela Comissão Grinover.

161 A intimação do defensor constituído pelo réu para apresentação de sua defesa prévia é imprescindível sob pena de nulidade absoluta, não obstante a apresentação dessa peça processual não ser obrigatória. Com esse fundamento, a Turma concedeu parcialmente a ordem de habeas corpus para declarar a nulidade do processo a partir do momento em que deveria ter sido intimado o defensor do réu para apresentação da defesa prévia. Precedentes citados: RHC 11.916-SP, DJ 4/2/2002; RHC 3.469-SP, DJ 30/5/1994; HC 32.873-SP, DJ 2/8/2004; HC 33.331-SP, DJ 8/11/2004, e REsp 520.121-DF, DJ 3/11/2003. HC 84.919-CE, Rel. Min. Napoleão Nunes Maia Filho, julgado em 6/3/2008.

7.3.1.7 Oferecimento de *justificações*

Conceito: A justificação, enquanto postulação autônoma, é incidente probatório que, nada obstante previsto no rito do júri é utilizável em outros procedimentos processais penais, visa preservar a integridade da cognição no processo de conhecimento ou, ainda, instruir postulação em ação autônoma (revisão criminal ou ação penal privada).[162]

No rito do júri o emprego da justificação é relevante na medida em que, esgotada a produção probatória perante o juízo de admissibilidade e ainda pendente a efetiva cognição perante o conselho de sentença, novas situações podem exigir o emprego extemporâneo de meios de prova.

Seu tratamento é muito mais denso no processo civil, em cujo marco teórico já foi discutida sua natureza não cautelar e, sim, de jurisdição voluntária[163] afastando-se, assim, os pressupostos de perecimento da prova como fundamento da concessão da autorização judicial para atuação desse mecanismo.

No processo penal, contudo, a ideia de jurisdição voluntária, malgrado sustentada por autores de nomeada como Carnellutti (que em fase posterior de sua produção afastou-se da afirmação de ser o próprio processo penal atuado em jurisdição voluntária)[164] deve ser afastada, não havendo espaço para que a jurisdição penal atue de maneira alheia à confirmação × negação do estado de liberdade da pessoa acusada.

Afastada a jurisdição voluntária como explicação para a *natureza jurídica* do instituto em questão, resta sua alocação entre medidas jurisdicionais de natureza cautelar apoiada na demonstração da necessidade cautelar da medida e da inafastabilidade da jurisdição para deferi-la.

A necessidade cautelar já foi discutida amplamente no capítulo próprio sobre as cautelares processuais penais bem como no atinente às provas de natureza cautelar. Aqui reitera-se o conteúdo do quanto já exposto sobre essa necessidade aplicável à justificação.

Em assim sendo, a justificação tem as seguintes características:

---

162 Certo é que a justificação é instrumento utilizável não apenas no rito do júri, mas, igualmente, na revisão criminal, como preparação ao seu ajuizamento, sendo certo que "As provas novas, para justificar a revisão, devem ser feitas em juízo, obedecido o princípio do contraditório. Sem isso, nada valem." REVISTA dos Tribunais, São Paulo, v. 615, p. 323.

163 PAULA, Paulo Afonso Garrido de et al. **Código de Processo Civil Interpretado**. 3. ed. São Paulo: Atlas, 2008. p. 2570.

164 CARNELUTTI, Francesco. **Lezioni sul processo penale**. Roma: Ateneo, 1946. 1v., p. 129 e 130; e CARNELUTTI, Francesco. **Principios del proceso penal**. Trad. Castellana de Santiago Sentís Melendo. Buenos Aires: Eje, 1971. p. 94/95.

Esquematicamente:

JUSTIFICAÇÕES	Quanto à natureza: medida probatória de natureza cautelar
	Quanto ao tempo: anterior ou incidente ao curso da ação penal de conhecimento
	Quanto ao momento no procedimento do júri: possível até a sessão plenária
	Objetivo: preservar a integridade probatória ou preparar o exercício de ação de conhecimento
	Quanto ao objeto: aplicável a qualquer meio probatório
	Quanto ao procedimento: apoio no CPC pois o CPP não prevê procedimento específico
	Quanto à legitimação: disponível às partes e assistentes de acusação

Fonte: O autor (2021)

Como em grande parte de outras situações processuais cautelares, o CPP não menciona o procedimento a ser seguido para as justificações, donde o emprego analógico do Código de Processo Civil para a matéria (arts. 861-866 do CPC de 1973; art. 381 do NCPC).

Também não se prevê qualquer possibilidade recursal contra a decisão que rejeita a justificação, recaindo-se uma vez mais na vala comum de indagações sobre o emprego de correição parcial ou mandado de segurança. Por outro lado, os fundamentos da correição parcial (Representação, assim denominada em alguns Estados) também não se afiguram cristalinos, pois não se vislumbra *error in procedendo* diante do indeferimento motivado.

7.3.1.8 Oposição de exceções

Este, igualmente, é momento para oposição de exceções tal como sugerido desde o início dos trabalhos da Comissão Grinover e como apresentado no Congresso e da redação final aprovada, salvo a necessária constatação de que existem várias hipóteses de *exceções* no âmbito dos artigos 95 a 112 e não apenas uma *exceção*, vez que a palavra encontrava-se no singular quando da apresentação do projeto e da tramitação na Câmara.

O acerto foi operado no Senado por força de emenda apresentada pelo Senador Demóstenes Torres (Emenda 24), sob a correta justificativa de que

> A nova proposição trata de *exceção* no singular. Contudo, o ideal é que se faça referência às exceções *no plural*, pois os dispositivos citados ao final do parágrafo (arts. 95 a 112) se referem às exceções de suspeição, incompetência, litispendência, coisa julgada e ilegitimidade de parte, que, conforme o caso, podem ser oferecidas em peças autônomas num mesmo processo. Se há mais de uma exceção, a proposição deve fazer referência na forma da emenda sugerida.

Tribunal do Júri | 523

7.3.1.9 Dilação probatória inicial

O art. 409 determina que "Apresentada a defesa, o juiz ouvirá o Ministério Público ou o querelante sobre preliminares e documentos, em 5 (cinco) dias.".

Com o emprego do verbo *ouvir* surgiria a possibilidade de entender-se que as considerações devessem acontecer em audiência a ser designada em prazo máximo de cinco dias a contar do recebimento da impugnação. Contudo, a forma de interpretar-se o verbo *ouvir* permaneceu sendo a tradicional, a dizer, por escrito.

7.3.1.10 A intervenção do assistente da acusação

Vez que a inicial penal já foi recebida a teor do disposto no artigo 406, é de entender-se possível já ter havido o pedido de assistência e, em sendo assim, caberia indagar se esse assistente também teria direito a manifestar-se nos termos do artigo em questão.

Da conjugação do artigo 248 com o presente artigo tem-se que a resposta é positiva, devendo o assistente ser intimado para manifestar-se, seja em audiência ou por escrito, conforme prevalecer o entendimento sobre o verbo *ouvir*.

O art. 410 dispõe que "O juiz determinará a inquirição das testemunhas e a realização das diligências requeridas pelas partes, no prazo máximo de 10 (dez) dias.", mecânica que igualmente não apresenta correspondência no modelo anterior.

Sempre louvando a intenção da mudança legislativa tendente a dar maior celeridade a esta primeira etapa do procedimento deve-se, no entanto, render-se à comprovada ineficiência de prazos aparentemente rigorosos e que nunca obtêm repercussão prática, servindo a fixação de um termo com tal *rigor* servir apenas para desprestigiar e deslegitimar o sistema.

Tratando-se de prazo impróprio – a dizer, sem a sanção da preclusão – a superação dos dez dias nada acarretará à marcha procedimental. Melhor seria ter havido um regramento a partir da razoabilidade, obedecendo-se ao mandamento constitucional e iniciando-se, quem sabe por este procedimento, a construir-se um parâmetro legal de razoabilidade que pudesse ser estendido aos demais procedimentos.

7.3.1.11 Julgamento antecipado do art. 397 no rito do Júri

Pode ser identificada na literatura sobre o novo procedimento do júri interessante posição adotada por Dezem e Junqueira[165] sobre a aplicação do art. 397 no rito do júri diante do disposto no art. 394, §. 5º, que determina: "Aplicam-se

---

165 DEZEM, Guilherme Madeira e DINIZ, J. Gustavo Octaviano. **Nova lei do procedimento do júri comentada**. Campinas/SP: Millenium Editora, 2008. p. 13.

subsidiariamente aos procedimentos especial, sumário e sumaríssimo as disposições do procedimento ordinário."

Nada obstante a respeitável posição esposada pelos ínclitos juristas, mantemo-nos contrariamente a esse entendimento conforme posição publicamente exposta em Debates com eles realizado[166], fundamentando a impossibilidade da integração, por analogia, dessa norma ao rito do júri, porquanto:

I] Como já exposto neste Capítulo, foi uma opção expressa do legislador não assimilar os ritos (inclusive refutando proposta legislativa neste sentido), o que acabou consagrado no próprio art. 394, em seu parágrafo 3º, que especifica as regras próprias do rito do júri;

II] As hipóteses de absolvição sumária do art. 397, à exceção das causas de extinção da punibilidade, integram a própria absolvição sumária do rito do júri, reclamando um mínimo de dilação probatória para que seja afastado, definitivamente da causa, seu juiz natural, a saber, o julgador leigo e;

III] O par. 5º do art. 394 se dá de forma subsidiária, somente operando quando houver a necessidade de integração do sistema por analogia e não para agregar aos demais ritos regras aleatórias, ainda mais quando não foi essa a intenção legislativa manifesta.

7.3.1.12 Dinâmica da audiência de instrução, debates e julgamento

De acordo com o art. 411, "na audiência de instrução, proceder-se-á à tomada de declarações do ofendido, se possível, à inquirição das testemunhas arroladas pela acusação e pela defesa, nesta ordem, bem como aos esclarecimentos dos peritos, às acareações e ao reconhecimento de pessoas e coisas, interrogando-se, em seguida, o acusado e procedendo-se o debate."

Uma das grandes novidades estruturais foi a colocação do interrogatório do réu ao final da instrução, forma de entender sua fala como meio de defesa e não de prova, como topicamente alocado na redação do CPP.

O presente artigo não explicita a ordem de interrogatório quando da pluralidade de réus.

Nada obstante, é possível, por analogia ao novo artigo 469, § 2º (Determinada a separação dos julgamentos, será julgado em primeiro lugar o acusado a quem foi atribuída a autoria do fato ou, em caso de coautoria, aplicar-se-á o critério de preferência do art. 429) que, nada obstante tratar de *separação de julgamentos*,

---

166 Posição oralmente sustentada nos "Debates – Das Reformas do Código de Processo Penal", sob os auspícios da Escola da Defensoria Pública do Estado de São Paulo, realizados no Plenário 10 do Complexo Judiciário Ministro Mário Guimarães, em 8 de agosto de 2008.

induz uma ordem lógica na apreciação do mérito da causa, e que pode, por analogia, ser usado na presente situação.

Embora marcado por certo laconismo, a redação indica alguns pontos essenciais de interpretação. Um deles, a eventual impossibilidade de oitiva do perito por determinação *ex officio*, o que viria ser rechaçado pela regra geral de atividade probatória do Magistrado.

Mas, a oitiva do perito quanto à sua pertinência e oportunidade em nada difere do quanto já estipulado para a oitiva das demais pessoas, cuja verificação de relevância para a causa vem estipulada no parágrafo 2º do presente artigo. Assim, restaria indagar por que do tratamento à parte para a oitiva dos peritos. Diante da possibilidade de atuação de assistentes técnicos é de entender que também a estes pode incidir a presente norma.

Neste ponto, é de ser considerado que o momento de indicação da oitiva do perito, para a Defesa, se dá na apresentação de sua defesa prévia, nos termos do art. 406, par. 3º; para a acusação, quando da propositura da ação penal, neste ponto fazendo-o de maneira expressa e não como articulação genérica ou no prazo de resposta determinado no art. 409.

Sendo a acareação possível entre as testemunhas, vítimas e pessoa acusada, e sendo o ato de interrogatório o último neste ato concentrado, é de considerar-se que somente será possível a acareação com a pessoa acusada após sua oitiva, o que possibilita a certa inversão na ordem estabelecida no artigo.

Assim, dentro do marco teórico desta Obra, é de entender-se que a inversão dessas oitivas, notadamente a antecipação do interrogatório em relação às demais pessoas ouvidas, é de ser entendida como causa de nulidade absoluta.

Sempre foi apregoado como um dos grandes avanços técnicos da reforma que:[167]

> Na primeira fase do procedimento do Júri, todos os atos são concentrados em uma audiência diferentemente do Sistema atual, em que há diferentes audiências para o interrogatório do acusado e para ouvir as testemunhas da acusação e da defesa. Oferecida a denúncia, o juiz determinará a citação do acusado para se defender, por escrito, nno prazo de 10 dias, indicando as provas que deseja produzir e arrolando até 5 testemunhas. Após a manifestação da acusação, é designada "audiência de instrução preliminar" (art. 411 §§) onde serão tomadas as declarações do ofendido, das testemunhas, esclarecimentos de peritos, acareações, reconhecimento de pessoas e coisas e, por fim, o interrogatório do acusado. Em seguida, será dada a palavra à acusação e à defesa para sustentação

---

167 BRASIL. Câmara dos Deputados. **Substitutivo da Câmara dos Deputados ao projeto apresentado pela Comissão Grinover.** Disponível em: <https://www.camara.leg.br/proposicoesWeb/prop_mostrarintegra;jsessionid=310332B245C9BD9A39A4DE595F8B02EC.node1?codteor=440760&filename=Tramitacao-PL+4203/2001>. Acesso em: 21 jul. 2020.

oral. A proposição dispõe, expressamente, que nenhum ato será adiado, salvo quando imprescindível a prova. Encerrada a audiência de instrução preliminar, o juiz decidirá sobre a admissibilidade da acusação e, convencido da materialidade do fato (ou seja, a ocorrência do crime alegado) e da existência de indícios suficientes da autoria, encaminhará o processo (sentença de pronúncia) para a segunda fase, que é o Tribunal do Júri.

Uma das mais relevantes modificações trazidas pela nova legislação e que procura aproximar realmente o modelo brasileiro – ou parte dele – da matriz acusatória, é a previsão da concentração dos atos processuais, mecanismo paulatinamente incorporado em outras legislações como a atual Lei 11.340/06 (Lei de Tóxicos) e, num antecedente já mais distante, a ação penal na Lei 9.099/95.

A concentração em audiência, no entanto, é mais um objetivo em tese que uma construção concreta.

Isto porque, a cláusula de exceção possibilita do desdobramento da audiência diante da necessidade de realização de atos imprescindíveis, como, por exemplo, o interrogatório da pessoa acusada ou oitiva de testemunhas ou peritos, tudo por carta-precatória, mecanismo ainda subsistente no modelo processual penal.

Mas, diferentemente de outros modelos processuais nos quais a oralidade e concentração são, efetivamente, demonstrações da incorporação do modelo, o modelo brasileiro, *apenas parcialmente reformado*, pode não alcançar os objetivos pretendidos para além da inadequação cultural dos operadores.

Isto porque a oitiva de pessoas (testemunhas, peritos ou mesmo acusados) residentes onde não tramita o processo pode acontecer por meio das *cartas-precatórias*, grande responsável pelo fracasso operacional da unicidade da audiência seja porque não se aceita, por exemplo, a possibilidade da realização de atos processuais à distância com emprego de mecanismo tecnológicos, ou porque não há efetivo controle judicial sobre as provas nos termos deste artigo 411 em seu parágrafo 2º.

Caberá ao Juiz, nesta estrutura, evitar as provas tidas como irrelevantes: trata-se de postulação de prova cuja qualidade não apresenta importância para o deslinde da causa; impertinentes: trata-se da postulação da produção de prova não relacionada ao assunto tratado, despropositada em relação a ele e as protelatórias: toda postulação de prova que visa provocar adiamento, retardamento, postergação desnecessária do deslinde da causa.

A compatibilização da regra com o princípio da *ampla defesa* é possível porquanto esta última não dá à pessoa acusada o direito de conduzir o processo à sua vontade.

O controle judicial, sempre necessariamente motivado especificamente sobre este ponto, deve, no entanto, possibilitar à Defesa oportunidade de movimento probatório de modo a que não veja cerceada sua função.

A audiência no modelo proposto é ato complexo, mas uno.

Embora expressamente disciplinado que se trata da possibilidade de oitiva das testemunhas presentes, deve ficar assentado que não é possível ouvir-se a pessoa acusada se apenas esta estiver presente, ou mesmo se outras estiverem, acarretando que seu interrogatório venha a se tornar ato inicial, ou mesmo intermediário, do processo.

Como característica do modelo de concentração de atos processuais que, pela sua forma, desestimula a recorribilidade das decisões interlocutórias, o modelo legal não se ocupa de meio recursal contra o indeferimento dos meios de prova, o que significa o potencial emprego de mandado de segurança (compreendido o *direito líquido e certo* à produção probatória) para impugnar, por via autônoma, a decisão.

Sua cisão em dias sucessivos é possível sem que com isso se perca a unidade, aproximando-se de alguma forma da sessão de julgamento de mérito na forma existente no modelo anterior e mesmo na lei reformada.

7.3.1.13 Debates em audiência
e apresentação supletiva de *memoriais*

No § 4o do art. 411 está disposto que "As alegações serão orais, concedendo-se a palavra, respectivamente, à acusação e à defesa, pelo prazo de 20 (vinte) minutos, prorrogáveis por mais 10 (dez)."

A substituição dos debates por *memoriais* apresenta largo emprego na prática processual penal, advinda, sem dúvida, da matriz inquisitiva que inspira o modelo brasileiro.

Inserir tão importante mecanismo diretamente vinculado ao modelo acusatório de processo no caldo cultural anterior é potencialmente desgastar-lhe a não ser que um profundo processo de capacitação fornecido aos operadores do Direito lhes incuta o real significado teórico e prático da conversão. Caso contrário, serão reiterados entendimentos (existentes mesmo no processo civil) que se trata de mera irregularidade, sujeita à preclusão.[168]

Analisado o presente dispositivo a partir de sua tramitação legislativa, observa-se a duplicação do tempo destinado a cada uma das partes no texto final sancionado em relação àquele inicialmente proposto pela *Comissão Grinover*.

A mudança pode ser explicada por um apego aos termos do antigo *rito sumário* previsto na redação original do CPP na então redação do artigo 539, par. 2º, a qual veio posteriormente reproduzida mais recentemente na Lei 11.343/06 (Lei de Tóxicos), em seu artigo 57.

---

168 JURISPRUDÊNCIA do Tribunal de Alçada Criminal, v. 5, p. 142.

Nada obstante, se for analisado o sistema processual numa perspectiva de comparação das disciplinas dos debates orais, será verificado que a Lei 9.099-95, em seu artigo 81, não disciplina tempo máximo para os debates, donde pode ser apontada a incongruência consistente na limitação temporal para as alegações orais de forma expressa para casos de muito maior gravidade e a ausência de limitação para as infrações de menor potencial ofensivo.

Mas, tanto a modificação quanto a redação original, na verdade, são estipulações desprovidas de qualquer substrato empírico concretamente demonstrado, pois até onde se tem conhecimento, inexistem estudos consolidados, de conhecimento amplo, sobre a adequação temporal das falas destinadas a cada uma das partes.

Assim como se entendia no sistema anterior quando dos debates em plenário, o emprego da *réplica* é uma faculdade do Acusador, e sua utilização, pela Defesa, somente será possível se aquele tiver usado seu direito à fala prorrogada.

- A *sustentação oral e seu caráter substancial*:

Para além da mera recomposição do procedimento, é imperioso que haja a necessária absorção cultural do modelo – o que, convenha-se, não se faz apenas com a mudança da letra da lei – para que não se repitam, entre os operadores do Direito, interpretações como aquelas empregadas na aplicação do então vigente artigo 406 do CPP ao tratar das *alegações finais* no rito anterior.

Assim, deve-se afastar a tendência da jurisprudência que encara com absoluta naturalidade a tese que aduz "a ausência de alegações finais, nos processos de competência do júri, não enseja a declaração de nulidade, pois, na decisão de pronúncia, não há julgamento de mérito e, sim, mero juízo de admissibilidade, positivo ou negativo, da acusação formulada".[169]

A atual disciplina exige, quer-nos parecer, é não apenas uma defesa formal, mas substancial, não "podendo a parte então abster-se taticamente e reservar-se ao plenário para a exposição dos seus argumentos"[170], afastando-se a principal justificativa teórica de que "a ausência das alegações finais, nos processos de competência do Tribunal do Júri, não enseja a declaração de nulidade, pois, na sentença de pronúncia, não há julgamento de mérito e, sim, um mero juízo de admissibilidade, positivo ou negativo, da acusação formulada".[171]

---

169 PERNAMBUCO. Tribunal de Justiça. Recurso em sentido estrito 0000228-05.2015.8.17.0000 (369359-8/00). Órgão Julgador. 2ª Câmara Criminal. Relator Antônio de Melo e Lima.
170 SÃO PAULO. Tribunal de Justiça. **Recurso em Sentido Estrito n. 144.456-3**. Relator Gonçalves Nogueira. 31.10.1994.
171 BRASIL. Superior Tribunal de Justiça. **Recurso em Habeas Corpus n. 14300/MA**. Quinta Turma. Relator Min. José Arnaldo da Fonseca. Julgamento: 02/03/2004. Publicação: DJe: 29/03/2004, p. 254.

Posição esta que, com a devida vênia, não se podia concordar mesmo na disciplina anterior, na medida em que nos casos de exclusão da ilicitude, há, sim, verdadeiro juízo de valor efetuado pelo juiz togado quanto ao mérito da conduta.

■ *Concordância do defensor dativo com a pronúncia: consequência:*

Entende-se majoritariamente na jurisprudência que a defesa não precisava se manifestar na fase das alegações finais como já salientado e deve ser repelida a manutenção dessa concepção diante da nova disciplina. Nada obstante, interessante julgado mostra que é nulo o processo no qual a defesa, nesta fase, pede a pronúncia do réu.[172]

Quanto à ordem da fala da Defesa, reitera-se aqui o entendimento, por analogia, do art. 469 § 2º (Determinada a separação dos julgamentos, será julgado em primeiro lugar o acusado a quem foi atribuída a autoria do fato ou, em caso de coautoria, aplicar-se-á o critério de preferência do art. 429).

7.3.1.14 Prolação da decisão (sentido lato)

No art. 411, o § 9o disciplina que "Encerrados os debates, o juiz proferirá a sua decisão, ou o fará em 10 (dez) dias, ordenando que os autos para isso lhe sejam conclusos."

O Senado da República inovou isoladamente ao criar a cisão entre a audiência e a sentença, algo que, pela tramitação legislativa, não havia sido desejado desde a proposta inicial da *Comissão Grinover*.

Tratou-se de proposição encaminhada quando da apreciação, na CCJ, do projeto enviado pela Câmara, justificando o Relator, Senador Demóstenes Torres, que "Acrescentei o § 9º ao art. 411 para estabelecer prazo para que o juiz decida após a instrução probatória: na própria audiência ou no máximo em dez dias."[173]

Acrescente-se que essa separação acarreta custo adicional de atos processuais, com o desencadeamento da necessária dinâmica de comunicação da sentença o que seria evitado pela disciplina inicialmente prevista e que foi afastada, assim como, por consequência, a maior fluidez dos prazos recursais.

Além de tudo quanto acima exposto, é de se considerar que esse prazo é impróprio, não gerador de sanção processual quando de sua superação, restando apenas eventuais mecanismos de controle no âmbito interno hierárquico da Magistratura.

---

172 REVISTA dos Tribunais, v. 601, p. 443.
173 BRASIL. Senado Federal. **Diário do Senado Federal**. Op. Cit. p. 38561.

7.3.1.15 Prazo para finalização do procedimento

Dispõe o art. 412. que "O procedimento será concluído no prazo máximo de 90 (noventa) dias."

Desde o início dos trabalhos da Comissão Grinover houve a imposição do prazo de 90 dias para conclusão da fase de admissibilidade, e assim o tema foi encaminhado durante todo o processo legislativo.

Sobre esse assunto, dois pontos pelo menos merecem destaque. Um, o da não diferenciação da duração entre réus presos e soltos, quebrando-se assim uma larga tradição (razoavelmente operacional) de distinção entre essas situações; outra, a do já aventado mito da improrrogabilidade do prazo.

Inexistindo previsão expressa que excepcione a duração da fase de admissibilidade quando a pessoa acusada estiver presa daquela situação em que se encontra solta, o prazo de 90 dias será idêntico e considerado como o termo final do procedimento.[174]

A superação dos 90 dias, como inerente à natureza desse prazo, não acarreta qualquer sanção processual, nada havendo na Lei que possa servir como censura pelo avanço no prazo determinado em abstrato, diferentemente do que se passa na denominada segunda fase do rito, quando, pelas novas regras, poderá surgir uma espécie de desaforamento pela demora no julgamento.

7.3.2 A filtragem da admissibilidade

7.3.2.1 Pronúncia

Por filtragem da admissibilidade entende-se a formação do convencimento do julgador para enviar a causa ao Conselho de Sentença para julgamento do mérito. Nessa fase o legislador já previa, e continua prevendo, quatro hipóteses, a saber: pronúncia, impronúncia, absolvição sumária e desclassificação, sendo que apena a primeira delas dá prosseguimento ao rito do júri. As demais encerram a causa ao final da primeira fase, sem encaminhamento para a Corte Popular.

Conceito: A pronúncia é, dentre das hipóteses possíveis no juízo de admissibilidade feito pelo Juiz togado, a única que remete a causa a julgamento pelo Conselho de Sentença.

Trabalhos da reforma legislativa

Hoje encontra-se previsto no art. 413, caput, que assim dispõe: "O juiz, fundamentadamente, pronunciará o acusado, se convencido da materialidade do fato e da existência de indícios suficientes de autoria ou de participação."

---

174 Para a crítica à ausência de diferenciação acima exposta ver o Capítulo das Cautelares.

Na redação original dos trabalhos da Comissão Grinover havia previsão para que (art. 413, § 2º) "Recebida a acusação e pronunciado o acusado, os autos da investigação policial serão desentranhados, observado o disposto no art. 421, e devolvidos ao Ministério Público, remetendo-se cópias ao defensor, ao querelante e ao assistente", compondo-se com a então sugerida redação do art. 412: "Preclusa a decisão de pronúncia, o processo, instruído com as provas antecipadas, cautelares ou irrepetíveis, será encaminhado ao Juiz Presidente do Tribunal do Júri."

Essa *separação fascicular* foi rechaçada veemente no Senado da República sob o fundamento de que

> O art. 421 determinava um absurdo jurídico. Pretendia subtrair do júri – até mesmo do seu presidente – o conhecimento de peças processuais importantes, pois previa que somente as provas irrepetíveis fossem enviadas. Retirar do júri a possibilidade de conhecer, por exemplo, os depoimentos de testemunhas produzidos durante o inquérito policial e a instrução preliminar é um convite à impunidade. É sabido que, na maioria das sessões plenárias do tribunal do júri, não se ouve uma única testemunha. Muitas já faleceram, outras não foram encontradas, ou, mesmo intimadas, não comparecem à sessão. E, se os testemunhos já prestados não puderem ser mostrados aos juízes leigos, basta que o acusado, em um gesto de desespero, mate as testemunhas presenciais capazes de condená-lo. Impossível? Claro que não. Estamos falando de homicidas, pessoas que matam, às vezes, de forma eventual e muitas outras mediante paga. A manutenção do texto original praticamente acabaria com o crime de falso testemunho nos processos do júri. O juiz, os jurados e as partes estariam sujeitos ao que a testemunha houvesse por bem dizer em plenário. Não haveria nenhum instrumento que possibilitasse o cotejo de versões. Isso poderia prejudicar tanto a acusação quanto a defesa. Com a mudança, os autos – com todas as provas produzidas – serão enviados ao júri a quem competirá fazer a análise e proferir o julgamento.[175]

A redação atual pouco inova em relação à anterior, salvo a explicitação de que a pronúncia se projeta para os autores ou partícipes da conduta criminosa, motivo pelo qual neste ponto específico, pouca coisa foi alterada nos entendimentos doutrinários e jurisprudenciais já consolidados.

Pronúncia e conformação da acusação em plenário

A jurisprudência sempre procurou encontrar balizas e freios para os problemas estruturais da fase de admissibilidade, passando a afirmar que pronúncia é "sentença meramente declaratória que admite a acusação e não a responsabilidade."[176]

---

175 BRASIL. Senado Federal. **Diário do Senado Federal**. Op. Cit. p. 38561.
176 SÃO PAULO. Tribunal de Justiça. **Recurso em Sentido Estrito n. 133.467-3/Poá**. Relator: Egydio de Carvalho. 27.12.93.

Análise crítica: Porém, observado à luz dos *sistemas processuais*, a pronúncia configura um dos mais evidentes resquícios de atividade persecutória judicial. Isto porque ela não só conforma a acusação como *impõe seu conteúdo ao conselho de sentença*. Observe-se que o conselho de sentença decidirá sobre o conteúdo da pronúncia e não sobre a postulação do acusador em plenário que, se por obvio não pode ser mais ampla que a pronúncia, pode lhe ser inferior, p. ex., pedindo o afastamento de uma qualificadora que, nada obstante, será colocada em votação não por conta do pedido de quem acusa, mas por conta do conteúdo da admissibilidade.

Princípio in dubio pro societate

Ponto culminante de todo esse momento procedimental é o surgimento de um *princípio* autodenominado de *in dubio pro societate*, que inspira também o momento de recebimento da denúncia e mesmo algumas postulações na execução penal[177], e que aparece em decisões como:

> A sentença de pronúncia, como decisão sobre a admissibilidade da acusação, constitui juízo fundado de suspeita, não o juízo de certeza de que se exige para a condenação. Daí a incompatibilidade do provérbio in dubio pro reo com ela. É a favor da sociedade que nela se resolvem as eventuais incertezas propiciadas pela prova.

Tal *princípio* não existe fora do seu mero emprego retórico (e este emprego existe à saciedade)[178] e ele nada mais é que fruto direto das manipulações ideológicas que alteraram as estruturas do Tribunal do Júri e que afastaram o juiz natural do momento de admissibilidade.

Assim, fora isoladíssimos entendimentos doutrinários como o de Torres[179] para quem não "parece devido nem jurídico invocar, na pronúncia o aludido princípio"[180] e acórdãos que dão pela aplicação do aforismo *in dublo pro reo* e não do *in dubio pro societate*[181]. Nesta fase, caudalosa jurisprudência vai afirmar

---

177 E até mesmo nas ações que versam sobre improbidade administrativa: BRASIL. Superior Tribunal de Justiça. **Agravo Regimental no Agravo em Recurso Especial n.** 592571/RJ. 2014/0250328-3. Relator Ministro Olindo Menezes. Julgamento: 23/06/2015. Publicação DJe 05/08/2015. Disponível em: <https://scon.stj.jus.br/SCON/jurisprudencia/toc.jsp?i=1&b=ACOR&livre=((%27AGARESP%27. clas.+e+@num=%27592571%27)+ou+(%27AgRg%20no%20AREsp%27+adj+%27592571%27.suce.))&thesaurus=JURIDICO&fr=veja>. Acesso em: 18 jun. 2021.

178 Como acentua texto histórico de PITOMBO, Sérgio Marcos de Moraes. Pronúncia e o in dubio pro societate. **Boletim dos Procuradores da República**, São Paulo, v. 4, n. 45, p. 25-31, jan. 2002.

179 TORRES. José Henrique Rodrigues. Quesitação: a importância da narrativa do fato na imputação inicial, na pronúncia, no libelo e nos quesitos. In: TUCCI, Rogério Lauria (Coord.). Tribunal do Júri Estudo sobre a Mais Democrática Instituição Jurídica Brasileira. São Paulo: Revista dos Tribunais, 1999.

180 Sendo também esta a crítica de RANGEL, Paulo. **Investigação criminal direta pelo Ministério Público**. Op. Cit. p. 520.

181 PARANÁ. Tribunal de Justiça. **Revista dos Tribunais**, v. 534, p. 416.

que: "O princípio do in dubio *pro societate*, insculpido no art. 413 do Código de Processo Penal, que disciplina a sentença de pronúncia, não confronta com o princípio da presunção de inocência, máxime em razão de a referida decisão preceder o judicium causae."[182]

Observe-se que do artigo 413 nem se pode extrair tal *princípio* e, verdadeiramente, ele não tem enunciado.[183]

Se o que se quer dizer com ele é que todos têm direito a serem julgados pelo juiz natural no mérito (e, acrescente-se, não apenas no mérito, mas em qualquer momento e em qualquer espécie de ação – conhecimento, cautelar ou execução), o que se tem nada mais é que a garantia do juiz natural.

Assim, tal *princípio* somente tem algum sentido de existir quando alguém, que não é o juiz natural, efetuar qualquer juízo no processo e, *na dúvida*, remete-se o caso para conhecimento do verdadeiro juiz natural. O problema, pois, não é do conteúdo do provimento de admissibilidade (sua extensão de cognição), mas sim *de quem o prolata*.

Pronúncia e excesso de linguagem

O *excesso de linguagem* continua sendo um problema, malgrado o esforço de redação do § 1º do art. 413: A fundamentação da pronúncia limitar-se-á à indicação da materialidade do fato e da existência de indícios suficientes de autoria ou de participação, devendo o juiz declarar o dispositivo legal em que julgar incurso o acusado e especificar as circunstâncias qualificadoras e as causas de aumento de pena.

A CR determina a motivação das decisões judiciais e isto se reflete, evidentemente, no tipo de provimento em análise, que vez ou outra é considerado como "Sentença em sentido formal e não substancial" (JTJ 164/281).

---

182 BRASIL. Supremo Tribunal Federal. **Agravo Regimental no Recurso Extraordinário com Agravo n. 788457/SP**. Primeira Turma. Relator Min. Luiz Fux. Julgado em: 13/05/2014. Publicação: 28/05/2014. Disponível em: <https://jurisprudencia.stf.jus.br/pages/search/sjur265626/false>. Acesso em: 18 jun. 2021. Precedentes: BRASIL. Supremo Tribunal Federal. **Agravo Regimental no Recurso Extraordinário com Agravo n. 788288/GO**. Segunda Turma. Relatora Min. Cármen Lúcia. Julgado em: 11/02/2014. Publicação: DJe 24/2/2014. Disponível em: <https://jurisprudencia.stf.jus.br/pages/search/sjur255804/false>. Acesso em: 18 jun. 2021; o BRASIL. Supremo Tribunal Federal. **Recurso Extraordinário n. 540.999/SP**. Primeira Turma. Relator Min. Menezes Direito. Publicação: 22/04/2008. DJe 20/6/2008. Disponível em: <https://jurisprudencia.stf.jus.br/pages/search/sjur3214/false>. Acesso em: 18 jun. 2021; e o BRASIL. Supremo Tribunal Federal. **Habeas Corpus n. 113.156/RJ**. Segunda Turma. Relator Min. Gilmar Mendes. Publicação: 14/05/2013. Publicação: DJe 29/05/2013.

183 Neste sentido ver, também, ROSA, Alexandre Morais da; LOPES JUNIOR, Aury. Conheça a Pedalada retórica in dubio pro societate. **Revista Consultor Jurídico**. Disponível em <http://www.conjur.com.br/2017-jul14/limite-penal-conheca-pedalada-retorica-in-dubio-pro-societate>. Acesso em: 14 jan. 2022.

Dada a forma pela qual esta etapa é construída no direito brasileiro há sempre a indagação dos limites da linguagem empregada pelo juiz da pronúncia.

O excesso é punido como nulidade e a consequência é a nova prolação do provimento. Contudo, já se decidiu apenas pela exclusão do texto excessivo da pronúncia,

> [...] em reverência aos princípios da economia processual, do prejuízo, da proporcionalidade, e da instrumentalidade das formas, o pedido deve ser deferido em menor medida, apenas para determinar que seja riscado o trecho ora reputado ilegal, a ponto de não permitir a leitura e a intelecção por parte dos jurados.

Comunicação da pronúncia

No *regime anterior a intimação pessoal* da pronúncia era um dos eixos principais para a passagem a segunda etapa do rito do tribunal do júri, no caso dos crimes inafiançáveis. Mesmo para exercer o duplo grau de jurisdição a intimação era indispensável.

Isto acarretava, naquela disciplina que, sem que a pessoa acusada fosse cientificada dos termos da pronúncia, o procedimento não poderia ter continuidade. Assim, a não localização da pessoa pronunciada tinha como uma consequência direta a possibilidade de sua prisão cautelar.

Como consequências, ainda, destacavam-se o desmembramento dos autos em relação àquela pessoa acusada que não foi localizada e a de que o provimento não fazia trânsito em julgado, permanecendo *em aberto* enquanto perdurasse a não localização da pessoa acusada. Tal situação duraria enquanto não decorrido integralmente o prazo prescricional.

Uma das mais significativas propostas de mudança no rito do júri, observável desde os trabalhos da *Comissão Grinover*, foi a alteração do regime de comunicação da sentença de pronúncia.

Para tanto, desde a redação apresentada por aquela Comissão passou-se a prever a intimação ficta da pessoa acusada quando estivesse acompanhado solto independentemente de ser o crime afiançável ou não, proposta que acabou sendo acolhida em todas as demais etapas do processo legislativo e assim foi transformada em Lei.

O argumento para a modificação sempre foi o caráter utilitário da nova disciplina, à qual se virá somar a possibilidade do julgamento sem a presença física da pessoa acusada nos termos do artigo 457 tanto para a situação da pessoa acusada estar presa ou solta, seja pela possibilidade da ocorrência da prescrição, seja pela demora na realização da sessão plenária, com a necessidade de redesignação da sessão de julgamento.

Ampliação da legitimação passiva

A norma do art. Art. 417[184] aprecia a possibilidade de surgimento de indícios de autoria ou participação de outras pessoas que não aquelas enumeradas na denúncia ou queixa na fase da prolação da sentença. Em assim sendo, a regra seria a desconexão dos processos vez que haveria descompasso entre os estágios de cada qual (um réu já pronunciado; outro, ainda nem denunciado).

Eventualmente unificação processual poderá haver se, tendo havido interposição de recurso em sentido estrito contra a pronúncia, na pendência do recurso houver o oferecimento da denúncia contra o novo autor ou partícipe, e ao final daquela tramitação recursal, com a confirmação da pronúncia, o caso desdobrado estiver em fase idêntica. Nessa hipótese poderá ser apreciada a reunião de causas com vistas a realização da sessão plenária conjunta.

Pronúncia e coisa julgada

Já foi assentando em determinado provimento que

> A pronúncia não gera coisa julgada. Com efeito, após o contraditório, acolhe, total, ou parcialmente a imputação constante da denúncia, ou a rejeita, podendo, inclusive, declarar a inexistência de infração penal. Não encerra condenação alguma. Tal como denúncia, nos crimes da competência do Juiz, a pronúncia não condena o réu. Ao contrário, obediente ao procedimento do Tribunal do Júri, é pressuposto do libelo.[185]

Assim o é porquanto a pronúncia se classifica como uma decisão, e não como uma sentença terminativa que aprecia ou não o mérito. E, nesse ponto, cabe lembrar novamente a lição de Coelho[186] ao afirmar que:

> Fixado, assim, o limite da expressão decisão interlocutória – como aquela que equivale à interlocutória simples da doutrina, devemos salientar que não se pode falar, quanto a ela, em coisa julgada. Não são muitas, aliás, as interlocutórias recorríveis, já que vige em nosso processo penal, ao contrário do que se vê no processo civil, o sistema da irrecorribilidade das interlocutórias, estando no rol do art. 581 do CPP, em vários de seus incisos, as decisões dessa categoria que podem ser impugnadas por via recursal. Quando, no entanto, uma interlocutória recorrível se torna irrecorrível, ou porque ninguém a impugnou ou

---

184 Se houver indícios de autoria ou de participação de outras pessoas não incluídas na acusação, o juiz, ao pronunciar ou impronunciar o acusado, determinará o retorno dos autos ao Ministério Público, por 15 (quinze) dias, aplicável, no que couber, o art. 80 deste Código. (NR)
185 BRASIL. Superior Tribunal de Justiça. **REsp 197071/CE**. Relator Luiz Vicente Cernicchiaro. DJ 23/08/1999, p. 164.
186 COELHO NOGUEIRA, Carlos Frederico. **Coisa Julgada Penal**: Autoridade Absoluta e Autoridade Relativa. Disponível em: <http://www.tj.ro.gov.br/emeron/sapem/2001/setembro/1409/ARTIGOS/A05.htm>. Acesso em: 21 jul. 2020.

porque os recursos dela interpostos foram improvidos, não faz ela coisa julgada, mas tão-somente preclusão.

Concordando-se com as bases teóricas acima expostas, entendendo-se que a pronúncia não é sentença, mas decisão de caráter interlocutório e que, desta forma, não gera coisa julgada, mas, sim, preclusão, fica aberta a seguinte situação: (i) é possível alterar parte de seu conteúdo; (ii) é necessário fixar um limite a partir do qual a preclusão tem-se como operada em definitivo, não podendo sofrer alterações.

Enfrentando normalmente a matéria, tem-se que a possibilidade de alteração da classificação do crime existe na hipótese em que, pronunciado por crime doloso tentado, a vítima vem a falecer em virtude das lesões sofridas naquela tentativa de homicídio, alterando assim o evento naturalístico decorrente da ação. Essa situação é apresentada como preclusão *pro judicato* e, por ela, estaria justificada a alteração acima mencionada.

A previsão de remessa dos autos ao Ministério Público existia desde os trabalhos iniciais da Comissão Grinover, mas o texto final, aprovado pelo Senado (e modificador do texto aprovado na Câmara) alterou substancialmente o sentido da disposição, eliminando o necessário contraditório que deve existir neste momento.

Assim, malgrado o texto não se refira à manifestação defensiva após a fala do Acusador sobre eventual quebra da preclusão da pronúncia, o contraditório sobre o tema é imprescindível e deve ser observado no prazo de cinco dias, tomado como análogo o quanto disposto na fase anterior do rito (art. 409).

A decisão sobre a matéria modificada, tratando-se uma vez mais de decisão de pronúncia, é impugnável por meio do recurso em sentido estrito nos moldes existentes também na lei revogada.

Trata-se de nova decisão de pronúncia, gerando a possibilidade de sua impugnação por via do recurso em sentido estrito e interrompendo o prazo disposto no art. 428 para o desaforamento por decurso de prazo motivado pelo excesso de serviço.

A pronúncia do acusado sempre interrompe a prescrição. Com esse fundamento, o STF afastou alegação de que, vindo o júri a desclassificar o delito pelo qual o paciente fora pronunciado – de homicídio qualificado, para lesões corporais seguidas de morte –, não teria ocorrido a interrupção da prescrição, nos termos do art. 117, II, do CP.[187]

---

187 BRASIL. Supremo Tribunal Federal. **Habeas Corpus n. 73.774/MG**. Primeira Turma. Relator Min. Sydney Sanches. Julgamento: 30.04.96. Publicação: 31/05/1996. Disponível em: <https://jurisprudencia.stf.jus.br/pages/search/sjur118076/false>. Acesso em 18 jun. 2021.

O tema igualmente importa quando se verifica a existência de recurso constitucional (extraordinário ou especial) que, sem efeito suspensivo, gera a possibilidade de designação de sessão plenária ainda durante sua tramitação segundo precedentes jurisprudenciais apoiados exatamente na falta do efeito suspensivo.

Com efeito, é manifestamente insustentável essa posição porquanto existe a clara possibilidade de provimento do recurso constitucional e, com ele, o próprio desaparecimento – integral ou parcial – da acusação. O contrassenso de levar-se alguém a julgamento e, eventualmente, condená-lo, para depois anular o quanto decidido por força do resultado do recurso constitucional é evidente como também apontado por outras prestigiosas fontes doutrinárias.[188]

Pronúncia e crime conexo

Na cumulação de processos por força de conexão ou continência a pronúncia encerra o juízo de admissibilidade do crime atraído conforme a posição doutrinária e jurisprudencial predominante, sendo vedada a análise de mérito pelo juiz togado.

Posições em sentido contrário, como a de Nassif são francamente minoritárias, nada obstante apresentarem maior consistência sistêmica, pois a CR dispõe sobre a competência material do júri de forma estrita e nada menciona sobre a ampliação dessa competência por força das causas modificativas como a conexão ou continência.

Assim, segundo o autor supracitado,

> [...] os crimes conexos aos da competência do Tribunal do Júri não são objetos de sentença de pronúncia, além dos estritos limites da declaração da conexidade. Acontece que, primeiro, a lei não trata em qualquer parte desta decisão; em segundo, deve-se ter presente que, entendendo admissível a postulação acusatória, ela trata de reconhecer a existência do fato e a autoria, ainda que indiciariamente. Tais afirmativas judiciais para os crimes que não admitem teses como, por exemplo, de legítima defesa (v.g. estupro), pode decretar, se pronunciado, a própria condenação do acusado pela certa influência que exercerá no âmbito dos jurados. Por isso mesmo já decidiu o TJRS que (...) havendo pronúncia em relação ao delito prevalente (homicídio), não cabe ao juiz, no ato pronunciatório, manifestar-se sobre o delito conexo (lesões corporais) (...). (TJRS, apel. 696188994, j. em 28.11.96). Ocorrendo desclassificação pelo Tribunal Popular, haveria, no mínimo, embaraço para absolver quando o magistrado julgar o fato cuja autoria e existência atestara anteriormente. Agrava-se o quadro em perspectiva se outro for o juiz que, para a absolvição, deverá arrostar o entendimento da pronúncia.[189]

---

188 LOPES JÚNIOR, Aury. **Direito Processual Penal**. (2012). Op. Cit. p. 1006/1007; OLIVEIRA, Eugênio Pacelli de. **Curso de Processo Penal**. (2013). Op. Cit., p. 734.

189 NASSIF, Aramis. **O Júri Objetivo**. Porto Alegre: Livraria do Advogado, 2001. p. 47.

7.3.2.2 Impronúncia

Aduz o art. 414:

> Não se convencendo da materialidade do fato ou da existência de indícios suficientes de autoria ou de participação, o juiz, fundamentadamente, impronunciará o acusado. Parágrafo único. Enquanto não ocorrer a extinção da punibilidade, poderá ser formulada nova denúncia ou queixa se houver prova nova.

A estrutura do presente artigo não é compatível com CR/88 e com a CADH (assim como num exercício histórico pode-se dizer o mesmo em relação à CR/46, 67 e EC 01-69). Trata-se de uma situação de *non liquet*, inadmissível no Estado de Direito.

Aramis Nassif é uma das poucas vozes a se insurgir igualmente contra esta insustentável situação, na qual o Estado não alcança qualquer resultado de fundo e impõe a uma pessoa que sobre ela recaia o ônus da sujeição à persecução pelo tempo que restar para o decurso do prazo prescricional em abstrato.

INCONSTITUCIONALIDADE DA IMPRONÚNCIA	a) Viola o princípio da presunção de inocência, com a imposição de uma "suspeita indefinida" (nos limites da prescrição), na qual o Estado afirma a inocorrência do crime e aduz não haver indícios de autoria para, ao final, impor a possibilidade de voltar a efetuar a persecução sobre os mesmos fatos;
	b) Justifica que possam existir provimentos que não ponham fim a uma determinada causa penal como se não houvesse ocorrido qualquer tipo de atividade cognitiva sobre o objeto do processo;
	c) Permite oferecimento de "nova denúncia" para caso no qual já há denúncia oferecida e recebida sobre os mesmos fatos.

Fonte: O autor (2021)

Rigorosamente falando, o resultado alcançado por tais silogismos encontrados na doutrina e jurisprudência dominantes são marcantemente gravosos para a pessoa acusada. Neste ponto, a distorção é tamanha que se torna mais desejável seja a pessoa *pronunciada* e submetida a júri, onde inexoravelmente alcançará um resultado de mérito, que ficar aguardando a produção de provas numa prescrição vintenária.

Pelas razões acima expostas não se pode concordar com as consequências da análise técnica advogadas por Coelho Nogueira,[190] ao afirmar que

> A decisão proferida no sumário de culpa, prevista no art. 409 do CPP – que esse código chama de "sentença de impronúncia" no § 1º de seu art. 584 – enquadra-se perfeitamente no conceito de sentença terminativa de mérito, pois enfrenta o *meritum facti*, entendendo não haver prova da existência do crime ou indício de autoria, mas não condena nem absolve. Trata-se, contudo, de

---

190 COELHO NOGUEIRA, Carlos Frederico. **Coisa Julgada Penal**. Op. Cit.

sentença muito peculiar, pois somente produz coisa julgada formal (já que não pode ser rediscutida no mesmo processo em que foi proferida), não adquirindo, porém, os contornos da coisa julgada material, uma vez que, a teor do par. único do art. 409, nova ação penal pode ser intentada, a qualquer tempo, contra o mesmo indivíduo, pelos mesmos fatos, desde que surjam novas provas e não tenha ocorrido a prescrição ou outra causa extintiva da punibilidade. Em consequência, exatamente por não fazer coisa julgada material, não apresenta nenhuma autoridade e não pode, por não transitar completamente em julgado, ser impugnada em revisão criminal, já que falta, para o acolhimento da via revisional, seu pressuposto básico, que é a sentença penal completamente passada em julgado.

A distinção técnica entre coisa julgada formal e material possibilitando nova persecução sobre os mesmos fatos quando já tiver havido, como reconhece o renomado autor, sentença de mérito sobre a ação penal não se coaduna com a base normativa da CADH, que expressamente veda tal situação. Trata-se de exposição emblemática da necessidade da superação do paradigma formal-tecnicista advindo da literatura exclusiva do CPP como fonte e da necessidade de adequar os aos patamares constitucionais a cultura processual penal.

No cotidiano da aplicação desse artigo, quando não se analisa(va) sua (im) pertinência constitucional, o tratamento recai sobre a sua literalidade. Um dos primeiros aspectos é a diferença entre provas e indícios de autoria.

Havendo a impronúncia, julgados apontam que tal "Decisão que [...] remete ao juízo competente o conhecimento do delito conexo (RT 554/341)." Essa é a afirmação extraída igualmente da doutrina quando se afirma que

> No caso de haver crime conexo com o doloso contra a vida, havendo impronúncia ou absolvição sumária, o juiz não pode julgá-lo concomitantemente. Isso porque, nos termos do parágrafo único do art. 81, perde ele a competência para julgar o conexo. Ainda que seja ele competente para esse crime como juiz singular, como acontece nas comarcas de um só juízo penal, deve aguardar a preclusão da impronúncia ou o trânsito em julgado da absolvição sumária, porque somente nessa oportunidade desaparece a competência prevalente do júri que atraiu o conexo.[191]

Surge como razoavelmente intrigante a nova redação da impronúncia no que tange à formulação de nova denúncia ou queixa. Ainda estruturalmente ligada à inexistência de indícios de autoria e, agora, de participação, bem como à falta de comprovação da materialidade, possibilita-se o oferecimento de *nova* denúncia.

---

191 GRECO FILHO, Vicente. **Manual de Processo Penal**. São Paulo: Saraiva, 1995. p. 362.

O problema na estrutura renovada é que ela possui o mesmo entrave da anterior, isto é, a denúncia (ou queixa) *já foi recebida*, vez que neste momento o que se tem é a verificação da admissibilidade da acusação *em plenário*. O equívoco de tratar a impronúncia como um simulacro do artigo 18 do CPP permanece, assim, na integra, com todos os vícios já apontados.

A impronúncia, no entanto, não é causa interruptiva da prescrição a teor do artigo 117, II, do Código Penal, o qual somente se refere à pronúncia enquanto provimento capaz de interromper a prescrição. Assim, para fins da contagem do prazo prescricional para eventual reabertura do caso na forma preconizada pelo presente artigo, o último prazo interruptivo terá sido o do recebimento da denúncia, mesmo que a impronúncia sobrevenha por força de interposição de recurso em sentido estrito desconstituindo a anterior pronúncia prolatada.

7.3.2.3 Absolvição sumária

Nos termos do Art. 415, tem-se

HIPÓTESES DE ABSOLVIÇÃO SUMÁRIA	I – Provada a inexistência do fato;
	II – Provado não ser ele autor ou partícipe do fato;
	III – O fato não constituir infração penal;
	IV – Demonstrada causa de isenção de pena ou de exclusão do crime.

Fonte: O autor (2021)

Muito embora exista todo o esforço retórico no sentido de afastar desta fase qualquer juízo de mérito, fato é que, quando o Juiz verifica a ocorrência de uma excludente como a legítima defesa (ainda que surja como *cristalina, estreme de dúvidas* ou quaisquer outros adjetivos semelhantes) está ele mergulhando profundamente no mérito (ainda que realizando uma cognição sumária). Aqui, um dos pontos mais comuns de confusão: a análise de mérito plena pode vir com uma cognição sumária.

Deve ser destacado ainda o parágrafo único do artigo 415: "Não se aplica o disposto no inciso IV do caput deste artigo ao caso de inimputabilidade prevista no *caput* do art. 26 do Decreto-Lei nº 2.848/40 – Código Penal, salvo quando esta for a única tese defensiva." (NR)

A norma então inovada vem, em parte, ao encontro do quanto decidido pelo STF[192] quando entendeu "que a conjugação da absolvição com a medida de segurança conflita com a soberania do tribunal do júri, tendo em conta o direito de

---

192 BRASIL. Supremo Tribunal Federal. **Habeas Corpus n. 87.614/SP**. Primeira Turma. Relator Min. Marco Aurélio. Julgado em: 03/04/2007. Publicação: 15/06/2007. Disponível em: <https://jurisprudencia.stf.jus.br/pages/search/sjur5920/false>. Acesso em: 16 jun. 2021. (Informativo STF 462).

o cidadão somente ter a culpa presumida após o exercício do direito de defesa perante o juiz natural, no caso, o tribunal do júri".

A absolvição sumária pode ser, ainda, dividida em *própria ou imprópria* quando, no caso acima apontado, decidir pela inimputabilidade com a imposição de medida de segurança ou, nos demais, absolver sem outras consequências desfavoráveis à pessoa acusada.

7.3.2.4 Desclassificação

É consolidado o entendimento no sentido de ser a desclassificação mencionada neste artigo como sendo *imprópria*, na medida em que efetuada pelo juiz monocrático; a ela se oporá a denominada classificação *própria*, decidida pelos jurados quando da votação dos quesitos na sala secreta.

Assim, na fala de Rangel, analisando o tema da desclassificação de forma mais ampla,

> [...] a classificação ocorre sempre que o juiz entende tratar-se de crime diverso do capitulado na denúncia, seja ele competente ou não para processá-lo ao juiz que o seja. Exemplo: desclassificação de tentativa de homicídio para lesão corporal grave. Entretanto, tratando-se de desclassificação para um crime da competência própria do Tribunal do Júri, haverá desclassificação imprópria, ou seja, não é o crime capitulado na denúncia, porém continua o juiz competente para processá-lo e mandá-lo a júri. Neste caso, a desclassificação é imprópria porque tem cunho de uma verdadeira pronúncia, já que o tribunal do Júri é que deverá julgar o mérito da imputação, que será delineado no libelo. Exemplo: desclassificação de homicídio para infanticídio. Neste caso, continua o Tribunal do Júri competente para apreciar a causa, motivo pelo qual a desclassificação importa verdadeira pronúncia, pois recolhe-se a prova da existência do crime e indícios suficientes de autoria, mas não o crime capitulado na denúncia.[193]

Há de ser destacado que, ao Magistrado, cumpre:

> [...] nos termos do artigo 419, do CPP, proferir decisão demonstrando que a infração não se inclui entre aquelas a que se refere o § 1º do artigo 74 do CPP, não devendo ele, sob pena de prejulgamento, dar qualificação jurídico penal, mas tão-somente afirmar que a infração não é da alçada do Tribunal leigo.[194]

---

193 RANGEL, Paulo. **Investigação criminal direta pelo Ministério Público**. Op. Cit. p. 538.

194 MINAS GERAIS. Tribunal de Justiça. **Recurso em Sentido Estrito n. 1.0035.11.0002546/001**. 3ª Câmara Criminal. Relatora Des. Maria Luíza de Marilac. Julgamento: 24/09/2013. Publicação 03/10/2013. Disponível em: <https://www5.tjmg.jus.br/jurisprudencia/pesquisaNumeroCNJEspelhoAcordao.do?numeroRegistro=1&totalLinhas=1&linhasPorPagina=10&numeroUnico=1.0035.11.000254-6%2F001&pesquisaNumeroCNJ=Pesquisar>. Acesso em: 18 jun. 2021.

Tendo como ponto de destaque o papel limitado do julgador togado nesta fase, que deve se limitar a excluir sua competência e não infirmar qualquer outra.

Operada a desclassificação do crime doloso contra a vida afasta-se, também, a competência para o crime conexo, se houver.

7.3.3 Preparação para Julgamento

Com o fim do libelo[195], a indicação de testemunhas e requerimento de diligências passou a ser feita por peça autônoma, inominada. A verificação da pertinência das diligências será na forma do artigo art. 423.

Deve-se recordar que este é o momento oportuno e exclusivo para arrolar testemunhas e vítimas a serem ouvidas em plenário indicando as partes o caráter de imprescindibilidade ou não da oitiva.

A contagem do prazo é determinada pela forma genérica e residual do art. 798 do CPP. A ideia de prazo concomitante em cartório vale uma vez mais, na medida em que não confere às partes a oportunidade de exercerem análise processual adequada nesse momento. O correto seria o prazo sucessivo, iniciando-se pela acusação, até mesmo para que esta não venha a tomar ciência – ainda que de forma incidental – dos requerimentos defensivos antes de sua própria manifestação, invertendo inadequadamente a forma das falas no processo.

Na sequência caberá ao Juiz togado decidir sobre as provas e demais requerimentos, a teor do Art. 423.[196]

As postulações probatórias tratadas no artigo 422 são objeto de decisão na forma preconizada na presente norma e, sobre ela recaem as mesmas análises feitas a propósito do artigo 411, § 2º, sobre as provas de caráter impertinente, irrelevante ou protelatório. Ainda dentro do mesmo critério de verificação estariam as provas serem exibidas.

7.3.3.1 Conceito de reunião periódica

Ainda no que tange à fase de preparação para o julgamento, dispõe o Art. 453 que "O Tribunal do Júri reunir-se-á para as sessões de instrução e julgamento nos períodos e na forma estabelecida pela lei local de organização judiciária."

---

195 Atual art. 422 que "Ao receber os autos, o presidente do Tribunal do Júri determinará a intimação do órgão do Ministério Público ou do querelante, no caso de queixa, e do defensor, para, no prazo de 5 (cinco) dias, apresentarem rol de testemunhas que irão depor em plenário, até o máximo de 5 (cinco), oportunidade em que poderão juntar documentos e requerer diligência."

196 Deliberando sobre os requerimentos de provas a serem produzidas ou exibidas no plenário do júri, e adotadas as providências devidas, o juiz presidente: I – ordenará as diligências necessárias para sanar qualquer nulidade ou esclarecer fato que interesse ao julgamento da causa; II – fará relatório sucinto do processo, determinando sua inclusão em pauta da reunião do Tribunal do Júri.

Conceito: reunião periódica é o período de tempo disciplinado pelas leis de organização judiciária de cada Estado, ou na administração da Justiça Federal, dentro do qual são realizadas as sessões de julgamento. Assim, numa mesma reunião reúne-se o corpo de jurados para julgar um ou mais processos do Tribunal do Júri.

Fato é que o modo de organizar as sessões periódicas tem profunda relevância na prestação jurisdicional como um todo, podendo se transformar em causa de patologias como o desaforamento face à demora na realização do julgamento de mérito.

Assim é que, por exemplo, no caso do Estado de São Paulo, o Decreto-lei Complementar nº 3, de 27 de Agosto de 1969, que institui o Código Judiciário do Estado de São Paulo prevê em seu artigo 2.º que "São órgãos da Justiça Comum do Estado: (...) III – Os Tribunais do Júri e os de Economia Popular" e em seu artigo 30 que "Os Tribunais do Júri funcionarão permanentemente, salvo nos domingos e feriados, nas férias da Semana Santa e no período de 23 de dezembro a 2 de janeiro", com alterações posteriores naturalmente surgidas diante do crescimento das comarcas no interior do Estado.

7.3.3.2 Formação de pauta

A formação da pauta tem como sustentação legal o art. 429 do Código de Processo Penal, cuja ordem estabelecida deve ser encarada como obrigatória e inalterável, a princípio e objeto de publicação.

Nada obstante, o mesmo artigo faculta a possibilidade de inversão desde que exista *motivo relevante*. Expressão de conteúdo aberto, deverá ser alvo de motivação específica caso seja invocado.

Um exemplo que pode ser invocado é o da inversão para levar a julgamento caso que, na pauta original, poderia prescrever em abstrato ou mesmo *em concreto*.

A alteração imotivada da ordem gera o direito líquido e certo à precedência, sustentável por via de mandado de segurança e, no limite, por habeas corpus caso diretamente incida sobre a liberdade de locomoção.

Assim, pela ordem legal, têm preferência os julgamentos das pessoas nas seguintes condições:

I] os acusados presos;
II] dentre os acusados presos, aqueles que estiverem há mais tempo na prisão;
III] em igualdade de condições, os precedentemente pronunciados.

Não há previsão de precedência explícita para o caso de desaforamento na comarca que recebe o júri desaforado, eventualmente resolvendo-se o tema pelo inciso III do presente artigo.

Enfocando o assunto da possibilidade de adiamento da sessão a pedido das partes, há de ser admitido dentro dos parâmetros estabelecidos jurisprudencialmente, com as consequências jurídicas daí decorrentes. De tal forma, quando o adiamento se dá a pedido da defesa, por exemplo, não há que se falar na superação do prazo estabelecido no "caput" do art. 428 para o desaforamento.

O Art. 452 inovou para possibilitar que "O mesmo Conselho de Sentença poderá conhecer de mais de um processo, no mesmo dia, se as partes o aceitarem, hipótese em que seus integrantes deverão prestar novo compromisso."

Embora não houve restrição a tal prática antes da reforma da Lei 11689/2008 e sua incidência prática seja restrita a casos de baixa complexidade – mas mesmo assim sempre sujeitos ao imponderável – foi salutar a reforma para a nova redação pois afasta qualquer alegação de vicio do julgamento quando da adoção dessa prática.

7.3.4 Sessão de instrução, debates e julgamento

Conceito: Sessão de instrução, debates e julgamento é o ato jurisdicional complexo, orientado pelos princípios da concentração e oralidade, no qual, perante o juiz natural da causa, as partes legítimas produzem provas destinadas à comprovação × refutação da acusação formada admitida alcançando-se o veredicto soberano sobre o *caso penal*.

7.3.4.1 Instalação da sessão

Conceito: A instalação da sessão compreende é o momento no qual o juiz natural da causa verifica a existência das condições processuais e materiais adequadas para o início dos trabalhos. Dentre as primeiras está a verificação da presença de todas as pessoas que a lei determina que devam se apresentar ao ato ou a certificação das ausências justificadas com base na lei processual; nas segundas, a infraestrutura necessária para produção do ato.

7.3.4.2 Regime de presenças

A pessoa acusada (e a desnecessidade da presença)

Relevante modificação foi introduzida com o Art. 457 desde 2008 para dispor que

> O julgamento não será adiado pelo não comparecimento do acusado solto, do assistente ou do advogado do querelante, que tiver sido regularmente intimado.
>
> § 1º Os pedidos de adiamento e as justificações de não comparecimento deverão ser, salvo comprovado motivo de força maior, previamente submetidos à apreciação do juiz presidente do Tribunal do Júri.

§ 2º Se o acusado preso não for conduzido, o julgamento será adiado para o primeiro dia desimpedido da mesma reunião, salvo se houver pedido de dispensa de comparecimento subscrito por ele e seu defensor. (NR)

O sistema brasileiro exigia a presença física da pessoa acusada na hipótese de crimes inafiançáveis, sob pena de não realização do ato. Inúmeras vezes tal *exigência* foi vista como mero formalismo e chegou-se ao ponto de pensar em sua supressão.

Mesmo antes da reforma, em recente acórdão, o STJ admitiu o julgamento sem a presença do réu.[197]

O regime atual possibilita, assim, que a pessoa acusada seja submetida a julgamento sem o contato direto com o juiz natural da causa. Ainda que se argumente isto aconteça no rito perante o juiz monocrático (ex. réu citado e que espontaneamente não comparece para os atos processuais) a situação perante o júri popular é substancialmente diferente, o somente se compreende pela análise do Tribunal do Júri a partir do juiz natural como efetivado neste capítulo e não pela sua costumeira abordagem pelo aspecto procedimental.

Para o caso da pessoa acusada se encontrar solta, a única exigência legal é a da sua regular intimação. Caso inexistente ou imperfeita a comunicação processual, o réu ausente poderá reclamar a nulificação da sessão plenária, de natureza absoluta porquanto fere o direito à autodefesa.

Para a pessoa acusada, a situação já é mais complexa devendo ser levado em conta:

a] Seu desejo de comparecer ou não;
b] O desejo da defesa técnica em seu comparecimento, ou não.

Quando a prisão for de natureza cautelar decretada no processo a ser submetido ao tribunal popular, parece-nos de todo injustificável e inexplicável a regra vez que a pessoa presa não dispõe da sua liberdade de locomoção *para aquele processo*.

Essa é uma ressalva importante, porque a prisão da pessoa que será levada a julgamento pode ocorrer em virtude de prisão – definitiva ou cautelar – por outro processo modificando, assim, a perspectiva de análise.

E, acrescente-se, essa perspectiva de análise que diferencia a natureza da prisão já se encontra presente e consolidada na literatura e jurisprudência quando se constata que não há excesso de prazo para julgamento em caso de pessoa acusada presa por processo distinto.

Ademais, a restrição liberdade de locomoção não se confunde com exercício de direito de defesa.

Assim, tem-se dois aspectos distintos:

---

197 REVISTA dos Tribunais, São Paulo, v. 710, p. 344.

a] A inexistência de autonomia da pessoa presa para decidir ser conduzida a plenário ou não *quando presa pelo processo a ser julgado;*

b] Sua decisão de estar presente ao julgamento e dele participar dado que isto se inseriria no campo de sua autodefesa.

Para solucionar o cenário prático entendemos que a pessoa presa deve ser deslocada à sessão de julgamento e ali, perante o juiz togado e o Conselho de Sentença colher-se a manifestação formal de sua não participação no julgamento, posto que o contato do juiz natural da causa com a pessoa acusada integra o devido processo legal.

A previsão de dispensa de deslocamento por ato escrito conjunto somente tem sentido, assim, dentro de um viés de economia processual, mas não se apresenta conforme quer à CR, quer à CADH.

Ainda dentro deste tema, a lei não estabelece qualquer solenidade para a manifestação, bastando que seja certificada nos autos. Potencialmente aqui se instaura o mesmo tipo de conflito existente na hipótese da discordância de posições entre defesa técnica e autodefesa quando da interposição de recursos porquanto, embora textual a lei no sentido da congruência das vontades, pode haver situação da divergência de manifestações.

Nesse ponto, caso entendida a presença física como manifestação exclusiva da autodefesa e, como querem alguns, como manifestação do *nemo tenetur*, haveria de ser dada preponderância à manifestação da pessoa acusada quando colidente com a do defensor técnico.[198]

Dessa colisão pode sobrevir uma incompatibilidade insuperável entre a pessoa acusada e sua defesa técnica. Não se trata de um automático adiamento da sessão plenária com a desconstituição do defensor técnico que possui entendimento divergente da pessoa acusada.

Inicialmente, é necessário perquirir – tarefa que cabe ao juiz togado – se diante da divergência haverá ou não manutenção da defesa técnica, cuja resposta positiva implica na continuidade dos trabalhos defensivos. Caso negativa a resposta, como não se pode compelir a qualquer dos envolvidos a aceitar a causa ou o defensor, só então será deliberado sobre a realização ou não da sessão.

Outro ponto a ser destacado é a possibilidade da retratação da manifestação de ausência no plenário, na medida em que, não prevendo tempo mínimo para que esse desejo se manifeste, a lei também acaba por silenciar quanto a possibilidade de revisão da manifestação, não sendo suficiente a previsão do § 1º, deixando em aberto quando essa solicitação deve ser feita, na medida em que se limita a usar o adverbio *previamente.*

---

198 Também neste sentido, ANSANELLI JÚNIOR. Ângelo. Aspectos **Controvertidos do Tribunal do Júri.** 1. ed. Belo Horizonte: Arraes Editores, 2015. ISBN: 978-85-8238-094-9. p. 175-176.

Ministério Público

No que tange ao comparecimento das partes, tem-se, inicialmente, o art. 455:

> Se o Ministério Público não comparecer, o juiz presidente adiará o julgamento para o primeiro dia desimpedido da mesma reunião, cientificadas as partes e as testemunhas.
>
> Parágrafo único. Se a ausência não for justificada, o fato será imediatamente comunicado ao Procurador-Geral de Justiça com a data designada para a nova sessão. (NR)

O presente artigo disciplina duas modalidades de ausência: com e sem justificativa. A primeira não acarreta o desencadeamento de ações administrativas no âmbito do Ministério Público, enquanto a segunda gera a comunicação ao Procurador Geral. Ambas exigem que a sessão seja redesignada para o primeiro dia desimpedido da *reunião*.

Quanto ao Ministério Público a matéria é regrada pelo art. 455 do CPP que disciplina duas modalidades de ausência: com e sem justificativa.

A primeira não acarreta o desencadeamento de ações administrativas no âmbito do Ministério Público, enquanto a segunda gera a comunicação ao Procurador Geral. Ambas exigem que a sessão seja redesignada para o primeiro dia desimpedido da *reunião*.

Defesa técnica

Por outro lado, o art. 456 dispõe que,

> Se a falta, sem escusa legítima, for do advogado do acusado, e se outro não for por este constituído, o fato será imediatamente comunicado ao presidente da seccional da Ordem dos Advogados do Brasil, com a data designada para a nova sessão.
>
> § 1º Não havendo escusa legítima, o julgamento será adiado somente uma vez, devendo o acusado ser julgado quando chamado novamente.
>
> § 2º Na hipótese do § 1º deste artigo, o juiz intimará a Defensoria Pública para o novo julgamento, que será adiado para o primeiro dia desimpedido, observado o prazo mínimo de 10 (dez) dias. (NR)

Analisando a mesma situação, o e. STF já decidiu que,

> Ausente o advogado por motivo socialmente aceitável, incumbe ao presidente do Tribunal do Júri adiar o julgamento. Injustificada a falta, compete-lhe, em primeiro lugar, ensejar ao acusado a constituição de um novo causídico, o que lhe é garantido por princípio constitucional implícito. Somente na hipótese de silêncio do interessado que, para tanto, há de ser pessoalmente intimado,

cabe a designação de defensor dativo. Inteligência dos artigos nos 261, 448, 449, 450, 451 e 452 do Código de Processo Penal, à luz da Carta da República, no que homenageante do direito de defesa, da paridade de armas, enfim, do devido processo legal. Júri realizado com o atropelo de garantias asseguradas à defesa e, por isso mesmo, merecedor da pecha de nulo"[199].

Esse mesmo regime existe para a Defesa, previsto no art. 456. A possibilidade de sanção administrativa estatuída pelo "caput" não inova o ordenamento jurídico, na medida em que apenas atualiza o antigo artigo 450, bem como apenas reconhece que a ausência indevida do patrono gera prejuízo ao seu cliente, incidindo o profissional em infração disciplinar a teor do disposto no artigo 34, IX, da Lei 8906/1994 (Estatuto da OAB). Nada obstante, a previsão expressa, ainda que não contenha em si qualquer novidade jurídica, possui efeito didático interessante e apenas por esse aspecto pode ser saudada. A mesma regra haverá de incidir onde a Defensoria Pública.

Situação que merece aqui ser destacada é a do abandono do plenário pela parte, neste caso a Defesa.

Assistência da acusação

O que se exige para o assistente da acusação é sua regular intimação, não seu efetivo comparecimento. Assim, não se pode adiar a sessão plenária para qual a assistência foi regularmente cientificada e, sem justo motivo ou a destempo, não ofereceu justificativa para a ausência ou simplesmente não compareceu.

Testemunhas

As testemunhas arroladas e cujo depoimento foi deferido tem seu regime de comparecimento previsto no Art. 458. A testemunha ausente com causa justificada não se submete à sanção administrativa da multa bem como à persecução penal.

Como já exposto, o CPP, divide as testemunhas arroladas nesta fase como *prescindíveis* ou *imprescindíveis*, com consequências distintas para cada qual.

Trata-se de divisão presente há longa data na legislação brasileira, mas que não se justifica no modelo atual no qual cabe ao magistrado analisar a pertinência, relevância e oportunidade da prova a fim de evitar aquelas meramente procrastinatórias.

Nada obstante, mesmo após a reforma de 2008 ela se mantém sob o jargão da ampla defesa, mas a inobservância do seu regime jurídico deve ser arguida em momento oportuno, pois apesar de seu fundamento alegadamente constitucional, é tratada como nulidade relativa.

Outrossim, deve ser destacado que existe uma singular – e verdadeiramente incompreensível na sistemática do júri – de oitiva de testemunhas por carta precatória para compor o acervo da sessão plenária.

---

199 BRASIL. STF HC 71408 / RJ – Relator: Min. Marco Aurélio. J.: 16/08/1999.

Com efeito, valendo-se da extensão de entendimento somente cabível perante juízes togados, de que não há obrigação da testemunha se deslocar ao juízo natural da causa, aceita-se essa anomalia sob o mesmo argumento baseada, de forma direta ou indireta, na preponderância do aspecto ritualístico do tribunal do júri em detrimento de seu fundamento enquanto juiz natural.

E, assim, o que acontece é a leitura de depoimento de pessoa ouvida perante juiz togado em comarca diversa como se fosse *testemunha de plenário*, arrolada na forma do art. 421, do CPP.

Há de se pontuar que o CPP não faz menção à limites de ausência da testemunha imprescindível, apenas disciplinando sua condução coercitiva para depor no julgamento naquele mesmo dia ou, em caso de impossibilidade, no primeiro dia útil desimpedido da pauta.

Essa mecânica é alvo de justas restrições práticas e não resiste à análise sistêmica mais consistente.

Em primeiro lugar cabe diferenciar a hipótese em que foi pedida, ou não, a expedição de mandado para oitiva da testemunha. Se a própria parte assumiu o ônus de apresentá-la na sessão plenária, sua ausência injustificada não acarreta qualquer dos desdobramentos do art. 461.

Acrescente-se que cabe à parte a indicação do correto local onde se encontra a testemunha. Ali intimada, e não localizada, o rótulo de imprescindibilidade não pode servir de anteparo à não realização do julgamento, ficando ao sabor da localização da testemunha.

Assim, requerida a intimação por mandado e sendo ele cumprido negativamente (testemunha não localizada por não residir no local indicado) a comunicação do conteúdo do mandado de intimação deve ser objeto de ciência às partes em tempo hábil de manifestação processual.

Se intimada em tempo hábil a parte ainda assim não se manifestar, o julgamento deve ser levado a efeito na nova data designada sem maiores óbices quanto a essa testemunha faltante. Se indicado novo endereço e insistir-se na intimação por mandado, cabe a expedição da comunicação, repetindo-se o procedimento de comunicar-se à parte o resultado da diligência na forma já mencionada.

Contudo, se correto o logradouro, ainda assim a testemunha não for encontrada, o julgamento não será adiado a teor do art. 462, §2º do CPP.

Uma vez regularmente intimadas e presentes, devem se beneficiar da regra do art. 459 independentemente da sua efetiva oitiva em plenária, vez que ficaram à disposição da Justiça até sua efetiva dispensa pelo Juiz Presidente. Não pode, no entanto, valer-se dessa prerrogativa quando a sessão plenária não se instala.

Assim, nos termos do art. 460, "Antes de constituído o Conselho de Sentença, as testemunhas serão recolhidas a lugar onde umas não possam ouvir os depoimentos das outras, cuja consequência do descumprimento da norma é a nulidade."[200]

Muito embora o Código de Processo Penal se refira ao início da incomunicabilidade a partir da constituição do conselho de sentença, para os bons andamentos dos trabalhos e a fim de evitar percalços como potenciais intimidações, é de bom-tom que as testemunhas sejam separadas, na prática, desde o momento em que se identificam aos meirinhos ao chegarem nas dependências do Fórum.

7.3.4.3 Desenvolvimento da sessão

Instrução: conceito

Conceito: A instrução é o momento da sessão que tem início após o a tomada de compromisso dos jurados e vai até o início dos debates, com objetivo de produção de provas e formação do convencimento do Juiz Natural (julgador leigo). Dessa se trata a instrução *regular* ou *ordinária* e dela se distingue a instrução *extraordinária* que tem lugar quando, ao final dos debates, é determinada a realização de diligência superveniente imprescindível ou entre os debates é facultada a reinquiriação de testemunha.

Ordem dos trabalhos

A norma regente da instrução em plenário é a do artigo 473 e a inversão dessa ordem é, em princípio, causa de nulidade absoluta.

Leitura de peças

A leitura de peças deve vir sempre por provocação das partes ou por determinação do jurado. O Código de Processo Penal não contempla a determinação da leitura pelo juiz togado. A não realização da leitura, diante do silêncio das partes, não é causa de qualquer vício processual.

Dada a imensa carga retórica de que se reveste a sessão de julgamento, o comedimento na forma da leitura de peças (a rigor, realizada por serventuários da Justiça[201]) deve ser a tônica.

---

200 SÃO PAULO. Tribunal de Justiça. **Apelação Criminal n. 275.535-3**. Relator Oliveira Ribeiro. Julgamento: 27.07.99 – *v.u.*

201 Nada obstante já tenha ocorrido essa leitura por estagiários do MP: SANTA CATARINA. Tribunal de Justiça. Apelação Criminal (Réu Preso) **APR 55566/SC 1999.005556-6**. Segunda Câmara Criminal. Relator José Roberge. Julgamento: 15/06/1999. Ementa: Júri. Homicídio simples. Preliminares de nulidade posterior à pronúncia, por desobediência ao art. 475, do CPP e pela participação de estagiários nos trabalhos da acusação. "(...) O simples fato de estagiários vinculados ao Ministério Público terem efetuado a leitura de peças do processo, em plenário, não induz qualquer nulidade, posto que, ao início da sessão foram apresentados e contra isso não se insurgiu a defesa. Aliás, a aludida participação em nada prejudicou a condução dos trabalhos tanto da acusação, quanto da defesa. [...]".

Tribunal do Júri | 551 |

A atual norma que disciplina esta matéria deixou em aberto o momento em que deve ser feita a leitura de peças.

Tratando-se de atividade de instrução, a leitura de que trata o artigo 473 deve ser feita antes dos debates e, para que os jurados possam, inclusive, se posicionar diante de eventual conflito de depoimentos, deve ser feita antes do início da coleta da prova testemunhal.

Além do que, sendo vedada a produção de prova documental em plenário, serve como apresentação dessa prova antes das demais, juntamente com aquela pericial que poderá ser refutada quando da eventual oitiva do perito.

Peças permitidas

São todas aquelas não previstas no § 3º do art. 473 e 479, este último artigo referente aos documentos novos e ao próprio conceito de documento.

Peças vedadas

Uma das modificações operada veio no sentido de limitar a leitura para aquelas peças de natureza não repetível ou por *carta-precatória*.

Essa posição foi criticada no Senado, quando relatório final da CCJ, assim se posicionou:

> O projeto, em sua redação original, proíbe, no § 3º, do art. 473, a leitura de peças processuais, excetuando as que se refiram às provas colhidas por carta precatória. Não concordo. A leitura de peças é um direito que os sujeitos do processo têm para mostrar aos jurados aspectos e provas que julgam relevantes. Entretanto, é por todos sabido que o expediente é utilizado largamente como forma de extenuar os jurados. Proponho um meio-termo. Continua a possibilidade de leitura de qualquer peça, mas limito o tempo para sua leitura em 2 horas. Daí a alteração no referido dispositivo.

Nada obstante, a posição foi rechaçada pela Câmara, que manteve a redação original e assim foi sancionada.

Tempo para leitura de peças

Diante da rejeição da emenda do Senado que limitava o tempo de leitura, não há prazo fixado para sua ocorrência.

Observação: A leitura de peças aqui tratada não se confunde com a feita pelas partes durante seu tempo de fala quando podem ler depoimentos já encartados nos autos e que não são provas irrepetíveis ou colhidas por precatória.[202]

---

202 "Não há que se falar em qualquer nulidade a ser combatida, tendo em vista que o Juiz presidente, ao indeferir o pleito da defesa do Paciente, que era de ler em plenário alguns depoimentos, admitiu que ela fizesse a leitura durante o seu tempo destinado aos debates, aplicando tão somente o que preconiza o art. 473, § 3º, do CPP, com redação dada pela Lei nº 11.689 /08." PERNAMBUCO. Tribunal de Justiça. Habeas Corpus n. 1611082200781700001/PE 0008629-95.2012.8.17.0000. 3ª Câmara Criminal. Relator Cláudio Jean Nogueira Virgínio. Julgamento: 20/06/2012.

Oitiva do Ofendido

Segue os padrões do art. 201 do Código de Processo Penal. Para maiores comentários remete-se o leitor para o capítulo sobre a produção probatória nesta Obra.

Oitiva de testemunhas

O regime de questionamentos às testemunhas no Tribunal do Júri sempre possibilitou a indagação direta das partes à pessoa ouvida e no regime reformado a partir de 2008 a estrutura se mantém, com a palavra inicialmente tomada pelo Juiz Presidente e, em seguida, pelas partes que, *de forma direta e sucessiva*, farão suas perguntas às pessoas enunciadas na forma de vocação disposta no artigo 473.

Sendo a testemunha arrolada pela parte, a ela cabe verificar o interesse na sua oitiva ou não, sendo desnecessária a aquiescência da parte contrária quanto à dispensa da testemunha[203]. Nada obstante ser essa uma conclusão direta do modelo acusatório, não raras vezes é invocado o assim chamado *princípio da comunhão da prova* para que a parte que não arrolou a testemunha se manifeste sobre sua dispensa.

Aqui o equívoco é manifesto posto que a comunhão diz respeito ao emprego comum *da fonte de prova* (termo de depoimento, termo de interrogatório) e não do *meio de prova* que não pode, assim, ser imposto a uma das partes, pela outra.

Por fim, é possível a retirada da pessoa acusada da sala de julgamento por interpretação do art. 217[204], por decisão fundamentada a esse respeito.[205]

Oitiva de peritos

Segue o padrão da oitiva das testemunhas, importando salientar que eventual assistente técnico não pode ser arrolado como *testemunha* da parte que o indicou, mas o será efetivamente na condição de experto. Neste ponto a reforma não foi exatamente clara na medida em que falou em *peritos* enquanto no novo regramento se refere à perícia feita, ordinariamente, por apenas um perito, bem como não fez neste artigo a distinção técnica entre assistentes técnicos e perito, alocando todas as situações sob essa última palavra.

---

203 Assim reconhecido, por exemplo, em BRASIL. Superior Tribunal de Justiça. **Habeas Corpus n. 165596/SP**. Sexta Turma. Relatora Ministra Maria Thereza de Assis Moura. Julgamento: 15/08/2013. Publicação: 26/08/2013. Disponível em: <https://scon.stj.jus.br/SCON/jurisprudencia/toc.jsp?i=1&b=ACOR&livre=((%27HC%27.clap.+e+@num=%27165596%27)+ou+(%27HC%27+adj+%27165596%27.suce.))&thesaurus=JURIDICO&fr=veja>. Acesso em: 18 jun. 2021.

204 BRASIL. Supremo Tribunal Federal. **LEXSTF**, v. 28, n. 332, p. 452-458, 2006; BRASIL. Supremo Tribunal Federal. Revista dos Tribunais, v. 95, n. 854, p. 522-525, 2006.

205 MINAS GERAIS. Tribunal de Justiça. **Apelação Criminal n. 1.0701.07.205032-4/001(1)**. 5 Câmara Criminal. Relator Alexandre Victor de Carvalho. Julgamento: 29/03/2010. Disponível em: <https://www5.tjmg.jus.br/jurisprudencia/pesquisaNumeroCNJEspelhoAcordao.do?numeroRegistro=1&totalLinhas=1&linhasPorPagina=10&numeroUnico=1.0701.07.205032-4%2F001&pesquisaNumeroCNJ=Pesquisar>. Acesso em: 18 jun. 2021.

Oitiva de testemunhas do *juízo*

Ao lado de tudo quanto já se discutiu sobre o tema dos poderes instrutórios do juiz no capítulo referente à prova nesta Obra acrescente-se que as testemunhas do juízo devem ser ouvidas ao final, dado o próprio caráter residual da produção desse meio de prova, sendo facultado às partes a formulação de perguntas após a condução inicial da oitiva pelo Juiz.

Acareações

Pela ordem lógica do funcionamento da instrução devem surgir ao final, e nos termos inalterados do Código de Processo Penal (arts. 229 e 230).

Reconhecimento

Pode versar sobre pessoas ou coisas na forma dos artigos 226 a 228 do Código de Processo Penal. Tratando-se de reconhecimento ocorrido durante determinado depoimento, será o reconhecimento incidental à produção daquela prova.

Reconstituição

Não possui previsão para ocorrer no curso da instrução em plenário.

Nada obstante há certa tolerância prática para sua realização, considerando-se que "O fato de haver Defensoria simulado a "reconstituição do crime", utilizando-se, para tanto, de um dos oficiais de justiça como pseudovítima, não vai a ponto de anular o julgamento" (TJSP, AC, rel. Onei Raphael, RJTJSP 132/473).

De qualquer forma, com intuito de evitar-se mácula pela produção desse meio de prova na sessão, deve-se considerar a necessidade de prévia comunicação à parte contrária. Neste sentido:

> A produção, em plenário, da reconstituição do crime, para demonstrar a impossibilidade da versão sustentada pelo réu, feita ao arrepio do disposto no art. 475 do CPP, já que a defesa dela não teve ciência prévia, com o prazo de três dias para refutá-la, nulifica o julgamento. O dispositivo citado objetiva proteger o princípio da igualdade entre as partes no plenário do Júri, evitando surpresas e impedindo cerceamento a qualquer delas (TJPR, AC, rel. Mário Lopes, RT 590/365).

Parece-nos, contudo, que aceita ou não, deva ser encarada como meio de prova e, assim, ser produzida na fase de instrução e não naquela destinada aos debates, indo assim ao encontro de entendimento estampado em acórdão que afirmou que

> A reconstituição do crime em plenário do Júri sem prévia comunicação à defesa está dentro dos limites permissivos dos debates e não pode ser equiparada a "produção ou leitura de documento" sem antecedente comunicação à parte contrária, de modo a nulificar o julgamento por infringência do art. 475 do CPP.[206]

---

[206] SÃO PAULO. Tribunal de Justiça. Apelação Criminal. Relator. Álvaro Cury. **Revista dos Tribunais**, v. 630, p. 290.

Intervenção dos jurados na instrução

O julgador leigo, como juiz natural da causa, tem o poder-dever de esclarecer pontos que sejam importantes para a formação da sua convicção em relação a qualquer meio de prova.

Contudo, em relação ao meio testemunhal sempre há a necessária preocupação com o resguardo do sigilo do voto e medidas devem ser tomadas para que não haja a manifestação da intenção do jurado quando houver a formulação das perguntas.

Atento a este quadro delicado, quer do ponto de vista teórico, quer do ponto de vista prático, as perguntas devem ser filtradas pelo juiz togado a quem devem ser dirigidas previamente as indagações as quais, de acordo com as melhores práticas, devem ser feitas por escrito para, então, serem avaliadas e somente não serão formuladas se de forma inequívoca comprometerem a isenção do julgador leigo.

Fora isso o julgador tem o pleno direito de ter acesso irrestrito aos autos e aos objetos apreendidos que, de rigor, devem ser disponibilizados na sessão de julgamento.

Como será visto em tópico posterior, se malgrado todo o acesso aos esclarecimentos ainda assim o julgador não se sentir apto para o julgamento, não haverá outro caminho senão a dissolução do Conselho de Sentença.

Oitiva da pessoa acusada

O interrogatório ao final da instrução foi incorporado ao rito do júri com a reforma do art. 474, instituindo-se as perguntas diretas das partes à pessoa interrogada, em primeiro lugar pela acusação e sua assistência, se houver e, depois, à defesa.

A sistemática modificada pela reforma de 2008 buscou harmonizar a ordem de produção dos atos processuais que, nos demais ritos, passou a contemplar o interrogatório como último ato seguindo uma forma de concepção dos direitos defensivos que havia sido destacada desde a Lei 9.099/95.

Nada obstante, como salientado por importante trabalho sobre a matéria[207], doutrinadores destacados se insurgiram contra essa posição do ato de interrogatório alegando o enfraquecimento de direitos defensivos posto que os jurados não saberiam quais seriam as teses defensivas oriundas da autodefesa.

Às críticas expendidas por Ansanelli no trecho já citado de sua obra acerca dessas objeções some-se que a fala da pessoa acusada ao final das demais oitivas é de ser encarada como o momento em que a autodefesa se manifesta sobre todo o conteúdo probatório e não por outra razão tem sido criticada pela doutrina constitucional do processo penal a inadequação da previsão do interrogatório como primeiro ato no procedimento.

---

207 ANSANELLI JÚNIOR. Ângelo. Op. Cit. p. 192.

Ademais, o interrogatório é de previsão obrigatória, mas a manifestação defensiva não, podendo a pessoa acusada optar por permanecer em silêncio esvaziando-se, assim, o argumento contrário à reforma ritualística.

Optando por falar, e falando ao final, caso sua manifestação gere qualquer sorte de conflito ou dúvidas nos julgadores leigos, há outros mecanismos para enfrentar a situação, como a acareação e a reinquirição de testemunhas, providência possível e que evidencia a necessidade da não dispensa de testemunhas ouvidas antes do esgotamento da instrução posto que, aí sim, diante da prova já produzida, seu conteúdo pertence ao processo e não apenas àquela parte que inicialmente a arrolou.

Outro aspecto importante que marca a singularidade da autodefesa no júri é que dela podem provir tópicos específicos não contemplados, necessariamente, pela defesa técnica. Sendo correto que com a nova dinâmica da quesitação houve sensível diminuição do número de perguntas não se pode desprezar que, ao menos, a autodefesa traga elementos a serem considerados pelos julgadores leigos no chamado *quesito genérico* como adiante será visto. Da autodefesa também pode nascer contradição direta com a linha da defesa técnica, situação possível do ponto de vista legal e que, no aspecto prático, evidentemente enfraquece a defesa como um todo.

Ainda no âmbito do interrogatório, resguardando a dignidade da pessoa submetida a julgamento, o emprego de algemas passou a ser restrito – mas não vedado – limitado às hipóteses expressamente consagradas em lei e cuja desobediência já foi considerada, com certa elasticidade, como causa de nulidade absoluta do julgamento.

Quando do interrogatório de corréus, aqueles que não estiverem sendo submetidos ao ato devem ser retirados da sala de julgamento *ex vi* art. 191 do CPP, permanecendo, por certo, suas defesas técnicas que têm o direito de formular perguntas providencia que, se inobservada, leva à nulidade do julgamento.

Por fim, é possível a realização de novo interrogatório na sessão de julgamento, providencia plausível, mas não quotidiana nos trabalhos do júri e, quando acontece, dá-se com maior possibilidade após os debates visando sanar qualquer dúvida ainda existente no julgador leigo. A pura e simples solicitação de novo interrogatório, se desamparada de qualquer motivo substancial para tanto, quando indeferida, não gerará mácula processual.

Debates

Conceito: É o momento da sessão, após o encerramento da instrução ordinária, em que as partes têm a possibilidade de explorar o acervo probatório e sustentar suas teses jurídicas para influenciar o convencimento do juiz natural (leigo) na formação do veredicto.

Tempo para as falas

O artigo 476 determina o regime de tempo de manifestação que se trata de prazo peremptório, não podendo ser dilatado (salvo quando tiver havido aparte) e que não precisa ser esgotado integralmente.

O Código, na sua redação original, previa duas horas para as falas iniciais, diminuído em meia hora diante do texto do "caput" renovado. A diminuição, fruto da mera opção legislativa, uma vez que desacompanhada de qualquer justificação técnica para sua ocorrência, deveu-se à intervenção do Senado, pois os textos anteriores, desde aquele produzido pela Comissão Grinover até sua passagem pela Câmara dos Deputados, mantinham as mesmas duas horas do texto original do Código.

Divididas em dois blocos, o da postulação inicial e sua subsequente refutação defensiva que compõem o primeiro bloco, somente será aberto o segundo período de falas se o acusador – público ou privado – exercer seu direito; caso contrário estarão encerrados os debates não podendo a defesa utilizar o seu período de forma unilateral.

Assim, a fala inicial é de uma hora e meia para cada uma das partes, e a réplica e tréplica respectivamente, de uma hora cada, distribuído o tempo entre os acusadores e defensores na forma que lhes convier, mas obedecendo-se a ordem de fala no caso do Ministério Público e assistência da acusação ou querelante, na hipótese da ação penal de legitimação privada. Nada obstante, inexistindo acordo entre as partes para divisão do tempo, será o período dividido judicialmente.

Tempo de fala na acusação privada

Ainda que residual e de rara incidência prática, poderá acontecer a formulação de acusação privada subsidiária da pública, hipótese na qual a ordem da manifestação acusadora se inverte para colocar em primeiro plano a fala do acusador privado e, na sequência, do Ministério Público.

São mantidas, no mais, as disposições acerca do tempo da fala e o regime jurídico dos blocos de postulação como acima mencionado.

Apartes

A reforma de 2008 veio regular mecanismo que, nada obstante não estivesse expressamente previsto em lei era de ocorrência rotineira. Até então sem regramento, os "apartes" tomavam rumos incertos ao longo dos debates sendo motivo de incidentes que, não raras vezes, acarretavam até mesmo a dissolução da sessão plenária.

Previsto agora como um direito a ser postulado ao juiz togado, que o deferirá ou não, quando acolhido causa a interrupção do tempo de fala da parte contrária, que será retomado quando da finalização da intervenção a qual poderá durar até

Tribunal do Júri | 557 |

três minutos. Neste ponto foi salutar a colocação do regramento da intervenção no rol de atribuições do juiz presidente a teor do art. 497, XII.

Conteúdo dos debates

Ponto que pode parecer curial, mas substancialmente não o é, diz respeito ao conteúdo dos debates. Há limites que precisam ser obedecidos. Alguns, de índole ética; outros, de caráter probatório. Sobre estes últimos, há regras restritivas.

Sem dúvida, eloquência e tecnicidade são qualificativos que devem fazer parte de qualquer atuação profissional nos debates, mas sempre a serviço da estrutura imputação- falsificação típica do Processo Penal num Estado de Direito, já tendo sido definida a carga da acusação e estabilizado o acervo probatório.

Os debates se constituem num espaço muitas vezes propício para impetuosidades desnecessárias que, no imaginário popular – e no senso comum de muitos *juristas* –, se convertem na essência do funcionamento do Tribunal do Júri.

O *calor dos debates*, expressão sob a qual se acoberta uma série de distorções em detrimento da boa técnica e da boa educação das partes, muitas vezes faz com que se expresse em retirada das partes da sala de julgamento. A saída de qualquer uma delas, com ânimo definitivo, teria como consequência a dissolução do conselho e designação de nova data de julgamento (além de eventuais sanções disciplinares no âmbito das respectivas instituições).

Ao longo dos debates, as partes podem se arvorar na condição de ofertar *depoimentos pessoais e agir como testemunhas*. Tal comportamento, além de transbordar os limites éticos, macula o julgamento.

A linguagem, na sessão, deve obedecer a um patamar elevado de elegância e técnica, sendo descabidos os excessos em desfavor de quaisquer das pessoas envolvidas. Caberá ao Juiz, nos termos do art. 497, fiscalizar e controlar essa atuação das partes ou de quaisquer pessoas que venham a participar da sessão, ainda que na qualidade de testemunhas.

Intervenção do juiz togado nos debates

O juiz dirige os debates e neles não intervém salvo para resguardar a ocorrência de excessos verbais dos intervenientes, o emprego de documentos ou argumentos vedados. Este último aspecto, aliás, inovado diante da impossibilidade material do emprego dos chamados *argumentos de autoridade* sobre a vida pregressa ou decisões confirmatórias da pronúncia.

Não pode, no entanto, intrometer-se no mérito dos debates, cerceando fora das hipóteses legais a fala da Acusação e da Defesa.

Quanto ao a eventual intervenção do juiz leigo nos debates, exceto para determinar a indicação das folhas do documento mencionado e para dirigir-se ao Juiz Presidente sobre o tema do emprego de argumentos de autoridade, o juiz natural leigo não pode interferir no conteúdo material dos debates.

Vinculação do acusador à pronúncia

O acusador está vinculado ao limite da pronúncia quanto ao máximo da carga acusatória, que não pode ser acrescida. Isto serve igualmente para o assistente de acusação.

Contudo, entre os muitos pontos que podem gerar complexidade nos debates e se projetar para o julgamento está a divergência de postulações entre o Ministério Público e a assistência, sobretudo quando o primeiro postula de forma parcial o quanto foi aferido na pronúncia.

Recordando uma vez mais que assistente *não é parte*, sua postura deveria necessariamente convergir com aquele que assiste, não sendo possível, a priori, o confronto de pedidos. Contudo, a leitura jurisprudencial parecer caminhar contemporaneamente em sentido inverso, inclusive para possibilitar recursos da assistência diante de pedidos absolutórios do acusador público em plenário[208], nada obstante o perfil subsidiário da assistência já tenha sido igualmente desta-cado pelos Tribunais.[209]

De nossa parte defendemos não ser possível que a assistência postule diversa-mente do quanto feito pelo titular da ação. A natureza de sua posição processual, tal como já discutido no capítulo específico nesta Obra, não viabiliza posições colidentes com a do acusador público conforme exposto naquela parte do texto.

Plenitude de defesa e teses em plenário

O conceito de *plenitude de defesa* ganhou novos contornos com a reforma de 2008 e a introdução, no questionário, do chamado *quesito genérico* que será abordado em tópico apartado e em cujo âmbito, a pessoa acusada pode se valer, tanto na autodefesa quanto na defesa técnica, além dos argumentos jurídicos, daqueles metajurídicos.

A respeito destes últimos, em obra anterior[210] destacamos a "possibilidade de ser reconhecida a clemência" diante da redação do terceiro quesito (o jurado absolve o réu?), cujo conteúdo, aberto, induz a essa conclusão. Mesmo que sujeito a novo julgamento diante do provimento da apelação por julgamento frontal-mente contrário à prova dos autos, segundo conselho de sentença, mantendo a

---

208 BRASIL. Superior Tribunal de Justiça. **Habeas Corpus n. 157.630/SP.** Quinta Turma. Relator Min. Néfi Cordeiro. J.: 28/04/2015. Publicação: DJe 24/06/2015.

209 A admissão do assistente de acusação no processo não quer significar que substituirá o Promotor de Justiça – verdadeiro detentor da titularidade da ação penal pública, a teor do disposto no inciso I do art. 129 da Constituição Federal –, visto que a lei estabelece limites para a respectiva atua-ção, a qual consubstanciar-se-á na prestação de auxílio ao representante do Ministério Público, observado os parâmetros referidos no art. 271 do Código de Processo Penal, cujo rol é taxativo. SANTA CATARINA. Tribunal de Justiça. **MS n. 110179.** Relator Solon d'Eça Neves. Julgamento: 14/06/2005.

210 CHOUKR, F. H. **Júri:** reformas, continuismos e perspectivas práticas. 1. ed. Rio de Janeiro: Lumen Juris Editora, 2008. p. 141.

absolvição pelo emprego da mesma *tese*, encerraria definitivamente a apreciação do mérito da causa.

Embora ainda mantenhamos essa afirmação, é possível amoldá-la aos operadores do direito menos sensíveis a argumentos estranhos ao ordenamento jurídico pontuando que é plenamente possível que nessa postulação esteja a desnecessidade da aplicação da pena que, pelas singularidades do caso concreto, tenha perdido qualquer de seus objetivos primários no estado de direito.

Outro ponto que merece destaque no cenário da amplitude de defesa é a da possibilidade – ou não – de a defesa *inovar* nas teses que constarem nos quesitos em sede de *tréplica*.

O ponto central do problema é saber se tal *inovação* constitui algum tipo de ofensa ao contraditório e ao tratamento igualitário das partes.

Observado o sistema processual como um todo, é de ser destacado que não existe qualquer obrigatoriedade que a defesa esgote suas teses na fala inicial e nem assim poderia sê-lo. A mesma ausência de obrigação recai para o acusador, que não precisa esgotar todas suas postulações na sua primeira intervenção.

A proibição da inovação recai sobre o acervo probatório, não sobre sua exploração e as postulações dele decorrentes o que significaria, isso sim, a quebra do devido processo legal.

De resto, o que existe é o risco prática para a defesa ao guardar postulações para um momento processual cuja existência é incerta posto que ela só ocorrerá se o acusador público exercer a tréplica, algo que não pode ser compelido a fazer.

Vedação material aos debates

O assunto é hoje tratado no art. 478, modificado com o intuito de vedar mecanismos de inibição à livre formação de convencimento do jurado.

Assim, o artigo em questão veda, sob pena de nulidade, que se faça menção *como argumento de autoridade beneficiem ou prejudiquem o acusado*:

a] À decisão de pronúncia, às decisões posteriores que julgaram admissível a acusação;
b] À determinação do uso de algemas.

Veda, ainda, a referência *somente em prejuízo da pessoa acusada*:

a] ao silêncio do acusado;
b] à ausência de interrogatório por falta de requerimento.

Para o primeiro rol de limitações existe um conceito chave, que é *argumento de autoridade*.

Conceito: Trata-se de expressão consolidada em várias áreas do conhecimento. Um argumento de autoridade é um argumento baseado na opinião de um especialista. Os argumentos de autoridade têm geralmente a seguinte forma lógica (ou são a ela redutíveis): "a disse que P; logo, P". Por exemplo: "Aristóteles disse que a Terra é plana; logo, a Terra é plana". Um argumento de autoridade pode ainda ter a seguinte forma lógica: "Todas as autoridades dizem que P; logo, P". Uma das regras de seu emprego, no entanto, é a de que "Os especialistas da matéria em causa, no seu todo, não podem ter fortes interesses pessoais na afirmação em causa."[211]

Assim, somente será vedada a utilização dos elementos enunciados como *argumento de autoridade* sendo possível a menção às peças ou à utilização de algemas sem que esse emprego direcionado esteja presente.[212]

Neste ponto é ingênua a vedação à pronúncia e seus sucedâneos e a manutenção, inclusive como argumento de autoridade, de outras decisões nos autos, notadamente as que se referem à verificação da *necessidade cautelar* que podem conter elementos retóricos muito mais gravosos à pessoa acusada.

Outro aspecto que torna até certo ponto infantil a vedação é o fato que os jurados devem receber cópia das decisões confirmatórias da pronúncia, quando estas existirem, assim como da própria pronúncia, o que se justifica porquanto, diante do desaparecimento do libelo, é a pronúncia que conforma a acusação, dela não se podendo afastar o acusador.

Igualmente escapa do limite de referências imposto no presente artigo a leitura de decisão (sentido lato) anterior que foi reformada, a dizer, por exemplo, a leitura de absolvição sumária que, tendo sido alvo de recurso, foi reformada pela instância recursal. A Lei vedou a leitura do acórdão, mas nada disse em relação à primeira sentença que, por via de consequência, acaba tendo sua leitura permitida.

Ainda no campo da impossibilidade de menção, como argumento de autoridade seja em favor ou prejuízo da pessoa acusada tem-se a situação do uso de algemas.

O tema foi alvo de Súmula Vinculante do STF, a de nº 11:

> Só é lícito o uso de algemas em caso de resistência e de fundado receio de fuga ou de perigo à integridade física própria ou alheia, por parte do preso ou de

---

211 BRANQUINHO, João; MURCHO, Desidério; GOMES, Nelson Gonçalves. **Enciclopédia de Termos Lógico-Filosóficos**, São Paulo: Martins Fontes, 2006. 803 p.
212 No sentido do texto: No caso sob análise, porém, nada indicaria que a peça lida fora usada como argumento de autoridade. Estar-se-ia diante de pura e simples leitura da peça, e, portanto, não haveria nulidade a ser declarada. O Ministro Celso de Mello acrescentou que o art. 478 do CPP, na redação conferida pela Lei 11.689/2008, ensejaria grave restrição à liberdade de palavra do representante do Ministério Público, o que ocasionaria um desequilíbrio naquela relação paritária de armas que deveria haver entre as partes, notadamente no plenário do júri. BRASIL. Supremo Tribunal Federal. **Recurso em Habeas Corpus n. 120598/MT**. Segunda Turma. Relator Min. Gilmar Mendes. J.: 24.3.2015. (Extraído do informativo 779). Disponível em: <https://jurisprudencia.stf.jus.br/pages/search/sjur313285/false >. Acesso em: 18 jun. 2021.

terceiros, justificada a excepcionalidade por escrito, sob pena de responsabilidade disciplinar civil e penal do agente ou da autoridade e de nulidade da prisão ou do ato processual a que se refere, sem prejuízo da responsabilidade civil do Estado.

Assim, fica claro que:

I] o uso de algemas não deve ser encarado como regra;
II] enquanto exceção, pode existir desde que motivado.

Pode-se acrescer a indagação do momento em que as algemas são dispensáveis ou não, questão de natureza operacional tormentosa e que exigirá inegável cautela prática, que deverá contar com a indispensável palavra do agente estatal encarregado de efetivar o transporte da pessoa custodiada, a avaliar se terá ou não condições de garantir a segurança exigida pela súmula (para a própria pessoa custodiada e terceiros).

Por outro lado, já fora da órbita do conceito de *argumento de autoridade* está a vedação de menção ao exercício do direito ao silêncio e à ausência do interrogatório a pedido.

Contudo, não se pode vedar ao julgador leigo que indague ao juiz togado porque a pessoa acusada não foi interrogada e mesmo não é possível vedar ao julgador leigo que se lhe indague por que silenciou, facultando a essa última também silenciar sobre essa questão. No entanto, como o julgamento é fundado apenas na *consciência* do julgador, não se terá controle, no ânimo do jurado, de como foi encarado o silêncio ou sua reiteração.

Menção a documentos *novos*
Ao lado da vedação de temas há, também, a vedação a provas no plenário na forma do artigo 479, cuja redação é tradicional no direito brasileiro que não se conforma com a possibilidade da surpresa na produção da prova pericial ou documental.

O prazo estipulado em lei é do tipo *legal*, acarretando preclusão. A ofensa ao disposto neste artigo gera nulidade, no entender da maior parte dos julgados e da doutrina, do tipo *relativa*.

Como toda prova, sua pertinência para com o caso deve ser aferida pelo Magistrado. A juntada não acarreta, necessariamente, a manutenção do documento nos autos, ainda que tenha sido encartado no tríduo legal antecedente.

Outrossim, a reforma de 2008 procurou afastar algumas hipóteses verificadas na casuística do tribunal do júri, passando a definir que estão compreendidos no conceito de documentos, aqueles versando sobre a matéria de fato submetida à apreciação e julgamento dos jurados.

Ficam de fora da literalidade da norma as discussões em redes sociais, não tão frequentes à época da reforma de 2008 – e menos ainda dos longos anos da tramitação legislativa – mas que possuem vasto potencial para comprometer a higidez do julgamento.

Assim, deve-se interpretar a norma de modo a prestigiar seu fundamento: a impossibilidade de, com a surpresa, apresentar documento que verse sobre a matéria de fato a ser submetida ao conselho de sentença, estando ou não o meio empregado expressamente previsto no artigo.

A precisa indicação do local no processo em que se encontra o documento lido é alvo da previsão do art. 480 do CPP e pode ser exigida a identificação da localização nos autos pelo julgador leigo ou togado e de uma parte em relação a outra, bem como por solicitação da assistência da acusação.

Sanção ao uso de temas vedados nos debates

A letra da lei afirma a nulificação da sessão plenária quando ocorrer o emprego de temas vedados ao debate, mas deve-se fazer esforço interpretativo para que não haja a perda de todos os trabalhos já decorridos na sessão plenária de modo a preservar a cognição já desenvolvida pelos jurados para o caso em julgamento.

O pedido de nulidade da sessão por esse fundamento pode ser suscitado pelas partes sob pena de preclusão. Não se trata tecnicamente de aparte, mas de requerimento com perfil de *questão de ordem*, possibilitando contraditório à parte que agiu na forma vedada e sujeita à decisão judicial. Forma-se, assim, uma questão incidental e prejudicial sobre matéria de direito tendo como objeto o ponto impugnado do debate.

Nada obstante, poderá igualmente ser reconhecida de ofício, seja pelo juiz togado que, nesse caso, deverá pedir a interrupção da fala baseado no art. 497, IV, do CPP, que dispõe caber ao juiz presidente decidir a questão na sessão plenária no momento da formação do incidente. Não lhe é dado postergar a decisão para outro momento porque, de acordo com a solução adotada, o próprio julgamento restará prejudicado.

Assim, com o objetivo de preservar toda a cognição já desenvolvida, esposamos nesta Obra a posição de que essa nulificação deva dizer respeito exclusivamente à impossibilidade de os jurados levarem em consideração, quando da votação, da utilização, por qualquer das partes, do conteúdo da pronúncia e suas eventuais confirmações, quando tiver havido menção a tais decisões (sentido lato) nos debates.

Isto implica, por consequência, maior e efetivo controle judicial sobre o conteúdo material dos debates, algo que sempre existiu no ordenamento, mas que agora se vê reforçado pela presente regra.

7.3.4.4 Do julgamento

Preparação para julgamento e instrução extraordinária
Ordinariamente o fim dos debates encerra a fase postulatória e abre a decisória.

Contudo, existe a possibilidade residual da necessidade de nova dilação probatória, a que denominamos de *instrução extraordinária* a qual está, por certo, sujeita ao controle judicial quanto à sua necessidade e pertinência, sendo que tudo deve convergir para que os jurados estejam efetivamente aptos a votar.

Quesitação aberta aos jurados sobre a aptidão para votar
Ao lado dos quesitos submetidos ao conselho de sentença na sala secreta, existe uma indagação pública, ainda em plenário, que deve ser respondida abertamente e para a qual nunca se questionou eventual quebra do sigilo: é a pergunta sobre a aptidão para votar.

Trata-se de mecanismo fundamental na estrutura do julgamento e cujo conteúdo da resposta vincula todo o restante da sessão.

A situação na qual o jurado não encontrou, ainda, elementos para formar sua convicção acarreta o resultado de *non liquet*, impossível de ser admitido no Estado de Direito e no processo penal que a ele corresponde.

A busca de esclarecimentos almeja exatamente sanar a lacuna na formação de convencimento que, se não for preenchida (ocorrência da dúvida insanável) leva o jurado a ser considerado como inabilitado para julgar, acarretando a dissolução do conselho e a designação de nova data para julgamento. Isto, porém, depois de esgotadas todas as possibilidades de realização de diligências e a prestação de informações pelo juiz togado para que o jurado alcance, no mínimo, o estado de dúvida (o que levaria à absolvição da pessoa acusada).

Etapas de obtenção do veredicto
Esgotados os debates entra-se na fase de obtenção do *veredicto*, ponto culminante do procedimento do júri.

Conceito: É o ato decisório, tomado por maioria de votos que, na forma do procedimento previsto em lei para manifestação do juiz leigo, decide soberanamente o mérito da causa.

Do questionário

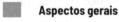
Aspectos gerais
O questionário tem uma base legal que é a do art. 483, do CPP, que, abstratamente, rege a matéria.

A partir do modelo abstrato é formulado o questionário no caso concreto que, obediente àquele na ordem de formulação das perguntas poderá, contudo, ser desdobrado de acordo com as singularidades do processo a ser julgado.

Assim, formulado *pelo juiz togado* de acordo com o caso real, ao questionário a ser votado deve ser dada ampla publicidade ainda na sala de julgamento. É um momento crucial no desenvolvimento do rito do júri e é exatamente aí que as partes têm o direito de impugnar as questões e a ordem de formulação, sendo considerada preclusa qualquer arguição posterior de acordo com a visão dominante encontrada na jurisprudência e em muitos textos doutrinários.

Nada obstante essa visão majoritária, fato é que a formação do questionário e a ordem das perguntas é matéria substancialmente de ordem pública cujo conteúdo, portanto, não pode ser limitado por alegações de *prejuízo* e ser submetido a um regime de preclusão.

Base legal do questionário: evolução da matéria

É da tradição do direito brasileiro, desde o Código Criminal do Império, que a obtenção do veredicto seja feita mediante a respostas a determinados quesitos (perguntas) dirigidas aos jurados.

À parte toda a evolução da matéria[213], a necessidade da simplificação dos quesitos já era sentida quando da entrada em vigor do Código que hoje se quer revogar[214]. Assim, descontando o anteprojeto incumbido a Hélio Tornaghi (1963) que jamais foi apresentado ao Parlamento, mesmo nos trabalhos de Frederico Marques[215], e seu então anteprojeto, já se buscava alcançar maior racionalidade e simplificação dos quesitos, mas seu então artigo 728 mantinha a estrutura do Código em vigor, apenas resumindo-lhe as etapas.[216]

Após a edição da Constituição de 1988, novos trabalhos legislativos tiveram início com intuito de renovar partes do Código de Processo Penal (e outros segmentos do ordenamento jurídico), instituindo-se inicialmente, pela Portaria nº 145, de 1992, Comissão presidida pelo jurista Ministro Sálvio de Figueiredo Teixeira, cujos membros foram apontados pela Portaria nº 3, de 10 de junho de 1992. Ao final dos trabalhos produzidos, foi constituída nova Comissão para revisão dos textos elaborados, instituída pela Portaria nº 349, publicada no DOU, de 17 de setembro de 1993.

Um nome comum a ambas as Comissões foi o do prof. René Ariel Dotti, responsável direto pela elaboração dos textos referentes ao Tribunal do Júri, sempre

---

213 CHOUKR, Fauzi Hassan. **Júri**. Op. Cit.

214 CARDOSO DE MELO, João de Deus. Dos quesitos da legítima defesa segundo os novos códigos. **Justitia**, v. 05, 1942-1943.

215 Por força do Decreto nº 61.239, de 25 de agosto de 1967. Posteriormente, por força da Portaria nº 32 de 1970 o próprio Frederico Marques, juntamente com Benjamim Moraes Filho e José Salgado Martins compuseram, sob a regência do primeiro, a Subcomissão Revisora do Anteprojeto de Código de Processo Penal.

216 BRASIL. Congresso Nacional. **Diário do Congresso Nacional**, Brasília, ano XXX, n. 58, 13 jun. 1975, Suplemento (A). Disponível em: <https://legis.senado.leg.br/diarios/ver/16417?sequencia=1>. Acesso em: 18 jun. 2021.

com destaque (naquilo que interessa ao presente trabalho) para a simplificação dos quesitos.

Assim, desses trabalhos teve origem o Projeto de Lei nº 4.900, de 1995 (sobre o tribunal do júri), retirado do Parlamento em 1996, sob a justificativa de

> (...) que observou [Conselho Nacional de Política Criminal e Penitenciária] que recaem sobre ela algumas imperfeições, passíveis de serem sanadas. A esse respeito, cabe destacar as relativas ao julgamento sem a presença do réu, a eliminação do libelo, a supressão do recurso do protesto por novo júri e a formulação dos quesitos.[217]

Naquele anteprojeto, no artigo 483, havia a previsão da redação dos quesitos em ordem obrigatória, da seguinte forma: (I) materialidade do fato; (II) autoria e participação; (III) "se o acusado deve ser condenado" e (IV) se existe causa de diminuição de pena alegada pela defesa.

Alcança-se, assim, a criação da Comissão Grinover[218] e, com ela, a elaboração de anteprojeto de lei sobre o Júri uma vez mais e com ambições muito próximas a de todos os trabalhos anteriores no que tange à simplificação dos quesitos.

No processo legislativo coube ao Senado emendar o projeto para, no âmbito da simplificação dos quesitos, fazer inserir a redação o *jurado absolve o acusado* na terceira pergunta, assim mantido o texto quando do seu retorno à Câmara e, posteriormente, vindo a ser sancionado na forma como hoje está em vigor.

Ordem e conteúdo dos quesitos no modelo legal

A nova disciplina legal pode levar o leitor, à primeira vista, a acreditar numa fixação definitiva de quesitos com suas respectivas finalidades. Nada obstante, não é assim que a leitura do direito processual, coadunada com o direito material, impõe que se faça.

Fixa é a ordem das perguntas com seus respectivos desdobramentos existentes exatamente por conta do Direito Penal.

Assim, a ordem imposta (art. 483 do CPP) impõe:

c] Materialidade

d] Autoria ou participação

Quesito genérico: O *jurado absolve o acusado?*

---

217 RASIL. **Mensagem n. 97/1996**, que solicita ao Congresso Nacional a retirada do PL.-4.900/95, que "altera o Capítulo II, do Título I, do Livro II, artigos 406 a 497, do Decreto-lei nº 3.689, de 3 de outubro de 1941, Código de Processo Penal". Disponível em: <https://www.camara.leg.br/proposicoesWeb/prop_imp;jsessionid=55F63BF7041DB5D63644AF38FD38F832.proposicoesWeb1?idProposicao=225217&ord=0&tp=completa >. Acesso em: 18 jun. 2021.

218 BRASIL. **Diário Oficial da União**, edição 112, seção 1, p. 121. Portaria n. 61, de 20 de janeiro de 2000, do Ministério da Justiça. Publicado em 15/06/2020. Disponível em: <https://www.in.gov.br/en/web/dou/-/portaria-n-61-de-10-de-junho-de-2020-261494737>. Acesso em: 18 jun. 2021.

Causa de diminuição de pena alegada pela defesa

Circunstância qualificadora ou causa de aumento de pena reconhecidas na pronúncia ou em decisões posteriores que julgaram admissível a acusação.

Ordem e conteúdo dos quesitos no caso concreto

Destacando-se sempre que a ordem legal é inalterável, o caso concreto apresentará situações que podem levar a modificações de conteúdo das perguntas e, não raras vezes, ao desdobramento de quesitos.

Assim, o primeiro quesito compreendido como da *materialidade* na locução da lei, sob cuja rubrica deveria ser discutida a própria consequência naturalística da conduta, possui nuances diferenciadas quando a tese defensiva for a da inexistência de nexo causal entre o agir e a modificação do mundo da vida (resultado).

Quando dos primeiros comentários à reforma de 2008, prestigiosa doutrina entendeu que a tese de desvinculação causal seria equivalente à da desclassificação e deveria ser apreciada quando da pergunta voltada a esta matéria sem que se formulasse, sobre o assunto específico da causalidade, qualquer pergunta.[219]

Malgrado o brilho do eminente processualista que assim se posicionou, ousamos divergir de tal entendimento porquanto há de ser decidido sobre o liame naturalístico que gerou o resultado ofensivo ao bem jurídico de forma autônoma.

A inexistência de pergunta a este respeito (ou a *não pergunta*) seria ofensiva não só à compreensão adequada do que foi votado pelo Conselho de Sentença como, em última análise, ao próprio direito de defesa da pessoa acusada, que pode ter arguido a matéria por meio da sua defesa técnica ou no exercício da autodefesa.

Da mesma maneira, inserir o tema no quesito genérico, como defende outra linha doutrinária[220] que assim se posiciona com fundamento exclusivo no intuito simplificador dos quesitos na reforma de 2008, parece incorrer nos mesmos problemas já expostos, além de afiançar uma posição legislativa que foi mais desejada (a simplificação) do que efetivamente construída posto que os possíveis desdobramentos que aqui são discutidos existem também em relação a outros temas de direito material presentes em outros quesitos como adiante se verá.

Ademais, se afirmada a existência de materialidade na situação supra sem que haja o desdobramento (somando-se resultado e suas causas) não se tem a certeza do que foi exatamente reconhecido ou afastado pelos jurados que podem colocar no mesmo contexto discussões e consequências jurídicas que são totalmente diversas.

Melhor será, ainda que em casos não tão frequentes, desdobrar-se a quesitação como se passava no modelo jurídico anterior nas situações específicas nas quais

---

219 NASSIF, Aramis. **O Novo Júri Brasileiro**. Porto Alegre: Livraria do Advogado, 2008. p. 144-145.
220 BADARÓ, G.Y. Righi. **Processo Penal**. 2. ed. Rio de Janeiro: Campus, 2014. p. 520.

o nexo de causalidade for questionado sob a alegação de causa superveniente independente. A perda do ideal de condensação e simplificação dos quesitos que aí ocorreria seria derivada do direito material, de um lado, e da opção reformista de 2008 que ficou a meio caminho entre abolir o questionário ou mantê-lo e, em optando pela segunda possibilidade, persistiu nos problemas inerentes à formação de um rol de questões.

E o motivo prático de tal distinção está na apuração da responsabilidade civil posto que negar a existência de nexo causal afasta potencialmente o dever de indenizar no caso concreto o que difere, em muito da situação que é absolvida pelo *quesito genérico* em cujo contexto parte da doutrina quer inserir o tema.

Afirmada a *materialidade* segue-se a indagação sobre a atribuição pessoal da responsabilidade penal que, no direito brasileiro, encontra-se determinada no art. 29 do Código Penal com as nuances da autoria, participação, participação de menor importância ou participação em delito menos grave.

Na ordem dos quesitos surge o tema da desclassificação que, de acordo com a redação do § 4º. do art. 483 deve ser votada desde já *conforme o caso. O caso* que aqui faz se referência é o do afastamento completo da competência do tribunal do júri nas situações em que se defende a ocorrência de um crime que não seja doloso contra a vida.

E aqui deve ser votada esta tese (antes do quesito genérico) porque não pode o conselho de sentença decidir uma matéria para a qual não tenha competência. Neste ponto não nos parece correta a afirmação contida em parte da doutrina que vê no quesito genérico uma solução mais benéfica à pessoa acusada e, por isso, deva ser votada antes da tese desclassificatória. Isto porque somente pode tomar uma decisão *mais benéfica* quem tenha competência para fazê-lo donde necessidade do conselho de sentença reconhecer a ocorrência de um crime doloso contra a vida.

Chega-se, assim, ao denominado *quesito genérico*, indagação de particular importância que, no dizer de Stocco:[221]

> O terceiro quesito e, dentre todos, o mais importante e fundamental tem redação na lei. Aos jurados será indagado apenas se absolvem ou condenam o acusado, através de cédulas especiais contendo as palavras "absolvo" ou "condeno". Assim, respondidos afirmativamente os dois primeiros quesitos acerca da materialidade do fato e sobre a autoria ou participação, será formulado o terceiro quesito, que engloba todas as teses apresentadas pela defesa. Com essa providência, afasta-se a maior fonte de nulidades, atende-se à determinação constitucional de que aos jurados apenas se propõem questões sobre matéria de

---

[221] STOCCO, Rui. Afastamento temporário do réu do cargo de prefeito enquanto estiver sendo objeto de ação penal. **RBCCRIM**, n. 12/328, 1995 (maio 2002). p. 85.

fato, simplifica o julgamento e, segundo nos parece, protege melhor o acusado, permitindo segurança e garantia de um julgamento justo.

Neste quesito estão implicadas todas as teses defensivas, como as que excluem a tipicidade, a antijuridicidade e a culpabilidade, insertas na mesma preposição de acordo com a ambição da reforma.

Assunto de singular importância é a necessidade de votação deste quesito mesmo que a tese jurídica defendida tenha sido, unicamente, a negativa de autoria. Neste ponto deve prevalecer a possibilidade do julgador leigo, de acordo com sua consciência, reconhecer a possibilidade da ocorrência de outra causa, legal ou supralegal para a absolvição.

Como causa *supralegal* tem-se o possível reconhecimento de algo tido, por alguns autores, como *clemência*, posição por nós defendida em trabalho anterior.[222]

A evolução da práxis do júri desde a entrada em vigor da reforma, ao lado da ampliação das reflexões sobre a extensão desse quesito genérico permitem-nos concluir que o julgador leigo, mais que pela clemência, pode concluir pela perda da função da pena no caso concreto, anotando-se o quanto existe de debate sobre esse assunto.

Mas, assumido que a pena possui funções legítimas no Direito Penal consentâneo com o Estado de Direito destaca-se que o julgador leigo, diversamente do que se passava no regime anterior, agora pode manifestar sua conclusão pela dispensabilidade da punição, absolvendo a pessoa acusada, na medida em que a pena a lhe ser imposta não guardaria mais qualquer consonância no marco de um sistema punitivo aderente ao marco constitucional.

Se a simplificação era, sem dúvida, um dos principais objetivos dos trabalhos reformistas conforme já apontado, o alcance da simplificação pode gerar problemas operacionais incontroláveis, na medida em que a superposição de teses defensivas, não raras vezes contraditórias umas com as outras, pode causar confusão no julgador leigo que, diante do quesito genérico dessa envergadura, fica sem o rumo necessário, função essa, a de norteador, precípua nesse modelo de quesitação.

O regime atual com o quesito genérico poderia ser efetivamente portador de maior simplicidade, não fosse o localizado problema da identificação do excesso doloso ou culposo cuja análise não parece ser absorvida por qualquer dos quesitos obrigatórios, pois não se prende ao tema da materialidade (inciso I), tampouco de autoria (inciso II), e não basta a votação ao quesito III para que seja apreciado. Igualmente não comporta votação nos termos das questões que se poderia denominar facultativas (§ 3º, I e II; p§ 4º e § 5º), pois o excesso não diz respeito à causa de diminuição de pena alegada pela defesa ou mesmo de

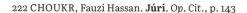

222 CHOUKR, Fauzi Hassan. **Júri**. Op. Cit., p. 143

circunstância qualificadora ou causa de aumento de pena e não se trata de hipótese de desclassificação.[223]

Sendo assim, não restará outra alternativa senão a da inclusão de quesitos desdobrados especificamente em relação a este ponto. Mas, sendo essa a alternativa, restaria ainda a indagação de como proceder a tal desdobramento. Resultante do afastamento de tese absolutória da legítima defesa, a conclusão inicial é que eventuais quesitos sobre excesso doloso e, depois, culposo (nessa ordem obrigatória) devem vir após a resposta negativa por maioria ao quesito número 3, o que não causa maior complexidade quando a legítima defesa for a única tese anunciada pela defesa técnica e pela autodefesa.

Particular interesse se mostra o tema do quesito único e inimputabilidade penal total. Trata-se de caso de inimputabilidade detectada após o juízo de admissibilidade, pois, se anterior, e sendo essa a única *tese defensiva*, será caso de absolvição sumária na forma do artigo 415, parágrafo único.

Como a inimputabilidade total gera absolvição denominada *imprópria* uma vez que dela decorre a imposição de medida de segurança, a resposta *sim* ao terceiro quesito põe fim à votação, mas não exime, por óbvio, a determinação da medida de segurança cabível que deverá ser aplicada nos termos determinados pelo artigo 492, II, c, com previsão expressa, repetindo-se assim posição pretoriana existente no regime anterior cuja pertinência ainda se dá.

O pedido a ser formulado mesmo pelo acusador – e que pode parecer contraditório aos olhos leigos – é o de absolvição, com os necessários esclarecimentos aos integrantes do Conselho de Sentença das consequências jurídicas dessa *absolvição*.

Quando, no entanto, houver tese absolutória que deva ser apreciada no item 3, o resultado *absolve por maioria* não leva à conclusão definitiva da vontade dos jurados, uma vez que a absolvição *imprópria* gera a imposição de medida de segurança, enquanto a *própria* isenta a pessoa de qualquer sanção penal.

Assim, cremos na necessidade da imposição de um quesito específico, após aquele de nº 3, no qual deverá ser indagado sobre a imposição de medida de segurança.

Outra alternativa seria a indagação no item 3 de forma a colocar ao Conselho de Sentença se *absolve sem medida de segurança* ou *com medida de segurança*. A hipótese levantada inicialmente, no entanto, parece-nos ser de maior clareza para o julgador leigo.

Por outro lado, a inimputabilidade parcial não gera absolvição sumária, mas condenação em sentido próprio com imposição de medida de pena reduzida

---

[223] Esta afirmação pelo desdobramento por nós defendida em obra anterior (CHOUKR, Fauzi Hassan. Júri. Op. Cit.) foi igualmente sustentada por MENDONÇA, Andrey Borges de. **Reforma do Código de Processo Penal**. São Paulo: Método, 2008, p.122 e GIACOMOLLI, Nereu. **Reformas (?) do Processo Penal**. Op. Cit. p. 104.

por força do parágrafo primeiro do artigo 26 do Código Penal com a necessária apreciação do caso pelo Conselho de Sentença. Assim, diversamente da hipótese anterior na qual há absolvição e tudo se resume ao resultado positivo ao quesito número três, aqui deve ser sustentado o pedido de condenação e, com resultado negativo ao quesito número três, a causa de diminuição será objeto de apreciação nos termos do parágrafo terceiro do presente artigo.

Apresentação do questionário em plenário e impugnações

O questionário deve ser apresentado publicamente, pois o que está sujeito ao sigilo é a votação, nas o conteúdo das perguntas. Dessa publicidade surgirá, igualmente, a oportunidade para impugnação das perguntas.

As eventuais impugnações ao questionário devem ser feitas publicamente, antes da entrada de todas as pessoas autorizadas na sala secreta, sob pena de preclusão.

A votação

Clausura dos julgadores

Após a formação pública do questionário, haverá o confinamento dos jurados na sala secreta, nos termos do art. 485.

Vem da CR/88, a partir do art. 5º, XXXVIII, a ideia da manutenção da sala secreta como decorrência do sigilo das votações previsto na alínea b daquele inciso.

Por esta razão, entende-se que Constituição Federal de 1988, que não aboliu a denominada *sala secreta*, na qual estarão o julgador togado, as partes (com assistente da acusação, se houver) e funcionários da justiça, vedada a presença de terceiros.

A intervenção das partes na sala secreta em princípio é vedada, resguardada a possibilidade de pedir a palavra, *pela ordem*, com o fito de resguardar alguma grave incorreção procedimental. Qualquer inobservância desse postulado deve constar expressamente na ata para fins de eventuais impugnações.

Não há previsão da possibilidade de a pessoa acusada acompanhar o julgamento, com base na CR, que garante o sigilo das votações. A defesa será, neste momento, a defesa técnica (artigo 481).

Da votação e obtenção do veredicto

O art. 486 determina que, "Antes de proceder-se à votação de cada quesito, o juiz presidente mandará distribuir aos jurados pequenas cédulas, feitas de papel opaco e facilmente dobráveis, contendo 7 (sete) delas a palavra sim, 7 (sete) a palavra não".

A votação por cédula se mostra como um corolário direto da quesitação e da presidência da sessão pelo juiz togado. A mais, a qualidade física do documento protege hipoteticamente o sigilo da votação, atributo este determinado pela CR.

Tais cédulas terão tratamento específico de acordo com o art. 487: "Para assegurar o sigilo do voto, o oficial de justiça recolherá em urnas separadas as cédulas correspondentes aos votos e as não utilizadas."

Pela redação anterior do Código de Processo Penal e atendendo a um primado lógico, o recolhimento das cédulas se dava por dois oficiais de justiça distintos, sendo que ao primeiro caberia o recolhimento do voto que consagra a vontade do(a) jurado(a) e, consequentemente, ao segundo oficial caberia reunir os votos descartados.

A nova redação altera a quantidade obrigatória de oficiais de Justiça na sala de votação, o qual ficará encarregado de recolher ambas as cédulas, mas em urnas separadas. A fim de que confusões desnecessárias se instaurem nesse crucial momento e diante da modificação operado – que empobrece a dinâmica em relação ao texto anterior ao nosso ver – é de todo recomendável que haja dois ciclos de recolhimento dos votos, um referente aos votos válidos; outro, referente ao descarte, orientando o Magistrado a finalidade de qual recolhimento.

Na sequência, (art. 488)

> Após a resposta, verificados os votos e as cédulas não utilizadas, o presidente determinará que o escrivão registre no termo a votação de cada quesito, bem como o resultado do julgamento. Parágrafo único. Do termo também constará a conferência das cédulas não utilizadas.

A votação dos quesitos é individual, precedida de sua leitura. Não será possível a votação *em* bloco ou por *consenso* de quaisquer temas. O voto é individual e secreto, procedido mediante a aposição no recipiente adequado das cédulas contendo as palavras *sim* ou *não*.

A apuração dos votos se dá pelo Juiz togado, logo após o recolhimento das cédulas pelo oficial de justiça, devendo ser verificada a presença de todas as cédulas na urna adequada. Não é possível que as partes procedam à apuração, cabendo-lhes apenas fiscalizar o ato.

Atendendo a larga tradição do Direito brasileiro, tem-se que (art. 489) as decisões do Tribunal do Júri serão tomadas por maioria de votos. Assim, para considerar uma das teses vencedoras, deve haver, no mínimo, quatro votos a seu favor.

Tem-se buscado interpretar a norma do art. 483, parágrafo 1º, no sentido de concluir que, uma vez alcançada a maioria de votos, a apuração dos votos estaria interrompida para preservação do sigilo das votações, que viria a ser quebrado diante da publicação de um resultado *sete votos a zero*.

Que essa forma de publicar o veredicto que viola a CR é patente, e não dependeria de lei para ser reformada, a dizer, impossibilitar o julgador de, na sentença, manifestar-se de forma a expor a unanimidade. Bastaria que se lesse corretamente o texto constitucional.

De outro lado, o que a redação do artigo acima mencionado prevê é a interrupção da votação, a dizer, dos demais quesitos tendo sido alcançada a maioria que leve à absolvição por acolhimento das teses defensivas encampadas nos incisos I e II e não a apuração dos votos já procedida.

Mesmo porque é necessário verificar, mecanicamente, se o rescaldo dos votos está correto para que sejam evitadas situações irregulares. Assim, trata-se de dois planos distintos: (i) a não divulgação do veredicto quando se dá por unanimidade, o que advém da CR e não do CPP; (ii) a completa verificação de todos os votos com o objetivo de verificar a correção integral do procedimento de votação.

Mas outra situação merece atenção: o art. 490 que fala em *contradição na resposta aos quesitos*.

O conceito de contradição para fins deste artigo é dominado com a aprendizagem prática, na medida em que as teses juridicamente antagônicas excluem-se naturalmente, como a impossibilidade do reconhecimento do homicídio privilegiado e uma qualificadora subjetiva, como a torpeza, por exemplo.

A solução está em um desdobramento de etapas: primeiro, o esclarecimento pelo magistrado togado; depois, a repetição da votação, na sua integralidade. Muito embora a redação do artigo – e a ideologia do Código de Processo Penal – indique que a provocação quanto à contradição deva partir do juiz togado, nada impede que as partes, presentes na sala de votação, peçam a palavra *pela ordem* para apontar o equívoco sem, obviamente, macularem a ocorrência dos trabalhos.

O termo de votação, dentro da estrutura do Código de Processo Penal, é o onde está confirmada a vontade popular na administração da justiça penal, sendo certo que a ausência do termo dá causa à nulidade do julgamento. Suas eventuais irregularidades, quando superficiais, não maculam o documento e, por consequência, o julgamento. Quando, entretanto, forem equívocos que comprometam a própria compreensão do quanto foi decidido podem levar, estes sim, à nulidade da sessão.

7.3.4.5 A prolação da sentença e formação da ata de julgamento

Na estrutura do Código de Processo Penal a prolação da sentença pelo juiz togado, na forma regrada pelo artigo 492 é, obrigatoriamente, logo em seguida ao veredicto obtido junto ao conselho de sentença, ao final da sessão de julgamento.

O art. 493 prevê que "A sentença será lida em plenário pelo presidente antes de encerrada a sessão de instrução e julgamento". Não há possibilidade de postergação, mesmo porque o prazo para eventual recurso começa a fluir a partir deste momento, quando se dão a publicação e a cientificação das partes.

A disposição da leitura da sentença prolatada pelo Juiz Togado em consonância com o veredicto, além de constituir norma praticamente isolada no sistema

processual penal que, para os demais casos, sempre concede a faculdade de prolação *a posteriori* da audiência de instrução e debates, possui importância também para o sistema de comunicação dos atos processuais, pois a partir desse momento, presente a Defesa Técnica – e, agora, opcionalmente, a pessoa acusada – gera o termo *a quo* para interposição do recurso cabível, independentemente da data em que o ato processual se passou.

Neste sentido já se decidiu que

> O simples fato de a prolação da sentença ter ocorrido em dia de feriado nacional, não faz com que a intimação do decreto condenatório tenha que ser transferida para o primeiro dia útil subseqüente. II. O Código de Processo Penal dispensa a intimação formal das partes quando o advogado do réu estiver presente na sessão de julgamento, tendo tomado conhecimento do teor da sentença após a sua leitura pelo Juiz, não havendo que se falar na necessidade de advertência expressa acerca do início do transcurso do qüinqüídio legal.[224]

E mesmo que

> O Código de Processo Penal dispensa a intimação formal das partes, sendo certo que o advogado do réu foi regularmente intimado, pois estava presente na sessão de julgamento, tendo tomado conhecimento do teor da sentença após a sua leitura pelo Juiz. Não há que se falar em constrangimento ilegal se o impetrante, constituído defensor pelo réu após o trânsito em julgado da sentença condenatória, ainda assim demorou mais de 01 mês para interpor o apelo.[225]

Por outro lado, a importância da ata de julgamento já foi definida em acórdão do STF no qual se afirmou que

> As reclamações das partes devem constar da ata de julgamento, cujo conteúdo e a expressão fiel de todas as ocorrências verificadas em plenário do júri. Essa ata vale pelo que nela se contém. Se dela não constam protestos ou reclamações deduzidas pelas partes a respeito de pontos impugnados, torna-se inviável invalidar o julgamento. A mera alegação discordante da parte não se revela suficiente para descaracterizar o teor de veracidade que a ata de julgamento, enquanto registro processual, reflete. A ausência de reclamação ou de protesto da parte reveste-se de aptidão para gerar a preclusão de sua faculdade jurídica de argüir, no procedimento penal do júri, qualquer nulidade porventura ocorrida.

---

224 BRASIL. Superior Tribunal de Justiça. **Habeas Corpus n. 66.810/MG**. Relator Min. Gilson Dipp. DJ: 05/02/2007, p. 310. Disponível em: <https://scon.stj.jus.br/SCON/GetInteiroTeorDoAcordao?num_registro=200602061764&dt_publicacao=05/02/2007>. Acesso em: 2 jul. 2021.

225 BRASIL. Superior Tribunal de Justiça. **Habeas Corpus n. 62.649/SP**. Quinta Turma. Relator Min. Gilson Dipp. DJ: 30/10/2006, p.367. Disponível em: <https://scon.stj.jus.br/SCON/GetInteiroTeorDoAcordao?num_registro=200601523542&dt_publicacao=30/10/2006>. Acesso em: 2 jul. 2021.

A inexistência de reclamação ou de protesto assume, nesse contexto, irrecusável efeito preclusivo. Protestos das partes, inclusive da defesa, não se presumem. Hão de ser especificamente lavrados, sob pena de a inércia de qualquer dos sujeitos da relação processual penal traduzir a consumação da preclusão da faculdade jurídica de protestar e de reclamar contra eventuais erros ou defeitos cometidos ao longo do julgamento ou da elaboração dos questionários.[226]

Esse documento descreverá fielmente todas as ocorrências, mencionando obrigatoriamente o quanto determinado no art. 495, do CPP.

A consignação das ocorrências na sessão plenária reveste-se de especial importância no modelo tradicionalmente e, portanto, atua como baliza para as impugnações, especialmente no âmbito das irregularidades que são tidas como causas de nulidade *relativa* que, portanto, vê no silêncio da impugnação em ata um sinônimo de preclusão. Nos termos do art. 496, "A falta da ata sujeitará o responsável a sanções administrativa e penal", hipótese tecnicamente rara, a não dizer, inviável diante de toda a estrutura da sessão de julgamento.

---

226 BRASIL. Supremo Tribunal Federal. **Revista do Tribunal de Justiça**, v. 142, n. 02, p. 570.

Capítulo 8

Da prova no Processo Penal

8.1 Teoria geral da prova

8.1.1 Fundamentos constitucionais e convencionais do direito à prova

O tratamento do tema da prova no processo penal tem seu marco fundamental na base constitucional-convencional onde estão os eixos de orientação da matéria, com particular destaque para a dignidade da pessoa humana e seus corolários diretos como a proibição da tortura e a impossibilidade de tratamento inumano ou degradante; a presunção de inocência e suas consequências específicas para o campo probatório, como o regramento do ônus da prova e a previsão do direito ao silêncio e, de forma mais específica, a previsão de inadmissibilidade da utilização da prova obtida por meios ilícitos.

A toda construção constitucional soma-se a cultura convencional, com previsão ampla do *nemo tenetur* – mais abrangente que aquela da CR/88 – e a interpretação dada ao *justo processo* e ao *acesso à justiça*.

Da mesma forma existe estreita correlação entre o conteúdo da imputação, a fixação do objeto do processo e a prova penal, liame que orienta os limites probatórios, o objeto da prova e a concretização do ônus da prova.

Por tal razão, a tolerância com imputações genéricas ou de caráter coletivo implica no enfraquecimento dos ônus probatórios típicos do Estado de Direito com inevitável prejuízo ao direito de defesa.

Do fundamento constitucional-convencional impõe-se de maneira destacada a presunção de inocência que, ao lado de sua projeção como forma de tratamento da pessoa acusada e regra de orientação para a interpretação judicial[1] manifesta-se, no campo das provas, como regra processual orientadora da produção probatória.

Por essa regra o ônus da prova recai prioritariamente sobre a acusação[2], cuja omissão em produzi-la tem como sanção o fracasso da acusação proposta[3], não cabendo ao órgão julgador suprir, com atuação de ofício, as inações do Ministério Público.

---

1   Sobre esses aspectos ver neste Manual o Capítulo 2.
2   GOMES FILHO, Antonio Magalhães. A presunção de inocência e o ônus da prova em processo penal. **Boletim IBCCRIM**, São Paulo, n. 23, p. 3, nov. 1994.
3   HAMILTON, Sérgio Demoro. Uma releitura a respeito do ônus da prova no processo penal. **Revista Magister de Direito Penal e Processual Penal**, Porto Alegre, v. 7, n. 39, p. 93-98, dez./jan. 2011.

Esta, pois, uma das mais marcantes distinções entre o processo penal e o civil[4] e um dos pontos que inviabiliza metodológica e conceitualmente, a existência de uma teoria geral do processo.

Acompanha-se, ainda, Silva Jardim, ao afirmar que,

> [...] na verdade, o que a nova Constituição proíbe é que o legislador ordinário inverta o ônus da prova, exigindo que o réu tenha de provar a sua inocência, sob pena de condenação em razão de dúvida. Vale dizer, a presunção de não culpado faz com que o Ministério Público ou querelante tenham de alegar e provar cabalmente que o réu praticou uma infração penal, ou seja, uma conduta objetiva e subjetivamente típica, ilícita e reprovável.[5]

Mas há determinadas condutas penais que aparecem, na jurisprudência sobretudo, como suscetíveis de algum grau de inversão do ônus da prova, por exemplo, os crimes patrimoniais, evidenciando uma determinada tendência de analisá-lo de acordo com a compartimentação do conceito de crime e as causas de exculpação, estas cabíveis à defesa.[6]

Posição criticável no direito brasileiro[7], no cenário das Cortes internacionais precedentes existem decisões que apontam nessa direção. Com efeito, o TEDH tem admitido que, em casos específicos e limitados, pode haver inversão do ónus da prova[8] que indicaria o correto equilíbrio entre o interesse público (as necessidades da acusação) e o direito de defesa.

Esse também o argumento que sustenta a noticiada inversão do ônus da prova de acordo com os termos da Convenção de Palermo[9], aplicável no direito

---

4   LUZ, Denise; JOBIM, Eduardo Schmidt. Ônus da prova e o resgate de identidade do processo penal como distinto do processo civil. **Revista Magister de Direito Penal e Processual Penal**, Porto Alegre, v. 10, n. 56, p. 69-83, out./nov. 2013.

5   JARDIM, Afrânio Silva. **Direito processual penal**. 11. ed. Rio de Janeiro: Forense, 2002. p. 280.

6   HORTA, Frederico Gomes de Almeida. Do ônus da prova dos elementos de valoração global do fato: análise crítica de precedente do Superior Tribunal de Justiça (STJ, HC 194.225). **Revista Brasileira de Ciências Criminais**, São Paulo, v. 21, n. 104, p. 173-202, set./out. 2013.

7   STRECK, Lenio Luiz. A presunção da inocência e a impossibilidade de inversão do ônus da prova em matéria criminal: os tribunais estaduais contra o STF. **Revista jurídica do Ministério Público do Estado do Paraná**, Curitiba, v. 2, n. 3, p. 201-219, dez. 2015.

8   Ver, nomeadamente, os processos apreciados pelo TEDH Salabiaku c. França (acórdão de 7 de outubro de 1988, recurso nº 10519/83), Barberà, Messegué e Jabardo c. Espanha, Telfner c. Áustria (acórdão de 20 de março de 2001, recurso n.º 33501/96).

9   Art. 12, n. 7. Os Estados Partes poderão considerar a possibilidade de exigir que o autor de uma infração demonstre a proveniência lícita do presumido produto do crime ou de outros bens que possam ser objeto de confisco, na medida em que esta exigência esteja em conformidade com os princípios do seu direito interno e com a natureza do processo ou outros procedimentos judiciais.

brasileiro[10], medida tida como positiva para o enfrentamento da criminalidade organizada segundo a leitura do órgão acusador.[11]

Nada obstante, no âmbito da CADH a posição é francamente contrária a qualquer inversão, mantendo-se o entendimento do ônus da prova caber sempre à acusação.[12]

Mas existe um viés de tolerância para essa inversão quando se trata da persecução dos crimes cometidos no estado de exceção, a dizer, aqueles alegadamente praticados por agentes públicos durante a ditadura militar, no Brasil[13], sob o argumento da ampla tutela dos direitos fundamentais das vítimas. Nesse cenário, entre os direitos fundamentais dos agentes públicos tido como perpetradores de atos de violência e àqueles referentes às pessoas que sofreram com a prática ilegal, haveria a preponderância destas últimas em nome de um ideal maior de obtenção de Justiça.

À parte esta situação extremamente diferenciada, deve ser destacado que a lógica do ônus de acusar alcança as várias espécies de tutela jurisdicional, reservadas situações específicas que, não se tratando de mecanismos atuados pelo órgão acusador possuem reflexões próprias como a revisão criminal e o habeas corpus[14] e o mandado de segurança.

8.1.2 Conceito de prova

Conceito: É o produto obtido pela atividade das partes legítimas, com emprego de meio lícito, em contraditório, perante o juiz natural da causa, tendente a certificar o conteúdo da imputação e o objeto do processo ou a descaracterizá-lo, devendo ser sopesado pelo órgão julgador na fundamentação de seu provimento.

Prova, assim, nada mais é que o conhecimento que se produz sobre aquilo que será relevante para a formação do convencimento judicial sobre o objeto da afirmação acusatória, ou na dicção de prestigiosa doutrina comparada, "A actividade

---

10 JULIOTTI, Pedro de Jesus. Inversão do ônus da prova e a Convenção das Nações Unidas sobre o combate ao tráfico de entorpecentes. **Boletim IBCCRIM**, São Paulo, n. 71, p. 10-11-12, out. 1998.

11 BONFIM, Márcia Monassi Mougenot. A importância do confisco no combate à lavagem de dinheiro e organizações criminosas. In: MESSA, Ana Flávia; CARNEIRO, José Reinaldo Guimarães (Coord.). **Crime organizado**. São Paulo: Saraiva, 2012. 691 p., 22 cm. ISBN 978-85-02-1151-6. p. 462-477,

12 CADH Caso Hermanos Gómez Paquiyauri contra Perú, sentencia del 8 de julio de 2004, serie C.

13 BERCOVICI, Gilberto. A inversão do ônus da prova nos crimes cometidos por agentes do Estado durante a ditadura: in dubio pro victima. In: BERCOVICI, Gilberto; SOUZA, Luciano Anderson de; FERREIRA, Lauro Cesar Mazetto (Coord.). **Desafios dos direitos humanos no século XXI**. São Paulo: Quartier Latin, 2016. 473 p., 23 cm. ISBN 978-85-7674-831-2. p. 257-302.

14 BADARÓ, Gustavo Henrique Righi Ivahy. O ônus da prova no Habeas Corpus: in dubio pro libertate. In: PRADO, Geraldo (Coord.); MALAN, Diogo. **Processo penal e democracia**: estudos em homenagem aos 20 anos da Constituição da República de 1988. Rio de Janeiro: Lumen Juris, 2009. 598 p. ISBN 978-85-375-0419-2. p. 227-251

probatória destina-se toda a convencer da existência ou não dos factos que são pressupostos da estatuição da norma."[15]

Sendo prova a somatória de atividades que produzem cognição, é necessário destacar que ela deve se fazer presente, de forma adequada, a dizer, abrangendo os fatos relevantes[16] em todas as esferas de *tutela*: o processo de conhecimento, o cautelar e mesmo o da execução penal.

Cada um deles exige, de acordo com suas finalidades próprias, o desenvolvimento de um acervo probatório adequado a embasar as afirmações processuais correspondentes, seja a imposição de uma pena (processo de conhecimento), a demonstração da *necessidade cautelar*[17] (ainda que na forma rotulada de *medidas* como faz o CPP) ou, mesmo, na esfera da execução penal quando dos incidentes jurisdicionais tendentes a assegurar ou restringir direitos na execução da pena.

Essa *cognição* gera algumas possíveis classificações da *prova* conforme reiteradamente exposto pela doutrina, que pode levar em conta: a relação da prova com o objeto da acusação; sua previsão legal;

Tratando-se de uma cognição direta sobre o objeto da acusação diz-se que a prova pode ser *direta* ou *indireta*; quanto à sua previsão legal, ela será dividida em provas típicas (previstas no ordenamento) ou atípicas (sem previsão legal)[18] e, quanto ao meio de sua obtenção, em lícitas ou ilícitas. Cada uma dessas possíveis classificações será objeto de tópico autônomo neste capítulo.

`8.1.2.1` Desdobramentos do conceito de prova

Prova e juiz natural

A prova obtida pelo emprego de um determinado meio tem como fim primordial e um destinatário: fornecer ao juiz natural (e não qualquer outro) os fundamentos de sua convicção para a edição do provimento jurisdicional.

---

15 MARQUES DA SILVA, Germano. **Curso de Processo Penal**. 4. ed. Lisboa: editorial Verbo, 2008. 2v. p. 110.

16 ALBUQUERQUE, Paulo Pinto de. **Comentário do Código de Processo Penal à luz da Constituição da República e da Convenção Europeia dos Direitos do Homem**. 4. ed. actualizada. Lisboa: Universidade Católica Editora, 2011. p. 329.

17 VOLPE FILHO, Clovis Alberto; DIAS, Lucas Delefrate da Silva Dias. As formas de cognição na aplicação das medidas cautelares pessoais: o mito da sumariedade plena. **Revista Magister de Direito Penal e Processual Penal**, Porto Alegre, v. 12, n. 67, p.79-91, ago./set. 2015; GLOECKNER, Ricardo Jacobsen. Prisões cautelares, confirmation bias e o direito fundamental à devida cognição no processo penal. *Op. Cit.*

18 FERNANDES, Antonio Scarance. Tipicidade e sucedâneos de prova. In: FERNANDES, Antonio Scarance; ALMEIDA, José Raul Gavião de (Coord.). **Provas no processo penal**: estudo comparado. São Paulo: Saraiva, 2011. 436 p., 21 cm. ISBN 978-85-02-11099-1. p. 13-45. Ainda, DEZEM, Guilherme Madeira. **Da prova penal**: tipo processual, provas típicas e atípicas. Campinas: Millennium, 2008. 321 p. 23 cm. ISBN 978-85-7625-152-1.

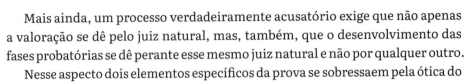

Mais ainda, um processo verdadeiramente acusatório exige que não apenas a valoração se dê pelo juiz natural, mas, também, que o desenvolvimento das fases probatórias se dê perante esse mesmo juiz natural e não por qualquer outro.

Nesse aspecto dois elementos específicos da prova se sobressaem pela ótica do processo acusatório: a oralidade como método de produção e a imediação, a dizer o contato direto do julgador com o desenvolvimento da produção probatória.

Oralidade é dos aspectos basilares da estrutura processual acusatória e aparece como elemento essencial na formação dos procedimentos como visto no capítulo próprio desta Obra. Mas, aqui, surge de modo especificamente ligado à maneira como se desenvolve a produção probatória, mesmo nos casos que se trate de provas técnicas.

Assim, oralidade não significa a *leitura* de peças periciais ou depoimentos colhidos em desconformidade com as estruturas aqui expostas. Ler esses meios de prova perante um julgador (togado ou leigo) não muda o modo de sua produção original e não lhe dá a natureza de prova produzida em audiência num processo acusatório. Esta, pois, uma das mais agudas permanências inquisitivas nada obstante as reformas parciais produzidas após 1988. E, acrescente-se, é um tema que vem merecendo as necessárias críticas como a recém condenação da Itália perante o TEDH pelo uso da leitura de peças no curso da audiência a fim de *jurisdicionalizá-las*.[19]

E esse *contato direto* se preserva em audiência, com a chamada imediação[20] implicando no reconhecimento da *constância* do órgão *julgador* durante o desenvolvimento de todo o processo, constituindo essa permanência, por sua vez, o denominado princípio da identidade física[21], tema cujo encaminhamento no direito brasileiro reflete, sobretudo, a permanência do paradigma inquisitivo

---

19 Trata-se da condenação da Itália no caso Cafagna × Itália, julgado pelo TEDH em 12 de outubro de 2017. Trata-se de caso no qual, na jurisdição italiana, o requerente foi condenado pela prática de crime patrimonial com base em depoimento da vítima tomado exclusivamente perante as autoridades investigativas e nunca efetivado em juízo. O TEDH, inicialmente pontuando que é legítimo que não se tome o depoimento de uma pessoa desde que comprovados os esforços e o esgotamento das vias em localizá-la, considerou que em momento algum houve possibilidade do exercício do direito ao confronto entre a pessoa acusada e quem lhe atribuía a conduta, mesmo na fase investigativa. E ponderou que essa confrontação é essencial para legitimar o justo processo (tópico 51 da decisão) condenando, ao final, o Estado italiano.

20 JAÉN VALLEJO, Manuel; HINESTROSA, Fernando. **Los principios de la prueba en el proceso penal**. Bogotá: Universidad Externado de Colombia, 2000. 65 p., 19 cm. (Estudios, 18). ISBN 958-616-494-2; FIOREZE, Juliana. **Videoconferência no processo penal brasileiro**: interrogatório on-line. Curitiba: Juruá, 2008. 388 p., 20 cm. ISBN 978-85-362-1618-8; GOMES, Décio Luiz Alonso. **Imediação processual penal**: definição do conceito, incidência e reflexos no direito brasileiro. 2013. Tese (Doutorado). Universidade de São Paulo, São Paulo, 2013.

21 MAYA, André Machado; URANI, Marcelo Fernandez. O princípio da identidade física do juiz e a função persuasiva da prova no processo penal. In: MAYA, André Machado; FAYET JR., Ney (Org.). **O princípio da identidade física do juiz e a função persuasiva da prova no processo penal**. Ciências Penais e Sociedade Complexa. Porto Alegre: Núria Fabris, 2009. 2v. p. 31-51.

de processo, sendo desconhecida – até mesmo porque inconcebível – essa forma de discussão no direito comparado.

Assiste razão a Badaró[22] quando vincula a identidade física a uma forma de ser do procedimento e identifica a reforma de 2008 como o momento em que se previu expressamente esse *princípio* no processo penal brasileiro. Contudo, o marco constitucional-convencional é obviamente precedente e poucos foram os esforços no sentido de concretizá-lo de forma a exigir uma leitura adequada que afastasse a forma procedimental e a produção probatória da estrutura inquisitiva explicitamente existente até então e que, nada obstante a reforma, ainda persiste.

Assim, rigorosamente, festeja-se uma reforma que nunca se concretizou porquanto a oralidade enquanto método peremptório do processo acusatório, no Brasil, ainda é uma insistência de poucos e não é verdadeiramente considerada como um pilar inarredável mesmo após a decantada reforma parcial de 2008.

Isto porque, a reforma de 2008 foi mais uma *manifestação de compromisso* que, exatamente, a adoção irrestrita de um regramento que viesse a se coadunar com o marco constitucional-convencional posto que os problemas estruturais anteriores permaneceram em dois pontos cruciais: a divisibilidade da audiência e a persistência da carta-precatória.

Cada uma dessas manifestações, à sua vez, conspira contra a eficácia da oralidade e identidade física.

Se, da audiência fracionada extrai-se problemas como a substituição potencial do(a) magistrado(a) sentenciante de modo a exigir saídas legais e hermenêuticas para preservar o princípio da identidade[23], a *carta-precatória* evidencia o *completo distanciamento* do *juiz natural* no que tange à produção da prova, gerando na literatura brasileira discussões sobre temas periféricos – nada obstante importantes do ponto de vista prático – como a forma correta de intimação do ato[24] posto que além de ser potencialmente ofensiva à necessária aproximação do juiz natural com a prova, também gera dúvidas, na forma como administrado o ato, acerca da proteção a outros diretos defensivos, como a ampla defesa e contraditório.

Prova emprestada

A prova emprestada ou prova compartilhada é tema de larga preocupação no direito brasileiro dada sua projeção não apenas para o processo de conhecimento,

---

22 BADARÓ, Gustavo Henrique Righi Ivahy. A regra da identidade física do juiz na reforma do código de processo penal. **Boletim IBCCRIM**, São Paulo, v. 17, n. 200, p. 12-14, jul. 2009.

23 LIMA, Rogério Montai de. Princípio da identidade física do juiz: vida e morte hipóteses de não incidência e limites de aplicabilidade ao juiz substituto. **Revista Síntese de direito penal e processual penal**, Porto Alegre, v. 13, n. 74, p. 90-98, jun./jul. 2012.

24 SILVEIRA, Paula Oliosi da. Precatória: intimação da audiência. **Revista Síntese de direito penal e processual penal**, Porto Alegre, v. 4, n. 20, p. 28-30, jun./jul. 2003; MENDONÇA, Tarcísio Maciel Chaves de. Da necessidade de intimação do ato deprecado e não só da expedição da carta precatória. **Boletim do Instituto de Ciências Penais**, Belo Horizonte, v. 3, n. 49, p. 4-6, ago. 2004.

mas, também, para a atividade jurisdicional cautelar[25] e mesmo na investigação criminal[26] conforme apontamentos jurisprudenciais.

Assim, a doutrina, após a CR/88 enfatiza características de admissibilidade a partir dos fundamentos constitucionais – mas nem tanto os convencionais –, com as necessárias atualizações diante do conceito de prova trazido com a reforma de 2008.[27]

Mas, para além enfrentar o tema com necessária atualização conceitual, é necessário destacar que as permanências inquisitivas no processo penal brasileiro – como a sobreposição da investigação criminal no processo e o baixo grau de aderência à oralidade como método processual – acarretam a persistência dos mesmos problemas práticos que levam à crítica desse modo de produzir, num processo, acervo de conhecimento oriundo de outro, ou mesmo de atividades não processuais como o trabalho de comissões parlamentares de investigação.[28]

Assentada essa perspectiva crítica, a *prova emprestada* aparece sob a justificativa da utilidade[29] e seu *emprego* legítimo no processo tomador do empréstimo probatório está *condicionado* à existência de contraditório efetivo no processo de *origem*. A dizer, não apenas o contraditório, mas, sobretudo, o contraditório entre as partes legítimas que devem ser as mesmas no processo de origem e naquele em que se toma a prova por empréstimo.

Além da incidência do contraditório, exigência que se faz ao empréstimo de prova de qualquer natureza, quando se tratar de empréstimo de depoimento – a dizer, o produto do emprego de meio de prova testemunhal –, prestigiosa doutrina afirma ser necessário que não apenas tenha existido o contraditório[30] mas, também, tenha sido a prova produzida perante o mesmo juiz natural.

Toda essa construção foi essencialmente pensada fora do contexto de meios investigativos emergenciais[31] os quais lidam com macrocriminalidade, situação

---

25 BRASIL. Supremo Tribunal Federal. **Habeas Corpus n. 109.278.** Primeira Turma. Relator Min. Luiz Fux. J. 13-3-2012. Publicação: DJE de 13-4-2012. Disponível em: <https://jurisprudencia.stf. jus.br/pages/search/sjur207306/false>. Acesso em: 18 jun. 2021.

26 BRASIL. Supremo Tribunal Federal. Habeas Corpus n. 102.293. Segunda Turma. Relator Min. Ayres Britto. J. 24-5-2011. Publicação: DJE de 19-12-2011. Disponível em: <https://jurisprudencia. stf.jus.br/pages/search/sjur203156/false>. Acesso em: 18 jun. 2021.

27 GOMES FILHO, Antonio Magalhães. Limites ao compartilhamento de provas no processo penal. **Revista Brasileira de Ciências Criminais**, São Paulo, v. 24, n. 122, p. 43-61, ago. 2016.

28 BADARÓ, Gustavo Henrique Righi Ivahy. Prova emprestada no processo penal e a utilização de elementos colhidos em Comissões Parlamentares de Inquérito. **Revista Brasileira de Ciências Criminais**, São Paulo, v. 22, n. 106, p. 157-179, jan./fev. 2014.

29 BECHARA, Fábio Ramazzini. Prova emprestada e a preclusão do contraditório. **Ciências Penais: Revista da Associação Brasileira de Professores de Ciências Penais**, São Paulo, v. 8, n. 14, p. 315-343, jan./jun. 2011.

30 GRINOVER, Ada Pellegrini. Prova emprestada. **Revista Brasileira de Ciências Criminais**, São Paulo, v. 1, n. 4, p. 60-69, out./dez. 1993.

31 Vide Capítulo 1.

em que o argumento de utilidade facilmente se sobrepõe de modo a tolerar a expansão do empréstimo/compartilhamento probatório.[32]

8.1.3 A produção probatória adequada: extensão da prova e objeto do processo

A produção de conhecimento ocorre em qualquer das atividades da jurisdição.

Nesse sentido, a clássica divisão entre processo de conhecimento, cautelar ou executivo *não pode ser* um fator de dificuldade para entender que, em *qualquer* dessas *manifestações jurisdicionais existe* – em maior ou menor grau – *produção probatória, adequada* exatamente ao *objeto buscado* em Juízo.

Até certo limite é possível aceitar, no processo penal, a afirmação da existência dos planos horizontal e vertical da cognição, sendo o plano vertical (profundidade) atuada ou de forma exauriente (completa) ou sumária (restrita), enquanto o plano horizontal se apresenta como plena ou limitada, levando-se em conta o que muitas vezes anima a reflexão no *processo civil.*[33]

Esquematicamente:

Espécies de cognição	Possibilidades
HORIZONTAL (amplitude de questões que podem ser conhecidas pelo Juiz)	Plena - o julgador pode conhecer de quaisquer questões
	Limitada - nem todos os temas podem ser conhecidos pelo Juiz
Vertical (grau de enfrentamento das questões suscitadas)	Exauriente - esgotamento de todas as questões suscitadas
	Sumária - juízos de probabilidade e verossimilhança

Fonte: o autor (2021)

Contudo, essa explanação aqui é feita com o intuito de uma vez mais demonstrar a impossibilidade metodológica da construção de uma teoria geral do processo. Assim, ainda que se aceite a divisão entre as espécies de cognição na forma trabalhada pelo processualismo civil[34], deve-se registrar, a partir dos fundamentos constitucionais e convencionais que a cognição horizontal, no processo penal, há de ser sempre plena dado que o julgador não pode se esquivar de enfrentar todos os temas suscitados em Juízo, quer pela acusação, quer pela defesa.

Porém, quanto ao aspecto vertical, a produção probatória acompanhará o que for tido como objeto do processo e aquilo que se espera da prestação jurisdicional

---

32 LAZARI, Rafael José Nadim. Sobre a validade da interceptação telefônica como prova emprestada em processo não penal. **Revista Bonijuris**, Curitiba, v. 23, n. 572, p. 79-81, jul. 2011.

33 WATANABE, Kazuo. **Da Cognição do Processo Civil**. 3. ed. São Paulo: Perfil, 2005.

34 Por todos, ver BRASIL, Luciano de Faria. Cognição judicial no processo penal. **Revista do Ministério Público do Rio Grande do Sul**, Porto Alegre, n. 47, p. 202-216, abr./jun. 2002.

invocada. Dessa forma, o processo de conhecimento se satisfaz legitimamente apenas com a construção probatória plena que propiciará ao julgador uma cognição completa.[35]

As peculiaridades do processo de execução penal e a imposição de medidas cautelares (pessoais, reais ou probatórias) – elas mesmas não consideradas, na área penal, como um *processo*[36] – são campo fértil para criar-se a falsa concepção que inexiste prova a ser produzida em postulações cautelares e em pretensões incidentais no curso da execução penal.

No entanto, no marco de um processo aderente ao marco constitucional-convencional as postulações, tanto na fase executiva como nas jurisdições cautelares, exigem um mínimo de produção probatória[37] – de extensão adequada ao quanto pleiteado – e, também por esse aspecto não é possível num processo penal no Estado de Direito que existam fundamentos legais de determinação de uma constrição cautelar que não sejam passíveis de produção probatória e cognição como é o caso da cláusula ordem pública, – criticada no capítulo específico deste Manual também por outros aspectos – ou na pretensão de indeferimento de benefícios no cumprimento da pena sem um mínimo de produção probatória a gerar a cognição apropriada.

Todo esse cenário conceitual, no processo penal, funciona bem quando se trata da forma ordinária da prestação jurisdicional, a dizer, quando o devido processo legal (penal) funciona de forma plena. Mas enfrenta forte crise teórica e prática quando se compreende a incidência de mecanismos negociais e dos mecanismos extraordinários (emergenciais) de produção da prova e cognição posterior.

Quanto aos mecanismos negociais, para romper com a crítica embasada na necessária plenitude, em todos os casos, do um devido processo, é necessário tomar um ponto de partida diverso, assumindo um maior papel de autonomia da pessoa submetida à persecução e cercando a negociação de limites legais de modo que desequilíbrios sociais inerentes a realidade brasileira distorçam de forma incontornável a forma de atuação da jurisdição penal.

Para os mecanismos emergenciais a crise probatória tem outros contornos. Empregáveis em *casos penais* cuja cognição é inevitavelmente plena e exauriente

---

35 Essa afirmação já faz antever as grandes dificuldades de harmonização de um processo penal de conformidade constitucional com mecanismos negociais penais, pelos quais há, rigorosamente, pena sem processo e que se justificam exclusivamente a partir de uma ótica utilitária e decisionista da jurisdição penal.

36 Vide neste Manual o capítulo específico sobre as medidas cautelares e a crítica sobre esse tema.

37 Para uma abordagem, ainda que parcial quanto ao aqui afirmado, ver GLOECKNER, Ricardo Jacobsen. **Prisões cautelares, confirmation bias e o direito fundamental à devida cognição no processo penal**. Op. Cit.

dado que se trata de hipóteses de macrocriminalidade tais métodos carecem de controle estrito conforme exposto no tópico final deste Capítulo.

8.1.4 Diferenciação entre prova e meio de prova

Conceito: Meio de prova é o mecanismo empregado, com previsão legal ou sem proibição expressa, que visa obter determinado conteúdo que constituirá, este sim, a prova em si.

Importante base doutrinária afirma que "meio de prova é tudo o que possa ser utilizado para a demonstração da ocorrência dos fatos alegados e perseguidos no processo. São os instrumentos necessários para comprovar a existência ou não da verdade de um fato."[38]

Gomes Filho[39] apresenta *distinção* também *entre prova* e *elementos de prova*, estes consistentes nos *dados concretos* que compõem o quanto produzido por um determinado meio probatório e serão inadmissíveis quando praticados com violação de direitos. Mais ainda, para o mesmo doutrinador haverá de ser diferenciado o que é fonte *de prova* daquilo que é *meio de prova* e, por fim, os *meios de investigação*.

Fonte de prova serão as *pessoas ou coisas* das quais se pode obter o elemento de prova (dados); por seu turno, segundo Gomes Filho, *meio de prova* são os *instrumentos ou atividades* que produzem os *canais de informação*. E disso se diferencia o meio de investigação, modo de obter provas materiais, normalmente regulado em lei e que se aplica fora do processo.

Essa distinção é importante tanto do ponto de vista teórico, com intuito de propiciar uma análise adequada para cada uma dessas etapas da concretização da prova. Dela, também, surge uma melhor compreensão do tema da prova ilícita que, no direito brasileiro é considerada inutilizável posto que o resultado final (o conhecimento) é fruto do emprego de *meios ilícitos*.

Acrescente-se que a divisão facilita a compreensão das formas de acesso às *fontes de prova* que podem ser trazidas ao processo de forma voluntária ou espontânea (*v.g.*, juntada de documentos, presença de testemunhas) e assim se dá como regra.

Porém, há situações nas quais o acesso à fonte de prova deve ser operado de forma coercitiva, seja porque há resistência à colação espontânea dessa fonte impondo intervenção judicial para que ela seja trazida aos autos.

---

38 DEMERCIAN, Pedro Henrique; MALULY, Jorge Assaf. **Curso de processo penal**. 3 ed. Rio de Janeiro: Forense, 2005. p. 285.

39 GOMES FILHO, Antonio Magalhães. Notas sobre a terminologia da prova: reflexos no processo penal brasileiro. In: YARSHELL, Flávio Luiz. **Estudos em homenagem à Professora Ada Pellegrini Grinover**. São Paulo: DPJ, 2005. 865 p. ISBN 85-9820-16-5. p. 303-318.

8.1.4.1 A obtenção coercitiva do meio de prova

Quando uma determinada fonte de prova não for voluntariamente apresentada para que dela possa se extrair um determinado conteúdo (meio de prova na linguagem empregada no tópico anterior) é possível, mediante ordem judicial como regra, que haja a coerção – nos limites da legalidade – a fim de que essa fonte seja colada à persecução para atender as necessidades probatórias acusatórias ou defensivas.

Duas das principais manifestações dessa coerção judicialmente determinada serão analisadas na sequência, uma ligada a *coisas* e outra atinente a *pessoas*.

A busca e apreensão

Trata-se de medida assecuratória[40] para garantir o acesso a determinada fonte de prova com duração vinculada, como regra, à necessidade da persecução, por requerimento de qualquer das partes ou, ainda, de ofício atendendo-se o quanto disposto na estrutura do CPP, mas criticável à luz da matriz acusatória tal como assumida nesta Obra.

Cabendo em situações nas quais haja necessidade de mitigar-se direitos fundamentais (v.g., direito à intimidade), essa medida é, no mais das vezes, dependente de autorização judicial motivadamente vinculada às necessidades processuais e específica a situações concretas envolvendo objetos ou pessoas.

Nada obstante, o CPP, na sua redação original, considerava casos nos quais a autoridade investigativa está autorizada a proceder a diligência, hipóteses que, após a CR/88 ficaram restringidas às situações de prisão em flagrante como se verá na sequência, numa clara restrição aos poderes policiais em nome do controle judicial, postura que mesmo muito anos após a entrada em vigor do novo marco constitucional continuou a ser criticada por articulistas sob o equivocado enfoque de similitude das funções judiciais e policiais.[41]

Tratada no âmbito cautelar, a busca e apreensão está condicionada aos fundamentos legais previstos no art. 240 do CPP que, por sua vez, estão alicerçados num traço comum: a presença de *fundadas suspeitas*.

Locução de difícil conceituação, seu emprego haveria de estar limitado por contornos objetivos que, na prática, raramente se apresentam. Daí porque a importância da análise de precedentes nesse tema os quais acabam por construir um mosaico de situações que preencheriam o conceito.

---

40 Para a discussão sobre a natureza da busca e apreensão ver, por todos, PITOMBO, Cleunice A. Valentim Bastos. **Da busca e da apreensão no processo penal**. 2. ed. São Paulo: Revista dos Tribunais, 2005. 319 p. (Estudos de processo penal Prof. Joaquim Canuto Mendes de Almeida, 2). ISBN 85-203-2777-X.

41 LOPES, João. Mandado de busca e apreensão: competência da autoridade policial. **Impressões**, Brasília, v. 1, n. 4, p. 30-31, out. 1999.

Mas, pode-se tentar empregar *distinção* entre *fundadas razões e mera suspeita*, *aquelas mais densas em relação a estas últimas exigindo* algum grau de *comprovação mínimo* que embase a necessidade cautelar do emprego dessa medida.

Ao lado da *discussão* sobre os *fundamentos* idôneos para constatar a necessidade cautelar *existe* outro campo de preocupação: os *limites de legalidade da medida*.

Essa legalidade está condicionada ao fundamento constitucional-convencional e à disciplina infraconstitucional especificamente prevista no art.243 do CPP donde são extraídos os limites físicos (indicação de local) e a finalidade do mandado expedido além da imposição de limites à apreensão de objetos em poder da Defesa técnica. E no primeiro plano reside a inviolabilidade do domicílio e os limites da dignidade da pessoa humana quando do caso da busca *pessoal*.

Quanto ao primeiro aspecto – fundamentos constitucionais – a inviolabilidade do domicílio é fragilizada com a expansão de tipos penais plúrimos, com excessiva previsão de condutas de caráter permanente que acabam por autorizar a invasão domiciliar sem a necessidade de mandado judicial sob o argumento da ocorrência de flagrante delito[42]. E a dignidade da pessoa humana é o norte dos limites para a chamada busca pessoal que não pode ser realizada de modo a expor de modo vexatório, indigno, a pessoa em quem a busca será realizada.

No seu conjunto, dos fundamentos constitucionais-convencionais e do art. 243 são extraíveis duas situações que podem acarretar a *crise na concretização* do mandado de busca e apreensão: o *excesso da ordem* ou o *excesso de seu cumprimento*.

Do *excesso da ordem* tem-se que os mandados genéricos ou indeterminados quanto ao seu objeto ou limites geográficos afiguram-se atentatórios ao Estado de Direito[43] e merecem censura[44] vez que tornam inviável a tutela de direitos fundamentais.

Contudo, nem sempre é possível identificar *ex ante* os objetos a serem apreendidos e, tampouco, limitar-se a apreensão porque estão na posse de terceira pessoa que se encontra ou reside no local onde se dará a diligência. Nessas hipóteses deve-se identificar concretamente o elo entre os objetos e a conduta criminosa investigada, ainda que em poder de terceiros e que devem ser mantidos em custódia enquanto necessários à persecução.

---

42 GODOY, Arion Escorsin de; COSTA, Domingos Barroso da. Desconstruindo mitos: sobre os abusos nas buscas domiciliares ao pretexto de apuração do delito de tráfico de drogas. **Boletim IBCCRIM**, São Paulo, v. 21, n. 247, p. 12-14, jun. 2013.

43 BARROS, Antonio Milton de. Algumas considerações sobre a busca pessoal e domiciliar em face da constituição federal. **Revista de Estudos Jurídicos UNESP**, Franca, v. 5, n. 9, p. 165-183, jan./dez. 2000.

44 SILVA NETO, Aldemar Monteiro da. A violação dos direitos fundamentais pelas decisões que autorizam a busca e a apreensão coletivas. **Revista Magister de Direito Penal e Processual Penal**, Porto Alegre, v. 11, n. 64, p. 25-35, fev./mar. 2015.

Do *excesso de cumprimento* surge a *possibilidade* do encontro fortuito de fontes de prova inicialmente não previstas quando da determinação judicial da ordem de busca o que não constitui irregularidade de modo a comprometer a fonte encontrada e, tampouco, o meio de prova dela a ser extraída.

Mas a busca e apreensão tem outro ponto de singular dificuldade: o local da diligência quando se tratar de escritório de advocacia. Cercado de plenas garantias advindas da relação profissional-cliente, o escritório não está, por certo, imune à diligência desde que o material apreendido naquele local revele indícios de envolvimento com a prática de crimes.

O objeto a ser apreendido pode estar em poder da própria pessoa investigada ou acusada ou em ambiente sobre o qual ela detenha algum grau de controle. Mas pode haver situação em que o objeto esteja em poder de terceiro com posse ou detenção de boa-fé.

Discutir a natureza dessa posse ou detenção não impede que, num primeiro momento, seja efetivada a busca e apreensão e a restituição da coisa será alvo de procedimento específico a ser tratado no tópico seguinte.

A restituição de coisas apreendidas

O produto arrecadado com a busca e apreensão tem uma finalidade específica, que é a de instruir o objeto da prestação jurisdicional buscada. E, portanto, permanece custodiado até que sua utilidade processual se exaura.

Sua devolução está condicionada aos seguintes fatores:

Esquematicamente:

Restituição	
Fatores	Postulação pelo proprietário ou por terceiros;
	Objeto cuja restituição se postula;
	Procedimento do pedido de restituição.

Fonte: o autor (2021).

Podendo ser postulada pelo proprietário ou por terceiros, a restituição deve recair sobre bens constritos e que sejam de produção lícita. Aqueles que forem de produção ilícita não podem, ainda que não sejam úteis à persecução por qualquer razão, serem restituídos.

O pedido de restituição, quando feito diretamente pelo proprietário poderá ser endereçado à autoridade responsável pela investigação (Delegado de Polícia no caso do IP; ao órgão de execução do Ministério Público, no caso de investigação pelo MP) ou ao juiz natural, no caso do processo em curso.

Esse procedimento, direto e simples, não se amolda aos casos indicados quando houver dúvida quanto houver dúvida quanto ao direito de terceiro de boa-fé ou se duvidoso o direito, situações nas quais haverá a formação de incidente de restituição com decisão exclusivamente judicial.

Quanto à procedimentalização, o pedido de restituição é diretamente encartado nos autos e merece decisão após manifestação do MP caso não surja controvérsia. Se, no entanto, existir dúvida a esse respeito será convolado em incidente.

O incidente, por sua vez, é autuado em apartado, com dilação probatória e posterior decisão judicial, sendo vedada a sua solução por autoridade administrativa, diretamente nos autos ou seu encaminhamento ao juízo cível para decisão definitiva.

A condução coercitiva

Medida de caráter excepcional, na literalidade do CPP, e passível de atuação apenas quando injustificamente não cumprido o ato de forma voluntária, alcança pessoas na condição de testemunha, peritos, intérpretes e vítima.

A questão se torna mais delicada quando se trata de conduzir coercitivamente a pessoa suspeita ou acusada. Lido sem a devida flexão constitucional-convencional o art. 260, *caput*, do CPP literalmente autoriza a prática desse ato constritivo para pessoas naquelas condições.

Contudo, a partir do direito a não autoincriminação e o direito ao silêncio resta inoperante esse ato de força contra a pessoa que não é obrigada a fazer prova (ou produzir informes) contra si mesma. Restaria, residualmente, a possibilidade dessa condução ter como objeto a apuração dos dados de identificação da pessoa suspeita ou acusada para *excluir* a imputação contra terceiros evitando-se, assim, o indesejável erro judiciário.

O comparecimento coercitivo pode acontecer perante a autoridade administrativa encarregada da investigação ou perante o Juiz natural do processo ou aquela deprecada para o ato. Malgrado configure restrição à liberdade de locomoção, o STF ainda entende como legítimo seu emprego mesmo sem ordem judicial a partir da leitura conjunta da Constituição (art. 144, § 4°) e do CPP (art. 6°, II a VI, art. 4°).

Mas, seja destinada ao comparecimento da pessoa suspeita/acusada para informar seus dados qualificadores, seja recaindo sobre qualquer das outras pessoas enunciadas no CPP, inclusive a vítima (!) está-se diante de uma restrição da liberdade de locomoção cabendo analisar se é exigível, em qualquer hipótese, a intervenção judicial ou não.

E, para entender a necessidade de ordem judicial na espécie haveria de ser tomada a devida posição sobre sua inserção na órbita das medidas cautelares de natureza pessoal lastreada nas mesmas bases dos artigos 282, 312 e 313 do CPP, somando-se à prisão preventiva e à prisão temporária, estas evidentemente diferentes nos seus propósitos.

Da prova no Processo Penal | 591

Assim, entendemos que por se tratar de restrição à liberdade pessoal está sujeita à reserva da jurisdição, não sendo medida autorizada por autoridades administrativas e, como sustentando acima, não alcança potenciais pessoas suspeitas ou acusadas com o objetivo de se lhe extrair depoimento de mérito ou, por qualquer outra via, exigir-lhe que faça prova contra si mesma, aí não entendidos seus dados de qualificação.

Entendida como medida constritiva da liberdade, está sujeita aos controles do art. 282, especialmente necessidade (imprescindibilidade de obter-se o *meio de prova* na conceituação exposta no tópico acima) e adequação e aos fundamentos e hipóteses dos demais artigos que incidem na análise da *necessidade cautelar*. A dizer, configura-se ilegal a condução coercitiva quando o meio de prova puder ser obtido sem que haja o emprego dessa medida.

Restrita à sua finalidade, a condução coercitiva é o modo pelo qual a pessoa deve ser conduzida às dependências públicas de onde será tomado seu depoimento e limitada temporalmente ao quanto necessário para a prática do ato.

8.1.4.2 Preservação do meio de prova: cadeia de custódia

Esta Obra já detalhava, do ponto de vista conceitual, toda temática da *cadeia de custódia*, agora introduzida pela lei 13.9664/2019 no art. 158-A. Assim, fica mantida a redação já presente nas edições anteriores, eventualmente pontuada por novas análises a partir da redação legal.

Tema de preocupação recente na história de vigência do CPP, o cuidado com a denominada *cadeia de custódia*. Uma sucessão de eventos concatenados, em que cada um proporciona a viabilidade ao desenvolvimento do seguinte, de forma a proteger a integridade de um vestígio do local de crime ao seu reconhecimento como prova material até o trânsito em julgado do mérito processual; eventos estes descritos em um registro documental pormenorizado, validando a evidência e permitindo sua rastreabilidade, sendo seu objetivo-fim garantir que a evidência apresentada na corte se revista das mesmas propriedades probatórias que o vestígio coletado no local de crime.

Ou, de forma mais sintética, o

> [...] procedimento preponderante e de suma importância para a garantia e transparência na apuração criminal quanto à prova material, sendo relato fiel de todas as ocorrências da evidência, vinculando os fatos e criando um lastro de autenticidade jurídica entre o tipo criminal, autor e vítima e que ganhou corpo a partir do aumento do emprego de fontes de prova de natureza distinta daquele testemunhal, que exigem a necessária certificação que o objeto a ser manuseado pela fonte de prova pericial (sobretudo) corresponde àquele que foi localizado no ambiente criminoso, garantindo sua integridade.

São princípios de orientação da cadeia de custódia, a saber:

a] Documentação: trata-se do verdadeiro histórico de vida da fonte de prova, pelo qual se identifica cronologicamente seu itinerário desde sua apreensão e em todas as etapas em que deve permanecer custodiado;
b] Rastreio: decorre da documentação o rastreio do histórico da fonte de prova custodiada;
c] Integridade: adequado e seguro armazenamento e acondicionamento da fonte de prova de modo a preservar seu conteúdo de forma completa;
d] Confiabilidade: da documentação e da integridade emanam a confiabilidade que a fonte de prova custodiada deve merecer na apreciação judicial uma vez que tenha sido possível obter dela um meio de prova;
e] Responsabilização: possibilidade de, por meio da documentação, alcançar-se a pessoa humana que interveio na cadeia de custódia gerando, por exemplo, sua quebra indevida.

A *cadeia de custódia* deve *preservar* a *fonte de prova desde* sua *apreensão até* sua *dispensabilidade judicial* tema este que também não se afigura suficientemente disciplinado no CPP que, a rigor, não fala da disposição da fonte de prova, restando a algumas legislações esparsas (v.g., interceptação telefônica, lei de drogas) a previsão de descarte de materiais que não virão a ser considerados como *fontes*, seja pelo seu desprendimento do objeto da acusação (v.g., trechos de interceptação que não dizem respeito ao conteúdo da acusação) ou que pela sua abundância já estão preservados em amostras suficientes (*v.g.*, incineração de drogas).

De qualquer forma, a cadeia de custódia não tem como marco final o meio de prova obtido (v.g., perícia) mas, sim, a conclusão do processo judicial ou o arquivamento da investigação criminal quando esta tiver sido encerrada com decisão que impeça sua reabertura (v.g., com a extinção da punibilidade pela morte do suspeito).

Caso contrário, na seara investigativa, entendemos que somente após o transcurso do prazo prescricional em abstrato se possa dispor da cadeia de custódia.

A Lei 13.964/2019 criou uma melhor estrutura para o tema, em cuja disciplina destaca-se a responsabilidade ampla do "O agente público que reconhecer um elemento como de potencial interesse para a produção da prova pericial [que] fica responsável por sua preservação" e determina que (art. 158-E) em "Todos os Institutos de Criminalística deverão ter uma central de custódia destinada à guarda e controle dos vestígios, e sua gestão deve ser vinculada diretamente ao órgão central de perícia oficial de natureza criminal."

8.1.5 Tipicidade dos meios de prova

A discussão gira em torno da possibilidade – ou não – do emprego de fontes de prova que gerem meios de prova que não estejam expressamente previstos em lei. Essa abordagem se reflete, também, na classificação apresentada por parte da doutrina como provas nominadas ou inominadas.

O marco constitucional-convencional do processo penal não restringe os meios de prova apenas àqueles taxativamente previstos (provas *típicas*) determinando, contudo, que não sejam consideradas admissíveis no processo as provas obtidas por meio ilícito (marco constitucional) e, uma vez que não podem adentrar na esfera de cognição judicial não podem, por consequência, serem judicialmente valoradas.

Ademais, esse mesmo marco impede que venham ao processo fontes e meios de prova atentatórios à dignidade da pessoa humana ou moralmente inadmissíveis. Cabe à doutrina e à jurisprudência trabalhar essa seara conceitual e prática.

E, no campo da experiência teórico-prática há espaço para a discussão de uma fonte de prova particularmente sensível, vez que atinge concepções filosófico-religiosas: a carta psicografada como fonte e meio de prova.

Amparada na impossibilidade de sua apreensão total pela inteligência encarnada, setor expressivo da doutrina a vê como atípica e admissível, afastando-a do plano da ilicitude probatória, mas rechaça sua capacidade de, enquanto meio de prova, servir de forma apta à cognição judicial.

Parece-nos ser esse realmente o caminho, pois de meio ilícito não se trata. E, malgrado sua mensagem, dificilmente se adapta às possibilidades de exercício pleno de contraditório e ampla defesa. Assim, tratá-la como prova não parece ser o melhor enquadramento jurídico abrindo-se, eventualmente, espaço para vê-la como outra fonte de cognição.

Contudo, há um significativo diferencial quando do seu emprego perante o juiz leigo, no Tribunal do Júri, local em que a decisão se dá *pela consciência e ditames da Justiça* de acordo como juramento prestado.

Nesse ponto, sendo passível de apreciação num conjunto mais amplo, a carta psicografada poderá ser *mais uma* fonte e meio e prova não havendo como aquilatar qual seu peso na formação do veredicto; quando, entretanto, for meio de prova isolado e contraposto a outras em sentido contrário, será passível de controle mediante apelação caso o resultado seja a absolvição, tomando-se como premissa que ela venha a absolver a pessoa acusada. Mas, evidentemente, pode-se cogitar, em tese, de que venha a servir ao acervo probatório da acusação.

8.1.6 Diferença entre prova e outras fontes de cognição

8.1.6.1 Indícios

Indícios são fonte indireta de prova, empregáveis quando inexistentes ou inacessíveis as fontes diretas e não se confunde com presunção dadas suas diversas naturezas e funcionalidades. No dizer de Rangel, a presunção nada mais é que "a operação mental que liga um fato conhecido a outro que se quer conhecer."

Assim, no emprego dos indícios, por um elo lógico entre algo provado (ou seja, conhecido) e o que dele se pode obter por indução chega-se, por via indireta, ao conhecimento (prova) sobre o que se afirma de modo principal.

Em princípio, seu papel na formação do convencimento do julgador é subsidiário e, isoladamente, não serviria para sustentar a sentença condenatória posto que, para parte da doutrina, se contraporia à presunção de inocência que exige *prova robusta* para alicerçar a condenação.

Mas, esse controle sobre o campo de influência dos indícios no provimento condenatório somente pode existir quando se tratar de julgamento por juiz togado, vez que o julgador leigo, ao proferir seu veredicto, está desapegado do dever de motivar conforme tradicionalmente visto o tema.

Nada obstante, há corrente teórica que sustenta a ampliação do emprego dos indícios como base de condenação para casos de complexa investigação e ligados, essencialmente, à criminalidade organizada ou aos crimes de corrupção.

Mais adequado é, portanto, falar-se em *funcionalidade* dos indícios de *acordo* com o caminhar das *etapas persecutórias* para entender que sua utilização pode ser maior quanto menor o grau de definitividade do provimento que dele se utiliza; ou que seu uso pode ser mais expandido quando se tratar de *tutela* que não exija cognição exauriente sobre o conteúdo da acusação, a dizer, o próprio objeto do processo.

8.1.6.2 Evidências

A evidência costuma ser entendida como *a verdadeira descrição daquilo que é* e, portanto, prescinde de justificação, a dizer, simulacro de auto-referencialidade que encerra, na locução de Martins, um *desamor ao contraditório*.[45]

Não por outra razão, seu emprego no âmbito de um processo penal acusatório deve vir cercado de cautela chegando-se a afirmar que

---

45 MARTINS, Rui Cunha. **O desamor do contraditório**: elementos para uma problemática da prova. 2010. Disponível em: <http://hdl.handle.net/10316.2/2952>. Acesso em: 12 jan. 2022.

não se pode permitir que o elemento probatório resulte de violação do direito, como é o caso da prova constituída pela evidência. Ninguém pode ser investigado, denunciado ou condenado com base, unicamente, na prova evidente, posto que afronta, veementemente, a tutela constitucional que preserva os direitos e prerrogativas os quais assistem a qualquer acusado em sede processual penal.[46]

Aqui se deve ter em mente que a evidência não pode abrir mão de sua contestação em contraditório sob risco de avaliar-se situação sem a potencial participação da pessoa acusada. Entender o contrário seria tornar desnecessário o próprio processo diante de uma situação flagrancial, por exemplo, que não encerra – ou não deve encerrar – a missão cognitiva (probatória) com sua simples ocorrência.

Acrescente-se que a cautela quanto à evidência também deve se estender ao quanto se obtém de métodos emergenciais de investigação e prova, como a delação premiada ou a infiltração de agentes.

8.1.6.3 Vestígios

A partir de uma leitura da criminalística, vestígio (material) pode ser definido como

> [...] todo objeto, corpo ou substância, bem como toda alteração sensível do ambiente, que se relaciona ou possa ser relacionada a uma ação criminosa, ou aos seus atores (vítima, autor ou testemunha), e.g. marcas, impressões, manchas, detritos, fibras, pelos, poeiras, fluídos orgânicos e inorgânicos, ou objeto.[47]

O vestígio possui particular importância na estrutura probatória tal como determinado pelo CPP visto que, nas condutas criminosas materiais, a existência de vestígios importa, como regra, no emprego do meio de prova pericial, sendo dispensável a intervenção técnica apenas quando impossível sua realização que é substituída pela prova testemunhal.

8.1.7 Etapas de concretização da prova

São os caminhos percorridos na construção da probatória, partindo da manifestação da parte em requerê-la, a apreciação judicial para deferi-la ou não, o momento de sua produção e, por fim, sua valoração.

---

46 GOUVÊA, Carina Barbosa. A fragilidade do elemento "evidência" na composição da prova no processo penal. **Revista Jus Navigandi**, ISSN 1518-4862, Teresina, ano 19, n. 3958, 3 maio 2014. Disponível em: <https://jus.com.br/artigos/27598>. Acesso em: 15 jul. 2021.
47 NENEVÊ, Celso. et al. **Curso de formação profissional para perito criminal** – tópicos em criminalística e medicina legal. Brasília: APC, 2008

8.1.7.1 Requerimento

O requerimento probatório é decorrência da existência do contraditório no próprio conceito de prova como já exposto no início deste capítulo, sobretudo quando, dentro do conceito de contraditório como *ciência e participação*, focar-se a *participação*.

8.1.7.2 Juízo de admissibilidade

O deferimento da produção probatória insere-se no contexto da necessária avaliação judicial da pertinência da prova requerida com o objeto da acusação e ou com as teses de refutação àquela acusação.

Por isso é legítimo – além de ter óbvia base legal a partir de 2008 –, a exclusão das provas protelatória, impertinentes ou irrelevante.

Por prova *protelatória* entende-se aquela que toda postulação de prova que visa provocar adiamento, retardamento, postergação desnecessária do deslinde da causa; por prova *impertinente*, aquela não relacionada ao assunto tratado, despropositada em relação a ele. Por fim, prova *irrelevante* é aquela cuja qualidade não apresenta importância para o deslinde da causa.

A mais séria das patologias ligadas ao tema da admissibilidade probatória, causadora daquilo que denominamos de *crise probatória* será objeto de tópico autônomo neste capítulo.

8.1.7.3 Produção

A produção probatória compreende o emprego dos mecanismos necessários sobre o *meio de prova* a ser utilizado (*v.g.*, audiência para oitiva; prova pericial; juntada documental). Para análise de cada qual será dedicado espaço próprio na sequência deste capítulo.

E, por fim, a necessária avaliação judicial sobre a prova (cognição) dado que não haveria sentido que fosse construído conhecimento sobre o objeto da imputação e sua refutação sem que houvesse a necessária valoração judicial desse produto vez que a prova não é mero exercício retórico das partes.

8.1.8 Valoração da prova: o livre convencimento judicial e sua motivação

A lei 13.9664/2019 modificou a redação do artigo 157, §5º, para determinar que "O juiz que conhecer do conteúdo da prova declarada inadmissível não poderá proferir a sentença ou acórdão." (NR) Contudo, por força da medida cautelar na ação direta de inconstitucionalidade ADI 6.298 tendo como Relato o Min. Luiz

Fux e que foi proposta pela Associação Dos Magistrados Brasileiros e outro(a/s) à qual se somaram as ADIs 6.299, 6.300 e 6305 foi determinada a suspensão da norma em questão mantendo-se, assim, a redação do CPP até o julgamento do mérito ou a revogação da decisão liminar. Por essa razão os comentários que se seguem não levam em conta esta alteração normativa, uma vez que a atual Edição deste livro foi finalizada antes do julgamento das referidas Ações.

A valoração judicial da prova[48] não constitui etapa da produção probatória, situando-se após o exaurimento das fases anteriores de requerimento, deliberação sobre sua admissibilidade e produção.

Trata-se do momento da máxima funcionalidade da prova posto que de nada adianta sua construção se sobre essa cognição o julgador natural não se debruçar, analisando-as e valorando-a.[49]

Por isso, da valoração desdobra o relacionamento com a motivação da decisão, seja para sustentar a quebra da presunção de inocência, seja para mantê-la no processo de conhecimento. E essa análise feita, evidentemente, pelo Juiz natural, apresenta-se hoje, banhada pelo denominado *livre convencimento motivado* segundo parte significativa da doutrina que sustenta, inclusive, sua pertinência no NCPP,[50] "na forma tradicional de apresentação do tema, o livre convencimento aparece como superação de um modelo de valoração da prova que apresentava, a priori, uma hierarquia de relevância entre elas."[51]

Dessa hierarquização, assimilada a um modelo inquisitivo de processo, parte-se para um modelo de ponderação judicial entre as várias provas produzidas para que, na construção mental do julgador, dessa ordem de importância surgisse o resultado final, a sua decisão que, no caso do julgamento por juízes togados-profissionais exige uma demonstração de racionalidade, o que se alcança dentro do processo com a motivação das decisões, imperativo constitucional com funções internas ao processo e externas a este.

---

48 GIACOMOLLI, Nereu José. **O devido processo penal**: abordagem conforme a Constituição Federal e o Pacto de São José da Costa Rica. 2. ed. São Paulo: Atlas, 2015. p. 172.
49 BIANCHINI, Alice. Aspectos subjetivos da sentença penal. **Revista Brasileira de Ciências Criminais**, São Paulo, v. 6, n. 22, p. 37-49, abr./jun. 1998.
50 GOMES FILHO, Antonio Magalhães. O livre convencimento do juiz no projeto de código de processo penal: primeiras anotações. **Boletim IBCCRIM**, São Paulo, v. 17, n. 200, p. 8-9, jul. 2009.
51 ALMEIDA, Vitor Luís de. A apreciação judicial da prova nos sistemas de valoração. Jurisprudência Mineira, Belo Horizonte, v. 65, n. 208, p. 27-33, jan./mar. 2014.

Sem embargo essa construção sofre críticas contundentes diante de ausência de limites[52] ao subjetivismo[53] e da precariedade de uma concreta teoria da decisão como aponta, entre outros, Streck[54] e sua potencial afronta a um modelo acusatório de processo penal[55] levando-se em conta, igualmente, a persistência de aspectos do modelo tarifado da prova na construção do livre convencimento motivado.[56]

Some-se a essa crítica dois aspectos singulares: a forma da administração da justiça e a concretização dos acordos penais.

No primeiro caso, o livre convencimento motivado não subsiste ao modelo popular de administração da justiça quando se considera que o julgador leigo não tem o dever constitucional de motivar.

No segundo, a forma como se construiu a transação penal no direito brasileiro implica em completo abandono do dever de motivar e, mais que isto, a ruptura de qualquer liame entre prova-culpabilidade-transação na medida em que as propostas de composição da pena não apresentam qualquer parâmetro de racionalidade na sua elaboração e nem mesmo na homologação.[57]

Geraldo Prado assevera:

> O papel da motivação da decisão é essencial à legitimação dela própria sob o ângulo do estado de direito, e no âmbito do processo penal constitucional a estrutura da decisão revela-se ainda mais saliente porque além de se cogitar do acerto do decidido, é necessário interrogar sobre os caminhos percorridos para o acesso aos meios e fontes de prova.[58]

---

52 MENDES, Regina Lúcia Teixeira. Inquisitorialidade no processo judicial brasileiro contemporâneo. **Revista da Seção Judiciária do Rio de Janeiro**, Rio de Janeiro, n. 24, p. 253-276, abr. 2009.

53 PINHO, Ana Cláudia Bastos de; BRITO, Michelle Barbosa de. É possível controlar o livre convencimento motivado? Quando a falta de uma teoria da decisão transforma a discricionariedade em "princípio". In: PINHO, Ana Cláudia Bastos de; DELUCHEY, Jean-François; GOMES, Marcus Alan de Melo (Coord.). **Tensões contemporâneas da repressão criminal**. Porto Alegre: Livraria do Advogado, 2014. 241 p., 23 cm. ISBN 978-85-7348-922-4. p. 53-71.

54 STRECK, Lenio Luiz. A filosofia traída pela dogmática jurídica: uma crítica à noção de verdade e ao livre convencimento no processo penal. In: MALAN, Diogo; MIRZA, Flávio (Coord.). **Setenta anos do código de processo penal brasileiro**: balanço e perspectivas de reforma. Rio de Janeiro: Lumen Juris, 2011. 421 p., 23 cm. ISBN 978-85-375-1144-2. p. 215-248.

55 STRECK, Lenio Luiz. O livre convencimento e sua incompatibilidade com o dever de accountability hermenêutica: o sistema acusatório e a proteção dos direitos fundamentais no processo penal. In: MALAN, Diogo; PRADO, Geraldo (Coord.). **Processo penal e direitos humanos**. Rio de Janeiro: Lumen Juris, 2014. 224 p., 22 cm. ISBN 978-85-8440-040-9. p. 156-187.

56 VIEIRA, Marcio. Os resquícios de prova tarifada no processo civil brasileiro e sua influência no livre convencimento do magistrado. **Revista da ESMESC**: Escola Superior da Magistratura do Estado de Santa Catarina, Florianópolis, v. 17, n. 23, p. 371-398, anual. 2010

57 Por todos, ver PRADO, Geraldo. **Elementos para uma análise crítica da transação penal**. Rio de Janeiro: Lumen Juris, 2003. 246 p. ISBN 85-7387-376-0.

58 PRADO, Geraldo. **Prova Penal e sistema de controles epistêmicos**: a quebra da cadeia de custódia das provas obtidas por métodos ocultos. 1. ed. São Paulo: Marcial Pons, 2014. p. 78.

Contudo, mesmo a motivação das decisões não limite que elementos *informativos*, a saber, aqueles produzidos sem a necessária presença do contraditório para que sejam considerados tecnicamente como *prova*, sejam utilizados como fundamentos *racionais* da decisão como sustentamos de há muito[59] e que a doutrina contemporânea também insiste em destacar[60], cenário esse não alterado com a reforma de 2008.

Destaque-se que o anteprojeto da Comissão Grinover preconizava limites negativos ao livre-convencimento do juiz, na medida em que impedia literalmente ser empregado na decisão aquilo que tivesse sido produzido ao longo da investigação preliminar procurando dessa forma preservar a verdadeira finalidade da investigação, não raras vezes desvirtuada na análise do acervo da relação processual.

Contudo, na redação final foi colocado o adverbio *exclusivamente*, fazendo retornar a proposta inicial à compreensão dominante na jurisprudencial – e não incomodada por parte da doutrina – que não vê óbices ao emprego das informações investigativas na decisão de mérito.

8.1.9 A crise probatória: Causas e Regras de exclusão

Conceito: Entende-se por *crise probatória* as situações que levam à potencial exclusão da apreciação judicial do produto obtido a partir do emprego de meios de prova vedados ou cujo utilização, embora permitida[61], foi atuada de forma contrária ao quanto determinado em lei.

A forma mais destacada de crise probatória é a prova ilícita cuja relevância, dada a previsão constitucional da consequência de seu emprego, ocupa larga parte da doutrina e jurisprudência. Sem embargo, ao seu lado, no direito brasileiro, até 2008, convivia o conceito de prova ilegítima como adiante se verá.

Esse regime jurídico, ao qual se integra com grande importância as denominadas *regras de exclusão*, nascem a partir de uma determinada compreensão do papel político do processo penal a fim de que a persecução penal não se produza a qualquer custo[62]. A forma de administrar esse princípio político está longe, contudo, de ser uma unanimidade.

---

59 CHOUKR, Fauzi Hassan. **Garantias Constitucionais na Investigação Criminal**. Op. Cit., passim.
60 LUZ, Denise. A formação da convicção judicial no sistema acusatório do projeto de reforma do Código de Processo Penal brasileiro e o (des)valor das provas colhidas na fase pré-processual. **Revista Justiça e Sistema Criminal**, v. 1, n. 1, p. 93-122, 2009.
61 Para uma ampliação da discussão ver SUANNES, Adauto Alonso Silvinho. Provas eticamente inadmissíveis no processo penal. **Revista Brasileira de Ciências Criminais**, São Paulo, v. 8, n. 31, p.75-101, jul./set. 2000.
62 Por todos, a essencial obra de ANDRADE, Manuel da Costa. **Sobre as proibições de prova em processo penal**. Coimbra: Coimbra Editora, 2006. 343 p. ISBN 972-32-0613-7.

8.1.9.1 Ilicitude probatória

Conceito desde a CR/88 até a reforma de 2008 (lei 11690/ 2008)

A CR/88 perfilou caminho que poucos textos constitucionais percorrem ao prever a proibição do emprego da prova obtida por meios ilícitos[63], tema normalmente afeto à legislação infraconstitucional ou à construção doutrinária e jurisprudencial[64]. Exceção a essa afirmação encontra-se na Constituição Portuguesa, cuja redação parece ter servido de inspiração para a brasileira[65], embora ali não se fale explicitamente em ilicitude e a sanção preconizada seja a da nulidade probatória.

Prevendo a CR/88 a sanção de inutilização daquelas provas obtidas por *meios* ilícitos[66], coube a doutrina, progressivamente, indicar o conceito de ilicitude, cabendo a Avolio[67] uma das obras pioneiras no tema, afirmando que "reputam-se ilícitas as provas obtidas com infração a normas ou princípios de direito material. 2. Embora essa violação ocorra no plano do direito material, a ilicitude repercute no plano processual, tornando a prova inutilizável."

E distinguindo as provas obtidas com vedação a direito material – portanto, ilícitas – daquelas produzidas com vedação a norma de direito processual surgia a diferença entre ilicitude e ilegalidade, estas advindas das ofensas processuais[68], sendo que:

> A sanção para o descumprimento dessas normas encontra-se na própria lei processual. Então, tudo se resolve dentro do processo, segundo os esquemas processuais que determinam as formas e as modalidades de produção da prova, com a sanção correspondente a cada transgressão, que pode ser uma sanção de nulidade.

A lição de Avolio acompanhava célebre construção edificada por Grinover quem identificava que as ofensas ao texto maior acarretariam a sua inadmissibilidade,

---

63 Consultar para uma abordagem comparativa, DEU, Tereza A. **A prova ilícita**: um estudo comparado. Trad. Nereu José Giacomolli. São Paulo: Marcial Pons, 2014. 205 p., 23 cm. (Monografias jurídicas). ISBN 978-85-66722-13-0.

64 A ver por exemplo no direito alemão, AMBOS, Kai. Las prohibiciones de utilización de pruebas en el proceso penal alemán. In: BELING, Ernst Von; GUERRERO, Oscar Julián. **Las prohibiciones probatorias.** Bogotá: Temis, 2009. 213 p., 19 cm. ISBN 978-958-35-0730-4. p.57-149.

65 Artigo 32.°. Garantias de processo criminal. [...] 8. São nulas todas as provas obtidas mediante tortura, coacção, ofensa da integridade física ou moral da pessoa, abusiva intromissão na vida privada, no domicílio, na correspondência ou nas telecomunicações.

66 CARVALHO, Luis Gustavo Grandinetti Castanho de. Inadmissibilidade de utilização de prova ilícita no processo. In: CARVALHO, Luis Gustavo Grandinetti Castanho de. **Processo penal e constituição**: princípios constitucionais do processo penal. 4. ed. Rio de Janeiro: Lumen Juris, 2006. 340 p. ISBN 85-7387-827-4 [Classificação: 343.1:342.4 C321p]. p.91-101.

67 AVOLIO, Luiz Francisco Torquato. **Provas ilícitas**: Interceptações telefônicas e gravações clandestinas. 2 ed. ver., ampl., e atual. São Paulo: Revista dos Tribunais, 1999, p. 153.

68 AVOLIO, Luiz Francisco Torquato. *Ibidem*, p. 43.

sendo impossível sanar a situação por meio de critérios interpretativos como a razoabilidade ou proporcionalidade. Textualmente afirma que:

> A inadmissibilidade processual da prova ilícita torna-se absoluta, sempre que a ilicitude consista na violação de uma norma constitucional, em prejuízo das partes ou de terceiros. Nesses casos, é irrelevante indagar se o ilícito foi cometido por agente público ou por particulares, porque, em ambos os casos, a prova terá sido obtida com infringência aos princípios constitucionais que garantem os direitos da personalidade. Será também irrelevante indagar-se a respeito do momento em que a ilicitude se caracterizou (antes e fora do processo ou no curso do mesmo); será irrelevante indagar-se se o ato ilícito foi cumprido contra a parte ou contra terceiro, desde que tenha importado em violação a direitos fundamentais; e será, por fim, irrelevante indagar-se se o processo no qual se utilizaria prova ilícita deste jaez é de natureza penal ou civil. Nesta colocação, não parece aceitável (embora sugestivo) o critério de 'razoabilidade' do direito norte-americano, correspondente ao princípio de 'proporcionalidade' do direito alemão, por tratar-se de critérios subjetivos, que podem induzir a interpretações perigosas, fugindo dos parâmetros de proteção da inviolabilidade da pessoa humana. A mitigação do rigor da admissibilidade das provas ilícitas deve ser feita através da análise da própria norma material violada: [...] sempre que a violação se der com relação aos direitos fundamentais e a suas garantias, não haverá como invocar-se o princípio da proporcionalidade.[69]

Descontada a comparação das matrizes norte-americana e germânica da forma como exposta e levando-se em consideração que o texto foi escrito (e viria a inspirar) a própria Constituição, sua essência permanece valiosa para a compreensão do tema.

Tanto assim que, já sob a luz do texto constitucional, Giacomolli viria a enfatizar que

> A prova declarada ilícita não poderá integrar nenhum processo, isto é, não poderá ingressar em nenhum procedimento ou processo (procedimento em contraditório) e, uma vez neles inseridas, deverá ser desentranhada e destruída. Com essa determinação legal, a prova ilícita não poderá servir como *notitia criminis*.[70]

---

[69] GRINOVER, Ada Pellegrini. **Liberdades Públicas e Processo Penal**. 22 ed. São Paulo: Revista dos Tribunais, 1987. p. 151.
[70] GIACOMOLLI, Nereu José. **Reformas (?) do Processo Penal**. Op. Cit., p. 50.

Nessa linha encontra-se significativa afirmação doutrinária que aduz que "A prova obtida por meios ilícitos deve ser banida do processo, por mais altos e relevantes que possam se apresentar os fatos apurados."[71]

Conceito após a reforma de 2008 (Lei 11.690/2008)

Com a reforma parcial de 2008 findou-se mais um projeto reformista setorial que, nos trabalhos iniciais da Comissão Grinover, possuía a redação:

> Art. 157. São inadmissíveis, devendo ser desentranhadas do processo, as provas ilícitas, assim entendidas as obtidas em violação a princípios ou normas constitucionais.
>
> § 1º São também inadmissíveis as provas derivadas das ilícitas, quando evidenciado o nexo de causalidade entre umas e outras, e quando as derivadas não pudessem ser obtidas senão por meio das primeiras.
>
> § 2º Após o trânsito em julgado da decisão de desentranhamento da prova declarada ilícita, serão tomadas as providências para o arquivamento sigiloso em cartório.
>
> § 3º O juiz que conhecer do conteúdo da prova declarada ilícita não poderá proferir a sentença.

A superioridade técnica dessa redação original em relação àquela finalmente aprovada era notória quando previa expressamente o afastamento do juiz que tomou contato com a prova ilícita do julgamento do mérito da causa.[72]

Nada obstante, já nos debates legislativos sobre o tema, a redação acima teve seus rumos alterados para modificar para pior o texto, seja eliminando a menção à exclusão do juiz que teve contato com a prova ilícita, seja porque buscou definir o que é prova ilícita e, ao fazê-lo, criou situação confusa ao misturá-la com a prova ilegítima.

Criou-se, então, uma superposição normativa dos conceitos de ilicitude e ilegalidade, cuja grande repercussão é prática posto que se uniformizou a sanção de inutilização para ambas, superando o contexto anterior que as dividia entre nulidades e inutilização. Sem o que, essa convergência imposta pela norma

---

71 COSTA ANDRADE, Manuel. **Sobre as Proibições de Prova em Processo Penal**. Coimbra: Coimbra Editora, 1992. p. 73.

72 Posição reclamada por inúmeros estudos do tema, dentre eles SALGRETTI, Maria Edith Camargo Ramos. A inconveniência jurídica da inadmissibilidade das provas ilícitas pelo seu mero desentranhamento físico dos autos e pela continuidade do juiz que dela tivera conhecimento à frente do processo. Reflexos da questão na persecução penal dos crimes de natureza econômica. **Revista Brasileira de Ciências Criminais**, São Paulo, v. 23, n. 117, p. 203-240, nov./dez. 2015. Ainda, NETTO, José Laurindo de Souza. As provas ilícitas e sua derivação diante do princípio do livre convencimento motivado. "O desentranhamento do juiz contaminado". Revista de Ciências **Jurídicas e Sociais da Unipar**, Toledo, v. 12, n. 2, p. 163-182, jul./dez. 2009.

acarreta o desaparecimento de outra importância consequência: a possibilidade da prova ilegal ser repetida posto que, oriunda de vício processual, seria potencialmente objeto de nova produção, enquanto a prova ilícita, fruto de um ato exterior ao processo não poderia mais ser produzida.

Assim, como exemplo, tem-se a hipótese do reconhecimento da pessoa acusada feito sem a observância dos preceitos do art. 226 do CPP. Considerada como prova ilegítima, o reconhecimento poderia ser renovado agora com a obediência aos ditames legais. Nesse caso, pela construção jurídica até 2008, seria a hipótese de invalidação do ato processual. Com a opção legislativa da reforma, esse ato tenderia a ser visto como uma prova também ilícita e, com ela, a sanção de inutilização – mas com silêncio em relação à possibilidade de sua repetição.

Não por outra razão o problema foi sentido de plano e vozes doutrinárias começaram a batalhar pela manutenção da divisão anterior. Com esse propósito, Dezem[73] afirma que:

> [...] entendemos que duas são as soluções possíveis: a) em primeiro lugar, ignora-se tudo o quanto construído até aqui e, então, adota-se este critério a-técnico criado pela reforma processual, de forma a não mais [haver] a distinção entre prova ilícita e prova ilegítima ou b) realiza-se leitura do art. 157 a partir da construção doutrinária apresentada, ou seja, fica a distinção entre prova ilícita e prova ilegítima.

Para concluir:

> Preferimos esta segunda alternativa: mantém-se o sistema técnico distinção entre provas ilícitas e provas ilegítimas; e, então, a grande novidade da nova redação do art. 157 é reconhecer que pode haver prova em decorrência de violação de norma material infraconstitucional.[74]

A posição do festejado processualista seria adensada por outras bases doutrinárias. Lopes Jr. indica um caminho concreto para a manutenção da construção doutrinária anterior, ao mencionar a dúvida que pode surgir a partir da palavra *legais*, para saber se ela estaria se referindo a normas materiais ou processuais[75] abrindo-se, assim, a possibilidade da manutenção da dicotomia ilicitude-ilegalidade.

---

73 DEZEM, Guilherme Madeira. Op. Cit. p 124-125.
74 Idem.
75 LOPES JR., Aury. **Direito Processual Penal**. São Paulo: Saraiva, 2014. p. 608.

Porém, vozes igualmente autorizadas[76] reclamam respeito à literalidade do artigo em questão concluindo que a definição legislativa, censurável desde as bases doutrinárias mencionadas, não padece de vicio, salvo o de não atender a cisão ilegalidade-ilicitude na forma como compreendida, desde um primeiro momento, pela Escola Processual de São Paulo. Acompanhando esse raciocínio haveria de ser considerado que o reconhecimento produzido em desconformidade com o modelo processual, agora tido como prova ilícita, não seria passível de renovação, tornando-o inadmissível.

Essa construção que possui evidente arrimo legal pode, no entanto, levar ao emprego de mecanismos interpretativos efetivamente não controláveis, como *razoabilidade* e *proporcionalidade* que, diante da rigidez do texto legal, seriam empregáveis com baixo grau de controle.

Esta, por sinal, uma das consequências possíveis diante da sentida rigidez normativa. Por certo as provas ilícitas não podem, desde o comando constitucional, serem admissíveis no processo. E esse é o melhor encaminhamento diante do nosso histórico de violências institucionais, sejam as físicas (o emprego da tortura como disseminado nas práticas policiais, inclusive as investigativas) ou as simbólicas.

Mas isso não pode chegar ao ponto de transformar qualquer transgressão legal em ilicitude posto que sempre haverá o cotejo entre o conteúdo daquilo que foi extraído de um meio de prova e seu método de obtenção. Como será visto na sequência, outros sistemas culturais, como o inglês, inclinam-se notavelmente para o conteúdo; contudo, os mecanismos inibitórios das ilegalidades funcionam de forma muito mais eficiente que os parcos existentes no Brasil não autorizando uma mera transposição daquela interpretação jurídica de forma isolada.

Assim, a opção brasileira de abarcar todas as ofensas legais sob o manto da ilicitude acarreta que, por saídas hermenêuticas desprovidas de controle substancial – ou, como sustentam vários doutrinadores contemporâneos, marcadas pelo incontrolável *solipsismo do julgador* – venham a causar exatamente o efeito inverso: o de colocar todas as ilegalidades sob o manto da licitude a partir de amplos critérios de razoabilidade e proporcionalidade.

A sanção processual pelo emprego do meio probatório ilícito

O emprego do meio ilícito de prova e os elementos de prova dele decorrentes são considerados pelo texto constitucional como *inadmissíveis*. A *inadmissibilidade*, contudo, não é uma sanção processual reconhecida como tal, devendo-se recorrer à tipologia das nulidades para compreender suas consequências. Não por

---

76 GOMES, Luiz Flávio. **Provas ilícitas e ilegítimas**: distinções fundamentais. Disponível em: <http://lfg.jusbrasil.com.br/noticias/1972597/provas-ilicitas-e-ilegitimas-distincoes-fundamentais>. Acesso em: 10 out. 2016.

outra razão, a Constituição Portuguesa a ela se refere (nulidade) para designar a consequência processual como já citado neste Capítulo. E, assumindo-se que a ilicitude tenha relevância de ofensa constitucional, a nulidade será *absoluta* na forma como explicado no Capítulo das nulidades nesta Obra.

E o reconhecimento da nulidade decorrente da inadmissibilidade se projeta para as provas havidas na sequência daquela inicialmente obtida. Esse é o *efeito à distância* da prova ilícita, ou também conhecido como *prova ilícita por derivação* que, em certa medida, é a forma como se compreende a construção jurisprudencial dos chamados *frutos da árvore envenenada* concebida com protagonismo pela jurisprudência estadunidense.

Numa primeira abordagem, as provas lícitas subsequentes a uma prova ilícita e que dela derivem diretamente são contaminadas pela ilicitude inicial e, por consequência, são tidas como igualmente ilícitas e, portanto, nulas.

Desse cenário simples separam-se inúmeras exceções previstas em lei ou construídas pela doutrina e pela jurisprudência para:

a] Separar as provas ilícitas das provas lícitas que lhe são subsequentes;
b] Aceitar a própria prova ilícita, malgrado se reconheça a natureza da ilicitude.

No *primeiro caso* (atenuação dos efeitos da prova derivada) a separação se dá com o *enfraquecimento* ou mesmo a *descaracterização* do *nexo de causalidade* entre elas; *no segundo caso*, mantém-se o reconhecimento da ilicitude do meio de prova, mas se *preserva seu emprego* e os elementos de prova dele decorrentes pela sua *funcionalidade*, aceitando-a em favor da pessoa acusada ou pelo *conteúdo*.

No caso do direito brasileiro, com a reforma do CPP pela lei 11690/2008 passou-se a *admitir normativamente as exceções mencionadas na alínea a acima* mencionada, construindo-se a seguinte estrutura legal:

Do § 1° do art. 157 tem-se:

a] A *descaracterização absoluta do nexo de causalidade* ("salvo quando não evidenciado o nexo de causalidade entre umas e outras") ou seu *enfraquecimento* (derivadas puderem ser obtidas por uma fonte independente das primeiras);

Do § 2° do mesmo artigo 157:

b] O *enfraquecimento do nexo de causalidade* pela fonte hipotética independente (aquela que por si só, seguindo os trâmites típicos e de praxe, próprios da investigação ou instrução criminal, seria capaz de conduzir ao fato objeto da prova).

Para as hipóteses de *aceitação da prova ilícita* mesmo reconhecendo essa natureza, o *reconhecimento é doutrinário ou jurisprudencial* com o emprego de mecanismos hermenêuticos especialmente ligados à proporcionalidade ou razoabilidade. Nesse contexto está a tolerância para com *meio de prova ilícito pro reo* e seu paralelo imediato, a aceitação do *meio de prova ilícito pro societate*.

Além dessas situações previstas de forma expressa na legislação brasileira e com maior aceitação na doutrina e jurisprudência pátrias *existem outros caminhos* para a *aceitação da prova ilícita: a fonte independente de prova* (com o que se quebra a causalidade entre as provas ilícitas e as ilícitas) *a exceção de boa-fé* na obtenção do meio de prova assim como a denominada *exceção do erro inócuo.*

Acerca da reforma de 2008 parte da doutrina[77] afirma que teria sido intenção do legislador acolher a fonte independente de prova, mas acabou por reconhecer a descoberta inevitável (art. 157, §2º). E é correta essa afirmação.

Tomados os trabalhos da *Comissão Grinover* que orientou a reforma antes do envio do texto ao Congresso tinha-se apenas previsão para a descaracterização absoluta do nexo de causalidade. Mas, foi na Câmara dos Deputados, pela *emenda substitutiva global do plenário*[78] que a redação aparece sob a justificativa de estar-se incorporando a *fonte independente.*

Quanto à exceção da boa-fé, em recente proposta legislativa de iniciativa popular no contexto de combate à corrupção, foi cogitada sua adoção sem sucesso.[79]

A base normativa dada pelo art. 157 apresenta marcante fragilidade no que diz respeito à fonte hipoteticamente independente diante da vagueza das expressões *tramites típicos e de praxe e próprios da investigação ou instrução criminal* que, rigorosamente possibilitam qualquer interpretação que se lhes queira dar ferindo, desta forma, a estrutura básica da norma processual penal tal como já discutido em outro capítulo desta Obra.

Restam, contudo, discutir-se a aceitação da prova ilícita em si a partir da sua funcionalidade, notadamente quando aproveitaria a defesa da pessoa submetida à persecução.

---

77 RANGEL, Paulo. **Direito Processual Penal**. 18 ed. Rio de Janeiro: Lumen Juris, 2011. p. 479.

78 BRASIL. **Emenda Substitutiva Global de Plenário ao Projeto de Lei n. 4205 de 2001 (do Sr. João Campos e outros)**. Altera dispositivos do Decreto-Lei n. 3689, de 3 de outubro de 1941 – Código de Processo Penal, relativos à prova, e dá outras providências. Disponível em: <http://www.camara.gov.br/proposicoesWeb/prop_mostrarintegra?codteor=461499&filename=EMP+6/2007+%-3D%3E+PL+4205/2001>. Acesso cm: 18 jun. 2021.

79 BRASIL. Câmara dos Deputados. **Projeto de Lei n. 4.850/2016**. Disponível em: <http://www.camara.gov.br/proposicoesWeb/prop_mostrarintegra?codteor=1448689&filename=PL+4850/2016>. Acesso em: 18 jun. 2021. Vide redação original do art. 16 daquele projeto que, modificando o art. 157 do CPP determinava: § 2º Exclui-se a ilicitude da prova quando: [...] X – obtida de boa-fé por quem dê notícia-crime de fato que teve conhecimento no exercício de profissão, atividade, mandato, função, cargo ou emprego públicos ou privados.

A admissibilidade da prova ilícita *pro reo*

O aproveitamento da ilicitude *a favor da pessoa acusada* é uma das hipóteses de reconhecimento, principalmente pela doutrina[80], da utilização de uma prova obtida por meio ilícito.

Nada obstante, sua detecção em precedentes é sensivelmente menor, sendo rara a possibilidade de encontrar-se caso concreto que delimite seu emprego e analise como e porque foi necessário, para *provar a inocência*, que se utilizasse uma prova obtida por *meio ilícito*.[81]

E, quando se encontra a discussão do assunto na jurisprudência não se trata propriamente de prova ilícita[82], como no caso em que o STF apreciou hipótese de gravação ambiental, entre presentes, realizada por um dos interlocutores sem o conhecimento do outro, hipótese que não é considerada como *meio ilícito*.[83]

No campo teórico, um antecedente comumente recordado pela doutrina está no trabalho acadêmico denominado *Mesas de processo penal*[84] cuja súmula 50 preconiza: "podem ser utilizadas no processo penal as provas ilicitamente colhidas, que beneficiem a defesa."

Com a CR/88 e o tratamento dado à prova ilícita passou ser comum a defesa da utilização das provas ilícitas *pro reo*, sustentada na preservação máxima da liberdade. E, para justificar seu emprego, o argumento que a ilicitude probatória se encontra no capítulo dos direitos e garantias individuais sendo, portanto, um mecanismo defensivo. Por consequência, não sendo viável para privar a liberdade, o seria para preservá-la admitindo-se, assim, a ilicitude a favor da pessoa investigada ou acusada.[85]

Fato é que a admissibilidade unilateral da prova ilícita com propósitos defensivos gera dois efeitos colaterais potencialmente negativos: o primeiro, a expansão do incontrolável mecanismo da proporcionalidade e razoabilidade já

---

80 Entre várias fontes de reconhecido valor doutrinário, RANGEL, Paulo. **Direito processual penal**. Op. Cit., p. 426; TÁVORA, Nestor; Rosmar A. R. de Alencar. **Curso de direito processual penal**. Op. Cit., p. 311.
81 O que é diferente do ocorrido no caso das supostas conversas entre integrantes do MPF e Magistrado Federal pelo site "The Intercept Brasil", com o que se a Defesa busca anular o processo por quebra da imparcialidade do julgador e não, exatamente, a inocência do acusado no processo em questão.
82 BRASIL. Supremo Tribunal Federal. AI 503617 AgR. Segunda Turma. Relator Min. Carlos Velloso. 1º de fevereiro de 2005.
83 É lícita a gravação de conversa telefônica feita por um dos interlocutores, ou com sua autorização, sem ciência do outro, quando há investida criminosa deste último. É inconsistente e fere o senso comum falar-se em violação do direito à privacidade quando interlocutor grava diálogo com sequestradores, estelionatários ou qualquer tipo de chantagista (STF, HC n. 75.338-8/RJ, Plenário, Rel. Min. Nelson Jobim, DJU 25/09/1998).
84 GRINOVER, Ada Pellegrini; BUSANA, Dante (Coord.). **Mesas de processo penal**. Doutrina, jurisprudência. e súmulas. São Paulo: Max Limonad, 1987.
85 TOURINHO FILHO, Fernando da Costa. **Manual de processo penal**. 11. ed. São Paulo: Saraiva, 2009, p. 27-28.

criticado neste capítulo; o segundo – certamente indesejado por seus defensores –, a possibilidade de alargar o raciocínio, com base na *paridade de armas*[86] para a aceitação da prova ilícita *pro societate* como adiante se verá.

Quanto ao primeiro aspecto, é conhecida a advertência doutrinária aos efeitos incontroláveis da expansão da admissibilidade por critérios hermenêuticos quando se aponta que:

O entendimento flexibilizador dos dispositivos constitucionais citados, além de violar a dicção claríssima da Carta Constitucional, é de todo inconveniente em se considerando a realidade político-institucional do País. Embora a idéia da proporcionalidade possa parecer atraente, deve-se ter em linha de conta os antecedentes de País, onde as exceções viram regra desde sua criação (vejam-se, por exemplo, as medidas provisórias). À vista da trajetória inconsistente do respeito aos direitos individuais e da ausência de um sentimento constitucional consolidado, não é nem conveniente nem oportuno, sequer de lege ferenda, enveredar por flexibilizações arriscadas.[87]

De nossa parte vemos na insistência de uma tese produzida durante o estado de exceção e com apego a um modelo diverso do constitucional-convencional um indesejável instrumento de reafirmação de um modelo de processo, alheio à oralidade como método essencial à estrutura acusatória.

Isto porque, na lógica do emprego da prova *pro reo* está a constatação de que somente por meio ilícito se alcançam determinados elementos de prova. Ademais, há um aspecto que parece não ser enfrentado devidamente quando se postula o emprego unilateral de prova ilícita a favor da pessoa acusada: seus limites.

A dizer, discutir, por exemplo, se é possível tolerar a tortura, pela defesa técnica ou em autodefesa para obter um *meio* ilícito que venha a gerar elementos de prova[88]. Ou, no caso de processo penal tendo como ré pessoa jurídica, que ela corrompa com seus meios econômicos – normalmente mais vultosos que os de uma pessoa física – para obter ilicitamente determinados *meios* de prova.

Quando, ao contrário, no modelo acusatório de processo existe a verdadeira oralidade como método e o controle judicial absoluto do desenvolvimento da atividade persecutória, com confinamento da investigação à finalidade que lhe é própria sem que se projete indevidamente para o processo e, como grande pano

---

86 MOREIRA, José Carlos Barbosa. **A constituição e as provas ilicitamente obtidas**. 6. ed. São Paulo: Saraiva, 1997, ao afirmar: "se a defesa à diferença da acusação "fica isenta do veto à utilização de provas ilegalmente obtidas, não será essa disparidade de tratamento incompatível com o princípio, também de nível constitucional, da igualdade das partes?

87 BARROSO, Luis Roberto; BARCELLOS, Ana Paula de. A Viagem Redonda: Habeas Data, Direitos Constitucionais e as Provas Ilícitas. **RDA**, v. 213, p. 149-163.

88 AVENA, Norberto. **Processo penal**. 4. ed. Rio de Janeiro: Forense; São Paulo: Método, 2012, p. 467/469, toca nesse ponto e desconsidera a prova assim obtida diante da perda da sua credibilidade. Nada obstante, a perda de credibilidade será sempre argumento em desfavor do seu emprego seja a prova obtida por tortura ou por qualquer outro meio ilícito.

de fundo a presunção de inocência com as consequências que lhe são próprias, admitir que se possa, apenas com uma prova obtida por meio ilícito, *provar a inocência* (o que é, em si, contrassenso, posto que é que o ônus da prova cabe à acusação), parece carecer de sentido.

A Admissibilidade da prova ilícita *pro societate*

Como efeito, da expansão de mecanismos como a proporcionalidade e a razoabilidade, a admissão da prova ilícita *pro societate* surge no direito brasileiro com argumentos expendidos por relevantes fontes doutrinárias, como Scarance Fernandes, para quem se pode, diante da aferição de direitos constitucionalmente protegidos (liberdade × vida) optar-se pelo segundo em detrimento do primeiro e, assim, autorizar-se a admissão, na persecução, de prova obtidas por meios ilícitos[89], ou Mendroni, quem enxerga determinadas situações de relevantes prejuízos sociais de modo a autorizar a admissibilidade do meio ilícito nessas hipóteses.[90]

Nada obstante, em caso de singular relevância o STF decidiu pela inadmissibilidade de provas ilícitas *pro societate*. Tratava-se de fotos furtadas, por uma vítima, do consultório da pessoa acusada que comprovariam o cometimento de crimes contra a liberdade sexual de crianças (à época art. 41 da Lei 8.069/90). Ainda nesse precedente, considerou ilegais as diligências realizadas no local sem a expedição de prévio mandado judicial.

No dizer do precedente,

> Qualifica-se como prova ilícita o material fotográfico, que, embora alegadamente comprobatório de prática delituosa, foi furtado do interior de um cofre existente em consultório odontológico pertencente ao réu, vindo a ser utilizado pelo Ministério Público, contra o acusado, em sede de persecução penal, depois que o próprio autor do furto entregou à Polícia as fotos incriminadoras que havia subtraído.[91]

E conclui:

> Vê-se, portanto, tendo-se presentes as circunstâncias do caso ora em exame, que a Polícia Judiciária incidiu em dupla ilicitude em suas diligências probatórias, provendo o Ministério Público com elementos informativos que não podiam

---

89 FERNANDES, Antonio Scarance. **Processo penal constitucional**. 4. ed. São Paulo: Revista dos Tribunais, 2005. p. 85; em idêntico sentido, MOREIRA, José Carlos Barbosa. A constituição e as provas ilicitamente obtidas. *Op. Cit.*, p. 105, empregando a isonomia como argumento para expansão das provas ilícitas a favor da persecução.

90 MENDRONI, Marcelo Batlouni. **Curso de investigação criminal**. São Paulo: Juarez de Oliveira, 2002, p. 221.

91 BRASIL. Supremo Tribunal Federal. **Recurso Extraordinário n. 251.445/GO**. Relator Min. Celso de Mello. DJU 3.8.2000. Disponível em: <https://stf.jusbrasil.com.br/jurisprudencia/14825705/recurso-extraordinario-re-251445-go-stf>. Acesso em: 18 jun. 2021.

ser utilizados, no processo, contra os ora recorridos, porque contaminados pelo vício da transgressão constitucional.

A expansão da aceitação do meio ilícito *pro societate* é particularmente delicada em países com nossa cultura inquisitiva de processo e de comportamento estatal de violências como já discutido neste Capítulo. Um processo de fundo acusatório, com ampla oralidade e protagonismo processual (e não investigativo) coloca esse tema – assim como a aceitação da prova ilícita *pro reo* – em outro patamar de discussão.

A responsabilização pela inserção do meio de prova ilícito

Ao final, merece destaque outro aspecto desse tema: o da responsabilização pelo entranhamento da prova ilícita, seara descortinada em raro estudo sobre a matéria.[92]

Com efeito, ao elaborar densa análise desde a relevante literatura existente antes da CR de 1988, passando pelas matrizes de pensamento e atuação sobre o tema na jurisprudência norte-americana e doutrina italiana, conclui Coutinho que "desencadear a persecução contra os infratores [agentes que violam normas para obter provas por meios ilícitos] é medida imprescindível para criar uma cultura de não violação às regras estabelecidas para obtenção das provas"[93], alcançando a conclusão de ser empregável a norma criminal de abuso de autoridade para essas situações violadoras.

A prova ilícita e suas consequências: movimentos na jurisprudência no direito inglês, na Suprema Corte Americana e no Tribunal Europeu de Direitos Humanos

a] Direito inglês

O cenário doutrinário e jurisprudencial brasileiro sobre a prova ilícita e as que dela derivam se vale sobremaneira do quanto produzido no direito comparado – e, mais recentemente, também no direito internacional público – para construir os caminhos interpretativos.

Nesse contexto merece destaque, em primeiro plano, a jurisprudência inglesa que, até certo ponto, influenciou a norte-americana, devendo sempre ser destacado que o modelo estadunidense se vale largamente de mecanismos transacionais esvaziando, assim, o julgamento de mérito com apreciação probatória de forma ampla.

---

92 COUTINHO, Jacinto Nelson de Miranda. Prova ilícita e a responsabilidade pelo abuso de autoridade. In: ZILIO, Jacson Luiz; BOZZA, Fábio da Silva (Org.). **Estudos críticos sobre o sistema penal**. Curitiba: LedZe, 2012. 1200 p., 23 cm. ISBN 978-85-65626-08-8. p. 1177-1198.

93 COUTINHO, Jacinto Nelson de Miranda. **Prova ilícita e a responsabilidade pelo abuso de autoridade**. Op. Cit.

No direito inglês, aplicável também ao País de Gales, a regra geral é a da inclusão probatória independentemente da sua forma de obtenção (a rule of admissibility), com a exceção de não serem admitidas as confissões obtidas de forma ilícita.[94]

Para as demais situações – que não a confissão – pode-se ter como referência decisão da Câmara dos Lordes (Regina v. Sang): "a prova obtida ilegalmente não é automaticamente excluída; só o será se o seu efeito prejudicial ultrapassar o seu valor probatório"[95], tendo como base dessa construção que os tribunais britânicos não têm preocupação em disciplinar a polícia.

Quanto ao tratamento da confissão, apenas a partir de 1984 com o Police and Criminal Evidence Act 1984 (PACE) foram estabelecidas regras claras (secção 76ª) para a exclusão de confissões ilicitamente obtidas.[96]

b] Direito estadunidense

Por seu turno, a jurisprudência norte-americana, embora inicialmente influenciada pela matriz inglesa, dela se desgarrou para construir suas próprias bases, sendo que a primeira afirmação da existência de uma regra de exclusão da prova surge com o caso Weeks v. US (1914) com a violação da 4ª Emenda, na medida em que o julgamento se baseou numa busca sem autorização judicial efetuada por um Marshall, na residência de Weeks. Visava-se, assim, a proteção da integridade judicial da esfera federal dando margem a divergências estaduais sobre a censura na obtenção da prova.

Será no caso Silverthorne Lumber × US251 US 385 (1920) – Justice Holmes – que a Corte Suprema dos EUA estenderá a regra de Weeks seja à prova diretamente ou indiretamente obtida e estabelecerá a primeira exceção à regra: a exceção da fonte independente.

A evolução da jurisprudência da Corte Suprema dos EUA teria outro caso paradigmático, o julgamento Mapp v. Ohio, 367 US 643 (1961) – Justice Clark – altera-se a fundamentação das regras de exclusão que passam a ser encaradas como meios necessários para dissuadir as violências policiais: o chamado deterrence effect.

---

94 Caso Regina v. Leatham (de 1861): "it matters not how you get (evidence); if you steal it even, it would be admissible in evidence".

95 Citado por SOUSA, João Henrique Gomes de. Em busca da regra mágica: o Tribunal Europeu dos Direitos do Homem e a universalização da regra de exclusão da prova: o caso de Gäfgen V. Alemanha. **Julgar**, Coimbra: Coimbra Editora. ISSN 1646-6853, n. 11, p. 21-39, mai-ago. 2010.

96 (2)If, in any proceedings where the prosecution proposes to give in evidence a confession made by an accused person, it is represented to the court that the confession was or may have been obtained – (a)by oppression of the person who made it; or (b)in consequence of anything said or done which was likely, in the circumstances existing at the time, to render unreliable any confession which might be made by him in consequence thereof,the court shall not allow the confession to be given in evidence against him except in so far as the prosecution proves to the court beyond reasonable doubt that the confession (notwithstanding that it may be true) was not obtained as aforesaid.

O fundamento da *integridade da justiça* reaparecerá na jurisprudência daquela Corte no caso Terry v. Ohio (392 US 1, de 1968, Chief Justice Warren) reafirmado com base na ideia de que uma conduta ilícita levada a cabo por agentes governamentais não pode ser encarada como uma conduta lícita para a produção de prova válida em tribunal.

Mas, para além dos fundamentos políticos das regras de exclusão, outro tema tem notável destaque na jurisprudência da Suprema Corte estadunidense: os efeitos à distância da ilicitude, normalmente conhecida entre nós como *teoria dos frutos da árvore envenenada* e que aparece na construção jurisprudencial como *tainte doctrine* ou, numa tradução livre, *teoria da nódoa*.

Foi no caso Nardone II que o Justice Frankfurter formou o entendimento de projetar para as provas reflexas, secundárias ou indiretas a sanção da exclusão da prova originada de uma prova obtida ilicitamente, ilicitude esta entendida como violação dos direitos constitucionais da pessoa submetida à persecução.[97]

Dessa construção sobressai:

a] a identificação de causalidade entre a prova maculada e as subsequentes de modo a estender os efeitos da ilicitude apenas àquelas que lhes sejam diretamente ligadas;

b] a legitimidade para postulação da declaração da ilicitude (*standing doctrine*) restrita apenas àqueles que tiveram seus direitos fundamentais violados.

No que toca à *standing doctrine* esse cenário é complexo e presente em inúmeros precedentes da Suprema Corte dos EUA, como "Jones v. United States (1960), Bumper v. North Carolina (1968), Mancusi v. DeForte (1968), Rakas v. Illinois (1978), Rawlings v. Kentucky (1980), Minnesota v. Olson (1990), United States v. Padilla (1993)"[98] e seu desenvolvimento se dá de forma diversa daquela defendida no Brasil por prestigiosa doutrina[99], posto que busca delimitar a titularidade do direito fundamental atingido e circunscrever a tutela de exclusão probatória a esta pessoa, ainda que outras estejam sendo investigadas ou processadas.

Aspecto de particular importância da *standing doctrine* diz respeito às buscas domiciliares, tema que gera sempre polêmicas e que atualmente acarreta a inadmissibilidade da prova produzida (busca sem ordem judicial) em relação à pessoa que tenha *expectativa de privacidade* sobre um determinado local. Por isso

---

97 SOUSA, João Henrique Gomes de. Op. Cit. p. 21-39.

98 Precedentes citados por RIBEIRO, Joana Clara Freire. **A (in) admissibilidade das provas proibidas em processo penal**. 2014. Dissertação (Mestrado Forense). Universidade Católica Portuguesa. Lisboa, 2014. Disponível em: <http://repositorio.ucp.pt/bitstream/10400.14/16613/1/A%20(in)admissibilidade%20das%20provas%20proibidas%20em%20processo%20penal%20-%20Joana%20Clara%20Freire%20Ribeiro.pdf>. Acesso em: 10 out. 2016.

99 GRINOVER, Ada Pellegrini. **Liberdades Públicas e Processo Penal**. Op. Cit. p. 151.

há certa abrangência dessa legitimidade para casos de habitações onde more mais de uma pessoa ou em residência de terceiros onde se possa ter essa expectativa.[100]

Pode-se, assim, apresentar de forma resumida o movimento de exclusão × inserção probatória como fruto de uma determinada compreensão do papel político do processo penal com movimentos historicamente cíclicos de expansão das proibições (regras de exclusão e seus efeitos) e expansão da aceitação das provas.

No quadro atual aparecem ao menos quatro linhas de permissividade da produção da prova:[101]

a] A *exceção da fonte independente* – que aceita as provas que foram ou poderiam ter sido obtidas por via autônoma e lícita, mantendo-se a prova primária ilícita abrangida pela regra de exclusão.

b] A *exceção da descoberta inevitável* – que determina a aceitação das provas que *inevitavelmente* seriam descobertas, mesmo que mais tarde, com emprego de outro tipo de investigação.

c] A *exceção da mácula dissipada* – estabelecendo que uma prova, mesmo que proveniente de prova ilegal, seja aceita sempre que apresente autonomia suficiente para *dissipar a nódoa*, o que pode ocorrer com um *ato independente praticado de livre vontade* (*independent act of free will*), ou a confissão esclarecida pessoa suspeita ou acusada.

d] A *exceção da boa-fé na obtenção da prova* – assente no tipo de conduta levada a efeito pelos agentes do governo. Vem a confirmar a aceitação da exceção da boa-fé na conduta policial (tese aceita com muitas dissidências pela USSC).

c] TEDH – Tribunal Europeu de Direitos Humanos

No âmbito do Tribunal Europeu de Direitos Humanos (TEDH) o caso Gäfgen × Alemanha, julgado pelo plenário daquele Tribunal em 1º. de junho de 2010, é um dos mais relevantes no tratamento da matéria da ilicitude probatória e suas consequências processuais[102].

Inicialmente é importante contextualizar os fatos. Trata-se de caso em que Magnus Gäfgen foi acusado de matar uma criança de 11 anos, na Alemanha, e durante os procedimentos policiais afirmou ter sido torturado e após dez minutos de interrogatório, revelou a localização da vítima, dispondo-se a ir ao local, mas acompanhado de policiais (mas não estando presente o alegado torturador). Lá chegando a polícia veio a descobrir o corpo da vítima no cais do lago por ele indicado, tendo sido a diligência gravada.

---

100 TOMKOVICZ, James J. Davis v. **United States**: The Exclusion Revolution Continues. Ohio State Journal Criminal Law, v. 9, n. 381, 2011.

101 A partir de SOUSA, João Henrique Gomes de. Op. Cit.

102 A partir de SOUSA, João Henrique Gomes de. Op. Cit.

O Tribunal de Frankfurt am Main reconheceu a ilicitude probatória das declarações do então suspeito tomadas na investigação. Porém, como havia confessado em juízo de forma voluntária e depois de ter recebido *informação qualificada* sobre a validade das provas obtidas, assim como outros elementos de prova[103] o acusado veio a ser condenado com pena de prisão perpétua. Acresça-se que os policiais acusados de tortura foram processados e condenados por aquela prática.

Gäfgen buscou o TEDH visando a realização de novo julgamento e o Tribunal reconheceu a higidez do processo judicial diante da exclusão da confissão investigativa, mas considerando que havia sido realizado um *justo processo* na esteira da jurisprudência daquele Tribunal. Nada obstante, mesmo com o resultado do processo tendo sido mantido, o Estado alemão foi condenado pela prática da tortura.

8.2 Meios provas em espécie

8.2.1 Meio de prova pessoal

A pessoa é meio essencial na construção da matriz probatória e suas manifestações no processo se projetam de várias formas como, por exemplo: sua condição de testemunha; sua participação em reconhecimentos; cessão de material corpóreo para a instrumentalização do meio de prova pericial.

Acompanhando de certa maneira a importância que a ela é dada pelo CPP inicia-se pela disciplina da prova testemunhal.

8.2.1.1 Regime jurídico da testemunha

Regra Geral

A *regra geral* é a de qualquer pessoa pode servir como testemunha, disposição que sofrerá inúmeras exceções tendo em vista graus de parentesco, envolvimento com o caso ou condição profissional da pessoa que, em princípio, poderia testemunhar. Tirante essas situações, a obrigação de colaborar com a Justiça é ampla e não pode ser evitada, inclusive sob o risco de cometimento do crime de falso testemunho, expressão genérica que abarca, também, a conduta daquele que cala a verdade.

---

103 Como o depoimento da irmã da vítima, a carta de chantagem e a nota sobre a planificação do crime encontrados no seu apartamento. E a autenticidade da confissão do acusado foi verificada e sopesada com outros elementos de prova, igualmente não viciados, tais como o resultado da autópsia quanto à causa da morte, o traço dos pneus deixados junto ao lago pela viatura do acusado, o dinheiro do resgate encontrado no seu apartamento ou na sua conta bancária. (a partir de SOUSA, João Henrique Gomes de. Op. Cit.).

Do momento de indicação das testemunhas

As testemunhas devem ser indicadas pelas partes, como regra geral[104], e ao Juízo cabe avaliar a pertinência, relevância e oportunidade de suas oitivas.

Tais indicações devem ocorrer no primeiro momento postulatório de cada intervenção, a dizer, para o acusador, no oferecimento da denúncia; para a defesa, na defesa prévia.

Embora o modelo indique que tais momentos são preclusivos, a amplitude de atuação de ofício do julgador permite que as partes requeiram outras oitivas a serem ouvidas como testemunhas do juízo, ampliando, na marcha processual, as oportunidades de indicação de testemunhas.

Do número de testemunhas

A limitação quantitativa de testemunhas é uma das claras manifestações do *modo de ser* da construção cognitiva fora dos padrões da oralidade porquanto traduz uma seleção à priori estabelecida por acusação e defesa sem que se demonstre, perante o juiz natural, os atributos de adequação, pertinência e relevância, o que deveria acontecer na admissibilidade da acusação, em audiência, e não por atos escritos.

Nesse contexto a reforma procedimental de 2008, assim como todas as demais iniciativas semelhantes da matéria comportam-se da mesma maneira especificando números mais amplos para o rito ordinário e menores para ritos especiais ou sumários como se a verdadeira pertinência / relevância / adequação da oitiva de uma testemunha estivesse ligada ao tipo penal imputado e não à qualidade da cognição que se deve desenvolver.

Das exceções ao dever de testemunhar

Porém, existem regras de exclusão para com o dever de testemunhar que se desdobram em:

a] Vedações por parentesco para depor *na condição de testemunha*;
b] Vedações por relações sociais para depor *na condição de testemunha*.

No *primeiro caso* estão o *ascendente* ou *descendente*, o *afim* em linha reta, o *cônjuge*, ainda que desquitado, o *irmão* e o *pai*, a *mãe*, ou o *filho adotivo* do acusado. No *segundo caso* estão as pessoas que, em *razão de função, ministério, ofício ou profissão*, devam guardar segredo.

O rol de parentesco deve ser atualizado à luz da CR/88 e das inúmeras modificações doutrinárias e jurisprudenciais que, por obvio, não existiam quando da edição do CPP e não foram objeto de alterações parciais posteriores. Assim, deve

---

104 Há, também, a possibilidade do juiz determinar, de ofício, a oitiva de determinada(s) pessoa(s) como decorrência de seus poderes instrutórios de ofício. A crítica a essa possibilidade já foi realizada quando da análise dos sistemas processuais nesta Obra.

o conteúdo dessa restrição ser estendido para as uniões estáveis e para as uniões homoafetivas vez que a razão de ser dessa previsão legal é o vínculo familiar que compromete a isenção do depoimento.

Porém, em ambas as situações existem regras de admissão desses meios de prova. Desta forma,

a] Para as relações de parentesco o depoimento será tomado desde que não seja possível obter a prova dos fatos por outro meio;

b] Para a relações sociais o depoimento será tomado desde que as pessoas ali indicadas sejam desobrigadas pela parte interessada e quiserem dar o seu testemunho.

Dessa forma, em princípio, a inexigibilidade do depoimento não é automática, mas depende do conjunto probatório como um todo e, uma vez sendo demonstrada a absoluta necessidade da oitiva das pessoas então enumeradas, elas serão ouvidas, mas na qualidade de informantes, sem a necessária tomada de compromisso com a verdade. Enfim, ainda que obrigadas a depor, não estarão no rol de sujeitos ativos do crime de falso testemunho.[105]

Compromisso

A testemunha vincula-se ao seu depoimento mediante um *compromisso formal*[106] celebrado no início de seu depoimento, quando é esclarecida das consequências de mentir ou calar a verdade. Assim, a advertência não é causa, mas sim consequência, da condição da pessoa que deporá e deve ser feita em todos os momentos em que a pessoa deva ser ouvida, valendo a regra, inclusive, para a fase da investigação preliminar e mesmo em Comissões Parlamentares de Inquérito, a teor do quanto disposto no art. 4º da Lei n. 1.579/52.

Entendemos que a advertência não se presume e sua falta absoluta ou incompreensão, ainda que parcial, acarreta seu descompromisso com os termos legais. A insuficiência dessa formalidade não a impede, contudo, de prestar seu depoimento que poderá ser valorado, mas sem as consequências legais do falso testemunho.

A pessoa que irá depor na condição de testemunha está sujeita ao comparecimento obrigatório ao ato processual sujeitando-se, no caso de injustificada recusa, ao regime de condução coercitiva já discutido neste capítulo.

---

105 A respeito ver SOUZA, Diego Fajardo Maranha Leão de. Sigilo profissional e prova penal. **Revista Brasileira de Ciências Criminais**, São Paulo, v. 16, n. 73, p. 107-155., jul./ago. 2008.

106 HAMILTON, Sérgio Demoro. O compromisso da testemunha no processo penal. **Revista Magister de Direito Penal e Processual Penal**, Porto Alegre, v. 5, n. 25, p. 11-23., ago./set. 2008.

Da impugnação ao compromisso: a contradita

A assunção formal de uma pessoa à condição de testemunha dá-se a partir da previsão legal e materializa-se, no ato de audiência, com o ato do compromisso, como já visto.

E é exatamente neste momento que aparece, para a parte contrária, a oportunidade de *impugnar* a *condição* de *testemunha* pelo emprego do mecanismo denominado *contradita*, exercível antes da formalização do compromisso, sob pena de preclusão.

Tomado com base nas causas legais que excluem determinada pessoa da condição de testemunha (vínculos pessoais ou por razões sociais), a contradita gera contraditório específico, resolvível em audiência, acerca exclusivamente da condição de testemunha.

Acolhida a contradita, a oitiva pode ou não se realizar. Caso a impugnação diga respeito à condição familiar, a pessoa impugnada poderá se recusar a depor, a menos que, de forma explícita, deseje fazê-lo; nas hipóteses de impugnação por razões sociais, somente deporá se for explicitamente desobrigado por quem tem poder para tanto.

Caso mantida a oitiva será o depoimento colhido normalmente descaracterizada, contudo, a condição de testemunha e assumida a condição de informante.

Direitos da Testemunha

Ao assumir a condição de testemunha a pessoa passa, também, a ter *direitos* como proteção da identidade[107] ou dados pessoais[108] e o direito de não se autoincriminar[109], ou como consta em decisão relevante sobre o assunto no STF,

> O direito ao silêncio – enquanto poder jurídico reconhecido a qualquer pessoa relativamente a perguntas cujas respostas possam incriminá-la (*nemo tenetur se detegere*) – impede, quando concretamente exercido, que aquele que o invocou venha, por tal específica razão, a ser preso, ou ameaçado de prisão, pelos agentes ou pelas autoridades do Estado[110] (sem grifo no original).

---

107 Ver nesta Obra Capítulo 2, quando são efetuadas considerações sobre a Lei 9.807/98 que cuida da proteção a vítimas e testemunhas.

108 Situação particularmente delicada quando se fala na persecução a organizações criminosas. Ver, entre outros, SILVEIRA, José Braz da. **A proteção à testemunha e o crime organizado no Brasil**. Curitiba: Juruá, 2009. 144 p. 20 cm. ISBN 85-362-0763-9.

109 AMBOS, Kai. O direito à não autoincriminação de testemunhas perante o Tribunal Penal Internacional. **Revista de Estudos Criminais**, Porto Alegre, v. 2, n. 8, p. 67-85, 2003.

110 BRASIL. Supremo Tribunal Federal. **Habeas Corpus n. 79.812/SP**. Tribunal Pleno. Relator Min. Celso de Mello. J. 8-11-2000. Publicação: DJ de 16-2-2001. Disponível em: <https://jurisprudencia. stf.jus.br/pages/search/sjur104515/false>. Acesso em: 18 jun. 2021.

Também, a teor do art. 217 do CPP tem direito a que seu depoimento se dê na ausência da pessoa acusada, ponto em que surgem críticas ao exercício irrestrito desse direito.

Com efeito, o ponto de partida para o efetivo exercício do contraditório e da ampla defesa é o acesso das partes aos meios de prova lícitos, no caso, o contato com a testemunha. Nada obstante, também integra o justo processo a proteção equitativa de todos os intervenientes processuais a dizer que a testemunha também precisa de salvaguardas para que seu depoimento seja hígido e, portanto, útil como elemento informativo e de apreciação judicial.

E essa proteção deve existir para ser exercida com ares de excepcionalidade, devidamente motivada e não pode ser tomada, em sentido contrário, tomada como regra e aplicável *ex legge*.[111]

Deve, também, ser assegurada a existência de mecanismos compensatórios para o equilíbrio do direito defensivo[112], como, por exemplo, já se decidiu no âmbito do sistema europeu de direitos humanos, afirmando

a] a autoridade judicial deve conhecer a identidade da testemunha e ter a possibilidade de observar seu comportamento durante o interrogatório com o objetivo de formar sua própria opinião sobre a confiabilidade da testemunha e de seu depoimento;

b] deve-se conceder a defesa uma ampla oportunidade de inquirir diretamente a testemunha, em alguma das etapas do processo, sobre questões que não sejam relacionadas com sua identidade ou paradeiro atual, para que a defesa possa apreciar o comportamento da testemunha sob interrogatório, de modo que possa desacreditá-la ou, pelo menos, suscitar dúvidas sobre a confiabilidade do seu depoimento.[113]

Ademais, esse depoimento deve vir amparado por outros meios de prova para os quais a defesa possa exercer confrontação ampla, não podendo eventual

---

111 Essa é a posição adotada pela CIDH, por exemplo, no caso Castillo Petruzzi e outros Vs. Peru, Mérito, Reparações e Custas, par. 154. CORTE INTERAMERICANA DE DIREITOS HUMANOS. **Caso Castillo Petruzzi vs. Perú**. Op. Cit; e Caso J. vs. Peru, par. 208. CORTE INTERAMERICANA DE DIREITOS HUMANOS. **Caso J. vs. Peru**. Sentença de 27 nov. 2013. Disponível em: <https://www.corteidh.or.cr/docs/casos/articulos/seriec_275_esp.pdf>. Acesso em: 18 jun. 2021.

112 LOPES, Marcus Vinícius Pimenta. Uma releitura do direito ao confronto no processo penal brasileiro. **Boletim IBCCRIM**, São Paulo, v. 24, n. 283, p. 12-14., jun. 2016.

113 Casos Krasniki Vs. República Checa, nº 51277/99. Sentença de 28 de maio de 2006, par. 83; e Al-Khawaja e Tahery Vs. Reino Unido, nº 26766/05 e 22228/06. Sentença de 15 de dezembro de 2011, pars. 124 e 125.

Da prova no Processo Penal | 619

condenação vir amparada exclusivamente nos elementos de prova produzidos por esse meio.[114]

Assim, uma vez tida como excepcional, mas necessária no caso concreto, em nome da integridade processual pode-se preservar a qualificação da testemunha ou a tomada de providências para que não seja exposta indevidamente ao contato com a pessoa acusada – ou mesmo aos seus familiares ou outras pessoas a ela ligadas – ponto não apenas de política legislativa, mas de política criminal e repercute, inclusive, na própria arquitetura do ambiente judicial.

Neste contexto é de se lamentar que parte significativa dos prédios forenses, do Ministério Público ou delegacias de polícia não contem minimamente com espaços físicos destinados a essa proteção, sendo a exceção aqueles ambientes nos quais as testemunhas fiquem efetivamente protegidas do público externo ou possam prestar seu depoimento de forma preservada, além de contar com ambientes adequados a produção de atos críticos como, por exemplo, o reconhecimento pessoal, feito no mais das vezes sob o manto da precariedade e da exposição inevitável.

Da produção da prova testemunhal

Quanto à *forma* do *depoimento*, por determinação legal ela está *regrada* quanto ao *tempo, local* e *modo* de produção. *Não há*, contudo, *determinações* legais quanto à *duração* do depoimento como adiante se verá.

Do modo da tomada do depoimento

Quanto ao *modo*, a testemunha (meio de prova) presta seu depoimento de forma *individualizada, oralmente* e *sem* ter tido *contato* com outras testemunhas, se as houver.

Tendo a oralidade como regra, o depoimento não pode ser substituído por declarações, ainda que registradas em cartório. A entrada nos autos de depoimentos nessas circunstâncias e sua posterior valoração podem dar ensejo à nulificação do depoimento e ensejar sua repetição da forma correta.

Exceção é feita aos depoimentos prestados pelo Presidente e o Vice-Presidente da República, os presidentes do Senado Federal, da Câmara dos Deputados e do Supremo Tribunal Federal quem poderão optar pela prestação de depoimento por escrito, caso em que as perguntas, formuladas pelas partes e deferidas pelo juiz, lhes serão transmitidas por ofício.

---

114 TEDH, Caso Doorson Vs. Países Baixos, par. 76. TRIBUNAL EUROPEU DOS DIREITOS HUMANOS. **Caso Doorson vs. The Netherlands**. Sentença de 26 mar. 1996. Disponível em: <https://www.hr-dp.org/files/2013/09/08/CASE_OF_DOORSON_v._THE_NETHERLANDS_.pdf>. Acesso em: 16 jun. 2021, e Caso Van Mechelen e outros Vs. Países Baixos, nº 21363/93, 21364/93, 21427/93 e 22056/93, pars. 53 a 55. TRIBUNAL EUROPEU DOS DIREITOS HUMANOS. **Caso Mechelen and others v. The Netherlands**. Sentença de 23 abr. 1997. Disponível em: <https://www.refworld.org/cases,ECHR,3ae6b6778.html>. Acesso em: 18 jun. 2021.

Da mesma maneira, o depoimento é *espontâneo*, cabendo à pessoa inquirida recordar-se de forma não induzida dos fatos que lhes foram questionados. É permitida, contudo, a consulta a "breves anotações" conforme previsto no CPP.

Desde 2008 a forma como a tomada do depoimento da testemunha se dá é alvo de polêmica própria naquilo que foi denominado de *cross examination tupiniquim*[115] fruto, mais uma vez, da inconsistência técnica de reformas parciais que não rompem definitivamente com o modelo inquisitivo de processo e permitem, quando muito, a inserção de trações acusatórios no modelo brasileiro.

É assim que se justifica, ainda entre nós, a discussão sobre a existência de um modelo *presidencialista* de audiência nomenclatura sutil para o verdadeiro protagonismo judicial na produção da prova testemunhal e que relega as partes a um papel subsidiário ou, quando não, desnecessário e, cuja única exceção antes da reforma de 2008 era a oitiva da testemunha na sessão plenária, com o que se afirmava o caráter *democrático* e *acusatório* daquele ato processual.

Naquele ambiente pré-reformado a redação original da Comissão Grinover previa apenas a redação contida no caput: "Art. 212. As perguntas da parte serão formuladas diretamente à testemunha, indeferindo o juiz aquelas que puderem induzir a resposta, não tiverem relação com a causa ou importarem na repetição de outra já respondida."

Surge o acréscimo na Emenda Substitutiva Global de Plenário apresentada pelo Deputado João Campos e outros[116]: "Parágrafo único. Sobre os pontos não esclarecidos, o juiz poderá complementar a inquirição".

Claro está, portanto, que o rumo desejado pela reforma era o da superação do modelo anterior e, o grande problema que se colocava desde então, para além das discussões sistêmicas[117], era o que fazer com a desobediência ao sistema reforma: declarar nulidade do ato produzido de forma invertida (com a permanência do protagonismo judicial)[118] ou validar o ato considerando, quando menos, a ocorrência de uma nulidade *relativa*.

Num primeiro momento, assim foi reconhecido em precedentes do STJ que se tratava de nulidade insanável, os quais foram festejados pela doutrina mais

---

115 SUCASAS, Willey Lopes. Prova testemunhal: o cross examination tupiniquim. **Boletim IBCCRIM**, São Paulo, v. 22, n. 255, p. 11-13, fev. 2014.

116 BRASIL. Disponível em: <http://www.camara.gov.br/sileg/integras/461499.pdf>. Acesso em: 12 jan. 2022.

117 MACHADO, Felipe Daniel Amorim. Nulidade na oitiva de testemunhas: por uma interpretação conforme do art. 212 do CPP. **Revista Brasileira de Ciências Criminais**, São Paulo, v. 18, n. 87, p. 165-187, nov./dez. 2010.

118 LIMA, Alberto Jorge de Barros. O juiz e as perguntas às testemunhas. **Boletim IBCCRIM**, São Paulo, v. 17, n. 199, p. 9-10, jun. 2009.

aderente a uma conversão de fundo do processo penal brasileiro à acusatorie-dade[119], aduzindo

> A salutar abolição do sistema presidencial pela adoção do método acusatório (as partes iniciam a inquirição e o juiz a encerra) veio tornar mais eficaz a produção da prova oral, visto que permite o efetivo exame direto e cruzado do contexto das declarações tomadas, o que melhor delineia as atividades de acusar, defender e julgar. Assim, a não adoção da nova forma de perquirir causou evidente prejuízo a ponto de anular a audiência de instrução e julgamento e os atos que lhe sucederam para que outra seja realizada, agora acorde com o art. 212 do CPP. Precedentes citados: HC 155.020/RS, DJe 1º-2-2010; HC 153.140/MG, DJe 13-9-2010, e HC 137.089/DF, DJe 2-8-2010.[120]

Nada obstante, a mesma Corte encontrou solução distinta para caso idêntico:

> A Lei n. 11.690/2008 alterou a redação do art. 212 do CPP e modificou a ordem de inquirição das testemunhas, ao estabelecer que, primeiramente, as partes devem perguntar e, só ao final, poderá o juiz fazê-lo de forma suplementar, tal qual pugna o modelo norte-americano (cross-examination). Porém, a oitiva de testemunha sem observância dessa nova ordem não resulta nulidade absoluta, pois não se altera o sistema acusatório nem se viola a lei. O juiz, no modelo brasileiro, não é mero expectador, visto que possui participação ativa no processo cujo controle incumbe-lhe. Dele se espera a proteção de direitos e garantias constitucionais e também a busca da verdade real. Anote-se que o próprio CPP, em seu art. 473, permite que, no júri, as perguntas sejam feitas inicialmente pelo juiz-presidente e, depois, pelas partes diretamente. Vê-se que

---

119 O impetrante narra que, designada audiência de instrução e julgamento, ela se realizou em desacordo com as normas do art. 212 do CPP, com a nova redação que lhe foi dada pela Lei n. 11.690/2008, pois houve inversão na ordem de formulação das perguntas. Isso posto, a Turma concedeu a ordem para anular a audiência realizada em desconformidade com o art. 212 do CPP e os atos subsequentes, determinando-se que outra seja procedida nos moldes do referido dispositivo, ao entendimento de que ficou suficientemente demonstrada a nulidade decorrente do ato em apreço, em razão de evidente ofensa ao devido processo legal, sendo mister reiterar que contra a paciente foi proferida sentença condenatória, bem demonstrando que, diante do novo método utilizado para a inquisição de testemunhas, a colheita da prova de forma diversa, indubitavelmente, acarretou-lhe evidente prejuízo, sendo bastante para declarar nulo o ato reclamado e os subsequentes e determinar que outro seja realizado dentro dos ditames legais. BRASIL. Superior Tribunal de Justiça. **Habeas Corpus n. 145.182/DF**. Quinta Turma. Relator Min. Jorge Mussi. J.: 4-2-2010. Publicação: 10-05-2010. Disponível em: <https://scon.stj.jus.br/SCON/jurisprudencia/toc.jsp?i=1&b=ACOR&livre=((%27HC%27.clap.+e+@num=%27145182%27)+ou-+(%27HC%27+adj+%27145182%27.suce.))&thesaurus=JURIDICO&fr=veja>. Acesso em: 20 jun. 2021.

120 BRASIL. Superior Tribunal de Justiça. **Habeas Corpus n. 180.705/MG**. Quinta Turma. Relatora Min. Laurita Vaz. J.: 16-6-2011. Publicação: DJe 28-6-2011. Disponível em: <https://scon.stj.jus.br/SCON/pesquisar.jsp>. Acesso em: 20 jun. 2021.

o caráter acusatório é o mesmo nos dois procedimentos, de sorte que não há a nulidade pela alteração da ordem de perguntas. Precedente citado: HC 121.215/DF, DJe 18-11-2008.[121]

Essa visão acabou prevalecendo em inúmeras outras em instâncias distintas[122-123] e mereceu guarida no próprio STF se posicionou pela *relativização* da nulidade quando da inversão da ordem de realização da audiência, afirmando que "para o reconhecimento de eventual nulidade, necessário demonstrar-se o prejuízo por essa pretensa inversão no rito inaugurado por alteração no CPP, o que não teria ocorrido."[124]

No marco teórico desta obra temos como indispensável que prevaleça o objetivo de uma reconfiguração de fundo do sistema posto que, mais que uma mera questão de *nulificação* do ato quando demonstrado o *prejuízo* tem-se, aqui, uma resistência a um mínimo passo na conformação acusatória do processo. O raciocínio inverso (que é o adotado nos precedentes mencionados) implica na conclusão de que é *indiferente* aos modelos processuais a ordem dos atos e que se pode tomar como aceitável, na acusatoriedade, uma estrutura ínsita a um padrão de protagonismo judicial que não corresponde àquilo que, no marco desta Obra, se tem por acusatoriedade.

A prova testemunhal possui, ainda, outra dificuldade própria de um modelo inquisitivo: o registro do depoimento. Com efeito, o tema é objeto de preocupação de longa data[125] com indagações sobre a melhor forma de preservar sua fidelidade[126] e, mesmo diante das inovações tecnológicas que superariam esse hoje (falso) problema, as resistências práticas continuam.

---

121 BRASIL. Superior Tribunal de Justiça. **Habeas Corpus n. 144.909/PE**. Sexta Turma. Relator Min. Nilson Naves. J.: 4-2-2010. Publicação: DJe 15-3-2010. Disponível em: <https://scon.stj.jus.br/SCON/jurisprudencia/toc.jsp?i=1&b=ACOR&livre=((%27HC%27.clap.+e+@num=%27144909%27)+ou-+(%27HC%27+adj+%27144909%27.suce.))&thesaurus=JURIDICO&fr=veja>. Acesso em: 20 jun. 2021.

122 DISTRITO FEDERAL. Tribunal de Justiça. **Reclamação n. 2008.00.2.012057-9**. Primeira Turma. Relatora Des. Sandra de Santis. J. 29-1-2009. Disponível em: <http://www.mp.go.gov.br/portalweb/hp/7/docs/tjdft_-_acordao_20080020120579_-_art._212.pdf>. Acesso em: 20 jun. 2021.

123 VIEIRA, Mônica Silveira. Alteração na forma de inquirição de testemunhas no processo penal: a nova redação do art. 212 do CPP. **Jurisprudência Mineira**, Belo Horizonte, v. 60, n. 188, p. 29-31., jan./mar. 2009.

124 BRASIL. Supremo Tribunal Federal. **Recurso em Habeas Corpus n. 110.623/DF**. Relator Min. Ricardo Lewandowski. J.: 13-3-2012. Publicação: 26-3-2012. Disponível em: <https://jurisprudencia.stf.jus.br/pages/search/sjur206546/false>. Acesso em: 20 jun. 2021.

125 MARQUES, José Frederico. Prova: valor da prova consistente em reprodução fonográfica, ou seja, fitas magnéticas com reprodução da fala humana – tipo de prova admitida pela regra expressa do art. 383 CPC [Parecer]. In: MARQUES, José Frederico. **Pareceres**. São Paulo: AASP, 1993. p. 93-97.

126 DOTTI, René Ariel. **O bom registro da prova oral**. Op. Cit.

Algumas situações particulares merecem atenção legal, doutrinária e jurisprudencial, dentre elas a vulnerabilidade da testemunha[127] sobretudo pela sua condição etária (testemunha menor de idade)[128]. Com efeito, a menoridade não a impede de depor, mas cerca o depoimento de condições específicas, como a ausência do juramento sobre a verdade. Outro tópico que merece destaque é o do testemunho prestado por funcionários públicos, especialmente policiais envolvidos com a própria persecução criminal desde o momento da investigação[129]. O problema, aqui, não é o da condição da testemunha, mas, sobretudo, a valoração judicial desse depoimento.

Do local do depoimento

Quanto ao local, o depoimento há de ser prestado perante o Juiz natural, na sede do Juízo onde se desenvolvem os atos processuais.

Contudo, desde a reforma de 2008 a videoconferência[130] passa a ser considerada como uma tecnologia útil para superar os problemas estruturais já aventados neste capítulo com o ultrapassado mecanismo da carta-precatória, já criticado neste Capítulo quando foram abordadas as questões atinentes ao Juiz natural e a prova.

Com efeito, ainda que se tente interpreta-la à luz da CADH[131], as análises, no mais das vezes, cingem-se não à constatação da inadequação constitucional ou convencional mas, sim, ao antigo tema da necessidade da intimação das partes não apenas sobre a expedição da carta mas, também, da data da designação da audiência no Juízo solicitado como se, na estrutura acusatória de processo e no marco de um justo processo constitucional e convencional pudesse o ato processual ser realizado sem o conhecimento *pessoal* da parte.

Assim, a videoconferência surge como uma forma de preservação da produção probatória *perante o juiz natural*, sempre obedecidas a obediência ao exercício

---

127 CARIDADE, Sônia; TRINDADE, Jorge. A análise do testemunho, em casos de abuso sexual infantil, por meio da avaliação da declaração (SV A): considerações psicológicas e forenses. **Revista de Estudos Criminais**, Porto Alegre, v. 14, n. 59, p. 109-128, out./dez. 2015.

128 CAMARGO, Rodrigo Oliveira de. A face "procedimental" do depoimento sem dano. **Boletim IBC-CRIM**, São Paulo, v. 19, n. 227, p. 10-11, out. 2011; GOMES, João Daniel Ribeiro Veloso; OLIVEIRA, Rafael Neibuhr Maia de. Depoimento de crianças e adolescentes em processo penal: breve análise à adequação entre princípios e regras. **Revista jurídica Sage/Síntese**, São Paulo, v. 64, n. 463, p. 63-82, maio 2016.

129 PAVÃO, Cláudio Luís. Testemunho do policial no processo penal. **A força policial**: órgão de informação e doutrina da instituição policial militar (Revista da Polícia Militar do Estado de São Paulo), São Paulo, v. 34, n. 34, p. 35-40, abr./jun. 2002.

130 ABER, Carolina Dzimidas. A produção da prova por videoconferência. **Revista Brasileira de Ciências Criminais**, São Paulo, v. 18, n. 82, p. 187-220, jan./fev. 2010.

131 CALVO FILHO, Romualdo S. O artigo 222 do Código de Processo Penal à luz da Convenção Americana sobre Direitos Humanos. **Boletim IBCCRIM**, São Paulo, n. 54, p. 15., maio 1997.

do contraditório e ampla defesa[132]; além disso há de se levar em conta as vantagens econômicas trazidas com essa tecnologia, aqui compreendido emprego da tecnologia como uma *política pública* e não as consequências econômicas de uma decisão individualmente considerada.[133]

Tal argumento que não pode ser desconsiderado na análise do funcionamento da estrutura judiciária[134], mormente quando se compreende, com a singularidade brasileira, que é o Poder Judiciário que tem de se deslocar para ouvir a pessoa, e não o contrário e que as partes estão quase que completamente desobrigadas assumir a responsabilidade material na apresentação da pessoa a ser ouvida.

Como exceção aos depoimentos na sede do Juízo há, ainda, previsão levando-se em conta:

a] Questões etárias ou de saúde;
b] O exercício de cargos ou funções públicas.

No primeiro caso dá-se a possibilidade de a pessoa ser ouvida no local em que se encontra diante das suas condições de saúde ou da sua faixa etária, previsão humanitária que deve ser exigida e não pode ser negada sob argumento de mera conveniência do Juízo.

No segundo caso encontram-se o Presidente e o Vice-Presidente da República, os senadores e deputados federais, os ministros de Estado, os governadores de Estados e Territórios, os secretários de Estado, os prefeitos do Distrito Federal e dos Municípios, os deputados às Assembleias Legislativas Estaduais, os membros do Poder Judiciário, os ministros e juízes dos Tribunais de Contas da União, dos Estados, do Distrito Federal, bem como os do Tribunal Marítimo, que serão inquiridos em local, dia e hora previamente ajustados entre eles e o juiz.

Do momento do depoimento

Quanto ao *momento*, a prova testemunhal é tomada na audiência una como reconfigurado o procedimento a partir de 2008. Nada obstante, é a mais suscetível

---

132 O regramento das hipóteses de aplicação da videoconferência para o interrogatório da pessoa acusada é tratado no Capítulo 2 desta Obra.

133 No sentido também empregado por PRADO, Wagner Junqueira. **Videoconferência no processo penal**: aspectos jurídicos, políticos e econômicos [recurso eletrônico]. Dados eletrônicos. Brasília: TJDFT, 2015. ISBN: 978-85-60464-06-0. p. 199. In verbis: "O que está em discussão, portanto, não é o conteúdo das decisões judiciais, mas sim a decisão política de se adotar a videoconferência na realização das audiências judiciais em determinadas hipóteses."

134 PRADO, Wagner Junqueira. *Ibidem*, p. 233. O autor conclui, depois de minuciosa análise de custos, que "no âmbito do Distrito Federal, é sete vezes mais barato realizar todas as audiências das quais deva participar pessoa presa por videoconferência do que escoltar e transportar todos esses detentos até os fóruns para as audiências."

à antecipação[135] desse ato por razões procedimentais (art. 366 do CPP)[136-137] ou por questões de idade ou saúde.

A previsão de prova testemunhal antecipada está sujeita à verificação em concreto do risco do perecimento da informação pelo decurso do tempo não bastando a mera invocação da literalidade da norma como no caso do art. 366 do CPP.

Da duração do depoimento

Não há na legislação brasileira qualquer previsão específica sobre a duração do depoimento, atividade que pode se tornar absolutamente estafante e improdutiva se desenvolvida sem um mínimo de controle temporal que, à míngua de previsão expressa, está condicionada à avaliação judicial de razoabilidade.

Malgrado inexista previsão expressa, parece haver algum consenso empírico que o depoimento iniciado deve ser concluído sem interrupções, seja no âmbito de procedimentos perante o juiz togado, seja nas sessões de julgamento do Tribunal do Júri.

Nesse cenário, raras também são as análises dogmáticas, cabendo a VIEIRA[138] uma das poucas intervenções a respeito, mas focada no âmbito das CPIs – Comissões Parlamentares de Inquérito. Sua conclusão, contudo, pode servir de base para a tomada de depoimento no processo penal quando afirma que:

> [...] objetivando evitar uma situação opressiva, desnecessária e ilegal, acreditamos que o interrogatório numa CPI, assim como em geral, deve ter duração certa, com prazos razoáveis de intervalo, tanto para as testemunhas como para os indiciados, uma vez que estamos tratando e defendendo direitos humanos, fundados no reconhecimento do princípio da dignidade da pessoa humana, princípio fundamental este, é sublinhar, insculpido no inc. III, do art. 1º, da Carta Cidadã, para que tanto uns quanto outros tenham respeitada a garantia efetiva dos seus direitos fundamentais.

Do conteúdo do depoimento

Quanto ao *conteúdo* deve-se apontar, inicialmente, que o meio de prova testemunhal não está a serviço das avaliações subjetivas das testemunhas acerca

---

135 AMICO, Carla Campos. A nova redação dos artigos 155 e 156 do Código de processo penal e a produção antecipada da prova testemunhal na fase do inquérito policial. **Boletim IBCCRIM**, São Paulo, v. 16, n. 192, p. 7-8., nov. 2008.

136 MOREIRA, Rômulo de Andrade. O artigo 366 do código de processo penal e a produção antecipada da prova testemunhal. **Revista Magister de Direito Penal e Processual Penal**, Porto Alegre, v. 9, n. 52, p. 40-45., fev./mar. 2013.

137 PELUSO, Vinicius de Toledo Piza. Prova testemunhal: a urgência do art. 366 do CPP. **Boletim IBCCRIM**, São Paulo, v. 8, n. 95, p. 5-6., out. 2000.

138 VIEIRA, Luis Guilherme. CPI: a duração dos depoimentos diante do princípio da dignidade da pessoa humana. **Revista Brasileira de Ciências Criminais**, São Paulo, v. 16, n. 75, p. 148-182., nov./dez. 2008. Também disponível em: <http://oab-ba.jusbrasil.com.br/noticias/2014272/duracao--de-depoimentos-e-dignidade-da-pessoa-humana>. Acesso em: 1º dez. 2016.

dos fatos e mesmo da personalidade da pessoa acusada. E, *sobre* o que souber dos *fatos imputados*, a testemunha pode ser considerada *direta* ou *de ouvir dizer*.

Efetivamente a qualidade da testemunha direta chamará a discussão temas como o da fidelidade de seu depoimento, atributo colocado em questão por parte relevante da doutrina[139]. E, sendo pertinentes as colocações elaboradoras nesses trabalhos doutrinários, a conclusão que se pode alcançar é a de que, sendo falível o depoimento pela própria condição humana, o esforço do processo penal deve-se voltar para o aprimoramento de meios objetivos de prova que possam dotar de maior segurança técnica o leque cognitivo do julgador. Nada obstante, a prova testemunhal seguirá sendo fundamental ainda que os avanços tecnológicos sejam significativos.

Porém, um dos maiores déficits de legalidade no direito brasileiro diz respeito ao tormentoso tema da testemunha *de ouvir dizer*, cujo lacunoso regramento vem sendo substituído pelo trabalho doutrinário e jurisprudencial.

De forma sumária pode-se expor que, à luz do direito comparado, especialmente o inglês, quando *a* é uma testemunha que nada presenciou, mas relata ter ouvido de *b* todo o desenvolvimento dos fatos, *b* deverá ser obrigatoriamente chamado para depor ou, na impossibilidade desse comparecimento, as afirmações de *a* devem ser, obrigatoriamente, corroboradas por outros meios de prova. Naquele ordenamento há toda uma gama de regras de limitação desses testemunhos[140], ainda que contemporaneamente exista maior tolerância para com sua aceitação.[141]

Já no direito brasileiro, à mingua de uma normatização mais efetiva vem cabendo à doutrina[142] construir o devido acervo crítico à qualidade desse testemunho[143] com repercussão jurisprudência que, progressivamente, fornece precedentes limitadores.[144]

---

139 LOPES JÚNIOR, Aury; DI GESU, Cristina Carla. Falsas memórias e prova testemunhal no processo penal: em busca da redução de danos. **Revista de Estudos Criminais**, Porto Alegre, v. 7, n. 25, p. 59-69., abr./jun. 2007; SOUZA, Bernardo de Azevedo e. O fenômeno das falsas memórias e sua relação com o processo penal. **Revista Síntese de direito penal e processual penal**, Porto Alegre, v. 11, n. 72, p. 62-76., fev./mar. 2012.

140 Para uma ampla visão, SPENCER, John R. **Hearsay evidence in criminal proceedings**. Oxford: Hart Publishing, 2014.

141 CLARK, R. A. The Changing Face of the Rule against Hearsay in English Law. **Akron Law Review**, v. 21, p. 67, 1987.

142 VALLE FILHO, Oswaldo Trigueiro do. **A ilicitude da prova**: teoria do testemunho de ouvir dizer. São Paulo: Revista dos Tribunais, 2004. 384 p. ISBN 85-203-2613-7.

143 CHINI, Alexandre. Ensaio sobre o testemunho de ouvir dizer. **Revista de Direito do Tribunal de Justiça do Estado do Rio de Janeiro**, Rio de Janeiro, n. 67, p. 70-78, abr./jun. 2006.

144 Por exemplo, RIO GRANDE DO SUL. Tribunal de Justiça. **Recurso em Sentido Estrito n. 70065756827**. Terceira Câmara Criminal. Relator Sérgio Miguel Achutti Blattes. Julgado em: 10/12/2015; PERNAMBUCO. Tribunal de Justiça. **Recurso em Sentido Estrito n. 0021943-79.2010.8.17.0000**. 4ª Câmara Criminal. Relator Alexandre Guedes Alcoforado Assunção. J.: 12-7-2011. Publicação: 22-7-2011. Disponível em: <http://www.tjpe.jus.br/consultajurisprudenciaweb/xhtml/consulta/escolhaResultado.xhtml;jsessionid=mkdE83PmWFcUbLSWz_eEU7AhHGPvOAWvjD3k41-ig1U-q5M9GAiYA!1760012722>. Acesso em: 20 jun. 2021.

Da prova no Processo Penal | 627 |

Do confronto de depoimentos

Na dinâmica dos depoimentos existe a possibilidade de contradição *relevante* entre os elementos de prova auferidos, situação que dá ensejo a que se proceda ao mecanismo denominado de acareação para que as contradições, em tese, sejam sanadas.

Previsto no art. 229 do CPP, ele é empregável sempre que houver divergência de elementos de prova obtidos entre acusados, entre estes e testemunha, entre testemunhas, entre acusado ou testemunha e a pessoa ofendida, e entre as pessoas ofendidas.

Contudo, a partir do momento em que se entende o interrogatório como meio de defesa – posição assumida nesta Obra – não há como impor-se à pessoa acusada que proceda a acareação, ou que se lhe imponha qualquer manifestação que implique em autoacusação por força da presença, nesse ato, do *nemo tenetur se detegere*.

Daí porque, de forma mais ampla, a acareação somente terá sentido entre as pessoas que detém a obrigação legal de dizer a verdade, a saber, as que prestam compromisso na forma abordada neste Capítulo.

Com a reforma de 2008 e o ideal de unicidade da audiência, a acareação ocorre após o encerramento das oitivas nos termos do art.400 do CPP.

8.2.1.2 Regime jurídico do reconhecimento de pessoas ou coisas

A pessoa pode, ainda, fornecer elementos de prova que dizem respeito ao reconhecimento de pessoas ou coisas que sejam de interesse à persecução penal.

Com efeito, o art. 226 CPP regra o reconhecimento pessoal de forma a preservar a fidelidade da indicação que interesse ao processo. Referido reconhecimento pode ser efetuado por qualquer traço da pessoa submetida ao ato não se exigindo, necessariamente, que seja reconhecimento *facial*, podendo ser alcançado pela voz[145], sinais corpóreos ou outros meios idôneos que distingam, com a maior precisão possível, a pessoa reconhecida das demais.

Mas, sua disciplina é lacunosa[146] e as reformas parciais havidas não trouxeram sua necessária atualização e complementação, acentuando progressivamente as críticas à sua fragilidade.[147]

---

145 Assim em sede de direito comparado, por exemplo: DIEGO DÍEZ, Luis Alfredo de. La voz como elemento identificador del delincuente. **Revista del Poder Judicial**, Madrid, n. 69, p. 399-419, 2003.

146 FRANÇA, Rafael Francisco. Meios de obtenção de prova na fase preliminar criminal: considerações sobre reconhecimento pessoal no Brasil e na legislação comparada. **Revista Brasileira de Ciências Criminais**, São Paulo, v. 23, n. 112, p. 331-366, jan./fev. 2015.

147 DOMINGUES, Alexandre de Sá; REZENDE, Rodrigo de Souza. A fragilidade do reconhecimento pessoal como única prova para condenação penal. **Boletim IBCCRIM**, São Paulo, v. 18, n. 210, p. 11-12., maio 2010.

Assim, os ditames dessa norma são tidos empiricamente como meras recomendações[148] e não como imperativos cuja desobediência acarrete a invalidade do ato. Dentre elas, uma das mais significativas, que é o confronto da pessoa suspeita com outras que lhes sejam semelhantes é das mais ignoradas no contexto prático, com razoável complacência dos precedentes a respeito.

Ademais, pode-se empiricamente constatar que a relativização dos preceitos legais será proporcionalmente maior à gravidade do crime apurado, quando se verifica a crescente tolerância com o desrespeito às poucas regras existentes.

Derivado do reconhecimento pessoal, aquele fotográfico é modalidade não prevista expressamente no CPP, mas com aceitação prática inegável e em cuja prática deve ser adotado o regramento do reconhecimento pessoal.

Dada sua ausência de regulamentação própria e levando-se em conta sua praticidade, no atual estado normativo do direito brasileiro é salutar que seja visto de forma residual e cuja força de convicção deve ser auferida no cotejo com o restante do acervo probatório.[149]

8.2.2 Meio de prova pericial

8.2.2.1 Regime jurídico

Segundo abalizada doutrina,

A perícia é uma modalidade de prova destinada a levar ao juiz elementos instrutórios de ordem técnica, podendo consistir em uma declaração de ciência, na afirmação de um juízo ou em ambas as operações simultaneamente. Apresenta a perícia e, consequentemente, sua materialização instrumental, isto é, o laudo pericial, a peculiaridade de ser uma função estatal destinada a fornecer dados instrutórios.[150]

A regra geral do processo penal brasileiro é a de que em toda a persecução penal que tenha como objeto uma infração material, a dizer, aquela deixa *vestígios*, a prova pericial deve ser realizada de forma direta, não sendo substituível

---

148 De forma paradigmática: "As disposições insculpidas no art. 226 do Código de Processo Penal – CP, configuram uma recomendação legal, e não uma exigência, não se cuidando, portanto, de nulidade quando praticado o ato processual (reconhecimento pessoal) de modo diversa. BRASIL. Superior Tribunal de Justiça. **Agravo Regimental no Agravo em Recurso Especial n. 635998 DF 2015/0000051-0**. Relator Ministro Ericson Maranho (Desembargador convocado do TJ/SP). Julgamento: 10 mar. 2015.

149 Como acertadamente reconhecido em precedentes do BRASIL. Superior Tribunal de Justiça. **Habeas Corpus n. 22.907/SP**. Quinta Turma. Relator Ministro Felix Fischer. DJ: 4/8/2003; BRASIL. Superior Tribunal de Justiça. **Agravo Regimental no Agravo em Recurso Especial n. 1399900/ SP**. Sexta Turma. Relator Ministro Sebastião Reis Júnior. DJe: 26/3/2015, dentre outros.

150 ZARZUELA, José Lopes et al. **Laudo pericial**: aspectos técnicos e jurídicos. São Paulo: Revista dos Tribunais, 2000. p. 36.

esse meio de prova por aquele testemunhal ou mesmo a confissão da pessoa suspeita ou acusada.[151]

Esse meio de prova e os elementos dele decorrentes já foram considerados como essenciais ao exercício de direitos fundamentais numa visão que atrelou historicamente a evolução das provas técnicas a um ideal iluminista de progresso e a visão científica do mundo.[152]

O grande desafio para a prova pericial na estrutura acusatória de processo é banhá-la da necessária oralidade e contraditório posto que sua produção se dá, no mais das vezes, com o protagonismo policial que se inicia com a necessária preservação do local do crime ou do objeto a ser periciado.

Por *local de crime* tem-se "qualquer ambiente físico de incidente (usualmente relacionado à ocorrência de infração penal) que contenha registros de atividades anteriores."[153]

Porém, quando houver a perda do bem a ser periciado. A perícia *direta* pode ser substituída pela perícia *indireta* ou, ainda, pela prova testemunhal ou qualquer outro meio lícito ou legítimo que seja apto a demonstrar a veracidade dos fatos.

Assim, da regra geral contida na redação original do CPP migrou-se, sobretudo a partir da CR/88 para a compreensão de amplitude probatória lícita para a demonstração do quanto afirmado na acusação.

Destaque-se que a comprovação pericial da ocorrência penal que deixa vestígios não é uma condição essencial para o oferecimento da acusação em Juízo[154], mas, quando exigível e não substituível por outros meios de prova é essencial para a prolação do provimento de mérito condenatório, que, sem ela, se torna inviável.

A realização da prova pericial possui regime jurídico próprio identificado pela oficialidade da perícia, a dizer, realizada por perito oficial ou louvado pelo Juízo.

Na reforma de 2008 o artigo 159 ganhou a redação atual por conta de emenda apresentada pelo Deputado Jovair Novaes, com a seguinte redação: "Art. 159. Os exames de corpo de delito e as outras perícias serão realizadas por peritos oficiais, portadores de diploma de curso superior". A justificativa foi contundente:

---

151 BRANDÃO, Gian Miller. Da invalidade da prova testemunhal para comprovação de materialidade em crime que deixa vestígio quando possível a realização de perícia. **Boletim IBCCRIM**, São Paulo, v. 21, n. 253, p. 12-14, dez. 2013.

152 SILVA, Alexandre Alberto Gonçalves da; SANCHEZ, Pedro Luís Próspero. A perícia como garantidora dos Direitos Humanos no século XIX. **Revista da Faculdade de Direito de São Bernardo do Campo**, São Bernardo do Campo, v. 14, n. 16, p. 1-14, anual. 2010.

153 UNITED NATIONS OFFICE ON DRUGS AND CRIME–UNODC. Escritório das Nações Unidas sobre Drogas e Crime. **Conscientização sobre o local de crime e as evidências materiais em especial para pessoal não forense**. New York, 2010. Disponível em: <https://www.unodc.org/documents/scientific/Crime_Scene_Awareness_Portuguese_Ebook.pdf>. Acesso em: 12 jan. 2022.

154 BRASIL. Superior Tribunal de Justiça. **Habeas Corpus n. 131.455/MT**. Sexta Turma. Relatora Min. Maria Thereza de Assis Moura. Julgado em: 02/08/2012. Publicado em: DJe 15/08/2012. Disponível em: <https://scon.stj.jus.br/SCON/jurisprudencia/toc.jsp?i=1&b=ACOR&livre=((%27HC%27.clap.+e+@num=%27131455%27)+ou+(%27HC%27+adj+%27131455%27.suce.))&thesaurus=JURIDICO&fr=veja>. Acesso em jun. 2021: A ausência de apreensão da droga não torna a conduta atípica se existirem outros elementos de prova aptos a comprovarem o crime de tráfico.

É inadmissível que no atual desenvolvimento tecnológico e científico possamos patrocinar um retrocesso ao Código de Processo Penal (a proposta do PL 4.205/2001 retrocede aos "avanços" de 1941, relativo ao art. 159) em relação à Perícia Oficial. Colocar no *caput* do mencionado artigo que as "...perícias serão, em regra, realizadas por peritos oficiais" é patrocinar o completo sucateamento dos já debilitados Institutos de Criminalística e de Medicina Legal. Da mesma forma, retirar a exigência de diploma de nível superior para a nomeação do chamado *perito ad hoc* é, perigosamente, voltar a situação anterior da edição da Lei n. 8.862/94, em que se deixava a "porta aberta" para nomeações equivocadas e meramente formais para atender a interesses outros.[155]

Desta forma consagrou-se a compreensão já sedimentada na jurisprudência dos Tribunais superiores quando admitia valida a perícia realizada por um único perito oficial, restando a necessidade de dois profissionais para as hipóteses de perícias não oficiais.

O *regime jurídico* do *perito* varia de acordo com sua origem: se *oficial ou nomeado*. No primeiro caso o perito é um funcionário público e está sujeito aos limites e vantagens desta condição; no segundo caso, o perito presta juramento para que seus trabalhos assumam contornos de oficialidade. Em ambas as situações, uma vez designados, passam a atuar como órgãos auxiliares da Justiça para um caso concreto.

O trabalho da perícia se dá pela produção de laudos técnicos compostos de preâmbulo, onde o perito se identifica, seguindo-se do histórico e dos antecedentes, a descrição, daí para a discussão e conclusão e, finalmente, os quesitos e suas respostas.[156]

Exatamente no que tange às respostas a quesitos reside uma das maiores deficiências estruturais da prova pericial no ordenamento brasileiro vez que tais perguntas contariam, em tese, com a participação do Ministério Público e Defesa.

Isto porque, por um lado, a perícia é realizada num grande número de casos durante a investigação e na sua modalidade inquérito policial na qual a intervenção do titular da ação penal é residual e *a posteriori* de qualquer determinação da autoridade policial. Por outro lado, salvo situações muito pontuais, a defesa técnica sequer existe na investigação e, quando ali está, necessariamente não é comunicada da realização da perícia de modo a poder formular seus quesitos.

Assim, a perícia se desenvolve, como regra, na relação entre polícia e peritos sem qualquer intervenção daqueles que efetivamente dela se valerão no processo judicial. Esse cenário encerra verdadeira afronta à formação do devido processo

---

155 NOVAES, Jovair. Disponível em: <http://www.camara.gov.br/sileg/integras/461301.pdf>. Acesso em: 20 out. 2016.
156 MARANHÃO, Odon Ramos. **Curso básico de medicina legal**. 4. ed. São Paulo: Malheiros, 1992. p. 51.

e expõe o protagonismo policial no processo penal, acentuando a submissão do processo penal à investigação criminal.

Nesse cenário não se salva o argumento caro a parcela significativa da doutrina que vê nessa dinâmica a presença de um *contraditório diferido* ou *postergado*, com o argumento simplista de que a prova pericial pode ser contraditada em Juízo e, assim, estariam salvaguardadas todas as bases constitucionais do justo processo.

Se o que se quer é preservar a óbvia necessidade da sua realização imediata traduzindo-a como uma atividade de natureza *cautelar*[157] dois pressupostos devem, então, ser necessariamente observados: a) a perícia não pode ser realizada sob a condução técnica de quem não é o titular da ação penal (no caso do inquérito policial, a autoridade policial) pois isto implicaria em atitudes postulatórias que não seriam exercidas nos termos do art. 129, I da CR/88; b) a pessoa suspeita deve ter direito a uma defesa técnica que tenha a possibilidade de ofertar seus quesitos se assim o desejar e, caso não haja um suspeito definido no momento da perícia isso não obsta a nomeação de um defensor *ad hoc* para tal fim. Nesse contexto seria preservar a prova pericial com alegada natureza cautelar para que pudesse ser substancialmente confrontada em Juízo.[158]

Por isso, ainda que a partir de 2008 tenha sido consagrada a presença de assistentes técnicos para acusação (MP ou assistente de acusação) ou defesa[159], o processo penal brasileiro mudou substancialmente muito pouco na sua dinâmica concreta e a presença desses auxiliares das partes se dá ainda de forma residual, tanto como a oitiva judicial de peritos.

E a reforma de 2008 não se ocupou de esclarecer de forma precisa em que momento pode-se dar a indicação do assistente, restando art. 159 a locução *a partir de sua admissão pelo juiz* induzindo a conclusão de que a assistência técnica somente pode surgir com o processo penal devidamente estabelecido. Essa conclusão, que aceita com naturalidade pela doutrina[160], nada obstante sua correção técnica, frustra quando se toma que o trabalho do assistente poderia servir para informar eventual sentença de absolvição sumária, um dos aclamados objetivos do movimento reformista parcialmente concluído em 2008.[161]

---

157 GRINOVER, Ada Pellegrini; FERNANDES, Antonio Scarance; GOMES FILHO, Antonio Magalhães. **As nulidades no processo penal**. (2001). Op. Cit., p. 247.

158 Nada que seja desconhecido no direito comparado, particularmente o italiano que sempre é visto como referência. A ver em TONINI, Paolo. Direito de defesa e prova científica: novas tendências do processo penal italiano. **Revista Brasileira de Ciências Criminais**, São Paulo, v. 12, n. 48, p. 194-214, mai./jun. 2004, especialmente p. 210.

159 ESPINDULA, Alberi. A contestabilidade do laudo: perito × assistente técnico. In: VELHO, Jesus Antonio; GEISER, Gustavo Caminoto; ESPINDULA, Alberi. **Ciências forenses**: uma introdução às principais áreas da criminalística moderna. 2. ed. Campinas: Millennium, 2013. (Criminalística). p. 413-436

160 DEZEM, Guilherme Madeira. Op. Cit., p. 174.

161 Como também afirma VAZ, Denise Provasi; GALVÃO, Danyelle da Silva. Da atuação do assistente técnico no processo penal brasileiro. **Revista Brasileira de Ciências Criminais**, São Paulo, v. 19, n. 90, p. 211-243, mai./jun. 2011. p. 238.

O assistente técnico atuará após o término do trabalho regular dos peritos oficiais e do oferecimento da conclusão daqueles expertos. Pode o assistente: a) responder por escrito questões que lhes forem colocadas pelo assistido; b) ser ouvido em audiência, após a oitiva do perito oficial.[162]

O assistente técnico não produz laudos, mas, sim, pareceres. A definição técnica de laudo não guarda similitude com a estrutura de um *parecer*, este entendido como o modo pelo qual um determinado experto se manifesta acerca da matéria que lhe é submetida a apreciação. Para tanto é indispensável que o assistente técnico tenha acesso ao material que foi objeto da perícia.

Frise-se que o *parecer não é prova*. Trata-se de uma avaliação unilateral que se contrapõe à perícia oficial (ou a corrobora) sem, contudo, substituí-la. Constitui afirmação processual encartada nos autos (por escrito ou em audiência) com regime específico de produção – a dizer, com legitimados para requerer a intervenção, autorização judicial para tanto e forma de produção especificada em lei – mas que não traduz atividade pericial substitutiva ou supletiva.

Também não se confunde a resposta dos peritos aos questionamentos dos assistentes com a realização de laudo complementar previsto no art. 168, § 2º, CPP que visa a correção ou aperfeiçoamento do trabalho pericial inicial e que tem previsão restrita para o tipo penal ali indicado.

8.2.3 Meio de prova documental

8.2.3.1 Definição e espécies de documento

Para Frederico Marques, apoiado em Carnelutti, "documento é a prova histórica real, visto representar fatos e acontecimentos pretéritos em um objeto físico, servindo assim de instrumento de convicção". E completa: "o documento em sentido estrito, ou documento instrumental é o documento escrito. Os documentos escritos ou instrumentais integram o que se denomina de prova literal".

Quanto às suas espécies, são tradicionalmente divididos em públicos ou particulares de acordo com sua procedência.

8.2.3.2 Momento da juntada

Com a pretensa unicidade da audiência trazida com a reforma de 2008 a oportunidade da juntada de documentos ficou restrita, pela ótica defensiva, à resposta da acusação e ao momento da audiência designada; para a acusação, a oportunidade

---

162 Nesse ponto a opção é da parte, não havendo, com a devida vênia, razão para criar polêmicas diante do texto legal, malgrado a afirmação que sustenta ter havido "equívoco" do legislador. (DEZEM, Guilherme Madeira. Op. Cit., p.175).

seria o ajuizamento da acusação, instruindo-se aquela postulação, e a mesma audiência una.

Porém, como unicidade da audiência é mais uma aspiração que uma determinação incontornável, existem espaços como a audiência fragmentada ou mesmo na fase recursal, ocasião em que não vedada normativamente a juntada, pode ser esse acréscimo instrutório postulado pela parte.

8.2.3.3 Documento e contraditório

Como todo elemento probatório o documento está sujeito ao contraditório e impugnação e, para tanto é necessário que seja acessível em sua linguagem e conteúdo, motivo pelo qual, sendo produzido em língua estrangeira, deva ser submetido à necessária tradução por profissional especializado e oficialmente considerada como auxiliar do Juízo para essa finalidade.

A tradução para o idioma oficial não é uma mera faculdade e não está sujeita à conveniência pessoal do julgador, ainda que, por questões personalíssimas tenha acesso individual ao conteúdo do documento em língua estrangeira. Isto porque a prova serve ao contraditório a ser desenvolvido pelas partes que não pode ser limitado por essa questão específica, ainda que, por certo, a prova sirva ao convencimento do julgador.

Os custos para a tradução devem ser arcados pela estrutura judiciária e não serem direcionados ao acusador ou acusado porquanto, no sistema brasileiro, os custos de desenvolvimento da marcha processual são obrigação estatal. Compreende-se que, numa conversão definitiva de fundo ao modelo acusatório com todas suas consequências essa distribuição entre as partes deva ser compreendida como regra. Porém, na acusatoriedade à brasileira uma imposição de tal monta significaria, potencialmente, a própria denegação da Justiça.

8.2.3.4 A autenticidade do documento

Ponto de fundamental relevo é o da certificação da autenticidade do documento motivo pelo qual, em primeiro lugar, deve-se velar pela juntada na sua forma original e, sendo impossível que assim se proceda, deve-se exigir que se proceda a sua autenticação.

8.2.3.5 Impugnação da prova documental: o incidente de falsidade

Para impugnar o documento ao qual se atribuiu *vício de forma* o CPP prevê o mecanismo do *incidente de falsidade* a partir do art. 145 pelo qual a parte interessada ou o Juízo, de ofício (cf. art. 147 do CPP), provocam a verificação da autenticidade de documento processualmente relevante e que, potencialmente, deva servir para informar a convicção do julgador.

Aqui é importante destacar que a falsidade apurável pelo mecanismo do incidente é a documental e não a ideológica, a qual pode ser verificada pelo Juízo sem o emprego desse mecanismo.

O procedimento para a arguição do incidente encontra-se, na literalidade do art. 145, em descompasso com as reformas de 2008 posto que exige impugnação *por escrito*, enquanto o ideal reformista foi o de privilegiar a oralidade como método.

Mais ainda, exige que se dê em seguida à juntada do documento sob risco de considerar preclusa a matéria que, por sinal, não é passível de discussão por ação autônoma de impugnação como *habeas corpus* e mandado de segurança sendo, contudo, apreciável a matéria em sede de revisão criminal.

E, em se tratando de impugnação que deva instruir a formação do convencimento do julgador, não será possível que o juiz prolator da decisão o desencadeie depois de prolatada a sentença.

Nada obstante, a impugnação por escrito prevista no tópico próprio do CPP desencadeia procedimento autônomo e concomitante ao desenvolvimento do processo, cuja tramitação é bastante sumária e, não raras vezes, impossível de ser concluída no prazo legalmente assinalado (40 horas para a resposta da parte contrária; 3 dias para a apresentação de *alegações finais*).

A decisão, sujeita a impugnação por via do recurso em sentido estrito (art. 581, XVIII, do CPP) tem limites objetivos da coisa julgada apenas ao processo em que foi prolatada, não aproveitando situações em outros campos como, por exemplo, no processo civil ou mesmo outra persecução penal.

8.3 Meios extraordinários de obtenção de meios e elementos de prova

8.3.1 A interceptação telefônica

A interceptação telefônica aparece como um dos mecanismos mais invasivos de obtenção de *meios de prova ou mesmo diretamente elementos de prova*[163] contra a qual parece não haver limites normativos suficientes e não ser potencialmente

---

163 Não sendo possível, a partir desta premissa, concebê-la como uma prova documental, como apregoa MARTOS, José Antonio de Faria. A natureza processual das provas produzidas através das interceptações telefônicas. **Revista Jurídica da Universidade de Franca**, Franca, v. 8, n. 14, p. 136-141, 1º sem. 2005.

Da prova no Processo Penal | 635 |

eficaz qualquer esforço teórico de contenção da sua expansão[164], pouco contando o controle judicial necessário na sua determinação e acompanhamento para dar--lhe contornos e limitação mais consentâneos com as bases constitucionais[165] e convencionais, sobretudo para preservar a privacidade e a intimidade de pessoas casualmente mencionadas em conversas e que nada se relacionam à atividade criminosa investigada.[166]

Assim, malgrado sua limitação temporal específica (15 dias, prorrogável por igual período) prevista no art. 5°. da Lei 9296/96[167], a tolerância dos precedentes para com essa extrapolação notória e conta com adesão do discurso eficientista, havendo notório caso em que se chegou ao estratosférico prazo de dois anos, situação que gerou singular precedente pela anulação daquela interceptação.[168]

Da mesma maneira de há muito se perdeu – se é que chegou a existir – obediência a enxergar esse método investigativo como *residual* em relação aos demais[169]. Ao contrário, comuns são as investigações que nascem tendo como primeiro ato investigativo a interceptação.

Da interceptação emerge outro tema substancialmente relevante para a construção de um processo penal em consonância com os marcos constitucionais e convencionais: o encontro fortuito de informações que levam a fontes de prova ou mesmo elementos de prova.

O tema já foi tratado neste Capítulo. Nada obstante, *especificamente* quanto às *interceptações telefônicas*, segmentos da doutrina entendem ser necessário algum grau de conexão entre o que fortuitamente se encontrou e a conduta criminosa cuja apuração ensejou o mandado de busca, vez que a possibilidade material da interceptação, a dizer, para quais condutas criminosas esse meio extraordinário é admitido (art. 1°., da Lei 9.296/1996), é *numerus clausus*, impassível de ampliação senão com expressa modificação legal.

---

164 Nesse esforço, entre outros, STRECK, Lenio Luiz. **As interceptações telefônicas e os direitos fundamentais**: constituição, cidadania, violência: a lei 9.296/96 e seus reflexos penais e processuais. 2. ed. rev. Porto Alegre: Livraria do Advogado, 2001.

165 PRADO, Geraldo. O dever judicial de controle das interceptações telefônicas e o prognóstico negativo do âmbito essencial da vida privada. In: SANTORO, Antonio Eduardo Ramires; MADURO, Flávio Mirza. **Interceptação telefônica**: os 20 anos da lei n° 9.296/96. Belo Horizonte: D'Plácido, 2016. p. 589-624.

166 BARLETTA, Junya Rodrigues. O direito fundamental à privacidade e as interceptações das comunicações telefônicas: uma análise à luz dos parâmetros desenvolvidos pela Corte Interamericana de Direitos Humanos. In: SANTORO, Antonio Eduardo Ramires; MADURO, Flávio Mirza. **Interceptação telefônica**: os 20 anos da lei n° 9.296/96. Belo Horizonte: D'Plácido, 2016. p. 247-270.

167 PRADO, Geraldo. **Limite às interceptações telefônicas e a jurisprudência do Superior Tribunal de Justiça**. 2. ed. Rio de Janeiro: Lumen Juris, 2006, batalhando pela legalidade estrita de 30 dias ou, quando muito, usando os parâmetros constitucionais do Estado de Defesa, de 60 dias, como limite intransponível para a duração da interceptação.

168 BRASIL. Superior Tribunal de Justiça. **Habeas Corpus n. 76.686-PR**. Relator Min. Nilson Naves. J. 09.09.08. Dje 10.11.08.

169 Assim como a necessária obediência aos "indícios razoáveis de autoria ou participação" exigidos pelo art. 1° e por parte da doutrina, mas de rara constatação concreta na prática.

E, dessa premissa podem ser extraídas posições como:

Da não consideração, *como prova*, daquilo que foi casualmente encontrado quando não possuir conexão com a conduta criminosa investigada[170] servindo, apenas, como fundamento para que se dê início a uma nova investigação sobre os fatos descobertos ao acaso[171];

Da necessidade que o crime cuja descoberta fortuita se deu também seja passível de apuração pelo método da interceptação telefônica[172].

De forma mais abrangente, Rangel admite a utilização, *como prova*, do produto fortuitamente descoberto em outra persecução independentemente de conexão ou continência subjetiva entre elas[173].

Entendemos a situação por um plano diverso daquele tradicionalmente enfrentado pela prestigiosa doutrina mencionada, tendo como ponto de partida do raciocínio a constatação que a nova informação é sempre lícita – uma vez tendo sido obedecidos, por certo, as determinações legais na sua autorização-, devendo-se distinguir que:

- ela indica o cometimento de conduta criminosa sem qualquer vínculo com a inicialmente investigada;
- ela acrescenta informações sobre a conduta investigada, seja para indicar a existência de novos agentes (expansão subjetiva), seja para alterar o conteúdo da imputação, qualificando-a ou agregando-lhe outra conduta (expansão objetiva).

No primeiro caso, servirá como informação apta a desencadear nova persecução, com a deflagração de nova investigação; na segunda hipótese a informação instruirá o acervo cognitivo e será submetida à necessária atividade processual em contraditório.

O excesso da interceptação é descartável a teor do disposto no art. 9º, por determinação judicial, após provocação da acusação ou defesa. Mas, aqui, o problema que se coloca é o do acesso integral, da defesa, sobretudo, ao produto da gravação, que lhe deve ser disponibilizado integralmente para que não haja a transcrição seletiva de trechos que interessem apenas à acusação.

---

170 GRECO FILHO, Vicente. **Interceptação telefônica**: considerações sobre a Lei n.º 9.296, de 24 de julho de 1996. São Paulo: Saraiva, 1996. p. 22.

171 GOMES, Luiz Flávio; MACIEL, Silvio. **Interceptação telefônica**: comentários à Lei 9.296/96, de 24.07.1996. 3. ed., ampl. e atual. São Paulo: Saraiva, 2014.

172 GRINOVER, Ada Pellegrini. O regime brasileiro das interceptações telefônicas. **Revista Brasileira de Ciências Criminais**, São Paulo, ano 5, n 17, p. 118/119, 1997, ao abordar de forma positiva o então projeto "Miro Teixeira" que viria a substituir a lei específica quando previa a solução indicada no corpo do texto.

173 RANGEL, Paulo. Breves considerações sobre a Lei 9296/96 (interceptação telefônica). **Revista Jus Navigandi**, Teresina, ano 5, n. 41, 1 maio 2000. Disponível em: <https://jus.com.br/artigos/195>. Acesso em: 15 maio 2016.

Isto porque, sendo a gravação necessariamente transcrita e, a princípio, não ser medida extraordinária investigativa que possa ser requerida pela Defesa, cabe ao Estado viabilizar que a defesa técnica da pessoa investigada tenha pleno conhecimento de todo o material colhido, sob risco de macular completamente essa atividade extraordinária de investigação.

Assim, o acesso deve ser integral à gravação efetuada, num primeiro momento e, na sequência, à degravação efetuada, não sendo suficiente o argumento encontrado em precedentes que a lei 9.296/96 nada prevê a respeito. Da mesma forma não se pode resumir o exercício dos direitos defensivos ao conteúdo degravado, apenas. Essa compreensão acabou sendo acatada em significativo precedente do STF.[174]

8.3.2 A colaboração premiada

Inserida no marco da *justiça negociada*, o prêmio pela colaboração eficaz e tempestiva é um mecanismo contemporâneo inserido nas pautas de política criminal no direito interno e comparado.

Inicialmente é forçoso buscar diferenciar as formas de colaboração para delas extrair sua melhor forma de compreensão.[175]

E, de fato, a *colaboração* é um *gênero* dentro do qual coexistem *espécies* como a *confissão*, histórica ferramenta de benefícios no cenário de um Direito penal e processual penal tido como *clássico*[176], que foi delineado num momento histórico de complexidade social reduzida em relação ao que se compreende contemporaneamente como criminalidade organizada e transnacional. Ainda como forma de colaboração existe a *colaboração premiada*, mecanismo que acabou sendo identificado também pelo rótulo de *delação premiada*.

Assim, se a confissão enquanto instrumento colaborativo nunca foi questionada em termos técnicos, éticos ou principiológicos, mesmo quando produzia os mesmos efeitos de identificação de coautores, partícipes, localização de produto de crimes ou da própria vítima, a *colaboração premiada* na forma como concebida pela cronologia legislativa (*vide* quadro na sequência) é permeada de dúvidas e críticas porquanto acarreta uma inegável carga privatista no campo do sistema

---

174 BRASIL. Supremo Tribunal Federal. **Agravo Regimental na Ação Penal n. 508/AP**. Tribunal Pleno. Rel. Min Marco Aurélio. Julgamento: 07/02/2013. Publicação: 19/08/2013. Disponível em: <https://jurisprudencia.stf.jus.br/pages/search/sjur238919/false>. Acesso em: 12 jan. 2022.

175 Neste sentido a observação de ESSADO, Tiago Cintra. Delação Premiada e Idoneidade Probatória. **Revista Brasileira de Ciências Criminais**, São Paulo, v. 101, ano 21, p. 203-227, março-abril de 2013, especialmente p. 205/206 não se tratando, com a devida vênia, de uma mera tarefa "cartorial" como sustentando por PINHO, Ana Cláudia Bastos de; BRITO, Michelle Barbosa de. Op cit.

176 GENNARINI, Juliana Caramigo. Delação premiada e a aplicabilidade no ordenamento jurídico brasileiro. **Revista Criminal**: ensaios sobre a atividade policial, São Paulo, v. 2, n. 3, p. 57-75, abr./jun. 2008.

penal. Assim, diferentemente da *assunção de culpa* com a confissão, a colaboração significa um verdadeiro *giro sistêmico* na direção de um neoinquitivismo que, para muitas análises, também é reflexo de um determinado modelo socioeconômico (neoliberal) que faz do colaborador um *empreendedor de si mesmo*, na linguagem de Glocekner amparado na literatura de Laval e Dardot.[177]

Essa concepção crítica também é devida por ter se caracterizado como símbolo do modelo processual penal de emergência[178] com afirmações explícitas à sua inadequação constitucional[179], ética[180] e principiológica[181], de um lado, com as quais convivem os apelos pragmáticos e utilitários, de outro.

Com a introdução do art. 3-A da Lei 12850/2013 criou-se um limite claro ao objeto do acordo de colaboração a teor do disposto no art. 3-C, § 3º: No acordo de colaboração premiada, o colaborador deve narrar todos os fatos ilícitos para os quais concorreu e que tenham relação direta com os fatos investigados. Isto acarreta, na prática, a celebração de acordos que traduzam uma verdadeira historiografia de vida de terceiros, característica destacada de modelos inquisitivos de persecução.

Críticas expostas, do ponto de vista concreto esse instrumento afigura-se como longevo, ao menos enquanto as bases estruturantes que o justifiquem permanecerem intactas e, por isso, a tarefa passa a ser a redução de danos às bases constitucionais e convencionais posto que a dinâmica de política legislativa nos mostra ser ela (a colaboração premiada) um crescente instrumento de política criminal com explícita adesão do STF no que toca à sua adequação constitucional.[182]

---

177 GLOECKNER, Ricardo Jacobsen. Um "novo" liberalismo processual penal autoritário? In: GLOECKNER, Ricardo Jacobsen (Org.). **Plea Bargaining**. 1. ed. São Paulo: Tirant lo Blanch, 2019. [livro eletrônico]. p. 179.

178 Para uma visão resumida de nossas colocações a respeito, ver CHOUKR, Fauzi Hassan. Bases para compreensão e crítica do direito emergencial. Op. Cit.

179 COUTINHO, Jacinto Nelson de Miranda. Fundamentos à inconstitucionalidade da delação premiada. **Boletim IBCCRIM**, São Paulo, v. 13, n. 159, p. 7-9, fev. 2006; TAVARES, Juarez; PRADO, Geraldo. **O Direito Penal e o Processo Penal no Estado de Direito**: Análise de casos. Florianópolis: Editora Empório do Direito, 2016. p.169.

180 COUTINHO, Jacinto Nelson de Miranda; CARVALHO, Edward Rocha de. Acordos de delação premiada e o conteúdo ético mínimo do Estado. **Revista Jurídica**, Porto Alegre, v. 54, n. 344, p. 91-99, jun. 2006; GOMES, Luiz Flávio. Delação "é coisa de canalha"? **Revista Magister de Direito Penal e Processual Penal**, Porto Alegre, v. 9, n. 53, p. 62-64, abr./mai. 2013.

181 FERRAJOLI, Luigi. **Diritto e ragione**: teoria del garantismo penale. 8. ed. Bari: Laterza, 2004, especialmente capítulos 09 a 11, passim.

182 A compatibilidade desse mecanismo com a CR/88 foi reconhecida pelo STF no caso da AP 471 (caso "mensalão") quando se afirmou eu emprego "pro populo" e, tacitamente, sua adequação constitucional. BRASIL. Supremo Tribunal Federal. **Agravo Regimental na Ação Penal n. 470/MG**. Tribunal Pleno. Relator Min. Joaquim Barbosa. Julgado em: 28/11/2012. (Informativo 690 do STF). Disponível em: <https://jurisprudencia.stf.jus.br/pages/search/sjur183164/false>. Acesso em jun. 2021. Não se tratando de subsumir a tarefa doutrinária à atividade jurisprudencial, também não é o caso de desconsiderar a relevância de um julgamento plenário do STF para a formação de um raciocínio jurídico sobre o tema.

8.3.2.1 A colaboração premiada como *negócio jurídico processual*

Para tanto, um primeiro aspecto é exigir-se obediência ao marco de legalidade estrita algo que mereceu algum avanço com as modificações trazidas pela Lei 13.964/2019 com as quais foi introduzida uma espécie de *fundamentos normativos gerais* da colaboração.[183]

Dentro dessas *bases gerais* merece especial destaque a tomada de posição legislativa quanto à conceituação jurídica da colaboração, a dizer, tratá-la como um *negócio jurídico processual* (art. 3-A acrescido na Lei 12.850), posição criticada na Edição anterior deste Livro quando foi afirmado que "Afastamo-nos, aqui, de qualquer aproximação com o NCPC para tratar o tema como um *negócio jurídico processual*."[184]

E acrescíamos que essa crítica

> [...] por um lado, é reflexo da postura adotada nesta obra acerca da inexistência de uma "teoria geral do processo"[185] e pelos efeitos indesejados que esse discurso apresenta no processo penal; e, por outro lado, o "negócio jurídico processual" adotado pelo NCPC (v.g., art. 190) não possui o mesmo objeto de um caso penal. E acreditar que o art. 200 possa gerar renúncia a direitos fundamentais indisponíveis da pessoa suspeita ou acusada é totalmente incompatível com a estrutura constitucional do processo penal.[186] Por fim, as normas citadas, à quais se acresce o art. 191 do NCPC dizem respeito a disposições processuais e não de direito material. A colaboração premiada implica na assunção de

---

183 E que, em certa medida, acolheu as linhas gerais interpretativas do tema desenvolvidas, em especial, pelo STF no julgamento do Habeas Corpus 127.483/PR. (BRASIL. Supremo tribunal Federal. **Habeas Corpus n. 127.483/PR**. Tribunal Pleno. Relator Min. Dias Toffoli. J. em 27/08/2015. Publicado em: 04/02/2016. Disponível em: <https://jurisprudencia.stf.jus.br/pages/search/sjur337159/false>. Acesso em jun. 2021), assim como espelha, em várias passagens, as orientações do Ministério Público Federal a respeito: MINISTÉRIO PÚBLICO FEDERAL. **Orientação Conjunta n. 1/2018**: Acordos de Colaboração Premiada. Expedida pela 2ª e 5ª Câmaras de Coordenação e Revisão – Combate à Corrupção. Disponível em: <http://www.mpf.mp.br/atuacao-tematica/ccr5/orientacoes/orientacao-conjunta-no-1-2018.pdf>. Acesso em jun. 2021.

184 Ver a 2ª edição deste Livro, na então nota de rodapé 1525.

185 Crítica que, diferentemente do apontado por TAVARES, João Paulo Lordelo Guimarães. Da admissibilidade dos negócios jurídicos processuais no novo Código de Processo Civil: aspectos teóricos e práticos. **Direito UNIFACS – Debate Virtual**, n. 191, 2016, não é uma posição *escandalizada*. "Não se desconhece o escândalo que grande parte da doutrina processualista penal faz em torno da teoria geral do processo, como se esta representasse um perigo constante ao garantismo penal e, portanto, ao acusado", bastando que se observe com acuidade técnica as distorções trazidas com bases processuais-civilistas ao processo penal, que não são as apontadas pelo mencionado autor na nota de n. 20 do seu texto. Aliás, descura o autor também da boa técnica quando reduz "garantismo" a direitos da pessoa submetida à persecução.

186 A única renúncia expressamente vedada pela nova disciplina legal é aquela prevista no "§ 7º-B. São nulas de pleno direito as previsões de renúncia ao direito de impugnar a decisão homologatória."

responsabilidade penal pela conduta penalmente relevante invocada na acusação. Alertando, no entanto, a existência de posições contrárias a aqui exposta.[187]

O precedente do STF usado como paradigma para as modificações legislativas (vide nota 1934) classifica a colaboração desta forma aduzindo que

A colaboração premiada é um negócio jurídico processual, uma vez que, além de ser qualificada expressamente pela lei como "meio de obtenção de prova", seu objeto é a cooperação do imputado para a investigação e para o processo criminal, atividade de natureza processual, ainda que se agregue a esse negócio jurídico o efeito substancial (de direito material) concernente à sanção premial a ser atribuída a essa colaboração.

A dizer, dá-se a classificação por conta de sua finalidade.[188]

Estritamente fundado em bases privatistas naquele precedente, o conceito de *negócio jurídico processual* é assim apresentado pela abalizada doutrina:

Negócio processual é o fato jurídico voluntário, em cujo suporte fático confere-se ao sujeito o poder de escolher a categoria jurídica ou estabelecer, dentro dos limites fixados no próprio ordenamento jurídico, certas situações jurídicas processuais.[189]

Ilustrando a mesma fonte que, para o processo penal, exemplo de negócio processual típico é a suspensão condicional do processo.

Ao se deparar com essa definição inserida em texto de grande lustro técnico, salta em evidência a constatação do tratamento absolutamente parelho, para

---

187 PINHO, Humberto Dalla Bernardina de; PORTO, José Roberto Sotero de Mello. Colaboração premiada: um negócio jurídico processual? **Revista Magister de Direito Penal e Processual Penal**, Porto Alegre, v. 13, n. 73, p. 26-48, ago./set. 2016.

188 Posição apoiada em várias manifestações técnicas como, por exemplo, SILVA, Marcelo Magno Ferreira e. A celebração do acordo de colaboração premiada como negócio jurídico processual e meio de obtenção de prova: uma análise do HC STF 127.483/PR e breves considerações acerca da gestão das provas no sistema acusatório. **De Jure – Revista Jurídica do Ministério Público do Estado de Minas Gerais**, Belo Horizonte, v. 17, n. 30, p. 263-316, jan./jun. 2018; REMÉDIO, José Antonio; MACIEL NETO, Aluisio Antonio. A colaboração premiada como negócio jurídico processual e sua eficácia em razão do descumprimento do acordado pelo colaborador. In: GOMES, Luiz Flávio; SILVA, Marcelo Rodrigues da; MANDARINO, Renan Posella (Org.). **Colaboração premiada**: novas perspectivas para o sistema jurídico-penal. Belo Horizonte: D'Plácido, 2018. p. 217-237; GOMES, Luiz Flávio; SILVA, Marcelo Rodrigues da. Negócios jurídicos premiais como instrumentos de enfrentamento à corrupção: ativismo do Ministério Público, sua legitimidade democrática e captura de instrumentos negociais premiais de outras esferas de responsabilização. In: GOMES, Luiz Flávio; SILVA, Marcelo Rodrigues da; MANDARINO, Renan Posella (Org.). **Colaboração premiada**: novas perspectivas para o sistema jurídico-penal. Belo Horizonte: D'Plácido, 2018. p. 13-47.

189 DIDIER JÚNIOR, Fredie; BOMFIM, Daniela. Colaboração premiada (Lei nº 12.850/2013): natureza jurídica e controle da validade por demanda autônoma: um diálogo com o Direito Processual Civil. **Revista do Ministério Público do Estado do Rio de Janeiro**, Rio de Janeiro, n. 62, p. 23-59, 2016. p. 29.

o nobre autor daquele trabalho, entre processo civil e penal. Ademais, é claro no texto que o emprego de conceitos técnicos formados no processo civil leva, por exemplo, à incompreensível expansão da atividade policial em desatenção a toda uma estrutura que é própria do processo penal–tema que será retomado na sequência–e apenas ratifica o quanto já foi criticado reiteradamente nesta Obra quando ao emprego de bases teóricas processuais civis no processo penal, algo que não surpreende na literatura do autor citado, que é franco adepto de uma teoria geral do processo.

Mas, há complemento à posição mencionada, quando se perfaz a definição para afirmar que

> Em se tratando de negócio jurídico bilateral caracterizado por interesses contrapostos das partes, configurada resta a sua natureza contratual. Cuida-se, ainda, de contrato bilateral (ou sinalagmático) e oneroso... Por fim, cuida-se de contrato de natureza mista: nele, a vontade atua na definição e escolha de categorias jurídicas processuais e materiais. A colaboração premiada é um negócio jurídico processual e material.[190]

A consequência central que se coloca para esta construção teórica é aquela evidenciada no precedente:

> Por se tratar de negócio jurídico personalíssimo, o acordo de colaboração premiada não pode ser impugnado por coautores ou partícipes do colaborador na organização criminosa e nas infrações penais por ela praticadas, ainda que venham a ser expressamente nominados no respectivo instrumento no "relato da colaboração e seus possíveis resultados."

A fonte processual civil aqui apontada reconhece, no entanto, a possibilidade–senão a necessidade–de meios impugnativos, por terceiros, e oferece a solução do habeas corpus para tanto, algo que não diminui a dimensão do problema, como bem aponta Rodríguez:

> [...] o Judiciário fica diminuído perante essa intangibilidade do "negócio jurídico personalíssimo" e, portanto, afastado da constitucional tutela de graves lesões a direitos de terceiros. Se essa timidez para intervenção segue existente, será criado toda uma casta de indivíduos "semijurisdicionados" em matéria penal.[191]

---

190 Ibidem, p. 35 e 36.
191 RODRÍGUEZ, Víctor Gabriel. **Direitos do delatado**: a precipitada posição do STF no encolhimento do Judiciário. Disponível em: <https://www.conjur.com.br/2019-jun-04/victor-rodriguez--direitos-delatado-ea-precipitada-posicao-stf>. Acesso em: 12 jan. 2022.

Em outro texto, este mesmo autor demonstra-se irresignado com a definição legal da *natureza* da colaboração e sustenta sua posição a partir da alocação desse instrumento de obtenção de prova exclusivamente no campo do Direito Penal material:

> A delação é um instituto de natureza penal material, porque implica diminuição de pena ou extinção da punibilidade. O acordo é mera consagração de um direito que o réu adquire a partir de um comportamento pós-delitivo, que apenas a lei material pode autorizar, pois implica a redução da pena a patamar inferior ao mínimo cominado. Essa é a estrutura de nosso ordenamento, como a de todos as de inspiração latino-germânica.[192]

O argumento tem sua robustez, mas acarreta relegar toda atividade processual aos fins do direito material penal e, em assim sendo, desconsiderar a autonomia do processo. Antes de acarretar diminuições de pena ou mesmo a não propositura da acusação formal contra determinada pessoa submetida à persecução, a colaboração premiada é um meio de obtenção de prova, esta sua correta finalidade processual. Quando muito aqui se poderia discutir o tema pela ótica das normas *mistas* como já trabalhado no Capítulo 1 deste Livro.

8.3.2.2 Etapas de concretização da construção do acordo de colaboração

A Lei 13.964 de 2019 buscou disciplinar o que se poderia denominar de etapas para a concretização do acordo de colaboração estabelecendo como marco inicial a apresentação da proposta com o que também se instaura a *confidencialidade* sobre as tratativas e, de forma mais ampla, o desejado sigilo sobre as discussões em curso.

Produzido de forma escrita, é possível a existência de algum tipo de obtenção de informações (*instrução*) ao longo da concretização do acordo que, durante todo o tempo, deve contar com a presença da defesa técnica independentemente da fase persecutória em que se encontra a apuração.

A lei modificada especifica que a investigação não será interrompida para a celebração da negociação, o mesmo valendo para a situação em que a acusação processual já houver sido ajuizada.

---

192 RODRÍGUEZ, Víctor Gabriel. **Pacote "anticrime" perde oportunidade de codificar e sistematizar delação premiada**. Disponível em: <http://genjuridico.com.br/2020/01/22/pacote-anticrime--delacao-premiada/>. Acesso em: 12 jan. 2022.

8.3.2.3 Coexistência (?) de modelos normativos de colaboração premiada

A cronologia do colaboracionismo à brasileira é longa[193] e pode ser sumariada no quadro abaixo

Texto legal	Retribuição estatal	Objeto da colaboração	Incidência penal	Momento da colaboração
Lei 12850/2013	Perdão judicial OU Redução até 2/3 da pena OU Substituição pena privativa de liberdade por restritiva de direitos1454 OU Não oferecimento da denúncia	Identificação coautores ou participes OU Revelação estrutura hierárquica e da divisão de tarefas OU Prevenção das infrações penais decorrentes da OC OU Localização da vítima com integridade física preservada	Nos casos de CO definidos pela lei mencionada	Na investigação; No processo de conhecimento; Na execução da pena; Não veda a colaboração no curso de medida cautelar.
Lei 9807/1999	Perdão judicial (primário) OU Redução de 1/3 a 2/3 (reincidente)	Identificação coautores ou participes; Recuperação total ou parcial do crime E Localização da vítima com integridade física preservada	Em tese, em todos os casos	Na investigação e no processo de conhecimento. Silente em relação ao cabimento quando da exceção da pena. Não veda a colaboração no curso de medida cautelar

Fonte: O autor (2021).

Lei 7492/1986	Redução de 1/3 a 2/3	Revelar o crime	Crimes contra o sistema financeiro nacional	
Lei 8072/1990	Redução de 1/3 a 2/3	Desbaratar o grupo criminoso	Apenas para o art. 288 do CP.	Em tese, sem qualquer limite temporal e em qualquer espécie de atividade (investigação; tutela de conhecimento, execução e no curso de medida cautelar)
Lei 11.343/2006 (revogando a Lei 9613/1998)	Redução de 1/3 a 2/3	Identificação de coautores e recuperação do produto	Nos crimes definidos em lei. Não veda a colaboração em crimes conexos.	Na investigação ou no processo de conhecimento; silente para execução penal. Não restringe a colaboração no curso de medida cautelar
Lei 8137/1990	Redução de 1/3 a 2/3	Revelar a conduta criminosa	Nos crimes definidos em lei.	Na investigação ou processo de conhecimento

Fonte: O autor (2021).

---

193 E não raras vezes criticada pela sua ineficiência: RASCOVSKI, Luiz. A (in)eficiência da delação premiada. In: FERNANDES, Antonio Scarance; et al. **Estudos de processo penal**. São Paulo: Scortecci, 2011. p. 141-197. (Instituto de Estudos Avançados de Processo Penal – ASF).

A essas previsões de caráter estritamente processual penal e com reflexos e bases no direito penal material some-se a Lei 12.529/2011[194] que regula os *acordos de leniência*[195] entre investigados (pessoas físicas ou empresas) e órgãos estatais encarregados de persecuções que são tidas como *civis*, mediante os quais pode-se obter a identificação dos coautores e a obtenção de documentos que provem a prática criminosa.[196]

Mas, a questão que deve ser colocada a partir do conjunto normativo mencionado é a da possibilidade de convivência simultânea de todas essas previsões e, em caso de resposta positiva, qual o regime jurídico a ser aplicado.

Com efeito, entre a Lei 12.850/2013 e as demais há uma diferença de incidência clara: sua aplicação está restrita à persecução que tenha como objeto a criminalidade organizada na forma como definida naquele diploma legal. Portanto, a partir desta especificidade é possível afirmar a coexistência ao, menos, de dois modelos de colaboração:

a] O específico para a criminalidade organizada;
b] O modelo da Lei 9.807/1999 tem *incidência penal material difusa* e, portanto, pode ser assumido como aplicável a todas as persecuções que não digam respeito ao crime organizado.

Reconhecida a coexistência normativa, o passo seguinte é o de investigar se existe a possibilidade de mesclar-se um regime jurídico com o outro tomando-se como premissa que o regime jurídico da Lei 12.850/13 é mais abrangente e possui regras materiais e processuais mais benéficas que aquele da Lei 9.807/1999, posto que incide desde a investigação até a execução penal, possibilita o não exercício da acusação penal (a denominada derrogação da obrigatoriedade da acusação penal) e contém possibilidade de apenamento mais abrandadas.

Observada a divisão legal entre os regimes, um recaindo sobre a criminalidade organizada e outro sobre as demais formas de criminalidade, a resposta inicial seria a do isolamento de cada regime às esferas de direito material que lhe são

---

194 Estrutura o Sistema Brasileiro de Defesa da Concorrência; dispõe sobre a prevenção e repressão às infrações contra a ordem econômica; altera a Lei no 8.137, de 27 de dezembro de 1990, o Decreto-Lei no 3.689, de 3 de outubro de 1941 – Código de Processo Penal, e a Lei no 7.347, de 24 de julho de 1985; revoga dispositivos da Lei no 8.884, de 11 de junho de 1994, e a Lei no 9.781, de 19 de janeiro de 1999; e dá outras providências.

195 Para uma vasta análise do tema dos *acordos de leniência*, e particularmente seus efeitos no mercado de capitais, ver PONTES, Evandro Fernandes de. **Lei 12.846/13, acordos de leniência e o processo administrativo sancionador perante a CVM.** (texto inédito; original gentilmente cedido pelo Autor).

196 Art. 86. O Cade, por intermédio da Superintendência-Geral, poderá celebrar acordo de leniência, com a extinção da ação punitiva da administração pública ou a redução de 1 (um) a 2/3 (dois terços) da penalidade aplicável, nos termos deste artigo, com pessoas físicas e jurídicas que forem autoras de infração à ordem econômica, desde que colaborem efetivamente com as investigações e o processo administrativo e que dessa colaboração resulte: (...).

próprias. Essa conclusão tem como efeito direto a existência de colaborações com efeitos diferenciados para cada tipologia penal servindo como desestímulo ao seu emprego nesses diferentes âmbitos.

Assim, temos que essa situação somente se revolve com a fixação de política criminal a respeito que se projete na necessária readequação normativa que leve em conta de forma clara: a) o âmbito de incidência da colaboração em relação aos tipos penais; b) os efeitos da colaboração; c) os limites legais da forma de proceder a colaboração dado que as existentes não parecem suficientes para cumprir essa função.

Outro ponto que merece destaque é a colaboração tem marco legal cogente, que não pode ser ampliado ao sabor das interpretações do caso a caso, tampouco está sujeita a empreendimentos hermenêuticos de proporcionalidade ou razoabilidade para expandir benefícios legais que escapem aos limites impostos pela norma vigente.

Isto decorre da estrutura da norma processual penal tal como já discutido nesta Obra e da tarefa de reduzir danos constitucionais na aplicação desse mecanismo, que é, por si, sujeito a desequilíbrios processuais que vão muito além das naturais diferenças de tratamento processual a réus quando se faz, por exemplo, a dosimetria da pena.

Aliás, neste ponto é ilustrativo verificar como pode flutuar o apenamento de réus colaboradores com colaborações homologadas e inicialmente tidas como eficazes, a partir de cenário existente na conhecida *operação lava-jato*:

Quadro 1 Comparação da pena aplicada antes e depois dos acordos de delação premiada no âmbito da Operação Lava-Jato.

Delator	Qualificação	Antiga Pena (antes da delação)	Pena negociada (após a delação)
Alberto Youssef	Doleiro	82 anos e 8 meses	3 anos (regime fechado)
Augusto Mendonça	Executivo (Toyo Setal)	16 anos e 8 meses	4 anos (regime aberto)
Dalton Avancini	Executivo (Camargo Corrêa)	15 anos e 10 meses	3 anos e 3 meses (3 meses em regime fechado, com progressão)
Eduardo Leite	Executivo (Camargo Corrêa)	15 anos e 10 meses	3 anos e 3 meses (3 meses em regime fechado, com progressão)
Fernando Baiano	Operador do Esquema	16 anos, 1 mês e 10 dias	4 anos (1 ano em regime fechado, com progressão)
Julio Camargo	Lobista (Tovo Setal)	26 anos	5 anos (regime aberto))
Mario Goes	Lobista	18 anos e 4 meses	3 anos, 5 meses e 25 dias (25 dias em regime fechado, com progressão)
Nestor Cerveró	Burocrata (ex-diretor internacional da Petrobrás)	17 anos, 3 meses e 10 dias	3 anos (regime fechado e prisão domiciliar)
Paulo Roberto Costa	Burocrata (ex-diretor de abastecimento da Petrobrás)	39 anos e 5 meses	2 anos e 6 meses (6 meses em regime fechado, com progressão)
Pedro Barusco	Burocrata (ex-gerente da Petrobrás)	18 anos e 4 meses	2 anos (regime semiaberto)
Rafael Ângulo	Doleiro (funcionário de Youssef)	6 anos e 8 meses	2 anos (regime semiaberto)
João Procópio	Doleiro (funcionário de Youssef)	3 anos	2 anos e 6 meses (prisão domiciliar)

Fonte: Pena de delatores..., 2016.

8.3.2.2 A colaboração premiada no cenário probatório

É igualmente relevante identificar a inserção da colaboração premiada no cenário probatório.

Em primeiro plano deve-se afastá-la do conceito de *evidência* tal como já exposto neste Capítulo, com o que se veda a *colaboração em si* como ato a ser valorado[197] e se lhe exige a devida efetividade a partir de outras etapas na construção probatória.

---

197 O art. 4º. (...) §16 da Lei 13850/13 dá um passo neste sentido, mas apenas parcialmente posto que veda a prolação de sentença condenatória exclusivamente com base na colaboração.

E, nada valendo *em si*, a *colaboração* é um *meio* para que se alcance fontes ou meios de prova[198], mas nunca, de plano, elementos de prova[199], os quais somente poderão existir a partir da atuação daqueles. Esse é um dos poucos instrumentos conceituais de limitação à colaboração para que ela não seja alçada à valoração judicial de plano, sobrepujando as etapas necessárias à construção probatória no Estado de Direito.

Por isso a higidez da colaboração é imprescindível para que as fontes e os meios sejam obtidos de forma lícita; a mácula na colaboração contaminaria de ilicitude todo o acervo cognitivo formado a partir dessa origem vez que a colaboração seria uma pré-condição a obtenção daqueles.

8.3.2.3 A colaboração e a pessoa suspeita ou acusada

Colaboração na ótica do direito de defesa

Um dos temas de maior relevância a partir da profusa aplicação da colaboração premiada[200] é sua alocação no cenário defensivo como um instrumento de autodefesa ou de defesa técnica.

Com efeito, de rara expressão teórica na literatura brasileira[201], essa visão passou a ganhar espaço a partir da justificativa prática[202] que a encara como um legítimo modo não-paternalista de entender a posição da pessoa submetida à persecução que, de forma *livre* opta por colaborar e ver, assim, minimizada

---

198 Neste sentido a colaboração é um ponto de partida de perquirição de fontes e meios. Contudo, não a vemos como uma forma de "investigação probatória" pela impropriedade. Para o uso dessa terminologia ver TEOTÔNIO, Paulo José Freire; SILVA, Bruna Carolina Oliveira e. Delação premiada sob o enfoque da razoabilidade e proporcionalidade. **Revista Magister de Direito Penal e Processual Penal**, Porto Alegre, v. 12, n. 68, p. 40-64, out./nov. 2015.

199 Nesse sentido afastamo-nos do quanto afirmado por ESSADO, Tiago Cintra. Delação Premiada e Idoneidade Probatória. Op. Cit., p. 209, quando afirma que a colaboração seria "um meio de obtenção de prova. Isto porque a "prova", ainda que tomada como uma palavra a designar todas as etapas de concretização da prova, exige decomposição de cada momento que a constitui como afirmado neste Capítulo. Identificar colaboração como meio para obter a prova é passar por salto da nomeação das fontes e meios, indo direito ao que se parece denominar como "elementos" da prova. Também, com a devida vênia aos esforços conceituais daquele r. Autor, não compactuamos, no marco teórico desta Obra, com a afirmação de ser a pessoa suspeita ou acusada "fonte de prova" que a levaria, em última análise, a uma condição instrumentalizada que não é consentânea com o processo penal no Estado de Direito.

200 Em especial no contexto da histórica "Operação Lava-Jato, permeada de críticas quanto à forma de emprego desse mecanismo. Por todos, ver BOTTINO, Thiago. Colaboração premiada e incentivos à cooperação no processo penal: uma análise crítica dos acordos firmados na "Operação Lava Jato". **Revista Brasileira de Ciências Criminais**, São Paulo, v. 24, n. 122, p. 359-390., ago. 2016.

201 Ver AZEVEDO, David Teixeira de. Delação premiada e direito de defesa. **Boletim IBCCRIM**, São Paulo, v. 22, n. 265, p. 4-5., dez. 2014, numa das poucas abordagens efetivamente técnicas a esse respeito.

202 TORRES, Luís Carlos; FALAVIGNA, Leandro; BUENO, Fernanda. **Colaboração premiada como técnica de defesa**. Disponível em: <http://politica.estadao.com.br/blogs/fausto-macedo/colaboracao-premiada-como-tecnica-de-defesa/>. Acesso em: 12 jan. 2022.

sua posição na persecução. Sem o que a liberta da pecha de ser um mecanismo antiético[203] e, portanto, contra-civilizatório.

Para ser compreendida no plano do exercício dos direitos defensivos está a obrigatoriedade da presença do defensor técnico ao lado da pessoa investigada ou acusada. E, nesse ponto, a prevalência quando do dissenso de posições estará a favor da pessoa sobre quem recai a persecução da mesma maneira que, na confissão, como ato personalíssimo, lhe cabe a escolha ainda que a defesa técnica seja contra essa postura.

Mas, enquanto manifestação da ampla defesa com os recursos a ela inerentes, na locução constitucional é, no mínimo, duvidoso que esse exercício implique *ex legge* a renúncia a outros direitos igualmente defensivos, como o direito ao duplo grau de jurisdição ou a renúncia ao direito ao silêncio e passe a assumir a condição de dizer a verdade.[204]

Quanto ao primeiro ponto, poder-se-ia cogitar que, em se tratando de ato de livre vontade e pendente de homologação judicial não haveria interesse em recorrer dessa decisão. Mas isso é distinto de afirmar, normativamente, o impedimento *tout court* do exercício do duplo grau.

Por outro lado, a preservação do direito ao silêncio enquanto expressão do *nemo tenetur* é exercitável em relação a todos os tópicos não abarcados na colaboração homologada e, pelo menos neste ponto não se pode exigir que seja o colaborador instado a manifestar-se sobre esses outros temas.

Efetividade e voluntariedade da colaboração

Efetividade e voluntariedade são qualificativos básicos para que a colaboração premiada produza os efeitos jurídicos aos quais se destina.[205]

Andreato[206], ainda sob a égide da legislação anterior, ao analisar esse aspecto vale-se de várias fontes literárias no direito brasileiro que exaltam a voluntariedade e a espontaneidade distinguindo-as como faz, por exemplo, Luiz Flávio Gomes, em obra conjunta com Raúl Cervini e William Terra de Oliveira, também diferencia *voluntário de espontâneo*. Segundo o autor, "colaboração espontânea é a que parte da iniciativa do próprio infrator. Ao exigir a lei que seja 'espontânea', faz depender que a ideia de colaborar provenha dele mesmo." Sob essa perspectiva,

---

203 Da mesma maneira que não haveria "ilicitude" na produção probatória pro reo como já discutido neste Capítulo também não haveria a falta de ética no exercício da ampla defesa, sendo a colaboração premiada um recurso a ela inerente.

204 Lei 12.850/13, art. 4°, § 14. A esse respeito ver TAFARELLO, Rogério Fernando. **Colaboração premiada**: reflexões sobre um instituto em construção. Disponível em: <http://jota.info/artigos/colaboracao-premiada-reflexoes-sobre-um-instituto-em-construcao-28032015>. Acesso em: 12 jan. 2022.

205 ESSADO, Tiago Cintra. **Delação Premiada e Idoneidade Probatória**. Op. Cit.

206 ANDREATO, Danilo. Colaboração premiada: ato espontâneo ou voluntário do colaborador? **Justilex**, Brasília, v. 7, p. 26-27, 2008.

há um algo mais exigido pela lei, porquanto "não basta que a colaboração seja 'voluntária' (ato livre) – requer-se um plus, que é a espontaneidade".

Para fins do art. 1º., da Lei 12.850/13 basta a voluntariedade, mas para diminuir os danos constitucionais desse mecanismo entendemos que a provocação para a celebração do acordo, além de voluntário, deve partir da pessoa submetida à persecução e não ser instado por organismos estatais ou açodada pelo próprio Judiciário.

Assim, a espontaneidade pressupõe a existência de grau elevado de ausência de constrição de modo a que a colaboração não seja um ato imposto. Por certo aqui também a crítica a essa *liberdade* de colaborar avulta, sobretudo quando cotejada com o emprego de medidas cautelares pessoais ou reais em desfavor da pessoa suspeita ou acusada.[207]

Neste ponto surge um aspecto para o qual se deve ter cautela evidente: a colaboração não pode ser o preço a ser *pago* para a não efetivação de medidas cautelares[208] (não efetivação da prisão já determinada em troca da colaboração), tampouco podem ser essas medidas utilizadas como mecanismos coercitivos para a efetivação da colaboração (colaboração sob risco de determinação da prisão).

A efetividade é essencial na concretização dos efeitos da colaboração em benefício do colaborador. Contudo, é necessário verificar *quando* a efetividade deve estar caracterizada. Em consonância com o exposto neste Capítulo, a colaboração indica fontes e meios de prova e, portanto, sua *efetividade somente* poderá se *auferida após* os *elementos* de *prova* serem *produzidos* e valorados[209].

Nada obstante, podem ser conferidas alguns benefícios de natureza cautelar ao colaborador, como sua proteção pessoal e preservação de seus dados perante terceiros.

8.3.2.4 Objeto da colaboração

A colaboração efetiva e voluntária volta-se à desestruturação das atividades criminosas organizadas que sejam objeto do processo crime ou investigação onde o colaborador é potencialmente acusado ou suspeito ou de quaisquer outras persecuções mesmo que, para algumas delas, o colaborador não tenha sido autor ou partícipe, mas que integrem o leque de atividades ilícitas do empreendimento criminoso.

---

207 A esse respeito ver MARTINS, Ives Gandra da Silva. O direito de defesa na constituição. A natureza jurídica da prisão preventiva. Exercício abusivo como forma de obtenção de delações premiadas. Inconstitucionalidade. Parecer. **Revista Magister de Direito Penal e Processual Penal**, Porto Alegre, v. 12, n. 67, p. 05-42., ago./set. 2015.

208 D'URSO, Luiz Flávio Borges. Delação premiada: proibição para quem está preso. **Revista Magister de Direito Penal e Processual Penal**, Porto Alegre, v. 11, n. 66, p. 64-66., jun./jul. 2015.

209 Neste ponto, a expressa previsão legal contida no art. 4º, § 11, da Lei 13850/2013: A sentença apreciará os termos do acordo homologado e sua eficácia.

Ademais, há possibilidade de a colaboração projetar-se como instrumento de prevenção de atividades ainda não concretizadas, mas que fariam parte da agenda criminosa da organização.

Assim, determinando que o *acordo* seja efetivado por *escrito* contendo como *cláusulas obrigatórias* o *relato* da colaboração e seus possíveis *resultados*, as condições da proposta, a *declaração de aceitação* do *colaborador* e de seu *defensor* e respectivas assinaturas além da *especificação* das *medidas* de *proteção* ao colaborador e à sua família, quando necessário, a previsão legal é completada pela regra do *sigilo* de todo esse procedimento.

8.3.2.5 Concretização da colaboração

Tema mais bem tratado que nas legislações anteriores é o da forma de concretização da colaboração, nada obstante lacunas legais ainda sejam identificáveis e conspirem contra a legalidade estrita deste mecanismo.

Nada obstante, é necessário frisar que as normas em vigor não esclarecem *como* se dá a convivência dessa concretização com a investigação em curso ou o processo penal em andamento.

Temos que se trata de matéria incidental e prejudicial ao desenvolvimento da investigação ou processo e deve ser tratada como um *incidente processual*. À mingua de previsões expressas nos artigos 91 e 92 do CPP, entendemos que esse incidente amplia aquele rol e deve ter o condão de suspender o curso da investigação ou processo crime.

Nesse sentido a Lei 12.850/13 prevê a possibilidade de suspensão da investigação e mesmo do processo, por até 06 meses, prorrogável por igual período, período no qual também estará suspenso o prazo prescricional.[210]

a] Momento

Dos regimes jurídicos existentes, o *momento* de *manifestação* da *colaboração* é, sem dúvida, um grande ponto de diferenciação.

Isto porque no modelo aplicável à criminalidade ordinária não organizada a colaboração pode se manifestar na fase investigativa ou no curso do processo de conhecimento; já na Lei 12.850/13 inovou-se para concebê-la mesmo na fase de execução da pena.

No âmbito da Lei 9.807/1999, o legislador optou, por completo, por excluir a incidência na esfera da tutela executiva e foi excessivamente tímido na esfera cautelar. Aliás, foi ele explícito no § 2o do art. 2o ao dispor que:

---

210 Lei 12.850/2013, art. 4º (...) § 3º O prazo para oferecimento de denúncia ou o processo, relativos ao colaborador, poderá ser suspenso por até 6 (seis) meses, prorrogáveis por igual período, até que sejam cumpridas as medidas de colaboração, suspendendo-se o respectivo prazo prescricional.

Estão excluídos da proteção (...) Os condenados que estejam cumprindo pena e os indiciados ou acusados sob prisão cautelar em quaisquer de suas modalidades. Tal exclusão não trará prejuízo a eventual prestação de medidas de preservação da integridade física desses indivíduos por parte dos órgãos de segurança pública.

Quanto ao processo de execução, significa dizer que, em princípio, após o início do cumprimento de pena definitiva, a única previsão para o cenário da execução penal está contida no art. 15, § 3o, ao dispor que: No caso de cumprimento da pena em regime fechado, poderá o juiz criminal determinar medidas especiais que proporcionem a segurança do colaborador em relação aos demais apenados.

A esfera cautelar também foi deixada num plano secundário, limitando-se a lei a afirmar em seu artigo 15, que:

Serão aplicadas em benefício do colaborador, na prisão ou fora dela, medidas especiais de segurança e proteção a sua integridade física, considerando ameaça ou coação eventual ou efetiva e, em seu § 1o, que, estando sob prisão temporária, preventiva ou em decorrência de flagrante delito, o colaborador será custodiado em dependência separada dos demais presos.

O que o legislador fez, e com muita timidez, não era além do que o bom senso já determinava: a segregação do preso cautelar que, por sinal, já deveria existir para com os presos definitivos.

Na Lei 12.850/13 há explícita previsão da possibilidade da colaboração no curso da execução, norma que gera, contudo, a necessidade de algumas observações.

Concebendo-se que o processo crime do colaborador tivesse corrido separado daquele objeto da colaboração, é forçoso destacar que nessa outra persecução ainda não poderá ter havido o transito em julgado, caso em que a colaboração se tornaria ineficaz posto que não se poderia empregar eventual revisão criminal *pro societate* com vistas a alterar a absolvição para condenar aquel'outro acusado ou, se já transitada a condenação, também não se poderia esperar qualquer efeito para eventualmente agravar a pena do já condenado. Ambas hipóteses traduzem, assim, cenário de ineficácia da colaboração.

Assim, para que essa colaboração venha a ser eficaz é necessário que a outra persecução esteja em curso, seja enquanto investigação, seja o processo em andamento, mas em fase na qual a colaboração possa se projetar como *processualmente eficaz* quanto à produção de provas, localização de proventos do crime ou indicação da localização de vítima, se disso se tratar a acusação.

Mas, se a colaboração havida na execução contiver aquilo que a doutrina denomina, em repetição ao texto legal, de "colaboração *preventiva:* [a que] tem por escopo prevenir infrações penais decorrentes das atividades da organização criminosa (art. 4º, inciso III, da Lei 12.850/13)"[211], o cenário é bem mais complexo.

A norma induz a que se cogite de uma colaboração para evitar a prática de crimes cujos atos de tentativa sequer tenham iniciado e, menos ainda, investigações a respeito ou processos-crime. Nesse cenário aparece como possível interpretar-se que o colaborador já condenado, ao auxiliar na prevenção será, em relação aos fatos evitados, não necessariamente um coautor ou partícipe, mas, potencialmente, *testemunha* em face dessas novas práticas criminosas que não se consumariam por força de sua intervenção auxiliadora.

b] Atuação do Ministério Público e Polícia investigativa

Dessa disciplina alguns pontos sensíveis destacam-se de plano pela sua evidente afronta à CR/88. Um deles é o da possibilidade de provocação da celebração do acordo de colaboração por autoridade policial, ainda que se preveja a manifestação do Ministério Público após essa provocação.

Essa disciplina não é nova na estrutura persecutória da fase investigativa (v.g., no caso dos pedidos de prisão temporária) e padece do mesmo problema: atividades postulatórias unilaterais da autoridade investigativa que se projetam para o processo penal numa clara afronta ao determinado no art. 129, I, da CR/88 posto que podem ser deferidas mesmo ante a discordância de quem tem o poder acusar.

Daí porque afirmações de apelo emergencial e utilitarista escapam ao modelo constitucional[212] e não são justificáveis mesmo em seu aspecto pragmático[213]. Com efeito, sendo instrumento de delicada compatibilidade constitucional, mais deteriorada fica essa relação quando se lhe agrega a hipertrofia policial, agigantamento este que é naturalmente afrontoso a estrutura acusatória de processo[214] penal como já exposto nesta Obra.

---

211 GOMES, Luiz Flávio; SILVA, Marcelo Rodrigues. **Organizações Criminosas e Técnicas Especiais de Investigação**: Questões Controvertidas, aspectos teóricos e práticos e análise da Lei 12.850/2013. Salvador: Editora JusPodvim, 2015. p 211-212.

212 Como bem apontam BITENCOURT, Cezar Roberto; BUSATO, Paulo César. **Comentários à lei de organização criminosa**: lei 12.850/2013. São Paulo: Saraiva. 2014. p. 129. No mesmo sentido: OLIVEIRA, Eugênio Pacelli de. **Curso de processo penal**. 18. ed. São Paulo: Atlas, 2014, p. 854; SILVA, Eduardo Araújo. **Da inconstitucionalidade da proposta de delegado de polícia para fins de acordo de delação premiada**: Lei nº 12.850. Disponível em: <http://www.apmp.com.br/index.php/artigos/1237>. Acesso em: 4 set. 2013; GOMES, Luiz Flávio; SILVA, Marcelo Rodrigues. **Organizações Criminosas e Técnicas Especiais de Investigação**. Op. Cit., p 251.

213 Como o argumento defendido por LEMOS JÚNIOR, Arthur Pinto de; OLIVEIRA, Beatriz Lopes de. **Crime Organizado e a Lei n. 12.850/13**. São Paulo: Atlas, 2014. p. 48. O estado atual da tecnologia da informação faz tábula rasa de afirmações como a dificuldade de contato entre órgãos e funcionários estatais.

214 Estrutura na qual, como cediço, o MP não é emissor de "pareceres" como apontado, entre vários autores, por SILVA, Márcio Alberto Gomes. **Organização Criminosa**: Uma análise jurídica e pragmática da Lei 12.850/13. Rio de Janeiro: Lúmen Júris, 2014.

A linha aqui adotada – a impossibilidade de acordos serem provocados *a priori* por autoridades policiais – temde a ser parcialmente seguida pelo STF na (ADI) 5508 aforada pela PGR contra dispositivo da 12.850/2013 que prevê o protagonismo policial na celebração desses acordos, e que não foi acolhida sob o argumento que se trata de "mecanismo situado no cumprimento das finalidades institucionais da polícia judiciária" conforme manifestação do Min. Marco Aurélio, relator para a ADI.

c] Atuação Judicial

No procedimento de concretização da colaboração, a participação judicial está obrigatoriamente limitada ao momento da homologação[215] sendo vedada a intervenção judicial na construção do acordo. Malgrado tenha-se buscado cingir o papel judicial ao limite mencionado, as situações interventivas não são assim tão claras.

Um primeiro aspecto a ser destacado é o da mescla de funções judiciais advinda da estrutura do processo penal brasileiro pela qual o juiz que acompanha atos investigativos é o mesmo que *preside* o processo de conhecimento sobre aqueles fatos, tema cuja crítica já foi efetuada nesta Obra em capítulo próprio.

Retomando o ponto de partida dessa análise, o que se deve buscar é a redução de danos da colaboração premiada ao modelo constitucional-convencional. E, para tanto, ideal seria preservar o juiz natural do conteúdo da colaboração para que ele viesse a ter contato, apenas, com as fontes e os meios de prova a partir dela, jamais o contato com evidências ou elementos de prova. Nada obstante, o conjunto das disposições da Lei 12.850/13 em nada estimula essa diferenciação de julgadores.

O papel judicial, pretensamente passivo quanto ao conteúdo da colaboração pode, entretanto, assumir contornos mais agressivos quando se possibilita a *adequação* dos termos do acordo e mesmo sua rejeição.

Na amplitude da literalidade da norma, a "adequação" está a um passo da antecipação do convencimento do julgador quanto ao mérito da acusação lançada posto que pode conter afirmações como a amplitude dos benefícios concedidos ou, em sentido contrário, da restritividade excessiva destes tomando-se como base a conduta imputada ou investigada.

E o cenário sobre esse tema não difere do quanto já discutido em outras tantas passagens do processo penal brasileiro cuja legalidade, solapada por mudanças pontuais, não se desgarrou do padrão construído no século passado, que atrela o recurso interlocutório às hipóteses enumeradas no art. 581. E, por certo, de

---

215 DEL CID, Daniel. A homologação dos acordos de colaboração premiada e o comprometimento da (justa) prestação jurisdicional. **Boletim IBCCRIM**, São Paulo, v. 23, n. 276, p. 15-18, nov. 2015.

sentença de apreciação de mérito não se trata, descabendo a apelação quando se tratar de impugnação de conteúdo. Restaria, para relevante doutrina, a hipótese do emprego da *correição parcial* (também conhecida como *reclamação* em algumas normas estaduais).[216]

Ressaltamos que, enquanto tentativa de mínima compatibilização constitucional, em ambos os aspectos somente haverá algum grau de compatibilidade constitucional para as verificações formais, vedadas as intromissões substanciais. Mesmo porque a eficácia da colaboração, sua prestabilidade processual somente poderá ser aquilatada com a produção de meios de prova e indicação de fontes de prova como já afirmado.

Isso significa que *não existe coisa julgada material* para a decisão judicial homologatória do acordo de colaboração, estando sujeita, como várias outras situações no processo penal, a uma sorte de modificação de sua autoridade de acordo com o estado da persecução.

Homologado o acordo, resta saber se o julgador, ao sentenciar, está sujeito aos limites ali estabelecidos ou pode ficar aquém do quanto acordado, sobretudo no que diz respeito ao *quantum da pena*.

A esse respeito o modelo brasileiro ficou no meio termo entre o que se passa com acordos no modelo estadunidense e no britânico, sendo o primeiro vinculante ao magistrado e, o segundo, não.

Isto porque existe uma vinculação mitigada aos termos do acordo, posto que não há como vincular o magistrado a um determinado *quantum* de pena, mas a uma variação desta a teor do art. 1º., da lei 12.850/13.

A Lei ainda insinua que a autoridade policial pode provocar o pedido de perdão judicial, pendente de manifestação do MP, faculdade cuja inconstitucionalidade é patente pelos mesmos motivos já abordados acima quanto à celebração de acordos pelo delegado de polícia com a defesa e manifestação *a posteriori* do Ministério Público.

Porém, o julgador não está vinculado a acatar esses pedidos extemporâneos ao acordo homologado[217]. Assim, a Lei 12.850/13 repete o mesmo problema da

---

216 MENDONÇA, Andrey B. **A Colaboração Premiada e a nova Lei do Crime Organizado (Lei 12.850/2013)**. Op. Cit., p. 24. O mesmo autor discute a aplicação do art. 28 do CPP na hipótese em que o MP deixar de oferecer denúncia contra o colaborador, a denominada "imunidade" ou mitigação da obrigatoriedade da ação penal.

217 E assim foi reconhecido pelo STF que negou a homologação de acordo quando dele fez parte a compulsoriedade da aplicação do "perdão judicial" pelos mesmos fundamentos expostos no texto. A ver em BRASIL. Supremo Tribunal Federal. **PETIÇÃO 7265/DF**. Relator Min. Ricardo Lewandowski. J.: 14/11/2017. Disponível em: <http://www.stf.jus.br/arquivo/cms/noticiaNoticiaStf/anexo/PET7265.pdf>. Acesso em: 12 jan. 2022.

legislação 9.807/1999 quando tratava do prêmio à colaboração como um fundamento para o perdão judicial nos termos do artigo 1.3[218]

Quanto à colaboração celebrada com execução da pena já em curso, algumas situações precisam ser distinguidas.

A primeira, a do juiz natural para a celebração desse acordo, se o juiz da execução em curso, se o juiz do processo onde a colaboração vá ter seus efeitos ou, se o caso de inexistência de persecução (colaboração preventiva), qual juiz natural.

Como regra geral não nos parece possível que o acordo venha a ser celebrado perante o Juízo das execuções porque a efetividade do acordo é matéria a ser analisada pelo juiz do mérito da outra persecução para a qual a colaboração se projeta; se preventiva a colaboração, para o juiz natural do local da prática penal, por livre distribuição caso não haja vara especializada em crimes cometidos por organização criminosa.

Porém, há de se distinguir se o colaborador cumpre pena por outros processos. Nesses casos, prevendo o acordo benefícios da execução mesmo sem o preenchimento dos requisitos objetivos impostos pela LEP, isso não significará, necessariamente, que possa fruir de imediato de regimes mais brandos vez que sua situação processual deverá ser analisada em seu conjunto diante da unicidade das execuções dado que que a colaboração não pode ter como objeto o abrandamento de regime de cumprimento por outros processos.

d] Sigilo

Uma das disposições mais significativas na concretização do acordo é referente ao sigilo da pactuação, o qual será quebrado nos termos do art. 7º, § 3º, da Lei 12.850/13, a dizer, "assim que recebida a denúncia". Claramente a preservação das tratativas é medida que atende vários aspectos do tema e, como princípio, é salutar sua previsão.

Os problemas que se colocam dizem respeito, por exemplo, ao *vazamento* dos termos do acordo mesmo antes de sua homologação judicial e o acesso aos termos avençados pela defesa técnica de corréus eventualmente mencionados ou mesmo de terceiros que sequer investigados eram.

---

218 In verbis: Art. 13. Poderá o juiz, de ofício ou a requerimento das partes, conceder o perdão judicial e a conseqüente extinção da punibilidade ao acusado que, sendo primário, tenha colaborado efetiva e voluntariamente com a investigação e o processo criminal, desde que dessa colaboração tenha resultado: I – a identificação dos demais coautores ou partícipes da ação criminosa; II – a localização da vítima com a sua integridade física preservada; III – a recuperação total ou parcial do produto do crime. Parágrafo único. A concessão do perdão judicial levará em conta a personalidade do beneficiado e a natureza, circunstâncias, gravidade e repercussão social do fato criminoso.

A sanção a essa publicidade indevida não é tema de tratamento específico em quaisquer das disposições sobre colaboração premiada, cabendo sua análise aos olhos do sistema de nulidades do CPP[219] e de legislações não penais.

Quanto a estas últimas, a Lei de Improbidade Administrativa sanciona como ato de improbidade que atenta contra os princípios da administração pública revelar fato ou circunstância de que tem ciência em razão das atribuições e que deva permanecer em segredo.

No campo das consequências do processo, em si, o sigilo é corolário da restrição da publicidade como medida excepcional, posto que na matriz constitucional a publicidade das persecuções é, em princípio, a regra.

Entendemos que a divulgação intempestiva de termos de acordos deve ser entendida sob duas condições distintas.

Primeiro, se as tratativas ainda estão em curso, não tendo havido a necessária homologação judicial. Nesse caso temos que o popularmente denominado *vazamento* pode comprometer a continuidade das negociações pois tendentemente pode servir como constrição para a celebração daquele pacto ou forçar, indevidamente, que eventuais outros acusados ou suspeitos se apressem em fazê-lo. Qualquer que seja a consequência, a divulgação dessa negociação torna impeditiva sua continuidade a fim de não estimular qualquer comércio jurídico sobre esse delicado instrumento.

Situação distinta é a divulgação de termos de acordo já homologados que, para os envolvimentos, já se reveste da necessária chancela judicial. Nessa hipótese temos a prestabilidade do pacto, nada obstante deva-se buscar a fonte da divulgação indevida com as decorrências legais à espécie.

8.3.2.6 Efeitos da colaboração

A lei 12.850/2013 amplia o leque de benefícios previstos em normas anteriores, acentuando a discrepância de tratamentos entre as bases normativas.

Contemporaneamente a colaboração gera efeitos na redução da pena ou na formação da acusação penal, autorizando-se o Ministério Público a *não denunciar* o colaborador desde que ele não seja o líder da organização criminosa e tenha sido o primeiro a prestar efetiva colaboração (colaboração como limitadora do

---

219 Na defesa dessa publicidade a partir de uma particular leitura, ver ARDENGHI, Ricardo Pael. Fim do sigilo da delação premiada com o recebimento da denúncia: necessidade de uma interpretação à luz do garantismo penal integral. In: VITORELLI, Edilson. **Temas atuais do Ministério Público Federal**. 3. ed. Salvador: JusPODIVM, 2015. p. 1033-1063.

exercício da acusação penal), numa clara mitigação do denominado princípio da obrigatoriedade da ação penal.[220]

Possibilita, também, aplicação extemporânea (porque não inserido o benefício no acordo homologado) do perdão judicial.

Neste ponto, cumpre recordar que o perdão judicial é previsto no ordenamento material no artigo 120 do Código Penal, onde se disciplina que *a sentença que concede perdão judicial não será considerada para efeitos de reincidência*, e sua aplicação encontra-se sobretudo no art. 121, § 50, ao dispor que: *Na hipótese de homicídio culposo, o juiz poderá deixar de aplicar a pena, se as conseqüências da infração atingirem o próprio agente de forma tão grave que a sanção penal se torne desnecessária.*

Trata-se, pois, de causa de extinção da punibilidade, mas não como *prêmio* para qualquer conduta colaboracionista, mas, sim, como justificativa para a não aplicação da pena face o mal maior sofrido pelo próprio agente, que teve o bem jurídico atingido de tal forma também na sua esfera pessoal que a sanção penal, em si, não cumpriria qualquer de suas funções (retributiva, ressocializante, etc).

O emprego do instituto do perdão judicial sempre trouxe consigo a discussão sobre a natureza da sentença que o determina tratada por parte da doutrina como *condenatória*, subsistindo, por isso, as consequências reflexas ou secundárias, especialmente o lançamento do nome do réu no rol dos culpados.

No âmbito da Lei 12.850/13 que já *inova* com a quebra da obrigatoriedade do exercício da acusação penal, seria de melhor tom dar o passo definitivo a esse respeito e instituir a possibilidade da desistência da acusação em curso, com o que se amoldaria melhor ao modelo acusatório e se evitaria a histórica discussão sobre o emprego do *perdão* judicial.

E, no ponto da quebra da obrigatoriedade do exercício da acusação, já discutida nesta Obra em capítulo próprio, encontra-se uma das grandes inovações do modelo da colaboração no combate à criminalidade organizada. E assim o afirmávamos em obra anterior[221]:

> O caminho correto, para os que acreditam que este mecanismo é, de alguma forma, útil ao processo ou à investigação, seria conferir imunidade plena

---

220 Para uma análise favorável a essa determinação, inclusive comparando-a a outras que também teriam o mesmo efeito, MENDONÇA, Andrey Borges de. A Colaboração Premiada e a nova Lei do Crime Organizado (Lei 12.850/2013). **Revista Custos legis**, v. 5, p. 1-38, 2013; ainda anteriormente a entrada em vigor da atual legislação, a mitigação já era defendida: SARCEDO, Leandro. A delação premiada e a necessária mitigação do princípio da obrigatoriedade da ação penal. **Revista do Instituto dos Advogados de São Paulo-RIASP**, São Paulo, ano 14, v. 27, p. 191-205, jan/jun. 2011, o qual "sugere a mitigação do princípio da obrigatoriedade da ação penal como forma de melhor harmonizar a delação premiada em nosso ordenamento jurídico, já que, ao que parece, não é mais possível abolir do sistema persecutório a adoção desta prática investigativa".

221 CHOUKR, Fauzi H. **Processo Penal de Emergência**. Op. Cit., especialmente capítulo 3.

ao colaborador na fase inquisitiva (ai sim agregando-se que essa colaboração tenha resultado na identificação dos demais coautores ou partícipes da ação criminosa, na localização da vítima com a sua integridade física preservada e na recuperação total ou parcial do produto do crime), com a possibilidade do Ministério Público não denunciá-lo.

Outra questão que deve ser colocada como consequência do acordo homologado é o papel do juiz na imposição da pena.

Com efeito, pela forma como o modelo legal de 2013 foi concebido há indicações de que a sentença deve ter como limite o quantum de pena acordado entre acusador e pessoa acusada. Assim, o cenário brasileiro afirma-se mais próximo do modelo transacional estadunidense no qual o Juiz não tem liberdade para condenar além da quantidade de pena acordada.[222]

Contudo, surge a discussão sobre a possibilidade de imposição de pena *aquém* do patamar acordado, como preceitua Carvalho, para quem:

> [...] parece ser possível concluir que a pena negociada entre as partes, nos termos da Lei 12.850/13, não exime o julgador do dever de individualização, constituindo o acordo apenas um limite máximo em relação ao tempo e à forma de cumprimento da sanção e que, nesta qualidade, deve ser respeitado. A possibilidade de fixação da pena abaixo do limite do acordo, portanto, não apenas é lícita, como imperativa nos casos em que a individualização indica uma sanção inferior como a necessária e suficiente para reprovação e prevenção do crime (artigo 59, caput, Código Penal).[223]

8.3.2.7 A figura do *colaborador contumaz*

O direito brasileiro, em qualquer das legislações referentes à colaboração, jamais exigiu a conversão do modo de vida do colaborador. Como afirmamos em trabalho anterior cuja pertinência ainda persiste,

> Um último ponto que deve ser abordado nesse contexto emergencial [...] é o da substancial conversão do colaborador. A lei apenas exige que a colaboração tenha sido efetiva e voluntária, e que dela tenha resultado a identificação dos demais coautores ou partícipes da ação criminosa, na localização da vítima com

---

222 E, em assim o fazendo, afasta-se de outro modelo onde pode haver grau de consenso sobre os fatos, o modelo inglês, no qual o Juiz não está adstrito a qualquer negociação entre acusador e acusado que tenha como objeto, a pena. A respeito ver SPENCER, John. O Modelo Inglês. In: DELMAS-MARTY, Mireille. **Processos Penais da Europa**. Trad. Fauzi H. Choukr e Ana Claudia Ferigato Choukr. Rio de Janeiro: Lúmen Júris, 2004. passim.

223 CARVALHO, Salo. **Juiz pode fixar pena abaixo do máximo estabelecido em acordo de delação**. Disponível em: <http://www.conjur.com.br/2017-mar-10/salo-carvalho-juiz-fixar-pena-menor-teto-delacao>. Acesso em: 10 mar. 2017.

a sua integridade física preservada. Não há nada que vincule o intérprete ou o aplicador da lei ao modo de vida posteriormente à colaboração, voltando-se aqui à crítica já exposta no direito comparado.[224]

E continuávamos para afirmar:

Ora, se a colaboração deve existir, não pode ela ser simplesmente encarada de um ponto de vista estatal, sem atentar para os reflexos disto no modo de vida e na personalidade do colaborador. Neste sentido fica bastante claro que o Estado deseja uma verdadeira muleta para sua incapacidade persecutória, e não o emprego de um mecanismo que possa ressocializar substancialmente o acusado. Esta é uma das características mais nefastas da adoção da (in)cultura emergencial, o abandono dos valores fundamentais do Estado de Direito, com o Estado agindo na defesa de si mesmo, da sua ineficiência e inoperância, sendo mínima a preocupação com o aprimoramento moral do Homem. Se ele, Estado, um dia foi fundado dentro da concepção do progresso moral, posturas emergenciais que integram o quotidiano mostram que esta missão está longe de ser alcançada.

E o incremento da colaboração na forma aqui discutida mostrou que essa preocupação era relevante na prática, mas por conta de outros aspectos.

Analisando caso de notório e contumaz *colaborador*, autorizada voz do mundo jurídico adotou posição contrária à celebração de acordo realizado em processo distinto e posterior àquele no qual havia ocorrido a *quebra* do primeiro pacto firmado que continha informações incorretas.[225]

Assim, nada obstante a credibilidade ser atribuído considerado nos termos do art. 4º, § 1º da Lei 12.580/2013 (em qualquer caso, a concessão do benefício levará em conta a personalidade do colaborador), essa previsão não parece ter tido o condão de impedir a existência de sucessiva colaboração em casos distintos e rumorosos.

8.3.3 A infiltração de agentes

A cultura emergencial é fortalecida com a Lei 12.850/2013 e o método de infiltração de agentes é um dos seus grandes instrumentos. Fato é que sob a justificativa da salvaguarda do Estado de Direito permite-se que o próprio Estado se imiscua na prática criminosa, dela participe e a ela feche os olhos em não raras ocasiões. Por isso vale a pena recordar com Hassemer que:

> [...] pode ser absolutamente correto que a luta contra a criminalidade organizada requeira a introdução de investigadores ocultos. Porém esta discussão não

---

224 CHOUKR, Fauzi H. **Processo Penal de Emergência**. Op. Cit.
225 DIPP, Gilson. **Parecer**. Disponível em: <https://jornalggn.com.br/sites/default/files/documentos/parecer_dipp_sobre_youssef.pdf>. Acesso em: 12 jan. 2022.

deveria ser conduzida como exigência de um direito penal conforme ao Estado de Direito, senão como exigência de um direito penal eficiente e suficiente do ponto de vista criminalístico, em contradição com os princípios que nos foram transmitidos quanto a um direito penal em conformidade a um Estado de Direito.[226]

Contudo, a possibilidade de *infiltração de agentes*, tema de clara dificuldade ética e legal com o Estado de Direito não é nova no cenário legislativo brasileiro, nada obstante permeado de lacunas[227]. Com efeito, a Lei no 10.217, de 11/4/2001, que alterou os arts. 1o e 2o da Lei no 9.034, de 3/5/1995 (que *dispõe sobre a utilização de meios operacionais para a prevenção e repressão de ações praticadas por organizações criminosas*), introduziu duas inovações já então verificáveis no direito comparado.

Uma, a captação e a interceptação ambiental de sinais eletromagnéticos, óticos ou acústicos, e o seu registro e análise, mediante circunstanciada autorização judicial; outra, a infiltração por agentes de polícia ou de inteligência, em tarefas de investigação, constituída pelos órgãos especializados pertinentes, mediante circunstanciada autorização judicial, sendo que, em ambos os casos, a autorização judicial será estritamente sigilosa e permanecerá nesta condição enquanto perdurar a infiltração.

A temporalidade das medidas estava prevista no art. 2º, o qual prevê que *em qualquer fase de persecução criminal são permitidos, sem prejuízo dos já previstos em lei, os seguintes procedimentos de investigação e formação de provas.*

Daquelas novas técnicas investigativas, a *interceptação ambiental* constituía modalidade de meio de prova cuja discussão não de hoje permeia o cenário jurídico doutrinário e jurisprudencial, e girava em torno da sua compatibilidade ou não com outros princípios constitucionais (v.g. privacidade), ora sendo admitida sob o argumento de que

> Ainda que efetivada a gravação de forma clandestina, nada obsta que seja ela reproduzida no Plenário do Júri se a pessoa cujas declarações constam da fita magnética questionada, confirmou ser sua voz e haver feito as afirmações nela registradas, não importando em qualquer prejuízo às partes, condição sine qua non ao reconhecimento de nulidade.[228]

---

226 HASSEMER, Winfried. **Critica al Derecho Penal de Hoy**. Trad. Patricia S. Ziffer. Colombia: Universidad Externado de Colombia, 1998. p. 83.

227 MARIATH, Carlos Roberto. Infiltração policial no Brasil: um jogo ainda sem regras. **Segurança pública & cidadania: revista brasileira de segurança pública e cidadania**, Brasília, v. 2, n. 2, p. 59-92., jul./dez. 2009.

228 PARAÍBA, Tribunal de Justiça. Processo n. 95.002745-6 (Apelação Criminal). Des. Raphael Carneiro Arnaud. J: 21/12/1995. Diário Oficial de: 23/12/95. **Seleção da CONJUR**, Santa Luzia, 1995.

Em outra linha, admitia-se sua utilização quando feita pelo próprio réu, sem a interferência de terceiro[229] e mesmo quando havida em locais públicos e entre funcionários públicos tendo como objeto assuntos relativos ao ofício.[230]

Sendo seu emprego a favor do acusado acordou-se que

> O que a constituição veda é a interferência de terceiro no interior do diálogo, sem aceitação do comunicador ou receptor, aquilo que se denomina intercepta-ção, dando azo a gravação clandestina. todavia, a conversa regular entre duas pessoas que se aceitam como comunicador e receptor, em livre expressão de pensamento, admite gravação por uma das partes.[231]

Embora tal postura merecesse discordância quando apreciada em outra sede jurisdicional.[232]

8.3.3.1 A infiltração de agentes na Lei 10.217/2001

À luz da Lei 10.217/2001, o emprego dos *agentes infiltrados*, cuja previsão havia sido alvo de veto quando da promulgação da lei brasileira de combate ao crime organizado apresentava-se possível mediante autorização judicial (uma inicial concessão da disciplina emergencial ao texto constitucional, em seu artigo 93, IX) que, no entanto, era sigilosa, e realizável por agentes de polícia ou de inteligência, em qualquer fase da persecução. Havia problemas evidentes de compatibilização dessa norma com o restante do ordenamento.

Um deles é o da *motivação secreta*, ideia que causa repugnância ao bom senso. Não seria aqui o caso de relembrar-se à exaustão que a motivação das decisões serviu, na superação dos regimes autoritários àqueles liberais, para demons-trar as razões do exercício do poder estatal à sociedade. Mas, do ponto de vista processual, além de frontalmente contrário ao texto constitucional, a norma, como redigida, impõe sua não praticidade.

Note-se que, de possibilidade temporária ilimitada, seu emprego é, em tese, cabível ao longo do processo[233] onde, antes de ser deferida, deve ser requerida. Se requerida, só o pode ser nos autos – e não em qualquer outro lugar – e, assim sendo, a parte contrária deve ter conhecimento desse requerimento e, por con-seqüência, de sua decisão, pois não há possibilidade de um pedido não merecer apreciação judicial em sede de sentença ou decisão. O teor do texto em vigor

---

229 SANTA CATARINA. Tribunal de Justiça. **Correição Parcial n. 126.826-3/SC-Palmeiras**. Quinta Câmara Criminal. Relator Des. Denser de Sá. J.: 16/9/1992.

230 REVISTA dos Tribunais, *v.* 641, p. 394.

231 SÃO PAULO. Tribunal de Justiça. **Agravo de Instrumento n. 171.084-1-S.J.Campos**. Primeira Câmara Cível. Relator Des. Euclides de Oliveira. J.: 24/3/92.

232 PARANÁ. Tribunal de Justiça. Agravo de Instrumento n. 14.407-8. Terceira Câmara. Relator Des. Silva Wolf. J.: 16/4/91.

233 Também é, do texto legal, possível interpretar que a aplicação da norma ocorre em sede recursal, na medida em que não há limitação temporal.

chega ao limite de considerar que a parte saiba o conteúdo dispositivo da decisão, mas não seu fundamento.

A lei impõe uma distinção entre agentes de polícia ou de inteligência, talvez por alguma inspiração cinematográfica. E é bom que tenha sido apenas por ela, e não por saudosismo dos mecanismos autoritários do último regime de exceção entre nós vivido, ocasião em que:

> A Escola Superior de Guerra agiu conjuntamente com dois organismos civis com nomes sugestivos, o Instituto de Pesquisas e Estudos Sociais (IPES) e o Instituto Brasileiro de Ação Democrática (IBAD) na organização de uma forma de tomar o poder segundo a legitimação ideológica fornecida pela Doutrina de Segurança Nacional. Talvez a maior empreitada da tríade ESG/IPES/ IBAD foi proporcionar, sempre sob controle dos interesses da Escola Superior de Guerra, a formação de um grande serviço secreto de informações, que espalhou seus agentes nas universidades e igrejas, nos sindicatos e na imprensa etc. Esses organismos foram criados ainda no governo Jango com a finalidade de fomentar e propagar em todo o país ideias contrárias às reformas de base do seu governo[234] (sem grifo no original).

8.3.3.2 A infiltração de agentes na Lei 12.850/2013

A atual lei de combate ao crime organizado avançou na forma de tratamento da matéria ao disciplinar de forma mais minudente a procedimentalização do pedido para que ocorra a infiltração e enunciar os direitos do agente infiltrado.

A atual legislação, embora não o diga expressamente, trata-a como método extraordinário (emergencial) empregável durante a investigação criminal, seja na modalidade inquérito policial, seja na investigação realizada pelo próprio Ministério Público, distinguindo-se do quadro anterior que a possibilitava mesmo no transcurso do processo crime. E isso decorre da previsão do art. 11, § 2º, que determina que os autos contendo as informações da operação de infiltração acompanharão a denúncia.

E, de forma também diversa daquilo que constava no regramento jurídico precedente a nova lei determina que somente poderão ser infiltrados agentes de polícia em tarefas de investigação[235] o que é salutar para afastar os agentes de

---

234 PONTES, Evandro Fernandes de; PONTES, José Antonio Siqueira. Bresilien Breicht. Relator brasileiro: Fauzi Hassan Choukr. In: ESER, Albin; ARNOLD, Jörg; KREICKER, Helmut (Coord.). **Straftrecht in Reaktion auf Systemunrecht:** Vergeleichende Einblick in Transitionsprocesse. Freiburg im Breisgau/ Deutschland: Edition Iuscrim, 2000. O projeto alemão foi coordenado por Albin Eser e Jörg Arnold, com a publicação de resumo dos relatórios nacionais pela Edition Iuscrim de Freiburg im Breisgau/Deutschland em 2000.

235 E não de inteligência. A construção da inteligência policial pelos aparatos militares é decorrente de sua missão constitucional, mas não autoriza que policiais militares desempenhem, no processo penal, atividades que são próprias da polícia investigativa.

inteligência nesse cenário, mas que deixa em aberto a possibilidade de infiltração de policiais militares que exerçam, em suas corporações, essas atividades.

A questão que se apresenta aqui é da verdadeira busca de espaços de poder corporativos, sendo que os defensores da expansão de poderes impróprios das corporações militares, dentre eles os investigativos para além das situações de investigação dos crimes militares próprios, apoiam-se em alegadas razões pragmáticas para tanto[236], ao passo que os contrários a essa atividade argumentam pela sua absoluta ilegalidade.[237]

E, com efeito, a CR/88 é clara ao destinar à polícia investigativa o papel de investigar como sua missão dentre os órgãos policiais, reservada à corporação militar o papel investigativo para os crimes militares próprios. Toda a discussão que se desenvolve para a ampliação desse papel militar (v.g. no conceito de autoridade policial para fins de lavratura do termo circunstanciado como discutido no Capítulo da Investigação Criminal nesta Obra) é reflexo da mencionada busca de espaços de poder.

Como requisito material para a formulação do pedido está a existência de *indícios* da ocorrência de crime organizado tal como definido em lei. Trata-se, na verdade, de um baixo patamar de cognição na fase investigativa a autorizar o desencadeamento desse procedimento, não tendo se ocupado a Lei em elevar esse requisito para melhor qualificá-lo (*v.g.*, indícios *veementes*).

Diante da magnitude desse método de investigação e seus potenciais custos ao Estado de Direito[238], além, por certo, dos riscos humanos envolvidos nesta operação[239], não é proporcional a existência de um nível tão raso de cognição.

Daí porque o solitário *mecanismo de controle em abstrato* existente para essa medida é seu *caráter residual*, que está condicionado à demonstração da *ineficácia concreta* de outros meios que devem ser analisados de forma pormenorizada quando da efetivação do pedido.

E uma vez deferido, nada obstante a previsão legal de necessidade de demonstração do alcance das tarefas dos agentes e das pessoas das pessoas investigadas e o local da infiltração *quando possível*, no plano prático não há como se ter controle dos atos praticados tampouco de assegurar a segurança do agente infiltrado.

---

236 COSTA, Fabrício Piassi. Polícia Reservada: legitimidade da investigação criminal pela PM. **Revista Jus Navigandi**, Teresina, ano 16, n. 2988, 6 set. 2011. Disponível em: <https://jus.com.br/artigos/19931>. Acesso em: 01 dez. 2016.

237 NETO, Augusto Cavalheiro. **Serviço de Inteligência das Polícias Militares**: mais uma ilegalidade tolerada na investigação criminal. Disponível em: <http://www.adepolalagoas.com.br/artigo/servico-de-inteligencia-das-policias-militares-mais-uma-ilegalidade-tolerada-na-invest-crimin>. Acesso em: 1º dez. 2016.

238 Como discutido em JOH, Elizabeth E. Breaking the law to enforce it: Undercover police participation in crime. **Stanford Law Review**, p. 155-198, 2009.

239 A esse respeito ver, entre outros, GIRODO, Michel. Personality, job stress, and mental health in undercover agents: A structural equation analysis. **Journal of Social Behavior and Personality**, v. 6, n. 7, p. 375, 1991.

Grande problema jurídico que se coloca quando emprego desse método emergencial de investigação é o da responsabilização do agente infiltrado por crimes por ele cometidos na atividade investigativa[240]. Conforme recorda a doutrina ainda na vigência da lei anterior,

> Surgem daí algumas hipóteses: a) o agente pratica infrações relacionadas com o objeto da investigação, isto é, aquelas que caracterizam a quadrilha infiltrada (por ex., venda de entorpecente, em uma quadrilha de traficantes); b) o agente pratica infração como condição para ser aceito no grupo organizado (por exemplo, um delito contra a integridade física ou o patrimônio de um traficante rival); c) o agente se excede na prática dessas infrações; e, d) o agente pratica infrações em seu próprio proveito.[241]

Contemporaneamente o tema é tratado no Art. 13, o qual determina que o agente que não guardar, em sua atuação, a devida proporcionalidade com a finalidade da investigação, responderá pelos excessos praticados e que não é punível, no âmbito da infiltração, a prática de crime pelo agente infiltrado no curso da investigação, quando inexigível conduta diversa.

Optou, assim, a legislação brasileira por justificar como causa de exculpação a impunidade do agente infiltrado quando comete crimes, merecendo aplausos de prestigiosa doutrina[242], mas que aparecem de forma mais comedida em outra referência de igual porte, à qual permito-nos aderir quando afirma:

> Na prática, a vagueza do termo proporcionalidade sem referência legislativa a planos de execução da infiltração (como no modelo colombiano) gerará dificuldades de delimitação e abre portas a perigosas subjetividades e divergências de apreciação. No que tange ao uso do vago critério de provocação, que sequer é mencionado na legislação brasileira, sua vagueza e dubiedade interpretativa não permitem que sirva como filtro adequado da responsabilização.[243]

Esse critério de *provocação* é citado por Pereira, num dos mais alentados trabalhos sobre o tema que aponta, com base em sólidas fontes, que para que

---

240 Toda essa discussão foi construída historicamente para crimes fora do ambiente virtual. As novas tecnologias colocam esse ambiente na pauta de atividades de infiltração e tendem a mudar as perspectivas de escusas como tradicionalmente concebidas. A respeito da infiltração em ambientes virtuais ver SILVA, Danni Sales. Da validade processual penal das provas obtidas em sites de relacionamento e a infiltração de agentes policiais no meio virtual. **Revista Brasileira de Ciências Criminais**, São Paulo, v. 24, n. 120, p. 203-235., maio/jun. 2016.

241 ROCHA, Luiz Otavio de Oliveira. Agente Infiltrado: Inovação da Lei 10.217/2001. **Revista Jurídica do Ministério Público de São Paulo**, São Paulo: IMESP, v. 1, n. 1, 2001, p. 154.

242 CUNHA, Rogério Sanches. **A Figura do Agente Infiltrado e sua responsabilidade penal**. Disponível em: <http://www.cartaforense.com.br/conteudo/artigos/a-figura-do-agente-infiltrado-e--sua-responsabilidade-penal/14745>. Acesso em: 21 jul. 2020.

243 BUSATO, Paulo César. Apontamentos sobre a responsabilidade criminal do agente infiltrado por delitos praticados em concurso com membros da organização investigada. **Justiça e Sistema Criminal**, v. 7, n. 12, p. 213-242, 2015.

haja a exculpação é necessária a conjugação de três fatores: a) que seja consequência necessária do desenvolvimento da investigação; guarde a devida proporcionalidade com a atividade investigativa e c) não constitua provocação à prática criminosa.[244]

Para além das disposições nacionais que importam para o direito interno, é necessário verificar o grau de compatibilidade com regras de outros países quando esse método atuar no plano da cooperação penal internacional.[245]

Por fim, um tema de grande magnitude prática: a preservação da idoneidade do material cognitivo produzido[246] pela infiltração. E essa preocupação deriva da necessidade do reconhecimento de que o trabalho do agente infiltrado precisa ser confrontado, em Juízo, para que assuma a condição formal de prova[247], ainda que se lhe queira dar, como regra, o tratamento de prova irrepetível e submetida a contraditório posterior.

Por certo que não se pode, apesar de todo o discurso triunfante de parte da doutrina para com esse método emergencial de investigação aceitar irrestritamente a palavra do policial infiltrado e de forma absoluta sua manifestação quanto à preservação das informações por ele trazidas. Assim, mais adequado será entender o *agente infiltrado* como *fonte de prova* – e não *elemento de prova* – na linguagem reiteradamente empregada neste Capítulo e, como tal submetido à análise judicial oportuna.

8.3.4 A ação controlada

A ação controlada foi tratada nesta Obra quando da análise da prisão em flagrante como modo de iniciar-se a investigação preliminar.

---

244 PEREIRA, Flávio Cardoso. **Agente encubierto como medio extraordinario de investigación**: Perspectivas desde el garantismo procesal penal. Bogotá: Grupo Editorial Ibañez, 2013. 1v. p. 375.

245 A esse respeito ver alentado artigo de ROSS, Jacqueline E. Impediments to transnational cooperation in undercover policing: a comparative study of the United States and Italy. **American Journal of Comparative Law**, v. 52, n. 3, p. 569-624, 2004.

246 A esse respeito ver PRADO, Geraldo. **Prova Penal e sistema de controles epistêmicos**. Op. Cit., numa das poucas obras a respeito na literatura nacional.

247 Sobre os reflexos processuais da atividade desse meio de prova emergencial ver BRITO, Alexis Augusto Couto de. Agente infiltrado: dogmática penal e repercussão processual. In: MESSA, Ana Flávia; CARNEIRO, José Reinaldo Guimarães. **Crime organizado.** São Paulo: Saraiva, 2012. p. 249-275.

Capítulo 9

Sentença e Coisa Julgada Penais

9.1 Sentença Penal

9.1.1 Aspectos gerais da sentença penal

A sentença penal é o momento culminante na prestação jurisdicional pela qual se desconstrói, no marco da legalidade estrita, a presunção de inocência ou a confirma, mantendo integralmente o estado de liberdade da pessoa acusada.

As obras produzidas pela literatura pós 1988 sobre a matéria ganharam dimensão diferenciada em relação às investigações anteriores, destacando-se abordagens psicanalíticas como a efetuada por Rosa[1], ao mesmo tempo em que a filosofia e a hermenêutica – sobretudo a constitucional – deram nova dimensão à atividade jurisdicional e à própria figura humana do julgador, já então deslocado de sua posição de falsa neutralidade – e mesmo de precária objetividade num ambiente inquisitivo de processo penal – para assumir um lugar de fala identificável e, portanto, sujeito a questionamentos metajurídicos, dentre eles, o que mais provavelmente se afigura como transcendental: o da possibilidade (ou não) do julgar humano.[2]

Nesse contexto as abordagens tradicionais que viam a sentença pelo seu aspecto meramente funcional e a decompunham em etapas claramente distintas – o relatório, a motivação e o tópico dispositivo – passaram a ceder o lugar de destaque àquelas outras questões muito mais problematizantes e incomodas para um modelo processual forjado num ambiente social inquisitivo e hierarquizado.

Ademais, a constitucionalização e convencionalização do ordenamento jurídico acarretaram situações-conflito que impõem ao julgador concreto o domínio de um leque de habilidades técnicas cuja capacitação é precária na formação tradicional e solapada pelos processos seletivos de ingresso nas carreiras jurídicas (situação crítica não exclusiva da magistratura, reconheça-se).

E, se de acusadores públicos ou privados essa potencial incapacidade é grave, ao magistrado, como guardião último da ordem democrática, ai entendida toda a profusão de valores e princípios a ela inerentes, essa defasagem acarreta resultados sombrios.

É sombrio o cenário porque o responsável pela última defesa daquela ordem democrática, manuseando um instrumental técnico defasado conceitualmente

---

1 MORAIS DA ROSA, A. **Decisão Penal**: a bricolage de significantes. 1. ed. Rio de Janeiro: Lumen Juris, 2006.

2 CARVALHO, Amilton Bueno de. O (Im)Possível Julgar Penal. In: BONATO, Gilson. (Org.). **Processo Penal, Constituição e Crítica**: Estudos em Homenagem ao Prof. Dr. Jacinto Nelson de Miranda Coutinho. 1. ed. Rio de Janeiro: Lumen Juris, 2011. 1 v. p. 69-78.

(o CPP, em particular[3]) e arraigado ainda profundamente às matrizes inquisitivas, não é um vetor de ruptura e de (re)construção do *humano* no processo penal.

Ao contrário, interpretará *olhando pelo retrovisor* ou, na linguagem mais sóbria da Academia, fará uma interpretação retrospectiva[4] e reafirmará a inquisitividade[5] mesmo diante dos poucos mecanismos nominalmente contemporâneos[6], dentre eles, a proporcionalidade como método interpretativo[7] que será, potencialmente, um instrumento de reafirmação do compromisso maior da inquisitividade processual: a *verdade real* como *santo graal* atingível pela cognição judicial.[8]

9.1.2 Fundamentos constitucionais convencionais

9.1.2.1 Dever de motivar[9]

O princípio da motivação das decisões, como fenômeno global, veio encontrar espaço nos corpos normativos a partir da segunda metade do séc. XVIII,

---

3 Mas, também, o penal material, que clama igualmente por esse novo instrumental. A ver em LYRA, José Francisco Dias da Costa. Direito Penal, Constituição e hermenêutica: pela superação do positivismo jurídico e a possibilidade do acontecer do direito num ambiente de neoconstitucionalismo. **Revista Brasileira de Ciências Criminais**, São Paulo, v. 19, n. 91, p. 21-57, jul./ago. 2011.

4 CASARA, Rubens R.R.; MELCHIOR, Antonio Pedro. Op. Cit.

5 Também no direito material penal onde a mesma inquisitividade se projeta diante da neutralização do humano concreto e pela construção de abstrações conceituais que reafirmam o estado de coisas dominante. A ver, entre outros, em GRANT, Carolina. A manipulação discursiva e a figura do "homem médio" no direito penal. Ciências Penais: **Revista da Associação Brasileira de Professores de Ciências Penais**, São Paulo, v. 5, n. 9, p. 167-180., jul./dez. 2008.

6 Como, dentre outros, destacado por STRECK, Lenio Luiz. A hermenêutica jurídica no estado democrático de direito: como olhar o novo com os olhos do novo? In: CALLEGARI, André Luís; WOTTRICH, Lisandro Luís; TEIXEIRA, Anderson Vichinkeski. **Constituição e ciências criminais**: estudos em homenagem aos 15 anos da Fundação Escola Superior da Defensoria Pública do Rio Grande do Sul. Porto Alegre: Livraria do Advogado, 2015. p. 9-18.

7 Que, fazendo parte da hermenêutica constitucional, precisa ser entendida em sua extensão. Para uma leitura ver SARLET, Ingo Wolfgang. Direitos fundamentais e direito penal: breves notas a respeito dos limites e possibilidades da aplicação das categorias da proibição de excesso e de insuficiência em matéria criminal: a necessária e permanente busca da superação dos "fundamentalismos" hermenêuticos. Revista da ESMESC: **Escola Superior da Magistratura do Estado de Santa Catarina**, Florianópolis, v. 15, n. 21, p. 37-74., anual. 2008, especialmente p. 73 ao mencionar o uso "panfletário" da proporcionalidade.

8 A literatura acerca dos reflexos dessa "verdade" enquanto conceito matriz do sistema inquisitivo é abundante. Entre vários, ver, por exemplo, KIRCHNER, Felipe. A utopia da verdade real: compreensão e realidade no horizonte da hermenêutica filosófica. **Revista Brasileira de Ciências Criminais**, São Paulo, v. 17, n. 80, p. 119-149., set./out. 2009.

9 O presente tópico é compartilhado com a obra de ALBERNAZ, Flávio Boechat. O princípio da motivação das decisões do Conselho de Sentença. **Revista Brasileira de Ciências Criminais**, São Paulo, v. 5, n. 19, p. 125-159., jul./set. 1997. Também publicado em CHOUKR, Fauzi Hassan. **Estudos de Processo Penal**. Op. Cit. Trata-se de um dos mais profícuos textos sobre motivação das decisões, produzido para obra coletiva acima mencionada e cuja relevância aqui se reverencia. Agradeço, sobremaneira, a generosa aquiescência do Autor em autorizar a reprodução de parte daquele material.

Sentença e Coisa Julgada Penais | 669

difundindo-se por completo em todos os ordenamentos processuais europeus (ressalvadas as peculiaridades locais) do séc. XIX, especificamente a partir da sua segunda metade, a propósito da reforma que se estendeu desde a promulgação do *Codice di procedura civile* de 1865, na Itália, até a *Civilprozessordnung* de 1895, na Áustria, passando pela *Ley de Enjuiciamiento Civil* de 1881, na Espanha, e pela ordenação alemã de 1877.[10]

Todavia, afirmar que o surgimento da motivação das decisões data do séc. XVIII é algo que deve ser tomado apenas em grau de aproximação, eis que não se trata de um acontecimento uniforme nos ordenamentos jurídicos, variando conforme as concepções políticas e ideológicas dominantes em determinado segmento espaço-tempo, às quais correspondem diferentes finalidades a que a motivação se prestou ao longo dos tempos.

Em primeiro lugar, porque há muito a exposição das razões de decidir constituía, em alguns sistemas, prática anterior ao tratamento legislativo, podendo ser citados os pronunciamentos motivados, na Alemanha, dos *Schöffengerichte*, na Itália, dos juízes lombardos e no séc. XII, dos magistrados de Pisa.[11]

Nos sistemas de *common law*, ainda hoje não se encontra norma escrita obrigando os juízes a motivar suas decisões, muito embora esta constitua prática constante no foro, imposta por exigências do próprio sistema de precedentes. Entretanto, este costume não se aplica aos julgamentos do Tribunal do Júri, pelo que diferencia a doutrina entre decisões de juízes de direito, devidamente motivadas, e veredictos dos juízes leigos, aos quais é estranho o princípio em tela.[12]

As experiências alemã e italiana, acima mencionadas, configuram, todavia, casos isolados, que não autorizam a assertiva de que a fundamentação do julgado constituía uma prática generalizada e difundida nos sistemas legais; ao contrário, pois a regra era mesmo a ausência de motivação, ao menos até o séc. XVIII. Tais exemplos prestam-se apenas para evidenciar que a prática e a imposição legal da obrigação de o juiz expor os motivos do seu convencimento não têm origem comum na história.

Em segundo lugar, porque mesmo a qualificação da motivação como obrigação legal, datada, em dimensões gerais, da segunda metade do séc. XVIII, só pode ser considerada igualmente a título de aproximação.

---

10 TARUFFO, Michele. **La Motivazioni Della Sentenza Civile**. Op. Cit. p. 343; MOREIRA, José Carlos Barbosa. A motivação das decisões judiciais como garantia inerente ao Estado de Direito. In: MOREIRA, José Carlos Barbosa. **Temas de Direito Processual**. 2. ed. São Paulo: Saraiva, 1988. (2ª Série). p. 83.

11 TARUFFO, Michele. **La Motivazioni Della Sentenza Civile**. Op. Cit., p. 320-2.

12 AMODIO, Ennio. L'obbligo Costituzionale di Motivazione e L'istituto della Giuria. **Rivista di Diritto Processuale**, Padova: Cedam, anno XXV (II Serie), n. 03, p. 461, Luglio-Settembre 1970, com referência bibliográfica.

De fato, a partir do séc. XIII já se conhecem exemplos em que a motivação surge como verdadeiro dever imposto ao juiz em dispositivo legal, *e.g.*, o estatuto do *Reggio Emilia* de 1265 e as legislações do Piemonte e de Florença.[13]

Na França, o princípio foi previsto pela primeira vez no artigo 3º da *Ordonnance criminelle* de Luis XVI, de 1º de maio de 1788 e, posteriormente, por ocasião da Revolução, no artigo 15, Tít. V, da Lei de 16 de agosto de 1790, sobre organização judiciária, e, em seguida, no artigo 208 da Constituição do ano III (1795).[14]

Antes disso, i.e., das legislações revolucionárias, algumas codificações já atribuíam à motivação, na esteira das reformas processuais que marcaram a segunda metade do séc. XVIII, dignidade de direito posto, embora com significativas diferenças quanto à sua função no sistema jurídico.

Assim na Prússia, onde, por vontade de Federico II, publicou-se, em 1748, o *Codex Fridericianus Marchicus*, o qual atribuía à fundamentação do julgado, natureza eminentemente técnica. Este código foi seguido, na essência, pela *Allgemeine Gerichtsordnung*, de 1781, igualmente empenhada apenas em dar às partes e aos juízes superiores, o conhecimento das razões de decidir, com vistas ao bom funcionamento da Administração da Justiça; em relação à sistemática precedente, alterou positivamente tão somente a disciplina da publicidade das decisões.[15]

Também o Código de Giuseppe II, promulgado por ocasião da reforma processual Austríaca, em 1781, que contemplou a versão mais radical da concepção técnica, endoprocessual, do princípio da motivação: salvo nas hipóteses de sentenças recorríveis, nas quais a fundamentação era oferecida, mediante requerimento das partes, a estas e aos juízes de superior instância, sem qualquer espécie de publicidade, a motivação era, nas hipóteses restantes, vedada ao magistrado.[16]

Nos Estados italianos destacaram-se o Código de Trento de 1788 e a *Prammatica Napoletana* de 27 de setembro de 1774, redigida, esta última, pelo Ministro Tanucci e promulgada por obra de Ferdinando IV[17]. Esta, ao impor aos magistrados napolitanos o dever de motivar todas as decisões, fossem de mérito, fossem meramente interlocutórias, direcionando a fundamentação ao público, através

---

13 TARUFFO, Michele. **La Motivazioni Della Sentenza Civile.** Op. Cit., p. 322-323.

14 FERRAJOLI, Luigi. **Derecho y Razón.** Op. Cit., p. 622; TARUFFO, Michele. La Motivazioni Della Sentenza Civile. Op. Cit., p. 325; MOREIRA, José Carlos Barbosa. **A motivação das decisões judiciais como garantia inerente ao Estado de Direito.** Op. Cit., p. 83.

15 TARUFFO, Michele. **La Motivazioni Della Sentenza Civile.** Op. Cit., p. 328-329.

16 *Ibidem*, p. 329-330.

17 AMODIO, Ennio. **L'obbligo Costituzionale di Motivazione e L'istituto della Giuria.** Op. Cit., p. 447; TARUFFO, Michele. **La Motivazioni Della Sentenza Civile.** Op. Cit., p. 331.

da ampla publicidade, mereceu de Amodio[18] e de Filangieri[19], grandes elogios, os quais atribuíram-lhe natureza extraprocessual, de instrumento destinado a colocar a função jurisdicional sob o controle difuso da comunidade social.[20]

Surgem, nesse período, duas distintas concepções do dever de motivar:

a] a primeira, extraprocessual, segundo a qual a função primordial da motivação é fazer possível o controle externo, popular, sobre a consonância da decisão com a verdade emanada dos autos e com a legalidade. Tal posicionamento não tem o escopo de infirmar o valor técnico da motivação; visa, apenas, a incrementá-lo, a expandir os horizontes do princípio, que, de garantia das partes, assegurando-lhes o conhecimento das razões do convencimento do juiz e proporcionando-lhes o necessário substrato para impugnar o *decisum*, passa à qualidade de garantia da própria jurisdição, de segurança da regularidade do desenvolvimento do juízo.

Assenta-se, sob esse ponto de vista, na noção democrática de justiça que acompanha a cultura política própria do Iluminismo; esta noção democrática encontra a mais significativa manifestação na legislação revolucionária francesa (Lei de 16 de agosto de 1790, art. 15; Constituição de 1795, art. 208).

São corolários desta postura, a total amplitude da publicidade da motivação e a absoluta impossibilidade de se impor ao juiz qualquer forma de limitação ao dever de explicitar as razões do julgado.[21]

O ponto mais significativo desta orientação é que, a esta altura da evolução histórica (explosão das ideias democráticas resgatadas pelo Iluminismo), o princípio da motivação, nesta dimensão de garantia da jurisdição, não se manifesta

---

18 AMODIO, Ennio. **L'obbligo Costituzionale di Motivazione e L'istituto della Giuria**. Op. Cit., p. 447 e seguintes.

19 FILANGIERI, Gaetano. Riflessioni politiche sull'ultima legge del Sovrano che riguarda la Riforma dell'amministrazione della Giustizia. **La scienza della legislazione**, Milano, p. 225-72, 1818, em especial, p. 239-55. "L'arbitrio giudiziario è quello che si cerca d'estirpare. Bisogna, dunque, tôrre a' magistrati tutto quello che li rende superiori alle leggi. Ecco il fine di questa legge". Dentre os meios para tanto empregados estaria, segundo o autor, o dever de os magistrados exporem ao público as razões da sentença (p. 239; 254-5).

20 Taruffo, por sua vez, mostra-se, e com razão, cético e não tão otimista quanto Amodio e Filangieri, quanto à verdadeira razão pela qual a Prammatica impôs ao juiz napolitano o dever de fundamentar a formação do seu convencimento. Para ele, tendo em vista que Nápoles, à época, apresentava uma estrutura política marcadamente despótica e autoritária (neste sentido, também Amodio, que não nega o perfil despótico do exercício do poder político em Nápoles, embora o caracterize como "típica manifestação do despotismo iluminado". "L'obbligo costituzionale...", cit., p. 447), o reforço do princípio da legalidade e a introdução de uma forma de controle sobre a atividade do juiz, através do dever de motivar, corresponderia mais a um programa de centralização do poder, em oposição ao regime descentralizador do sistema feudal, que ao intuito de tornar possível o controle popular sobre a verdade e a legalidade do pronunciamento jurisdicional. TARUFFO, Michele. **La Motivazioni Della Sentenza Civile**. Op. Cit., p. 332, nota em rodapé n. 35.

21 TARUFFO, Michele. **La Motivazioni Della Sentenza Civile**. Op. Cit., p. 333-334

como fruto de construções doutrinárias, técnicas ou filosóficas, mas como produto de concepções políticas e ideológicas que afloram na especial conjuntura social da Revolução, particularmente caracterizada pelo combate ao arbítrio dos sistemas absolutistas e pela afirmação dos Estados Democráticos de Direito.

Tem origem específica nos ideais de justiça democrática que se potencializam na esteira da cultura iluminista, como movimentos de oposição à prática judiciária do *ancien régime*, advertindo-se *"come la mancanza di motivazione costituisse il tramite essenziale dell'esercizio arbitrario del potere da parte dei giudici."*[22]

Nessa investida, vale ressaltar que a motivação não surge por si mesma, como ferramenta autônoma, mas em função do princípio da legalidade[23], destinada a submeter, em absoluto, a vontade de quem decide à lei; surge, pois, como instrumental fundamental à efetividade de uma garantia de Direito Penal material, e das demais que dela decorrem.

Daí o porquê de o princípio vir, de imediato, concebido como princípio geral, *insuscetível de limitações*[24].

No século atual, *essa concepção se manifesta especialmente nas Constituições promulgadas após a segunda guerra mundial*, marcando o início de uma era caracterizada pela colocação da liberdade e da dignidade da pessoa como fundamento dos sistemas jurídicos penais; caracterizada, de um modo geral, pela maior preocupação de todos os segmentos sociais com os direitos fundamentais do indivíduo[25-26].

b] conforme a segunda concepção, de ordem técnica, voltada a finalidades internas do sistema, endoprocessual portanto, a motivação destina-se às partes, assegurando-lhes o conhecimento das razões de decidir do julgador, a fim de que possam adequadamente impugnar a decisão; direciona-se aos órgãos judiciais superiores, munindo-os de condições de exercer o controle sobre o acerto e a legalidade das decisões, no exercício do duplo grau de jurisdição, provocado seja por meio de recurso, seja por intermédio de ação impugnativa autônoma. Mantém-se, por conseguinte, no âmbito interno

---

22 Ibidem, p. 343; MOREIRA, José Carlos Barbosa. **A motivação das decisões judiciais como garantia inerente ao Estado de Direito**. Op. Cit., p. 326.

23 TARUFFO, Michele. **La Motivazioni Della Sentenza Civile**. Op. Cit., p. 327.

24 Idem.

25 GOMES FILHO, Antonio Magalhães. **Presunção de inocência e prisão cautelar**. Op. Cit., p. 18.

26 Esta consideração do homem e da integridade dos seus direitos fundamentais, como centro dos sistemas penais constitui a base antropológica reclamada por Eugenio Raúl Zaffaroni como um dos fatores necessários (ao lado da coerência interna lógica do discurso jurídico-penal e da sua operacionalidade real) de legitimidade destes mesmos sistemas. ZAFARONI, Eugenio Raúl. **Em busca das penas perdidas**. Rio de Janeiro: Revan, 1991. p. 16-19.

do Poder Judiciário, certo controle sobre a uniformidade da interpretação e da aplicação do direito.[27]

Nesta perspectiva, o dever de motivar corresponde à exigência de organizar e de racionalizar o funcionamento, a Administração da Justiça.

Como corolário, aceitam-se limitações da publicidade e da extensão da motivação, sendo admissível a imposição do dever de motivar tão só quando a decisão for passível de impugnação, por recurso ou por ação autônoma; basta, ainda, alternativamente, a justificação formal[28] facultativa do julgado, fornecida às partes e ao órgão jurisdicional de segundo grau, apenas quando houver requerimento nesse sentido[29]; possível, ainda, a adoção de regra que, a exemplo da *Allgemeine Gerichtsordnung* (Prússia, 1781), vede ao juiz justificar a sua decisão, ou que o impeça de dar-lhe a devida publicidade[30]_[31]. Da mesma forma, não se declara a nulidade da sentença por falta de fundamentação, se esta não é expressamente exigida em lei.[32]

Essa última visão do princípio da motivação firma-se, sobretudo, com a ascensão de Napoleão ao poder, por obra do qual os conceitos desenvolvidos e propagados no final do séc. XVIII não foram recepcionados pelos textos normativos do séc. XIX; de curta duração, portanto, a aceitação do princípio em sua dimensão extraprocessual.

---

27 Moreira enumera, ainda, outras tantas razões para se exigir, sob o aspecto meramente técnico, a motivação das decisões, e.g.: conhecimento da motivação como instrumento para a correta interpretação do julgado; como fator persuasivo, destinado a desestimular a interposição de recursos; como condição de funcionamento dos mecanismos de uniformização de jurisprudência etc. MOREIRA, José Carlos Barbosa. A motivação das decisões judiciais como garantia inerente ao Estado de Direito. Op. Cit.

28 Conforme Moreira, é corrente na doutrina a distinção operada entre justificação material e justificação formal, sendo que aquela consiste na existência concreta de um fundamento para a prática do ato, ao passo que este (o ato) é tido como formalmente justificado quando se demonstra, se declara a existência desse fundamento. *Ibidem*, p. 89.

29 Nesse sentido, TARUFFO, Michele. **La Motivazioni Della Sentenza Civile**. Op. Cit., p. 38; MOREIRA, José Carlos Barbosa. **A motivação das decisões judiciais como garantia inerente ao Estado de Direito**. Op. Cit., p. 87; GRINOVER, Ada Pellegrini. O Conteúdo da Garantia do Contraditório. In: GRINOVER, Ada Pellegrini. **Novas Tendências do Direito Processual**. 2. ed. São Paulo: Ed. Forense Universitária, 1990. p. 34.

30 TARUFFO, Michele. **La Motivazioni Della Sentenza Civile**. Op. Cit., p. 334-335.

31 Nessa linha, o sistema instituído pelo nosso atual Código de Processo Penal, o qual, após prescrever no artigo 381, III, que a motivação é parte indispensável da sentença, devendo esta ser declarada nula na hipótese de ausência de fundamentação (cfr. TUCCI, Rogério Lauria. **Direitos e garantias individuais no Processo Penal Brasileiro**. São Paulo: Saraiva, 1993. p. 265-6), excepciona a regra, proibindo, no artigo 493, que os componentes do Conselho de Sentença motivem as respostas dadas aos quesitos, em perfeita consonância com a dimensão estritamente técnica, endoprocessual do princípio da motivação.

32 Assim a orientação da jurisprudência francesa do Tribunal de Cassation durante a primeira década do século passado. TARUFFO, Michele. **La Motivazioni Della Sentenza Civile**. Op. Cit., p. 341, nota em rodapé n. 56.

O que se vê a partir desse momento é a rápida difusão da obrigatoriedade de fundamentar os provimentos jurisdicionais de conteúdo decisório como imperativo técnico-processual, desconsiderando-se a carga ideológica do princípio em sua dimensão de garantia do correto desenvolvimento do juízo.

Essa influência se processou, em particular, em nível de legislação ordinária e foi devida, em grande parte, à recepção da legislação francesa por diversos ordenamentos europeus, dentre eles, alguns Estados italianos[33], fenômeno que alterar-se-ia somente a partir da segunda metade do séc. XX.

Todavia, não faltaram vozes, como a de Amodio, sustentando a distinta evolução dos ordenamentos francês e italianos. Para o autor, enquanto a França enredava-se pelos caminhos técnicos, endoprocessuais do princípio da motivação, os Estados italianos, seguindo o modelo napolitano de 1774 (*Prammatica Napoletana*), para ele de cunho nitidamente garantidor, consagravam a motivação como instrumento de controle popular sobre a Administração da Justiça.[34]

Para Taruffo, entretanto, não é crível a tese de que o sistema italiano tenha sido substancialmente refratário às influências bonapartistas, adotando, por outro lado, o modelo instituído pela *Prammatica Napoletana* de 1774.

Segundo o autor, é inegável que o sistema francês, implantado pelo Código Napoleônico, exerceu grande influência na Itália, quer em virtude da sua recepção por alguns Estados italianos, quer em razão da ampla circulação da doutrina francesa pelos territórios itálicos. Estes fatores, aliados à curta vigência da *Prammatica*, fazem crer que esta continuou a ser invocada mais como um acontecimento de valor histórico do que como um modelo de fato influente.[35]

a] Motivação: *perfis ideológicos e finalidades*

A adoção da obrigatoriedade de motivar todos os provimentos jurisdicionais de conteúdo decisório pelas Constituições do pós-guerra e, entre nós, pela primeira vez, pela Constituição da República de 1988 (art. 93, IX), assume particular importância basicamente em virtude de três motivos:

---

33 TARUFFO, Michele. **La motivazione della sentenza civile**. Op. Cit., p. 336-337; TARUFFO, Michele. Il significato costituzionale dell'obbligo di motivazione. In: GRINOVER, Ada Pellegrini; DINAMARCO, Candido Rangel; WATANABE, Kazuo (Coord.). **Participação e processo**. São Paulo: Revista dos Tribunais, 1988. p. 39.

34 AMODIO, Ennio. **L'obbligo Costituzionale di Motivazione e L'istituto della Giuria**. Op. Cit., p. 447: "Ricostruendo l'obbligo costituzionale di motivazione alla luce dell'evoluzione storica francese, egli [Paolo Scaparone] mostra infatti di soggiacere al pregiudizio, assai diffuso nella moderna dottrina, secondo cui gli istituti processuali dell'ottocento italiano ricalcano fedelmente i modelli della procedura d'oltralpe. (...). Ma l'idea che nel secolo XIX Italia e Francia abbiano avuto un corso storico comune, lo induce a trascurare il filone napoletano per affermare con tutta sicurezza che le riforme della legislazione rivoluzionaria francese e quelle attuate nel regno Napoli, furono, per quel che riguarda la motivazione, ispirate da ragioni non dissimili". Cfr., também, p. 450.

35 TARUFFO. **La motivazione della sentenza civile**. Op. Cit., p. 338, nota em rodapé n. 44.

I] em primeiro lugar, porque trazido ao seio constitucional, o dever de motivar se põe a salvo das vicissitudes e das inconstâncias da legislação ordinária, ao mesmo tempo em que exige que o intérprete o analise como princípio inserido no contexto das garantias fundamentais relativas à atividade jurisdicional[36];

II] em segundo, porque sendo a Constituição a expressão maior da síntese e da harmonia dos interesses sociais, políticos e culturais vigorantes em uma determinada sociedade, em um específico segmento histórico, torna-se nítido que os princípios por ela adotados (*e.g.*, devido processo legal, motivação e publicidade das decisões etc.), antes de constituir instrumentos técnicos voltados ao mero funcionamento interno do sistema a que servem, assumem a natureza de instrumento social, destinados, sobretudo, à comunidade sobre a qual produz efeitos o sistema (processual) de que fazem parte. Prova disto reside na constatação de que é nas Cartas Constitucionais que a obrigação de motivar é contemplada, via de regra, em sua concepção social, sob o enfoque extraprocessual.

Ainda sob esse aspecto, o dever de motivar, inserido no Texto fundamental de todo o ordenamento jurídico de um país, assume indiscutível natureza de princípio geral do ordenamento processual, seja ele civil, trabalhista, eleitoral, militar ou penal.

Como princípio processual constitucional geral, significa, ainda, que mesmo que o ordenamento processual infraconstitucional deixe de prever às expressas a inafastabilidade da motivação, fica fora de dúvida que a norma constitucional respectiva, que impõe a todo o Judiciário o dever de oferecer as razões da sua decisão, possui força integrativa obrigatória.

III] em terceiro lugar, porque a atenção dispensada pelo legislador constituinte ao princípio da motivação denota claramente a preocupação da Constituição com a limitação do poder estatal de punir às fronteiras legais, impostas por um devido processo legal, em prol da garantia da higidez da esfera jurídica individual. Em outras palavras, indica a opção da Constituição por um processo penal em que a segurança da liberdade individual e a observância da estrita legalidade constituem o núcleo de todo o sistema.

Alçado ao plano constitucional, o princípio que fixa o dever de motivar necessita, para que não restem dúvidas quanto à sua inafastabilidade, seja em que caso for, ser estudado sob três prismas: (a) dos efeitos da norma constitucional sobre a legislação processual ordinária; (b) das relações entre o princípio constitucional da motivação e os demais postulados constitucionais do devido processo legal; (c)

---

36 MOREIRA, José Carlos Barbosa. **A motivação das decisões judiciais como garantia inerente ao Estado de Direito**. Op. Cit., p. 84.

do princípio como instrumento de controle geral e difuso sobre a Administração da Justiça[37]. Vamos, pois, ao apontado estudo:

a] a questão assim apresentada nos remete à tão conhecida teoria da *estrutura escalonada da ordem jurídica*, perfilhada por Hans Kelsen em seu *Teoria Pura do Direito*[38]:

> O Direito, que se funda em uma norma fundamental, a qual lhe confere unidade, é um sistema de normas jurídicas ordenadas não no mesmo plano, mas mediante *"uma construção escalonada de diferentes camadas ou níveis de normas jurídicas."*[39]

Nessa estrutura, há normas que fixam a forma de produção de outras normas, e normas que determinam o conteúdo dessas normas a surgir no mundo jurídico. Assim, uma norma jurídica, aqui chamada de inferior, somente será válida se produzida segundo o processo prescrito por outra norma jurídica, superior a ela, e se possuir o conteúdo tal qual determinado por esta superior.

Ao prescrever o processo de produção e o conteúdo que a norma inferior deve ou não possuir, a norma jurídica superior lhe restringe o poder normativo. Esta limitação pode ser, por isso, de duas ordens: *formal*, quando disciplina o processo por meio do qual a norma deve ser produzida; *material*, sempre que se reportar ao conteúdo normativo do mandamento jurídico.[40]

Quantos aos limites materiais, que aqui nos interessam, podem ser *positivos* ou *negativos*.[41] Positivos sempre que a norma jurídica superior prescreve o conteúdo que a norma a surgir deve ostentar. Negativos, quando a norma superior priva a inferior de possuir determinado conteúdo.

Tudo está a dizer, e este é o objetivo desta pequena, mas necessária, digressão que ao outorgar à norma inferior poder para reger determinada matéria, a norma jurídica superior impõe os limites do exercício desse poder, dizendo como ele deve e como ele não deve ser desempenhado, de forma que àquela (à norma inferior) não resta outra alternativa senão executar os preceitos mais gerais desse mandamento superior.

Dessa relação entre normas jurídicas superiores e inferiores deflui a estrutura hierárquica do ordenamento jurídico, segundo a qual a norma inferior somente possui validade na exata medida da sua consonância, formal e material, com as normas superiores, e estas, da mesma maneira, somente são válidas se

---

37 TARUFFO, Michele. **La motivazione della sentenza civile**. Op. Cit., p. 392-414.
38 KELSEN, Hans. **Teoria Pura do Direito**. 6. ed. Coimbra: Armênio Amado, 1984. p. 309 e seguintes.
39 *Ibidem*, p. 309.
40 BOBBIO, Norberto. **Teoria do ordenamento jurídico**. São Paulo: Ed. Polis; Brasília: Ed. da UnB, 1991. p. 53-54.
41 *Ibidem*, p. 54-55.

compatíveis com outras normas que estão acima delas, e assim por diante, até o vértice da pirâmide, onde se encontra a norma maior, aquela da qual todas derivam e que, por isso, constitui condição de validade de todo o sistema, conferindo-lhe unidade.

Segundo Norberto Bobbio, que encampa explicitamente esta teoria, conforme a perspectiva sob a qual se observe a pirâmide jurídica, i.e., conforme se a aviste de cima para baixo, ou de baixo para cima, as normas serão, respectivamente, produtoras de outras normas ou executoras das suas superiores[42].

Conforme o autor, em uma

> [...] estrutura hierárquica, como a do ordenamento jurídico, os termos "execução" e "produção" são relativos, porque a mesma norma pode ser considerada, ao mesmo tempo, executiva e produtiva. Executiva com respeito à norma superior, produtiva, com respeito à norma inferior.[43]

Assim, pode-se concluir que à medida em que se vai descendo do nível jurídico superior aos níveis jurídicos inferiores, a carga normativa dos preceitos jurídicos diminui gradativamente. Isto porque ao fixar a forma e o conteúdo da norma inferior, a superior, que constitui o fundamento de validade da primeira, desenha-lhe os limites do poder normativo. À inferior não é dado, sob pena de nulidade, extrapolar tais limites; cabe-lhe apenas *executar* os mandamentos da norma jurídica superior, que a conforma, nunca querer produzí-la; de maneira alguma intentar conformá-la ou mesmo fornecer-lhe os paradigmas da interpretação, pois se estaria invertendo a estrutura hierárquica do ordenamento, retirando-lhe a indispensável unidade.

Canotilho e Vital Moreira, após afirmarem que a Constituição é a lei específica, em razão das peculiaridades que marcam o seu processo de produção e de alteração, e a lei necessária, já que não pode ser dispensada ou revogada, só modificada, asseveram, descrevendo o seu terceiro atributo, que ela é uma lei *hierarquicamente superior*, "que se encontra no vértice da ordem jurídica, à qual todas as leis têm de submeter-se."[44] (sem grifo no original)

Em outra passagem, continuam os autores a discorrer sobre a preeminência normativa da Constituição[45]:

> A Constituição ocupa o cimo da escala hierárquica no ordenamento jurídico. Isto quer dizer, por um lado, que ela não pode ser subordinada a qualquer outro parâmetro normativo supostamente anterior ou superior e, por outro lado,

---

42 Ibidem, p. 48-58.
43 Ibidem, p. 50-51.
44 CANOTLHO, José Joaquim Gomes. Op. Cit.; MOREIRA, Vital. **Fundamentos da Constituição**. Coimbra: Coimbra Editora, 1991. p. 40.
45 CANOTLHO, José Joaquim Gomes. Op. Cit.; MOREIRA, Vital. Op. Cit., p. 45-46.

que *todas as normas hão-de conformar-se com ela.* [...] A principal manifestação da preeminência normativa da Constituição consiste em que toda a ordem jurídica *deve ser lida à luz dela e passada pelo seu crivo,* de modo a eliminar as normas que se não conformem com ela. São três as componentes principais desta preeminência normativa da Constituição: (a) todas as normas infra-constitucionais devem ser interpretadas no sentido mais concordante com a Constituição (princípio da interpretação conforme à Constituição); (b) *as normas de direito ordinário desconformes com a Constituição são inválidas,* não podendo ser aplicadas pelos tribunais e devendo ser anuladas pelo Tribunal Constitucional. [...] (sem grifo no original)

É dessa forma que se relacionam as normas constitucionais e as normas ordinárias, relação na qual estas buscam naquelas o seu fundamento de validade, ao passo que as primeiras (constitucionais) delimitam o poder normativo das segundas (ordinárias); às ordinárias, por tudo isso, somente cabe executar as normas que lhes são hierarquicamente superiores. O mesmo raciocínio é absolutamente válido para a relação entre norma ordinária e decisão jurisdicional, em que a primeira figura como produtora da segunda, mandamento jurídico concreto.

Daí a impropriedade de se buscar, mediante a interpretação, conformar o conteúdo da norma constitucional (produtora) à infraconstitucional (executora), e não o inverso, como seria natural. E, com grande perplexidade, é esse o gravíssimo vício que se constata na matéria objeto deste excerto, pois, embora exista mandamento constitucional determinando, com todas as letras, que "todos os julgamentos dos órgãos do Poder Judiciário serão públicos, e *fundamentadas todas as decisões,* sob pena de nulidade[...]"[46], sem abrir qualquer exceção, não é pequeno o filão dos estudiosos, muitos deles reconhecidamente ilustres, que advoga a perfeita recepção, pela Constituição, da regra ordinária que prescreve que a "[...] sentença [do Tribunal do Júri] será fundamentada, *salvo quanto às conclusões que resultarem das respostas aos quesitos*[...]."[47]

A norma jurídica constitucional acima citada, ao ser redigida como foi, fixou negativamente os limites materiais, *i.e.,* o conteúdo da norma infraconstitucional que deve reger a matéria *motivação das decisões jurisdicionais,* vedando-lhe qualquer possibilidade de possuir um conteúdo que desobrigue o juiz de expor as razões do seu convencimento, ou que o impeça de fazê-lo, qualquer que seja o campo (penal, procedimento especial ou comum, ou extrapenal), posto que o princípio, constitucional que é, apresenta-se em caráter geral a todo o ordenamento processual.

---

46 Constituição Federal, artigo 93, IX.
47 Código de Processo Penal, artigo 493.

Desta forma, se norma ordinária assim dispondo for promulgada, será inconstitucional; se já existente ao tempo da entrada em vigor da nova ordem constitucional, terá sua validade e eficácia automaticamente cassada, posto que não recepcionada (inconstitucionalidade superveniente), como é o exemplo do artigo 493 do Código de Processo Penal.

Neste particular, anote-se a precisa lição de Michele Taruffo[48]:

> [...] da um lato, essa [a norma constitucional] produce l'illegittimità di qualsiasi eventuale norma ordinaria che consentisse al giudice di non motivare la sentenza, o che addirittura escludesse la motivazione. Dall'altro, essa impone l'interpretazione integrativa di qualsiasi norma che non prevedesse espressamentumun obbligo di motivazione inerente a particolari fattispecie di sentenze [...]

b] o segundo aspecto do princípio constitucional da motivação a ser abordado é o das suas relações com os demais princípios que compõem o sistema do devido processo legal.

Nessa perspectiva, o dever constitucional de motivar assume nítida natureza instrumental em relação às demais garantias processuais constitucionais, posto que a sua observância é condição de realização efetiva dos demais princípios que informam o Processo Penal.[49]

Destacam-se no devido processo legal, para os fins aqui propostos, os princípios da (b.1) independência do juiz, (b.2) da legalidade das decisões e da verdade processual e (b.3) dos direitos de ação e de defesa.

b.1] *independência do juiz*: conforme adverte Taruffo, quando se trata da independência do magistrado em sua relação com a motivação das decisões, não se pretende referir, especificamente, à sua independência institucional, ou seja, independente o juiz enquanto independente o Poder Judiciário frente aos demais poderes do Estado. Quer-se aludir, em verdade, a outro princípio, para cuja efetividade a independência do juiz concorre em relação também instrumental, i.e., em relação de garantia: a imparcialidade do magistrado. Não, também, imparcialidade em nível geral e abstrato, mas no plano concreto, enquanto representante do Estado-juiz, substituindo determinadas partes em uma específica contenda da vida, a fim de aplicar-lhe o direito material. No dizer de Taruffo, "*la neutralità del giudice nei confronti di ogni singola controversia sottoposta alla sua decisione.*"[50]

Ora, torna-se naturalmente impossível exercer o controle sobre a independência e a imparcialidade do juiz no caso concreto levado à sua cognição, se não

---

48 TARUFFO, Michele. **La motivazione della sentenza civile**. Op. Cit., p. 394.

49 Vide Taruffo. *Ibidem*, p. 398-399; TARUFFO, Michele. **Il significato costituzionale dell'obbligo di motivazione**. Op. Cit., p. 42.

50 TARUFFO, Michele. **La motivazione della sentenza civile**. Op. Cit., p. 399.

se puder conhecer das razões que o levaram a decidir em favor de uma ou de outra parte.

b.2] *legalidade das decisões e verdade processual*: o mesmo raciocínio se deve fazer quando se aborda a relação entre motivação e legalidade das decisões, i.e., a sua consonância formal e material com a lei. À vista do que se disse acima (letra *a*), ao declarar à relação da vida o sentido concreto da norma jurídica, a decisão judicial coloca-se em relação à lei como norma executora, que busca nela o seu fundamento de validade, posto que é a lei que lhe determina, previamente, a forma e o conteúdo.

Mas, como se consignou acima (item 5), tratando-se de atos jurisdicionais, não basta, para a certidão da sua validade, a verificação da sua pertinência à norma jurídica superior, o que seria suficiente se estivéssemos lidando com normas jurídicas abstratas. Condição de validade dos atos jurisdicionais, especificamente das decisões, é também a sua consonância com aquela verdade processual obtida por intermédio de um modelo processual cognitivo, permeado pelas garantias processuais necessárias a tornar efetivas as garantias penais.

Fácil de se concluir, assim, que sem motivação adequada torna-se inútil asseverar que a decisão judicial deve guardar conformidade com a lei e com a verdade, pois que essa adequação jamais será constatável.

Como se assinalou, ganha especial relevo para este fim, o conteúdo do discurso jurídico justificativo que deve ser oferecido pelo juiz ao decidir. Este, por certo, não pode se resumir à simples enunciação do resultado da atividade probatória, nem tampouco à menção do dispositivo legal aplicado.

O juiz deve expor as razões que o levaram a decidir de determinada maneira, explicitando os critérios de valoração das provas trazidas aos autos, a escolha da norma aplicável aos fatos provados, bem como o método interpretativo utilizado nesta eleição. Como é sabido, o simples cotejo da lei com a decisão desprovida dessa espécie de motivação mostra-se insuficiente para demonstrar a subsunção desta àquela, como normas produtora-executora.

b.3] *direitos de ação e de defesa*: trata-se do imperativo de se verificar o respeito que tem o juiz, no caso concreto, pelos direitos de ação e de defesa, entendidos como direitos à pertinente tutela jurisdicional de um bem da vida, os quais são contemplados na própria Constituição, no seu artigo 5º, XXXV, como fundamentais do homem, como direitos de acesso à justiça.[51]

---

51 Tem-se por direito de acesso à justiça, o direito tanto do autor, quanto do réu, à tutela jurisdicional adequada e efetiva sobre um bem da vida ameaçado ou violado, por meio de um processo estruturado à luz do devido processo legal, apto a possibilitar à jurisdição a obtenção dos fins a que se propõe. Vide também CINTRA, Antônio Carlos de Araújo; GRINOVER, Ada Pellegrini; DINAMARCO, Cândido Rangel. 9. ed. **Teoria geral do processo**. São Paulo: Malheiros, 1993. p. 74-77.

Sentença e Coisa Julgada Penais | 681

Releva notar que, mais importante que garantir às partes o uso pleno de todos os poderes que a lei processual lhes confere, é assegurar-lhes a *efetividade* do exercício desses poderes sobre a formação do convencimento do juiz.

Garantir os direitos de ação e de defesa significa, em outras palavras, assegurar que o julgador, ao proferir decisão, leve em conta na formação da sua convicção, o resultado da atividade processual das partes, i.e., que aprecie devidamente as provas produzidas, as razões oferecidas e os pedidos formulados, como condição de realização efetiva do direito à tutela jurisdicional, do direito de acesso à justiça.

De nada vale garantir às partes o uso pleno dos poderes processuais em lei conferidos, se o juiz puder, ao decidir, deixar de considerá-los. O exercício desses poderes há de ser não só pleno, mas, acima de tudo, efetivo sobre a convicção de quem julga.

Em sentido um pouco diverso do versado neste item, mas ainda referente às relações entre a motivação e a amplitude e a eficácia do direito de defesa, vale uma observação:

Em tema de revisão criminal, superada a controvérsia acerca da possibilidade de revisão das decisões soberanamente proferidas pelo conselho de sentença[52], cabe-nos indagar das hipóteses de cabimento desta ação autônoma de impugnação (CPP, art. 621).

Para os fins do trabalho, a atenção volta-se à norma do artigo 621, II, que declara ser juridicamente possível a revisão quando a causa de pedir for a falsidade da prova que ensejou a condenação. Para a revisão criminal, prova falsa é a relevante para a condenação; por tal, entende-se a que, se não foi causa determinante da decisão, ao menos sem ela o resultado do julgamento teria sido outro.[53]

Diante disso, resta claro que, sem os jurados motivarem o seu pronunciamento a respeito dos fatos, à defesa torna-se difícil, se não impossível, demonstrar, para o cabimento da ação revisional, que a prova falsa ou cuja falsidade se pretende demonstrar foi relevante para a condenação que se quer modificar. Não se argumente que esse indispensável predicado da prova possa ser inferido dos debates entre a acusação e a defesa em plenário: em primeiro, porque, não

---

52 O cabimento de revisão criminal em condenações proferidas pelo Tribunal do Júri tornou-se pacífico nos Tribunais e na doutrina, tanto em relação ao do juízo rescindente quanto ao do rescisório. A posição, bastante razoável, justifica-se pelo entendimento de que, constituindo a revisão um daqueles recursos inerentes à defesa de que trata o artigo 5º, LV, da Constituição da República e, ainda, servindo à tutela da liberdade do condenado, nada impede que o preceito da soberania dos veredictos ceda diante desses outros postulados igualmente constitucionais: defesa e liberdade. Neste sentido, inclusive com referência a julgados, GRINOVER, Ada Pellegrini; GOMES FILHO, Antonio Magalhães; FERNANDES, Antonio Scarance. **Recursos no Processo Penal**. 1. ed. São Paulo: Editora Revista dos Tribunais, 1996. p. 316.

53 Este é o enunciado da Súmula 118 das Mesas de Processo Penal: "A prova falsa que autoriza a revisão é a prova relevante para a condenação. (...)". Vide, ainda, GRINOVER, Ada Pellegrini; GOMES FILHO, Antonio Magalhães; FERNANDES, Antonio Scarance. **Recursos no Processo Penal**. Op. Cit., p. 319.

obstante as razões das partes, não se saberá se os jurados as tomaram em devida consideração; é a própria decisão que deve evidenciar quais provas lhe serviram de fundamento; em segundo, porque na prática forense, dos debates só se tomam apontamentos, deles não se faz transcrição integral.

Como é natural, somente através de uma motivação adequadamente estruturada aos fins do Estado de Direito é que se torna viável o exercício do controle sobre a atividade jurisdicional, especialmente no que concerne ao respeito pelos direitos constitucionais da ação e da defesa, como manifestação do direito à tutela jurisdicional.

Neste enfoque do princípio constitucional da motivação das decisões, qual seja, das suas relações com os demais princípios componentes da cláusula *due process of law*, o dever de motivar, além de lhes ser instrumentalmente conexo, aparece como princípio de controle sobre a Administração da Justiça, a partir do instante em que viabiliza a fiscalização sobre o modo com o qual o juiz exercita a atividade jurisdicional, em especial sobre a sua postura frente aos direitos fundamentais do homem no momento de decidir.

c] Cabe, pois, analisar o princípio constitucional de motivar sob o terceiro e último enfoque proposto, qual seja, da motivação como instrumento de controle geral e difuso sobre a Administração da Justiça.

Sob este aspecto, o dever do juiz de prestar contas sobre o modo como decidiu o caso concreto aparece como especificação de um princípio mais geral, pertinente ao Poder Público considerado como um todo: o princípio geral de controle sobre a maneira como os agentes públicos se utilizam dos poderes a eles conferidos por lei para a cura do interesse público. Tal controle é inerente ao Estado Democrático de Direito, ou seja, a um Estado que se justifica perante os verdadeiros titulares do poder político, quais sejam, os membros do corpo social, como forma de obter legitimação para o poder que exercita.

No específico campo da jurisdição, como salienta Taruffo, este princípio de controlabilidade manifesta-se no princípio da motivação das decisões[54], que, por isso, não pode ser direcionado apenas às partes e aos órgãos jurisdicionais com competência para conhecer das impugnações, mas a toda a sociedade, que também encontra-se sujeita aos *efeitos* do ato jurisdicional, tão só pelo fato de se sujeitar à ordem jurídica que se aplica.

Sendo o Judiciário, no plano jurisdicional do Estado de Direito, mero executor da soberania popular, não se concebe como a sociedade civil possa ser colocada à margem da forma como se exercita o poder de aplicar o direito à espécie levada a

---

54 TARUFFO, Michele. **La motivazione della sentenza civile**. Op. Cit., p. 343; MOREIRA, José Carlos Barbosa. A motivação das decisões judiciais como garantia inerente ao Estado de Direito. Op. Cit., p. 405-406.

Sentença e Coisa Julgada Penais | 683 |

juízo, como se a jurisdição fosse, como era no Estado Absoluto, um poder secreto, oculto, interessante apenas aos fins particulares do soberano.

Assim, em um regime em que o Estado se submete integralmente à lei, a qual, por sua vez, apresenta-se (ao menos presumidamente) como repositório dos interesses públicos, o dever de motivar adequadamente torna-se o instrumento por meio do qual o órgão julgador demonstra àquele que lhe delegou poder, a maneira como esse poder foi utilizado.[55]

Daí a clara noção do dever de motivar como especificação do princípio geral de controle a que estão submetidos todos os setores públicos do Estado Democrático de Direito.

Posto nestes termos, cabe aqui reiterar o que se disse anteriormente (letra *a*): a motivação das decisões, como princípio constitucional, constitui limite material negativo ao legislador processual infraconstitucional, o qual não pode produzir norma jurídica cujo conteúdo dispense o juiz de motivar as suas decisões, ou mesmo que o obrigue a deixar de fazê-lo, ou então, que limite o rol de destinatários da exposição de motivos que ora se prega apenas às partes e aos órgãos jurisdicionais superiores. Constitui, também, limite material negativo ao próprio julgador, que não pode produzir decisão completamente desprovida de motivação, ou então desprovida de motivação adequada a possibilitar a efetivação desse controle, tanto pelas partes, quanto pelos órgãos das instâncias superiores e pela sociedade.

Tem-se, portanto, que tal dever é geral e indeclinável a todos aqueles que executam, nos planos inferiores da normatividade, o princípio constitucional do artigo 93, IX, da Constituição da República.

A este propósito, arguta a observação de amodio, que, interpretando sistematicamente a Constituição italiana, na qual a norma jurídica que prescreve o dever de motivar os provimentos jurisdicionais é colocada entre as normas sobre jurisdição e não entre os princípios processuais, tais como direito de defesa, presunção de inocência ou tutela da liberdade pessoal, conclui que a motivação das decisões surge como garantia de toda a coletividade e não somente do indivíduo quando colocado frente ao Poder Estatal.[56]

Como advertido por Taruffo, o controle sobre a atividade jurisdicional que ora é tratado não se confunde, nem pode ser confundido ou reduzido ao mero controle contido no poder, atribuído apenas a quem seja *juridicamente interessado*, de impugnar as decisões, seja pela via recursal, seja por meio de ação autônoma, sob pena de inconcebível retrocesso à concepção endoprocessual da motivação, versada anteriormente.

---

55 AMODIO, Ennio. Motivazione della sentenza penale. In: RAFFAELE, D'Ambrosio. **Enciclopedia del diritto**. Milano: Giuffrè, 2016. 27 v. p. 188.

56 Idem.

O que se propõe na melhor doutrina, como algo natural ao Estado Democrático de Direito, é uma motivação que se apresente como instrumento de controle geral e difuso sobre o modo pelo qual o juiz administra o conflito de interesses alheios, dirigida, portanto, não somente às partes, aos terceiros juridicamente interessados, aos seus patrocinadores (constituídos ou dativos) e ao órgão julgador de instância superior, mas a todos os integrantes da sociedade civil[57] sobre a qual produzirá efeitos a decisão jurisdicional, pelo simples fato de serem os titulares do poder político (CF, art. 1º) e por estarem sujeitos a uma ordem jurídica comum.

Vale, assim, anotar a lição de Taruffo ao se reportar à motivação como instrumento de controle geral e difuso:

> La connotazione politica di questo spostamento di prospettiva è evidente: l'ottica «privatistica» del controllo esercitato dalle parti e l'ottica «burocratica» del controllo esercitato dal giudice superiore vanno integrate nell'ottica «democratica» del controllo che deve poter essere esercitato da quello stesso popolo nel cui nome la sentenza viene pronunciata.

Do exposto sobre a motivação das decisões judiciais sob o enfoque extraprocessual acolhido pelas constituições do pós-guerra, inclusive pela nossa de 1988, deflui naturalmente a sua íntima correlação com a participação popular na Administração da Justiça[58], que constitui, em verdade, um controle político exercitado *a posteriori* sobre os critérios de valoração das provas e de interpretação e aplicação do direito empregados pelo juiz ao decidir as questões levadas à sua cognição[59]. Para atingir os fins a que se propõe, esse controle não precisa, necessariamente, ser efetivo; efetiva há de ser, inafastavelmente, a possibilidade conferida a *qualquer um* de exercitá-lo plenamente, sempre que desejar.[60]

Assim, é fácil vislumbrar a importância assumida, para o controle popular sobre a Administração da Justiça, pelo *princípio da publicidade dos julgamentos*, que, igualmente, assume natureza instrumental em relação às demais garantias do devido processo legal, posto que seria inútil exigir do juiz a exposição dos motivos de decidir se os seus destinatários não pudessem conhecê-los.

Desta correlação aperceberam-se nossos constituintes, ao tratar, no mesmo dispositivo, dos princípios da motivação e da publicidade das decisões (CF, art. 93,

---

57 TARUFFO, Michele. La motivazione della sentenza civile. Op. Cit., p. 406-407. MOREIRA, José Carlos Barbosa. A **motivação das decisões judiciais como garantia inerente ao Estado de Direito**. Op. Cit., p. 90.

58 TARUFFO, Michele. La motivazione della sentenza civile. Op. Cit., p. 407; TARUFFO, Michele. **Il significato costituzionale dell'obbligo di motivazione**. Op. Cit., p. 49-50. AMODIO, Ennio. **Motivazione della senteza penale**. Op. Cit., p. 188.

59 TARUFFO, Michele. **La motivazione della sentenza civile**. Op. Cit., p. 409 e nota em rodapé n. 190.

60 *Ibidem*, p. 409.

IX), sendo que o último foi, ainda, repetido no artigo 5º, LX da Constituição da República, dentre os direitos e garantias fundamentais do homem.

Em suma, de instrumento voltado às partes e à magistratura, a motivação, em conformidade com essa nova postura (política e social), passa a ser dirigida também ao corpo social, que, por estar sujeito à eficácia do ordenamento jurídico, sofre igualmente os efeitos da decisão. Proporciona ao público, portanto, a possibilidade de efetuar o controle externo e difuso sobre o exercício do poder jurisdicional, extrapolando os limites meramente processuais para atingir a realidade sobre a qual o pronunciamento gera efeitos. Assume a motivação, pois, finalidade extraprocessual.

Consiste em assegurar aos jurisdicionados em potência, i.e., in genere, e aos jurisdicionados em ato, i.e., in concreto, através do conhecimento público das razões de decidir, o controle sobre a independência e a imparcialidade do juiz, não só no âmbito institucional, mas, acima de tudo, no plano concreto, bem como sobre a legalidade das decisões, ou seja, que o magistrado, ao optar por uma orientação, tanto em relação às questões de fato, quanto em relação às de direito, apegou-se ao espírito da lei, declarando, na relação jurídica material, a norma concreta que deve regulá-la, sem nos esquecermos do controle sobre a adequação do julgamento à verdade processual obtida por meio do modelo cognitivo, garantidor, de processo penal (item 5).

Por último, visa o princípio, nesta perspectiva eminentemente política e social, a resguardar toda a amplitude dos direitos de ação, de defesa e, por conseguinte, do contraditório, que deles deflui, direitos que não se resumem apenas ao poder de postular em juízo, mas que se desdobram na possibilidade de produzir provas, de deduzir razões e de receber do órgão jurisdicional a devida valoração dessas atividades; em outras palavras, de influenciar de modo efetivo no processo intelectual de formação do convencimento daquele que está incumbido do dever de decidir[61], fornecendo-lhe o material necessário ao desempenho do mister.[62]

E não há outro meio de exercer tal controle, quer em seu aspecto difuso, i.e., pelo povo, quer em sua perspectiva concentrada, i.e., pelas partes, senão conhecendo das razões pelas quais o juiz decidiu de tal ou qual maneira. Pode-se asseverar, portanto, com tranqüilidade, que uma das maiores virtudes do dever de motivar o ato decisório é a de impedir, ou de reduzir ao mínimo, o arbítrio

---

61 Sobre a função jurisdicional como dever do Estado, confira-se MESQUITA, José Ignácio Botelho de. **Da Ação Civil**. São Paulo: Escolas Profissionais Salesianas, 1963, § 12, p. 89 e seguintes.

62 TARUFFO, Michele. **Il significato costituzionale dell'obbligo di motivazione**. Op. Cit., p. 42-44; GRINOVER, Ada Pellegrini. O Conteúdo da Garantia do Contraditório. Op. Cit., p. 34-5; TUCCI, Rogério Lauria. **Direitos e Garantias Individuais no Processo Penal Brasileiro**. Op. Cit., p. 262-3; CINTRA, Araújo. **Motivo e Motivação do Ato Administrativo**. Dissertação (Concurso à livre docência em Direito Administrativo). Faculdade de Direito da Universidade de São Paulo, São Paulo, 1978. p. 120-122; MOREIRA, José Carlos Barbosa. **A motivação das decisões judiciais como garantia inerente ao Estado de Direito**. Op. Cit., p. 87-88.

judiciário, consistente em resolver o conflito lastreado em elementos de convicção não conhecidos pelas partes ou que *não guardem relação com o fato da vida levado ao processo.*

Sob este prisma, mostram-se insuficientes para atender aos reclamos dos novos postulados, a obrigação de motivar apenas as decisões passíveis de impugnação, e a justificação formal facultativa do julgado.

Para finalizar este item, diante do que se expôs, tenho que delineia-se, desde logo, a absoluta impossibilidade de sustentar a recepção e, por conseguinte, a validade da norma do artigo 493 do Código de Processo Penal frente ao artigo 93, IX da Constituição da República em vigor, que consagrou às expressas o princípio do dever, atribuído a todo o Poder Judiciário, de motivar qualquer provimento jurisdicional de conteúdo decisório. Este dispositivo constitucional, aliado aos seus corolários acima expostos, fixa negativamente os limites materiais de todas as normas jurídicas abrigadas nos planos inferiores da pirâmide do ordenamento, sejam elas gerais e abstratas (*e.g.*, lei), sejam específicas e concretas (*e.g.*, decisão jurisdicional), determinando-lhes a produção e condicionando a sua validade à observância desses limites.

Sustentar a subsistência do apontado artigo 493 no ordenamento jurídico, creio ser possível apenas invertendo a estrutura escalonada do Direito e subvertendo a hierarquia existente entre as normas deste sistema, colocando, por assim dizer, o Código de Processo Penal como produtor da Constituição Federal e, sob enfoque inverso, a Constituição Federal como executora do Código de Processo Penal. Desnecessário, por certo, ressaltar a impropriedade desta metodologia, posto que passaríamos a discutir a *legalidade da Constituição*, ao invés da *constitucionalidade das leis*.[63]

Se a limitação da motivação às partes processuais e ao juízo de superior instância já se mostra plenamente insuficiente para atender aos reclamos do Estado de Direito, preconizar a validade de uma norma que vai além, i.e., que proíbe o juiz de motivar, ainda que seja ele leigo, encontra óbices intransponíveis nos fundamentos do Estado, da jurisdição e, acima de tudo, no próprio Direito Processual Constitucional, seja ele civil, eleitoral, trabalhista, militar ou penal.

b] *Motivação, Estado de Direito e atividade jurisdicional*

Pois bem, muito se falou até aqui que a motivação, na concepção extraprocessual, surge como produto natural do Estado de Direito. Oportuno, portanto, traçar, neste ponto do trabalho, algumas considerações a respeito, aproveitando-se o ensejo para abordar o tema da legitimidade da atividade jurisdicional, que, como se verá, não se esgota e não se resolve pela aprovação popular

---

63 As expressões em grifos são de J. J. Gomes Canotilho e de Vital Moreira. CANOTILHO, José Joaquim Gomes. Op. Cit.; MOREIRA, Vital. Op. Cit.

do provimento, exigindo um outro fator: a adequação da decisão à verdade processual.

Proveniente da ideologia democrática de justiça que aflora sobretudo no iluminismo e se manifesta, em especial, na Revolução Francesa, essa última perspectiva da obrigatoriedade de motivação apresenta-se-nos senão como fruto dos postulados ideológicos de uma concepção de Estado que surgia em oposição ao então vigorante, de perfil absolutista: o Estado de Direito.

Surge como imposição inerente a um poder político que se submete integralmente à lei, a qual, por sua vez, assume, presumidamente, dignidade de repositório dos interesses públicos propriamente ditos, dos interesses da sociedade tida como um todo[64], i.e., de expressão da vontade popular, cujo poder se manifesta através de representantes escolhidos na forma da lei.

É obrigação à qual corresponde um direito titularizado não só pelas partes do processo, mas por todos aqueles que se encontram sujeitos à ordem jurídica, eis que emana de um Estado que agora se legitima não pela forçada injunção do poder, mas pela consonância de seus atos com o interesse público primário, consagrado em lei; que se justifica pela adequação da sua administração com a vontade popular, sua base de poder.

O mesmo se diga quanto ao plano jurisdicional, que, nesse contexto histórico, político e ideológico, busca legitimação não mais no autoritarismo, mas, dentre outros fatores (como se verá), na aprovação dos seus provimentos pela vontade popular, consentimento que, como é fácil perceber, só pode ser dado a partir do momento em que se conhece as razões de fato e de direito que levaram o magistrado a se orientar a favor de determinada pretensão, em detrimento de outra.

Claro que ao me referir à *vontade popular*, quero designar não a vontade de um determinado segmento social, como por exemplo de uma classe operária ou patronal, dos moradores de um bairro ou de uma cidade, ou dos pertencentes a uma determinada etnia, mas à vontade de toda a coletividade, àquela vontade positivada em lei, por meio da atividade legislativa, como interesse público primário, o qual se mostra atendido sempre que o espírito dessa lei é observado no caso concreto.

A obrigação de demonstrar as razões de decidir, na conotação extraprocessual (item 7), nasce, portanto, da saturação dos regimes despóticos, com a passagem aos regimes democráticos. No plano jurisdicional, o dever de motivar as decisões, tanto aos jurisdicionados em ato, quanto aos em potência, surge da necessidade

---

64 MELLO, Celso Antônio Bandeira de. **Curso de Direito Administrativo.** 7. ed. São Paulo: Malheiros, 1995. p. 30: entende-se por interesses públicos primários (ou propriamente ditos), aqueles titularizados pela comunidade como um todo, i.e., os interesses consagrados em lei como públicos; por interesses públicos secundários tomam-se aqueles afetos à pessoa jurídica de direito público, pelo só fato de possuir personalidade jurídica, abstraindo-se a sua natureza de gestora dos bens comuns.

que tem o Estado-juiz de se justificar perante as partes e perante o povo (agora fontes do poder), a fim de lograr as respectivas aprovações, em busca de legitimidade para a sua atuação.

Ao exercer a jurisdição o Estado, por meio de juiz legalmente investido no poder e, sobretudo, competente para desempenhá-lo, o faz desligado dos interesses substanciais postos à base do processo, em substituição aos titulares dos interesses em conflito, os quais não podem, espontaneamente, resolver a controvérsia, posto que vedada a autotutela.

É exatamente neste ponto da vedação da autotutela, i.e., na subtração, operada pelo Estado, às partes da relação jurídica material, do poder de dirimir direta e pessoalmente seus litígios substanciais, que reside a razão de ser da atividade jurisdicional, a qual, substituindo-as, aplica ao conflito da relação da vida o direito material, com o objetivo de dirimir a contenda a fim de assegurar a autoridade da ordem jurídica e a paz social.[65]

Assim, desempenhando a jurisdição não para si, mas para as partes e para o próprio corpo social, interessado na tranqüilidade das relações entre os seus integrantes, aflora para o juiz, naturalmente, o dever indeclinável de prestar contas integral e satisfatoriamente do serviço realizado. Daí o despautério de se conviver, no sistema, com decisões cujas razões são secretas.

Oportuna, diante do que se disse, a transcrição da lição de Taruffo:[66]

> L'obbligo costituzionale di motivazione nasce infatti dalla crisi dello Stato persona, autocratico ed estraneo rispetto alla società civile, e dal conseguente affermarsi del principio per cui la sovranità spetta al popolo. Sul piano della giurisdizione, ciò significa che la giustizia non è più una manifestazione della volontà del sovrano, o del Führerprinzip, ma risulta dall'esercizio di un potere che il popolo ha delegato al giudice. [...] Il passaggio dallo Stato assoluto, o – in epoca moderna – dallo Stato autoritario o totalitario, allo Stato democratico di diritto, implica la fine del potere assoluto e occulto dello Stato. Nello Stato democratico di diritto il potere non è assoluto, e soprattutto non è occulto: al contrario, vige il principio di trasparenza, o di "maximale Diskitierbarkeit" dell'esercizio potere, dato che la sua legittimità non è più fondata sul principio di autorità, ma sulla legittimazione democratica. [...]. Sul piano della giurisdizione, ciò significa che il provvedimento del giudice non si legittima

---

65 Entretanto, se levarmos em conta a severa crítica feita por Eugênio Raúl Zaffaroni de que o direito penal não se presta à solução de qualquer conflito que seja, dada a estrutural deslegitimação do sistema penal (ZAFARONI, Eugenio Raúl. **Em busca das penas perdidas**, passim), torna-se extremamente complicada a questão da busca da pacificação social através do processo, já que sempre se estará aplicando um direito que, ao invés de solucionar uma contenda, na melhor das hipóteses servirá para reduzir a um limite tolerável a violência de um sistema ilegítimo, tal qual a proposta de um direito penal mínimo.

66 TARUFFO, Michele. **Il significato costituzionale dell'obbligo di motivazione**. Op. Cit., p. 41.

in quanto esecizio di autorità assoluta, ma in quanto il giudice renda conto del modo in cui esercita il potere che gli è stato delegato dal popolo, che è il primo e vero titolare della sovranità. Donde l'obbligo di giustificare la decisione, che risponde sia alla necessità di dimostrarne la fondatezza in fatto e in diritto, sia alla necessità di permettere che tale fondatezza sia diskutierbar, cioè sia controllabile dall'esterno in modo diffuso. [...]

Diante disto, sempre foi corrente na doutrina mais autorizada, podendo-se conferir entre nós em Barbosa Moreira[67] e em Pelegrini Grinover[68], e no estrangeiro, na doutrina alemã, a assertiva de que a obrigatoriedade geral de motivar todas as decisões, inclusive as de natureza administrativa, como interesse público primário, a fim de garantir o controle popular, i.e., difuso dos provimentos, decorre dos postulados ideológicos do próprio Estado Democrático de Direito, por nós adotado no artigo 1º da Constituição da República.

Decorre, também, da natureza da atividade jurisdicional, que guarda razão de ser na proibição a que o Estado submete os membros da sociedade civil, de dirimir diretamente seus litígios, devendo resolvê-los por intermédio do Estado-juiz.

Este, por chamar para si o monopólio da solução dos conflitos, tem o dever inafastável de bem desempenhar o serviço jurisdicional, que é função[69], e, por conseguinte, de prestar contas da sua atuação àqueles que são obrigados a dele se socorrer, pois, como salienta Bandeira de Mello, *função* nada mais é que "dever de satisfazer dadas finalidades em prol do *interesse de outrem.*"[70]

Estes os motivos pelos quais sempre se extraiu a conclusão lógica de que, ainda que o ordenamento jurídico brasileiro houvesse silenciado a respeito, a motivação de todo e qualquer provimento de conteúdo decisório, jurisdicional ou administrativo, seria, assim mesmo, indispensável, *como princípio implícito de natureza constitucional* decorrente do regime político e dos princípios adotados pela nossa Carta Maior, graças à norma de extensão do artigo 5º, § 2º, tradicional em nosso Direito Constitucional.[71]

---

67 MOREIRA, José Carlos Barbosa. **A motivação das decisões judiciais como garantia inerente ao Estado de Direito**. Op. Cit., p. 84 e 93.
68 GRINOVER, Ada Pellegrini. **O Conteúdo da Garantia do Contraditório**. Op. Cit., p. 34.
69 Vide, neste particular, CINTRA, Antônio Carlos de Araújo; GRINOVER, Ada Pellegrini; DINAMARCO, Cândido Rangel. 9. ed. **Teoria geral do processo**. (1993), p. 113: "[...] resta, agora, a propósito, dizer que a jurisdição é, ao mesmo tempo, poder, função e atividade. Como poder, é manifestação do poder estatal, conceituado como capacidade de decidir imperativamente e impor decisões. Como função, expressa o encargo que têm os órgãos estatais de promover a pacificação de conflitos interindividuais, mediante a realização do direito justo e através do processo. E como atividade ela é o complexo de atos do juiz no processo, exercendo o poder e cumprindo a função que a lei lhe comete."
70 MELLO, Celso Antônio Bandeira de. Op. Cit., p. 29.
71 CF, art. 5º, § 2º: "Os direitos e garantias expressos nesta Constituição não excluem outros decorrentes do regime e dos princípios por ela adotados, ou dos tratados internacionais em que a República Federativa do Brasil seja parte."

Dentro desta perspectiva, mostra-se, com razão, de pouco fundamento a tese que procura justificar a desnecessidade de os juízes leigos, integrantes do Conselho de Sentença, motivar as suas decisões lançando mão do princípio de que as mesmas são soberanas.

Em primeiro lugar, porque a obrigação de motivar não se mostra, em qualquer aspecto, incompatível com a soberania das decisões do Conselho de Sentença, a qual, como se viu, tem conceito bem definido na doutrina e se resume a um problema de competência funcional (item 4).

Em segundo, porque é previsto no próprio Código de Processo Penal, artigo 593, III, d, recurso de apelação, no mérito, de decisões do Conselho de Sentença, podendo o Tribunal, entendendo-as manifestamente contrárias às provas dos autos, cassá-las e determinar novo julgamento por outro Conselho.

Em terceiro e último lugar, e talvez seja este o motivo mais importante, porque tal entendimento somente se coaduna com o enfoque tecnicista, endoprocessual da razão de motivar, característica dos regimes autoritários, incompatível com as exigências de um Estado que se submete integralmente à lei e que exige, no âmbito jurisdicional, o controle da adequação dos julgamentos a essa legalidade.

Mas não é só. Se esse quadro não deve e nem pode ser de todo refutado, ou seja, se não podemos simplesmente negar que o dever de motivar as decisões, com fins extraprocessuais, é produto ideológico do Estado de Direito, e que esse Estado, como Estado que se justifica perante o povo, verdadeiro titular do poder soberano, tem aquele dever como um fator de legitimação, o certo é que, diante do que se disse adrede (item 5) a respeito do modelo processual cognitivo e da verdade processual, por meio dele obtida, como fundamento de validade e de legitimidade da jurisdição em seu sentido mais restrito, as assertivas acima não mais explicam todo o problema da legitimidade da atividade jurisdicional. Outro fator há de ser considerado: a adequação da decisão à verdade processual.

Por certo que, segundo as concepções do moderno Estado de Direito, nenhum poder público, qualquer que seja ele, extrai sua legitimidade da autoridade do agente que exerce o poder, como era em tempos absolutistas. Se autoridade existe, se poder é exercido, como de fato acontece, autoridade e poder são meros instrumentos utilizados para a consecução de um fim que é externo ao Estado: o interesse público propriamente dito, o interesse do corpo social.

Assim, a legitimidade deste exercício de poder está, e isso não se pode contestar, na consonância com a vontade social. Daí porque adjetivada por Ferrajoli de representativa ou consensual.[72]

Todavia, se este é o grande fundamento de legitimidade dos poderes Executivo e Legislativo, políticos por natureza, tratando-se de atividade jurisdicional, em

---

72 FERRAJOLI, Luigi. Derecho y Razón. Op. Cit., p. 542-6.

seu sentido estrito, garantista, cognitivo (item 5), a afirmação não se mostra de todo exata. Não se duvida que a aprovação popular dos julgamentos é importante fator a conferir legitimidade à jurisdição, especialmente quando se deve entender *vontade popular* como vontade da coletividade como um todo, consubstanciada em lei. Todavia, tendo em vista as peculiaridades da jurisdição, é certo que apenas o consenso não resolve o problema apresentado.

Para tanto, deve-se considerar outro elemento, qual seja, aquela verdade mínima, relativa de que fala o autor acima mencionado[73], obtida segundo paradigmas rigorosos de exploração da realidade, ou seja, mediante um processo informado por garantias que, ao lado das garantias penais, tutelam a higidez da liberdade individual frente ao arbítrio estatal (*e.g.*, contraditório, inadmissibilidade de provas ilícitas, presunção de inocência até o trânsito em julgado de condenação penal, motivação e publicidade das decisões etc.), paradigmas que conferem a esta verdade caráter objetivo, tornando-a passível de verificação e de impugnação.

Dado que a jurisdição penal incide diretamente sobre a liberdade individual, de locomoção ou patrimonial, será de pouca valia, para a garantia dessa liberdade e para o respeito à dignidade do seu titular, que o ato judicial seja premiado com a aprovação popular, caso a decisão venha a se sustentar sobre uma *falsa verdade*.

Como escreve Ferrajoli:[74]

> No puede castigarse a un ciudadano sólo porque ello responda al interés o a la voluntad de la mayoría. Ninguna mayoría, por más aplastante que sea, puede hacer legítima la condena de un inocente o subsanar un error cometido en perjuicio de un solo ciudadano. Y ningún consenso político – del parlamento, la prensa, los partidos o la opinión pública – puede suplantar la falta de prueba de una hipótesis acusatoria. En un sistema penal garantista, el consenso mayoritario o la investidura representativa del juez no añaden nada a la legitimidad de la jurisdicción, dado que ni la voluntad o el interés general ni ningún otro principio de autoridad pueden hacer verdadero lo falso, o vice-versa.

Mas não é só, pois de nada adiantaria toda essa preocupação com a obtenção de uma verdade processual empiricamente controlável se ao juiz fosse dado desprezá-la no momento de decidir, tomando como base fática para a aplicação do direito à espécie, outra *verdade*, ou melhor, uma falsa verdade.

Tal é o que, não raro, se verifica no Tribunal do Júri, no qual inúmeras vezes são tomadas como razão da convicção do jurado, circunstâncias absolutamente dissociadas da conduta supostamente ilícita que se imputa ao réu, como são os casos, *e.g.*, de crimes passionais, em que a supremacia quantitativa de representantes do mesmo sexo do acusado no Conselho de Sentença exerce enorme

---

73 Ibidem, p. 540-542.
74 Ibidem, p. 544.

influência sobre o resultado do julgamento, tal como se pode conferir nas constatações de Sérgio Adorno[75]. Em outra passagem, o mesmo autor assevera:

> Não menos importante é o desempenho do corpo de jurados. Encarregados da soberana tarefa de julgar, podem olhar os fatos a partir de cima e avaliar o maior ou menor ajustamento dos personagens a modelos de comportamento considerados legítimos e naturais, como sejam o de pai provedor do lar, boa esposa, filho pródigo, vizinho solitário. *É desse maior ou menor ajustamento que parecem extrair as razões para condenar ou absolver*. (sem grifo no original)[76]

Justamente para evitar esses gravíssimos desvios é que se faz necessária a entrada em cena do dever de motivar. É esta injunção legal que, ao exigir do juiz a exposição das razões de fato e de direito de decidir, obriga-o a se ater ao resultado da atividade processual, forçando-o, por conseguinte, a aplicar a norma adequada à situação da vida cristalizada nos autos.

Assim, conclui-se que a motivação das decisões constitui, com efeito, fator de legitimação da jurisdição enquanto dá ao povo conhecer das razões de decidir, não porque possibilita a obtenção da concordância popular, mas enquanto torna viável o controle sobre o atrelamento da atividade intelectual do juiz à verdade obtida por meio do modelo processual cognitivo, isolando a decisão, ao máximo, da subjetividade e das concepções unicamente pessoais de quem julga.

d] *Motivação: conteúdo mínimo indispensável*

Cumprido o desiderato de traçar o perfil ideológico tradicionalmente atribuído ao princípio da motivação, salientando-se a sua dimensão política, extraprocessual, especialmente delineada nos textos constitucionais do pós-guerra, cumpre--nos, agora, dispensar algum tempo ao conteúdo que o princípio deve ostentar, a fim de desempenhar as finalidades a que se propõe.

Temos, pois, o conteúdo deste princípio, como algo imediatamente condicionado pela concepção ideológica que se atribui à motivação[77], a qual varia de ordenamento para ordenamento, conforme a sua função dentro do sistema jurídico.

Conforme Amodio,[78] característica marcante dos ordenamentos que confeririam à motivação, função meramente endoprocessual, era a simples enunciação, quanto ao juízo de fato, do resultado da sua averiguação. Dispensava-se o julgador do dever de apreciar as provas produzidas e as razões, a elas relativas, deduzidas. Quanto ao direito, bastava, para se ter como motivada a decisão, a

---

75 ADORNO, Sérgio. Crime, justiça penal e desigualdade jurídica; as mortes que se contam no tribunal do júri. **Revista USP**, São Paulo, v. 21, p. 132 e seguintes, mar./maio 1994, p. 144.

76 Ibidem, p. 140.

77 TARUFFO, Michele. **La motivazione della sentenza civile**. Op. Cit., p. 412-413.

78 AMODIO, Ennio. **L'obbligo Costituzionale di Motivazione e L'istituto della Giuria**. Op. Cit., p. 452.

remissão ao texto legal tido como aplicável, sem se exigir a exposição das razões que levaram o julgador a conferir aos fatos determinada conseqüência jurídica, em detrimento de outras tantas possíveis.

Em seguida, o ilustre autor formula questão que bem sintetiza a preocupação central deste estudo:

> Com esse singelo conteúdo estaria a motivação apta a cumprir a sua missão de instrumento de limite ao arbítrio judiciário; não estaria o juiz livre para, de um lado, manipular o fato de modo a fazê-lo subsumir-se ao modelo normativo de conduta previamente eleito e, por outro, de asseverar que a lei diz exatamente aquilo que lhe é cômodo que diga?[79]

Nas palavras do autor:

> Viene anzitutto da chiedersi, però, se ridotto a queste scheletriche dimensioni l'apparato giustificativo dei provvedimenti giurisdizionali sarebbe ancora in grado di assolvere quella funzione di baluardo contro l'arbitrio giudiziale tradizionalmente considerata ad esso peculiare nelle finalità del disposto costituzionale. Esonerato dall'assumere ogni atteggiamento critico in rapporto alle prove ad alle norme, il giudice rimarrebbe libero da um lato, di manipolare il fatto in maniera tale da farlo rientrare nella fattispecie normativa preventivamente prescelta, dall'altro, di asserire apoditticamente che la legge dice esattamente ciò che gli fa comodo che dica. È possibile che la Costituzione abbia voluto accordare una garanzia che si riduce ad una vera finzione?[80]

É certo que a Constituição Brasileira de 1988, em seu artigo 93, IX, limita-se a prescrever que "todos os julgamentos dos órgãos do Poder Judiciário serão públicos e fundamentadas todas as decisões (...)". Não se preocupou o legislador constituinte, e com razão, em dizer o que se entende por fundamentação, i.e., em deixar claro qual o conteúdo que deve ter o discurso jurisdicional para que se possa considerar atendido o princípio constitucional.

Todavia, a doutrina nacional, acompanhando séculos de evolução ocorrida na Europa, e, portanto, sensível à finalidade político-jurídica da obrigação de motivar, não se contenta em limitar o conteúdo da motivação à mera enunciação do resultado da pesquisa dos fatos, e, quanto ao direito, à simples menção do dispositivo legal considerado aplicável, ou à singela transcrição do texto deste dispositivo.

Vai bem mais longe a nossa doutrina, a exigir a substancialidade da fundamentação, em contraponto ao seu aspecto formal. Isto implica dizer que para se ter como motivada uma decisão, o juiz, ao prolatá-la, deve enfrentar concretamente

---

79 Idem.
80 *Ibidem*, p. 453.

as provas produzidas, com a subseqüente exposição dos critérios de avaliação, bem como é seu dever analisar as alegações ofertadas pelas partes, explicitando as derradeiras razões que o levaram a decidir de uma determinada maneira, com prejuízo de outras, em tese, possíveis.[81]

Para se afirmar, portanto, motivada a decisão judicial, *possibilitando* o controle geral sobre a atividade jurisdicional, é preciso que o juiz, no dizer de taruffo, exprima as escolhas realizadas, bem como os critérios para tanto empregados, os quais o conduziram àquela concreta solução da causa.[82]

Desta forma, no que concerne à decisão das questões de direito, é imprescindível aos fins políticos do princípio em tela, considerado em sua perspectiva extraprocessual, como instrumento de controle do arbítrio judiciário[83], que o discurso justificativo do julgador ostente, conforme a clássica lição do autor supracitado:

> a] la scelta della norma o delle norme che il giudice ritiene applicabili al caso concreto; b) la scelta della interpretazione di tali norme che si ritiene più valida in rapporto alla singola fattispecie; c) la scelta inerente alle conseguenze che derivano dall'applicazione della norma a tale fattispecie.[84]

Creio que isto é bastante para evidenciar a absoluta insuficiência da fórmula sempre utilizada, de indicar, na pretensa justificação do *decisum*, o dispositivo legal incidente sobre a situação da vida levada ao processo, ou então, de repetir os termos da lei. Esse vício constitui, como muito bem constatou Magalhães Gomes Filho, grave erro lógico no desenvolvimento do trabalho intelectual do juiz, vez que este dá por provado aquilo que lhe incumbia demonstrar.[85]

Entretanto, basta para o desfecho desastroso da controvérsia sobre a matéria jurídica, uma equivocada ou mesmo arbitrária apreensão da realidade fenomênica pesquisada através do processo, o que nos habilita a afirmar a relação de prejudicialidade existente entre questão de fato e questão de direito, segundo

---

81 Nesse sentido, NERY JR, Nelson. **Princípios do Processo Civil na Constituição Federal**. 3. ed. São Paulo: Ed. Revista dos Tribunais, 1996, p. 167 e ss.; GOMES FILHO, Antônio Magalhães. Presunção de inocência e prisão cautelar. Op. Cit., p. 79-82; GRINOVER, Ada Pelegrini. **O conteúdo da da garantia do contraditório**. Op. Cit., p. 34-36.

82 TARUFFO, Michele. **Il significato costituzionale dell'obbligo di motivazione**. Op. Cit., p. 44 e seguintes.

83 Assim também Enrico Tullio Liebman, ao escrever que a "história do processo, nos últimos séculos, pode ser concebida como a história dos esforços feitos por legisladores e juristas, no sentido de limitar o âmbito de arbítrio do juiz, e fazer com que as operações que realiza submetam-se aos imperativos da Razão", asseverando, em seguida, que um "momento bastante importante desse movimento histórico é o que diz respeito à exigência de que o juiz motive a sentença". LIEBMAN, Enrico Tullio. Do arbítrio à razão; reflexões sobre a motivação da sentença. Revista de Processo, v. 29, n. 8, p. 79-81, jan./mar. 1983, especificamente, p. 79.

84 TARUFFO, Michele. **Il significato costituzionale dell'obbligo di motivazione**. Op. Cit., p. 44-45.

85 GOMES FILHO, Antônio Magalhães. **Presunção de inocência e prisão cautelar**. Op. Cit., p. 82.

a qual o acerto da decisão quanto ao direito pressupõe necessariamente uma prévia e correta tomada de posição pelo julgador quanto aos fatos. A errônea determinação destes é condição suficiente para que a solução final dada ao caso concreto mostre-se completamente dissociada da realidade à qual se dirige, afigurando-se incapaz de satisfazer os escopos da tutela jurisdicional.[86-87]

A afirmação reveste-se do necessário rigor quando se considera que, tratando-se de Poder Jurisdicional, a legitimidade do seu exercício não se reduz à aprovação popular, mas à adequação da sua mais importante manifestação, qual seja, a tutela jurisdicional, à verdade obtida através do devido processo legal (itens 5 e 8).

Como é intuitivo, para que se outorgue quer aos que atuam no processo como parte, quer ao corpo social, que também sofrerá os efeitos da atuação jurisdicional, condições efetivas de exercer o controle sobre o acerto da reconstrução dos fatos objeto da prova, faz-se irremediável, consoante Taruffo, justificar-se: "a) la scelta degli elementi probatori ritenuti rilevanti; b) la valutazione dell'efficacia dei mezzi di prova; c) la ricostruzione del factum probandum sulla base delle prove acquisite al giudizio."[88]

Ou, como na lição de Amodio:

> Origine storica e ratio, esperienze legislative recenti e senso comune corroborato dalla prassi, concorrono a far concepire l'obbligo di motivazione in fatto nella sua dimensione costituzionale come dovere del giudice di indicare i mezzi di prova ed esprimere le valutazioni probatorie su cui si fonda la ricostruzione del fatto ritenuto giuridicamente rilevante.[89]

Não basta, pois, aos modernos escopos ideológicos do princípio da motivação anteriormente apontados, a singela enunciação do resultado da atividade probatória. Faz-se necessária a análise específica das provas produzidas, das alegações a elas relativas formuladas pelas partes e dos critérios empregados na sua valoração, procedimento sobre o qual se funda a reconstrução da situação

---

86 TARUFFO, Michele. **Il significato costituzionale dell'obbligo di motivazione**. Op. Cit., p. 45.
87 Neste sentido, a lição de Amodio, ressaltando a indispensabilidade de uma adequada motivação quanto aos fatos para uma correta decisão das questões de direito: "Tutto ciò non autorizza a ritenere che la Costituzione richieda la sola motivazione in diritto, consentendo di ridurre la parte in fatto all'enunciazione del risultato dell'accertamento: l'esclusione della valutazione delle prove, invertendo una direttrice storica chiaramente individuabile nell'evoluzione degli ordinamenti processuali europei, svuoterebbe l'obbligo di motivare di ogni significato garantistico. Il dovere di dar conto della fonte normativa che giustifica il provvedimento, perde ogni valore quando il giudice può manipolare le risultanze processuali ed adattare, senza timore di alcun controllo, il fatto alla norma così da mascherare l'arbitraria applicazione della legge". AMODIO, Ennio. **Motivazione della sentenza penale**. Op. Cit., p. 189.
88 TARUFFO, Michele. **Il significato costituzionale dell'obbligo di motivazione**. Op. Cit., p. 45.
89 AMODIO, Ennio. **L'obbligo Costituzionale di Motivazione e L'istituto della Giuria**. Op. Cit., p. 456.

juridicamente relevante, da qual se extrairá a conseqüência jurídica que culminará na decisão do caso concreto.[90]

A fim de evitar conclusões apressadas e interpretações equivocadas, é oportuno ressaltar, desde já, que advogar a adequação do conteúdo do discurso de justificação da decisão jurisdicional às finalidades extraprocessuais do artigo 93, IX, da Constituição da República não significa defender a simples alteração do seu estilo (do discurso de justificação), o que poderia reduzir o problema a um prisma meramente quantitativo, certamente insuficiente aos objetivos da citada norma constitucional. Interessa, portanto, enfrentar a questão em seu aspecto qualitativo.[91]

Já se afirmou que adequada é a motivação cujo conteúdo permita o exercício do controle interno e externo sobre a vinculação da decisão à verdade do processo e à legalidade.

Isto, todavia, não implica dizer que as razões de decidir do juiz devam seguir as regras da lógica formal, nem, por outro lado, que devam adotar a forma de um discurso retórico, persuasivo[92]; como salientado, o que se procura com a motivação não é exatamente a aprovação dos termos da decisão pelas partes e pela vontade de grupos sociais (embora sejam estas, finalidades absolutamente justas), mas a clara demonstração de que a tutela jurisdicional coaduna-se com a legalidade e com a verdade retratada nos autos do processo, o que lhe confere legitimidade.

Falar de motivação completa, adequada como instrumento de controle do poder de quem julga, não significa sustentar que ela deva ser extensa, complicada, prolixa, perfeita sob o aspecto retórico, mas nem sempre idônea no plano justificativo[93]; motivação completa, em outras palavras, não exclui a fundamentação clara e sintética, ao contrário, a prefere sempre que possível.

Portanto, pode-se concluir que para a motivação desenvolver eficazmente as finalidades políticas e ideológicas que se lhe tem atribuído, deve ela ostentar conteúdo suficiente a demonstrar que o juiz, ao resolver a questão levada ao seu conhecimento, enfrentou todos os pontos controvertidos e relevantes do caso concreto, i.e, que apreciou as razões deduzidas pelas partes, que analisou as provas produzidas, que se utilizou de critérios idôneos na sua avaliação, que

---

90 No sentido do texto, CHIAVARIO, Mario. **Processo e garanzie della persona**. 2. ed. Milano: Giuffrè, 1982. 2v. p. 74-75: "Va d'altronde precisato che, nella parte in fatto, non dovrebbe essere sufficiente l'enunciazione, pura e semplice, di dati che il giudice ritenga dimostrati, ma sembra logico che essa comprenda anche l'esposizione delle prove e dei relativi criteri di valutazione."

91 TARUFFO, Michele. **La motivazione della sentenza civile**. Op. Cit., p. 452.

92 TARUFFO, Michele. **Il significato costituzionale dell'obbligo di motivazione**. Op. Cit., p. 47; vide, também, TARUFFO, Michele. **La motivazione della sentenza civile**. Op. Cit., p. 451-453.

93 TARUFFO, Michele. **Il significato costituzionale dell'obbligo di motivazione**. Op. Cit., p. 49; TARUFFO, Michele. **La motivazione della sentenza civile**. Op. Cit., p. 452-453.

Sentença e Coisa Julgada Penais | 697 |

considerou as normas aplicáveis e que as interpretou corretamente, levando em conta as conseqüências fáticas e jurídicas da sua escolha.

Para isso, é suficiente que na fundamentação o julgador seja congruente e coerente na exposição da sua atividade intelectual, primando pelo uso correto das linguagens comum e jurídica.[94]

9.1.2.2 Vinculação temática ao objeto do processo

A veiculação temática do julgador ao objeto da acusação, também denominado de princípio da congruência[95] é discutido no Capítulo 5 desta Obra, onde se destaca a necessidade da estabilidade da acusação prontamente a fim de que os direitos defensivos sejam satisfatoriamente exercidos e a pessoa acusada possa ter, desde o momento inicial, a fruição da sua condição processual.

9.1.2.3 Vinculação temática à postulação das partes

Se é óbvia a vinculação da sentença ao objeto do processo não é nada pacífica a necessária vinculação do julgador à postulação das partes e, mais exatamente, à postulação absolutória do acusador público.

Para além do disposto no art. 385 do CPP (Nos crimes de ação pública, o juiz poderá proferir sentença condenatória, ainda que o Ministério Público tenha opinado pela absolvição, bem como reconhecer agravantes, embora nenhuma tenha sido alegada) o tema gira em torno da extensão dos sistemas processuais penais (vide Capítulo 1 nesta Obra).

É necessário destacar que a forma como a discussão se coloca no direito brasileiro é fruto direto da manutenção do *ethos* inquisitivo na estrutura processual[96] que não conseguindo encontrar a necessária repercussão da acusatoriedade nesse ponto ainda se bate pelo raciocínio de uma indisponibilidade absoluta como consequência da veiculação da acusação pública.[97]

Essa discussão tem, no caso brasileiro, que ser dividida em dois segmentos distintos: o curso da acusação pública (i) perante o juiz togado e (ii) perante o conselho de sentença.

---

94 TARUFFO, Michele. **Il significato costituzionale dell'obbligo di motivazione**. *Op. Cit.*, p. 48.

95 De larga presença na história do Direito como aponta BAUMBACH, Rudinei. Antecedentes Históricos do princípio da Congruência: a vinculação entre julgamento e fórmula no período clássico do direito romano. **Revista dos Estudantes de Direito da UnB**, n. 10, p. 341-364, 2012.

96 Como também destacado em breve abordagem por FREIRE JÚNIOR, Américo Bedê. Da impossibilidade do juiz condenar quando há o pedido de absolvição formulado pelo ministério público. **Boletim IBCCRIM**, São Paulo, v. 13, n. 152, p. 19, jul. 2005.

97 TOURINHO FILHO, Fernando da Costa. **Código de Processo Penal Comentado**. 14. ed. São Paulo: Saraiva, 2012. p. 1051. Também, JARDIM, Afrânio Silva; MAIOR, Pierre Souto. **Direito processual penal**. Salvador: Juspodivm, 2016. p. 81.

a] Vinculação do juiz togado à postulação mais branda

A leitura não filtrada do art. 395 do CPP leva à direta conclusão da plena conformação daquela norma ao marco constitucional-convencional, estando o julgador absolutamente desvinculado de qualquer postulação do acusador e, mais além, não apenas do pedido principal – condenação – como de outras circunstâncias que agravem a pena.

Isto reflete na dinâmica processual que, como visto no Capítulo 5, faz com que as acusações públicas nasçam sem qualquer pedido condenatório e coloquem a jurisdição penal em funcionamento num movimento inercial no qual se faz presente uma abundante possibilidade de iniciativa probatória de ofício e levam muitos doutrinadores de renome a flertar com algum tipo de *jurisdição voluntária* a melhor explicar o funcionamento da jurisdição penal e muitas vezes acabam tratando o tema como um *conflito de opiniões*[98] entre julgador e acusador e, como cada um *tem a sua*, pode, então, o magistrado condenar em desconformidade com aquilo que foi postulado.

Trata-se, assim, de romper com uma visão construída à sombra do texto original do CPP e que se manteve viva de forma questionável após a CR/88, arrimada num marco inquisitivo.

Para tanto, a visão de Prado[99] afigura-se essencial desde sua abordagem do sistema acusatório que, como consequência, impede o pronunciamento condenatório sem que haja a provocação da jurisdição para tanto, posição também defendida por Aras[100] e, igualmente por Queiroz quem, inclusive, vale-se de Figueiredo Dias para destacar a fundamental presença do *princípio acusatório*, pelo qual "a actividade cognitória e decisória do tribunal está estritamente limitada pelo objecto da acusação."[101]

Assim, no marco constitucional-convencional que norteia esta Obra, igualmente entendemos pela não conformação do art. 385 do CPP com aquelas bases.

b] Vinculação do juiz leigo à postulação acusatória mais branda

No que toca ao pedido formulado pelo acusador perante o Conselho de Sentença há de ser visualizado com clareza o papel do juiz como conformador da

---

98 NUCCI, Guilherme de Souza. **Código de Processo Penal Comentado**. 13. ed. Rio de Janeiro: Forense, 2014. p.792.

99 PRADO, Geraldo. **Sistema Acusatório**: a conformidade constitucional das leis penais. 2. ed. Rio de Janeiro: Lumen Juris, 2001. p. 132.

100 ARAS, Vladimir. **O art. 385 do CPP e o juiz inquisidor**. Disponível em: <https://vladimiraras. blog/2013/05/25/o-art-385-do-cpp-e-o-juiz-inquisidor/>. Acesso em: 12 jan. 2022.

101 QUEIROZ, Paulo. **Pode o juiz condenar sem que haja pedido de condenação?** Disponível em: <http://www.pauloqueiroz.net/pode-o-juiz-condenar-sem-que-haja-pedido-de-condenacao/>. Acesso em: 12 jan. 2022.

acusação, o que remete ao tema da fase de admissibilidade tal como discutido no Capítulo 7 desta Obra.

Aqui o tema é retomado para evidenciar que a pronúncia, tal como disposta no CPP mesmo após a reforma de 2008 conforma a acusação e não apenas a recebe e encaminha ao julgamento plenário.

Assim, o que se tem é que a acusação perante o juiz leigo, mesmo que em monta inferior àquilo que foi determinado na pronúncia, é conhecida e julgada na integralidade daquela decisão e não nos limites da postulação perante o Conselho de Sentença.

Assim, se pronunciado pelo crime do art. 121, §2º, I, mas com postulação no *caput em plenário*, ao Conselho de Sentença será submetido um questionário pela forma qualificada, com o que julgador natural não apenas está autorizado a condenar como em condenar por aquilo que o *magistrado*, na fase de admissibilidade, *determinar*.

Neste ponto descabe falar do art. 385 posto que a pronúncia é filtro de admissibilidade da acusação que não pode ser expandida pelo acusador após seu trânsito em julgado, mas que *deve ser reduzida ao quanto postulado pelo acusador perante o juiz natural*.

9.2 A coisa julgada penal

9.2.1 Conceito

A coisa julgada constitui uma das garantias elementares ao processo penal no Estado de Direito, merecendo assento em sede convencional e constitucional.

Conceito: A *coisa julgada* é atributo da sentença que decorre do *trânsito em julgado* do provimento jurisdicional já não mais passível de qualquer impugnação. Pela *coisa julgada* tornam-se imutáveis os efeitos da sentença absolutória no direito interno e condicionalmente imutáveis os efeitos da sentença condenatória. Ademais, esta é a definição constante na Lei de Introdução às Normas do Direito Brasileiro (LINDB) e o conceito de coisa julgada: "Art. 6º, § 3º–Chama-se coisa julgada ou caso julgado a decisão judicial de que já não caiba recurso."[102]

Análise Crítica: A definição apresentada é aquela consolidada na literatura processual, mas que deve ser atualizada no que diz respeito à coisa julgada absolutória em sua projeção para a cooperação jurídica internacional, notadamente no que tange ao Tribunal Penal Internacional. Deve, também, ser

---

102 Lei n. 12.376, de 30 de dezembro de 2010.

atualizada essa compreensão à luz do controle de convencionalidade exercido pela CIDH quando se tratar de crimes ligados a graves violações de direitos humanos.

A definição de *imutabilidade dos efeitos da sentença* tal como majoritariamente compreendida no processo penal foi construída sob a perspectiva processual civil, notadamente desenvolvida no Brasil por Liebmann[103] e reproduzida pela Escola Processual de São Paulo em suas abordagens do tema no processo penal.[104]

E, mais ainda, concebida com olhar exclusivo para o direito interno e, portanto, infensa a todas as discussões contemporâneas de controle de convencionalidade e de cooperação internacional com o Tribunal Penal Internacional perante as quais a leitura da coisa julgada ganha dimensão absolutamente diferenciada como adiante será visto.

E poucos temas demonstram tão bem a imprestabilidade de uma teoria geral do processo, com a transposição de conceitos cabíveis exclusivamente ao processo civil, para a seara processual penal.

A constatação de Liebmann de que "a sentença, enquanto comando do juiz, emana seus efeitos mesmo antes da coisa julgada, mas é no momento do trânsito em julgado que a sentença se estabiliza, impondo-se a todos"[105] simplesmente não tem cabimento no processo no Estado de Direito *pois a presunção de inocência impede efeitos antecipados da sentença penal.*

Análise Crítica: O processo penal no marco constitucional-convencional não permite a execução provisória da sentença penal condenatória. Qualquer constrição que recaia sobre a liberdade física ou patrimonial da pessoa acusada antes do trânsito em julgado somente é aceitável a título *cautelar* e não como efeito antecipado da sentença penal.

Observando-se, inicialmente, o direito interno a primeira constatação deve levar em conta que *há coisa julgada* em todas as manifestações jurisdicionais penais ou que incidam no processo penal como, v.g., o habeas corpus, que não sendo uma *ação penal* (vide Capítulo 11 nesta Obra) se projeta sobremaneira nas *questões penais.*

Contudo, a especificidade do objeto processual penal impõe que se faça as devidas anotações que podem não caber em qualquer outra sede processual.

---

103 Em particular condensada em LIEBMAN, Enrico Tullio. **Eficácia e autoridade da sentença**. Trad. Alfredo Buzaid e Benvindo Aires. 2 ed. Rio de Janeiro: Forense, 1981.

104 Com destaque especial para GRINOVER, Ada Pellegrini. **Eficácia e autoridade da sentença penal**. São Paulo: Revista dos Tribunais, 1978.

105 GRINOVER, Ada Pellegrini. Coisa julgada penal. In: ANDRADE, Manuel da Costa; ANTUNES, Maria João; SOUSA, Susana Aires de. **Estudos em homenagem ao Prof. Doutor Jorge Dias de Figueiredo Dias**. Coimbra: Coimbra Editora, 2009. 3v (Studia Iuridica, 100. Ad Honorem, 5), p. 859-873. p. 860.

A primeira delas é que a coisa julgada da sentença absolutória, observado o direito interno, tem efeitos imutáveis permanentes, a dizer, não cabe a desconstituição do trânsito em julgado e, portanto, da coisa julgada para alterar o conteúdo da absolvição sob uma premissa de modificação *pro societate*. Maiores considerações sobre este tema serão desenvolvidas no tópico *revisão criminal*, no capítulo 11 desta Obra.

A segunda grande constatação é a de que a sentença condenatória transitada em julgado gera efeitos sujeitos a revisão sem limitação temporal, sujeitando-se a desconstituição do trânsito em julgado – e, portanto, da coisa julgada e seus efeitos – a hipóteses restritas da revisão criminal ou, muito excepcionalmente, com o emprego do habeas corpus. Para a sentença condenatória penal *os efeitos são concomitantes ao trânsito em julgado*, não podendo ser antecipados sob ofensa do princípio da presunção de inocência.

Diante desse cenário surge como de rara utilidade a distinção feita por Grinover, ao diferenciar a imutabilidade da sentença absolutória da estabilidade própria da sentença condenatória, aí afirmar que: "Para o processo penal, diríamos assim que a qualidade da sentença absolutória passada em julgado é realmente a imutabilidade; enquanto, na sentença condenatória, tratar-se-ia de mera estabilidade."[106]

Os efeitos consolidados com o trânsito em julgado se projetam, no caso das condenações, para a execução penal. Nada obstante, situações podem existir que, *durante a execução* tornem o título judicial penal total ou parcialmente inexequível.

Sobre essas alterações, a prestigiada doutrina nacional discorreu, há muito, afirmando que:

> [...] o fato de que a sentença condenatória guarda natureza de sentença determinativa: sentença essa que, contendo implícita a cláusula rebus sic stantibus, autoriza o juiz a agir por eqüidade, operando a modificação objetiva do julgado sempre que haja mutação nas circunstâncias fáticas. É assim que se explica, processualmente, o fenômeno das modificações da condenação penal passada em julgado, no curso do processo de execução.[107]

Com a devida vênia a essa compreensão e as demais que seguem o mesmo caminho, não vemos razão para empregar a cláusula de natureza *rebus sic*

---

106 GRINOVER, Ada Pellegrini. **Coisa Julgada Penal**. Op. Cit.
107 GRINOVER, Ada Pellegrini. **Eficácia e Autoridade da Sentença Penal**. Op. Cit., p. 7.

stantibus[108], cuja tradição privatista pouco ajuda a compreender o fenômeno processual penal.

Assim, a sentença condenatória exequível pode perder sua exequibilidade:

a] Pela perda do título de direito material da sentença quando, por reforma legislativa, houver a abolição do tipo penal que funda a condenação;

b] Pela superveniente incapacidade da pessoa condenada de se submeter a sanção penal, alterando o título condenatório no que toca à capacidade de suportar a pena.

O que se altera, portanto, não é o fenômeno processual, mas o próprio direito material que funda a atividade jurisdicional de um lado, e a capacidade da pessoa em se submeter à sanção penal, de outro.

Isso no que tange ao título executivo oriundo da coisa julgada do processo de conhecimento, pois, para as situações decisórias próprias do curso da execução o cenário é distinto.

Nada obstante a jurisdicionalização da execução penal, a situação processual da pessoa sentenciada é dinâmica e o caminhar da execução da pena é sujeito a movimentos progressivos (conquista de benefícios no computo da pena; aquisição de novas formas de cumprimento da pena) e regressivos (cometimento de condutas consideradas lesivas ao cumprimento da pena que impõem o retorno a situações processuais anteriores).

Nesse cenário a doutrina volta a acenar com a justificativa da *cláusula rebus sic stantibus* para modificar situações executivas.[109]

Contudo, sem utilizar esse conceito, Scarance Fernandes[110], apoiado em Gianzi, faz uma leitura das situações que podem ser objeto do juízo natural na execução penal, para apontar que, como marco impeditivo *está na coisa julgada — no sentido que não pode ser contestado, nem mesmo sob outro perfil, aquilo que no período cognitório foi objeto de decisão*, restando para esses casos as ações autônomas de impugnação.

E segue o doutrinador brasileiro para afirmar que:

---

108 Nomenclatura emprega na ausência de outra mais adequada, nada obstante reconhecida sua impertinência de origem ao processo penal. A ver em COSTA, Gerdinaldo Quichaba. **A coisa julgada e o princípio da individualização da pena: imutabilidade ou ponto de partida?** Disponível em: <http://www.publicadireito.com.br/conpedi/manaus/arquivos/anais/bh/gerdinaldo_quichaba_costa.pdf>. Acesso em: 12 jan. 2022.

109 Como apontado por FELDENS, Luciano. Os verdadeiros limites da coisa julgada na execução penal. **Boletim IBCCRIM**, São Paulo, v. 12, n. 139, p. 14-15., jun. 2004 em resposta a posição assumida por CASTRO, Élcio Pinheiro de. Coisa julgada: limites na execução penal. **Revista Síntese de direito penal e processual penal**, Porto Alegre, v. 4, n. 22, p. 5-11., out./nov. 2003.

110 FERNANDES, Antonio Scarance. Execução penal: aspectos jurídicos. **Revista CEJ**, v. 3, n. 7, p. 68-83, 1999.

Também não seria possível, segundo o citado autor, examinar questão atinente à nulidade da intimação da sentença condenatória ou, em outras palavras, alusivas à validade da passagem em julgado da sentença. Contudo, entende que, em incidente da execução, poderia ser declarada a falta de um título idôneo, pois o incidente é *ao menos inicialmente, o insubstituível remédio contra uma situação antijurídica.*[111]

Essas afirmações reafirmam a posição desta Obra acerca da coisa julgada que origina o título executivo e separa essa situação daquelas que podem ser objeto de decisões internas à dinâmica da execução da pena.

Se para as ações de conhecimento que fundam títulos executivos tem-se a situação acima exposta, merece uma observação à parte, desde já, o tema da *coisa julgada* em sede de ações constitucionais, particularmente o habeas corpus. A questão, como aqui se vê, não é específica para o processo penal, mas sim, daqueles instrumentos constitucionais que possuem, no mais das vezes, cognição sumária.

É de ser considerado que existe, sempre, o trânsito em julgado em sede de habeas corpus e, com ele, o aperfeiçoamento da coisa julgada. Sucede, contudo, que por se tratar de instrumento que lida com a liberdade de locomoção, cuja privação pode ser alterada por circunstâncias fáticas constantes, esse mecanismo sujeita-se a reiteração por fundamentos distintos, configurando distintas causas de sustentação, nada obstante o mesmo objeto.

E, em assim sendo, com fundamentos distintos surgem provocações jurisdicionais diferenciadas, com possibilidade de superação de denegações anteriores nas novas postulações sem que isso infrinja a coisa julgada antecedente.

9.2.2 O trânsito em julgado da sentença condenatória e a inexistência de execução provisória no processo penal

9.2.2.1 A execução provisória da pena: a compreensão anterior à CR de 1988

A fundamentação da prisão ao longo da persecução penal orientou-se, por muito tempo, no processo penal brasileiro, pela ausência de um marco constitucional claro e pela carência de impactos, no ordenamento interno, de qualquer compromisso internacional assumido pelo Brasil no arco temporal que vai de 1942 (entrada em vigor do CPP) até 1988 (entrada em vigor da Constituição atual).

---

111 Idem.

Nesse largo período, a cultura inquisitiva e o silêncio constitucional impuseram uma compreensão do processo marcado pela defesa social[112] e pela aplicação quase automática (senão explicitamente com esse perfil) dos mecanismos que tratavam a invasão da liberdade ao longo da marcha processual (prisões processuais *ex lege*).

Em determinadas situações, a própria sentença absolutória, quando recorrida pelo acusador, implicava na manutenção da pessoa absolvida no cárcere se assim tivesse acompanhado o processo. E, no ápice da exceção processual, até mesmo era imposta à pessoa acusada o dever de provar sua inocência.[113]

Sem qualquer limite constitucional ou convencional, o ordenamento infraconstitucional e a doutrina que o alimentava lidavam com uma série de denominadas *prisões processuais*, a saber: a prisão em flagrante, a prisão preventiva, a prisão por pronúncia e a prisão por sentença condenatória recorrível. Desapegadas de uma verdadeira teoria cautelar de fundo constitucional-convencional, essas modalidades eram compreendidas como *instrumentais* sob o amparo protagonista do art. 312 do CPP.

Contudo, essa instrumentalidade desaparecia quando se tratava da ocorrência da prisão determinada – ou confirmada – em Segunda Instância e ainda sujeita a apreciação de recurso constitucional.

Nesses casos essa prisão era tratada abertamente como uma pena em cumprimento, com expedição de *mandado de prisão*. Some-se nesse cenário que a própria execução penal era tratada com imensa precariedade legislativa, como aponta Brito[114], com suas regras contidas no interior do CPP.

Isso se devia à interpretação dada por parte da doutrina, particularmente por Eduardo Espínola que, distinguia a *sentença transitada em julgado* da *coisa julgada*, destacando que esta última ocorreria quando dela não pudesse ser interposto

---

112 A ver, em um contexto mais amplo do papel de Francisco Campos, que "Conectada às suas observações da sociedade brasileira, Campos estabelece desde então uma crítica ao individualismo..." e "Campos constrói o argumento da necessidade de um Estado antiliberal tendo como premissa básica o anacronismo das instituições da democracia liberal diante de uma sociedade de massas". DULTRA DOS SANTOS, Rogerio. Francisco Campos e os fundamentos do constitucionalismo antiliberal no Brasil. **Dados-Revista de Ciências Sociais**, v. 50, n. 2, 2007. Ver, também, LAZZARI, Felipe. **Para uma crítica da razão fascista no processo penal brasileiro**. Tese (Doutorado). Pontifícia Universidade Católica do Rio Grande do Sul, Rio Grande do Sul, 2019. Também, GLOECKNER, Ricardo Jacobsen. **Autoritarismo e Processo Penal**: Uma Genealogia das Ideias Autoritárias no Processo Penal Brasileiro. Rio de Janeiro: Tirant lo Blanch, 2018. 1 v.

113 Nos termos do Decreto-Lei n. 88, de 20 de dezembro de 1937, que modificou a Lei n.º 244, de 11 de setembro de 1936, que instituiu o Tribunal de Segurança Nacional, particularmente art.20, n. 5. BRASIL. Câmara dos Deputados. **Decreto-Lei n. 88 de 20 de dezembro de 1937**. Modifica a Lei n. 244, de 11 de setembro de 1936, que instituiu o Tribunal de Segurança Nacional, e dá outras providências. Disponível em: <https://www2.camara.leg.br/legin/fed/declei/1930-1939/decreto-lei-88-20-dezembro-1937-350832-publicacaooriginal-1-pe.html>. Acesso em jun. 2021.

114 BRITO, Alexis Couto de. **Execução penal**. São Paulo: Editora Saraiva, 2018 para a trajetória da normatização da execução penal no Brasil que, rigorosamente falando, se constitui organicamente apenas com a Lei n. 7210, de 1984.

mais qualquer recurso, enquanto a primeira se caracterizaria por ser impugnável mediante recurso que não contivesse mais efeito suspensivo, apenas aquele devolutivo como era (e ainda é) o caso dos chamados *recursos constitucionais*.[115]

Espínola escrevia amparado na Lei nº 3.396, de 2 de junho de 1958 que regulava a tramitação do recurso extraordinário e, sobretudo, pelo artigo 808 do Código de Processo Civil de 1939[116] modificado pelo Decreto-L4565 de 1942[117] (que nesse ponto, a bem da verdade, mantinha a redação original)[118] e toda sua base argumentativa estava lastreada no tratamento processual civil para a matéria. Sem que assumisse explicitamente, empregava uma das concepções da *teoria geral do processo*, construção que se solidificaria, no Brasil, muito mais tarde, mas, que, desde sempre, subordinava (e ainda o faz para uma parcela significativa de seus simpatizantes) o processo penal ao civil.

Desta forma, a legislação que usava era, em parte, do Estado Novo e, em parte, produzida pela égide da Constituição de 1946, ambas sem qualquer ponto de comparação com a de 1988 no tema do trânsito em julgado e, por óbvio, sem qualquer obediência a compromissos internacionais firmados pelo Brasil exigíveis na matéria.

Fruto de seu tempo, essa interpretação e a base legal que a sustentava foram mecanicamente assumidas pela doutrina e pela jurisprudência pátrias desde o primeiro momento da entrada em vigor da CR de 1988 e não foram afetadas pela CADH no cenário jurídico pátrio.

Nesse caminho, o STF soube, desde o verdadeiro caso paradigmático sobre o assunto pós 1988, que é o HC 68.726[119], citar não apenas Espínola como fazê-lo em *apud* de um autor então contemporâneo de renome, Damásio de Jesus que no seu incipiente *Comentários ao CPP* endossava a permanência das lições anteriores.[120]

E, assim, deu-se passo decisivo para a perpetuação de toda estrutura normativa e cultural anterior à atual Constituição em detrimento da própria base constitucional-convencional já em vigor.

---

115 Tal como citado em BRASIL. Supremo Tribunal Federal. **Habeas Corpus n. 68.726/DF**. Tribunal Pleno. Relator Min. Néri da Silveira. Data de Julgamento: 28/06/1991. Data de Publicação: DJ 26-11-1992, PP-21612 EMENT VOL-01685-01 PP-00209. Disponível em: <https://jurisprudencia.stf.jus.br/pages/search/sjur151530/false>. Acesso em: 12 jan. 2022.

116 Decreto-Lei 1.608, de 18 de setembro de 1939.

117 Art. 808. São admissíveis os seguintes recursos: [...] VI, recurso extraordinário. (Redação dada pelo Decreto-Lei nº 4.565, de 1942). Parágrafo 1º O recurso extraordinário e a revista não suspendem a execução da sentença.

118 Assim o era também no revogado artigo 808: "São admissíveis os seguintes recursos: ... VI – recurso extraordinário. Parágrafo único. O recurso extraordinário e a revista não suspendem a execução da sentença, que correrá nos autos suplementares.

119 BRASIL. Supremo Tribunal Federal. **Habeas Corpus n. 68.726/DF**. Op. Cit.

120 O livro de Damásio de Jesus (Comentários ao Código de Processo Penal) é a fonte per saltum da obra clássica de Espínola citada no acórdão acima mencionado, também disponível em: <http://redir.stf.jus.br/paginadorpub/paginador.jsp?docTP=AC&docID=71186>. BRASIL. Supremo Tribunal Federal. **Habeas Corpus n. 68.726/DF**. Op. Cit.

As consequências práticas são impactantes: ao manter a compreensão de ser essa prisão possível a comportar *execução provisória*, portanto tratada como *pena de direito material*, consequentemente deixou-se de entender que o resultado de mérito ainda não havia sido alcançado e, desta forma, a prestação jurisdicional já estaria esgotada, não incidindo mais a necessária *duração razoável do processo*, locução ainda incompreendida na prática dos Tribunais.

Ademais, tratando aquela prisão como *pena material executável* a desestrutura operacional dos Tribunais Superiores, causa prática da longa duração da tramitação de recursos que lhe são próprios, nunca foi diretamente atacada e assim se mantém até hoje, quando o volume recursal somado às ações constitucionais originárias lhes são insuportavelmente administráveis.

Como resultado colateral, essa forma de entendimento conseguiu conter, ainda que em padrões elevados, os dados estatísticos da população de presos cautelares que, a tomar-se pela sua correta natureza jurídica, seriam ainda mais expressivos, posto que essas *execuções provisórias* tratam, efetivamente de presos sem condenação definitiva e, portanto, cautelares.

E, de forma midiática, a perenização dessa construção cujas bases se deitam no Estado Novo como já visto, ajuda a dar uma aparente ideia de *eficiência* da justiça criminal contra um modelo recursal supostamente acessível para poucos. Mas que, seguramente, é irracional e arcaico e a acomodação desse entendimento pós 1988 (e pós 1992, com a CADH) desestimulou a empreitada de racionalização recursal desde suas bases constitucionais até o CPP.

9.2.2.2 A prisão com fundamento estritamente cautelar: A compreensão no marco constitucional-convencional

A pergunta que se coloca é se é possível, *antes do trânsito em julgado*, haver a *prisão* da pessoa submetida à persecução e a resposta é francamente positiva: essa prisão somente pode ocorrer a título *cautelar*[121] e os impactos dessa compreensão na prática jurídica são imensos, e ainda não assimiláveis após mais de trinta anos de vigência da CR.

Com efeito se, em 05 de outubro de 1988, tivesse havido a correta assimilação da ordem constitucional – e o consequente repúdio aos continuísmos como já abordados – todos os presos sem condenação definitiva, qualquer que fosse o grau recursal em que estivessem seus respectivos processos, haveriam de ser considerados como *presos cautelares*, impondo-se-lhes um julgamento mais

---

121 A ver a mais significativa obra organicamente construída sobre o tema naquele momento, a tese de doutorado de GOMES FILHO, Antônio Magalhães. **Presunção de Inocência e Prisão Cautelar**. *Op. Cit.*

Sentença e Coisa Julgada Penais | 707

célere em relação aos demais para que a duração da prisão não fosse, em si, desproporcional em relação à pena material.

Tratados como *cautelares*, essas prisões não estariam sujeitas à LEP e exigiriam o devido aparelhamento do Judiciário para que o julgamento ocorresse em tempo razoável além, por certo, do papel ativo do responsável pela acusação para que o julgamento de mérito se desse dentro do marco temporal correto posto que é dever do acusador zelar igualmente pela celeridade processual até mesmo em respeito aos direitos das vítimas.

Contudo, assim não se deu e não se dá. E os presos sem condenação definitiva, ao invés de terem suas prisões consideradas como cautelares são tratados num regime de execução penal pelo qual se pleiteiam *benefícios* específicos daquela disciplina jurídica.

Isto porque as distorções se avolumavam (e ainda assim o é) para criar casos nos quais presos sem condenação definitiva aguardavam largo tempo o julgamento do recurso interposto e lhes eram negados benefícios somente previstos para condenados definitivos. Por esse motivo, viam-se em situação amplamente desfavorável por não poderem usufruir, por exemplo, da progressão de regime.

Atenta a esta situação, prestigiosa doutrina ainda no início dos anos 1990 apontava o cenário caótico[122] e pontuava que a solução encontrada na época era a de afastar explicitamente a cautelaridade[123] justificando desta forma a criação de uma execução inexistente a partir da expedição de um documento igualmente não previsto em lei: a GRP – guia de recolhimento provisória[124], com a qual uma pessoa presa – que rigorosamente só poderia ser assim considerada com

---

122 SUANNES, Adauto Alonso Silvinho. Podemos falar em execução penal antecipada (jurisprudência comentada). **Revista Brasileira de Ciências Criminais**, São Paulo, v. 2, n. 7, p. 167-173., jul./set. 1994.

123 Idem. Neste ponto específico mencionando as falas de Afrânio Silva Jardim e Sérgio Médice (obras citadas no texto) que afastavam a natureza cautelar desse encarceramento. Além desses autores ver, no mesmo sentido, CARVALHO, Luís Gustavo Grandinetti Castanho de. **O processo penal em face da Constituição**. 2. ed. Rio de Janeiro: Editora Forense, 1998.

124 Neste ponto o CNJ não apenas endossou esse procedimento à margem do marco constitucional e da legalidade que dele decorre como o regulamentou por meio de Resolução gerando, inclusive, o pertinente questionamento sobre a extensão desse instrumento para legislar no campo penal. Para uma aguda crítica desse aspecto ver SOUZA, José Barcelos de. Execução provisória de pena privativa de liberdade. **Revista Magister de Direito Penal e Processual Penal**, Porto Alegre, v. 4, n. 19, p. 42-54., ago./set. 2007.

fundamento cautelar – fosse admitida como uma pessoa sentenciada para fins de obtenção de *benefícios processuais* específicos da execução da pena[125].

Não por outra razão, a postulação de tratamento pela LEP partiu de instigações defensivas que acabaram por ser reconhecidas no STF em inúmeros julgados[126] chegando-se a converter em entendimento sumulado da Corte Constitucional[127] e reproduzida sequencialmente[128], autorizando a perpetuação da morosidade judiciária na prolação da sentença definitiva e desvirtuando, assim, o marco constitucional-convencional.

---

125 Entendimento que acabou sendo sumulado (sem efeito vinculante) pelo próprio STF: Súmulas 716 e 717 como reflexo das posições doutrinárias mencionadas, dentre elas a de Kuehne ao citar uma vez mais Afrânio Silva Jardim e Sérgio Médici. *In verbis*: "Pela sua integral pertinência, rememetemos ao estudo de Afrânio Silva Jardim: A prisão, em decorrência de sentença condenatória recorrível", in Direito Processual Penal, Editora Forense, 4ª edição, pág 389/409, onde, na parte que nos interessa, é apresenta" da a seguinte conclusão: "O reconhecimento da natureza de execução provisória à prisão em decorrência de sentença condenatória recorrível permite ao réu se beneficiar dos direitos outorgados pela Lei de Execução Penal, mesmo antes da apreciação do seu recurso. Assim, o exercício do direito de recorrer não prejudica a situação processual do réu". Oportunas, por igual, as colocações de Sérgio de Oliveira Médici". KUEHNE, Maurício. **Revisão do decênio da reforma penal: 1985-1995** – considerações sobre a execução provisória da sentença penal. Curitiba: Faculdade de Direito de Curitiba, 1995. A afirmação deste autor é particularmente significativa do ponto de vista político pois viria a ocupar, anos depois da publicação desse artigo, a Direção do DEPEN junto ao Ministério da Justiça.

126 A ver, por exemplo: I. Prisão processual: direito à progressão do regime de cumprimento de pena privativa de liberdade ou a livramento condicional (LEP, art. 112, caput e § 2º). A jurisprudência do STF já não reclama o trânsito em julgado da condenação nem para a concessão do indulto, nem para a progressão de regime de execução, nem para o livramento condicional (HC 76.524, DJ 29.08.83, Pertence). No caso, o paciente–submetido à prisão processual, que perdura por mais de 2/3 da pena fixada na condenação, dada a demora do julgamento de recursos de apelação–tem direito a progressão de regime de execução ou a concessão de livramento condicional, exigindo-se, contudo, o preenchimento de requisitos subjetivos para a deferimento dos benefícios. II. Habeas corpus: deferimento, em parte, para que o Juízo das Execuções ou o Juízo de origem analise, como entender de direito, as condições para eventual progressão de regime ou concessão de livramento condicional. BRASIL. Supremo Tribunal Federal. **Habeas Corpus n. 87.801**. Primeira Turma. Relator Min. Sepúlveda Pertence. J. 2-5-2006. DJ de 26-5-2006. Disponível em: <https://jurisprudencia.stf.jus.br/pages/search/sjur92728/false>. Acesso em: 12 jan. 2022.

127 Súmula 716 do STF: Admite-se a progressão de regime de cumprimento da pena ou a aplicação imediata de regime menos severo nela determinada, antes do trânsito em julgado da sentença condenatória.

128 "Considerando o enunciado da Súmula 716/STF, segundo o qual "admite-se a progressão de regime de cumprimento da pena ou a aplicação imediata de regime menos severo nela determinada, antes do trânsito em julgado da sentença condenatória"; e que o delito praticado pelo paciente não se enquadra no rol do scrimes hediondos–Lei 8.072/1990–ou equiparados, a regra objetiva para a progressão no regime prisional é a do art. 112 da Lei de Execução Penal, ou seja, o cumprimento de um sexto da pena no regime em que se encontre. BRASIL. Supremo Tribunal Federal. **Habeas Corpus n. 104.761/SP**. Primeira Turma. Relator Min. Dias Toffoli. J. 15-2-2011. DJE 76 de 26-4-2011. Disponível em: <https://jurisprudencia.stf.jus.br/pages/search/sjur191288/false>. Acesso em: 12 jan. 2022.

As manifestações do STF e suas *fases*[129]

Atualmente é possível identificar claramente três grandes fases de tratamento da matéria pelo STF levando-se em conta, como ponto de viragem substancial, o HC 84.078. Em torno dele giram, sob os fundamentos expostos ao longo do texto, as permanências pré-constitucionais sobre o tema e, chama a atenção, em particular, o emprego, no mínimo questionável, do direito comparado para sustentar determinados julgamentos.

No período 1988 até 2008

Nesse período o STF tem como precedente maior o HC 68276[130]. Tratou-se, efetivamente, da clara manutenção dos cânones do Estado Novo e da legislação produzida nos anos 1950 para reafirmar a natureza de execução provisória àquelas prisões na pendência de recurso constitucional, atribuindo-lhes a possibilidade de serem executadas como sanções de direito material.

Merece ênfase a disciplina dos recursos constitucionais, sem previsão de efeito suspensivo, erigida essa disciplina aos olhos estritos do processo civil, em cujo Código se encontrava, substancialmente, o tratamento da matéria. Esse argumento é, ainda, nuclear nas opiniões jurídicas que sustentam um regime de *execução provisória*.

E, ao lado disso, a dicotomia entre objetos recursais: os que revolvem a prova e os que são destinados à análise da legalidade das decisões. Se possível isso no âmbito não-penal, no campo do direito material penal é uma distinção meramente falaciosa posto que, por exemplo, qualquer análise de dosimetria da pena (cuja revisão existe à saciedade no STJ, por exemplo) exige uma reavaliação fática nos termos do art. 59 do CP. Ou, ainda, a conclusão de ser um crime de tráfico considerado como privilegiado ou não (tema constantemente presente também no STJ).

---

129 Retoma-se aqui parte do texto publicado em CHOUKR, Fauzi Hassan. A leitura do Supremo Tribunal Federal sobre o sistema recursal e o início da execução da pena: a pauperização do comparatismo à brasileira. **Revista Brasileira de Direito Processual Penal**, v. 4, n. 3, p. 1119-1142, 2018. Ver, também, ESTELLITA, Heloisa. Liberdade e prisão cautelar na jurisprudência do Supremo Tribunal Federal pós-Constituição de 1988. **Direito Público**, v. 5, n. 24, 2009, texto que igualmente ajuda a compreender a posição da Corte Constitucional a respeito do assunto e que, malgrado o tempo decorrido desde sua publicação, revela como determinados Ministros, em especial Celso de Mello, há muitos anos manifestam-se na leitura constitucional das cautelares só agora absorvida pela Lei 13.964/2019 como tratado no Capítulo 12 deste Livro.

130 BRASIL. Supremo Tribunal Federal. **Habeas Corpus n. 68.726/DF**. Op. Cit.

De 2008 até 2016

Esse modo de compreensão manteve-se quase inabalável por vinte anos, sendo superado, com agudo dissenso, apenas em 2008[131] por ocasião do julgamento, no STF, do HC 84.078/MG.[132]

Nas palavras de seu Relator, o então Min. Eros Grau, "a prisão antes do trânsito em julgado da condenação somente pode ser decretada a título cautelar" e em cujo voto destaca-se a base doutrinária de direito interno[133] sem menções a qualquer compromisso internacional assumido pelo Brasil que diga respeito ao tema.

Assim, dava-se a devida roupagem jurídica à prisão antes do trânsito em julgado e com ela se exigia a demonstração dos *fundamentos cautelares* para a manutenção da pessoa no cárcere. Ademais, exigia-se que o julgamento de mérito, definitivo, acontecesse de modo a não transformar a prisão cautelar em pena antecipada, o que viria a desnaturalizá-la.

É importante ressaltar que o julgamento mencionado foi precedido de um caso extremamente significativo e que, por assim dizer, orientou a reforma de entendimento. Ademais, destacou aspectos que somente seriam normatizados pela Lei 13964/2019.

Trata-se do HC 89.501[134], no qual o Min. Celso de Mello destacou que a "privação cautelar da liberdade individual reveste-se de caráter excepcional, somente devendo ser decretada em situações de absoluta necessidade". Por isso, a

> (...) prisão preventiva, para legitimar-se em face de nosso sistema jurídico, impõe – além da satisfação dos pressupostos a que se refere o art. 312 do CPP (prova da existência material do crime e indício suficiente de autoria) – que se evidenciem, com fundamento em base empírica idônea, razões justificadoras da imprescindibilidade dessa extraordinária medida cautelar de privação da liberdade do indiciado ou do réu.

Disso decorrendo que a

> (...) prisão preventiva não pode – e não deve – ser utilizada, pelo Poder Público, como instrumento de punição antecipada daquele a quem se imputou a prática

---

131 Foram vencidos no julgamento os Ministros Menezes Direito, Cármen Lúcia, Joaquim Barbosa e Ellen Gracie.

132 BRASIL. Supremo Tribunal Federal. **Habeas Corpus n. 84.078**. Tribunal Pleno. Relator Min. Eros Grau. Julgamento: 05/02/2009. Publicação: DJe-035 Divulgação em 25-02-2010. Publicação em 26-02-2010. Disponível em: <https://jurisprudencia.stf.jus.br/pages/search/sjur17/3893/false>. Acesso em: 12 jan. 2022.

133 Posição que viria a ser reforçada em texto doutrinário posterior: GRAU, Eros Roberto. Execução antecipada da pena. In: PASCHOAL, Janaína Conceição; SILVEIRA, Renato de Mello Jorge (Coord.). **Livro homenagem a Miguel Reale Júnior**. Rio de Janeiro: G/Z, 2014.

134 BRASIL. Supremo Tribunal Federal. **Habeas Corpus n. 89501/GO**. Segunda Turma. Relator Min. Celso de Mello. DJ 16.03.2007. Disponível em: <https://jurisprudencia.stf.jus.br/pages/search/sjur90741/false>. Acesso em jun. 2021.

do delito, pois, no sistema jurídico brasileiro, fundado em bases democráticas, prevalece o princípio da liberdade, incompatível com punições sem processo e inconciliável com condenações sem defesa prévia.

E, concluindo:

A prisão preventiva – que não deve ser confundida com prisão penal – não objetiva infligir punição àquele que sofre a sua decretação, mas destina-se, considerada a função cautelar que lhe é inerente, a atuar em benefício da atividade estatal desenvolvida no processo penal.[135]

O choque prático dessa conclusão não foi maior que vinte anos antes, dado que nesse período praticamente nada foi feito para adequar as estruturas normativas-operacionais ao primado constitucional. Era, como continua sendo, mais fácil criar-se uma execução precária que dotar o sistema penal dos meios[136] para o julgamento de mérito no prazo razoável. E, de resto, todas os argumentos extraprocessuais, como eficiência da justiça continuam na ordem do dia, alimentados ainda mais por megaprocessos contra a odiosa prática da corrupção.

Por isso, o retorno ao entendimento anterior era apenas questão de tempo. E ele chegou rápido.

De 2016 até 2019

O caso que culminou com o acórdão que orienta este texto é banal. E os caminhos até o julgamento do HC em tela são, no mínimo, bizarros.

Com efeito[137], trata-se de acusação penal pela prática de crime de roubo qualificado imputada a dois acusados quem, inicialmente presos, tiveram a liberdade provisória concedida e aguardaram o julgamento de mérito em liberdade.

Um deles foi condenado à pena padrão de cinco anos e quatro meses; o outro a uma reprimenda maior, de 06 anos e 08 meses. O sentenciado à pena padrão, por ser primário, pode apelar em liberdade; o outro teve sua prisão cautelar determinada e ambos recorreram. O Ministério Público *não recorreu*, pelo que o máximo da pena para ambos já estava determinada.

O TJSP julgou a apelação pouco mais de um ano após o encaminhamento dos autos àquela Corte quando, na apreciação da apelação, as condenações foram mantidas e mesmo o réu primário teve sua prisão decretada. É inegável que esse sentenciado teve sua situação processual piorada com o recurso por ele manejado.

---

135 Tal como citado por ESTELLITA, Heloisa. Op. Cit.

136 E por "meios" entenda-se não apenas o aparelhamento material dos Tribunais Superiores como a necessária reconfiguração legislativa para racionalizar o sistema recursal, como adiante se ponderará.

137 Com apoio na descrição feita por STRECK, Lênio Luiz. **O estranho caso que fez o STF sacrificar a presunção da inocência**. Disponível em: <https://www.conjur.com.br/2016-ago-11/senso--incomum-estranho-fez-stf-sacrificar-presuncao-inocencia>. Acesso em: 10 out. 2017.

E, como não havia qualquer alteração fática que lhe fosse desfavorável a ponto de justificar, ali, sua prisão cautelar, essa determinação configurou-se ilegal. Ademais, pelo tempo decorrido do recurso estaria em vias de obter progressão de regime caso se desejasse entender a aplicação da LEP numa interpretação *in bonam partem*.

Contra a determinação daquela prisão foi impetrado habeas corpus junto ao STJ, com parecer *favorável do* MPF à concessão, mas a liminar pretendida foi negada, o que levou à impetração do caso junto ao STF (aqui, o HC 126.292), tendo a *liminar sido deferida* pelo então Min. Teori Zavascki reconhecendo a ilegalidade da prisão determinada pelo TJSP.

Submetido ao pleno do STF para análise da liminar concedida naquela Corte, o resultado foi não apenas o do retrocesso processual no caso concreto, em verdadeiro emprego de um habeas corpus com resultado *in malam partem* como no retrocesso no tocante à execução antecipada da pena.

Nesse julgado o então Relator, Min. Teori Zavaski, retomou a argumentação precedente a 2009 para afirmar que "Ressalvada a estreita via da revisão criminal, é, portanto, no âmbito das instâncias ordinárias que se exaure a possibilidade de exame de fatos e provas e, sob esse aspecto, a própria fixação da responsabilidade criminal do acusado."

E concluiu:

> É dizer: os recursos de natureza extraordinária não configuram desdobramentos do duplo grau de jurisdição, porquanto não são recursos de ampla devolutividade, já que não se prestam ao debate da matéria fático-probatória. Noutras palavras, com o julgamento implementado pelo Tribunal de apelação, ocorre espécie de preclusão da matéria envolvendo os fatos da causa.

As ADCs 43/DF (ADC 44 e 54)

A precariedade técnica do precedente mencionado no tópico anterior fez com que três Ações Declaratórias de Constitucionalidade fossem aforadas no STF[138] porquanto o açodado acórdão de 2016 havia feito tábula rasa do artigo 283 do CPP, deixando se apreciar sua constitucionalidade certamente porque este artigo nada mais faz do que repetir o texto constitucional, como ponderou o Min Marco Aurélio, relator de todas:

> [...] a Carta Federal consagrou a excepcionalidade da custódia no sistema penal brasileiro, sobretudo no tocante à supressão da liberdade anterior ao trânsito em julgado da decisão condenatória. A regra é apurar para, em execução de

---

138 A primeira, ADC 43, foi ajuizada pelo Partido Ecológico Nacional – PEN, em 19/05/2016; a segunda, ADC 44, pelo Conselho Federal da Ordem dos Advogados do Brasil – CFOAB, em 20/05/2016 e, a terceira, ADC 54, pelo Partido Comunista do Brasil, em 18/04/2018.

> título judicial condenatório precluso na via da recorribilidade, prender. [...]
> Ao editar o dispositivo em jogo, o Poder Legislativo, mediante a lei 12.403/11,
> limitou-se a concretizar, no campo do processo, garantia explícita da lei Maior,
> adequando-se à compreensão então assentada pelo próprio Supremo.

Assim, recuperou-se a primazia constitucional e a alocação adequada do tema da prisão, que é sempre possível antes do trânsito em julgado, desde que presentes os fundamentos cautelares.

Ademais, nada obstante tenha ares benéficos, os entendimentos que culminaram na súmula 716 do STF possuem efeito sistêmico – e prático – perversos, pois acomodam a ineficiência. Antes de lutar por benefícios da LEP a pessoas não condenadas, deve-se buscar a rapidez na solução de mérito e não se dar à precariedade ares definitivos.

Por fim, a Lei 13.964/2019 repetiu o mesmo dispositivo, apenas dando mais racionalidade à redação no que toca ao tema da prisão cautelar (Art. 283. Ninguém poderá ser preso senão em flagrante delito ou por ordem escrita e fundamentada da autoridade judiciária competente, em decorrência de prisão cautelar ou em virtude de condenação criminal transitada em julgado).

O emprego da argumentação comparada pelo STF: uma situação particular

O momento histórico vivido pelas Cortes Superiores implica na chegada de inúmeros recursos processuais oriundos de processos de larga repercussão nacional e tratar as prisões existentes como cautelares na esteira do quanto decidido no HC 84.078/MG a partir do primado constitucional implicaria na necessidade de uma resposta processual de mérito em tempo razoável, algo que as Cortes em questão parecem não ter condição operacional de ofertar como regra.[139]

O retorno utilitarista contou no julgado de 2016 com um diferencial em relação ao cenário anterior: o uso do comparativismo como forte argumento de autoridade para reverter a compreensão de 2008. Essa mesma estratégia de legitimação viria a se fazer presente em 2018 quando foi apreciado o HC 152.752 que foi impetrado com o objetivo de reverter o cenário instalado com o HC 126.292.

Antes de percorrer algumas das manifestações comparadas nestes julgados dado que os limites do presente texto não permitem a análise individualizada de cada ordenamento usado na menção *comparada* é interessante destacar desde

---

139 Ver, para o STF, FALCÃO, Joaquim; HARTMANN, Ivar A.; CHAVES, Vitor P. **III Relatório Supremo em Números**: O Supremo e o Tempo. Rio de Janeiro: Escola de Direito do Rio de Janeiro da Fundação Getúlio Vargas, 2014. 151 p. Disponível em: <https://bibliotecadigital.fgv.br/dspace/bitstream/handle/10438/12055/III%20Relat%c3%b3rio%20Supremo%20em%20N%c3%bameros%20-%20O%20Supremo%20e%20o%20Tempo.pdf?sequence=5&isAllowed=y>. Acesso em: 12 jan. 2022. Para o Direito Penal a média de tempo para publicação do acórdão é, na média de 228 dias (cf. p. 73) e pedidos de vista em casos que envolvem esse ramo é de 269 dias (cf. p. 93).

um primeiro momento, com Eser[140], que, dentre as funções do comparativismo por ele enunciadas não se cogitou do emprego do comparativismo naqueles votos como fundamento para uma revisão legislativa, tampouco de uma conformação teórica harmonizadora do tema mas, sim, da pretensão do uso do comparativismo como ferramenta de justificação da racionalidade da decisão.

Distante de qualquer das discussões contemporâneas sobre os desafios metodológicos do comparativismo, dos limites de seu emprego[141] e do seu papel na construção de uma estrutura harmonizada de ordenamentos num espaço regional passou-se diretamente na apreciação da Corte à menção de artigos de lei de diferentes ordenamentos, unificados, num primeiro momento, apenas pela rotulação *liberal* para alcançar a legitimação para a decisão pessoal adotada.

Tomado o comparativismo como uma reflexão sobre culturas jurídicas, a dizer, desde a produção normativa até a maneira como se dá sua aplicação forense e a forma como a construção doutrinária se produz, o seu emprego nos julgados aqui tratados carece de profundidade posto que nada mais foi *comparado* senão a enunciação de textos normativos e sua justaposição ao texto questionado, na verdade, ao texto que se deseja limitar, a saber, a base constitucional.

E, como aponta precisa observação sobre o uso do comparatismo,

> Ao interpretar e estudar o texto estrangeiro, o comparatista deve inserir o tecido jurídico de referência em sua totalidade. Ele não deve parar apenas no conteúdo fornecido pelas regulamentações estrangeiras, mas deve ir em frente e examinar como é amalgamada em um único conjunto, incorporando também doutrina e jurisprudência, que, como Sacco os chama, são o "formante" da lei. Essa conscientização como um todo ajuda o comparatista a entender o objetivo,

---

[140] "Two objectives are, often clearly discernible in today's comparative jurisprudence: on one hand, the consultation of foreign laws to create national legislation in the spirit of 'legislative comparative law'; and on the other hand, the comparison of differing legal orders for the purpose of better understanding law in the spirit of 'academic-theoretical comparative jurisprudence'. In addition, as already suggested by the civil lawyer Zitelmann at the beginning of this century, there is additional objective for the consideration of a foreign legal system: the comparative study which is necessitated by the application of law in individual circumstances and as such could perhaps be described as judicative comparative law." ESER, Albin. The importance of Comparative Legal Research for the Development of Criminal Science. Op. Cit.

[141] Ou do verdadeiro ceticismo sobre sua dimensão existencial. A este respeito ver DUBBER, Markus D. Comparative Criminal Law. In: REIMANN, Mathias; ZIMMERMANN, Reinhard (Ed.). **The Oxford Handbook of Comparative Law**. Oxford: Oxford University Press, 2006.

a eficácia e o escopo corretos da norma que está analisando, fazendo com que a lei comparada se torne "*anticoncettuale.*"[142]

Assim, é que nos votos que empregaram o direito comparado como racionalidade decisória no contexto dos julgamentos dos HCs acima mencionados quando muito a interpretação normativa é dada *per saltum*[143] posto que apoiada em texto singular de direito interno sem que o próprio autor(a) do voto tenha diretamente consultado as bases do direito que se quer empregar a título comparado e sem flexionar o texto nacional empregado com outros tantos da literatura pátria que lhes são contrapostos.

Assim, por exemplo, quando se invoca o direito alemão, chegou-se a insistir na interpretação da possibilidade de uma execução provisória nada obstante a dicção normativa explícita em sentido contrário incidente na matéria.

A posição adotada no julgado, no entanto, não se sustenta a teor da literatura de grande importância e de fácil acesso pois, como afirma Roxin,

> Em particular, a coisa julgada formal é importante para o seguinte: é um pressuposto da execução (§449). Ao contrário do processo civil, no processo criminal não há execução *provisória*, ou seja, a execução sem julgamento de causa não é possível.[144]

E, nesse mesmo sentido, chegou-se a empregar o direito italiano para justificar o raciocínio de uma *coisa julgada progressiva* ao ser afirmado que "O modelo

---

142 "A la hora de interpretar y estudiar el texto extranjero, el comparatista debe entrar en el tejido jurídico de referencia en su globalidad. No debe detenerse únicamente en el contenido proporcionado por la normativa extranjera, sino que debe avanzar y examinar cómo este se amalgama en un único conjunto, incorporando también la doctrina y la jurisprudencia, que, como denomina Sacco, son el "formante" del derecho. Esta toma de conciencia en su conjunto ayuda al comparatista a comprender la correcta finalidad, eficacia y alcance de la norma que está analizando, consiguiendo que el derecho comparado se convierta en "anticoncettuale." FERRANTE, Alfredo. Entre derecho comparado y derecho extranjero: una aproximación a la comparación jurídica. **Revista chilena de derecho**, v. 43, n. 2, p. 601-618, 2016.

143 Vide, uma vez mais, o voto já mencionado de Menezes Direito ou o de Teori Zavascki que, após mencionar uma frase isolada da então Min. Ellen Gracie no julgamento do HC 85.886 "em país nenhum do mundo, depois de observado o duplo grau de jurisdição, a execução de uma condenação fica suspensa, aguardando referendo da Corte Suprema" (e não localizada no acesso eletrônico: BRASIL. Supremo Tribunal Federal. **Habeas Corpus n. 85.886-4/RJ**. Segunda Turma. Relatora Min. Ellen Gracie. Julgamento: 6/9/2005. DJ.: 28/10/2005. Disponível em: <http://redir.stf.jus.br/paginadorpub/paginador.jsp?docTP=AC&docID=354366>. Acesso em: 12 jan. 2022) passou-se a transcrever trechos de artigo doutrinário sem qualquer inflexão, tomando-se aquele material como portador de afirmações inquestionáveis e precisas.

144 "(...) en particular, la cosa juzgada formal tiene importancia por lo seguiente: es pressupuesto de la ejecución (§449). En contraposición con el proceso civil, en el proceso penal non hay una ejecución "provisional", esto es, no es posible la ejecución sin cosa juzgada". ROXIN, Claus. **Derecho Procesal Penal**. (2000). Op. Cit., p. 435. Da mesma maneira GÓMEZ COLOMER, Juan-Luis. **El proceso penal alemán**: introducción y normas básicas. Barcelona: Bosch, 1985. p 180-181. O uso das referências de textos sobre direito alemão traduzidos para o espanhol é aqui feito para acompanhar o alerta trazido no texto de FERRANTE, Alfredo. Op. Cit.

italiano tem ainda outra regra bastante interessante, ao admitir a formação progressiva do trânsito em julgado. Havendo uma pena mínima (líquida) já com trânsito em julgado, dá-se início à execução"[145] sem, contudo, flexionar que essa possibilidade de execução *progressiva* encontra historicamente posições contraditórias[146] e mesmo sem amparo em precedentes da própria Corte de Cassação, devendo ser notada que a sobredita progressividade da coisa julgada não autoriza a execução antecipada da pena forma como pretendida quando, por exemplo, houver a anulação do julgado com determinação de reenvio ao Juízo original.[147]

Contudo, ainda que a parte tida como definitiva diga respeito à pena (hipótese distinta da anteriormente mencionada), há lastro doutrinário suficiente para afirmar que ainda assim não existe a coisa julgada exequível na parte incontroversa:

> Em caso de anulação parcial, a sentença será renovada apenas com referência às disposições da sentença anulada (...) enquanto as demais assumirão o valor de uma sentença final (que, no entanto, não significa executabilidade da sentença em relação às partes não canceladas, pois a executoriedade da sentença deve estar relacionada à formação de um título executório real, enquanto a autoridade do que é julgado por uma ou mais disposições contidas no julgamento de anulação parcial está relacionada exclusivamente ao esgotamento do julgamento relativo: a autoridade judicial é assumida por toda a *res iudicanda*, no final do julgamento.[148]

E, como lembra Cordero, o art. 624, n.1, mencionado no voto do STF apenas existirá julgado executável quando a parte ainda pendente de impugnação se fizer

---

145 BRASIL. Supremo Tribunal Federal. **Habeas Corpus n. 152.752/PR**. Tribunal Pleno. Relator Min. Edson Fachin. J.: 04/04/2018. Publicação: 27/06/2018. Disponível em: <https://jurisprudencia.stf. jus.br/pages/search/sjur387299/false>. Acesso em: jun. 2021. No voto do Min. Gilmar Mendes, onde se faz menção expressa ao art. 624 do CPP italiano.

146 LATTANZI, Giorgio; LUPO, Ernesto. **Codice di procedura penale**. Milano: Giuffrè Editore, 2008. p. 579. Para uma abordagem específica sobre o tema, ORLANDI, Renzo. Provvisoria esecuzione delle sentenze e presunzione di non colpevolezza. In: BARGIS, Marta et.al. **Presunzione di non colpevolezza e disciplina delle impugnazioni**, Milano: Giuffrè, 2000. p. 123.

147 A ver, por exemplo: Qualora venga rimessa dalla Corte di cassazione al giudice di rinvio la sola determinazione della pena, la formazione del giudicato progressivo riguarda esclusivamente l'accertamento del reato e la responsabilità dell'imputato; pertanto, la detenzione dell'imputato deve essere considerata come custodia cautelare, e non come esecuzione di pena definitiva. (Fattispecie relativa a rigetto del ricorso proposto dal P.G. avverso un'ordinanza di sostituzione della misura cautelare della custodia in carcere con quella degli arresti domiciliari disposta nel giudizio di rinvio). Dichiara inammissibile. ITALIA. Suprema Corte di Cassazione – App. Firenze. **Cassazione penale – sentenza n. 2324. Sezione VI. J: 23/04/2013**. Publicação: 19 dicembre 2013 (sem grifo no original).

148 GAITO, Alfredo. Il ricorso per cassazione. In: GAITO, Alfredo; et al. **Procedura Penale**. Torino: G. Giappichelli Editore, 2010. p. 878-892.

agregar daquela já definitivamente decidida não havendo, pois, uma *execução provisória* em sede penal.[149]

Ademais, faltando ao emprego do comparatismo a análise da *cultura comparada*, esta composta das bases doutrinárias e do direito vivido, não se mencionou, por exemplo, a obra de Orlandi[150], específica sobre o assunto, e que adensa outras fontes doutrinárias italianas que concluem pela impossibilidade de execução provisória da pena, como demonstrado por ao afirmar sobre a tessitura constitucional quanto aos direitos individuais que

> Entre eles, destaca-se, em primeiro lugar, a proibição de usar a privação da liberdade como uma sentença antecipada contra aqueles que ainda não foram sentenciados com uma sentença definitiva: uma restrição negativa que deriva da presunção de inocente (artigos 27, § 2º, da Constituição e 6, § 2, da CEDH), capaz de impor não apenas uma regra de julgamento, mas também uma regra de tratamento que proíba qualquer antecipação indevida das sanções previstas na lei em caso de prática de crimes.[151]

9.2.2.3 Uma possível correção de rota

O quadro atual de desconformidade constitucional com todos seus desvios práticos certamente não pode ser aceito, mesmo porque, dentre vários aspectos a serem corrigidos está o da própria desestrutura do sistema recursal no processo penal.

Assim, temos que a PEC 15/2011 da forma então defendida pelo Min. Cesar Peluso e encampada pelo então Senador Ricardo Ferraço de reconfigurar os recursos constitucionais como ações rescisórias é a via mais adequada.

Mas, na sua redação original que visava transformar os arts. 102 e 105 da Constituição que tratam dos recursos extraordinário e especial em ações rescisórias, com o que: (i) não se altera o art. 5º, cláusula pétra; (ii) robuste o sistema recursal

---

149 "(...) in caso di annullamento parziale, il giudizio sarà rinnovato solo con riferimento alle disposizioni della sentenza annullate (...) mentre le altre assumeranno il valore di decisione passata in giudicato (che non significa, tuttavia, eseguibilità della sentenza in ordine alle parti non annullate, poiché l'eseguibilità della sentenza di condanna va posta in relazione alla formazione di un vero e proprio titolo esecutivo, mentre l'autorità di cosa giudicata ad una o più statuizioni contenute nella sentenza di annullamento parziale è correlata esclusivamente all'esaurimento del relativo giudizio): l'autorità di cosa giudicata viene assunta dall'intera res iudicanda, a processo concluso." CORDERO, Franco. **Procedura penale**. Milano: Giuffrè, 2003. p. 795.

150 ORLANDI, Renzo. **Provvisoria esecuzione delle sentenze e presunzione di non colpevolezza**. Op. Cit., p. 123.

151 "Tra esse rileva, in primis, il divieto di impiegare la privazione della libertà come pena anticipata nei confronti di chi non sia stato ancora condannato con sentenza definitiva: un vincolo negativo che discende dalla presunzione di non colpevolezza (artt. 27 comma 2 Cost. e 6 § 2 CEDU) 16, suscettibile di imporre non solo una regola di giudizio, ma anche una regola di trattamento 18 tale da vietare ogni indebita nticipazione delle sanzioni previste dalla legge in caso di commissione dei reati." DANIELE, Marcello. **Habeas corpus**: manipolazioni di una garanzia. Torino: G. Giappichelli Editore, 2017. p. 63.

no toca à execução dos acórdãos dos Tribunais Estaduais ou dos Tribunais Regionais Federais e, dessa forma; (iii) é obediente à garantia da revisão judicial das decisões em conformidade com a CADH (entre nós o denominado "duplo grau"); (iv) preserva o acesso aos Tribunais Superiores mediante os instrumentos constitucionais do habeas corpus e, eventualmente, mandado de segurança; (v) desafoga o fluxo processual recursal perante aqueles Tribunais e (vi) viabiliza a revisão do julgado, ainda que de forma restrita, em sede revisional.

Mas, sobretudo, confere a cada situação seu tratamento jurídico correto: de cautelaridade, aquilo que é cautela; de efetiva execução, o que é cumprimento de pena.

`9.2.2.4` E a insistência no equívoco: a *execução provisória* das sentenças em plenário do tribunal do júri

Quando a Lei 13.964/2019 entrou em vigor, as ADCs 43, 44 e 54 já haviam sido julgadas na forma discutida neste Capítulo. Mas, restava um campo no qual a execução provisória da sentença havia ganho sobrevida argumentativa: a sentença prolatada na sequência do veredicto do Tribunal do Júri–vide Capítulo 7 neste Livro.

A argumentação deita raízes no emprego da adjetivo *soberano* em relação ao veredicto do Tribunal do Júri a partir do qual defensores da execução de pena ainda não definitiva se aferram, donde a introdução, no artigo 492, de dispositivo que determina ao juiz presidente do Tribunal do Júri que

> e) mandará o acusado recolher-se ou recomendá-lo-á à prisão em que se encontra, se presentes os requisitos da prisão preventiva, ou, no caso de condenação a uma pena igual ou superior a 15 (quinze) anos de reclusão, determinará a execução provisória das penas, com expedição do mandado de prisão, se for o caso, sem prejuízo do conhecimento de recursos que vierem a ser interpostos.

O apego a uma ideia de *soberania* para dela se extrair a execução provisória da sentença emanada do veredicto não se sustenta diante do marco constitucional já discutido neste capítulo acrescida da análise da recorribilidade das sentenças prolatadas em plenário como consequência do veredicto na forma apresentada no Capítulo 7 deste Livro carecendo, portanto, de sustentação constitucional.

`9.2.3` Espécies: coisa julgada formal e material

Há uma clássica distinção entre a coisa julgada formal e a coisa julgada material.

A *coisa julgada formal* diz respeito à impossibilidade de discutir-se a decisão no mesmo processo em que foi proferida. Trata-se, na verdade, da preclusão

Sentença e Coisa Julgada Penais | 719 |

daquela decisão (sentido amplo) e, quando se trata da sentença de mérito, é tornada definitiva pelo trânsito em julgado como comentado neste Capítulo.

A *coisa julgada material* é a impossibilidade de nova persecução pelos mesmos fatos, o *ne bis in idem* discutido no Capítulo 2 desta Obra porquanto relativa à segurança da sentença em relação à pessoa submetida à persecução.

Claus Roxin caracteriza a coisa julgada formal como efeito conclusivo, e caso julgado material como efeito impeditivo. A coisa julgada formal, segundo ele refere-se a uma decisão incontestável no mesmo processo, com efeito conclusivo, sendo que o caso material, definitivamente resolve a causa, impedindo que seu objeto seja reanalisado em outro processo.[152]

9.2.4 Limites da coisa julgada

9.2.4.1 Limites Objetivos

Os limites objetivos da coisa julgada estão marcados pelos fatos que compõem a acusação[153] e sobre os quais a jurisdição penal deve se pronunciar como analisado no Capítulo 5 desta Obra.

Aqui, reitera-se que a *capitulação jurídica* lançada na *acusação*, nada obstante sua fundamental importância, *não constitui o cerne da proteção da coisa julgada*[154] posto que a impossibilidade de nova acusação (*ne bis in idem*) recai sobre os fatos imputados e não sobre a qualificação jurídica a ele dados.

Essa observação é particularmente importante quando se analisa a coisa julgada em condutas plúrimas que se desdobram no concurso formal, material e na continuidade delitiva. Igualmente sobressai a importância dos limites objetivos quando se observa a consunção da conduta criminosa.

Em todas as situações acima descritas deve-se partir do quanto foi objeto de descrição *fática* na acusação; os fatos não acobertados pela descrição não impedem a propositura da acusação penal posto que os limites objetivos da primeira não alcançam as novas condutas.

Com relação à subsunção típica, a situação pode ser exemplificada da seguinte forma: a prática da falsidade com o objetivo exclusivo de suprimir ou reduzir tributos, que é absorvido pelo crime de sonegação fiscal. Nesse caso a própria descrição dos fatos impõe a descrição da conduta absorvida e, portanto, é geradora dos mesmos limites objetivos da coisa julgada.

---

152 ROXIN, Claus. **Derecho Processual Penal**. (2000). Op. Cit., p. 434.

153 Para uma visão abrangente ver LIMA, Eric Alexandre Lavoura. **A coisa julgada penal e seus limites objetivos**. São Paulo: Atlas, 2013.

154 Entre outros textos com a mesma posição, COSTA, Cláudio. A irrelevância da classificação jurídica em hipóteses de coisa julgada. **Boletim IBCCRIM**, São Paulo, v. 14, n. 173, p. 7, abr. 2007.

O descumprimento das soluções consensuadas

Transação Penal

Toda a discussão sobre a coisa julgada foi desenvolvida na literatura brasileira à margem das soluções *alternativas ao processo* e no *processo penal*, centradas, pois, no esgotamento de um processo de conhecimento de cognição exauriente com uma sentença para a qual a manifestação de vontade do acusador em não levar adiante a acusação é irrelevante.

O subsistema processual da Lei 9.099/95 ao introduzir as (tímidas) soluções alternativas, uma *no processo* (suspensão condicional do processo) e outra *ao processo* (transação penal) deixou, em relação a esta última, uma lacuna específica: a hipótese de seu descumprimento. E, com ela, uma pergunta: seria possível o ajuizamento da acusação formal ou seria o caso de, apenas, executar-se a transação descumprida.

As análises que se seguiram ao longo dos anos foram, muitas vezes, embasadas no fracasso operacional da forma como construída a própria transação, de um lado e, de outro, a dificuldade de superar-se o paradigma convencional do processo penal. Mas, sem dúvida, a lacuna legal, ainda não superada é um óbice constante.

Assim, na doutrina basicamente duas linhas foram construídas: (i) a possibilidade de, diante do descumprimento da transação, oferecer-se a acusação penal e (ii) a execução do título judicial que aperfeiçoou a transação.

A vertente alinhada com a possibilidade de oferecimento da acusação penal diante da transação descumprida pode ser reconhecida em vários trabalhos de fôlego[155] e contou, entre tantos argumentos e sugestões, a prestigiosa contribuição de Busato, para quem:

> Assim, caso o comprometimento do autor do fato seja com o pagamento de uma multa, temos que incumbe ao Ministério Público executar a sentença que homologou a multa. Do mesmo modo, caso tenha sido estabelecida a obrigação de o autor do fato fazer algo, como prestar serviços à comunidade, por exemplo, cumpre ao Ministério Público executar esta obrigação de fazer, com base na sentença homologada. Impende vincar que não se trata de execução de pena, porque pena não é. Trata-se, isto sim, de execução do conteúdo da sentença homologada pelo juízo criminal. Assim, a execução deve ser deduzida pelo agente ministerial com atribuições perante o Juízo criminal e este deve ser o competente para levar a cabo o processo de execução.[156]

---

155 Entre vários e importantes deles, a obra de CARDOZO, Teodomiro Noronha. **Sentença Homologatória de Transação Penal**: a despenalização no caso concreto. 2005. Dissertação (Mestrado). Universidade Federal de Pernambuco – UFPE, Recife, 2005.

156 BUSATO, Paulo César. Consequências do descumprimento da transação penal. **Revista Eletrônica de Ciências Jurídicas** – RECJ, v. 5, p. 08, 2007.

Respeitada essa linha de entendimento, sempre nos manifestamos em sentido contrário, entendendo que há conteúdo decisório impositivo de pena de caráter penal e que se trata de uma forma inequívoca de exercer a titularidade da ação penal com a veiculação de uma pretensão acusatória que possui, contudo, outra dinâmica, acolhida que é por um provimento jurisdicional denominado de *homologação* – e assim o é, evidentemente, na sua *forma* – mas impositiva de uma sanção penal, em seu conteúdo.

Pena que é limitada pelo princípio da legalidade penal e cuja imposição se dá, exclusivamente, por uma manifestação de vontade da pessoa que se encontra na condição de *autora do fato* e que, de forma livre e autônoma, não reconhece sua culpa pelos fatos a ela atribuídos, mas acede ao recebimento de uma reprimenda estatal que, por certo, não é uma censura moral tampouco uma sanção civil.

A inexistência de efeitos da condenação também não serve para desnaturar a reprimenda como penal posto que nem todas as condenações penais geram reincidência (*v.g.*, pena de multa) ou revogam obrigatoriamente o *sursis* ou mesmo a fruição do livramento condicional.

Há, nesse sentido, várias manifestações de prestigiosa doutrina, como Silva Jardim, para quem há exercício da acusação penal[157] e cujo descumprimento gera a execução e não a possibilidade de veicular-se novamente uma pretensão de acusação[158] posto que se trata de sentença que faz coisa julgada formal e material.[159]

Acordo de Não Persecução Penal (ANPP)

A Lei 13.964/2019 inovou ao criar o ANPP, tema já tratado de forma mais minuciosa no Capítulo 5 deste Livro.

Aqui volta-se ao tema apenas para destacar que, talvez pelo aprendizado com as divergências teórico-práticas enunciadas no item anterior, a Lei se precaveu para abraçar a posição dominante quanto a inexistência de coisa julgada e dispor, expressamente, que o descumprimento gera a formalização da apreciação da acusação formal posição que, tendentemente, será confirmada pela jurisprudência quando for instada a se posicionar.

`9.2.4.2` Limites Subjetivos

O *limite subjetivo* é muitas vezes apresentado como *princípio da intranscendência* no tópico da veiculação da acusação como um dos *princípios da ação penal*.

Preferimos, contudo, alocar esse tema no âmbito dos limites subjetivos da coisa julgada posto que é isso que se extrai do texto constitucional quando se fala

---

157 JARDIM, Afrânio Silva. **Direito Processual Penal**. (2002). Op. Cit. p. 127-128.

158 GRINOVER, Ada Pellegrini; et al. **Juizados especiais**. 5. ed. São Paulo: Ed. Revista dos Tribunais, 2005. p. 215.

159 CARVALHO, Luis Gustavo Grandinetti Castanho de; PRADO, Geraldo. Op. Cit. p. 103.

que "nenhuma pena passará da pessoa acusada" (CR/88 art. 5º, XLV – nenhuma pena passará da pessoa do condenado, podendo a obrigação de reparar o dano e a decretação do perdimento de bens ser, nos termos da lei, estendidas aos sucessores e contra eles executadas, até o limite do valor do patrimônio transferido).[160]

Limitador do efeito da coisa julgada em relação ao acusado, esses efeitos podem ser expandidos quando puderem alcançar beneficamente terceiros, tema que é tratado pelo CPP como efeitos extensivos de determinadas impugnações ou de ações autônomas (vide sobre estas últimas o Capítulo 11 nesta Obra e, sobre os recursos, o Capítulo 10).

Na verdade, a extensão não é um efeito dessas impugnações, mas sim, verdadeiramente, a ampliação dos limites subjetivos da coisa julgada a terceiros que se encontram nas mesmas condições fáticas e jurídicas.

9.2.5 A exceção da coisa julgada

Instrumentalizando a garantia da coisa julgada tem-se o mecanismo da exceção específica, mas, também – e com maior eficácia – o próprio habeas corpus, com o que se exclui a possibilidade de um segundo processo (ou mesmo investigação) pelos mesmos fatos.[161]

9.2.6 A relativização da coisa julgada absolutória na internacionalização das relações jurídicas

Contudo, como já aventado nos tópicos anteriores, a impugnação da existência de coisa julgada absolutória mostra-se instransponível no direito interno, mas assim não o é nas relações de cooperação com o Tribunal Penal Internacional[162], e nos casos submetidos a controle de convencionalidade por graves violações de direitos humanos.

Como apontado em trabalho específico sobre o tema,

> No entanto, quando a questão é posta em face do Direito Penal Internacional, tanto a coisa julgada quanto a garantia do ne bis in idem são relativizadas. É que aqui, claramente, os ideais de segurança das relações jurídicas e da garantia de

---

160 À exceção da Carta de 1937, esse mesmo texto aparece Constituição brasileira, de 1824 (art. 179, XX); Constituição de 1891 (art. 72, § 19); Constituição de 1934 (art. 113, 28); Constituição de 1946 (art. 141, § 30); Constituição de 1967 (art. 150, § 13) e na EC 01/69 de 1969 (art. 153, § 13).

161 POLANCO, Adrián. La cosa juzgada en matéria penal. **AVANCES**, v. 10, n. 12, p. 27, 2015, quando se refere à "función excluyente de un segundo proceso."

162 A ver em BUJOSA VADELL, Lorenzo M. La complementariedad de la Corte Penal Internacional y la relatividad del efecto de cosa juzgada interna. In: MAC-GREGOR, Eduardo Ferrer; LELO DE LARREA, Arturo Zaldivar; GARCÍA BELAUNDE, Domingo. **Constitución, derecho y proceso**: estudios en homenaje a Héctor Fix-Zamudio en sus cincuenta años como investigador del derecho. Lima: IDEMSA, 2010. p. 125-146.

resguardo da liberdade individual frente ao poder punitivo cedem espaço em favor do chamado combate à impunidade. Esta opção é normalmente justificada em face da extrema gravidade e da dimensão dos crimes praticados.[163]

Inicie-se, no primeiro caso, no relacionamento do Brasil com o Tribunal Penal Internacional.

9.2.6.1 Perante o Tribunal Penal Internacional

Para compreender as razões pelas quais o Brasil adere ao contexto internacional que culmina com a criação de um Tribunal permanente para julgamento de determinados crimes é necessário percorrer, ainda que sumariamente, o itinerário de discussão e criação dessa Corte e, então, alcançar a relativização da coisa julgada absolutória no direito interno presente na redação do Estatuto de Roma.

a] Os trabalhos de criação do Tribunal Penal Internacional

Ao finalizar os trabalhos da Conferência de Roma, em 17 de julho de 1998, Kofi Annan descreveu a criação de uma corte penal internacional permanente: "[...] como um presente de esperança para as futuras gerações e um gigantesco passo adiante na marcha dos Direitos Humanos Internacionais e na obediência à Lei" acrescentando que se tratava de "uma conquista a qual, alguns anos atrás, ninguém pensaria ser possível."[164]

Os *anos atrás* aos quais se referia o Secretário eram, de fato, muitos e turbulentos. Depois de meio século de espera pelo descongelamento da *guerra fria*, limitação geopolítica que sustou o andamento de negociações diplomáticas e aspirações acadêmicas datadas de pelo menos cinquenta anos antes do fim da II Guerra Mundial[165], finalmente mínimas condições no cenário internacional permitiram a retomada desse processo histórico.[166]

Com um muro a menos a separar leste e oeste ideológicos, soube-se encaminhar à ONU proposta no sentido da criação de um Tribunal que atendesse às condições de juiz natural de causas penais concernentes a infrações internacionais.

---

163 ZILLI, Marcos; GHIDALEVICH, Fabíola Girão Monteconrado; MOURA, Maria Thereza Rocha de Assis. Ne bis in idem e coisa julgada fraudulenta. A posição da Corte Interamericana de Direitos Humanos. In: MALARINO, Ezequiel; ELSNER, Gisela. **Sistema interamericano de protección de los derechos humanos y derecho penal internacional**. Montevideo: Konrad-Adenauer-Stiftung, 2011. 2 Tomo. p. 393-423.

164 Declaração do Secretário Geral da ONU, Kofi Annan, quando da cerimônia para a celebração da adoção do Tribunal Penal Internacional.

165 Para uma ampla visão do tema ao longo do século XX, BASSIOUNI, M. Cherif. Historical Survey: 1919-1998. Op. Cit. p. 1-43.

166 Para uma visão histórica do processo pós II Guerra Mundial, veja-se BALBONI, Marco. Da Norimbuerga alla Corte Penale Internazionale. In: ILLUMINATI, G.; STOTONI, L.; VIRGILIO, M. **Crimini Internazionali tra diritto e giustizia: daí tribunali internazionali alle commissioni vertià e riconciliazone**. 1. ed. Torino: Giappichelli Editore, 2000. p. 3-25.

Se coube a Trinidad e Tobago a primazia de tal iniciativa[167], coube à antiga Iugoslávia[168], secundado por Ruanda, demonstrarem ainda no início dos anos 90 o quanto era essencial a aspirada criação. Os atos de atrocidade ali vividos deixavam claro que um sistema protetor da dignidade da pessoa humana não poderia se contentar com processos indenizatórios de cunho patrimonial e sanções políticas ou quando mesmo econômicas a países nos quais tamanha barbárie ocorria. A reposta penal, porque racionalmente desenhada para essas situações, precisava ser invocada sem o constrangimento de ter surgido *ad hoc*, com o hálito indisfarçável de uma providência amanhecida.[169]

Descontada toda a maturação dos anos que antecederam a conferência em Roma[170], bem como sendo desnecessário relembrar a forma pela qual os compromissos foram assumidos nos estertores da reunião diplomática[171], importa-nos considerar algumas nuances do comportamento brasileiro ao longo do processo.

De um lado, como oficialmente reconhecido, houve um engajamento histórico[172] na medida em que o país esteve presente nas reuniões preparatórias e acompanhou o desenrolar dos acontecimentos até a Conferência de Roma.

No entanto, objetivamente falando, a adesão formal inicial do Brasil foi tardia, tendo se dado somente em 07 de abril de 2000 quando foi assinado o Estatuto. Comparado com a Argentina, que o assinou em 08 de janeiro de 1999 e o ratificou

---

167 Neste sentido: BASSIOUNI, M. Cherif. **Observations concerning the 1997-98 Preparatory Committee's Work**: Nouvelles Études Pénales (The International Criminal Court: Observations And Issues Before The 1997/98 Preparatory Committee; And Administrative And Financial Implications). Chicago: Érès, 1997. p. 5.

168 A respeito especificamente do caso da Iugoslávia, veja-se o seguinte comentário: "En su resolución 808 (1993), de 22 de febrero de 1993, el Consejo de Seguridad decidió que se estableciera un tribunal internacional para el enjuiciamiento de los presuntos responsables de las violaciones graves del derecho internacional humanitario cometidas en el territorio de la ex Yugoslavia desde 1991 y pidió al Secretario General que presentara un informe sobre esta cuestión. El informe del Secretario General, que contenía el estatuto del Tribunal Internacional, fue presentado al Consejo de Seguridad, que, actuando de conformidad con el Capítulo VII de la Carta de las Naciones Unidas, lo aprobó en su resolución 827 (1993) de 25 de mayo de 1993, estableciendo así el Tribunal Internacional para la ex-Yugoslavia. ORGANIZAÇÃO DAS NAÇÕES UNIDAS. **Las Naciones Unidas y los derechos humanos**: 1945-1995. 1. ed. [S.l.: s.n.], 1995. VII v. (Serie de Libros Azules). ISBN: 92-1-300162-2.

169 Daí a instigação por meio de Resolução do Parlamento Europeu a que todos os Estados que o integram viessem a envidar esforços para a então realização da Conferência de criação de uma Corte internacional penal permanente (Resolução Tribunal Penal Internacional B4-0295, 0297, 0298, 0306, 0310 e 0312/98).

170 Para uma visão dos trabalhos antecedentes ao Estatuto de Roma, Bassiouni, Op. Loc. Cit.; Politi, Mauro, The establishment os na International Criminal Court at a Crossroad: issues and prspccts after the first session of the preparatory committec, Op. Cit., p. 115 e segs., além da fartíssima bibliografia mencionada no texto de Bassiouini, Op. Cit., p. 33 e segs.

171 A propósito deste ponto, CHOUKR, Fauzi Hassan; AMBOS, Kai (Org.). **Tribunal Penal Internacional**. Op. Cit., passim.

172 A este respeito, MEDEIROS CACHAPUZ, Antônio Paulo de. Op. Cit., artigo no qual o autor procura demonstrar o engajamento substancial do Estado brasileiro com a criação do Tribunal Penal Internacional.

em 08 de fevereiro de 2001, ficamos atrás no cenário sul-americano, bem como de fora do grupo dos sessenta países que ratificaram inicialmente o Estatuto possibilitando, assim, que ele entrasse em vigor.[173]

Muitas razões podem ser invocadas do ponto de vista político e jurídico para este comportamento. Caso se queira radicalizar as razões desse hiato, poder-se--ia, do ponto de vista jurídico, assinalar que, à diferença de outros momentos históricos brasileiros, pela égide da CR de 1988 haveria de se demonstrar com maior presteza o envolvimento substancial no processo político, pois se trata de uma política de Estado a proteção desses direitos em âmbito internacional. Neste contexto não haveria margem de discussão sobre a eticidade, oportunidade, necessidade e legitimidade do processo e do objeto em pauta.

b] Incorporação do Estatuto de Roma no direito interno

No cenário interno, uma vez assinado o Estatuto, surgiu um pesado fardo político e jurídico que precisava ser enfrentado: de que forma operacionalizar a ratificação do Tratado, passo indispensável para comprometer definitivamente o Estado brasileiro no palco aberto internacional.

Mas aqui a resposta oficial brasileira soube ser mais original que o esperado[174]. A Comissão De Relações Exteriores e de Defesa Nacional[175], na sua Mensagem Nº 1.084, de 2001, acatando o Parecer do relator, Deputado Nilmário Miranda, aprovou o projeto de Decreto-legislativo nº 152, de 2002 (PDC nº 1.661, de 2002, na

---

173 Anote-se que 10 países ratificaram simultaneamente o Estatuto em 11 de abril de 2002, entre eles a Romênia, Nigéria, Mongólia e Camboja. Cabe lembrar, igualmente, que a Nigéria viveu um golpe de Estado em dezembro de 1999, e que a Constituição do Camboja, tal como a nossa, induz à proibição da pena de morte (Article 31 – The Kingdom of Cambodia shall recognize and respect human rights as stipulated in the United Nations Charter, the Universal Declaration of human Rights, the covenants and conventions related to human rights, women's and children's rights. (CAMBODIA. **Constituion of Cambodia**. Op. Cit.). Mesmo assim as adesões desses países foram mais expeditas que a brasileira, apenas para ficar com essas duas situações objetivas.

174 Neste ponto evitamos soluções que passassem por reformas constitucionais, como foi o caso de Portugal que, tendo assinado o Estatuto em 7.10.98, fez aprovar, em 04 de dezembro de 2001, emenda constitucional autorizadora da ratificação, o que se deu em 20 de dezembro de 2001. A votação parlamentar a favor da ratificação foi esmagadora (221 votos a favor e 19 contra). Alterou-se assim o art. 7(6) da Constituição de Portugal para que fosse aceita a jurisdição do Tribunal Penal Internacional. A razão da emenda constitucional foi a mesma da discussão brasileira: a existência da pena perpétua.

175 Participaram da votação os Senhores Deputados Aldo Rebelo, Presidente; Jorge Wilson e Elcione Barbalho, Vice-presidentes; Alberto Fraga, Aloizio Mercadante, Antonio Carlos Pannunzio, Arnon Bezerra, Átila Lins, Claudio Cajado, Cunha Bueno, De Velasco, Dolores Nunes, Eduardo Campos, Feu Rosa, Haroldo Lima, Hélio Costa, Jair Bolsonaro, Joaquim Francisco, José Carlos Martinez, José Lourenço, José Teles, José Thomaz Nonô, Luiz Carlos Hauly, Marcelo Barbieri, Marcus Vicente, Mário de Oliveira, Milton Temer, Nilmário Miranda, Odelmo Leão, Osvaldo Sobrinho, Paulo Delgado, Paulo Kobayashi, Pedro Valadares, Rubens Bueno, Sampaio Dória, Sérgio Reis, Waldir Pires e Werner Wanderer, Titulares; Airton Dipp, Alceste Almeida, Aldir Cabral, Antonio Feijão, Aracely de Paula, Celso Russomanno e Edison Andrino, Suplentes. (votação em 03 de abril de 2002).

Câmara dos Deputados), encaminhando-o em seguida ao Senado Federal, onde, apoiado no mesmo texto de André Carvalho acima mencionado, na Comissão respectiva votou-se pela aprovação do Projeto[176], dentre outros, sob os seguintes argumentos:

> Tendo em vista a natureza das funções outorgadas, à luz do Regimento Interno do Senado Federal, a esta Comissão, não nos cabe realizar, nesse parecer, análise da matéria do ponto de vista de sua compatibilidade com a Constituição Federal. Todavia, pela leitura dos pareceres do Consultor Jurídico do Ministério das Relações Exteriores e da Comissão de Constituição e Justiça e de Redação da Câmara dos Deputados, podemos concluir pela inexistência de óbices, quanto à constitucionalidade, que possam impedir a adesão do Brasil ao Estatuto de Roma. Cabe lembrar que a Constituição Federal, no artigo 7º do Ato das Disposições Constitucionais Transitórias, determina que "O Brasil propugnará pela formação de um tribunal internacional dos direitos humanos". Com efeito, somente uma instituição com a importância e independência conferidas ao TPI estará capacitada a afastar as ameaças do unilateralismo e da seletividade no tratamento dos crimes contra a humanidade. Como órgão que expressa o mais moderno multilateralismo e da cooperação entre os Estados, o Tribunal Penal Internacional vem sanar um antigo vácuo jurídico existente no sistema internacional, contribuindo, ademais, para prevenir as violações maciças dos direitos humanos e as ameaças contra a paz e a segurança dos Estados e, em última análise, da humanidade.

Quando levado à discussão em Plenário[177] foi enaltecido unanimemente pelos Senadores o caráter de proteção aos direitos humanos que possui o Tribunal Penal Internacional, a necessidade da proteção internacional dos direitos humanos e a posição brasileira quanto ao tema do rol de penas quando dos trabalhos que originaram o Estatuto, particularmente como um dos países que lutou contra a pena de morte e patrocinou a possibilidade da prisão perpétua.

Com base nesse texto foi editado, o Decreto Legislativo nº 112, de 2002, o qual *aprovou o texto do Estatuto de Roma do Tribunal Penal Internacional, aprovado em 17 de julho de 1998 e assinado pelo Brasil em 7 de fevereiro de 2000*, com a seguinte redação:

---

176 Assim composta a Comissão: Jefferson Péres, Presidente – José Agripino, Relator – Geraldo Cândido – Bernardo Cabral – Roberto Saturnino – Eduardo Suplicy – Sérgio Machado – Romeu Tuma – Iris Rezende – Luiz Otávio – João Alberto Souza – Ludio Coelho, Relator *ad hoc*.

177 Contempladas na página 10587 e seguintes do Diário do Senado Federal: BRASIL. Senado Federal. **Diário do Senado Federal**, Brasília/DF, ano LVII, n. 73, quinta-feira, 6 jun. 2002. Disponível em: <https://legis.senado.leg.br/diarios/ver/1405?sequencia=1>. Acesso em: 12 jan. 2022.

Art. 1º Fica aprovado o texto do Estatuto de Roma do Tribunal Penal Internacional, aprovado em 17 de julho de 1998 e assinado pelo Brasil em 7 de fevereiro de 2000.

Parágrafo Único. Ficam sujeitos à aprovação do Congresso Nacional quaisquer atos que possam resultar em revisão do referido Estatuto, bem como quaisquer ajustes complementares quem nos termos do inciso I do art. 49 da Constituição Federal, acarretem encargos ou compromissos gravosos ao patrimônio nacional.

Art. 2º Este Decreto Legislativo entra em vigor na data de sua publicação.[178]

Diante do embate sobre o tema, pode-se concluir que o trabalho político de aprovação acatou a posição que, enxergando um suposto conflito entre normas constitucionais, conferiu primazia àquela que propugna a criação de um tribunal internacional de direitos humanos – mesmo porque lastreada nos arts. 1º, III e 4º, II, VI e VII da CR/88, que também podem ser considerados como direitos indisponíveis –, visualizando nas disposições do Estatuto de Roma referentes à pena de prisão perpétua (patrocinada pelo Brasil, inclusive) um mecanismo de exceção que se torna ainda mais residual porque, a jurisdição internacional é, em si mesma, complementar em relação à nacional.

c] A relativização da coisa julgada absolutória produzida no direito interno

As discussões que ocuparam os espaços acadêmicos no percurso de ratificação do Estatuto de Roma estiveram centradas na questão das penas e na entrega de nacionais como aventado.

Contudo, o princípio basilar do Tribunal, que é o da complementariedade gera desdobramentos ainda timidamente enfocados na literatura nacional[179], mas francamente desenvolvidos no contexto externo: (i) a necessidade de adaptação do direito interno aos tipos penais do Tribunal Penal Internacional e, de outro lado (ii) a relativização da coisa julgada interna quando produzida de forma politicamente direcionada à impunidade daqueles que praticaram as condutas previstas no Estatuto de Roma.

---

178 BRASIL. Senado Federal. **Decreto Legislativo n. 112 de 6 de junho de 2002**. Aprova o texto do Estatuto de Roma do Tribunal Penal Internacional, aprovado em 17 de julho de 1998 e assinado pelo Brasil em 7 de fevereiro de 2000. Disponível em: <https://legis.senado.leg.br/norma/568148>. Acesso em: 12 jan. 2022. Senador Ramez Tebet Presidente do Senado Federal.

179 E, especificamente centrados na relação entre complementariedade e soberania. Nesse sentido, PIOVESAN, Flávia. **Princípio da complementaridade e soberania**. Op. Cit. Ainda, REZEK, Francisco. Tribunal Penal Internacional – princípio da complementaridade e soberania. In: MIRANDA, Jorge; SILVA, Marco Antonio Marques da. **Tratado luso-brasileiro da dignidade humana**. 2. ed. São Paulo: Quartier Latin, 2009. p. 513-518. E, de forma apenas descritiva, BECHARA, Fábio Ramazzini. Tribunal penal internacional e o princípio da complementariedade. **Revista Síntese de direito penal e processual penal**, Porto Alegre, v. 4, n. 24, p. 7-9., fev./mar. 2004.

Neste momento importa sobremaneira o segundo aspecto, visto que é aquele que se relaciona com a relativização da coisa julgada absolutória interna abrindo espaço para a discussão do relacionamento da jurisdição local com a internacional.[180]

Com efeito, o ER prevê claramente a impossibilidade do *ne bis in idem* e a primazia da coisa julgada nacional como regra geral[181]. Porém, em seu art. 20 determina:

> 3. O Tribunal não poderá julgar uma pessoa que já tenha sido julgada por outro tribunal, por atos também punidos pelos artigos 60, 70 ou 80, a menos que o processo nesse outro tribunal:
>
> a) tenha tido por objetivo subtrair o acusado à sua responsabilidade criminal por crimes da competência do Tribunal; ou
>
> b) não tenha sido conduzido de forma independente ou imparcial, em conformidade com as garantias de um processo eqüitativo reconhecidas pelo direito internacional, ou tenha sido conduzido de uma maneira que, no caso concreto, se revele incompatível com a intenção de submeter a pessoa à ação da justiça.

E essas previsões são completadas por aquelas contidas no art. 17 do ER:

> 2. A fim de determinar se há ou não vontade de agir num determinado caso, o Tribunal, tendo em consideração as garantias de um processo eqüitativo reconhecidas pelo direito internacional, verificará a existência de uma ou mais das seguintes circunstâncias:
>
> a) O processo ter sido instaurado ou estar pendente ou a decisão ter sido proferida no Estado com o propósito de subtrair a pessoa em causa à sua responsabilidade criminal por crimes da competência do Tribunal, nos termos do disposto no artigo 5º;
>
> b) Ter havido demora injustificada no processamento, a qual, dadas as circunstâncias, se mostra incompatível com a intenção de fazer responder a pessoa em causa perante a justiça;
>
> c) O processo não ter sido ou não estar sendo conduzido de maneira independente ou imparcial, e ter estado ou estar sendo conduzido de uma maneira que,

---

180 Entre várias referências na literatura internacional acerca deste tema, ver BURKE-WHITE, William W. Proactive complementarity: The International Criminal Court and national courts in the Rome system of international justice. **Harvard International Law Journal**, v. 49, p. 53, 2008. Ainda, NEWTON, Michael A. Comparative Complementarity: Domestic Juridiction Consistent with the Rome Statute of the International Criminal Court. **Military Law Review**, v. 167, p. 20, 2001.

181 A ver em BROWN, Bartram S. Primacy or Complementarity: Reconciling the Jurisdiction of National Courts and International Criminal Tribunals. **Yale Journal of International Law**, v. 23, p. 383, 1998.

dadas as circunstâncias, seja incompatível com a intenção de levar a pessoa em causa perante a justiça.

3. A fim de determinar se há incapacidade de agir num determinado caso, o Tribunal verificará se o Estado, por colapso total ou substancial da respectiva administração da justiça ou por indisponibilidade desta, não estará em condições de fazer comparecer o acusado, de reunir os meios de prova e depoimentos necessários ou não estará, por outros motivos, em condições de concluir o processo.

Por elas são encontradas as seguintes características que demonstram a ausência de engajamento da jurisdição interna a provocar a superação da coisa julgada absolutória[182]: (i) o emprego da jurisdição nacional como *escudo* para a impunidade, fazendo com que o Tribunal Penal Internacional elabore um verdadeiro escrutínio sobre a forma de atuação da jurisdição local; (ii) quando houver uma injustificada demora na prestação jurisdicional e (iii) o processo não tenha obedecido os padrões próprios ao *devido processo legal*.

O Brasil, como integrante do ER está condicionado às regras acima mencionadas e a relativização da coisa julgada interna está igualmente subordinada àquelas determinações nos casos de competência material do TPI, obedecido, sempre, o princípio basilar da complementariedade.

`9.2.6.2` No controle de convencionalidade

Se a coisa julgada absolutória é relativizada no contexto do relacionamento do Brasil com o TPI, também pode sê-lo quando a aplicação do direito interno é analisada à luz dos compromissos com o sistema interamericano de direitos humanos por meio do controle de convencionalidade como discutido no Capítulo 1 desta Obra.

Com efeito, nos casos de graves violações de direitos humanos, a CIDH vem reiteradamente decidindo pelo não cabimento da invocação da coisa julgada absolutória produzida de forma fraudulenta a fim de criar a impunidade aos perpetradores dessas condutas, como se vê nos casos Barrios Altos contra Peru, caso Ibsen Cárdenas e Ibsen Peña contra Bolívia, caso Almoncaid Arellano contra Chile e caso Carpio Nicolle e outros contra Guatemala.

A mesma linha decisória já foi seguida no caso Gomes Lund contra o Brasil (vide Capítulo 1 para outras referências), quando a CIDH: "[...] reconhece que o Estado brasileiro é obrigado não apenas a garantir os direitos de buscar e receber

---

182 Conforme apontado por YANG, Lijun. On the principle of complementarity in the Rome Statute of the International Criminal Court. **Chinese Journal of International Law**, v. 4, n. 1, p. 121-132, 2005.

informações e à verdade, mas também a responsabilizar penalmente indivíduos que cometeram crimes."[183]

Em suma, o Estado (brasileiro) não poderá aplicar a Lei de Anistia em benefício dos autores, assim *como nenhuma outra disposição análoga, prescrição, irretroatividade da lei penal, coisa julgada, ne bis in idem ou qualquer excludente similar de responsabilidade para eximir-se dessa obrigação, nos termos dos parágrafos 171 a 179.* (Parágrafo 256, b, sem grifo no original)

Particularmente em relação Brasil, o problema que aqui se coloca é aquele enfrentado no Capítulo 1 quando se analisa a forma de relacionamento do direito interno com o internacional e se este último continuará, apenas, a cumprir um papel de referência moral às relações jurídicas internas.

---

183 CORTE INTERAMERICANA DE DIREITOS HUMANOS. Caso Gomes Lund e Outros (Guerrilha do Araguaia) vs. Brasil. Op. Cit.

Capítulo 10

Teoria Geral dos Recursos e Recursos em Espécie

10.1 As funções de um sistema de revisão de decisões judiciais

A partir das bases políticas próprias de um Estado democrático e de Direito que refletem em um determinado modo de ser do processo penal, prestigiosa doutrina[1] aponta três grandes funções de um sistema de revisão das decisões judiciais, a saber:

a] Assegurar à pessoa submetida à persecução a possibilidade da revisão da decisão que lhe é desfavorável;

b] Produzir um entendimento uniformizado sobre a forma de compreender a interpretação judicial, constituindo, assim, uma garantia para o ordenamento e

c] Exercer o controle de legalidade das decisões proferidas.

E, conclui afirmando que elas não estão necessariamente inter-relacionadas e podem ser realizadas de forma razoavelmente independente.[2]

Com efeito, no marco do processo penal brasileiro, o modelo recursal é um dos temas que, ao lado das nulidades e da investigação criminal, não sofreu mudanças na estrutura codificada. Desses três temas, a investigação criminal apresentou uma reconfiguração por via doutrinária e assim reconhecida por precedentes dos Tribunais superiores, particularmente o STF, como discutido no Capítulo 4 desta Obra.

Mas, assim como o modelo de nulidades, o *campo recursal* – no que toca às formas de recurso e seu respectivo exercício – manteve-se inalterado, excetuando-se o que diz respeito aos recursos constitucionais, reconfigurados por lei específica pós CR/1988 e os efeitos de vinculação deles extraível a teor do NCPC, em parte discutidos no Capítulo 1 desta Obra e que serão também enfrentados em questões específicas sobretudo no item 9.3.8 infra.

> **Análise Crítica:** Antecipando considerações que serão desenvolvidas na sequência, afirma-se desde já que o modelo recursal não contempla de forma adequada nem a primeira nem a terceira das funções supracitadas posto que propositalmente lacunoso a partir da adoção de um sistema de enumeração legal – tipicamente inquisitivo –, exige o emprego de ações autônomas de impugnação em inúmeras hipóteses as quais, por sua cognição necessariamente sumária, não cumprem as missões desejadas que se espera do exercício do duplo grau.

---

1 FERRAJOLI, Luigi. Los valores de la doble instancia y de la nomofilaquia. **Crimen y Castigo**: Cuaderno del Departamento de Derecho Penal y Criminología de la Facultad de Derecho, Buenos Aires, v. 1, n. 1, p. 33-50, ago. 2001.

2 Idem.

10.2 Bases gerais do modelo de revisão das decisões judiciais

10.2.1 Fundamento constitucional-convencional do duplo grau de jurisdição

A previsão normativa da garantia do duplo grau de jurisdição[3] foi significativamente alterada a partir do marco constitucional[4]-convencional, com o que se superou uma aparente infindável discussão[5] à sombra da Constituição para saber se ele possuía, ou não, status constitucional[6], bem como certas discussões muito específicas do processo civil e transpostas para o processo penal por meio da já criticada *teoria geral do processo*, como ser essa garantia justificada por razões de *conveniência*[7] ou com suposta funcionalidade atrelada à hierarquização de decisões concepção criticada por prestigiosa doutrina.[8]

Ao lado da CADH merece igual destaque o Pacto Internacional dos Direitos Civis e Políticos, em vigor no direito interno a partir do Decreto 592, de 6 de julho de 1992 que em seu artigo 14, n. 5, preconiza: Toda pessoa declarada culpada por um delito terá direito de recorrer da sentença condenatória e da pena a uma instância superior, em conformidade com a lei.[9]

No âmbito da CADH, o Art. 8º, ao cuidar das garantias judiciais, contempla no já referido n 2 que

---

3   Sobre o histórico dessa garantia ver, entre outros, FONTES, Márcio Schiefler. Noções histórico- -conceituais dos recursos e do duplo grau de jurisdição. **Revista da ESMESC**: Escola Superior da Magistratura do Estado de Santa Catarina, Florianópolis, v. 14, n. 20, p. 81-102, anual. 2007.

4   Para uma das obras pioneiras visualizando o tema a partir do marco constitucional com olhar diferenciado para as garantias constitucionais no campo recursal ver CRUZ, Rogerio Schietti Machado. **Garantias processuais nos recursos criminais**. São Paulo: Atlas, 2002.

5   Sobre essa discussão e o posicionamento principiológico ver TAVARES, André Ramos. Análise do duplo-grau de jurisdição como princípio constitucional. **Revista de Direito Constitucional e Internacional**, ano 8, vol. 30, São Paulo jan/mar., 2000.

6   Para uma visão dessa discussão, sobretudo a partir de uma literatura não penal veja-se, por exemplo, PEDRA, Adriano Sant'Ana. A natureza principiológica do duplo grau de jurisdição. **Revista de Direito Administrativo**, Brasília, v. 247, n. 45, p. 13-30, 2008.

7   CAMBI, Eduardo. Efeito devolutivo da apelação e duplo grau de jurisdição. In: MARINONI, Luiz Guilherme (Coord.) **A segunda etapa da reforma processual civil**. São Paulo: Malheiros, 2001. p. 250.

8   CHIOVENDA, Giuseppe. **Instituições de direito processual civil**. São Paulo: Ed. Saraiva, 1965. 2 v. p. 99 apud MARINONI, Luiz Guilherme. **A prova, o princípio da oralidade e o dogma do duplo grau de jurisdição**. Estudos de direito contemporâneo e cidadania. Leme-SP: LED Editora de Direito, 2000. p. 13-19.

9   BRASIL. **Decreto n. 592 de 6 de julho de 1992**. Atos Internacionais. Pacto Internacional sobre Direitos Civis e Políticos. Promulgação. Disponível em: <http://www.planalto.gov.br/ccivil_03/ decreto/1990-1994/d0592.htm>. Acesso em: 12 jan. 2022.

Toda pessoa acusada de um delito tem direito a que se presuma sua inocência, enquanto não for legalmente comprovada sua culpa. Durante o processo, toda pessoa tem direito, em plena igualdade, às seguintes garantias mínimas: [...]
h) Direito de recorrer da sentença a juiz ou tribunal superior.

A incorporação desses textos internacionais impôs a necessária releitura do direito interno e vem cabendo ao STF servir como termômetro desse relacionamento normativo, sobretudo diante de casos de expressão social que reclamam a análise sobre a maneira pela qual a corte constitucional vem apreciando o tema.

Em alentado estudo sobre a matéria, Faria verifica a existência de três momentos distintos nesse *diálogo* entre o STF e o sistema interamericano de direitos humanos e, mais exatamente, com a compreensão dada ao duplo grau pela CIDH:

> No primeiro, entre a decisão no RHC 79.785-7/RJ até o caso Herrera Ulloa vs. Costa Rica (2004), a identidade dos entendimentos foi fruto de mera coincidência. No segundo, entre o caso Herrera Ulloa vs. Costa Rica (2004) até Barreto Leiva vs. Venezuela (2009), podemos levantar as hipóteses ou de mera coincidência ou de existência de diálogo transjudicial implícito. Na terceira e última, após o julgado do caso Barreto Leiva vs. Venezuela (2009), os entendimentos se tornaram, até certo ponto, distintos.[10]

No caso Ulloa × Costa Rica (julgado em 02 de julho de 2004)[11], precedente singular diante da extensão de abordagem do tema do duplo grau, a CIDH considerou que o direito ao exercício do recurso contra a decisão deve ser acessível sem requerer maiores complexidades que tornem ilusório seu exercício[12], com direito à revisão integral do julgado.[13]

Já o julgado paradigmático do STF mencionado – RHC 79.785-7/RJ[14] (Julgamento em 15 de Agosto de 2000) – é pautado pelo voto vencedor do Min. Sepúlveda Pertence que apresenta o *duplo grau* com as seguintes características:

---

10 FARIA, Lucas Adam Martinez. **O Supremo Tribunal Federal e a Corte Interamericana de Direitos Humanos**: diálogos transjudiciais no duplo grau de jurisdição interpretado. 2014. Monografia orientada por Adriane Sanctis de Brito. (Aperfeiçoamento/Especialização em Escola de Formação). Sociedade Brasileira de Direito Público. São Paulo, 2014.
11 O cerne deste caso diz respeito à dificuldade de acesso ao duplo grau diante da existência de numerosos requisitos para interpor o denominado "recurso de cassação" à luz da legislação costarriquenha da época.
12 CORTE INTERAMERICANA DE DIREITOS HUMANOS. **Caso Herrera Ulloa vs. Costa Rica**. Op. Cit. "La posibilidad de "recurrir del fallo" debe ser accesible, sin requerir mayores complejidades que tornen ilusorio este derecho."
13 Idem: "'no basta con la existencia formal de los recursos sino que éstos deben ser eficaces', es decir, deben dar resultados o respuestas al fin para el cual fueron concebidos."
14 Caso em que a recorrente foi condenada em processo da competência originária do Tribunal de Justiça do Rio de Janeiro, por figurar um Juiz de Direito como corréu. Do acórdão interpôs recurso inominado, "com força de apelação" para o Superior Tribunal de Justiça invocando a Constituição e a Convenção Americana de Direitos Humanos. O louvado relator, contudo, manteve "o entendimento que, em tal hipótese, em relação ao particular, divisa ofensa da garantia do juiz natural é respeitável, mas tem sido sistematicamente repelido pelo Tribunal."

a] Existência que órgão jurisdicional que julgue o recurso seja diferente daquele que prolatou a decisão recorrida;

b] Haja reexame completo de todos os temas que compõem a decisão, a dizer, as questões de fato e de direito.

Portanto, qualquer tipo de recurso que não satisfaça tais requisitos deve ser considerado como insuficiente para o cumprimento da regra convencional.[15]

Contudo, esse precedente é significativo também para afastar qualquer ocorrência de desconformidade constitucional pela inexistência de recursos desse julgamento definitivo, tendo como hipótese limite o julgamento pelo próprio STF, já não mais sujeito a qualquer impugnação recursal.

Além disso, o exercício do duplo grau teria um fator a mais de complicação: a extensão desse foro privilegiado a quem não o detém que, por consequência, seria privado das vias ordinárias de impugnação.

O entendimento do STF sobre o tema duplo e grau e foro por prerrogativa de função, temperado pela ocorrência de conexão, foi condensando na Súmula 704: "Não viola as garantias do juiz natural, da ampla defesa e do devido processo legal a atração por continência ou conexão do processo do corréu ao foro por prerrogativa de função de um dos denunciados".

Esse verbete foi aprovado na Sessão Plenária de 24/09/2003 a partir de precedentes que não conviviam com o reconhecimento da competência da CIDH, pelo Brasil[16], a saber: HC 74573 (Publicação: DJ de 30/04/1998); HC 75841 (Publicação: DJ de 06/02/1998); HC 68846 (Publicações: DJ de 16/06/1995 e RTJ 157/563) e RE 170125 (Publicação: DJ de 09/06/1995).

Ambos os temas (apreciação do duplo grau e extensão do foro privilegiado por força da conexão) seriam objeto de abordagem no Caso Barreto Leiva Vs. Venezuela, em 17 de novembro de 2009, quando a CIDH julgaria viável a conexão como causa de expansão do foro privilegiado, mas não toleraria a forma do não exercício do duplo grau naquelas situações.

Naquele caso de origem venezuelana, Oscar Enrique Barreto Leiva, que não era detentor de foro *privilegiado* como se utiliza na locução brasileira, foi acusado junto com outras autoridades detentoras de foro privilegiado. Leiva foi ali julgado diante do emprego da *conexão* e condenado por crimes contra o patrimônio público a pena pouco superior a um ano.

Sobre o uso legítimo da conexão, a CIDH entendeu que a legislação da Venezuela cumpria os requisitos legais de estabelecimento da competência e que o aquele foro privilegiado poderia receber, por via do critério de modificação

---

15   FARIA, Lucas Adam Martinez. Op. Cit.

16   O que se daria pelo Decreto 4.463, de 8 de novembro de 2002. BRASIL. **Decreto n. 4.463 de 8 de novembro de 2002.** Disponível em: <http://www.planalto.gov.br/ccivil_03/decreto/2002/d4463. htm#:~:text=DECRETO%20N%C2%BA%204.463%2C%20DE%208,22%20de%20novembro%20 de%201969.>. Acesso em: 12 jan. 2022.

da competência, o caso conexo[17]. Para tanto empregou o precedente do TEDH, caso Duilio Fanali v. Itália, que exige que as hipóteses de conexão necessitam ter clara previsão legal[18].

Mas, se houve o reconhecimento da legalidade pela conexão, o mesmo não se deu com o exercício do duplo grau de jurisdição. Assim, naquele mesmo caso a CIDH considerou que:

> Sendo certo que os Estados têm uma margem de apreciação para regular o exercício desse recurso, não podem estabelecer restrições ou requisitos que infrinjam a própria essência do direito de recorrer do julgado. O Estado não pode estabelecer foros especiais para ajuizamento de acusações contra altos funcionários, foros esses que não são incompatíveis, em princípio, com a Convenção Americana. [...] Sem embargo, ainda com base no quanto afirmado, o Estado deve permitir que a pessoa submetida à jurisdição conte com a possibilidade de recorrer da sentença condenatória. Assim seria, por exemplo, caso se dispusesse que o julgamento inicial estivesse ao encardo da Presidência ou de uma das Turmas do órgão colegiado superior e o conhecimento do recurso correspondesse ao seu Tribunal pleno com exclusão de quem houvesse participado da decisão recorrida.[19]

Nesse ponto, pois, faltou ao festejado precedente nacional (RHC 79.785-7/RJ) a superação dos julgados consagrados produzidos à margem da discussão

---

17 Assim, a CIDH ponderou que: "El fuero ha sido establecido para proteger la integridad de la función estatal que compete a las personas a las que alcanza esta forma de inmunidad y evitar, así, que se altere el normal desarrollo de la función pública. No constituye um derecho personal de los funcionarios. Sirve al interés público. Entendido en esos términos, el fuero persigue un fin compatible con la Convención. Por su parte, la conexidad busca el fin, convencionalmente aceptable, de que un mismo juez conozca diversos casos cuando existen elementos que los vinculen entre sí. De esta forma, se evita incurrir en contradicciones y se garantiza la unidad de las decisiones y la economía procesal." CORTE INTERAMERICANA DE DIREITOS HUMANOS. Caso **Barreto Leiva vs. Venezuela**. Op. Cit.

18 CORTE EUROPEIA DE DIREITOS HUMANOS. **Case Duilio Fanali v. Italia**. Communication n. 75/1980, U.N. Doc. CCPR/C/OP/2 at 99 (1990), 31 de marzo de 1983. Disponível em: <http://www.worldcourts.com/hrc/eng/decisions/1983.03.31_Fanali_v_Italy.htm>. Acesso em: 12 jan. 2022.

19 Na locução original: "Si bien los Estados tienen un margen de apreciación para regular el ejercicio de ese recurso, no pueden establecer restricciones os requisitos que infrinjan la esencia misma del derecho de recurrir del fallo. El Estado puede establecer fueros especiales para el enjuiciamiento de altos funcionarios públicos, y esos fueros son compatibles, en principio, con la Convención Americana (supra párr. 74). Sin embargo, aun en estos supuestos el Estado debe permitir que el justiciable cuente con la posibilidad de recurrir del fallo condenatorio. Así sucedería, por ejemplo, si se dispusiera que el juzgamiento en primera instancia estará a cargo del presidente o de una sala del órgano colegiado superior y el conocimiento de la impugnación corresponderá al pleno de dicho órgano, con exclusión de quienes ya se pronunciaron sobre el caso"

da convencionalidade, posto que o reconhecimento da conectividade no foro especial poderia conviver com o duplo grau na forma indicada pela CIDH.[20]

10.2.2 As lacunas do duplo grau e sua substituição por ações autônomas

Observado o sistema recursal brasileiro na forma como estabelecido no CPP e a sequência de reformas pontuais que exigiriam previsão de impugnações para novas situações decisórias sobre temas ou procedimentos até então não previstos, o que se vê é a *denegação substancial* de justiça quanto à *garantia do duplo grau*.

Essa situação se reflete em duas manifestações particularmente destacadas: a) Ausência de mecanismo específico para fruição da garantia do duplo grau (falta expressa de recurso a respeito de determinada decisão) e b) Ausência de resposta temporalmente adequada às finalidades processuais (o recurso, quando apreciado, tendentemente perdeu seu objeto).

No primeiro caso situam-se todas as situações que escapam da lógica binária insuficiente e persistente no processo penal brasileiro *apelação – recurso em sentido estrito*; no segundo, situações já previstas no próprio CPP pelas quais o emprego do recurso é insatisfatório, como o emprego do recurso em sentido estrito na discussão de temas ligados às medidas cautelares, sobretudo as de caráter pessoal.

Ambas possuem como resultado comum a necessidade do emprego de ações autônomas de impugnação, algo que viola o duplo grau na forma já explicitada a partir do marco constitucional-convencional dado que aquelas ações autônomas – notadamente o HC, pelo seu óbvio emprego maciço – *possuem grau de cognição em escala inferior ao que pode ser empregado com o duplo grau* e, também, porque diante de regras de organização judiciária dos Tribunais, *tornam preventas Câmaras ou Turmas*, violando o objetivo buscado pelos modelos processuais acusatórios contemporâneos como se discute no Capítulo 3 desta Obra, pelos quais a prevenção *não é uma causa de vis atrativa* mas, ao contrário, de *afastamento do julgador* a fim de que haja a devida preservação da cognição de mérito das influências de fragmentos do processo na sua convicção de mérito.

---

20 Sobre o tema ver, igualmente, BASTOS JÚNIOR, Luiz Magno; SANTOS, Rodrigo Mioto. O princípio do duplo grau na jurisprudência da Corte Interamericana de Direitos Humanos e sua compatibilidade com o direito brasileiro nos casos de foro por prerrogativa de função. In: CARDIN, Valeria; DEL'OLMO, Florisbel; FEITOSA, Maria Luiza (Org.). **Direito Internacional dos Direitos Humanos** I. 1 ed. Florianópolis: CONPEDI, 2014. p. 423-444. Também DINIS, Márcia. Duplo grau ou foro especial? O conflito entre o direito de recorrer e o foro por prerrogativa de função. In: FERNANDES, Márcia Adriana; et al. **Escritos transdisciplinares de criminologia, direito e processo penal**: homenagem aos mestres Vera Malaguti e Nilo Batista. Rio de Janeiro: Revan, 2014. p. 661-670.

Teoria Geral dos Recursos e Recursos em Espécie | 739

As reformas de 2008, como discutidas nesta Obra, não alcançaram a necessária reorganização que trouxesse maior efetividade do duplo grau, não somente porque não previram esse tema específica, mas, porque, nos demais que se propuseram modificar, não alcançaram a concentração e oralidade necessárias para a construção de um modelo recursal efetivamente acusatório e, no campo das provas, mantiveram os mesmos problemas do duplo agregados ao conceito de ilicitude na forma como abordado no Capítulo 8.

`10.2.3` Duplo grau e modelo acusatório de processo

Tratar o duplo grau no modelo acusatório de processo exige reflexão sobre a legitimação para esse exercício diante do fundamento constitucional-convencional.

Essa é uma abordagem que conta com rara preocupação na doutrina brasileira posto que por ela se deve perguntar algo alheio à histórica produção teórica do processo penal, nada obstante existam precedentes no próprio CPP a respeito: se o duplo grau pode ser exercido para reverter decisões absolutórias. Em outras palavras, se diante da absolvição o acusador público ou privado tem o manejo da via impugnativa para agravar a situação processual da pessoa absolvida.

Numa das poucas incursões do tema na literatura brasileira pós 1988, Prado[21], apoiado na obra de Julio Maier, afirma textualmente que "a previsão de recursos para assegurar o princípio de duplo grau de jurisdição é exclusiva da defesa" conclusão que alcança não apenas pela literalidade da CADH, mas, também, pela superação do caráter bilateral dos recursos que é consequência da forma de entendê-los como um *prolongamento* do *exercício* dos *direitos de ação e defesa*.

Porque realmente devemos nos acautelar dos julgamentos injustos que causem prejuízo ao acusado, impondo-lhe sanção penal que às vezes ele não deveria receber. À acusação, por seu turno, é dado o direito de, no espaço do processo penal, provar os fundamentos de sua pretensão, de demonstrar os fatos sobre os quais sustenta seu pedido de condenação. Se não o consegue, se o acusador não convence o juiz, não há porque supor que o tribunal que normalmente não terá contato com as mesmas provas e com os mesmos argumentos, e que se limitará a uma atividade de interpretação de textos, fará justiça modificando a sentença absolutória.[22]

---

21 RADO, Geraldo. Duplo grau de jurisdição no processo penal brasileiro: homenagem às idéias de Julio B. J. Maier. **Cidadania e justiça: revista da associação dos magistrados brasileiros**, Rio de Janeiro, v. 5, n. 10, p. 212-221., 1º sem. 2001. Ver, também, PRADO, Geraldo. Duplo grau de jurisdição no processo penal brasileiro: visão a partir da Convenção Americana de Direitos Humanos em homenagem às idéias de Julio B. J. Maier. In: BONATO, Gilson. **Direito penal e direito processual penal**: uma visão garantista. Rio de Janeiro: Lúmen Júris, 2001. p. 105-119.

22 Idem.

O cerne da questão sob o ponto de vista da técnica processual é discutido a partir da literatura processual civil onde, de há muito, consolidou-se a compreensão de que o *recurso é uma extensão da relação processual inicial*.[23]

Assim, com Dinamarco tem-se que:

> [...] recurso é um ato de inconformismo, mediante o qual a parte pede nova decisão diferente daquela que lhe desagrada. *É conatural ao conceito de recurso, no direito brasileiro, seu cabimento no mesmo processo, mesma relação processual*, em que houver sido proferida a decisão impugnada. Recorre-se da que acolhe ou rejeita alguma pretensão no curso do processo, sem pôr-lhe fim (decisão interlocutória), recorre-se de decisões que põem fim ao processo com ou sem julgamento do mérito (sentença)[24] (sem grifo no original).

Veja-se, assim, que a ideia da continuidade da relação processual é basilar à concepção do processo civil, absorvida pelo processo penal, para o tema recursal.

Nada obstante, o marco constitucional-convencional, além de lastreado numa outra literalidade normativa, impõe que se reconheça que o esgotamento da sentença de mérito, quando favorável à pessoa acusada, desautorizaria submetê-la à continuidade dessa persecução. Nesse sentido, o exercício do duplo grau, exclusivamente pela acusação, seria uma *renovação da acusação veiculada e já decidida*, portanto, uma *acusação frustrada renovada* ou, para aqueles que se apegam à doutrina processual dominante, uma *nova relação jurídica processual*.

E, de fato, ela o é: possui diversidade de legitimação ordinária, fundamentos específicos, competência própria, a dizer, juiz natural diferenciado e prazo específico para seu exercício. Todas essas características são tratadas, contudo, como *condições para recorrer*, de natureza objetiva e subjetiva, mas que encerram o exercício do direito de ação cujo fundamento essencial é uma sentença de conteúdo insatisfatório para o acusador público ou particular.

O recurso como mecanismo exclusivo para a Defesa é uma construção de grande impacto para a forma como a cultura processual penal dominante enxerga o tema, mas não é historicamente desconhecida do próprio CPP, nada obstante nunca se tenha cogitado de discutir o assunto por bases constitucionais-convencionais ou, ao menos, pela teoria processual.

---

23 Com o forte apego a essa posição teórica (relação processual) abordada no Capítulo 1 desta Obra.

24 DINAMARCO, Cândido Rangel. **A nova era do processo civil**. São Paulo: Malheiros, 2003. p. 105-106. A mesma posição pode ser encontrada em TOSTA, Jorge. **Do reexame necessário**. 1. ed. São Paulo: RT – Revista dos Tribunais, 2005.

O precedente no CPP[25] de unilateralidade recursal é o dos embargos infringentes[26] que, em vista de julgamento divergente de Turma, podem ser opostos apenas pela Defesa no caso de afirmações condenatórias. Nesse caso, nada obstante a existência de uma condenação, não pode o acusador público ou particular empregar esse mecanismo para, por exemplo, agravar a pena.

Posteriormente, o Regimento Interno do STF com a Emenda Regimental n. 02/1985 passou a admiti-lo nas hipóteses de divergência sempre em favor da pessoa acusada[27], conforme consta do art. 333 desde então reformado: I – que julgar procedente a ação penal; II – que julgar improcedente a revisão criminal; V – que, em recurso criminal ordinário, for desfavorável ao acusado.

Mas, além dos embargos infringentes, a reforma de 2008 trouxe a discussão de hipótese de decisão sem impugnação pela acusação, a saber, no Tribunal do Júri para vedar o recurso de apelação por *julgamento frontalmente contrário à prova dos autos*.

Acerca desse ponto, no STF, quando da apreciação de medida cautelar no recurso ordinário em habeas corpus (117.076/Paraná) tendo como Relator o Min. Celso De Mello houve a concessão da liminar para sobrestar o julgamento na origem que se realizaria como nova sessão plenaria diante a anulação da primeira sob fundamento de contradição dos jurados pelo reconhecimento da absolvição depois de confirmada a autoria. Nada obstante não se adentrou, na sede cognitiva cautelar, em considerações específicas sobre a manutenção do sistema originário do Código no que toca ao vínculo "quesitos – nulidade – apelação e na possibilidade de restringir-se esse emprego recursal para a acusação."[28]

Há outro desdobramento dessa situação, que é a ocorrência da condenação *pelo acórdão* modificador da sentença absolutória, situação na qual à Defesa restaria, apenas, o emprego dos recursos constitucionais, cuja limitação cognitiva é patente.

---

25 Lei 1720-B, de 1952: Art. 1º O art. 609 do Decreto lei nº 3.689, de 3 de outubro de 1941 – Código de Processo Penal – passa a ter a seguinte redação: "Art. 609. Os recursos, apelações e embargos serão julgados pelos Tribunais de Justiça, Câmaras ou Turmas criminais, de acôrdo com a competência estabelecida nas leis de organização judiciária. Parágrafo único – Quando não fôr unânime a decisão de segunda instância, desfavorável ao réu, admitem-se embargos infringentes e de nulidade, que poderão ser apostos dentro de 10 (dez) dias, a contar da publicação de acórdão, na forma do artigo 613. Se o desacôrdo fôr parcial, os embargos serão restritos à matéria objeto de divergência."

26 Para um breve, mas significativo apanhado histórico dos embargos ver TOURINHO FILHO, Fernando da Costa. Os embargos infringentes. **Revista Magister de Direito Penal e Processual Penal**, Porto Alegre, v. 9, n. 53, p. 14-21., abr./maio 2013.

27 Ver o tema por PRADO, Geraldo. Os embargos infringentes no PLS 156/2009. **Boletim IBCCRIM**, São Paulo, v. 18, 213 – Edição Especial, p. 12, ago. 2010, inclusive com sua preocupação quanto ao tratamento no NCPP.

28 Da mesma maneira que não se adentrou igualmente no cerne do problema no Habeas Corpus 120.259/Minas Gerais, Rel. Min. Ricardo Lewandowski posto que aquele writ, com idêntico objeto ao anteriormente mencionado não foi conhecido.

Por isso, quanto às questões *de fato*, a palavra decisiva seria provocada pela acusação com contraditório limitado, nesta seara, à Defesa, situação que foi sentida em poucos trabalhos acadêmicos, mas que começa a ocupar espaço exatamente pelo viés constitucional-convencional[29], como na fala de Nicollit quando sustenta que, nesse caso, o MP não estaria impedido de recorrer, mas limitado seu recurso às arguições de nulidade e para a dosimetria da pena[30].

À luz da base constitucional-convencional que norteia esta Obra, a conclusão quanto à limitação do direito ao recurso, pela acusação, é inevitável. Diferentemente de Nicollit, contudo, restringimos o cenário recursal às arguições de nulidades por ofensa direta àquele mesmo marco constitucional-convencional.

Fora disso, o acusador deve-se mover com o esgotamento das teses de acusação de forma integral e exauriente, arcando com o ônus de não se cercar, quando da veiculação da acusação, dos meios probatórios necessários para sustentá-la.

É, assim, um dos contrapontos do sistema acusatório tal como desenvolvido nesta Obra. Ao acusador é dado o poder de investigar e controlar a investigação, inclusive com mecanismos extraordinários de manejo de meios de prova conforme analisado particularmente no Capítulo 8. Tem, assim, o contrapeso de acusar bem, de forma direta e convencer o juiz natural com o esgotamento cognitivo. Não o fazendo, arcará com o ônus processual e político do resultado final.

Contudo, além de franquear largamente o exercício recursal à margem das bases acima tratadas, o CPP impõe a obrigatoriedade do seguimento do recurso uma vez interposto pelo acusador público, a dizer, a impossibilidade de desistência do recurso lançado.

Aqui é *necessário distinguir impossibilidade de desistência de perda do objeto* do recurso, esta última identificável quando, por qualquer razão, o conteúdo da decisão foi alterado pela superveniência de situações fático-jurídicas.

Por fim, no cenário da acusatoriedade do modelo impugnativo inviável a figura do *recurso de ofício*, pois todos as impugnações são voluntárias cabendo às

---

29 A ver em MORENO, Rafael Alvarez. O duplo grau de jurisdição nos acórdãos condenatórios que reformem sentenças absolutórias: necessária implementação. **Boletim IBCCRIM**, São Paulo, v. 23, n. 275, p. 8-9., out. 2015. Também, entre outros BANDEIRA, Marcos Thompson. O bloco de constitucionalidade e a garantia do duplo grau de jurisdição. **Boletim IBCCRIM**, São Paulo, v. 22, n. 254, p. 12-13., jan. 2014.

30 NICOLITT, André. **Manual de Processo Penal**. Op. Cit. p. 43. O problema dessa posição é que ao discutir pena e sua dosimetria necessariamente é feita uma reanálise do acervo cognitivo. E, ademais, somente restaria à pessoa acusada a possibilidade de questionar temas de direito nos recursos constitucionais dado que o habeas corpus não se presta ao reexame de dosimetria de pena, como regra.

partes[31], exclusivamente, o exercício do duplo grau (ou à Defesa, exclusivamente, na forma exposta acima).

Com efeito, para parte da doutrina, o *reexame necessário* não se trata de um verdadeiro *recurso* sendo que,

> [...] cumpre notar que não encontra embasamento científico a classificação dos recursos, quanto ao critério da iniciativa, em voluntários e de ofício. Qualquer recurso depende da iniciativa da parte, sendo sempre um meio voluntário de impugnação. O juiz não tem interesse em recorrer e não pode impugnar a sua própria decisão. Assim, não constituem conceitualmente recursos os casos em que o ordenamento exige que a sentença de primeiro grau seja necessariamente submetida à confirmação do segundo, para passar em julgado. Trata-se de condição de eficácia da sentença.[32]

Pois bem, assistindo razão aos festejados doutrinadores no que toca à necessidade de serem os recursos voluntários, a questão que se coloca é se pode o legislador, a partir da base constitucional-convencional impor a revisão de mérito por outra instância – nesse caso análoga àquela ao exercício recursal – que não o juiz natural da causa como *condição de eficácia* para ocorrência do trânsito em julgado.

E uma *condição de eficácia* que opera apenas em desfavor da pessoa acusada e não se sustenta por qualquer fundamento lógico que não a estrutura inquisitiva do CPP, posto que não existe amparo quer constitucional, quer convencional, para que a pessoa regularmente processada e absolvida tenha essa solução revista de forma obrigatória por uma instância dedicada à análise recursal.

Trata-se, assim, o *recurso de ofício* ou o *reexame necessário* de uma estrutura de revisão das decisões que não foi recepcionada pela CR/88 em qualquer de suas expressões do art. 574, do CPP, como vimos sustentando de longa data.[33]

Mas a discussão do modelo recursal a partir da base acusatória constitucional-convencional impõe outra discussão: a do papel do Ministério Público em segundo grau na condição de *parecerista*, função que se desgarra de qualquer padrão contemporâneo do processo penal acusatório.

Após a CR/88 não é serena a aceitação doutrinária e jurisprudencial da existência de uma espécie de intervenção do Ministério Público em segundo grau de

---

31 Como percebido em suas bases constitucionais por MANSUR, Giovani. Recurso ex officio: revogação pelo artigo 129, inciso I, da Constituição federal de 1988. **Jus:** Revista jurídica do Ministério Público, Belo Horizonte, v. 23, n. 14, p. 53-58., 1992. Também, BRITO, Martin Kair de. A extinção do "recurso de ofício" no processo penal, ante a titularidade recursal privativa do parquet, instituída pelo Art. 129, inciso I, da Constituição Federal. THEMIS: **Revista da Esmec**, v. 2, n. 2, 1999.

32 GRINOVER, Ada Pellegrini; GOMES FILHO, Antonio Magalhães; FERNANDES, Antonio Scarance. **Recursos no Processo Penal**. 3. ed. São Paulo: RT, 2001.

33 CHOUKR, Fauzi Hassan. **Processo penal à luz da Constituição**. Op. Cit.

jurisdição que se configure numa oportunidade diferenciada de fala de modo a desequilibrar a atuação das partes no processo.

Com efeito, a redação original do CPP fala em *vista dos autos* à Procuradoria Geral pelo prazo de cinco dias e isso se transformou, na prática, numa potencial duplicidade de sustentação da posição do acusador público quanto ao seu interesse no desfecho do processo.

A manutenção dessa intervenção acrescida do Ministério Público seria justificada pela pretensa distinção de sua atuação como *custos legis* em contraposição àquela de *parte* pelo que se entendeu em determinado precedente que

> A emissão de parecer pela Procuradoria de Justiça não ofende o princípio do contraditório e da ampla defesa, porquanto sobre estar atuando o parquet na qualidade de *custus legis*, função prevista e referendada pelos artigos 257, II, e 610, ambos do CPP, o "órgão Julgador não fica vinculado a seu parecer, de caráter meramente opinativo (art. 638, RITJ-GO). Ordem Denegada."[34]

Mais aderente à realidade fática e à estrutura constitucional que se quer acusatória a manifestação do então Min. César Peluzo, do STF, no HC nº 87.926-8/SP ao afirmar ser

> Ilógico, cindir a atuação do Ministério Público no campo recursal, em processo-crime: não há excogitar que, em primeira instância, seu representante atue apenas como parte formal e, em grau de recurso – que, frise-se, constitui mera fase do mesmo processo –, se dispa dessa função para entrar a agir como simples fiscal da lei.

Em termos doutrinários, Schietti[35] com a autoridade institucional e acadêmica que lhe são próprias, textualmente aponta a fragilidade da distinção comumente encontrada entre *fiscal da lei* e *parte* para desconstruir a sustentação de atuação do Ministério Público como parecerista em segundo grau, somando-se a outras lições contemporâneas como a de Queiroz[36] que represtina textos mais antigos como os de Frederico Marques e Fernando Tourinho, todas posições devidamente condensadas e analisadas no excelente trabalho de Andrade.[37]

---

34 GOIÁS. Tribunal de Justiça. **Habeas-Corpus nº 34242-7/217** (200900509745). 2ª Câmara Criminal. Relator Marcio de Castro Molinari. J.: 17 de março de 2009. DJ 307 de 01/04/2009. Disponível em: <http://ino.tjgo.jus.br/tamino/jurisprudencia/TJGO/nXML/TJ_342427217_20090317_2009042 7_162440.PDF>. Acesso em: 12 jan. 2022.

35 SCHIETTI, Rogério. **Garantias Processuais nos Recursos Criminais**. São Paulo: Atlas, 2002. p. 91-94.

36 QUEIROZ, Paulo. **Sobre a intervenção do Ministério Público em segundo grau**. 2007. Disponível em: <http://www.pauloqueiroz.net/sobre-a-intervencao-do-ministerio-publico-em-segundo--grau/>. Acesso em jun. 2021.

37 ANDRADE, Mauro F. O Ministério Público de Segundo Grau na Visão do STF. **Revista Ibero--Americana de Ciências Penais**, v. 16, p. 171-194, 2008.

De forma geral alinhamo-nos à crítica elaborada por Andrade, para quem:

> Como se pode observar, na legislação adjetiva não encontramos qualquer norma que aponte para o fato de a ação penal tornar-se acéfala em segundo grau. Ao contrário, há a demonstração da necessidade de o Ministério Público continuar figurando como parte no processo, sob pena de ferimento ao princípio do contraditório na hipótese do artigo 616 do CPP.[38]

O acórdão citado e a base doutrinária exposta, à qual deve ser acrescida a análise de Berclaz[39] é válida para a posição do Ministério Público no desenvolvimento das sustentações orais, tomando-se em conta que sua qualidade de titular da ação penal, que não se perde no exercício do recurso, orienta a ordem de fala mesmo que o inconformismo seja defensivo.

E, em assim sendo, é necessário, na reforma global do CPP (já que a hermenêutica constitucional não parece ser suficiente para tanto) rever-se profundamente essa desestrutura processual que não se coaduna com uma matriz acusatória do processual penal na qual o Ministério Público tem um local definido de atuação.

`10.2.4` Oralidade e duplo grau

O campo recursal é tendentemente refratário à oralidade, sendo sua procedimentalização pautada quase que exclusivamente pelo método escrito. A existência de eventual *sustentação oral* das razões recursais não muda esse cenário e, nada obstante possam ser vistas como um instrumento de otimização da postulação escrita, seu poder de influência é objeto de raros estudos. Nada obstante, seja pelo ritmo como os trabalhos em segundo grau se passam, pode-se afirmar a partir de uma constatação empírica que sua utilidade é diminuta.

Mas, como se vê no Capítulo 6 desta Obra, oralidade não é oratória e, sim a construção oral de um determinado caso. Tomado esse conceito para o duplo grau pode-se afirmar que a oralidade não existe.

Assim, diante da sua consequência inevitável – a demora na prestação jurisdicional – ao invés de lutar-se pela oralidade como método também em segundo grau, não raras vezes pensa-se na supressão deste.[40]

---

38 Idem.
39 BERCLAZ, M. S. O Ministério Público em Segundo Grau diante do Enigma da Esfinge (e a Constituição da República): Decifra-me ou Devoro-te! In: RIBEIRO, Carlos Vinicius Alves. (Org.). **Ministério Público**: Reflexões sobre princípios e funções institucionais. 1 ed. São Paulo: Atlas, 2010. p. 241-285.
40 Como se vê, por exemplo, em BRAGHITTONI, R. Ives. O efeito suspensivo da apelação e o duplo grau de jurisdição. Revista do Instituto dos Advogados de São Paulo. **Ano**, v. 7, 2004. Ainda, GATTO, Joaquim Henrique. **O duplo grau de jurisdição e a efetividade do processo**. 2008. Dissertação (Mestrado). Pontifícia Universidade Católica do Rio Grande do Sul, Rio Grande do Sul, 2008. Ambos os textos não são voltados para o processo penal, mas a abordagem noticiada no corpo do texto apresenta-se nesses trabalhos.

E, para tornar ainda mais contundente o cenário de desconformidade à oralidade, o CPP conhece desde a edição da Lei 4.336, de 1º de junho de 1964 a possibilidade do oferecimento das razões recursais em segundo grau e não no juízo de origem com a alteração provocada no art. 600.

Com efeito, fruto do PL 2.021/1960, foi justificada a alteração por ter havido previsão idêntica no Código do Império e em códigos estaduais[41] e visava facilitar que *pessoas do interior* buscassem os serviços profissionais nas *capitais* onde "é mais fácil a consulta a livros de doutrina bem como aos arquivos jurisprudenciais"[42]. A própria justificativa do então PL é suficiente para banir essa norma do processo penal contemporâneo, mas sua permanência ainda se faz sentir sem qualquer rubor ao texto constitucional, aplicável pelo STF como se não houvesse filtragem constitucional a incidir na espécie.[43]

`10.2.5` O duplo grau e a duração razoável do processo

O modo pelo qual se movimenta o exercício recursal faz com que a via impugnativa se choque diretamente com a duração razoável do processo, tema cuja abordagem se faz no Capítulo 6 desta Obra. Lá é sustentado que o conceito de duração razoável deve compreender toda a atividade jurisdicional, e não apenas fragmentos desta, donde se inclui o tempo para julgamento do recurso.

Se, no processo civil as técnicas para contornar essa gravíssima disfunção têm sido várias, como a possibilidade de poderes incrementados ao relator do processo que, nada obstante, elas não conseguem evitar a crítica ao duplo grau pela sua morosidade e consequente ineficiência.[44]

Mas, para o processo penal, o duplo grau com marco constitucional-convencional e a função de tutela defensiva, sobretudo, como destacado neste Capítulo impedem cogitar supressões do duplo grau no modelo convencional de justiça criminal. Por outro lado, essa disfuncionalidade serve como argumento transverso para o incremento de poderes negociais entre acusador e acusado de modo

---

41 BRASIL. Câmara dos Deputados. **Projeto de Lei n. 2.021 de 1960**. Disponível em: <http://www.camara.gov.br/proposicoesWeb/prop_mostrarintegra;jsessionid=4E034F5B87ECBBF5CB0B16E64C3FEF83.proposicoesWebExterno1?codteor=1205310&filename=Dossie+-PL+2021/1960>. Acesso em: 12 jan. 2022.

42 Idem.

43 Como acuradamente faz ROSA, Alexandre Morais. **A controvérsia sobre as razões recursais em segundo grau**. Disponível em: <http://www.conjur.com.br/2016-dez-30/limite-penal-controversia--razoes-recursais-segundo-grau#_ftn2>. Acesso em: 12 jan. 2022.

44 Como se vê, por exemplo, em LEAL JÚNIOR, João Carlos; MACHADO, Denise M. Weiss de Paula. Análise crítica do duplo grau de jurisdição sob o prisma do direito à razoável duração do processo. **Revista de Processo**, São Paulo, v. 35, 2010.

a que o duplo grau se veja potencialmente esvaziado, preço que se paga pela desestrutura de um modelo de Justiça.

10.2.6 Conceitos comuns ao exercício do duplo grau

10.2.6.1 Legitimidade e interesse para recorrer

O *interesse na reforma ou modificação da decisão* tal como fundada no CPP (art. 577, parágrafo único) que corresponderia a uma ideia de *sucumbência* no processo penal é tema dos mais influenciados pela literatura processual civil.

Com efeito, cabe a Moraes[45] uma das obras mais significativas sobre o assunto, esmiuçando as inúmeras posições a respeito e apresentando o que, no seu entender, seria a distinção entre o interesse para agir, a justa causa e o interesse para recorrer, conceitos que, embora muitas vezes convergentes, não se confundem, reiterando, igualmente, a insuficiência do conceito de sucumbência para a materialização do interesse em recorrer, ponto sobre o qual, com particular ênfase, detém-se o autor citado.

Suas críticas partem das três identificações possíveis de sucumbência: como prejuízo; como *pedido* e como noção de *parte no processo*. Ao final, na empreitada de substituir o espancado conceito por algum outro a partir do qual se possa objetivamente operacionalizar o recurso, vale-se o professor paulistano do conceito de *utilidade* como *aferidor do interesse recursal* e, "para se determinar o "interesse-utilidade" recursal, portanto, leva-se a cabo uma operação racional pela qual se extrai a existência (ou não) de um prático benefício ao recorrente."[46]

Essa operação é levada a efeito numa base hipotética

> [...] sobre a existência de um benefício passível de concessão caso o recurso não seja provido", em cuja análise se levará em conta "a situação jurídica do recorrente no momento do recurso e originada pela decisão impugnável" e "a situação jurídica almejada", esta última sendo "potencial e comparativamente mais vantajosa ao recorrente.[47]

Na verdade, a preocupação com a sucumbência é antiga na literatura processual, conforme relembra Silva Jardim[48] a partir da obra de Barbosa Moreira.

---

45 MORAES, Mauricio Zanoide de. **Interesse e legitimação para recorrer no processo penal brasileiro**: análise doutrinária e jurisprudencial de suas estruturas. São Paulo: Revista dos Tribunais, 2000. p. 98 e seguintes.

46 Ibidem, p. 187.

47 Ibidem, p. 188.

48 JARDIM, Afrânio Silva. O Ministério Público e o interesse em recorrer no processo penal. In: JARDIM, Afrânio Silva. **Direito processual penal**. 4. ed. Rio de Janeiro: Forense, 1992. p. 317 e seguintes.

Menciona-se que não é suficiente a ideia de sucumbência para sustentar o interesse para recorrer a partir de situações como o recurso do assistente não habilitado no processo penal, bem como do assistente habilitado e do próprio Ministério Público na ação penal privada. Todas essas situações são apregoadas como carecedoras de sucumbência e, todavia, portadoras de interesse recursal para as partes legitimadas.

Com efeito, identificar o que seja interesse em recorrer não é das tarefas mais simples a partir da análise estrutural do Código de Processo Penal em vigor. Resta indagar se, a partir da estrutura da CR e da CADH, existem parâmetros diferenciados que possam auxiliar na construção do conceito de interesse para recorrer.

Para tanto, é forçoso retomar, na esteira de outros pontos desta Obra que o exercício do direito de ação apenas num sentido *concreto*, sobre o qual se ergue o conceito de jurisdição no Estado Social de Direito, reclama a existência de um vínculo material que se projeta para a relação processual.

Assim, o direito de ação, quando reconhecido como existente por um provimento definitivo de mérito, tem como efeito a alteração do mundo da vida. Essa alteração, numa sentença condenatória, significa a imposição de uma sanção pelo Estado. A sentença absolutória traduz que não há alteração do mundo dos fatos a ser produzida, confirmando-se a presunção de inocência, não se falando no caso do exercício do direito de ação, mas sim de direito à administração da Justiça.

Para as partes legítimas, esse esquema parece funcionar de forma bastante satisfatória, restando averiguar como se comportaria com a complexidade de outros elementos na equação jurídica.

No que tange ao recurso do terceiro não habilitado previsto no art. 598, tem-se uma hipótese de legitimação extraordinária autônoma e exclusiva, para empregar uma vez mais a metodologia de Barbosa Moreira.

Nada há de se estranhar neste ponto, pois assim como quando da inação do Ministério Público existe a ação penal privada subsidiária da pública por expresso mandamento constitucional, como forma de controle social pela não atuação do *parquet*, aqui também se dá da mesma forma (tal entendimento é também compartilhado por Moraes).

Outra situação diz respeito ao interesse do Ministério Público em recorrer nas ações penais privadas *genuínas* ou *exclusivas*, nas quais o órgão estatal não funciona como parte, mas como *custos legis*, na expressão da doutrina tradicional.

Com efeito, não tendo interesse na recomposição do mundo da vida em face da natureza do bem jurídico tutelado, o Ministério Público não terá interesse senão na *obediência jurídica* ao devido processo legal. Disso decorre que ele não exercitará impugnação sobre matéria de fato, mas apenas sobre matéria de direito, por exemplo para que não prevaleça um provimento calcado numa prova ilícita.

10.2.7 Tempestividade

A tempestividade recursal é tema de singular importância no processo e, no processo penal, a obediência ao prazo para interposição é tratado como preclusivo sendo, portanto, um *prazo próprio*.

Contudo, no que tange à apresentação das razões recursais, há tolerância consagrada em precedentes e assumida pela doutrina para tratá-lo como prazo impróprio, donde não sujeito à preclusão.

A particularidade que aqui se coloca é a da forma de contagem de prazo para a interposição em relação ao defensor da pessoa pobre, quer pela Defensoria Pública, quer por defensor nomeado em serviço de assistência judiciária gratuita.

No campo dos precedentes o reconhecimento desse prazo diferenciado oscila, muitas vezes pelo seu não reconhecimento preservando-se, apenas, o direito a que essa defesa técnica seja pessoalmente intimada para que se dê o início da contagem do prazo.[49] Outras vezes reconhece-se esse prazo dobrado, mas tão somente para a Defensoria Pública, criando uma situação de inadmissível desigualdade entre pessoas acusadas defendidas por aquela Instituição em relação à defesa técnica conveniada[50]. Em precedentes ainda mais escassos, chegou-se, no STF, a admitir essa forma diferenciada de contagem.[51]

Fato é que a contagem em dobro para essas hipóteses não conta com previsão expressa no CPP, diferentemente do que ocorre historicamente com o CPC restando, apenas no processo penal, a expressa ressalvada intimação pessoal.

---

49 BRASIL. Supremo Tribunal Federal. **ARE: 814800/MG**. Primeira Turma. Relator Min. Dias Toffoli. Data de Julgamento: 30/09/2014. Data de Publicação: DJe-225 DIVULG 14-11-2014 PUBLIC 17-11-2014. Disponível em: <https://jurisprudencia.stf.jus.br/pages/search/sjur284860/false>. Acesso em: 12 jan. 2022.

50 BRASIL. Superior Tribunal de Justiça. **Agravo Regimental no Recurso Especial n. 62266/SC**. Sexta Turma. Relator Min. Og Fernandes. Julgado em: 6-11-2012. Disponível em: <https://scon.stj.jus.br/SCON/GetInteiroTeorDoAcordao?num_registro=201102399361&dt_publicacao=20/11/2012>. Acesso em: 12 jan. 2022, na continuidade de uma compreensão mais antiga como se vê em BRASIL. Superior Tribunal de Justiça. **Habeas Corpus n. 21721/SP** 2002/0047248-0. Relator Ministro José Arnaldo da Fonseca. Data de Julgamento: 17/10/2002. Disponível em: <https://scon.stj.jus.br/SCON/jurisprudencia/toc.jsp?i=1&b=ACOR&livre=((%27HC%27.clap.+e+@num=%2721721%27)+ou+(%27HC%27+adj+%2721721%27.suce.))&thesaurus=JURIDICO&fr=veja>. Acesso em: 12 jan. 2022.

51 "Aplicando o § 5º do art. 5º da Lei 1.060/50, que prevê a contagem em dobro de todos os prazos para a defensoria pública, a Turma deferiu habeas corpus para cassar decisão do STJ que considerara intempestivo agravo de instrumento contra o despacho denegatório de trânsito de recurso especial criminal, interposto por defensor público dentro do prazo de 10 dias (cujo prazo é de 5 dias, nos termos do art. 28 da Lei 8.038/90). HC deferido determinando-se que, superada a questão da tempestividade do recurso, nova decisão seja proferida, como for entendido de direito." BRASIL. Supremo Tribunal Federal. **Habeas Corpus n. 81.019-MG**. Segunda Turma. Relator Min. Celso de Mello. J: 23.10.2001. Publicação: 23.10.2009. Disponível em: <https://jurisprudencia.stf.jus.br/pages/search/sjur168426/false> Acesso em: 12 jan. 2022.

10.2.8 Da adequação recursal

Os recursos, sempre voluntários como já visto, possuem cabimento específico para a decisão impugnada as quais, como discutido no Capítulo 9, possuem classificação complexa no CPP fruto da sua opção original por um procedimento de cariz inquisitivo e que não sofreu mudanças significativas com a reforma de 2008 neste aspecto.

Assim, desde a redação original a literatura dominante identificou um recurso específico para as sentenças que haveriam de colocar fim à pretensão acusatória – a apelação – e outro cabível de situações específicas, as quais sempre foram predominantes concebidas como uma lista exaustiva e impossível de ampliação por construção hermenêutica: o recurso em sentido estrito. Dado o caráter cognitivo mais abrangente daquele, por determinação legal contida no CPP, absorverá o segundo quando a matéria incorporada na decisão maior abarcar hipótese prevista para o recurso menor a teor do disposto no art. 593, §4º.

Essa afirmação advinda da literalidade legal é repetida de igual forma ao tratar do assunto sob o fundamento da *economia e a simplificação da forma*.[52]

Contudo, situações advindas das inúmeras reformas causam não raras vezes *situações de irrecorribilidade* ou de *incerteza* quanto ao recurso correto a ser empregado. Essa incerteza se manifesta tanto na espécie recursal a ser empregada quanto no respectivo *procedimento* a ser seguido.

Com efeito, um dos grandes problemas práticos que foi sentido nesse campo dizia respeito à forma de procedimentalização do agravo previsto na lei das execuções penais e seu rito adequado, se deveria seguir aquele previsto para o recurso em sentido estrito ou se estaria submetido ao agravo tal como regrado pelo Código de Processo Civil, tema que dividiu doutrina e precedentes ao longo de décadas.

Essa discussão é aqui retomada para ilustrar a *insegurança jurídica* causada pela indisciplina legal e que colocou no campo acadêmico, de um lado, autores como Tourinho Filho[53], quem sustentava ser cabível o seguimento do rito do agravo do CPC, posição também sustentada por Grinover[54], para quem "Mais adequado o outro entendimento no sentido de que deve ser adotado o rito do agravo do Código de Processo Civil, por aplicação analógica e porque essa era a clara intenção do legislador". Divergindo desse entendimento, Aranha[55], que

---

52 GRECO FILHO, Vicente. **Manual de Processo Penal**. (1999) Op. Cit., p. 360.
53 TOURINHO FILHO, Fernando da Costa. **Processo Penal.** (1997). Op. Cit., p. 503 a 505.
54 GRINOVER, Ada Pellegrini; GOMES FILHO, Antonio Magalhães; FERNANDES, Antonio Scarance. **Recursos no Processo Penal**. (1996). Op. Cit., p. 196 a 205.
55 ARANHA, Adalberto José Q. T. de Camargo. **Dos Recursos no Processo Penal**. São Paulo: Editora Saraiva, 1988. p. 162 a 165.

preconizava o emprego do "recurso em sentido estrito, já que este, como ficou fartamente demonstrado, é irmão gêmeo do agravo de instrumento".

Essa discussão, hoje pacificada em torno da solução do emprego do procedimento do recurso em sentido estrito, não era em nada cerebrina; ao contrário, tocava profundamente o acesso à Justiça – sobretudo diante de modificações havidas no rito do agravo ao longo dos anos 1990 – e o amplo exercício do direito de defesa porquanto, por disposições internas de Tribunais, muitas vezes não se admitia a sustentação oral no recurso em sentido estrito, o que era permitido no agravo do CPC.

Com essa digressão histórica quer-se enfatizar a absoluta necessidade da legalidade estrita para o exercício recursal na forma como destacado no início deste Capítulo por direta decorrência da CADH e de sua interpretação pela CIDH ao exigirem clareza e objetividade no tratamento do exercício do duplo grau a fim de que possa ser atuado de forma efetiva.

> **Análise Crítica:** Assim, conclui-se que todas as situações identificadas no direito brasileiro como de irrecorribilidade diante do modelo recursal adotado pelo CPP, bem como aquelas que não sejam claras quanto ao procedimento do recurso empregável são colidentes com o marco constitucional-convencional.

A dúvida quanto ao recurso cabível adentra ao cenário da chamada fungibilidade recursal. Muito embora o Código de Processo Penal fale apenas em má-fé como fato impeditivo da fungibilidade recursal, não raras vezes se estende a fundamentação da impossibilidade de aceitar-se o recurso erroneamente interposto quando o equívoco consubstanciar erro grosseiro, como reconhecido em vários precedentes.[56]

Erro grosseiro é identificado como o emprego da via recursal manifestamente incabível para a situação concreta seja por expressa disposição legal em sentido contrário ao empregado na via inadequada seja por precedente vinculante versado sobre a matéria a denotar desconhecimento técnico curial sobre o instrumento jurídico manejado.

`10.2.9` Juízo de Admissibilidade

O campo recursal apresenta, como fruto direto da forma escrita de procedimentalização recursal, dois momentos distintos de apreciação judicial: o juízo de admissibilidade e o juízo de mérito.

---

56 Entre eles, BRASIL. Supremo Tribunal Federal. **AI 504.598-AgR**. Primeira Turma. Relator Min. Marco Aurélio. DJ 17.12.2004; BRASIL. Supremo Tribunal Federal. **AI 552.762-AgR**. Segunda Turma. Relator Min. Gilmar Mendes. Dje 7.3.2008.

Sobre o juízo de admissibilidade é assente que se trata de mera verificação formal da presença dos requisitos subjetivos e objetivos essenciais para o correto desempenho recursal, a saber: a) verificação da tempestividade de interposição; b) apreciação da legitimidade para recorrer e, quando o caso c) efetivação do devido preparo; d) adequação da via recursal empregada.

Esse juízo de *admissibilidade* é realizado no Juízo de origem, onde o recurso foi interposto, assim como pode – e deve – ser realizado no Tribunal destinatário, levando-se em conta a estrutura recursal tal como mantida na lógica do CPP.

Quanto ao *preparo* acima mencionado, trata-se de tema mais afeto ao processo civil que ao penal, pois diz respeito ao pagamento das despesas processuais para a efetivação da interposição. No campo penal, como regra que comporta rara exceção, não existe quantia a ser paga ao Poder Judiciário pela interposição recursal.

A exceção à regra diz respeito aos recursos interpostos no âmbito das acusações privadas exclusivas ou genuínas, sendo incabível no curso de acusações privadas subsidiárias da pública conforme se discute no Capítulo 5 desta Obra. Assim, é exigível o preparo nos recursos interpostos em ação penal privada, nos termos do art. 806, § 2º, do Código de Processo Penal.

A ausência do devido preparo acarreta a sanção processual da *deserção* do recurso que significa a sua não admissibilidade. Nos casos em que se nega a admissibilidade do recurso pela exigência indevida do preparo tem-se a possibilidade de impetração de mandado de segurança contra aquele ato judicial, pois se trata de ofensa a direito líquido e certo ao recebimento da impugnação.

Neste ponto, tratado que foi durante muito tempo como condição para recorrer, a prisão determinada no art. 594 do CPP não encontra qualquer amparo no marco constitucional-convencional. Nada obstante a clara natureza cautelar que reveste qualquer constrição da liberdade antes da sentença condenatória transitada em julgado, parte significativa dos precedentes e mesmo muitos trabalhos doutrinários após 1998/1992 continuaram reclamando a lógica originária do processo penal de 1942.

Contemporaneamente essa exigência automática da prisão cedeu à inafastável natureza cautelar que deve possuir e, portanto, não se pode exigir a prisão como condicionante para recorrer e a constrição somente se mantém desde que presente a *necessidade cautelar* na forma como discutida no Capítulo 12 desta Obra.

Por conseguinte, a fuga da pessoa cautelarmente presa nada interfere no conhecimento do recurso interposto, nada obstante precedentes que muito tempo depois da entrada em vigor da CADH continuavam por exigí-la[57]. No âmbito do STJ o tema foi, então, pacificado com a Súmula nº. 347, de 23/04/2008: "O conhecimento de recurso de apelação do réu independe de sua prisão."

Posteriormente, com o advento da Lei nº 12.403, de 2011 o art. 595 o CPP foi expressamente revogado.

10.2.10 Efeitos dos recursos

Uma vez *interposto*, essa *interposição* produz efeitos próprios que podem variar de acordo com a modalidade recursal empregada. Nada obstante há efeitos da interposição que são comuns a todos os recursos.

Assim, no caso dos *efeitos comuns* tem-se:

a] O impedimento do aperfeiçoamento da coisa julgada no que toca à matéria impugnada, a dizer, a *suspensão dos efeitos da sentença quando se tratar de condenação*. Porém, essa suspensão não se aplica às hipóteses absolutórias de mérito, que consolidam a presunção de inocência;

b] A devolução do conhecimento da postulação à instância recursal, o chamado *efeito devolutivo*, quem implica em que a instancia recursal conheça da impugnação da *acusação* nos limites impugnados e possa conhecer, *amplamente*, as matérias favoráveis à Defesa;

c] No caso do recurso interposto pelo acusador público, a impossibilidade de desistência da impugnação.

O chamado *efeito suspensivo*, no processo penal, decorre da presunção de inocência e implica no impedimento do aperfeiçoamento da coisa julgada na forma como discutido no Capítulo 9 quando se tratar de sentenças de mérito de caráter condenatório.

---

57 Como se observa no comportamento de vários tribunais estaduais passada mais de década da CADH no ordenamento brasileiro: SERGIPE. Tribunal de Justiça. **Apelação Criminal n. 2003304493/SE**. Câmara Criminal. Relator Des. Epaminondas S. de Andrade Lima. Data de Julgamento: 18/11/2003. Disponível em: <https://tj-se.jusbrasil.com.br/jurisprudencia/4734803/apelacao-criminal-apr-2003304493-se/inteiro-teor-11363300>. Acesso em: 12 jan. 2022; MATO GROSSO DO SUL. Tribunal de Justiça. **Apelação Criminal n. 169/MS** 2003.000169-7. 2ª Turma Criminal. Relator Des. José Augusto de Souza. Data de Julgamento: 19/03/2003. Disponível em: <https://tj-ms.jusbrasil.com.br/jurisprudencia/3779604/apelacao-criminal-acr-169>. Acesso em: 12 jan. 2022; PARANÁ. Tribunal de Justiça. **Apelação Crime n. 1896386/PR** Apelação Crime – 0189638-6. Terceira Câmara Criminal (extinto TA). Relator Rubens Oliveira Fontoura. Data de Julgamento: 10/12/2002. Disponível em: <https://tj-pr.jusbrasil.com.br/jurisprudencia/4678357/apelacao-crime-acr-1896386-pr-apelacao-crime-0189638-6/inteiro-teor-11347361>. Acesso em: 12 jan. 2022; MINAS GERAIS. Tribunal de Justiça. **Apelação Criminal n. 10525060837008011/MG** 1.0525.06.083700-8/001(1). Quarta Câmara Criminal. Relator Walter Pinto da Rocha. Data de Julgamento: 05/09/2007. Disponível em: <https://tj-mg.jusbrasil.com.br/jurisprudencia/5934551/10525060837008011-mg-1052506083700-8-001-1/inteiro-teor-12069453>. Acesso em: 12 jan. 2022, entre outros.

Isso impõe que qualquer constrição à liberdade pessoal ou patrimonial da pessoa acusada seja justificada exclusivamente por sua natureza e fundamentos cautelares.

A questão maior, aqui, é a de saber se é possível falar em *coisa julgada progressiva* tal como se discute no processo civil e transpor esse mesmo conceito para o processo penal, em especial com o apego a uma *teoria geral do processo*.

E, dentro da técnica processual penal essa transposição não é simples, pois diferentemente do processo civil, não há interesses disponíveis que transitem em julgado *por etapas*, executando-se definitivamente aqueles não impugnados e, provisoriamente, os que estão ainda em discussão.

Num primeiro ponto, porque não há *execução provisória do julgado penal* como se afirma nesta Obra, no Capítulo 9; em segundo lugar, porque não há matérias *disponíveis* na forma como se compreende no processo civil.

E isso ficaria mais fácil de ser visualizado se o marco constitucional-convencional quanto à limitação recursal na forma discutida no item 10.2.3 supra fosse observado, pois se há limites de cognição para o julgamento do acusador, com o que se quer afirmar que a situação processual da pessoa acusada não pode ser piorada em relação à decisão de primeiro grau, o mesmo não cabe ao julgamento do recurso defensivo, que possui ampla cognição e não está limitado aos termos em que interposto.

Deve ser destacado que o tema entrou com mais vigor no processo penal a partir do julgamento da AP 471, o caso *mensalão*, quando

> O Ministro Celso de Mello ponderou que, nas situações em que houvesse cúmulo material de pedidos ou formação litisconsorcial passiva, seria possível divisar-se a existência de vários capítulos de conteúdo sentencial, a impor o reconhecimento da possibilidade de existir, também no âmbito penal, a formação progressiva da coisa julgada. Nesse sentido, a sentença ou acórdão poderia apresentar capítulos estáveis, que não mais admitiriam a possibilidade de impugnação recursal. Considerou que cada capítulo, portanto, seria dotado de eficácia executiva própria. Asseverou não se cuidar de execução provisória, mas definitiva. Analisou que o STF reconheceria a suspensibilidade dos embargos infringentes apenas quando atacassem a totalidade do acórdão majoritário, mas não quando essa decisão fosse composta por capítulos sentenciais autônomos.[58]

---

58 BRASIL. Supremo Tribunal Federal. **Agravo Regimental na Ação Penal n. 470/MG** Décima Primeira-QO/MG> Tribunal Pleno. Relator Min. Joaquim Barbosa. J: 09/09/2010. Publicação: 08/10/2010. Disponível em: <https://jurisprudencia.stf.jus.br/pages/search/sjur183164/false>. Acesso em: 12 jan. 2022.

Assim, se existe *coisa julgada progressiva* no processo penal ela é exclusiva da Defesa em relação aos pontos não explicitamente atacados pelo acusador público ou privado.

Como efeitos particulares das espécies recursais têm-se:

a] O efeito regressivo, a dizer, a possibilidade do juízo prolator da decisão impugnada rever o conteúdo daquela decisão;

b] A impossibilidade de *reformatio in pejus* para os recursos empregados pela defesa de forma exclusiva.

O denominado *efeito regressivo* toca o emprego do recurso em sentido estrito e recurso de agravo previsto em regimentos de Tribunais ou na Lei das Execuções Penais. Por ele o juízo prolator pode rever sua decisão e, com isso, fazer com que, para a parte recorrente, o recurso perca seu objeto.

Contudo, o CPP prevê em seu art. 589, parágrafo único, que a parte inicialmente tida como recorrida, e que agora vê sua situação processual alterada com a reforma da decisão, peça o encaminhamento do recurso ao Tribunal, invertendo-se a posição nominal recorrente-recorrido para que o pleito seja conhecido.

As impugnações têm, ainda, particularidade quanto aos seus efeitos a partir da verificação da interposição exclusiva pela Defesa que, manejando o recurso, não pode ver sua situação agravada de forma direta ou indireta[59]. Trata-se da chamada impossibilidade de *reformatio in pejus* que muitos autores tratam como um princípio do sistema recursal, mas que entendemos ser um efeito específico para qualquer via impugnativa e exclusivamente cabível a favor da pessoa acusada.

Isto porque, mesmo no recurso empregado exclusivamente pelo acusador público ou privado pode existir uma solução mais favorável à defesa (e, portanto, *pior* quanto à posição processual do recorrente) algo denominado como *reformatio in mellius* em alguns trabalhos dedicados ao tema[60], que em nada se relaciona com qualquer posição de *imparcialidade* do Ministério Público – argumento rechaçado no Capítulo 2 – ou *busca da verdade real* – não acolhido nos termos do Capítulo1 –, mas, sim, como decorrência da estrutura constitucional-convencional que, como discutido, impõem o exercício recursal em benefício da pessoa acusada.

Quanto ao argumento do *efeito devolutivo*, também apresentado pela denominação latina *tanto devolutum quantum appelatur*, ele está confinado aos termos do recurso interposto pelo acusador e não como óbice ao conhecimento de teses defensivas.

---

59 A respeito ver BARBOSA JÚNIOR, Salvador José; LEME, Tatiana Capochin Paes. O princípio da "reformatio in pejus" indireta e o direito ao duplo grau de jurisdição do júri. **Revista IOB de Direito Penal e Processual Penal**, Porto Alegre, v. 9, n. 50, p. 75-88., jun./jul. 2008.

60 PINTO, Ronaldo Batista. Sobre a possibilidade da reformatio in melius. **Revista Síntese de direito penal e processual penal**, Porto Alegre, v. 6, n. 34, p. 41-45., out./nov. 2005.

Esse entendimento conta adesão de inúmeros precedentes[61] e de prestigiada doutrina, por argumentos próximos aos aqui lançados, mas sem a preocupação explícita com a base convencional vez que calcados na afirmação da ausência de vedação expressa à melhora da situação processual da pessoa acusada nessa hipótese[62]. Nessa mesma linha, porém com apelo constitucional ao tema, afirmação contida em determinado procedente ao considerar que

> Não havendo óbice constitucional para o reconhecimento da "reformatio in mellius" – já que o princípio da devolutividade recursal é de índole exclusivamente infraconstitucional –, cabe ao Estado, em qualquer fase processual, o dever de aplicar corretamente o ordenamento jurídico, lembrando ser interesse de toda sociedade, na mesma proporção, tanto a condenação do acusado como a absolvição de inocente.[63]

Os efeitos de *interposição* não se confundem com os efeitos do *julgamento* do recurso.

Neste último caso está o chamado *efeito extensivo*, pelo qual o resultado favorável a um dos recorrentes se aplica a todos os demais que estejam em idêntica situação. Trata-se de disciplina legal que visa otimizar a homogeneidade e coerência de julgamentos, evitando-se decisões conflitantes em aspectos objetivos comuns, assim como a economia processual.

10.3 Dos recursos em espécie

10.3.1 Apelação

Cabível das *decisões terminativas* ou *com força* destas, como anotado pela doutrina, na "linguagem do Código, consideram-se decisões com força de definitivas as que solucionam procedimentos e processos incidentais, as terminativas (que

---

61 Entre eles, por exemplo, BRASIL. Supremo Tribunal Federal. **Recurso Especial n. 689011/SP**. Quinta Turma. Relatora Min. Laurita Vaz. Julgamento: 22/03/2005. Publicação: DJ de 02/5/05, p. 401. Disponível em: <https://stj.jusbrasil.com.br/jurisprudencia/109317/recurso-especial-resp-689011-sp-2004-0100549-3/inteiro-teor-100109772>. Acesso em: 12 jan. 2022.

62 OLIVEIRA, Eugênio Pacelli de. **Curso de Processo Penal**. 16. ed. atual. de acordo com as leis nº 12.403, 12.432, 12.461, 12.483 e 12.529, todas de 2011, e Lei Complementar nº 140, de 8 de dezembro de 2011. São Paulo: Atlas, 2012. p. 861. Pela admissão dessa possibilidade ver, também, TOURINHO FILHO, Fernando da Costa. **Processo Penal**. 30. ed. rev. e atual. São Paulo: Saraiva, 2008. 4 v. p. 439.

63 BRASIL. Tribunal Regional Federal (3ª Região). **Apelação Criminal n. 0006726-85.2006.4.03.6102/SP**. Primeira Turma. Relator Desembargador Federal Hélio Nogueira. Publicado em: 09/03/2016. Disponível em: <https://trf-3.jusbrasil.com.br/jurisprudencia/317275010/apelacao-criminal-acr-67268520064036102-sp-0006726-8520064036102/inteiro-teor-317275101?ref=serp>. Acesso em: 12 jan. 2022.

encerram o processo sem julgamento de mérito)"[64], a apelação apresenta os seguintes traços abaixo analisados.

a] Efeitos da interposição

A interposição da apelação gera a suspensão da decisão de mérito, o que implica ser inviável o exercício de qualquer *execução provisória* como já discutido. A manutenção da *necessidade cautelar* precisa ser avaliada para que a pessoa permaneça presa durante a tramitação recursal.

O efeito devolutivo está sujeito às considerações já desenvolvidas sobre este tema ao longo do presente Capítulo.

b] Tempestividade

O prazo para interposição da apelação é de cinco dias. A opção legislativa do prazo de cinco dias para interpor o recurso de apelação é antiga no direito brasileiro, podendo ser encontrada, dentre outros textos de lei, no Regulamento n. 120, de 31 de janeiro de 1842, que regula a execução da parte policial e criminal da Lei n. 261, de 3 de dezembro de 1841, em cujo art. 442 se assentava: "Os recursos interpostos pelas partes, o serão por meio de uma petição simples, assinada pelo recorrente, ou seu legítimo Procurador, dirigida ao Juiz que proferiu a decisão, ou despacho de que se recorre, dentro de cinco dias."

Por seu turno, o prazo para apresentação das razões é de 8 dias, mas, diferentemente do anterior, sem caráter preclusivo na formo como compreendido pela maior parte dos precedentes e larga parte da doutrina sem que se identifique, com clareza, as razões dessa distinção que causa a ausência de um limite claro e legal.

c] Apelação e Tribunal do Júri

O emprego da apelação das decisões produzidas nas sessões plenárias tem como primeira característica sua interposição *oral*, constituindo uma das raras exceções ao método escrito que domina todo campo recursal.

Basicamente são três as hipóteses de cabimento de apelação quanto às *decisões de mérito* e suas consequências produzidas em sessão plenária:

a] Apelação diante da desconformidade da sentença do juiz togado em relação ao quanto apurado na votação do Conselho de Sentença (art. 593, III, b)
b] Apuração da *injustiça da decisão* do juiz togado (art. 593, III, c)
c] Ter ocorrido julgado *manifestamente contrário* à prova dos autos, pelo Conselho de Sentença (art. 593, III, d).

---

64 GRINOVER, Ada Pellegrini; GOMES FILHO, Antonio Magalhães; FERNANDES, Antonio Scarance. **Recursos no Processo Penal**. 7. ed. São Paulo: Editora Revista dos Tribunais, 2011. p. 116.

Além dessas possibilidades que estão ligadas ao julgamento do mérito e suas consequências, há previsão do emprego da apelação por *nulidade posterior à pronúncia*.[65]

Das três hipóteses acima mencionadas, as duas primeiras permitem que o próprio Tribunal substitua a sentença do juiz togado por outra, como normalmente se dá no emprego do recurso de apelação.

Contudo, o caso do art. 593, III, *d* que toca ao recurso de apelação em relação à soberania das decisões do Conselho de Sentença, esse recurso assume um papel de *cassação*, a dizer, a impossibilidade de alterar o mérito do provimento impugnado, remetendo o caso para novo julgamento pelo juiz natural da causa (Conselho de Sentença) que reapreciará o mérito.

Exatamente por essa significativa diferença deve-se atentar para a Súmula 713 do STF: "O efeito devolutivo da apelação contra decisões do Júri é adstrito aos fundamentos da sua interposição", a qual condensa a necessidade de distinguir-se o motivo da apelação porquanto disso derivará o próprio papel do juízo recursal.

Dos fundamentos destacados, há caráter objetivo que toca à desconformidade da sentença do juiz togado em relação ao veredicto. As demais hipóteses trabalham com conceitos abertos, que fogem ao parâmetro da legalidade estrita que deve nortear o processo penal no Estado de Direito e ferem o contido na CR e na CADH.

Mas, sem dúvida, é no fundamento da ocorrência de julgamento pelos jurados manifestamente contrária à prova dos autos que reside o ponto culminante de tensão entre a estrutura do júri enquanto administração popular da justiça penal, especialmente no que tange à soberania dos veredictos, e o controle político-jurídico que se faz sobre mediante o emprego da apelação.

Reiterando o quanto é discutido no Capítulo 7 sobre Júri, o ponto de partida para a análise deste tópico encontra-se na Constituição Federal de 1988 quando prevê a soberania das decisões do Conselho de Sentença e a estrutura de controle sobre os jurados que foi instituída pelo Dec.Lei 167, de 5 de janeiro de 1938, concebido no Estado Novo e num momento em que o Júri não tinha assento na Carta de 1937.

Foi naquele ambiente político que se entendeu possível rever decisões de mérito do Conselho de Sentença a fim de reapreciar a prova[66] portanto, num modelo infraconstitucional que não foi recepcionado pelo atual marco constitucional.

---

65 Como analisado extensamente no Capítulo 7 desta Obra, essa fase que vai do trânsito em julgado da admissibilidade (pronúncia) até a sessão plenária é composta de inúmeros atos, muitos dos quais não dizem respeito a mérito da causa.

66 Naquele decreto: Art. 92. A apelação sómente pode ter por fundamento: a) nulidade posterior à pronúncia; b) injustiça da decisão, por sua completa divergência com as provas existentes nos autos ou produzidas em plenário.

Mais ainda, foi concebido esse mecanismo de controle a partir do protagonismo político-jurídico de Nelson Hungria, figura transcendente na crítica ao modelo de administração da justiça pelo júri não somente pela crítica ao papel do julgador leigo na construção de uma decisão definitiva, mas, sobretudo, na aversão ao papel desempenhado pela figura do advogado na desconstrução do idealizado modelo *científico-jurídico* almejado por Hungria.[67]

E continua Sontag, em trabalho histórico de acuidade sobre o tema para apontar que:

> Segundo relatório produzido pelas instâncias administrativas governamentais, seriam modificações que pretendiam recuperar o "prestígio" do júri: essa lei [o referido decreto nº 167 de 1938] integrou definitivamente o tribunal popular no aparelhamento de defesa da sociedade, livrando suas decisões das influências pessoais e restabelecendo o prestígio que ele vinha perdendo. A mais sensível das inovações operadas pelo decreto-lei nº 167 foi a faculdade que conferiu aos Tribunais de Apelação para, em recurso, conhecer do mérito das decisões do júri e reformá-las, seja para absolver, seja para aplicar-lhe a pena merecida. Os dispositivos da lei do júri foram reproduzidos no Código de Processo Penal, com as alterações impostas pela experiência e pelo sistema de aplicação da pena adotado no novo Código Penal (SCHWARTZMAN, 1982: 85).[68]

E segue o mencionado autor para reviver abordagem feita por aclamado jurista da época acerca da reforma que retirara o atributo de soberania das decisões do Conselho de Sentença afirmando que:

> Há muito quem veja nisso um perigo para os réus. Penso que perigo haverá para os réus merecedores de condenação. É necessário não esquecer que o nosso juiz togado é – também psiquicamente – brasileiro, e como tal não concorrerá para que a justiça penal do Brasil se anti-humanize. Os Juízes dos Tribunais de Apelação vão julgar, brasileiramente, sentimentalmente, eticamente, tais quais os juízes populares, apenas com a diferença de poderem apreciar muito mais utilmente a prova do fato e a personalidade do criminoso. Por outro lado, sabedores de que suas deliberações estão sujeitas a tal revisão, os jurados vigiar-se-ão mais na sua sentimentalidade, procurarão objetivar mais as causas que julguem, de modo a que possam ver comprovadas as suas decisões. (DRUMOND, 1938: 224).[69]

---

67 A respeito o relevante texto de SONTAG, Ricardo. A eloquência farfalhante da tribuna do júri: o tribunal popular e a lei em Nelson Hungria. **História (UNESP)**, São Paulo, v. 28, n. 2, 2009.

68 O texto mencionado por Sontag é de Schwartzman: SCHWARTZMAN, S. **Estado Novo, um autorretrato (arquivo Gustavo Capanema)**. Brasília: Editora Universidade de Brasília com o apoio Fundação Roberto Marinho, 1982. 24v. apud. SONTAG, Ricardo. Op. Cit.

69 O texto ao final mencionado é DRUMOND, Magalhães. O júri no Estado Novo. **Revista Forense**, Rio de Janeiro, jan. 1938. *apud* SONTAG, Ricardo. Op. Cit.

É chocante que aquela base político-jurídica (o texto de 1938 foi substituído pelo CPP em 1942) tenha sido mantido na reforma de 2008, num itinerário de permanência no qual, apenas, a *completa divergência* do art. 92 do Dec.Lei 167 foi substituída pela locução julgamento *manifestamente contrário*, mantendo-se, assim, um discurso ideológico abalizado por considerações doutrinárias que se contentam em empregar o mantra que *soberania* não é sinônimo *irrecorribilidade.*

Impressiona, também, que toda essa construção político-ideológica com reflexos jurídicos tenha sido mantida no PLS 156/09 do NCPP que, tal como aprovado no Senado, contém redação idêntica à atual no art. 480 e assim enviado para a Câmara dos Deputados.

Dito isto, parece-nos claro que esse fundamento não possui compatibilidade constitucional-convencional e o discurso da recorribilidade das decisões do Tribunal do Júri deve ser restrito às hipóteses que não digam respeito ao convencimento do julgador, mas, sim, aos equívocos do juiz togado na apreensão do quanto decidido pelo Conselho de Sentença.

Essa afirmação está longe de ser dominante no campo dos precedentes e mesmo da maior parte dos trabalhos doutrinários a respeito que, reconhecendo a compatibilidade constitucional desta norma devem, obrigatoriamente, tentar encontrar um conceito material para o que seja *manifestamente contrário.*

Como esse conceito realmente não existe, mas é apurado num exercício empírico, o caso concreto, com avaliação de julgadores togados sobre o acervo probatório é que censurará, ou não, o trabalho dos jurados, vindo a impor a realização de uma nova sessão plenária, cabendo destacar que o emprego desse fundamento somente pode ser exercido uma vez, *por cada uma das partes com interesse na reforma do veredicto.*

Há de se ponderar que, no plenário renovado, o limite da pena imposta é de ser respeitado diante de duas situações possíveis: ou o réu havia sido condenado e, no novo julgamento, é absolvido (e, portanto, não há que se falar em nova pena), ou é mantida sua condenação, reconhecendo o novo conselho de sentença a mesma imputação anterior, donde a pena dosada pelo magistrado togado há de servir como parâmetro. Destaque-se, igualmente, que não pode haver qualquer hipótese de *reformatio in pejus*, quer direta, quer direta, no manejo desse fundamento como modalidade recursal.

10.3.2 Recurso em sentido estrito

a] Efeitos da interposição

O recurso em sentido estrito possui como traço marcante o chamado efeito regressivo, que permite ao prolator da decisão rever o conteúdo do provimento e, com isso, em princípio, fazer com que a impugnação perca seu objeto ou, ao menos, que a parte inicialmente recorrente perca o interesse na impugnação.

Isso porque, a teor do art. 589 como já comentado neste Capítulo, a parte inicialmente tida como recorrida pode inverter sua posição processual em face da desvantagem que passou a suportar e, assim, requerer que a impugnação seja conhecida pelo Tribunal, mecanismo que existe justificado pela economia e celeridade processuais.

Mas, esse efeito regressivo coloca em pauta outra questão, a de saber até que momento o juiz prolator pode se retratar da decisão.

Pouco debatida especificamente no processo penal, esse tema ganha mais robustez nas discussões processuais civis contemporâneas, onde se considera que enquanto não houver decisão do Tribunal sobre o *agravo* poderá o julgador, na origem, exercer o juízo de retratação.[70]

Para o processo penal as coisas não se passam exatamente assim. Cabível, por exemplo, no caso em que concede o habeas corpus, exercido o recurso em sentido estrito não pode o julgador, na pendência da impugnação, rever a decisão para prejudicar a condição da pessoa acusada sem que haja alteração fática a justificá-la.

b] Formação

O recurso em sentido estrito, cabível para situações em que o processo principal ainda está em tramitação impõe a formação do chamado *instrumento* pelo qual o acervo cognitivo impugnado será apreciado na instancia recursal.

Assim, a teor do artigo 583 tem-se as hipóteses nas quais o recurso subirá "nos próprios autos" e aquelas nas quais será providenciado o traslado, alegadamente para que não haja prejuízo ao andamento da marcha processual.

Essas disposições tendem a perder progressivamente o sentido prático com a implantação progressiva do processo eletrônico que tornam os autos acessíveis sem interferência no andamento da marcha processual no juízo de origem.

c] Tempestividade

O prazo para interposição é de cinco dias na forma do artigo 586 do CPP, como regra, excetuando-se a situação da impugnação da lista de jurados cujo prazo é de 20 dias contado da data da publicação definitiva da lista.

`10.3.3` Carta testemunhável

O CPP prevê, sob a rubrica *carta testemunhável*, espécie de *impugnação* tendo como objeto, de acordo com o art. Art. 639, a decisão que denegar o recurso e a

---

70 CAMPOLINA, Flávio de Paula. Juízo de retratação em agravo de instrumento e cláusula "rebus sic stantibus". **Revista Jus Navigandi**, Teresina, ano 15, n. 2572, 17 jul. 2010. Disponível em: <https://jus.com.br/artigos/16980>. Acesso em: 13 jan. 2022.

que, admitindo embora o recurso, obstar à sua expedição e seguimento para o juízo *ad quem*.

Segundo a locução do CPP é uma impugnação que será requerida ao escrivão, ou ao secretário do tribunal, conforme o caso, nas quarenta e oito horas seguintes ao despacho que denegar o recurso, indicando o requerente as peças do processo que deverão ser trasladadas.

À evidência esse *recurso* não foi recepcionado pela CR/88, ainda que se queira enfatizar seu cabimento residual e incidência praticamente restrita à denegação do recebimento do recurso em sentido estrito[71], porquanto não se pode destinar inconformismo a funcionário burocrático (escrivão ou *secretário do tribunal*) contra decisão judicial.

Se a decisão denegatória de seguimento do recurso fere direito líquido e certo contra ela deve ser interposto o mandado de segurança.

10.3.4 Embargos de declaração

a] Hipóteses de cabimento

Com a reforma de 2008 do CPP houve o reconhecimento legislativo do cabimento dos embargos de declaração para os casos em que houver (Art.382) obscuridade, ambiguidade, contradição ou omissão na sentença de primeiro grau, o mesmo valendo para as decisões colegiadas nos Tribunais.

b] Tempestividade

Os embargos devem ser opostos dois dias após o conhecimento da decisão que contiver as características apontadas no item anterior.

c] Efeitos

Os embargos de declaração não servem para modificar o conteúdo do provimento impugnado, hipótese em que assumiria um caráter infringente, o que não é admitido no campo dos precedentes da mesma forma que no doutrinário.

Contudo, a questão que se coloca é o de possuir – ou não – efeito suspensivo para a interposição de prazo para os eventuais recursos subsequentes.

No âmbito dos precedentes e a partir do quanto disposto nos regimentos internos dos Tribunais superiores, a compreensão dominante é a de que a oposição dos embargos de declaração *interrompe* o prazo de interposição dos demais recursos que lhes possam ser subsequentes empregando-se, por analogia,

---

71 OLIVEIRA, Eugênio Pacelli de. **Curso de Processo Penal**. Op. Cit.

o disposto no CPC a respeito do tema[72]. E o mesmo entendimento é comum em abordagens doutrinárias.[73]

Essa construção foi represtinada no NCPC que, em seu artigo 1.026 determina que a oposição desses embargos interrompe o prazo recursal.

Com isso aplica-se, por analogia, a todo processo penal, sendo que o NCPC revogou expressamente o art. 83 da Lei 9.099/95 que continha regra própria sobre a matéria determinando a suspensão do prazo de interposição dos demais recursos.[74]

Unificada a matéria, consolida-se que esses embargos, no processo penal, *interrompem* o prazo recursal, implicando na sua retomada integral para fins de apreciação da tempestividade recursal.

10.3.5 Embargos infringentes e de nulidade

a] Objeto

Tocam à modificação do resultado condenatório, quando obtido com divergência dos integrantes do colegiado decisor (embargos de divergência), nesse caso tratando-se de impugnação exclusiva da defesa como visto neste Capítulo; quando tocarem a discussão de violação de norma processual buscando a invalidação do ato serão conhecidos como embargos de nulidade.

Essa divergência deve ser constatada em Apelação, Agravo (LEP) e no Recurso em Sentido Estrito, não sendo conhecida sua oposição em habeas corpus ou mandado de segurança.

b] Tempestividade

São oponíveis em 10 dias a contar da publicação do acórdão e a interposição deve vir acompanhada das respectivas razões recursais.

---

72 Neste sentido, entre outros julgados, BRASIL. Supremo Tribunal Federal. **Agravo Regimental no Agravo de Instrumento n. 820.070/SP**. Segunda Turma. Relator Min. Joaquim Barbosa. Disponível em: <https://jurisprudencia.stf.jus.br/pages/search/sjur187135/false>. Acesso em: 12 jan. 2022; BRASIL. Superior Tribunal de Justiça. **Agravo Regimental no Agravo de Instrumento n. 876.449/SP**. Sexta Turma. Relatora Min. Maria Thereza de Assis Moura. Julgamento: 02/06/2009. Publicação: DJe 22/06/2009. Disponível em: <https://scon.stj.jus.br/SCON/jurisprudencia/toc.jsp?i=1&b=ACOR&livre=((%27AGA%27.clas.+e+@num=%27876449%27)+ou+(%27AgRg%20no%20Ag%27+adj+%27876449%27.suce.))&thesaurus=JURIDICO&fr=veja>. Acesso em: 12 jan. 2022.

73 Entre outros, OLIVEIRA, Eugênio Pacelli; FISCHER, Douglas. **Comentários ao Código de Processo Penal e sua Jurisprudência**. 4. ed. São Paulo: Editora Atlas, 2012. p. 1209.

74 Tema também debatido em LIMA, Walberto Fernandes de. Embargos de declaração no processo penal: suspendem ou interrompem o prazo para a interposição de outros recursos? **Boletim IBCCRIM**, São Paulo, n. 54, p. 9-11, maio 1997.

c] Efeitos

Com o NCPC desapareceu a discussão acalentada na doutrina e em muitos precedentes para saber se a interposição desses embargos interromperia, ou não, o prazo para interposição dos recursos constitucionais, vez que a nova legislação processual civil aboliu essa espécie recursal para transformar seu objeto em uma técnica de decisão.[75]

Sendo o julgamento afeto a órgão jurisdicional colegiado, caberá aos respectivos regimentos internos a disciplina da matéria[76], mas é admissível que os julgadores que participaram do primeiro julgamento integrem o órgão colegiado mais amplo que analisará esse recurso. Por tal motivo entende-se que possuem caráter regressivo.

`10.3.6` **Agravo**

a] Espécies

O recurso de agravo não aparece na estrutura do CPP tendo, contudo, previsão na LEP, no seu art. 197 e na Lei 8.038/90, em seu Art. 28 onde está prevista a possibilidade de interposição do agravo no STF e STJ contra decisões denegatórias de prosseguimento dos recursos especial e extraordinário.[77]

b] Tempestividade

Na LEP o prazo para interposição é de cinco dias a contar da ciência da decisão impugnada.

Quanto ao agravo regimental, como mais uma manifestação de insegurança jurídica no exercício das vias impugnativas, há discussão a respeito, tendo o STF, no âmbito dos precedentes, consolidado o entendimento de que o prazo é de cinco dias a teor do quanto determinado na Lei 8.038/90 (artigo 39) e assim reconhecido na Súmula 699 do Supremo Tribunal Federal: O prazo para interposição de

---

75 A respeito ver ROSA, Alexandre Morais da; ANDRADE, Romulo. **Até que ponto o Novo CPC altera o sentido dos Embargos Infringentes no crime?** Disponível em: <http://emporiododireito.com. br/ate-que-ponto-o-novo-cpc-altera-o-sentido-dos-embargos-infringentes-no-crime-por-romulo- -de-andrade-moreira-e-alexandre-morais-da-rosa/>. Acesso em: 21 de julho de 2020.

76 SELISTRE, Tael João. Competência funcional para o julgamento dos embargos infringentes, da ação rescisória e da revisão criminal. **Revista do Ministério Público do Rio Grande do Sul**, Porto Alegre, n. 50, p. 173-179, abr./jul. 2003.

77 A respeito ver, entre outros, BADARÓ, Gustavo Henrique Righi Ivahy. O agravo cabível contra decisão denegatória de recurso especial e extraordinário em uma recente decisão do STF e os limites da fungibilidade recursal. **Boletim IBCCRIM**, São Paulo, v. 20, n. 230, p. 2-3., jan. 2012. Também, SARABANDO, José Fernando Marreiros. Agravo de instrumento em recurso extraordinário criminal: contrarrazões. **De Jure**: Revista Jurídica do Ministério Público do Estado de Minas Gerais, Belo Horizonte, n. 7, p. 318-322., jul./dez. 2006.

agravo, em processo penal, é de cinco dias, de acordo com a Lei 8.038/1990, não se aplicando o disposto a respeito nas alterações da Lei 8.950/1994 ao Código de Processo Civil.

Isto porque, no entendimento daquela Corte,

> A alteração promovida pela Lei n° 12.322, de 9 de setembro de 2010, não se aplica aos recursos extraordinários e agravos que versem sobre matéria penal e processual penal, de modo que o prazo do Agravo em Recurso Extraordinário criminal é o de 5 (cinco) dias previsto no art. 28 da Lei n° 8.038/90, e não o de 10 (dez) dias, conforme o art. 544 do CPC. Precedentes [...].[78]

Com efeito, a Lei 8.038/90 contém norma específica sobre a tempestividade do agravo no campo penal e, portanto, não se vê afetada por modificações da legislação processual civil como se dá, atualmente, como o art. 1.070 do NCPC.

c] Efeitos

Como natural dessa modalidade recursal, além do obrigatório efeito devolutivo contém o chamado efeito regressivo, possibilitando ao órgão prolator da decisão agravada rever seu conteúdo.

`10.3.7` Correição parcial

a] Previsão legal

A correição parcial (ou reclamação, como assim chamada em alguns Estados[79]) não está prevista no CPP, tratando-se de modalidade de impugnação prevista em leis de organização judiciária.[80]

Diante da ausência de previsão por lei federal, único meio legislativo cabível para legislar matéria processual, é de ser considerada a não recepção dessa impugnação pelo texto constitucional de 1988 e os abusos de poder devem ser impugnados pela via do mandado de segurança quando ferirem direito líquido e certo não atacáveis por habeas corpus.

---

78 BRASIL. Supremo Tribunal Federal. **Questão de Ordem no Agravo Regimental no Recurso Extraordinário com Agravo n. 639846**. Tribunal Pleno. Relator para o acórdão Ministro Luiz Fux. Julgamento em: 13.10.2011. Publicação: DJe de 20.3.2012. Disponível em: <https://jurisprudencia.stf.jus.br/pages/search/sjur206248/false>. Acesso em: 12 jan. 2022.

79 A ver em SOUZA, José Barcelos. Correição parcial, ou reclamação. **Revista da Faculdade de Direito Milton Campos**, v. 26, p. 309-342, 2014. ISSN 1415-0778.

80 Assim, por exemplo, no Estado de São Paulo, artigos 93/96 do Código Judiciário, a dizer Decreto-Lei Complementar n° 3, de 27 de agosto de 1969.

b] Objeto

Na literatura produzida anteriormente ao marco constitucional-convencional, explica-se que se trata de impugnação contra *erro in procedendo* do órgão julgador. E tal explicação manteve-se intacta mesmo após o texto constitucional para afirmar que:

A correição parcial ou a reclamação, pode ser traduzida como um recurso cabível contra despachos de juízes de primeiro grau que, por erro, abuso ou inversão tumultuarem o processo, despacho este sem recurso previsto na lei processual.[81]

c] Tempestividade e procedimento

Oferecida em 5 dias, obedecendo o rito do agravo no caso da disposição do Estado de São Paulo.

`10.3.8` Recursos constitucionais

`10.3.8.1` Recurso especial

a] Finalidade

O recurso especial, endereçado ao STJ, tem como função a da nomofilaquia, que, em seu sentido original, significa a interpretação exata, única e verdadeira da lei.[82]

Segundo a mesma fonte doutrinária,

Piero Calamandrei foi o idealizador do termo, sustentando que a sentença possuiria uma função declarativa, haja vista que o juiz deveria julgar sempre em consonância com a lei. A fidelidade do juiz à lei, portanto, seria a razão para explicar a necessidade de se instituir um órgão especial encarregado de averiguar a correta aplicação da lei.

b] Fundamento legal

O recurso especial tem assento constitucional, no art. 105, III, da Constituição Federal, com procedimento regrado pelos arts. 26 a 29 da lei 8.038/90 e no regimento interno do STJ.

É cabível quando a decisão de origem contrariar tratado ou lei federal, ou negar-lhes vigência; julgar válido ato de governo local contestado em face de lei federal ou der a lei federal interpretação divergente da que lhe haja atribuído outro tribunal.

---

81 ARANHA, Adalberto José Q. T. de Camargo. *Op. Cit.* p. 130.
82 KNIJNIK, Danilo. **O recurso especial e a revisão da questão de fato pelo Superior Tribunal de Justiça**. Rio de Janeiro: Forense, 2005. p. 99.

c] Presquestionamento

Vide comentário sobre o tema no tópico *recurso extraordinário*.

d] Tempestividade

Recurso que se interpõe em até 15 dias a contar da ciência do acórdão e é respondido em igual prazo, atentando-se para eventual interrupção do prazo caso opostos embargos de declaração.

e] Efeitos

O efeito atribuído a esse recurso na forma como disposto na legislação infraconstitucional é basicamente o devolutivo, inclusive no campo penal o que gera as críticas anotadas no tópico específico sobre o recurso extraordinário dada a incompatibilidade desse mecanismo com a presunção de inocência.

Para além dessa característica, com o NCPC estreitou-se ainda mais a técnica já existente do *julgamento por amostragem*, mecanismo pelo qual pode haver o sobrestamento de casos com teses jurídicas semelhantes para, no julgamento do caso paradigmático, estender-se os efeitos a todos os demais casos pendentes.[83]

`10.3.8.2` Recurso extraordinário

a] Pressupostos de admissibilidade

Tendente a preservar a conformidade à Constituição, o recurso extraordinário sempre exigiu a demonstração expressa da ocorrência da ofensa constitucional por meio do então denominado *prequestionamento*, que deveria ser expresso na peça recursal – a dizer, não se presumia – e apontar, de forma analítica, a divergência.

A esse mecanismo veio se somar, como fruto da EC/45 de 2004 o mecanismo da *repercussão geral*[84], critério pelo qual a significância do direito debatido transcende o interesse da causa concreta e se projeta para o meio social.[85]

---

83 Para as peculiaridades cabíveis ao processo penal, ver uma primeira abordagem de CARVALHO, Esdras dos Santos. Primeiras notas acerca do procedimento para evitar recursos repetitivos no âmbito do STJ e a questão em matéria criminal. **Boletim do Instituto de Ciências Penais**, Belo Horizonte, v. 7, n. 101, p. 5-7, fev. 2010.

84 A partir de então no § 3º ao art. 102 da Constituição de 1988 e posteriormente regulamentada pela Lei n. 11418/06.

85 Para uma visão do tema ver CARVALHO FILHO, José dos Santos. Os impactos da repercussão geral do recurso extraordinário na jurisdição constitucional brasileira. **Direito Público**, São Paulo, v. 7, n. 30, p. 212-225, nov./dez. 2009. Também, CHAVES, Charley Teixeira. Repercussão geral: a objetivização do recurso extraordinário. **De Jure**: Revista Jurídica do Ministério Público do Estado de Minas Gerais, Belo Horizonte, n. 15, p. 271-296, jul./dez. 2010.

Se do ponto de vista essa é uma explicação eloquente e elegante, do ponto de vista prática trata-se de mecanismo que vem ao socorro da sobrecarga dos STF cujo papel de guardião da constituição sucumbe a uma ampla competência de julgamento que o torna, em não poucos casos, uma instância ordinária de julgamento.[86]

A *repercussão geral* difere, também, de outro mecanismo de filtragem, a *relevância da questão federal*, nada obstante sejam, ambos, mecanismos de depuração para a admissibilidade recursal.[87]

Com efeito, já se afirmou, num marco bastante crítico desse filtro, que:

> [...] o instituto da repercussão geral das questões constitucionais ressuscita o instituto da argüição de relevância da questão federal, que vigorou na Constituição de 1969. À época, inseria-se a argüição de relevância no paradigma do Estado Social. Apesar disso, o instituto não funcionou para o objetivo que foi criado, qual seja, diminuição do trabalho do STF. Entretanto, as reformas ressuscitam o instituto, entretanto, agora, em um paradigma democrático, o que é um contrasenso. Se no paradigma adequado o instituto não atingiu seu objetivo, agora, de forma incompatível com o Estado Democrático de Direito, também não galgará seu intento.[88]

Contudo, a *repercussão* é mais ampla que a *relevância* tomada em consideração a amplitude social da discussão submetida a exame, sendo que esta última funcionava como um mecanismo de inclusão recursal enquanto a atual *repercussão* é um instrumento de exclusão.[89]

O cabimento da *repercussão geral* em matéria penal foi admitido pelo STF quando do julgamento do Agravo de Instrumento n.º 664.567 no qual aquela Corte deliberou que:

1] é de exigir-se a demonstração da repercussão geral das questões constitucionais discutidas em qualquer recurso extraordinário, incluído o criminal;

2] a verificação da existência de demonstração formal e fundamentada da repercussão geral das questões discutidas no recurso extraordinário pode

---

86 Como pontuado por vários estudos, entre eles FERNANDES, Eric Baracho Dore; FERREIRA, Siddharta Legale. Irrecorrível, mas nem tanto: a revisão de tese na repercussão geral do recurso extraordinário. **Revista da Seção Judiciária do Rio de Janeiro**, v. 21, n. 40, p. 193-202, 2014.

87 Esse aspecto faz com que autores como Tourinho os enxerguem como sinônimos. TOURINHO FILHO, Fernando da Costa. **Código de Processo Penal Comentado**. Op. Cit., p. 866.

88 ALMEIDA, Fabrício Santos. **Repercussão Geral**: uma análise crítica das suas implicações no processo penal democrático. 2009. Dissertação (Mestrado em Direito Processual). Pontifícia Universidade Católica, Belo Horizonte. 2009. Disponível em: <http://www.biblioteca.pucminas.br/teses/Direito_AlmeidaFS_1.pdf>. Acesso em: jun. 2021. p. 151.

89 A esse respeito ver MARINONI, Luiz Guilherme; MITIDIERO, Daniel. **Repercussão geral no recurso extraordinário**. 2. ed. rev. e atual. São Paulo: Editora Revista dos Tribunais, 2008. p. 31.

fazer-se tanto na origem quanto no Supremo Tribunal Federal, cabendo exclusivamente a este Tribunal, no entanto, a decisão sobre a efetiva existência da repercussão geral;

3] a exigência da demonstração formal e fundamentada no recurso extraordinário da repercussão geral das questões constitucionais discutidas só incide quando a intimação do acórdão recorrido tenha ocorrido a partir de 03 de maio de 2007 data da publicação da Emenda Regimental n.º 21, de 30 de abril de 2007.

Após a Emenda Regimental n. 21, de 2007, a jurisprudência é pacífica sobre a necessidade da demonstração formal e fundamentada da repercussão geral, inclusive em matéria penal.

No atual momento, especificamente no que toca ao processo penal, o STF já reconheceu repercussão geral para considerar constitucional as investigações pelo Ministério Público (RE 593727).

b] Efeitos

É da estrutura infraconstitucional que regulamenta os recursos constitucionais que eles possuem apenas efeitos devolutivo o que, no processo penal, foi argumento para distorcer o conceito de trânsito em julgado e afrontar a presunção de inocência (vide Capítulo 9 acerca da coisa julgada e Capítulo 2 sobre a presunção de inocência).

Para o processo penal, ausência de efeito suspensivo já foi alvo de críticas[90], sempre ligadas à presunção de inocência[91], enfatizando-se aqui, uma vez mais, a impossibilidade de existência de *efeitos antecipados* da sentença penal antes de seu efetivo trânsito em julgado.

c] Tempestividade

Trata-se de meio recursal interposto em 15 dias – sendo igual o prazo para resposta –, com a possibilidade de ocorrência de *interrupção* desse prazo na hipótese de oposição de embargos declaratórios como exposto neste Capítulo, no item 3.7.

---

90 Ver, entre outros, MARINHO, Guilherme. O efeito suspensivo dos recursos especial e extraordinário no processo penal como corolário da aplicação de pressupostos constitucionais interpretativos. In: PAULA, Marco Aurélio Borges de; MAGRINI, Rachel de Paula. **Estudos de direito público.** Campo Grande: Cepejus, 2009. p. 818-835. Também, VIEIRA, Renato Stanziola; SHIMIZU, Bruno. PL 4577/2016 (efeito suspensivo aos recursos extraordinário e especial em matéria penal): resumo da nota técnica do IBCCRIM. **Boletim IBCCRIM**, São Paulo, v. 24, n. 281, p. 02, abr. 2016.

91 DEZEM, Guilherme Madeira. Presunção de inocência: efeito suspensivo dos recursos extraordinário e especial e execução provisória. **Revista Brasileira de Ciências Criminais**, São Paulo, v. 16, n. 70, p. 269-290., jan./fev. 2008.

10.3.9 Protesto por novo júri – rejeição constitucional e revogação infraconstitucional

A reforma de 2008 suprimiu um *recurso* específico das decisões do Conselho de Sentença no Tribunal do Júri. Nada obstante o tempo decorrido da revogação, a matéria jurídica que permeou aquela discussão merece ser destacada para pontuar aspectos singulares daquele mecanismo de diminuição da soberania dos veredictos que, como sustentamos, não apenas foi revogado em 2008 como, *sobretudo, não havia sido recepcionado pela CR/88.*

Com efeito, mesmo após a revogação perdurou o debate da persistência daquele *recurso* sob o argumento de tratar-se de norma de *natureza* penal e, diante da data do *cometimento do delito*, ainda poder ser empregada pelos réus dada seu caráter mais benéfico.

A partir daquela premissa erigiu-se a discussão da *natureza* da norma, e as posições oscilaram entre ser ela possuidora de uma natureza *penal, processual*[92] ou *mista*[93] ou, com algum amorfismo, ser um mecanismo *garantidor*, incorporado aos direitos da pessoa acusada[94] e, conforme a posição adotada, a impossibilidade ou não do manejo daquele mecanismo, especificamente para os que entendem a *natureza* como *penal* ou *mista* ou, ainda, de *garantia*.

Inserido como um *recurso* no Código de Processo Penal, o protesto por novo júri teve longa história no ordenamento pátrio. Com efeito,

> O protesto por novo júri foi acolhido pela legislação brasileira, através do artigo 308 do Código do Processo Criminal, de 29 de novembro de 1832. A Lei n. 261, de 3 de dezembro de 1841, regulamentada pelo Decreto n. 120, de 31 de janeiro de 1842, a ele se refere. Tal recurso tinha cabimento quando, no primeiro julgamento, o réu fora condenado às penas mais graves, quais sejam, morte ou galés perpétuas, conforme explica Espínola Filho. Desde a época imperial que se entende não poder o recurso em foco ser repetido, de acordo com o Aviso n. 273, de 18 de outubro de 1849, conforme anotou Paula Pessoa no seu *Código do Processo Criminal*, seguido por Whitacker e Galdino Siqueira. No período republicano, a Lei n. 18, de 21 de novembro de 1891, artigo 67, n. 3, revigorou o

---

92 MENDONÇA, Andrey Borges de. O protesto por novo júri e o casal Nardoni. Um estudo sobre a aplicação da lei processual penal no tempo. **Jus Navigandi**, Teresina, ano 14, n. 2464, 31 mar. 2010. Disponível em: <http://jus2.uol.com.br/doutrina/texto.asp?id=14604>. Acesso em: 31 mar. 2010.

93 Entre outros, PEREIRA, Romulo Andrade. O fim do protesto por novo júri e a questão do direito intertemporal. **Jus Navigandi**, Teresina, ano 12, n. 1808, 13 jun. 2008. Disponível em: <http://jus2.uol.com.br/doutrina/texto.asp?id=11385>. Acesso em: 31 mar. 2010, às 16:35 horas. Também citado por Mendonça, Op. Cit.

94 GOMES, Luiz Flávio Gomes; CUNHA, Rogério Sanches; PINTO, Ronaldo Batista. **Comentários às reformas do Código de Processo Penal e da lei de trânsito**. p. 261. Também citado por MENDONÇA, Andrey Borges de. O protesto por novo júri e o casal Nardoni. Op. Cit.

entendimento de que tal recurso somente uma vez poderia ser interposto. O Regulamento Estadual n. 1.575, de 19 de fevereiro de 1908, repetiu o que dispunha a Lei Federal n. 18, já mencionada, acrescentando um parágrafo elucidativo, no sentido de que poderia presidir o segundo julgamento o juiz que presidira o primeiro. (...) A maioria dos códigos estaduais, entretanto, estabeleceu o limite mínimo de condenação à pena de 20 anos de prisão, a fim de ser admitido o recurso falado. É, o caso dos códigos de Minas Gerais, Amazonas, Pará, Piauí, Ceará, Rio Grande do Norte, Pernambuco, Espírito Santo e Rio de Janeiro.[95]

Segundo da Ponte[96],

> O Protesto por Novo Júri nasceu com a precípua função de sanar eventual erro judiciário, já que era admitido nos primórdios, apenas nos casos de condenação à morte ou galés perpétuas. Permaneceu em nossa legislação ao longo dos anos, não obstante fossem a ele endereçadas severas e fundadas críticas. Hoje, quando a sociedade clama por uma Justiça mais célere e eficiente, apresenta-se como verdadeiro entrave, possibilitando àquele que subtraiu o bem maior do homem uma nova oportunidade de ser julgado. Sua manutenção em nosso diploma legal afronta a mais comezinha noção de interesse público, e faz que o bem *vida* assuma um papel subalterno na escala de valores sociais.

Diante da soberania dos veredictos constitucionalmente estabelecida não havia espaço para mecanismos como o protesto que, não sendo exatamente um recurso, impõe um novo julgamento fundada a remessa para outro Conselho por um fato do juiz togado: a pena imposta. Com efeito, a dosimetria da pena não é atribuição do Conselho de Sentença e é justamente com este fundamento que se justificaria uma nova apreciação do *mérito* da causa, violando drasticamente o juiz natural.

Nada obstante, a visão dominante da doutrina e jurisprudência não questionava a retirada desse mecanismo do ordenamento jurídico, repetindo práticas que se ajustariam perfeitamente ao momento em que o Código foi editado e diante da *constituição* (Carta de 1937) que o legitimava, mas que, rigorosamente falando, não têm qualquer amparo perante a Constituição da República de 1988.

Com efeito, a Carta de 1937 sabidamente não contemplou o tribunal do júri em seu texto, deixando à legislação infraconstitucional a tarefa de organizá-lo, o que se deu com o Decreto-Lei 167 de 1938. Assim, não haveria de se cogitar de conflito entre esse texto e a Constituição.

---

95 TUCUNDUVA, Ruy Cardozo de Mello. Protesto por novo Júri. **Justitia**, v. 74, p. 61-65, 1971.

96 PONTE, Antônio Carlos da. A evolução do Protesto por Novo Júri no Direito Brasileiro. **Justitia**, v. 171, p. 11-17, 1995.

Mas o problema da incompatibilidade do protesto com o texto constitucional não é novo, podendo ser reconhecido entre o Código e a Constituição de 1946 que em seu artigo 141, no § 28, preconizava a soberania dos veredictos ao afirmar que

> É mantida a instituição do júri, com a organização que lhe der a lei, contanto que seja sempre ímpar o número dos seus membros e garantido o sigilo das votações, a plenitude da defesa do réu e a *soberania dos veredictos*. Será obrigatoriamente da sua competência o julgamento dos crimes dolosos contra a vida. (sem grifo no original).

Não se conhece, no entanto, qualquer referência questionadora dessa incompatibilidade que pudesse ter alimentado estudos dogmáticos ou posições pretorianas.

O mesmo problema se mantém com a Constituição de 1967[97], mas desaparece com a Emenda Constitucional nº 1 de 1969 que, em seu artigo 151 previa apenas o júri, mas sem o atributo da soberania em seu § 18: "É mantida a instituição do júri, que terá competência no julgamento dos crimes dolosos contra a vida."

Talvez em virtude dessas oscilações quanto ao atributo da soberania aos veredictos ocupou-se muito mais a jurisprudência – e a doutrina – em manifestar-se sobre questões pontuais acerca dos casos submetidos ao emprego dessa mecânica, posicionando-se sobre temas que, malgrado de alguma importância, jamais enfrentaram a compatibilidade constitucional.

Assim, por exemplo, discutia-se sobre o limite de vinte anos de pena para afirmar-se que,

> Descabe o protesto por novo júri, somente admissível quando um dos crimes ensejar pena igual ou superior a vinte anos. Aplicação da norma do concurso material de crimes, ainda que da soma resulte pena superior a vinte anos, que não dá ao réu o direito ao protesto por novo júri, consoante reiterada jurisprudência.[98]

Também como decorrência dessa ausência de flexão constitucional passava-se a criticar a existência (formal) do protesto pelo nocivo efeito colateral do rebaixamento da pena – mesmo quando merecidamente devesse ser superior aos vinte anos – para evitar-se a automática realização de novo plenário.

Mas a mecânica do protesto, fundando-se exclusivamente na dosimetria da pena imposta pelo Juiz Togado, e tendo como efeito a submissão a nova sessão plenária de avaliação de mérito ofendia a soberania dos veredictos.

---

97 Art. 150, § 18: São mantidas a instituição e a soberania do júri, que terá competência no julgamento dos crimes dolosos contra a vida.

98 SÃO PAULO. Tribunal de Justiça. **Apelação Criminal n. 140.840-3/SP**. Relator Cunha Bueno. J: 27.05.93.

Esse fundamento tornava menos importante a discussão sobre a *natureza* da norma que, apenas a título conclusivo, não se afigura outra que não a estritamente processual pela sua exata funcionalidade no ordenamento já revogado e superado pela Constituição.

Capítulo 11
Ações Autônomas de Impugnação

11.1 *Habeas Corpus*

11.1.1 Base constitucional-convencional e súmulas no STF

Na Constituição de 1988 o tema foi incorporado no art. 5º da CR: LXVIII – "conceder-se-á habeas corpus sempre que alguém sofrer ou se achar ameaçado de sofrer violência ou coação em sua liberdade de locomoção, por ilegalidade ou abuso de poder"; LXIX – conceder-se-á mandado de segurança para proteger direito líquido e certo, não amparado por habeas corpus ou habeas data, quando o responsável pela ilegalidade ou abuso de poder for autoridade pública ou agente de pessoa jurídica no exercício de atribuições do poder público; LXXVII – são gratuitas as ações de habeas corpus e habeas data, e, na forma da lei, os atos necessários ao exercício da cidadania.

No âmbito da CADH tem-se no art. 7, n. 6, que

> Toda pessoa privada da liberdade tem direito a recorrer a um juiz ou tribunal competente, a fim de que este decida, sem demora, sobre a legalidade de sua prisão ou detenção e ordene sua soltura se a prisão ou a detenção forem ilegais. Nos Estados Partes cujas leis preveem que toda pessoa que se vir ameaçada de ser privada de sua liberdade tem direito a recorrer a um juiz ou tribunal competente a fim de que este decida sobre a legalidade de tal ameaça, tal recurso não pode ser restringido nem abolido. O recurso pode ser interposto pela própria pessoa ou por outra pessoa.

No CPP está mencionado a partir do artigo 647 e, quanto à tramitação e intervenção do Ministério Público em segundo grau a matéria é disciplinada no Decreto-Lei 552, de 25 de abril de 1969.

No campo do STF o Habeas Corpus encontra-se assim sumulado:

- Súmula n. 690 – compete originariamente ao Supremo Tribunal Federal o julgamento de habeas corpus contra decisão de turma recursal de juizados especiais criminais.
- Súmula n. 691 – não compete ao Supremo Tribunal Federal conhecer de habeas corpus impetrado contra decisão do relator que, em habeas corpus requerido a tribunal superior, indefere a liminar[1].

---

1 Particularmente quanto a esta súmula, a crítica de TORON, Alberto Zacharias. A súmula 691 do Supremo Tribunal Federal e o amesquinhamento da garantia do habeas corpus. In: **NOTÁVEIS do direito penal:** livro em homenagem ao emérito Professor Doutor René Ariel Dotti. Brasília: Consulex, 2006. p. 37-47.

- Súmula n. 692 – não se conhece de habeas corpus contra omissão de relator de extradição, se fundado em fato ou direito estrangeiro cuja prova não constava dos autos, nem foi ele provocado a respeito.
- Súmula n. 693 – não cabe habeas corpus contra decisão condenatória a pena de multa, ou relativo a processo em curso por infração penal a que a pena pecuniária seja a única cominada.
- Súmula n. 694 – não cabe habeas corpus contra a imposição da pena de exclusão de militar ou de perda de patente ou de função pública.
- Súmula n. 695 – não cabe habeas corpus quando já extinta a pena privativa de liberdade.

11.1.2 Objeto

Tratar do objeto do habeas corpus confunde-se com sua própria história[2] e razão de existência: a proteção da liberdade individual, em primeiro plano e, por via dela, a preservação da integridade física[3], mecanismos que foram concebidos para ser exercidos judicialmente como forma de intervenção da autoridade investida de jurisdição na atuação de atividades de terceiros, públicos ou particulares, ou mesmo de autofiscalização da atividade judicante que interferisse diretamente na constrição da liberdade. Essa afirmação também é encontrada nos estudos comparados e históricos desse instrumento.[4]

Nessa trajetória histórica[5], é relevante destacar que sua previsão normativa se dá cerca de quatrocentos anos após a Magna Carta[6] em texto que consolida uma prática de determinação de apresentação da pessoa detida à autoridade judicial muito anterior àquele texto clássico[7] que era afixada no cabeçalho das ordens

---

2   Cuja origem seria afirmada no Direito Romano, com o *interdictum de libero homine exhibendo*. CAMARA, Edison de Arruda. O habeas corpus e o interdictum de homine libero exhibendo. **Revista de informação legislativa**, ano 23, n. 92, out./dez. 1986. p. 191-316.

3   Não por outra razão ocupando lugar de primazia dentre os instrumentos de proteção aos direitos fundamentais. A ver em CLARK, David J.; MCCOY, Gerard. **The Most Fundamental Legal Right**: Habeas Corpus in the Commonwealth. Oxford: Oxford University Press, 2000.

4   FARRELL, Brian. Habeas corpus in times of emergency: A historical and comparative view. **Pace International Law Review Online Companion**, p. vii, 2010: "The right to a judicial determination of the legality of an individual's detention, commonly known as the right to habeas corpus, is considered to be one of the most fundamental guarantees of personal liberty. By allowing an independent judge to review the basis of a person's detention and order the detainee's release if the grounds are unlawful, habeas corpus serves as a bulwark against arbitrary arrest, torture, and extrajudicial killings."

5   Entre outros ver DUKER, William F. The English Origins of the Writ of Habeas Corpus: A Peculiar Path to Fame. **New York University Law Review**, v. 53, p. 983, 1978.

6   ROBERTSON, James. Quo Vadis, Habeas Corpus. **Buffalo Law Review**, v. 55, p. 1063, 2007, quem aponta que "habeas corpus was not present at Runnymede. It is fair to say, however, that, nearly four hundred years later, habeas corpus gave effect to Magna Carta".

7   A Lei de "Habeas Corpus" – 1679 cuja denominação oficial foi "uma lei para melhor garantir a liberdade do súdito e para prevenção das pressões no ultramar" (An Act for the better securing the Liberty of the Subject, and for Prevention of Imprisonment beyond the Seas).

judiciais destinadas a carcereiros ou a quem detivesse a pessoa sob custódia[8]. Como descrito pelo autor citado, a frase ordenadora da apresentação aparecia como, por exemplo, "você tem o corpo de Wiliam. Traga-o para mim dentro de três dias, e me demonstre qual o fundamento legal que possui para detê-lo."[9]

Esse objeto, no direito brasileiro, foi alvo de muitas discussões sobre a amplitude maior ou menor do habeas corpus diante do percurso legislativo que tratou da matéria, a começar pelo Código de Processo Penal de 1832[10] como meio de impugnar a prisão ilegal, passando a ser mais amplo com a Lei 2033, de 20 de setembro de 1871 que o previu para conter a ameaça da prisão ilegal[11] e mesmo a ameaça dessa ocorrência derivando dessa previsão seu caráter preventivo.

Com a República declarada, a previsão normativa de 1871 foi incorporada pelo Governo Provisório no art. 45 Decreto 848, de 11.10.1890[12] e assim repetido pela Constituição de 1891, em seu art.72, § 22, previu que "dar-se-ha o habeas-corpus sempre que o individuo soffrer ou se achar em imminente perigo de sofrer violencia, ou coacção, por illegalidade, ou abuso de poder"[13], portanto abrangendo, em tese, mais direitos que a liberdade de locomoção.

---

8   ROBERTSON, James. Op. Cit.: "Other commentators seem to think, without having consulted their Latin dictionaries, that the words —habeas corpus mean — produce the body. The literal words do not. They mean, — you have the body. They were the introductory words of a writ, or formal document, usually under seal, addressed by a judge to a jailer or to someone having custody of a prisoner".

9   Idem. Numa tradução livre, de "You have the body of William. Bring him to me, in three days time, and show me what legal cause you have for detaining him".

10   Artigo 340: "Todo cidadão que entender que ele ou outrem sofre uma prisão ou constrangimento em sua liberdade, tem o direito de pedir uma ordem de habeas corpus em seu favor". BRASIL. **Lei de 29 de novembro de 1832.** Promulga o Código do Processo Criminal de primeira instância com disposição provisória acerca da administração da Justiça Civil. Disponível em: <http://www.planalto.gov.br/ccivil_03/leis/LIM/LIM-29-11-1832.htm>. Acesso em: 13 jan. 2022.

11   "Art. 18, (...) § 1º Tem lugar o pedido e concessão da ordem de habeas-corpus ainda quando o impetrante não tenha chegado a soffrer o constrangimento corporal, mas se veja delle ameaçado." BRASIL. **Lei n. 2033 de setembro de 1871.** Altera diferentes disposições da Legislação Judiciária. Disponível em: <http://www.planalto.gov.br/ccivil_03/leis/lim/LIM2033.htm>. Acesso em: 13 jan. 2022.

12   "Art. 45. O cidadão ou estrangeiro que entender que elle ou outrem soffre prisão ou constrangimento illegal em sua liberdade, ou se acha ameaçado de soffrer um ou outro, tem direito de solicitar uma ordem de habeas-corpus – em seu favor ou no de outrem." BRASIL. **Decreto n. 848 de 11 de outubro de 1890.** Organiza a Justiça Federal. Disponível em: <https://www2.camara.leg.br/legin/fed/decret/1824-1899/decreto-848-11-outubro-1890-499488-publicacaooriginal-1-pe.html>. Acesso em: 13 jan. 2022.

13   BRASIL. **Constituição de 1891.** Constituição da República dos Estados Unidos do Brasil, decretada e promulgada pelo Congresso Nacional Constituinte, em 24/02/1891. Disponível em: <http://www2.camara.leg.br/legin/fed/consti/1824-1899/constituicao-35081-24-fevereiro-1891-532699-publicacaooriginal-15017-pl.html>. Acesso em: 13 jan. 2022.

Mas essa abrangência acabaria por ser restringida pela Emenda Constitucional de 1926, que limitou o seu cabimento à proteção da liberdade de locomoção[14] e assim repetida nos textos constitucionais subsequentes.

A questão que se coloca contemporaneamente para o processo penal é a do emprego desse instrumento:

a] Como sucedâneo das vias impugnativas ordinárias, hipótese em que é empregado pela ausência de recurso previsto em lei ou porque, em existindo esse mecanismo, não cumpre sua função constitucional-convencional (vide Capítulo 10 nesta Obra) porque sua prestação jurisdicional é tardia, significando, assim, a própria denegação substancial do direito ao exercício recursal;

b] Como mecanismo pelo qual, incidentalmente, se declara a constitucionalidade de uma determinada norma. E, pelos desdobramentos na recente história do processo penal brasileiro o STF, a partir de determinado caso, passou a estender os efeitos subjetivos da coisa julgada em HC a terceiros, alcançando abrangência *erga omnes*.

O tema contido na alínea *a*, supra, já foi objeto de considerações no Capítulo 10 ao ser tratada a insuficiência do modelo recursal. Acresça-se, aqui, a consolidada compreensão no campo dos precedentes que aponta a impossibilidade do emprego do habeas corpus para substituir o recurso cabível quando expressamente previsto, nada obstante a demora no julgamento daquele recurso se traduza em prejuízo claro à liberdade[15], bem como a preocupação com este aspecto por abalizada doutrina.[16]

Quanto ao segundo aspecto, o *habeas corpus como instrumento de controle de constitucionalidade*, cujo emprego acarreta a consideração de determinada norma como incompatível com a CR, o seu emprego ganhou dimensão após julgamento do HC 82.959-7, o famoso caso que considerou inconstitucional a

---

14 "Dar-se-ha o habeas-corpus sempre que alguém soffrer ou se achar em imminente perigo de soffrer violencia por meio de prisão ou constrangimento illegal em sua liberdade de locomoção." BRASIL. **Emenda Constitucional de 3 de setembro de 1926**. Emendas à Constituição Federal de 1926. Disponível em: <http://www.planalto.gov.br/ccivil_03/constituicao/emendas/emc_anterior1988/emc%20de%203.9.26.htm>. Acesso em: 13 jan. 2022.

15 Apenas no âmbito do STJ, dentre outros, os seguintes precedentes: BRASIL. Superior Tribunal de Justiça. **Agravo Regimental no Habeas Corpus n. 322954/SP**. Sexta Turma. Relatora Ministra Maria Thereza de Assis Moura. Julgado em 19/05/2015. Publicação: DJe 27/05/2015. Disponível em: <https://scon.stj.jus.br/SCON/pesquisar.jsp>. Acesso em: 13 jan. 2022; BRASIL. Superior Tribunal de Justiça. **Habeas Corpus n. 132.422/SP**. Sexta Turma. Relator Ministro Rogerio Schietti Cruz. Julgado em: 18/06/2014. DJe 04/08/2014. Disponível em: <https://scon.stj.jus.br/SCON/pesquisar. jsp>. Acesso em: 13 jan. 2022; BRASIL. Superior Tribunal de Justiça. **Habeas Corpus n. 311.257/AL**. Quinta Turma. Relator Ministro Felix Fischer. Julgado em: 24/03/2015. DJe 15/04/2015. Disponível em: <https://scon.stj.jus.br/SCON/pesquisar.jsp>. Acesso em: 13 jan. 2022.

16 COUTINHO, Jacinto Nelson de Miranda. **O HC no sistema processual penal brasileiro hoje (o problema da substituição recursal)**, 2011. Disponível em: <http://www.iabnacional.org.br/IMG/pdf/doc-8934.pdf>. IAB – Instituto dos Advogados Brasileiros. Acesso em: 17 jun. 2013.

forma como a progressão de regime no caso dos crimes hediondos havia sido disciplinada na Lei 8.072/90.[17]

Além da discutível possibilidade de entrar-se, pela habeas corpus, na seara da discussão da pertinência constitucional de determinada norma, o caso concreto acima mencionado foi gerador de sucessivas distorções posto que referido a caso concreto, acabou por gerar efeitos *erga omnes* que foram festejados como progressistas.

Naquele contexto, a Corte Suprema esboçou considerar uma *nova era* do controle de constitucionalidade[18], não sem sofrer críticas severas da doutrina[19], que apoiado em prestigioso acadêmico, afirmava

> [...] uma coisa é admitirem-se alterações do âmbito ou esfera da norma que ainda se podem considerar susceptíveis de serem abrangidas pelo programa normativo (Normprogramm), e outra coisa é legitimarem-se alterações constitucionais que se traduzem na existência de uma realidade constitucional inconstitucional, ou seja, alterações manifestamente incomportáveis pelo programa da norma constitucional.[20]

Sendo possível e necessário discutir os reais limites de atuação do habeas corpus deve-se afirmar textualmente que jamais foi cogitado no itinerário histórico de empregá-lo com *resultado de agravamento da situação fático-jurídico de quem o impetra.*

Malgrado óbvia, essa observação tornou-se particularmente relevante diante da história recente do STF.

Com efeito, o julgamento do HC 126.292, em 17/02/2016, pelo STF, causou impacto de raras dimensões no cenário jurídico nacional pela dimensão dos temas envolvidos: a presunção de inocência (tratada nesta Obra, no Capítulo 2; o duplo grau de jurisdição, tratado no Capítulo 10 e o conceito de trânsito em julgado, tratado no Capítulo 09, todos desta Obra).

---

17 Ver, entre outros, KALIL, José Arthur di Spirito. Inconstitucionalidade do 1º do art. 2º da Lei 8.072/90 reconhecida pelo Supremo Tribunal Federal (HC 82.959/SP): um debate sobre os efeitos da declaração incidental. **Revista do ICP – Instituto de Ciências Penais**, Belo Horizonte, v. 2, p. 91-113, 2007.

18 MENDES, Gilmar Ferreira. O papel do Senado Federal no controle de constitucionalidade: um caso clássico de mutação constitucional. **Revista de informação legislativa**, v. 162, p. 149-168, 2004.

19 STRECK, Lenio Luiz; OLIVEIRA, Marcelo Andrade Cattoni de; LIMA, Martonio Mont – Alverne Barreto. A nova perspectiva do Supremo Tribunal Federal sobre o controle difuso: mutação constitucional e limites da legitimidade da jurisdição constitucional. **Jus Navigandi**, Teresina, ano 11, nº 1.498, 8 ago. 2007. Disponível em: <http://jus2.uol.com.br/doutrina/texto.asp?id=10253>. Acesso em: 18 fev. 2014.

20 NERY JÚNIOR, Nelson. O senado federal e o controle concreto de constitucionalidade de leis e de atos normativos: separação de poderes, poder legislativo e interpretação da CF 52 X. **Revista de informação legislativa**, v. 47, n. 187, p. 193-200, jul./set. 2010 | Constituição de 1988: o Brasil 20 anos depois, v.3.

Mas, para além desses aspectos, há outro que merece igual atenção: o emprego, no caso concreto, do habeas corpus como mecanismo para minar o direito fundamental da liberdade, em contradição direta à própria justificação de sua existência.

É importante fixar o itinerário processual em que essa desconstrução se deu. Com efeito, trata-se de acusação penal pela prática de crime de roubo qualificado imputada a dois acusados quem, inicialmente presos, tiveram a liberdade provisória concedida e aguardaram o julgamento de mérito em liberdade.

Um deles foi condenado à pena padrão de cinco anos e quatro meses; o outro a uma reprimenda maior, de 06 anos e 08 meses. O sentenciado à pena padrão, por ser primário, pode apelar em liberdade; o outro teve sua prisão cautelar determinada e ambos recorreram. O Ministério Público *não recorreu*, pelo que o máximo da pena para ambos já estava determinada.

O TJSP julgou a apelação pouco mais de um ano após o encaminhamento dos autos àquela Corte quando, na apreciação da apelação, as condenações foram mantidas e mesmo o réu primário teve sua prisão decretada. É inegável que esse sentenciado teve sua situação processual piorada com o recurso por ele manejado.

E, como não havia qualquer alteração fática que lhe fosse desfavorável a ponto de justificar, ali, sua prisão cautelar, essa determinação configurou-se ilegal. Ademais, pelo tempo decorrido do recurso estaria em vias de obter progressão de regime caso se desejasse entender a aplicação da LEP numa interpretação *in bonam partem*.

Contra a determinação daquela prisão foi impetrado habeas corpus junto ao STJ, com parecer *favorável do MPF* à concessão, mas a liminar pretendida foi negada, o que levou à impetração do caso junto ao STF (aqui, o HC 126.292), tendo a *liminar sido deferida* pelo então Min. Teori Zavascki reconhecendo a ilegalidade da prisão determinada pelo TJSP.

Submetido ao pleno do STF para análise da liminar concedida naquela Corte, o resultado final foi não apenas o do retrocesso processual no caso concreto, em verdadeiro emprego de um habeas corpus com resultado *in malam partem* como no retrocesso geral de compreensão da matéria.

11.1.3 Aspectos gerais

11.1.3.1 HC no plano do direito de ação

Conceito: O *Habeas Corpus* configura ação constitucional objetivando a liberdade de locomoção, de cognição sumária.

Diversamente do quanto muitas vezes afirmado, o Habeas Corpus não é uma *ação penal*, nada obstante regulado no CPP, vez que essa constrição pode-se dar em área não penal, como a civil (prisão civil por alimentos) ou mesmo fora do âmbito judicial (privação da liberdade por ato de particular).[21]

Sua cognição é sumária, impossibilitando a dilação probatória e devendo ser impetrado com prova pré-constituída, com o que inúmeras situações deixam de ser apreciadas por essa via como, por exemplo, a existência de justa causa, a análise probatória ou dosimetria da pena.[22]

Nada obstante a afirmação reiterada de que se trata de um *direito de ação*, há restrições teóricas sérias a essa compreensão, as quais cabem, igualmente, à forma como se compreende o mandado de segurança. Por isso, quanto a este tema, o desenvolvimento se dá no item 2 deste Capítulo quando é analisado aquele mecanismo jurídico.

11.1.3.2 Espécies de HC

Basicamente o HC incide para *prevenir* uma ameaça de lesão à liberdade de locomoção ou para *reparar a lesão já em curso*. No primeiro caso será tido como habeas corpus preventivo, gerando o denominado *salvo conduto*; no segundo, como reparatório.[23]

Também pode ser classificado como *individual* ou *coletivo* de acordo com a extensão de pessoas que têm sua liberdade ameaçada ou já constrita. No primeiro caso, de caráter isolado e, no segundo, no âmbito de uma coletividade. Nesta hipótese tem-se um processo coletivo para salvaguarda de direitos individuais.[24]

Exemplo prático dessa situação é o caso julgado no STJ que acolheu habeas corpus coletivo impetrado pela Defensoria Pública de São Paulo tendo como objeto portaria editada pelo Juízo da Vara de Infância e Juventude

---

21 Como sustentado, entre outros precedentes, em: Habeas Corpus. Internação involuntária em clínica psiquiátrica. Ato de particular. Ausência de provas e/ ou indícios de perturbação mental. Constrangimento ilegal delineado. Binômio poder-dever familiar. Dever de cuidado e proteção. Limites. Extinção do poder familiar. Filha maior e civilmente capaz. Direitos de personalidade afetados. – É incabível a internação forçada de pessoa maior e capaz sem que haja justificativa proporcional e razoável para a constrição da paciente. – Ainda que se reconheça o legítimo dever de cuidado e proteção dos pais em relação aos filhos, a internação compulsória de filha maior e capaz, em clínica para tratamento psiquiátrico, sem que haja efetivamente diagnóstico nesse sentido, configura constrangimento ilegal. Ordem concedida. BRASIL. Superior Tribunal de Justiça. **Habeas Corpus n. 35.301/RJ 2004/0063013-3**. Terceira Turma. Relatora Ministra Nancy Andrighi. Data de Julgamento: 03/08/2004. Data de Publicação: DJ 13.09.2004. p. 231 RBDF vol. 28 p. 113 RDR vol. 34 p. 360 RMP vol. 25 p. 407 RSDPPP vol. 29 p. 89 RSTJ vol. 189 p. 282. Disponível em: <https://scon.stj.jus.br/SCON/pesquisar.jsp>. Acesso em: 13 jan. 2022. Afirmando o não cabimento de HC contra ato de particular, HAMILTON, Sérgio Demoro. O *habeas corpus* contra ato de particular. **Revista da EMERJ**, Rio de Janeiro, v. 8, n. 32, p. 99-109, 2005.

22 A esse respeito a visão crítica de MOREIRA, Rômulo de Andrade. É possível o habeas corpus para discutir a dosimetria da pena? **Revista jurídica: Sage/Síntese**, São Paulo, v. 64, n. 460, p. 75-78., fev. 2016.

23 Também nominado como liberatório.

24 A respeito ZAVASCKI, Teori Albino. **Processo coletivo**: tutela dos direitos coletivos e tutela coletiva de direitos. 6 ed. São Paulo: Editora Revista dos Tribunais, 2014.

A Portaria 01/2011, que criaria um 'toque de recolher', correspondente à determinação de recolhimento, nas ruas, de crianças e adolescentes desacompanhados dos pais ou responsáveis: a) após as 23 horas, b) em locais próximos a prostíbulos e pontos de vendas de drogas e c) na companhia de adultos que estejam consumindo bebidas alcoólicas. A mencionada portaria também determina o recolhimento dos menores que, mesmo acompanhados de seus pais ou responsáveis, sejam flagrados consumindo álcool ou estejam na presença de adultos que estejam usando entorpecentes.[25]

A ordem foi, afinal, concedida.

`11.1.3.3` Legitimação

Na locução do artigo 654 do Código de Processo Penal: "O habeas corpus poderá ser impetrado por qualquer pessoa, em seu favor ou de outrem, bem como pelo Ministério Público".

A questão que se coloca aqui é a da impossibilidade da intervenção de terceiros no HC, mesmo quando impetrado pelo MP, a concluir-se, então, que o assistente da acusação não tem qualquer legitimação para intervir no andamento da impetração.

Com efeito, é clássica a afirmação que no HC participam, apenas, o impetrante/paciente, o impetrado e o Ministério Público, como afirmado pela doutrina de longa data[26]. E, por ela, não tem cabimento a intervenção do assistente seja para coadjuvar o MP e, menos ainda, como "assistente litisconsorcial da autoridade apontada como coatora."[27]

`11.1.3.4` Definição da responsabilidade pela coação

A definição da pessoa responsável é de grande importância para a fixação do foro competente para conhecer da impetração.

---

25 BRASIL. Superior Tribunal de Justiça. **Habeas Corpus Coletivo n. 207720-SP** (2011/0119686-3). Segunda Turma. Relator Ministro Herman Benjamin. Impetrante: Defensoria Pública do Estado de São Paulo. Impetrado: Tribunal de Justiça do Estado de São Paulo. Data do julgamento: 01/12/2011. Data da Publicação: DJe de 23/02/2012. Disponível em: <https://scon.stj.jus.br/SCON/jurisprudencia/toc.jsp?i=1&b=ACOR&livre=((%27HC%27.clap.+e+@num=%27207720%27)+ou+(%27HC%27+adj+%27207720%27.suce.))&thesaurus=JURIDICO&fr=veja>. Acesso em: 13 jan. 2022.

26 PONTES DE MIRANDA, Francisco. **História e Prática do Habeas Corpus.** 7. ed. São Paulo: Borsoi, 1972. Tomo II, p. 23-24, § 105.

27 Ver a respeito o precedente no BRASIL. Supremo Tribunal Federal. **Habeas Corpus n. 84022/CE.** Segunda Turma. Relator Min. Carlos Velloso. Data de Julgamento: 03/08/2004. Data de Publicação: DJ 20-08-2004, PP-00053; EMENT, VOL-02160-02, PP-00237; RJADCOAS, v. 61, 2005, p. 543-544; RTJ, VOL-00191-01, PP-00252. Disponível em: <https://jurisprudencia.stf.jus.br/pages/search/sjur95611/false>. Acesso em: 13 jan. 2022.

No caso da competência constitucional, a do STF está prevista no artigo 102, I, *d* e *i* e a do STJ no artigo 105, I, *c*. Por seu turno, o artigo 108, I, *d*, cuida da competência dos Tribunais Regionais Federais, entre elas os atos praticados por juízes ou órgãos de execução do Ministério Público que abarque a unidade da federação perante a qual estejam atuando.

A competência dos Tribunais de Justiça dos Estados é, como sempre, residual, e abrange aqueles praticados por juízes ou órgãos de execução do Ministério Público e atos da Turma de Recursos prevista na Lei 9.099/95.

Por fim, quando o ato tiver sido praticado por Delegado de Polícia, a competência será do juiz da comarca, caso se trate de autoridade policial estadual. Se a autoridade policial for federal o endereçamento é para o órgão jurisdicional federal ao qual estiver submetido seu trabalho policial.

`11.1.3.5` Situações geradoras da impetração

Na locução do art. Art. 648 do CPP, a coação considerar-se-á ilegal *quando não houver justa causa* (vide Capítulo 5 para o tema da justa causa), quando alguém estiver *preso por mais tempo do que determina a lei ou não for alguém admitido* a prestar *fiança*, nos casos em que a lei a autoriza (vide capítulos 6 e 12 para o tema dos procedimentos e medidas cautelares, respectivamente), quando *quem ordenar a coação não tiver competência* para fazê-lo (vide Capítulo 3 para o tema da jurisdição e competência), quando houver cessado o motivo que autorizou a coação; quando o processo for manifestamente nulo (*vide* capítulo 13 nesta Obra) ou quando extinta a punibilidade.[28]

`11.1.3.6` Liminar em *Habeas Corpus*: a dinâmica construtiva dos direitos fundamentais

Já corriam os tempos da tomada do poder pelas Forças Armadas em 31 de março de 1964 quando o Superior Tribunal Militar (STM) concedeu, em 31 de agosto de 1964, a *primeira liminar* em habeas corpus por despacho do então Ministro Almirante José Espíndola, no HC nº 27.200.

No cenário provável de persecução aos crimes cometidos contra o Estado, a instauração de Inquéritos Policiais Militares tornou-se prática rotineira, e um deles, datado de 4 de junho de 1964[29], "tinha como objeto atos contrários à probidade administrativa praticados na Caixa Econômica Federal, no estado

---

28 Esta última hipótese, extinção da punibilidade, é tratada no CP, no artigo 107.
29 À época o tema era tratado pelas Leis n.º 3.164/57 (Lei Pitombo-Godói) e nº 3.502/58 (Lei Bilac Pinto).

do Paraná, indiciando Evandro Moniz Corrêa de Menezes, presidente do órgão entre 1956 e 1958 e convocando-o para depoimento."[30]

Impetrado por Arnoldo Wald, o pedido liminar tinha como objeto a paralização da atividade investigativa, então prevista no artigo 8º do Ato Institucional 1, de 9 de abril 1964[31] sob o fundamento de incompetência da Justiça Militar posto que se tratava de investigação civil diante de seu tema e das pessoas alegadamente envolvidas.

Animado pela concessão daquela liminar, o STF viria a conceder outra, em data próxima, em favor do então Governador de Goiás Mauro Borges, nos autos do HC 41.296.[32]

Conforme relato em repositório oficial[33], aquele HC foi impetrado por Sobral Pinto na modalidade preventiva tendo em vista a ameaça de impeachment e prisão do então governante como incurso na Lei de Segurança Nacional, pela prática de crimes contra o Estado e a ordem política e social.

O IPM, dirigido pelo General Riograndino Kruel conteria prova forjada de

> Atos subversivos praticados pelo Governador, no exercício do cargo, e pedem habeas corpus preventivo para o fim de ser o paciente processado e julgado somente após pronunciamento da Assembleia Legislativa, uma vez que tem direito a foro especial, consoante a Constituição estadual, e não submetido à Justiça Militar, incompetente para o processo.

A liminar foi, então, pioneiramente concedida para que fosse "sustada qualquer providência por parte da Justiça Militar, até ser julgado o habeas corpus pelo STF."[34]

Esses dois casos, que seriam paradigmáticos na defesa das liberdades durante o período militar são manifestações legítimas do uso do habeas corpus e, mesmo diante da omissão legislativa sobre a dinâmica desse instrumento, foi obra de seus intérpretes entenderem a necessidade da implantação desse mecanismo emergencial.

---

30 Conforme texto LEGADO ao Judiciário: primeira liminar em habeas corpus no Brasil foi dada pelo Superior Tribunal Militar. Disponível em: <http://www.stm.jus.br/informacao/agencia--de-noticias/item/5596-legado-ao-judiciario-primeira-liminar-em-habeas-corpus-no-brasil-foi--dada-no-superior-tribunal-militar>. Acesso em: 15 jul. 2016.

31 Art. 8º – Os inquéritos e processos visando à apuração da responsabilidade pela prática de crime contra o Estado ou seu patrimônio e a ordem política e social ou de atos de guerra revolucionária poderão ser instaurados individual ou coletivamente.

32 Sobre o tema ver BIGLIAZZI, Renato. **O caso Mauro Borges**: Direito, Política e Constituição entre os dois primeiros atos institucionais. 2015. 143 f. Tese (Doutorado em Direito). Universidade de Brasília, Brasília, 2015.

33 REVISTA Trimestral de Jurisprudência – RTJ, v. 33, n. 2, p. 590-616.

34 A íntegra do HC julgado está disponível em: HABEAS CORPUS n. 41.296/DF. Relator Ministro Gonçalves de Oliveira. Julgamento de 23 nov. 1964. **Revista de Informação Legislativa**, Brasília, p. 127-156, dez./1964 Disponível em: <https://www2.senado.leg.br/bdsf/bitstream/handle/id/224174/000434541.pdf?sequence=1>. Acesso em: 13 jan. 2022.

11.1.3.7 Sentença e seus efeitos

A sentença tem efeito entre as partes individuais ou coletivas de acordo com a extensão da violação à liberdade de locomoção. Em regra, é assim delimitado o limite *subjetivo* da coisa julgada.

Contudo, o efeito *extensivo* é reconhecível para o habeas corpus com o mesmo fundamento que o é para o julgamento dos recursos na forma discutida no Capítulo 10 desta Obra.

11.1.3.8 Impugnação

Quando da denegação da ordem em primeiro grau o recurso cabível é o recurso em sentido estrito nos termos do artigo 581, X, do Código de Processo Penal.

Nada obstante, como é discutido no Capítulo 10 desta Obra, o sistema recursal muitas vezes é substancialmente denegador de justiça e, por isso, em situações como a aqui mencionada é preferível a impetração de outro HC contra a denegação do primeiro, desta vez para o Tribunal diante da procedência da constrição.

Essa denegação substancial de justiça, como já afirmado, gera a discussão da impossibilidade de utilização do HC como sucedâneo do recurso expressamente previsto.

11.2 Do Mandado de Segurança

11.2.1 O reconhecimento histórico do mandado de segurança na área penal

É conhecida a vinculação histórica do mandado de segurança com a Constituição republicana de 1934, tendo ficado ao encargo de João Mangabeira a redação, no curso dos trabalhos do anteprojeto daquele texto constitucional, do que seria finalmente consagrado sobre o tema[35] nos termos do art. 113 n.33[36] gerando, assim, a regulamentação por via da Lei nº 191, de 15-01-36.

---

35 "Toda pessoa que tiver um direito incontestável ameaçado ou violado por ato manifestamente ilegal do Poder Executivo, poderá requerer ao Poder Judiciário que a ampare com um mandado de segurança. O Juiz, recebendo o pedido, resolverá, dentro de 72 horas, depois de ouvida a autoridade coatora. E se considerar o pedido legal, expedirá o mandado ou proibindo esta de praticar o ato ou ordenando-lhe de restabelecer integralmente a situação anterior, até que a respeito resolva definitivamente o Poder Judiciário".

36 "Dar-se-á mandado de segurança para a defesa de direito certo e incontestável, ameaçado ou violado por ato manifestamente inconstitucional ou ilegal de qualquer autoridade. O processo será o mesmo do habeas corpus, devendo ser sempre ouvida a pessoa de direito público interessada. O mandado não prejudica as ações petitórias competentes".

Os influxos do Estado-Novo trouxeram a ruptura com o Estado de Direito e, desta forma, a Carta de 1937 retirou o mecanismo daquilo que contemporaneamente seria denominado de "garantia constitucional". Embora mantido pela edição da Lei nº 06, de 16-11-1937, inicialmente foi retringido seu cabimento contra atos emanados de autoridades do Poder Executivo[37], restrição esta posteriormente ampliada pelo Decreto-Lei nº 96, de 22 de dezembro de 1937[38] e sua disciplina normativa foi novamente alterada com a entrada em vigor do Código de Processo Civil de 1939 que o disciplinou como um procedimento especial.[39]

Com a retomada democrática no final do primeiro governo varguista, a Constituição de 1946 tratou de restaurar o status do mandado de segurança, sendo posteriormente regulamentado por via da Lei 1.533, de 31 de dezembro de 1951 e suas sucessivas alterações.

Para fins do presente tópico chama particular atenção que o mandado de segurança foi concebido como mecanismo de status constitucional, regulamentado a partir de 1939 com viés marcantemente processual civil, inclusive na legislação posterior ao Código de Processo Civil unificado.

Assim, seu tratamento legal foi tido (e ainda o é) por parte significativa da doutrina brasileira como de matiz estritamente civilista[40], descurando, assim, de que se trata de instrumento de intervenção para resguardar direito líquido e certo e com fundo constitucional, pouco importando se tal direito ofendido se dá no plano civil, penal ou qualquer outro.

Neste ponto, malgrado ter tido sua regulamentação próxima ao processo civil, este não empresta sua natureza àquele, assim como não se pode extrair natureza *penal* no habeas corpus por ter parte de sua regulamentação no Código de Processo Penal.

E, quando se fala em mecanismo interventivo, igualmente provoca-se, na esteira do que já fizera prestigiosa e, nada obstante, isolada fonte doutrinária[41], não ser o mandado de segurança manifestação do direito de ação, posição essa

---

37 Art. 16: "Continua em vigor o remédio do mandado de segurança, nos termos da Lei n. 191, de 16 de janeiro de 1936, exceto, a partir de 10 de novembro de 1937, quanto aos atos do Presidente da República e dos ministros de Estado, Governadores e Interventores".

38 Consoante disposto no art. 21 daquele diploma legal.

39 Arts. 319 a 331.

40 Neste sentido, entre tantos, veja-se: "mandado de segurança é a ação civil de rito sumaríssimo pela qual a pessoa pode provocar o controle jurisdicional quando sofrer lesão ou ameaça de lesão a direito líquido e certo, não amparado por *Habeas Corpus* nem *Habeas Data*, em decorrência de ato de autoridade, praticado com ilegalidade ou abuso de poder." DI PIETRO, Maria Sylvia Zanella. **Direito Administrativo**. São Paulo: Atlas, 1999. p. 612; Ainda: "Trata-se de uma ação constitucional civil, cujo objeto é a proteção de direito líquido e certo, lesado ou ameaçado de lesão, por ato ou omissão de autoridade Pública ou agente de pessoa jurídica no exercício de atribuições do Poder Público." MORAES, Alexandre de. **Direito Constitucional**. São Paulo: Atlas, 2002. p. 164.

41 MESQUITA, José Ignácio Botelho de. O mandado de Segurança: contribuição para o seu estudo. **Revista dos Tribunais**, São Paulo, v. 93, n. 825, p. 75-89, jul. 2004.

que, se compreendida na sua integralidade, tornaria vazia a discussão sobre o cabimento do instrumento contra ato judicial, tema que atormenta doutrina e jurisprudência há décadas[42], pois serena seria sua admissão.

Também por esse viés se afasta a compreensão de ser o mandado de segurança (assim como o habeas corpus ou mesmo a revisão criminal) um *recurso*, cuja natureza, pressupostos e condições de exercício são totalmente distintos.

`11.2.2` Aspectos gerais da Lei 12.016/2009 que incidem na área penal

A legislação reformada não parece ter trazido pontos singularmente distintos do regramento anterior quando aplicada ao mandado de segurança na seara penal. Temas como condições de ação, legitimidade, hipóteses de cabimento e confronto com o habeas corpus mantiveram-se sem profundas alterações e os tópicos que geraram críticas como, *v.g.*, a exigência de caução[43], não tem, por manifesto, incidência na esfera penal.

`11.2.2.1` Impugnações judiciais e administrativas na área penal e o esgotamento das vias recursais

Superada a discussão acerca do cabimento do *mandamus* na esfera penal contra ato judicial, o que parece vir mais claro no presente texto de lei que o admite quando o recurso cabível não comportar efeito suspensivo, também se projeta a possibilidade de impetração da ordem contra ato administrativo de efeitos na esfera penal desde que não incida contra o ato recurso administrativo com idêntico efeito suspensivo[44] como se dá, com alguma frequência, no tema da exclusão de dados pessoais nos registros oficiais quando sobrevier sentença absolutória transitada em julgado.[45]

---

42 Por todos, veja-se GRINOVER, Ada Pellegrini. Mandado de Segurança contra ato jurisdictional penal. **Revista do Tribunal Regional Federal 1ª Região**, Brasília, v. 7, n. 2, abr.-jun. 1995.

43 *Vide* posição institucional oficial do Conselho Nacional da OAB, expressa por seu e. Presidente, Cezar Brito, rechaçada por operadores do direito como, *v.g.*, se observa em LIMA, Márcio Kammer de. A exigência de caução na tutela liminar no regime da nova Lei de Mandado de Segurança (Lei nº 12.016/09). Avanço, não retrocesso! **Jus Navigandi**, Teresina, ano 13, n. 2266, 14 set. 2009. Disponível em: <http://jus2.uol.com.br/doutrina/texto.asp?id=13498>. Acesso em: 21 dez. 2009.

44 No teor da literalidade do texto legal: Art. 5o Não se concederá mandado de segurança quando se tratar: I – de ato do qual caiba recurso administrativo com efeito suspensivo, independentemente de caução; II – de decisão judicial da qual caiba recurso com efeito suspensivo.

45 Cf. *v.g.*, BRASIL. Superior Tribunal de Justiça. **Recurso em Mandado de Segurança nº 28.838/SP**. Segunda Turma. Relator Ministro Humberto Martins. J. em 01/10/2009. Publicação DJe 04/11/2009. Disponível em: <https://scon.stj.jus.br/SCON/jurisprudencia/toc.jsp?i=1&b=ACOR&livre=((%27ROMS%27.clas.+e+@num=%2728838%27)+ou+(%27RMS%27+adj+%2728838%27.suce.))&thesaurus=JURIDICO&fr=veja>. Acesso em: 13 jan. 2022.

Mas, da redação renovada ainda se extrai como pauta de discussão o alcance do esgotamento das vias recursais judiciais ou administrativas e o próprio conteúdo do que se deve entender por *vias recursais* para fins de limitar a impetração do mandado de segurança.

O alcance do cabimento do mandado de segurança e seu relacionamento com a adequação recursal e esgotamento de outras vias de impugnação alcançou patamar diferenciado quando, em 06 de agosto de 2009, a Corte Interamericana de Direitos Humanos divulgou a sentença do caso *Escher e outros v. Brasil*, na qual condena o Brasil pelo uso de interceptações telefônicas ilegais em 1999 contra associações de trabalhadores rurais ligadas ao Movimento dos Trabalhadores Rurais Sem Terra (MST) no Paraná, sendo que a denúncia à OEA foi feita em dezembro de 2000 pelo MST, pela Justiça Global, pela Comissão Pastoral da Terra (CPT), pela Terra de Direitos e pela Rede Nacional de Advogados Populares (RENAP).

De particular interesse a afirmação do Estado Brasileiro em sua defesa que

> O mandado de segurança não era o recurso adequado para o fim pretendido pelas supostas vítimas. Com base no artigo 5º, inciso LXIX, da Constituição Federal de 1988 (doravante "a Constituição brasileira" ou "a Constituição"), "[o] âmbito de incidência do mandado de segurança é [...] definido residualmente: somente sera cabível quando o direito líquido e certo a ser protegido não for amparado por *habeas corpus* ou *habeas data*".

Agregou que "como o mandado de segurança não contempla a possibilidade de produção de provas [...], não se mostrava instrumento jurídico adequado para a consecução do pedido de destruição das fitas."

Aduziu que os tribunais brasileiros entendem que o *habeas corpus* é o recurso idôneo para solicitar a declaratória de nulidade das provas obtidas através da suposta violação do direito à intimidade. Outrossim, considerando que a comprovação e a declaração da ilegalidade das gravações não poderiam ser feitas por meio do mandado de segurança, essa ação tampouco seria o recurso adequado para determinar a destruição das fitas gravadas.[46]

Continuou a defesa brasileira afirmando que:

> [...] que a decisão que julgou extinto o mandado de segurança foi emitida em conformidade com a jurisprudência dos tribunais superiores do Brasil. Aludiu que, apesar da inadequação desse instrumento, se as supostas vítimas o elegeram para solicitar a interrupção das alegadas violações, deveriam ter esgotado

---

46 A íntegra da decisão pode ser https://www.corteidh.or.cr/docs/casos/articulos/seriec_200_por.pdf encontrada em: CORTE INTERAMERICANA DE DIREITOS HUMANOS. **Caso Escher e outros vs. Brasil**. Sentença de 06 jul. 2009. Disponível em: <https://www.corteidh.or.cr/docs/casos/articulos/seriec_200_por.pdf>. Acesso em: 10 jun. 2021.

todos os recursos possíveis em sede de essa ação, o que implicaria a interposição de um recurso ordinário constitucional. Este permitiria a revisão do acórdão pelo Superior Tribunal de Justiça e a análise do pedido de destruição das fitas gravadas. A critério do Estado, a Comissão equivocou-se ao não ponderar que os peticionários ainda tinham à sua disposição o recurso em comento; que não utilizaram os meios apropriados e disponíveis para a proteção de seus direitos no âmbito interno, e que a denegação de um recurso inicialmente inadequado não pode configurar o esgotamento dos recursos internos. Outrossim, os peticionários também poderiam ter recorrido às vias ordinárias, mediante uma ação ordinária de conhecimento, para solicitar a declaração da ilegalidade da prova e a destruição das fitas.[47]

A Corte refutou, com base em parecer da então experta – hoje Ministra do STJ – Maria Thereza Rocha de Assis Moura, ambas afirmações, decidindo que:

No que tange ao recurso idôneo para cessar as alegadas violações dos direitos humanos das supostas vítimas, o Tribunal entende, conforme explicou a perita proposta pelo Estado 22, que o *habeas corpus* é uma ação cuja aplicação "restringe-se aos casos de ofensa ou ameaça à liberdade de locomoção [...] por ilegalidade ou abuso de poder". Por sua vez, o mandado de segurança "é instrumento para a tutela de direito líquido e certo, violado ou ameaçado por atos ilegais ou abusivos de agentes públicos [...]", que se caracteriza pela proteção de direitos distintos da liberdade de locomoção e, portanto, "não amparado[s] pelo *habeas corpus*".

De acordo com o parecer da experta mencionada,

É possível a impetração de mandado de segurança em casos de pedido de [...] interceptação telefônica quando não atinja diretamente o direito de locomoção da pessoa [objeto dessa medida]. A Corte observa que, durante o transcurso da interceptação telefônica ou posteriormente, as pessoas cujas conversas foram interceptadas e gravadas gozavam sua liberdade de locomoção e que esse direito tampouco se encontrava ameaçado diretamente por uma medida coercitiva de sua liberdade pessoal. Desse modo, tomando em conta que o direito de locomoção não estava sendo considerado diretamente no presente caso, não era o *habeas corpus*, mas sim o mandado de segurança, o recurso adequado para o fim de atender a pretensão das supostas vítimas.[48]

---

47 Idem.
48 Idem.

Por fim, no que tange à adequação da impetração em relação ao esgotamento das vias recursais, a Corte Interamericana de Direitos do Homem concluiu que:

> [...] os recursos que devem ser esgotados são aqueles que resultam adequados na situação particular da violação de direitos humanos alegada, no caso a interceptação e gravação das conversas telefônicas e a divulgação das mesmas. O Tribunal entende que a destruição das fitas que continham as gravações não determinaria o término ou a reparação daquelas violações alegadas pelas supostas vítimas. Em efeito, a interposição de um recurso ordinário constitucional ou de uma ação ordinária de conhecimento com o objetivo de destruir as fitas das conversas gravadas não poderia remediar a interceptação e a divulgação passadas, mas poderia ser um meio adequado para impedir novas divulgações, assim como prevenir eventuais violações dos direitos humanos no futuro. Por isso, uma vez esgotado o mandado de segurança não era necessário continuar tentando outras vias legais que não teriam como finalidade o término ou a reparação da interceptação, gravação e divulgação das conversas telefônicas ocorridas anteriormente.[49]

Tal entendimento tenderia a fazer repensar o teor da Súmula 267 do STF ("Não cabe mandado de segurança contra ato judicial passível de recurso ou correição"), aprovada na sessão Plenária de 13/12/1963, não só porque a correição (ou reclamação conforme a legislação estadual) possui críticas à sua subsistência diante do texto constitucional de 1988 na forma discutido no Capítulo 10 como, também, porque na locução da Corte Interamericana, "os recursos que devem ser esgotados são aqueles que resultam adequados na situação particular da violação de direitos humanos."[50]

---

49 Conclusivamente, "Quanto à alegada falta de um recurso judicial efetivo para a tutela do direito à privacidade das vítimas, a Corte constatou que o mandado de segurança era o recurso idôneo para esse fim (*supra* par. 36). Entretanto, quando as vítimas o interpuseram as interceptações telefônicas já haviam cessado e a divulgação das conversas havia acontecido (*supra* pars. 37, 94 e 97). Dessa maneira, o mandado de segurança não era capaz de produzir o resultado pretendido no caso concreto, não por uma circunstância atribuível ao Estado ou às vítimas, mas porque os fatos que se reputavam violatórios haviam cessado. Por outro lado, o pedido de destruição das fitas contido no mandado de segurança não resultava uma medida adequada para cessar ou remediar a interceptação e divulgação ocorridas, mas sim se dirigiam a prevenir novas divulgações no futuro (*supra* par. 38), pelo que sua análise não forma parte do mérito do presente caso. Ademais, a Corte constata que existiriam no direito interno recursos que poderiam resultar na destruição das fitas, os quais não foram utilizados no presente caso (*supra* par. 37). Pelo anterior, o Tribunal não encontra evidência de que houve uma violação dos artigos 8 e 25 da Convenção Americana a esse respeito." Idem.

50 Em idêntico sentido, BARROSO, Luís Roberto. Interceptação telefônica para fins penais-Inadmissibilidade de prova ilícita-Cabimento de mandado de segurança e não de habeas corpus. CE, art. 52, XII, LVI e LXIX. **Revista de Direito Administrativo**, v. 200, p. 325-338, 1995.

11.2.2.2 Legitimidade ativa do Promotor de Justiça para impetração

O problema da legitimidade ativa do membro do Ministério Público de primeira instância para impetração da ordem constitucional não é novo no cenário jurídico[51] e não teve particular alteração com a nova legislação.

Anteriormente à Constituição em vigor, a Lei Complementar 40/81 em seu art. 10, estabelecia que a atuação do Ministério Público junto aos Tribunais somente poderia ser exercida por Procurador de Justiça, projetando, no plano das normas positivas, a vedação da postulação do *mandamus* por Promotor de Justiça na instância superior.

Malgrado a posição aventada, mesmo no aspecto dogmático era possível entender a legitimidade do Promotor de Justiça para a impetração do *writ*, – e assim chegou a ser reconhecido jurisprudencialmente –, na medida em que a antiga Lei Orgânica do Ministério Público paulista (Lei Complementar Estadual 304/82), art. 39, V, atribuía aos Promotores de Justiça impetrar mandado de segurança, inclusive perante os Tribunais locais competentes, contra atos de autoridade administrativa ou judiciária praticados na área de atribuições funcionais.[52]

Com toda a renovação do ordenamento fruto da Constituição de 1.988 este problema foi dogmaticamente superado pela letra do art. 121, I, da Lei Complementar de n. 734/93 (Lei Orgânica Nacional do Ministério Público), que determina expressamente ser atribuição do Promotor de Justiça, a impetração de mandado de segurança perante Tribunal estadual. Mas, para além da dogmática existe a fundamentação decorrente da própria lógica constitucional.

Tratando-se de matéria versada sobre crime de acusação pública incondicionada, cumpre ao Ministério Público provocar a atividade jurisdicional, assumindo a titularidade da pretensão punitiva conforme a letra do art. 129, I da Constituição Federal.[53]

Desta definição da Carta Magna, vem então que a *persecutio criminis* em primeiro grau é pertinente ao membro do parquet, principalmente, e a este cabe utilizar-se livremente dos instrumentos processuais, dentre eles o mandado de segurança, segundo seu juízo de oportunidade e necessidade.

---

51 Veja-se MACHADO COGAN, José D. Pinheiro. **Mandado de Segurança na Justiça Criminal e Ministério Público**. São Paulo: Saraiva, 1990.

52 Tal entendimento era um reflexo de célebre contribuição doutrinária de Ada Pellegrini Grinover que, em alentado trabalho sobre a matéria, colocou cristalinamente as bases teóricas de admissibilidade da legitimação ativa do Promotor de Justiça para impetração da ordem. GRINOVER, Ada Pellegrini. O Ministério Público e o mandado de segurança contra ato jurisdicional penal. **Revista da Procuradoria Geral do Estado**, v. 13, n. 18, p. 387-397, 1995.

53 Trata-se de nítida manifestação do princípio acusatório no processo penal. A este respeito, veja-se CHOUKR, Fauzi Hassan. **A ordem constitucional e o processo penal**. Op. Cit.

11.2.2.3 Presença do litisconsorte necessário

A presença do litisconsorte necessário no mandado de segurança foi consolidada no âmbito do STF, que com sua súmula 701 assim se posicionou: "No mandado de segurança impetrado pelo Ministério Público contra decisão proferida em processo penal, é obrigatória a citação do réu como litisconsórcio passivo."

11.2.2.4 Mandado de Segurança objetivando conferir efeito suspensivo a recurso

Um dos motivos mais comuns à impetração do mandado de segurança é o de alcançar efeito suspensivo a recurso que dele não está imbuído, como o caso do recurso em sentido estrito contra decisão que concede liberdade provisória[54], embora, com precisão, já se tenha afirmado jurisprudencialmente que

> O mandado de segurança não se presta para atribuir efeito suspensivo a recurso em sentido estrito interposto pelo Ministério Público contra decisão que concede liberdade provisória. Precedentes. Não obstante ser cabível a utilização de mandado de segurança na esfera criminal, deve ser observada a presença dos seus requisitos constitucionais autorizadores. Ausente o direito líquido e certo e tratando-se de ato ilegal passível de recurso ou correição, torna-se descabida a via eleita. Ordem concedida para restabelecer a decisão monocrática que deferiu a liberdade provisória do paciente.[55]

Conclusão esta que, no entanto, foi refutada no mesmo âmbito da Justiça Federal[56].

Fato é que por razões mais pragmáticas do que técnicas, o mandado de segurança acaba se prestando a esse papel, onde não existe, rigorosamente falando,

---

54 É o caso de julgados como o SÃO PAULO. Tribunal de Justiça. **Mandado de Segurança n. 264.589.** Relator Gonzaga Júnior, e antigas posições do STF: BRASIL. Supremo Tribunal Federal. Recurso Extraordinário n. 76.909. Tribunal Pleno. Relator Min. Xavier de Albuquerque. Julgamento: 26/5/1977. Publicação: 2/12/1977. Disponível em: <https://jurisprudencia.stf.jus.br/pages/search/sjur133167/false>. Acesso em: 13 jan. 2022; BRASIL. Supremo Tribunal Federal. Recurso Extraordinário n. 90.653. Segunda Turma. Relator Min. Décio Miranda. Julgamento: 13/6/1980. Publicação: 01/07/1980. Disponível em: <https://jurisprudencia.stf.jus.br/pages/search/sjur119158/false>. Acesso em: 13 jan. 2022.

55 BRASIL. Tribunal Regional Federal (1ª Região). Recurso Criminal n. 5636/GO 2006.35.03.005636-2. Terceira Turma. Relator Des. Olindo Menezes. Publicação: 15/06/2007. Disponível em: <http://www.jusbrasil.com.br/jurisprudencia/2208929/recurso-criminal-rccr-5636-go-20063503005636-2-trf1>. Acesso em: 13 jan. 2022.

56 BRASIL. Tribunal Regional Federal (5ª Região). **Mandado de Segurança n. 91875/PE** 2005. 05.00.030406-2. Primeira Turma. Relator Des. Francisco Wildo. Publicação: 24/11/2005. Disponível em: <http://www.jusbrasil.com.br/jurisprudencia/220453/mandado-de-seguranca-mstr-91875-pe-20050500030406-2-trf5>. Acesso em: 13 jan. 2022.

direito líquido e certo em obter efeito a recurso ao qual a lei não o confere[57] dado que o recurso em sentido estrito (na hipótese aventada), não pode ter esse efeito atribuido pelo próprio magistrado *a quo*[58]. Nada obstante, prestigiosa doutrina entende ser possível falar em mandado de segurança nessas hipóteses sob a justificativa da tutela à proteção insuficiente.[59]

11.3 Da Revisão Criminal

11.3.1 Fundamentos legais: marco constitucional-convencional

Na história constitucional brasileira a primeira Constituição republicana, de 24 de fevereiro de 1891 previa a revisão criminal em seu artigo 81: Os processos findos, em matéria crime, poderão ser revistos a qualquer tempo, em benefício dos condenados, pelo Supremo Tribunal Federal, para reformar ou confirmar a sentença. § 1º – A lei marcará os casos e a forma da revisão, que poderá ser requerida pelo sentenciado, por qualquer do povo, ou ex officio pelo Procurador-Geral da República. § 2º – Na revisão não podem ser agravadas as penas da sentença revista. § 3º – As disposições do presente artigo são extensivas aos processos militares.

Ficavam desde então assentadas suas características básicas: a revisão como mecanismo *pro reo*, a ausência de limitação temporal para seu exercício e a legitimação difusa, inclusive para o Ministério Público.

---

57 TORON, Alberto Zacharias. Efeito suspensivo em mandado de segurança impetrado pelo ministério público em face de recurso que não o tem: constrangimento ilegal. **Revista Brasileira de Ciências Criminais**, São Paulo, v. 3, n. 10, p. 289-296., abr./jun. 1995.

58 Descabe a atribuição de efeito suspensivo ao recurso em sentido estrito, sendo atribuível tal efeito somente pela via do mandado de segurança. Precedentes. BRASIL. Tribunal Regional Federal (1ª Região). **Recurso Criminal n. 5636/GO**. Op. Cit.

59 STRECK, Lenio Luiz. A dupla face do princípio da proporcionalidade e o cabimento de mandado de segurança em matéria criminal: superando o ideário liberal – individualista – clássico. **Revista do Ministério Público do Rio Grande do Sul**, Porto Alegre, n. 53, p. 223-251, mai./set. 2004.

No desenvolvimento constitucional, a CR de 1946 previu o tema nos arts. 101, inciso IV[60], e 104, inciso III[61], a proibição da legislação processual penal permitir a revisão *pro societate*.

Contudo, a CR de 1967[62] não inibiu o emprego da revisão *pro societate*, o que fez surgir colocações no sentido que:

> [...] no Brasil, atualmente não há mais óbice constitucional para se admitir esta revisão. Aliás, no Projeto de Lei n. 1.655/83, em tramitação no Congresso (Projeto de Código de Processo Penal), o art. 382, parágrafo único, prevê uma forma pela qual cessa a eficácia da sentença extintiva de punibilidade, se provada a falsidade da certidão em que se tenha fundado (...) Enfim, o desejável é que a revisão pro reo seja sempre admitida de forma ampliativa, não só nas hipóteses de cabimento, como ainda no prazo de sua admissibilidade e na legitimidade ativa para requerê-la. Ao contrário, a se admitir revisão *pro societate*, a lei deverá fixar casos estreitos, onde se imponha por razões saluta-res a reparação do erro judiciário.[63]

O atual sistema constitucional-convencional não possibilita essa modalidade de desconstituição do trânsito em julgado.

Com efeito, o art. 8º da CADH, em seu item 4, textualmente determina: "O acusado absolvido por sentença passada em julgado não poderá ser submetido a novo processo pelos mesmos fatos."

Dessa forma, pode-se concluir que nosso sistema não admite a possibilidade da desconstituição do trânsito, mesmo quando se tratar de uma sentença absolutória fundada em documento falso, que é o clássico exemplo da *injustiça* para a discussão da possibilidade de rescindir o trânsito em julgado benéfico ao acusado, como se vê em determinado precedente que

Entendeu que pode ser revogada a decisão que, com base em certidão de óbito falsa, julga extinta a punibilidade do ora paciente, uma vez que não gera

---

60 No âmbito da competência do STF: Art. 101, inciso IV da CF/88: "rever, em benefício dos condenados, as suas decisões criminais em processos findos." BRASIL. **Constituição dos Estados Unidos do Brasil (de 18 de setembro de 1946)**. Disponível em: <http://www.planalto.gov.br/ccivil_03/constituicao/constituicao46.htm>. Acesso em: 13 jan. 2022.

61 No âmbito do Tribunal Federal de Recursos: Art. 101, III – julgar em recurso extraordinário as causas decididas em única ou última instância por outros Tribunais ou Juízes: a) quando a decisão for contrária a dispositivo desta Constituição ou à letra de tratado ou lei federal; b) quando se questionar sobre a validade de lei federal em face desta Constituição, e a decisão recorrida negar aplicação à lei impugnada; c) quando se contestar a validade de lei ou ato de governo local em face desta Constituição ou de lei federal, e a decisão recorrida julgar válida a lei ou o ato; d) quando na decisão recorrida a interpretação da lei federal invocada for diversa da que lhe haja dado qualquer dos outros Tribunais ou o próprio Supremo Tribunal Federal. BRASIL. **Constituição dos Estados Unidos do Brasil (de 18 de setembro de 1946)**. Op. Cit.

62 No texto original no art. 114, inciso I, alínea m, e art. 117, inciso I, alínea a; no texto da Emenda n. 1, no art. 119, inciso I, alínea m, e art. 122, inciso I, alínea a.

63 MAZZILLI, Hugo Nigro. Revisão pro societate. **Justitia**, v. 125, p. 138-142, 1984.

coisa julgada em sentido estrito. A formalidade não pode ser levada a ponto de tornar imutável uma decisão lastreada em uma falsidade. O agente não pode ser beneficiado por sua própria torpeza. Precedente citado do STF: HC 84.525-8-MG, DJ 3/12/2004.[64]

11.3.2 Aspectos gerais

11.3.2.1 Justificação teórica

Ainda que o Código de Processo Penal a tenha colocado no capítulo dos recursos, a doutrina, quase que de forma unânime, aponta sua natureza de verdadeira ação[65]. Nesse sentido, Tourinho Filho, para quem "a revisão criminal não deve ser conceituada como recurso e sim, como ação penal constitutiva, pois se trata de verdadeira rescisória penal destinada à reparação de erros judiciários."[66]

A correta determinação desse instituto, antes de ser um mero exercício acadêmico, apresenta significativas repercussões de ordem prática, a começar, por exemplo, da fixação da competência, na medida em que, diferentemente dos recursos que encerram um prolongamento da relação jurídico-processual anterior, aqui se trata de um novo exercício do direito de ação.

Ainda, pela correta sistematização da revisão, substituem-se também temas como o da fungibilidade recursal por outros mais complexos, como a litispendência entre esta ação e o habeas corpus, de resto tema sempre controvertido tanto na doutrina quanto na jurisprudência.

Na afirmação de Franceschini,

> Trata-se, assim, de uma *ação penal especial* (Vicente de Azevedo e outros), *constitutiva negativa* (Pontes de Miranda), de natureza reparatória, "complementar, destinada a rescindir a sentença condenatória em processo findo" (Frederico Marques), em que o *Estado-administração* assume a posição de réu, pois que o sujeito passivo da lide é aquele para quem a decisão rescindenda convém continue a constituir coisa julgada, em desfecho, cuja manutenção, em princípio, interessa à tranquilidade social, já que a presunção inicial é de que a sentença

---

64 BRASIL. Superior Tribunal de Justiça. **Habeas Corpus n. 143.474-SP**. Relator Min. Celso Limongi (Desembargador convocado do TJ-SP). Julgado em: 6/5/2010.

65 As maiores considerações sobre a revisão criminal como um recurso datam de há muito, como, por exemplo, ROCHA, Ruy Albertino Nunes da. O recurso da revisão criminal. **Revista de direito penal**: Rio de Janeiro: Sociedade Brasileira de Criminologia, Rio de Janeiro, 14/15, p. 281-313., ago./dez. 1936.

66 TOURINHO FILHO, Fernando da Costa. **Código de processo penal comentado**: arts. 1º a 393. São Paulo: Saraiva, 1997. 1v., p. 586.

manifesta o justo, sendo considerada a própria afirmação da verdade pela palavra do *Estado-Juiz*.[67]

Assim, na abalizada doutrina contemporânea,

> A revisão criminal não é um recurso, porque instaura uma relação processual completamente diversa da anterior. Tem a revisão como um de seus pressupostos, inclusive, a necessidade do encerramento completo da ação precedente, com a certificação de seu trânsito em julgado, vez que, justamente, seu objetivo é o de desconstituí-lo.[68]

`11.3.2.2` Objeto

A revisão criminal tem um *duplo objeto*:

a] Desconstruir a coisa julgada condenatória *e seus efeitos*; e
b] Indenizar pelo erro judiciário.

Quanto à desconstrução da coisa julgada condenatória e seus efeitos, a discussão se dá no capítulo 09 ao tratar da sentença e coisa julgada onde é analisada, inclusive, a intepretação dada contemporaneamente pelo STF ao tema do trânsito em julgado "antecipado", a dizer, ainda na pendência de recurso constitucional (extraordinária ou especial).

Aqui fixa-se uma vez mais a impossibilidade daquela interpretação pois, se ao considerar exaurida a prestação jurisdicional ainda na pendência dos recursos mencionados, por uma questão lógica haveria de ser possibilitada a revisão criminal mesmo no transcurso daquelas impugnações, chegando-se ao absurdo jurídico de admitir a desconstrução do trânsito em julgado que ainda não se operou.

Quanto à indenização pelo erro judiciário, sua previsão encontra-se no CPP, no art. 630: O tribunal, se o interessado o requerer, poderá reconhecer o direito a uma justa indenização pelos prejuízos sofridos. § 1º Por essa indenização, que será liquidada no juízo cível, responderá a União, se a condenação tiver sido proferida pela justiça do Distrito Federal ou de Território, ou o Estado, se o tiver sido pela respectiva justiça.

E continua a norma: Art. 630. § 2º A indenização não será devida: se o erro ou a injustiça da condenação proceder de ato ou falta imputável ao próprio impetrante,

---

67 FRANCESCHINI, José Luiz Vicente de Azevedo. Da restauração e eficácia de alguns princípios da revisão criminal. **Revista dos Tribunais**, São Paulo, v. 402, p. 15, 1969.
68 QUEIJO, Maria Elizabeth. **Da revisão criminal**: Condições da ação. São Paulo: Malheiros, 1998. p 128-129.

como a confissão ou a ocultação de prova em seu poder; b) se a acusação houver sido meramente privada.

O tema da indenização civil aqui difere da ação civil *ex delicto*. Não se trata de indenização pelo crime sofrido, mas, sim, pela atividade judiciária danosa. É, portanto, uma indenização civil decorrente *do processo*.

Esse mecanismo encarta numa ação desconstitutiva penal uma pretensão civil fundada na responsabilidade objetiva do Estado. Acrescente-se que segundo nosso entendimento *não foi recepcionada pela* CR a norma que exclui a responsabilização do Estado quando houve o exercício da acusação meramente privada posto que a jurisdição penal é inafastável para a realização da norma penal.

Ainda quanto ao objeto, duas situações de desconstituição da coisa julgada chamam particular atenção, a saber: *a desconstituição da transação penal* e a *desconstituição do veredicto* que embasa a sentença do juiz togado nos casos de competência do tribunal do júri.

Quanto à *desconstituição da sentença que homologa a transação penal*[69], na esteira do quanto já discutido nos capítulos 6 (procedimentos) e 9 (sentença penal) temos que se trata de provimento que tem natureza de condenação de forma preponderante estando, assim, sujeita à desconstituição, sujeita aos mesmos limites materiais, a dizer, sendo impossível a revisão *pro societate*.[70]

Já a desconstituição do *veredicto* obtido pelo conselho de sentença trata-se de discussão antiga na literatura processual penal brasileira, sempre colocando em polos opostos a soberania do veredicto e a possibilidade da revisão.

Aqui, alguns pontos precisam ser destacados: o primeiro, a divisão entre veredicto e sentença do juiz togado, assunto tratado de forma minudente no Capítulo 7; outro tema, o de, em sendo possível a revisão, se é cabível ao Juízo revisor proferir decisão de mérito sobre a matéria ou se deveria a acusação ser levada novamente a outro conselho de sentença.

Ocupando-nos diretamente do segundo tema acima invocado, posto que o primeiro já foi tratado em Capítulo específico desta Obra, destaca-se que a revisão de *mérito*, a que ataca os trabalhos dos jurados, está circunscrita à hipótese de julgamento frontalmente contrário à evidência dos autos, vez que as demais hipóteses ou dizem respeito a situações supervenientes (inciso III) ou existentes à época, mas maculados pela falsidade. Ademais, trata-se de discussão que somente atinge pessoas acusadas ainda vivas, vez que se for o caso de revisão

---

69 Para uma abordagem do assunto ver ANDANELLI JUNIOR, Angelo. Da possibilidade da revisão criminal em face da sentença homologatória da transação penal. **Boletim do Instituto de Ciências Penais**, Belo Horizonte, v. 7, n. 92, p. 4-6, nov. 2008.

70 Ver, também, AZAMBUJA, Mariana; SGANZERLA, Samuel. O processo penal como garantia, a impossibilidade da relativização da coisa julgada em desfavor do acusado e a revisão criminal nos casos de transação penal. In: GIACOMOLLI, Nereu José; AZAMBUJA, Mariana. **Processo penal contemporâneo em perspectiva**. Curitiba: iEA, 2015. p. 155-163.

criminal ajuizada por sucessores visando resgatar o *status dignitatis* e buscar a indenização obviamente o problema não se coloca.

Sobre o assunto tem-se em Tourinho Filho[71] enfática posição quanto à não submissão do conteúdo da acusação, uma vez mais, ao Conselho de Sentença, com empregos de argumentos fundamentos essencialmente em normas infraconstitucionais. Nada obstante, reconhece o renomado processualista a existência de várias posições em sentido contrário que determinam a remessa do julgamento a nova sessão plenária.[72]

O problema nos parece, com a devida vênia, excessivamente focado na polarização soberania × revisão posto que o objeto constitucional e convencional da revisão é a desconstituição da coisa julgada condenatória. Não se ajuíza revisão criminal para que se obtenha *novo julgamento* posto que *a revisão é o novo julgamento*. Nesse sentido, ela não é uma *consulta* sobre a possibilidade de absolvição, mas, sim, a própria cognição que alcança esse resultado.

E isso não macula a soberania, diversamente do exercício *de recursos* contra o mérito do veredicto como analisado no capítulo 10, posto que, naquele momento, *ainda não há trânsito em julgado*. A soberania se projeta para a produção de um veredicto que tenha a qualificação de futura imutabilidade (trânsito em julgado), posição assumida por Tourinho e que nos parece completamente adequada ao marco constitucional-convencional.

Também por esse raciocínio afastamo-nos, com a devida vênia uma vez mais, de posições que justificam a desnecessidade de reenvio do julgamento de mérito por força da proteção do *estado de liberdade* da pessoa, somente este amparado pela soberania[73], vez que esse atributo (soberania) ampara veredictos absolutórios e condenatórios de igual forma até a formação do trânsito em julgado.

`11.3.2.3` Legitimidade

A legitimação para o ajuizamento da ação de revisão criminal encontra-se prevista no Art. 623 que determina: "A revisão poderá ser pedida pelo próprio réu ou por procurador legalmente habilitado ou, no caso de morte do réu, pelo cônjuge, ascendente, descendente ou irmão."

---

71 TOURINHO FILHO, Fernando da Costa. **Pode o Juízo Revidendo absolver o réu condenado pelo Tribunal do Júri?** Disponível em: <http://www.migalhas.com.br/dePeso/16,MI150849,41046-Pode+o+Juizo+Revidendo+absolver+o+reu+condenado+pelo+Tribunal+do+Juri>. Acesso em: 15 out. 2016.

72 Idem. Ver, também, MÉDICI, Sérgio de Oliveira. Revisão criminal e soberania dos veredictos. In: PENTEADO, Jaques de Camargo. **Justiça penal 6**: 10 anos da constituição e da justiça penal, meio ambiente, drogas, globalização, o caso Pataxó. São Paulo: Revista dos Tribunais, 1999. p. 396-404.

73 Como apontado por RANGEL, Paulo. **Direito processual penal**. Op. Cit., p. 855.

A discussão quanto à legitimação dá-se pela ampliação dos legitimados ordinários a fim de incluir as relações homoafetivas e uniões estáveis, bem como a pertinência do Ministério Público como legitimado ordinário para propor a ação.

No primeiro aspecto, indo ao encontro do quando já discutido em outros pontos desta Obra, a ampliação para as relações homoafetivas e uniões estáveis é imperiosa diante do estado contemporâneo de discussão dessas matérias. Nunca é demais enfatizar que o CPP foi concebido em outro contexto social que não se compatibiliza com as bases constitucionais de tratamento dos temas aqui propostos.

Já a possibilidade de o Ministério Público propor a ação de revisão criminal esbarra, ao nosso ver, no papel constitucional que possui e na estrutura do modelo acusatório de processo[74], posição essa também assumida em precedente do STF.[75]

Por fim, há a discussão da manutenção da possibilidade de a revisão ser ajuizada pela própria pessoa condenada, nos termos do art. 623 do CPP, que teria sido recepcionado pela CF e não revogado pela Lei n. 8.906/94 (Estatuto da Advocacia). Nesse caso entendemos que a provocação pode ser feita pela própria pessoa condenada, mas deve ser submetida ao crivo técnico para continuidade de seu processamento, meio termo de solução entre a vedação total da admissibilidade e sua aceitação plena, vez que não se trata de meio impugnativo como o habeas corpus.

11.3.2.4 Hipóteses de ajuizamento

Basicamente são três as hipóteses que fundamentam o ajuizamento da revisão criminal, a teor do art. 621 do CPP:

I] quando a sentença condenatória for contrária ao texto expresso da lei penal ou à evidência dos autos;

II] quando a sentença condenatória se fundar em depoimentos, exames ou documentos comprovadamente falsos;

---

74 Para essa discussão ver, entre outros, PINTO, Ronaldo Batista. Da legitimidade do ministério público para o ajuizamento de revisão criminal. **Revista IOB de Direito Penal e Processual Penal**, Porto Alegre, v. 7, n. 40, p. 72-74., out./nov. 2006.

75 REVISÃO CRIMINAL – LEGITIMIDADE. O Estado-acusador, ou seja, o Ministério Público, não tem legitimidade para formalizar a revisão criminal, pouco importando haver emprestado ao pedido o rótulo de habeas corpus, presente o fato de a sentença já ter transitado em julgado há mais de quatro anos da impetração e a circunstância de haver-se arguido a competência da Justiça Federal, e não da Justiça Estadual, sendo requerente o Procurador da República. BRASIL. Supremo Tribunal Federal. **Recurso em Habeas Corpus n. 80.796/SP**. Segunda Turma. Relator Marco Aurélio. Data de Julgamento: 29/05/2001. Data de Publicação: DJ 10-08-2001 pp-00020. Disponível em: <https://jurisprudencia.stf.jus.br/pages/search/sjur18903/false>. Acesso em: 13 jan. 2022.

III] quando, após a sentença, se descobrirem novas provas de inocência do condenado ou de circunstância que determine ou autorize diminuição especial da pena.

Cada uma delas apresenta desdobramentos técnicos específicos, cabendo ao primeiro inciso mencionado a discussão sobre a possibilidade de empregar-se *precedentes* como fundamento da revisão criminal.[76]

Acerca dessa possibilidade empregamos aqui, uma vez mais, os conceitos trabalhados no Capítulo 1 desta Obra, para cingir o emprego de precedentes àqueles vinculantes de cunho obrigatório e não uma mera flutuação em compreensões jurisprudenciais sob risco de desestabilizar a segurança jurídica da coisa julgada penal.

Ainda no contexto do primeiro inciso, a reapreciação da prova dos autos não é fundamento idôneo para sustentar a revisão criminal e, tampouco, o campo próprio para reanálise de argumentos ou teses desconsideradas quando da condenação que veio a se tornar definitiva.[77]

Os incisos II e III estão fundados em pontos que dependem minimamente de algum suporte probatório prévio ao ajuizamento pois se fala em *falsidade* e *novas provas*, no primeiro caso a indicar que deva haver algum contraponto técnico que demonstre, em juízo de cognição sumária, a ocorrência do falso[78]; e, no segundo caso, um suporte elementar que demonstre que as *novas provas* possam beneficiar a pessoa condenada.

Nessas hipóteses tem-se o emprego da *justificação* como mecanismo processual que hoje se encontra inserido no tema do Júri desde a reforma de 2008, mas que mantém os mesmos problemas existentes no regime anterior, como sua procedimentalização e competência[79] conforme abordamos no Capítulo 7 (Júri, particularmente item 3.1.7).

Quanto à competência, tem-se como assente que deve ser aforada no Foro onde se deu o processo de conhecimento, afirmando-se, em muitos precedentes, que se deve respeitar a prevenção para o juízo prolator da condenação.

---

76 Sobre o papel da jurisprudência nesse contexto ver, entre outros, CORRÊA, Tatiana Machado. A mutação jurisprudencial como fundamento da revisão criminal. **Boletim IBCCRIM**, São Paulo, v. 16, n. 191, p. 17, out. 2008.

77 A respeito do fundamento deste inciso ver, também, MORAES, Maria Alice Silva. Âmbito cognitivo da revisão criminal, quando fundada no art. 621, I, segunda hipótese, do CPP. **Revista Brasileira de Ciências Criminais**, São Paulo, v. 10, n. 37, p. 120-136., jan./mar. 2002.

78 A respeito ver SCHOLZ, Leônidas Ribeiro; KEHDI, André Pires de Andrade. Cabimento de perícia em sede de justificação prévia de natureza criminal. **Boletim IBCCRIM**, São Paulo, v. 15, n. 177, p. 15-16., ago. 2007.

79 Sobre a competência para a justificação ver, entre outros, o trabalho de SZAFIR, Alexandra Lebelson. Competência para justificação prévia preparatória de revisão criminal. **Boletim IBCCRIM**, São Paulo, n. 37, p. 8, jan. 1996.

Essa afirmação parece-nos parcialmente adequada. Em princípio, nada haveria de impedir o aforamento da justificação para ouvir determinada pessoa na comarca onde ela se encontra e não, necessariamente, na comarca da condenação. Raciocina-se, aqui, com a otimização da administração desse meio de prova e obtenção de seu testemunho, mesmo porque isso nada se relaciona com a competência para o ajuizamento da ação de revisão criminal e, como cediço, o julgador que tomará o depoimento não pode fazer qualquer incursão no mérito do quanto é obtido, mas, apenas, zelar pela sua regularidade.

Pelas mesmas razões, caso haja insistência com a comarca da condenação, não vemos razões insuperáveis para que seja aforada a justificação com obediência à prevenção do juízo prolator da condenação e, menos ainda, quando a condenação tiver ocorrido em sede de recurso da acusação.

`11.3.2.5` Competência para ajuizamento

Nas competências distribuídas entre os órgãos jurisdicionais tem-se, como base para identificar o juízo competente para a ação de revisão criminal:

a] O STF tem competência para a revisão criminal e a ação rescisória de seus julgados[80];

b] O STJ tem competência para a revisão criminal e a ação rescisória de seus julgados[81];

c] Ao STM, a revisão de seus julgados;

d] Ao TSE, a revisão de seus julgados;

e] Aos Tribunais Regionais Eleitorais a revisão de seus julgados e os das zonas eleitorais que os compõem;

f] Aos Tribunais Regionais Federais, a revisão de seus próprios julgados, assim como dos juízos federais dentro das respectivas abrangências territoriais[82];

---

80 CR, art. 105, I, e.

81 CR, art. 102, I, j. Nessa hipótese o STJ entende que será revista por essa Corte apenas a questão federal anteriormente decidida por esta Corte Superior pode ser examinada: BRASIL. Superior Tribunal de Justiça. **Agravo Regimental na Revisão Criminal n. 3305/SP**. Terceira Seção. Relator Ministro Jorge Mussi. Julgado em: 27/04/2016. DJe: 03/05/2016. Disponível em: <https://scon.stj.jus.br/SCON/jurisprudencia/toc.jsp?i=1&b=ACOR&livre=((%27AGRVCR%27.clas.+e+@num=%273305%27)+ou+(%27AgRg%20na%20RvCr%27+adj+%273305%27.suce.))&thesaurus=JURIDICO&fr=veja>. Acesso em: 13 jan. 2022; BRASIL. Superior Tribunal de Justiça. **Revisão Criminal n. 2877/PE**. Terceira Seção. Relator Ministro Gurgel de Faria. Revisor Ministro Reynaldo Soares da Fonseca. Julgado em: 25/02/2016. DJe: 10/03/2016. Disponível em: <https://scon.stj.jus.br/SCON/jurisprudencia/toc.jsp?i=1&b=ACOR&livre=((%27RVCR%27.clas.+e+@num=%272877%27)+ou+(%27RvCr%27+adj+%272877%27.suce.))&thesaurus=JURIDICO&fr=veja>. Acesso em: 13 jan. 2022; BRASIL. Superior Tribunal de Justiça. **Revisão Criminal n. 2573/ES**. Corte Especial. Relatora Ministra Maria Thereza de Assis Moura. Revisor Ministro Herman Benjamin. Julgado em: 03/06/2015. DJe: 12/06/2015. Disponível em: <https://scon.stj.jus.br/SCON/pesquisar.jsp>. Acesso em: 13 jan. 2022.

82 CR, art. 108, I, b.

g] Aos Tribunais de Justiça, a revisão de seus julgados e as dos juízos de primeiro grau de cada respectivo Estado;

h] Às Turmas Recursais dos Juizados Especiais Criminais, as sentenças dos respectivos Juizados que as integram.[83]

11.3.2.6 Procedimentalização

O processamento da revisão é regido, em parte, pelo CPP, artigo 625 e seus parágrafos e, em parte, pelos regimentos internos dos Tribunais, notadamente os do STF e STJ nas competências que lhes são próprias.

Mas, a questão que se coloca é a da integração analógica do sistema processual penal com o processual civil para contemplar as hipóteses de julgamento antecipado em qualquer de suas modalidades (tutela antecipada[84], tutela de emergência[85] e as demais hipóteses trazidas com o NCPC).

Trata-se, essencialmente, do mesmo caminho percorrido pela doutrina processual penal para fazer inserir hipóteses concessivas de liminares[86] sobretudo em matérias de ordem pública como a constatação da prescrição[87], já que a comunhão

---

83 Tema construído jurisprudencialmente, sobretudo pelo STJ. A respeito ver VAZ, Laurita Hilário. Revisão criminal de infrações penais de menor potencial ofensivo processadas perante os Juizados Especiais deve ser ajuizada perante as respectivas Turmas Recursais. In: RESENDE, Sérgio Antônio de; PINTO, Felipe Martins; ESTEVES, Heloisa Monteiro de Moura (Org.). **Análise de precedentes criminais do Superior Tribunal de Justiça**. Estudos em homenagem à desembargadora Jane Ribeiro Silva. Belo Horizonte: Atualizar, 2009.

84 Ver OLDONI, Fabiana; JUSTINO, Fernanda Morales. A aplicação da tutela antecipada em sede de revisão criminal. **Revista Bonijuris**, Curitiba, v. 23, n. 567, p. 52-57, fev. 2011.

85 Ver CARVALHO, João Daniel Jacobina B. de. A tutela de emergência na revisão criminal em face da Lei 11.280/2006. **Boletim IBCCRIM**, São Paulo, v. 15, n. 182, p. 16., jan. 2008.

86 A respeito, TONETI, Luiz. Medida liminar em revisão criminal. **Boletim IBCCRIM**, São Paulo, v. 10, n. 120, p. 11-13, nov. 2002; KALIL, José Arthur di Spirito. Concessão de liminar em revisão criminal. **Boletim do Instituto de Ciências Penais**, Belo Horizonte, v. 6, n. 82, p. 3-5, jun. 2007.

87 Ver FAYET JÚNIOR, Ney; FAYET, Paulo. Da possibilidade de reconhecimento, em medida liminar de revisão criminal, da prescrição penal. In: FAYET JÚNIOR, Ney et al. **Prescrição penal**: temas atuais e controvertidos; doutrina e jurisprudência. Porto Alegre: Livraria do Advogado, 2013. p. 165-175.

entre a revisão criminal e o habeas corpus é vista de forma evidentemente restritiva, sobretudo para evitar-se que este instrumento supere a revisão[88].

A integração analógica não é descartada, mas valerá a mesma lógica restritiva para a respectiva concessão, pois a desconstituição da coisa julgada condenatória a ensejar a interrupção de pena é algo que deve ser vista como excepcional, somente admitida quando se tratar da ocorrência de fundamento evidente a possibilitar o desfazimento da autoridade e dos efeitos da sentença.

Obedecida a tramitação na forma do art. 625 já mencionado cabe conferir a possibilidade de sustentação oral na sessão de julgamento da revisão não só pela Defesa[89], mas, também, pelo Ministério Público, bem como o emprego de mecanismos recursais, notadamente os embargos infringentes, previstos no RISTF mas com aplicação repudiada por parte da doutrina.[90]

---

88 Posição sentida em inúmeros precedentes. Ver, no STJ, entre outros, BRASIL. Superior Tribunal de Justiça. **Habeas Corpus n. 145026/SP.** Quinta Turma. Relator Ministro Lázaro Guimarães (Desembargador convocado do TRF-5ª Região). Julgado em 08/03/2016. DJe 15/03/2016. Disponível em: <https://scon.stj.jus.br/SCON/jurisprudencia/toc.jsp?i=1&b=ACOR&livre=((%27HC%27. clap.+e+@num=%27145026%27)+ou+(%27HC%27+adj+%27145026%27.suce.))&thesaurus= JURIDICO&fr=veja>. Acesso em: 13 jan. 2022; BRASIL. Superior Tribunal de Justiça. **Habeas Corpus n. 206847/SP.** Sexta Turma. Relator Ministro Néfi Cordeiro. Julgado em 16/02/2016. DJe 25/02/2016. Disponível em: <https://scon.stj.jus.br/SCON/jurisprudencia/toc.jsp?i=1&b= ACOR&livre=((%27HC%27.clap.+e+@num=%27206847%27)+ou+(%27HC%27+adj+%27206847%27. suce.))&thesaurus=JURIDICO&fr=veja>. Acesso em: 13 jan. 2022; BRASIL. Superior Tribunal de Justiça. **Habeas Corpus n. 279716/SP.** Quinta Turma. Relator Ministro Reynaldo Soares da Fonseca. Julgado em 01/09/2015, DJe 08/09/2015. Disponível em: <https://scon.stj.jus.br/SCON/ jurisprudencia/toc.jsp?i=1&b=ACOR&livre=((%27HC%27.clap.+e+@num=%27279716%27)+ou- +(%27HC%27+adj+%27279716%27.suce.))&thesaurus=JURIDICO&fr=veja>. Acesso em: 13 jan. 2022; BRASIL. Superior Tribunal de Justiça. **Agravo Regimental no Habeas Corpus n. 300699/SP.** Quinta Turma. Relator Ministro Felix Fischer. Julgado em: 30/06/2015. DJe: 03/08/2015. Disponível em: <https://scon.stj.jus.br/SCON/jurisprudencia/toc.jsp?i=1&b=ACOR&livre=((%27AGRHC%27. clas.+e+@num=%27300699%27)+ou+(%27AgRg%20no%20HC%27+adj+%27300699%27.suce.))&thesaurus=JURIDICO&fr=veja>. Acesso em: 13 jan. 2022.

89 Ver, no STJ, os seguintes precedentes: BRASIL. Superior Tribunal de Justiça. **Habeas Corpus n. 274.473/SP.** Sexta Turma. Relator Min. Nefi Cordeiro. Julgado em: 19/05/2015. DJe: 28/05/2015. Disponível em: <https://scon.stj.jus.br/SCON/GetInteiroTeorDoAcordao?num_ registro=201302438577&dt_publicacao=28/05/2015>. Acesso em: 13 jan. 2022; BRASIL. Superior Tribunal de Justiça. **Habeas Corpus n. 277.916/SP.** Sexta Turma. Relator Ministro Rogerio Schietti Cruz. Julgado em: 16/10/2014. DJe: 27/11/2014. Disponível em: <https://scon.stj.jus.br/SCON/ GetInteiroTeorDoAcordao?num_registro=201303222864&dt_publicacao=27/11/2014>. Acesso em: 13 jan. 2022; BRASIL. Superior Tribunal de Justiça. **Habeas Corpus n. 295.313/SP.** Quinta Turma. Relator Ministro Jorge Mussi. Julgado em 21/08/2014. DJe: 27/08/2014. Disponível em: <https://scon.stj.jus.br/SCON/GetInteiroTeorDoAcordao?num_registro=201401227124&dt_ publicacao=27/08/2014>. Acesso em: 13 jan. 2022; BRASIL. Superior Tribunal de Justiça. **Habeas Corpus n. 319.428/AL** (decisão monocrática). Relator Ministro Felix Fischer. Julgado em: 04/09/2015. DJe: 10/09/2015. Disponível em: <https://processo.stj.jus.br/processo/revista/ documento/mediado/?componente=MON&sequencial=51936470&num_registro=20150064419 0&data=20150910>. Acesso em: 13 jan. 2022.

90 Para uma visão mais abrangente desta discussão ver Capítulo 10, nesta Obra, sobre os Recursos. Ver, ainda, PANTALEÃO, Juliana Fogaça. **O âmbito cognitivo da revisão criminal.** 2011. 133 f. Dissertação (Mestrado em Direito). Pontifícia Universidade Católica de São Paulo, São Paulo, 2011. Particularmente tópico 6.7.2.

11.3.2.7 Efeitos da decisão

O acórdão que dá pela improcedência total da revisão aforada nada altera na sentença condenatória, cabendo à procedência total ou parcial a apreciação dos efeitos.

Na locução do Art. 626 do CPP, "Julgando procedente a revisão, o tribunal poderá alterar a classificação da infração, absolver o réu, modificar a pena ou anular o processo."

Sendo parcial a desconstituição para, por exemplo, corrigir a dosimetria[91], deve-se comunicar o juízo das execuções a fim de adequar a carta de guia e atualizar cálculos; com a procedência total, os efeitos são bem mais amplos que a mera soltura da pessoa condenada, caso presa. Alcançam o restabelecimento de todos os direitos perdidos em virtude da condenação e a indenização, esta devendo ser liquidada mediante procedimento próprio.

A decisão que dá pela *anulação* do processo impõe, caso ainda possível diante de prazos prescricionais ainda não constatados, o completo refazimento do quanto ficou maculado, importando, aí, a análise do momento a partir do qual aquela nulidade se produziu e projetou. De qualquer forma, se ainda possível reconstruir o processo de conhecimento, eventual nova sentença condenatória terá como parâmetro o quantum de pena inicialmente imposto, pois, caso contrário, a revisão criminal teria efeitos prejudiciais a quem a ajuizou.

Resta a abordagem do chamado *efeito extensivo* pelo qual:

As circunstâncias de caráter objetivo se comunicam (por exemplo, atipicidade do fato ou inexistência deste). O disposto no citado artigo aplica-se igualmente às ações de Habeas Corpus e Revisão Criminal. Essa comunicabilidade, na verdade, é uma consequência do efeito devolutivo, porque, com o recurso, devolve-se ao tribunal o conhecimento da matéria comum aos corréus.[92]

---

91 Ver essa possibilidade no STJ em BRASIL. Superior Tribunal de Justiça. **Agravo Regimental no Agravo em Recurso Especial n. 318.060/SC**. Quinta Turma. Relator Ministro Felix Fischer. Julgado em: 19/04/2016. DJe: 27/04/2016. Disponível em: <https://scon.stj.jus.br/SCON/GetInteiroTeorDoAcordao?num_registro=201301144577&dt_publicacao=27/04/2016>. Acesso em: 13 jan. 2022; BRASIL. Superior Tribunal de Justiça. **Agravo Regimental no Agravo em Recurso Especial n. 734.052/MS**. Quinta Turma. Relator Ministro Reynaldo Soares da Fonseca. Julgado em: 10/12/2015. DJe: 16/12/2015. Disponível em: <https://scon.stj.jus.br/SCON/GetInteiroTeorDoAcordao?num_registro=201501504974&dt_publicacao=16/12/2015>. Acesso em: 13 jan. 2022.

92 DEMERCIAN, Pedro Henrique; MALULY, Jorge Assaf. **Curso de Processo penal**. 8. ed. Rio de janeiro: Forense, 2012. p. 595.

Capítulo 12

Processo Penal Cautelar

12.1 Teoria geral do processo penal cautelar

No difícil equilíbrio entre segurança e liberdade, as *medidas* cautelares ocupam papel de protagonismo inegável. Para fins do presente capítulo apontam-se desde já as premissas interpretativas que orientarão o texto na sequência.

Conceito: *necessidade cautelar* é o resultado da constatação judicial sobre a adoção de uma ou mais medidas invasivas da liberdade estritamente previstas no ordenamento para que o processo penal possa se desenvolver de forma regular e consiga alcançar uma solução de mérito.

Assim, a apuração da *necessidade cautelar*:

a] Está subordinada à presunção de inocência e à dignidade da pessoa humana;

b] Está sujeita a um regime jurídico de legalidade estrita e não pode ser expandida por meio de um poder geral de cautela;

c] limitada no tempo de modo a não constituir, por via transversa, pena antecipada. Por isso deve ser revista de forma periódica.

d] Está sujeita à reserva de jurisdição na sua determinação e no seu controle, atividade que é indelegável;

e] Sua determinação é objeto de fundamentação vinculada;

f] Deve ser verificada em procedimento que prestigie a oralidade;

g] Deve ser adotada amparada na proporcionalidade, partindo da imposição da medida menos gravosa àquela mais gravosa.

Outrossim, no atual estágio de compreensão do tema das cautelares pessoais é forçoso notar que desde a reforma de 2011, reforçada pela Lei 13.964/2019, ao estabelecer um leque de medidas cautelares diversas da prisão deu-se vida a estrutura constitucional que preconiza a privação da liberdade, ainda que em sede cautelar, como *ultima ratio*.

Mais ainda, o marco constitucional-convencional, traduzido em alguma medida nessas reformas – deixou claro para a literatura tradicional, a necessidade da superação das estruturas processuais civis aplicáveis à cautelaridade processual penal, especificamente o binômio *risco da demora* e *aparência do direito*, construídas com vistas a tutela de direitos materiais cuja natureza sempre foi estranha ao Direito Penal posto que, em última análise, pressupõe ares de antecipação de pena (satisfação de direito material penal), incompatível com a estrutura constitucional e convencional.[1]

Essa incompatibilidade acabou sendo consagrada definitivamente apenas com a reforma da Lei 13.964/2019 que, modificando o art. 313 do CPP, passou expressamente a dispor que

§ 2º *Não será admitida a decretação da prisão preventiva com a finalidade de antecipação de cumprimento de pena ou como decorrência imediata de investigação criminal ou da apresentação ou recebimento de denúncia.* (sem grifo no original).

Nada obstante as reformas produzidas em 2011 e 2019, a estrutura legal, como um todo, ainda peca pelo protagonismo da prisão como a medida cautelar prioritária e, da sua análise decorre o restante da interpretação do sistema. A seguir, os tópicos analisados de forma pormenorizada.

12.1.1 Medidas cautelares e presunção de inocência

O princípio da presunção de inocência vem sendo tratado nesta Obra a partir de sua vinculação primária com a pessoa submetida à persecução[2] e se manifesta ao longo de toda atividade persecutória.[3]

No campo cautelar aderente aos primados constitucionais-convencionais, como já tivemos a oportunidade de apontar[4], a restrição da liberdade anterior à sentença condenatória definitiva deve ter, sempre e necessariamente, fundamentação e finalidade cautelares.

Esta afirmação teórica corresponde à cultura do sistema interamericano de Direitos Humanos quando, no caso Caso Norín Catrimán y otros[5] assim se manifestou a CIDH:

[311]. La Corte ha precisado también las características que debe tener una medida de detención o prisión preventiva para ajustarse a las disposiciones de

---

1 Dado o marco teórico deste Manual, pelas razões expostas será evitado o emprego do binômio mencionado em homenagem à verificação daquilo que será denominado e conceituado como *necessidade cautelar*.

2 Ver maiores considerações no Capítulo 2 desta Obra sobre o tema da presunção de inocência.

3 *Vide*, por exemplo, Capítulo 5, sobre investigação criminal.

4 CHOUKR, Fauzi Hassan. **Código de Processo Penal**: Comentários Consolidados e Crítica Jurisprudencial. 10. ed., no prelo, passim, mas especialmente comentários ao artigo 283.

5 CORTE INTERAMERICANA DE DIREITOS HUMANOS. **Caso Norín Catrimán y otros (Dirigentes, membros y activista del Pueblo indígena mapuche) vs. Chile**. Sentença de 29 maio 2014. Disponível em: <https://www.corteidh.or.cr/docs/casos/articulos/seriec_279_esp.pdf>. Acesso em: 13 jan. 2022.

la Convención Americana: a) Es una medida cautelar y no punitiva: debe estar dirigida a lograr fines legítimos y razonablemente relacionados con el proceso penal en curso. No puede convertirse en una pena anticipada ni basarse en fines preventivos-generales o preventivo-especiales atribuibles a la pena.

Deve-se destacar que no direito brasileiro, pela sua base constitucional, especificamente o art. 5º, que toda restrição anterior ao trânsito em julgado tem natureza cautelar, tema discutido amplamente no Capítulo 9 deste Livro, sendo vedada qualquer execução de pena a título provisório.

Assumida esta posição conforme explícito mandamento constitucional e assim reconhecido pelo STF (ver Capítulo 9) o gráfico abaixo[6], produzido pelo CNJ, fornece o percentual de pessoas presas sem trânsito em julgado, a dizer, por determinação que só pode ter natureza cautelar:

Privados de Liberdade por Natureza da Medida

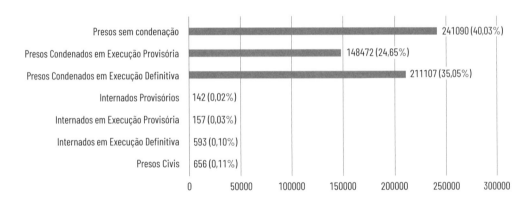

*Cumpre anotar que, no sistema, o documento hábil à mudança da natureza da prisão sem condenação para prisão decorrente de condenação é a guia de recolhimento, de modo que são computados como presos sem condenações as pessoas que já condenadas em primeiro grau em relação às quais não foi expedida guia de recolhimento. Neste sentido o parágrafo 1o do artigo 2º da Resolução CNJ n. 113/200 estabelece o prazo máximo de cinco dias para a expedição da guia de recolhimento definitiva ou de internação, dispondo o artigo 9º do mesmo ato normativo que a guia provisória deve ser expedida após o recebimento de eventual recurso.

Fonte: CNJ, 2018.

---

6 CNJ – Conselho Nacional de Justiça. **Banco Nacional de Monitoramento de Prisões 2.0**. Brasília: 2018. Disponível em: <https://www.cnj.jus.br/wp-content/uploads/2019/08/bnmp.pdf>. Acesso em: 11 jan. 2022. p. 38.

Exposta a natureza da restrição antes do trânsito em julgado como cautelar, o percentual da população carcerária nessa condição é de 64,68%, um dos mais altos da América Latina[7] – e do mundo[8] – no momento em que este Livro é escrito.[9]

> **Análise Crítica:** Neste ponto, deve merecer destaque a constatação que o uso *excessivo de medidas cautelares é uma clara manifestação da baixa eficiência do modelo processual penal*, porquanto, em última análise, significa claramente a incapacidade operacional em julgar, no tempo razoável, o *mérito da acusação*. Substitui-se, assim, o definitivo pelo precário.

A cautelaridade banhada pela presunção de inocência manifesta-se em vários desdobramentos, os quais serão pontualmente analisados ao longo deste Capítulo, a saber:

a] reserva de jurisdição para a determinação da necessidade cautelar e imposição da medida com obediência ao modelo acusatório;

b] impossibilidade de determinação cautelar ex lege;

c] legalidade estrita da medida imposta a partir da verificação da necessidade cautelar;

d] metodologia adequada ao modelo acusatório, com verificação da necessidade cautelar em audiência;

---

7   A preocupação com o uso excessivo da prisão preventiva vem de longa data no cenário latino-americano. Ver, entre outros, CARRANZA, Elías; et al. **El preso sin condena en América Latina y el Caribe.** San José – Costa Rica: Instituto Latinoamericano de las Naciones Unidas para la prevención del delito y tratamiento del delincuente – ILANUD, 1983.

8   Anote-se que "it is estimated that on any given day around 2.5 million people are being held in pre-trial detention and other forms of remand imprisonment throughout the world; and that in the course of a year approximately 10 million people will pass through pre-trial detention." Em tradução livre, "é estimado que, em um dia, no mundo todo, cerca de 2,5 milhões de pessoas suportam uma medida cautelar de prisão ou outras formas de constrição; e, ao longo de um ano, aproximadamente 10 milhões de pessoas serão detidas cautelarmente". KEMPEN, Piet Hein van. Pre-trial detention in national and international law and practice: A comparative synthesis and analyses. In: KEMPEN, Piet Hein van (Ed.) **Pre-trial detention**: human rights, criminal procedural law and penitentiary law, comparative law (International Penal and Penitentiary Foundation). Cambridge: Antwerp: Portland: Intersentia, 2012, 2012. p. 3-46.

9   Assim, "The United States likely detains millions of people each year for inability to post modest bail. There are approximately eleven million annual admissions into local jails. Many of those admitted remain jailed pending trial. At midyear 2014, there were an estimated 467,500 people awaiting trial in local jails, up from 349,800 at the same point in 2000 and 298,100 in 1996." Em tradução livre: "Os Estados Unidos detém milhares de pessoas a cada ano diante da impossibilidade de depositar fianças ainda que em um valor modesto. Há, aproximadamente, onze milhões de entradas de pessoas nas prisões. Muitas delas admitem ficar detidas na pendência do julgamento. Em meados de 2014 estimava-se que 467.500 pessoas encontravam-se presas aguardando julgamento, mais do que as 349.800 que existiam no período correspondente do ano 2000 e 298.100, em 1996." HEATON, Paul; MAYSON, Sandra G.; STEVENSON, Megan. The Downstream Consequences of Misdemeanor Pretrial Detention. **Stanford Law Review**, v. 69, issue 3, p. 711, mar./2017. Disponível em: <https://www.stanfordlawreview.org/print/article/the-downstream-consequences-of-misdemeanor-pretrial-detention/>. ou <https://digitalcommons.law.uga.edu/fac_artchop/1148>. Acesso em: 13 jan. 2022.

e] separação entre a justa causa da necessidade cautelar e a justa causa da acusação pela prática criminosa (processo de conhecimento)

f] limitação temporal da medida imposta, com mecanismo de revisão periódica obrigatória.

Contudo, como se verá ao longo deste Capítulo, ainda que nos últimos anos e, particularmente, na última década, o Supremo Tribunal Federal venha afirmando em várias ocasiões que

> Em matéria de prisão preventiva, a garantia da fundamentação das decisões judiciais implica a assunção do dever da demonstração de que o aprisionamento satisfaz pelo menos a um dos requisitos do art. 312 do Código de Processo Penal. Sem o que se dá a inversão da lógica elementar da Constituição, segundo a qual a presunção de não-culpabilidade prevalece até o momento do trânsito em julgado da sentença penal condenatória.[10]

Cabe indagar como se pode desconstruir tal presunção, seja de inocência ou de não culpabilidade[11], diante de um cenário cognitivo inexistente, acabando por ser usada, em essência, argumentação ligada à personalidade da pessoa suspeita ou acusada ou a gravidade em abstrato do crime cometido.

`12.1.2` Impossibilidade de imposição de medidas cautelares ex lege

É decorrência direta da estrutura constitucional e convencional a impossibilidade de imposição direta, por lei, de medidas cautelares em condutas subsumíveis a determinados tipos penais, ainda que considerados de especial gravidade pelo legislador.

Ou seja, a verificação daquilo que se denomina no presente Capítulo de *necessidade cautelar* depende de análise judicial no caso concreto, concretizada nas etapas legais definidas pelo legislador.

Nada obstante o marco constitucional-convencional que impede a imposição de medidas cautelares de forma automática e, nesse sentido, de plano,

---

10 BRASIL. Superior Tribunal de Justiça. **Habeas Corpus n. 106209/SC**. Segunda Turma. Relator Min. Ayres Britto. Julgamento: 01/03/2011. Disponível em: <https://redir.stf.jus.br/paginadorpub/paginador.jsp?docTP=TP&docID=1226362>. Acesso em: 13 jan. 2022.

11 Para análise dessa eventual distinção, por todos na doutrina nacional veja-se MORAES, Mauricio Zanoide. **Presunção de inocência no processo penal brasileiro**. Análise da estrutura normativa para a elaboração legislativa e para decisão judicial. Rio de Janeiro: Lúmen Júris, 2010. p. 146/152. No cenário comparado, PAULESU, Píer Paolo. **La prsunzione di non colpevolezza dell'imputato**. 2 ed. Torino: G. Giappichelli Editore, 2009, especialmente p. 51 a 60. Ademais, ver Capítulo 2 desta Obra.

afastando normas como a do art. 312 quanto o CPP entrou em vigor[12], mesmo após a Constituição ainda anima o legislador a possibilidade criação de normas no sentido do automatismo cautelar ou, na outra face da moeda, a *impossibilidade de liberdade provisória.*

Assim, tentou por via do processo legislativo, em algumas ocasiões implantar mecanismo compulsório da prisão cautelar, tendo cabido (tardiamente) ao STF manifestar-se definitivamente para impedir essa construção legislativa[13].

A reforma trazida com a Lei 13.964/2019 foi ambígua em relação a este aspecto.

Por um lado, com a nova redação dada ao art. 313 deixou clara a impossibilidade de imposição de medida cautelar diante de mera *fase processual*, ao dispor que "§ 2° Não será admitida a decretação da prisão preventiva com a finalidade de antecipação de cumprimento de pena ou *como decorrência imediata de investigação criminal ou da apresentação ou recebimento de denúncia.*" (sem grifo no original).

---

12   O CPP, no seu art. 312 dispunha: "A prisão preventiva será decretada nos crimes a que for cominada a pena de reclusão, por tempo, no máximo, igual ou superior a dez anos." Como recorda autorizada doutrina sobre esse artigo, "Estava implantada em nosso direito a prisão preventiva compulsória ou obrigatória, impossibilitando ao juiz examinar a necessidade da decretação dessa medida cautelar. Conseqüência do chamado Estado Novo a que se atribuiu as cores de um fascismo indígena, implantado com a Carta Política de 1937, ou fruto da imprevisão dos legisladores de então, como querem outros,6 o certo é que por força desse preceito, durante muitos anos, não tiveram os nossos juízes a faculdade de deliberar sobre a necessidade da prisão preventiva. Mesmo com a normalização democrática resultante da Constituição de 1946, num regime constitucional em que o povo influía diretamente na formação dos poderes do Estado, essa drástica medida continuou vigorando (...)" CAMPOS BARROS, Romeu Pires. O Processo Penal Cautelar. **Revista de Processo – RePRO**, v. 2, n. 7/8, p. 220, jul./dez. 1977.

13   Isto na Ação Direta de Inconstitucionalidade 3.112-1 que teve como relator o Min. Ricardo Lewandowski. No corpo do acórdão tem-se que: "A prisão obrigatória, de resto, fere os princípios constitucionais da ampla defesa e do contraditório (art. 5°, LV), que abrigam um conjunto de direitos e faculdades, os quais podem ser exercidos em todas as instâncias jurisdicionais, até a sua exaustão." No mais, o próprio STF reiterou esse entendimento em acórdãos diversos e, dentre eles, o com a seguinte ementa: vedação legal absoluta, em caráter apriorístico, da concessão de liberdade provisória. lei de drogas (art. 44). Inconstitucionalidade. Ofensa aos postulados constitucionais da presunção de inocência, do *"due process of law"*, da dignidade da pessoa humana e da proporcionalidade. o significado do princípio da proporcionalidade, visto sob a perspectiva da *"proibição do excesso"*: fator de contenção e conformação da própria atividade normativa do estado. Precedente do supremo tribunal federal: adi 3.112/df (estatuto do desarmamento, art. 21). Caráter extraordinário da privação cautelar da liberdade individual. Não se decreta prisão cautelar, sem que haja real necessidade de sua efetivação, sob pena de ofensa ao *"status libertatis"* daquele que a sofre. Irrelevância, para efeito de controle da legalidade do decreto de prisão cautelar, de eventual *reforço de argumentação* acrescido por tribunais de jurisdição superior. Precedentes. Medida cautelar deferida STF – med. Caut. Em habeas corpus 97.976-9 Minas Gerais – relator: min. Celso de Mello – Data do Julgamento: 09 de março de 2009 (grifos no original). BRASIL. Supremo Tribunal Federal. **Ação Direta de Inconstitucionalidade n. 3112-1/DF**. Relator Min. Ricardo Lewandowski. Disponível em: <http://www.stf.jus.br/imprensa/pdf/adi3112.pdf>. Acesso em: 13 jan. 2022.

Contudo, essa mesma reforma criou, uma vez mais, o automatismo cautelar, agora reiterado na redação do novo art. 310, parágrafo único[14]. O primeiro aspecto da nova norma – cronologicamente falando pois, na essência, é uma reafirmação da estrutura original do CPP – é a "vedação da liberdade provisória" (sic) quando a pessoa submetida à persecução for *reincidente*, algo que não se sustenta por qualquer aspecto do processo penal no marco constitucional-convencional.

De maior apego midiático é a vedação nas hipóteses em que houver persecução contra quem "integra organização criminosa armada ou milícia, ou que porta arma de fogo de uso restrito". Aqui, nada mais que populismo legislativo processual penal porquanto a demonstração da necessidade cautelar nestas situações surge não do automatismo da norma, mas, sim, dos fundamentos legítimos para a adoção da medida como, em destaque, o risco à integridade da produção probatória. E, tendentemente, desde um primeiro momento, a prisão aparece como medida a ser tomada, dada a potencial insuficiência das medidas não encarceradoras.

`12.1.3` Ação cautelar e medida cautelar

Não existe na visão dominante da doutrina processual penal um verdadeiro *direito de ação* de natureza cautelar[15].

Ao alocar as cautelares como *medidas* dificulta-se a compreensão de pontos essenciais dessa atuação do sistema punitivo, particularmente nos seguintes pontos que são desde já apontados e voltarão a ser analisados ao longo do presente Capítulo:

a] Construção da *cognição cautelar*: a demonstração da necessidade cautelar exige um mínimo de atividade que a comprove (cognição cautelarmente adequada)

b] Adequação procedimental para aferição da necessidade cautelar: o CPP estruturou a forma escrita para tomada de decisão cautelar e assim tem sido mantida ao longo das várias reformas, mesmo a de 2011 que não conseguiram impor o método oral nessa seara (fracassando, também, no próprio processo de conhecimento). A manutenção de um simulacro de procedimento escrito na tomada de decisão cautelar é uma das mais arraigadas consequências de um processo de padrão inquisitivo.

---

14   Art. 310. (...) § 2º Se o juiz verificar que o agente é reincidente ou que integra organização criminosa armada ou milícia, ou que porta arma de fogo de uso restrito, deverá denegar a liberdade provisória, com ou sem medidas cautelares.

15   Com efeito, são poucas as intervenções doutrinárias que se referem expressamente a uma "ação cautelar" no campo processual penal. Ver SOUZA, Alexander Araujo de. O abuso do direito no requerimento de medidas cautelares típicas e atípicas no processo penal. **Revista dos Tribunais**, v. 96, n. 856, p. 470, fev. 2007.

Mesmo a mais abalizada doutrina[16] não chega ao ponto de desconstruir as cautelares como medidas diante da insuficiência cognitiva desse modelo.

Análise Crítica: por essa razão emprega-se a palavra *medida* ao se referir ao conjunto de atos que culminam num *decreto* (e não numa sentença!) no âmbito cautelar. Consideradas as premissas aqui expostas, na redação original do CPP tem-se quase uma atividade administrativa na determinação dessas medidas. Entre a concepção original do CPP e o texto da CR/CADH reside um dos maiores conflitos técnico e cultural do nosso ordenamento processual penal.

Vale como justificativa teórica sobre esse ponto a lição de Greco ao afirmar que

A medida cautelar é a providência jurisdicional protetiva de um bem envolvido no processo; o processo cautelar é a relação jurídica processual, dotada de procedimento próprio, que se instaura para a concessão de medidas cautelares. O processo cautelar é o instrumento natural para a produção e deferimento de medidas cautelares, mas nem todas as medidas cautelares são determinadas ou deferidas em processo cautelar.[17]

Observação esta produzida antes da atual base constitucional e voltada em larga parte para o processo civil. No mesmo sentido, outra fonte doutrinária de larga repercussão aponta que

Embora sem criar relação processual autônoma, mas de forma incidental, existe pretensão cautelar nos casos de requerimentos de prisão provisória, de aplicação provisória de interdições de direitos e medidas de segurança, de seqüestro dos bens adquiridos com o provento da infração penal, visando assegurar efeito da sentença penal condenatória e a antecipação de prova testemunhal prevista no artigo 225 do Código de Processo Penal de 1941.[18]

Diante da

Impossibilidade de conceber-se um *processo penal cautelar*, bem como uma *ação (ação da parte) penal cautelar* (...) no *processo penal* há lugar somente, para a adoção de *medidas cautelares*, efetiváveis, quer no processo de conhecimento, quer no de execução.[19]

---

16 MORAES, Mauricio Zanoide. **Presunção de inocência no processo penal brasileiro.** Op. Cit.

17 GRECO FILHO, Vicente. Notas sobre medidas cautelares e provimento definitivo. **Justitia**, São Paulo, v. 125, p. 84-92, 1984.

18 JARDIM, Afrânio Silva. Reflexão Teórica sobre o Processo Penal. Justitia, São Paulo, v. 127, p. 91-125, 1984.

19 TUCCI, Rogério Lauria. Processo e procedimentos penais. **Revista dos Tribunais**, São Paulo, n. 749, p. 496-497, mar. 1998.

Tais lições apresentam duas características marcantes: foram produzidas antes da conversão constitucional de 1988 e adoção no direito interno dos respectivos textos convencionais aplicáveis à matéria e, em certa medida, são cunhados a partir de lições trazidas do processo civil onde as cautelares encontram sua autonomia conceitual pela obra de Calamandrei[20] e tiveram seu reconhecimento pelo Código de Processo Civil de 1973.

Por isso é pertinente recordar, dentro de uma visão ampla do fenômeno cautelar, e na perspicaz observação de Ovídio Baptista da Silva,[21]

> Há uma satisfação de direito material que se opera na concessão da Medida Cautelar [...] sendo tal posição "ousada em identificar um interesse de direito material satisfeito no momento em que o juiz a defere que é justamente o afastamento da situação de perigo que ameaçava o direito reivindicado na ação." [22]

Se for tomada a posição de Ovídio Baptista atrás mencionada no sentido de que existe um direito material pretendido mesmo em sede de medidas cautelares, e isto for aplicado cegamente ao processo e ao direito penal material, pode-se chegar a um resultado altamente inquisitivo nessas searas. Desta maneira, a medida cautelar penal, sob esta ótica, tende a se revestir de verdadeira antecipação do juízo de mérito e, portanto, de pena antecipada.

Análise Crítica: Aqui uma das grandes demonstrações de como uma *teoria geral do processo* se projeta negativamente para o processo penal. Não é possível que a medida cautelar processual penal sirva, sob qualquer pretexto, a uma antecipação de tutela de mérito, a dizer, de forma de pena antecipada.

O emprego de tal separação (medida cautelar fora de uma ação cautelar) para o processo penal permaneceu intacta diante da Lei 12.403/11 que desde os trabalhos acadêmicos da Comissão Grinover nunca pensou em alterar substancialmente essa estrutura[23], sendo que as ambições reformistas dirigiram-se preponderantemente à ampliação do rol de medidas cautelares.

Observe-se desde já que na redação original da Comissão, bem como naquela apresentada ao Congresso Nacional, não havia sequer a impossibilidade do juiz

---

20 CALAMANDREI, Piero. **Introdução ao Estudo Sistemático dos Procedimentos Cautelares**. Trad. Carla Roberta Andreasi Bassi. Campinas: Servanda, 2000.

21 SILVA, Ovídio Baptista da. **As Ações cautelares e o Novo Processo Civil**. 2. ed. Rio de Janeiro: Forense, 1974. p. 35. *Apud* FRIEDE, Roy Reis. Medidas Cautelares e Limares Satisfativas. **Justitia**, São Paulo, v. 165, p. 37-45, 1994.

22 Mesmo por este aspecto se pode concluir legitimamente que existe uma pretensão atuada por alguém que não é legitimado (no caso do processo penal) a propor a ação.

23 Ao contrário, buscou apenas racionalizá-la. Essa mesma percepção teve o Senado da República ao analisar o projeto oriundo da Comissão Grinover: "Falta ao nosso Código de Processo Penal (CPP) uma disciplina mais abrangente e criativa no tocante às medidas cautelares pessoais. Predomina, hoje, o trinômio "prisão preventiva, fiança e liberdade provisória sem fiança". O que a proposta faz, em essência, é aprimorar o leque de opções cautelares, a critério da sensibilidade do magistrado."

decretar, de ofício, a prisão preventiva no curso da investigação como acabou sendo consagrado na lei então aprovada.[24]

O reflexo dessa postura pode ser encontrado em todo modelo cautelar como, por exemplo, na ampliação da legitimação para provocar a verificação da necessidade cautelar, como tratado em tópico específico deste Capítulo.

12.1.4 Legalidade estrita das cautelares penais: a inexistência do *poder geral de cautela*

Como observamos de longa data[25] a norma processual penal não dá vazão ao denominado *poder geral de cautela*, posição esta também defendida por parte de abalizada doutrina.[26]

Há, contudo, posições em sentido contrário[27], sendo que a maior parte delas enfatiza a *eficiência* do processo penal como justificação do rol de medidas por mera determinação judicial.

Apoiado numa compreensão já presente na doutrina estrangeira[28] mas ainda não explorada na doutrina pátria pela literatura dominante, afirmamos que

> A tipicidade das normas cautelares penais é uma decorrência lógica das premissas de um processo penal consentâneo com o Estado de Direito. Neste ponto, nunca é demais recordar da lição correta de Barros[29] ao afirmar, que – A possibilidade jurídica na ação cautelar consiste em se verificar *prima facie*, se a medida cautelar pleiteada é admissível no estatuto processual ou em qualquer lei dessa natureza. Existe uma tipicidade processual não diferente da tipicidade de direito substancial. Portanto, importa verificar se o pedido do autor pode subsumir-se num dos modelos descritos nos preceitos normativos do direito vigorante. Inexistindo no ordenamento jurídico a medida cautelar pleiteada, não há possibilidade jurídica para o pedido do autor.

Assim, a norma processual penal, da mesma maneira que a norma de direito penal material, reveste-se de taxatividade das previsões restritivas de direitos

---

24 Na redação original da Comissão Grinover apresentada ao Congresso tinha-se que: Art. 283. Ninguém poderá ser preso senão em flagrante delito ou por ordem escrita e fundamentada da autoridade judiciária competente, em decorrência de sentença condenatória transitada em julgado ou, no curso da investigação ou do processo, em virtude de prisão temporária ou prisão preventiva.

25 CHOUKR, Fauzi Hassan. **Código de Processo Penal**: Comentários consolidados e crítica jurisprudencial. 5. ed. São Paulo: Saraiva, atual nota n. 5 ao art. 3º, com comentário presente desde a primeira edição da obra em 2005.

26 LOPES JR., Aury. A (in)existência de poder geral de cautela no processo penal. **Boletim IBCCRIM**, São Paulo, ano 17, n. 203, p. 08-09, out, 2009.

27 ALVES, Rogério Pacheco. O poder geral de cautela no processo penal. **Revista dos Tribunais**, São Paulo, v. 799, p. 423 e seguintes, maio/ 2002. Disponível em: <www.revistasrtonline.com.br>. Acesso em: 21 jul. 2021.

28 BINDER, Alberto. M. **Introdução ao Direito Processual Penal**. Op. Cit.

29 BARROS, Romeu Pires de Campos. **Processo Penal Cautelar**. Rio de Janeiro: Forense, 1982.

fundamentais, devendo possuir redação certa e precisa, evitando expressões *porosas*[30] como a a encontrada na fundamentação *ordem pública* da prisão preventiva (vide critica infra) e que deixem ao julgador margem excessiva de discricionariedade interpretativa.

Não é outra a conclusão do Sistema Interamericano de Direitos Humanos, ao afirmar que

> La Corte ha reiterado que cualquier restricción al derecho a la libertad personal debe darse únicamente por las causas y en las condiciones fijadas de antemano por las Constituciones Políticas o por las leyes dictadas conforme a ellas (aspecto material), y además, con estricta sujeción a los procedimientos objetivamente definidos en la misma (aspecto formal).[31]

12.1.5 A duração da medida cautelar

Embora existam regras sobre a duração da medida cautelar que recaem sobre coisas (hoje denominadas de medidas assecuratórias), a maior preocupação teórica e prática se volta para a duração das cautelares que afetam a liberdade pessoal, posto que essa duração se projeta em várias consequências como, por exemplo, na detração da pena e no próprio ritmo da marcha processual tema este que, por sinal, sofreu modificações para pior com a reforma que entrou em vigor em 2011 mas, que, com a entrada em vigor da Lei 13.964/2019 ganhou nova e positiva dimensão, ao menos parcialmente.

Não há qualquer previsão na Lei 12.403/11 a respeito, tampouco havia desde os trabalhos iniciais da Comissão Grinover, acerca da duração da prisão cautelar, quer em Primeiro, quer em Segundo Grau de jurisdição, diversamente do quanto já havia sido cogitado no projeto Frederico Marques.

Neste ponto o antigo alerta de abalizada doutrina:

> Ao contrário do que acontece no direito atual, em que o período de prisão preventiva não tem um prazo de duração expresso em lei, sendo ela estabelecida para efeito da instrução criminal, que pode prolongar-se devido aos mais variados incidentes, o Anteprojeto estabelece um prazo peremptório de duração, exigindo do juiz ao término deste, um pronunciamento. É o que consta do art. 489, segundo o qual decorridos 60 dias da decretação da prisão preventiva o juiz poderá mantê-la, revogá-la ou substituí-la pela liberdade provisória, com ou sem fiança. Esta norma é eloqüente no sentido de demonstrar a ampla faculdade

---

30 HASSEMER, Winfried. Crisis y características del moderno derecho penal. **Actualidade Penal**, n. 43/22, p. 635-646, 1993.

31 CORTE INTERAMERICANA DE DIREITOS HUMANOS. **Caso García y Familiares vs. Guatemala**. Sentença de 29 nov. 2012. (FONDO, REPARACIONES Y COSTAS). Disponível em: <https://www.corteidh.or.cr/docs/casos/articulos/seriec_258_esp.pdf>. Acesso em: 13 jan. 2022.

que tem o juiz, no objetivo de amenizar a imposição cautelar; facultando-lhe sempre substituir a prisão por outras cautelas que não prejudiquem o direito de liberdade. Consoante está expresso ainda no parágrafo único desse artigo, tal norma não se estende aos casos em que a prisão preventiva é decretada tendo em consideração ser o sujeito passivo da medida criminoso habitual ou por tendência, ou vadio. [32]

Aliás, historicamente é pior a situação da duração da prisão cautelar em Segundo Grau que nunca possuiu qualquer regra clara de limitação e não se amoldou, em momento algum, aos confinamentos de tempo que a doutrina e a jurisprudência encontraram, antes das reformas, para a jurisdição em Primeiro Grau, algo que pode ser alterado pela Lei 13.964/2019 que, ao introduzir a revisão periódica, pode ser interpretada como ser ela exigível também no transcurso da atividade recursal, em segundo grau.

Análise Crítica: a duração que aqui se discute é a da medida cautelar e não apenas da prisão cautelar (preventiva). Isto porque, sendo a prisão preventiva a última das medidas empregáveis deve-se ter claro que as demais (não encarceradoras) devem estar submetidas ao controle temporal *posto que também são medidas cautelares*. A esse respeito não há qualquer previsão legal explícita.

Com a reforma dos procedimentos penais em 2008, um importante aspecto merece destaque: não há diferença na previsão de término da instrução para processos com pessoas acusadas soltas ou presas.

Embora previstos com prazos exíguos como se vê na sequência, é um equívoco não haver distinção dos prazos para fins de instrução – que não se confundem com a finalização do processo em si – para as situações processuais envolvendo pessoas submetidas a medidas cautelares, sejam elas diversas da prisão (art. 319 do CPP) ou com a prisão preventiva decretada.

Assim, temos a seguinte disciplina legal:

Esquematicamente:

Tipo Procedimento	Prazo finalização da instrução
Ordinário	60 dias (art. 400 do CPP)
Sumário	30 dias (art. 531 do CPP, primeira parte)
Sumaríssimo	Infração penal de menor potencial ofensivo (Lei 9099/95): sem previsão expressa. Sem possibilidade, em princípio, de pessoa acusada presa. Procedimento informado pelo princípio da celeridade
Júri	Primeira fase do procedimento: 90 dias (art. 412 do CPP)

Fonte: O autor (2021)

---

32 CAMPOS BARROS, Romeu Pires. **Processo Penal Cautelar**. São Paulo: Forense, 1982.

Essa estrutura é claramente ofensiva ao Sistema Interamericano de Direitos Humanos e a precedentes da CADH como no que se observa que

> El derecho de toda persona detenida de ser juzgada dentro de un plazo razonable o a ser puesta en libertad, sin perjuicio de que continúe el proceso (artículo 7.5 de la Convención y xxv de la Declaración), *implica la obligación correlativa del Estado de "tramitar con mayor diligencia y prontitud los procesos penales en los que el imputado se encuentre privado de libertad."*[33] (sem grifo no original)

Contudo, o mínimo que existe de limitação temporal e que, como visto, não se aplica exclusivamente às medidas cautelares, sofre mitigações de várias ordens tal como compreendido na jurisprudência dos tribunais superiores que, neste ponto, tentam arrimar-se em compreensões de cortes de direitos humanos e, em alguma medida, na literatura comparada e internacional.

Assim, quanto ao alegado excesso de prazo aponte-se, inicialmente, que a jurisprudência do e. STF orienta-se no sentido de não haver constrangimento ilegal por excesso de prazo quando a complexidade da causa, a quantidade de réus e de testemunhas justificam a razoável demora para o encerramento da ação penal (cf. HC 89.168, rel. min. Cármen Lúcia, julgamento em 26-9-2006, Primeira Turma, DJ de 20-10-2006; HC 108.504, rel. min. Ricardo Lewandowski, julgamento em 11-10-2011, Segunda Turma, DJE de 14-12-2011; HC 98.620, rel. p/ o ac. min. Luiz Fux, julgamento em 12-4-2011, Primeira Turma, DJE de 31-5-2011).

Ademais,

> O exame de eventual excesso de prazo na prisão processual é de se dar em cada caso concreto. Isto é, atento o julgador às peculiaridades do processo em que estiver oficiando (como, exemplo, o número de réus e de testemunhas arroladas, a complexidade do processo e o comportamento dos patronos dos acusados, que não podem ser os causadores do retardamento da causa). Peculiaridades, essas, a serem analisadas na instância competente, mediante aturada ponderação de valores constitucionais de primeira grandeza: por um lado, o exercício do poder-dever de julgar (inciso xxxv do art. 5º da CF); por outro, o direito subjetivo à razoável duração do processo e dos meios que garantam a celeridade de sua tramitação (inciso LXXVIII do art. 5º da CF), sobretudo quando em jogo a liberdade de locomoção. (HC 107.088-AgR, rel. min. Ayres Britto, julgamento em 31-5-2011, Segunda Turma, DJE de 18-11-2011.)

E, as diretrizes de interpretação no e. STJ a respeito das causas que acarretam o excesso de prazo tem-se que

---

33 CORTE INTERAMERICANA DE DIREITOS HUMANOS. **Caso Barreto Leiva vs. Venezuela**. Op. Cit., Série C n. 206; pár. 120; CORTE INTERAMERICANA DE DIREITOS HUMANOS. **Caso Bayarri vs. Argentina**. Op. Cit., Série C n. 187, pár. 70.

1. A concessão de Habeas Corpus em razão da configuração de excesso de prazo é medida de todo excepcional, somente admitida nos casos em que a dilação (1) seja decorrência exclusiva de diligências suscitadas pela acusação; (2) resulte da inércia do próprio aparato judicial, em obediência ao princípio da razoável duração do processo, previsto no art. 5º, LXXVIII da Constituição Federal; ou (3) implique em ofensa ao princípio da razoabilidade (...); 4. Ordem odenegada, em conformidade com o parecer ministerial.[34]

O resultado prático é o que está apontado em recente levantamento realizado pelo CNJ[35] e que se apresenta da seguinte forma para a duração média da prisão cautelar no Estados:

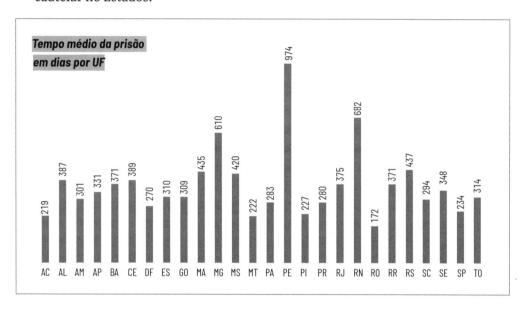

Fonte: Levantamento do CNJ com Tribunais de Justiça (Janeiro/2017).

---

34 BRASIL. Superior Tribunal de Justiça. **Habeas Corpus n. 116815/SP 2008/0214929-0**. Quinta Turma. Relator Ministro Napoleão Nunes Maia Filho (1133). Data do Julgamento: 18/12/2008. Data da Publicação/Fonte: DJe 16/02/2009. Disponível em: <https://scon.stj.jus.br/SCON/GetInteiroTeorDoAcordao?num_registro=200802149290&dt_publicacao=16/02/2009>. Acesso em: 13 jan. 2022.

35 Levantamento do CNJ com Tribunais de Justiça (2017), apud SÁ, Pedro Augusto Bragança de.; VERNEQUE, Wellington. O princípio do contraditório no inquérito policial e a quantidade de presos provisórios no Brasil. **Revista Eletrônica de Ciências Jurídicas**, v. 1, n. 4, 2017. Disponível em: <http://fadipa.educacao.ws/ojs-2.3.3-3/index.php/cjuridicas/article/view/252/pdf>. Acesso em: 11 jan. 2022.

A isso deve-se somar o levantamento sobre o percentual de presos provisórios há mais de 180 dias, por Estado, segundo o CNJ[36]:

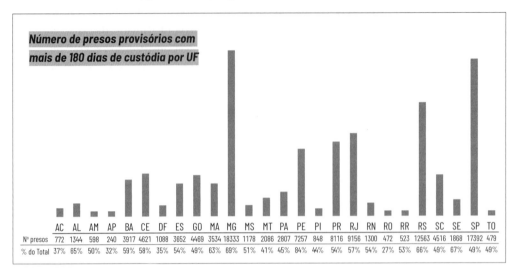

Fonte: Levantamento do CNJ com Tribunais de Justiça (Janeiro/2017).

Aos olhos do sistema interamericano de Direitos Humanos essa irrazoabilidade é uma forma de transformar a medida cautelar em pena antecipada, uma vez que, me não raras situações, a duração dessa medida é superior em tempo–ou em natureza de pena – à própria sanção penal material aplicada.[37]

---

36 Levantamento do CNJ com Tribunais de Justiça (janeiro/ 2017), apud AGUIAR, Julio Cesar; ALVES, Tiago Gomide; TABAK, Benjamin Miranda. A não equiparação do tráfico de drogas privilegiado a crime hediondo: uma análise comportamental. **Quaestio Iuris**, Rio de Janeiro, v. 11, n. 4, p. 3371-3392, 2018. DOI: 10.12957/rqi.2018.34990. Disponível em: <https://www.e-publicacoes.uerj.br/index.php/quaestioiuris/article/view/34990/27100>. Acesso em: 11 jan. 2022. p. 3387.

37 Não por outra razão, no desenvolvimento das reformas do processo penal na América Latina o tema sempre teve especial destaque, desde há muito tempo. A respeito ver, entre outros, DUCE, Mauricio; FUENTES M., Claudio; RIEGO, Cristián. La reforma procesal penal en América Latina y su impacto en el uso de la prisión preventiva. DUCE, Mauricio; RIEGO, Cristián. (Eds.). **Prisión Preventiva y Reforma Procesal Penal en América Latina**. Evaluación y Perspectivas. Santiago: CEJA-JSCA, 2009. p. 13-73.

Assim, são inúmeros precedentes da CIDH que censuram essa dinâmica processual, enfatizando a desconformidade com a Convenção[38] mesmo porque não há como ser sustentável a qualquer aspecto do Estado de Direito situações comuns no quotidiano forense como no caso em que " entendo assistir razão ao ora impetrante no ponto em que sustenta a duração excessiva da prisão cautelar imposta ao paciente (seis anos e meio), sem que tenha sequer sido julgado, até o momento, pelo Tribunal do Júri da comarca de Ipojuca/PE."[39]

Esses dados demonstram o fracasso técnico-normativo da reforma de 2011 que, não trabalhando limites claros de duração da prisão -e, por conseguinte, relegando toda análise judicial ao campo da *proporcionalidade e razoabilidade*, também não havia criado um mecanismo de revisão periódica da necessidade cautelar relegando-o, quando muito a um modelo de *soft law* e de curta duração como se passou no Estado de São Paulo.[40]

`12.1.5.1` A revisão periódica da medida cautelar

A Lei 13.964/2019, contudo, passou a regular a necessidade da revisão periódica na atual redação do art. 316, Parágrafo único, que "Decretada a prisão preventiva, deverá o órgão emissor da decisão revisar a necessidade de sua manutenção a

---

38 Entre eles: CORTE INTERAMERICANA DE DIREITOS HUMANOS. **Caso López Álvarez vs. Honduras**. Sentencia de 1 fev. 2006. Série C n. 141, pár. 69. Disponível em: <https://www.corteidh.or.cr/docs/casos/articulos/seriec_141_esp.pdf>. Acesso em: 13 jan. 2022; CORTE INTERAMERICANA DE DIREITOS HUMANOS. **Caso Acosta Calderón vs. Ecuador**. Sentencia de 24 de junio de 2005. Disponível em: <https://www.corteidh.or.cr/docs/casos/articulos/seriec_129_esp1.pdf>. Acesso em: 13 jan. 2022, Série C n. 129, pár. 111; CORTE INTERAMERICANA DE DERECHOS HUMANOS. **Caso Tibi vs. Ecuador**. Sentencia de 07 de septiembre de 2004. Série C n. 114, pár. 180. Disponível em: <http://www.corteidh.or.cr/docs/casos/articulos/seriec_114_esp.pdf>. Acesso em: 13 jan. 2022; CORTE INTERAMERICANA DE DIREITOS HUMANOS. **Caso "Instituto de Reeducación del Menor" vs. Paraguay**. Sentencia de 2 de septiembre de 2004. Série C n. 112, pár. 229. Disponível em: <https://www.corteidh.or.cr/docs/casos/articulos/seriec_112_esp.pdf>. Acesso em: 13 jan. 2022; CORTE INTERAMERICANA DE DIREITOS HUMANOS. **Caso Suárez Rosero vs. Ecuador**. Sentencia de 12 de noviembre de 1997. Série C No. 35, pár. 77. Disponível em: <https://www.corteidh.or.cr/docs/casos/articulos/seriec_35_esp.pdf>. Acesso em: jun. 2021; CORTE INTERAMERICANA DE DIREITOS HUMANOS. **Informe n. 2/97**, Caso 11.205, Fondo, Jorge Luis Bronstein y otros, Argentina, 11 de marzo de 1997, pár. 12. Disponível em: <https://www.cidh.oas.org/annualrep/97span/argentina11.205.htm>. Acesso em jun. 2021.

39 BRASIL. Supremo Tribunal Federal. **Habeas Corpus n. 126.163/PE**. Relator Ministro Celso de Mello. Julgamento: 16/12/2016. Publicada no DJe em 1.2.2017. Disponível em: <http://portal.stf.jus.br/processos/downloadPeca.asp?id=311001814&ext=.pdf>. Acesso em: jun. 2021.

40 Ver o seguinte Comunicado do TJSP: A Corregedoria Geral da Justiça, nos termos do Comunicado nº 164/2011 e do Comunicado nº 190/2011, RECOMENDA aos MM. Juízes de Direito, com competência criminal, que na forma do artigo 3º da Resolução nº 66/2009, do E. Conselho Nacional de Justiça, continuem reexaminando, por despacho nos autos, a necessidade da custódia cautelar dos réus presos há mais de 03 (três) meses, ficando dispensada a necessidade de comunicação desta providência, via ofício/email, à Corregedoria Geral da Justiça. COMUNICA, ainda, que NÃO fica dispensada a digitação dos dados do Movimento Judiciário referentes à Resolução CNJ nº 66/2009.

cada 90 (noventa) dias, mediante decisão fundamentada, de ofício, sob pena de tornar a prisão ilegal."

Diante do cenário anterior o avanço é significativo e se amolda aos conceitos do Sistema Interamericano de Direitos Humanos que expressamente pontua

> Así, en atención al derecho a la presunción de inocencia y al carácter excepcional de la prisión preventiva surge el deber del Estado de revisar periódicamente la vigencia de las circunstancias que motivaron su aplicación inicial. Este ejercicio de valoración posterior se caracteriza por el hecho de que, salvo evidencia en contrario, el riesgo procesal tiende a disminuir con el paso del tempo.[41]

Mas, ainda que bem-vindo esse avanço, aspectos teórico-práticos ainda se fazem ressentir e poderiam ter sido adotados para aperfeiçoar definitivamente este aspecto do modelo cautelar.

O primeiro deles diz respeito à incidência desse controle que, na literalidade da norma, recai apenas sobre a prisão quando, verdadeiramente, deve recair sobre toda e qualquer medida – encarceradora ou não – imposta, pois *todas elas implicam* em cerceamento da liberdade individual no curso do processo.

Outro aspecto é a metodologia para o desenvolvimento deste controle, ainda pensado dentro da lógica inquisitiva de procedimento, que é o escrito, com baixíssimo grau de oralidade.

Neste ponto recorde-se que, também no cenário da CADH e do Sistema Interamericano de Direitos Humanos já se destacou que

> El acusado deberá tener la posibilidad de estar presente en los procedimientos en los que se decida la aplicación de la prisión preventiva, bajo determinadas condiciones este requisito se podrá satisfacer mediante el uso de sistemas de video adecuados, siempre y cuando se garantice el derecho de defensa. Todo acusado tiene derecho a ser escuchado por el juez y arguir personalmente contra su detención, la detención preventiva no debería decidirse solamente con vista al expediente del caso. Asimismo, la resolución por medio de la cual se impone esta medida debe ser realmente dictada por el juez, luego de escuchar en persona al detenido, no por "sumariantes" ni por secretarios de juzgado.[42]

Merece ser destacado que essa previsão deve ser entendida também como necessária no grau recursal, na pendência de qualquer recurso. Sendo assim entendida, a norma suprirá uma lacuna histórica ao exigir que, na pendência

---

41 Ver em COMISSÃO INTERAMERICANA DE DIREITOS HUMANOS (CIDH). **Informe sobre el uso de la prisión preventiva en las Américas**. Organização dos Estados Americanos. 2013. Disponível em: <http://www.oas.org/es/cidh/ppl/informes/pdfs/Informe-PP-2013-es.pdf>. Acesso em: 13 jan. 2022.

42 ORGANIZAÇÃO DAS NAÇÕES UNIDAS. Grupo de Trabajo sobre Detenciones Arbitrarias. **Informe sobre Misión a Argentina**, E/CN.4/2004/3/Add.3, 23 de diciembre de 2003, pár. 65.

| 824 |

recursal o órgão jurisdicional revisor, e o Ministério Público, em segundo grau – que muitas vezes justifica sua existência como se não ocupasse, ali, o papel de órgão de acusação – exercitem a cognição sobre a necessidade cautelar.

Porém, um ponto significativo ficou ausente da nova diretriz legal: o limite de renovação dos fundamentos cautelares.

É certo que o processo penal brasileiro nunca colocou um limite definitivo à duração das medidas cautelares e com a reforma de 2008, o modelo brasileiro partiu para um sistema completamente aberto da duração das cautelares, como já visto neste Capítulo, distanciando-se dos denominados modelos *fechados*, como o Português ou do Italiano.[43]

A existência de um prazo *fechado* não é obrigatória a partir da leitura do Sistema Interamericano de Direitos Humanos que se posiciona afirmando que

> El artículo 7.5 de la Convención Americana garantiza el derecho de toda persona detenida en prisión preventiva a ser juzgada dentro de un plazo razonable o ser puesta en libertad, sin perjuicio de que continúe el proceso. Este derecho impone límites temporales a la duración de la prisión preventiva, y, en consecuencia, a las facultades del Estado para proteger los fines del proceso mediante este tipo de medida cautelar. Cuando el plazo de la prisión preventiva sobrepasa lo razonable, el Estado podrá limitar la libertad del imputado con otras medidas menos lesivas que aseguren su comparecencia al juicio, distintas a la privación de su libertad mediante encarcelamiento.[44]

Mas a revisão periódica, sim, como já visto.

Observadas as características culturais do funcionamento prático do processo penal brasileiro, a imposição de um limite à possibilidade de revisão viria otimizar a educação processual acusatória, a exigir uma maior eficiência dos intervenientes públicos encarregados da persecução em finalizá-la no seu mérito pois é apenas com a sentença definitiva que as providências cautelares perdem o sentido.

---

43 CPP de Portugal, artigo 215, para a regra geral, sendo o prazo suscetível de ampliação, mas de forma limitada, findo o qual a libertação da pessoa custodiada é obrigatória e, da mesma maneira o CPP italiano, que regra o prazo da prisão cautelar no art. 303, com as críticas feitas por FERRA-JOLI, Luigi. **Direito e Razão**. Op. Cit. p. 715. Para uma abrangente visão do direito comparado ver SANTOS, Vinicius Lang dos. **O Direito constitucional ao prazo razoável e a duração da prisão preventiva**. Porto Alegre. 2008. 136 f. Dissertação (Mestrado em Ciências Criminais). Faculdade de Direito da PUCRS. 2008. (Orientação: Professor Dr. Nereu José Giacomolli).

44 CORTE INTERAMERICANA DE DIREITOS HUMANOS. **Caso Bayarri vs. Argentina**. Sentença de 30 de outubro de 2008. (Exceção Preliminar, Mérito, Reparações e Custas) Voto concordante do Juiz Sergio García Ramírez em relação à Sentença da Corte Interamericana sobre o Caso Bayarri (Argentina), de 30 de outubro de 2008, p. 326. Disponível em: <https://www.corteidh.or.cr/docs/casos/articulos/seriec_187_por.pdf>. Acesso em: 5 jun. 2021.

Processo Penal Cautelar | 825 |

12.1.6 A reserva de jurisdição e o papel do julgador na aferição da necessidade cautelar

O modelo constitucional-convencional brasileiro impõe a reserva de jurisdição na verificação da necessidade cautelar e da consequente imposição de medidas cautelares, não sendo possível que a análise da *necessidade cautelar* seja feita por órgãos administrativos.

Essa reserva de jurisdição se manifesta em dois aspectos de singular destaque:

a] a impossibilidade do protagonismo judicial ou a impossibilidade de determinação, de ofício, da ocorrência da necessidade cautelar e
b] a necessária fundamentação concreta das decisões.

12.1.6.1 A vedação ao protagonismo judicial

O protagonismo judicial no campo das cautelares pessoais no processo penal brasileiro tem uma longa trajetória cujo traço marcante é ser entendida como *natural*. Com efeito, mesmo após o marco constitucional-convencional as resistências a este modelo ficaram reservadas, no campo doutrinário, às obras que possuem aquele marco. No campo jurisprudencial pode-se afirmar, com baixo grau de erro, que não houve resistência à estrutura originária do Código, ao menos até a reforma de 2011.

Nada obstante, no tema da prisão temporária (vide tópico neste Capítulo) ter havido uma inesperada vedação para que fosse determinada de ofício, a permissividade do protagonismo judicial só resistência com a Lei 12.403, de 4 de maio de 2011 que introduziu a vedação da postura oficiosa durante a investigação, ao menos para a determinação da prisão preventiva *inicial* na forma como discutida no presente Capítulo.

No âmbito da Lei 12.403/2011 A restrição a atuação *ex officio*[45] na decretação das medidas cautelares na investigação surgiu no Senado a fim de

> Criar mecanismo voltado a assegurar o sistema acusatório delineado pela Constituição Federal, segundo o qual o magistrado não deve ter iniciativa probatória na investigação criminal. Assim, o juiz somente poderia decretar

---

45 Para uma breve crítica a essa possibilidade de atuação do juiz, censurando-a a partir de um ideal de acusatoriedade, veja-se CRUZ, Diogo Tebet da. Decretação de prisão preventiva ex officio. Violação ao princípio da inércia da jurisdição e ao princípio acusatório. **Boletim do Instituto Brasileiro de Ciências Criminais- IBCCrim**, São Paulo, ano 14, n. 163, p.14-15, jul/2006. ISSN: 16763661.

alguma medida cautelar de ofício, no curso da ação penal, a requerimento do Ministério Público ou por representação da autoridade policial.[46]

Sem muita visão sistêmica – que não foi, de fato, o forte da reforma de 2011 – a então disciplina acertava quando, ao menos, vedava que, na análise da *necessidade cautelar* o juiz impusesse, de ofício a prisão preventiva (a temporária nunca pode fazê-lo)[47] a teor do disposto no artigo 311 da redação[48] que havia sido reformada.

> **Análise Crítica:** Uma leitura estrita do denominado modelo acusatório de processo poderia levar à conclusão de que ao Magistrado não caberia, de forma alguma, a possibilidade de provocar *ex ofício* a verificação da *necessidade cautelar*. Sob esse fundamento alguns magistrados deliberaram pela imediata soltura da pessoa presa em flagrante em casos de ausência de postulação do MP[49] antes da edição do denominado *pacote anticrime*.

A reforma trazida com a Lei 13.964/2019 caminhou no sentido exposto nesta Obra, ao menos para ampliar a impossibilidade de verificação, de ofício, da necessidade cautelar sem, contudo, eliminar por completo a atuação oficiosa do julgador.

Se, por um lado, os arts. 282, §2º[50], e 311[51] induzem claramente a impossibilidade de consolidação da necessidade cautelar *ex officio* ao menos na provocação *originária*, seja no controle efetivado na audiência de custódia ou em provocações posteriores, a proatividade permanece quando do controle periódico da persistência da medida (art. 316, parágrafo único) e nos casos de descumprimento de medidas não encarceradoras que podem acarretar o agravamento da situação

---

46 BRASIL. Câmara. **Substitutivo do Senado ao Projeto de Lei da Câmara n. 111, de 2008** (PL nº 4208, de 2001, na Casa de origem), que altera dispositivos do Decreto-Lei nº 3.689, de 3 de outubro de 1941 – Código de Processo Penal, relativos à prisão processual, fiança, liberdade provisória, demais medidas cautelares, e dá outras providências. Brasília: Câmara, 2009. Disponível em: <http://www.camara.gov.br/proposicoesWeb/prop_pareceres_substitutivos_votos;jsessionid=17A47C38C53AF-F87BC3D6BB831798EFC.node1?idProposicao=26558df>. Acesso em: 31 maio 2011.

47 *Vide* nesta obra o capítulo referente à teoria geral das medidas cautelares.

48 "Art. 311. Em qualquer fase da investigação policial ou do processo penal, caberá a prisão preventiva decretada pelo juiz, de ofício, se no curso da ação penal, ou a requerimento do Ministério Público, do querelante ou do assistente, ou por representação da autoridade policial."

49 A ver em: BARBOSA, Rogerio. **Juízes questionam prisão preventiva decretada de ofício.** Dsponível em: <http://www.conjur.com.br/2011-ago-22/juizes-questionam-prisao-preventiva-decretada--oficio>. Acesso em 22 ago. 2011. Também em Dsponível em: <http://emporiododireito.com.br/juiz-solta-203-presos-por-ausencia-de-requerimento-do-ministerio-publico/>. Acesso em: 13 jan. 2022.

50 "(...) § 2º As medidas cautelares serão decretadas pelo juiz a requerimento das partes ou, quando no curso da investigação criminal, por representação da autoridade policial ou mediante requerimento do Ministério Público."

51 "Art. 311. Em qualquer fase da investigação policial ou do processo penal, caberá a prisão preventiva decretada pelo juiz, a requerimento do Ministério Público, do querelante ou do assistente, ou por representação da autoridade policial." (NR)

processual cautelar para que seja imposta uma medida encarceradora, em particular a prisão preventiva.[52]

Além disso, como toda sistemática cautelar permanece fundada na prisão como medida primária, os textos de lei reformados podem levar à equivocada interpretação que seria possível, de forma oficiosa, a imposição de qualquer medida cautelar não encarceradora, algo que violaria o modelo acusatório da mesma forma.

12.1.6.2 A fundamentação da decisão sobre a necessidade cautelar

A reserva de jurisdição tem como outro aspecto essencial a fundamentação da decisão sobre a necessidade cautelar.

A respeito da fundamentação como controle racional do poder estatal recorde-se a precisa lição de Albernaz, ao aduzir que a motivação das decisões apresenta particular importância porque:

> (i)... se põe a salvo das vicissitudes e das inconstâncias da legislação ordinária, ao mesmo tempo em que exige que o intérprete o analise como princípio inserido no contexto das garantias fundamentais relativas à atividade jurisdicional; (ii)...Como princípio processual constitucional geral, significa, ainda, que mesmo que o ordenamento processual infraconstitucional deixe de prever às expressas a inafastabilidade da motivação, fica fora de dúvida que a norma constitucional respectiva, que impõe a todo o Judiciário o dever de oferecer as razões da sua decisão, possui força integrativa obrigatória e, por fim, (iii)(...) porque denota claramente a preocupação da Constituição com a limitação do poder estatal de punir às fronteiras legais, impostas por um devido processo legal, em prol da garantia da higidez da esfera jurídica individual. Em outras palavras, indica a opção da Constituição por um processo penal em que a segurança da liberdade individual e a observância da estrita legalidade constituem o núcleo de todo o sistema.[53]

Contudo, a *devida fundamentação* sempre foi um aspecto dos mais delicados nesta matéria e a dificuldade decorre da própria inexistência de um modelo de cognição cautelar aderente à estrutura constitucional-convencional como ainda será detalhado neste Capítulo.

A precariedade da cognição da necessidade cautelar e a sobreposição da justa causa cautelar àquela de conhecimento levam a distorções inevitáveis que a

---

52 Art. 282, §§ 2º e 5º do CPP.

53 ALBERNAZ, Flávio Boechat. **O Princípio da Motivação das Decisões do Conselho de Sentença.** Op. Cit.

reforma de 2011 não conseguiu superar e a de 2019, embora mais didática a respeito, também as enfrentará de modo a superá-las.

Assim, com a Lei 13.964/2019 o artigo 315 do CPP foi reestruturado para vedar que situações frequentes no processo decisório cautelar se mantivessem. Nada obstante, esse artigo traz ao menos uma impropriedade técnica ao vincular a fundamentação à *prisão*, reiterando a primazia dessa medida em relação a todas as existentes, o que se pode entender, uma vez mais, como herança de um modelo cultural inquisitivo.

Com efeito, *toda decisão sobre a necessidade cautelar* precisa ser motivada, inclusive para que – ao contrário do que induz o artigo reformado – seja justificado a não adoção da medida menos gravosa (medida não encarceradora) em favor da mais gravosa (prisão).

Ademais esse mesmo artigo induz a uma diferenciação entre *motivo* e *fundamento*, algo que parece estar próximo à distinção entre *motivo* e *motivação* do ato administrativo do que da literatura própria do processo penal.

As novas bases normativas demoraram a acompanhar os estândares mínimos elencados no fundamento constitucional-convencional e reiteradamente reclamados pelo segmento doutrinário que sustenta a persecução penal em conformidade estrita com o Estado de Direito.

Essas novas disposições podem ser condensadas nos seguintes aspectos:

a] necessidade da motivação / fundamentação (algo que decorre do texto constitucional e não precisaria ser repetido);[54]

b] necessidade de determinar-se a necessidade cautelar a partir de fatos concretos;

c] que os fatos que sustentam a postulação da necessidade cautelar sejam *contemporâneos* ao pedido, e não baseados em acontecimentos superados; a reforma, no entanto, não impede o uso de *ilações* ou *meras* suposições;[55]

d] forçosa obediência a precedentes – aí incluídos, erroneamente, os não vinculantes – ressalvada a necessidade de demonstração das razões do dissenso.[56]

As demais previsões constituem-se, na verdade, de vedações de práticas cotidianas na aferição da necessidade cautelar, que somente existem pela fragilidade

---

54 Art. 315. A decisão que decretar, substituir ou denegar a prisão preventiva será sempre motivada e fundamentada.

55 Art. 315. (...) § 1º Na motivação da decretação da prisão preventiva ou de qualquer outra cautelar, o juiz deverá indicar concretamente a existência de fatos novos ou contemporâneos que justifiquem a aplicação da medida adotada.

56 Art. 315, §2º (...) VI–deixar de seguir enunciado de súmula, jurisprudência ou precedente invocado pela parte, sem demonstrar a existência de distinção no caso em julgamento ou a superação do entendimento."

da cognição cautelar e pela precariedade do método escrito na sua determinação, a saber:

a] impossibilidade de parafrasear texto normativo como razão de decidir acerca da necessidade cautelar[57];
b] emprego abstrato de conceitos jurídicos indeterminados[58];
c] emprego de decisões formulárias[59];
d] deixar de analisar todos os aspectos mencionados na postulação / confrontação do tema cautelar.[60]

A reforma de 2011 já indicava uma vinculação cogente de fundamentação aos critérios dos arts. 312, 313 e 282 do CPP para a verificação da *necessidade cautelar*. E tal afirmação é reconhecida pelo STF:

> (...) a garantia da fundamentação consiste na demonstração da necessidade da custódia cautelar, a teor do inciso LXI do art. 5º da Carta Magna e do art. 312 do CPP. A falta de fundamentação do decreto de prisão inverte a lógica elementar da Constituição, que presume a não culpabilidade do indivíduo até o momento do trânsito em julgado de sentença penal condenatória (...). (HC 93.712, rel. min. Ayres Britto, julgamento em 1º-4-2008, Primeira Turma, DJE de 17-10-2008.)

No mesmo sentido: HC 97.013, rel. p/ o ac. min. Dias Toffoli, julgamento em 28-9-2010, Primeira Turma, DJE de 15-2-2011; RHC 97.506, rel. min. Marco Aurélio, julgamento em 6-4-2010, Primeira Turma, DJE de 28-5-2010.

Contudo, inúmeras situações servem para ilustrar a dificuldade da concretização dessa importante obrigação constitucional

> (...) que se lê na segunda parte do inciso LXI do art. 5º e na parte inicial do inciso IX do art. 93 da Constituição e sem a qual não se viabiliza a ampla defesa nem se afere o dever do juiz de se manter equidistante das partes processuais em litígio. Noutro falar: garantia processual que junge o magistrado a coordenadas objetivas de imparcialidade e propicia às partes conhecer os motivos que levaram o julgador a decidir neste ou naquele sentido. (HC 98.006, rel. min. Ayres Britto, julgamento em 24-11-2009, Primeira Turma, DJE de 5-2-2010.)

Uma delas, a recorrente problemática da falta de fundamentação que, contudo, "(...) não se confunde com fundamentação sucinta. Interpretação que se

---

57 § 2º I – limitar-se à indicação, à reprodução ou à paráfrase de ato normativo, sem explicar sua relação com a causa ou a questão decidida.

58 § 2º II – empregar conceitos jurídicos indeterminados, sem explicar o motivo concreto de sua incidência no caso.

59 § 2º III – invocar motivos que se prestariam a justificar qualquer outra decisão.

60 § 2º IV – não enfrentar todos os argumentos deduzidos no processo capazes de, em tese, infirmar a conclusão adotada pelo julgador.

extrai do inciso IX do art. 93 da CF/1988." (HC 105.349-AgR, rel. min. Ayres Britto, julgamento em 23-11-2010, Segunda Turma, DJE de 17-2-2011).

No entanto, não raras vezes essa objetividade é sinônimo de mera reiteração do texto legal, sem análise concreta dos autos, frustrando o mandamento constitucional, situação esta que vem merecendo o repúdio da Corte Suprema quando considera que

> (...) a ordem constritiva está assentada, tão somente, na reprodução de algumas das expressões do art. 312 do CPP. Pelo que não se enxerga no decreto de prisão o conteúdo mínimo da garantia da fundamentação real das decisões judiciais. Garantia constitucional que se lê na segunda parte do inciso LXI do art. 5º e na parte inicial do inciso IX do art. 93 da Constituição e sem a qual não se viabiliza a ampla defesa nem se afere o dever do juiz de se manter equidistante das partes processuais em litígio. Noutro falar: garantia processual que junge o magistrado a coordenadas objetivas de imparcialidade e propicia às partes conhecer os motivos que levaram o julgador a decidir neste ou naquele sentido. (HC 98.006, rel. min. Ayres Britto, julgamento em 24-11-2009, Primeira Turma, DJE de 5-2-2010.)

Quando não, trata-se de fundamentação apoiada em outras manifestações dos autos, especialmente aquelas do Ministério Público, modo de atuação que, no entanto, no entendimento atual do STF,

> Revela-se legítima e plenamente compatível com a exigência imposta pelo art. 93, IX, da CR a utilização, por magistrados, da técnica da motivação *per relationem*, que se caracteriza pela remissão que o ato judicial expressamente faz a outras manifestações ou peças processuais existentes nos autos, mesmo as produzidas pelas partes, pelo Ministério Público ou por autoridades públicas, cujo teor indique os fundamentos de fato e/ou de direito que justifiquem a decisão emanada do Poder Judiciário. Precedentes. (MS 25.936-ED, rel. min. Celso de Mello, julgamento em 13-6-2007, Plenário, DJE de 18-9-2009.) No mesmo sentido: HC 101.684, rel. min. Joaquim Barbosa, julgamento em 4-10-2011, Segunda Turma, DJE de 27-10-2011; RE 635.729-RG, rel. min. Dias Toffoli, julgamento em 30-6-2011, Plenário, DJE de 24-8-2011, com repercussão geral; HC 100.221, rel. min. Marco Aurélio, julgamento em 4-5-2010, Primeira Turma, DJE de 28-5-2010; HC 101.911, rel. min. Cármen Lúcia, julgamento em 27-4-2010, Primeira Turma, DJE de 4-6-2010; HC 96.517, rel. min. Menezes Direito, julgamento em 3-2-2009, Primeira Turma, DJE de 13-3-2009; RE 360.037-AgR, rel. min. Cezar Peluso, julgamento em 7-8-2007, Segunda Turma, DJ de 14-9-2007; HC 75.385, rel. min. Nelson Jobim, julgamento em 7-10-1997, Segunda Turma, DJ de 28-11-1997.

Da reforma da Lei 13.964/2019 é particularmente interessante o inciso que fala sobre a inexistência de decisão fundamentada quando ela não enfrentar todos os argumentos deduzidos no processo capazes de, em tese, infirmar a conclusão adotada pelo julgador.[61]

Este tópico reflete, em destaque, posição clara do sistema interamericano presente em julgados como ao decidir que "la argumentación ofrecida por el juez debe mostrar claramente que han sido debidamente tomados en cuenta los argumentos de las partes y que el conjunto de pruebas ha sido analizado rigurosamente."[62]

Reitera-se aqui, uma vez mais, a fragilidade do modelo decisório e de postulação sobre a necessidade cautelar, mormente em situações nas quais ainda remanesce o protagonismo judicial como, por exemplo, na revisão periódica ou na verificação da insuficiência de uma medida inicialmente determinada.

No redimensionamento infraconstitucional da motivação das decisões sobre a necessidade cautelar pessoal a reforma de 2019 também teve uma preocupação específica quanto a integridade do modelo federado da interpretação legislativa, com a invocação *ativa*[63] ou *passiva*[64] do emprego de súmulas.

Aqui, a melhor técnica também poderia ter sido alcançada para que houvesse a menção aos IRDR – Incidentes de Resolução de Demandas Repetitivas e fosse explicitado que a súmula a que se trata seria a vinculante ou não.

Os limites à fungibilidade dos fundamentos em relação à postulação

Malgrado as sucessivas reformas pontuais, o direito brasileiro não se ocupa de vincular a fundamentação da necessidade cautelar aos fundamentos da sua provocação.

Sem dúvida isso se deve, em larga parte, à compreensão que possibilitava amplos poderes oficiosos ao órgão julgador que determinava de ofício a imposição das medidas. Neste passo, vincular fundamentação à postulação perdia completamente o sentido.

Mas, a partir do momento em que se aclara a impossibilidade do protagonismo e autonomia judicial para a verificação da necessidade cautelar passa a

---

61 Art. 315, §2º, IV do CPP.

62 CORTE INTERAMERICANA DE DIREITOS HUMANOS. **Caso Chaparro Álvarez y Lapo Íñiguez vs. Ecuador**. Sentencia de 21 de noviembre de 2007. Serie C No. 170, párr. 107, 117 y 118. Disponível em: <https://www.corteidh.or.cr/docs/casos/articulos/seriec_170_esp.pdf>. Acesso em: 2 jul. 2021.

63 Art. 315, §2º, V – limitar-se a invocar precedente ou enunciado de súmula, sem identificar seus fundamentos determinantes nem demonstrar que o caso sob julgamento se ajusta àqueles fundamentos.

64 Art. 315, §2º, VI – deixar de seguir enunciado de súmula, jurisprudência ou precedente invocado pela parte, sem demonstrar a existência de distinção no caso em julgamento ou a superação do entendimento. (NR)

ser imprescindível analisar a ausência de limites ainda hoje existente entre os fundamentos da provocação para adoção da medida e as razões de decidir.

Observada a experiência comparada[65], Lenart aponta a diferença de comportamento do STF em relação ao direito alemão (e, para tanto, se vale de Roxin) enfatizando que a nossa Corte Constitucional usualmente se vale de múltiplos fundamentos para a decretação da prisão preventiva e, diante da multiplicidade destes e das múltiplas instâncias a serem buscadas para reverter a decisão sobre a necessidade cautelar, sempre haverá o conforto de escolher-se casualmente um entre os múltiplos fundamentos existentes os quais foram, inclusive, alargados pela Lei 13.964/2019 ao ampliar a dicção do art. 312.

Trata-se, pois, de aspecto não tratado exaustivamente pela imensa maioria da literatura brasileira porquanto não é da historicidade da cultura processual penal vincular os aspectos postulação, sua fundamentação e razão de decidir sobre a necessidade cautelar.

Mas, é necessário, segundo vemos o marco constitucional-convencional que se passe a ter um mínimo de reflexão sobre o tema e, para tanto, o primeiro passo é afastar as sombras processuais civis, que aqui poderiam ser invocadas por meio da teoria geral do processo, sobre o tema.

E assim o é porque, no processo civil, segundo visão consolidada, o juiz não está adstrito aos fundamentos do pedido, mas, sim, ao quanto dele consta. Mais uma vez se observa o dano da mencionada teoria geral do processo para o processo penal pois, se houvesse essa desvinculação absoluta o regime da imposição das cautelares perderia o freio necessário da legalidade estrita que a orienta. Assim, no processo penal, mais do que a postulação *imponha-se a medida cautelar* surge como exteriorização do Estado de Direito a locução *por tal(is) razão(ões) é necessária a medida cautelar*.

Isto porque, como já visto neste Capítulo, a norma processual penal cabível sobre a privação precária da liberdade obedece aos mesmos parâmetros da norma penal material no que tange à sua certeza e hermetismo redacional.

Tal premissa acarreta que o provocador da necessidade cautelar deve, ao se valer de múltiplos fatos, vinculá-los estritamente às finalidades cautelares ainda que, diante da forma como essas finalidades são conduzidas pela lei brasileira (vide análise infra neste Capítulo), um mesmo fato possa ser subsumível a mais de uma das finalidades.

Mas, deve-se ponderar diante da estrutura que agora começa a amadurecer no plano cautelar brasileiro que não é dado ao órgão decisório escolher *à la carte* a vinculação dos fatos elencados a qualquer dos fundamentos.

---

65 LENART, André. O STF e a fundamentação do decreto de prisão preventiva. **Revista da SJRJ**, v. 15, n. 22, p. 61-80, 2010.

Processo Penal Cautelar | 833 |

A natural instabilidade da decisão sobre a necessidade cautelar

Na reforma produzida pela Lei nº 12.403, de 2011de 2011, o então § 5º do art. 282 previa que "O juiz poderá revogar a medida cautelar ou substituí-la quando verificar a falta de motivo para que subsista, bem como voltar a decretá-la, se sobrevierem razões que a justifiquem."

A reforma da Lei 13.964/2019 manteve a estrutura anterior para acrescer o protagonismo judiciário ao prever que "§ 5º O juiz poderá, de ofício ou a pedido das partes, revogar a medida cautelar ou substituí-la quando verificar a falta de motivo para que subsista, bem como voltar a decretá-la, se sobrevierem razões que a justifiquem." Ademais, previu no art. 316 que

> O juiz poderá, de ofício ou a pedido das partes, revogar a prisão preventiva se, no correr da investigação ou do processo, verificar a falta de motivo para que ela subsista, bem como novamente decretá-la, se sobrevierem razões que a justifiquem.

Para fins do presente tópico ressalta a natural instabilidade da decisão que reconhece – ou não – a necessidade cautelar, algo que é ínsito à sua essência. Não se tratando aqui de visualizá-la como *coisa julgada*[66], mas tampouco chegando à ampla fungibilidade como discutido no tópico anterior, a revisão da decisão sobre a ocorrência da necessidade cautelar está amparada em um aspecto objetivo, destacando-se a *contemporaneidade* da presença / ausência dos pressupostos e finalidades cautelares que orientam não só a provocação originária da verificação da necessidade cautelar mas, também, todo seu desenvolvimento, seja na revisão periódica, seja nas provocações intercorrentes.

12.2 Método para efetivação da cognição da necessidade cautelar

Para fins do presente tópico revela particular importância discutir o *método de apuração* da necessidade cautelar.

A partir do marco constitucional-convencional é correto afirmar que existe um procedimento adequado à apuração da necessidade cautelar condizente com

---

66 Como já se referiu o STF ao tratar das decisões proferidas no curso da audiência de custódia: "No caso, além de a decisão proferida em sede de audiência de custódia não ter a natureza jurídica de sentença, os motivos que justificaram o relaxamento da custódia cautelar não fazem coisa julgada". BRASIL. Supremo Tribunal Federal. **Habeas Corpus n. 157.306/SP**. Primeira Turma. Relator Min. Luiz Fux. Julgamento: 25/09/2018. Publicação: 01/03/2019. Disponível em: <https://redir.stf.jus.br/paginadorpub/paginador.jsp?docTP=TP&docID=749267261>. Acesso em: 2 jul. 2021.

o Estado de Direito e não pode ser aceito *qualquer procedimento* como adequado a essa cognição.

Esta afirmação não se encontra isolada na realidade reformadora da América-Latina, cenário no qual já se afirmou que

> Así, hoy como sociedades democráticas no estamos dispuestos a aceptar cualquier sistema judicial, sino que uno que sea respetuoso de estos derechos, consagrados en distintos tratados internacionales vinculantes. Desde esta perspectiva, el debido proceso, la presunción de inocencia y el derecho a no declarar contra sí mismo constituyen límites mínimos que fuerzan al legislador a producir un sistema judicial que sea consistente con un uso de la prisión preventiva contrario a la idea de pena anticipada.[67]

A fragilidade do método ainda existente no Brasil, observado à luz da CR e da CADH é responsável, desde uma abordagem estritamente técnica, pelas violências sistêmicas no emprego das medidas cautelares, especialmente a prisão preventiva.

Conceito: Por violência sistêmica entende-se o abuso na determinação das medidas mais gravosas quando possíveis as menos gravosas, a duração excessiva dessas medidas quando já ausente a necessidade cautelar, e todas aquelas que desvirtuam o modelo cautelar para fazer com que ele cumpra a inconstitucional e anticonvencional tarefa de antecipação de pena.

Com efeito, a lógica político-jurídica do CPP na sua redação original servia-se do método escrito como padrão para definir a imposição de medidas cautelares, apresentando, sinteticamente, as seguintes características:

a] Ausência de oralidade no procedimento decisório;
b] Consequente distanciamento do juiz para com a pessoa presa cautelarmente e
c] Baixa densidade racional na motivação, de pluralidade de fundamentos que acabam servindo de espécie de *decisão à la carte* diante da ausência de uma base cognitiva adequada à decisão judicial que se busca.

Neste ponto, surge o reconhecimento da oralidade como método para obtenção de uma decisão judicial qualificada, como lembra POSTIGO, apoiado em BINDER, ao afirmar que

> É o único modo eficaz que nossa cultura encontrou até o momento para dar a ele verdadeira positividade ou vigência aos princípios políticos [...] Por ser

---

67 FUENTES MAUREIRA, Claudio. Régimen de prisión preventiva en América latina: la pena anticipada, la lógica cautelar y la contrarreforma. **Revista Sistemas Judiciales**, v. 1, n. 14, p. 34-45, 2010.

condição necessária de eficácia desses princípios, a oralidade se converte em um instrumento de primeira ordem [...].[68]

E segue a precisa lição de POSTIGO, agora em suas próprias palavras ao aduzir que

Essa nova forma de trabalho permitirá humanizar o processo e substituir o trabalho escrito e delegável aos empregados e funcionários que dependem do juiz. Permite um contato imediato e concentrado das partes com o juiz, facilitando a entrega direta de informação de qualidade sobre o caso (com a possibilidade de a outra parte a contradizer); e só a partir desse conjunto de informações poderá decidir. Em outros termos, opera sobre a base de reunir os atores interessados e que se gere entre eles um intercâmbio verbal sobre as posições e argumentos que cada um sustenta, para que mais tarde e no mesmo ato, salvo exceções, se defina motivadamente a controvérsia. Dessa forma, decide-se no mesmo momento, com pleno exercício de seus direitos e dotando as decisões jurisdicionais de adequada publicidade.[69]

O direito brasileiro nunca conheceu a efetiva oralidade (ver para maiores detalhes o Capítulo 6 neste Livro), sendo correto dizer que a maior preocupação com essa metodologia no campo cautelar se deu com o texto do projeto *Frederico Marques* que em seu então artigo 479 disciplinava a autuação em apartado para fins de apreciação da prisão preventiva e contraditório em audiência, com oitiva da pessoa a ser submetida à constrição e plena cognição com oitiva de testemunhas quando o caso não exigisse a determinação liminar da medida.[70]

A Lei 12.403/11 preocupou-se em trazer um nível de participação da pessoa a ser submetida a coerção antes da tomada definitiva da decisão judicial, mas não explicitou que essa participação se daria em audiência.

Aquela então novidade, fruto de aproximação com o direito italiano, sobretudo, onde estrutura semelhante é anotada pela doutrina pátria de longa data[71], surgiu no artigo 282, § 3º, dispõe que "Ressalvados os casos de urgência ou de perigo de ineficácia da medida, o juiz, ao receber o pedido de medida cautelar, *determinará a intimação da parte contrária*, acompanhada de cópia do

---

68 BINDER, Alberto. **Introducción al derecho procesal penal**. Buenos Aires: Ad Hoc, 2005. p. 101, apud. POSTIGO, Leonel González; PODESTÁ, Tobías José. A oralidade no novo código de processo penal da nação Argentina. **Revista Brasileira de Direito Processual Penal**, v. 3, n. 3, p. 849-878, 2017.

69 POSTIGO, Leonel González; PODESTÁ, Tobías José. A oralidade no novo código de processo penal da nação Argentina. **Revista Brasileira de Direito Processual Penal**, v. 3, n. 3, p. 849-878, 2017.

70 BRASIL. Senado Federal. Projeto "Frederico Marques". Anteprojeto de reforma do Código de Processo Penal. **Diário do Congresso Nacional**, Brasília, Seção I, Suplemento A, p. 34/35, edição de 12 de junho de 1975.

71 GOMES FILHO, Antônio Magalhães. Prisão cautelar e o princípio da inocência. **Fascículos de Ciências Penais**, Sérgio Antônio Fabris Editora, v. 5, n. 1, p. 23, 1992.

requerimento e das peças necessárias, permanecendo os autos em juízo." (sem grifo no original), redação esta que já se encontrava presente desde o início dos trabalhos da Comissão Grinover.

Dessa determinação de intimação parte dos intérpretes na nova lei[72] extraiu-se a existência de um contraditório prévio como regra geral para adoção dessas medidas.[73]

Com efeito, sendo considerado o contraditório como binômio ciência e participação[74] ou, em versão mais atual, ciência necessária e participação possível[75], a lei fica a meio caminho de uma determinação mais expressa da existência do contraditório, pois indica a mera intimação da pessoa interessada sobre o pedido formulado, instruída a intimação com as cópias necessárias.

Sem dúvida, desejou-se naquela norma algum nível de contraditório, e é isso que se pode concluir de uma leitura sistêmica do artigo, sobretudo quando lido com as bases de direito comparado, mas não foi ao ponto de alocá-lo de forma clara, com prazos específicos para que esse contraditório seja exercido, por exemplo, deixando também esse aspecto ao sabor de certo casuísmo ou a uma interpretação de regra geral do art. 800 do CPP.[76]

Pecava, também, a redação e deixa dúvidas sobre se está falando realmente de contraditório quando menciona a palavra *parte*, expressão que não é de senso comum no presente caso e não incide na investigação criminal, onde parte não há, por certo, mas graus de suspeita apenas, sem acusação formal.

Assim, ainda que se encaminhe para uma interpretação rumo a um direito pleno de defesa, há pontos na estrutura legal que podem impedir a plena fluidez desse ideal, numa redação que não foi criada pelo Parlamento, que apenas a manteve, e já nasceu assim problemática no seio da Comissão Grinover.

Esse *contraditório* foi reforçado pela Lei 13.964/2019, mas em nenhum momento se fala na realização da audiência e do método oral como essenciais. Neste ponto, o art. 282, §3º, limita-se a afirmar:

---

72 MORAES, Rodrigo Iennaco de. Reforma do CPP: cautelares, prisão e liberdade provisória. **Jus Navigandi**, Teresina, ano 16, n. 2861, 2 maio 2011. Disponível em: <http://jus.uol.com.br/revista/texto/19009>. Acesso em: 25 jun. 2011.

73 JORGE, Ana Paula. **A Reforma das cautelares no Código de Processo Penal**. Disponível em: <http://www.egov.ufsc.br/portal/sites/default/files/anexos/a_reforma_das_cautelares_no_codigo_de_processo_penal.docx>. Acesso em: 20 jun. 2011.

74 MENDES DE ALMEIDA, Joaquim Canuto. **A contrariedade na instrução criminal**. São Paulo: Saraiva, 1937. p. 104

75 DINAMARCO, Cândido Rangel. **A instrumentalidade do processo**. São Paulo: Revista dos Tribunais, 1987. p. 96.

76 Art. 800. Os juízes singulares darão seus despachos e decisões dentro dos prazos seguintes, quando outros não estiverem estabelecidos: I – de dez dias, se a decisão for definitiva, ou interlocutória mista; II – de cinco dias, se for interlocutória simples; III – de um dia, se se tratar de despacho de expediente.

Ressalvados os casos de urgência ou de perigo de ineficácia da medida, o juiz, ao receber o pedido de medida cautelar, determinará a intimação da parte contrária, para se manifestar no prazo de 5 (cinco) dias, acompanhada de cópia do requerimento e das peças necessárias, permanecendo os autos em juízo, e os casos de urgência ou de perigo deverão ser justificados e fundamentados em decisão que contenha elementos do caso concreto que justifiquem essa medida excepcional.

Assim, descontados eventuais experiências voluntárias e isoladas, o direito brasileiro não conhece a oralidade como regra para a cognição da necessidade cautelar. Contudo, um importante passo na matéria foi dado com a discussão introduzida pelo CNJ sobre a necessidade da apresentação imediata da pessoa presa em flagrante ao Juiz, procedimento que, entre nós, ganhou o título de *audiência de custódia*.

Tardiamente o direito brasileiro incorporou a concretização do controle judicial em audiência acerca da necessidade cautelar, mas o fez exclusivamente como desdobramento da ocorrência da prisão em flagrante por meio do mecanismo denominado *audiência de custódia*, cuja análise pormenorizada será feita em tópico autônomo.

12.2.1 A audiência de custódia

12.2.1.1 Itinerário do PLS 544/2011 até a Lei 13.964/2019

O tema[77] começou a ser tratado legislativamente pelo PLS 544 de 2011, apresentado pelo Senador Antônio Carlos Valadares preconizou a seguinte nova redação para o art. 306 do CPP:

> § 1º No prazo máximo de vinte e quatro horas depois da prisão, o preso deverá ser conduzido à presença do juiz competente, ocasião em que deverá ser apresentado o auto de prisão em flagrante acompanhado de todas as oitivas colhidas e, caso o autuado não informe o nome de seu advogado, cópia integral para a Defensoria Pública.

Contudo, a reforma pretendida ganhou rumos diferentes porquanto a lei das cautelares de 2011 não conseguiu alterar o grave cenário da população carcerária de presos preventivos e, tampouco, influiu na diminuição das noticiadas torturas no ambiente policial.

---

77 Para uma ampla visão ver MASI, Carlo Velho. **Audiência de custódia e a cultura do encarceramento no Brasil**. Porto Alegre: Canal Ciências Criminais, 2016. 224 p., 20 cm. ISBN 978-85-92712-08-2. Também, GIACOMOLLI, Nereu José; ALBUQUERQUE, Laura Gigante. A audiência de custódia e os seus impactos no sistema de justiça criminal brasileiro. **Revista de Estudos Criminais**, Porto Alegre, v. 16, n. 67, p. 155-178, out./dez. 2017.

Surgiu, assim, o *projeto audiência de custódia*, slogan empregado pelo CNJ[78] – cuja nomenclatura não encontra eco no direito comparado[79] e não condiz com suas finalidades primárias[80] –, a partir de São Paulo, mas cuja primazia do primeiro aparato em funcionamento coube ao Estado do Maranhão que havia instituído a *audiência* meses antes.[81]

Esse modo de disciplinar a matéria – por Resoluções nos âmbitos dos Tribunais – foi criticado em vários aspectos.

A seguir, os principais:

a] Já existe a fiscalização da legalidade da prisão pelo delegado de polícia

No Brasil a reserva de jurisdição da determinação e controle da *necessidade cautelar* é judicial e não pode ser delegada a órgãos administrativos. A jurisdição, no Brasil, não é delegável a órgãos administrativos.

Por isso, não se pode concordar com autores que trilham tal argumento[82] ou decisões que, de forma tortuosa, tecem críticas à inércia brasileira em adaptar sua legislação ordinária processual penal à CADH[83], posições que mereceram duras críticas por setores acadêmicos[84] que culminaram por demonstrar a im-

---

78 Em particular pela Presidência exercida, à época, pelo Min Ricardo Lewandwsky. A esse respeito, LEWANDOWSKI, Ricardo. Audiência de custódia: em busca da autêntica jurisdição de liberdade. **Revista do Advogado**, São Paulo, v. 35, n. 128, p. 93-99, dez. 2015.

79 Ver, entre outros, FLAUSINO, Camila Maués dos Santos. Audiência de custódia e seus (in)sucessos: breves críticas a seus descompassos práticos. **Revista Liberdades**, São Paulo, v. 24, p. 73-91, jan./dez. 2017. Disponível em: <http://200.205.38.50/biblioteca/index.asp?codigo_sophia=139579>. Acesso em: 13 jan. 2022.

80 Entre elas, o enfrentamento da tortura: VALENÇA, Manuela Abath; AMORIM, Treicy Kariny Lima de. Audiência de custódia e violência policial: comentários às recentes teses do STJ sobre prisão em flagrante. **Boletim IBCCRIM**, São Paulo, v. 27, n. 322, p. 10-12, set. 2019. Disponível em: <http://200.205.38.50/biblioteca/index.asp?codigo_sophia=153015>. Acesso em: 13 jan. 2022. Também GONÇALVES, Carlos Eduardo; LUBE JUNIOR, Carlos Alberto. Audiência de custódia como forma de combate e prevenção à tortura. In: SANTORO, Antonio Eduardo Ramires; GONÇALVES, Carlos Eduardo (Org.). **Audiência de custódia**. Belo Horizonte: D'Plácido, 2017. Disponível em: <http://200.205.38.50/biblioteca/index.asp?codigo_sophia=137770>. Acesso em: 13 jan. 2022.

81 Provimentos 21 e 23 de 2014 do TJMA de novembro de 2014.

82 Entre eles, GARCIA, Gustavo Assis. **A falácia da audiência de custódia**. Disponível em: <http://asmego.org.br/wp-content/uploads/2015/07/audiencia-de-custodia_Gustavo-Assis-Garcia.pdf>. Acesso em: 2 jul. 2021.

83 SÃO PAULO. Tribunal de Justiça. **Habeas Corpus n. 2016152-70.2015.8.26.0000**. Julgamento: 12 mai. 2015. Relator Guilherme Souza Nucci. Disponível em: <https://tj-sp.jusbrasil.com.br/jurisprudencia/188312282/habeas-corpus-hc-20161527020158260000-sp-2016152-7020158260000/inteiro-teor 188312304>. Acesso em 2 jul. 2021.

84 Por todos, em dois textos: MOREIRA, Rômulo Andrade. **A audiência de custódia, o CNJ e os pactos internacionais de direitos humanos**. Disponível em: <http://romulomoreira.jusbrasil.com.br/artigos/160776698/a-audiencia-de-custodia-o-cnj-e-os-pactos-internacionais-de-direitos--humanos>. Acesso em: 02 jul. 2021, e, também, precisamente sobre o acórdão em questão de MOREIRA, Rômulo Andrade. A "lamúria de pessoa detida" e a audiência de custódia – crônica de uma morte anunciada. **Direito UNIFACS – Debate Virtual**, v. 182, 2015. E o mais veemente: MOREIRA, Rômulo Andrade. **O TJ/SP rasgou os Pactos Internacionais e desautorizou o CNJ**. Disponível em: <http://romulomoreira.jusbrasil.com.br/artigos/193355080/o-tj-sp-rasgou-os--pactos-internacionais-e-desautorizou-o-cnj>. Acesso em 2 jul. 2021.

possibilidade dessa delegação de reserva da jurisdição[85], posições estas às quais acrescemos que em nenhuma obra de direito constitucional – fiquemos aqui pós 1988 – qualquer autor, ao interpretar o art. 144 sequer insinua que policiais civis da carreira delegado de polícia são detentores de fração da jurisdição.

Registre-se, igualmente, que de há muito o sistema interamericano censura mecanismos formais do controle da prisão como historicamente se deu por longo tempo entre nós por meio do mero encaminhamento de cópias de documentos para verificação pelo julgador e com mero acompanhamento formal do responsável pela eventual futura acusação.

Neste sentido[86],

> Asimismo, el Tribunal ha señalado que el artículo 7.5 de la Convención dispone que toda persona sometida a una detención tiene derecho a que una autoridad judicial revise dicha detención, sin demora, como medio de control idóneo para evitar las capturas arbitrarias e ilegales. *El control judicial inmediato es una medida tendiente a evitar la arbitrariedad o ilegalidad de las detenciones,* tomando en cuenta que en un Estado de derecho corresponde al juzgador garantizar los derechos del detenido, autorizar la adopción de medidas cautelares o de coerción, cuando sea estrictamente necesario, y procurar, en general, que se trate al inculpado de manera consecuente con la presunción de inocencia. *El simple conocimiento por parte de un juez de que una persona está detenida no satisface esa garantía, ya que el detenido debe comparecer personalmente y rendir su declaración ante el juez o autoridad competente.* (sem grifo no original).

b] Criação de normas processuais penais por meio de Resolução

O tema foi questionado na Adi (n. 5240) aforada pela ADEPOL – Associação dos Delegados de Polícia do Brasil – afirmando na sua inicial que[87]

> (...) ao dispor sobre apresentação de pessoa presa em audiência de custódia nas 24 horas seguintes à prisão em flagrante, o ato normativo legislou sobre Direito Processual, tema de competência legislativa privativa da União, nos termos do art. 22, I, da Constituição da República. O Provimento Conjunto 3/2015 violaria também o princípio da legalidade, uma vez que possuiria natureza infralegal,

---

85 PAIVA, Caio. **Audiência de custódia e o processo penal brasileiro.** Florianópolis: Empório do Direito, 2015, especialmente p.47/53.

86 CORTE INTERAMERICANA DE DIREITOS HUMANOS. **Caso García Astro y Ramírez Rojas vs. Perú.** Sentença de 25 nov. 2005. Disponível em: <https://www.corteidh.or.cr/docs/casos/articulos/seriec_137_esp.pdf>. Acesso em: 2 jul. 2021.

87 Sobre a resistências institucionais ver, dentre outros, GAMA, Alexis Andreus; ÁVILA, Gustavo Noronha de. A resistência à audiência de custódia no Brasil: sintoma de ilegalismo. **Revista Síntese de direito penal e processual penal**, Porto Alegre, v. 16, n. 93, p. 62-66, ago./set. 2015. Disponível em: <http://200.205.38.50/biblioteca/index.asp?codigo_sophia=124992>. Acesso em: 2 jul. 2021.

e o princípio da divisão funcional de poder, pois delegados de polícia se subordinam ao Executivo, por força do art. 144, § 6º, da CR.

A e. Procuradoria Geral da República em sua manifestação processual, depois de manifestar-se pelo não conhecimento da ação em seu mérito apontou que

> O Provimento Conjunto 3/2015 visa apenas a regulamentar tratados internacionais de direitos humanos devidamente incorporados ao ordenamento jurídico brasileiro, que passaram pela apreciação e aprovação do Congresso Nacional e da Presidência da República. A realização da audiência de custódia, portanto, é norma de nível legal vigente e (ao menos potencialmente) eficaz no Direito brasileiro. Não foi o provimento atacado que inovou no ordenamento jurídico. Conforme assinalou a Advocacia-Geral da União, a Presidência e a Corregedoria-Geral da Justiça do TJSP atuaram de acordo com a autonomia conferida pela Constituição da República aos tribunais para dispor sobre competência e funcionamento dos respectivos órgãos jurisdicionais e administrativos (art. 96, I, a, da CR).

E concluiu:

> A realização de audiência de custódia, com apresentação da pessoa presa a juiz até 24 horas após a prisão e participação do Ministério Público, da Defensoria Pública (quando necessário) e de advogado, é prática salutar no contexto do sistema criminal e da segurança pública brasileira e possibilita tratamento humanizado do preso, de acordo com a metanorma da dignidade do ser humano. Cumpre, ademais, compromisso internacional antigo do país, que até hoje não foi honrado pelas instituições do sistema de justiça.

O e. STF conheceu por maioria da ADI e, no seu mérito, acompanhou o raciocínio da Procuradoria Geral da República.[88]

c] A utilização do conteúdo da audiência de custódia no processo de conhecimento

Antes da entrada em vigor da reforma trazida com a Lei 13.964/2019 afirmávamos que era cedo para constatar as possíveis patologias práticas que o então "Projeto" poderia acarretar e pontuávamos que uma delas poderia ser a do uso distorcido das declarações da pessoa presa, nada obstante os provimentos estaduais ou mesmo o PLS tenham previsto o tema especificamente prevendo a

---

88 A respeito dessa força normativa dos tratados de Direitos Humanos ver, dentre outros, SILVEIRA, Sebastião Sérgio da; ZACARIAS, Fabiana. A força normativa dos tratados internacionais: estudo sobre regulamentação da audiência de custódia. **Revista Magister de Direito Penal e Processual Penal**, Porto Alegre, v. 13, n. 78, p. 66-84, jun./jul 2017. Disponível em: <http://200.205.38.50/biblioteca/index.asp?codigo_sophia=138685>. Acesso em: 2 jul. 2021.

impossibilidade de usar esse depoimento como matéria cognitiva na análise do mérito.[89]

Essa opção legislativa foi mantida na reforma de 2019 como adiante será visto.

Assim, desde a faze anterior à reforma, era determinado que a audiência fosse gravada, como determinavam os provimentos, mas isolada dos autos principais por igual sede normativa, como impedir que o acusador a use ou mesmo que o Magistrado – potencialmente o mesmo da análise do mérito ou, se tanto, não impedido de vir a sê-lo pela sistemática do CPP – venha a dela se valer, será um dos grandes desafios práticos a ser enfrentado. Até para não transformar essa audiência numa produção antecipada de cognição do mérito.

d] A Resolução 213 do CNJ – *regramento nacional* da audiência de custódia[90]

Todos os temas aqui discutidos podem ser cogitados em relação à Resolução 213 do CNJ que deu tratamento nacional à regulamentação da audiência de custódia.

Manteve-se no então regramento nacional o prazo de 24 horas para apresentação[91] ao juiz determinado na forma da organização judiciária ou ao seu substituto legal na ausência deste. Houve a preocupação, também, da apresentação em caso de crime de competência originária.[92]

Presentes na audiência, o MP[93], a Defesa[94], mas não os policiais que efetuaram a prisão[95] que poderão intervir com perguntas atinentes às finalidades da audiência

---

89 A respeito ver MARQUES, Leonardo Augusto Marinho; VILELA, Leonardo Marques. A necessária exclusão dos elementos da imputação na audiência de custódia. In: SANTORO, Eduardo Ramires; GONÇALVES, Carlos Eduardo (Org.). **Audiência de custódia**. Belo Horizonte: D'Plácido, 2017. Disponível em: <http://200.205.38.50/biblioteca/index.asp?codigo_sophia=137770>. Acesso em: 2 jul. 2021.

90 Resolução 213, de 15 de dezembro de 2015.

91 Art. 1º Determinar que toda pessoa presa em flagrante delito, independentemente da motivação ou natureza do ato, seja obrigatoriamente apresentada, em até 24 horas da comunicação do flagrante, à autoridade judicial competente, e ouvida sobre as circunstâncias em que se realizou sua prisão ou apreensão.

92 Art. 1º (...) § 3º No caso de prisão em flagrante delito da competência originária de Tribunal, a apresentação do preso poderá ser feita ao juiz que o Presidente do Tribunal ou Relator designar para esse fim.

93 Sobre as funções institucionais do MP nesta audiência ver SANTOS, Mauricio Cirino dos. A audiência de custódia e as funções institucionais do Ministério Público. **Revista jurídica do Ministério Público do estado do Paraná**, Curitiba, v. 3, n. 4, p. 119-131., jun. 2016. Disponível em: <http://200.205.38.50/biblioteca/index.asp?codigo_sophia=130848>. Acesso em: 19 mar. 2020.

94 Sobre o papel da Defesa, em especial a pública, ver NEWTON, Eduardo Januário. Audiência de custódia: avanços e desafios. Qual o papel a ser exercido pela defensoria pública? In: SANTORO, Eduardo Ramires; GONÇALVES, Carlos Eduardo (Org.). **Audiência de custódia**. Belo Horizonte: D'Plácido, 2017. Disponível em: <http://200.205.38.50/biblioteca/index.asp?codigo_sophia=137770>. Acesso em: 2 jul. 2021.
Resolução 213, de 15 de dezembro de 2015. p. 207-237.

95 Art. 4º A audiência de custódia será realizada na presença do Ministério Público e da Defensoria Pública, caso a pessoa detida não possua defensor constituído no momento da lavratura do flagrante. Parágrafo único. É vedada a presença dos agentes policiais responsáveis pela prisão ou pela investigação durante a audiência de custódia.

e poderão requerer: I – o relaxamento da prisão em flagrante; II – a concessão da liberdade provisória sem ou com aplicação de medida cautelar diversa da prisão; III – a decretação de prisão preventiva; IV – a adoção de outras medidas necessárias à preservação de direitos da pessoa presa.[96]

No entanto, dentre todas as regras agora mais amplamente estabelecidas está uma de particular importância porque expande a apresentação da pessoa cautelarmente presa em qualquer situação como, na verdade, determina a CADH.

Assim, o artigo 13: "A apresentação à autoridade judicial no prazo de 24 horas também será assegurada às pessoas presas em decorrência de cumprimento de mandados de prisão cautelar ou definitiva, aplicando-se, no que couber, os procedimentos previstos nesta Resolução."

Por fim, embora não conste restrição expressa do conteúdo da audiência no processo de conhecimento, a norma do artigo 8º, §§ 2º, 3º e 4º induzem a essa conclusão, inclusive porque disciplinam a separação física do registro desta audiência em relação aos autos da investigação – ou ação penal – e obrigam a sumariedade do conteúdo da audiência, evitando-se que fique constando, em ata, discussões outras que não a verificação da *necessidade cautelar*.

e] O controle judicial da prisão em audiência já em vigor no direito brasileiro

No Código Eleitoral, desde 1965, o artigo 236 prevê a imediata apresentação da pessoa presa ao Juízo competente quando de sua prisão em flagrante. É norma obrigatória[97] e respeitada na jurisprudência.[98]

---

96 Neste particular, a crítica de segmentos ligados à audiência e sua alegada permissividade como demonstra JESUS, Maria Gorete Marques de; RUOTTI, Caren; ALVES, Renato. A gente prende, a audiência de custódia solta: narrativas policiais sobre as audiências de custódia e a crença na prisão. **Revista brasileira de segurança pública**, São Paulo, v. 12, n. 22, p. 152-172., 2018. Disponível em: <http://200.205.38.50/biblioteca/index.asp?codigo_sophia=149916>. Acesso em: 19 mar. 2020.

97 Art. 236. Nenhuma autoridade poderá, desde 5 (cinco) dias antes e até 48 (quarenta e oito) horas depois do encerramento da eleição, prender ou deter qualquer eleitor, salvo em flagrante delito ou em virtude de sentença criminal condenatória por crime inafiançável, ou, ainda, por desrespeito a salvo-conduto. § 1º Os membros das mesas receptoras e os fiscais de partido, durante o exercício de suas funções, não poderão ser detidos ou presos, salvo o caso de flagrante delito; da mesma garantia gozarão os candidatos desde 15 (quinze) dias antes da eleição. § 2º Ocorrendo qualquer prisão o preso será imediatamente conduzido à presença do juiz competente que, se verificar a ilegalidade da detenção, a relaxará e promoverá a responsabilidade do coator.

98 Constitucional. Habeas Corpus. Eleições 2006. Prisão. Flagrante Delito. Requisitos (Art. 302, CPP). Inocorrência. Liminar Concedida. Dia Das Eleições. Art. 236, Código Eleitoral. Aplicabilidade. Mérito. Pedido Procedente. Habeas Corpus Concedido. 1. Inexistentes os requisitos da prisão em flagrante, o habeas corpus fora liminarmente concedido para a imediata soltura do Paciente. 2. Não configurado o flagrante delito e prevalecente, in casu, o disposto no caput do art. 236 do Código Eleitoral, concede-se a ordem de habeas corpus definitivamente. CEARÁ. Tribunal Regional Eleitoral do Ceará. **Habeas Corpus n. 15:11042/CE**. Relator: Tarcísio Brilhante De Holanda. Data de Julgamento: 08/05/2007. Data de Publicação: DJ – Diário de Justiça, Volume 92, Data 17/05/2007, Página 172. Disponível em: <https://tre-ce.jusbrasil.com.br/jurisprudencia/23182940/habeas-corpus-15-11042-ce-trece>. Acesso em: 2 jul. 2021.

Mais ainda, na criticada lei sobre a prisão temporária existe norma semelhante, apenas que de caráter facultativo quanto à determinação da apresentação da pessoa presa.[99]

Não há, pois, razão para repudiar a normatividade da regulamentação da audiência de custódia posto que, no mínimo, se poderia empregar a analogia como integração do sistema, seja pelo art. 4º. da Lei de Introdução às Normas do Direito Brasileiro para não mencionar, de plano, o próprio artigo 3º do Código de Processo Penal.

Estas duas normas, em seu conjunto ou mesmo isoladamente são capazes de satisfazer tanto os alinhados com uma concepção de internacionalização do Direito e a plena fruição dos direitos humanos a partir de compromissos internacionais como os mais conservadores que tendem a buscar arrimo às suas posições nas construções mais apegadas a um saber jurídico tradicional.

A Lei 13.964/2019 e o regramento da audiência de custódia

Com a Lei 13.964/2019 a conformação jurídica da audiência de custódia migrou para o Código de Processo Penal, alterado nos artigos 287 e 310 para prever a realização dessa audiência, cuja denominação ainda mantém a impropriedade técnica presente desde seu nascedouro.

Com efeito, a denominada *audiência de custódia* significa, além de uma manifestação clara do modelo acusatório de acordo com as bases constitucionais[100] a incorporação de um parâmetro mínimo de conformidade do direito brasileiro às bases convencionais e à cultura do sistema interamericano de direitos humanos[101]

---

99 Lei n. 7960 de 1989: Art. 2º A prisão temporária será decretada pelo Juiz, em face da representação da autoridade policial ou de requerimento do Ministério Público, e terá o prazo de 5 (cinco) dias, prorrogável por igual período em caso de extrema e comprovada necessidade. (...) § 3º O Juiz poderá, de ofício, ou a requerimento do Ministério Público e do Advogado, determinar que o preso lhe seja apresentado, solicitar informações e esclarecimentos da autoridade policial e submetê-lo a exame de corpo de delito.

100 SANTIAGO NETO, José de Assis. A audiência de custódia sob o prisma do sistema acusatório e do modelo constitucional de processo. In: SANTORO, Eduardo Ramires; GONÇALVES, Carlos Eduardo (Org.). **Audiência de custódia**. Belo Horizonte: D'Plácido, 2017. Disponível em: <http://200.205.38.50/biblioteca/index.asp?codigo_sophia=137770>. Acesso em: 2 jul. p. 355-368.

101 A este respeito ver, dentre outros, LIMA, Guilherme Graciliano Araújo. Audiência de custódia e sistema de direitos humanos na América Latina: por um olhar descolonial na busca da concretização de sua normatização legal no Brasil. **Revista Brasileira de Ciências Criminais**, São Paulo, v. 26, n. 147, p. 311-331., set. 2018. Disponível em: <http://200.205.38.50/biblioteca/index.asp?codigo_sophia=145606>. Acesso em: 2 jul. 2021.

quando este preconiza a necessidade do controle judicial da detenção, situação amplamente reconhecida no direito comparado latinoamericano[102] e europeu.[103]

Significa, também, a mais incisiva alteração da metodologia para apuração da necessidade cautelar, obrigando sua manifestação no âmbito de um processo oral como recomenda, amplamente, a literatura internacional[104-105] e precedentes claros da Corte Interamericana de Direitos Humanos.[106]

---

102 Em particular observada a situação chilena em CARVALHO, Luis Gustavo Grandinetti Castanho de; SILVA, Lália Terra Vieira da. A audiência de custódia no Brasil e a audiência de controle de detenção no Chile: um estudo comparado. In: GONZÁLEZ POSTIGO, Leonel (Dir.); BALLESTEROS, Paula Rodriguez. **Desafiando a inquisição**: ideias e propostas para a reforma processual penal no Brasil. Chile: Centro de Estudios de Justiça de las Américas–CEJA, 2017. Disponível em: <http://200.205.38.50/biblioteca/index.asp?codigo_sophia=135728>. Acesso em: 19 mar. 2020. p. 443-463.

103 Dentre outros, ver CARVALHO, Claudia Bonard de. Aplicação da audiência de custódia no Brasil diante das experiências internacionais – estudo comparativo. In: SANTORO, Eduardo Ramires; GONÇALVES, Carlos Eduardo (Org.). **Audiência de custódia**. Belo Horizonte: D'Plácido, 2017. Disponível em: <http://200.205.38.50/biblioteca/index.asp?codigo_sophia=137770>. Acesso em: 2 jul. 2021. p. 189-206.

104 A respeito: "El acusado deberá tener la posibilidad de estar presente en los procedimientos en los que se decida la aplicación de la prisión preventiva, bajo determinadas condiciones este requisito se podrá satisfacer mediante el uso de sistemas de video adecuados, siempre y cuando se garantice el derecho de defensa. Todo acusado tiene derecho a ser escuchado por el juez y argüir personalmente contra su detención, la detención preventiva no debería decidirse solamente con vista al expediente del caso. Asimismo, la resolución por medio de la cual se impone esta medida "debe ser realmente dictada por el juez, luego de escuchar en persona al detenido, no por 'sumariantes' ni por secretarios de juzgado." ORGANIZAÇÃO DAS NAÇÕES UNIDAS. Grupo de Trabajo sobre Detenciones Arbitrarias. **Informe sobre Misión a Argentina**. Op. Cit.

105 Neste sentido: "La celebración de una audiencia previa sobre la procedencia de la prisión preventiva, además de garantizar el principio de inmediación, permite, entre otras cosas, que la persona imputada y su defensa conozcan con antelación los argumentos a partir de los cuales se infiere el riesgo de fuga o de interferencia con las investigaciones. Además, ofrece un mejor escenario, tanto para la defensa, como para la parte acusadora, en el que presentar sus argumentos a favor o en contra de la procedencia de la prisión preventiva, o en su caso de otras medidas menos restrictivas. En definitiva, la oralidad garantiza la posibilidad de discutir todas las cuestiones vinculadas con la aplicación de la medida cautelar." COMISSÃO INTERAMERICANA DE DIREITOS HUMANOS (CIDH). **Informe sobre el uso de la prisión preventiva en las Américas**. Op. Cit.

106 CORTE INTERAMERICANA DE DIREITOS HUMANOS. **Caso de los Hermanos Gómez Paquiyauri vs. Perú**. Fondo, Reparaciones y Costas. Sentencia de 8 de julio de 2004. Disponível em: <https://www.corteidh.or.cr/docs/casos/articulos/seriec_110_esp.pdf> Acesso em: 2 jul. 2021: "95. El artículo 7.5 de la Convención dispone que la detención de una persona sea sometida sin demora a una revisión judicial, como medio de control idóneo para evitar las detenciones arbitrarias e ilegales. Quien es privado de libertad sin orden judicial debe ser liberado o puesto inmediatamente a disposición de un juez. 96. El control judicial inmediato es una medida tendiente a evitar la arbitrariedad o ilegalidad de las detenciones, tomando en cuenta que en un Estado de derecho corresponde al juzgador garantizar los derechos del detenido, autorizar la adopción de medidas cautelares o de coerción, cuando sea estrictamente necesario y procurar, en general, un trato consecuente con la presunción de inocencia que ampara al inculpado mientras no se establezca su responsabilidad. En el mismo sentido: Caso Tibi Vs. Ecuador. Excepciones Preliminares, Fondo, Reparaciones y Costas. Sentencia de 7 de septiembre de 2004, párr. 114; Caso Acosta Calderón Vs. Ecuador. Fondo, Reparaciones y Costas. Sentencia de 24 de junio de 2005, párr. 76; Caso Palamara Iribarne Vs. Chile. Fondo, Reparaciones y Costas. Sentencia de 22 de noviembre de 2005, párr. 218; Caso Bayarri Vs. Argentina. Excepción Preliminar, Fondo, Reparaciones y Costas. Sentencia de 30 de octubre de 2008, párr. 63."

E esse controle não se limita, como equivocadamente já se discutiu, ao controle cautelar a partir da prisão em flagrante[107], o que foi reconhecido de forma bastante ampla pela Resolução 213 do CNJ, abarcando a apresentação de toda pessoa presa ao juízo competente.

Ademais, a opção legislativa a manteve com a finalidade específica da verificação da necessidade cautelar[108] desatendendo as críticas que postulam a ampliação cognitiva nesse momento para possibilitar, ao menos a celebração de acordos e, em particular o recém-criado *acordo de não persecução penal* (ANPP).

É de ser destacado, igualmente, que o regramento caminhou na direção correta ao não estimular a realização dessa audiência de modo telepresencial[109], providência já tentada e rechaçada pelo CNJ.[110]

12.3 Provocação da postulação da necessidade cautelar

No modelo acusatório de processo a provocação para verificação da *necessidade cautelar* somente poderia ser efetivada por quem detém o poder processual de acusar ou, no mínimo, submetido a um controle prévio deste quando a necessidade da medida fosse aventada por policiais investigadores e não poderia haver a possibilidade de, diante da manifestada desnecessidade da medida pelo responsável pela acusação material, ser a medida determinada com base na iniciativa autônoma do policial investigador.

---

107 A este respeito MARTINELLI, João Paulo Orsini. Audiência de custódia: uma garantia além da prisão em flagrante. In: SANTORO, Eduardo Ramires; GONÇALVES, Carlos Eduardo (Org.). **Audiência de custódia**. Belo Horizonte: D'Plácido, 2017. Disponível em: <http://200.205.38.50/biblioteca/index.asp?codigo_sophia=137770>. Acesso em: 2 jul. p. 317-334.

108 Ver, também sobre este aspecto, AGUIAR, Michelle. Audiência de custódia e seus limites cognitivos. In: SANTORO, Eduardo Ramires; GONÇALVES, Carlos Eduardo (Org.). **Audiência de custódia**. Belo Horizonte: D'Plácido, 2017. Disponível em: <http://200.205.38.50/biblioteca/index.asp?codigo_sophia=137770>. Acesso em: 2 jul. 2021. p. 481-491 e VASCONCELLOS, Vinícius Gomes de. Audiência de custódia no processo penal: limites cognitivos e regra de exclusão probatória. **Boletim IBCCRIM**, São Paulo, v. 24, n. 283, p. 5-6., jun. 2016. Disponível em: <http://200.205.38.50/biblioteca/index.asp?codigo_sophia=129479>. Acesso em: 19 mar. 2020.

109 Ver, entre outros, VITAGLIANO, Daniella; SOUZA, Ricardo André de. Audiência de custódia por videoconferência: incompatibilidade à luz da Convenção Americana de Direitos Humanos. In: **CADERNOS estratégicos**: análise estratégica dos julgados da Corte Interamericana de Direitos Humanos. Rio de Janeiro: Defensoria Pública do Estado do Rio de Janeiro, 2018. p. 226-245.

110 A partir de Resolução CM 09/2019 do TJSC, impugnada no CNJ que acolheu o (correto) inconformismo (n. CNJ 0008866- 60.2019.2.00.0000). No mesmo sentido decisão no BRASIL. Superior Tribunal de Justiça. **Conflito de Competência n. 168.522-PR**. Terceira Seção (por unanimidade). Relatora Min. Laurita Vaz. Julgado em: 11/12/2019. DJe 17/12/2019. Disponível em: <https://scon.stj.jus.br/SCON/GetInteiroTeorDoAcordao?num_registro=201902881144&dt_publicacao=17/12/2019>. Acesso em: 2 jul. 2021.

Contudo, no direito brasileiro essa provocação é difusa entre autoridades policiais que podem *representar* pela verificação da necessidade da imposição dessas medidas gerando cenários conflitantes para a persecução penal, notadamente quando esta *representação* for acolhida em desacordo com a manifestação do acusador público.

Desde a entrada em vigor da CR/1988 este tema nunca foi verdadeiramente abordado pela doutrina de forma contundente restando, como comumente acontece nos temas que envolvem o relacionamento entre Ministério Público e Polícia investigativa, discussões que nascem das respectivas corporações, defendendo suas respectivas posições que, nada obstante possam ser devidamente fundamentadas, acabam sempre por guardar um aspecto corporativo e não ganham a dignidade da discussão acadêmica exatamente pela desqualificação de suas origens.

Assim, já houve manifestação colegiada, em âmbito nacional, do Ministério Público, rechaçando a possibilidade de uma iniciativa policial isolada para requerer a apreciação da necessidade cautelar[111], da mesma forma que, no âmbito policial, textos surgiram defendendo essa possibilidade.[112]

No campo doutrinário, Pacelli é uma das vozes que admitem essa autonomia policial de provocação da necessidade cautelar, asseverando que a

> Aqui, no Brasil, a fase de investigação tem natureza administrativa e admite inúmeras providências de natureza cautelar, muitas das quais dependentes de autorização judicial, mas, ainda assim, não vinculadas a um *processo*, rigorosamente falando.

E complementa para afirmar que

> Por isso, e somente por isso, as cautelares que dependem de ordem judicial podem ser objeto de representação da autoridade policial, nos termos em se acha disposto o art. 282, § 2º, CPP, sem que se possa falar em ausência de *capacidade postulatória* (ambos os grifos no original).[113]

A posição do renomado autor não encontra eco no marco teórico desta Obra filiando-se a uma herança conceitual não recebida pelo marco constitucional-convencional.

---

111 CONSELHO NACIONAL DOS PROCURADORES GERAIS DOS MINISTÉRIOS PÚBLICOS DOS ESTADOS E DA UNIÃO. **Manual do controle externo da atividade policial.** 2. ed. Brasília, 2012. p. 91. Disponível em: <http://www.mp.ba.gov.br/atuacao/criminal/gacep/Manual_do_Controle_Externo.pdf>. Acesso em: 21 de julho de 2020.

112 ZULIANI JÚNIOR, Giancarlos. **A Capacidade Postulatória do Delegado.** Abr. 2010. Disponível em: <http://www.delegados.com.br/juridicos/a-capacidade-postulatoria-do-delegado>. Acesso em: 2 jul. 2021.

113 OLIVEIRA, Eugênio Pacelli de. **Curso de processo penal.** 18. ed. rev., ampl. e atual., de acordo com as leis 12.830, 12.850 e 12.878, todas de 2013. São Paulo: Atlas, 2017. (Edição digital., item 11.4.2. p. 28).

O confinamento da investigação a uma natureza administrativa encontra-se para nós superada desde a publicação da Obra *Garantias Constitucionais na Investigação Criminal*[114] e a desvinculação da finalidade cautelar à acusação que se formulará (ou não) desnuda uma concepção de autonomia investigativa que não subsiste ao marco CR/CADH.

Afinal, a cautelar (pessoal, patrimonial, probatória) somente pode servir de instrumentalização à propositura ou não da acusação formal, não lhe restando outra finalidade legítima no Estado de Direito.

E, ao contrário do que se afirma naquela mesma obra, isto nada tem a ver com a atribuição para conduzir a investigação. Não se trata, aqui, da discussão dos poderes investigatórios do Ministério Público (ver Capítulo 4 neste Livro), mas do controle (ainda que se queira *externo* da atividade policial) da provocação da necessidade cautelar e que não se confunde com o verbo *presidir* usado pela Constituição da República, no art. 144, ao se referir à posição da cúpula dos policiais investigadores (Delegado de Polícia) na sua relação funcional com a investigação. (ver Capítulo 4 para maiores comentários a esse respeito).

Ademais, o fato de vários diplomas legais preverem a possibilidade dessa autonomia postulatória não é argumento para a coerência sistêmica com o marco constitucional-convencional[115] pois não é a compreensão holística do ordenamento que deve se subsumir à lei editada; ao contrário, é a norma que deve ser coerente ao marco teórico constitucional-convencional.

Mas, para além da posição autônoma da polícia investigativa em relação a este tema existe, também a autonomia postulatória do assistente da acusação quando já houver acusação admitida.

Neste ponto a dogmática assentada sobre a figura da assistência simples–que é o caso dessa figura no processo penal – em nada constrange o legislador que amplia capacidades postulatórias independentemente da manifestação prioritária da parte assistida (Ministério Público) e possibilita a decisão contrária ao quanto manifestado pelo acusador público.

Essa difusão de legitimados a provocar a cognição sobre a necessidade cautelar, significa, sobretudo, a manifestação da persistência de uma visão *administrativa* do campo cautelar, como explicitamente se manifesta Pacelli a respeito.

Mais ainda, a difusão de legitimados a provocar a necessidade cautelar amplia, exponencialmente, o inchaço do sistema prisional que já apresenta números elevados como visto neste capítulo.

---

114 CHOUKR, Fauzi Hassan. **Garantias constitucionais na investigação criminal**. Op. Cit., passim.

115 Argumento usado por NUNES, Thiago de Castro Saldanha. A capacidade postulatória do Delegado de Polícia **Conteúdo Jurídico**, Brasília-DF: 21 mar. 2020. Disponível em: <https://conteudojuridico.com.br/consulta/Artigos/51146/a-capacidade-postulatoria-do-delegado-de-policia>. Acesso em: 21 mar. 2020.

E, enquanto essa concepção não for superada, com a assunção clara de ser a cognição cautelar um exercício de uma completa atividade jurisdicional com finalidade instrumental condizente com as bases do Estado de Direito, o cenário pouco mudará.

12.4 Momento de verificação da necessidade cautelar

A verificação da *necessidade cautelar* se dá em qualquer momento da persecução penal, seja na fase investigativa ou ao longo do processo de conhecimento ainda não definitivamente julgado.

a] Verificação da necessidade cautelar na sequência da prisão em flagrante

No caso de a medida ser oriunda de uma precautela (a prisão em flagrante), a verificação da *necessidade cautelar* pode-se dar de acordo com a seguinte esquematização:

Prisão em flagrante	Ilegal	Relaxamento	Em princípio, se o relaxamento se der por falta de requisito obrigatório da formalização da prisão em flagrante, é possível que se verifique a necessidade cautelar. Por outro fundamento, como ausência manifesta de tipicidade, os autos devem ser arquivados.	
	Legal	Com excludente	Com análise da necessidade cautelar	
		Sem excludente	Com presença da necessidade cautelar	São aplicadas medidas cautelares diversas da prisão de forma isolada ou cumulada
				Mantém a pessoa presa a título de prisão preventiva se outras medidas cautelares não forem suficientes
			Sem a presença da necessidade cautelar	Soltura imediata – ausente a necessidade cautelar não pode ser imposta qualquer medida de constrição

Fonte: O autor (2021)

Na reforma do parágrafo único do art. 310[116], advinda com a Lei 13.964/2019, houve a explicitação da análise da presença da excludente prevista no art. 23 do

---

116 § 1º Se o juiz verificar, pelo auto de prisão em flagrante, que o agente praticou o fato em qualquer das condições constantes dos incisos I, II ou III do caput do art. 23 do Decreto-Lei nº 2.848, de 7 de dezembro de 1940 (Código Penal), poderá, fundamentadamente, conceder ao acusado liberdade provisória, mediante termo de comparecimento obrigatório a todos os atos processuais, sob pena de revogação.

CP com a possibilidade de concessão de liberdade provisória. Aqui operou-se uma alteração que, além de pecar pela técnica duvidosa, disse algo que já era extraível do modelo jurídico anterior.

Com efeito, a precariedade técnica manifesta-se na insistência em tratar do âmbito cautelar a partir da prisão e de sua eventual desnecessidade, gerando as distorções sequenciais apontadas neste Capítulo. E a desnecessidade do artigo é que jamais foi proibida a verificação da ocorrência das causas excludentes quando da apreciação da necessidade cautelar, o que é, inclusive, decorrente de ser a *justa causa cautelar* muito próxima à *justa causa do conhecimento* na estrutura brasileira.

b] Verificação da necessidade cautelar no curso da investigação ou com a acusação já recebida

Obedecidos os fins legítimos das medidas cautelares no marco constitucional-convencional, a v erificação da necessidade cautelar pode-se dar tanto na investigação como após o acolhimento da acusação e no curso do processo que a apura.

Neste ponto desde a reforma de 2011 pode-se decompor os momentos de efetivação da cognição da necessidade cautelar da seguinte forma:

- como decorrência da prisão em flagrante;
- como decorrência de descumprimento de medida não encarceradora a fim de que:
  - seja reforçada a imposição da medida não encarceradora, com acréscimo de outras da mesma natureza;
- seja imposta uma medida encarceradora diante da insuficiência das demais anteriormente impostas
- no esgotamento da medida encarceradora da prisão temporária para que:
  - seja analisada a persistência da necessidade com aplicação de outra medida encarceradora que, no caso, somente pode ser a prisão preventiva ou a possibilidade de aplicação de uma medida não encarceradora.

12.5 A cognição e as etapas de concretização da necessidade cautelar

a] Cognição Cautelar

Aspecto de transcendência no campo cautelar é a forma e a extensão da cognição *cautelar* pois é dessa cognição que advém o reconhecimento, ou não, da necessidade cautelar.

Como exposto neste Capítulo e dentro do marco constitucional-convencional que orienta a construção teórica desta Obra, é essencial que a medida cautelar não tenha caráter de antecipação de pena, nem sirva para fins penais materiais como alavanca de prevenção geral ou especial. Daí porque, em várias passagens desta análise, foi destacado que a *justa causa cautelar* não pode ser sobreposta à *justa causa da acusação de mérito* de modo a que decisões sobre aquela sejam reproduzidas, como razão de decidir, nesta última.

A constatação dessa sobreposição não é uma exclusividade no direito brasileiro. Com efeito, Orlandi, ao analisar o tema sob a ótica comparada, mas, neste aspecto referindo-se em particular ao direito italiano, destaca que "De fato, é difícil negar que, durante a fase anterior ao julgamento, o mérito do caso seja discutido antecipadamente, fato confirmado pela discussão diária que testemunhamos constantemente sobre as regras que regem o procedimento cautelar."[117]

A complexidade da *cognição cautelar* é discutida há muito no cenário comparado – assim como no internacional, depois da criação do Tribunal Penal Internacional, sobretudo – e pode ser apresentada de forma geral na afirmação que aponta para o fato de que

> O problema da adequação das informações está claramente em evidência na decisão de liberação pré-julgamento. Quais dados são conhecidos por serem relevantes para a consecução dos objetivos das decisões de liberação pré-julgamento? As informações que são úteis para alcançar o objetivo de proteção da comunidade também são úteis para atingir o objetivo de liberdade máxima, pré-julgamento, para o acusado? Que informações sobre as consequências das decisões de liberação pré-julgamento estão disponíveis para o tomador de decisão?[118]

Essa afirmação nasce das reflexões produzidas em especial no âmbito do direito estadunidense, cuja matriz processual aponta para o modelo *adversarial – vide* Capítulo 1 neste Livro – e seu modo de construção, a dizer, a oralidade.

---

117 "Indeed it is difficult to deny that during the pre-trial proceeding the merits of the case are discussed in advance, a fact that is confirmed by the daily bickering we constantly witness over the rules governing the precautionary procedure". ORLANDI, Renzo. Introduction. The protection of the right to liberty and security in the field of pre-trial precautionary mesures in criminal matters. In: RUGGERI, Stefano (Ed.). **Liberty and Security in Europe**: A Comparative Analysis of Pre-trial Precautionary Measures in Criminal Proceedings. Göttingen: Vandenhoeck and Ruprecht GMBH, 2012. p 9-16, especialmente p. 11.

118 "The problem of adequacy of information is clearly in evidence at the pretrial release decision. What data are known to be relevant to the achievement of the goals of pretrial release decisions? Is the information useful for achieving the goal of community protection also useful for attaining the goal of maximum pretrial liberty for the accused? What information about the consequences of pretrial release decisions is available to the decision maker." GOTTFREDSON, Michael R.; GOTTFREDSON, Don M. Pretrial Release Decisions. In: GOTTFREDSON, Michael R.; GOTTFREDSON, Don M. (Ed.). **Decision Making in Criminal Justice**: toward the rational exercise of discretion. Boston/MA: Springer, 1988. p. 47-78. 3v (Law, Society, and Policy Series).

Isto porque o

> Sistema inquisitivo por escrito é brando com falta de preparação dos litigantes, pois permite ocultar as questões em roupagens técnicas que se distanciam da realidade da vítima e do acusado. Em contrapartida, o sistema de audiência torna visíveis as reais intenções que eles são mantidos e expostos à contraparte e ao público, que exercerá controle ativo.[119]

Esta observação nasce, por sua vez, no campo das reformas da América Latina, cuja superação do método escrito como exteriorização de uma modelo inquisitivo vem sendo a sua característica definidora.

Embora produzidas em cenários culturais distintos, ambas se complementam no que toca à dificuldade da cognição e a forma de sua produção e decisão podendo ser sintetizadas na afirmação que um modelo inquisitivo, lastreado na escrita, é marcantemente insuficiente para superar a complexidade desse momento processual e, também por isso, a missão de uma *defesa social* por meio das medidas cautelares possui campo fértil na cultura inquisitiva.[120]

É exatamente neste ponto que parece mais se destacar o papel do processo penal e seus modelos[121] como um instrumento protagonista na construção de políticas de segurança pública[122] e as bases políticas nas quais se assentam o processo penal penderão para o uso das cautelares como um instrumento de defesa social a partir de um *crime control model* na dicção de Paker (trabalhada no capítulo 1 deste Livro) em contraposição ao *due process* model, apresentada por este mesmo autor, dicotomia que inspira, ainda hoje, larga discussão teórica e não apenas no campo da *common law* estadunidense.

Em outras, palavras, as decisões sobre a determinação ou manutenção da medida cautelar – especialmente a prisão – em contraposição à liberação da pessoa submetida à persecução

---

119 FANDIÑO, Marco; POSTIGO, Leonel González. Estándar de prueba en la audiencia de medidas cautelares de Uruguay. In: PAULA, Leonardo Costa da (Coord.) **Reflexiones Brasileñas sobre la reforma procesal penal em Uruguay:** hacia la justicia penal acusatória en Brasil. Santiago/Curitiba: CEJA-JSCA/Observatório da mentalidade Inquisitória, 2017. ISBN: 978-956-8491-65-9. p. 438.

120 Vide LAZZARI, Felipe. **Para uma crítica da razão fascista no Processo Penal Brasileiro.** Op. Cit.

121 No âmbito da América Latina, vinculando os postulados constitucionais, o modelo processual e a segurança pública ver, entre outros, BENAVENTE CHORRES, Hesbert; PASTRANA BERDEJO, Juan David. Seguridad pública, proceso penal acusatorio y juicio oral. **Argumentos (Méx.).** Op. Cit., especificamente acerca da reforma no México.

122 Com os riscos que são próprios a Estados com democracias incipientes e/ou transições políticas inacabadas ou pactuadas com comprometimento da efetiva superação do passado autoritário. Sobre alguns desses aspectos ver AZEVEDO, Rodrigo Ghiringhelli de. Justiça penal e segurança pública no Brasil: causas e consequências da demanda punitiva. Revista Brasileira de Segurança Pública, v. 3, n. 1, 2009.

Devem ser tomadas diante de objetivos potencialmente conflitantes. No cerne de toda decisão de libertação preventiva, o objetivo de preservar a liberdade do réu antes da condenação (quando se presume ser inocente) deve ser equilibrada com os objetivos da proteção da comunidade e da justiça ordenada.[123]

Fica claro nestas afirmações assentadas no modelo estadunidense o papel assumido do processo penal como instrumento de defesa social e que, nada obstante o reconhecimento da presunção de inocência como pilar do devido processo legal, esta cede em nome de valores de segurança comunitária.

Mas não apenas naquele modelo jurídico-político. Observadas amplamente as estruturas existentes nos últimos cinquenta anos no cenário europeu continental, esse papel de íntimo relacionamento do processo penal – e, em especial, das cautelares – com o tema da segurança pública é acentuado, especialmente a partir do momento em que o direito à liberdade passa a ser contraposto ao direito à segurança, ambos de caráter individual[124] momento em que as medidas cautelares passam a assumir um papel preventivo cada vez mais destacado cumprindo, assim, finalidades próprias da pena material.

Distante das reformas globais do processo penal no cenário latino-americano, o Brasil lida com esse aspecto da *tutela cautelar* de forma incipiente, sendo o método escrito o historicamente presente para a verificação da necessidade cautelar. As experiências recentes de oralidade, sobretudo a audiência de custódia, ainda não são capazes de revelar uma reconfiguração cultural do modelo. Por isso é importante destacar a abordagem comparada para adensar a discussão interna.

Neste ponto, abalizada fonte doutrinária[125], ao analisar o desenvolvimento da *cognição cautelar* pelo método decisório da oralidade no reformado processo penal uruguaio, manifestou-se iniciando por afirmar a centralidade dessa discussão e, na sequência, descreveu a dinâmica da audiência da determinação da necessidade cautelar naquele país, aduzindo que a primeira preocupação é a "do patamar mínimo que o Ministério Público deve superar ao requerer que seja

---

123 "They must be made in the face of potentially conflicting goals. At the heart of every pretrial release decision, the goal of preserving the defendant's liberty before conviction (when he or she is presumed to be innocent) must be balanced against the goals of community protection and orderly justice", em: GOLDKAMP, John S. et al. **Personal liberty and community safety**: Pretrial release in the criminal court. New York: Springer Science & Business Media, 2012.

124 Ver, entre outros, ORLANDI, Renzo. Introduction. The protection of the right to liberty and security in the field of pre-trial precautionary mesures in criminal matters. Op. Cit. No Brasil essa vinculação é alvo de críticas como as de BOLDT, Raphael; ADEODATO, João Maurício. O direito como mito: a razão punitiva e a invenção do direito fundamental à segurança pública. **Revista Quaestio Iuris**, v. 11, n. 04, p. 2794-2810, 2018.

125 FANDIÑO, Marco; POSTIGO, Leonel González. **Estándar de prueba en la audiencia de medidas cautelares de Uruguay**. p. 423.

Processo Penal Cautelar | 853 |

decretada a prisão preventiva"[126], levando em conta que a Constituição uruguaia exige prova *semiplena* para esse tipo de decisão.

O modelo uruguaio une-se à "experiência comparativa na região, [onde] este exercício é realizado usando o método oral argumentativo. Em outras palavras, as partes litigam com base nos dados anteriores que dispõem, articulando argumentos a favor de sua posição"[127] para, na sequência, ser exposto o comportamento dos códigos reformados na América-Latina sobre esta dinâmica.

Concluem os autores desta destacada análise comparada que, em relação à *apresentação das provas*, "nenhum dos códigos menciona a necessidade de as provas serem produzidas ou substanciadas na audiência em que a medida de precaução deve ser decidida."[128]

Com relação ao *estândar probatório* aduzem que

> Padrão de prova exigido, verificamos que em todos os códigos existe um padrão inferior ao exigido em outras etapas do processo, como a emissão de uma sentença na fase de teste oral. Em nosso julgamento e à luz do direito comparado, a necessidade de gerar padrões diferenciados de evidência é bastante evidente dependendo da gravidade da decisão judicial a ser gerada.[129]

Um último aspecto destacado nesse trabalho comparativo diz respeito a participação de terceiros na audiência:

> Na maioria das leis comparadas há o reconhecimento da possibilidade de o advogado de defesa intervir após a solicitação de medidas cautelares. Além disso, é comum reconhecer a possibilidade de que o acusado possa depor, pois é sobre ele que é solicitada uma medida cautelar, que em alguns casos pode envolver a privação de sua liberdade. Por fim, de acordo com vários códigos, a possibilidade de intervenção dos autores também é reconhecida, pois eles podem ter uma posição diferente ou complementar à da acusação.

Completam afirmando que nenhum dos países abordados possibilita a intervenção de policiais.[130]

Que o patamar probatório há de ser menos exigente no âmbito da cognição cautelar é algo que emana da própria finalidade dessa análise. Contudo, cremos ser importante que algumas distinções sejam feitas.

Em primeiro lugar, quanto aos pressupostos materiais (autoria e comprovação da ocorrência da conduta típica) esse patamar probatório é, efetivamente, bem

---

126 Ibidem, p. 424.
127 Idem.
128 Ibidem, p. 433.
129 Ibidem, p. 434.
130 Idem.

menos elevado até para que não se exaura uma cognição específica daquela que será desenvolvida no conhecimento da acusação.

Para as finalidades cautelares expostas na Lei, dentre aquelas que são consideradas como efetivamente legítimas aos fins cautelares, notadamente o risco à integridade probatória, o mero desenvolvimento argumentativo não parece ser adequado, devendo-se sair da mera conjectura – esta nunca verdadeiramente admissível – para um patamar mais elevado, com contornos de forte suspeita amparada em elementos externos à conduta praticada (imputação no processo de conhecimento) ou à materialidade evidenciada.

Fundamentos relutantemente admitidos como legítimos em sede internacional ou comparada como, v.g., *ordem pública* ou *prevenção a novas práticas* (vide análise neste Capítulo) tem, no campo da demonstração, seu mais elevado desafio. porquanto, sobretudo o primeiro fundamento mencionado – ordem pública – carecer de substrato conceitual; a *prevenção a novas práticas* pode, de acordo com algum grau de investigação mais profundo, ser demonstrada com elementos objetivos, mas esbarrará, sempre, no limite do emprego das cautelares com fins penais materiais, sobretudo a prevenção.

b] Etapas para a verificação da necessidade cautelar

A verificação da necessidade cautelar deve estar subordinada a uma concatenação lógica de seus pressupostos e fundamentos que permita alcançar a imposição– ou não–de uma medida forçosamente da menos gravosa à mais gravosa. Esse itinerário deveria partir de uma clara base comum e se desdobrar em passos específicos que permitissem alcançar os fins legítimos de uma medida cautelar no Estado de Direito.

Contudo, como se verá, desde a reforma de 2011 quando foi tentada a criação das *bases gerais* esse percurso nunca foi dotado de coerência e sistematicidade posto que as verdadeiras etapas se resumem à manutenção da primazia da prisão preventiva que, por essa razão, ainda mantém o protagonismo do sistema cautelar pessoal.

Desde a reforma de 2011 o sistema cautelar poderia ter sido organizado, nas suas bases gerais, em dois grandes alicerces: os pressupostos *materiais*, estes ligados à mínima vinculação de uma pessoa ao fato (autoria) e mínima comprovação da ocorrência do fato penalmente relevante e, os pressupostos estritamente processuais, estes ligados às finalidades cautelares legítimas no Estado de Direito.

Esta é uma repartição conhecida no direito comparado, focadamente o alemão,

> Os pressupostos materiais são: 1.º) a forte suspeita de cometimento do delito (*dringend Verdach*); 2.º) o motivo da prisão (*Haftgrund*), que se divide em quatro motivos possíveis: a) fuga ou perigo de fuga (*Flucht oder Fluchtverdach*); b) perigo

Processo Penal Cautelar | 855 |

de obscurecimento da prova (*Verdunkelungsgefahr*); c) gravidade do fato (*Schwerer der Tat*); d) perigo de cometimento de novos crimes (*Wiederholungsgefahr*).[131]

Como apontado em estudo sobre o assunto,

> Submetida ao princípio da proporcionalidade (*die Verhältnismässigkeitsprinzip*), esta forma de prisão não subsiste se não houver a reunião de todas as hipóteses mencionadas, ou quando a prisão for desproporcional ao caso e à pena que dele se espera (§ 120, StPO). Ela termina, também, por requerimento do Ministério Público (ao qual o juiz atenderá, lembrando-se que a fase investigativa é dirigida pelo Ministério Público), ou a requerimento do detido por meio de um pedido de liberdade (*dier Haftprüfungsantrag*, § 117, StPO) ou por um recurso (*die haftbeschwerde*), perante um tribunal regional (ou para o tribunal superior, em caso de rejeição: § 310, StPO).[132]

O direito brasileiro não possui essa racionalidade. Assim, inaugura-se este tópico com a representação gráfica do que haveria de se constituir cada um desses momentos para, na continuidade, analisar-se as suas (de)formações.

c] Cognição cautelar e Intervenções defensivas

A reforma de 2011 trouxe a inovadora previsão da possibilidade de intervenção defensiva quando da determinação da necessidade cautelar gerando a percepção da existência de um verdadeiro contraditório neste momento.

Tal previsão, de desconhecidas consequências práticas diante de análises consolidadas sobre a aplicação dessa estrutura foi repetida na reforma produzida pela Lei 13.964/2019 que alterando o §3º do art. 282 passou a determinar que

> Ressalvados os casos de urgência ou de perigo de ineficácia da medida, o juiz, ao receber o pedido de medida cautelar, determinará a intimação da parte contrária, para se manifestar no prazo de 5 (cinco) dias, acompanhada de cópia do requerimento e das peças necessárias, permanecendo os autos em juízo, e os casos de urgência ou de perigo deverão ser justificados e fundamentados em decisão que contenha elementos do caso concreto que justifiquem essa medida excepcional.

A diferença entre o texto atual e o anterior reside na necessidade de haver fundamentação concreta para a não ocorrência da intervenção defensiva prévia.

---

131 BENETTI, S. Prisão provisória: Direitos alemão e brasileiro. **Revista dos Tribunais**, São Paulo, v. 80, n. 669. p. 267 e seguintes, julho de 1991. Disponível em: <www.revistasrtonline.com.br>. Acesso em: 21 jul. 2020.

132 Sobre o "Sistema Alemão" em: DELMAS-MARTY, Mireille. **Processos Penais da Europa**. Op. Cit. p. 61.

No resto preserva-se a estrutura escrita já trabalhada neste Capítulo, em especial na alínea *a*, supra.

Há de ser fazer aqui um diferencial surgido a partir da consolidação da audiência de custódia e da criação do mecanismo de revisão obrigatória das cautelares no que toca à obrigatoriedade da intervenção defensiva.

No caso da audiência de custódia a intervenção defensiva *prévia* à decisão se dá no curso da audiência, não sendo possível a prolação de uma decisão sem a participação da defesa técnica.

E o mesmo se dá na revisão obrigatória, cujos méritos e insuficiências são discutidos neste Capítulo e que aqui mais uma vez se destaca. Na revisão, seja em primeiro grau ou em grau recursal – posto que a revisão deve acontecer, também, quando a medida perdurar durante a tramitação recursal – deve haver a prévia manifestação defensiva antes da decisão sobre a permanência ou não da **necessidade cautelar** sob risco de frustrar o devido processo legal.

`12.5.1` O fundamento comum a toda necessidade cautelar – art. 282 do CPP

A superação da prisão com forma prioritária de garantia do Juízo é o principal objetivo da reforma das cautelares pessoais desde o projeto Frederico Marques e nas reformas pontuais em curso desde o início dos anos 1990, consolidando-se com a Lei 12.403/11 e reiterada pela Lei 13.964/2019.

Para tanto, a Lei 12.403/11 procurou conceber uma *base geral no art.* 282 que serviria para orientar todo o desenvolvimento da postulação e cognição cautelar e se refletiria, obrigatoriamente, na fundamentação da decisão. A reforma da Lei 13.964/2019 trilhou o mesmo caminho, com alterações para, sobretudo, limitar a atuação oficiosa do julgador como visto neste Capítulo em tópico próprio.

Voltada para (necessidade cautelar é necessária para):

- aplicação da lei penal;
- para a investigação ou a instrução criminal e
- evitar a prática de infrações penais.

Sucede que esses itens compõem as finalidades específicas da prisão preventiva[133] e da prisão temporária[134] o que impele o provocador da verificação da necessidade cautelar e o órgão decisório a analisar a prisão como medida prioritária e não como a *ultima ratio* das medidas a serem eventualmente determinadas.

---

133 Aplicação da lei penal e integridade da investigação ou processo; a prisão para evitar a prática de infrações penais se amolda na cláusula genérica "ordem pública".

134 Prisão para preservar ou otimizar o desenvolvimento da investigação.

Com efeito, teria sido melhor acompanhar o quanto sugerido pela Relatoria Parcial do tema das cautelares no processo legislativo de reforma global do CPP. Assim, o artigo 525 daquele Projeto – que funciona nos termos do art. 282 atual, mas que lhe é muito superior – dispõe: "(...) §4º As medidas cautelares pessoais somente serão impostas quando forem absolutamente indispensáveis para assegurar a realização dos fins do procedimento e só durarão enquanto subsistir a necessidade da sua aplicação e o prazo máximo de duração previsto no art. 558 deste Código."[135]

Ainda que possa ser criticado, o texto sugerido diz que o reconhecimento da necessidade cautelar está vinculado aos *fins do procedimento* o que, somado a todas as demais disposições constantes naquele texto, pode ser entendido como medida tendente a manter a integridade do processo (e não *procedimento*) alinhando-se, de alguma forma, com o marco constitucional-convencional quando se observa neste campo que "Valga sinalar que este Tribunal ha reconocido como fines legítimos el asegurar que el acusado no impedira el desarrollo del procedimento ni eludira la accion de la justicia."[136]

Porém, ao reduzir o núcleo comum da necessidade cautelar à *necessidade* o funcionamento geral das cautelares peca por manifesta insuficiência, motivo pelo qual, no marco teórico desta Obra, afirma-se que os fundamentos do art. 312 e do art. 313[137] compõem o quadro global das cautelares pessoais, não se restringindo, assim, a determinação da prisão preventiva.

Se assim não o for, dois pressupostos fundamentais para a verificação da necessidade cautelar simplesmente poderiam ser ignorados, a saber, a mínima constatação da ocorrência de um fato penalmente relevante (na locução legal, *prova de existência de crime*) e a mínima comprovação da autoria atribuída à pessoa sobre quem recairá a medida, pois tais disposições estão localizadas exclusivamente no art. 312 ao tratar da prisão preventiva.

Na sequência busca-se entender que o que haveria de significar essa *necessidade* no marco constitucional-convencional para tentar uma mínima compatibilização com o Estado de Direito.

12.5.1.1 Necessidade

Necessidade, nesse contexto, deve ser confinada desde que se compreenda que

---

135 BRASIL. Câmara dos Deputados. Comissão especial destinada a proferir parecer ao Projeto de Lei n. 8045 de 2010 do Senado Federal que trata do Código de Processo Penal. **Relatório Parcial do Deputado Paulo Teixeira**. Op. Cit.

136 CORTE INTERAMERICANA DE DIREITOS HUMANOS. **Caso Yvon Neptune vs. Haití**. Fondo, Reparaciones y Costas. Sentencia de 6 de mayo de 2008. Disponível em: <https://www.corteidh.or.cr/docs/casos/articulos/seriec_180_ing.pdf>. Acesso em: 2 jul. 2021.

137 Este, como será visto neste Capítulo, estritamente no que toca à *retenção de pessoas*.

Um ato estatal que limita um direito fundamental é somente necessário caso a realização do objetivo perseguido não possa ser promovida, com a mesma intensidade, por meio de outro ato que limite, em menor medida, o direito fundamental atingido.[138]

Nesse ponto visualizar o *objetivo* da persecução penal[139] passa a ser de nodal importância para dar contornos ao emprego do critério *necessidade*. Nesse sentido se deve compreender *necessidade* na verificação da *necessidade cautelar*, sob risco de fazer com que as medidas cautelares sirvam como instrumento (in) direito do cumprimento de determinadas concepções do fim da pena.[140]

Portanto o problema não é mais normativo, mas, sim, de fundamentos da cultura do *sistema penal*, aqui compreendido como

Controle social punitivo institucionalizado, que na prática abarca desde que se detecta ou supõe detectar-se uma suspeita de delito até que se impõe e executa uma pena, pressupondo uma atividade normativa que cria a lei que institucionaliza o procedimento, a atuação dos funcionários e define os casos e condições para esta atuação.[141]

Especialmente naquilo que se compreende por *criminalização secundária*, a dizer, na *ação punitiva exercida sobre pessoas concretas*[142], de modo a diferenciá-la da chamada *criminalização primária*, compreendida como "o ato e o efeito de sancionar uma lei penal material que incrimina ou permite a punição de certas pessoas."[143]

Descortina-se, assim o que aponta Castro[144] para quem deve-se levar em conta "não apenas a maneira como se exerce o controle formal, mas a maneira pela qual as ideologias são constituídas e manipuladas, sem o que entenderemos muito pouco daquele controle formal".

Não se pode, contudo, radicalizar a discussão para afirmar que toda prisão cautelar é desnecessária sob o argumento da seletividade do sistema, seja apregoando seus vícios de formação a partir de matrizes econômicas (o sistema penal

---

138 SILVA, Virgílio Afonso da. O proporcional e o razoável. **Direito UNIFACS – Debate Virtual**, n. 132, jun. 2011. ISSN 1808-4435.

139 A propósito veja-se BINDER, Alberto M. **Tensiones Político-Criminales En El Proceso Penal**: Ponencia presentada en el XXVIII Congreso Colombiano de Derecho Procesal, realizado en Bogota, 5 al 7 de Septiembre del 2007, organizado por el Instituto Colombiano de Derecho Procesal. Disponível em: <http://www.cejamericas.org/portal/index.php/es/biblioteca/biblioteca-virtual/doc_details/5349-tensiones-politico-criminales-en-el-proceso-penal>. Acesso em: 21 jul. 2020.

140 ANDRÉS IBÁÑEZ, Perfecto. Presuncion de inocencia y prision sin condena. **Revista De La Asociación De Ciencias Penales De Costa Rica**, año 9, n. 13, agosto 1997.

141 ZAFARONI, Eugenio Raúl. **Em busca das penas perdidas**. Op. Cit., p. 70.

142 ZAFFARONI, E. Raúl. et al. **Direito penal brasileiro**. Op. Cit., p. 43.

143 Idem.

144 CASTRO, Lola Aniyar de. **Criminologia da libertação**. Rio de Janeiro: Revan, 2005. p. 94.

voltado para o domínio das classes econômicas desfavorecidas por aquelas detentoras do *poder*), políticas (o sistema penal como fonte de perenidade de uma facção política no *poder*), cultural (o sistema penal como reprodutor de valores de *dominantes* sobre *dominados*) descurando-se da *técnica*, aqui compreendida como conjunto de saberes e práticas que colocam em funcionamento qualquer mecanismo social porquanto haveria o rebaixamento da qualidade da produção *cultural* sobre o sistema penal, notadamente em países de democracia emergente ou de consolidação instável e marcados por desigualdades sociais que tornam mais evidentes a necessidade de reflexão sobre o sistema.

Aqui merece atenção a observação de Hassemer, ao afirmar que

> El derecho penal conforme al Estado de derecho y el derecho procesal penal constituyen hoy no solamente un medio de persecución o de cruda "lucha" contra el delito; constituyen también un medio de garantizar de la mejor forma posible el aseguramiento de los derechos fundamentales de aquellos que intervienen en un conflicto penal – esto es, en las peores lesiones producidas por la mano del hombre -: derechos fundamentales no solamente de la víctima, sino también de los testigos y, sobre todo, de los sospechosos del hecho. El derecho penal es también el derecho de protección frente a un "proceso abreviado", frente a una reacción desproporcionada y frente a un juicio apresurado frente a los circundantes.[145]

Tais considerações acarretam a vinculação da necessidade cautelar aos fins legítimos da cautela penal no Estado de Direito, excluindo-se, de plano:

a] a necessidade cautelar de modo a significar antecipação de pena–cf. Lei 13.964/2019;

b] não há necessidade cautelar quando esta medida for materialmente mais gravosa que a própria pena material ou seu regime inicial de cumprimento de pena (determinações diretas de prisão quando a própria pena não contemplar o início de seu cumprimento em regime fechado[146]);

c] não há necessidade cautelar quando o tempo de sua duração for desproporcional em face do tempo da pena material imposta.

---

145 HASSEMER, Winfried. **Crítica al derecho penal de hoy**. Op. Cit., p. 20.

146 Em sentido idêntico de pensamento, mas tratando de situação processual algo distinta, BRASIL. Superior Tribunal de Justiça. **Recurso em Habeas Corpus n. 52.407-RJ**. Quinta Turma. Relator Min. Felix Fixcher. Julgado em 10/12/2014. Disponível em: <https://scon.stj.jus.br/SCON/GetInteiroTeorDoAcordao?num_registro=201402580085&dt_publicacao=18/12/2014>. Acesso em: 2 jul. 2021.

Por fim, vincula-se ao ao conceito de necessidade cautelar a sua *indispensabilidade* dado que "que sean necesarias, en el sentido de que sean absolutamente indispensables para conseguir el fin deseado", conforme locução da CADH.[147]

A necessidade cautelar parte de dois pressupostos sem os quais não é possível reconhecê-la: a existência de mínimos indícios de autoria e a constatação da materialidade da conduta criminosa, vistos na sequência.

Demonstração mínima da existência de uma conduta penalmente relevante

A reforma trazida com a Lei 13.964/2015 deu nova redação ao artigo 312 ao dispor que

> A prisão preventiva poderá ser decretada como garantia da ordem pública, da ordem econômica, por conveniência da instrução criminal ou para assegurar a aplicação da lei penal, quando houver prova da existência do crime e indício suficiente de autoria e de perigo gerado pelo estado de liberdade do imputado.

Conceito: Por prova de existência do crime entende-se a presença de mínimos elementos de convicção da ocorrência de uma conduta penalmente relevante que não esteja amparada, de plano, por causas exculpantes (v.g., legítima defesa).

Demonstração mínima da vinculação da pessoa ao fato

Conceito: Por *indício suficiente de autoria* compreende-se a convergência de atribuição de conduta a pessoa determinada, física ou jurídica (neste último caso, nos crimes ambientais) tomada, a priori, pelo juízo de valor do titular da ação penal.

A existência desse requisito é reconhecida pela cultura do Sistema Interamericano de Direitos Humanos conforme várias manifestações, mas não significam, em absoluto, a sobreposição da *justa causa cautelar* com a justa causa da acusação a ser formulada.

Assim,

> A Corte também especificou as características que uma medida de detenção preventiva deve ter para cumprir as disposições da Convenção Americana: (...) b) Deve basear-se em elementos probatórios suficientes: Para ordenar e manter medidas como a detenção preventiva, deve haver elementos probatórios suficientes para supor razoavelmente que a pessoa sujeita ao processo participou do crime sob investigação. A verificação desse pressuposto material constitui um primeiro passo necessário para restringir o direito à liberdade pessoal por meio de uma medida cautelar, uma vez que, se não houver elementos minimamente que vinculem a pessoa ao ato punível investigado, também não haverá necessidade de garantir os objetivos do processo. Para o Tribunal, a suspeita

---

147 CORTE INTERAMERICANA DE DIREITOS HUMANOS. **Caso Yvon Neptune vs. Haití**. *Op. Cit.*

Processo Penal Cautelar | 861 |

deve basear-se em fatos específicos, isto é, não em meras conjecturas ou intuições abstratas. Daqui resulta que o Estado não deve prender para, em seguida, investigar; pelo contrário, só está autorizado a privar a liberdade da pessoa quando obtiver conhecimento suficiente para poder levá-la a julgamento.[148]

Especificidade: A imunidade parlamentar e a mínima identificação da autoria

A condição de pessoas que detêm o denominado foro por prerrogativa de função já foi analisada em outros pontos deste Livro, particularmente Capítulo 3 ao vincular o tema ao órgão julgador para essas hipóteses específicas.

Aqui, no entanto, descortina-se um outro aspecto de relevância e extrema particularidade, que é o tratamento jurídico no campo das cautelares pessoais quando a pessoa suspeita de cometimento de um crime for membro do Congresso Nacional e os limites do exercício da cognição da necessidade cautelar com a consequente imposição de medidas a partir de uma alegada situação flagrancial.

Na história brasileira contemporânea toda essa discussão surgiu por ocasião da prisão do então Senador Delcídio do Amaral que

> Foi preso pela Polícia Federal em novembro de 2015 por suspeita de tentar obstruir as investigações da Operação Lava Jato. Numa gravação, ele ofereceu R$ 50 mil mensais para família de Nestor Cerveró na tentativa de convencer o ex-diretor da área internacional da Petrobras a não selar um acordo de delação premiada com o Ministério Público Federal (MPF), e também sugeriu uma rota de fuga do país ao ex-executivo. Cerveró fechou acordo de delação premiada no qual apontou irregularidades e envolvimento de Delcídio em atos de corrupção ligados a contratos de navios-sonda e à compra da refinaria de Pasadena.[149]

A partir desses fatos, duas situações surgiram: a) a discussão da existência, no caso, de uma situação flagrancial (com o que se reacendeu a discussão do flagrante como precautela, como discutido no Capítulo 4 deste Livro) e b) a realização da

---

148 "La Corte ha precisado también las características que debe tener una medida de detención o prisión preventiva para ajustarse a las disposiciones de la Convención Americana: (...) b) Debe fundarse en elementos probatorios suficientes: Para disponer y mantener medidas como la prisión preventiva deben existir elementos probatorios suficientes que permitan suponer razonablemente que la persona sometida a proceso ha participado en el ilícito que se investiga323. Verificar este presupuesto material constituye un primer paso necesario para restringir el derecho a la libertad personal por medio de una medida cautelar, pues si no existiesen mínimamente elementos que permitan vincular a la persona con el hecho punible investigado, tampoco habrá necesidad de asegurar los fines del proceso. Para la Corte, la sospecha tiene que estar fundada en hechos específicos, esto es, no en meras conjeturas o intuiciones abstractas324. De allí se deduce que el Estado no debe detener para luego investigar, por el contrario, sólo está autorizado a privar de la libertad a una persona cuando alcance el conocimiento suficiente para poder llevarla a juicio" CORTE INTERAMERICANA DE DIREITOS HUMANOS. **Caso Norín Catrimán y otros (Dirigentes, membros y activista del Pueblo indígena mapuche) vs. Chile**. Op. Cit.

149 Informações sobre Delcídio do Amaral na Enciclopédia livre Wikipédia. DELCÍDIO do Amaral. Disponível em: <https://pt.wikipedia.org/wiki/Processo_de_cassa%C3%A7%C3%A3o_de_Delc%C3%ADdio_do_Amaral>. Acesso em: 2 jul. 2021.

cognição da necessidade cautelar e a imposição de medidas não encarceradoras àquele Parlamentar.

A situação, que juridicamente não é simples, exige uma análise articulada das diversas etapas que compõem o cenário normativo a respeito, desde sua base constitucional. Na sequência, a concretização da análise de cada uma dessas fases.

a] EC 35 de 2001 e prisão em flagrante de membro do Congresso Nacional

A EC 35 de 2001[150] foi fruto de um trabalho legislativo que buscava, em parte, destravar o modelo persecutório estabelecido na CR das amarras da autorização da Casa Legislativa para que a própria investigação tivesse início, não se preocupando, assim, com discussões próprias da técnica processual que viriam, anos depois, a se tornar essenciais para a escorreita apreciação do caso concreto.

Talvez por isso a reforma descurou cogitar que a formalização jurídica do estado de flagrância, que se dá com o auto de prisão em flagrante, devesse ser considerada como uma precautela. A consequência é que, ao assumir o flagrante a natureza precautelar passa-se a exigir, de imediato, a apreciação judicial da presença dos requisitos cautelares para manter-se a pessoa presa, não podendo subsistir a constrição durante toda persecução a título da prisão decorrente do estado de flagrância.[151]

Essa discussão que não é nova[152] – malgrado as fontes históricas nem sempre sejam devidamente reconhecidas–sendo que muito antes da atual Constituição e da entrada em vigor da Convenção Americana de Direitos do Homem voz autorizada apontava, observando a estrutura constitucional e infraconstitucional então existente, que:

> Ainda levando em conta o momento processual em que se realiza a medida, muitas vezes antecedendo a própria formação da relação processual, costuma a doutrina emprestar-lhe a denominação de precautela ou cautela de primeiro e segundo grau. Tal ocorre com a prisão em flagrante, em relação às cautelas de natureza pessoal, uma vez que depois de efetuada deve ser comunicada à autoridade judiciária competente (Constituição Federal, art. 153, § 12, última parte), rendendo ensejo a uma verdadeira cognição cautelar, por isso que essa autoridade deverá relaxar a prisão, se esta não for legal. O mesmo ocorre com

---

150 Naquilo que interessa ao presente texto: "Art. 1º O art. 53 da Constituição Federal passa a vigorar com as seguintes alterações: Art. 53. [...] § 2º Desde a expedição do diploma, os membros do Congresso Nacional não poderão ser presos, salvo em flagrante de crime inafiançável. Nesse caso, os autos serão remetidos dentro de vinte e quatro horas à Casa respectiva, para que, pelo voto da maioria de seus membros, resolva sobre a prisão. Art. 2º Esta Emenda Constitucional entra em vigor na data de sua publicação. Brasília, 20 de dezembro de 2001."

151 LOPES JÚNIOR, Aury. **Crimes hediondos e a prisão em flagrante como medida pré-cautelar.** Op. Cit.

152 E neste Livro é tratada no Capítulo 4, em tópico específico. Aqui ela é retomada para dar consistência à análise da situação jurídica como um todo.

Processo Penal Cautelar | 863 |

a apreensão de coisas pela polícia judiciária (art. 6.º, n. II, do CPP), providência esta que também pode ser examinada, em momento posterior pelo juiz competente, atento ao procedimento previsto no art. 120 e seus §§ do CPP.[153]

A ênfase na cautelaridade penal da prisão em flagrante permaneceu mesmo após a Constituição de 1988 e apenas progressivamente passou a assumir, parte da doutrina, o perfil precautelar dessa forma de prisão.[154]

Assim, a redação atual da CR perpetuou um modelo já em descrédito mesmo em parte da doutrina anterior à reconstrução democrática, enfatizando a possibilidade da manutenção da prisão de alguém a título exclusivo flagrancial. Tal norma constitucional, se já era distante do melhor encaminhamento em 2001, passou a ficar isolada com o advento da Lei 12.403/11 que evoluiu no sentido da precautelaridade do flagrante.

Disso advém que eventuais afirmações sobre a impossibilidade de prender-se um Parlamentar com fundamento cautelar estarão inevitavelmente atreladas a um modelo infraconstitucional já superado.

Se na normativa anterior era possível que um Parlamentar permanecesse preso todo o processo exclusivamente a título de sua prisão em flagrante, hoje essa normativa evoluiu para considerar que só permanecerá preso quem estiver numa situação de concreta *necessidade cautelar*.

b] Inafiançabilidade como critério determinante

As mesmas matrizes históricas que foram destacadas no tópico anterior alimentaram o apego ao critério da inafiançabilidade na reforma constitucional (EC 35), que acabou surgindo como um critério qualificador ao ato da formalização em flagrante, a dizer, somente se confirma a prisão em flagrante quando o crime for inafiançável.

E isto remete a um outro ponto da própria CR posto que o regime de concessão de fiança tem base constitucional específica na medida em que ali estão peremptoriamente previstos crimes aos quais não se poderá conceder fiança[155], mas não se limita o julgador infraconstitucional àquelas hipóteses.

---

153 CAMPOS BARROS, Romeu Pires. **O Processo Penal Cautelar**. Op. Cit. Esse mesmo doutrinador em outra obra de invulgar relevância na literatura brasileira sobre o tema aponta, em 1982, que "Assim, a prisão em flagrante representa pela sua instrumentalidade pré-cautela em relação à prisão preventiva (...)" CAMPOS BARROS, Romeu Pires. **Processo Penal Cautelar**. Op. Cit, p. 124.

154 LOPES JÚNIOR, Aury. **Crimes hediondos e a prisão em flagrante como medida pré-cautelar**. Op. Cit.

155 CR, art. 5º XLII – a prática do racismo constitui crime inafiançável e imprescritível, sujeito à pena de reclusão, nos termos da lei; XLIII – a lei considerará crimes inafiançáveis e insuscetíveis de graça ou anistia a prática da tortura , o tráfico ilícito de entorpecentes e drogas afins, o terrorismo e os definidos como crimes hediondos, por eles respondendo os mandantes, os executores e os que, podendo evitá-los, se omitirem; XLIV – constitui crime inafiançável e imprescritível a ação de grupos armados, civis ou militares, contra a ordem constitucional e o Estado Democrático.

Quando entrou em vigor, em 1988, a CR se sobrepôs a um modelo legal – o do CPP – que reconhecia, desde sua origem, a fiança como um instrumento relevante na estrutura prisão/liberdade, malgrado reforças legislativas – sobretudo a de 1977 como se verá – tenham modificado aspectos relevantes do texto original.

E com a Lei 9.099/95 a importância desse instrumento praticamente desapareceu posto que larga parte dos crimes que poderiam ser alvo da fiança passou a obedecer a um regime jurídico onde a prisão em flagrante e a preventiva não mais operariam como regra em nome de uma idílica promessa de consensualidade manifestada em transações penais.

Nada obstante, na reforma trazida com a Lei 12.403/11 a fiança ressurge para "assegurar o comparecimento a atos do processo, evitar a obstrução do seu andamento ou em caso de resistência injustificada à ordem judicial".

A base do tratamento do tema está no renovado art. 322, que dispõe que

> A autoridade policial somente poderá conceder fiança nos casos de infração cuja pena privativa de liberdade máxima não seja superior a 4 (quatro) anos. Parágrafo único. Nos demais casos, a fiança será requerida ao juiz, que decidirá em 48 (quarenta e oito) horas.

Após esse limite a fiança passa a ser possível apenas por determinação judicial e, na roupagem da nova lei, pode vir acompanhada ou não de outras medidas alternativas à prisão.

E esse tratamento revigorou uma discussão sobre a *natureza* da fiança que oscilava entre cautela ou contracautela. Sobre o tema, já no início de vigência do texto constitucional, Scarance Fernandes afirmava que:[156] "[...] aquela posição anterior, que via a fiança como contracautela, era, de certa forma, resquício da premissa de a regra ser a prisão durante o processo, principalmente se se tratasse de manter detido o agente pilhado em flagrante", e que

> O raciocínio deve ser outro. O pressuposto inicial é de que o réu, presumido inocente, deve ficar em liberdade durante o processo, só se admitindo a prisão em situações excepcionais. Assim, se antes a regra devia ser a permanência do réu em custódia provisória, hoje, em razão da presunção inicial de inocência, a regra deve ser a sua liberdade, que será cerceada em maior ou menor grau em consonância com critérios expressamente definidos pelo legislador, e em hipóteses taxativamente previstas.

Para concluir que:

> A fiança tem, portanto, natureza cautelar. Figura ela em uma escala de possíveis medidas cautelares, que substituem a prisão em flagrante, restringindo a

---

156 FERNANDES, Antonio Scarance. A fiança criminal e a constituição federal. **Justitia**, São Paulo, v. 53, n. 155, p. 28-39, 1991.

liberdade. Impõem-se ao réu, para que fique ou permaneça livre, o pagamento de determinada importância em dinheiro e outros ônus processuais.

Como se verá na sequência, no mesmo ambiente do modelo constitucional de 1988 – como o da reforma da EC 35/2001 – convivia um modelo infraconstitucional que, por labiríntico na sua estrutura continha (e contém!) uma norma – art. 324, IV, do CPP – que torna inafiançável toda conduta típica que esteja revestida dos fundamentos do art. 312 do mesmo diploma legal, a dizer, os fundamentos da prisão preventiva.

Esse critério seria reavivado no caso concreto e se tornaria um dos aspectos fundamentais da decisão histórica inédita, colocando em destaque uma discussão essencial: a inafiançabilidade é (a) um conceito definido aprioristicamente a partir da CR e se dirige apenas ao legislador que se vê na impossibilidade de construir casos de concessão de fiança para os crimes estabelecidos na matriz constitucional – mas não em outros – ou (b) um conceito que pode ser construído também empiricamente a partir do disposto no art. 324 acima mencionado e que criaria um duplo modelo de inafiançabilidade: o normativo, dirigido ao Legislador e o empírico, dirigido ao Julgador. Esse segundo entendimento tem amparo em prestigiosa doutrina contemporânea.[157]

c] Controle da prisão na Casa Parlamentar

A Constituição da República (CR)[158] determina ao Supremo Tribunal Federal que julgue, nas infrações penais comuns: o Presidente da República, o Vice-Presidente, os membros do Congresso Nacional, seus próprios Ministros e o Procurador-Geral da República.

Prevê, ainda, que nas infrações penais comuns e nos crimes de responsabilidade julgará: os Ministros de Estado e os Comandantes das Forças Armadas, ressalvado o disposto no art. 52, I; os membros dos Tribunais Superiores, os do Tribunal de Contas da União e os chefes de missão diplomática de caráter permanente.

Já o Superior Tribunal de Justiça[159] tem competência originária nas infrações penais comuns os crimes cometidos pelos Governadores dos Estados e do Distrito Federal e, nas infrações penais comuns e nos crimes de responsabilidade as seguintes autoridades: os desembargadores dos Tribunais de Justiça dos Estados e do Distrito Federal; os membros dos Tribunais de Contas dos Estados e do Distrito Federal; os dos Tribunais Regionais Federais, dos Tribunais Regionais Eleitorais e do Trabalho; os membros dos Conselhos ou Tribunais de Contas dos Municípios e os do Ministério Público da União que oficiem perante tribunais.

---

157 SANGUINÉ, Odone. **Prisão cautelar, medidas alternativas e direitos fundamentais**. Rio de Janeiro: Forense, 2014. p. 786.

158 Art. 102, I, b e c.

159 CR, Art. 105, I, a.

Essa disciplina constitucional é a base primária do desencadeamento do denominado foro por prerrogativa de função, sendo certo que,[160]

> O Procedimento a ser observado nos crimes da competência originaria dos Tribunais reveste-se de certa complexidade, oriundas das fontes normativas de que promana a "prerrogativa de função", como também do próprio conceito que a doutrina e o entendimento da jurisprudência emprestam a forma de determinação da competência ratione personae que, no entanto, situa-se no amplo campo da distribuição do poder de julgar na divisão relativa a competência funcional. O exame dessa função jurisdicional exige, desde logo, a apreciação dos motivos que inspiraram essa forma de determinação da competência.

Dessa complexidade faz parte o controle judicial da prisão nos moldes do art. 53 da CR que, como já mencionado, modificado pela EC 35/2001 determina: § 2º *Desde a expedição do diploma, os membros do Congresso Nacional não poderão ser presos, salvo em flagrante de crime inafiançável. Nesse caso, os autos serão remetidos dentro de vinte e quatro horas à Casa respectiva, para que, pelo voto da maioria de seus membros, resolva sobre a prisão.* Criou-se, assim, uma hipótese de prisão cujo controle dá-se pelo Legislativo, e não pelo Judiciário.

d] A filtragem hermenêutica na apreciação da necessidade cautelar envolvendo membro do Congresso Nacional

O caso concreto é inédito na história política e jurídica brasileiras. Por essa fundamental razão dá azo a discussões por ângulos aparentemente inéditos entre os operadores do sistema jurídico e, em particular, os do sistema penal.

Assim, do desenvolvimento dos fatos que geraram o pronunciamento judicial é de se destacar:

a] o emprego do art. 324, IV, do CPP e sua relação com a estrutura contemporânea da precautelaridade e cautelaridade;

b] a extensão do conceito de permanência e a legislação versada sobre a macrocriminalidade;

c] obtenção de elementos informativos que alimentam as bases fático-jurídicas empregadas na situação específica.

Inicia-se com os temas próprios do modelo brasileiro de cautelaridade pessoal no processo penal.

---

160 CAMPOS BARROS, Romeu Pires de. O procedimento nos crimes da competência originária dos tribunais. **Revista de Direito PGE-GO**, v. 16, 2013.

I] A flagrância e a apreciação da necessidade cautelar

A conduta atribuída à pessoa submetida ao membro do Congresso ensejou a determinação da prisão o que implica dizer, a verificação de um estado de flagrância ao qual se segue a formalização dessa prisão.

Mesmo com toda a particularidade do caso concreto, o regime jurídico é aquele estabelecido pelo CPP onde a concreta verificação fático-jurídica do estado de flagrância é tarefa que, do ponto de vista operativo, cabe nos casos comuns precipuamente à autoridade policial[161] que formará sua convicção acerca das providências jurídicas a serem tomadas tendo como fundamento as hipóteses previstas no artigo 302 do CPP e que não podem ser ampliadas na atuação policial.

II] O estabelecimento da necessidade cautelar

Ao lado de todas as análises feitas neste Capítulo acerca da necessidade cautelar, neste tópico específico é necessário destacar que a reforma da Lei 12.403/2011 manteve uma regra instituída pela Lei nº 6.416, de 24.5.1977 que, por sua vez, introduzira inciso no art. 324, também com o número IV, que viria a ser literalmente preservado em 2011.

Aquela reforma, tida como modernizadora do sistema de penas, incursionou também por searas do processo penal e o texto original do projeto, nascido no Executivo, teve apenas uma manifestação contrária parlamentar, assim rebatida pela relatoria da Comissão Mista que apreciava a matéria:[162]

> A Emenda n.049, do Deputado José Bonifácio Neto, busca a supressão do inciso IV que se pretende acrescentar ao art. 324 do Código de Processo Penal. Alega o autor que a proposição atenta contra *a liberdade individual das pessoas*, além de *contrariar o próprio espírito da alteração legislativa*. Cremos ter examinado suficientemente a matéria, na apreciação das emendas anteriores, pertinentes à concessão da fiança pela autoridade Judicial. Insistimos em que o Projeto amplia consideravelmente os casos de fianças e que em razão mesma de sua liberalidade acabou por impor uma cautela. Essas, reservando ao Juiz a faculdade de negar a fiança qu3.ndo presentes os motivos que autorizam a decretação da prisão preventiva, não desnatura o espírito da proposição, sabidamente liberal. Somos por estas razões, contrários à aprovação da emenda.

---

161 Merece destacar, igualmente, que nesse particular ambiente do estado de flagrância, o legislador optou por ampliar o leque de intervenientes surgindo daí a divisão da prisão em flagrante (*rectius*: da voz em prisão em flagrante) em "obrigatório" ou "facultativo" que leva em conta os que têm a obrigação legal de fazê-lo (funcionários) e aos particulares, que detêm a faculdade de "dar voz de prisão" e seu fundamento legal está no art. 301 do CPP que dispõe que "Qualquer do povo poderá e as autoridades policiais e seus agentes deverão prender quem quer que seja encontrado em flagrante delito."

162 MIOTTO, Armida Bergamini. A reforma do sistema de penas: a lei n. 6.416, de 24 de maio de 1977: circunstâncias e fatores que influíram para a sua gênese e na sua elaboração: outras considerações. **Revista de informação legislativa**, v. 14, n. 54, p. 153-316, abr./jun. 1977.

Ou seja, o artigo concebido no âmbito de uma reforma *liberal* em pleno momento de estado de exceção foi tido como excessivamente permissivo e foi propositalmente manejado como um mecanismo refreador do emprego do mecanismo da fiança. As permanências culturais fazem com que não se surpreenda que em 2011, depois de 11 anos de tramitação de processo legislativo tendente a reformar a estrutura cautelar essa norma tenha sido mantida em sua literalidade.

O resultado prático é que a *necessidade cautelar* se encontra duplamente assentada no art. 312: como seu fundamento e como impeditivo da concessão da fiança. E assim se vai até uma nova *reforma* ou até que se proceda uma limpeza hermenêutica constitucional com supressão de texto, tarefa que caberia ao STF em último plano.

III] O controle na Casa Legislativa da prisão de Parlamentar

Tomando como base toda a compreensão teórica atrás apontada é de ser destacado que, quando a situação envolve membro do Congresso Nacional:

a] pode ocorrer o estado de flagrância (Parlamentar comete a conduta na forma disposta no art. 302);

b] e se lhe dá a voz de prisão para, na sequência;

c] lavrar-se o respectivo auto de prisão em flagrante.

E assim é porque o art. 53, §2º, da CR afirma que o controle da Casa Parlamentar, no caso o Senado, se dá em até 24 horas quando o auto deverá lhe ser enviado para análise.

E o conteúdo dessa análise é outro aspecto de evidente relevância para se delimitar se seria uma verificação jurídica ou política da prisão. Nesse ponto, embora seja reservado ao Senado excepcional papel judicante nos termos do art. 52, I, da CR[163] isso somente se dá para os crimes de responsabilidade.

Portanto, em sentido contrário, a verificação da manutenção ou não da prisão se dá no contexto de uma avaliação política e não jurídica. E tanto assim é que essa votação, na forma regimental, poderia ser *fechada* e *imotivada* o que não seria possível numa apreciação de caráter jurisdicional.

Se o trabalho da Casa Parlamentar é político e não jurídico, e sendo o momento da prisão em flagrante distinto da apreciação da necessidade cautelar (primeiro os requisitos da precautela; depois as apreciações cautelares) deve-se indagar se haveria a possibilidade da análise conjunta dessas condicionantes e requisitos num único ato jurisdicional.

---

163 "I - Processar e julgar o Presidente e o Vice-Presidente da República nos crimes de responsabilidade, bem como os Ministros de Estado e os Comandantes da Marinha, do Exército e da Aeronáutica nos crimes da mesma natureza conexos com aqueles; (Redação dada pela Emenda Constitucional nº 23, de 02/09/99)."

IV] Conversão da prisão em flagrante em medida cautelar

No normal da aplicação da Lei 12.403/2011 a conversão se dá por ato jurisdicional seguido ao recebimento da informação da ocorrência da prisão, ocasião em que se verifica a necessidade cautelar e como essa necessidade deve ser satisfeita, se com a aplicação das medidas alternativas ou com a constrição da liberdade, necessariamente nessa ordem lógica.

Seriam, pois momentos distintos no tempo e com fundamentos jurídicos que não se confundem pois não se pode mesclar a tipicidade precautelar (flagrante) com os fundamentos cautelares (art. 312, 313 e 282, I e II, todos do CP).

No caso concreto toda essa lógica é normativamente desvirtuada pois a Casa Parlamentar não tem poderes jurisdicionais de conversão da prisão de flagrante em cautelar, mas, apenas, "pelo voto da maioria de seus membros, resolva sobre a prisão." (Art. 53, §2º da CR) numa análise, como já visto, política.

Assim, em se tratando de competência originária do STF o modelo jurídico tende a centralizar nessa única Corte os poderes de reconhecer a flagrância e analisar a possibilidade de impor outras medidas antes da prisão, dentre elas a concessão de fiança ou, como visto acima, tornar inafiançáveis determinadas condutas porque presentes os ditames do art. 312 em conjunto com o art. 324, IV, ambos do CPP.

V] O posicionamento do STF no caso concreto

Na locução do Min. Relator nos autos da AC4039[164],

> (...) d) à excepcionalidade do quadro há de corresponder a excepcionalidade da forma de interpretar e aplicar os princípios e regras do sistema constitucional, não permitindo que para prestigiar uma regra – mais ainda, de exceção e de proibição e aplicada a pessoas para que atuem em benefício da sociedade – se transmute pelo seu isolamento de todas as outras do sistema e, assim, produza efeitos opostos aos quais se dá e para o que foi criada e compreendida no ordenamento.

Admitiu-se, naquele caso concreto, e como decorrência de uma série de interpretações que tangenciam o mesmo tema[165], a possibilidade da existência da cognição da necessidade cautelar com a imposição de medidas cautelares na sequência da análise da prisão em flagrante.

---

164 BRASIL. Supremo Tribunal Federal. **Ação Cautelar n. 4.039/DF**. Relator Min. Teori Zavascki. J.: 17 de dezembro de 2015. Disponível em: <https://redir.stf.jus.br/paginadorpub/paginador.jsp?docTP=TP&docID=10947788>. Acesso em: 2 jul. 2021.

165 A respeito ver FERREIRA, Olavo Augusto Vianna Alves; LEHFELD, Lucas De Souza. A Imunidade parlamentar segundo o Supremo Tribunal: Análise do precedente sobre a prisão do senador Delcídio Amaral. **Revista Brasileira de Teoria Constitucional**, v. 2, n. 1, 2016.

12.5.2 Os fundamentos do art. 312 do CPP

12.5.2.1 Ordem pública[166]

Contida no art. 312 do Código de Processo Penal, a fórmula *garantia de ordem pública* dificilmente se coaduna com o texto constitucional e convencional por se chocar com a necessidade certeza da norma processual penal (*vide* Capítulo 1) e por ofender a presunção de inocência.[167]

A locução não tem definição legal e é deixada ao sabor da jurisprudência a tentativa de conceituá-la[168] sem que, contudo, ao longo das décadas de vigência do CPP e mesmo com a alteração de 2011, tenha alguma determinação.

Do ponto de vista prático pode-se afirmar, sem correr o risco de exageros, que esse fundamento está presente na esmagadora maioria dos decretos judiciais de "necessidade cautelar" e arrima a própria decretação da prisão.

Era natural, portanto, que desde os trabalhos acadêmicos, dentre todos os fundamentos de cautelaridade ela viesse a ser um (ou o) fator decisivo na inalterabilidade do modelo cautelar pessoal no Brasil mesmo após a reforma das cautelares.

Assim, quando se depara com acórdão que afirma que:

> No tocante ao tema da garantia da ordem pública, reiterou-se que esta envolve, em linhas gerais, as seguintes circunstâncias principais: a) necessidade de resguardar a integridade física ou psíquica do paciente ou de terceiros;

---

166 Ver, a respeito, CAZABONNET, Brunna Laporte. **Prisão preventiva**: uma releitura da ordem pública sob a ótica da Constituição Federal de 1988. [Sl: sn], 2014; GOMES, Patrick Mariano. **Discursos sobre a ordem**: uma análise do discurso do Supremo Tribunal Federal nas decisões de prisão para garantia da ordem pública. 2013. 210 f. Dissertação (Mestrado em Direito). Universidade de Brasília, Brasília, 2013; SILVEIRA, Felipe Lazzari da. A banalização da prisão preventiva para a garantia da ordem pública. **Revista da Faculdade de Direito da UFMG**, n. 67, p. 213-244, 2016; SANTOS, Rafaela Amorim dos. Inconstitucionalidade da prisão preventiva como garantia da ordem pública. In: V Congresso Interdisciplinar – Ciência para Redução das Desigualdades. Goianésia, 2018. **Anais do V Congresso Interdisciplinar**: Ciência para Redução das Desigualdades, de 23 a 27 de outubro de 2018. ISSN: 2595-7732. Disponível em: <http://anais.unievangelica.edu.br/index.php/cifaeg/article/view/2014>. Acesso em: 2 jul. 2021; CORREA, Maxilene Soares; BONFIM, Cristiane Ingrid de Souza; RIBEIRO E SILVA, Cristiane. A (in) constitucionalidade da prisão preventiva fundamentada na garantia da ordem pública. In: XII Jornada Jurídica da Faculdade Evangélica de Goianésia: A constituição em tempos de crise. 2018. **Anais Jornada Jurídica da Faculdade Evangélica de Goianésia**, v. 1, n. 1, 2018.

167 A crítica à constitucionalidade da ideia de "ordem pública" como fundamento da prisão cautelar foi elaborada com propriedade por GOMES FILHO, Antonio Magalhães. **Presunção de Inocência e Prisão Cautelar**. São Paulo: Saraiva, 1981, especialmente p. 66 e seguintes, concluindo que as prisões cautelares amparadas nesta baliza nada mais é que uma antecipação de pena, "ditada por razões de ordem substancial e que pressupõe o reconhecimento de culpabilidade."

168 Tema que nos é caro de há muito. Veja-se CHOUKR, Fauzi Hassan. A ordem pública como fundamento da prisão cautelar. **Revista do Instituto Brasileiro de Ciências Criminais**, São Paulo, v. 04, p. 89, 1993.

b) objetivo de impedir a reiteração das práticas criminosas, desde que lastreado em elementos concretos expostos fundamentadamente no decreto de custódia cautelar; e c) necessidade de assegurar a credibilidade das instituições públicas, em especial o Poder Judiciário, no sentido da adoção tempestiva de medidas adequadas, eficazes e fundamentadas quanto à visibilidade e transparência da implementação de políticas públicas de persecução criminal (HC 91386/BA, rel. Min. Gilmar Mendes, 19.2.2008). [...] é imperioso refletir nas consequências de um poder jurisdicional cautelar que venha a atender a "implementação de políticas públicas de persecução criminal" quando intervenientes do processo judicial, notadamente o Juiz, passe a conceber sua função no processo como integrante de um mecanismo de efetivação de políticas públicas criminais, o que pode perigosamente aproximá-lo de uma função que não lhe é própria.

Ademais, na visão contemporânea do assunto pelo STF acentua-se a ordem pública como instrumento preventivo ao se afirmar que "a garantia da ordem pública, por sua vez, visa, entre outras coisas, evitar a reiteração delitiva, assim resguardando a sociedade de maiores danos" (HC 84.658/PE, rel. min. Joaquim Barbosa, Segunda Turma, DJ de 3-6-2005). Nessa linha, deve-se considerar também o "perigo que o agente representa para a sociedade como fundamento apto à manutenção da segregação."[169]

Quando não, vai-se a uma retórica circular, sem um ponto de apoio efetivamente concreto quando se decide que:

O conceito jurídico de ordem pública não se confunde com incolumidade das pessoas e do patrimônio (art. 144 da CF/1988). Sem embargo, ordem pública se constitui em bem jurídico que pode resultar mais ou menos fragilizado pelo modo personalizado com que se dá a concreta violação da integridade das pessoas ou do patrimônio de terceiros, tanto quanto da saúde pública (nas hipóteses de tráfico de entorpecentes e drogas afins). Daí sua categorização jurídico-positiva, não como descrição do delito nem da cominação de pena, porém como pressuposto de prisão cautelar; ou seja, como imperiosa necessidade de acautelar o meio social contra fatores de perturbação que já se localizam na gravidade incomum da execução de certos crimes. Não da incomum gravidade abstrata desse ou daquele crime, mas da incomum gravidade na perpetração em si do crime, levando à consistente ilação de que, solto, o agente reincidirá no delito. Donde o vínculo operacional entre necessidade de preservação da ordem

---

169 BRASIL. Supremo Tribunal Federal. **Habeas Corpus n. 90.398/SP**. Primeira Turma. Relator Min. Ricardo Lewandowski. DJE de 17-5-2007. Disponível em: <https://redir.stf.jus.br/paginadorpub/paginador.jsp?docTP=AC&docID=456102>. Acesso em: 2 jul. 2021; BRASIL. Supremo Tribunal Federal. **Habeas Corpus n. 106.788**. Segunda Turma. Relatora Min. Ellen Gracie. Julgamento em: 31-5-2011. DJE de 4-8-2011. Disponível em: <https://redir.stf.jus.br/paginadorpub/paginador.jsp?docTP=TP&docID=1343642>. Acesso em: 2 jul. 2021.

pública e acautelamento do meio social. Logo, conceito de ordem pública que se desvincula do conceito de incolumidade das pessoas e do patrimônio alheio (assim como da violação à saúde pública), mas que se enlaça umbilicalmente à noção de acautelamento do meio social [...][170].

Não é exagero afirmar, diante da ausência de elementos substanciais concretos para sua definição, que esse fundamento acentua o caráter efetivamente incerto e, para alguns, lotérico[171], do encarceramento cautelar.

Na análise das decisões judiciais é constatável que, a partir do momento em que saiu do mundo jurídico a necessidade da prisão em virtude da presunção legal de periculosidade ou gravidade do delito, a utilização da disposição *ordem pública* passou, no mais das vezes, a tomar-lhe o lugar.

Assim, não foi com surpresa que se encontrou no início da década de 1970 uma enxurrada de decisões utilizando a ideia de *periculosidade*, como observado nos julgados contidos nas RT 477/401, 504/436, 534/366, 549/398, 538/458 e 489/344.

A partir da eliminação da custódia necessária, ao lado do emprego do termo periculosidade, as decisões passaram a utilizar a noção de gravidade do delito, esta embutida na presunção legal então existente. Não se evoluiu, entretanto, na discussão daquilo que vem a ser *periculosidade* ou na extenso de um conceito de gravidade típica, pelo menos até a edição da chamada *lei dos crimes hediondos*.

Também foi a partir desse momento que se empregou com alguma frequência a expressão *clamor público*, como no acórdão contido na RT 593/399. No julgado apontado, a revolta da população surge como fonte autorizadora da custódia cautelar, assimilando sua ocorrência à ideia de desordem, que deve ser eliminada pela constrição da liberdade do acusado.

Ordem pública é um argumento que já foi utilizado até em *favor do acusado* (!) para sustentar a decretação de prisão preventiva. Raciocinou-se na decisão contida na RT 593/339 que era mais seguro deixar o réu encarcerado que solto, ante a notoriedade do crime praticado. Portanto, o Estado já concluiu que a fim de garantir a incolumidade do acusado ele deveria ter sua liberdade privada.

A jurisprudência do STF alterou-se até a edição da Lei 12.403/11 para afastar, em primeiro lugar, a ideia de *clamor público* como fundamento e, ainda, tentar

---

170 BRASIL. Supremo Tribunal Federal. **Habeas Corpus n. 96.212**. Primeira Turma. Relator Min. Ayres Britto. Julgamento em 16-6-2010. DJE de 6-8-2010. Disponível em: <https://redir.stf.jus.br/paginadorpub/paginador.jsp?docTP=AC&docID=612991>. Acesso em: 2 jul. 2021. No mesmo sentido, BRASIL. Supremo Tribunal Federal. **Habeas Corpus n. 114.524/RS**. Relatora Min. Rosa Weber (decisão monocrática). Julgamento em 13-8-2012. DJE de 22-8-2012. Disponível em: <http://portal.stf.jus.br/processos/downloadPeca.asp?id=90703088&ext=.pdf>. Acesso em: 2 jul. 2021. BRASIL. Supremo Tribunal Federal. **Habeas Corpus n. 102.043/BA**. Primeira Turma. Relator Min. Dias Toffoli. Julgamento em 24-8-2010. DJE de 22-11-2010. Disponível em: <https://redir.stf.jus.br/paginadorpub/paginador.jsp?docTP=AC&docID=616867>. Acesso em: 2 jul. 2021.

171 LENART, André. Op. Cit.

Processo Penal Cautelar | 873

conceituar o que vem a ser ordem pública. Nunca, no entanto, afastou-se definitivamente essa cláusula por incompatibilidade constitucional.

E, com a aplicação da legislação sobre criminalidade organizada sedimentou-se uma corrente de entendimento que verifica a ordem pública na "necessidade de se interromper ou diminuir a atuação de integrantes de organização criminosa, [...] constituindo fundamentação cautelar idônea e suficiente para a prisão preventiva" (STF, HC n. 95.024, Rel. Ministra Cármen Lúcia, Primeira Turma, julgado em 14/10/2008; RHC 106.697, Rel. Ministra Rosa Weber, Primeira Turma, julgado em 03/04/2012).

Quando analisamos em obra publicada em 2001 os inúmeros projetos de reforma que dariam vazão a mais uma rodada de alterações pontuais do CPP, dentre eles o das medidas cautelares, apontamos em relação ao anteprojeto que "a retórica cautelar assentada no Código de Processo Penal nos fundamentos do art. 312 (ordem pública, garantia da instrução criminal e da futura aplicação da lei penal) e posteriormente acrescida"[172] manteve-se na sua essência inalterada. E isto se devia à identificação, já na exposição de motivos do anteprojeto, de uma busca ao retorno da sistematização do CPP "Tomando-se este ponto de partida, preocupa a exposição de motivos do anteprojeto que, na sua redação, indica primordialmente um retorno à sistematização perdida pelo CPP pelas inúmeras reformas."[173]

E completávamos afirmando que "diante disto fica praticamente desimportante do ponto de vista dogmático que se sugira (e apenas se sugira) a restrição da liberdade como exceção dentro das cautelares."

Por isso, a reforma da Lei 12.403/11, mais uma, vez situava-se a meio caminho entre a atualização normativa e cultural do sistema e a manutenção do estado anterior com suas práticas.

Isto porque, ao mesmo tempo em que soube isolar temas tormentosos e esparsos como *reiteração* de práticas criminosas e "gravidade do crime, circunstâncias do fato e condições pessoais do indiciado ou acusado", todas agora inseridas como critérios para verificação da *necessidade cautelar*, não foi ao ponto de abolir de vez a cláusula ordem pública que pode passar a se valer de outros conteúdos, inclusive os que a jurisprudência constitucional vem afastando (clamor público, por exemplo).

---

172 Na lei de combate ao "crime do colarinho branco" surgiu a prisão cautelar como garantia da ordem econômica.

173 In verbis: O projeto sistematiza e atualiza o tratamento da prisão, das medidas cautelares e da liberdade provisória, com ou sem fiança. Busca, assim, superar as distorções produzidas no Código de Processo Penal com as reformas que, rompendo com a estrutura originária, desfiguraram o sistema.

Por sua vez, a reforma da Lei 13.964/2019 acabou mantendo a ordem pública como fundamento, perpetuando o emprego dessa cláusula completamente desprovida de conteúdo.

Por fim, cabe destacar como essa discussão aparece no âmbito das Cortes Internacionais de Direitos Humanos.

No marco convencional europeu (jurisprudência do Tribunal Europeu de Direitos Humanos) invoca-se o risco que a liberdade da pessoa suspeita causará à *desordem pública*[174] como fundamento da prisão cautelar. Essa posição, contudo, sofre das mesmas críticas que aqui são feitas[175] diante da perda dos objetivos cautelares estritos desse fundamento uma vez que "O risco de reiteração da prática criminosa e o risco de desordem pública servem apenas interesses criminais gerais, não o procedimento em si."[176]

Não por outra razão, esse fundamento é alvo de constantes críticas, pelo quê passou a ser aceito apenas em circunstâncias excepcionais e baseado em fatos capazes de demonstrar que a liberdade da pessoa submetida à persecução provocará desordem[177] mas reconhecendo o TEDH que ele não possui um conceito definido.

Assim, como pontua a fonte doutrinária aqui trabalhada,

> Mas, sem nenhuma especificação ou fundamentação adicional, o que mais além da gravidade da ofensa existe para constituir esse fundamento? E se a gravidade da ofensa é o único fator na constituição de desordem pública, não é verdade que a prisão preventiva equivale a punição, sendo esta uma violação da presunção de inocência?[178]

A Corte Interamericana de Direitos Humanos é mais clara ao rechaçar esse fundamento, ainda que sob outra denominação. Neste ponto, "O Tribunal considera que o fundamento 'perigo para a segurança da sociedade' possui uma

---

174 TRIBUNAL EUROPEU DOS DIREITOS HUMANOS. **Caso Tiron v. Romania**, n. 17689/03, para. 37. Strasbourg, 07 avr. 2009. Disponível em: <http://hudoc.echr.coe.int/eng?i=001-92077>. Acesso em: 3 jul. 2021; TRIBUNAL EUROPEU DOS DIREITOS HUMANOS. **Caso Smirnova v. Russia**, n. 46133/99 and 48183/99, 24 July 2003, para. 59. Julgamento de 24 jul. 2003. Disponível em: < http://hudoc.echr.coe.int/fre?i=002-4766>. Acesso em: 3 jul. 2021; TRIBUNAL EUROPEU DOS DIREITOS HUMANOS. **Caso Piruzyan v. Armenia**, n. 33376/07, para. 94. Julgamento de 26 jun. 2012. Disponível em: <http://hudoc.echr.coe.int/fre?i=001-124192>. Acesso em: 3 jul. 2021.

175 A respeito das críticas a este fundamento ver STEVENS, Lonneke. Pre-trial detention: The presumption of innocence and Article 5 of the European convention on human rights cannot and does not limit its increasing use. **European Journal of Crime, Criminal Law & Criminal Justice**, v. 17, p. 165, 2009.

176 "Risk of repetition and risk of public disorder only serve general criminal interests, not the procedure itself". Ibidem, p 170.

177 TEDH ECHR 26 June 1991, appl. no. 12369/86 (Letellier v. France) para. 51. Idem.

178 "But, without any further specification or substantiation, what else than the gravity of the offence is there to constitute this ground? And if the gravity of the offence is the single factor in constituting public disorder, is it not so that the pre-trial detention in fact amounts to punishment, this being a violation of the presumption of innocence?" *Ibidem*, p.178.

redação que permite várias interpretações quanto à consecução de objetivos legítimos e não cautelares."[179]

12.5.2.2 Garantia da ordem econômica

Esse fundamento foi introduzido pela Lei 8.884/94 que, em seu artigo 86, providenciou a alteração do art. 312 do CPP para fazer constar a ordem econômica no rol das situações autorizadoras da prisão preventiva.

Sua estrutura não difere daquela já discutida para ordem pública, destacando--se como linha de raciocínio que se efetiva a constrição cautelar considerando-se que – A manutenção da atuação de grupos organizados como o dos autos interfere, sobremaneira, no desenvolvimento econômico do País, seja em termos macroeconômicos, prejudicando as políticas estabelecidas e a estabilidade do mercado, seja em termos microeconômicos, em que a atuação criminosa dá azo a situações de concorrência desleal e de perturbação na circulação de bens no mercado.[180]

12.5.2.3 Garantia da instrução criminal

Trata-se do fundamento que melhor se amolda às finalidades estritamente cautelares, posto que tutela a integridade do processo de conhecimento com a proteção à produção probatória, sobretudo – mas não exclusivamente – a testemunhal.

A tutela da testemunha ou vítima sempre merece atenção diferenciada, mas que deve estar apoiada em narrativa de risco minimamente embasada dado que, se

> Não é exigível, para o reconhecimento do risco à instrução criminal, tenha havido ameaça clara e aberta, pois não é o que usualmente ocorre. Com efeito, ameaças — não raramente — são proferidas de forma velada e disfarçada. [...] Caso, porém, no qual a suposta ameaça está cercada de tamanhas incertezas que não permite conclusão de que teria de fato ocorrido, o que é ilustrado pela circunstância de dois dos pacientes sequer terem sido denunciados pelo fato. (HC 111.836, rel. p/ o ac. min. Rosa Weber, julgamento em 20-3-2012, Primeira Turma, DJE de 25-9-2012).

---

179 El Tribunal considera que la causal de "peligro para la seguridad de la sociedad" tiene una redacción que admite varias interpretaciones en cuanto a la consecución tanto de fines legítimos como de fines no cautelares. CORTE INTERAMERICANA DE DIREITOS HUMANOS. **Caso Norín Catrimán y otros (Dirigentes, membros y activista del Pueblo indígena mapuche) vs. Chile**. Op. Cit.

180 BRASIL. Superior Tribunal de Justiça. **Recurso em Habeas Corpus n. 49062/RJ 2014/0147331-0**. Sexta Turma. Relator Min. Rogério Schietti. Data de publicação: 23/10/2014. Disponível em: <https://scon.stj.jus.br/SCON/GetInteiroTeorDoAcordao?num_registro=201401473310&dt_publicacao=23/10/2014>. Acesso em: 3 jul. 2021.

O risco apresenta-se, assim, na produção da prova testemunha, destacando que essa produção pode vir a ser renovada, situação na qual persistirá a necessidade da tutela.

Essa, aliás, a situação do júri, onde a verdadeira instrução perante o juiz natural se dá após a colheita de prova perante o juiz togado. Como já decidido,

> A previsão de atos instrutórios também em Plenário do Júri (arts. 473 a 475 do CPP) autoriza a manutenção da custódia preventiva, decretada sob o fundamento da conveniência da instrução criminal. Isso porque não é de se ter por encerrada a fase instrutória, simplesmente com a prolação da sentença de pronúncia (...). (HC 100.480, rel. min. Ayres Britto, julgamento em 10-11-2009, Primeira Turma, DJE de 4-12-2009.) No mesmo sentido: HC 99.287, rel. min. Gilmar Mendes, julgamento em 1º-2-2011, Segunda Turma, DJE de 9-3-2011.

Essa proteção estende-se, por certo, a todos os meios de prova e não apenas àquela testemunhal. Assim, a destruição de documentos e o comprometimento do trabalho pericial são igualmente tutelados desde que devidamente demonstrados, sendo certo que

> O fundamento esposado pelo magistrado coator, no sentido de que o paciente, em liberdade, poderia destruir provas, não conta com um só fato que corrobore essa conclusão, que, totalmente desprovida de substrato material, não passa de mera conjectura, imprópria para embasar o decreto de prisão provisória do investigado (TRF 3ª. Região. HC 9855 AP 2007.01.00.009855-8. Relator(a): Desembargador Federal Olindo Menezes. Publicação:18/05/2007 DJ p.18).

Por outro lado, será legal quando "Demonstrada está a imprescindibilidade da custódia preventiva para a conveniência da instrução criminal, quando presentes elementos que revelam a destruição de provas pelo paciente, tanto acerca da autoria quanto da materialidade delitiva" (STJ. HC 179398 RJ 2010/0129324-2 Relator(a): Ministro JORGE MUSSI. Julgamento: 17/03/2011).

12.5.2.4 Garantia da futura aplicação da lei penal

Trata-se de fundamento potencialmente mais ligado à execução da pena, quando a pessoa sentenciada e condenada dá mostras que buscará frustrar a eficácia da condenação. Essa a linha jurisprudencial contida nos seguintes arestos do STF: RHC 93.174, rel. min. Ayres Britto, julgamento em 18-3-2008, Primeira Turma, DJE de 19-9-2008. No mesmo sentido: HC 98.815, rel. min. Gilmar Mendes, julgamento em 24-8-2010, Segunda Turma, DJE de 10-9-2010; HC 97.750, rel. p/ o ac. min. Dias Toffoli, julgamento em 6-4-2010, Primeira Turma, DJE de 28-5-2010; HC 95.064, rel. min. Eros Grau, julgamento em 9-12-2008, Segunda Turma, DJE de 14-8-2009; HC 96.955, rel. min. Ricardo Lewandowski, julgamento em 19-5-2009, Primeira Turma, DJE de 14-8-2009.

12.5.2.5 Perigo gerado pelo estado de liberdade do imputado

O entendimento de que existe necessidade cautelar exclusivamente diante de avaliações da pessoa submetida à persecução já foi analisado e criticado ao longo de vários pontos deste Capítulo, recordando-se aqui, com destaque, que "as características pessoais do suposto autor e a gravidade do crime imputado a ele não são, por si só, justificativas suficientes para a detenção preventiva"[181].

A Lei 13.964/2019 explicitamente adotou esse fundamento sob a expressão "perigo gerado pelo estado de liberdade do imputado" à qual vem se somar a reincidência prevista no art. 313 e que, portanto, está sujeita às críticas já efetuadas.

Quando muito, numa tentativa de dar um mínimo de compatibilidade dessa redação ao marco constitucional-convencional deve-se exigir a demonstração de fatos concretos, e não a mera invocação em abstrato dessa redação.

12.5.2.6 Necessidade para verificação da identidade da pessoa suspeita

Essa finalidade instrumental foi introduzida pela reforma de 2011 que, passou a prever noentão parágrafo único do a d e que teve sua redação aprimorada com a Lei 13.964/2019 que assim dispõe: § 1º Também será admitida a prisão preventiva quando houver dúvida sobre a identidade civil da pessoa ou quando esta não fornecer elementos suficientes para esclarecê-la, devendo o preso ser colocado imediatamente em liberdade após a identificação, salvo se outra hipótese recomendar a manutenção da medida.

Assim, [182] essa *retenção de pessoas* foi introduzida no direito brasileiro sem qualquer previsão quanto à sua duração e, na redação de 2011, como se fosse uma manifestação da prisão cautelar, tratamento legal que foi modificado, com melhor técnica, em 2019.

Em primeiro lugar, nada obstante mantida sob a rotulação de *prisão preventiva*, essa *retenção* passa a ter uma instrumentalidade específica, que é a da constatação da identidade da pessoa retida.

---

181 "Las características personales del supuesto autor y la gravedad del delito que se le imputa no son, por sí mismos, justificación suficiente de la prisión preventiva." CORTE INTERAMERICANA DE DIREITOS HUMANOS. **Caso López Álvarez vs. Honduras**. Op. Cit., supra, párr. 69; CORTE INTERAMERICANA DE DIREITOS HUMANOS. **Caso Bayarri vs. Argentina**. Op. Cit. Também, CORTE INTERAMERICANA DE DIREITOS HUMANOS. **Caso J. vs. Peru**. Op. Cit.

182 DELMAS-MARTY, Mireille. **Processos Penais da Europa**. Op. Cit.

Ademais, acertou a renovação legislativa quando apontou para a necessidade da imediata liberação da pessoa assim que for identificada, algo que deve ser interpretado em termos restritos a favor da liberdade como regra. Isto implica que devem ser usados os meios tecnológicos mais rápidos para obtenção da informação sempre que disponíveis.

Dessa nova redação pode ser aproveitado o raciocínio que esta *retenção* é uma modalidade precautelar exigindo, assim como no flagrante, que seja feita a necessária cognição sobre a necessidade cautelar caso existam fundamentos para tanto.

12.5.3 O art. 313 do CPP

O artigo 313, reformado desde 2011, ocupa um lugar sistêmico que é, no mínimo, questionável, como adiante se verá.

E esse questionamento quanto à sua posição na disciplina legal vem, agora, aumentado pelo novo §2º que, malgrado contenha uma norma de grande relevância para o funcionamento cautelar (a revisão periódica da verificação da necessidade cautelar, como já trabalhado neste Capítulo) trata-se de provisão indispensável de caráter geral e que, portanto, deveria estar alocada no art. 282 na medida em que este artigo é compreendido como o *núcleo comum* do modelo normativo cautelar.

O artigo 313 contém disposições que, pelas suas patologias, é disfuncional:

a) induz à equivocada conclusão que a prisão preventiva somente será imposta para crimes dolosos punidos com pena privativa de liberdade máxima superior a 4 (quatro) anos, o que não é correto, pois, na verificação da necessidade cautelar pode ser demonstrado que as medidas não encarceradoras foram frustradas e que são, portanto, insuficientes, justificando a imposição da medida encarceradora máxima;

b) igualmente induz à equivocada conclusão de que seria automática a imposição de uma medida encarceradora. Assim, a comprovação da necessidade cautelar não precisa ser expressamente mencionada em relação à violência doméstica pois a viabilidade de sua análise nesses casos jamais esteve, por certo, vedada;

c) Incorre em violação ao marco constitucional-convencional quando induz a determinação da imposição de uma medida encarceradora se a pessoa tiver sido condenada por outro crime doloso, em sentença transitada em julgado, ressalvado o disposto no inciso I do caput do art. 64 do Decreto-Lei nº 2.848, de 7 de dezembro de 1940 – Código Penal;

d) Fala em retenção de pessoas como "prisão preventiva" como exposto neste Capítulo.

12.5.4 A adequação da medida à necessidade cautelar constatada

Ao adentrar neste tópico uma vez mais é importante visualizar as etapas da necessidade cautelar em sua sequência lógica e cronológica para procurar entender a real funcionalidade deste artigo.

A primeira pergunta é respondida pela *necessidade* da medida, que recai sobre pessoa determinada (sobre quem) em face da existência de mínima ligação com um fato criminoso (em relação a que) objetivando alcançar determinado fim (para que) e sendo imposta a medida de forma adequada (adequada a).

Chega-se ao momento em que é preciso identificar, dentre as medidas cautelares existentes, aquela que é adequada à cognição desenvolvida na postulação da necessidade cautelar.

Com o marco constitucional-convencional servindo de balizas normativas e interpretativas e com a reforma das cautelares em 2011, o quadro brasileiro de medidas cautelares que recaem sobre pessoas se apresenta da seguinte forma, pela ordem de sua aplicação:

Medidas cautelares pessoais	
Diversas do encarceramento	Medidas constantes no rol do art. 319 do CPP (*a prisão domiciliar é um modo de cumprimento da prisão preventiva e dessa forma será tratada em tópico específico)
Que implicam encarceramento	Prisão temporária – exclusiva na investigação criminal
	Prisão preventiva – na investigação e na ação penal
	Prisão para verificação da identidade – em princípio apenas na investigação1988; é tratada pelo CPP como *prisão preventiva*
Ligadas à atividade probatória	Condução Coercitiva (cuja análise se dá no Capítulo 8 diante da especificidade de seu objeto)

Fonte: O autor (2021)

A imposição da(s) medida(s) deve obedecer a um escalonamento partindo das menos gravosas para as mais gravosas, algo que aparece em previsões normativas desde a reforma de 2011 e reforçada pela de 2019, mas, pelas razões já expostas neste Capítulo, não encontra consonância com o núcleo estruturante do modelo brasileiro porquanto ele ainda se assenta na primazia da prisão preventiva como eixo de fundamentos para a verificação da necessidade cautelar.

Assim, nada obstante as previsões contidas no art. 282, §6º[183], e que se coadunariam com o entendimento do Sistema Interamericano de Direitos Humanos quando este afirma que

---

183 "§ 6º A prisão preventiva somente será determinada quando não for cabível a sua substituição por outra medida cautelar, observado o art. 319 deste Código, e o não cabimento da substituição por outra medida cautelar deverá ser justificado de forma fundamentada nos elementos presentes do caso concreto, de forma individualizada." (NR)

(...) ii) que las medidas adoptadas sean las idóneas para cumplir con el fin perseguido; iii) que sean necesarias, en el sentido de que sean absolutamente indispensables para conseguir el fin deseado y que no exista una medida menos gravosa respecto al derecho intervenido entre todas aquellas que cuentan con la misma idoneidad para alcanzar el objetivo propuesto.[184]

O protagonismo das medidas não encarceradoras, que antes de serem *alternativas* são precedentes àquelas encarceradoras não se concretiza.

Ademais, é de ser destacada quais as diretrizes que devem ser levadas em conta quando se aprecia essa *adequação*, tema que foi tratado na reforma do art. 282, em 2011, e também na reforma produzida com a Lei 13964/2019.

Por esses textos tem-se como adequada uma medida de acordo com:[185]

a] Gravidade do crime
b] Circunstâncias do fato
c] Condições pessoais da pessoa suspeita ou acusada
d] Evitar a prática de futuros crimes

Cada um desses itens comporta uma análise crítica de difícil superação quando observado o Sistema Interamericano de Direitos Humanos e mesmo o marco constitucional.[186]

Mas, se houvesse algum grau de compatibilização, ele haveria de começar por algo que a reforma de 2019 procurou induzir, ou seja, o apontamento de situações concretas de modo a justificar essa adequação, nos termos do quanto hoje consta da redação do art. 315 do CPP.

Assim, impossível de se considerar a gravidade do crime em abstrato, a adequação da medida a ser imposta após a verificação da necessidade cautelar deve observar a gravidade em concreto.

Da mesma maneira, a análise da pessoa sobre quem recai a suspeita do cometimento da conduta típica não poderia ser tomada (como faz o art. 313) de maneira a rotulá-la com abstrações ou levando em conta fatos passados e dissociados do caso concreto em análise e da contemporaneidade da provocação em relação aos fatos que a sustentam.

E as circunstâncias do fato jamais poderiam servir–como servem, em larga escala prática–a configurar verdadeira antecipação da cognição do processo

---

184 Corte Interamericana de Direitos Humanos. Chaparro Álvarez y Lapo Íñiguez Vs. Ecuador. Disponível em: <https://www.corteidh.or.cr/CF/jurisprudencia2/ficha_tecnica.cfm?nId_Ficha=275>. Acesso em: 13 jan. 2022.

185 Art. 282, "II – adequação da medida à gravidade do crime, circunstâncias do fato e condições pessoais do indiciado ou acusado."

186 E não apenas no Brasil. Observadas as reformas dos CPPs no cenário latino-americano situações muito semelhantes são encontradas e todas passíveis das mesmas críticas. A este respeito ver uma vez mais FUENTES MAUREIRA, Claudio. Op. Cit.

Processo Penal Cautelar | 881 |

de conhecimento, extrapolando os limites estreitos da cognição cautelar para adentrar no campo da cognição exauriente.

Por fim, o emprego de medida cautelar como adequada à evitar-se novos crimes serve a um aspecto de difícil conciliação com o campo cautelar, que é a assunção de uma medida para fins preventivos-gerais ou preventivo-específicos, algo que se amolda à pena de direito material e não ao acautelamento da integridade do processo.

Esse aspecto é particularmente relevante pois, em várias ocasiões, a CIDH

> Indicou que a privação de liberdade do acusado não pode residir em fins preventivos-gerais ou especiais preventivos atribuíveis à sentença, mas pode basear-se apenas em um propósito legítimo, a saber: garantir que o acusado não impeça o desenvolvimento da nem evitará a ação da justiça. Da mesma forma, enfatizou que o perigo processual não é presumido, mas que a verificação do mesmo deve ser realizada em cada caso, com base em circunstâncias objetivas e determinadas do caso específico.[187]

Passa-se, a seguir, à análise da estrutura das medidas antecedentes ao encarceramento cautelar e, quando insuficientes ou descumpridas, chega-se à privação da liberdade em sede acautelatória.

12.6 As medidas cautelares em espécie

12.6.1 As cautelares não encarceradoras ("medidas alternativas" à prisão cautelar): histórico legislativo

A busca de mecanismos alternativos à prisão cautelar não é nova no direito brasileiro, cabendo recordar que no Projeto de Lei 1655 de 1981 proveniente dos trabalhos de Comissão de Juristas[188] instituída no Governo Geisel havia a sugestão de medidas que viessem a suceder a constrição da liberdade.

---

187 CORTE INTERAMERICANA DE DIREITOS HUMANOS. **Caso Wong Ho Wing vs. Perú**. Sentencia 30 de junio de 2015. (Excepción Preliminar, Fondo, Reparaciones y Costas) Serie C n. 297. Disponível em: <https://www.corteidh.or.cr/docs/casos/articulos/resumen_297_esp.pdf>. Acesso em: 3 jul. 2021, citando os casos Cfr. CORTE INTERAMERICANA DE DIREITOS HUMANOS. **Caso Suárez Rosero vs. Ecuador.** Op. Cit. Fondo, supra, pár. 77, e CORTE INTERAMERICANA DE DIREITOS HUMANOS. **Caso Norín Catrimán y otros (Dirigentes, membros y activista del Pueblo indígena mapuche) vs. Chile.** Op. Cit., supra, pár. 312. E Cfr. CORTE INTERAMERICANA DE DIREITOS HUMANOS. **Caso Barreto Leiva vs. Venezuela.** Op. Cit., Serie C n. 206, pár. 115, e CORTE INTERAMERICANA DE DIREITOS HUMANOS. **Caso Norín Catrimán y otros (Dirigentes, membros y activista del Pueblo indígena mapuche) vs. Chile.** Op. Cit., supra, pár. 312.

188 Rogério Lauria Tucci (USP), Francisco de Assis Toledo e Hélio Fonseca.

Essa sugestão acompanhava aquela já preconizada no *Projeto Frederico Marques* (este também presente na comissão dos trabalhos do mencionado PL 1655) de forma a conferir ao Magistrado o "c) poder de aplicação, pelo juiz, de medidas alternativas à prisão provisória, de acordo com as recomendações da Organização das Nações Unidas em Congresso realizado em 1980 em Caracas, Venezuela, sobre Prevenção do Crime e Tratamento do Delinquente". Tal projeto, como já anotado nesta Obra, foi retirado do Congresso Nacional em 1989 quando se encontrava no Senado (PLC 175/1984).[189]

Com efeito, no projeto *Frederico Marques* (PL 633/1975) havia previsão no então artigo 472 que abria o título *das providências cautelares* (Título IV, Capítulo I) com vistas a *assegurar a atuação da justiça penal* de que pessoa acusada ou suspeita pudesse vir a ser submetida a um regime de prisão e, alternativamente, liberdade provisória com ou sem fiança.

Na sequência era concebida a possibilidade da submissão às seguintes *medidas*: a) medida de segurança provisória; b) inabilitações provisórias e c) restrições processuais. Malgrado as diferenças estruturais entre aquela proposta legislativa e a Lei 12.403/11[190] a busca pela alternatividade à prisão era a mesma e a forma como compreendida a fundamentação da prisão e a imposição dessas medidas têm alguns aspectos semelhantes.

Por outro lado, no plano internacional, às normas que inspiraram as ideias dos anos 1970 seguiram-se as denominas Regras Mínimas das Nações Unidas para a elaboração de Medidas não Privativas de Liberdade (Regras de Tóquio) adotadas pela Assembleia Geral das Nações Unidas na sua resolução 45/110, de 14 de dezembro de 1990[191] que, em seu item 2.1, determinam:

> As disposições pertinentes das presentes Regras aplicam-se a todas as pessoas que são objeto de procedimento de julgamento ou de execução de sentença, em todas as fases da administração da justiça penal. Para os fins das presentes Regras, estas pessoas são denominadas "delinquentes" – quer se trate de suspeitos, de acusados ou de condenados.

Tratando especificamente sobre a prisão de natureza cautelar define que (item 6)

> A prisão preventiva como medida de último recurso – e (6.1). A prisão preventiva deve ser uma medida de último recurso nos procedimentos penais, tendo

---

189 BRASIL. Senado Federal. **Anteprojeto de reforma do Código de Processo Penal.** Op. Cit.

190 Naquela proposta as restrições processuais eram compulsórias pela combinação do art. 527 e do art. 109, este de caráter genérico que determinava as obrigações processuais a todas as pessoas acusadas que já tivessem sido citadas.

191 Tais regras interpretam o conteúdo do artigo 9º, n. 3, do Pacto Internacional sobre os Direitos Civis e Políticos ao estabelecer que "a detenção prisional de pessoas aguardando julgamento não deve ser regra geral, mas a sua libertação pode ser subordinada a garantir que assegurem a presença do interessado no julgamento."

Processo Penal Cautelar | 883 |

devidamente em conta o inquérito sobre a presumível infracção e a proteção da sociedade e da vítima. Por fim, (6.2) As medidas substitutivas da prisão preventiva são utilizadas sempre que possível. A prisão preventiva não deve durar mais do que o necessário para atingir os objetivos enunciados na regra 6.1. e deve ser administrada com humanidade e respeitando a dignidade da pessoa e (6.3) O delinquente tem o direito de recorrer, em caso de prisão preventiva, para uma autoridade judiciária ou para qualquer outra autoridade independente.

Encerrada a tramitação dos projetos reformistas das décadas de 1970 e 1980, no transcurso das reformas pontuais nos anos 1990[192], nos trabalhos da Comissão presidida pelo então Ministro Sálvio de Figueiredo Teixeira instituída pelo Poder Executivo houve, entre as inúmeras propostas, a de reformar a disciplina da prisão cautelar para contemplar "a ampliação das hipóteses de prisão preventiva e a possibilidade de sua substituição por medidas restritivas de liberdade que dispensam o recolhimento à prisão, contribuindo para a melhoria do sistema carcerário."[193]

Naquela sugestão

> Existem dois tipos de medidas que constituem alternativas à prisão preventiva. Elas podem restringir a liberdade ou outros direitos do imputado. As primeiras estão previstas no art. 319, *verbis*: A prisão preventiva poderá ser substituída por medidas restritivas de liberdade, consistentes em: I – apresentação semanal em local determinado; II – proibição, sem autorização judicial, de ausentar-se: a) da comarca, ou seção judiciária, por mais de oito dias; b) do País; c) da residência, salvo para exercer as funções relativas ao trabalho.

As outras estão descritas no art. 320:

> No caso de crime contra a fé pública, contra a administração pública, a ordem tributária, a ordem econômica, as relações de consumo ou contra o sistema financeiro, será facultado ao juiz impor, também, as seguintes medidas: I – afastamento do exercício da função pública; II – impedimento de participar, direta ou indiretamente, de licitação pública, ou de contrato com a administração pública direta, indireta ou fundacional, e com empresas públicas e sociedades de economia mista.[194]

Com a interrupção também daquele processo legislativo o tema foi retomado com a instituição da Comissão Grinover e, desde a redação do anteprojeto, a ideia

---

192 Vide nesta Obra o Capítulo 1 sobre a contextualização das reformas processuais penais.
193 BRASIL. Senado Federal. **Anteprojeto de reforma do Código de Processo Penal**. Op. Cit.
194 DOTTI, René Ariel. A reforma do processo penal. **Revista dos Tribunais**, São Paulo, v. 714, p. 490.

das medidas cautelares alternativas à prisão surgiu de forma bastante semelhante àquela que, quase dez anos depois, viria a ser sancionada.[195]

12.6.1.1 Aspectos técnicos para a determinação das medidas alternativas

A lógica do modelo cautelar a partir de 2011 pressupõe, como visto, a análise da *necessidade cautelar* que, se positiva, implica na aplicação de uma ou mais medidas da menos gravosa à mais gravosa (prisão).

A nova disciplina emprega, contudo, uma nomenclatura diversa do regramento anterior e sempre a vincula diretamente à prisão tornando a tarefa interpretativa tendente a destacar a primazia da constrição direta da liberdade como primeira medida (e não a última).

A decretação surge, assim, de duas origens distintas:

a] Enquanto ato de conversão da precautela (flagrante) em cautela uma vez constatada a necessidade cautelar (*destaque-se, aqui, que mesmo o verbo "converter" não ser mostra adequado pois não se converte uma prisão em outra; analisa-se se existe ou não a necessidade*);

b] Enquanto ato jurisdicional originário, a dizer, independente da ocorrência anterior da precautela.

A substituição de medidas é o ato judicial decorrente:

a] do descumprimento voluntário de qualquer medida inicialmente imposta ou

b] da verificação da insubsistência das razões que levaram à sua decretação

A acumulação de medidas é a imposição de pluralidade de mecanismos assecuratórios para o Juízo decorrente:

a] da verificação inicial dos critérios que indiquem a insuficiência da aplicação de uma isolada medida. É um reforço de garantia do Juízo verificável *ab initio*.

b] do descumprimento voluntário de uma medida inicialmente determinada. Nessa hipótese tem um caráter de reforço da garantia do Juízo.

---

195 No então art. 282 do primeiro texto da Comissão Grinover, o seguinte texto: "§ 2 ° – Quando não couber prisão preventiva, o juiz poderá decretar, atendidos os pressupostos dos artigos 319 e 320, as seguintes medidas cautelares: I – comparecimento periódico em juízo; II – proibição de acesso ou de frequência a determinados lugares; III – proibição de manter contato com pessoa determinada; IV – proibição de ausentar-se do país; V – recolhimento domiciliar nos períodos noturnos e nos dias de folga; VI – suspensão do exercício de função pública ou de atividade de natureza econômica ou financeira; VII – internação provisória; VIII – fiança."

A revogação de medidas funciona como mecanismo de abolição da medida determinada quando ausentes os critérios do art. 282, I e II, sem prejuízo de nova decretação se os fundamentos sobrevierem de forma específica.

A complexidade dessas novas situações não se resume ao mero desejo acadêmico de sistematizar e conceituar, mas ataca um aspecto prático de fundamental importância: o modelo recursal.

Com efeito, o único recurso específico para a situação da decretação ou revogação da prisão preventiva no texto do CPP é o recurso em sentido estrito, o qual não contempla as situações de cumulação ou substituição.

O esforço será, portanto, de superar a visão tradicional de interpretar-se restritivamente a redação do art. 581, V, do CPP caso se deseje manejar apenas o sistema recursal. A via do habeas corpus restaria, do contrário, o único caminho disponível e altamente discutível para cumulação de medidas que não impliquem restrição à liberdade de locomoção.

Esse cenário nos mostra, em relação à tipologia dos provimentos com seus fundamentos específicos:

a] A atuação irrestrita do titular da ação penal em todas as hipóteses legais, em consonância com o modelo constitucional de titularidade da ação penal;
b] A diminuição de poderes de ofício do Juiz;
c] Ampliação dos poderes do querelante (ação privada genuína ou subsidiária da pública) e do assistente no tema das cautelares pessoais, mas não ao ponto de conferir o poder de provocar, originariamente, a decretação. Essas atuações estão otimizadas na fiscalização das medidas impostas.

Com a Lei de abuso de autoridade reformada em 2019 (Lei 13869/2019) passa a ser crime, de acordo com o Art. 9º, "Decretar medida de privação da liberdade em manifesta desconformidade com as hipóteses legais" ou (Parágrafo único), "[...] deixar de: (...) II – substituir a prisão preventiva por medida cautelar diversa ou de conceder liberdade provisória, quando manifestamente cabível."

Certo, esta norma precisa vir acompanhada das disposições gerais contidas naquela Lei, em especial o quanto consta no Art. 1º , em especial no seu § 1º (As condutas descritas nesta Lei constituem crime de abuso de autoridade quando praticadas pelo agente com a finalidade específica de prejudicar outrem ou beneficiar a si mesmo ou a terceiro, ou, ainda, por mero capricho ou satisfação pessoal) e § 2º (A divergência na interpretação de lei ou na avaliação de fatos e provas não configura abuso de autoridade).

Essas disposições se casam com o artigo 315 e a renovada disciplina da fundamentação cautelar que, por sua vez, exige um olhar diferenciado sobre a *cognição cautelar* como discutida neste Capítulo. Por essa conjugação, uma decisão que desconsiderar precedentes (vinculantes, como já exposto no tópico específico)

| 886 |

pode gerar a conduta de abuso de autoridade desde que demonstrada a finalidade necessariamente estabelecida no supramencionado §1º.

12.6.1.2 Medidas alternativas e detração

Outro ponto deixado sem tratamento específico é o da detração das medidas alternativas à prisão no eventual cômputo da pena privativa de liberdade a ser imposta em sentença definitiva a teor do disposto no art. 42 do Código Penal.[196]

À míngua da expressa disposição legal, dúvidas certamente surgem a respeito e demandam alguma interpretação por analogia integrativa.[197]

A primeira delas diz respeito a, em se considerando alguma possibilidade de detração, ela somente incidirá caso venha a ser aplicada alguma pena privativa de liberdade sem substituição à suspensão condicional (da pena).[198]

Porém, é necessário saber se a situação das medidas alternativas pode ser assimilada à prisão preventiva, como faz Prado, para quem – Esse termo – *prisão provisória* – deve ser interpretado de modo amplo, abarcando todas as medidas cautelares de restrição da liberdade. Engloba, pois, a prisão em flagrante, a prisão temporária, a prisão preventiva e também a prisão decorrente de sentença de pronúncia e de decisão condenatória recorrível"[199], observação esta anterior às reformas processuais penais de 2008 e antes da Lei 12.403/11.

Deve ser acrescido que não houve durante os trabalhos legislativos da Lei 12.403/11, desde a apresentação do anteprojeto, qualquer insinuação sobre a possibilidade de detração diante da imposição das medidas alternativas à prisão cautelar.

---

196 "Art. 42 – Computam-se, na pena privativa de liberdade e na medida de segurança, o tempo de prisão provisória, no Brasil ou no estrangeiro, o de prisão administrativa e o de internação em qualquer dos estabelecimentos referidos no artigo anterior."

197 Ver, entre outros, MATTOS, Juliana Günther Fonseca de; VIANA, Henrique Pereira. Medida cautelar criminal de recolhimento domiciliar noturno cumulado com o monitoramento eletrônico e a aplicação da detração penal. **Revista do Direito Público**, v. 14, n. 1, p. 65-82, 2019; MACHADO, Felipe Daniel Amorim; OLIVEIRA, Filipe Costa. Detração nas medidas cautelares pessoais: é possível. **Revista da SJRJ**, Rio de Janeiro, v. 20, n. 36, p. 36-80, 2013; CLARO, Rosiléia Maria. As medidas cautelares e a detração penal. **Revista Montagem do Centro Universitário Moura Lacerda**: Edição Especial Comemorativa dos Noventa Anos de Compromissos Sempre Renovados com a Educação, Ribeirão Preto-Jaboticabal, ano 15, n. 15, p. 123-144, 2013.

198 GONÇALVES, Victor Eduardo Rios. **Direito Penal**: Parte Geral. 6. ed. São Paulo: Saraiva, 2002. 7v. (Coleção Sinopses Jurídicas). p. 112.

199 PRADO, Luiz Regis. **Curso de Direito Penal Brasileiro**: Parte Geral. 4. ed. São Paulo: Revista dos Tribunais, 2004. 1 v. p. 551.

12.6.1.3 Espécies das medidas alternativas

Desde os trabalhos legislativos do anteprojeto tratou-se de conceber um leque de medidas alternativas que se assemelham muito mais àquelas das reformas interrompidas do início dos anos 1990 que do projeto original *Frederico Marques*.

Elas acabaram se projetando para restrições à liberdade de locomoção e restrição a atividades profissionais (em sentido amplo), cabendo às primeiras o maior detalhamento.

Porém, deve-se ter sempre em mente a primazia das medidas não encarceradoras sobre a prisão

> Considerando que a prisão é a última *ratio* das medidas cautelares (§ 6º do art. 282 do CPP – incluído pela Lei 12.403/2011), deve o juízo competente observar aplicabilidade, ao caso concreto, das medidas cautelares diversas elencadas no art. 319 do CPP, com a alteração da Lei 12.403/2011. (HC 106.446, rel. p/ o ac. min. Dias Toffoli, julgamento em 20-9-2011, Primeira Turma, DJE de 11-11-2011.) No mesmo sentido: HC 117.576-MC, rel. min. Gilmar Mendes, decisão monocrática, julgamento em 25-4-2013, DJE de 30-4-2013; HC 114.098, rel. min. Ricardo Lewandowski, julgamento em 27-11-2012, Segunda Turma, DJE de 12-12-2012.

Das que incidem sobre a liberdade de locomoção

As hipóteses restritivas de locomoção em substituição à prisão preventiva são:

a] Comparecimento periódico em juízo, no prazo e nas condições fixadas pelo juiz, para informar e justificar atividades;

b] Proibição de acesso ou frequência a determinados lugares quando, por circunstâncias relacionadas ao fato, deva o indiciado ou acusado permanecer distante desses locais para evitar o risco de novas infrações;

c] Proibição de manter contato com pessoa determinada quando, por circunstâncias relacionadas ao fato, deva o indiciado ou acusado dela permanecer distante;

d] Proibição de ausentar-se da Comarca quando a permanência seja conveniente ou necessária para a investigação ou instrução;

e] Recolhimento domiciliar no período noturno e nos dias de folga quando o investigado ou acusado tenha residência e trabalho fixos;

f] Monitoração eletrônica.

De todas essas alternativas as que guardam maior novidade são as duas últimas mencionadas, vez que as hipóteses enumeradas nos itens *a*, *b* e *d* já se encontravam presentes na legislação processual penal seja na redação do Código, seja no art. 89 da Lei 9.099/95 e a vedação de contato do item *c* foi inserida no contexto da Lei Maria da Penha.

O denominado *recolhimento domiciliar*, que não se confunde com a prisão domiciliar, esta uma *forma de cumprimento da prisão*, já possui previsão no ordenamento penal mas não como medida cautelar e, sim, como pena definitiva nos termos do art. 13 da Lei 9.605/98 (lei dos crimes ambientais), com a seguinte redação: O recolhimento domiciliar baseia-se na autodisciplina e senso de responsabilidade do condenado, que deverá, sem vigilância, trabalhar, frequentar curso ou exercer atividade autorizada, permanecendo recolhido nos dias e horários de folga em residência ou em qualquer local destinado a sua moradia habitual, conforme estabelecido na sentença condenatória.

Enquanto medida cautelar não encarceradora, por certo, sua maior dificuldade é, sobretudo nos grandes centros urbanos, a fiscalização do correto cumprimento diante da ausência de um aparato próprio para tal finalidade.

Nada obstante, cumpre essa inovação o objetivo de humanizar o sistema de asseguramento cautelar do Juízo conforme pontua destacada doutrina quando menciona como instrumentos com essa finalidade específica,

> *Ad exemplum*, tirar do cárcere todos aqueles presos preventivos cujas condições de saúde são dramáticas e graves e aqueles com idade superior a setenta anos, reduziria a superpopulação carcerária e permitiria a adoção de estilos de vida diversos também para aqueles que ainda deverão permanecer internados; reduzir o número de detidos dependentes de drogas confiando-os efetivamente aos serviços de tratamento; adotar o sistema de monitoramento eletrônico à distância; adotar os regimes da prisão domiciliar em lugares controlados; somente assim, a prisão preventiva seria um fenômeno residual direcionado a sua futura abolição.[200]

Porém, a inserção do monitoramento eletrônico vem ao encontro de uma discussão mais abrangente, a do emprego da tecnologia no processo penal[201], já

---

[200] SANGUINÉ, Odone. Efeitos Perversos Da Prisão Cautelar. **Revista Brasileira de Ciências Criminais**, v. 86, p. 289, 2010. Disponível em: <www.revistasrtonline.com.br>. Acesso em: 3 jul. 2021.

[201] Veja-se, dentre outros, NIEVA FENOLL, Jordi. Las pulseras telemáticas: aplicación de las nuevas tecnologías a las medidas cautelares y a la ejecución en el proceso penal. **Revista del Poder Judicial**, n. 77, p. 201-220, 2005; MILANEZ, Bruno Augusto Vigo. Novas tecnologias de controle penal: o monitoramento eletrônico e sua aplicabilidade no Brasil. **Revista do Conselho Nacional de Política Criminal e Penitenciária**, n. 22, v. 1, p. 487-521, 2009/2010.

estabelecida no direito comparado[202] e progressivamente instituída entre nós[203], inicialmente no cenário restrito da execução penal no qual foi saudado como um avanço[204] ao mesmo tempo em que criticado por sua potencial estigmatização[205], refutação essa que não nos parece servir para obstar o amadurecimento da discussão sobre essa forma alternativa à prisão.

No âmbito cautelar, pensado na Comissão Grinover, foi aperfeiçoado no projeto de reforma global, no qual – O monitoramento eletrônico será restrito aos crimes com pena máxima superior a 8 anos e dependerá de anuência prévia do investigado ou acusado (arts. 579 e 580). Além disso, o projeto de Código ressalva que o dispositivo eletrônico não terá aspecto aviltante ou ostensivo, nem colocará em risco a saúde do monitorado (art. 581). Por fim, foram listadas as hipóteses de descumprimento da medida (art. 582) e determinado o prazo de 360 dias [como] o limite máximo de duração daquela medida cautelar.[206]

Das que incidem sobre o exercício das atividades funcionais

As medidas alternativas que incidem sobre o exercício das atividades funcionais são a suspensão do exercício de função pública ou de atividade de natureza econômica ou financeira quando houver justo receio de sua utilização para a prática de infrações penais.

Submetida à necessária fundamentação vinculada, o que a nova lei não disciplina são os efeitos da suspensão cautelar nos direitos e deveres funcionais.

Com efeito, enquanto norma de natureza cautelar há previsão semelhante no Dec.-lei 201, de 27.2.67 (crimes de responsabilidade de Prefeito), em seu artigo 2.º, com a seguinte redação e com as decorrências analisadas em alentado artigo doutrinário por Stoco[207]:

---

202 Dentre a farta literatura sobre o tema, consulte-se: BARBAGALLO, Isidoro. La sorveglianza elettronica dei detenuti: profili di diritto comparato. **Rassegna Italiana di Criminologia**, v. 11, n. 3/4, p. 353-366, 2000; PATERSON, Craig. A privatização do controle do crime e o monitoramento eletrônico de criminosos na Inglaterra e no País de Gales. **Revista Brasileira de Ciências Criminais**, v. 17, n. 77, p. 281-297, 2009; RODRÍGUEZ-MAGARIÑOS, Faustino Gudín. Nuevas penas: comparación de los resultados de la vigilancia electrónica como sustitutivo de la prisión en los países de nuestro entorno. **Revista de Derecho y Proceso Penal**, n. 15, p. 135-143, 2006; LANDREVILLE, Pierre La surveillance électronique des délinquants: un marché en expansion. **Déviance et Société**, n. 1, v. 23, p. 105-120, 1999.

203 JAPIASSÚ, Carlos Eduardo Adriano. A crise do sistema penitenciário: a expansão da vigilância eletrônica. **Boletim IBCCRIM**, n. 170, v. 14, p. 2-3, 2007; ainda, de forma ampla, JAPIASSÚ, Carlos Eduardo Adriano. **Monitoramento eletrônico**: uma alternativa à prisão? Experiências internacionais e perspectivas no Brasil. Brasília: Conselho Nacional de Política Criminal e Penitenciária, 2008.

204 D'URSO, Luiz Flávio Borges. Lei do monitoramento eletrônico: avanço na execução penal. **Revista Magister de Direito Penal e Processual Penal**. n. 37, v. 7, 2010.

205 GARCIA, Roberto Soares. Pulseirinhas, tornozeleiras e inconstitucionalidade da Lei 12.906/08. **Boletim IBCCRIM**, n. 187, v. 16, p. 6, 2008.

206 BRASIL. Senado. **Anteprojeto de reforma do Código de Processo Penal**. Op. Cit.

207 STOCCO, Rui. Op. Cit., p. 328.

O processo dos crimes definidos no artigo anterior é o comum do juízo singular, estabelecido pelo Código de Processo Penal, com as seguintes modificações: II – Ao receber a denúncia, o Juiz manifestar-se-á, obrigatória e motivadamente, sobre a prisão preventiva do acusado, nos casos dos itens I e II do artigo anterior, e sobre o seu afastamento do exercício do cargo durante a instrução criminal, em todos os casos."

Mas, no caso presente trata-se de afastamento cautelar do exercício de funções ora entendida como "função administrativa é aquela exercida pelo Estado ou por seus delegados, subjacentemente à ordem constitucional e legal, sob regime do direito público, com vistas a alcançar os fins colimados pela ordem jurídica."[208] Ora,

> É o conjunto de poderes destinados a promover a satisfação dos interesses essenciais, relacionados com a promoção de direitos fundamentais, cujo desempenho exige uma organização estável e permanente e que se faz sob regime jurídico infralegal e submetido ao controle jurisdicional (...) à mingua de maiores previsões legais, a pessoa submetida a esse tipo de medida alternativa deve ser imposto o regime estatutário no que tange à suspensão cautelar das funções em processo administrativo disciplinar.[209]

O conceito de atividade financeira pode ser encontrado em dois momentos distintos do ordenamento, uma para fins de regulação da atividade e outra para fins do Direito Penal. No primeiro caso está o 17 da Lei n.º 4.595, de 31 de dezembro de 1964[210]; no segundo, o artigo 1º da Lei n.º 7.492, de 16 de junho de 1986[211] cabendo a esta última norma a melhor adequação para fins de interpretação da presente medida alternativa cautelar, inclusive por conta de sua inserção no sistema penal.

---

208 CARVALHO FILHO, José dos Santos. **Manual de direito administrativo**. 16. ed. Rio de Janeiro: Lumen Juris, 2006.

209 MARÇAL, Justen Filho. **Curso de direito administrativo**. São Paulo: Saraiva, 2005. P. 45.

210 "Art. 17 Consideram-se instituições financeiras, para os efeitos da legislação em vigor, as pessoas jurídicas públicas ou privadas, que tenham como *atividade* principal ou acessória a coleta, intermediação ou aplicação de recursos financeiros próprios ou de terceiros, em moeda nacional ou estrangeira, e a custódia de valor de propriedade de terceiros. Parágrafo único. Para efeitos desta lei e da legislação em vigor, equiparam-se às instituições financeiras as pessoas físicas que exerçam qualquer das atividades referidas neste artigo, de forma permanente ou eventual."

211 "Art. 1º Considera-se instituição financeira, para os efeitos desta lei, a pessoa jurídica de direito público ou privado, que tenha como *atividade* principal ou acessória, cumulativamente ou não, a captação, intermediação, ou aplicação de recursos financeiros de terceiros, em moeda nacional ou estrangeira, ou a custódia, emissão, distribuição, negociação, intermediação ou administração de valores mobiliários. Parágrafo único. Equipara-se à instituição financeira: I – a pessoa jurídica que capte ou administre seguros, câmbio, consórcio, capitalização ou qualquer tipo de poupança, ou recursos de terceiros; II – a pessoa natural que exerça qualquer das atividades referidas neste artigo, ainda que de forma eventual."

Da fiança

Na reforma trazida com a Lei 12.403/11 a fiança surge para "assegurar o comparecimento a atos do processo, evitar a obstrução do seu andamento ou em caso de resistência injustificada à ordem judicial" tendo sido buscada a revitalização dessa garantia do juízo (não mais considerada como contracautela) e sua adequação ao texto constitucional.

Assim, Scarance Fernandes[212] afirma que, "[...] aquela posição anterior, que via a fiança como contracautela, era, de certa forma, resquício da premissa de a regra ser a prisão durante o processo, principalmente se se tratasse de manter detido o agente pilhado em flagrante," e que:

> O raciocínio deve ser outro. O pressuposto inicial é de que o réu, presumido inocente, deve ficar em liberdade durante o processo, só se admitindo a prisão em situações excepcionais. Assim, se antes a regra devia ser a permanência do réu em custódia provisória, hoje, em razão da presunção inicial de inocência, a regra deve ser a sua liberdade, que será cerceada em maior ou menor grau em consonância com critérios expressamente definidos pelo legislador, e em hipóteses taxativamente previstas [para concluir que] A fiança tem, portanto, natureza cautelar. Figura ela em uma escala de possíveis medidas cautelares, que substituem a prisão em flagrante, restringindo a liberdade. Impõem-se ao réu, para que fique ou permaneça livre, o pagamento de determinada importância em dinheiro e outros ônus processuais.

No novo regime a fiança surge aparentemente prestigiada com o aumento de seus valores. Nada obstante, como será visto, a exoneração da fiança permanece de maneira praticamente idêntica ao modelo revogado.

a] A fiança como medida cautelar não encarceradora e a reserva de jurisdição

Desde a reforma de 2011 a fiança foi alocada no seu campo correto: uma medida cautelar não encarceradora. Em assim sendo, está, efetivamente, sujeita à reserva de jurisdição.

E, com efeito, por via um tanto oblíqua, a *Lei Maria da Penha* (Lei 11.340/2006) modificada pela Lei nº 13.641, de 2018 efetivou-se como a primeira a destacar este aspecto determinado no Art. 24-A, § 2º que, "Na hipótese de prisão em flagrante, apenas a autoridade judicial poderá conceder fiança."

A via oblíqua decorre do fato que, "Este projeto se destina a dirimir controvérsia instalada no sistema de Justiça acerca da tipicidade da desobediência na hipótese de descumprimento das medidas protetivas estabelecidas no artigo 22 da Lei 11.340/2006 (Lei Maria da Penha)", de acordo com a proposta original

---

212 FERNANDES, Antonio Scarance. **A fiança criminal e a constituição federal**. Op. Cit.

formulada pelo então Deputado Alceu Moreira e nele não consta a reserva de jurisdição aqui tratada.[213]

E a reserva surge no substitutivo apresentado pela Relatora, Deputada Gorete Moreira, justificado sem qualquer ligação à limitação de cautelas pessoais fora da reserva de jurisdição, mas, sim, porque

> É recomendável que a análise da eventual concessão de fiança seja realizada diretamente pela autoridade judicial, considerando o histórico das violências, a gravidade do descumprimento e a eventual necessidade de decretação da prisão preventiva. Infelizmente, muitas mulheres foram vítimas de novos atos de agressão, inclusive feminicídio, em razão da posterior liberação do agressor após o pagamento de fiança, mesmo na reiteração de novos atos de violência.[214]

A fiança como ato praticável por qualquer autoridade administrativa, não se sustenta dentro do marco constitucional-convencional, menos ainda por qualquer argumento de praticidade que se possa invocar. Cabe, pois, a necessária adaptação infraconstitucional para alocá-la, como fez a Lei Maria da Penha reformada, dentro dos limites claros da reserva de jurisdição.

Critérios para fixação da fiança

A base do tratamento do tema está no art. 322, que dispõe que

> A autoridade policial somente poderá conceder fiança nos casos de infração cuja pena privativa de liberdade máxima não seja superior a 4 (quatro) anos. Parágrafo único. Nos demais casos, a fiança será requerida ao juiz, que decidirá em 48 (quarenta e oito) horas.

A alteração mais sensível aqui diz respeito ao limite máximo de pena que passa a orientar a fiança determinada pela autoridade policial, agora de quatro anos de privação de liberdade, independentemente da espécie da pena (reclusão ou detenção).

Análise Crítica: A partir da entrada em vigor da *audiência de custódia* no direito brasileiro alguns questionamentos surgiram sobre o papel da autoridade policial quando da prisão em flagrante e, a título de justificar a

---

213 BRASIL. Câmara dos Deputados. **Projeto de Lei do Sr. Alceu Moreira, de 2015**. Tipifica o crime de descumprimento de medidas protetivas da Lei 11.340 de 7 de agosto de 2006 – Lei Maria da Penha. Disponível em: <https://www.camara.leg.br/proposicoesWeb/prop_mostrarintegra;jsessionid=669DC15468FFE1206410CEA689535E9F.proposicoesWebExterno1?codteor=1297696&filename=PL+173/2015>. Acesso em: 3 jul. 2021.

214 BRASIL. Câmara dos Deputados. Comissão de Constituição de Justiça e de Cidadania. **Projeto de Lei n. 173, de 2015**. Tipifica o crime de descumprimento de medidas protetivas da Lei 11.340 de 7 de agosto de 2006 – Lei Maria da Penha. Disponível em: <https://www.camara.leg.br/proposicoesWeb/prop_mostrarintegra?codteor=1417736&filename=PRL+1+CCJC+%3D%3E+PL+173/2015>. Acesso em: 3 jul. 2021.

dispensabilidade daquela audiência, chegou-se a afirmar que, se o Delegado de Polícia pode arbitrar fiança, então seria dispensável o controle judicial em audiência da forma como agora estabelecida. Houve, ainda, quem defendesse a expansão dos poderes policiais para arbitramento da fiança. Nos limites deste trabalho frise-se que a disciplina de concessão de fiança é totalmente infraconstitucional (os limites materiais negativos, a dizer, os casos em que nãos e concede fiança é que estão previstos na CR) e deve convergir para a CR e para a CADH, e não o contrário.

Após esse limite a fiança passa a ser possível apenas por determinação judicial e, na roupagem da nova lei, pode vir acompanhada ou não de outras medidas alternativas à prisão. Para além dessa alteração está a adequação infraconstitucional da fiança às vedações estabelecidas pela Constituição.

Nesse ponto exclui-se a possibilidade de fiança para os crimes de racismo definidos na lei 7.716/89 e nos casos dos crimes de tortura, tráfico ilícito de entorpecentes e drogas afins, terrorismo e nos definidos como crimes hediondos.

Os demais casos de denegação surgem quando da quebra da fiança anteriormente concedida[215] ou infringido, sem motivo justo, qualquer das obrigações a que se referem os arts. 327 e 328 do CPP, oq eu já se passava na legislação anterior e vem agora reiterado, bem como nas hipóteses de prisão civil ou militar.

Para a fiança deve ser empregado o mesmo mecanismo lógico de apuração da *necessidade cautelar* como vem sendo trabalhado neste Capítulo, inserindo-se essa alternativa à prisão como precedente à constrição cautelar da liberdade, aplicada isolada ou cumulativamente às outras impostas.

Valores e exoneração da fiança

Os limites alterados foram apregoados como sinônimos de maior rigor dessa cautela penal, passando a ser de 1 (um) a 100 (cem) salários-mínimos, quando se tratar de infração cuja pena privativa de liberdade, no grau máximo, não for superior a 4 (quatro) anos ou e 10 (dez) a 200 (duzentos) salários-mínimos, quando o máximo da pena privativa de liberdade cominada for superior a 4 (quatro) anos.

Obedecidas as condições pessoais[216] sujeita a essa cautela, sobretudo sua condição econômica, a fiança poderá ser dispensada, na forma do art. 350 do CPP; II – reduzida até o máximo de 2/3 (dois terços); ou III – aumentada em até 1.000 (mil) vezes. No mais,

---

215 Art. 327. A fiança tomada por termo obrigará o afiançado a comparecer perante a autoridade, todas as vezes que for intimado para atos do inquérito e da instrução criminal e para o julgamento. Quando o réu não comparecer, a fiança será havida como quebrada.

216 Art. 326. Para determinar o valor da fiança, a autoridade terá em consideração a natureza da infração, as condições pessoais de fortuna e vida pregressa do acusado, as circunstâncias indicativas de sua periculosidade, bem como a importância provável das custas do processo, até final julgamento.

No arbitramento da fiança há que se observar a situação financeira do indiciado, não devendo a autoridade fixá-la em valor tal que torne impossível ao preso o pagamento da quantia, sob pena de, na prática, negar o benefício da lei (RT 512/384).

Da liberdade provisória: A equivocada redação do art. 321 do CPP.

O artigo 321 dispõe que:

> Ausentes os requisitos que autorizam a decretação da prisão preventiva, o juiz deverá conceder liberdade provisória, impondo, se for o caso, as medidas cautelares previstas no art. 319 deste Código e observados os critérios constantes do art. 282 deste Código.

Toda a estrutura legal anterior indicava um modelo que tem na verificação da hipótese da prisão preventiva o requisito essencial para a atuação das medidas cautelares, seja como conversão do flagrante ou da prisão temporária. Da mesma maneira, poderia ser atuada *ab initio*, com a decretação da prisão desde que, para tanto, estivessem presentes os requisitos do art. 312 do CPP.

Assim agindo, o legislador repetiu o quanto se passou na reforma processual de 1977, que, naquela época, havia desestruturado a fiança possibilitando a liberdade provisória condicionada ao comparecimento aos atos processuais.

Naquele contexto afirmava Campos Barros, criou-se:

> Uma verdadeira disparidade entre a fiança e essa contracautela, quando nesta os deveres e encargos processuais deveriam ser mais severos; tendo em vista que ela se aplica de forma mais ampla, atendendo a casos em que as infrações são de maior gravidade do que aquelas afiançáveis.[217]

A redação atual é homenagem que a tradição inquisitiva processual penal brasileira presta à absoluta ausência de técnica legislativa. Desde os trabalhos do anteprojeto anotava-se a impropriedade dessa redação que induz à possibilidade de, ausente a *necessidade cautelar*, impor-se medidas alternativas.

Os erros (crassos) são dois:

a] A primazia da prisão como medida regente do conjunto de medidas cautelares;
b] A afirmação que podem ser impostas medidas cautelares sem a presença da *necessidade cautelar*.

A redação renovada está sujeita à devida revisão interpretativa por meio de mecanismos de controle de constitucionalidade, posto que a ausência da

---

217 CAMPOS BARROS, Romeu Pires de. **Processo Penal Cautelar**. Op. Cit., p.1.

necessidade da constrição cautelar da prisão viria a desautorizar a imposição de qualquer medida a ela alternativa.

Por isso há de ser saudado com ênfase relevante acórdão do STJ, da lavra do Min. Rogério Schietti Machado Cruz – Relator (6.ª Turma HC 282.509 j. 19.11.2013 – public. 22.11.2013) que trabalhou o tema de forma lapidar:

> Com efeito, as medidas alternativas à prisão preventiva não pressupõem, ou não deveriam pressupor, a inexistência de requisitos ou do cabimento da prisão preventiva, mas sim a existência de uma providência igualmente eficaz (idônea, adequada) para o fim colimado com a medida cautelar extrema, porém com menor grau de lesividade à esfera de liberdade do indivíduo. É essa, precisamente, a ideia da subsidiariedade processual penal, que permeia o princípio da proporcionalidade, em sua máxima parcial (ou subprincípio) da necessidade (proibição de excesso): o juiz somente poderá decretar a medida mais radical – a prisão preventiva – quando não existirem outras medidas menos gravosas ao direito de liberdade do indiciado ou acusado por meio das quais seja possível, com igual eficácia, os mesmos fins colimados pela prisão cautelar. Trata-se de uma escolha comparativa, entre duas ou mais medidas disponíveis – in casu, a prisão preventiva e alguma(s) das outras arroladas no artigo 319 do CPP – igualmente adequadas e suficientes para atingir o objetivo a que se propõe a providência cautelar. Desse modo, é plenamente possível que estejam presentes os motivos ou requisitos que justificariam e tornariam cabível a prisão preventiva, mas, sob a influência do princípio da proporcionalidade e a luz das novas opções fornecidas pelo legislador, deverá valer-se o juiz de uma ou mais das medidas indicadas no artigo 319 do CPP, desde que considere sua opção suficiente e adequada para obter o mesmo resultado – a proteção do bem sob ameaça – de forma menos gravosa. (...) Isso equivale a dizer que os motivos justificadores da prisão preventiva são os mesmos que legitimam a determinação do recolhimento noturno ou qualquer outra das medidas cautelares a que alude o artigo 319 do CPP, sendo equivocado condicionar a escolha de uma dessas últimas ao não cabimento da prisão preventiva. Na verdade, a prisão preventiva é, em princípio, cabível, mas a sua decretação não é necessária, porque, em avaliação judicial concreta e razoável, devidamente motivada, considera-se suficiente para produzir o mesmo resultado a adoção de medida cautelar menos gravosa. Logo, a dicção normativa do artigo 321, ao condicionar, se for o caso, a imposição das medidas cautelares – observados os critérios constantes do artigo 282 do Código – a que estejam "ausentes os requisitos que autorizam a decretação da prisão preventiva", suscita a seguinte indagação: com base em quê será autorizada a providência cautelar menos gravosa, dentre as previstas no artigo 319?

Urge, pois, que se opere a devida filtragem constitucional para que essa norma ganhe contornos compatíveis com a estatura constitucional do processo penal e, enquanto ela não vier, o que se tem é a pauperização das medidas alternativas e seu emprego sem fundamento cautelar, conclusão última que se pode alcançar.

`12.6.2` As cautelares privativas de liberdade

`12.6.2.1` A prisão preventiva

A superação da prisão com forma de garantia do Juízo é o principal objetivo da reforma das cautelares pessoais desde o projeto Frederico Marques e nas reformas pontuais em curso desde o início dos anos 1990 e se consolida com a Lei 12.403/11. De igual maneira afigura-se na reforma global do CPP o mesmo desenho, com a desconstrução da polarização prisão × liberdade para fazer incidir uma série de mecanismos intermediários de asseguramento do Juízo.

A prisão preventiva como sanção ao descumprimento de outras medidas alternativas ou medidas assecuratórias

A prisão preventiva surge com papel sancionador ao descumprimento medidas ou como garantia de outras impostas: quando "o crime envolver violência doméstica e familiar contra a mulher, criança, adolescente, idoso, enfermo ou pessoa com deficiência, para garantir a execução das medidas protetivas de urgência" e "em caso de descumprimento de qualquer das obrigações impostas por força de outras medidas cautelares (art. 282, § 4.º)."[218]

No primeiro caso a novidade é a previsão de medidas protetivas em favor de "adolescente, idoso, enfermo ou pessoa com deficiência", porquanto a previsão da incidência dessas medidas está apenas na chamada Lei Maria da Penha.

A nova redação foi criada "Na Câmara dos Deputados, [onde] foi aprovada a Emenda Substitutiva Global apresentada pelo Grupo de Trabalho de Direito Penal e Processual Penal, instituído no âmbito daquela Casa Legislativa, sob a coordenação do Deputado João Campos", sendo que

> Na justificação da referida emenda, o Grupo de Trabalho ressalta que houve necessidade de atualização do projeto original, tendo em vista a evolução da jurisprudência desde 2002, com destaque para os seguintes pontos: [...]no art. 313, novo texto para inserir a possibilidade de decretação da prisão preventiva nos casos de violência doméstica de forma geral, praticada contra criança, adolescente, idoso, enfermo ou pessoa portadora de deficiência física ou mental.

---

218 Art. 312, parágrafo único.

O que foi aceito pelo Senado quando da tramitação legislativa e ratificado pela Câmara, sendo assim sancionado.[219]

Por outro lado, a prisão preventiva como sanção ao descumprimento de outras medidas anteriormente impostas e desatendidas deliberadamente pela pessoa submetida à constrição é mecanismo de salvaguarda do sistema e, da forma como estabelecida, cria verdadeira ampliação do controle pessoal no processo penal, vez que pode vir a incidir em searas que até então estavam potencialmente afastadas da segregação cautelar da liberdade, malgrado vozes autorizadas apontassem para a possibilidade de decretação da prisão preventiva no âmbito da Lei 9.099/95.[220]

Prisão preventiva determinada de plano

Apesar das reformas estabelecidas a partir de 2011 que visavam alterar a preponderância do papel da prisão preventiva, pelos aspectos técnicos já destacados, a saber, a manutenção da ordem pública como fundamento do art. 312 do CPP, manutenção da técnica decisória e a redação do art. 321, o encarceramento continua sendo forma predominante das medidas cautelares.

Assim, a prisão preventiva aparece muitas vezes determinada de plano, sem a análise decomposta dos arts. 312, 313 e 282 e sem a necessária justificação das razões pelas quais as medidas não encarceradoras seriam insuficientes.

E, como será visto na sequência, uma das razões pelas quais essa primazia da prisão se mantém é a redação do art. 321, que dá a entender que as medidas cautelares distintas da privação da liberdade são *substitutivas* da prisão.

Da forma de cumprimento da prisão preventiva: a prisão domiciliar

A prisão domiciliar não é uma medida cautelar penal, mas, sim, uma forma de cumprimento da prisão preventiva, consistente no "recolhimento do indiciado ou acusado em sua residência, só podendo dela ausentar-se com autorização judicial" a teor da redação do art. 317 do CPP.

Deve-se recordar que residência é um conceito jurídico que integra o de domicílio, que lhe é mais amplo a teor do disposto no art. 70 do Código Civil: "O domicílio da pessoa natural é o lugar onde ela estabelece a sua residência com ânimo definitivo" e a ausência da residência deve ser caracterizada como de forma permanente, desnaturando o elemento subjetivo que acompanha esse conceito e, por consequência, o próprio conceito de domicílio.

---

219 BRASIL. Senado Federal. **Projeto de Lei da Câmara n. 111, de 2008**. Altera dispositivos do Decreto-Lei n. 3689 de 3 de outubro de 1941 – CPP, relativos à prisão processual, fiança, liberdade provisória, demais medidas cautelares, e dá outras providências. Disponível em: <https://legis.senado.leg.br/sdleg-getter/documento?dm=4464162&ts=1593957146789&disposition=inline>. Acesso em: 3 jul. 2021.

220 PRADO, Geraldo; CASTANHO DE CARVALHO, Luiz Gustavo Grandinetti. **Leis dos juizados especiais crimianis**. 3. ed. Rio de Janeiro: Lumen Juris, 2003.

No mais, a lei renovada estabelece critérios não cumulativos, mas, sim, alternativos, para a possibilidade do cumprimento da prisão preventiva de forma domiciliar, sendo o primeiro deles o critério etário, consistente em ser a pessoa submetida à constrição cautelar maior de 80 (oitenta) anos. Nos trabalhos da Comissão Grinover a idade sugerida era de 70 (setenta) anos e necessário o perfazimento da idade quando da decretação da medida, não podendo ser aceita prognóstico de duração do processo para argumentar que, no período futuro e incerto a idade se completará.

Ao lado desse critério estabelece a nova lei condições de saúde, a saber, estar a pessoa submetida à medida de prisão *extremamente debilitado por motivo de doença grave*, justificação essa usada em acórdão anterior à reforma para autorizar o cumprimento da segregação no domicílio.[221]

A norma processual penal não diz – e nem poderia fazê-lo – o que vem a ser *doença grave*, motivo pelo qual é adequado aplicar o quanto determina a Lei 12.008/2009 que, alterando o Código de Processo Civil e criando o art. 69-A na Lei no 9.784, de 29 de janeiro de 1999 definiu parâmetros para compreensão jurídica do que vem a ser doença grave nos seguintes termos:

> [...] pessoa portadora de tuberculose ativa, esclerose múltipla, neoplasia maligna, hanseníase, paralisia irreversível e incapacitante, cardiopatia grave, doença de Parkinson, espondiloartrose anquilosante, nefropatia grave, hepatopatia grave, estados avançados da doença de Paget (osteíte deformante), contaminação por radiação, síndrome de imunodeficiência adquirida, ou outra doença grave, com base em conclusão da medicina especializada, mesmo que a doença tenha sido contraída após o início do processo.

Ainda dentro das condições de saúde e, nesse caso, da presa cautelar do sexo feminino, existia na redação original da reforma de 2011 a previsão de cumprimento da prisão preventiva no domicílio quando fosse a mulher "gestante a partir do 7º (sétimo) mês de gravidez ou sendo esta de alto risco."

Valendo-se de uma inadequada terminologia para contagem do tempo da gravidez[222], era de ser recordado que abalizada literatura médica aponta que dificilmente se conceitua o que vem a ser gravidez de alto risco, apontando a literatura médica para situações:

> [...] fatores que podem indicar um desfecho que compromete a gravidez, caracterizados como *marcadores* que visam à predição de morbi-mortalidade futura. Assim, durante a gestação, a mulher está sujeita a condições especiais consideradas inerentes ao estado gravídico, que acarretam mudanças nos processos

---

221 REVISTA dos Tribunais, São Paulo, v. 760, p. 608.
222 Que haveria de ser contada em semanas, não em meses: CURTIS, Glade; SCHULER, Judith. **Your pregnancy week by week**. New York: Da Capo Press, 2004.

Processo Penal Cautelar | 899 |

metabólicos, que se medidas, podem determinar o estado fetal. Seguindo esse raciocínio, toda gestação traz em si mesma risco para a mãe ou para o feto, no entanto, em pequeno número delas esse risco está muito aumentado.[223]

Assim, *era imperioso que, no caso concreto, fosse apontado por profissional da área específica no que consistia o risco alegado para evitar-se que a situação de gravidez, em si, fosse apontada como causa conversão em prisão domiciliar.*

Contudo, a Lei 13.257, de 8 de março de 2016[224] alterou substancialmente a norma reformada em 2011 para fazer constar como única exigência a condição de *gestante*[225] desaparecendo, assim, todas as circunstâncias antes criticadas em relação ao regime reformado.

Referida Lei também incluiu a condição de maternidade de criança com até 12 anos incompletos e estendeu essa possibilidade também aos presos cautelares masculinos desde que seja o único responsável pela criança naquela faixa etária.[226]

Por fim, dentre os critérios, aquele da assistência, quando a pessoa presa for "imprescindível aos cuidados especiais de pessoa menor de 6 (seis) anos de idade ou com deficiência", critério esse pensado desde o anteprojeto, mas para pessoa menor de 7 (sete) anos.

Aqui, o emprego da palavra pessoa se adequa melhor àquela portadora de deficiência vez que na legislação brasileira há terminologia própria no Estatuto de Criança e do Adolescente referindo-se a *criança*. Também há de ponderar que a palavra *deficiente* carece de adequação sistêmica em relação ao restante do ordenamento, tendo sido preferível o emprego da locução *portadora de necessidades especiais.*

Para a configuração do presente inciso é de ser provado com destaque a condição de imprescindibilidade, sem o que a hipótese não se aperfeiçoa.

---

223 GOMES Romeu; et al. Os sentidos do risco na gravidez segundo a obstetrícia: um estudo bibliográfico. **Revista Latinoamericana Enfermagem**, v. 9, n. 4: 62-7, jul. 2001. Disponível em: <https://www.scielo.br/j/rlae/a/X9C5ycPXPWFB8pJWR3gkm8j/?lang=pt>. Acesso em: 3 jul. 2021.

224 Dispõe sobre as políticas públicas para a primeira infância e altera a Lei no 8.069, de 13 de julho de 1990 (Estatuto da Criança e do Adolescente), o Decreto-Lei no 3.689, de 3 de outubro de 1941 (Código de Processo Penal), a Consolidação das Leis do Trabalho (CLT), aprovada pelo Decreto-Lei no 5.452, de 1º de maio de 1943, a Lei no 11.770, de 9 de setembro de 2008, e a Lei no 12.662, de 5 de junho de 2012.

225 "Art. 318. (...) IV – gestante."

226 "Art. 318. (...) V – mulher com filho de até 12 (doze) anos de idade incompletos; VI – homem, caso seja o único responsável pelos cuidados do filho de até 12 (doze) anos de idade incompletos." (NR)

12.6.2.2 Da prisão temporária

Origem e distinção em relação às outras medidas cautelares pessoais

No plano histórico, a prisão por suspeita policial, entenda-se, por suspeita no curso da investigação criminal, é de ser recordado que teria havido nos trabalhos do "Código de Processo Penal constante do Projeto de Lei 1.655/83, oriunda do anteprojeto elaborado pelo Professor José Frederico Marques em 1970"[227] essa modalidade de prisão, "sob denominação de Prisão Provisória, cuja decretação ficava inteiramente a cargo do MP, solução que melhor atenderia ao ideal de eficiência e maior celeridade na prestação da justiça aos que a ela socorrem"[228], embora não seja essa a estrutura prevista tal como da sua publicação oficial na qual a prisão preventiva era dependente de autorização judicial e somente poderia ser decretada por provocação do Ministério Público ou da Autoridade Policial, vedada a decretação de ofício, bem como tinha incidência sobre determinados tipos penais de acordo com a quantificação da pena em abstrato[229].

Com a entrada em vigor do texto constitucional de 1988 e diante da necessidade de superar-se a experiência histórica das denominadas *prisões para averiguações*[230] utilizou-se de processo legislativo pelo qual a *lei da prisão temporária* entraria em nosso Direito antecedida pela Medida Provisória no 111, de 24 de novembro de 1989, e foi confirmada com pequena mudança de redação pela Lei no 7.960 de 21 de dezembro do mesmo ano. Enfrentando o tema em texto anterior, tivemos a oportunidade de expor que

> A [...] questão, ligada aos limites materiais da medida provisória em sede processual penal, jamais mereceu a atenção específica da doutrina pátria, sendo uma das poucas exceções a voz de Silva Franco ao afirmar: "O fato de o Congresso nacional vir a ratificar, com ou sem emendas, uma medida provisória de caráter processual penal que lesa o direito de liberdade do cidadão, não legitimaria a competência do Poder Executivo para normatizar a matéria. A lei convertedora submete-se à instância do controle político é um ato com características políticas, que atende uma fiscalização de mérito, de oportunidade, de conveniência

---

227 RIBEIRO, Diaulas Costa. Prisão temporária (lei 7.960, de 21.12.89) – um breve estudo sistemático e comparado. REVISTA dos Tribunais, São Paulo, v. 707, p. 271. "O seu objetivo, justificou o então Ministro da Justiça, Ibrahim Abi Ackel, era evitar prisões preventivas desnecessárias." Diz o citado autor.

228 SIQUEIRA, Geraldo Batista de. **Prisão preventiva no processo penal acusatório**. Disponível em: <http://www.egov.ufsc.br/portal/sites/default/files/anexos/16718-16719-1-PB.htm>. Acesso em: 2 abr. 2011.

229 BRASIL. Senado Federal. **Projeto "Frederico Marques"**. Anteprojeto de reforma do Código de Processo Penal. Op. Cit. p. 34-35.

230 Para discutir-se o tema dessa modalidade de "prisão" TONINI, Wagner Adilson. Breve estudo sobre a averiguação e sua legalidade. **Jus Navigandi**, Teresina, ano 10, n. 719, 24 jun. 2005. Disponível em: <http://jus.uol.com.br/revista/texto/6924>. Acesso em: 20 jun. 2011.

política e não uma fiscalização jurídica." (1992, p. 164-165) Com efeito, medidas processuais que ataquem direitos constitucionalmente tutelados (v.g, liberdade, intimidade, due process e outros) não podem ser legislados pela via casuística das medidas provisórias. Estas limitações somente podem ocorrer fora do legislativo em sede de estados de exceção, cujo regramento é dado pela própria Constituição (v.g. estado de emergência). Caso contrário, por se tratar de direitos fundamentais, somente poderão ser modificados quanto ao seu exercício através do processo legislativo em sentido estrito, e não por meio de exceções a ele, como é o caso das aludidas medidas. Sem embargo, sua constitucionalidade foi sempre reiterada pela jurisprudência. Outrossim, sempre foi questionada sua inconstitucionalidade pela afronta ao princípio da presunção (estado) de inocência, embora tenha-se firmado o entendimento quanto à sua obediência ao texto constitucional.[231]

Posteriormente, com a Emenda Constitucional 32 de 2001 passou-se a vedar expressamente o emprego desse mecanismo processual legislativo para a normatização do processo penal[232], assim como do direito penal material e do processo civil, sem embargo de ter sido usada posteriormente para temas de execução penal.[233]

Nada obstante a posterior vedação constitucional, abalizada doutrina ainda advoga a impossibilidade de manutenção dessa modalidade de prisão sob a alegação do vicio de sua origem legislativa[234] tendo a matéria chegado ao conhecimento do STF por meio de ação direta de inconstitucionalidade e ali sido rechaçada mesmo antes da edição da emenda constitucional 32/2001, afastando-se as alegações de vicio legislativo por outro fundamento.[235]

---

231 CHOUKR, Fauzi Hassan. **Garantias constitucionais na investigação criminal**. Op. Cit.

232 "Art. 62. Em caso de relevância e urgência, o Presidente da República poderá adotar medidas provisórias, com força de lei, devendo submetê-las de imediato ao Congresso Nacional (...) § 1º É vedada a edição de medidas provisórias sobre matéria: I – relativa a: ...b) direito penal, processual penal e processual civil (...)."

233 Trata-se da Medida Provisória 28/02, de 04.02.02, que ampliava o poder dos diretores de presídios e previa o agravamento das sanções disciplinares de condenados que viessem a ser culpados por infrações ao regime prisional a que estariam sujeitos a qual, no entanto, não se converteu em lei (rejeitada em 24 de abril de 2002).

234 DELMANTO JUNIOR, Roberto. As modalidades de prisão provisória e seu prazo de duração. Op. Cit. p. 151. Ainda, DUCLERC, Elmir. **Curso Básico de Direito Processual Penal**. Rio de Janeiro: Lumen Juris, 2006. 2 v. p. 172-173. Ainda, FREITAS, Jayme Walmer de. **Prisão temporária**. São Paulo: Saraiva, 2004. p. 84-85.

235 ADIN "162/DF, proposta pelo Conselho Federal da Ordem dos Advoga-dos do Brasil em face da Lei n. 7.960/1980, o Supremo Tribunal Federal indeferiu, por oito votos a dois, liminar que pleiteava a suspensão da referida lei. Acolheu-se o voto do relator, Ministro Moreira Alves, no sentido de que, salvo em situações excepcionais, não cabe ao Poder Judiciário o exame da relevância e da urgência de uma medida provisória." CAMPOS, Ricardo Ribeiro. A prisão temporária e a justiça federal. **Revista CEJ**, n. 46, v. 13, p. 55-61, 2009. Também, LOUREIRO, Maria Fernanda. Reflexões sobre a prisão temporária nos crimes contra a ordem econômica. In: CÂMARA, Luiz Antônio (Org.). **Crimes Empresariais**: Não Autoincriminação, Cautelas Pessoais e Sigilo Processual. 1. ed. Curitiba: Juruá, 2012. 1 v. p. 251-272, especialmente p. 270.

No plano comparado[236], a prisão temporária apresenta-se presente sob denominações diferentes. Entre elas a denominada gard-à-vue do processo penal francês que vem sofrendo sérias restrições pela Corte Europeia de Direitos do Homem[237] pela fragilidade dos mecanismos de defesa, assim como se passa no direito polonês[238]. Não por outra razão a maior parte dos países europeus prevê mecanismos extremamente restritivos para a prisão nessa etapa persecutória na qual a fragilidade de informações é a regra geral.

Assim, no direito inglês[239], num período de até seis horas após a restrição da liberdade por suspeita policial da prática delitiva será efetivada a primeira revisão (pela própria polícia) sobre a necessidade da manutenção dessa custodia, a qual poderá ser prorrogada uma vez até o período máximo de vinte e quatro horas quando, então ou se formula a acusação oficial ou a pessoa será liberada. Manutenção em custódia sem acusação formal será revista em períodos regulares alcançando o limite de final de 96 horas. Em situações excepcionais pode-se chegar a 28 (vinte e oito) dias e, nesse caso, apenas com autorização judicial.

Em igual sentido, a prisão policial tem limitações claras de tempo no direito alemão[240], grego[241], italiano[242] e holandês[243], assim como é regra expressa, mesmo porque derivada diretamente da convenção europeia dos direitos do homem, o contato direto do suspeito com o juiz tão logo ordenada a constrição da liberdade.

---

236 As referências sobre direito comparado devem ser precedidas das advertências teóricas expendidas por ESER, Albin. **The importance of Comparative Legal Research for the Development of Criminal Science**. Op. Cit.

237 É apontado pela literatura francesa que "Le régime français de la garde à vue est, dans le paysage pénal européen, d'une troublante spécificité. Contrairement aux législations de nombreux pays européens qui offrent des garanties étendues dans le domaine des droits de la défense, l'avocat dispose, en France, de droits relativement restreints, cantonnés le plus souvent à une série d'interventions courtes qui pourraient presque être tenues comme étrangères à l'idée même de défense pénale du cliente". BOUZENOUNE, Tewfik. **Le regime français de la garde a vue et l'article 6 de la convention europeenne des droits de l'homme**: un jeu d'ombres et de lumieres. Disponível em <http://www.penal.org/sites/default/files/files/GARDE%20A%20VUE%20FACE%20Bouzenoune.pdf>. Acesso em: 3 jul. 2021.

238 Até 3 meses para a chamada "detenção preliminar", que sucede a prisão policial, esta com prazo máximo de 72 horas. Naquele período, nos primeiros 14 dias não se faculta o contato reservado da defesa técnica com a pessoa submetida à persecução. HODGSON et al., Op. Cit. p. 279.

239 HODGSON, Jacqueline; CAPE, Ed. The investigate stage of the criminal process in England and Wales. In HODGSON, Jacqueline; et al. (Org.). **Suspects in Europe**: Procedural Rights at the Investigative Stage of the Criminal Process in the European Union. Antwerp: Intersentia Uitgevers N V, 2007. ISBN 9050956270 (90-5095-627-0). p. 59-78.

240 48 horas como máximo de tempo dessa modalidade de constrição findo o qual ou se libera a pessoa suspeita ou se converte essa forma de prisão naquilo que seria correspondente à nossa prisão preventiva. Ibidem, p. 270.

241 05 (cinco) dias, no máximo. Ibidem, p. 272.

242 96 horas para que se tome a decisão de efetivar a persecução ou a soltura. No primeiro caso pode haver a convolação em prisão cautelar. Ibidem, p. 274.

243 Prazo máximo de 06 (seis) dias, ao qual podem ser acrescidas mais 15 horas para proceder-se ao interrogatório. Ibidem, p. 276.

Mais ainda, embora em alguns países seja possível essa modalidade de prisão ser tomada sem decisão judicial previa (v.g., na Itália[244]), deve a medida ser levada em exíguo prazo ao controle judicial.[245]

Legitimidade para requerer a prisão temporária

Juntamente às ponderações já feitas nesta obra sobre o papel do juiz no âmbito das cautelares[246] é de ser destacado que, na ótica do direito comparado, a condução das investigações, a exceção do modelo inglês, cabe ao Ministério Público, facultando-se a delegação de alguns atos à polícia.[247]

Assim, ao lado da impossibilidade, no cenário comparado, de decretações "de oficio" dessa modalidade de prisão, mesmo porque essa possibilidade cria uma ruptura com a compreensão do que vem a ser modelo acusatório[248], cabe ao condutor da investigação a provocação jurisdicional dessa medida ou, em hipóteses muito localizadas, a efetivação direta da medida que, em curto período, deve ser submetida à jurisdição.

O direito brasileiro possui estrutura singular no que diz respeito à investigação criminal e, tomando-se a como base a modalidade mais comum de investigação, a dizer, o inquérito policial, a postulação pode nascer de duas fontes:

---

244 "Fora os casos de flagrante, o Ministério Público pode optar por uma outra forma de prisão (*fermo*), quando concretas razões levarem a crer que uma pessoa é seriamente suspeita de estar cometendo certas infrações elencadas pela lei (art. 381(1) do Código de Processo Penal). A polícia também pode empregar essa medida em caráter emergencial (art. 384(2) e (3) do Código de Processo Penal)", conforme Mario Chiavario sobre o Sistema Italiano. DELMAS-MARTY, Mireille. **Processos Penais da Europa**. Op. Cit. p. 415.

245 Ainda no modelo italiano, "Uma vez que a polícia tenha realizado a prisão (*arresto* ou *fermo*), ela deve informar imediatamente ao Ministério Público, bem como ao advogado de defesa (art. 386(1) e (2) do Código de Processo Penal) e aos parentes da pessoa custodiada (art. 387 do Código de Processo Penal). A pessoa deve ser colocada à disposição do Ministério Público o mais rápido possível e, no mais tardar, em qualquer caso, dentro de vinte e quatro horas. (art. 386 (3) do Código de Processo Penal). O Ministério Público deverá verificar a possibilidade de validação da prisão (*arresto* ou *fermo*), junto ao juiz das investigações preliminares dentro de quarenta e oito horas, caso contrário a medida se tornará inválida (art. 390 (1) do Código de Processo Penal)." Idem.

246 Vide capítulo sobre a teoria geral das medidas cautelares.

247 Por todos, nosso CHOUKR, Fauzi Hassan. **Garantias constitucionais na investigação criminal**. Op. cit.

248 Entre outras, a seguinte observação: "Desta maneira, não se encontram recepcionadas em face do que dispõe o art. 129, I, da CF/1988, as normas que permitiam ao Magistrado requisitar à autoridade policial a instauração de inquérito policial ou a realização de diligências (arts. 5º, I, e 13, II, do CPP). A propósito, de forma coerente com o sistema acusatório instituído pelo constituinte de 1988, o legislador infraconstitucional brasileiro, ao instituir a prisão temporária, subordinou sua decretação a ato postulatório do Ministério Público ou à representação da autoridade policial; e, neste último caso, somente após a necessária oitiva do *Parquet* (art. 2.º, caput, da Lei 7.960/1989)." SOUZA, Alexander Araujo de. O abuso do direito no requerimento de medidas cautelares típicas e atípicas no processo penal. **Revista dos Tribunais**, v. 856, p. 470. Disponível em: <www.revistasrtonline.com.br>. Acesso em: 3 jul. 2021. De nossa parte, havíamos advertido essa situação em texto publicado na coletânea: CHOUKR, Fauzi Hassan. **Processo Penal à Luz da Constituição**. Bauru: Edipro, 1999. Texto também inserido em CHOUKR, Fauzi Hassan. **A ordem constitucional e o processo penal**. Op. Cit.

a autoridade policial e o Ministério Público, sendo que quando provocada por aquela, o titular da ação penal deve ser ouvido antes da apreciação judicial.

A reforma da lei 12.403/11 não alterou esse cenário embora tenha acentuado a intervenção do assistente da acusação e mesmo do querelante em outros tópicos da provocação cautelar (*v.g.* substituição de medidas cautelares).

Assim, permanece censurável o entendimento presente em julgamento da justiça castrense[249] que decidiu pela legalidade da decretação de ofício[250] da prisão temporária, inclusive empregando fundamentos que não lhe são próprios.[251]

Momento da decretação da prisão temporária

Tratando-se de medida cautelar concebida para assegurar atos investigativos, sua incidência somente tem cabimento quando do curso da investigação criminal, não sendo admitida após o oferecimento formal da acusação e, menos ainda, após o recebimento desta com o curso da ação de conhecimento. Assim, afigura-se correta a interpretação jurisprudencial que rejeitou a prorrogação dessa constrição l para além do período investigativo.[252]

Há de ser acrescido que a prisão temporária não se presta a instruir eventuais atos prévios de investigação quando ainda não formalizada a instauração seja do inquérito policial ou de qualquer outro meio de investigação como as conhecidas

---

249 REVISTA dos Tribunais, São Paulo, v. 882, p. 752: "Prisão temporária – Decreto prisional determinado por Juiz Corregedor Permanente da Justiça Militar – Ilegalidade – Inocorrência – Indícios suficientes da autoria do crime, praticado contra civil – Custódia decretada para a garantia do bom êxito da conclusão do inquérito policial militar – Ausência de constrangimento ilegal ou abuso de poder, em face da imprescindibilidade da medida extrema, decretada com devida fundamentação. (TJMSP – HC 2029/08 – 2.ª Câm. – j. 04.09.2008 – v.u. – rel. Juiz Paulo Prazak) "Ementa Oficial: Habeas corpus – Homicídio doloso qualificado – Prisão temporária – Preliminar de ilegalidade do decreto prisional determinado pelo Juiz Corregedor Permanente desta Justiça Castrense – Rejeitada – Indícios suficientes de autoria – Imprescindibilidade para a conclusão do Inquérito Policial Militar – Fundamentação concreta – Constrangimento ilegal ou abuso de poder não evidenciado – Ordem denegada. Embora seja da Justiça Comum a competência para julgar os crimes dolosos contra a vida praticados por militar contra civil, inexiste ilegalidade no decreto de prisão provisória do Magistrado desta Especializada que visa garantir o bom êxito da conclusão do Inquérito Policial Militar. Demonstrada a imprescindibilidade da medida extrema, decretada com devida fundamentação, resta afastada a presença de aventado constrangimento ilegal ou abuso de poder."

250 Também com censura doutrinária: RANGEL, Paulo. **Direito Processual Penal**. 15. ed. rev. atual. e ampl. Rio de Janeiro: Lumen Iuris, 2008. p. 720-721.

251 Com efeito, salvo a isolada posição de GRECO FILHO, Vicente. **Manual de Processo Penal**. São Paulo: Saraiva, 1991. p. 241, os fundamentos para a prisão temporária são específicos e não se confundem com os demais presentes na redação do art. 312, mantida que foi basicamente pela lei 12.403/11.

252 PRISÃO TEMPORÁRIA – Manutenção durante o processo judicial – Inadmissibilidade, pois tal custódia só tem lugar durante o inquérito policial – Hipótese que invade o campo de serventia da prisão preventiva. *Ementa Oficial: A prisão temporária só tem lugar durante o inquérito policial, pois sua manutenção durante o processo foge à finalidade do instituto e invade o campo de serventia da prisão preventiva, medida específica de restrição à liberdade durante a fase de processo judicial.* HC 4.009/98 – 2.ª Câm. – j. 15.04.1998 – rel. Des. Díocles de Figueiredo. REVISTA dos Tribunais, São Paulo, v. 757, p. 613.

sindicâncias preliminares[253]. É necessário que a investigação formal já esteja em curso para, então, postular-se a medida.

Cabível na investigação, e apenas nela, surge a indagação sobre a convivência entre a prisão temporária e a prisão preventiva na fase de investigação preliminar.

O questionamento não é novo, e a lei 12.403/11 em seu artigo 283 repete estrutura que acarreta possível incidência da prisão preventiva também no curso da investigação.

Tanto no modelo anterior como no atual, o que distingue as situações cautelares (temporária e preventiva) é a fundamentação de cada qual que, malgrado isolados entendimentos em sentido contrário, não pode ser considerada como fungível, bem como a especificidade da prisão temporária em relação à preventiva para fins de acautelamento da investigação.[254]

Os fundamentos da prisão temporária

Como já apontado no capítulo referente à *teoria geral* das medidas cautelares, a fundamentação da decisão que determina ou não a medida reveste-se de crucial importância, sendo normativamente vinculada aos fundamentos específicos de cada modalidade de prisão e apoiada em situações concretas que possam ser subsumidas ao arcabouço determinado em lei sob pena de ilegalidade do provimento[255]. Tais fundamentos não podem ser expandidos por força de interpretação judicial.[256]

No caso da modalidade de prisão em comento ficou assentado que, dos três fundamentos especialmente dispostos na lei especial, o constante no art. 1º, III, deve ser sempre observado, conjugando-se a ele, alternativamente, aqueles previstos nos incisos I e II. Este foi o entendimento consagrado a partir da lição de Patrícia dos Santos André, que, imediatamente, foi encampado por prestigiosa doutrina.[257]

---

253 Para a crítica a respeito, JARDIM, Afrânio Silva. Sobre a Ilegalidade das Sindicâncias Policiais. **Repro**, São Paulo, v. 43, p. 123 e seguintes, jul./set., 1986.

254 A esse respeito, ZAGALLO, Rogério Leão. **Prisão provisória**: razoabilidade e prazo de duração. São Paulo: J. de Oliveira, 2005.

255 Neste sentido: PRISÃO TEMPORÁRIA – Constrangimento ilegal – Ocorrência – Custódia decretada sem qualquer fundamentação concreta, fática, que evidenciasse sua necessidade – Inteligência dos arts. 5.º, XLI e 93, IX, da CF. REVISTA dos Tribunais, São Paulo, v. 858, p. 615.

256 PRISÃO TEMPORÁRIA – Segregação determinada em razão do clamor público – Inadmissibilidade – Custódia de caráter excepcional que não deve basear-se no estado de comoção social – Dever policial de investigação inteligente cujas finalidades exigíveis pautam-se na lealdade ao processo e à lei – Impossibilidade, ademais, de conferir ao réu uma punição antecipatória, influenciada pela mídia, como mero instrumento de vingança social. TRF-1.ª Reg. – HC 2009.01.00.040552-7/MT – 3.ª T. – j. 03.08.2009 – v.u. – rel. Juiz Tourinho Neto – DJU 14.08.2009. REVISTA dos Tribunais, São Paulo, v. 889, p. 728.

257 Neste sentido a posição de Grinover: Creio que deve ser afastada a posição que exige a presença concomitante dos três requisitos. Bem como observa Patrícia Dos Santos André, essa solução é inaceitável, porquanto nesse caso a prisão temporária só caberia se o indiciado, além das outras condições, preenchesse a de ser pessoa de identidade duvidosa ou de domicílio incerto, o que circunscreveria a aplicabilidade da medida a hipóteses raríssimas. Essa solução tampouco está no espírito da lei. GRINOVER, Ada Pellegrini. Limites constitucionais à prisão temporária. **Revista Jurídica**, Porto Alegre, n. 207, p. 35-38, jan. 1995.

a] Ser imprescindível para as investigações.

A imprescindibilidade para as investigações criminais sempre foi a marca distintiva da prisão temporária[258] conferindo-lhe especificidade em relação à prisão preventiva e mesmo no cenário anterior à lei 12.403/11, à prisão em flagrante quando entendida esta como prisão cautelar (e não precautelar).

O novo ordenamento reafirma esse entendimento, alocando no art. 282, I, dentro do critério *necessidade* para a decretação de (qualquer) medida cautelar a imposição da constrição para fins de *investigação*.

Assim, deve-se atentar para o fato de:

I] Ser a prisão temporária uma espécie de medida cautelar constritiva da liberdade;

II] Ter seu fundamento específico para assegurar o êxito da investigação;

III] Ter incidência exclusiva no curso da investigação criminal, sendo ilegal sua decretação se já em curso a ação penal.

Dessa maneira, enquanto instrumento cautelar visando o sucesso investigativo, a prisão cautelar, aliado ao restante de sua disciplina legal específica, precede a prisão preventiva.

Há de se destacar diante da reforma trazida com a lei 12.403/11que em seu artigo 310[259], ao tratar das possibilidades da cognição do magistrado quando tiver conhecimento da prisão em flagrante, do relacionamento da prisão temporária com aquela precautela.

No regime anterior já se decidiu pela legalidade da conversão do flagrante para a prisão temporária, inclusive disciplinando que o prazo da constrição da liberdade é contato a partir da data da prisão em flagrante.

Assim,

> A prisão temporária não é incompatível com a prisão decorrente de flagrante delito. Ao implantar a prisão temporária o legislador concedeu à autoridade policial um prazo bem maior daquele estipulado na lei adjetiva para os casos de réu preso, já que a realidade nacional estava a exigir um poder maior para elucidação de autoria de crimes graves, desde que a necessidade fosse devidamente demonstrada ao juiz competente. Se cabe para os réus que se encontram soltos, muito mais para os que se encontram presos em consequência de flagrante

---

258 Neste sentido, REVISTA dos Tribunais, São Paulo, v. 846, p. 654: PRISÃO TEMPORÁRIA – Inadmissibilidade – Imprecisão na identificação do acusado – Custódia que, a exemplo das demais segregações de caráter provisório, somente pode ser decretada se devidamente comprovada a imprescindibilidade da cautela para o sucesso da investigação criminal.

259 "Art. 310. Ao receber o auto de prisão em flagrante, o juiz deverá fundamentadamente: I – relaxar a prisão ilegal; ou II – converter a prisão em flagrante em preventiva, quando presentes os requisitos constantes do art. 312 deste Código, e se revelarem inadequadas ou insuficientes as medidas cautelares diversas da prisão; ou III – conceder liberdade provisória, com ou sem fiança."

delito, que é a certeza visual do crime. O prazo da prisão temporária conta-se da data da efetiva prisão e não da data do despacho. No caso, conta-se da data da prisão em flagrante delito.[260]

No regime atual fala-se expressamente da conversão do flagrante em prisão preventiva, nada indicando o legislador sobre a possibilidade de conversão em prisão temporária, restando, assim, a análise da passagem da precautela a essa última forma de prisão de acordo com os fundamentos específicos da temporária. Em princípio, havendo presença desses fundamentos, seria, em tese, possível a conversão.

b] O indiciado não tiver residência fixa ou não fornecer elementos necessários ao esclarecimento de sua identidade

Com a nova redação dada ao artigo 313, parágrafo único[261] dada pela Lei 12.403/11 o fundamento encontrado no inciso II do art. 1º. da lei 7960/89[262] parece se tornar redundante e, assim, ensejar apenas a decretação da prisão preventiva. Aliás, mesmo na interpretação da lei específica dessa medida cautelar o fundamento em questão chegou a ser repudiado[263] quando assentado apenas em situação de duvidosa qualificação da pessoa suspeita.

Há, no entanto, diferenças de redação que amparam a convivência desses fundamentos para prisões de espécies distintas.

Em primeiro lugar, o momento da decretação. O fundamento em comento somente ampara a prisão preventiva no curso da ação penal. Quando da investigação, a especificidade da prisão temporária em relação à preventiva indica que, por aquele fundamento, primeiro se decreta a prisão específica (temporária); persistindo a dúvida e sendo o caso passível de ajuizamento da ação penal, passa-se à preventiva.

---

260 HC 18.332/96 – 4.ª Câm. – j. 29.05.1996 – rel. Juiz João Antonio da Silva. REVISTA dos Tribunais, São Paulo, v. 733, p. 688.

261 "Art. 313. Nos termos do art. 312 deste Código, será admitida a decretação da prisão preventiva: (...) Parágrafo único. Também será admitida a prisão preventiva quando houver dúvida sobre a identidade civil da pessoa ou quando esta não fornecer elementos suficientes para esclarecê-la, devendo o preso ser colocado imediatamente em liberdade após a identificação, salvo se outra hipótese recomendar a manutenção da medida."

262 Art. 1º Caberá prisão temporária: (...) II – quando o indicado não tiver residência fixa ou não fornecer elementos necessários ao esclarecimento de sua identidade.

263 A imprecisão na identificação do acusado é suficiente para impedir a decretação de prisão temporária, fundada no art. 1.º da Lei 7.960/89. Além disso, como nas demais custódias provisórias, a prisão temporária só pode ser decretada se devidamente comprovada a imprescindibilidade da cautela para o sucesso da investigação, uma vez que tal espécie de segregação cautelar só é admitida durante o inquérito policial. A simples referência à gravidade do delito imputado ao réu não basta, por si só, para justificar a medida extrema. REVISTA dos Tribunais, São Paulo, v. 846, p. 654. Op. Cit.

Em segundo lugar, a redação da prisão temporária fala em incerteza quanto ao domícilio; a nova redação para prisão preventiva fala apenas em dúvida quanto aos dados civis identificadores da pessoa submetida à custódia cautelar;

Em terceiro lugar, a prisão temporária tem incidência de cabimento mais restrita diante dos tipos penais que comportam essa modalidade de prisão. Assim, esse fundamento não incide em qualquer tipo penal.

c] Houver fundadas razões, de acordo com qualquer prova admitida na legislação penal, de autoria ou participação do indiciado em outros crimes.

O rol dos crimes que possibilitam a decretação da prisão temporária é taxativo e não admite interpretação extensiva[264]. Essa conclusão, que advém da estrutura da norma processual penal é reconhecida tanto pela doutrina como pela jurisprudência.[265]

De fato, tal é a forma de regulação da matéria em larga parte do direito comparado e assim se apresenta, também, na forma disciplinada no projeto de reforma global em curso no Parlamento, embora com critérios distintos da atual legislação.[266]

Ainda, a listagem dos crimes aparece como requisito essencial ao lado do binômio *fundadas razões* + *prova* de que pessoa determinada tenha sido autora ou coautora de uma das infrações expressamente previstas.

Aqui, em primeiro lugar, a palavra *prova* apresenta desatualização técnica em virtude da reforma de 2008 que instituiu o contraditório como elemento condicionador do que vem a ser *prova*[267], retirando desse conceito a maior parte

---

264 FERNANDES, Antonio Scarance. Funções e limites da prisão processual. **Revista Brasileira de Ciências Criminais**, São Paulo, n. 64, p. 239-252, jan./fev. 2007.

265 Por exemplo: Inadmite-se a prisão temporária de réu que, além de ter se apresentado voluntariamente à autoridade policial, ter residência fixa e profissão definida, é acusado da prática de estelionato, crime que não consta da listagem geral, prevista no art. 1º, III, da Lei 7.960/89. REVISTA dos Tribunais, São Paulo, v. 783, p. 724; ainda: A prisão temporária somente pode ser imposta ao indicado por autoria ou participação em algum dos delitos do rol taxativo contido no inc. III do art. 3º, da Lei 7.960/89. Ementa aditiva do relator. Processo penal. Decretação da prisão temporária no curso da ação penal. Impossibilidade. "A prisão preventiva não se confunde com a prisão temporária. A primeira é cautela relativa ao processo penal; a segunda visa ao recolhimento de dados para o inquérito policial." BRASIL. Superior Tribunal de Justiça. **Habeas Corpus n. 9112/RJ**. Sexta Turma. Relator Min. Luiz Vicente Cernicchiaro. DJU de 16/08/99. Disponível em: <https://scon.stj.jus.br/SCON/GetInteiroTeorDoAcordao?num_registro=199900323807&dt_publicacao=16/08/1999>. Acesso em: 3 jul. 2021.

266 "No lugar da descrição casuística dos crimes passíveis de prisão temporária (vide o art. 1º, III, da Lei nº 7.960, de 1989), o projeto de Código elegeu um critério objetivo, qual seja, se o crime punido com pena máxima igual ou superior a 12 anos, ressalvada a hipótese de formação de quadrilha ou bando (art. 551, § 1º)." BRASIL. Senado. **Anteprojeto de reforma do Código de Processo Penal.** Op. Cit.

267 Art. 155. O juiz formará sua convicção pela livre apreciação da prova produzida em contraditório judicial, não podendo fundamentar sua decisão exclusivamente nos elementos informativos colhidos na investigação, ressalvadas as provas cautelares, não repetíveis e antecipadas. (Redação dada pela Lei nº 11.690, de 2008).

dos atos investigativos, ressalvando as que tiverem, em sentido lato, natureza cautelar, como as perícias.

A lei de 1989 (prisão temporária), sucedida pela reforma de 2008 (das provas) e pela Lei 12.403/11 (medidas cautelares pessoais), se lida de forma sistêmica, exigiria estreitamento da compreensão de prova para, ao lado das *fundadas razões*, autorizar a postulação da excepcional medida da prisão temporária.

O conceito de *fundadas razões* já foi explorado pela doutrina do processo penal, recordando-se, com Cleonice Pitombo, em considerações sobre o art. 240 do CPP onde a mesma expressão aparece como fundamentação das buscas domiciliares que

> As *fundadas razões*, a que alude o Código, não se confundem com meras suspeitas. Há que se ter motivos concretos, fortes indícios da existência de elementos de convicção (seja da acusação ou da defesa), que se possam achar na casa, a qual se pretende varejar.

E, citando Tornaghi, em lição clássica sobre a matéria, conclui:

> A lei exige fundadas razões e essas razões se fundam na suspeita grave, séria, confortada pelo que a autoridade sabe, pelo que teme, pele que deve prevenir ou remediar e não na realidade que só por meio da busca vai ser conhecida.[268]

Fundadas razões haveriam de ser distinguidas de indícios porquanto aquelas fundamentam a prisão temporária e, estes, a preventiva.

Assim, vale apontar que "indício é todo rastro, vestígio, sinal e, em geral, todo fato conhecido, devidamente provado e suscetível de conduzir ao conhecimento de fato desconhecido, a ele relacionado, por meio de operação de raciocínio"[269], ao que se soma a sua própria definição legal contida no 239 artigo do CPP.[270]

Para o desejável aprimoramento da construção normativa e da interpretação da lei processual penal haveria o legislador de escalonar, com clareza, os graus de suspeita e direcionar cada qual à finalidade processual que deseja. Da forma como se encontra (in)disciplinada essa seara do processo penal pátrio, deixa-se ao alvedrio de cada doutrinador, de cada julgador, entender com margem muito larga de interpretação termos que implicam sérias restrições a direitos fundamentais.

---

268 PITOMBO, Cleonice A. Valentim Bastos. **Da Busca e Apreensão no Processo Penal**. 2. ed. São Paulo: Revista dos Tribunais, 2005. p. 128.

269 MOURA, Maria Thereza Rocha de Assis. **A prova por indícios no Processo Penal**. Rio de Janeiro: Lúmen Júris, 2009. p. 36.

270 Art. 239. Considera-se indício a circunstância conhecida e provada, que, tendo relação com o fato, autorize, por indução, concluir-se a existência de outra ou outras circunstâncias.

Prazo da prisão temporária

Observado pela ótica da finalidade dessa prisão, seu caráter excepcional (de resto inerente a toda e qualquer prisão durante a persecução penal) e as notas de direito comparado, autorizar-se uma prisão por suspeita policial por um prazo de até sessenta dias (caso de crimes hediondos ou assemelhados) é algo longe do razoável e do proporcional.

Quanto a este último aspecto, ainda como fruto das reformas parciais, deve--se atentar que o prazo para conclusão da instrução judicial nos crimes de rito ordinário ou sumário[271] é de sessenta dias.[272]

Assim, à exceção do rito especial do júri, a prisão por suspeita policial tem duração idêntica à duração do procedimento para própria definição do mérito e mesmo nos casos do júri, nos quais a duração da instrução na primeira fase do procedimento é de noventa dias[273], corresponde a dois terços desse período. No caso do prazo determinado em lei entre a pronúncia e julgamento de mérito, que é de seis meses[274], corresponde a um terço desse período. Em todas as situações, dada a precariedade excessiva da persecução, o prazo é flagrantemente desproporcional, desrespeitando ditames internacionais e de direito comparado na matéria.

Regime de cumprimento da prisão temporária

A segregação cautelar está regida pelo art. 300 do CPP com a redação dada pela Lei 12.403/11: "As pessoas presas provisoriamente ficarão separadas das que já estiverem definitivamente condenadas, nos termos da lei de execução penal."

Essa distinção aparece em inúmeros textos internacionais como, por exemplo, no Pacto sobre os Direitos Civis e Políticos, artigo 10°, n. 2, que determina: "a) Pessoas sob acusação serão, salvo circunstâncias excepcionais, separadas dos condenados e submetidas a um regime distinto, apropriado à sua condição de pessoas não condenadas" e, nas

> Regras Mínimas, a regra 8: As diferentes categorias de reclusos devem ser mantidas em estabelecimentos penitenciários separados ou em diferentes zonas de um mesmo estabelecimento penitenciário, tendo em consideração o respectivo

---

271 Art. 394. O procedimento será comum ou especial. § 1° O procedimento comum será ordinário, sumário ou sumaríssimo: I – ordinário, quando tiver por objeto crime cuja sanção máxima cominada for igual ou superior a 4 (quatro) anos de pena privativa de liberdade; II – sumário, quando tiver por objeto crime cuja sanção máxima cominada seja inferior a 4 (quatro) anos de pena privativa de liberdade.

272 Art. 400. Na audiência de instrução e julgamento, a ser realizada no prazo máximo de 60 (sessenta) dias (...).

273 Art. 412. O procedimento será concluído no prazo máximo de 90 (noventa) dias.

274 Art. 428. O desaforamento também poderá ser determinado, em razão do comprovado excesso de serviço, ouvidos o juiz presidente e a parte contrária, se o julgamento não puder ser realizado no prazo de 6 (seis) meses, contado do trânsito em julgado da decisão de pronúncia.

sexo e idade, antecedentes penais, razões da detenção e medidas necessárias a aplicar. Assim: (...) *b*) Os presos preventivos devem ser mantidos separados dos condenados.[275]

No caso do direito brasileiro, é norma inserida no regramento do denominado regime disciplinar diferenciado (RDD) que estão sujeitos a esse regime os presos provisórios (entenda-se, portanto, os que estão presos a título também de prisão temporária) que (art. 52 da Lei das Execuções Penais):

§ 1º O regime disciplinar diferenciado também poderá abrigar presos provisórios ou condenados, nacionais ou estrangeiros, que apresentem alto risco para a ordem e a segurança do estabelecimento penal ou da sociedade. § 2º Estará igualmente sujeito ao regime disciplinar diferenciado o preso provisório ou o condenado sob o qual recaiam fundadas suspeitas de envolvimento ou participação, a qualquer título, em organizações criminosas, quadrilha ou bando.

12.6.2.3 Normas da execução penal aplicáveis na privação cautelar da liberdade

O regime jurídico do encarceramento cautelar dispõe a separação entre presos definitivos e os ainda não condenados (cautelares) e, como já visto no capítulo 9, o STF chegou a sumular direitos da LEP (*v.g.*, progressão de regime) aos presos cautelares.

Aqui, no entanto, discute-se previsões da LEP especificamente previstas para presos cautelares no âmbito do denominado RDD – regime disciplinar diferenciado, situação jurídica que foi reforçada pela Lei 13964/2019 ao modificar o art. 52 daquele diploma legal determinando que

Art. 52. A prática de fato previsto como crime doloso constitui falta grave e, quando ocasionar subversão da ordem ou disciplina internas, sujeitará o *preso provisório*, ou condenado, nacional ou estrangeiro, sem prejuízo da sanção penal, ao regime disciplinar diferenciado, com as seguintes características: (...) § 1º O regime disciplinar diferenciado também será aplicado aos *presos provisórios* ou condenados, nacionais ou estrangeiros. (sem grifo no original)

E, com efeito, não se tratando esse dispositivo senão de regras disciplinares, portanto aplicáveis a todos aqueles que se encontram no interior de uma unidade prisional, seu cabimento para as pessoas recolhidas a título cautelar também se justifica.

---

275 BRASIL. **Decreto n. 592 de 6 de julho de 1992.** Op. Cit.

12.7 Direitos da pessoa submetida ao regime de custódia cautelar

Orientando a tutela de direitos da pessoa submetida à prisão – nesse caso, cautelar – está a necessidade de respeito à dignidade da pessoa humana e um de seus desdobramentos mais evidentes, a proibição da tortura.

No âmbito cautelar, essa forma de tratamento está associada à necessidade de separação do preso não condenado daquele já em cumprimento de pena o que se dá, inclusive, com a divisão de unidades prisionais específicas para acomodar os presos cautelares, além da disciplina da prisão especial para os portadores de diploma de nível superior nos termos do art. 295 do CPP.

Ainda, há de ser destacado o *direito à informação* que no âmbito processual penal tem assento em textos internacionais globais[276] e regionais[277] sendo que, no cenário interno, houve previsão na Constituição de 1.824[278], na de 1.891[279], 1.946, no art. 141, §§ 20 a 22, assim como a de 1.967, artigo 150, § 12 e a seguinte Emenda Constitucional nº 1/69, que disciplinava o tema no art. 153, §12. Chegou-se assim ao texto de 1.988, bem mais amplo que todos os anteriores.

Direito à informação enquanto identificação do acusador (e não apenas do teor da acusação) apenas houve nas duas primeiras Constituições brasileiras e, na atual, a abrangência da informação foi ampliada.[280]

---

276 Entre outros, o Pacto Internacional dos Direitos Civis e Políticos (1.966), também no art. 9 prevê a todos o direito à liberdade e segurança pessoais bem como o a impossibilidade de prisão ou encarceramento arbitrário. No item 2 do mencionado artigo tem-se que "qualquer pessoa, ao ser presa, deverá ser informada das razões de sua prisão e notificada, sem demora, das acusações formuladas contra ela. Ainda dentro desse mesmo Pacto, há regra tendente a garantir a eficácia da norma, que prevê a informação na língua da pessoa detida, ou que ela compreenda (art. 14, 3, "a").

277 A Convenção Americana sobre Direito Humanos (Pacto de San José da Costa Rica – 1.969) contém normas no mesmo sentido.

278 "Ninguém poderá ser preso sem culpa formada, exceto nos casos declarados em lei; e nestes, dentro de vinte e quatro horas contadas da entrada na prisão...o Juiz, por uma Nota, por ele assinada, fará constar ao réu o motivo da prisão, o nome do seu acusador, e o das testemunhas, havendo-as" (art. 179, IX).

279 Art. 72, § 16.

280 No art. 5º temos os seguintes dispositivos sobre a matéria: LXI – Ninguém será preso senão em flagrante delito ou por ordem escrita e fundamentada da autoridade jduciária competente, salvo nos casos de transgressão militar ou crime propriamente militar, definidos em lei; LXII – a prisão de qualquer pessoa e o local onde ela se encontre serão comunicadas imediatamente ao juiz competente e à família do preso ou à pessoa por ele indicada; LXIII – o preso será informado de seus direitos, entre os quais o de permanecer calado, sendo-lhe assegurada a assistência da família e de advogado; LXIV -o preso tem direito à identificação dos responsáveis por sua prisão ou por seu interrogatório policial; LXV – a prisão ilegal será imediatamente relaxada pela autoridade judiciária.

A reforma trazida com a Lei 12.403/11 pouco acrescentou à disciplina anterior[281], determinando que (Art. 306):

> A prisão de qualquer pessoa e o local onde se encontre serão comunicados imediatamente ao juiz competente, ao Ministério Público e à família do preso ou à pessoa por ele indicada. § 1º Em até 24 (vinte e quatro) horas após a realização da prisão, será encaminhado ao juiz competente o auto de prisão em flagrante e, caso o autuado não informe o nome de seu advogado, cópia integral para a Defensoria Pública. § 2º No mesmo prazo, será entregue ao preso, mediante recibo, a nota de culpa, assinada pela autoridade, com o motivo da prisão, o nome do condutor e os das testemunhas.

A comunicação obrigatória ao Ministério Público traduz-se como a inovação e, de fato, pode ser um mecanismo importante no enfrentamento de ilegalidades estatais.[282]

Outro aspecto de fundamental importância é o direito à indenização pela prisão cautelar indevida.

A reforma de 2011 foi silente a respeito e, ao nosso sentir não deveria ser assim, acerca da indenização decorrente da injustiça da prisão cautelar em qualquer das suas modalidades ou mesmo quando da ilegal precautela determinada pelo Estado.

Nesse ponto há de ser recordado que começa a ser mais constante nos Tribunais o reconhecimento do direito à indenização da pessoa submetida a uma medida cautelar ilegal ou mesmo abusiva[283] considerando-se que:

> A arbitrária prisão de cidadão em via pública, para simples averiguação, aliada a participação da imprensa televisa na diligência, por sinal consentida pelas autoridades policiais, são condutas dos agentes estatais aptas a provocar dissabores

---

281 Não constou de forma expressa regra importante que pode ser identificada nos textos internacionais. Assim, "Nos termos do artigo 5º, n. 2, da Convenção Europeia, qualquer pessoa presa «deve ser informada, no mais breve prazo e em língua que compreenda, das razões da sua prisão e de qualquer acusação formulada contra ela». A Comissão Europeia declarou que, segundo esta disposição, essa pessoa deve ser «suficientemente informada quanto aos factos e os elementos de prova que estão na base da decisão de detenção. Em particular, deve dar-se-lhe a possibilidade de declarar se admite ou se nega a prática da alegada infracção". BRASIL. **Decreto n. 592 de 6 de julho de 1992**. Op. Cit.

282 Atuando como mecanismo operacional para efetivação dos Princípios Relativos a uma Prevenção Eficaz e à investigação das Execuções Extrajudiciais, Arbitrárias e Sumárias, Recomendados pelo Conselho Económico e Social das Nações Unidas (ECOSOC) na sua resolução 1989/65, de 24 de Maio de 1989.

283 Publicado na REVISTA dos Tribunais, São Paulo, v. 856, p. 241: TJAP Ap 2.020/05 – Câmara Única – j. 12.09.2006 – maioria – rel. designado Des. Mário Gurtyev. INDENIZAÇÃO – Dano moral – Prisão arbitrária para averiguações – Participação da imprensa televisiva na diligência, consentida pelas autoridades policiais – Condutas dos agentes estatais aptas a provocar dissabores e abalo psicológico no prejudicado – Verba devida – Inteligência dos arts. 5º, X e 37, § 6.º, da CF.

e abalo psicológico no prejudicado e, consequentemente, dano moral, por cuja reparação responde a Administração Pública, ex vi do art. 37, § 6.º, c/c o art. 5.º, X, ambos da CF.

Acórdão no qual ponderou-se:

Preceitua o art. 5.º, LXI, da CF, que "ninguém será preso senão em flagrante delito ou por ordem escrita e fundamentada da autoridade judiciária competente, salvo nos casos de transgressão militar ou crime propriamente militar, definidos em lei". A regra, pois, é que a prisão, no Brasil, deve basear-se em decisão de magistrado competente, devidamente motivada e reduzida a termo, ou necessita decorrer de flagrante delito, neste caso cabendo a qualquer do povo a sua concretização. Estipula também o mencionado art. 5.º, LXV, da CF, que "a prisão ilegal será imediatamente relaxada pela autoridade judiciária". O procedimento policial de prisão para averiguação, por sua vez, encontra-se extremamente desgastado pelo tempo, após a vigência da Constituição Federal. Isso porque, não tem mais cabimento admitir-se que a polícia detenha pessoas para simplesmente averiguá-las, levando-as presas ao distrito policial. Trata-se, no meu sentir, de instrumento de arbítrio que, uma vez fosse admitido, ampliaria os poderes da polícia em demasia, a ponto de nenhum cidadão ter a garantia de evitar a humilhação do recolhimento ao cárcere. Assim, como sustentado pelo ilustre revisor, a prisão efetuada foi manifestamente ilegal. Digo isso porque não há nenhum elemento que comprove estar o autor, à época, ostentando vestígio ou qualquer outro indício que caracterizasse a recente prática de um crime. De sorte que, repito, de forma alguma, sem qualquer elemento que indicasse que o autor da presente ação realmente cometeu algum delito, poderia o Estado, por intermédio de seus agentes, algemá-lo e encarcerá-lo em uma cela. Veja-se que, indubitavelmente, houve, por parte dos policiais, gravíssimo abuso de poder. Não bastasse a prisão ilegal, permitiu-se ainda que o fatídico acontecimento fosse registrado pela imprensa local, violando, frontalmente, o seu direito à intimidade e privacidade, constitucionalmente garantidos. Destarte, no meu sentir, o Estado deve, sem dúvidas, reparar o inegável abalo moral. Nesse particular, sabe-se que o *quantum* do dano moral é extremamente difícil de ser aquilatado, considerando-se que são imensuráveis a dor, o constrangimento, a mágoa ou a tristeza, enfim, as dores da alma. Cabe, portanto, ao julgador, a fixação desse *quantum* de forma prudente, apreciando as circunstâncias do fato e as qualidades morais da vítima, estabelecendo um grau de censurabilidade para presumir o abalo moral.

12.8 Direitos das vítimas e medidas cautelares pessoais

Com a Lei nº 11.690, de 2008 alterou-se o art. 201 para fazer constar no §2º:

> O ofendido será comunicado dos atos processuais relativos ao ingresso e à saída do acusado da prisão, à designação de data para audiência e à sentença e respectivos acórdãos que a mantenham ou modifiquem.

Esse movimento de *entrada e saída da prisão* objeto de informação à vítima se projeta para as condenações definitivas e, por certo, para as medidas cautelares pessoais. Nada obstante, a norma se afigura muito mais um compromisso moral que uma obrigação jurídica cujo descumprimento possua consequências, inclusive no processo.

No âmbito da Lei 11.340/2006 – Lei Maria da Penha – há semelhante previsão (art. 21) acrescida da proibição de fazer da vítima uma espécie de oficial de justiça quando se lhe veda a possibilidade de vir a entregar intimações ao agressor.

12.9 As cautelares reais (medidas assecuratórias)

O cenário brasileiro das cautelares reais é bastante complexo e pode ser apresentado esquematicamente na forma abaixo para início de compreensão da matéria:

	Sequestro	Arresto	Hipoteca Legal
Natureza	Cautelar	Cautelar (visando a reparação do dano e preparatória à hipoteca legal)	Cautelar
Fundamento legal (CPP)	Art. 126	Arts. 136 e 137	Art. 134
Legitimados a requerer	Juiz; MP; ofendido	Ofendido	Ofendido
	Autoridade Policial (somente quando requerida no inquérito)	MP no caso do art. 142 apenas para a vítima pobre; no caso da Fazenda Pública, age a Procuradoria do Estado	MP no caso do art. 142 apenas para a vítima pobre; no caso da Fazenda Pública, age a Procuradoria do Estado
Momento da ocorrência	Desde a investigação até a sentença penal de conhecimento	Após a propositura da ação penal de conhecimento	Após a propositura da ação penal de conhecimento

(continua)

(conclusão)

	Sequestro	**Arresto**	**Hipoteca Legal**
Limites da eficácia da medida no tempo	60 dias a contar da efetivação (prazo no qual deverá se ajuizada a ação penal) / Se a ação penal já tiver sido iniciada a medida pode perdurar até a sentença definitiva	15 dias para a inscrição no Registro de Imóveis	15 dias para a inscrição no Registro de Imóveis
Juízo competente	Penal	Penal	Penal
Requisitos do pedido	Certeza da infração indícios suficientes de autoria	Certeza da infração indícios suficientes de autoria	Certeza da infração indícios suficientes de autoria
Objetos sobre os quais recaem o pedido	Bens imóveis e móveis adquiridos com o provento do crime	Todos os bens do réu independentemente da origem lícita ou não	Bens imóveis
Legitimados a pedir o *levantamento* da constrição	Indiciado; réu; terceiros a quem o bem tenha sido transferido	Indiciado ou réu (art. 134 com impropriedade terminológica)	Indiciado ou réu (art. 134 com impropriedade terminológica)
Meios de defesa *típicos*	Arts. 131, I, II e III – embargos de terceiro/de sequestro	Embargos de terceiro (ou devolução do bem quando da sentença absolutória ou extintiva da punibilidade)	Embargos de terceiro (ou devolução do bem quando da sentença absolutória ou extintiva da punibilidade)
Finalidade	Preservar a satisfação das obrigações civis	Pagamento de multa que vier a ser imposta; ressarcimento da vítima (vincula-se ao art. 91, I, do CP)	

Fonte: O autor (2021).

12.9.1 O sequestro de bens no processo penal

Conceito: é medida de natureza cautelar patrimonial que recai sobre bens imóveis ou, excepcionalmente, móveis e que tem como objetivo assegurar a satisfação das obrigações civis de reparação advindas com a específica prática criminosa da qual provieram os recursos para sua aquisição.

Por tal motivo, como anotado por doutrina recente,

> Na relevante perspectiva orientada à reparação da vítima, a cautela tem também por objetivo resguardar a possibilidade de recomposição patrimonial do dano sofrido com o crime, – cuja importância no cenário processual vem ganhando relevo, mesmo em crimes nos quais não se a tenha como sujeito passivo imediato – aliás, nos crimes cujos bens jurídicos tutelados são transindividuais, a reparação do dano assume uma perspectiva de interesse público, uma vez que, na ofensa, os danos que se acumulam e não são reparados podem produzir

reflexos na qualidade de vida das gerações presentes e futuras, afetando a dignidade da pessoa humana.[284]

E pode ser determinada na fase investigativa ou no curso da ação penal, tratando-se de medida incidental da persecução em curso e, portanto, obediente às regras de competência que a norteiam.

A provocação da determinação da medida é difusa entre MP, Polícia e decretada de ofício.

Problema de grande importância prática é a definição do que vem a ser *indícios veementes*, condição fundamental para que a medida de sequestro seja determinada.

Conceito: acabou por ser identificada de forma majoritária com o oferecimento da denúncia[285] e, em menor grau, com a simples existência de uma investigação.

Exemplo desse entendimento encontra-se em aresto no qual foi destacado que

> 1. Para o deferimento das cautelares penais típicas exige-se prova da materialidade do fato criminoso e indícios suficientes da autoria, o que inclusive implicitamente é confirmado pelo recebimento da denúncia. 2 – Os bens cautelarmente sequestrados ou hipotecados terão como destino final o pagamento da multa, das custas do processo e o ressarcimento vítima dos danos causados pelo crime.[286]

É de ser observado que nada obstante a dificuldade de definição acima apontada, não há muita tolerância, na jurisprudência, para questionamento de seu conteúdo por meio de ações autônomas de impugnação, sobretudo com emprego de *habeas corpus*,

> Se para o deslinde da alegação de ilegalidade do sequestro realizado sobre os bens do paciente, porque não observadas as formalidades legais, é necessário o revolvimento da prova condensada no bojo dos autos, o tema situa-se fora do alcance do *habeas corpus* (STJ – publicado em 21/06/1999 – p. 202 – relator Vicente Leal).

---

284 CÂMARA, Luiz Antonio; LEARDINI, Márcia. Breves considerações sobre o sequestro no processo penal brasileiro. **Revista Jurídica**, v. 27, n. 11, p. 92-118, 2012.

285 *Ibidem*, p. 19.

286 BRASIL. Tribunal Regional Federal (4ª Região). **Apelação Criminal n. 52919/PR** 200370000529191. Sétima Turma. Relator Min. Néfi Cordeiro. Data da publicação: 26/04/2006. Disponível em: <https://trf-4.jusbrasil.com.br/jurisprudencia/1210725/apelacao-criminal-acr-52919>. Acesso em: 3 jul. 2021.

A defesa do terceiro de boa-fé se dá com os embargos de terceiro que seguem a disciplina processual civil, cuja modificação do prazo de contestação, agora no art. 679, é de quinze dias (antes, de dez dias, a teor do então art. Art. 1.053[287]. O levantamento do sequestro se dá na forma do art. 131:

> Art. 131. O sequestro será levantado:
>
> I – se a ação penal não for intentada no prazo de 60 (sessenta) dias, contado da data em que ficar concluída a diligência;
>
> II – se o terceiro, a quem tiverem sido transferidos os bens, prestar caução que assegure a aplicação do disposto no art. 74, II, b, segunda parte, do Código Penal;
>
> III – se for julgada extinta a punibilidade ou absolvido o réu, por sentença transitada em julgado.

Rigorosamente falando, os efeitos do sequestro penal (*levantamento*) cessam após o escoamento do sexagésimo dia da determinação da medida, quando ela tiver sido determinada no bojo da investigação. Como o Código de Processo Penal fala em *intentada a ação penal*, deve-se considerar a data de seu ajuizamento e não da decisão sobre sua admissibilidade ou não.

No entanto, como não raras vezes acontece no desenvolvimento da persecução penal, já houve provimento que foi elástico (até certo ponto) com a superação do prazo mencionado, decidindo que

> O sequestro na esfera penal, como medida que venha a assegurar eventual indenização às vítimas, deve ser concluído em 60 dias. Ainda que tolerado eventual excesso, por motivo justificado e flagrante interesse público, não é possível admitir-se que persista a medida preventiva por mais de três anos sem que seja proposta a correspondente ação penal. (TRF – 4ª Região – DJU21/08/2002 p. 860 rel. Juiz Vladimir Freitas)

O sequestro é seguido da hipoteca legal, ambas

> Medidas cautelares previstas no ordenamento processual penal pátrio, que têm por escopo assegurar, tanto a reparação de dano *ex delicto*, quanto a efetividade de sanção pecuniária e o pagamento de custas processuais, que possam vir a ser impostos ao indiciado. (TRF – 4ª Região – DJU 16/01/2002 p. 1349 rel. Juiz José Luiz B. Germano Da Silva)

---

287 Os embargos poderão ser contestados no prazo de 10 (dez) dias, findo o qual proceder-se-á de acordo com o disposto no art. 803.

Havendo o trânsito em julgado da condenação será procedido na forma do art. 133, com o leilão do bem sequestrado, ato judicial de competência do Juízo penal (e não cível).

12.9.2 O arresto de bens no processo penal

O arresto pode ser de duas espécies:

I] Prévio, previsto no art. 136 do CPP[288];
II] Subsidiário, previsto no art. 137 do CPP[289].

O objetivo do arresto *prévio* é o de tornar indisponíveis os bens potencialmente alvo de constrição a ser concretizada com a especialização da hipoteca legal. Por isso é considerada como uma precautela por parte da doutrina.

As consequências na vida da pessoa acusada advindas com o arresto prévio são amplas, posto que a medida pode recair sobre quaisquer bens que ela possua, sejam eles provenientes ou não da prática criminosa.

O objetivo do arresto *subsidiário* é complementar o asseguramento da satisfação patrimonial atingindo, também, os bens *móveis* da pessoa acusada que serão, então, penhorados.

> **Análise Crítica:** É necessário discutir a constitucionalidade dessa medida a partir da possibilidade de sua incidência sobre bens que não são produto da atividade criminosa. Embora o direito de propriedade não seja, por certo, absoluto, também não o é o direito à reparação do dano causado. Sendo assim, o melhor encaminhamento é o de dar sentido estrito às restrições de penhorabilidade e sujeição do bem à hipoteca (bens que não podem ser hipotecados), daí porque não se pode, diante do marco teórico aqui esposado, acompanhar prestigiosa lição doutrinária que não vê possibilidade de aplicação das hipóteses de impenhorabilidade[290]. Trata-se aqui, uma vez mais, da necessária flexão do texto do CPP ao primado da CR, sobretudo quando se fala em proteção ao bem de família (EC 26/2000).

Na dicção de caso apreciado pelo STF,

> Os arrestos (previstos nos arts. 134, 135 e 136, CPP) distinguem-se dos sequestros descritos nos art. 125 (imóveis) e 132 (móveis), ambos do CPP. O arresto visa à

---

288 Art. 136. O arresto do imóvel poderá ser decretado de início, revogando-se, porém, se no prazo de 15 (quinze) dias não for promovido o processo de inscrição da hipoteca legal. (Redação dada pela Lei nº 11.435, de 2006).

289 TOURINHO FILHO, Fernando da Costa. **Processo Penal**. (2008. 3 v.). Op. Cit., p. 47.

290 Art. 137. Se o responsável não possuir bens imóveis ou os possuir de valor insuficiente, poderão ser arrestados bens móveis suscetíveis de penhora, nos termos em que é facultada a hipoteca legal dos imóveis. (Redação dada pela Lei nº 11.435, de 2006).

retenção de bens do réu tantos quantos forem suficientes para cobrir o valor do débito, aí incluídos os valores das multas se penas pecuniárias. O sequestro, por sua vez, tem por escopo deter coisa certa, determinada, dotada de característica especial, tais como os bens adquiridos com os proventos da infração, salvo se não for hipótese de busca de apreensão de móveis (art. 132, CPP).[291]

12.9.3 A especialização de hipoteca legal

Conceito: especialização de hipoteca legal é o procedimento judicial que constitui direito real e acarreta a definição registraria de bens pelos quais, mediante terceiros (Código Civil, art. 1497), será satisfeita a obrigação de indenizar pela prática de cometimento de ato criminoso. Dentre as possíveis espécies de hipoteca, é a chamada hipoteca judicial, existente ao lado daquela voluntária e da hipoteca legal (decorrente de lei).

Está previsto no Código Civil no seguinte artigo: "Art. 1.489 (...) III – ao ofendido, ou aos seus herdeiros, sobre os imóveis do delinquente, para satisfação do dano causado pelo delito e pagamento das despesas judiciais; (...)."

No caso do processo penal está fundada na presença de certeza da infração e indícios suficientes (e não veementes) de autoria e, malgrado a imperfeição técnica da menção à figura do *indiciado* trata-se, na verdade, da pessoa acusada pois essa constrição somente tem cabimento quando já em curso a ação penal, a dizer, com a inicial recebida.

Sujeita à provocação da vítima (ou seu representante legal) ou do MP quando ela for pobre, exige a indicação dos bens imóveis a serem hipotecados que serão submetidos a avaliação judicial e averbados na medida do quanto estritamente necessário para salvaguardar a satisfação pecuniária civil que é devida a quem suportou os danos da conduta criminosa.

Assim, é de rigor perquirir se o bem a ser hipotecado pode sê-lo diante da legislação civil – como já exposto anteriormente – e, diante da natureza e finalidade da constrição a legislação processual penal admite sua substituição por caução em pecúnia ou em títulos da dívida pública.

12.9.4 A reforma da lei 13964/2019 e a destinação dos BENs assegurados

A Lei 13.964/2019 teve particular atenção no tocante à destinação dos bens assegurados e mesmo quanto àqueles simplesmente apreendidos.

---

291 BRASIL. Supremo Tribunal Federal. **Agravo de Execução na Ação Penal n. 401**. Manifestação do Procurador Geral da República.

Processo Penal Cautelar | 921

Quanto aos bens apreendidos, eliminou a necessidade de esperar-se o trânsito em julgado para que se procedesse à alienação assim como a previsão da necessária destinação ao Tesouro Nacional com a ressalva dos pertencentes a lesados ou terceiros de boa-fé.

A destinação dos bens cujo perdimento tiver sido judicialmente determinado em sentença transitada em julgado terá como prioridade órgãos públicos envolvidos em política de segurança, enquanto o dinheiro apurado com a venda daqueles bens em leilão terá como destinação específica o Fundo Penitenciário Nacional.

12.10 As cautelares probatórias: nota explicativa

O tratamento sistêmico das cautelares imporia o tratamento, aqui, daquelas ligadas à produção probatória.

Nada obstante, cuidando a presente Obra de material de apoio a curso no qual a apreciação dessas medidas urgentes de natureza probatória foi dividida em seu tratamento entre o tópico da investigação e o capítulo referente às provas neste Manual, faz-se aqui a remissão do leitor àqueles capítulos onde os temas serão devidamente abordados.

Capítulo 13

Das Nulidades no Processo Penal

13.1 A forma dos atos processuais e sua finalidade

Dos temas que evidenciam o choque do marco constitucional-convencional com a cultura e as normas do CPP, aquele do descumprimento das formas processuais e suas consequências, é o mais sensível.

> **Análise Crítica:** É pelo sistema de sancionatório à desconformidade (nulidades) e, mais exatamente, pelo método da convalidação dos atos desconformes que se tem uma baliza, um termômetro do grau de aceitação dos valores e regras do marco constitucional-convencional para o processo penal. Dessa forma, a manutenção dos cânones de compreensão do sistema de nulidades, ainda apegados aos postulados inquisitivos, seguramente serve como fonte de represamento dos novos valores no processo penal; obsta o amadurecimento das normas constitucionais e serve de entrave para a solidificação da cultura democrática no processo penal.

Neste ponto merece sempre o necessário destaque a própria exposição de motivos do CPP onde estão explicitados os valores *políticos* e *culturais* que nortearam a edição daquele texto:

As nulidades processuais, reduzidas ao mínimo, deixam de ser o que têm sido até agora, isto é, um meandro técnico por onde se escoa a substância do processo e se perdem o tempo e a gravidade da justiça. É coibido o êxito das fraudes, subterfúgios e alicantinas. É restringida a aplicação do in *dubio pro reo*.

Ainda,

> o projeto é infenso ao excessivo rigorismo formal, que dá ensejo, atualmente, à infindável série das nulidades processuais. Segundo a justa advertência de ilustre processualista italiano, "um bom direito processual penal deve limitar as sanções de nulidade àquele estrito mínimo que não pode ser abstraído sem lesar legítimos e graves interesses do Estado e dos cidadãos". O projeto não deixa respiradouro para o frívolo curialismo, que se compraz em espiolhar nulidades. É consagrado o princípio geral de que nenhuma nulidade ocorre se não há prejuízo para a acusação ou a defesa.

Essas linhas de orientação vêm sendo repetidas à saciedade nos precedentes e em larga parte da literatura nacional na maneira como é conduzido o tema que compõe o seu núcleo *técnico*: *a instrumentalidade das formas*, com seus desdobramentos naturais: o prejuízo com a prática do ato desconforme (também apresentado como *pas de nulité sans grief*) e a convalidação dos atos imperfeitos.

Sob a inspiração que o criou, e a partir da própria exposição de motivos acima citada percebe-se a pseudo-preocupação com o *equilíbrio*, algo que nunca se consolidou na experiência viva do processo penal brasileiro porque, antes da normatividade está o ambiente político e a cultura que a envolve. Nesse caso, o cenário inquisitivo sempre orientou – e ainda orienta – o cânone interpretativo a favor dos interesses estatais em detrimento daquilo que, agora, se deve denominar de direitos fundamentais.

Na tentativa frustrada de construir um novo CPP ao longo das intermináveis décadas de *vigência* do atual, na Exposição de Motivos 212, de 9 de maio de 1983 que sucedeu ao *Projeto Frederico Marques*[1], sobre o tema das nulidades foi apontado que

> Abolir as nulidades absolutas do processo penal é comprometer o direito de defesa plena, pois é verdade que o fetichismo da forma já se encontra superado, menos certo não é que os atos destinados a assegurar a plenitude do direito de defesa não podem ser omitidos, nem desrespeitadas as formas que a lei lhes imprime justamente para garantir aquele direito em sua plenitude.

Nada obstante, o marco político era exatamente o mesmo que orientara a edição do CPP – um Estado de exceção – e pouco haveria de existir de alteração substancial no *ethos* daquela proposta reformista.

Mantiveram-se, assim, inalterados os slogans de *fetichismo da forma*, sanabilidade sob a ótica dos interesses do Estado na persecução e o indispensável "prejuízo" a ser constatado quando da produção do ato em desconformidade com o modelo legal.

Pois bem, não sendo o caso do culto à forma *pela* forma com o que se retornaria a um cenário de solenidade incompatível com o pensamento contemporâneo, pouco se aproveita do emprego meramente retórico de *teleologia do ato* ou *cumprimento de sua finalidade* independentemente da maneira como foi produzido.

É necessário incorporar-lhe um *conteúdo material* que é dado, na forma como concebido nesta Obra, pelo conjunto dos direitos fundamentais, os quais devem

---

1 No Governo do Presidente Ernesto Geisel deu-se início à edição de novo Código de Processo Penal, tendo por base o anteprojeto elaborado em 1970 pelo Professor José Frederico Marques, revisto por Comissão composta dos Professores Benjamin Moraes Filho, José Carlos Moreira Alves e José Salgado Martins, este último substituído, em virtude de falecimento, pelo Professor Hélio Bastos Tornaghi. BRASIL. Câmara dos Deputados. Legislação Informatizada. **Decreto-Lei n. 3.689 de 3 de outubro de 1941**: Código de Processo Penal. Exposição de Motivos. Disponível em: <http://www.planalto.gov.br/ccivil_03/Decreto-Lei/Del3689.htm>. Acesso em: 3 jun. 2021.

conformara racionalização das atividades estatais[2] ou, no dizer de Delmas-Marty, *rationaliser la raison d'État.*[3]

> **Análise Crítica:** Em todo esse ambiente político-cultural-normativo jamais existiu qualquer inclinação para que se concebesse o modelo legal de produção de atos processuais como garantidor de direitos fundamentais e, por consequência, compreender a sanção à desconformação como instrumento de proteção desses mesmos direitos.

Assim, a segurança jurídica almejada como papel último da entrega da jurisdição (penal, no caso aqui tratado) somente se cumpre com a necessária observância de um modelo de produção do ato que tem na *proteção aos direitos fundamentais seu mínimo denominador comum.*

Por se tratar de uma *sanção ao descumprimento*, o modelo de nulificação está submetido à necessária *declaração judicial*, o que chama pela tarefa hermenêutica cujo protagonista – o julgador – necessita ter internalizado os necessários valores democráticos que norteiam a construção do Estado de Direito e se manifestam, no plano jurídico, na concretização dos Direitos fundamentais. Alheio a essas premissas, o modelo conformação-desconformação-sanção continuará convalidando as bases inquisitivas.[4]

Natural conceber, portanto, que a literatura do sistema de sanções à desconformidade na produção dos atos processuais é vasta e comporta divisões profundas a partir das premissas políticas para o processo penal que se exteriorizam nas discussões sistêmicas e nas técnicas processuais.[5]

Com isso fica assente o valor do sistema sancionatório para a consolidação dos primados do Estado Social e Democrático de Direito no processo penal, seara

---

2   Como sustentando por GONZÁLEZ, Miguel Ángel Fernández. El recurso de nulidad en el Código Procesal Penal, desde la perspectiva de la Constitución. **Revista de Derecho| Universidad Católica del Norte| Facultad de Ciencias Jurídicas**, v. 15, n. 1, 2015, pode-se tratar de direitos fundamentais outros que não componham o devido processo legal

3   DELMAS-MARTY, Mireille (Ed.). **Raisonner la raison d'État: vers une Europe des droits de l'homme**. Travaux du séminaire "Politique criminelle et droits de l'homme" organisé dans le cadre de l'Institut de Droit Comparé de Paris de 1987 à 1989. Paris: Presses universitaires de France, 1989.

4   Com a mesma base de raciocínio, mas entendendo a nulidade fora de um contexto sancionatórios, ver ABBOTT, Felipe Gorigotia. Irregularidad, invalidez e ineficacia en el contexto de la nulidad procesal. **Revista de Derecho RDUCN**, Coquimbo, v. 20, n. 1, p. 129-154, 2013. Disponible em: <http://www.scielo.cl/scielo.php?script=sci_arttext&pid=S0718-97532013000100006&lng=es&nrm=iso>. Acesso em: 3 jul. 2021.

5   Para uma leitura afinada com a CR, sobretudo, RAMALHO JÚNIOR, Elmir Duclerc; ALMEIDA, Cibelle Barretto. **Nulidades no processo penal**: do tradicional "inferno" teórico a uma racionalidade garantista. Salvador: Jus Podivm, 2008. Também, CARVALHO, Salo de; LOUREIRO, Antônio Carlos Tovo. Nulidades no processo penal e Constituição: estudo de casos a partir do referencial garantista. In: PRADO, Geraldo (Coord.); MALAN, Diogo. **Processo penal e democracia**: estudos em homenagem aos 20 anos da Constituição da República de 1988. Rio de Janeiro: Lumen Juris, 2009. 598 p. ISBN 978-85-375-0419-2. p. 511-533.

fortemente ideologizada e sensível particularmente àquilo que se tem como meta de tratamento do ser humano.[6]

Mas a situação brasileira é assaz peculiar pois décadas passadas da entrada em vigor da CR e da CADH a resistência à conversão efetiva do modelo processual penal brasileiro à acusatoriedade permite que temas absolutamente bizarros à estrutura constitucional ainda continuem a ser tratados com relevância posto que permanecem *atuais* diante do âmago inquisitivo, discutindo a projeção dessa desconformação.[7]

`13.2` A base constitucional--convencional do sistema de sanção à desconformidade

A reconfiguração jurídica de 1988 (CR) e 1992 (CADH) implicou na obrigatória revisão dos padrões normativos de desconformidade na produção de atos contido no CPP como, desde um primeiro momento, se apercebeu a doutrina em seus protagonistas da época.

Numa das primeiras obras sistêmicas sobre o assunto, Grinover[8] buscar, a partir da CR, algum modelo de tipificação dos atos e projetá-lo para as bases infraconstitucionais. Partindo de uma noção de *tipicidade processual penal*, os festejados doutrinadores inserem uma carga axiológica nesse *tipo*, a partir da matriz constitucional.

Vem daí uma sorte de *adequação típica constitucional* que privilegia, em sua formulação, o *interesse público*. Acrescente-se que tal compreensão vai totalmente ao encontro de matrizes dogmáticas como o *direito público subjetivo* e a visão *publicista* do processo.

O cerne *político* dessa tipologia ainda se encontra preso à concepção que inspirou o CPP na forma acima exposta e a submissão dos direitos fundamentais

---

6 DIAS, Jorge de Figueiredo. A nova constituição e o processo penal. **Revista da Ordem dos Advogados**, Lisboa, n. 36, 1976.

7 Entre eles, por exemplo o texto de GONZALEZ, André. **A nulidade absoluta da audiência de instrução criminal realizada sem a presença do Ministério Público**. São Paulo: All Print, 2009. O autor mencionado realiza um trabalho sério. O incompreensível e inaceitável é que esse ainda seja um tema em pauta da mesma forma que o era muito antes da CR. Ver essa mesma discussão em BREDA, Antonio Acir. Efeitos da declaração de nulidade no processo legal. **Revista de Direito Penal**, Rio de Janeiro, n. 32, p. 88-103., jul./dez. 1981.

8 Com sua obra pioneira, GRINOVER, Ada Pellegrini; FERNANDES Antonio Scarance; GOMES FILHO, Antonio Magalhães. **As nulidades no processo penal**. (1992). Op. Cit.

ao primado do Estado punitivo se mostra claramente quando aqueles Autores sustentam, na versão original da obra que,

> [...] as garantias constitucionais-processuais, mesmo quando *aparentemente* postas em benefício da parte, visam em primeiro lugar ao interesse público na condução do processo segundo as regras do devido processo legal.[9] (sem grifo no original)

Por mais que se queira avançar rumo à acusatoriedade a partir do marco constitucional-convencional, aquela concepção ainda mantém a pessoa acusada como um verdadeiro objeto do processo, embora lhe *concedendo*, a partir da ótica do Estado, algumas *benesses* processuais (como visto ao longo desta Obra).

Essa *tipologia constitucional*, apresentando- grau de inovação em relação ao modo anterior de tratamento da matéria, é parcialmente compartilhada por Binder[10] que, embora lhe dê crédito quanto ao emprego da matriz constitucional, enxerga alguma timidez na proposta e, no limite, conclui que da forma como exposta não serve como verdadeiro mecanismo de sedimentação dos valores constitucionais, levando-se em consideração que o sistema de garantias, para o autor argentino (assim como na formulação de Ferrajoli), está a serviço do mais débil, que, na relação processual penal, é a pessoa acusada ou investigada.

As permanências culturais do modelo inquisitivo no plano da não-conformação levam, dentre outras consequências práticas – localizáveis no plano dos precedentes – a empregar mecanismos interpretativos que toleram as inobservâncias constitucionais e à manutenção dos cânones interpretativos do CPP totalmente recepcionados[11]. Tais interpretações frequentemente empregadas dificultam a compreensão acusatória e a dimensão dos direitos fundamentais que a sedimenta.

Um dos aspectos infraconstitucionais mais destacados em apego ao modelo inquisitivo é o sistema da enumeração taxativa das hipóteses de nulidade. Lembra Binder que

> [...] é comum que nos códigos processuais penais ligados ao modelo italiano de 1930..., se considere que a inobservância das formas prescritas para os atos processuais é causa de nulidade somente nos casos em que esta é cominada expressamente pela lei.

---

9   Ibidem., p. 21. Essa mesma visão foi compartilhada por outro festejado doutrinador à época, reportando-se ao trabalho anteriormente citado: GOMES, Luiz Flávio. Garantias constitucionais e nulidades processuais. **Boletim IBCCRIM**, São Paulo, n. 4, p. 2, maio 1993.

10   BINDER, Alberto. **O descumprimento das formas processuais**. Op. Cit., capítulo I, passim, em especial p. 8.

11   Para uma análise mais extensa ver LOUREIRO, Antônio Tovo. O descumprimento das formas processuais penais como maximização do direito de punir: por uma nova teoria das nulidades. **Revista Faculdade de Direito da Universidade Federal do Rio Grande do Sul**, Porto Alegre, 2006.

A questão colocada pelo autor argentino é a da convivência do sistema tipicamente inquisitivo com as matrizes constitucionais do sistema de nulidades, e é assim formulada:

> [...] a norma geral não pode ser outra que uma cláusula aberta de base constitucional, sem vínculo algum com uma interpretação restritiva, ideia de legalidade ou tipicidade das nulidades. Todos esses conceitos são inaplicáveis a uma interpretação ampla e progressiva dos direitos fundamentais.

13.3 A escala da desconformidade dos atos processuais

13.3.1 A inexistência do ato processual

A inexistência é frequentemente associada à ideia de um *não ato* que, de tamanha distorção na sua forma de produção, não produz efeitos em hipótese alguma. Por essa razão não se encontra definida na lei processual penal e é identificada (assim como o plano das meras irregularidades) a partir de um raciocínio lógico-comparativo com as formas de desconformação.

Apenas que, à diferença das meras irregularidades, a falha na produção do ato é de tal monta que ele é considerado como não tendo adentrado no *plano da existência jurídica, embora possa existir no plano fenomenológico.*

Exemplo desse não ato jurídico é a sentença assinada por quem não é Magistrado(a), situação que se aloca melhor às páginas policiais ou, outra menos incomum, a da sentença não assinada pelo juiz, ato considerado como inexistente nos acervos dos precedentes.

Mas há sempre discutida que é a ofensa ao juiz natural, situação particularmente delicada quando se trata de competência fixada em função da matéria ou por critério hierárquico-funcional, posto que nessa situação existe tanto o ato no mundo fenomenológico quanto no universo jurídico. Sua repercussão, então, se dará no plano de seus efeitos.

Essa competência constitucional esteve em evidência, por exemplo, na chamada AP 471 – caso *mensalão* – quando se tratou da extensão das hipóteses de extensão subjetiva para alocar como detentor da prerrogativa da competência pessoas que não a possuem, partir de regras modificadoras da competência, no caso, a conexão.

O problema que aqui se coloca, como apontado acima, é o dos efeitos do resultado de um julgamento perante um juiz absolutamente incompetente para o que, previamente, deve-se superar a indagação da própria existência e dos eventuais limites de validade daquele ato para, aí, chegar-se à discussão de seus efeitos como discutido no item 4.3 deste Capítulo.

13.3.2 As meras *irregularidades*

Por fim, resta o plano das meras irregularidades, aquele caracterizado como uma ofensa mínima à maneira pela qual a legislação determina sua produção, categoria que *não se encontra prevista expressamente* na legislação processual e cuja identificação se dá por um critério de exclusão a partir do plano das nulidades.

Nada obstante, muitas situações ligadas a prazos processuais são assim tratadas, como o "Eventual descumprimento do prazo para o oferecimento da denúncia não gera qualquer nulidade à peça acusatória, cuidando-se de mera irregularidade, que pode, no máximo, afetar a legalidade da manutenção da custódia cautelar."[12]

Nesse precedente, aqui tomado por amostragem, tem-se um ponto de partida para verificar até que ponto efetivamente vai o conceito de *mera irregularidade* posto que, na dicção do julgado, a única consequência advinda da superação do prazo para a veiculação da acusação pública seria a *simples* soltura da pessoa acusada.

Outro exemplo igualmente incomodo é aquele apontado em precedente que considerou como mera irregularidade a "ausência da advertência prevista no art. 210 do CPP. Mera irregularidade, que deve ser questionada em momento oportuno."[13]

Ambas situações trazem consequências à fruição de direitos fundamentais que, de resto, é a tônica do processo penal. Se situações meramente formais como rubricas em documentos podem ser vistas, com naturalidade, como simples desvios de forma, a situação fica mais nebulosa quando esse singelo equívoco vier a causar consequências em direitos indisponíveis da pessoa acusada ou de terceiros intervenientes a qualquer título na persecução.[14]

---

12 BRASIL. Superior Tribunal de Justiça. **Habeas Corpus n. 109313/RN 2008/0136956-9.** Quinta Turma. Relator Ministro Napoleão Nunes Maia Filho. Data de Julgamento: 21/10/2008. Data de Publicação: DJe 24/11/2008. Disponível em: <https://scon.stj.jus.br/SCON/GetInteiro TeorDoAcordao?num_registro=201900685422&dt_publicacao=23/04/2019>. Acesso em: 3 jul. 2021.

13 RIO DE JANEIRO. Tribunal de Justiça. **Apelação n. 0009016892013819O204 RJ 0009016--89.2013.8.19.0204.** Primeira Câmara Criminal. Relatora Des. Maria Sandra Kayat Direito. Data de Julgamento: 01/04/2014. Data de Publicação: 08/04/2014.

14 Nesse sentido necessário relembrar o inconformismo de SUANNES, Adauto Alonso Silvinho. Provas eticamente inadmissíveis no processo penal. Op. Cit. quando apontava que já foi visto como "mera irregularidade" a postura do Magistrado que deixava de analisar todas as teses defensivas.

13.3.3 As desconformidades enumeradas no Código de Processo Penal

Alheio ao marco constitucional-convencional, a estrutura do CPP mantém-se intacta desde sua entrada em vigor e é composta pela enunciação de situações de desconformidade previstas no art. 564, que apresenta todas as situações num mesmo contexto (o de desconformidade) e não indica aquelas que seriam ou não sanáveis, levando o intérprete a decompor as hipóteses.

Assim, Tourinho, como exemplo de base doutrinária tida como *clássica* na literatura processual penal afirma que[15] a distinção se dá pela essencialidade da forma que foi descumprida (hipótese que acarretará a nulidade absoluta) e, por exclusão, a não essencialidade da forma desobedecida (acarretando a nulidade *relativa*).

Mas, buscando uma leitura dentro do marco constitucional-convencional, base doutrinária contemporânea afirmar que:

> [...] no processo penal, forma é garantia. Se há um modelo ou uma forma prevista em lei, e que foi desrespeitado, o lógico é que tal atipicidade gere prejuízo, sob pena de se admitir que o legislador criou uma formalidade por puro amor à forma, despida de maior sentido. Nenhuma dúvida temos de que nas nulidades absolutas o prejuízo é evidente, sendo desnecessária qualquer demonstração de sua existência.[16]

Por essa visão, todas as previsões de produção de atos devem ser cumpridas à risca sob sanção de nulificação total que explica essa divisão como mais uma importação do processo civil a partir da teoria geral do processo.[17]

Sendo correto que forma é garantia, lição antiga na doutrina processual a partir do momento que se passa a reconhecer as bases constitucionais do direito processual, o problema que se coloca é da extensão dessa dependência no plano das formas, sob risco de alcançar-se uma paralisia total diante de qualquer desconformação.

Fato é que isso se acentua em modelos inquisitivos de processo e de produção dos atos processuais, situação que o processo penal brasileiro ainda não se desvinculou como discutido no Capítulo 6 desta Obra.

Assim, o primeiro passo para que se alcance a plena extensão da relação forma-garantia é a necessária oralidade e concentração dos atos processuais.

---

15 TOURINHO FILHO, Fernando da Costa. **Manual de Processo Penal**. São Paulo: Saraiva, 2013. p. 533-549.

16 LOPES JÚNIOR, Aury. **Direito processual penal e sua conformidade constitucional**. Rio de Janeiro: Lumen Juris, 2009. v. 2. p. 389

17 LOPES JÚNIOR, Aury. Sistema de nulidades a la carte precisa ser superado no processo penal. **Consultor Jurídico**, São Paulo (Online), v. 1, p. 1, 2014.

Mas, inevitavelmente, mesmo nesse cenário deve-se respeitar o bom-senso e concluir que as ofensas à forma que alcancem a indefensabilidade devem ser consideradas como impossíveis de serem contornadas; as demais podem ser alvo de algum grau de ponderação que levem à sua aceitação.

`13.4` As espécies de desconformidade

Conceito: a desconformidade é o desatendimento às formas legalmente estabelecidas para a produção do ato processual e pode estar ligada ao descumprimento de um comando constitucional ou infraconstitucional. É desse plano que se fará a divisão de suas manifestações e de suas consequências.

`13.4.1` Desconformidades absolutas

A chamada desconformidade absoluta está ligada ao marco constitucional-convencional e sua ocorrência, por atacar diretamente ao conteúdo mínimo do devido processo legal implica que

a] Independe de provocação da parte, constituindo-se em matéria de "ordem pública";
b] Pode (e deve) ser arguida a qualquer tempo e em qualquer grau de jurisdição e do procedimento;
c] Seu reconhecimento retroage ao momento do ato absolutamente desconforme.

A desconformidade absoluta nunca se convalida, e pode ser objeto de discussão em ação de revisão criminal ou de habeas corpus, caso tenha, por qualquer razão, ocasionado o *trânsito em julgado*.

`13.4.2` Desconformidades relativas

Na lógica em que se funda o sistema de desconformidade no processo penal brasileiro, as denominadas desconformidades relativas são caracterizadas por:

a] Demonstração de prejuízo;
b] Arguição da nulidade em momento oportuno;
c] Influência da irregularidade para o deslinde da persecução.

O critério temporal, dos três acima expostos, é o único de caráter objetivo, o que não significa dizer que está isento das influências ideológicas do modelo inquisitivo brasileiro.

13.4.2.1 Reparação da desconformidade: a convalidação

A convalidação é o mecanismo hermenêutico de dá sustentação ao ato desconforme de dimensão relativa e está assentado no conceito de prejuízo, solenemente enunciado no aforisma *pas de nullité sans grief*.

O conceito de *prejuízo* é flutuante nos precedentes e raramente apontado na doutrina[18]. Contudo, pode-se destacar que:

a] a ideia de prejuízo é dada por um determinado sentido de interpretação;
b] como fruto de determinado processo interpretativo, está condicionada aos fatores culturais que a norteiam;
c] o *conceito* de prejuízo está, assim, determinantemente influenciado pela cultura inquisitiva[19] e não se mostra largamente sensível aos valores da CR e da CADH[20].

Exemplo claro do item c supra é a Súmula 523 do Supremo Tribunal Federal, que também denota a necessidade de demonstração de prejuízo da defesa para fins de declaração de nulidade, *in verbis*:

Súmula n. 523: No processo penal, a falta de defesa constitui nulidade absoluta, mas a sua deficiência só o anulará se houver prova de prejuízo para o réu.

O que é impressionante no emprego contemporâneo desta Súmula no STF em precedentes relatados por Ministros das mais variadas procedências[21], entre eles um renomado constitucionalista[22] é que ela *está em vigor e é aplicada com*

---

18 Um dos trabalhos que analisa esse conceito a partir de precedentes dos Tribunais superiores é PASCHOAL, Jorge Coutinho. **O prejuízo e as nulidades processuais penais**: um estudo à luz da jurisprudência do Supremo Tribunal Federal e do Superior Tribunal de Justiça. Rio de Janeiro: Lumen Juris, 2014.

19 Particularmente infensa ao exercício dos direitos defensivos ou à satisfação daqueles desde um aspecto meramente formal. A respeito, entre vários temas, CURY, Marcelo. Assistência de advogado no interrogatório e orientação prévia: ausência, nulidade absoluta do processo. **Revista do Instituto de Pesquisas e Estudos**, Bauru, n. 32, p. 313-338, ago./nov. 2001. Ainda: MALAN, Diogo. Defesa penal efetiva. **Ciências Penais**: Revista da Associação Brasileira de Professores de Ciências Penais, São Paulo, v. 3, n. 4, p. 253-277., jan./jun. 2006.

20 Como se vê em momentos sensíveis, como a quesitação no Tribunal do Júri. A respeito, nosso texto: CHOUKR, Fauzi Hassan. A quesitação no tribunal do júri e o sistema de nulidades. In: BUSATO, Paulo Cesar; CARUNCHO, Alexey Choi. **Sistema penal em debate**: estudos em homenagem ao ministro Felix Fischer. Curitiba: iEA, 2015. (Modernas tendências do sistema criminal). p. 107-124.

21 BRASIL. Supremo Tribunal Federal. **Habeas Corpus n. 121994**. Primeira Turma. Relator Ministro Dias Toffoli. Julgamento em: 14.10.2014. Publicação: DJe de 21.11.2014. Disponível em: <https://redir.stf.jus.br/paginadorpub/paginador.jsp?docTP=TP&docID=7302316>. Acesso em 4 jul. 2021; BRASIL. Supremo Tribunal Federal. **Recurso em Habeas Corpus n. 99768**. Segunda Turma. Relator Ministro Teori Zavascki. Julgamento em: 14.10.2014. Publicação: DJe de 30.10.2014. Disponível em: <https://redir.stf.jus.br/paginadorpub/paginador.jsp?docTP=TP&docID=7066241>. Acesso em: 4 jul. 2021.

22 BRASIL. Supremo Tribunal Federal. **Habeas Corpus n. 111535**. Primeira Turma. Relator Ministro Roberto Barroso. Julgamento em: 23.9.2014. Publicação: DJe de 13.10.2014. Disponível em: <https://redir.stf.jus.br/paginadorpub/paginador.jsp?docTP=TP&docID=6931096>. Acesso em: 4 jul. 2021.

mesma lógica em relação aos períodos anterior e posterior às reformas de 2008, como tudo fosse uma grande continuidade (e, no fundo, lamentavelmente o é).

Mas, é de estarrecer que essa súmula, *ainda em vigor*, tenha sido decidida na Sessão Plenária de 03/12/1969, publicada DJ de 10/12/1969, p. 5933; DJ de 11/12/1969, p. 5949; DJ de 12/12/1969, p. 5997 e tenha como precedentes de inspiração:

- O RHC 45336, com Publicação: DJ de 04/10/1968;
- HC 45015 Publicação: DJ de 26/04/1968;
- RHC 43501, DJ de 19/10/1966, RTJ 38/581 e
- HC 42274 Publicações: DJ de 11/08/1965 e RTJ 33/717.

Todos os precedentes expedidos em pleno estado de exceção ao regime democrático e todos, sem exceção, anteriores à própria assinatura da Convenção Americana de Direitos Humanos, que é de 1969.

Fora do Brasil, onde o marco constitucional-convencional faz mais sentido, a doutrina comparada contemporânea também preocupada com as bases convencionais[23] aponta significativo encaminhamento de conceituação ao afirmar que:

> o requisito do "prejuízo" para a declaração de toda nulidade deve ser entendido como "prejuízo para o imputado" para, então, não ser utilizado perversamente em seu desfavor, devendo, assim, analisar-se se o prejuízo causado pelo vício não resulta, na verdade, menor que aquele causado com a nulidade que é sua consequência. Sem embargo, não se deve confundir prejuízo com sua contrapartida, o "benefício": não se tratar de permitir que o imputado se beneficie com o agir inconstitucional do Estado, mas evitar que seja prejudicado por ele.[24]

13.4.3 Limitação das consequências

Análise Crítica: A nulidade como *sanção* pela inobservância da forma do ato processual depende de *reconhecimento judicial* para que gere efeitos. A declaração de nulidade é, portanto, condicionante para a imposição da sanção

---

23 A respeito ver PIÑERO BERTOT, María Inés. La nulidad como garantía de garantías. In: CHIARA DÍAZ, Carlos Alberto; OBLIGADO, Daniel Horacio (Coord.). **Garantías, medidas cautelares e impugnaciones en el proceso penal**. Rosario: Jurídica Nova Tesis, 2005. p. 201-223.

24 No original: En tales situaciones el requisito del "perjuicio" para la declaración de toda nulidad debe ser entendido como "perjuicio para el imputado" para entonces no ser utilizado perversamente en su contra, debiendo entonces analizarse si el perjuicio causado por el vicio no resulta en verdad menor a aquel causado con la nulidad que es su consecuencia. Sin embargo no debe confundirse el concepto de "perjuicio" con su contrapartida: el "beneficio." No se trata de permitir que el particular se "beneficie" con el accionar inconstitucional del Estado sino de evitar que se perjudique con él.

934

> processual, cuja extensão depende, igualmente, de pronunciamento expresso naquela declaração.

Uma vez reconhecida a imperfeição do ato ou a sua não existência o pronunciamento judicial analisará a extensão dessa desconformidade que, no caso da inexistência é, tema particularmente complexo.

E a preocupação se manifesta quando o ato inexistente – sobretudo na situação mencionada de incompetência *absoluta* – tiver gerado efeitos benéficos à pessoa acusada que, absolvida por um juiz absolutamente incompetente, seria levada a nova persecução alcançando, potencialmente, resultados mais gravosos.

Na verdade, caso absolvida, estaria protegida pelo *ne bis in idem* que é caracterizado pela impossibilidade de persecução pelos mesmos fatos arcando o Estado com seu problema organizacional no âmbito judiciário[25]. Esse impedimento se sobrepõe a qualquer questionamento de regras de competência e da autoridade da sentença produzida por um órgão jurisdicional sem a fração da jurisdição para julgar.

Mas, quando o resultado é condenatório, e uma vez reconhecida a incompetência absoluta, a pergunta é se haveria ou não efeitos limitadores da sentença inicial na eventual condenação perante o juiz natural o que implica em reconhecer que a sentença proferida, de alguma forma, *existiu* e, desta forma, *gerou efeitos*.

Ambas situações são fruto de uma desestrutura sistêmica aos olhos da CADH e de acordo com a compreensão que se lhe dá a CIDH posto que, na estrutura de um processo justo, está a necessidade de que a pessoa acusada tenha a definição do órgão jurisdicional competente o mais prontamente possível.

Nesse sentido, no caso Yvon Neptune vs. Haití[26] considerou a Corte que:

> resulta irrazonable para este Tribunal que los órganos de administración de justicia de un Estado Parte en la Convención Americana sometan a un proceso penal a una persona y la priven de libertad durante más de dos años sin haber determinado con certeza su propia competencia en relación con la vía establecida en el derecho interno para estos efectos.

E complementa

> Este Tribunal entiende que una persona sobre la cual exista imputación de haber cometido un delito tiene el derecho, en los términos del artículo 8.1 de la Convención, en caso de ser penalmente perseguida, a ser puesta sin demora a disposición del órgano de justicia o de investigación competente, tanto para

---

25 Assim também SILVA, Danielle Souza de Andrade e. Decisão proferida por justiça incompetente: nulidade ou inexistência? **Revista Brasileira de Ciências Criminais**, São Paulo, v. 15, n. 68, p. 182-213, set./out. 2007.

26 CORTE INTERAMERICANA DE DIREITOS HUMANOS. **Caso Yvon Neptune vs. Haití**. Op. Cit.

posibilitar la sustanciación de los cargos que pesan en su contra, en su caso, como para la consecución de los fines de la administración de justicia, en particular la averiguación de la verdad.

Como se vê, essa concepção de prejuízo se afasta bastante daquela empregada por prestigiosa doutrina nacional quando busca conformar o prejuízo à desobediência *teleológica da norma*, situação única em que seria reconhecido porquanto o entendimento diverso seria uma louvação ao *formalismo exagerado e inútil*.[27]

Bastante distante do emprego dessa base convencional, a literatura e os precedentes basicamente se movimentam apenas para reconhecer que essa sentença condenatória, ainda que prolatada por juiz absolutamente incompetente, gera efeitos limitadores na renovação do julgamento, agora perante o juiz competente, posição que se coaduna com a impossibilidade de agravamento da situação da pessoa submetida à persecução, que não pode ser prejudicada por buscar exatamente, o aperfeiçoamento do justo processo que lhe foi negado ao ser sentenciada por quem não tinha competência para fazê-lo.

Por outro turno, a ilicitude probatória se localiza no plano da inadmissibilidade que, como se verá, parece ter sido criado como um conceito autônomo no plano sancionatório.

O cerne, aqui, é aquele discutido no capítulo 8 quando se expõe o cenário de convalidação da admissibilidade dessa prova obtida por meio ilícito e sua projeção no restante do acervo processual.

Já no plano do reconhecimento de uma desconformidade absoluta, caberá ao órgão julgador, ao reconhecê-la, apontar a extensão de seus efeitos, naquilo que parte significativa da doutrina e dos precedentes denomina de *princípio da causalidade* em homenagem ao art. 566 do CPP.

Assim, deverão ser identificados e preservados os atos que não são diretamente ligados àquele produzido em desconformidade, atitude salutar para resguardar-se a integridade da persecução.

13.4.4 Espécies de consequências

A nulificação é a sanção do ato desconforme tradicionalmente presente na estrutura do CPP, mas que hoje convive com outras formas de sancionamento ao ato praticado em desatendimento ao padrão legal.

---

27 GRINOVER, Ada Pellegrini; FERNANDES, Antonio Scarance; GOMES FILHO, Antonio Magalhães. **As nulidades no processo penal**. Op. Cit. p. 33.

13.4.4.1 Nulificação

Partindo do plano da desconformidade na produção do ato e entendendo-se a nulidade como *sanção à desconformidade* e exige pronunciamento judicial para tanto que, como visto, estenderá a sanção aos demais atos que, embora perfeitos, são atingidos pela imperfeição mediante um vínculo causal insuprimível.

A extensão dessa sanção pode repercutir de forma determinante no curso do processo, portanto com a acusação já veiculada, ou mesmo impedir a veiculação da acusação quando tiver ocorrido no desenvolvimento da investigação e for nuclearmente determinante para a manifestação do acusador.

Caso de significativa magnitude que exemplifica essa projeção ocorreu no amago da investigação denominada *castelo de areia*, cujo início se deu por informação anônima que foi tida como maculadora de todo o restante da investigação e, por consequência, naquele caso, como arrimo definitivo da acusação ajuizada.[28]

13.4.4.2 Inadmissibilidade

A inadmissibilidade surge no tratamento das provas ilícitas (vide Capítulo 8) e se afigura como uma categoria autônoma de sanção à imperfeição no manuseio dos meios de obtenção da prova.

Na doutrina cabe a Magalhães a distinção entre nulidade e inadmissibilidade a partir de um critério temporal: a nulidade numa aferição *a posteriori* do emprego dos meios de prova; a inadmissibilidade como análise *anterior* ao emprego da obtenção da prova.[29]

Ademais, o renomado doutrinador assimila a inadmissibilidade à própria inexistência, afirmando que "essas provas [ilícitas] simplesmente não podem ter ingresso no processo e, portanto, não existem como provas para o julgamento", com a "a proibição de sua valoração pelo juiz."[30]

De fato, a inadmissibilidade é uma sanção voltada à valoração judicial da prova mediante a obtenção por meios ilícitos. Quanto à diferenciação temporal descrita pela doutrina, temos que nem sempre a prova ilícita (obtida por meios ilícitos) é detectada antes da sua entrada no contexto probatório e, portanto, até que seja reconhecido seu caráter de contrariedade ao ordenamento, produzirá seus efeitos, que somente cessarão com a devida declaração judicial a respeito.

---

28 Confirmada definitivamente pelo STF no **Recurso Extraordinário cm Agravo n. 676.280/SP**. Primeira Turma. Relator Ministro Luís Roberto Barroso. J. em 12/2/2015. Disponível em: <https://redir.stf.jus.br/paginadorpub/paginador.jsp?docTP=TP&docID=8480866>. Acesso em: 4 jul. 2021.

29 GOMES FILHO, Antonio Magalhães. **Direito à prova no processo penal**. 1. ed. São Paulo: Revista dos Tribunais, 1997.

30 GOMES FILHO, Antonio Magalhães. A inadmissibilidade das provas ilícitas no direito brasileiro. **RJLB**, Ano 1, n. 1, p. 5-19, 2015, especialmente p. 11.

A previsão de *não entrada* no processo é uma ambição moral da lei, nem sempre respeitada pelas partes e sua assimilação à inexistência jurídica[31] – posto que no plano fenomenológico ela existe – somente tem *sentido prático* quando o julgador que com ela teve contato estivesse obrigatoriamente afastado do julgamento do mérito, posto ser indemonstrável ter sido ou não influenciado pela prova obtida por meio ilícito. E, essa impossibilidade de demonstração, enquanto *vetor de política legislativa* deveria orientar o afastamento desse julgador no caso concreto.

`13.4.4.3` Inutilização

A inutilização surge, no caso brasileiro, como decorrência da prova ilícita a teor do disposto no art. 157, §3º, do CPP havendo, fora desse contexto a inutilização do produto da interceptação telefônica que não interessar ao objeto da acusação (art. 9º da Lei 9296/1996).

Não se trata de uma sanção autônoma como ocorre em outros ordenamentos quando do decurso de prazo para, por exemplo, exercer-se a acusação pública, como no direito italiano[32], mas, sim, da destruição física daqueles meios de prova materiais.

Há, no entanto, algumas situações muito pontuais que não estão exatamente ligadas à imperfeição do ato produzido, mas à impossibilidade de utilização de determinados meios de prova produzidos a destempo, como aquelas juntadas aos autos antes do prazo máximo de três dias da sessão de julgamento pelo Conselho de Sentença. Nada obstante a lei não empregue essa nomenclatura, trata-se de hipótese de não utilização de prova lícita pela sua intempestividade.

---

31 Posição defendida, entre outros, por AVOLIO, Luiz Francisco Torquato. **Provas ilícitas**: interceptações telefônicas, ambientais e gravações clandestinas. 5. ed. São Paulo: Revista dos Tribunais, 2012; também GRINOVER, Ada Pellegrini; FERNANDES, Antonio Scarance; GOMES FILHO, Antonio Magalhães. **As nulidades no processo penal**. Op. Cit., p.24.

32 SIRACUSANO, Delfino. **Diritto processuale penale**. Milano: Giuffrè Editore, 2011; DINACCI, Filippo Raffaele. **L'inutilizzabilità nel processo penale: struttura e funzione del vizio**. Milano: Giuffrè Editore, 2008; ILLUMINATI, Giulio. **I principi generali del sistema processuale penale italiano**. **Politica del diritto**, v. 30, n. 2, p. 301-322, 1999.

Capítulo 14
Cooperação Penal Internacional

14.1 Compromissos internacionais e seus reflexos

No mundo contemporâneo é imperioso constatar o fenômeno da globalização e do crescimento da criminalidade organizada transnacional[1], cujas causas são tão variadas quanto seus efeitos econômicos e políticos. Nesse contexto surge em importância a cooperação entre Estados para que a persecução penal tenha alguma possibilidade de êxito[2].

Conceito: Assim, a cooperação jurídica internacional pode ser definida como o

> Conjunto de medidas e mecanismos pelos quais órgãos competentes dos Estados solicitam e prestam auxílio recíproco para realizar, em seu território, atos pré-processuais ou processuais que interessem à jurisdição estrangeira na esfera criminal.[3]

Da mesma forma, há certo consenso quanto à necessidade de adoção de mecanismos que agilizem a troca de informações e de otimização de intercambio de atos investigativos[4] e processuais[5] compondo, assim, o macrocenário da cooperação internacional no âmbito das relações inerentes aos compromissos internacionais assumidos.[6]

Como decorrência, a relação entre normas internacionais e o direito interno assume contornos diferenciados posto que os compromissos internacionais de

---

1 JAPIASSÚ, Carlos Eduardo Adriano; PUGLIESE, Yuri Sahione. A cooperação internacional em matéria penal no direito brasileiro. In: CHOUKR, Fauzi Hassan; PAGLIARINI, Alexandre Coutinho (Coord.). **Cooperação jurídica internacional**. Belo Horizonte: Fórum, 2014. 434 p., 22 cm. ISBN 978-85-450-007-5. p. 197-223.

2 Nada obstante, ainda no início do século passado, já na experiência entre as Guerras Mundiais a preocupação com o tema já se apresentava também na doutrina nacional: VALLADÃO, Haroldo. Da cooperação internacional nos processos criminais. **Revista de direito penal**, Sociedade Brasileira de Criminologia, Rio de Janeiro, v. 6/7, n. 1/2, p. 45-73., jul./dez. 1934.

3 ABADE, Denise Neves. **Direitos fundamentais na cooperação jurídica internacional**: extradição, assistência jurídica, execução de sentença estrangeira e transferência de presos. São Paulo: Saraiva. 2013.

4 SALDANHA, Douglas Morgan Fullin. Cooperação jurídica internacional em matéria penal: das cartas rogatórias às equipes de investigação conjuntas. **Segurança pública & cidadania**: revista brasileira de segurança pública e cidadania, Brasília, v. 4, n. 1, p. 115-137, jan./jun. 2011.

5 BECHARA, Fábio Ramazzini. **Cooperação jurídica internacional em matéria penal**: eficácia da prova produzida no exterior. São Paulo: Saraiva, 2011.

6 ARAÚJO, Nadia de. A importância da cooperação jurídica internacional para a atuação do estado brasileiro no plano interno e internacional. In: BRASIL. Secretaria Nacional de Justiça. Departamento de Recuperação de Ativos e Cooperação Jurídica Internacional. **Manual de cooperação jurídica internacional e recuperação de ativos**: cooperação em matéria penal. Brasília: Ministério da Justiça, 2008. 536 p., 21 cm. p. 39-48.

cooperação[7] exigem resultados operacionais imediatos. Portanto, não podem aquelas normas serem vistas apenas pela ótica de um pacto retórico e, menos ainda, como meras aspirações de progresso moral.[8]

Observado o caso brasileiro, não tem sido simples adequar o ordenamento interno aos compromissos internacionais, havendo largos hiatos entre esses dois espaços normativos dificultando, em muitas ocasiões, que a cooperação internacional penal se concretize.

A respeito do primeiro aspecto – a internalização dos compromissos internacionais – estudo de rara objetividade demonstrou que, diferentemente do que se pode imaginar, não é o Parlamento o verdadeiro obstáculo à incorporação, pelo direito interno, dos compromissos externos, mas, sim, o próprio Poder Executivo[9], denotando que o papel brasileiro no campo da sua inserção internacional é potencialmente retórico.

Com relação ao segundo plano, o da construção normativa interna em obediência aos compromissos internacionais, pode-se considerar que esse descompasso se dá, também, pela forma de relacionamento do Estado brasileiro com os cenários comunitário[10] e regional[11], cuja força de entrelaçamento em nada se

---

7   Para uma ampla visão dos textos internacionais com os quais o Estado brasileiro está comprometido ver BRASIL. Secretaria Nacional de Justiça. Departamento de Recuperação de Ativos e Cooperação Jurídica Internacional. **Manual de cooperação jurídica internacional e recuperação de ativos**: cooperação em matéria penal. 3. ed. Brasília: Ministério da Justiça, 2013. Disponível em: <https://www.justica.gov.br/sua-protecao/cooperacao-internacional/arquivos/manual_coop_penal-1.pdf>. Acesso em: 4 jul. 2021.

8   Como também lembra CASALI ao anotar a superação dessa visão "tradicional". BAHIA, Saulo José Casali. Cooperação jurídica internacional. In: BRASIL. Ministério Público Federal. Secretaria de Cooperação Internacional. **Temas de Cooperação Internacional**. 1. ed. Brasília: Ministério Público Federal, 2015. (Coleção MPF Internacional; 2). p. 39-46. Disponível em: <https://memorial.mpf.mp.br/nacional/vitrine-virtual/publicacoes/temas-de-cooperacao-internacional-1a-edicao>. Acesso em: 4 jul. 2021, especialmente p. 40.

9   CAMINO, Maria Ester Mena Barreto; VALLE, Sandra Graça de Araújo Costa. **Atos internacionais referentes à cooperação judiciária penal, criminalidade transnacional e lavagem de dinheiro.** 2013. Disponível em: <http://www2.camara.leg.br/documentos-e-pesquisa/publicacoes/estnottec/areas-da-conle/tema8/2012_19047.pdf>. Acesso em: 10 abr. 2016.

10 Por exemplo, o Acordo de Extradição entre os Estados Partes do Mercosul, concluído no Rio de Janeiro, em 10 de dezembro de 1998, em vigor no Brasil pelo Decreto nº 4.975, de 30 de janeiro de 2004. Para alentada análise do tema no espaço Mercosul, ver CERVINI, Raúl; TAVARES, Juarez. **Princípios de cooperação judicial penal internacional no protocolo do Mercosul.** São Paulo: Revista dos Tribunais, 2000. Também, SOUZA, Solange Mendes. **Cooperação jurídica penal no Mercosul**: novas possibilidades. Rio de Janeiro: Renovar, 2001.

11 A título de exemplo, no espaço regional, os seguintes compromissos: Convenção Interamericana sobre Assistência Mútua em Matéria Penal, promulgada pelo Decreto nº 6.340, de 3/1/2008 2. Convenção Interamericana sobre o Cumprimento de Sentenças Penais no Exterior promulgada pelo Decreto nº 5.919, de 3/10/2006.

compara àquela existente no espaço europeu o qual, inclusive, tem como um dos pilares de sua sustentação a cooperação internacional em matéria penal.[12]

No campo da cooperação evidencia-se, portanto, a delicada interface entre aquilo que é a harmonização[13] do direito interno com os compromissos internacionais[14], estes sempre banhados pela necessidade de observação dos direitos fundamentais no ambiente cooperador como se afirma de longa data.[15]

Mas os caminhos internos são ainda mais sinuosos quando se observa, no campo processual penal, o sucateamento do Código de Processo Penal e a insuficiência normativa do campo cooperativo gerando um vazio de legalidade estrita com inevitáveis – e justas – críticas.

Falta-nos, aqui, amadurecer aquilo que se pode denominar de o devido processo cooperatório em matéria penal.

14.2 A adequação da legislação brasileira aos compromissos internacionais

Sob a égide constitucional a partir de 1988, pode-se identificar as seguintes linhas de enfrentamento legislativo para a consolidação das normas referentes à cooperação jurídica internacional de modo a abarcar sua compreensão contemporânea segundo a qual

> [...] há três grandes "ramos" de cooperação entre os Estados em matéria penal: primeiro, o ramo que diz respeito à colaboração no cumprimento de atos instrutórios e cautelares necessários ao desenvolvimento de determinado processo penal; segundo, o que tange à colaboração na localização, detenção e segundo, o que tange à colaboração na localização, detenção e devolução do acusado

---

12 Para uma análise do tema, SOUSA, Constança Urbano de. O novo terceiro pilar da União Européia: a cooperação policial e judiciária em matéria penal. In: DIAS, Jorge de Figueiredo; et al. **Estudos em homenagem a Cunha Rodrigues**. Coimbra: Coimbra Editora, 2001. 1v. ISBN 972-32-1052-5 [Classificação: 343.2(469) E85]. p. 867-915.

13 Para uma ampla discussão ver DELMAS-MARTY, Mireille. **Les forces imaginantes du droit**. Op. Cit.

14 SLAUGHTER, Anne-Marie; Burke-White, William. The Future of International Law is Domestic. In: NOLKAEMPER, Andre; NIJMAN, Janne (Ed.). **New Perspectives on the Divide between International and National Law**. Oxford: Oxford University Press, 2007. Disponível em: <http://www.princeton.edu/~slaughtr/Articles/NewPerspectives.pdf>. Acesso em: (21 de julho de 2020).

15 SCHOMBURG, Wolfgang. La regionalización del derecho penal internacional y la protección de los derechos humanos en los procesos de cooperación internacional en materia penal. **Revue Internationale de Droit Pénal**, Ramonville Saint-Agne, v. 66, 1/2, p. 94-97, jan./jun. 1995.

da prática de determinado delito, ou daquele que já considerado culpado da prática do mesmo, para que responda a processo ou que cumpra a respectiva sanção penal – o que se dá através da extradição; e o terceiro, o que cuida da colaboração na produção de efeitos, no território de um Estado, originários de uma sentença penal condenatória, havida em outro estado [...].[16]

Sendo comum a constatação que:

Os mecanismos de cooperação não dispõem, ainda, de um regramento unificado sobre conteúdo e procedimento. A tramitação subordina-se, portanto, às regras constantes da Constituição Federal, em tratados internacionais e acordos bi e multilaterais, em normas internas espalhadas por ao menos três Códigos, além de regimentos internos e portarias.[17]

Um *primeiro movimento* legislativo é visualizado com a tentativa do estabelecimento de um *corpo autônomo de normas* sobre a cooperação jurídica internacional.

Nessa vertente tem-se o PLC 1982 de 2003, apresentado pelo então Deputado Eduardo Valverde – PT/RO, em 16/09/2003,

Fruto do esforço empreendido pela Associação de Juízes Federais do Brasil (AJUFE), que realizou dois seminários, um em abril de 2001, outro em dezembro de 2002[18], para discutir as dificuldades da Justiça brasileira na investigação de crimes transnacionais e o combate à lavagem de dinheiro.

Essa iniciativa terminou rejeitada pela CCJ da Câmara dos Deputados sob o argumento que, atribuindo ao Ministério da Justiça o papel de Autoridade Central, feriria o quanto constava na EC 32/2001. Além disso, o PLC 1982/2003, na sua redação original, não contemplava a carta-rogatória como mecanismo da cooperação internacional.

Ainda naquele período, o Ministério da Justiça instituiu comissão com o objetivo de planificar anteprojeto sobre cooperação jurídica internacional[19], cujos trabalhos também não se consolidaram.

Seguindo o caminho de anteprojetos específicos, tramitou no Senado o então PLS nº 326, de 2007, de Autoria do então Senador Pedro Simon que

---

16 Neste sentido, GUEIROS, Artur. apud SALDANHA, Douglas Morgan Fullin. Op Cit.
17 MACHADO, Maíra Rocha. Cooperação penal internacional no Brasil: as cartas rogatórias passivas. **Revista Brasileira de Ciências Criminais**, fascículo 53, mar.-abr. 2005. p. 99.
18 SEMINÁRIO Internacional sobre Cooperação Judiciária e Combate à Lavagem de Dinheiro. **Anais do Seminário Cooperação Judiciária e Combate à Lavagem de Dinheiro**. Brasília: Associação dos Juízes Federais do Brasil, 2003.
19 A ver considerações sobre esse trabalho em SILVA, Ricardo Perlingeiro Mendes da. Anotações sobre o anteprojeto de lei de cooperação jurídica internacional. **Revista de Processo**, São Paulo, v. 129, p. 133-168, 2005.

acabou sendo aprovado na forma de seu substitutivo, mas terminou arquivado ao final da legislatura.[20]

Outro caminho foi o de definir os contornos da cooperação internacional nos processos legislativos de *reformas globais dos Códigos* de Processo Civil e Processo Penal.

No campo penal, o Código de Processo Penal brasileiro, em vigor desde 1º de janeiro de 1942 contempla, com dificuldade, o que existia à época como manifestação de cooperação entre Estados soberanos: de um lado, a carta rogatória; de outro a execução da sentença estrangeira.

Observado o anteprojeto de reforma do CPP atualmente na Câmara dos Deputados tem-se que a planificação da reconfiguração legislativa se pautou, inicialmente, pelos históricos instrumentos da carta rogatória e execução de sentença estrangeira nos limites do relacionamento das relações judiciais com autoridades estrangeiras, tudo isso no curso com vistas às citações, *inquirições e outras diligências necessárias*.[21]

Na relatoria do Senado, quando da apreciação do anteprojeto que viria ser encaminhado à Câmara dos Deputados na sequência, operou-se sensível modificação para fazer constar como instrumentos da cooperação jurídica internacional (destacada inclusive a mudança da nomenclatura daquele Livro) a: I – extradição; II – ação de homologação de sentença estrangeira; III – carta rogatória; IV – auxílio direto; V – transferência de pessoas condenadas; VI – transferência de processos penais[22], além de definir como Autoridade central brasileira o Ministério da Justiça, como regra, destacando-se situações excepcionais em sentido diverso.[23]

Merece, ainda, destaque positivo o quanto determinado no art. 699 ao dispor que

> É admitida a prestação de cooperação jurídica internacional para auxiliar atividades investigativas ou persecutórias levadas a efeito por tribunais internacionais, na forma da legislação ou tratado específico.

Porém, se até o momento o NCPP ainda permanece envolto no processo legislativo, o NCPC (Lei 13.105/15 em vigor desde março de 2016) tratou de disciplinar o tema de forma mais compreensiva.

Da nova legislação processual civil extrai-se, além da festejada organicidade de tratamento da matéria, a superação legal de uma lacuna injustificável no

---

20 Matéria arquivada ao final da 54ª Legislatura, nos termos do art. 332 do Regimento Interno e do Ato da Mesa nº 2, de 2014. BRASIL. Senado Federal. **Projeto de Lei do Senado n. 326, DE 2007**. Disponível em: <https://www25.senado.leg.br/web/atividade/materias/-/materia/81485>. Acesso em: 4 jul. 2021.
21 Art. 644.
22 Art. 694.
23 Art. 693, § 2º.

| 944 |

direito brasileiro codificado: a previsão do auxílio direto, modalidade cooperativa pela qual a solicitação de cooperação se dá entre a autoridade central estrangeira e aquela brasileira (Ministério da Justiça)[24], contemplando cooperações que demandem atuação judicial ou de órgãos administrativos ou, ainda, da conjugação de ambos, concretizando um modelo cooperante mais ágil se comparado às formas tradicionais de cooperação.

A grande nota distintiva é desnecessidade da intervenção de organismos diplomáticos para que essa forma de cooperação se concretize, otimizando os esforços para rápida consecução da empreitada cooperativa que pode abarcar atos de cooperação já no desenrolar de um processo ou mesmo em etapas prévias, preparatórias, como a investigação criminal.

A ausência do tratamento legislativo interno se acentuava porque, de acordo com abalizada doutrina, o auxílio direto é um procedimento de direito interno, que concretiza demanda advinda de outro Estado soberano e que exige uma procedimentalização local, com legitimação específica para seu desencadeamento, como nos casos de competência da Justiça Federal e que não exigem juízo de delibação do Superior Tribunal de Justiça, cujos pedidos são encaminhados pela Autoridade Central brasileira ao Centro de Cooperação Jurídica Internacional (CCJI) da Procuradoria-Geral da República a fim de que se dê o encaminhamento aos órgãos de execução do Ministério Público Federal com atribuição para promover judicialmente os atos necessários à cooperação.

No órgão jurisdicional dá-se a apreciação de compatibilidade com as normas nacionais seja quanto ao pedido (juízo de verificação de sua admissibilidade), seja quanto ao mérito do quanto solicitado em termos de cooperação.[25]

Nada obstante a evolução trazida com o NCPC e seus inevitáveis reflexos para o processo penal, os quais se farão acompanhar pela doutrina vinculada a uma *teoria geral do processo* – fortemente criticada por segmentos expressivos da doutrina processual penal –, há potencial déficit normativo no processo penal que, diante de suas evidentes especificidades, seria mais bem contemplado com as normas previstas no NCPP ou, ainda na ausência deste, em corpo legislativo autônomo como o PLS 326/2007.

Aliás, as especificidades da área processual penal também constituem preocupação de um documento de abrangência latino-americana, o *Código modelo de cooperação interjurisdicional para Iberoamérica* que, na sua exposição de motivos destaca que:

---

24 "É o órgão técnico nacional, exclusivo ou não designado por cada um dos Estados Partes de um tratado para centralizar comunicações e ações de cooperação jurídica internacional." de acordo com a Convenção da Haia de 1965.

25 ARAUJO, Nadia de. **Direito internacional privado**: Teoria e prática brasileira. 3. ed. Rio de Janeiro: Renovar, 2006. p. 270.

As modalidades de cooperação interjurisdicional penal que reclamam um procedimento especial em relação à cooperação civil são as seguintes: a- investigação conjunta (arts. 20 e 21); b- comparecimento temporário de pessoas (arts. 22 e 23); c- transferência de processo e de execução penal (arts. 25 e 26); d- extradição (arts. 30 e 31).[26]

Nada obstante o olhar diferenciado, não especializa o tema do auxílio direto (auxílio-mútuo, na linguagem daquela proposta de lei) para o processo penal.

Por fim, um *terceiro movimento* legislativo pode ser identificado após a Emenda Constitucional n. 45/2004 que, modificando o papel do Superior Tribunal de Justiça na execução da sentença estrangeira, conferiu-lhe, indiretamente, um poder normativo sobre o tema, que foi exercido na conhecida *Resolução n. 09 de 2005*.

Naquele texto legal, o art. 7º surgiu com destacada importância pois, a pretexto de regular a execução da sentença estrangeira ali se acomodou um parágrafo único com a seguinte redação: Os pedidos de cooperação jurídica internacional que tiverem por objeto atos que não ensejem juízo de delibação pelo Superior Tribunal de Justiça, ainda que denominados como carta rogatória, serão encaminhados ou devolvidos ao Ministério da Justiça para as providências necessárias ao cumprimento por auxílio direto.

O mesmo artigo, em seu *caput*, ampliou as hipóteses de carta rogatória para contemplar seu cumprimento para atos não decisórios incidindo, então, as determinações de natureza cautelar como o bloqueio de bens.

Essa norma de evidente superficialidade não se mostrou suficiente para abarcar as complexas manifestações da cooperação internacional em matéria penal e gera mais críticas que enaltecimentos ao longo dos anos de sua vigência.[27]

14.3 O papel da doutrina na construção da cooperação penal internacional

A convivência da doutrina com a cooperação internacional em matéria penal amadurece progressivamente após a CR de 1988, cuja estrutura otimizou as relações internacionais com crescimento exponencial dos compromissos entre os

---

26 Texto publicado na Revista Eletrônica de Direito Processual – REDP: SILVA, Ricardo Perlingeiro Mendes da. Código de Cooperação Interjurisdicional para Iberoamérica. **Revista Eletrônica de Direito Processual**, v. 4, n. 4, p. 80-111, 2009. ISSN 1982-7636. Disponível em: <https://www.e--publicacoes.uerj.br/index.php/redp/article/view/21610/15636>. Acesso em: 4 jul. 2021.

27 GIACOMOLLI, Nereu José; SANTOS, Laura Rodrigues dos. Cooperação jurídica internacional em matéria criminal: autoridades centrais, das rogatórias ao auxílio direto. **Revista de Estudos Criminais**, Porto Alegre, v. 10, n. 46, p.97-116, jul./set. 2012, entre outros.

Estados visando o enfrentamento das várias formas de criminalidade, sobretudo a organizada transnacional.

Assim, aos mecanismos tradicionais do CPP somou-se uma série de novos comportamentos entre os Estados cooperadores[28] com críticas operacionais advindas das carências normativas[29] e a busca de encontrar limites ao emprego desses novos padrões diante das especificidades da área processual penal.[30]

É da doutrina que se extrai uma das mais agudas críticas à forma de encarar o modo de cooperação desenvolvido no Brasil, sobretudo a forma como a compreendida pelo STF[31], acarretando o engessamento da atuação dos mecanismos cooperantes na medida em que a Corte Constitucional possuía interpretação restritiva sobre a forma de encarar pedidos de verdadeiro auxílio[32], acarretando o entendimento que solicitações como a quebra de sigilo bancário seriam atentatórios à ordem pública. Clamava-se, assim, pela edificação de uma cultura de cooperação para que os mecanismos então incipientes não se tornassem inoperantes pela forma como os compreendia o Poder Judiciário[33]. Naquele cenário restritivo, e sobretudo após a EC 45, chegou-se a decidir pela inconstitucionalidade dessa forma de cooperação.[34]

Coube à tarefa hermenêutica[35], por exemplo, extrair da CR/1988 a existência do auxílio-direito, sustentada no art. 109, III, do texto constitucional – nada

---

28 TOFFOLI, José Antonio Dias. Mecanismos de cooperação jurídica internacional no Brasil. In: BRASIL. Secretaria Nacional de Justiça. Departamento de Recuperação de Ativos e Cooperação Jurídica Internacional. **Manual de cooperação jurídica internacional e recuperação de ativos**: cooperação em matéria penal. Brasília: Ministério da Justiça, 2008. 536 p., 21 cm. p. 21-29.

29 SOUZA, Carolina Yumi de. Cooperação jurídica internacional em matéria penal: considerações práticas. **Revista Brasileira de Ciências Criminais**, São Paulo, v. 16, n. 71, p. 297-325, mar./abr. 2008.

30 GIACOMOLLI, Nereu José; DIETTRICH, Eduardo Dalla Rosa. Necessidade e limites na cooperação jurídica internacional em matéria criminal: ordem pública e especialidade. In: CHOUKR, Fauzi Hassan; PAGLIARINI, Alexandre Coutinho (Coord.). **Cooperação jurídica internacional.** Belo Horizonte: Fórum, 2014. 434 p., 22 cm. ISBN 978-85-450-007-5. p. 257-284.

31 Neste sentido o paradigmático artigo de MADRUGA FILHO, Antenor. O Brasil e a Jurisprudência do STF na Idade Média da Cooperação Jurídica Internacional. **Revista Brasileira de Ciências Criminais**, São Paulo, ano 13, n. 54, 2005.

32 Quanto o STF compreendia que era necessário empregar-se o procedimento de homologação de sentenças estrangeiras para que fossem cumpridos atos executórios, não podendo ser utilizada, portanto, o procedimento das cartas-rogatórias.

33 MADRUGA FILHO, Antenor. Op. Cit.

34 DEL GROSSI, Viviane Ceolin Dallasta. **A defesa na cooperação jurídica internacional penal**: o auxílio direto e a atuação por meio de redes. São Paulo: IBCCRIM, 2016. Vide nota 76 para menção aos julgados referentes à afirmação lançada.

35 CORDANI, Dora Cavalcanti. Cooperação Jurídica Internacional em Matéria Penal no Brasil: as cartas rogatórias e o auxílio direto – controle dos atos pela parte atingida. In: VILARDI, Celso; PEREIRA, Flávia Rahal Bresser; DIAS NETO, Theodomiro. **Crimes Econômicos e Processo Penal.** São Paulo: Saraiva – FGV, 2008.

obstante a constatação de sua previsão em tratados[36] ou acordos bilaterais[37] que lhe conferia a posição de norma infraconstitucional –, tema que contemporaneamente encontra amparo no NCPC então legitimada, inclusive, com vistas à concretização da duração razoável do processo[38], viés interpretativo de matiz constitucional-convencional que une as bases cooperantes com as aspirações de um devido processo.

E exatamente o viés da premência do emprego dos meios de prova acabou sendo legitimado doutrinariamente para compreender a importância da modalidade auxílio direto na cooperação, sob o evidente risco do perecimento daqueles meios com o comprometimento da persecução penal na origem.

Essa via, certamente mais célere, também abarca também um certo grau de mitigação do papel da autoridade central que, nada obstante deva ser sempre comunicada do pedido de cooperação, não será interveniente do contato entre organismos investigativos que podem dialogar diretamente entre si.

Exatamente este aspecto faz ressaltar um dos pontos críticos desse modelo cooperador: o protagonismo das agencias investigativas e o distanciamento das intervenções defensivas nesses pedidos que, em muitas ocasiões, são realizados ainda na fase de investigação criminal na qual a incidência de instrumentos defensivos é naturalmente precária.[39]

Aqui surge de maneira preocupante a forma como a investigação criminal é tratada no direito brasileiro, com seu sucateamento legislativo advindo do descompasso com o marco constitucional-convencional.

É fato que num ambiente jurídico no qual a investigação ainda tem protagonismo acentuado nos destinos da ação penal e em cujo desenvolvimento o exercício de direitos defensivos (não se refere aqui ao contraditório) é parcamente tolerado mesmo pela legislação, o emprego do auxílio direto deve vir cercado de cautelas normativas as quais o NCPC pode não abarcar de forma satisfatória, seja porque não se tem ali a mesma estrutura do processo penal, seja porque os objetos de tutela jurisdicional são evidentemente distintos.

---

36 Convenção Interamericana sobre Assistência Mútua em Matéria Penal (Convenção de Nassau), de 1992 internalizado pelo Decreto nº 6.340/2008.

37 Vide, por exemplo, os seguintes diplomas internos advindos de acordos bilaterais: Itália, 17.10.89, Decreto nº 862/93; Portugal, 07.05.91, Decreto nº 1.320/1994; França, 28.05.96, Decreto nº 3.324/99; Suíça, 12.05.04, Decreto Legislativo nº 300/2006 e; Espanha, 22.05.06, Decreto nº 6.681/2008.

38 BARBOSA JÚNIOR, Márcio Mateus. O auxílio direto como meio de efetividade do direito à razoável duração do processo. **Jus Navigandi**, v. 16, p. 36-55, 2011. Disponível em: <https://ambitojuridico. com.br/cadernos/direito-processual-civil/o-auxilio-direto-como-meio-de-efetividade-do-direito--a-razoavel-duracao-do-processo/>. Acesso em 4 jul. 2021.

39 Numa tentativa de contornar essa situação, veja-se a proposta teórica de atos cooperadores na investigação defensiva como de certa forma preconizado por DEL GROSSI, Viviane Ceolin Dallasta. Op. Cit.

Por essa razão acentua-se posição que sustenta:

> que se a matéria objeto do pedido de cooperação estiver sujeita à reserva da jurisdição segundo a legislação brasileira, como, por exemplo, a quebra de sigilo bancário e fiscal, o sequestro de bens, a interceptação das comunicações, necessária a observância da competência do Superior Tribunal de Justiça no controle de admissibilidade da solicitação de auxílio, seja a carta rogatória ou o pedido de auxílio direto. Se por outro lado, se a matéria objeto do pedido de cooperação não estiver sujeita à reserva da jurisdição, como o compartilhamento de um documento, de um depoimento de testemunha, de uma prova pericial já produzida, não será necessário observar a competência do STJ, desde que o pedido tenha sido formulado com base em acordo bilateral ou tratado multilateral de que ambos os Estados sejam partes, e sem que necessariamente haja intervenção jurisdicional.[40]

A necessidade do enfrentamento da criminalidade organizada transnacional não pode ser descurada. Mas, da mesma forma não se pode cumprir esse papel de enfrentamento às custas da fragilização do Estado de Direito, no âmbito interno e dos direitos fundamentais desde que sejam tidos como balizas essenciais às relações internacionais na construção de uma ordem internacional justa.

Daí porque deve-se observar com a devida atenção o quanto já trabalhado de forma pioneira no âmbito comunitário que o Brasil integra as postulações de Cervini e Tavares[41], ao insistirem na edificação de princípios conformadores de uma cooperação internacional justa ou naquilo que acima denominamos *devida cooperação internacional em matéria penal*, dentre eles a proteção da dignidade da pessoa humana, a mínima e a proporcionalidade.

E, atenta a essa premissa, cumpre considerar a especificidade do tratamento da matéria para a área penal, com regulação específica que não se resuma ao emprego do NCPC em matérias de persecução penal atendendo as especificidades da fase investigativa e dos limites de compartilhamento probatório, por exemplo, a fim de que "o microssistema brasileiro de cooperação internacional em matéria penal", na expressão de Aras[42] venha a ser consolidado sem qualquer colisão com a ordem constitucional e convencional.

---

40 BECHARA, Fábio Ramazzini. **Novo CPC regulou normas de cooperação internacional de forma sistemática**. Disponível em: <http://www.conjur.com.br/2015-out-17/fabio-bechara-cpc-pacificou-normas-cooperacao-internacional>. Acesso em: 4 jul. 2021.

41 CERVINI, Raul; TAVARES, Juarez. Op. Cit., passim.

42 Tal como veiculada a expressão em: BLOG DO VLAD. Justiça criminal, direitos humanos, corrupção, lavagem de dinheiro, crime organizado, cooperação internacional, segurança pública. Disponível em: <https://blogdovladimir.wordpress.com/2011/11/15/agora-sao-17-bi/>. Acesso em: 4 jul. 2021.

14.4 Os princípios da cooperação penal internacional

Os princípios aparecem, também, como limites à cooperação, distinguidos entre formais e materiais[43] e, podem ser enunciados da seguinte forma:

a) Incidência de direitos fundamentais na cooperação;
b) Especialidade;
c) Paridade de tratamento entre os ordenamentos jurídico[44];
d) Aplicação da norma mais favorável à cooperação[45];
e) Ordem pública.

Desses, a incidência dos direitos fundamentais é pilar essencial da cooperação penal internacional como alentadamente estudado por prestigiosa doutrina[46] como, de resto, o é para a construção do justo processo seja no direito interno, seja no próprio direito internacional, justificando a necessidade de aprimoramento daquilo que denominamos de *devido processo cooperatório em matéria penal*, com preocupações destacadas não apenas pela ótica das necessidades de persecução como com as condições da pessoa submetida à persecução[47], tema para com a doutrina vem expressando sua preocupação há tempos.[48]

Já a *especialidade* significa o uso restrito do material obtido somente poderá ser utilizado na persecução (investigação ou processo) do qual foi originado o pedido de cooperação. E, de forma mais ampla, na prática da cooperação internacional, a especialidade finda por admitir, também, que países que não cooperam, em relação a crimes fiscais ou financeiros, tenham a segurança de

---

43 TROTTA, Sandro Brescovit. **O Lugar do Crime no Mercosul**: as fronteiras da cooperação jurídica internacional contemporânea. 1. ed. Porto Alegre: Verbo Jurídico, 2013, especialmente item 2.8.

44 A partir da explanação de WEBER, Patrícia Maria Núñez. Cooperação internacional penal: conceitos básicos. In: BRASIL. Ministério Público Federal. Secretaria de Cooperação Internacional. **Temas de Cooperação Internacional**. 1. ed. Brasília: Ministério Público Federal, 2015. (Coleção MPF Internacional; 2). p. 39-46. Disponível em: <https://memorial.mpf.mp.br/nacional/vitrine--virtual/publicacoes/temas-de-cooperacao-internacional-1a-edicao>. Acesso em: 4 jul. 2021. p. 34.

45 A partir da explanação de Patrícia Weber. Idem.

46 Como apontado na obra essencial de Denise Abade, uma vez mais aqui recordada. ABADE, Denise Neves. **Direitos fundamentais na cooperação jurídica internacional**. Op. Cit.

47 Com alentadas preocupações desde a ótica defensiva como aponta DEL GROSSI, Viviane Ceolin Dallasta. Op. Cit. e, também, PERUCHIN, Marcelo Caetano Guazzelli. A proteção dos direitos fundamentais no cenário da cooperação judicial penal internacional. In: CHOUKR, Fauzi Hassan; PAGLIARINI, Alexandre Coutinho. **Cooperação jurídica internacional**. Belo Horizonte: Fórum, 2014. p. 225-255.

48 CERVINI SANCHEZ, Raúl. Das garantias do concernido na cooperação judicial penal internacional. In: ZAFFARONI, Eugenio Raúl; KOSOVSKI, Ester. **Estudos em homenagem ao prof. João Marcello de Araujo Junior**. Rio de Janeiro: Lumen Juris, 2001. p. 441-457; SCHOMBURG, Wolfgang. Op. Cit.

que não serão utilizadas provas, em seu território, para tais delitos, em alusivo respeito à soberania[49].

Porém, nada obstante a destinação específica da prova cooperatória, cresce a discussão sobre a utilização em processos distintos como *prova emprestada*, tema que está longe de ser pacificado, mas que, em princípio, conta com posição favorável de sustentada afirmação doutrinária para admiti-la desde que não haja vedação expressa nos acordos bilaterais que vede esse empréstimo exatamente em nome da especialidade.[50]

Por seu turno, a paridade de ordenamentos, também apresentado como dupla incriminação[51], significa que a conduta deve ser considerada típica de forma similar em ambos os ordenamentos penais envolvidos,

> ou seja, esses países somente prestam cooperação jurídica quando verificam que a conduta investigada no Estado requerente também constitui crime de acordo com a sua legislação. Quando a dupla incriminação for um requisito, este será considerado cumprido se a conduta constitutiva do delito relativo ao qual se solicita a assistência é um delito de acordo com a legislação de ambos os Estados Partes, independentemente se as leis do Estado requerido incluem o delito na mesma categoria ou o denominam com a mesma terminologia que o Estado requerente.[52]

Outrossim, tema de merecerá destaque para a efetivação da cooperação é a inexistência de penas vedadas em um ordenamento, pelo outro, o que inviabilizaria a cooperação.[53]

A *ordem pública* é matéria historicamente presente nas discussões das relações internacionais, mas ainda de pouco tratamento específico no campo da cooperação penal internacional. Giacomolli num dos trabalhos que se ocupou de discuti-la, apoiado em Abade[54] aponta sua imprescindibilidade, malgrado a imprecisão conceitual que lhe cerca e busca dar contornos mais precisos para

---

49 TROTTA, Sandro Brescovit. *Op. Cit.*, especialmente item 2.8.

50 GALÍCIA, Caíque R.; DIETTRICH, Eduardo D. R. Análise da prova emprestada no âmbito da cooperação jurídica internacional. In: IV Congresso Internacional de Cências Crminais, 2013, Porto Alegre. **Anais do IV Congresso Internacional de Ciências Crminais**, 2013. Também publicado em: <https://www.academia.edu/4959883/AN%C3%81LISE_DA_PROVA_EMPRESTADA_NO_%C3%82MBITO_DA_COOPERA%C3%87%C3%83O_JUR%C3%8DDICA_INTERNACIONAL>. Acesso em: 4 jul. 2021.

51 Para uma breve análise do tema, BELOTTO, Ana Maria de Souza; MADRUGA, Antenor; TOSI, Mariana Tumbiolo. Dupla incriminação na cooperação jurídica internacional. **Boletim IBCCRIM**, São Paulo, v. 20, n. 237, p. 15-16., ago. 2012.

52 BRASIL. Secretaria Nacional de Justiça. Departamento de Recuperação de Ativos e Cooperação Jurídica Internacional. **Cartilha cooperação jurídica internacional em matéria penal**. Brasília: Ministério da Justiça, 2012. p. 17.

53 A ver em PUGLIESE, Yuri Sahione. **Assistência mútua em matéria penal**: e as penas vedadas no direito penal. São Paulo: LiberArs, 2015. 223 p., 23 cm. (Diké, 11). ISBN 978-85-64783-52-2.

54 GIACOMOLLI, Nereu José; DIETTRICH, Eduardo Dalla Rosa. *Op. Cit.* p. 116.

evitar que o ordenamento interno, normalmente tido como um dos arrimos de discussão do conceito, venha a servir como empecilho para a efetivação da cooperação e, da mesma maneira, a submissão do direito interno do ordenamento internacional. Assim, termina por identificá-la com um mínimo de normas reconhecidas que compõem o *justo processo*.

14.5 A posição do Estado na atividade cooperatória e suas estruturas intervenientes

Para adequada compreensão do funcionamento dos mecanismos cooperatórios é necessário compreender as posições que o Estado pode assumir nesse processo, bem como, dentro do Estado, os organismos protagonistas para concretização da cooperação.

a] Posição do Estado

É assente que o papel estatal varia de acordo com sua condição de realizador do pedido de cooperação ou receptor dessa solicitação de assistência.

Assim, no primeiro caso diz-se do Estado cooperador *ativa* e, no segundo, Estado cooperador *passivo*. Essa divisão não é meramente acadêmica, mas reflete na prática do exercício dos direitos defensivos[55] e, acrescentaríamos, na própria concretização do devido processo legal cooperatório.

Ademais, a condição de cooperador passivo implica na obediência ao direito interno do país requerido para a prática do ato solicitado. Isso é particularmente importante em determinadas modalidades de cooperação, como o auxílio direto (ver discussão na sequência) para que sejam obedecidas, por exemplo, as situações de reserva de jurisdição para determinados atos aqui praticados.

Segundo Perlingeiro, a condição *passiva* do Estado implica em quatro possibilidades de atuação:

1] A realização de atos jurisdicionais nacionais, a partir da provocação do Estado/ juiz estrangeiro, ao que se denominaria *cooperação jurisdicional de iniciativa do juiz estrangeiro*.

---

55 ESTELLITA, Heloisa. Cooperação internacional penal passiva e garantias processuais do afetado. In: SILVEIRA, Renato de Mello Jorge; RASSI, João Daniel. **Estudos em homenagem a Vicente Greco Filho**. São Paulo: LiberArs, 2014. p. 199-208.

2] A realização de atos administrativos nacionais, a partir da provocação do Estado/juiz estrangeiro, ao que se denominaria *cooperação administrativa de iniciativa do juiz estrangeiro*.

3] A realização de atos jurisdicionais nacionais, a partir da provocação de ente privado ou público, titular do direito subjetivo sujeito à declaração jurisdicional no Estado estrangeiro, ao que se denominaria *cooperação jurisdicional de iniciativa da parte*.

4] A realização de atos administrativos nacionais, a partir da provocação de ente privado ou de ente público, titular do direito subjetivo sujeito à declaração jurisdicional no Estado estrangeiro, ao que se denominaria *cooperação administrativa de iniciativa da parte*.[56]

b] As estruturas estatais intervenientes

A existência de autoridade centralizadora dos pedidos de cooperação atende a um ideal de racionalidade e eficiência desse mecanismo[57] e encontra guarida nos documentos internacionais de longa data conforme recorda Aras:

> As primeiras menções a autoridades centrais ou instituições intermediárias em tratados internacionais remontam à Convenção de Nova York de 1956 sobre Prestação de Alimentos no Exterior e à Convenção da Haia de 1965 relativa à Citação e à Notificação no Estrangeiro de Atos Judiciais e Extrajudiciais em Matéria Civil e Comercial, às quais se seguiu a Convenção da Haia de 1970 sobre Rogatórias e Recepção de Provas no Estrangeiro. No espaço jurídico da OEA, foi o artigo 4º da Convenção Interamericana sobre Rogatórias (Decreto 1.898/1996), assinada no Panamá em 1975, que introduziu o instituto da autoridade central, ao passo que no Mercosul isto se deu com o artigo 2º do Protocolo de Cooperação e Assistência Jurisdicional em Matéria Civil, Comercial, Trabalhista e Administrativa, de 1992 (Decreto 2.067/1996), conhecido como Protocolo de Las Leñas.[58]

Assim, da Convenção de Viena acima mencionada surge a definição sobre autoridade central:

> Cada Estado contratante designará uma Autoridade central que assumirá, de acordo com o disposto nos Artigos 3.º a 6.º, o encargo de receber os pedidos de citação e os de notificação provenientes de um outro Estado contratante e de

---

56 SILVA, Ricardo Perlingeiro Mendes da. Cooperação Jurídica Internacional e auxílio direto. **Revista CEJ**, v. 10, n. 32, p. 75-79, 2006. p. 76.

57 Para uma visão inicial do tema ver GIACOMOLLI, Nereu José; SANTOS, Laura Rodrigues dos. Op. Cit.

58 ARAS, Vladimir. **As autoridades centrais brasileiras em matéria penal**. Disponível em: <http://www.direitodoestado.com.br/colunistas/vladimir-aras/as-autoridades-centrais-brasileiras-em--materia-penal>. Acesso em: 25 out. 2016.

lhes dar seguimento. A Autoridade central é organizada segundo as modalidades previstas pelo Estado requerido.[59]

Essa previsão, de inédita importância porquanto suplantava as negociações diplomáticas a respeito, na verdade não criou uma autoridade central, mas possibilitou que as legislações de cada país determinassem a que melhor lhes aprouvesse.[60]

E, no caso brasileiro, ainda conforme precisa explicação de Aras[61],

> Há três formas de designação de uma autoridade central em cooperação internacional. Por lei, como se deu com a Procuradoria-Geral da República no art. 26 da Lei 5.478/1968, ou com o Ministério da Justiça no art. 26, §4°, do novo CPP; por decreto federal; ou, o que é mais comum, por designação casuística no corpo de tratados bilaterais; ou ainda casuisticamente, mediante declaração unilateral apresentada pelo Estado signatário ao depositário de convenção multilateral.

No caso brasileiro o órgão que desempenha prioritariamente esse papel é do Departamento de Recuperação de Ativos e Cooperação Jurídica Internacional (DRCI), órgão da Secretaria Nacional de Justiça, do Ministério da Justiça[62]. Contudo, nos acordos bilaterais firmados com Portugal[63] e Canadá[64] a autoridade central brasileira é a Procuradoria Geral da República (PGR).

14.6 As espécies de cooperação penal internacional

Recorde-se, inicialmente, que a cooperação pode ser solicitada para a prática de *atos jurisdicionais* ou para *atos administrativos* como já destacado no item 5.a, observação que esta que é indispensável quando da atuação de determinadas formas de cooperação.

a] Carta rogatória

---

59 Convenção Relativa à Citação e à Notificação no Estrangeiro dos Actos Judiciais e Extrajudiciais em Matéria Civil e Comercial, art. 2°.

60 SOARES, Boni de Moraes. Autoridade Central: da Conferência da Haia à experiência brasileira. In: ARAÚJO, Nadia; VARGAS, Daniela (Org.). **Cadernos do Departamento de Direito**. Rio de Janeiro: Pontifícia Universidade Católica do Rio de Janeiro, Jan-Jun 2008. p. 14.

61 ARAS, Vladimir. Op. Cit.

62 Com a definição de sua atuação pelo Decreto n. 8.668, de 11 de fevereiro de 2016.

63 Art. 14, n. 4 do Decreto n. 1.320, de 30 de novembro de 1994: A Autoridade Central do Brasil é a Procuradoria-Geral da República e a Autoridade Central de Portugal e a Procuradoria-Geral da República.

64 Art. 11 do Decreto n. 6.747, de 22 de janeiro de 2009: As autoridades centrais deverão emitir e receber todas as solicitações e suas respostas no âmbito do presente Tratado. A autoridade central pela República Federativa do Brasil será a Procuradoria Geral da República e a autoridade central pelo Canadá será o Ministro da Justiça ou uma autoridade por este designada.

No ultrapassado CPC, a carta-rogatória ao lado da execução de sentença estrangeira, ocupa lugar de destaque posto que correspondiam ao quanto se podia esperar de uma codificação de origem autoritária nos anos 1930.

Assumindo a forma passiva[65] ou ativa, a carta rogatória encarna *relacionamento entre autoridades judiciárias*. Contudo, na estrutura clássica desse mecanismo, entre o relacionamento das autoridades judiciárias está a intervenção de corpo diplomático, tornando ainda mais burocrático e lenta a construção cooperatória. Esta, portanto, uma marcante diferença entre outras formas de cooperação quando aquelas se passam entre órgãos administrativos, sobretudo.

No caso brasileiro, como exposto no item 2, supra, a autoridade judiciária brasileira que cumpre esse papel, após a EC 45/2004 é o STJ, com regulação de sua tramitação, como também já comentado no mesmo tópico, pela Resolução n. 09/2005.

Importante frisar que o STJ aprecia em nível *delibativo* de cognição o conteúdo de carta-rogatória e não faz uma verdadeira apreciação do mérito do pedido.

b] Auxílio direto

O auxílio direto, cujo tratamento legal já foi comentado no item 2, supra, é marcado por maior celeridade na tramitação e significa, a seu tempo, a *busca* do ideal de uma *cooperação* internacional que *obedeça ao princípio da duração razoável do processo*.

Por isso ele não se submete às tramitações diplomáticas e judiciais da carta-rogatória, sendo executado diretamente pelo Juízo de primeiro grau a partir de provocação da autoridade brasileira com atribuição para tanto. Nesse pedido, de natureza formal, o Juízo competente faz uma análise do *mérito do pedido* a fim de autorizá-lo ou não.

Como recorda Pelingeiro, ao exemplificar uma das hipóteses de auxílio direito na área penal,

> É possível imaginar órgãos ministeriais, ou até mesmo judiciais que tenham função inquisitorial, em fase de investigação para futura ação penal no exterior, necessitando de procedimentos investigatórios, sem conteúdo jurisdicional, perante a ordem jurídica nacional. Isso torna a investigação conjunta de órgãos do Ministério Público ou de autoridades policiais de Estados distintos um exemplo de cooperação passiva administrativa de iniciativa da parte.[66]

---

65 A ver em AZEVEDO, Maíra Rocha. Cooperação penal internacional no Brasil: as cartas rogatórias passivas. **Revista Brasileira de Ciências Criminais**, São Paulo, v. 13, n. 53, p. 98-118., mar./abr. 2005.

66 SILVA, Ricardo Perlingeiro Mendes da. **Cooperação Jurídica Internacional e auxílio direto**. Op. Cit., p. 77.

Situação imaginada forma de auxílio direto passivo, pode ser aplicada naturalmente na forma ativa, a dizer, como Estado brasileiro sendo requerente mediante a provocação da autoridade persecutória brasileira.

Assim, de forma objetiva, podem ser apresentadas as principais distinções entre o auxílio direto e a carta rogatória da seguinte forma:

	Tempo de existência	Local da Decisão	Órgão jurisdicional competente	Nível de Cognição
Carta rogatória	Antigo; prevista no CPP	Decisão em outro país (administrativa ou judicial)	STJ	Delibação
Auxílio Direto	Novo; previsto a partir da CR, NCPC e Res. 09/2005 do STJ	Direito interno	Juízo de 1º. Grau da Justiça Federal	Mérito

Fonte: O autor (2021).

Pensado para atuar entre Estados, a cooperação penal internacional, sobretudo na modalidade auxílio-direto possui uma dinâmica diferenciada nas relações com o jurisdicionado e, diante de um potencial poder de desequilíbrio que pode causar, sobretudo quando atuado na fase investigativa, há inícios de abordagens dogmáticas que analisam a possibilidade de intervenção efetiva também pela pessoa envolvida nessa estrutura cooperatória.[67]

c] Homologação de sentença estrangeira

Trata-se de mecanismo cooperatório atuado no direito interno com vistas a dar eficácia aos termos de uma sentença condenatória não privativa de liberdade proferida por outro Estado no exercício de sua soberania[68], nos termos do art. 9º do Código Penal[69] com vistas a

> garantir o acesso à justiça mediante a colaboração entre juízes nacionais e estrangeiros, e viabilizar a persecução penal e o cumprimento de decisões

---

67 PERUCHIN, Marcelo Caetano Guazzelli. Legitimação ativa do cidadão envolvido em atos de cooperação judicial penal internacional. In: WUNDERLICH, Alexandre (Coord.). **Política criminal contemporânea**: criminologia, direito penal e direito processual penal; homenagem do Departamento de Direito Penal e Processual Penal pelos 60 anos da Faculdade de Direito da PUC/RS. Porto Alegre: Livraria do Advogado, 2008. p. 319-331.

68 Com efeito, as decisões emanadas de tribunais internacionais não precisam ser homologadas, como é o caso, na seara penal, das decisões do Tribunal Penal Internacional.

69 Art. 9º – A sentença estrangeira, quando a aplicação da lei brasileira produz na espécie as mesmas consequências, pode ser homologada no Brasil para: I – obrigar o condenado à reparação do dano, a restituições e a outros efeitos civis; II – sujeitá-lo a medida de segurança. Parágrafo único – A homologação depende: a) para os efeitos previstos no inciso I, de pedido da parte interessada; b) para os outros efeitos, da existência de tratado de extradição com o país de cuja autoridade judiciária emanou a sentença, ou, na falta de tratado, de requisição do Ministro da Justiça.

proferidas pelo juiz nacional, quando existirem elementos situados num Estado estrangeiro.[70]

Administrada na forma da Resolução n. 09/2005 do STJ, órgão jurisdicional competente para apreciação desse pedido após a EC 45/2004, implica, para o órgão jurisdicional brasileiro exclusivamente a análise de requisitos formais, não cabendo que se faça qualquer análise de *mérito* da sentença homologável. Tem-se, assim, o exercício de um *juízo de delibação*.

Há, no entanto, que se discutir se sentenças penais não homologadas, no Brasil, podem gerar efeitos de alguma natureza. Para Araújo, citado por a sentença condenatória não homologada pode ser levada em consideração para efeito da reincidência[71] e, ainda com base na mesma fonte, a menção à posição de Harumi, para que a sentença não homologada seja válida na análise da detração.[72]

Com a devida vênia, não endossamos tais posições. A primeira, referente ao uso da condenação não homologada, se tanto poderia ser utilizada como critério para maus antecedentes e não para a reincidência, que apresenta requisitos mais rígidos de sua utilização (v.g., certidão da condenação); para o segundo caso, a detração somente poderia ser operada se a prisão dissesse respeito ao mesmo processo e não a processos distintos como parece ser a situação delineada pela destacada Autora.

d] Extradição e entrega de nacionais

A *extradição* é clássico instituto de cooperação penal internacional que, no caso brasileiro, tem fundamento na Constituição Federal – artigo 5º, LI e LII; artigo 12; artigo 102, I, g, no Estatuto do Estrangeiro – Lei 6.815/80: artigo 76 e seguintes e Regimento Interno do Supremo Tribunal Federal – artigos 207 a 214.

Trata-se de solicitação de um outro Estado soberano com o qual o Brasil mantenha acordo (normalmente bilateral) sobre o tema ou, na "ausência deste, o pedido de extradição poderá ser formulado com promessa de reciprocidade de tratamento para casos análogos entre os dois Estados, materializada por meio

---

70 ARAÚJO, Nadia de; GAMA JUNIOR, Lauro. **Sentenças estrangeiras e cartas rogatórias**: novas perspectivas da cooperação internacional. Disponível em: <http://www. mundojuridico. adv. br/ sis_artigos/artigos. asp, 2009>. Acesso em: 3 jun. 2010.

71 ARAÚJO, Nadia de (Coord.). Cooperação jurídica internacional no Superior Tribunal de Justiça: comentários à Resolução nº. 9/2005. Rio de Janeiro: Renovar, 2010. p. 37, apud PEREIRA, Marcos Vinicius Torres. Homologacao de sentencas penais estrangeiras no direito internacional privado brasileiro. **Revista da Faculdade de Direito**, no. 18, 2010. Disponível em: <https://www.e--publicacoes.uerj.br/index.php/rfduerj/article/viewFile/1354/1142>. Acesso em: 1º dez. 2016.

72 HARUMI, Marcela. Dos casos em que é desnecessário homologar uma sentença estrangeira. Tese (Doutorado). Universidade Estadual do Rio de Janeiro, Rio de Janeiro, 2009. (Prof. Orientadora Carmen Tibúrcio). p. 105 e seguintes, Apud PEREIRA, Marcos Vinicius Torres. Homologacao de sentencas penais estrangeiras no direito internacional privado brasileiro. **Revista da Faculdade de Direito**, no. 18, 2010. Disponível em: <https://www.e-publicacoes.uerj.br/index.php/rfduerj/article/viewFile/1354/1142>. Acesso em: 1º dez. 2016.

de Nota Diplomática"[73] para que o Brasil entregue determinada pessoa a fim de que lá seja processada e julgada criminalmente. Portanto, "destina-se a julgar autores de ilícitos penais, não sendo, em tese, admitida para processos de natureza puramente administrativa, civil ou fiscal."[74]

A extradição, assim, pode ser considerada como *instrutória* (para o processo ou investigação) ou *executória* (para a execução da pena).

A extradição está baseada em alguns princípios, destacando-se, inicialmente, um que é muito caro ao Direito Internacional Público, o *de não devolução* (*non-refoulement*) previsto na Convenção sobre o Estatuto dos Refugiados de 1951 e no respectivo Protocolo de 1967, ambos ratificados pelo Brasil, pelo qual se entende a impossibilidade de extradição do refugiado como meio para impedir que seja devolvido para um país no qual sua integridade física seja ameaçadas, princípio alçado à condição de *jus cogens* internacional.

Como aponta Paula,

> o *non-refoulement* é a única garantia de proteção para pessoas que, embora não possam retornar ao seu país de origem por motivos como graves violações de direitos humanos, violência generalizada ou risco de tortura, também não se encaixam na definição de refugiado da Convenção de 1951. Com o reconhecimento da natureza jus cogens do princípio do non-refoulement, a proteção dessas categorias de pessoas estaria mais segura, visto que, sob nenhuma circunstância, elas poderiam ser devolvidas ao seu país de origem.[75]

A exceção a este princípio encontra-se no art. 32 da Convenção sobre Refugiados, ao determinar que

> O benefício da presente disposição não poderá ser, todavia, invocado por um refugiado que por motivos sérios seja considerado um perigo para a segurança do país no qual ele se encontre ou que, tendo sido condenado definitivamente por crime ou delito particularmente grave, constitui ameaça para a comunidade do referido país.

Além desse princípio, a extradição está amparada no *princípio da especialidade*

> [...] ou seja, o extraditando não poderá ser processado e/ ou julgado por crimes que não embasaram o pedido de cooperação e que tenham sido cometidos antes

---

73 BRASIL. Secretaria Nacional de Justiça. Departamento de Estrangeiros. **Manual de extradição**. Brasília: Secretaria Nacional de Justiça, 2012. p. 16.

74 DEL'OLMO, Florisbal de Souza, KÄMPF, Elisa Cerioli Del'Olmo. **A extradição no direito brasileiro**. Rio de Janeiro: GZ Ed., 2011. p. 34.

75 PAULA, Bruna Vieira de. O princípio do non-refoulement, sua natureza jus cogens e a proteção internacional dos refugiados e dos direitos humanos. **REMHU** (Brasília), v. 16, p. 430-439, 2008. Também disponível em: <http://www.corteidh.or.cr/tablas/r28151.pdf>. Acesso em: 4 jul. 2021. p. 52.

de sua extradição, podendo o Estado requerente solicitar ao Estado requerido a extensão ou ampliação da extradição ou extradição supletiva.[76]

Também encontra sustentação no princípio da *dupla tipicidade* pelo qual a conduta deve ser considerada como criminalmente típica tanto no país requerente como no requerido e no *princípio do non bis in idem*, que impede a extradição se já houver condenação transitada em julgado pelo mesmo fato imputado no país requerido. Como decorrência lógica, a *conduta* criminal no país de origem *não* pode estar *prescrita*.

Como mecanismo clássico, pressupõe que seja atuado pela via diplomática de Estado a Estado, cabendo a o Supremo Tribunal Federal a competência para apreciar o pedido. Dessa forma, a extradição possui duas etapas: uma, administrativa, levada a efeito pelas vias diplomáticas (ou por organismo policial, como adiante se verá); outra, judicial, com apreciação do pedido pelo STF.

Importante frisar que quando se tratar de extradição passiva, "o procedimento adotado pela legislação brasileira quanto ao processo de extradição é o da chamada contenciosidade limitada (sistema belga), que não contempla a discussão sobre o mérito da acusação"[77] pelo qual

> a decisão do Supremo Tribunal Federal só vincula o Presidente da República quando reconhecida alguma irregularidade no processo extradicional, de modo a impedir a remessa do extraditando ao arrepio do ordenamento jurídico. Nunca, contudo, para determinar semelhante remessa. A explicação para a dicotomia é simples: o Judiciário deve ser o último guardião dos direitos fundamentais de um indivíduo, seja ele nacional ou estrangeiro, mas não dos interesses políticos de Estados alienígenas, os quais devem entabular entendimentos com o Chefe de Estado, em vez de tentar impor sua vontade através dos Tribunais internos.[78]

São pressupostos para a concessão da extradição: a) que o crime tenha sido cometido no território do Estado requerente; b) que seja passível de imposição ao extraditando a lei do Estado requerente e, por fim, c) que haja determinação

---

76 BRASIL. Secretaria Nacional de Justiça. Departamento de Estrangeiros. **Manual de extradição.** Op. Cit., p. 16.

77 MENDES, Gilmar; COELHO, Inocêncio Mártires; BRANCO, Paulo Gustavo Gonet. **Curso de Direito Constitucional.** 3. ed. São Paulo: Saraiva, 2008. p. 727.

78 BRASIL. Supremo Tribunal Federal. **Extradição n. 1.085/ República Italiana.** Tribunal Pleno. Relator Min. Cezar Peluso. Julgamento: 16/12/2009. Publicação: 16/04/2010. Disponível em: <https://redir.stf.jus.br/paginadorpub/paginador.jsp?docTP=AC&docID=610034>. Acesso em 4 jul. 2021; BRASIL. Supremo Tribunal Federal. **Reclamação n. 11243/República Italiana.** Petição Avulsa em extradição. Tribunal Pleno. Relator Min. Gilmar Mendes. Julgamento: 08/06/2011. Publicação: 05/10/2011. Disponível em: <https://redir.stf.jus.br/paginadorpub/paginador. jsp?docTP=TP&docID=1495257>. Acesso em: 4 jul. 2021.

Cooperação Penal Internacional | 959 |

de prisão com sentença condenatória transitada em julgado ou que tenha sido a prisão autorizada por autoridade competente no Estado requerente.

O estado brasileiro pode assumir papel ativo (Brasil pede a extradição) ou papel passivo (extradição é solicitada ao Brasil) nos pedidos extradicionais, garantindo-se, nesse caso, o direito ao contraditório e ampla defesa, mas com impossibilidade de empregar-se o Habeas Corpus para obstar o andamento do pedido de extradição, salvo situações excepcionalíssimas.[79]

Nessa segunda hipótese (extradição passiva), o pedido é encaminhado por outro Estado soberano, sendo efetuada a análise administrativa da admissibilidade pela Secretaria Nacional de Justiça, (Departamento de Estrangeiros) e o instrui para, na sequência, encaminhar a solicitação ao Supremo Tribunal Federal.

Porém, antes da formalização do pedido de extradição existe, normalmente, a solicitação da prisão cautelar do extraditando com vistas, sobretudo, a impedir sua fuga, constituindo esse encarceramento um dos pontos mais delicados, no direito interno, a ponto do RISTF prever em seu artigo 208 que "Não terá andamento o pedido de extradição sem que o extraditando seja preso e colocado à disposição do Tribunal".

O tema foi reorganizado pela Lei n° 12.878/2013 de 04 de novembro de 2013 que, modificando o art. 82 do Estatuto determina o modo de proceder do pedido de prisão para extradição, tratando-a expressamente como uma prisão cautelar, justificada na urgência do encarceramento.

Além disso, a nova legislação inovou para possibilitar que organismo policial, a Organização Internacional de Polícia Criminal (Interpol), represente ao Ministério da Justiça para tanto. Houve, neste sentido, a ampliação de legitimação para provocação do processo de extradição.[80]

---

79 Assim, conforme precedentes, "a jurisprudência deste Supremo Tribunal Federal consolidou-se no sentido de que só é lícito extinguir processo de extradição passiva na via de habeas corpus, quando seja caso de improcedência prima facie do pedido (HC 90.154, rel. min. Cezar Peluso, DJ 8-6-2007), o que não se verifica na espécie." BRASIL. Supremo Tribunal Federal. **Habeas Corpus n. 101.833/SP**. Relatora Min. Carmen Lúcia (decisão monocrática). Julgamento em: 4-12-2009. DJE de 15-12-2009. Disponível em: <https://jurisprudencia.stf.jus.br/pages/search/despacho122426/false>. Acesso em: 4 jul. 2021.

80 A ver o seguinte precedente do STF: Pleito formulado pela INTERPOL. Possibilidade. Inovação introduzida pela Lei 12.878/2013. Delito informático (Crime Digital): invasão de dispositivo informático (CP, art. 154-A, acrescido pela Lei 12.737/2012). Fato delituoso alegadamente cometido, em território americano (Estado do Texas), em 2011. Conduta que, no momento em que praticada (2011), ainda não se revestia de tipicidade penal no ordenamento positivo brasileiro. BRASIL. Supremo Tribunal Federal. **Questão de Ordem na Prisão Preventiva para Extradição n. 732**. Segunda Turma. Relator Min. Celso de Mello. Julgamento em: 11-11-2014. DJE de 2-2-2015. Disponível em: <https://redir.stf.jus.br/paginadorpub/paginador.jsp?docTP=TP&docID=7645112>. Acesso em: 4 jul. 2021.

O papel desse organismo policial foi saudado sob a justificativa de acompanhar tendência internacional[81] sob o argumento de maior eficiência na prisão de pessoas procuradas internacionalmente. Contudo, esse sentimento de evolução não é, necessariamente, predominante na cultura internacional, que também se ocupa de discutir a transparência desse mecanismo[82], e o emprego de *soft law* para regrá-lo.[83]

Ademais, não foi autorizada pela nova legislação eficácia imediata aos mandados de prisão internacionais expedidos no marco da *Difusão Vermelha* (*rednotice*) da Interpol posto que, para o Brasil, nada obstante a modificação legislativa, é necessária a expedição de um mandado de prisão interno dentro de um processo extradicional.[84]

Assim, como constante em precedente anterior ao novo texto legal, mas cuja essência ainda é pertinente,

> A difusão vermelha, enquanto mero alerta expedido com vistas à extradição da pessoa procurada, não poder ser tida, por si só, como um mandado de prisão internacional, devendo encontrar-se, para ser propagada junto à INTERPOL, imprescindivelmente amparada em um formal requerimento de extradição por parte do Estado interessado na captura do foragido.[85]

Outro assunto interessante no novo marco legislativo é a necessidade de verificar a adequação constitucional do papel verdadeiramente processual do Ministério da Justiça ao postular, perante o STF, a prisão, dado que essa atividade, como integrante de um processo de natureza administrativo-judicial de fundo penal, pode ser encarada como tendo a titularidade do Ministério Público a teor do art. 129 da CR/88, nesse caso sendo exercida pela PGR junto ao STF.

Para além de todas essas questões, o tema de fundo é o da compatibilidade da prisão para a extradição com a estrutura cautelar a partir do marco constitucional-convencional.

---

81 PEREIRA, Luiz Eduardo Navajas Telles. **Novo procedimento para prisão cautelar para extradição.** Disponível em: <http://www.conjur.com.br/2014-out-20/luiz-navajas-procedimento-prisao--cautelar-extradicao>. Acessado em: 15 out. 2016.

82 SHEPTYCKI, James. The Accountability of Transnational Policing Institutions: The Strange Case of Interpol. **Canadian Journal of Law and Society**, v. 19, n. 01, p. 107-134, 2004.

83 SAVINO, Mario. Global Administrative Law Meets Soft Powers: The Uncomfortable Case of Interpol Red Notices. **New York University Journal of International Law & Politics**, v. 43, p. 263, 2010.

84 A notícia da expedição do mandado de prisão está regulada pelo CNJ: BRASIL. Conselho Nacional de Justiça. **Instrução Normativa n. 1 de 10/02/2010**. Disponível em: <http://www.cnj.jus.br/atos?documento=208>. Acesso em: 15 set. 2016.

85 BRASIL. Tribunal Regional Federal (4ª Região). **Habeas Corpus n. 0002139-53.2012.404.0000/PR**. Oitava Turma. Relator Juiz Federal Sebastião Ogê Muniz. J. 25 de abril de 2012. Disponível em: <https://trf-4.jusbrasil.com.br/jurisprudencia/906931567/habeas-corpus-hc--21395320124040000-pr-0002139-5320124040000/inteiro-teor-906931841>. Acesso em: 4 jul. 2021.

Cooperação Penal Internacional | 961 |

Isto porque o tratamento da matéria foi, historicamente, o de uma prisão de cunho verdadeiramente administrativo, compreensão contida no art. 81 do Estatuto do Estrangeiro que foi repudiada, tardiamente, pelo STF.[86]

Porém, outras tantas normas mantêm a desconfiguração da prisão para extradição com verdadeiros pressupostos cautelares[87], nada obstante o histórico de precedentes do STF conceber essa constrição como de natureza *dúplice*: cautelar e de pressuposto regular para o processo de extradição.[88]

Analisando com acuidade o tema, relevante trabalho[89] destaca a diferenciação das situações em que há pedido de extradição para a execução ou para instrução, bem como se n solicitação efetuada pelo Estado requerente há ou não o pedido de prisão para concluir que se deve, nesse caso, observar as posturas internacionais do conceito de urgência para com os quais a legislação brasileira encontra-se em descompasso. E culmina por indicar a necessidade de observância dos princípios de cautelaridade para cumprir o objetivo de individualizar as medidas penais.[90]

De nossa parte temos que as normas infraconstitucionais mencionadas (RISTF, EE) devem, obrigatoriamente serem lidas à luz da CR e da CADH, mesmo aquelas que remetam à cooperação penal internacional, dado que não é possível diferenciar a situação de brasileiros e estrangeiros que aqui se encontram.[91]

---

86 BRASIL. Supremo Tribunal Federal. **Questão de Ordem na Extradição n. 478/Suíça**. Tribunal Pleno. Relator Min. Moreira Alves. Julgado em 30/11/1988. Publicado em 09/12/1988. Disponível em: <https://redir.stf.jus.br/paginadorpub/paginador.jsp?docTP=AC&docID=359721>. Acesso em: 4 jul. 2021.

87 Regimento Interno do Supremo Tribunal Federal, art. 213: O extraditando permanecerá na prisão, à disposição do Tribunal, até o julgamento final.; Estatuto do Estrangeiroart. 84, Parágrafo único. A prisão perdurará até o julgamento final do Supremo Tribunal Federal, não sendo admitidas a liberdade vigiada, a prisão domiciliar, nem a prisão albergue. BRASIL. Supremo Tribunal Federal. **Regimento Interno**: atualizado até a Emenda Regimental n. 57/2020. Disponível em: <https://www.stf.jus.br/arquivo/cms/legislacaoRegimentoInterno/anexo/RISTF.pdf>. Acesso em: 4 jul. 2021.

88 PUGLIESE, Yuri Sahione. O STF e a prisão no processo extradicional brasileiro: uma releitura contemporânea. **Revista Brasileira de Ciências Criminais**, São Paulo, v. 23, n. 115, p. 167-192, jul./ago. 2015, p. 177.

89 *Ibidem*. p. 186/188.

90 *Ibidem*. p. 191.

91 Posição progressivamente assumida por precedentes do STF: BRASIL. Supremo Tribunal Federal. **Extradição n. 1.119/República Tcheca**. Tribunal Pleno. Relator Min. Ricardo Lewandowski. Julgamento em 16-12-2010. DJE de 15-2-2011. Disponível em: <https://redir.stf.jus.br/paginadorpub/paginador.jsp?docTP=AC&docID=618976>. Acesso em 4 jul. 2021. No mesmo sentido: BRASIL. Supremo Tribunal Federal. **Extradição n. 1.221/ República Italiana**. Primeira Turma. Relator Min. Dias Toffoli. Julgamento em 27-03-2012. DJE de 04/05/2012. Disponível em: <https://redir.stf.jus.br/paginadorpub/paginador.jsp?docTP=TP&docID=1962370>. Acesso em 4 jul. 2021; BRASIL. Supremo Tribunal Federal. **Habeas Corpus n. 104.843/BA**. Relator Min. Ayres Britto (decisão monocrática). Julgamento em: 12-5-2011. DJE de 2-11-2011. Disponível em: <https://redir.stf.jus.br/paginadorpub/paginador.jsp?docTP=TP&docID=1601785>. Acesso em 4 jul. 2021; BRASIL. Supremo Tribunal Federal. **PPE 646**. Relator Min. Dias Toffoli (decisão monocrática). Julgamento em 28-6-2010. DJE de 2-8-2010; BRASIL. Supremo Tribunal Federal. **Extradição n. 1.123/ Alemanha**. Relator Min. Menezes Direito (decisão monocrática). Julgamento em 9-6-2009. DJE de 16-6-2009. Disponível em: <https://jurisprudencia.stf.jus.br/pages/search/despacho116328/false>. Acesso em 4 jul. 2021.

Isto significa que as vedações em abstrato de aplicação de medidas diversas da prisão não se amoldam àquela matriz, tampouco a indefinida manutenção do extraditando preso[92], mormente quando houver a inércia do Estado solicitante em proceder o encaminhamento do pedido extradicional[93], afastando-se, desta forma, qualquer grau de automatismo da prisão ou mesmo incentivando algum aspecto de protagonismo administrativo.

Por fim, a extradição não se confunde com a *entrega de nacionais* (*surrender*) previsto no Estatuto de Roma[94] que criou o Tribunal Penal Internacional e empregou esse mecanismo numa clara opção política[95]. A esse respeito a definitiva explicação de Carvalho:

---

92 Ainda que na locução de precedentes do STF isso deva ser considerado como fator de detração: BRASIL. Supremo Tribunal Federal. **Extradição n. 1.015/Alemanha**. Tribunal Pleno. Relator Min. Joaquim Barbosa. Julgamento em: 21-6-2007. DJ de 11-10-2007. Disponível em: <https://redir.stf.jus.br/paginadorpub/paginador.jsp?docTP=AC&docID=490436>. Acesso em: 4 jul. 2021. No mesmo sentido: BRASIL. Supremo Tribunal Federal. **Extradição n. 1.202/ Itália**. Tribunal Pleno. Relatora Min. Cármen Lúcia. Julgamento em: 12-5-2011. DJE de 17-6-2011. Disponível em: <https://redir.stf.jus.br/paginadorpub/paginador.jsp?docTP=AC&docID=624224>. Acesso em: 4 jul. 2021; BRASIL. Supremo Tribunal Federal. **Extradição n. 1.162**. Tribunal Pleno. Relatora Min. Cármen Lúcia. Julgamento em 17-3-2011. DJE de 5-4-2011. Disponível em: <https://redir.stf.jus.br/paginadorpub/paginador.jsp?docTP=AC&docID=621428>. Acesso em: 4 jul. 2021; BRASIL. Supremo Tribunal Federal. **Extradição n. 1.197**. Tribunal Pleno. Relator Min. Ricardo Lewandowski. Julgamento em 25-11-2010. DJE de 13-12-2010. Disponível em: <https://redir.stf.jus.br/paginadorpub/paginador.jsp?docTP=AC&docID=617718>. Acesso em: 4 jul. 2021; BRASIL. Supremo Tribunal Federal. **Extradição n. 1.183**. Tribunal Pleno. Relator Min. Dias Toffoli. Julgamento em 24-6-2010. DJE de 3-9-2010. Disponível em: <https://redir.stf.jus.br/paginadorpub/paginador.jsp?docTP=AC&docID=613865>. Acesso em: 4 jul. 2021; BRASIL. Supremo Tribunal Federal. **Extradição n. 1.120**. Tribunal Pleno. Relator Min. Menezes Direito. Julgamento em 11-12-2008. DJE de 6-2-2009. Disponível em: <https://redir.stf.jus.br/paginadorpub/paginador.jsp?docTP=AC&docID=573625>. Acesso em: 4 jul. 2021.

93 Conforme precedentes do BRASIL. Supremo Tribunal Federal. **Extradição n. 1.054-QO/Estados Unidos da América**. Tribunal Pleno. Relator Min. Marco Aurélio. Julgamento em 29-8-2007. DJE de 22-2-2008. Disponível em: <https://redir.stf.jus.br/paginadorpub/paginador.jsp?docTP=AC&docID=510467>. Acesso em: 4 jul. 2021; BRASIL. Supremo Tribunal Federal. **Prisão Preventiva para Extradição n. 623/República do Líbano**. Tribunal Pleno. Relatora Min. Cármen Lúcia. Julgamento em 29-6-2012. DJE de 29-5-2013. Disponível em: <https://redir.stf.jus.br/paginadorpub/paginador.jsp?docTP=TP&docID=3858847>. Acesso em: 4 jul. 2021; BRASIL. Supremo Tribunal Federal. **Extradição n. 1.206/República da Polônia**. Primeira Turma. Relator Min. Ricardo Lewandowski (decisão monocrática). Julgamento em 13-4-2011. DJE de 18-4-2011. Disponível em: <https://redir.stf.jus.br/paginadorpub/paginador.jsp?docTP=AC&docID=629245>. Acesso em: 4 jul. 2021; BRASIL. Supremo Tribunal Federal. **Extradição n. 1.083/República Oriental do Uruguai**. Tribunal Pleno. Relator Min. Joaquim Barbosa. Julgamento em 6-12-2007. DJE de 22-2-2008. Disponível em: <https://redir.stf.jus.br/paginadorpub/paginador.jsp?docTP=AC&docID=510471>. Acesso em: 4 jul. 2021.

94 Para a diferenciação ver, entre outros, RODAS, João Grandino. Tribunal Penal Internacional: a entrega de nacionais. In: MIRANDA, Jorge; SILVA, Marco Antonio Marques da. **Tratado luso-brasileiro da dignidade humana**. 2. ed. São Paulo: Quartier Latin, 2009. p. 519-528.

95 SGARBOSSA, Luís Fernando; JENSEN, Geziela. As opções políticas do Estatuto de Roma e seu impacto em relação ao regime jurídico-constitucional dos direitos fundamentais no Brasil. **Revista Jus Navigandi**, Teresina, ano 11, n. 1152, 27 ago. 2006. Disponível em: <https://jus.com.br/artigos/8849>. Acesso em: 20 ago. 2016.

De fato, o artigo 102 do Estatuto expressamente diferencia a extradição do ato de entrega. A extradição é termo reservado ao ato de cooperação judicial entre Estados soberanos. Já o surrender é utilizado no caso específico de cumprimento de ordem de organização internacional de proteção de direitos humanos, como é o caso do Tribunal Penal Internacional.Logo, não haveria óbice constitucional ao cumprimento de ordem de detenção e entrega de acusado brasileiro ao Tribunal, já que a Constituição brasileiro só proíbe a extradição de nacionais. Como o brasileiro não estaria sendo remetido a outro Estado, mas sim a uma organização internacional (o Tribunal Penal Internacional) que representa a comunidade dos Estados, não haveria impedimento algum.[96]

e] Transferência de processos

Prevista na Convenção da ONU sobre Crime Organizado Transnacional, em seu artigo 21, a transferência de processos penais está assim prevista:

Os Estados Partes considerarão a possibilidade de transferirem mutuamente os processos relativos a uma infração prevista na presente Convenção, nos casos em que esta transferência seja considerada necessária no interesse da boa administração da justiça e, em especial, quando estejam envolvidas várias jurisdições, a fim de centralizar a instrução dos processos.

Nada obstante não existe previsão expressa na legislação brasileira a respeito, tornando o mecanismo ainda pendente de concretização.

f] Mandados internacionais de prisão

Como apontado pela doutrina,

O Mandado de Captura, objeto deste estudo, é uma ordem de captura expedida por autoridade judiciária do Estado-Parte ou Estado Associado do Mercosul, objetivando a captura de pessoa foragida para responder a processo criminal ou para o cumprimento de uma pena privativa de liberdade, quando o indivíduo foragido já houver sido condenado em um Estado por crime previsto na legislação penal de ambos os países, requerente e requerido.[97]

Concebido a partir de uma tentativa de aproximação com seu homônimo europeu[98] o Acordo sobre o Mandado Mercosul de Captura e Procedimentos de

---

96 RAMOS, André de Carvalho. O Estatuto do Tribunal Penal Internacional e a Constituição Brasileira. In: AMBOS, Kai; CHOUKR, Fauzi Hassan (Org.). **Tribunal Penal Internacional**. São Paulo: Revista dos Tribunais, 2000. p. 245-287.

97 RIBEIRO, Roberto Rubem. **Mandado de Captura do Mercosul. Brasília: Academia Nacional de Polícia**. Brasília: Academia Nacional de Polícia, 2012. 73 p. (Cadernos ANP, n. 16). ISSN 1982-8195. p 51.

98 A respeito, RUSSOWSKY, Iris Saraiva. **O Mandado de Detenção na União Europeia**: um modelo para o MERCOSUL. Porto Alegre: Verbo Jurídico, 2012.

Entrega entre Estados -partes do Mercosul e Estados Associados[99] é mais restrito pois "apenas estão abrangidos os crimes contidos em convenções internacionais ratificadas pelo Estado emissor e pelo Estado executor do mandado"[100] e ainda demorará a cumprir o que se homônimo europeu parece ter conseguido com mais celeridade: substituir o burocrático e clássico mecanismo da extradição.[101]

g] Transferência de presos

O assunto conta com escassa preocupação doutrinária, mas crescente, talvez justificado pelo aumento do número de presos estrangeiros como se verá na sequência. Um dos trabalhos precursores desse tema se deve a Araújo Jr.[102] que sucedeu intervenção de Miotto sobre o tema[103], nos quais se destacava a precariedade de tratamento do tema no Brasil, quando não seu próprio desconhecimento técnico.

A solicitação de transferência de presos atinge, conforme um dos últimos censos disponíveis no Brasil, "um total de 2.784 pessoas privadas de liberdade provenientes de outros países"[104] sendo que "apenas 9% das unidades dispõem de celas específicas para estrangeiros"[105] nas quais "destacam-se como problemas comumente vivenciados por pessoas estrangeiras presas: a dificuldade de obtenção de livramento condicional e de progressão de regime, dada a maior dificuldade dessas pessoas em atender às condições exigidas pela Lei de Execução Penal (como a obtenção de ocupação lícita, dentro de prazo razoável); a dificuldade em receber visitação e manter contato com a família; a carência à assistência consular; as dificuldades relacionadas à barreira linguística, como a falta de

---

99 MERCOSUL. Decisões do Conselho do Mercado Comum. MERCOSUL/CMC/DEC. N. 14/98, promulgada no Brasil pelo Decreto Executivo 4.975 de 31/01/2004. BRASIL. **Decreto n. 4975**, de 30 de janeiro de 2004. Promulga o Acordo de Extradição entre os Estados Partes do Mercosul. Disponível em: <http://www.planalto.gov.br/ccivil_03/_ato2004-2006/2004/decreto/d4975.htm>. Acesso em: 4 jul. 2021.

100 Sobre os limites da operacionalidade do mandado no Mercosul ver VENANCIO, Daiana Seabra. O mandado de detenção europeu vs. o mandado de captura do Mercosul: uma análise comparativa. **Revista Do Programa De Direito Da União Europeia**, n. 2, p. 27, 2012.

101 KULLOK, Arthur Levy Brandão. Mandado Mercosul de captura: novo instrumento, velho pensamento. **Revista Brasileira de Ciências Criminais**, São Paulo, v. 23, n. 113, p. 441-475., mar./abr. 2015.

102 ARAUJO JUNIOR, João Marcello de. Cooperação internacional na luta contra o crime: transferência de condenados – execução de sentença penal estrangeira – novo conceito. **Revista Brasileira de Ciências Criminais**, São Paulo, v. 3, n. 10, p. 105-115., abr./jun. 1995.

103 MIOTTO, Armida Bergamini. Transferência de presos estrangeiros. **Revista da Fundação Escola Superior do Ministério Público do Distrito Federal e Territórios**, Brasília, v. 1, n. 2, p. 57-69., out./dez. 1993.

104 BRASIL. Ministério da Justiça. **Levantamento Nacional de Informações Penitenciárias** – Infopen. Junho de 2014. Disponível em: <https://www.justica.gov.br/noticias/mj-divulgara-novo-relatorio--do-infopen-nesta-terca-feira/relatorio-depen-versao-web.pdf>. Acesso em 4 jul. 2021. p. 61.

105 Ibidem, p. 35.

acompanhamento jurídico; o desconhecimento das regras disciplinares e do processo de execução penal.[106]

Como lembram Junqueira e Simionato[107], a transferência de presos não se confunde com os institutos da *deportação, extradição*[108] e *expulsão*[109] e, acrescentaríamos, tampouco com o da *entrega de nacionais*, tratando-se de instrumento "de caráter humanitário, que possibilita ao sujeito que praticou crime fora de seu país e lá foi condenado o cumprimento da pena em seu país de origem, junto aos seus familiares e compatriotas", sendo uma das formas de execução de sentença penal estrangeira no dizer de Castilho.[110]

Trata-se, entretanto, de modalidade cooperatória na qual não há *obrigação de transferência*, apenas o dever de *processar o pedido* de transferência, como lembra Gueiros[111], fundada em acordos multilaterais ou bilaterais.

No primeiro caso encontram-se, em âmbito mundial, a Convenção sobre a Transferência de Pessoas Condenadas (de 1983), Convenção das Nações Unidas contra o Crime Organizado Transnacional (Convenção de Palermo) (Decreto 5.015/2004) (subsidiário) e, em âmbito regional a Convenção Interamericana sobre o Cumprimento de Sentenças Penais no Exterior (Convenção de Manágua de 1993) (Decreto 5.919/2006). Ainda, em nível comunitário, a Convenção sobre a Transferência de Pessoas Condenadas entre os Estados Membros da Comunidade dos Países de Língua Portuguesa (Convenção da Praia, de 2005) (Decreto n. 8.049/2013) e o Acordo sobre Transferência de Pessoas Condenadas entre os Estados Partes do Mercosul (Decreto n. 8.315/2014).[112]

Enquanto acordos bilaterais, com os seguintes países (e os respectivos decretos no direito interno): Argentina (Decreto 3.875/2001); Angola (Decreto 8.316/2014); Bolívia (Decreto 6.128/2007); Canadá (Decreto n. 2.547/1998); Chile (Decreto n. 3.002/1999); Espanha (Decreto n. 2.576/1998); Panamá (Decreto n. 8.050/2013); Paraguai (Decreto n. 4.443/2002); Peru (Decreto 5.931/2006); Países Baixos (Decreto 7.906/2013): engloba Antilhas Holandesas e Aruba; Portugal (Decreto 5.767/2006) e Reino Unido da Grã-Bretanha e Irlanda do Norte (Decreto n. 4.107/2002).[113]

---

106 *Ibidem*, p. 60. Para uma análise da situação dessa massa carcerária ver SOUZA, Artur de Brito Gueiros. **Presos estrangeiros no Brasil**: aspectos jurídicos e criminológicos. São Paulo: USP, 2006. 332 p.

107 JUNQUEIRA, Gustavo Octaviano Diniz; SIMEONATO, Patrícia. Op. Cit.

108 Art 5º, LI e LII da Constituição Federal e arts 76 a 94 da Lei n. 6.815/80.

109 Arts. 65 a 75 da Lei 6.815/80.

110 CASTILHO, Ela Wiecko Volkmer de. Op. Cit.

111 SOUZA, Artur de Brito Gueiros. O instituto da transferência de presos. **Revista Brasileira de Ciências Criminais**, São Paulo, v. 11, n. 41, p. 78-112., jan./mar. 2003.

112 BRASIL. Ministério Público Federal. Disponível em: <http://www.mpf.mp.br/atuacao-tematica/sci/normas-e-legislacao/tratados/tratados-de-transferencia-de-pessoas-condenadas>. Acesso em: 21 de julho de 2020.

113 Idem.

Assim,

> O Estado remetente – aquele que condenou o preso – mantém a competência exclusiva para as sentenças proferidas pelos seus tribunais, as condenações por ele impostas, e quaisquer processos destinados a rever, modificar ou revogar essas sentenças. Por outro lado, os benefícios decorrentes da execução da pena tais como a progressão de regime e o livramento condicional deverão ser apreciados pelo Estado recebedor. Extinguindo-se a pena a que o preso foi condenado, o país recebedor deverá informar o país sentenciador.[114]

Malgrado seu intuito humanitário, sua aplicação depende basicamente da intervenção defensiva, não raras vezes travada pelo próprio desconhecimento do idioma do país destinatário ou da língua materna da pessoa presa, além da demora no trânsito em julgado da sentença penal condenatória[115]. Ademais, segundo a mesma fonte doutrinária, trata-se de situação que gera insegurança para a pessoa presa que, por vezes, teme cumprir pena em condições mais severas. Parece compartilhar desse cenário Fernandes[116], nada obstante com um prognóstico mais otimista.

---

114 BRASIL. Ministério da Justiça. Coordenação de Extradição e Transferência de Pessoas Condenadas. **Transferência de pessoas condenadas**. Disponível em: <http://justica.gov.br/sua-protecao/cooperacao-internacional/transferencia-de-pessoas-condenadas>. Acesso em: 4 jul. 2021.

115 JUNQUEIRA, Gustavo Octaviano Diniz; SIMEONATO, Patrícia. Op. Cit.

116 FERNANDES, David Augusto. Cooperação Jurídica Internacional: estudo de casos sobre a transferência de presos estrangeiros. **Amazon's Research and Environmental Law**, v. 3, n. 3, 2016.

Lista de siglas

ACO	Ação Civil Originária
ADIn ou ADI	Ação de Declaração de inconstitucionalidade
ADPF	Arguição de Descumprimento de Preceito Fundamental
Ap. Crim.	Apelação Criminal
AgRg	Agravo Regimental
CADH	Convenção Americana de Direitos do Homem
Câm.	Câmara
CC	Conflito de competência
CC	Código Civil
CIDH	Corte Interamericana de Direitos Humanos
CNJ	Conselho Nacional de Justiça
CNMP	Conselho Nacional do Ministério Público
CP	Código Penal
CPC	Código de Processo Civil
CPP	Código de Processo Penal
CR	Constituição da República
dd	data da decisão
DJU	Diário da Justiça da União
Ed.	edição
HC	*Habeas Corpus*
IDC	Incidente de Deslocamento da Competência
IPM	Inquérito Policial Militar
JE (JEst)	Justiça Estadual
JF	Justiça Federal
Min.	Ministro
m.v.	maioria de votos
NCPP	Novo Código de Processo Penal (relativo ao PLS 165/2009)
OEA	Organização dos Estados Americanos
Op. Cit.	obra citada
p.(pp.).	página(s)
PET	Petição
PLS	Projeto de Lei do Senado

RE	Recurso Extraordinário
Rec.	Recurso
RFS	Redação final no Senado (relativo ao PLS 165/2009)
RHC	Recurso de *Habeas Corpus*
Rel.	Relator
RES	Recurso em Sentido Estrito
RESP	Recurso Especial
RT	Revista dos Tribunais (periódico ou Editora)
SIDH	Sistema Interamericano de Direitos Humanos
STF	Supremo Tribunal Federal
STJ	Superior Tribunal de Justiça
TEDH	Tribunal Europeu de Direitos Humanos
Tiar	Tratado Interamericano de Assistência Recíproca
TJ	Tribunal de Justiça
TJr	Tribunal do Júri
TPI	Tribunal Penal Internacional
v.g.	*Verbi gratia*
v.u.	votação unânime
vol. (ou v.)	volume

Referências bibliográficas

A ATUAÇÃO do Procurador do Estado como assistente da acusação nos crimes contra a ordem tributária – Lei 8.137/90. Tese elaborada para apresentação no XXXVII Congresso Nacional de Procuradores do Estado – 27 a 30 de setembro de 2011 – Belo Horizonte. Disponível em: <http://anape.org.br/site/wp-content/uploads/2014/04/A-atua%C3%A7%C3%A3o-do-Procurador-do-estado-como-assitente-da-acusa%C3%A7%C3%A3o-nos-crimes-contra-a-ordem-tribut%C3%A1ria-Lei-8.137-90.pdf>. Acesso em: 06 jun. 2021.

ABADE, Denise Neves. A suspensão condicional do processo e o Ministério Público: Comentários à decisão do STF. **Boletim IBCCRIM**, São Paulo, n. 66, p. 05, mai. 1998.

ABADE, Denise Neves. **Direitos fundamentais na cooperação jurídica internacional**: extradição, assistência jurídica, execução de sentença estrangeira e transferência de presos. São Paulo: Saraiva. 2013.

ABER, Carolina Dzimidas. A produção da prova por videoconferência. **Revista Brasileira de Ciências Criminais**, São Paulo, v. 18, n. 82, p. 187-220., jan./fev. 2010.

ABBOTT, Felipe Gorigotia. Irregularidad, invalidez e ineficacia en el contexto de la nulidad procesal. **Revista de Derecho RDUCN**, Coquimbo, v. 20, n. 1, p. 129-154, 2013. Disponible em: <http://www.scielo.cl/scielo.php?script=sci_arttext&pid=S0718-97532013000100006&lng=es&nrm=iso>. Acesso em: 3 jul. 2021.

AÇÕES do Bradesco caem 5% com indiciamento de presidente pela PF. Disponível em: <http://www1.folha.uol.com.br/mercado/2016/05/1776749-acoes-do-bradesco-caem-5-com-indiciamento-de-presidente-pela-pf.shtml>. Acesso em: 13 jun. 2021.

ADAMS, Aline. A flagrante incompatibilidade entre o instituto da assistência à acusação e a Constituição Federal de 1988. **Revista eletrônica do Curso de Direito da UFSM**, v. 3, p. 102-114, 2008.

ADORNO, Sérgio. Crime, justiça penal e desigualdade jurídica; as mortes que se contam no tribunal do júri. **Revista USP**, São Paulo, v. 21, p. 132 e seguintes, mar./mai. 1994.

AGUIAR, Julio Cesar; ALVES, Tiago Gomide; TABAK, Benjamin Miranda. A não equiparação do tráfico de drogas privilegiado a crime hediondo: uma análise comportamental. **Quaestio Iuris**, Rio de Janeiro, v. 11, n. 4, p. 3371-3392, 2018. Disponível em: <https://www.e-publicacoes.uerj.br/index.php/quaestioiuris/article/view/34990/27100>. Acesso em: 11 jan. 2022.

AGUIAR, Michelle. Audiência de custódia e seus limites cognitivos. In: SANTORO, Eduardo Ramires; GONÇALVES, Carlos Eduardo (Org.). **Audiência de custódia**. Belo Horizonte: D'Plácido, 2017. Disponível em: <http://200.205.38.50/biblioteca/index.asp?codigo_sophia=137770>. Acesso em 2 jul. p. 481-491.

ALAGOAS. Tribunal de Justiça. **Revista dos Tribunais**, v. 751, p. 637.

ALBERNAZ, Flávio Boechat. O Princípio da Motivação das Decisões do Conselho de Sentença. In: CHOUKR, Fauzi Hassan. **Estudos do Processo Penal**: O Mundo à Revelia. Campinas: Agá-Juris, 2000.

ALBERNAZ, Flávio Boechat. O princípio da motivação das decisões do Conselho de Sentença. **Revista Brasileira de Ciências Criminais**, São Paulo, v. 5, n. 19, p. 125-159., jul./set. 1997.

ALBUQUERQUE, Paulo Pinto de. **Comentário do Código de Processo Penal à luz da Constituição da República e da Convenção Europeia dos Direitos do Homem**. 4. ed. actualizada. Lisboa: Universidade Católica Editora, 2011.

ALMEIDA, Fabrício Santos. **Repercussão Geral**: uma análise crítica das suas implicações no processo penal democrático. 2009. Dissertação (Mestrado em Direito Processual). Pontifícia Universidade Católica, Belo Horizonte. 2009. Disponível em: <http://www.biblioteca.pucminas.br/teses/Direito_AlmeidaFS_1.pdf>. Acesso em13 jan. 2022.

ALMEIDA, Frederico de. Intelectuais e reforma do Judiciário: os especialistas em direito processual e as reformas da justiça no Brasil. 2015. **Revista Brasileira de Ciência Política**, Brasília, n. 17, p. 209-246, mai./ago. 2015.

ALMEIDA, José Raul Gavião de. Do julgamento antecipado da lide penal. **Revista Brasileira de Ciências Criminais**, São Paulo, v. 3, n. 12, p. 124-129, out./dez. 1995.

ALMEIDA, Vitor Luís de. A apreciação judicial da prova nos sistemas de valoração. **Jurisprudência Mineira**, Belo Horizonte, v. 65, n. 208, p. 27-33, jan./mar. 2014.

ALVES, Fabrício da Mota. Lei Maria da Penha: das discussões à aprovação de uma proposta concreta de combate à violência doméstica e familiar contra a mulher. **Jus Navigandi**, Teresina, ano 11, n. 1133, 8 ago. 2006. Disponível em: <http://jus.uol.com.br/revista/texto/8764>. Acesso em: 6 mar. 2011.

ALVES, Rogério Pacheco. O poder geral de cautela no processo penal. **Revista da EMERJ**, v. 6, n. 22, p. 276-306, 2003.

ALVES, Rogério Pacheco. O poder geral de cautela no processo penal. **Revista dos Tribunais**, São Paulo, v. 799, p. 423 e seguintes, mai./ 2002. Disponível em <www.revistasrtonline.com.br>. Acesso em: 13 jan. 2022.

AMAPÁ. Tribunal de Justiça. **Apelação Criminal n. 2187**/ Acórdão n. 8485. Câmara Única. Relator Des. Mário Gurtyev. J. 27/09/2005. v. Unânime. Publicação: DOE n. 3624, p. 17/10/2005.

AMARAL, Augusto Jobim do; GLOECKNER, Ricardo Jacobsen. A lei 8038/90 e o princípio do juiz natural. **Boletim IBCCRIM**, São Paulo, v. 15, n. 181, p. 16-18, dez. 2007.

AMARAL, Thiago Bottino do (Coord.). Sumário executivo relatório de pesquisa medidas assecuratórias no processo penal. **Série Pensando o Direito**, Brasília, n. 25, 2013.

AMBOS, Kai. International criminal procedure: adversarial, inquisitorial or mixed? **International Criminal Law Review**, v. 3, n. 1, p. 1-37, 2003.

AMBOS, Kai. Las prohibiciones de utilización de pruebas en el proceso penal alemán. In: BELING, Ernst Von; GUERRERO, Oscar Julián. **Las prohibiciones probatorias**. Bogotá: Temis, 2009. 213 p., 19 cm. ISBN 978-958-35-0730-4. p.57-149.

AMBOS, Kai. O direito à não autoincriminação de testemunhas perante o Tribunal Penal Internacional. **Revista de Estudos Criminais**, Porto Alegre, v. 2, n. 8, p. 67-85, 2003.

AMBOS, Kai; CHOUKR, Fauzi Hassan. **A reforma do processo penal no Brasil e na América Latina**. São Paulo: Editora Método, 2001.

AMBOS, Kai. et al. **Las Reformas Procesales en Latino América**. Buenos Aires: Ad Hoc, 2000.

AMICO, Carla Campos. A nova redação dos artigos 155 e 156 do Código de processo penal e a produção antecipada da prova testemunhal na fase do inquérito policial. **Boletim IBCCRIM**, São Paulo, v. 16, n. 192, p. 7-8., nov. 2008.

AMODIO, Ennio. Affermazioni e sconfitte della cultura dei giuristi nella elaborazione del nuovo codice di procedura penale. **Rivista Italiana di Diritto e Procedura Penale**, Milano, v. 39, p. 899-916, 1996.

AMODIO, Ennio. L'obbligo Costituzionale di Motivazione e L'istituto della Giuria. **Rivista di Diritto Processuale**, Padova: Cedam, anno XXV (II Serie), n. 03, p. 461, Luglio-Settembre 1970.

AMODIO, Ennio. Motivazione della sentenza penale. In: RAFFAELE, D'Ambrosio. **Enciclopedia del diritto**. Milano: Giuffrè, 2016. 27 v.

AMODIO, Ennio. Vitórias e derrotas da cultura dos juristas na elaboração do novo Código de Processo Penal. **Revista Brasileira de Ciências Criminais**, São Paulo, v. 7, n. 25, p. 9-22, jan./mar. 1999.

AMORIM, Pierre Souto Maior C. A inépcia da denúncia por falta do pedido de condenação. **Juris Plenum Ouro**, v. 1, p. 1, 2015.

ANDANELLI JUNIOR, Angelo. Da possibilidade da revisão criminal em face da sentença homologatória da transação penal. **Boletim do Instituto de Ciências Penais**, Belo Horizonte, v. 7, n. 92, p. 4-6, nov. 2008.

ANDRADE, Manuel da Costa. **Sobre as proibi**ções de prova em processo penal. Coimbra: Coimbra Editora, 2006. 343 p. ISBN 972-32-0613-7.

ANDRADE, Mauro Fonseca. O Ministério Público de Segundo Grau na Visão do STF. **Revista Ibero-Americana de Ciências Penais**, v. 16, p. 171-194, 2008.

ANDRADE, Mauro Fonseca. **Sistemas Processuais Penais e seus Princípios Reitores**. 2 ed. Curitiba: Juruá, 2013. 1 v.

ANDRADE, Mauro Fonseca; BRANDALISE, Rodrigo da Silva. Observações preliminares sobre o acordo de não persecução penal: da inconstitucionalidade à inconsistência argumentativa. **Revista da Faculdade de Direito da UFRGS**, v. 1, n. 37, 2017.

ANDREATO, Danilo. Colaboração premiada: ato espontâneo ou voluntário do colaborador? **Justilex**, Brasília, v. 7, p. 26-27, 2008.

ANDRÉS IBÁÑEZ, Perfecto. Presuncion de inocencia y prision sin condena. **Revista De La Asociación De Ciencias Penales De Costa Rica**, año 9, n. 13, agosto 1997.

ANSANELLI JÚNIOR. Ângelo. **Aspectos Controvertidos do Tribunal do Júri**. 1. ed. Belo Horizonte: Arraes Editores, 2015. ISBN: 978-85-8238-094-9.

ANSELMO, Márcio Adriano; CASTRO, Alexandra Pinheiro de. A garantia processual penal da publicidade à luz das cortes europeia e americana de direitos humanos. **Revista Brasileira de Ciências Criminais**, São Paulo, v. 21, n. 101, p. 355-386, mar./abr. 2013.

APRILE, Ercole; SILVESTRI, Pietro. **La formazione della prova penale**. Milao: Giuffrè Editt, 2002.

ARANHA, Adalberto José Q. T. de Camargo. **Dos Recursos no Processo Penal**. São Paulo: Editora Saraiva, 1988.

ARAS, Vladimir Barros. **As autoridades centrais brasileiras em matéria penal.** Disponível em: <http://www.direitodoestado.com.br/colunistas/vladimir-aras/as-autoridades-centrais--brasileiras-em-materia-penal>. Acesso em: 25 out. 2016.

ARAS, Vladimir Barros. Natureza dúplice da colaboração premiada: instrumento de acusação; ferramenta de defesa. **Blog do Vlad Online**. Disponível em: <https://vladimiraras.blog/2015/05/12/natureza-duplice-da-colaboracao-premiada-instrumento-de-acusacao--ferramenta-de-defesa/>. Acesso em: 22 dez. 2016.

ARAS, Vladimir Barros. **O art. 385 do CPP e o juiz inquisidor**. Disponível em: <https://vladimiraras.blog/2013/05/25/o-art-385-do-cpp-e-o-juiz-inquisidor/>. Acesso em: 14 jan. 2022.

ARAÚJO, Francisco Firmo Barreto de; SANTIAGO, Nestor Eduardo Araruna. Garantismo jurídico, democracia material e a defensoria pública: contraditório e defesa do acusado não hipossuficiente. **Revista Magister de Direito Penal e Processual Penal**, Porto Alegre, v. 11, n. 66, p. 67-84, jun./jul. 2015.

ARAÚJO, Gabriela Shizue Soares de. Mensalão: ampliação da competência originária do STF por prerrogativa de função. **Revista Jus Navigandi**, Teresina, ano 18, n. 3605, 15 mai. 2013. Disponível em: <https://jus.com.br/artigos/24438>. Acesso em: 7 fev. 2016.

ARAÚJO, José Osterno Campos de. Prescrição antecipada ou trabalho de Sísifo. **Boletim dos Procuradores da República**, São Paulo, v. 3, n. 29, p. 17-18, set. 2000.

ARAUJO, Luiz Alberto David; NUNES, Vidal Serrano Júnior. **Curso de Direito Constitucional**. 1. ed. São Paulo: Saraiva, 1998.

ARAÚJO, Nadia de. A importância da cooperação jurídica internacional para a atuação do estado brasileiro no plano interno e internacional. In: BRASIL. Secretaria Nacional de Justiça. Departamento de Recuperação de Ativos e Cooperação Jurídica Internacional. **Manual de cooperação jurídica internacional e recuperação de ativos**: cooperação em matéria penal. Brasília: Ministério da Justiça, 2008. 536 p., 21 cm. p. 39-48.

ARAÚJO, Nadia de (Coord.). Cooperação jurídica internacional no Superior Tribunal de Justiça: comentários à Resolução nº. 9/2005. Rio de Janeiro: Renovar, 2010. p. 37, apud PEREIRA, Marcos Vinicius Torres. Homologacao de sentencas penais estrangeiras no direito internacional privado brasileiro. **Revista da Faculdade de Direito**, no. 18, 2010. Disponível em: < https://www.e-publicacoes.uerj.br/index.php/rfduerj/article/viewFile/1354/1142>. Acesso em: 01 dez. 2016.

ARAÚJO, Nadia de. **Direito internacional privado**: Teoria e prática brasileira. 3 ed. Rio de Janeiro: Renovar, 2006.

ARAUJO JUNIOR, João Marcello de. Cooperação internacional na luta contra o crime: transferência de condenados – execução de sentença penal estrangeira – novo conceito. **Revista Brasileira de Ciências Criminais**, São Paulo, v. 3, n. 10, p. 105-115., abr./jun. 1995.

ARDENGHI, Ricardo Pael. Fim do sigilo da delação premiada com o recebimento da denúncia: necessidade de uma interpretação à luz do garantismo penal integral. In: VITORELLI, Edilson. **Temas atuais do Ministério Público Federal**. 3. ed. Salvador: JusPODIVM, 2015. p. 1033-1063.

ARGUELHO, Silvana Sampaio. A incorporação dos tratados internacionais de proteção dos direitos humanos ao direito brasileiro: a questão da prisão do depositário infiel. **Revista Brasileira de Ciências Criminais**, São Paulo, v. 9, n. 34, p.107-28, 2001.

ARLEN, Jennifer. Prosecuting beyond the rule of law: corporate mandates imposed through deferred prosecution agreements. **Journal of Legal Analysis**, v. 8, n. 1, p. 191-234, 2016.

ARMENTA DEU, Teresa. **Sistemas procesales penales**. La justicia penal en Europa y América. ¿Un camino de ida y vuelta? Madrid: Marcial Pons, 2012.

ARRUDA, Samuel Miranda. **O direito fundamental à razoável duração do processo**. Brasília: Brasília Jurídica, 2006. 415 p.

ARRUDA ALVIM NETO, José Manoel de. **Manual de Direito Processual Civil**: Parte geral. 11. ed. São Paulo: Revista dos Tribunais, 2007. 1 v.

ASENCIO MELLADO, José Maria. **Principio acusatorio y derecho de defensa en el proceso penal**. Madrid: Trivium, 1991.

ASSIS, Araken de. **Eficácia civil da sentença penal**. 2. ed. São Paulo: Revista dos Tribunais, 2000.

AVENA, Norberto. **Processo penal**. 4. ed. Rio de Janeiro: Forense; São Paulo: Método, 2012.

AVOLIO, Luiz Francisco Torquato. **Provas ilícitas**: interceptações telefônicas, ambientais e gravações clandestinas. 5. ed. São Paulo: Revista dos Tribunais, 2012.

AZAMBUJA, Mariana; SGANZERLA, Samuel. O processo penal como garantia, a impossibilidade da relativização da coisa julgada em desfavor do acusado e a revisão criminal nos casos de transação penal. In: GIACOMOLLI, Nereu José; AZAMBUJA, Mariana. **Processo penal contemporâneo em perspectiva**. Curitiba: iEA, 2015.

AZEVEDO, Bernardo Montalvão Varjão de. Do assistente de acusação: o (des)assistido pela Constituição. **Revista de Direito Constitucional e Internacional**: RDCI, v. 17, n. 69, p. 9-48, out./dez. 2009.

AZEVEDO, Bernardo Montalvão Varjão de. O princípio da publicidade no processo penal, liberdade de imprensa e a televisão: uma análise transdisciplinar. **Direito Público**, São Paulo, v. 8, n. 36, p. 128-177, nov./dez. 2010.

AZEVEDO, David Teixeira de. Delação premiada e direito de defesa. **Boletim IBCCRIM**, São Paulo, v. 22, n. 265, p. 4-5., dez. 2014.

AZEVEDO, David Teixeira de. O interrogatório do réu e o direito ao silêncio. In: AZEVEDO, David Teixeira de. **Atualidades no direito e processo penal**. São Paulo: Método, 2001. p. 133-150.

AZEVEDO, Maíra Rocha. Cooperação penal internacional no Brasil: as cartas rogatórias passivas. **Revista Brasileira de Ciências Criminais**, São Paulo, v. 13, n. 53, p. 98-118., mar./abr. 2005.

AZEVEDO, Rodrigo Ghiringhelli de. Justiça penal e segurança pública no Brasil: causas e consequências da demanda punitiva. **Revista Brasileira de Segurança Pública**, v. 3, n. 1, 2009.

BADARÓ, Gustavo Henrique Righi Ivahy. A garantia do juiz natural: predeterminação legal do órgão competente e da pessoa do julgador. **Revista Brasileira de Ciências Criminais**, São Paulo, v. 23, n. 112, p. 165-188, jan./fev. 2015.

BADARÓ, Gustavo Henrique Righi Ivahy. **A garantia do juiz natural no processo penal**: delimitação do conteúdo e análise em face das regras constitucionais e legais de determinação e modificação de competência no direito processual penal brasileiro. Tese (Livre-Docência em Direito Processual Penal). Faculdade de Direito da Universidade de São Paulo, São Paulo, 2010.

BADARÓ, Gustavo Henrique Righi Ivahy. A regra da identidade física do juiz na reforma do código de processo penal. **Boletim IBCCRIM**, São Paulo, v. 17, n. 200, p. 12-14, jul. 2009.

BADARÓ, Gustavo Henrique Righi Ivahy. As novas medidas cautelares alternativas à prisão e o alegado poder geral de cautela no processo penal: a impossibilidade de decretação de medidas atípicas. **Revista do Advogado**, São Paulo, v. 31, n. 113, p.71-82, set. 2011.

BADARÓ, Gustavo Henrique Righi Ivahy. **Correlação entre acusação e sentença**. 2. ed. São Paulo: Revista dos Tribunais, 2009.

BADARÓ, Gustavo Henrique Righi Ivahy. **Juiz natural no processo penal**. São Paulo: Revista dos Tribunais, 2014.

BADARÓ, Gustavo Henrique Righi Ivahy. O agravo cabível contra decisão denegatória de recurso especial e extraordinário em uma recente decisão do STF e os limites da fungibilidade recursal. **Boletim IBCCRIM**, São Paulo, v. 20, n. 230, p. 2-3., jan. 2012.

BADARÓ, Gustavo Henrique Righi Ivahy. O ônus da prova no Habeas Corpus: in dubio pro libertate. In: PRADO, Geraldo (Coord.); MALAN, Diogo. **Processo penal e democracia**: estudos em homenagem aos 20 anos da Constituição da República de 1988. Rio de Janeiro: Lumen Juris, 2009. 598 p. ISBN 978-85-375-0419-2.

BADARÓ, Gustavo Henrique Righi Ivahy. **Processo Penal**. 2. ed. Rio de Janeiro: Campus, 2014.

BADARÓ, Gustavo Henrique Righi Ivahy. Prova emprestada no processo penal e a utilização de elementos colhidos em Comissões Parlamentares de Inquérito. **Revista Brasileira de Ciências Criminais**, São Paulo, v. 22, n. 106, p. 157-179, jan./fev. 2014.

BADARÓ, Gustavo Henrique Righi Ivahy. Tribunal do júri. Lei 11.689, de 09.06.2008. In: MOURA, Maria Thereza Rocha de Assis (Coord.). **As reformas no processo penal**: As novas leis de 2008 e os projetos de reforma. São Paulo: Revista dos Tribunais, 2008. p. 112-113.

BAHAMONDE, Rosa Rodríguez. Los juicios paralelos y el proceso ante el tribumal del jurado. **Revista de ciencias jurídicas**, ISSN 1137-0912, n. 6, p. 251-272, 2001.

BAHIA, Saulo José Casali. Cooperação jurídica internacional. In: BRASIL. Ministério Público Federal. Secretaria de Cooperação Internacional. **Temas de Cooperação Internacional**. 1 ed. Brasília: Ministério Público Federal, 2015. (Coleção MPF Internacional; 2). p. 39-46. Disponível em: <https://memorial.mpf.mp.br/nacional/vitrine-virtual/publicacoes/temas--de-cooperacao-internacional-1a-edicao>. Acesso em: 4 jul. 2021.

BALBONI, Marco. Da Norimbuerga alla Corte Penale Internazionale. In: ILLUMINATI, G.; STOTONI, L.; VIRGILIO, M. **Crimini Internazionali tra diritto e giustizia**: daí tribunali internazionali alle comissioni vertià e riconciliazone. 1 ed. Torino: Giappichelli Editore, 2000.

BALZACQ, Thierry et al. Security and the two-level game: The treaty of Prüm, the EU and the management of threats. **Centre for European Policy Studies Working Document**, n. 234, jan. 2006. Disponível em: <https://www.files.ethz.ch/isn/25134/234_Security%20and%20 the%20Two-Level%20Game.pdf>. Acesso em: 5 jun. 2021.

BANDEIRA, Marcos Thompson. O bloco de constitucionalidade e a garantia do duplo grau de jurisdição. **Boletim IBCCRIM**, São Paulo, v. 22, n. 254, p. 12-13., jan. 2014.

BAPTISTA, Bárbara Gomes Lupetti. Entre práticas judiciárias brasileiras e porteñas: percepções acerca da oralidade processual argentina. **Cuadernos de antropología social**, Buenos Aires, n. 33, p. 129-146, jul. 2011. Disponível em: <http://www.scielo.org.ar/scielo.php?script=sci_arttext&pid=S1850-275X2011000100007&lng=es&nrm=iso>. Acesso em: 10 out. 2016.

BARANDIER, Antonio Carlos da Gama. Confissão: supremo objetivo da investigação. **Revista Brasileira de Ciências Criminais**, São Paulo, v. 1, n. 3, p. 79-82, jul./set. 1993.

BARBAGALLO, Isidoro. La sorveglianza elettronica dei detenuti: profili di diritto comparato. **Rassegna Italiana di Criminologia**, v. 11, n. 3/4, p. 353-366, 2000.

BARBOSA JÚNIOR, Márcio Mateus. O auxílio direto como meio de efetividade do direito à razoável duração do processo. **Jus Navigandi**, v. 16, p. 36-55, 2011. Disponível em: <https://ambitojuridico.com.br/cadernos/direito-processual-civil/o-auxilio-direto-como-meio-de--efetividade-do-direito-a-razoavel-duracao-do-processo/>. Acesso em: 4 jul. 2021.

BARBOSA JÚNIOR, Salvador José; LEME, Tatiana Capochin Paes. O princípio da "reformatio in pejus" indireta e o direito ao duplo grau de jurisdição do júri. **Revista IOB de Direito Penal e Processual Penal**, Porto Alegre, v. 9, n. 50, p. 75-88., jun./jul. 2008.

BARKOW, Rachel E. Institutional Design and the Policing of Prosecutors: Lessons from Administrative Law. **Stanford Law Review**, v. 61, p. 869, 2008.

BARLETTA, Junya Rodrigues. O direito fundamental à privacidade e as interceptações das comunicações telefônicas: uma análise à luz dos parâmetros desenvolvidos pela Corte Interamericana de Direitos Humanos. In: SANTORO, Antonio Eduardo Ramires; MADURO, Flávio Mirza. **Interceptação telefônica**: os 20 anos da lei nº 9.296/96. Belo Horizonte: D'Plácido, 2016.

BARROS, Antonio Milton de. Algumas considerações sobre a busca pessoal e domiciliar em face da constituição federal. **Revista de Estudos Jurídicos UNESP**, Franca, v. 5, n. 9, p. 165-183, jan./dez. 2000.

BARROS, Flaviane de Magalhães. **A participação da vítima no processo penal**. Rio de Janeiro: Lumen Juris, 2008.

BARROS, Francisco Dirceu. Constitucionalidade do Acordo de Não-persecução Penal. In: CUNHA, Rogério Sanches; et al. (Coords.). **Acordo de Não Persecução Penal**: Resolução 181/2017 do CNMP com as alterações feitas pela Res. 183/2018. 2. ed. rev., ampl. e atual. Salvador: Editora JusPodivm, 2018.

BARROS, Romeu Pires de Campos. Processo penal cautelar. **Revista da Faculdade de Direito da UFG**, v. 7, n. 1-2, p. 119-121, 2010.

BARROS, Romeu Pires de Campos. **Processo Penal Cautelar**. Rio de Janeiro: Forense, 1982.

BARROS, Vinícius Diniz Monteiro de. **A prisão em flagrante no modelo constitucional de processo e a atuação dos sujeitos processuais**. 168f. Dissertação (Mestrado em Direito Processual). Pontifícia Universidade Católica de Minas Gerais. Belo Horizonte, 2011.

BARROSO, Luís Roberto. Interceptação telefônica para fins penais-Inadmissibilidade de prova ilícita-Cabimento de mandado de segurança e não de habeas corpus. CE, art. 52, XII, LVI e LXIX. **Revista de Direito Administrativo**, v. 200, p. 325-338.

BARROSO, Luis Roberto; BARCELLOS, Ana Paula de. A Viagem Redonda: Habeas Data, Direitos Constitucionais e as Provas Ilícitas. **RDA**, v. 213, p. 149-163, 1995.

BASSIOUNI, M. Cherif. Historical Survey: 1919-1998. International Criminal Court: Ratification and Implementing Legislation. **Nouvelles Études Pénales**, [S.l.], Érès, p. 1-43, 1999.

BASTOS, Marcelo Lessa. Lei 9271/96: dois problemas e propostas de solução. **Boletim IBCCrim** 56, julho/97.

BASTOS, Marcelo Lessa. Violência doméstica e familiar contra a mulher. Lei "Maria da Penha". Alguns comentários. **Jus Navigandi**, Teresina, ano 11, n. 1189, 3 out. 2006. Disponível em: <http://jus.uol.com.br/revista/texto/9006>. Acesso em: 8 mar. 2011.

BASTOS, Marcus Vinicius Reis. A garantia da motivação e o recebimento da denúncia. **Boletim IBCCRIM**, São Paulo, v. 12, n. 141, p. 18-19, ago. 2004.

BASTOS JÚNIOR, Luiz Magno; SANTOS, Rodrigo Mioto. O princípio do duplo grau na jurisprudência da Corte Interamericana de Direitos Humanos e sua compatibilidade com o direito brasileiro nos casos de foro por prerrogativa de função. In: CARDIN, Valeria; DEL'OLMO, Florisbel; FEITOSA, Maria Luiza (Org.). **Direito Internacional dos Direitos Humanos** I. 1. ed. Florianópolis: CONPEDI, 2014. p. 423-444.

BATIA, Giovanna; PIZZO, Alessandro. La tutela dell'imputato. Saggio storico - concettuale. PAULESU, Pier Paolo. **La presunzione di non colpevolezza dell'imputato**. Torino: G. Giappichelli, 2009. p. 30-50.

BATISTA, Weber Martins. **O Furto e o Roubo no Direito e no Processo Penal**. Rio de Janeiro: Forense, 1997.

BATISTA, Weber Martins. Suspensão condicional do processo: natureza jurídica; iniciativa da proposta. **Revista CEJ**, v. 2, n. 4, p. 53-57, 1998.

BAUMBACH, Rudinei. Antecedentes Históricos do princípio da Congruência: a vinculação entre julgamento e fórmula no período clássico do direito romano. **Revista dos Estudantes de Direito da UnB**, n. 10, p. 341-364, 2012.

BECHARA, Fábio Ramazzini. **Cooperação jurídica internacional em matéria penal**: eficácia da prova produzida no exterior. São Paulo: Saraiva, 2011.

BECHARA, Fábio Ramazzini. Prova emprestada e a preclusão do contraditório. **Ciências Penais**: Revista da Associação Brasileira de Professores de Ciências Penais, São Paulo, v. 8, n. 14, p. 315-343, jan./jun. 2011.

BEDAQUE, José Roberto dos Santos. **Poderes instrutórios do juiz**. 3.ed. rev. atual. ampl. São Paulo: RT, 2001.

BELO, Warley. Suspensão condicional do processo – direito subjetivo do acusado e de oferecimento obrigatório. **Revista Magister de Direito Penal e Processual Penal**, Porto Alegre, v. 7, n. 42, p. 57-59., jun./jul. 2011.

BELOTTO, Ana Maria de Souza; MADRUGA, Antenor; TOSI, Mariana Tumbiolo. Dupla incriminação na cooperação jurídica internacional. **Boletim IBCCRIM**, São Paulo, v. 20, n. 237, p. 15-16., ago. 2012.

BELTRAME, Priscila Akemi. Proibição de submissão a novo julgamento – regra do ne bis in idem – o sistema interamericano de direitos humanos e o direito comparado. **Revista Brasileira de Ciências Criminais**, São Paulo, v. 17, n. 80, p. 407-430, set./out. 2009.

BENAVENTE CHORRES, Hesbert; PASTRANA BERDEJO, Juan David. Seguridad pública, proceso penal acusatorio y juicio oral. **Argumentos (Méx.)**, México, v. 24, n. 66, p. 277-313, agosto 2011. Disponível em: <http://www.scielo.org.mx/scielo.php?script=sci_arttext&pid=S0187-57952011000200011&lng=es&nrm=iso>. Acesso em: 10 out. 2016.

BENESH, Sara C.; REDDICK, Malia. Overruled: An event history analysis of lower court reaction to Supreme Court alteration of precedent. **Journal of Politics**, v. 64, n. 2, p. 534-550, 2002.

BERCLAZ, M. S. O Ministério Público em Segundo Grau diante do Enigma da Esfinge (e a Constituição da República): Decifra-me ou Devoro-te! In: RIBEIRO, Carlos Vinicius Alves. (Org.). **Ministério Público**: Reflexões sobre princípios e funções institucionais. 1 ed. São Paulo: Atlas, 2010.

BERCOVICI, Gilberto. A inversão do ônus da prova nos crimes cometidos por agentes do Estado durante a ditadura: in dubio pro victima. In: BERCOVICI, Gilberto; SOUZA, Luciano Anderson de; FERREIRA, Lauro Cesar Mazetto (Coord.). **Desafios dos direitos humanos no século XXI**. São Paulo: Quartier Latin, 2016. 473 p., 23 cm. ISBN 978-85-7674-831-2.

BERIZONCE, Roberto Omar; HAZAN, Luciano A. La oralidad no es para jueces cómodos, sino al revés. **Sistemas Judiciales**, Buenos Aires, v. 4, n. 7, p. 8-16., 2004.

BERMUDES, Sérgio. Competência legislativa concorrente sobre procedimentos em matéria processual. **Revista de Direito do Tribunal de Justiça do Rio de Janeiro**, Rio de Janeiro, n. 21, p. 46-50, out./dez. 1994.

BEZERRA, Fabio Luiz de Oliveira. Hipóteses controvertidas de cabimento da ação penal privada subsidiária da pública. **Revista IOB de Direito Penal e Processual Penal**, Porto Alegre, v. 10, n. 57, p. 68-85, ago./set. 2009.

BIANCHINI, Alice. Aspectos subjetivos da sentença penal. **Revista Brasileira de Ciências Criminais**, São Paulo, v. 6, n. 22, p. 37-49, abr./jun. 1998.

BIBAS, Stephanos. Transparency and participation in criminal procedure. **New York University Law Review**, v. 81, p. 911, 2006.

BIGLIAZZI, Renato. **O caso Mauro Borges**: Direito, Política e Constituição entre os dois primeiros atos institucionais. 2015. 143 f. Tese (Doutorado em Direito). Universidade de Brasília, Brasília, 2015.

BINDER, Alberto. **Elogio de la audiencia oral y otros ensayos**. Monterrey: Coordinación de la Judicatura del Estado de Nuevo León. 2014. Disponível em: <http://www.pjenl.gob.mx/cj/Publicaciones/26.pdf>. Acesso em: 7 jun. 2021.

BINDER, Alberto. **Introducción al derecho procesal penal**. Buenos Aires: Ad Hoc, 2005. Apud POSTIGO, Leonel González; PODESTÁ, Tobías José. A oralidade no novo código de processo penal da nação Argentina. **Revista Brasileira de Direito Processual Penal**, v. 3, n. 3, p. 849-878, 2017.

BINDER, Alberto. **Introdução ao Direito Processual Penal**. Tradução de Fernando Zani. Revisão e apresentação de Fauzi Hassan Choukr. Rio de Janeiro, Lumen Juris, 2003.

BINDER, Alberto. **La fuerza de la oralidad.** La reforma procesal penal en Córdoba. Córdoba: Alveroni Ediciones, 2003.

BINDER, Alberto. **Límites y posibilidades de la simplificación del proceso, en Justicia Penal y Estado de Derecho.** Buenos Aires: Ad Hoc, 1993.

BINDER, Alberto. **O descumprimento das formas processuais**: elementos para uma crítica da teoria das nulidades no processo penal. Rio de Janeiro: Lumen Juris, 2003.

BINDER, Alberto; CAPE, Ed; NAMORADZE, Zaza. **Defensa penal efectiva en América Latina**. Bogotá: Ediciones Antropos Ltda. 2015.

BITENCOURT, Cezar Roberto. **Calúnia contra presidente da república. imputação verdadeira de fato definido como crime**: ausência da elementar "falsamente". Disponível em: <http://www.direitopenalvirtual.com.br/artigos/calunia-contra-presidente-da--republica-imputacao-verdadeira-de-fato-definido-como-crime-ausencia-da-elementar--%E2%80%9Cfalsamente%E2%80%9D>. Acesso em: 20 ago. 2016.

BITENCOURT, Cezar Roberto. **Juizados Especiais Criminais e Alternativas à Pena de Prisão**. 2 ed. Porto Alegre: Livraria do Advogado, 1996.

BITENCOURT, Cezar Roberto. **Tratado de direito penal**: parte geral. 10. ed. São Paulo: Saraiva, 2006. 1v. p. 207 e seguintes.

BITENCOURT, Cezar Roberto; BUSATO, Paulo César. **Comentários à lei de organização criminosa**: lei 12.850/2013. São Paulo: Saraiva. 2014.

BLOG DO VLAD. Justiça criminal, direitos humanos, corrupção, lavagem de dinheiro, crime organizado, cooperação internacional, segurança pública. Disponível em: <https://blogdovladimir.wordpress.com/2011/11/15/agora-sao-17-bi/>. Acesso em 4 jul. 2021.

BOBBIO, Norberto. **A era dos Direitos**. Rio de Janeiro: Campus, 1992.

BOBBIO, Norberto. **Dicionário de Política**. 11. ed. Brasília: UNB, 1998. 1v.

BOBBIO, Norberto. **Os intelectuais e o poder**: dúvidas e opções dos homens de cultura na sociedade contemporânea. Trad. Marco Aurélio Nogueira. São Paulo: Editora da UNESP, 1997.

BOBBIO, Norberto. **Teoria do ordenamento jurídico**. São Paulo: Ed. Polis; Brasília: Ed. UnB, 1991.

BOBBIO, Norberto. **Teoria Geral da Política**. Rio de Janeiro: Campus, 2000.

BOBBIO, Norberto; MATTEUCCI, Nicola; PASQUINO, Gianfranco. **Dicionário de Política**. 11 ed. Brasília: UNB, 1998.

BOLDT, Raphael; ADEODATO, João Maurício. O direito como mito: a razão punitiva e a invenção do direito fundamental à segurança pública. **Revista Quaestio Iuris**, v. 11, n. 04, p. 2794-2810, 2018.

BONFIM, Márcia Monassi Mougenot. A importância do confisco no combate à lavagem de dinheiro e organizações criminosas. In: MESSA, Ana Flávia; CARNEIRO, José Reinaldo Guimarães (Coord.). **Crime organizado**. São Paulo: Saraiva, 2012. 691 p., 22 cm. ISBN 978-85-02-1151-6.

BORGES, Clara Maria Roman. As atuais tendências de reforma do Código de Processo Penal e a promessa de constitucionalização e democratização do sistema processual penal vigente. In: IX Simpósio Nacional de Direito Constitucional da ABDConst, Curitiba. 2010. **Anais do IX Simpósio Nacional de Direito Constitucional**, 2010. p. 201-223. Disponível em: <http://www.abdconst.com.br/revista3/claraborges.pdf>. Acesso em: 17 jun. 2021.

BORGES, Edinaldo de Holanda. O sistema processual acusatório e o juizado de instrução. **Boletim Científico da Escola Superior do Ministério Público da União**, v.2, n.6, p.47-56, jan./mar. 2003.

BORGES NETO, Andre Luiz. Competências legislativas implícitas dos Estados-Membros. **Cadernos de Direito Constitucional e Ciência Política**, São Paulo, v.6, n.23, p.128-33, abr./jun. 1998.

BORGES NETO, Andre Luiz. Lei (processo legislativo). In: DIMOULIS, Dimitri (Coord.). **Dicionário Brasileiro de Direito Constitucional**. São Paulo: Saraiva, 2007.

BORRI, Luiz Antonio; SOARES, Rafael Junior. A designinação específica de magistrado para a condução de ação penal e o princípio do juiz natural. **Boletim IBCCRIM**, São Paulo, v. 24, n. 282, p. 04-06, maio 2016.

BOSHI, José Antonio Paganella. **Persecução penal**: inquérito policial, ação penal e ministério público. Rio de Janeiro: Aide, 1987.

BOSI, Alfredo. **Dialética da Colonização**. São Paulo: Cia das Letras, 1992.

BOTTINI, Pierpaolo Cruz. A confusa exegese do princípio da insignificância. In: RASCOVSKI, Luiz (Coord.). **Temas relevantes de direito penal e processual penal**. São Paulo: Saraiva, 2012. Disponível em: <http://200.205.38.50/biblioteca/index.asp?codigo_sophia=102545>. Acesso em: 14 jan. 2022.

BOTTINO, Thiago. Colaboração premiada e incentivos à cooperação no processo penal: uma análise crítica dos acordos firmados na "Operação Lava Jato". **Revista Brasileira de Ciências Criminais**, São Paulo, v. 24, n. 122, p. 359-390., ago. 2016.

BRADFORD, C. Steven. Following Dead Precedent: The Supreme Court's Ill-Advised Rejection of Anticipatory Overruling. **Fordham Law Review**, v. 59, p. 39, 1990.

BRAGHITTONI, R. Ives. O efeito suspensivo da apelação e o duplo grau de jurisdição. **Revista do Instituto dos Advogados de São Paulo**. Ano, v. 7, 2004.

BRANDÃO, Gian Miller. Da invalidade da prova testemunhal para comprovação de materialidade em crime que deixa vestígio quando possível a realização de perícia. **Boletim IBCCRIM**, São Paulo, v. 21, n. 253, p. 12-14., dez. 2013.

BRANQUINHO, João; MURCHO, Desidério; GOMES, Nelson Gonçalves. **Enciclopédia de Termos Lógico-Filosóficos**, São Paulo: Martins Fontes, 2006. 803 p.

BRASIL. Assembleia Nacional Constituinte (1987). **O processo histórico da elaboração do texto constitucional**: mapas demonstrativos / trabalho elaborado por BRUSCO, Dilsson Emílio; RIBEIRO, Ernani Valter. Brasília: Câmara dos Deputados, Coordenação de Publicações, 1993.

BRASIL. Câmara dos Deputados. **Anteprojeto Constitucional**. Diário Oficial. Suplemento especial ao n. 185. Brasília/DF, 26 set. 1986. Disponível em: <http://www.senado.gov.br/publicacoes/anais/constituinte/AfonsoArinos.pdf>. Acesso em: 4 jun. 2021.

BRASIL. Câmara dos Deputados. Comissão de Constituição de Justiça e de Cidadania. **Projeto de Lei n. 173, de 2015**. Tipifica o crime de descumprimento de medidas protetivas da Lei 11.340 de 7 de agosto de 2006 – Lei Maria da Penha. Disponível em: <https://www.camara.leg.br/proposicoesWeb/prop_mostrarintegra?codteor=1417736&filename=PRL+1+CCJC+%3D%3E+PL+173/2015. Acesso em: 3 jul. 2021.

BRASIL. Câmara dos Deputados. Comissão Especial destinada a proferir parecer ao Projeto de Lei n. 8045, de 2010, do Senado Federal, que trata do "Código de Processo Penal" (Revoga o Decreto-Lei n. 3689, de 1941. Altera os Decretos-Lei n. 2.848, de 1940; n. 1.002, de 1969; as leis n. 4.898, de 1965, n. 7.210, de 1984; n. 8.038, de 1990; n. 9.099, de 1995; n. 9.279, de 1996; n. 9.609, de 1998; n. 11.340, de 2006; n. 11.343, de 2006), e apensados. **Relatório Parcial do Deputado Paulo Teixeira**. 4ª Relatoria-Parcial: dos Recursos em Geral, Disposições Gerais sobre as Medidas Cautelares e das Medidas Cautelares Pessoais (Arts. 458 a 611). Disponível em: <http://www.camara.gov.br/proposicoesWeb/prop_mostrarintegra?codteor=1567261&filename=PRP+1+PL804510+%3D%3E+PL+8045/2010>. Acesso em: 3 jun. 2021.

BRASIL. Câmara dos Deputados. **Decreto-Lei n. 88 de 20 de dezembro de 1937**. Modifica a Lei n. 244, de 11 de setembro de 1936, que instituiu o Tribunal de Segurança Nacional, e dá outras providências. Disponível em: <https://www2.camara.leg.br/legin/fed/declei/1930-1939/decreto-lei-88-20-dezembro-1937-350832-publicacaooriginal-1-pe.html>. Acesso em: 14 jan. 2022.

BRASIL. Câmara dos Deputados. Legislação Informatizada. **Decreto-Lei n. 3.689 de 3 de outubro de 1941**: Código de Processo Penal. Exposição de Motivos. Disponível em: <http://www.planalto.gov.br/ccivil_03/Decreto-Lei/Del3689.htm>. Acesso em 03 jun. 2021.

BRASIL. Câmara dos Deputados. **Histórico de Pareceres, Substitutivos e Votos – PL 4208/2001**. Disponível em: <http://www.camara.gov.br/proposicoesWeb/prop_pareceres_substitutivos_votos;jsessionid=986081243D41E4484D403C7AA740D130.proposicoesWeb1?idProposicao=26558>. Acesso em: 5 jul. 2021.

BRASIL. Câmara dos Deputados. **Projeto de Lei n. 2.021 de 1960**. Disponível em: <http://www.camara.gov.br/proposicoesWeb/prop_mostrarintegra;jsessionid=4E034F5B87ECBBF5CB0B16E64C3FEF83.proposicoesWebExterno1?codteor=1205310&filename=Dossie+-PL+2021/1960>. Acesso em: 14 jan. 2022.

BRASIL. Câmara dos Deputados. **Projeto de Lei n. 4559/2004**. Disponível em: <http://www.camara.gov.br/internet/sileg/Prop_Detalhe.asp?id=272058>. Acesso em: 9 fev. 2011.

BRASIL. Câmara dos Deputados. **Projeto de Lei do Sr. Alceu Moreira**, de 2015. Tipifica o crime de descumprimento de medidas protetivas da Lei 11.340 de 7 de agosto de 2006 – Lei Maria da Penha. Disponível em: <https://www.camara.leg.br/proposicoesWeb/prop_mostrarintegra;jsessionid=669DC15468FFE1206410CEA689535E9F.proposicoesWebExterno1?codteor=1297696&filename=PL+173/2015>. Acesso em: 3 jul. 2021.

BRASIL. Câmara dos Deputados. **Projeto de Lei n. 4.850/2016**. Vide redação original do art. 16 daquele projeto que, modificando o art. 157 do CPP determinava: § 2º Exclui-se a ilicitude da prova quando:[...] X – obtida de boa-fé por quem dê notícia-crime de fato que teve conhecimento no exercício de profissão, atividade, mandato, função, cargo ou emprego públicos ou privados. Disponível em: <http://www.camara.gov.br/proposicoesWeb/prop_mostrarintegra?codteor=1448689&filename=PL+4850/2016>. Acesso em: 18 jun. 2021.

BRASIL. Câmara dos Deputados. **Projeto de Lei n. 10372 de 2018**. Introduz modificações na legislação penal e processual penal para aperfeiçoar o combate ao crime organizado, aos delitos de tráfico de drogas, tráfico de armas e milícia privada, aos crimes cometidos com violência ou grave ameaça e crimes hediondos, bem como para agilizar e modernizar a investigação criminal e a persecução penal. Disponível em: <https://www.camara.leg.br/proposicoesWeb/ prop_mostrarintegra;jsessionid=node01euugymtrz73dr3zrg1olywtg18861641.node0?codteo r=1666497&filename=PL+10372/2018>. Acesso em 14 jun. 2021.

BRASIL. Câmara dos Deputados. **Substitutivo do Senado ao Projeto de Lei da Câmara n. 111, de 2008** (PL nº 4208, de 2001, na Casa de origem), que altera dispositivos do Decreto-Lei nº 3.689, de 3 de outubro de 1941 – Código de Processo Penal, relativos à prisão processual, fiança, liberdade provisória, demais medidas cautelares, e dá outras providências. Brasília: Câmara, 2009. Disponível em: <http://www.camara.gov.br/proposicoesWeb/prop_pareceres_substitutivos_ votos;jsessionid=17A47C38C53AFF87BC3D6BB831798EFC.node1?idProposicao=26558df>. Acesso em: 31 maio 2011.

BRASIL. Conselho da Justiça Federal. **Resolução n. 314 de 12 mai. 2003**. Disponível em: <https://www2.jf.jus.br/jspui/bitstream/handle/1234/3322/RES%20314-2003%20Rev. pdf?sequence=1#:~:text=Disp%C3%B5e%20sobre%20a%20especializa%C3%A7%C3% A30%20de,de%20bens%2C%20direitos%20e%20valores.>. Acesso em: 4 jun. 2021.

BRASIL. Congresso Nacional. **Diário do Congresso Nacional**, Brasília, ano XXX, n. 58, 13 jun. 1975, Suplemento (A). Disponível em: <https://legis.senado.leg.br/diarios/ver/16417?sequencia=1>. Acesso em: 18 jun. 2021.

BRASIL. Conselho Nacional de Justiça. **Banco Nacional de Monitoramento de Prisões 2.0**. Brasília: 2018. Disponível em: <https://www.cnj.jus.br/wp-content/uploads/2019/08/bnmp. pdf>. Acesso em: 11 jan. 2022.

BRASIL. Conselho Nacional de Justiça. **Instrução Normativa n. 1 de 10/02/2010**. Disponível em: <http://www.cnj.jus.br/atos?documento=208>. Acesso em: 15 set. 2016.

BRASIL. Conselho Nacional de Justiça. **Recomendação n. 3 de 30 mai. 2006**. Recomenda a especialização de varas criminais para processar e julgar delitos praticados por organizações criminosas e dá outras providências. Disponível em: <https://atos.cnj.jus.br/files// recomendacao/recomendacao_3_30052006_23042019140017.pdf>. Acesso em: 4 jun. 2021.

BRASIL. **Constituição da República Federativa do Brasil de 1988**. Presidência da República. Casa Civil. Subchefia para Assuntos Jurídicos. Disponível em: <http://www.planalto.gov.br/ ccivil_03/Constituicao/ConstituicaoCompilado.htm>. Acesso em: 14 jan. 2022.

BRASIL. **Constituição dos Estados Unidos do Brasil (de 18 de setembro de 1946)**. Disponível em: <http://www.planalto.gov.br/ccivil_03/constituicao/constituicao46.htm>. Acesso em jun. 2021.

BRASIL. **Constituição de 1891**. Constituição da República dos Estados Unidos do Brasil, decretada e promulgada pelo Congresso Nacional Constituinte, em 24/02/1891. Disponível em: <http://www2.camara.leg.br/legin/fed/consti/1824-1899/constituicao-35081-24-fevereiro -1891-532699-publicacaooriginal-15017-pl.html>. Acesso em: 14 jan. 2022.

BRASIL. Corregedoria Nacional da Justiça. **Provimento CNJ 37/2014**. Disponível em: <https:// atos.cnj.jus.br/atos/detalhar/atos-normativos?documento=2043>. Acesso em: 16 jun. 2021.

BRASIL. **Decreto n. 592 de 6 de julho de 1992**. Atos Internacionais. Pacto Internacional sobre Direitos Civis e Políticos. Promulgação. Disponível em: <http://www.planalto.gov.br/ccivil_03/ decreto/1990-1994/d0592.htm>. Acesso em: 14 jan. 2022.

BRASIL. **Decreto n. 848 de 11 de outubro de 1890**. Organiza a Justiça Federal. Disponível em: <https://www2.camara.leg.br/legin/fed/decret/1824-1899/decreto-848-11-outubro -1890-499488-publicacaooriginal-1-pe.html>. Acesso em: 14 jan. 2022.

BRASIL. **Decreto n. 56.435 de 8 de junho de 1965**. Promulga a Convenção de Viena. Disponível em: <http://www.planalto.gov.br/ccivil_03/decreto/antigos/d56435.htm>. Acesso em: 4 jun. 2021.

BRASIL. **Decreto n. 4975**, de 30 de janeiro de 2004. Promulga o Acordo de Extradição entre os Estados Partes do Mercosul. Disponível em: <http://www.planalto.gov.br/ccivil_03/_ ato2004-2006/2004/decreto/d4975.htm>. Acesso em: 4 jul. 2021.

BRASIL. **Decreto 5.015 de 12 de março de 2004**. Promulga a Convenção das Nações Unidas contra o crime organizado transnacional. Disponível em: <http://www.planalto.gov.br/ccivil_03/_ato2004-2006/2004/decreto/d5015.htm>. Acesso em: 7 jun. 2021.

BRASIL. **Decreto-Lei n. 3.689 de 3 de outubro de 1941**: Código de Processo Penal. Disponível em: <http://www.planalto.gov.br/ccivil_03/Decreto-Lei/Del3689.htm>. Acesso em: 3 jun. 2021.

BRASIL. **Diário Oficial da União**, edição 112, seção 1, p. 121. Portaria n. 61, de 20 de janeiro de 2000, do Ministério da Justiça. Publicado em 15/06/2020. Disponível em: <https://www.in.gov.br/en/web/dou/-/portaria-n-61-de-10-de-junho-de-2020-261494737> Acesso em 18 jun. 2021.

BRASIL. **Emenda Constitucional de 3 de setembro de 1926**. Emendas à Constituição Federal de 1926. Disponível em: <http://www.planalto.gov.br/ccivil_03/constituicao/emendas/emc_anterior1988/emc%20de%203.9.26.htm>. Acesso em: 14 jan. 2022.

BRASIL. **Emenda Constitucional n. 1 de 17 de outubro de 1969**: edita o novo texto da Constituição Federal de 24 de janeiro de 1967. Disponível em: <http://www.planalto.gov.br/ccivil_03/constituicao/emendas/emc_anterior1988/emc01-69.htm>. Acesso em: 3 jun. 2021.

BRASIL. **Emenda Constitucional n. 32 de 11 de setembro de 2001**: altera dispositivos dos arts. 48, 57, 61, 62, 64, 66, 84, 88 e 246 da Constituição Federal, e dá outras providências. Disponível em: <http://www.planalto.gov.br/ccivil_03/Constituicao/Emendas/Emc/emc32.htm>. Acesso em: 3 jun. 2021.

BRASIL. Emenda Substitutiva Global de Plenário ao Projeto de Lei n. 4205 de 2001 (do Sr. João Campos e outros). Altera dispositivos do Decreto-Lei n. 3689, de 3 de outubro de 1941 – Código de Processo Penal, relativos à prova, e dá outras providências. Disponível em: <http://www.camara.gov.br/proposicoesWeb/prop_mostrarintegra?codteor=461499&filename=EMP+6/2007+%3D%3E+PL+4205/2001>. Acesso em: 18 jun. 2021.

BRASIL. **Lei de 29 de novembro de 1832**. Promulga o Código do Processo Criminal de primeira instância com disposição provisória acerca da administração da Justiça Civil. Disponível em: <http://www.planalto.gov.br/ccivil_03/leis/LIM/LIM-29-11-1832.htm>. Acesso em: 14 jan. 2022.

BRASIL. **Lei n. 2033 de setembro de 1871**. Altera diferentes disposições da Legislação Judiciária. Disponível em: <http://www.planalto.gov.br/ccivil_03/leis/lim/LIM2033.htm>. Acesso em: 14 jan. 2022.

BRASIL. **Lei n. 7565 de 1986**. Dispõe sobre o Código Brasileiro de Aeronáutica. Disponível em: <http://www.planalto.gov.br/ccivil_03/leis/L7565.htm>. Acesso em 10 jun. 2021.

BRASIL. **Lei 8.617 de 4 de janeiro de 1993**. Dispõe sobre o mar territorial, a zona contígua, a zona econômica exclusiva e a plataforma continental brasileiros, e dá outras providências. Disponível em: <http://www.planalto.gov.br/ccivil_03/leis/l8617.htm>. Acesso em: 4 jun. 2021.

BRASIL. **Lei n. 9432 de 1997**. Dispõe sobre a ordenação do transporte aquaviário e dá outras providências. Disponível em: <http://www.planalto.gov.br/ccivil_03/leis/L9432.htm>. Acesso em 10 jun. 2021.

BRASIL. **Lei n. 10.406 de 10 de janeiro de 2002**. Institui o Código Civil. Disponível em: <http://www.planalto.gov.br/ccivil_03/Leis/2002/L10406.htm>. Acesso em: 6 jun. 2021.

BRASIL. **Lei 13.964 de 2019**. Aperfeiçoa a legislação penal e processual penal. Disponível em: <http://www.planalto.gov.br/ccivil_03/_ato2019-2022/2019/lei/L13964.htm>. Acesso em: 3 jun. 2021.

BRASIL, Luciano de Faria. Cognição judicial no processo penal. **Revista do Ministério Público do Rio Grande do Sul**, Porto Alegre, n. 47, p. 202-216, abr./jun. 2002.

BRASIL. **Mensagem n. 97/1996**, que solicita ao Congresso Nacional a retirada do PL.-4.900/95, que "altera o Capítulo II, do Título I, do Livro II, artigos 406 a 497, do Decreto-lei nº 3.689, de 3 de outubro de 1941, Código de Processo Penal". Disponível em: <https://www.camara.leg.br/proposicoesWeb/prop_imp;jsessionid=55F63BF7041DB5D63644AF38FD38F832.proposicoesWeb1?idProposicao=225217&ord=0&tp=completa >. Acesso em: 18 jun. 2021.

BRASIL. Ministério da Justiça. **Levantamento Nacional de Informações Penitenciárias** – Infopen. Junho de 2014. Disponível em: <https://www.justica.gov.br/noticias/mj-divulgara-novo-relatorio-do-infopen-nesta-terca-feira/relatorio-depen-versao-web.pdf>. Acesso em: 4 jul. 2021.

BRASIL. Ministério Público Federal. 2ª Câmara de Coordenação e Revisão (matéria criminal). **Orientação n. 30**. Assunto: Critérios a serem observados nas promoções de arquivamento referentes aos crimes não considerados prioritários pela 2ª CCR. Disponível em: <file:///C:/FHC/PPN%20-%20MPF%20-%20criterios%20para%20promocao%20de%20arquivamento%2004072016.pdf>. Acesso em: 14 jan. 2022.

BRASIL. **Portaria n. 22 de 22 de fevereiro de 2005**. Secretaria Especial dos Direitos Humanos. Disponível em: <https://www.legisweb.com.br/legislacao/?id=190604>. Acesso em: 7 jun. 2021.

BRASIL. Presidência da República. **Decreto n. 1904 de 1996** (PNDH1). Disponível em: <http://www.planalto.gov.br/ccivil_03/decreto/D1904.htm>. Acesso em: 17 jun. 2021.

BRASIL. Procuradoria Federal dos Direitos Constitucionais do Cidadão. **Boletim de Notícias**, n. 121, 2006.

BRASIL. Secretaria Nacional de Justiça. Departamento de Estrangeiros. **Manual de extradição**. Brasília: Secretaria Nacional de Justiça, 2012.

BRASIL. Secretaria Nacional de Justiça. Departamento de Recuperação de Ativos e Cooperação Jurídica Internacional. **Cartilha cooperação jurídica internacional em matéria penal**. Brasília: Ministério da Justiça, 2012.

BRASIL. Secretaria Nacional de Justiça. Departamento de Recuperação de Ativos e Cooperação Jurídica Internacional. **Manual de cooperação jurídica internacional e recuperação de ativos**: cooperação em matéria penal. 3 ed. Brasília: Ministério da Justiça, 2013. Disponível em: <https://www.justica.gov.br/sua-protecao/cooperacao-internacional/arquivos/manual_coop_penal-1.pdf>. Acesso em: 4 jul. 2021.

BRASIL. Secretaria Nacional de Justiça. Anteprojeto de reforma do Código de Processo Penal. **Parecer aprovado na comissão em 09 dez. 2009**. 2009. Relator: Senador Renato Casagrande. Disponível em: <http://legis.senado.gov.br/mate-pdf/71659.pdf>. Acesso em: 31 jan. 2011.

BRASIL. Secretaria Nacional de Justiça. Atividade Legislativa. **Projeto de lei do Senado n. 65 de 2016**. Disponível em: <https://www25.senado.leg.br/web/atividade/materias/-/materia/125010>. Acesso em: 6 jun. 2021.

BRASIL. Secretaria Nacional de Justiça. Comissão de Constituição, Justiça e Cidadania. **Parecer n. 961 de 2009**. Relator: Senador Marconi Perillo. Disponível em: <https://legis.senado.leg.br/sdleg-getter/documento?dm=3830014&ts=1630426836240&disposition=inline>. Acesso em: 31 maio 2021.

BRASIL. Secretaria Nacional de Justiça. Comissão de Constituição, Justiça e Cidadania. **Projeto de Lei n. 6.341, de 2019** (nº 10.372, de 2018, na origem). Disponível em: <file:///C:/Users/usu%C3%A1rio/Downloads/DOC-Relat%C3%B3rio%20Legislativo%20-%20SF192929274625-20191210.pdf>. Acesso em: 14 jun. 2021.

BRASIL. Secretaria Nacional de Justiça. Comissão de Juristas Responsável pela Elaboração de Anteprojeto de Reforma do Código de Processo Penal. **Anteprojeto de Reforma do Código de Processo Penal**. Brasília: Senado Federal, Subsecretaria de Edições Técnicas, 2009. 160 p. Disponível em: <https://www2.senado.leg.br/bdsf/bitstream/handle/id/182956/000182956.pdf?sequence=10&isAllowed=y>. Acesso em: 3 jun. 2021.

BRASIL. Secretaria Nacional de Justiça. Comissão Temporária de Estudo da Reforma do Código de Processo Penal. **Parecer n. 1.636 de 2010**. Redação final do projeto de lei do Senado n. 156 de 2009. Disponível em: <http://www.senado.leg.br/atividade/rotinas/materia/getPDF.asp?t=85509&tp=1>. Acesso em: 6 jun. 2021.

BRASIL. Secretaria Nacional de Justiça. **Decreto Legislativo n. 112 de 6 de junho de 2002**. Aprova o texto do Estatuto de Roma do Tribunal Penal Internacional, aprovado em 17 de julho de 1998 e assinado pelo Brasil em 7 de fevereiro de 2000. Disponível em: <https://legis.senado.leg.br/norma/568148>. Acesso em: 14 jan. 2022.

BRASIL. Secretaria Nacional de Justiça. **Diário do Senado Federal**, Brasília/DF, ano LVII, n. 73, quinta-feira, 6 jun. 2002. Disponível em: <https://legis.senado.leg.br/diarios/ver/1405?sequencia=1>. Acesso em: 14 jan. 2022.

BRASIL. Secretaria Nacional de Justiça. **Diário do Senado Federal**, Brasília/DF, ano LXII, n. 176, quinta-feira, 1 nov. 2007, p. 38561. Disponível em: <https://legis.senado.leg.br/diarios/ver/883?sequencia=11>. Acesso em: 17 jun. 2021.

BRASIL. Secretaria Nacional de Justiça. **Projeto de Lei da Câmara n. 111, de 2008**. Altera dispositivos do Decreto-Lei n. 3689 de 3 de outubro de 1941 – CPP, relativos à prisão processual, fiança, liberdade provisória, demais medidas cautelares, e dá outras providências. Disponível em: <https://legis.senado.leg.br/sdleg-getter/documento?dm=4464162&ts=1593957146789&disposition=inline>. Acesso em: 3 jul. 2021.

BRASIL. Secretaria Nacional de Justiça. **Projeto de Lei n. 156 de 2009**. Disponível em: <https://legis.senado.leg.br/sdleg-getter/documento?dm=4574315&ts=1594032503518&disposition=inline>. Acesso em: 14 jan. 2022.

BRASIL. Secretaria Nacional de Justiça. **Projeto de Lei n. 183 de 2007**. Disponível em: <http://legis.senado.leg.br/mateweb/arquivos/mate-pdf/9702.pdf>. Acesso em: 16 jun. 2021.

BRASIL. Secretaria Nacional de Justiça. **Projeto de Lei do Senado n. 326, DE 2007**. Disponível em: <https://www25.senado.leg.br/web/atividade/materias/-/materia/81485>. Acesso em: 4 jul. 2021.

BRASIL. Secretaria Nacional de Justiça. Projeto "Frederico Marques". Anteprojeto de reforma do Código de Processo Penal. **Diário do Congresso Nacional**, Brasília, Seção I, Suplemento A, p. 34/35, edição de 12 de junho de 1975.

BRASIL. Superior Tribunal de Justiça. **Agravo Regimental na Revisão Criminal n. 3305/SP**. Terceira Seção. Relator Ministro Jorge Mussi. Julgado em: 27/04/2016. DJe: 03/05/2016. Disponível em: <https://scon.stj.jus.br/SCON/jurisprudencia/toc.jsp?i=1&b=ACOR&livre=((%27AGRVCR%27.clas.+e+@num=%273305%27)+ou+(%27AgRg%20na%20RvCr%27+adj+%273305%27.suce.))&thesaurus=JURIDICO&fr=veja>. Acesso em: 14 jan. 2022.

BRASIL. Superior Tribunal de Justiça. **Agravo Regimental no Agravo de Instrumento n. 441.273/RJ**. Segunda Turma. Relator Min. João Otávio Noronha. J. 18.03.2004. DJ de 19.04.2004. Disponível em: <https://scon.stj.jus.br/SCON/jurisprudencia/toc.jsp?i=1&b=ACOR&livre=((%27AGA%27.clas.+e+@num=%27441273%27)+ou+(%27AgRg%20no%20Ag%27+adj+%27441273%27.suce.))&thesaurus=JURIDICO&fr=veja>. Acesso em: 5 jun. 2021.

BRASIL. Superior Tribunal de Justiça. **Agravo Regimental no Agravo de Instrumento n. 876.449/SP**. Sexta Turma. Relatora Min. Maria Thereza de Assis Moura. Julgamento: 02/06/2009. Publicação: DJe 22/06/2009. Disponível em: <https://scon.stj.jus.br/SCON/jurisprudencia/toc.jsp?i=1&b=ACOR&livre=((%27AGA%27.clas.+e+@num=%27876449%27)+ou+(%27AgRg%20no%20Ag%27+adj+%27876449%27.suce.))&thesaurus=JURIDICO&fr=veja>. Acesso em: 14 jan. 2022.

BRASIL. Superior Tribunal de Justiça. **Agravo Regimental no Agravo em Recurso Especial n. 635998 DF 2015/0000051-0**. Relator Ministro Ericson Maranho (Desembargador convocado do TJ/SP). Julgamento: 10 mar. 2015.

BRASIL. Superior Tribunal de Justiça. **Agravo Regimental no Agravo em Recurso Especial n. 592571/RJ**. 2014/0250328-3. Relator Ministro Olindo Menezes. Julgamento: 23/06/2015. Publicação DJe 05/08/2015. Disponível em: <https://scon.stj.jus.br/SCON/jurisprudencia/toc.jsp?i=1&b=ACOR&livre=((%27AGARESP%27.clas.+e+@num=%27592571%27)+ou+(%27AgRg%20no%20AREsp%27+adj+%27592571%27.suce.))&thesaurus=JURIDICO&fr=veja>. Acesso em: 18 jun. 2021.

BRASIL. Superior Tribunal de Justiça. **Agravo Regimental no Agravo em Recurso Especial n. 1.399.900/SP**. Sexta Turma. Relator Ministro Sebastião Reis Júnior. DJe: 26/3/2015.

BRASIL. Superior Tribunal de Justiça. **Agravo Regimental no Agravo em Recurso Especial n. 734.052/MS**. Quinta Turma. Relator Ministro Reynaldo Soares da Fonseca. Julgado em: 10/12/2015. DJe: 16/12/2015. Disponível em: < https://scon.stj.jus.br/SCON/GetInteiroTeorDoAcordao?num_registro=201501504974&dt_publicacao=16/12/2015>. Acesso em: 14 jan. 2022.

BRASIL. Superior Tribunal de Justiça. **Agravo Regimental no Agravo em Recurso Especial n. 318.060/SC**. Quinta Turma. Relator Ministro Felix Fischer. Julgado em: 19/04/2016. DJe: 27/04/2016. Disponível em: <https://scon.stj.jus.br/SCON/GetInteiroTeorDoAcordao?num_registro=201301144577&dt_publicacao=27/04/2016>. Acesso em: 14 jan. 2022.

BRASIL. Superior Tribunal de Justiça. **Agravo Regimental no Habeas Corpus n. 300.699/SP**. Quinta Turma. Relator Ministro Felix Fischer. Julgado em: 30/06/2015. DJe: 03/08/2015. Disponível em: <https://scon.stj.jus.br/SCON/jurisprudencia/toc.jsp?i=1&b=ACOR&livre=((%27AGRHC%27.clas.+e+@num=%27300699%27)+ou+(%27AgRg%20no%20HC%27+adj+%27300699%27.suce.))&thesaurus=JURIDICO&fr=veja>. Acesso em: 14 jan. 2022.

BRASIL. Superior Tribunal de Justiça. **Agravo Regimental no Habeas Corpus n. 322.954/SP**. Sexta Turma. Relatora Ministra Maria Thereza de Assis Moura. Julgado em 19/05/2015. Publicação: DJe 27/05/2015. Disponível em: <https://scon.stj.jus.br/SCON/pesquisar.jsp>. Acesso em: 14 jan. 2022.

BRASIL. Superior Tribunal de Justiça. **Agravo Regimental no Recurso Especial n. 62.266/SC**. Sexta Turma. Relator Min. Og Fernandes. Julgado em: 6-11-2012. Disponível em: <https://scon.stj.jus.br/SCON/GetInteiroTeorDoAcordao?num_registro=201102399361&dt_publicacao=20/11/2012>. Acesso em: 14 jan. 2022.

BRASIL. Superior Tribunal de Justiça. **Agravo Regimental nos Embargos de Declaração nos Embargos de Divergência no agravo em Recurso Especial n. 316.129/SC**. Terceira Seção. Relator Min. Reynaldo Soares da Fonseca. Julgado em: 25/5/2016. Publicação: DJe 01/06/2016. Disponível em: <https://scon.stj.jus.br/SCON/jurisprudencia/toc.jsp?i=1&b=ACOR&livre=((%27AEDEARESP%27.clas.+e+@num=%27316129%27)+ou+(%27AgRg%20nos%20EDcl%20nos%20EAREsp%27+adj+%27316129%27.suce.))&thesaurus=JURIDICO&fr=veja>. Acesso em: 16 jun. 2021.

BRASIL. Superior Tribunal de Justiça. **Agravo Regimental no Recurso Especial n. 1497542/PB** 2014/0306372-4. Primeira Turma. Relator: Ministro Benedito Gonçalves. Data de Julgamento: 18 fev. 2016. Data de Publicação: DJe 24 fev. 2016. Disponível em: <https://stj.jusbrasil.com.br/jurisprudencia/897728520/recurso-especial-resp-1497542-pb-2014-0306372-4>. Acesso em: 5 jun. 2021.

BRASIL. Superior Tribunal de Justiça. **APN n. 296 PB 2003/0230827-3**. Corte Especial. Relator Ministro Gilson Dipp. Data de Julgamento: 01/06/2005. Data de Publicação: DJ 12/09/2005 p. 193.

BRASIL. Superior Tribunal de Justiça. Conflito de Competência n. 245/MG. Segunda Seção. Relator Min. Sálvio de Figueiredo Teixeira. Data de Julgamento: 28/06/1989. Publicação: 11/09/1989. **RSTJ**, v. 3, p. 741.

BRASIL. Superior Tribunal de Justiça. Conflito de Competência n. 872/SP. Segunda Seção. Relator Min. Athos Carneiro. Data de Julgamento: 27/06/1990. Publicação: 20/08/1990. **RSTJ**, v. 33, p. 383.

BRASIL. Superior Tribunal de Justiça. Conflito de Competência n. 1496/SP. Primeira Seção. Relator Min. Helio Mosimann. Data de Julgamento: 17/11/1990. Data de Publicação: 17/12/1990. **RSTJ**, v. 33, p. 386.

BRASIL. Superior Tribunal de Justiça. Conflito de Competência n. 1.506/DF. Primeira Seção. Relator Min. Luiz Vicente Cernicchiaro. Data de Julgamento: 13/11/1990. Data de Publicação: 19/08/1991. **RSTJ**, v. 33, p. 389.

BRASIL. Superior Tribunal de Justiça. Conflito de Competência n. 1.519/SP. Primeira Seção. Relator Min. Ilmar Galvão. Data de Julgamento: 13/11/1990. Data de Publicação: 08/04/1991. **RSTJ**, v. 33, p. 391.

BRASIL. Superior Tribunal de Justiça. Conflito de Competência n. 1.589/RN. Segunda Seção. Relator Min. Waldemar Zveiter. Data de Julgamento: 27/02/1991. Publicação: 01/04/1991. **RSTJ**, v. 33, p. 395.

BRASIL. Superior Tribunal de Justiça. **Conflito de Competência n. 3.852-SP**. Terceira Seção. Relator Min. José Dantas. Julgado em: 05/08/1993. Publicado em: DJU de 23.08.93.

BRASIL. Superior Tribunal de Justiça. **Conflito de Competência n. 4.187/PR**. Terceira Seção. Relator Min. Ademar Maciel. Julgado em: 05/08/1993. Publicado em: DJU de 30.08.93.

BRASIL. Superior Tribunal de Justiça. **Conflito de Competência n. 126.729/RS**. Terceira Seção. Relator Min. Marco Aurélio Bellizze. Julgado em: 24/04/2013. Publicação: DJe 30/04/2013.

BRASIL. Superior Tribunal de Justiça. **Conflito de Competência n. 168.522-PR**. Terceira Seção (por unanimidade). Relatora Min. Laurita Vaz. Julgado em: 11/12/2019. DJe 17/12/2019. Disponível em: <https://scon.stj.jus.br/SCON/GetInteiroTeorDoAcordao?num_registro=201902881144&dt_publicacao=17/12/2019>. Acesso em: 2 jul. 2021.

BRASIL. Superior Tribunal de Justiça. Habeas Corpus n. 1909-I/GO. Julgado em: 26 ago. 1992. Relator Min. Assis Toledo. **RSJT** v. 40, p. 123, dez./ 1992. Disponível em: <https://www.stj.jus.br/docs_internet/revista/eletronica/stj-revista-eletronica-1992_40_capJurisprudencia.pdf>. Acesso em: 5 jun. 2021.

BRASIL. Superior Tribunal de Justiça. **Habeas Corpus n. 4.325/RJ**. 1996/0002645-9. Sexta Turma. Relator Min. Adhemar Maciel. Data de Julgamento: 10/06/1996. Data de Publicação: DJ 22.09.1997, p. 46556. Disponível em: <https://stj.jusbrasil.com.br/jurisprudencia/19921998/habeas-corpus-hc-4325-rj-1996-0002645-9/inteiro-teor-104647364>. Acesso em: 14 jun. 2021.

BRASIL. Superior Tribunal de Justiça. **Habeas Corpus n. 9112/RJ**. Sexta Turma. Relator Min. Luiz Vicente Cernicchiaro. DJU de 16/08/99. Disponível em: <https://scon.stj.jus.br/SCON/GetInteiroTeorDoAcordao?num_registro=199900323807&dt_publicacao=16/08/1999>. Acesso em: 3 jul. 2021.

BRASIL. Superior Tribunal de Justiça. **Habeas Corpus n. 14.7105/SP**. Sexta Turma. Relatora Min. Maria Thereza de Assis Moura. Julgamento: 23/02/2010. Publicação: DJe 15/03/2010. Disponível em: < https://scon.stj.jus.br/SCON/jurisprudencia/toc.jsp?i=1&b=ACOR&livre=((%27HC%27.clap.+e+@num=%27147105%27)+ou+(%27HC%27+adj+%27147105%27.suce.))&thesaurus=JURIDICO&fr=veja>. Acesso em: 10 jun. 2021.

BRASIL. Superior Tribunal de Justiça. **Habeas Corpus n. 19.879/BA**. 2006/0153952-5. 6ª Turma. Publicação: 12 mar. 2007. Julgamento: 6 fev. 2007. Relator Min. Paulo Medina. Disponível em: <http://stj.jusbrasil.com.br/jurisprudencia/8988457/recurso-ordinario-em-habeas-corpus-rhc-19879-ba-2006-0153952-5>. Acesso em: 5 jun. 2021.

BRASIL. Superior Tribunal de Justiça. **Habeas Corpus n. 20.109/MG**. Sexta Turma. Relatora Ministra Maria Thereza de Assis Moura. Julgado em: 01/09/2009. Publicação: DJe em: 19/10/2009.

BRASIL. Superior Tribunal de Justiça. **Habeas Corpus n. 21.721/SP** 2002/0047248-0. Relator Ministro José Arnaldo da Fonseca. Data de Julgamento: 17/10/2002. Disponível em: <https://scon.stj.jus.br/SCON/jurisprudencia/toc.jsp?i=1&b=ACOR&livre=((%27HC%27.clap.+e+@num=%2721721%27)+ou+(%27HC%27+adj+%2721721%27.suce.))&thesaurus=JURIDICO&fr=veja>. Acesso em: 14 jan. 2022.

BRASIL. Superior Tribunal de Justiça. **Habeas Corpus n. 22.907/SP**. Quinta Turma. Relator Ministro Felix Fischer. DJ: 4/8/2003.

BRASIL. Superior Tribunal de Justiça. **Habeas Corpus n. 35.301/RJ** 2004/0063013-3. Terceira Turma. Relatora Ministra Nancy Andrighi. Data de Julgamento: 03/08/2004. Data de Publicação: DJ 13.09.2004. p. 231; RBDF, vol. 28, p. 113; RDR, vol. 34, p. 360; RMP, vol. 25, p. 407; RSDPPP, vol. 29, p. 89; RSTJ, vol. 189, p. 282. Disponível em: <https://scon.stj.jus.br/SCON/pesquisar.jsp>. Acesso em: 14 jan. 2022.

BRASIL. Superior Tribunal de Justiça. **Habeas Corpus n. 51.202/SP**. Quinta Turma. Relatora Min. Laurita Vaz. DJ: 11/09/2006. Disponível em: <https://scon.stj.jus.br/SCON/jurisprudencia/toc.jsp?i=1&b=ACOR&livre=((%27HC%27.clap.+e+@num=%2751202%27)+ou+(%27HC%27+adj+%2751202%27.suce.))&thesaurus=JURIDICO&fr=veja>. Acesso em: 6 jun. 2021.

BRASIL. Superior Tribunal de Justiça. **Habeas Corpus n. 55.703/ES** 2006/0048184-0. Sexta Turma. Relator Min. Og Fernandes. Data de Julgamento: 20/10/2011. Data de Publicação: DJe 28/11/2011. Disponível em: <https://scon.stj.jus.br/SCON/jurisprudencia/toc.jsp?i=1&b=ACOR&livre=((%27HC%27.clap.+e+@num=%2755703%27)+ou+(%27HC%27+adj+%2755703%27.suce.))&thesaurus=JURIDICO&fr=veja>. Acesso em: 7 jun. 2021.

BRASIL. Superior Tribunal de Justiça. **Habeas Corpus n. 62.649/SP**. Quinta Turma. Relator Min. Gilson Dipp. DJ: 30/10/2006, p.367. Disponível em: <https://scon.stj.jus.br/SCON/GetInteiroTeorDoAcordao?num_registro=200601523542&dt_publicacao=30/10/2006>. Acesso em: 2 jul. 2021.

BRASIL. Superior Tribunal de Justiça. **Habeas Corpus n. 66.810/MG**. Relator Min. Gilson Dipp. DJ: 05/02/2007, p. 310. Disponível em: <https://scon.stj.jus.br/SCON/GetInteiroTeorDoAcordao?num_registro=200602061764&dt_publicacao=05/02/2007>. Acesso em 2 jul. 2021.

BRASIL. Superior Tribunal de Justiça. **Habeas Corpus n. 76.319/SC**. 2007/0022098-8. Sexta Turma. Relator Ministro Nilson Naves. Data de Julgamento: 11/12/2008. Data de Publicação: DJe 23/03/2009.

BRASIL. Superior Tribunal de Justiça. **Habeas Corpus n. 76.686-PR**. Relator Min. Nilson Naves. J. 09.09.08. Dje 10.11.08.

BRASIL. Superior Tribunal de Justiça. **Habeas Corpus n. 9163/PE**. Sexta Turma. Relator Fernando Gonçalves. Publicação: DJ 04/10/1999. Disponível em: <https://stj.jusbrasil.com.br/jurisprudencia/8372394/habeas-corpus-hc-9163-pe-1999-0034116-3/relatorio-e--voto-102620852>. Acesso em: 4 jul. 2021.

BRASIL. Superior Tribunal de Justiça. **Habeas Corpus n. 95.616/PA** (2007/0284266-). Relator Min. Jorge Mussi. Disponível em: <https://ww2.stj.jus.br/processo/revista/documento/mediado/?componente=ATC&sequencial=8048030&num_registro=200702842661&data=20100412&tipo=5&formato=PDF>. Acesso em: 5 jun. 2021.

BRASIL. Superior Tribunal de Justiça. **Habeas Corpus n. 9800/SP**. Sexta Turma. Relator Min. Vicente Leal. Julgamento de 21/9/1999. Publicação: DJ 18/10/1999, p. 283. Disponível em: <https://stj.jusbrasil.com.br/jurisprudencia/8370222/habeas-corpus-hc--9800-sp-1999-0050821-1>. Acesso em: 4 jul. 2021.

BRASIL. Superior Tribunal de Justiça. **Habeas Corpus n. 106209/SC**. Segunda Turma. Relator Min. Ayres Britto. Julgamento: 01/03/2011. Disponível em: <https://redir.stf.jus.br/paginadorpub/paginador.jsp?docTP=TP&docID=1226362>. Acesso em: 14 jan. 2022.

BRASIL. Superior Tribunal de Justiça. **Habeas Corpus n. 109313/RN** 2008/0136956-9. Quinta Turma. Relator Ministro Napoleão Nunes Maia Filho. Data de Julgamento: 21/10/2008. Data de Publicação: DJe 24/11/2008. Disponível em: <https://scon.stj.jus.br/SCON/GetInteiroTeorDoAcordao?num_registro=201900685422&dt_publicacao=23/04/2019>. Acesso em: 3 jul. 2021.

BRASIL. Superior Tribunal de Justiça. **Habeas Corpus n. 109.941/RJ**. Quinta Turma. Relator Min. Gilson Dipp. Julgado em: 02/12/2010. Publicação: DJe 04/04/2011. Disponível em: <https://scon.stj.jus.br/SCON/jurisprudencia/toc.jsp?i=1&b=ACOR&livre=((%27HC%27.clap.+e+@num=%27109941%27)+ou+(%27HC%27+adj+%27109941%27.suce.))&thesaurus=JURIDICO&fr=veja>. Acesso em: 10 jun. 2021.

BRASIL. Superior Tribunal de Justiça. **Habeas Corpus n. 116815/SP** 2008/0214929-0. Quinta Turma. Relator Ministro Napoleão Nunes Maia Filho (1133). Data do Julgamento: 18/12/2008. Data da Publicação/Fonte: DJe 16/02/2009. Disponível em: <https://scon.stj.jus.br/SCON/GetInteiroTeorDoAcordao?num_registro=200802149290&dt_publicacao=16/02/2009>. Acesso em: 14 jan. 2022.

BRASIL. Superior Tribunal de Justiça. **Habeas Corpus n. 131.455/MT**. Sexta Turma. Relatora Min. Maria Thereza de Assis Moura. Julgado em: 02/08/2012. Publicado em: DJe 15/08/2012. Disponível em: <https://scon.stj.jus.br/SCON/jurisprudencia/toc.jsp?i=1&b=ACOR&livre=((%27HC%27.clap.+e+@num=%27131455%27)+ou+(%27HC%27+adj+%27131455%27.suce.))&thesaurus=JURIDICO&fr=veja>. Acesso em: 14 jan. 2022.

BRASIL. Superior Tribunal de Justiça. **Habeas Corpus n. 132.422/SP**. Sexta Turma. Relator Ministro Rogerio Schietti Cruz. Julgado em: 18/06/2014. DJe 04/08/2014. Disponível em: <https://scon.stj.jus.br/SCON/pesquisar.jsp>. Acesso em jun. 2021.

BRASIL. Superior Tribunal de Justiça. **Habeas Corpus n. 144.909/PE**. Sexta Turma. Relator Min. Nilson Naves. J.: 4-2-2010. Publicação: DJe 15-3-2010. Disponível em: <https://scon.stj.jus.br/SCON/jurisprudencia/toc.jsp?i=1&b=ACOR&livre=((%27HC%27.clap.+e+@num=%27144909%27)+ou+(%27HC%27+adj+%27144909%27.suce.))&thesaurus=JURIDICO&fr=veja>. Acesso em: 20 jun. 2021.

986

BRASIL. Superior Tribunal de Justiça. **Habeas Corpus n. 145.026/SP**. Quinta Turma. Relator Ministro Lázaro Guimarães (Desembargador convocado do TRF-5ª Região). Julgado em 08/03/2016. DJe 15/03/2016. Disponível em: <https://scon.stj.jus.br/SCON/jurisprudencia/toc.jsp?i=1&b=ACOR&livre=((%27HC%27.clap.+e+@num=%27145026%27)+ou+(%27HC%27+adj+%27145026%27.suce.))&thesaurus=JURIDICO&fr=veja>. Acesso em: 14 jan. 2022.

BRASIL. Superior Tribunal de Justiça. **Habeas Corpus n. 145.182/DF**. Quinta Turma. Relator Min. Jorge Mussi. J.: 4-2-2010. Publicação: 10-05-2010. Disponível em: <https://scon.stj.jus.br/SCON/jurisprudencia/toc.jsp?i=1&b=ACOR&livre=((%27HC%27.clap.+e+@num=%27145182%27)+ou+(%27HC%27+adj+%27145182%27.suce.))&thesaurus=JURIDICO&fr=veja> Acesso em: 20 jun. 2021.

BRASIL. Superior Tribunal de Justiça. **Habeas Corpus n. 143.474-SP**. Relator Min. Celso Limongi (Desembargador convocado do TJ-SP). Julgado em: 6/5/2010.

BRASIL. Superior Tribunal de Justiça. **Habeas Corpus n. 154.801/MS**. Sexta Turma. Relator Min. Celso Limongi. Julgado em: 14/12/2010. Publicação: DJe 03/11/2011.

BRASIL. Superior Tribunal de Justiça. **Habeas Corpus n. 157.630/SP**. Quinta Turma. Relator Min. Néfi Cordeiro. J.: 28/04/2015. Publicação: DJe 24/06/2015.

BRASIL. Superior Tribunal de Justiça. **Habeas Corpus n. 163.197/MS**. 2010/0031522-8. Quinta Turma. Relator Min. Jorge Mussi. Data de publicação: 28/10/2011. Disponível em: <https://scon.stj.jus.br/SCON/jurisprudencia/toc.jsp?i=1&b=ACOR&livre=((%27HC%27.clap.+e+@num=%27163197%27)+ou+(%27HC%27+adj+%27163197%27.suce.))&thesaurus=JURIDICO&fr=veja>. Acesso em: 17 jun. 2021.

BRASIL. Superior Tribunal de Justiça. **Habeas Corpus n. 163.972/MG**. Sexta Turma. Relatora Min. Maria Thereza de Assis Moura. J. 4.11.2010. DJe: 29.11.2010. Disponível em: <https://scon.stj.jus.br/SCON/jurisprudencia/toc.jsp?i=1&b=ACOR&livre=((%27HC%27.clap.+e+@num=%27163972%27)+ou+(%27HC%27+adj+%27163972%27.suce.))&thesaurus=JURIDICO&fr=veja>. Acesso em: 7 jun. 2021.

BRASIL. Superior Tribunal de Justiça. **Habeas Corpus n. 176.362/SE** 2010/0109851-8. Quinta Turma. Relatora Ministra Laurita Vaz. Data de publicação: 05/12/2012. Disponível em: <https://scon.stj.jus.br/SCON/GetInteiroTeorDoAcordao?num_registro=201001098518&dt_publicacao=05/12/2012>. Acesso em 5 jul. 2021.

BRASIL. Superior Tribunal de Justiça. **Habeas Corpus n. 180.705/MG**. Quinta Turma. Relatora Min. Laurita Vaz. J.: 16-6-2011. Publicação: DJe 28-6-2011. Disponível em: <https://scon.stj.jus.br/SCON/pesquisar.jsp>. Acesso em: 25 jun. 2021.

BRASIL. Superior Tribunal de Justiça. **Habeas Corpus n. 206.847/SP**. Sexta Turma. Relator Ministro Néfi Cordeiro. Julgado em 16/02/2016. DJe 25/02/2016. Disponível em: <https://scon.stj.jus.br/SCON/jurisprudencia/toc.jsp?i=1&b=ACOR&livre=((%27HC%27.clap.+e+@num=%27206847%27)+ou+(%27HC%27+adj+%27206847%27.suce.))&thesaurus=JURIDICO&fr=veja>. Acesso em: 14 jan. 2022.

BRASIL. Superior Tribunal de Justiça. **Habeas Corpus n. 217.972/RJ**. 2011/0213809-0. Sexta Turma. Relator Min. Rogerio Schietti Cruz. Data de Julgamento: 07/11/2013. Data de Publicação: DJe 26/11/2013.

BRASIL. Superior Tribunal de Justiça. **Habeas Corpus n. 274.473/SP**. Sexta Turma. Relator Min. Nefi Cordeiro. Julgado em: 19/05/2015. DJe: 28/05/2015. Disponível em: <https://scon.stj.jus.br/SCON/GetInteiroTeorDoAcordao?num_registro=201302438577&dt_publicacao=28/05/2015>. Acesso em: 14 jan. 2022.

BRASIL. Superior Tribunal de Justiça. **Habeas Corpus n. 277.916/SP**. Sexta Turma. Relator Ministro Rogerio Schietti Cruz. Julgado em: 16/10/2014. DJe: 27/11/2014. Disponível em: <https://scon.stj.jus.br/SCON/GetInteiroTeorDoAcordao?num_registro=201303222864&dt_publicacao=27/11/2014>. Acesso em: 14 jan. 2022.

BRASIL. Superior Tribunal de Justiça. **Habeas Corpus n. 279.716/SP**. Quinta Turma. Relator Ministro Reynaldo Soares da Fonseca. Julgado em 01/09/2015, DJe 08/09/2015. Disponível em: <https://scon.stj.jus.br/SCON/jurisprudencia/toc.jsp?i=1&b=ACOR&livre=((%27HC%27.clap.+e+@num=%27279716%27)+ou+(%27HC%27+adj+%27279716%27.suce.))&thesaurus=JURIDICO&fr=veja>. Acesso em: 14 jan. 2022.

BRASIL. Superior Tribunal de Justiça. **Habeas Corpus n. 283.627/SP** 2013/0396608-7. Quinta Turma. Relatora Min. Laurita Vaz. Data de Julgamento: 03/06/2014. Data de Publicação: DJe 11/06/2014. Disponível em: <https://stj.jusbrasil.com.br/jurisprudencia/897224418/habeas-corpus-hc-283627-sp-2013-0396608-7>. Acesso em: 4 jun. 2021.

BRASIL. Superior Tribunal de Justiça. **Habeas Corpus n. 295.313/SP**. Quinta Turma. Relator Ministro Jorge Mussi. Julgado em 21/08/2014. DJe: 27/08/2014. Disponível em: <https://scon.stj.jus.br/SCON/GetInteiroTeorDoAcordao?num_registro=201401227124&dt_publicacao=27/08/2014>. Acesso em: 14 jan. 2022.

BRASIL. Superior Tribunal de Justiça. **Habeas Corpus n. 311.257/AL**. Quinta Turma. Relator Ministro Felix Fischer. Julgado em: 24/03/2015. DJe 15/04/2015. Disponível em: <https://scon.stj.jus.br/SCON/pesquisar.jsp>. Acesso em jun. 2021.

BRASIL. Superior Tribunal de Justiça. **Habeas Corpus n. 319.428/AL** (decisão monocrática). Relator Ministro Felix Fischer. Julgado em: 04/09/2015. DJe: 10/09/2015. Disponível em: <https://processo.stj.jus.br/processo/revista/documento/mediado/?componente=MON&sequencial=51936470&num_registro=201500644190&data=20150910>. Acesso em: 14 jan. 2022.

BRASIL. Superior Tribunal de Justiça. **Habeas Corpus Coletivo n. 207720-SP** (2011/0119686-3). Segunda Turma. Relator Ministro Herman Benjamin. Impetrante: Defensoria Pública do Estado de São Paulo. Impetrado: Tribunal de Justiça do Estado de São Paulo. Data do julgamento: 01/12/2011. Data da Publicação: DJe de 23/02/2012. Disponível em: <https://scon.stj.jus.br/SCON/jurisprudencia/toc.jsp?i=1&b=ACOR&livre=((%27HC%27.clap.+e+@num=%27207720%27)+ou+(%27HC%27+adj+%27207720%27.suce.))&thesaurus=JURIDICO&fr=veja>. Acesso em: 14 jan. 2022.

BRASIL. Superior Tribunal de Justiça. **Incidente de Deslocamento de Competência n. 4/PE** (2013/0278698-1). Relator Min. Rogério Schietti. J. em 20 de maio de 2014. Disponível em: <https://www.migalhas.com.br/arquivos/2015/1/art20150108-09.pdf>. Acesso em: 10 jun. 2021.

BRASIL. Superior Tribunal de Justiça. **Reclamação n. 7.391/MT** 2011/0284225-7. Corte Especial. Relatora Ministra Laurita Vaz. Data de Julgamento: 19/06/2013. Data de Publicação: DJe 01/07/2013.

BRASIL. Superior Tribunal de Justiça. **Recurso em Habeas Corpus n. 3.697-4/RS**. Sexta Turma. Relator Min. Pedro Acioli. DJU 12-12-94, p. 34.377. Disponível em: <https://scon.stj.jus.br/SCON/GetInteiroTeorDoAcordao?num_registro=199400166435&dt_publicacao=12/12/1994>. Acesso em: 5 jul. 2021.

BRASIL. Superior Tribunal de Justiça. **Recurso em Habeas Corpus n. 14.300/MA**. Quinta Turma. Relator Min. José Arnaldo da Fonseca. Julgamento: 02/03/2004. Publicação: DJe: 29/03/2004, p. 254.

BRASIL. Superior Tribunal de Justiça. **Recurso em Habeas Corpus n. 35.724/BA**. Quinta Turma. Relatora Min. Laurita Vaz. Julgado em 24.9.2013. DJe 2 out. 2013.

BRASIL. Superior Tribunal de Justiça. **Recurso em Habeas Corpus n. 40.843/AL 2013/0314913-8**. Sexta Turma. Relatora Ministra Maria Thereza de Assis Moura. Data de Julgamento: 04/09/2014. Data de Publicação: DJe 15/09/2014.

BRASIL. Superior Tribunal de Justiça. **Recurso em Habeas Corpus n. 48.443/MG**. 2014/0130834-0. Sexta Turma. Relatora Min. Maria Thereza de Assis. Julgado em 16/12/2014. DJe 05/02/2015.

BRASIL. Superior Tribunal de Justiça. **Recurso em Habeas Corpus n. 49.062/RJ** 2014/0147331-0. Sexta Turma. Relator Min. Rogério Schietti. Data de publicação: 23/10/2014. Disponível em: <https://scon.stj.jus.br/SCON/GetInteiroTeorDoAcordao?num_registro=201401473310&dt_publicacao=23/10/2014>. Acesso em: 3 jul. 2021.

BRASIL. Superior Tribunal de Justiça. **Recurso em Habeas Corpus n. 131.450/DF**. Segunda Turma. Relatora Min. Carmen Lúcia. Julgamento em: 03-05-2016. Publicação: 17-05-2016. Disponível em: <https://jurisprudencia.stf.jus.br/pages/search/sjur348294/false>. Acesso em: 11 jun. 2021.

| 988

BRASIL. Superior Tribunal de Justiça. **Recurso em Mandado de Segurança n. 28.838/SP**. Segunda Turma. Relator Ministro Humberto Martins. J. em 01/10/2009. Publicação DJe 04/11/2009. Disponível em: <https://scon.stj.jus.br/SCON/jurisprudencia/toc.jsp?i=1&b=ACOR&livre=((%27ROMS%27.clas.+e+@num=%2728838%27)+ou+(%27RMS%27.adj+%2728838%27.suce.))&thesaurus=JURIDICO&fr=veja>. Acesso em: 14 jan. 2022.

BRASIL. Superior Tribunal de Justiça. **Recurso Especial n. 618.934/SC**. Primeira Turma. Relator Min. Luiz Fux. J. 24. 11.2004. DJ de 13.12.2004. Disponível em: <https://scon.stj.jus.br/SCON/jurisprudencia/toc.jsp?i=1&b=ACOR&livre=((%27RESP%27.clas.+e+@num=%27618934%27)+ou+(%27REsp%27+adj+%27618934%27.suce.))&thesaurus=JURIDICO&fr=veja>. Acesso em: 5 jun. 2021.

BRASIL. Superior Tribunal de Justiça. **Recurso Especial n. 888.081-MG**. Quarta Turma. Relator Min. Raul Araújo. Voto unânime. Julgado em 15/9/2016. DJe 18/10/2016. Inf. 592/STJ. Disponível em: <https://scon.stj.jus.br/SCON/pesquisar.jsp>. Acesso em: 5 jun. 2021.

BRASIL. Superior Tribunal de Justiça. **Recurso Especial n. 1.066.641/SC**. Sexta Turma. Relator Ministro Rogério Schietti Cruz. Julgado em: 08/04/2014. Publicação: DJe 25/04/2014. Disponível em: <https://scon.stj.jus.br/SCON/jurisprudencia/toc.jsp?i=1&b=ACOR&livre=((%27RESP%27.clas.+e+@num=%271066641%27)+ou+(%27REsp%27+adj+%271066641%27.suce.))&thesaurus=JURIDICO&fr=veja>. Acesso em: 16 jun. 2021.

BRASIL. Superior Tribunal de Justiça. **Recurso Especial n. 1.585.684/DF** (2016/0064765-6). Relatora Min. Maria Thereza de Assis Moura J. em 09 de agosto de 2016. Disponível em: <https://scon.stj.jus.br/SCON/jurisprudencia/toc.jsp?i=1&b=ACOR&livre=((%27RESP%27.clas.+e+@num=%271585684%27)+ou+(%27REsp%27+adj+%271585684%27.suce.))&thesaurus=JURIDICO&fr=veja>. Acesso em: 6 jun. 2021.

BRASIL. Superior Tribunal de Justiça. **Recurso Extraordinário no Incidente de Deslocamento de Competência/GO 2013/0138069-04.2013.3.00.0000**. Relatora Min. Laurita Vaz. Julgamento: 29/05/2015. Data de Publicação: DJ 05/06/2015. Disponível em: <https://stj.jusbrasil.com.br/jurisprudencia/195445259/re-no-incidente-de-deslocamento-de-competencia-re--no-idc-3-go-2013-0138069-0>. Acesso em: 10 jun. 2021.

BRASIL. Superior Tribunal de Justiça. **Recurso Ordinário em Habeas Corpus n. 19.057/SP**. Quarta Turma. Data da decisão: 03/08/2006. DJ 28/08/2006. página: 292. Relator Min. Cesar Asfor Rocha. Disponível em: <https://scon.stj.jus.br/SCON/jurisprudencia/toc.jsp?i=1&b=ACOR&livre=((%27RHC%27.clap.+e+@num=%2719057%27)+ou+(%27RHC%27+adj+%2719057%27.suce.))&thesaurus=JURIDICO&fr=veja>. Acesso em: 7 jun. 2021.

BRASIL. Superior Tribunal de Justiça. **Revisão Criminal n. 2.573/ES**. Corte Especial. Relatora Ministra Maria Thereza de Assis Moura. Revisor Ministro Herman Benjamin. Julgado em: 03/06/2015. DJe: 12/06/2015. Disponível em: <https://scon.stj.jus.br/SCON/pesquisar.jsp>. Acesso em jun. 2021.

BRASIL. Superior Tribunal de Justiça. **Revisão Criminal n. 2.877/PE**. Terceira Seção. Relator Ministro Gurgel de Faria. Revisor Ministro Reynaldo Soares da Fonseca. Julgado em: 25/02/2016. DJe: 10/03/2016. Disponível em: <https://scon.stj.jus.br/SCON/jurisprudencia/toc.jsp?i=1&b=ACOR&livre=((%27RVCR%27.clas.+e+@num=%272877%27)+ou+(%27RvCr%27+adj+%272877%27.suce.))&thesaurus=JURIDICO&fr=veja>. Acesso em: 14 jan. 2022.

BRASIL. Superior Tribunal de Justiça. **Revista dos Tribunais**, v. 698, p. 423.

BRASIL. Supremo Tribunal Federal. **Ação Cautelar n. 4.039/DF**. Relator Min. Teori Zavascki. J.: 17 de dezembro de 2015. Disponível em: <https://redir.stf.jus.br/paginadorpub/paginador.jsp?docTP=TP&docID=10947788>. Acesso em: 2 jul. 2021.

BRASIL. Supremo Tribunal Federal. **Agravo de Execução na Ação Penal n. 401**. Manifestação do Procurador Geral da República.

BRASIL. Supremo Tribunal Federal. **Agravo Regimental na Ação Penal n. 470/MG**. Tribunal Pleno. Relator Min. Joaquim Barbosa. Julgado em: 28/11/2012. (Informativo 690 do STF). Disponível em: <https://jurisprudencia.stf.jus.br/pages/search/sjur183164/false>. Acesso em: 14 jan. 2022.

BRASIL. Supremo Tribunal Federal. **Agravo Regimental na Ação Penal n. 508/AP**. Tribunal Pleno. Rel. Min Marco Aurélio. Julgamento: 07/02/2013. Publicação: 19/08/2013. Disponível em: <https://jurisprudencia.stf.jus.br/pages/search/sjur238919/false>. Acesso em: 14 jan. 2022.

BRASIL. Supremo Tribunal Federal. **Agravo Regimental no Agravo de Instrumento n. 820.070/ SP**. Segunda Turma. Relator Min. Joaquim Barbosa. Disponível em: <https://jurisprudencia. stf.jus.br/pages/search/sjur187135/false>. Acesso em: 14 jan. 2022.

BRASIL. Supremo Tribunal Federal. **AI 504.598-AgR**. Primeira Turma. Relator Min. Marco Aurélio. DJ 17.12.2004.

BRASIL. Supremo Tribunal Federal. **AI 552.762-AgR**. Segunda Turma. Relator Min. Gilmar Mendes. Dje 7.3.2008.

BRASIL. Supremo Tribunal Federal. **ARE: 814.800/MG**. Primeira Turma. Relator Min. Dias Toffoli. Data de Julgamento: 30/09/2014. Data de Publicação: DJe-225 DIVULG 14-11-2014 PU-BLIC 17-11-2014. Disponível em: <https://jurisprudencia.stf.jus.br/pages/search/sjur284860/ false>. Acesso em jun. 2021.

BRASIL. Supremo Tribunal Federal. **Extradição n. 1.119/República Tcheca**. Tribunal Pleno. Relator Min. Ricardo Lewandowski. Julgamento em 18-3-2008. DJE de 10-4-2008. Disponível em: <https://redir.stf.jus.br/paginadorpub/paginador.jsp?docTP=AC&docID=618976>. Acesso em: 4 jul. 2021.

BRASIL. Supremo Tribunal Federal. **Extradição n. 1.221/ República Italiana**. Primeira Turma. Relator Min. Dias Toffoli. Julgamento em 17-11-2010, DJE de 1º-8-2011. Disponível em: <https:// redir.stf.jus.br/paginadorpub/paginador.jsp?docTP=TP&docID=1962370>. Acesso em: 4 jul. 2021.

BRASIL. Supremo Tribunal Federal. **Recurso em Habeas Corpus n. 120598/MT**. Segunda Turma. Relator Min. Gilmar Mendes. J.: 24.3.2015. (Extraído do informativo 779). Disponível em: <https://jurisprudencia.stf.jus.br/pages/search/sjur313285/false >. Acesso em 18 jun. 2021.

BRASIL. Supremo Tribunal Federal. **Regimento Interno**: atualizado até a Emenda Regimental n. 57/2020. Disponível em: <https://www.stf.jus.br/arquivo/cms/ legislacaoRegimentoInterno/anexo/RISTF.pdf>. Acesso em: 4 jul. 2021.

BRASIL. Supremo Tribunal Federal. **Ação Cível Originária n. 924/PR**. Tribunal Pleno. Relator Min. Luiz Fux. J. 19/05/2016. Publicação: 26/09/2016. Disponível em: <https://jurisprudencia. stf.jus.br/pages/search/sjur356924/false>. Acesso em: 7 jun. 2021.

BRASIL. Supremo Tribunal Federal. **Ação Cível Originária n. 1394/RN**. Tribunal Pleno. Relator Min. Teori Zavascki. J. 19/05/2016. Publicação: 28/08/2017. Disponível em: <https:// jurisprudencia.stf.jus.br/pages/search/sjur372048/false>. Acesso em: 7 jun. 2021.

BRASIL. Supremo Tribunal Federal. **Ação Direta de Inconstitucionalidade n. 3112-1/DF**. Relator Min. Ricardo Lewandowski. Disponível em: <http://www.stf.jus.br/imprensa/pdf/adi3112. pdf>. Acesso em: 14 jan. 2022.

BRASIL. Supremo Tribunal Federal. **AI 503617 AgR**. Segunda Turma. Relator Min. Carlos Velloso. 1º de fevereiro de 2005.

BRASIL. Supremo Tribunal Federal. **Arguição de Descumprimento de Preceito Fundamental n. 153**. Tribunal Pleno. Relator Ministro Eros Grau. Publicado no Diário de Justiça de 06 ago. 2010. Disponível em: <https://redir.stf.jus.br/paginadorpub/paginador. jsp?docTP=AC&docID=612960>. Acesso em: 2 jun. 2021.

BRASIL. Supremo Tribunal Federal. **Ação Direta de Inconstitucionalidade (Medida Liminar) n. 1138-3/RJ**. Tribunal Pleno. Relator Min. Ilmar Galvão. Julgado em: 15/03/1995. Publicado em: DJ 16-02-1996. Disponível em: <https://redir.stf.jus.br/paginadorpub/paginador. jsp?docTP=AC&docID=951>. Acesso em: 13 jun. 2021.

BRASIL. Supremo Tribunal Federal. **Ação Direta de Inconstitucionalidade (Medida Liminar) n. 1869-1/PE**. Tribunal Pleno. Relator Min. Moreira Alves. Julgado em: 02/09/1998. Disponível em: <http://www.stf.jus.br/portal/peticaoInicial/verPeticaoInicial.asp?base=AD I&documento=&s1=1869&numProcesso=1968>. Acesso em: 13 jun. 2021.

BRASIL. Supremo Tribunal Federal. **Ação Direta de Inconstitucionalidade (Medida Liminar) n. 1875-1/DF**. Tribunal Pleno. Relator Min. Celso de Mello. Julgado em: 20/06/2001. Publicado em: DJ 11-12-2008. Disponível em: <http://www.stf.jus.br/portal/peticaoInicial/verPeticaoInicial.asp?base=ADI&documento=&s1=1869&numProcesso=1875>. Acesso em: 13 jun. 2021.

BRASIL. Supremo Tribunal Federal. **Ação Direta de Inconstitucionalidade n. 2797**. Tribunal Pleno. Relator Min. Sepúlveda Pertence. Julgado em: 15/09/2005. Publicado em: DJ 19-12-2006. Disponível em: <https://jurisprudencia.stf.jus.br/pages/search/sjur7226/false>. Acesso em: 10 jun. 2021.

BRASIL. Supremo Tribunal Federal. **Ação Direta de Inconstitucionalidade n. 4398/DF**. Tribunal Pleno. Relatora Min. Carmen Lucia. J: 05/08/2020. Publicação 29/09/2020. Disponível em: <https://jurisprudencia.stf.jus.br/pages/search/sjur432702/false>. Acesso em: 8 jun. 2021.

BRASIL. Supremo Tribunal Federal. **Ação Direta de Inconstitucionalidade n. 4424/DF**. Tribunal Pleno. Relator Min. Marco Aurélio. J.: 09/02/2012. Publicação: 01/08/2014. Disponível em: <https://jurisprudencia.stf.jus.br/pages/search/sjur270575/false>. Acesso em: 17 jun. 2021.

BRASIL. Supremo Tribunal Federal. **Ação Originária n. 1046 ED/RR**. Tribunal Pleno. Relator Min. Joaquim Barbosa. Revisor Min. Eros Grau. J. em 28/11/2007. Publicação 22/02/2008.

BRASIL. Supremo Tribunal Federal. **Agravo Regimental na Ação Penal n. 470/MG** Décima Primeira-QO/MG> Tribunal Pleno. Relator Min. Joaquim Barbosa. J: 09/09/2010. Publicação: 08/10/2010. Disponível em: <https://jurisprudencia.stf.jus.br/pages/search/sjur183164/false>. Acesso em: 14 jan. 2022.

BRASIL. Supremo Tribunal Federal. **Agravo Regimental no Recurso Extraordinário com Agravo n. 788.288/GO**. Segunda Turma. Relatora Min. Cármen Lúcia. Julgado em: 11/02/2014. Publicação: DJe 24/2/2014. Disponível em: <https://jurisprudencia.stf.jus.br/pages/search/sjur255804/false>. Acesso em: 18 jun. 2021.

BRASIL. Supremo Tribunal Federal. **Agravo Regimental no Recurso Extraordinário com Agravo n. 788.457/SP**. Primeira Turma. Relator Min. Luiz Fux. Julgado em: 13/05/2014. Publicação: 28/05/2014. Disponível em: <https://jurisprudencia.stf.jus.br/pages/search/sjur265626/false>. Acesso em: 18 jun. 2021.

BRASIL. Supremo Tribunal Federal. **Extradição n. 1.015/Alemanha**. Tribunal Pleno. Relator Min. Joaquim Barbosa. Julgamento em: 21-6-2007. DJ de 11-10-2007. Disponível em: <https://redir.stf.jus.br/paginadorpub/paginador.jsp?docTP=AC&docID=490436>. Acesso em: 4 jul. 2021.

BRASIL. Supremo Tribunal Federal. **Extradição n. 1.054-QO/Estados Unidos da América**. Tribunal Pleno. Relator Min. Marco Aurélio. Julgamento em 29-8-2007. DJE de 22-2-2008. Disponível em: <https://redir.stf.jus.br/paginadorpub/paginador.jsp?docTP=AC&docID=510467>. Acesso em: 4 jul. 2021.

BRASIL. Supremo Tribunal Federal. **Extradição n. 1.083/República Oriental do Uruguai**. Tribunal Pleno. Relator Min. Joaquim Barbosa. Julgamento em 6-12-2007. DJE de 22-2-2008. Disponível em: <https://redir.stf.jus.br/paginadorpub/paginador.jsp?docTP=AC&docID=510471>. Acesso em: 4 jul. 2021.

BRASIL. Supremo Tribunal Federal. **Extradição n. 1.085**/ República Italiana. Tribunal Pleno. Relator Min. Cezar Peluso. Julgamento: 16/12/2009. Publicação: 16/04/2010. Disponível em: <https://redir.stf.jus.br/paginadorpub/paginador.jsp?docTP=AC&docID=610034>. Acesso em: 4 jul. 2021.

BRASIL. Supremo Tribunal Federal. **Extradição n. 1.120**. Tribunal Pleno. Relator Min. Menezes Direito. Julgamento em 11-12-2008. DJE de 6-2-2009. Disponível em: <https://redir.stf.jus.br/paginadorpub/paginador.jsp?docTP=AC&docID=573625>. Acesso em: 4 jul. 2021.

BRASIL. Supremo Tribunal Federal. **Extradição n. 1.123/Alemanha**. Relator Min. Menezes Dircito (decisão monocrática). Julgamento em 9-6-2009. DJE de 16-6-2009. Disponível em: <https://jurisprudencia.stf.jus.br/pages/search/despacho116328/false>. Acesso em: 4 jul. 2021.

BRASIL. Supremo Tribunal Federal. **Extradição n. 1.162**. Tribunal Pleno. Relatora Min. Cármen Lúcia. Julgamento em 17-3-2011. DJE de 5-4-2011. Disponível em: <https://redir.stf.jus.br/paginadorpub/paginador.jsp?docTP=AC&docID=621428>. Acesso em: 4 jul. 2021.

BRASIL. Supremo Tribunal Federal. **Extradição n. 1.183.** Tribunal Pleno. Relator Min. Dias Toffoli. Julgamento em 24-6-2010. DJE de 3-9-2010. Disponível em: <https://redir.stf.jus.br/paginadorpub/paginador.jsp?docTP=AC&docID=613865>. Acesso em: 4 jul. 2021.

BRASIL. Supremo Tribunal Federal. **Extradição n. 1.197.** Tribunal Pleno. Relator Min. Ricardo Lewandowski. Julgamento em 25-11-2010. DJE de 13-12-2010. Disponível em: <https://redir.stf.jus.br/paginadorpub/paginador.jsp?docTP=AC&docID=617718>. Acesso em: 4 jul. 2021.

BRASIL. Supremo Tribunal Federal. **Extradição n. 1.202/ Itália.** Tribunal Pleno. Relatora Min. Cármen Lúcia. Julgamento em: 12-5-2011. DJE de 17-6-2011. Disponível em: <https://redir.stf.jus.br/paginadorpub/paginador.jsp?docTP=AC&docID=624224>. Acesso em: 4 jul. 2021.

BRASIL. Supremo Tribunal Federal. **Extradição n. 1.206/República da Polônia.** Primeira Turma. Relator Min. Ricardo Lewandowski (decisão monocrática). Julgamento em 13-4-2011. DJE de 18-4-2011. Disponível em: <https://redir.stf.jus.br/paginadorpub/paginador.jsp?docTP=AC&docID=629245>. Acesso em: 4 jul. 2021.

BRASIL. Supremo Tribunal Federal. Habeas Corpus. Relator Néri da Silveira, **Revista do Tribunal de Justiça**, v. 108, p. 128.

BRASIL. Supremo Tribunal Federal. **Habeas Corpus n. 31489/PB.** Tribunal Pleno. Relator Min. Edgard Costa. Julgamento: 24.01.1951. Disponível em: <https://redir.stf.jus.br/paginadorpub/paginador.jsp?docTP=AC&docID=605555>. Acesso em: 17 jun. 2021.

BRASIL. Supremo Tribunal Federal. **Habeas Corpus n. 58410/RJ.** Tribunal Pleno. Relator Min. Moreira Alves. Julgamento: 18/03/1981. Publicação: 15/05/1981. Disponível em: <https://redir.stf.jus.br/paginadorpub/paginador.jsp?docTP=AC&docID=66558>. Acesso em: 5 jul. 2021.

BRASIL. Supremo Tribunal Federal. **Habeas Corpus n. 60.519/DF.** Segunda Turma. Relator Min. Djaci Falcão. Julgamento: 11/02/1983. Publicação: 06/05/1983. Disponível em: <https://jurisprudencia.stf.jus.br/pages/search/sjur72911/false>. Aceso em: 17 jun. 2021.

BRASIL. Supremo Tribunal Federal. **Habeas Corpus n. 65132/DF.** Tribunal Pleno. Relator Min. Octavio Gallotti. Julgamento: 12/08/1987. Publicação: 04/09/1987. Disponível em: <https://redir.stf.jus.br/paginadorpub/paginador.jsp?docTP=AC&docID=69376>. Acesso em: 5 jul. 2021.

BRASIL. Supremo Tribunal Federal. **Habeas Corpus n. 67.759/RJ.** Tribunal Pleno. Relator Min. Celso de Mello. Julgado em 06 ago. 1992. Publicado em: 01 jul. 1993. Disponível em: <https://jurisprudencia.stf.jus.br/pages/search/sjur153981/false>. Acesso em: 7 jun. 2021.

BRASIL. Supremo Tribunal Federal. **Habeas Corpus n. 67851/GO.** Relator Min. Sydnei Sanches. Primeira Turma. Julgamento: 24/04/1990. Publicação: DJ 18-05-1990 pp.-04343 EMENTA VOL-01581-01 pp.-00075. Disponível em: <https://redir.stf.jus.br/paginadorpub/paginador.jsp?docTP=AC&docID=70537>. Acesso em: 5 jul. 2021.

BRASIL. Supremo Tribunal Federal. **Habeas Corpus n. 68.726/DF.** Tribunl Pleno. Relator Min. Néri da Silveira. Data de Julgamento: 28/06/1991. Data de Publicação: DJ 26-11-1992, PP-21612 EMENT VOL-01685-01 PP-00209. Disponível em: <https://jurisprudencia.stf.jus.br/pages/search/sjur151530/false>. Acesso: 14 jan. 2022.

BRASIL. Supremo Tribunal Federal. **Habeas Corpus n. 68.846/RJ.** Tribunal Pleno. Relator Min. Ilmar Galvão. Julgado em 02 out. 1991. Publicado em: 16 jun. 1995. Disponível em: <https://jurisprudencia.stf.jus.br/pages/search/sjur111560/false>. Acesso em: 10 jun. 2021.

BRASIL. Supremo Tribunal Federal. **Habeas Corpus n. 70.938/DF.** Segunda Turma. Relator Min. Marco Aurélio. J. em: 08/02/1994. Publicação: 10.06.1994. Disponível em: <https://jurisprudencia.stf.jus.br/pages/search/sjur152011/false>. Acesso em: 17 jun. 2021.

BRASIL. Supremo Tribunal Federal. **Habeas Corpus n. 72.652/RJ.** Primeira Turma. Relator Min. Celso de Melo. Julgamento: 05/12/1995. Publicação: 22/06/2007. Disponível em: <https://jurisprudencia.stf.jus.br/pages/search/sjur90123/false>. Acesso em: 17 jun. 2021.

BRASIL. Supremo Tribunal Federal. **Habeas Corpus n. 73.271/SP.** Primeira Turma. Relator Min. Celso de Mello. Julgamento em: 19-03-1996. Publicação: DJU de 4.10.1996. Disponível em: <https://jurisprudencia.stf.jus.br/pages/search/sjur117875/false>. Acesso em: 11 jun. 2021.

BRASIL. Supremo Tribunal Federal. **Habeas Corpus n. 73.774/MG.** Primeira Turma. Relator Min. Sydney Sanches. Julgamento: 30.04.96. Publicação: 31/05/1996. Disponível em: <https://jurisprudencia.stf.jus.br/pages/search/sjur118076/false>. Acesso em: 18 jun. 2021.

BRASIL. Supremo Tribunal Federal. **Habeas Corpus n. 77.135**. Primeira Turma. Relator: Min. Ilmar Galvão. Julgado em: 08/09/1998. Publicado no DJ em: 06-11-1998. Disponível em: <https://stf.jusbrasil.com.br/jurisprudencia/14698246/habeas-corpus-hc-77135-sp>. Acesso em: 5 jun. 2021.

BRASIL. Supremo Tribunal Federal. **Habeas Corpus n. 79359/RJ**. Primeira Turma. Relator Min. Ilmar Galvão. Julgamento: 10/08/1999. Publicação: DJU 25-11-94, p. 32.301.

BRASIL. Supremo Tribunal Federal. **Habeas Corpus n. 79.812/SP**. Tribunal Pleno. Relator Min. Celso de Mello. J. 8-11-2000. Publicação: DJ de 16-2-2001. Disponível em: <https://jurisprudencia.stf.jus.br/pages/search/sjur104515/false>. Acesso em: 18 jun. 2021.

BRASIL. Supremo Tribunal Federal. **Habeas Corpus n. 81.019-MG**. Segunda Turma. Relator Min. Celso de Mello. J: 23.10.2001. Publicação: 23.10.2009. Disponível em: <https://jurisprudencia.stf.jus.br/pages/search/sjur168426/false>. Acesso em: 14 jan. 2022.

BRASIL. Supremo Tribunal Federal. **Habeas Corpus n. 83.086**. Segunda Turma. Relator Min. Carlos Velloso. Julgamento em: 16-12-2003. Publicação em: DJ de 12-3-2004. Disponível em: <https://jurisprudencia.stf.jus.br/pages/search/sjur96266/false>. Acesso em: 10 jun. 2021.

BRASIL. Supremo Tribunal Federal. **Habeas Corpus n. 84022/CE**. Segunda Turma. Relator Min. Carlos Velloso. Data de Julgamento: 03/08/2004. Data de Publicação: DJ 20-08-2004, PP-00053; EMENT, VOL-02160-02, PP-00237; RJADCOAS, v. 61, 2005, p. 543-544; RTJ, VOL-00191-01, PP-00252. Disponível em: <https://jurisprudencia.stf.jus.br/pages/search/sjur95611/false>. Acesso em: 14 jan. 2022.

BRASIL. Supremo Tribunal Federal. **Habeas Corpus n. 84.078**. Tribunal Pleno. Relator Min. Eros Grau. Julgamento: 05/02/2009. Publicação: DJe-035 Divulgação em 25-02-2010. Publicação em 26-02-2010. Disponível em: <https://jurisprudencia.stf.jus.br/pages/search/sjur173893/false>. Acesso em: 14 jan. 2022.

BRASIL. Supremo Tribunal Federal. **Habeas Corpus n. 85.549/SP**. Primeira Turma. Relator Min. Sepúlveda Pertence. Julgado em: 13/09/2005. Publicação: 14/10/2005. Disponível em: <https://jurisprudencia.stf.jus.br/pages/search/sjur93948/false>. Acesso em: 14 jun. 2021.

BRASIL. Supremo Tribunal Federal. **Habeas Corpus n. 85.886-4/RJ**. Segunda Turma. Relatora Min. Ellen Gracie. Julgamento: 6/9/2005. DJ.: 28/10/2005. Disponível em: <http://redir.stf.jus.br/paginadorpub/paginador.jsp?docTP=AC&docID=354366>. Acesso em: 14 jan. 2022.

BRASIL. Supremo Tribunal Federal. **Habeas Corpus n. 87.346/MS**. Primeira Turma. Relator Min. Ricardo Lewandowski. Relatora para o acórdão Ministra Carmen Lucia. Julgado em: 15/08/2006. Publicação: 08/06/2007. Disponível em: <https://jurisprudencia.stf.jus.br/pages/search/sjur89662/false>. Acesso em: 16 jun. 2021.

BRASIL. Supremo Tribunal Federal. **Habeas Corpus n. 87.614/SP**. Primeira Turma. Relator Min. Marco Aurélio. Julgado em: 03/04/2007. Publicação: 15/06/2007. Disponível em: <https://jurisprudencia.stf.jus.br/pages/search/sjur5920/false>. Acesso em 16 jun. 2021.

BRASIL. Supremo Tribunal Federal. **Habeas Corpus n. 87.801**. Primeira Turma. Relator Min. Sepúlveda Pertence. J. 2-5-2006. DJ de 26-5-2006. Disponível em: <https://jurisprudencia.stf.jus.br/pages/search/sjur92728/false>. Acesso em jun. 2021.

BRASIL. Supremo Tribunal Federal. **Habeas Corpus n. 88.214/PE**. Primeira Turma. Relator Min. Marco Aurélio. Data de Julgamento: 28 abr. 2009. Publicação: 14 ago. 2009. Disponível em: <https://jurisprudencia.stf.jus.br/pages/search/sjur164325/false>. Acesso em: 4 jun. 2021.

BRASIL. Supremo Tribunal Federal. **Habeas Corpus n. 88.214/PE**. Primeira Turma. Relator Min. Marco Aurélio. Data de Julgamento: 28 abr. 2009. Publicação: 14 ago. 2009. Disponível em: <https://jurisprudencia.stf.jus.br/pages/search/sjur164325/false>. Acesso em: 04 jun. 2021.

BRASIL. Supremo Tribunal Federal. **Habeas Corpus n. 88.660/CE**. Tribunal Pleno. Relatora Min. Cármen Lúcia. Data de Julgamento: 15 maio 2008. Disponível em: <https://redir.stf.jus.br/paginadorpub/paginador.jsp?docTP-TP&docID=6439854>. Acesso em: 4 jun. 2021.

BRASIL. Supremo Tribunal Federal. **Habeas Corpus n. 88.914/SP**. Segunda Turma. Relator Min. Cezar Peluso. Data de Julgamento: em 14 ago. 2007. Data de Publicação: 05 out. 2007. Disponível em: <https://jurisprudencia.stf.jus.br/pages/search/sjur89534/false>. Acesso em: 04 jun. 2021.

BRASIL. Supremo Tribunal Federal. **Habeas Corpus n. 89.137/SP**. Primeira Turma. Relator Min. Carlos Britto. Julgamento: 20/3/2007. Disponível em: <https://stf.jusbrasil.com.br/jurisprudencia/757766/recurso-em-habeas-corpus-rhc-89137-sp>. Acesso em: 6 jun. 2021.

BRASIL. Supremo Tribunal Federal. **Habeas Corpus n. 89501/GO**. Segunda Turma. Relator Min. Celso de Mello. DJ 16.03.2007. Disponível em: <https://jurisprudencia.stf.jus.br/pages/search/sjur90741/false>. Acesso em: 14 jan. 2022.

BRASIL. Supremo Tribunal Federal. Habeas Corpus n. **90187/RJ**. Primeira Turma. Relator Min. Menezes Direito. Julgamento: 04/03/2008. Publicação: 25/04/2008. Disponível em: <https://jurisprudencia.stf.jus.br/pages/search/sjur88535/false>. Acesso em: 14 jun. 2021.

BRASIL. Supremo Tribunal Federal. **Habeas Corpus n. 90.226/SP**. Segunda Turma. Relator Min. Celso de Mello. Julgamento em: 18-12-2007. Publicação: 15-05-2009. Disponível em: <https://jurisprudencia.stf.jus.br/pages/search/sjur88072/false>. Acesso em: 16 jun. 2021.

BRASIL. Supremo Tribunal Federal. **Habeas Corpus n. 91.386/BA**. Segunda Turma. Relator Ministro Gilmar Mendes. Data de Julgamento: 19/02/2008. Disponível em: <https://jurisprudencia.stf.jus.br/pages/search/sjur90291/false>. Acesso em: 14 jan. 2022.

BRASIL. Supremo Tribunal Federal. **Habeas Corpus n. 90.398/SP**. Primeira Turma. Relator Min. Ricardo Lewandowski. DJE de 17-5-2007. Disponível em: <https://redir.stf.jus.br/paginadorpub/paginador.jsp?docTP=AC&docID=456102>. Acesso em 2 jul. 2021.

BRASIL. Supremo Tribunal Federal. Habeas Corpus **n. 91.603/DF**. Segunda Turma. Relatora Min. Ellen Gracie. Julgamento: 09/09/2008. Publicação: 26/09/2008. Disponível em: <https://jurisprudencia.stf.jus.br/pages/search/sjur86661/false>. Acesso em: 14 jun. 2021.

BRASIL. Supremo Tribunal Federal. **Habeas Corpus n. 92.110/DF**. Segunda Turma. Relator Min. Cezar Peluso. Julgamento: 01/04/2008. Publicação: 13/06/2008. Disponível em: <https://jurisprudencia.stf.jus.br/pages/search/sjur3165/false>. Acesso em: 14 jun. 2021.

BRASIL. Supremo Tribunal Federal. **Habeas Corpus n. 93.291/RJ**. Primeira Turma. Relator Min. Menezes Direito. Julgamento: 18/03/2008. Publicação: 23/05/2008. Disponível em: <https://jurisprudencia.stf.jus.br/pages/search/sjur88579/false>. Acesso em: 14 jun. 2021.

BRASIL. Supremo Tribunal Federal. **HC 93.767/DF**. Relator Min. Celso de Mello. J: 12 fev. 2008. Disponível em: <https://stf.jusbrasil.com.br/jurisprudencia/14774791/medida-cautelar-no-habeas-corpus-hc-93767-df-stf>. Acesso em 13 jun. 2021.

BRASIL. Supremo Tribunal Federal. **Habeas Corpus n. 93.939/MG**. Primeira Turma. Relator Min. Marco Aurélio. DJe de 06/02/2009. Disponível em: <https://redir.stf.jus.br/paginadorpub/paginador.jsp?docTP=AC&docID=573741>. Acesso em: 4 jul. 2021.

BRASIL. Supremo Tribunal Federal. **Habeas Corpus n. 94.247/BA**. Primeira Turma. Relatora Min. Carmen Lúcia. Julgamento em: 24-6-2008. Publicação: DJE de 9-5-2008. Disponível em: <https://jurisprudencia.stf.jus.br/pages/search/sjur87514/false>. Acesso em: 10 jun. 2021.

BRASIL. Supremo Tribunal Federal. **Habeas Corpus n. 94.619/SP**. Segunda Turma. Relatora Min. Ellen Gracie. Julgamento: 02/09/2008. Publicação 26/09/2008. Disponível em: <https://jurisprudencia.stf.jus.br/pages/search/sjur87094/false>. Acesso em: 14 jun. 2021.

BRASIL. Supremo Tribunal Federal. **Habeas Corpus n. 94.752/RS**. Segunda Turma. Relator Min. Eros Grau. Julgamento: 26/08/2008. Publicação 17/10/2008. Disponível em: <https://jurisprudencia.stf.jus.br/pages/search/sjur2382/false>. Acesso em 14 jun. 2021.

BRASIL. Supremo Tribunal Federal. **Habeas Corpus n. 94.835/SP**. Segunda Turma. Relatora Min. Ellen Gracie. Julgamento: 07/10/2008. Publicação: 24/10/2008. Disponível em: <https://jurisprudencia.stf.jus.br/pages/search/sjur87314/false>. Acesso em: 14 jun. 2021.

BRASIL. Supremo Tribunal Federal. **Habeas Corpus n. 96.212**. Primeira Turma. Relator Min. Ayres Britto. Julgamento em 16-6-2010. DJE de 6-8-2010. Disponível em: <https://redir.stf.jus.br/paginadorpub/paginador.jsp?docTP=AC&docID=612991>. Acesso em: 2 jul. 2021.

BRASIL. Supremo Tribunal Federal. **Habeas Corpus n. 99.353**. Segunda Turma. Relator Min. Eros Grau. Julgamento em: 18-8-2009. Publicação: DJE de 23-10-2009. Disponível em: <https://jurisprudencia.stf.jus.br/pages/search/sjur168463/false>. Acesso em: 10 jun. 2021.

BRASIL. Supremo Tribunal Federal. **Habeas Corpus n. 99.989/SP**. Decisão monocrática. Relator Min. Eros Grau. Julgamento: 30/11/2009. DJE: 10/12/2009. Disponível em: <https://jurisprudencia.stf.jus.br/pages/search/despacho122002/false>. Acesso em: 6 jun. 2021.

BRASIL. Supremo Tribunal Federal. **Habeas Corpus n. 100.087/SP**. Segunda Turma. Relatora Min. Ellen Gracie. Julgamento em: 16-3-2010. Publicado em: DJE de 9-4-2010. Disponível em: <https://jurisprudencia.stf.jus.br/pages/search/sjur175275/false>. Acesso em 10 jun. 2021.

BRASIL. Supremo Tribunal Federal. **Habeas Corpus n. 101.833/SP**. Relatora Min. Carmen Lúcia (decisão monocrática). Julgamento em: 4-12-2009. DJE de 15-12-2009. Disponível em: <https://jurisprudencia.stf.jus.br/pages/search/despacho122426/false>. Acesso em: 4 jul. 2021.

BRASIL. Supremo Tribunal Federal. **Habeas Corpus n. 101.971/SP**. Primeira Turma. Relatora Min. Cármen Lúcia. Data de Julgamento: 21/06/2011. Data de Publicação: DJe-170 DIVULG 02-09-2011 PUBLIC 05-09-2011 EMENT VOL-02580-01 PP-00055.

BRASIL. Supremo Tribunal Federal. **Habeas Corpus n. 102.041/SP**. Segunda Turma. Relator Min. Celso de Mello. Julgamento: 20-4-2010. Publicação: DJE de 20-8-2010. Disponível em: <https://www.conjur.com.br/dl/habeas-corpus-negado-russo-boris.pdf>. Acesso em: 10 jun. 2021.

BRASIL. Supremo Tribunal Federal. **Habeas Corpus n. 102.043/BA**. Primeira Turma. Relator Min. Dias Toffoli. Julgamento em 24-8-2010. DJE de 22-11-2010. Disponível em: <https://redir.stf.jus.br/paginadorpub/paginador.jsp?docTP=AC&docID=616867>. Acesso em: 2 jul. 2021.

BRASIL. Supremo Tribunal Federal. **Habeas Corpus n. 103.038/PA**. Segunda Turma. Relator Min. Joaquim Barbosa. J. em: 11-10-2011. DJE: 27-10-2011. Disponível em: <https://jurisprudencia.stf.jus.br/pages/search/sjur200721/false>. Acesso em: 7 jun. 2021.

BRASIL. Supremo Tribunal Federal. **Habeas Corpus n. 104.843/BA**. Relator Min. Ayres Britto (decisão monocrática). Julgamento em: 12-5-2011. DJE de 2-11-2011. Disponível em: <https://redir.stf.jus.br/paginadorpub/paginador.jsp?docTP=TP&docID=1601785>. Acesso em: 4 jul. 2021.

BRASIL. Supremo Tribunal Federal. **Habeas Corpus n. 106.788**. Segunda Turma. Relatora Min. Ellen Gracie. Julgamento em: 31-5-2011. DJE de 4-8-2011. Disponível em: <https://redir.stf.jus.br/paginadorpub/paginador.jsp?docTP=TP&docID=1343642>. Acesso em: 2 jul. 2021.

BRASIL. Supremo Tribunal Federal. **Habeas Corpus n. 108.103/RS**. Segunda Turma. Relator Min. Gilmar Mendes. J: 8/11/2011. Disponível em: <https://jurisprudencia.stf.jus.br/pages/search/sjur202417/false>. Acesso em: 16 jun. 2021.

BRASIL. Supremo Tribunal Federal. **Habeas Corpus n. 104.761/SP**. Primeira Turma. Relator Min. Dias Toffoli. J. 15-2-2011. DJE 76 de 26-4-2011. Disponível em: <https://jurisprudencia.stf.jus.br/pages/search/sjur191288/false>. Acesso em jun. 2021.

BRASIL. Supremo Tribunal Federal. **Habeas Corpus n. 113.156/RJ**. Segunda Turma. Relator Min. Gilmar Mendes. Publicação: 14/05/2013. Publicação: DJe 29/05/2013.

BRASIL. Supremo Tribunal Federal. **Habeas Corpus n. 114.524/RS**. Relatora Min. Rosa Weber (decisão monocrática). Julgamento em 13-8-2012. DJE de 22-8-2012. Disponível em: <http://portal.stf.jus.br/processos/downloadPeca.asp?id=90703088&ext=.pdf>. Acesso em: 2 jul. 2021.

BRASIL. Supremo Tribunal Federal. **Habeas Corpus n. 126.163/PE**. Relator Ministro Celso de Mello. Julgamento: 16/12/2016. Publicada no DJe em 1.2.2017. Disponível em: <http://portal.stf.jus.br/processos/downloadPeca.asp?id=311001814&ext=.pdf>. Acesso em: 14 jan. 2022.

BRASIL. Supremo Tribunal Federal. **Habeas Corpus n. 127.483/PR**. Tribunal Pleno. Relator Min. Dias Toffoli. J. em 27/08/2015. Publicado em: 04/02/2016. Disponível em: <https://jurisprudencia.stf.jus.br/pages/search/sjur337159/false>. Acesso em: 14 jan. 2022.

BRASIL. Supremo Tribunal Federal. **Habeas Corpus n. 134.554 RCON/SP**. Relator Min. Celso de Mello. J. 10/06/2016. Disponível em: <http://www.stf.jus.br/arquivo/cms/noticiaNoticiaStf/anexo/HC134554.pdf>. Acesso em: 16 jun. 2021.

BRASIL. Supremo Tribunal Federal. **Habeas Corpus n. 152.752/PR**. Tribunal Pleno. Relator Min. Edson Fachin. J.: 04/04/2018. Publicação: 27/06/2018. Disponível em: <https://jurisprudencia.stf.jus.br/pages/search/sjur387299/false>. Acesso em: jun. 2021.

BRASIL. Supremo Tribunal Federal. **Habeas Corpus n. 157.306/SP**. Primeira Turma. Relator Min. Luiz Fux. Julgamento: 25/09/2018. Publicação: 01/03/2019. Disponível em: <https://

redir.stf.jus.br/paginadorpub/paginador.jsp?docTP=TP&docID=749267261>. Acesso em: 2 jul. 2021.

BRASIL. Supremo Tribunal Federal. **Habeas Corpus n. 177.358/SP**. Sexta Turma. Reatora Min. Maria Thereza de Assis Moura. Julgamento: 05/02/2013. Publicação 15/02/2013. Disponível em: <https://scon.stj.jus.br/SCON/jurisprudencia/toc.jsp?i=1&b=ACOR&livre=((%27HC%27.clap.+e+@num=%27177358%27)+ou+(%27HC%27+adj+%27177358%27.suce.))&thesaurus=JURIDICO&fr=veja>. Acesso em 17 jun. 2021.

BRASIL. Supremo Tribunal Federal. **Inquérito n. 94/RJ**. Tribunal Pleno. Relator Min. Moreira Alves. Julgamento: 13/08/1980. Publicação: 19/09/1980. Disponível em: <https://redir.stf.jus.br/paginadorpub/paginador.jsp?docTP=AC&docID=80427>. Acesso em: 5 jul. 2021.

BRASIL. Supremo Tribunal Federal. **Inquérito-Questão de Ordem n. 2245**. Tribunal Pleno. Relator Ministro Joaquim Barbosa. Julgado em: 06/12/2006. Publicado em: 09/11/2007. Disponível em: <https://stf.jusbrasil.com.br/jurisprudencia/756199/inquerito-inq-2245-mg>. Acesso em: 10 jun. 2021.

BRASIL. Supremo Tribunal Federal. **PETIÇÃO 3898/DF**. Tribunal Pleno. Relator Min. Gilmar Mendes. J. 27/08/2009. Publicação: 18/12/2009. Disponível em: <https://jurisprudencia.stf.jus.br/pages/search/sjur171437/false>. Acesso em: 16 jun. 2021.

BRASIL. Supremo Tribunal Federal. **PETIÇÃO 4706/DF**. Tribunal Pleno. Relator Min. Marco Aurélio. J. 19/05/2016. Publicação: 16/05/2017. Disponível em: <http://portal.stf.jus.br/noticias/verNoticiaDetalhe.asp?idConteudo=317013>. Acesso em: 7 jun. 2021.

BRASIL. Supremo Tribunal Federal. **PETIÇÃO 4863/RN**. Tribunal Pleno. Relator Min. Teori Zavascki. J. 19/05/2016. Publicação: 16/05/2017. Disponível em: <https://jurisprudencia.stf.jus.br/pages/search/sjur367572/false>. Acesso em 07 jun. 2021.

BRASIL. Supremo Tribunal Federal. **PETIÇÃO 7265/DF**. Relator Min. Ricardo Lewandowski. J.: 14/11/2017. Disponível em: <http://www.stf.jus.br/arquivo/cms/noticiaNoticiaStf/anexo/PET7265.pdf>. Acesso em: 14 jan. 2022.

BRASIL. Supremo Tribunal Federal. **Prisão Preventiva para Extradição n. 623/República do Líbano**. Tribunal Pleno. Relatora Min. Cármen Lúcia. Julgamento em 29-6-2012. DJE de 29-5-2013. Disponível em: <https://redir.stf.jus.br/paginadorpub/paginador.jsp?docTP=TP&docID=3858847>. Acesso em: 4 jul. 2021.

BRASIL. Supremo Tribunal Federal. **Prisão Preventiva para Extradição n. 646**. Relator Min. Dias Toffoli (decisão monocrática). Julgamento em 28-6-2010. DJE de 2-8-2010.

BRASIL. Supremo Tribunal Federal. **Questão de Ordem na Extradição n. 478/Suíça**. Tribunal Pleno. Relator Min. Moreira Alves. Julgado em 30/11/1988. Publicado em 09/12/1988. Disponível em: <https://redir.stf.jus.br/paginadorpub/paginador.jsp?docTP=AC&docID=359721>. Acesso em: 4 jul. 2021.

BRASIL. Supremo Tribunal Federal. **Questão de Ordem na Prisão Preventiva para Extradição n. 732**. Segunda Turma. Relator Min. Celso de Mello. Julgamento em: 11-11-2014. DJE de 2-2-2015. Disponível em: <https://redir.stf.jus.br/paginadorpub/paginador.jsp?docTP=TP&docID=7645112>. Acesso em: 4 jul. 2021.

BRASIL. Supremo Tribunal Federal. **Reclamação n. 1.150/PR**. Tribunal Pleno. Relator Min. Gilmar Mendes. Julgamento em 14/11/2002. DJE 06/12/2002. Disponível em: <https://jurisprudencia.stf.jus.br/pages/search/sjur97513/false>. Acesso em: 11 jun. 2021.

BRASIL. Supremo Tribunal Federal. **Reclamação n. 2.349/TO**. Segunda Turma. Relator Min. Carlos Velloso. Julgamento em 10/03/2004. DJE 5/08/2005. Disponível em: <https://jurisprudencia.stf.jus.br/pages/search/sjur10595/false>. Acesso em: 11 jun. 2021.

BRASIL. Supremo Tribunal Federal. **Reclamação n. 10.996/SC**. Decisão monocrática. Relator Min. Ayres Britto. Julgamento em 7/12/2010. DJE 16/12/2010. Disponível em: <https://jurisprudencia.stf.jus.br/pages/search/despacho182098/false>. Acesso em: 6 jun. 2021.

BRASIL. Supremo Tribunal Federal. **Reclamação n. 11243**/República Italiana. Petição Avulsa em extradição. Tribunal Pleno. Relator Min. Gilmar Mendes. Julgamento: 08/06/2011. Publicação: 05/10/2011. Disponível em: <https://redir.stf.jus.br/paginadorpub/paginador.jsp?docTP=TP&docID=1495257>. Acesso em 4 jul. 2021.

BRASIL. Supremo Tribunal Federal. **Reclamação n. 20.644/MG**. MINAS GERAIS 0001974-61.2015.1.00.0000. Decisão Monocrática. Relator Min Teori Zavascki. Data de

Julgamento: 28/04/2016. Data de Publicação: DJe-088 03/05/2016. Disponível em: <https://jurisprudencia.stf.jus.br/pages/search/despacho630759/false>. Acesso em: 5 jun. 2021.

BRASIL. Supremo Tribunal Federal. **Recurso em Habeas Corpus n. 43.878/SP**. Segunda Turma. Relator Min. Evandro Lins. Julgamento em: 21-2-1967. Publicação: DJE de 5-4-1967. Disponível em: <https://jurisprudencia.stf.jus.br/pages/search/sjur122434/false>. Acesso em: 11 jun. 2021.

BRASIL. Supremo Tribunal Federal. **Recurso em Habeas Corpus n. 48.728/SP**. Tribunal Pleno. Relator Min. Luis Gallotti. Data de Julgamento: 26/05/1971. Data de Publicação 20-11-1972. Disponível em: <https://jurisprudencia.stf.jus.br/pages/search/sjur41936/false>. Acesso em: 7 jun. 2021.

BRASIL. Supremo Tribunal Federal. **Recurso em Habeas Corpus n. 80.796/SP**. Segunda Turma. Relator Marco Aurélio. Data de Julgamento: 29/05/2001. Data de Publicação: DJ 10-08-2001 pp-00020. Disponível em: <https://jurisprudencia.stf.jus.br/pages/search/sjur18903/false>. Acesso em: 14 jan. 2022.

BRASIL. Supremo Tribunal Federal. **Recurso em Habeas Corpus n. 94008/RJ**. Primeira Turma. Relator Min. Carlos Britto. Julgamento: 24.6.2008. Publicação: 03/04/2009. Disponível em: <https://redir.stf.jus.br/paginadorpub/paginador.jsp?docTP=AC&docID=584802>. Acesso em: 5 jul. 2021.

BRASIL. Supremo Tribunal Federal. **Recurso em Habeas Corpus n. 11.8615/DF**. Relatora Min. Rosa Weber. Julgamento: 17/12/2013. Publicação: DJe-031 DIVULG 13-02-2014 PUBLIC 14-02-2014.

BRASIL. Supremo Tribunal Federal. **Recurso Especial n. 68.9011/SP**. Quinta Turma. Relatora Min. Laurita Vaz. Julgamento: 22/03/2005. Publicação: DJ de 02/5/05, p. 401. Disponível em: <https://stj.jusbrasil.com.br/jurisprudencia/109317/recurso-especial-resp-689011-sp-2004-0100549-3/inteiro-teor-100109772>. Acesso em: 14 jan. 2022. **Recurso em Habeas Corpus n. 118615/DF**. Relatora Min. Rosa Weber. Julgamento: 17/12/2013. Publicação: DJe-031 DIVULG 13-02-2014 PUBLIC 14-02-2014.

BRASIL. Supremo Tribunal Federal. **Recurso Especial n. 689011/SP**. Quinta Turma. Relatora Min. Laurita Vaz. Julgamento: 22/03/2005. Publicação: DJ de 02/5/05, p. 401. Disponível em: <https://stj.jusbrasil.com.br/jurisprudencia/109317/recurso-especial-resp-689011-sp-2004-0100549-3/inteiro-teor-100109772>. Acesso em: 14 jan. 2022.

BRASIL. Supremo Tribunal Federal. **Recurso Extraordinário n. 73922/SP**. Tribunal Pleno. Relator Min. Antonio Neder. Julgamento: 16/11/1972. Publicação: 02/03/1973. Disponível em: <https://redir.stf.jus.br/paginadorpub/paginador.jsp?docTP=AC&docID=169631>. Acesso em: 5 jul. 2021.

BRASIL. Supremo Tribunal Federal. **Recurso Extraordinário n. 76.909**. Tribunal Pleno. Relator Min. Xavier de Albuquerque. Julgamento: 26/5/1977. Publicação: 2/12/1977. Disponível em: <https://jurisprudencia.stf.jus.br/pages/search/sjur133167/false>. Acesso em: 14 jan. 2022.

BRASIL. Supremo Tribunal Federal. **Recurso extraordinário n. 74381/SP**. Tribunal Pleno. Relator Min. Antonio Neder. Julgamento 04/10/1972. Publicação: 18/05/1973. Disponível em: <https://redir.stf.jus.br/paginadorpub/paginador.jsp?docTP=AC&docID=170068>. Acesso em: 5 jul. 2021.

BRASIL. Supremo Tribunal Federal. Recurso Extraordinário n. 86.297/SP. Relator Min. Thompson Flores. **RTJ**, v.79, n. 2, p. 671 (705). Disponível em: <http://www.stf.jus.br/portal/jurisprudencia/listarJurisprudencia.asp?s1=%2886297%2ENUME%2E+OU+86297%2EACMS%2E%29&base=baseAcordaos&url=http://tinyurl.com/hfz3bya>. Acesso em: 19 set. 2016.

BRASIL. Supremo Tribunal Federal. **Recurso Extraordinário n. 90.653**. Segunda Turma. Relator Min. Décio Miranda. Julgamento: 13/6/1980. Publicação: 01/07/1980. Disponível em: <https://jurisprudencia.stf.jus.br/pages/search/sjur119158/false>. Acesso em: 14 jan. 2022.

BRASIL. Supremo Tribunal Federal. **Recurso Extraordinário n. 115.784/SP**. Primeira Turma. Relator Min. Néri da Silveira. DJ em 13-03-1992. Disponível em: <https://redir.stf.jus.br/paginadorpub/paginador.jsp?docTP=AC&docID=205899>. Acesso em: 5 jul. 2021.

BRASIL. Supremo Tribunal Federal. **Recurso Extraordinário n. 135.328**. Tribunal Pleno. Relator Min. Marco Aurélio. Julgamento: 29.06.1994. Publicação: 20 abr. 2001. Disponível em: <https://jurisprudencia.stf.jus.br/pages/search/sjur101977/false>. Acesso em: 05 jun. 2021.

BRASIL. Supremo Tribunal Federal. **Recurso Extraordinário n. 147.776/SP**. Primeira Turma. Relator Min. Sepúlveda Pertence. Julgamento: 19/05/1998. Publicação DJ 19-06-1998. Disponível em: <https://jurisprudencia.stf.jus.br/pages/search/sjur111040/false>. Acesso em: 5 jun. 2021.

BRASIL. Supremo Tribunal Federal. **Recurso Extraordinário n. 170.125/RJ**. Primeira Turma. Relator Min. Ilmar Galvão. Julgado em 20 set. 1994. Publicado em: 09 jun. 1995. Disponível em: <https://redir.stf.jus.br/paginadorpub/paginador.jsp?docTP=AC&docID=218371>. Acesso em: 10 jun. 2021.

BRASIL. Supremo Tribunal Federal. **Recurso Extraordinário n. 200.695**. Segunda Turma. Relator Min. Néri da Silveira. Julgamento em: 17-9-1996. Publicação em: DJ de 21-5-1997. Disponível em: <https://jurisprudencia.stf.jus.br/pages/search/sjur117562/false>. Acesso em: 10 jun. 2021.

BRASIL. Supremo Tribunal Federal. **Recurso Extraordinário n. 251.445/GO**. Relator Min. Celso de Mello. DJU 3.8.2000. Disponível em: <https://stf.jusbrasil.com.br/jurisprudencia/14825705/recurso-extraordinario-re-251445-go-stf>. Acesso em: 18 jun. 2021.

BRASIL. Supremo Tribunal Federal. **Recurso Extraordinário n. 460.971/RS**. Primeira Turma. Relator Min. Sepúlveda Pertence. Julgamento: 13/02/2007. Publicado em: 30/03/2007. Disponível em: <https://jurisprudencia.stf.jus.br/pages/search/sjur6934/false>. Acesso em 16 jun. 2021.

BRASIL. Supremo Tribunal Federal. **Recurso Extraordinário n. 540.999/SP**. Primeira Turma. Relator Min. Menezes Direito. Publicação: 22/04/2008. DJe 20/6/2008. Disponível em: <https://jurisprudencia.stf.jus.br/pages/search/sjur3214/false>. Acesso em: 18 jun. 2021.

BRASIL. Supremo Tribunal Federal. **Recurso Extraordinário n. 635.145/RS**. Tribunal Pleno. Relator Min. Marco Aurélio. Julgamento: 1º ago. 2016. Publicação: 13 set. 2017. Disponível em: <https://jurisprudencia.stf.jus.br/pages/search/sjur373396/false>. Acesso em: 05 jun. 2021.

BRASIL. Supremo Tribunal Federal. **Recurso Ordinário em Habeas Corpus n. 2156/RJ**. Quinta Turma. Relator Min. Edson Vidigal. Data da decisão: 21/09/1992. Disponível em: <https://scon.stj.jus.br/SCON/GetInteiroTeorDoAcordao?num_registro=199200195890&dt_publicacao=11/09/1995>. Acesso em: 5 jul. 2021.

BRASIL. Supremo Tribunal Federal. **Revista do Tribunal de Justiça**, v. 142, n. 02, p. 570.

BRASIL. Supremo Tribunal Federal. **Súmula n. 394**: Cometido o crime durante o exercício funcional, prevalece a competência especial por prerrogativa de função, ainda que o inquérito ou a ação penal sejam iniciados após a cessação daquele exercício. (Cancelada). Disponível em: <https://jurisprudencia.stf.jus.br/pages/search/seq-sumula394/false>. Acesso em: 08 jun. 2021.

BRASIL. Supremo Tribunal Federal. **Súmula n. 555**. Disponível em: <https://jurisprudencia.stf.jus.br/pages/search/seq-sumula555/false>. Acesso em: 10 jun. 2021.

BRASIL. Supremo Tribunal Federal. **Súmula 603**. Disponível em: <https://jurisprudencia.stf.jus.br/pages/search/seq-sumula603/false>. Acesso em: 10 jun. 2021.

BRASIL. Supremo Tribunal Federal. **Súmula n. 704**. DJU 09.10.2003. Disponível em: <https://jurisprudencia.stf.jus.br/pages/search/seq-sumula704/false>. Acesso em: 10 jun. 2021.

BRASIL. Tribunal de Contas da União. **Relatório de avaliação de programa**: Programa de Assistência a Vítimas e Testemunhas Ameaçadas. Relator Auditor Lincoln Magalhães da Rocha. Brasília: TCU, Secretaria de Fiscalização e Avaliação de Programas de Governo, 2005. 26p. (Sumários Executivos. Nova série).

BRASIL. Tribunal Regional Federal (1ª Região). **ACR n. 20973220114014200**. Terceira Turma. Relatora Desembargadora Federal Mônica Sifuentes. Data de Julgamento: 09/09/2014. Publicação: 19/09/2014.

BRASIL. Tribunal Regional Federal (1ª Região). **Conflito de Competência n. 0033491082015 4010000**. Segunda Seção. Relator Des. Federal Hilton Queiroz. Data de Julgamento: 19/08/2015. Data de Publicação: 11/09/2015. Disponível em: <https://trf-1.jusbrasil.com.br/jurisprudencia/253378902/conflito-de-competencia-cc-33491082015401000>. Acesso em: 9 jun. 2021.

BRASIL. Tribunal Regional Federal (1ª Região). **Apelação Criminal n. 9560/MT**. 2007.36.00.009560-8/MT. Terceira Turma. Relator Desembargador Federal Tourinho Neto. Julgamento: 2 dez. 2008. Publicação e-DJF1 de 02/02/2009, p.137. Disponível em: <https://trf-1.jusbrasil.com.br/jurisprudencia/2350177/apelacao-criminal-acr-9560-mt-20073600009560-8/inteiro-teor-100839895>. Acesso em: 10 jun. 2021.

BRASIL. Tribunal Regional Federal (1ª Região). **Recurso Criminal n. 5636/GO** 2006.35.03.005636-2. Terceira Turma. Relator Des. Olindo Menezes. Publicação: 15/06/2007. Disponível em: <http://www.jusbrasil.com.br/jurisprudencia/2208929/recurso-criminal-rccr-5636-go-20063503005636-2-trf1>. Acesso em: 14 jan. 2022.

BRASIL. Tribunal Regional Federal (3ª Região). **Apelação Criminal n. 0006726-85.2006.4.03.6102/SP**. Primeira Turma. Relator Desembargador Federal Hélio Nogueira. Publicado em: 09/03/2016. Disponível em: <https://trf-3.jusbrasil.com.br/jurisprudencia/317275010/apelacao-criminal-acr-67268520064036102-sp-0006726-8520064036102/inteiro-teor-317275101?ref=serp>. Acesso em: 14 jan. 2022.

BRASIL. Tribunal Regional Federal (3ª Região). **Habeas Corpus n. 45846**. Processo HC 201103000158016. Segunda Turma. Relatora Juíza Cecília Mello. Decisão: 13/09/2011. E-DJF3: 22/09/2011, p. 153. Disponível em: <http://web.trf3.jus.br/base-textual/Home/ListaResumida/1?np=0>. Acesso em: 13 jun. 2021.

BRASIL. Tribunal Regional Federal (3ª Região). **Recurso Criminal n. 45863/SP**. 97.03.045863-7. Segunda Turma. Relator Juiz Arice Amaral. Data de julgamento: 14.3.2000. Data de publicação: 21.6.2000. Disponível em: <https://trf-3.jusbrasil.com.br/jurisprudencia/2088834/recurso-criminal-809-rccr-45863-sp-9703045863-7>. Acesso em 16 jun. 2021.

BRASIL. Tribunal Regional Federal (3ª Região). **Revisão Criminal 84539** MS 97.03.084539-8. Relatora Juíza Sylvia Steiner. Data de Julgamento: 07/04/1999. Data de Publicação: 04/05/1999.

BRASIL. Tribunal Regional Federal (4ª Região). **Apelação Criminal n. 52919/PR** 200370000529191. Sétima Turma. Relator Min. Néfi Cordeiro. Data da publicação: 26/04/2006. Disponível em: <https://trf-4.jusbrasil.com.br/jurisprudencia/1210725/apelacao-criminal-acr-52919>. Acesso em: 3 jul. 2021.

BRASIL. Tribunal Regional Federal (4ª Região). **Correição Parcial n. 200004010420514/RS**. Primeira Turma. Relator Desembargador Federal Amir José F. Sarti. DJU 06.09.2000. Disponível em: <https://www2.trf4.jus.br/trf4/controlador.php?acao=consulta_processual_resultado_pesquisa&selForma=NU&txtValor=200004010420514&chkMostrarBaixados=S&todasfases=&todosvalores=&todaspartes=&txtDataFase=&selOrigem=TRF&sistema=&txtChave=>. Acesso em: 13 jun. 2021.

BRASIL. Tribunal Regional Federal (4ª Região). **Correição Parcial n. 9504349510/PR**. Primeira Turma. Relator Desembargador Federal João Surreaux Chagas. DJ 03.04.1996. Disponível em: <https://jurisprudencia.trf4.jus.br/pesquisa/resultado_pesquisa.php>. Acesso em: 13 jun. 2021.

BRASIL. Tribunal Regional Federal (4ª Região). **Habeas Corpus n. 0002139-53.2012.404.0000/PR**. Oitava Turma. Relator Juiz Federal Sebastião Ogê Muniz. J. 25 de abril de 2012. Disponível em: <https://trf-4.jusbrasil.com.br/jurisprudencia/906931567/habeas-corpus-hc-21395320124040000-pr-0002139-5320124040000/inteiro-teor-906931841>. Acesso em: 4 jul. 2021.

BRASIL. Tribunal Regional Federal (4ª Região). **Habeas Corpus n. 2001.04.01.066372-5 / 0663725-28.2001.4.04.0000/SC**. Sétima Turma. Relator Des. Federal José Luiz B. Germano da Silva. Julgamento em: 04/12/2001. DJU:16/01/2002. p. 1381. Disponível em: <https://www2.trf4.jus.br/trf4/controlador.php?acao=consulta_processual_resultado_pesquisa&selForma=NU&txtValor=200104010663725&chkMostrarBaixados=S&todasfases=&todosvalores=&todaspartes=&txtDataFase=&selOrigem=TRF&sistema=&txtChave=>. Acesso em: 5 jun. 2021.

BRASIL. Tribunal Regional Federal (4ª Região). **Mandado de segurança n. 2002.04.01.013843-0/ PR**. 7ª Turma. Relator Des. Federal José Luiz B. Germano da Silva. Julgamento em: 10 dez. 2002. Publicação: 26 fev. 2003. Disponível em: <http://trf-4.jusbrasil.com.br/jurisprudencia/1143682/mandado-de-seguranca-ms-13843>. Acesso em: 5 jun. 2021.

BRASIL. Tribunal Regional Federal (4ª Região). **Recurso Criminal em Sentido Estrito n. 50010193920134047214/SC**. 5001019-39.2013.404.7214. Oitava Turma. Relator: Victor Luiz Dos Santos Laus. Data de Julgamento: 16/07/2014. Data de Publicação: D.E. 31/07/2014. Disponível em: <https://trf-4.jusbrasil.com.br/jurisprudencia/130512242/recurso-criminal -em-sentido-estrito-rccr-50010193920134047214-sc-5001019-3920134047214/inteiro -teor-130512249>. Acesso em 10 jun. 2021.

BRASIL. Tribunal Regional Federal (4ª Região). Relator Juiz Amir Sarti. DJU 19/09/2001 p. 526.

BRASIL. Tribunal Regional Federal (5ª Região). Apelação Criminal n. 6373/RN 0001783-90.2008. 4.05.8400. Quarta Turma. Relator: Desembargadora Federal Margarida Cantarelli. Data de Julgamento: 31/03/2009. Data de Publicação: 17/04/2009. **Diário da Justiça**, 17/04/2009, n. 73, p. 473, 2009.

BRASIL. Tribunal Regional Federal (5ª Região). **Conflito de Jurisdição n. 31615120144050000**. Pleno. Relator: Desembargador Federal Rogério Roberto Gonçalves de Abreu. Data de Julgamento: 21/05/2014. Data de Publicação: 03/06/2014. Disponível em: <https://trf-5.jusbrasil. com.br/jurisprudencia/25166222/cj-conflito-de-jurisdicao-cj-31615120144050000-trf5>. Acesso em: 10 jun. 2021.

BRASIL. Tribunal Regional Federal (5ª Região). **Mandado de Segurança n. 91875/PE** 2005.05.00.030406-2. Primeira Turma. Relator Des. Francisco Wildo. Publicação: 24/11/2005. Disponível em: <http://www.jusbrasil.com.br/jurisprudencia/220453/mandado-de- -seguranca-mstr-91875-pe-20050500030406-2-trf5>. Acesso em: 14 jan. 2022.

BRASIL. Tribunal Regional Federal (5ª Região). Relator Juiz Lazaro Guimarães. DJ 18/12/ 1990 p. 5.536.

BRASIL. UFPR. Aspectos da indisponibilidade da norma processual penal. **Revista de informação legislativa**. v. 15, n. 59, p. 25-28, jul./set., 1978.

BRASIL. UFPR. Aspectos da indisponibilidade da norma processual penal. **Revista interamericana de direito processual penal**. v. 3, n. 12, p. 116-119, out./dez., 1978.

BRAUN, Sabine; TAYLOR, Judith L. Video-mediated interpreting in criminal proceedings: two European surveys. In: BRAUN, Sabine; TAYLOR, Judith L. (Ed.). **Videoconference and remote interpreting in criminal proceedings**. Guildford: University of Surrey, 2011. p. 59-84.

BREDA, Antonio Acir. Efeitos da declaração de nulidade no processo legal. **Revista de Direito Penal**, Rio de Janeiro, n. 32, p. 88-103, jul./dez. 1981.

BREDA, Juliano. A inconstitucionalidade das sanções penais da pessoa jurídica em face dos princípios da legalidade e da individualização da pena. In: PRADO, Luiz Regis; DOTTI, René Ariel (Coord.). **Responsabilidade penal da pessoa jurídica**: em defesa do princípio da imputação penal subjetiva. 3. ed. São Paulo: Revista dos Tribunais, 2011. p. 293-307.

BRITO, Alexis Augusto Couto de. Agente infiltrado: dogmática penal e repercussão processual. In: MESSA, Ana Flávia; CARNEIRO, José Reinaldo Guimarães. **Crime organizado**. São Paulo: Saraiva, 2012. p. 249-275.

BRITO, Alexis Augusto Couto de. **Execução penal**. São Paulo: Editora Saraiva, 2018.

BRITO, Alexis Augusto Couto de (Coord.). **Recentes reformas processuais**. São Paulo: Premier, 2008.

BRITO, Franciane Mary S. Domenici de. A inaplicabilidade da suspensão processual nos delitos de violência doméstica e familiar contra a mulher. **Boletim do Instituto de Ciências Penais**, Belo Horizonte, v. 7, n. 104, p. 4-7., jul./ago. 2010.

BRITO, Martin Kair de. A extinção do "recurso de ofício" no processo penal, ante a titularidade recursal privativa do parquet, instituída pelo Art. 129, inciso I, da Constituição Federal. **THEMIS**: Revista da Esmec, v. 2, n. 2, 1999.

BROWN, Bartram S. Primacy or Complementarity: Reconciling the Jurisdiction of National Courts and International Criminal Tribunals. **Yale Journal of International Law**, v. 23, p. 383, 1998.

BRUNO, Cássio. Burocracia e falta de verba reduzem atendimento no programa federal de assistência a testemunhas: número de vítimas protegidas no país caiu nos últimos quatro anos. Hoje participam do programa 737 brasileiros. **O Globo**, 12 jan. 2015. Disponível em: http://oglobo.globo.com/brasil/burocracia-falta-de-verba-reduzem-atendimento-no-programa-federal-de-assistencia-testemunhas-15024824#ixzz4UdOBsIIC>. Acesso em: 7 jun. 2021.

BUENO, Samira; CERQUEIRA, Daniel; LIMA, Renato Sérgio de. Sob fogo cruzado II: letalidade da ação policial. In: Anuário Brasileiro de Segurança Pública. São Paulo, ano 7., p. 118-127, 2013. Disponível em: <https://forumseguranca.org.br/storage/7_anuario_2013-corrigido.pdf>. Acesso em: 11 jan. 2022.

BUENO VIDIGAL, Luiz Eulálio. Prefácio à 1ª Edição. In: CINTRA, Antônio Carlos de Araújo; GRINOVER, Ada Pellegrini; DINAMARCO, Cândido Rangel. 19. ed. **Teoria geral do processo**. São Paulo: Malheiros, 2003.

BUJOSA VADELL, Lorezno M. La complementariedad de la Corte Penal Internacional y la relatividad del efecto de cosa juzgada interna. In: MAC-GREGOR, Eduardo Ferrer; LELO DE LARREA, Arturo Zaldivar; GARCÍA BELAUNDE, Domingo. **Constitución, derecho y proceso**: estudios en homenaje a Héctor Fix-Zamudio en sus cincuenta años como investigador del derecho. Lima: IDEMSA, 2010.

BURGORGUE-LARSEN, Laurence. Chronique d'une théorie en vogue en Amérique latine Décryptage du discours doctrinal sur le contrôle de conventionalité, **Revue française de droit constitutionnel**, n. 100, p. 831-863, 2014/4.

BURKE-WHITE, William W. Proactive complementarity: The International Criminal Court and national courts in the Rome system of international justice. **Harvard International Law Journal**, v. 49, p. 53, 2008.

BURLE FILHO, José Emmanuel; GOMES, Maurício Augusto. Ministério Público, as funções do estado e seu posicionamento constitucional. In: VIII CONGRESSO NACIONAL DO MINISTÉRIO PÚBLICO. São Paulo. **Teses aprovadas no VIII Congresso Nacional do Ministério Público**. Série Temas Institucionais. São Paulo: Associação Paulista do Ministério Público, 1990. Também disponível em **Justitia**, São Paulo, v. 53, n. 153, p. 41-58, jan./mar. 1991.

BUSATO, Paulo César. Apontamentos sobre a responsabilidade criminal do agente infiltrado por delitos praticados em concurso com membros da organização investigada. **Justiça e Sistema Criminal**, v. 7, n. 12, p. 213-242, 2015.

BUSATO, Paulo César. Consequências do descumprimento da transação penal. **Revista Eletrônica de Ciências Jurídicas** – RECJ, v. 5, p. 08, 2007.

BUSATO, Paulo César. **Direito Penal**: Parte Geral. 1. ed. São Paulo: Atlas, 2014. 1v.

BUZAID, Alfredo. A influência de Liebman no direito processual civil brasileiro. **Revista de Processo**, São Paulo, v. 7, n. 27, p. 12-26, jul. 1982.

BUZAGLO, Samuel Auday; DANTAS, Marcelo Buzaglo. Transação penal e suspensão do processo-crime e o dano ambiental: considerações sobre os arts. 27 e 28, da lei n. 9.605/98. In: LEITE, José Rubens Morato. **Inovações em direito ambiental**. Florianópolis: Fundação José Arthur Boiteux, 2000. p. 119-131.

CABETTE, Eduardo Luiz Santos. Crimes Militares praticados contra civil – Competência de acordo com a Lei 13.491/17. **Revista Jus Navigandi**, ISSN 1518-4862, Teresina, ano 22, n. 5223, 19 out. 2017. Disponível em: <https://jus.com.br/artigos/61211>. Acesso em: 10 jun. 2021.

CABRAL, Antonio do Passo. O Valor mínimo da indenização cível fixado na sentença condenatória penal: notas sobre o novo art. 387, IV, do CPP. **Revista da EMERJ**, v. 13, n. 49, p. 302-328, 2010. Disponível em: <https://core.ac.uk/download/pdf/16040803.pdf>. Acesso em: 6 jun. 2021.

CAETANO, Cristiane da Rocha. **O Assistente da Acusação e a Prisão Preventiva**. Disponível em: <http://www.emerj.tjrj.jus.br/paginas/trabalhos_conclusao/2semestre2012/trabalhos_22012/CristianeRochaCaetano.pdf.>. Acesso em: 15 out. 2016.

CAIANIELLO, Michele. Law of Evidence at the International Criminal Court: Blending Accusatorial and Inquisitorial Models, **North Carolina Journal of International Law & Commercial Regulation**, v. 36, n. 2, p. 287-318, 2011. Disponível em: <https://scholarship.law.unc.edu/cgi/viewcontent.cgi?article=1921&context=ncilj>. Acesso em: 3 jun. 2021.

CALAMANDREI, Piero. **Introdução ao Estudo Sistemático dos Procedimentos Cautelares.** Trad. Carla Roberta Andreasi Bassi. Campinas: Servanda, 2000.

CALHAU, Lélio Braga. **Vítima e Direito Penal.** Belo Horizonte: Mandamentos, 2002.

CALVO FILHO, Romualdo S. O artigo 222 do Código de Processo Penal à luz da Convenção Americana sobre Direitos Humanos. **Boletim IBCCRIM**, São Paulo, n. 54, p. 15., maio 1997.

CAMARA, Edison de Arruda. O habeas corpus e o interdictum de homine libero exhibendo. **Revista de informação legislativa**, ano 23, n. 92, out./dez. 1986. p. 191-316.

CÂMARA, Luiz Antonio; LEARDINI, Márcia. Breves considerações sobre o sequestro no processo penal brasileiro. **Revista Jurídica**, v. 27, n. 11, p. 92-118, 2012.

CAMARGO, Antonio Luis Chaves. Interrogatório on-line e direito penal atual. **Boletim IBCCRIM**, São Paulo, n. 48, p. 11, nov. 1996.

CAMARGO, Carlos Alberto de. Polícia Comunitária: a estratégia de implantação do atual modelo. 24 ago. 2017. **Revista Brasileira de Segurança** Pública, 2015. Disponível em: <http://www.forumseguranca.org.br/publicacoes/assuntos/policia>. Acesso em: 10 jun. 2021.

CAMARGO, Rodrigo Oliveira de. A face "procedimental" do depoimento sem dano. **Boletim IBCCRIM**, São Paulo, v. 19, n. 227, p. 10-11, out. 2011.

CAMARGO PENTEADO, Jaques de. O princípio do promotor natural. **Justitia**, v. 47, n. 129, p. 114-124, 1985. Disponível em: <http://www.revistajustitia.com.br/revistas/cw82x8.pdf>. Acesso em 07 jun. 2021.

CAMBI, Eduardo. Efeito devolutivo da apelação e duplo grau de jurisdição. In: MARINONI, Luiz Guilherme (Coord.) **A segunda etapa da reforma processual civil.** São Paulo: Malheiros, 2001.

CAMBI, Eduardo; FILIPPO, Thiago Baldani Gomes de. Precedentes vinculantes. **Revista de Processo**, São Paulo, ano 38, v. 215, jan. 2013.

CAMBODIA. **Constituion of Cambodia.** Disponível em: <https://www.concourt.am/armenian/legal_resources/world_constitutions/constit/cambodia/cambod-e.htm>. Acesso em: 10 jan. 2003.

CAMINO, Maria Ester Mena Barreto; VALLE, Sandra Graça de Araújo Costa. **Atos internacionais referentes à cooperação judiciária penal, criminalidade transnacional e lavagem de dinheiro.** 2013. Disponível em: <http://www2.camara.leg.br/documentos-e-pesquisa/publicacoes/estnottec/areas-da-conle/tema8/2012_19047.pdf>. Acesso em: 10 abr. 2016.

CAMPOLINA, Flávio de Paula. Juízo de retratação em agravo de instrumento e cláusula "rebus sic stantibus". **Revista Jus Navigandi**, Teresina, ano 15, n. 2572, 17 jul. 2010. Disponível em: <https://jus.com.br/artigos/16980>. Acesso em: 25 nov. 2016.

CAMPOS, Ricardo Ribeiro. A prisão temporária e a justiça federal. **Revista CEJ**, n. 46, v. 13, p. 55-61, 2009.

CAMPOS BARROS, Romeu Pires de. O procedimento nos crimes da competência originária dos tribunais. **Revista de Direito PGE-GO**, v. 16, 2013.

CAMPOS BARROS, Romeu Pires de. O Processo Penal Cautelar. **Revista de Processo** – RePRO v. 2, n. 7/8, p. 220, jul./dez. 1977.

CAMPOS BARROS, Romeu Pires de. **O Processo Penal Cautelar.** São Paulo: Forense, 1982. 4v.

CANÇADO TRINDADE, Antônio Augusto. **Tratado de Direito Internacional dos Direitos Humanos.** Porto Alegre: Sérgio Antonio Fabris Editor, 1997. 1V.

CANÊDO, Carlos. **O Genocídio como Crime Internacional.** Belo Horizonte: Del Rey, 1999.

CANOTILHO, José Joaquim Gomes. **Constituição Dirigente e Vinculação do Legislador**: Contributo para a Compreensão das Normas Constitucionais Programáticas. 2. ed. Coimbra: Coimbra Ed., 2001.

CAPELLETTI, Mauro. O valor atual do princípio da oralidade. **Revista Jurídica**, Porto Alegre, v. 50, n. 297, p.12-8, jul. 2002.

CAPPELLETTI, Mauro; Garth, Bryant. **Acesso à Justiça.** Trad. Ellen Gracie Northflett. Porto Alegre: Sergio Antonio Fabris Editora, 1988.

CARDOSO DE MELO, João de Deus. Dos quesitos da legítima defesa segundo os novos códigos. **Justitia**, v. 05, 1942-1943.

CARDOSO DE MELO, João de Deus. **Ciclo de Conferências sobre o Anteprojeto do Código de Processo Penal Brasileiro, de Autoria do Prof. Hélio Tornaghi.** São Paulo: IMESP, 1966.

CARDOZO, Teodomiro Noronha. **Sentença Homologatória de Transação Penal**: a despenalização no caso concreto. 2005. Dissertação (Mestrado). Universidade Federal de Pernambuco – UFPE, Recife, 2005.

CARIDADE, Sônia; TRINDADE, Jorge. A análise do testemunho, em casos de abuso sexual infantil, por meio da avaliação da declaração (SV A): considerações psicológicas e forenses. **Revista de Estudos Criminais**, Porto Alegre, v. 14, n. 59, p. 109-128, out./dez. 2015.

CARNELUTTI, Francesco. **Lezioni sul processo penale**. Roma: Ateneo, 1946. 1v.

CARNELUTTI, Francesco. **Lições sobre o Processo Penal**. Campinas: Bookseler, 2004. 2v.

CARNELUTTI, Francesco. Per una teoria generale del processo. In: CARNELUTTI, Francesco. **Questione sul processo penale**. Bologna: Dott Cesare Zuffi-Editore, 1950. p.119.

CARNELUTTI, Francesco. **Principios del proceso penal**. Trad. Castelhana de Santiago Sentís Melendo. Buenos Aires: Eje, 1971.

CARRANZA, Elías; et al. **El preso sin condena en América Latina y el Caribe**. San José – Costa Rica: Instituto Latinoamericano de las Naciones Unidas para la prevención del delito y tratamiento del delincuente – ILANUD, 1983.

CARVALHO, Amilton Bueno de. O (Im)Possível Julgar Penal. In: BONATO, Gilson. (Org.). **Processo Penal, Constituição e Crítica**: Estudos em Homenagem ao Prof. Dr. Jacinto Nelson de Miranda Coutinho. 1 ed. Rio de Janeiro: Lumen Juris, 2011. 1 v. p. 69-78.

CARVALHO, Claudia Bonard de. Aplicação da audiência de custódia no Brasil diante das experiências internacionais – estudo comparativo. In: SANTORO, Eduardo Ramires; GONÇALVES, Carlos Eduardo (Org.). **Audiência de custódia**. Belo Horizonte: D'Plácido, 2017. Disponível em: <http://200.205.38.50/biblioteca/index.asp?codigo_sophia=137770>. Acesso em: 2 jul. 2021. p. 189-206.

CARVALHO, Esdras dos Santos. Primeiras notas acerca do procedimento para evitar recursos repetitivos no âmbito do STJ e a questão em matéria criminal. **Boletim do Instituto de Ciências Penais**, Belo Horizonte, v. 7, n. 101, p. 5-7, fev. 2010.

CARVALHO, João Daniel Jacobina B. de. A tutela de emergência na revisão criminal em face da Lei 11.280/2006. **Boletim IBCCRIM**, São Paulo, v. 15, n. 182, p. 16., jan. 2008.

CARVALHO, Luis Gustavo Grandinetti Castanho de. Ação penal. Ação penal privada subsidiária da pública. Ação penal pública. In: CARVALHO, Luis Gustavo Grandinetti Castanho de. **Processo penal e constituição**: princípios constitucionais do processo penal. 4. ed. Rio de Janeiro: Lumen Juris, 2006.

CARVALHO, Luis Gustavo Grandinetti Castanho de. Inadmissibilidade de utilização de prova ilícita no processo. In: CARVALHO, Luis Gustavo Grandinetti Castanho de. **Processo penal e constituição**: princípios constitucionais do processo penal. 4. ed. Rio de Janeiro: Lumen Juris, 2006. 340 p. ISBN 85-7387-827-4 [Classificação: 343.1:342.4 C321p]. p. 91-101.

CARVALHO, Luis Gustavo Grandinetti Castanho de. Irretroatividade da norma processual com conteúdo penal. In: CARVALHO, Luis Gustavo Grandinetti Castanho de. **Processo penal e constituição**: princípios constitucionais do processo penal. 4. ed. Rio de Janeiro: Lumen Juris, 2006. ISBN 85-7387-827-4.

CARVALHO, Luis Gustavo Grandinetti Castanho de. **O processo penal em face da Constituição**. 2. ed. Rio de Janeiro: Editora Forense, 1998.

CARVALHO, Luis Gustavo Grandinetti Castanho de. Juiz natural. In: CARVALHO, Luis Gustavo Grandinetti Castanho de. **Processo penal e constituição**: princípios constitucionais do processo penal. 4. ed. Rio de Janeiro: Lumen Juris, 2006. p. 111-122.

CARVALHO, Luis Gustavo Grandinetti Castanho de. Princípio da presunção de inocência ou da não culpabilidade. In: CARVALHO, Luis Gustavo Grandinetti Castanho de. **Processo penal e constituição**: princípios constitucionais do processo penal. 4. ed. Rio de Janeiro: Lumen Juris, 2006.

CARVALHO, Luis Gustavo Grandinetti Castanho de. **Processo Penal e (em face da) Constituição**: Princípios Constitucionais do Processo. 3. ed. Reesc. e Ampl. Rio de Janeiro: Lúmen Júris, 2004.

CARVALHO, Luis Gustavo Grandinetti Castanho; PRADO, Geraldo. **Lei dos Juizados Especiais Criminais**: comentada e anotada. 4. ed. Rio de Janeiro: Lumen Juris, 2006

CARVALHO, Luis Gustavo Grandinetti Castanho de; SILVA, Lália Terra Vieira da. A audiência de custódia no Brasil e a audiência de controle de detenção no Chile: um estudo comparado. In: GONZÁLEZ POSTIGO, Leonel (Dir.); BALLESTEROS, Paula Rodriguez. **Desafiando a inquisição**: ideias e propostas para a reforma processual penal no Brasil. Chile: Centro de Estudios de Justiça de las Américas - CEJA, 2017. Disponível em: <http://200.205.38.50/biblioteca/index.asp?codigo_sophia=135728>. Acesso em: 19 mar. 2020. p. 443-463.

CARVALHO, Salo. **Juiz pode fixar pena abaixo do máximo estabelecido em acordo de delação**. Disponível em: <http://www.conjur.com.br/2017-mar-10/salo-carvalho-juiz-fixar-pena--menor-teto-delacao>. Acesso em: 10 mar. 2017.

CARVALHO, Salo de; LOUREIRO, Antônio Carlos Tovo. Nulidades no processo penal e Constituição: estudo de casos a partir do referencial garantista. In: PRADO, Geraldo (Coord.); MALAN, Diogo. **Processo penal e democracia**: estudos em homenagem aos 20 anos da Constituição da República de 1988. Rio de Janeiro: Lumen Juris, 2009. 598 p. ISBN 978-85-375-0419-2. p. 511-533.

CARVALHO, Salo de; WUNDERLICH, Alexandre. Criminalidade econômica e denúncia genérica: uma prática inquisitiva. In: FAYET JÚNIOR, Ney. **Ensaios penais em homenagem ao Professor Alberto Rufino Rodrigues de Sousa**. Porto Alegre: Ricardo Lenz, 2003. p. 693-707.

CARVALHO FILHO, José dos Santos. Os impactos da repercussão geral do recurso extraordinário na jurisdição constitucional brasileira. **Direito Público**, São Paulo, v. 7, n. 30, p. 212-225, nov./dez. 2009.

CARVALHO FILHO, José dos Santos. **Manual de direito administrativo**. 16. ed. Rio de Janeiro: Lumen Juris, 2006.

CASARA, Rubens R.R.; MELCHIOR, Antonio Pedro. **Teoria do processo penal brasileiro**. Rio de Janeiro: Lumen Juris, 2013. 1v.

CASTELLAR, João Carlos. **Boletim do Instituto Brasileiro de Ciências Criminais**, n. 48, p. 167, 12 nov. 1996. Disponível em: <https://www.ibccrim.org.br/publicacoes/exibir/148>. Acesso em: 5 jun. 2021.

CASTILHO, Ela Wiecko Volkmer de. Cooperação internacional na execução da pena: a transferência de presos. **Revista Brasileira de Ciências Criminais**, São Paulo, v. 16, n. 71, p. 233-249., mar./abr. 2008.

CASTRO, Élcio Pinheiro de. Coisa julgada: limites na execução penal. **Revista Síntese de direito penal e processual penal**, Porto Alegre, v. 4, n. 22, p. 5-11., out./nov. 2003.

CASTRO, Kátia Duarte de. **O júri como instrumento do controle social**. Porto Alegre: Sérgio Antonio Fabris Ed, 1999.

CASTRO, Lola Aniyar de. **Criminologia da libertação**. Rio de Janeiro: Revan, 2005.

CAVALCANTI, Carla Adriana de Carvalho. Suspensão condicional do processo (art. 89 da lei 9.099/95): benefício ou constrangimento? **Revista Brasileira de Direito Constitucional**, v. 19, n. 1, p. 401-489, 2012.

CAVISE, Leonard L. The transition from the inquisitorial to the accusatorial system of trial procedure: Why some Latin American lawyers hesitate. **Berkeley Eletronic Press (bepress)**, paper 1552, p. 1-51, 2006. Disponível em: <https://biblioteca.cejamericas.org/bitstream/handle/2015/3622/cavise.pdf?sequence=1&isAllowed=y>. Acesso em: 14 jun. 2021.

CAVISE, Leonard L. When the Inquisitorial and Adversary Systems Collide: Teaching Trial Advocacy to Latin American Lawyers. **Berkeley Eletronic Press (bepress)**, Legal Series, p. 1049, 2006.

CAZABONNET, Brunna Laporte. **Prisão preventiva**: uma releitura da ordem pública sob a ótica da Constituição Federal de 1988. [Sl: sn], 2014.

CAZETTA. Ubiratan. Da impossibilidade de aplicação da Lei 9271/96 aos processos pendentes. **Boletim do IBCCrim** 51, fevereiro/97.

CEARÁ. Tribunal Regional Eleitoral do Ceará. **Habeas Corpus n. 15: 11042/CE**. Relator: Tarcísio Brilhante De Holanda. Data de Julgamento: 08/05/2007. Data de Publicação: DJ – Diário de Justiça, Volume 92, Data 17/05/2007, Página 172. Disponível em: <https://tre-ce.jusbrasil.com.br/jurisprudencia/23182940/habeas-corpus-15-11042-ce-trece>. Acesso em: 2 jul. 2021.

CEREZO MIR, José. El tratamiento penal de los delicuentes habituales. **Revista de derecho penal y procesal penal**, Buenos Aires, n. 12, p. 1091-1099, ago. 2005.

CERNICCHIARO, Luiz Vicente. Crime continuado e habitualidade criminosa. **Jus**: Revista jurídica do Ministério Público, Belo Horizonte, v. 26, n. 18, p. 225-227, 1995.

CERQUEIRA, Daniel R. C. et al. **Análise dos custos e consequências da violência no Brasil**. Brasília, jun./2007. Disponível em: <http://repositorio.ipea.gov.br/bitstream/11058/1824/1/TD_1284.pdf>. Acesso em: 6 jun. 2021.

CERQUEIRA, Daniel; LOBAO, Waldir. Determinants of crime: theoretical frameworks and empirical results. **Dados**, v.4 7, n. 2, p. 233-269, 2004. ISSN 0011-5258.

CERQUEIRA, Thales Tácito Pontes Luz de Pádua. O interrogatório do réu preso por videoconferência, disciplinado por lei estadual: inconstitucionalidade. **Revista Magister de Direito Penal e Processual Penal**, Porto Alegre, v. 1, n. 3, p. 75-93, dez./jan. 2005.

CERVINI SANCHEZ, Raúl. Das garantias do concernido na cooperação judicial penal internacional. In: ZAFFARONI, Eugenio Raúl; KOSOVSKI, Ester. **Estudos em homenagem ao prof. João Marcello de Araujo Junior**. Rio de Janeiro: Lúmen Júris, 2001. p. 441-457.

CERVINI, Raúl; TAVARES, Juarez. **Princípios de cooperação judicial penal internacional no protocolo do Mercosul**. Tradução de Marcelo Caetano Guazzelli Peruchin. São Paulo: Revista dos Tribunais, 2000.

CESAR, Janaina. Justiça italiana aceita denúncia contra militares brasileiros acusados de assassinato na ditadura: quatro militares serão processados pelo assassinato do cidadão ítalo-argentino Lorenzo Viñas Gigli, durante Operação Condor; citados não reconhecem denúncia. **Opera Mundi**, 10 fev. 2016. Disponível em: <http://operamundi.uol.com.br/conteudo/noticias/43177/justica+italiana+aceita+denuncia+contra+militares+brasileiros+acusados+de+assassinato+na+ditadura.shtml>. Acesso em: 8 jun. 2021.

CHAPPUIS, Benoit. Le secret de l'avocat face aux exigences de la lutte contre le blanchiment d'argent: l'avis de la Cour européenne des droits de l'homme. **Forum poenale**, v. Jg. 6, n. 2, p. 118-124, 2013.

CHAVES, Charley Teixeira. Repercussão geral: a objetivização do recurso extraordinário. **De Jure**: Revista Jurídica do Ministério Público do Estado de Minas Gerais, Belo Horizonte, n. 15, p. 271-296, jul./dez. 2010.

CHIAVARIO, Mario. **Procedura Penale**: Un Codice tra Storia e Cronaca. Turim: Giapichelli, 1994.

CHIAVARIO, Mario. **Processo e garanzie della persona**. 2. ed. Milano: Giuffrè, 1982. 2 v.

CHINI, Alexandre. Ensaio sobre o testemunho de ouvir dizer. **Revista de Direito do Tribunal de Justiça do Estado do Rio de Janeiro**, Rio de Janeiro, n. 67, p. 70-78., abr./jun. 2006.

CHIOVENDA, Giuseppe. **Instituições de direito processual civil**. São Paulo: Ed. Saraiva, 1965. 2 v. apud MARINONI, Luiz Guilherme. **A prova, o princípio da oralidade e o dogma do duplo grau de jurisdição**. Estudos de direito contemporâneo e cidadania. Leme-SP: LED Editora de Direito, 2000. p. 13-19.

CHOUKR, Fauzi Hassan. **A convenção interamericana dos direitos humanos e o direito interno brasileiro**: bases para sua compreensão. Bauru: Edipro, 2001.

CHOUKR, Fauzi Hassan. A leitura do Supremo Tribunal Federal sobre o sistema recursal e o início da execução da pena: a pauperização do comparatismo à brasileira. **Revista Brasileira de Direito Processual Penal**, v. 4, n. 3, p. 1119-1142, 2018.

CHOUKR, Fauzi Hassan. A ordem constitucional e o processo penal. **Revista Brasileira de Ciências Criminais**. São Paulo, v.2, n.8, p.57-68, out./dez. 1994.

CHOUKR, Fauzi Hassan. A ordem pública como fundamento da prisão cautelar. **Revista do Instituto Brasileiro de Ciências Criminais**, São Paulo, v. 04, p. 89, 1993.

CHOUKR, Fauzi Hassan. A prescrição na Lei 9271/96. **Boletim IBCCrim**, n. 42, jun./1996.

CHOUKR, Fauzi Hassan. A razoabilidade da duração da prestação jurisdicional penal. **Revista Brasileira de Direito Processual** (Impresso), v. 61, p. 121-134, 2008.

CHOUKR, Fauzi Hassan. A quesitação no tribunal do júri e o sistema de nulidades. In: BUSATO, Paulo Cesar; CARUNCHO, Alexey Choi. **Sistema penal em debate**: estudos em homenagem ao ministro Felix Fischer. Curitiba: iEA, 2015. (Modernas tendências do sistema criminal). p. 107-124.

CHOUKR, Fauzi Hassan. A Reforma do Código Penal Brasileiro e a Adaptação da Legislação Brasileira aos Tipos Penais Internacionais. In: GRECO, Rogerio (Org.). **Comentários ao Projeto do Novo Código Penal PLS 236/2012**. 1ed. Niteroi/RJ: Editora Impetus, 2013. 1v. p. 307-324.

CHOUKR, Fauzi Hassan. Ação penal privada nos crimes de ação penal pública não intentada no prazo legal. In: CHOUKR, Fauzi Hassan. **Processo Penal à Luz da Constituição**. Bauru: Edipro, 1999.

CHOUKR, Fauzi Hassan. Bases para compreensão e crítica do direito emergencial. In: SHE-CAIRA, Sérgio Salomão (Org.). **Estudos criminais em homenagem a Evandro Lins e Silva**: criminalista do século. São Paulo: Método, 2001. 367 p. ISBN 85-86456-18-7. p.135-153.

CHOUKR, Fauzi Hassan. **Código de Processo Penal**: Comentários consolidados e crítica jurisprudencial. 6 ed. São Paulo: Saraiva, 2014.

CHOUKR, Fauzi Hassan. **Código de Processo Penal**: Comentários consolidados e crítica jurisprudencial. 10. ed. São Paulo: Tirant, no prelo.

CHOUKR, Fauzi Hassan. Constituição e Processo Penal. In: CHOUKR, Fauzi Hassan. **Processo Penal à Luz da Constituição**. Bauru: Edipro, 1999.

CHOUKR, Fauzi Hassan. **Garantias constitucionais na investigação criminal**. 3. ed. rev. ampl. atualiz. Rio de Janeiro: Lumen Juris, 2006.

CHOUKR, Fauzi Hassan. Inquérito policial e peças informativas do crime: simplificação e modernização do inquérito. Gravação de depoimentos e declarações por meio eletrônico ou magnético. Hipótese de simples remessa de provas documentais ao Ministério Público. **Revista Justitia**, Brasília, março de 2000. Disponível em: <http://www.revistajustitia.com.br/artigos/488643.pdf>. Acesso em: 17 jun. 2021.

CHOUKR, Fauzi Hassan. **Júri**: reformas, continuismo e perspectivas práticas. 1. ed. Rio de Janeiro: Lumen Juris Editora, 2008.

CHOUKR, Fauzi Hassan. **Lei 13245 de 2016**: o que há efetivamente de novo na investigação criminal. Disponível em: <http://canalcienciascriminais.jusbrasil.com.br/artigos/299377569/lei-13245-2016-o-que-ha-efetivamente-de-novo-na-investigacao-criminal>. Acesso em: 13 jun. 2021.

CHOUKR, Fauzi Hassan. Modelos processuais: uma discussão ainda necessária. **Boletim Informativo IBRASPP**, v. 01, p. 15-16, 2011.

CHOUKR, Fauzi Hassan. O Brasil e o Tribunal Penal Internacional: abordagem inicial à proposta de adaptação da legislação brasileira. In: AMBOS, Kai; CARVALHO, Salo de (Org.). **O direito penal no Estatuto de Roma**: leitura sobre os fundamentos e a aplicabilidade do Tribunal Penal Internacional. Rio de Janeiro: Lumen Juris, 2005. p. 61-77.

CHOUKR, Fauzi Hassan. Qual Justiça Penal? **Boletim do Instituto Brasileiro de Ciências Criminais**, n. 35, nov./1995. Disponível em: <https://www.ibccrim.org.br/publicacoes/exibir/135>. Acesso em: 5 jun. 2021.

CHOUKR, Fauzi Hassan. **Processo Penal à Luz da Constituição**. Bauru: Edipro, 1999.

CHOUKR, Fauzi Hassan. **Processo Penal de Emergência**. Rio de Janeiro: Editora Lumen Juris, 2002.

CHOUKR, Fauzi Hassan. Suspensão do processo em face da revelia: comentários à Lei 9271, de 17 de junho de 1996. **Revista Brasileira de Ciências Criminais**, São Paulo, v. 6, n. 23, p. 41-65., jul./set. 1998.

CHOUKR, Fauzi Hassan. **Temas de Direito e Processo Penal**. Rio de Janeiro: Lumen Juris, 2004.

CHOUKR, Fauzi Hassan; AMBOS, Kai (Org.). **Tribunal Penal Internacional**. São Paulo: Revista dos Tribunais, 2000.

CHOUKR, Fauzi Hassan; BACILA, Carlos Roberto. Polícia e Estado de Direito na América Latina: Relatório Brasileiro. In: AMBOS, Kai; GÓMEZ COLOMER, Juan-Luis; VOGLER, Richard (Coords.). **La Policía en los Estados de Derecho Latinoamericanos**. Bogotá: Gustavo Imánez, 2003.

CHOUKR, Fauzi Hassan; LOUREIRO, Maria Fernanda e VERVAELE, John. **Aspectos contemporâneos da Responsabilidade Penal da Pessoa Jurídica**. 1. ed. São Paulo: FECOMERCIOSP, 2014. 1 e 2v.

CICOGNA FAGGIONI, Luiz Roberto. Da constitucionalidade do requisito negativo da reincidência processual na suspensão condicional do processo. **Boletim IBCCRIM**, São Paulo, n. 67, p. 12-13, jun. 1998.

CINTRA, Antônio Carlos de Araújo; GRINOVER, Ada Pellegrini; DINAMARCO, Cândido Rangel. 19. ed. **Teoria geral do processo**. São Paulo: Malheiros, 2003.

CINTRA, Antônio Carlos de Araújo; GRINOVER, Ada Pellegrini; DINAMARCO, Cândido Rangel. 9. ed. **Teoria geral do processo**. São Paulo: Malheiros, 1993.

CINTRA, Araújo. **Motivo e Motivação do Ato Administrativo**. Dissertação (Concurso à livre docência em Direito Administrativo). Faculdade de Direito da Universidade de São Paulo, São Paulo, 1978.

CINTRA JUNIOR, Dyrceu Aguiar Dias. A prisão civil do depositário infiel em face da Constituição Federal e dos tratados internacionais sobre direitos humanos. **Revista da Procuradoria Geral do Estado de São Paulo**. São Paulo. n. esp., p.65-75. set. 1998

CINTRA JUNIOR, Dyrceu Aguiar Dias. Interrogatório on-line ou virtual. **Boletim IBCCRIM**, São Paulo, n. 42, p. 03, jun. 1996.

CLAMP, Kerry; DOAK, Jonathan. More than words: Restorative justice concepts in transitional justice settings. **International Criminal Law Review**, v. 12, n. 3, p. 339-360, 2012.

CLARK, David J.; MCCOY, Gerard. **The Most Fundamental Legal Right**: Habeas Corpus in the Commonwealth. Oxford: Oxford University Press, 2000.

CLARK, R. A. The Changing Face of the Rule against Hearsay in English Law. **Akron Law Review**, v. 21, p. 67, 1987.

CLARO, Rosiléia Maria. As medidas cautelares e a detração penal. **Revista Montagem do Centro Universitário Moura Lacerda**: Edição Especial Comemorativa dos Noventa Anos de Compromissos Sempre Renovados com a Educação, Ribeirão Preto-Jaboticabal, ano 15, n. 15, p. 123-144, 2013.

CLEMENTINO, Marco Bruno Miranda. Qual o idioma falado no Brasil? **Revista CEJ**, Brasília, v. 18, n. 63, p. 65-72., maio/ago. 2014.

CNJ – Conselho Nacional de Justiça. Banco Nacional de Monitoramento de Prisões 2.0. Brasília: 2018. Disponível em: <https://www.cnj.jus.br/wp-content/uploads/2019/08/bnmp.pdf>. Acesso em: 11 jan. 2022. p. 38.

CORDANI, Dora Cavalcanti. Cooperação Jurídica Internacional em Matéria Penal no Brasil: as cartas rogatórias e o auxílio direto – controle dos atos pela parte atingida. In: VILARDI, Celso; PEREIRA, Flávia Rahal Bresser; DIAS NETO, Theodomiro. **Crimes Econômicos e Processo Penal**. São Paulo: Saraiva – FGV, 2008.

COELHO, Inocêncio Mártires. O controle externo da atividade policial pelo Ministério Público. **Justitia**, v. 53, n. 154, p. 26-36, 1991. Disponível em: <http://www.revistajustitia.com.br/revistas/w95c9b.pdf>. Acesso em: 7 jun. 2021.

COELHO NOGUEIRA, Carlos Frederico. **Coisa Julgada Penal**: Autoridade Absoluta e Autoridade Relativa. Disponível em: <http://www.tj.ro.gov.br/emeron/sapem/2001/setembro/1409/ARTIGOS/A05.htm>. Acesso em: 14 jan. 2022.

COLLI JÚNIOR, Olavo. A citação com hora certa no processo penal: uma visão crítica. Artigo em página eletrônica: **IBCCrim**, 2011. Disponível em: <https://arquivo.ibccrim.org.br/artigos/2011/08>. Acesso em: 5 jun. 2021.

COMISSÃO de Constituição e Justiça. Projeto de Lei n. 19 de 2011. Orienta a criação, funcionamento e regulamentação de Juizados de Instrução Criminal e dá outras providências. Disponível em: <http://www.camara.gov.br/proposicoesWeb/prop_mostrarintegra;jsessionid=F2F3D01E91D7A21B99F32EA55A9E8D8B.node1?codteor=900245&filename=Tramitacao-PL+19/2011>. Acesso em: 10 jun. 2021.

COMPARATO, Fábio Konder. A nova cidadania. **Lua Nova**, São Paulo, n. 28-29, p. 85-106, abr. 1993.

CONSELHO NACIONAL DO MINISTÉRIO PÚBLICO. **Palestras da manhã do dia 22 de novembro do seminário internacional "Sistema penal acusatório: realidades e perspectivas"**. Brasília, 23 nov. 2016. Disponível em: <https://www.youtube.com/watch?v=eCNsSL_pAM&t=31s>. Acesso em: 7 jun. 2021.

CONSELHO NACIONAL DOS PROCURADORES GERAIS DOS MINISTÉRIOS PÚBLICOS DOS ESTADOS E DA UNIÃO. **Manual do controle externo da atividade policial**. 2 ed. Brasília, 2012. p. 91. Disponível em: <http://www.mp.ba.gov.br/atuacao/criminal/gacep/Manual_do_Controle_Externo.pdf>. Acesso em: 14 jan. 2022.

CONSTANTINO, Giuseppe Luigi Pantoja. Sistema Interamericano de Direitos Humanos: breves linhas sobre a Comissão e a Corte Interamericana de Direitos Humanos. **Conteúdo**

Jurídico, Brasília-DF, 20 dez. 2014. Disponível em: <http://www.conteudojuridico.com.br/consulta/Artigos/42481/sistema-interamericano-de-direitos-humanos-breves-linhas-sobre-a-comissao-e-a-corte-interamericana-de-direitos-humanos>. Acesso em: 5 jun. 2021.

CORDERO, Franco. **Procedura penale**. 2. ed. Milano: Giuffrè, 1993.

CORDERO, Franco. **Procedura penale**. Milano: Giuffrè, 2003.

CÓRDOBA, Gabriela E. Nemo tenetur se ipsum accusare: principio de pasividad. BAIGUN, David. **Estudios sobre justicia penal**: homenaje al Profesor Julio B. J. Maier. Buenos Aires: Del Puerto, 2005. p. 279-301.

CORREA, Maxilene Soares; BONFIM, Cristiane Ingrid de Souza; RIBEIRO E SILVA, Cristiane. A (in)constitucionalidade da prisão preventiva fundamentada na garantia da ordem pública. In: XII Jornada Jurídica da Faculdade Evangélica de Goianésia: A constituição em tempos de crise. 2018. **Anais Jornada Jurídica da Faculdade Evangélica de Goianésia**, v. 1, n. 1, 2018.

CORREA, Tatiana Machado. A mutação jurisprudencial como fundamento da revisão criminal. **Boletim IBCCRIM**, São Paulo, v. 16, n. 191, p. 17, out. 2008.

CORTE EUROPEIA DE DIREITOS HUMANOS. **Case Duilio Fanali v. Italia**. Communication n. 75/1980, U.N. Doc. CCPR/C/OP/2 at 99 (1990), 31 de marzo de 1983. Disponível em: <http://www.worldcourts.com/hrc/eng/decisions/1983.03.31_Fanali_v_Italy.htm>. Acesso em: 14 jan. 2022.

CORTE EUROPEIA DE DIREITOS HUMANOS. **Caso Acosta Calderón vs. Ecuador**. Sentencia de 24 de junio de 2005. Disponível em: <https://www.corteidh.or.cr/docs/casos/articulos/seriec_129_esp1.pdf>. Acesso em: 14 jan. 2022.

CORTE EUROPEIA DE DIREITOS HUMANOS. **Caso Barreto Leiva vs. Venezuela**. Sentença de 17 nov. 2009. Disponível em: <https://www.corteidh.or.cr/docs/casos/articulos/seriec_206_esp1.pdf>. Acesso em: 10 jun. 2021.

CORTE EUROPEIA DE DIREITOS HUMANOS. **Caso Bayarri vs. Argentina**. Sentença de 30 de outubro de 2008. (Exceção Preliminar, Mérito, Reparações e Custas) Voto concordante do Juiz Sergio García Ramírez em relação à Sentença da Corte Interamericana sobre o Caso Bayarri (Argentina), de 30 de outubro de 2008, p. 326. Disponível em: <https://www.corteidh.or.cr/docs/casos/articulos/seriec_187_por.pdf>. Acesso em: 5 jun. 2021.

CORTE EUROPEIA DE DIREITOS HUMANOS. **Caso Castillo Petruzzi vs. Perú**. Sentencia de 30 de mayo de 1999. Disponível em: <https://www.corteidh.or.cr/docs/casos/articulos/seriec_52_esp.pdf>. Acesso em: 14 jun. 2021.

CORTE EUROPEIA DE DIREITOS HUMANOS. **Caso Chaparro Álvarez y Lapo Íñiguez vs. Ecuador**. Sentencia de 21 de noviembre de 2007. Disponível em: <https://www.corteidh.or.cr/docs/casos/articulos/seriec_170_esp.pdf> Acesso em: 2 jul. 2021.

CORTE EUROPEIA DE DIREITOS HUMANOS. **Caso de los Hermanos Gómez Paquiyauri vs. Perú**. Sentencia de 8 de julio de 2004. Disponível em: <https://www.corteidh.or.cr/docs/casos/articulos/seriec_110_esp.pdf> Acesso em: 2 jul. 2021.

CORTE EUROPEIA DE DIREITOS HUMANOS. **Caso Escher e outros vs. Brasil**. Sentença de 6 jul. 2009. Disponível em: <https://www.corteidh.or.cr/docs/casos/articulos/seriec_200_por.pdf>. Acesso em: 10 jun. 2021.

CORTE EUROPEIA DE DIREITOS HUMANOS. **Caso García y Familiares vs. Guatemala**. Sentença de 29 nov. 2012. (FONDO, REPARACIONES Y COSTAS). Disponível em: <https://www.corteidh.or.cr/docs/casos/articulos/seriec_258_esp.pdf>. Acesso em: 14 jan. 2022.

CORTE EUROPEIA DE DIREITOS HUMANOS. **Caso García Astro y Ramírez Rojas vs. Perú**. Sentença de 25 nov. 2005. Disponível em: <https://www.corteidh.or.cr/docs/casos/articulos/seriec_137_esp.pdf>. Acesso em: 2 jul. 2021.

CORTE EUROPEIA DE DIREITOS HUMANOS. **Caso Gomes Lund e Outros (Guerrilha do Araguaia) vs. Brasil**. Exceções Preliminares, Fundo, reparação e custas. Sentença série C, n. 219, de 24 de novembro de 2010. Disponível em: <https://www.corteidh.or.cr/docs/casos/articulos/seriec_219_por.pdf>. Acesso em: 2 jun. 2021.

CORTE EUROPEIA DE DIREITOS HUMANOS. **Caso Herrera Ulloa vs. Costa Rica**. Sentença de 02 jul. 2004. Disponível em: <https://corteidh.or.cr/docs/casos/articulos/seriec_107_esp.pdf>. Acesso em 10 jun. 2021.

CORTE EUROPEIA DE DIREITOS HUMANOS. **Caso "Instituto de Reeducación del Menor" vs. Paraguay**. Sentencia de 2 de septiembre de 2004. Série C n. 112, pár. 229. Disponível em: <https://www.corteidh.or.cr/docs/casos/articulos/seriec_112_esp.pdf>. Acesso em: jun. 2021.

CORTE EUROPEIA DE DIREITOS HUMANOS. **Caso J. vs. Peru**. Sentença de 27 nov. 2013. Disponível em: <https://www.corteidh.or.cr/docs/casos/articulos/seriec_275_esp.pdf>. Acesso em: 18 jun. 2021.

CORTE EUROPEIA DE DIREITOS HUMANOS. **Caso Loayza Tamayo vs. Peru**. Sentencia de 17 de septiembre de 1997. Disponível em: <https://www.corteidh.or.cr/docs/casos/articulos/seriec_33_esp.pdf>. Acesso em: 14 jun. 2021.

CORTE EUROPEIA DE DIREITOS HUMANOS. **Caso López Álvarez vs. Honduras**. Sentencia de 1 fev. 2006. Disponível em: <https://www.corteidh.or.cr/docs/casos/articulos/seriec_141_esp.pdf>. Acesso em: jun. 2021.

CORTE EUROPEIA DE DIREITOS HUMANOS. **Caso Nadege Dorzema e outros vs. República Dominicana**. Sentencia de 24 de octubre de 2012. Disponível em: <http://www.corteidh.or.cr/docs/casos/articulos/seriec_251_por.pdf>. Acesso em: 14 jan. 2022.

CORTE EUROPEIA DE DIREITOS HUMANOS. **Caso Norín Catrimán y otros (Dirigentes, membros y activista del Pueblo indígena mapuche) vs. Chile**. Sentença de 29 mai. 2014. Disponível em: < https://www.corteidh.or.cr/docs/casos/articulos/seriec_279_esp.pdf>. Acesso em jun. 2021.

CORTE EUROPEIA DE DIREITOS HUMANOS. **Caso Suárez Rosero vs. Ecuador**. Sentencia de 12 de noviembre de 1997. Série C No. 35, pár. 77. Disponível em: <https://www.corteidh.or.cr/docs/casos/articulos/seriec_35_esp.pdf>. Acesso em: 14 jan. 2022.

CORTE EUROPEIA DE DIREITOS HUMANOS. **Caso Tibi vs. Ecuador**. Sentencia de 07 de septiembre de 2004. Disponível em: <http://www.corteidh.or.cr/docs/casos/articulos/seriec_114_esp.pdf>. Acesso em: 14 jan. 2022.

CORTE EUROPEIA DE DIREITOS HUMANOS. **Caso Yvon Neptune vs. Haití**. Fondo, Reparaciones y Costas. Sentencia de 6 de mayo de 2008. Disponível em: <https://www.corteidh.or.cr/docs/casos/articulos/seriec_180_ing.pdf>. Acesso em 2 jul. 2021.

CORTE EUROPEIA DE DIREITOS HUMANOS. **Convenção Americana de Direitos Humanos de 1969**. Disponível em: <https://www.cidh.oas.org/basicos/portugues/c.convencao_americana.htm>. Acesso em: 14 jan. 2022.

CORTE EUROPEIA DE DIREITOS HUMANOS. **Informe n. 2/97**, Caso 11.205, Fondo, Jorge Luis Bronstein y otros, Argentina, 11 de marzo de 1997, pár. 12. Disponível em: <https://www.cidh.oas.org/annualrep/97span/argentina11.205.htm>. Acesso em: 14 jan. 2022.

CORTE EUROPEIA DE DIREITOS HUMANOS. **Informe sobre el uso de la prisión preventiva en las Américas**. Organização dos Estados Americanos. 2013. Disponível em: <http://www.oas.org/es/cidh/ppl/informes/pdfs/Informe-PP-2013-es.pdf>. Acesso em: 14 jan. 2022.

CORTE EUROPEIA DE DIREITOS HUMANOS. **Relatório n. 54/01**. Caso 12.051. Disponível em: <http://www.cidh.org/annualrep/2001port/capitulo3c.htm>. Acesso em: 8 fev. 2011.

CORTE EUROPEIA DE DIREITOS HUMANOS. **Relatório n. 66/06**. Caso 12.001. Simone André Diniz × Brasil. 21 de outubro de 2006. Disponível em: <http://www.cidh.org/annualrep/2006port/brasil.12001port.htm>. Acesso em 08 jun. 2021.

CORTE EUROPEIA DE DIREITOS HUMANOS. **Sentencia de 23 de junio de 2005**. Caso Lori Berenson Mejía vs. Perú. Interpretación de la Sentencia de Fondo, Reparaciones y Costas. Disponível em: <https://www.corteidh.or.cr/docs/casos/articulos/seriec_128_esp.pdf>. Acesso em 10 jun. 2021.

CORTÉS COTO, Rónald. La aplicación de la ley procesal penal en el tiempo. **Ciencias Penales**: Revista de la Asociación de Ciencias Penales de Costa Rica, San José, v. 14, n. 20, p. 109-118, out. 2002.

CORTIZO SOBRINHO, Raymundo. Cabimento da ação penal privada subsidiária da pública no arquivamento de inquérito policial. **Arquivos da Polícia Civil – Revista tecnocientífica**, São Paulo, n. 48, p. 183-185, 2005.

COSTA, Cláudio. A irrelevância da classificação jurídica em hipóteses de coisa julgada. **Boletim IBCCRIM**, São Paulo, v. 14, n. 173, p. 7, abr. 2007.

COSTA, Cláudio; MALAN, Diogo. A inconstitucionalidade da ausência de fundamentação na decisão de recebimento da denúncia. **Discursos Sediciosos: crime, direito e sociedade**, Rio de Janeiro, v. 5, 9/10, p. 221-227, 2000.

COSTA, Fabrício Piassi. Polícia Reservada: legitimidade da investigação criminal pela PM. **Revista Jus Navigandi**, Teresina, ano 16, n. 2988, 6 set. 2011. Disponível em: <https://jus.com.br/artigos/19931>. Acesso em: 01 dez. 2016.

COSTA, José Francisco de Faria. **O perigo em direito penal**. Coimbra: Editora Coimbra. 2000.

COSTA, Paula Bajer Fernandes Martins da. Sobre a Posição da Polícia Judiciária na Estrutura do Direito Processual Penal Brasileiro da Atualidade. **Revista Brasileira de Ciências Criminais**, v.7, n. 26, p. 213-220, abr./jun. 1999.

COSTA ANDRADE, Manuel. **Sobre as Proibições de Prova em Processo Penal**. Coimbra: Coimbra Editora, 1992.

COSTA JÚNIOR, Paulo José da. **Curso de direito penal**. 12. ed. São Paulo: Saraiva, 2016.

COUCEIRO, João Cláudio. **A garantia constitucional do direito ao silêncio**. São Paulo: RT, 2004.

COUTINHO, Jacinto Nelson de Miranda. **A lide e o Conteúdo do Processo Penal**. Curitiba: Juruá, 1989.

COUTINHO, Jacinto Nelson de Miranda. **A lide e o Conteúdo do Processo Penal**. Curitiba: Juruá, 1998.

COUTINHO, Jacinto Nelson de Miranda. **Crítica à Teoria Geral do Direito Processual Penal**. Rio de Janeiro: Renovar, 2001.

COUTINHO, Jacinto Nelson de Miranda. Fundamentos à inconstitucionalidade da delação premiada. **Boletim IBCCRIM**, São Paulo, v. 13, n. 159, p. 7-9, fev. 2006.

COUTINHO, Jacinto Nelson de Miranda. Introdução aos princípios gerais do direito processual penal brasileiro. **Revista de Estudos Criminais**, Porto Alegre, v. 1, p. 26-51, 2001.

COUTINHO, Jacinto Nelson de Miranda. Introdução aos princípios gerais do direito processual penal brasileiro. **Separata ITEC**, ano 1, n. 4, jan./fev./mar. 2000.

COUTINHO, Jacinto Nelson de Miranda. Manifesto contra os juizados especiais criminais. In: WUNDERLICH, Alexandre; CARVALHO, Salo (Org.). **Novos diálogos sobre os Juizados Especiais Criminais**. Rio de Janeiro: Lúmen Júris, 2005, p. 3-14.

COUTINHO, Jacinto Nelson de Miranda. **O HC no sistema processual penal brasileiro hoje (o problema da substituição recursal)**, 2011. Disponível em: <http://www.iabnacional.org.br/IMG/pdf/doc-8934.pdf> IAB – Instituto dos Advogados Brasileiros. Acesso em: 17 jun. 2013.

COUTINHO, Jacinto Nelson de Miranda. O princípio do juiz natural na CF/88: ordem e desordem. **Revista de informação legislativa**, v. 45, n. 179, p. 165-178, jul./set. 2008.

COUTINHO, Jacinto Nelson de Miranda. Prova ilícita e a responsabilidade pelo abuso de autoridade. In: ZILIO, Jacson Luiz; BOZZA, Fábio da Silva (Org.). **Estudos críticos sobre o sistema penal**. Curitiba: LedZe, 2012. 1200 p., 23 cm. ISBN 978-85-65626-08-8. p. 1177-1198.

COUTINHO, Jacinto Nelson de Miranda. Sistema acusatório. **Revista de Informação Legislativa**, Brasília, v. 46, n. 183, p.103-115, jul./set. 2009.

COUTINHO, Jacinto Nelson de Miranda. Solução para o absurdo legal e técnico do novo art. 396 do CPP. **O Estado do Paraná** – Caderno Direito e Justiça, Curitiba, p. 8, 21 out. 2008.

COUTINHO, Jacinto Nelson de Miranda; CARVALHO, Edward Rocha de. Acordos de delação premiada e o conteúdo ético mínimo do Estado. **Revista Jurídica**, Porto Alegre, v. 54, n. 344, p. 91- 99, jun. 2006.

CRUZ, Diogo Tebet da. Decretação de prisão preventiva ex officio. Violação ao princípio da inércia da jurisdição e ao princípio acusatório. **Boletim do Instituto Brasileiro de Ciências Criminais – IBCCrim**, São Paulo, ano 14, n. 163, p.14-15, jul/2006. ISSN: 16763661.

CRUZ, Rogerio Schietti Machado. **Garantias processuais nos recursos criminais**. São Paulo: Atlas, 2002.

CRUZ, Rogerio Schietti Machado. **Prisão cautelar**: dramas, princípios e alternativas. Rio de Janeiro: Lumen Juris, 2006. 215 p.

CUNHA, Rogério Sanches; et. all. **Processo Penal Prático**. Salvador: JusPODVIM, 2007.

CURTIS, Glade; SCHULER, Judith. **Your pregnancy week by week**. New York: Da Capo Press, 2004.

CURY, Marcelo. Assistência de advogado no interrogatório e orientação prévia: ausência, nulidade absoluta do processo. **Revista do Instituto de Pesquisas e Estudos,** Bauru, n. 32, p. 313-338, ago./nov. 2001.

CUSTÓDIO, Rosier B.; FERRARI, Eduardo R. A Lei 9271/96 e sua aplicação prática. **Boletim IBCCrim,** 56, jul./1997.

D'ANGELO, Andréa Cristina; DEZEM, Guilherme Madeira. Acesso aos autos do inquérito policial pelo não formalmente indiciado. **Boletim IBCCRIM,** São Paulo, v. 14, n. 162, p. 13-14, maio 2006.

DALABRIDA, Sidney Eloy. Conexão e continência na lei n. 9099/95. **Boletim IBCCRIM,** São Paulo, n. 57, p.03-04, ago. 1997.

DAMASKA, Mirjan. Aspectos globales de la reforma del proceso penal. **Reformas a la Justicia penal en las Américas**: Memoria de la primera conferencia organizada por Fundación para el Debido Proceso Legal – DPLF en Washington DC, en noviembre de 1998. Disponível em: <http://www.dplf.org/sites/default/files/reformas_1st_publication.pdf>. Acesso em: 14 jan. 2022.

DAMASKA, Mirjan. Structures of Authority and Comparative Criminal Procedure. **The Yale Law Journal: Faculty Scholarship Series.** Paper 1590, p. 480-544, 1975. Disponível em: <http://digitalcommons.law.yale.edu/fss_papers/1590>. Acesso em: 18 mar. 2014.

DAMASKA, Mirjan. The Quest for Due Process in the Age of Inquisition. **The American Journal of Comparative Law,** v. 60, n. 4, p. 919-954, 2012.

DANCIG-ROSENBERG, Hadar; GAL, Tali. Restorative criminal justice. **Cardozo Law Review,** v. 34, p. 2313-2346, 2013.

DANIELE, Marcello. **Habeas corpus**: manipolazioni di una garanzia. Torino: G. Giappichelli Editore, 2017.

DAOUN, Alexandre; BLUM, Renato Opice. Cybercrimes. In: LUCCA, Newton de; SIMÃO FILHO, Adalberto (Coords.). **Direito e internet**: aspectos jurídicos relevantes. Bauru: Edipro, 2000.

DE SANTANA, Magna Oliveira Pires. Prescrição virtual à luz do princípio da dignidade da pessoa humana. **Scientiam Juris,** v. 1, n. 1, p. 46-56, 2013.

DEL CID, Daniel. A homologação dos acordos de colaboração premiada e o comprometimento da (justa) prestação jurisdicional. **Boletim IBCCRIM,** São Paulo, v. 23, n. 276, p. 15-18., nov. 2015.

DEL GROSSI, Viviane Ceolin Dallasta. **A defesa na cooperação jurídica internacional penal**: o auxílio direto e a atuação por meio de redes. São Paulo: IBCCRIM, 2016.

DELCÍDIO do Amaral. Disponível em: <https://pt.wikipedia.org/wiki/Processo_de_cassa%C3%A7%C3%A3o_de_Delc%C3%ADdio_do_Amaral>. Acesso em: 2 jul. 2021.

DELMANTO, Celso; et al. **Código Penal comentado**. Rio de Janeiro: Renovar, 1998.

DELMANTO, Fabio Machado de Almeida; OLIVEIRA NETO, Leo Lopes de. A reparação do dano e a suspensão condicional do processo. **Revista do Instituto de Pesquisas e Estudos,** Bauru, v. 39, n. 44, p. 251-261, set./dez. 2005.

DELMANTO JUNIOR, Roberto. **As modalidades de Prisão Provisória e seu prazo de duração**. 2. ed. Rio de Janeiro: Renovar, 2001.

DELMANTO JUNIOR, Roberto. egalidade estrita e vigência da lei processual penal: exceção à regra tempus regit actum. **Boletim do Instituto Manoel Pedro Pimentel,** São Paulo, v. 4, n. 17, p. 11-13, jul./set. 2001.

DELMAS-MARTY, Mireille. **Le relatif et l'universel**: Les forces imaginantes du droit. Paris: Seuil, 2004.

DELMAS-MARTY, Mireille. **Modelos e movimentos de política criminal**. Trad. de Edmundo Oliveira. Rio de Janeiro: Revan Editora, 1992.

DELMAS-MARTY, Mireille. **Processos Penais da Europa**. Trad. Fauzi H. Choukr e Ana Claudia Ferigato Choukr. Rio de Janeiro: Lúmen Júris, 2004.

DELMAS-MARTY, Mireille (Ed.). **Raisonner la raison d'État: vers une Europe des droits de l'homme**. Travaux du séminaire "Politique criminelle et droits de l'homme" organisé dans le cadre de l'Institut de Droit Comparé de Paris de 1987 à 1989. Paris: Presses universitaires de France, 1989.

DELMAS-MARTY, Mireille et al. **Les chemins de l'harmonisation pénale**. Société de Législation Comparée, 2008. (Coleção Unité Mixte de Recherche de Droit Comparé de Paris, v. 15).

DEMERCIAN, Pedro Henrique; MACHADO, Martha de Toledo. A desburocratização do procedimento sumário. **Revista Brasileira de Ciências Criminais**, São Paulo, v. 1, n. 2, p. 94-97, abr./jun. 1993.

DEMERCIAN, Pedro Henrique; MALULY, Jorge Assaf. **Curso de Processo penal**. 8. ed. Rio de janeiro: Forense, 2012.

DEMERCIAN, Pedro Henrique; MALULY, Jorge Assaf. **Curso de Processo Penal**. 4. ed. Rio de Janeiro: Forense, 2009.

DEMERCIAN, Pedro Henrique; MALULY, Jorge Assaf. **Curso de Processo Penal**. 3. ed. Rio de Janeiro: Forense, 2005.

DENTI, Vittorio. L'Evoluzione del Legal Aid nel Mondo Contemporaneo. **Studi in Onore di Enrico Tullio Liebman**. Milão: Giuffrè Editore, 1979. 2v.

DEL'OLMO, Florisbal de Souza, KÄMPF, Elisa Cerioli Del'Olmo. **A extradição no direito Brasileiro**. Rio de Janeiro: GZ Ed., 2011.

DeShazo, Peter; VARGAS, Juan Enrique. **Evaluación de la Reforma Judicial en América Latina**. Santiago do Chile: CSIS Americas Program e Centro de Estudios de Justicia de las Américas, CEJA, 2005.

DEU, Tereza A. **A prova ilícita**: um estudo comparado. Trad. Nereu José Giacomolli. São Paulo: Marcial Pons, 2014. 205 p., 23 cm. (Monografias jurídicas). ISBN 978-85-66722-13-0.

DEZEM, Guilherme Madeira. **Da prova penal**: tipo processual, provas típicas e atípicas. Campinas: Millennium, 2008. 321 p., 23 cm. ISBN 978-85-7625-152-1.

DEZEM, Guilherme Madeira. Presunção de inocência: efeito suspensivo dos recursos extraordinário e especial e execução provisória. **Revista Brasileira de Ciências Criminais**, São Paulo, v. 16, n. 70, p. 269-290., jan./fev. 2008.

DEZEM, Guilherme Madeira e DINIZ, J. Gustavo Octaviano. **Nova lei do procedimento do júri comentada**. Campinas/SP: Millenium Editora, 2008.

DI PIETRO, Maria Sylvia Zanella. **Direito Administrativo**. São Paulo: Atlas, 1999.

DIAS, Jorge de Figueiredo. A nova constituição e o processo penal. **Revista da Ordem dos Advogados**, Lisboa, n. 36, 1976.

DIAS, Jorge de Figueiredo. **Criminologia**. Coimbra: Coimbra Ed., 1992. p. 546.

DIAS, Jorge de Figueiredo. Sobre o sentido do princípio jurídico-constitucional do 'juiz natural'. **Revista de Legislação e de Jurisprudência**, ano 111, 1974.

DIAS, Maria Berenice. **Direito das Famílias**. São Paulo: Revista dos Tribunais, 2008.

DIAS, Maria Berenice. **Manual de Direito das Famílias**. São Paulo: Editora Revista dos Tribunais, 2010.

DIAS JÚNIOR, Paulo Roberto. A Aplicação da Lei 9271/96 no tempo. **Boletim IBCCrim** 53, abr./1997.

DIAS TEIXEIRA, Francisco. Indiciamento e presunção de inocência. **Boletim Instituto Brasileiro de Ciências Criminais**, São Paulo, n. 71, p. 14, out. 1998.

DIDIER JÚNIOR, Fredie. **Curso de Direito Processual Civil**. 6. ed. Salvador: JusPodium, 2011. 2v.

DIDIER JÚNIOR, Fredie; BOMFIM, Daniela. Colaboração premiada (Lei nº 12.850/2013): natureza jurídica e controle da validade por demanda autônoma: um diálogo com o Direito Processual Civil. **Revista do Ministério Público do Estado do Rio de Janeiro**, Rio de Janeiro, n. 62, p. 23-59, 2016.

DIEGO DÍEZ, Luis Alfredo de. La voz como elemento identificador del delincuente. **Revista del Poder Judicial**, Madrid, n. 69, p. 399-419, 2003.

DINACCI, Filippo Raffaele. **L'inutilizzabilità nel processo penale**: struttura e funzione del vizio. Milano: Giuffrè Editore, 2008.

DINAMARCO, Cândido Rangel. **A instrumentalidade do processo**. 10. ed. São Paulo: Malheiros, 2002.

DINAMARCO, Cândido Rangel. **A instrumentalidade do processo**. São Paulo: Revista dos Tribunais, 1987.

DINAMARCO, Cândido Rangel. **A nova era do processo civil**. São Paulo: Malheiros, 2003.

DINIS, Márcia. Duplo grau ou foro especial? O conflito entre o direito de recorrer e o foro por prerrogativa de função. In: FERNANDES, Márcia Adriana et al. **Escritos transdisciplinares** de criminologia, direito e processo penal: homenagem aos mestres Vera Malaguti e Nilo Batista. Rio de Janeiro: Revan, 2014. p. 661-670.

DIPP, Gilson. **Parecer.** Disponível em: <https://jornalggn.com.br/sites/default/files/documentos/parecer_dipp_sobre_youssef.pdf>. Acesso em: 14 jan. 2022.

DISSENHA, Rui Carlo. Anistias Como Prática do Direito Internacional Criminal e a Complementaridade do Tribunal Penal Internacional. **Revista Brasileira de Direito Internacional-RBDI**, n. 1, 2006.

DISTRITO FEDERAL. Tribunal de Justiça. **Reclamação n. 2008.00.2.012057-9.** Primeira Turma. Relatora Des. Sandra de Santis. J. 29-1-2009. Disponível em: < http://www.mp.go.gov.br/portalweb/hp/7/docs/tjdft_-_acordao_20080020120579_-_art._212.pdf>. Acesso em: 20 jun. 2021.

DOCUMENTO DE TRABAJO sobre uns Decisión del Consejo relativa a la profundización de la cooperación transfronteriza, em particular em matéria de lucha contra el terrorismo y la delincuencia transfronteriza. Parlamento Europeo. Comisión de Libertades Civiles, Justicia y Asuntos de Interior. 10 abr. 2007. Ponente: Fausto Correia. Disponível em: <http://www.europarl.europa.eu/meetdocs/2004_2009/documents/dt/660/660824/660824es.pdf>. Acesso em: 5 jun. 2021.

DOMINGUES, Alexandre de Sá; REZENDE, Rodrigo de Souza. A fragilidade do reconhecimento pessoal como única prova para condenação penal. **Boletim IBCCRIM**, São Paulo, v. 18, n. 210, p. 11-12, maio 2010.

DOTTI, René Ariel. A incapacidade criminal da pessoa jurídica: uma perspectiva do direito brasileiro. **Revista Brasileira de Ciências Criminais**, n. 11, v. 3, p. 184-207, 1995.

DOTTI, René Ariel. A reforma do procedimento do júri projeto de lei 4900 de 1995. In: TUCCI, Rogério Lauria (Org.). **Tribunal do Júri**: estudo sobre a mais democrática das instituições jurídicas brasileiras. São Paulo: Revista dos Tribunais, 1999.

DOTTI, René Ariel. A reforma do processo penal. **Revista dos Tribunais**, São Paulo, v. 714, p. 490.

DOTTI, René Ariel. A suspeição do juiz no Projeto do Código de Processo Penal. **Revista do Advogado**, São Paulo, v. 31, n. 113, p. 122-125, set. 2011.

DOTTI, René Ariel. Anteprojeto do júri. **Revista Brasileira de Ciências Criminais**, São Paulo, v. 2, n. 6, p. 293-307, abr./jun. 1994.

DOTTI, René Ariel. **Cross-Examination e a simplificação das audiências**: um método adequado e que atende vários princípios processuais. Disponível em: <http://www.migalhas.com.br/mostra_noticia_articuladas.aspx?cod=48774>. Acesso em: 10 dez. 2007.

DOTTI, René Ariel. Esboço para a reforma do júri. **Revista Brasileira de Ciências Criminais**, São Paulo, v. 1, n. 3, p. 272-97, jul./set. 1993.

DOTTI, René Ariel. O bom registro da prova oral. **Boletim IBCCRIM**, São Paulo, n. 29, p. 01-02, maio 1995.

DOTTI, René Ariel. **O processo constitucional**: alguns aspectos de relevo. Disponível em: <http://www.gazetadopovo.com.br/vida-publica/justica-e-direito/colunistas/rene-ariel-dotti/o-processo-penal-constitucional—-alguns-aspectos-de-relevo-dp37vc8cc3yr3v4vgz10xdkgv>. Acesso em: 10 ago. 2016.

DOTTI, René Ariel. Princípios do Processo Penal. **Revista de Processo – RePro**, São Paulo, n. 67, p. 72. Versão online disponível em: <www.revistasrtonline.com.br>. Acesso em: 14 jan. 2022.

DOTTI, René Ariel. Suspeição de magistrado (Parecer). **Revista Brasileira de Ciências Criminais**, São Paulo, v. 1, n. 2, p. 117-126, abr./jun. 1993.

DOTTI, René Ariel. Um novo Tribunal do Júri: Projeto de lei 4.900, de 1995. **Revista de Processo**, Sao Paulo, v. 22, n. 85, p. 128-59, jan./mar. 1997.

DOTTI, René Ariel; SCANDELARI, Gustavo Britta. Acordos de não persecução e de aplicação imediata de pena: o plea bargain brasileiro. **Boletim IBCCRIM**, São Paulo, v. 27, n. 317, p. 5-7, abr. 2019. Disponível em: <http://200.205.38.50/biblioteca/index.asp?codigo_sophia=150548>. Acesso em: 31 mar. 2020.

DRUMOND, Magalhães. O júri no Estado Novo. **Revista Forense**, Rio de Janeiro, jan. 1938. apud. SONTAG, Ricardo. A eloquência farfalhante da tribuna do júri: o tribunal popular e a lei em Nelson Hungria. **História (UNESP)**, São Paulo, v. 28, n. 2, 2009.

DUARTE, Oto Ramos. **Teoria do discurso e correção normativa do direito**. São Paulo: Landy, 2003.

DUBBER, Markus D. Comparative Criminal Law. In: REIMANN, Mathias; ZIMMERMANN, Reinhard (Ed.). **The Oxford Handbook of Comparative Law**. Oxford: Oxford University Press, 2006.

DUCE, Mauricio; FUENTES M., Claudio; RIEGO, Cristián. La reforma procesal penal en América Latina y su impacto en el uso de la prisión preventiva. DUCE, Mauricio; RIEGO, Cristián. (Eds.). **Prisión Preventiva y Reforma Procesal Penal en América Latina**. Evaluación y Perspectivas. Santiago: CEJA-JSCA, 2009. p. 13-73.

DUCLERC, Elmir. **Curso Básico de Direito Processual Penal**. Rio de Janeiro: Lúmen Júris, 2006. 2 v.

DUCLERC, Elmir. **Direito Processual Penal**. 3. ed. Rio de Janeiro: Lumen Juris, 2011.

DUKER, William F. The English Origins of the Writ of Habeas Corpus: A Peculiar Path to Fame. **New York University Law Review**, v. 53, p. 983, 1978.

DULTRA DOS SANTOS, Rogerio. Francisco Campos e os fundamentos do constitucionalismo antiliberal no Brasil. **Dados-Revista de Ciências Sociais**, v. 50, n. 2, 2007.

D'URSO, Luiz Flávio Borges. Delação premiada: proibição para quem está preso. **Revista Magister de Direito Penal e Processual Penal**, Porto Alegre, v. 11, n. 66, p. 64-66., jun./jul. 2015.

D'URSO, Luiz Flávio Borges. Lei do monitoramento eletrônico: avanço na execução penal. **Revista Magister de Direito Penal e Processual Penal**. n. 37, v. 7, 2010.

ESER, Albin. Il giudice naturale e la sua individuazione per il caso concreto. **Rivista Italiana di Diritto e Procedura Penale**, Milano, v. 39, p. 385-411, 1996.

D'URSO, Luiz Flávio Borges. The "Adversarial" Procedure: A model superior to other trial systems in international criminal justice? In: Krüssmann, Thomas (Ed.). **ICTY**: Towards a Fair Trial, Wien: Neuer Wissenschaftlicher Verlag, 2009. p. 207-227.

D'URSO, Luiz Flávio Borges. The Importance of Comparative Legal Research for the Development of Criminal Sciences. In: BLANCPAIN, Roger (Hrsg.). **Law in motion**: recent developments in civil procedure, constitutional, contract, criminal, environmental, family & succession, intellectual property, labour, medical, social security, transport law. The Hague: Kluwer, 1997. p. 492-517.

ESKRIDGE JR, William N. Overriding Supreme Court statutory interpretation decisions. **Yale Law Journal**, p. 331-455, 1991.

ESPINDULA, Alberi. A contestabilidade do laudo: perito × assistente técnico. In: VELHO, Jesus Antonio; GEISER, Gustavo Caminoto; ESPINDULA, Alberi. **Ciências forenses**: uma introdução às principais áreas da criminalística moderna. 2. ed. Campinas: Millennium, 2013. (Criminalística).

ESPÍNOLA, Eduardo. **Código de Processo Penal Brasileiro Anotado**. 5. ed. Rio de Janeiro: Borsoi, 1960. 2 v.

ESPÍNOLA FILHO, Eduardo. **Código de Processo Penal Brasileiro Anotado**. 6. ed. Rio de Janeiro: Freitas Bastos, 1980. 2 v.

ESPÍNOLA FILHO, Eduardo. **Código de Processo Penal Brasileiro Anotado**. São Paulo: Freitas Bastos, 1942. 3 v.

ESPÍRITO SANTO. Tribunal de Justiça. **Apelação n. 00119537120108080014**. Primeira Câmara Criminal. Relator Ney Batista Coutinho. Data de Julgamento: 29/04/2015. Data de Publicação: 08/05/2015.

ESSADO, Tiago Cintra. Delação Premiada e Idoneidade Probatória. **Revista Brasileira de Ciências Criminais**, São Paulo, v. 101, ano 21, p. 203-227, março-abril de 2013.

ESTELLITA, Heloisa. Cooperação internacional penal passiva e garantias processuais do afetado. In: SILVEIRA, Renato de Mello Jorge; RASSI, João Daniel. **Estudos em homenagem a Vicente Greco Filho**. São Paulo: LiberArs, 2014. p. 199-208.

ESTELLITA, Heloisa. Liberdade e prisão cautelar na jurisprudência do Supremo Tribunal Federal pós-Constituição de 1988. **Direito Público**, v. 5, n. 24, 2009.

ESTORILIO, Rafael Martins. Com a Palavra, o Estudante: Revogação da suspensão condicional do processo pelo andamento de outra ação penal: da prática judicial à inconstitucionalidade hermética. **Boletim IBCCRIM**, São Paulo, v. 21, n. 246, p. 16-18, maio 2013.

FAGUNDES, Seabra. O Ministério Público e a preservação da ordem jurídica no interesse coletivo. **Revista de Direito Público e Ciência Política**, Rio de Janeiro, v. IV, n. 9, 3 set./dez. 1961.

FALCÃO, Joaquim; HARTMANN, Ivar A.; CHAVES, Vitor P. **III Relatório Supremo em Números**: O Supremo e o Tempo. Rio de Janeiro: Escola de Direito do Rio de Janeiro da Fundação Getúlio Vargas, 2014. 151 p. Disponível em: <https://bibliotecadigital.fgv.br/dspace/bitstream/handle/10438/12055/III%20Relat%c3%b3rio%20Supremo%20em%20N%c3%bameros%20-%20O%20Supremo%20e%20O%20Tempo.pdf?sequence=5&isAllowed=y>. Acesso em: 14 jan. 2022.

FALCÃO, Márcio. É hora do Brasil discutir modelo para abreviar o rito do processo penal, diz Janot. **JOTA Online**. Disponível em: <http://jota.info/e-hora-brasil-discutir-modelo-para-abreviar-o-rito-processo-penal-diz-janot>. Acesso em: 15 dez. 2016.

FANDIÑO, Marco; POSTIGO, Leonel González. Estándar de prueba en la audiencia de medidas cautelares de Uruguay. In: PAULA, Leonardo Costa da (Coord.) **Reflexiones Brasileñas sobre la reforma procesal penal em Uruguay**: hacia la justicia penal acusatória en Brasil. Santiago/Curitiba: CEJA-JSCA/Observatório da mentalidade Inquisitória, 2017. ISBN: 978-956-8491-65-9.

FARIA, Lucas Adam Martinez. **O Supremo Tribunal Federal e a Corte Interamericana de Direitos Humanos**: diálogos transjudiciais no duplo grau de jurisdição interpretado. 2014. Disponível em: <http://www.sbdp.org.br/ver_monografia.php?idMono=259>. Acesso em: 10 jun. 2021.

FARIA, Maurício; CUNHA, Letícia Oliveira; GUEDES, André Luiz. Da declaração de inconstitucionalidade da lei n. 11.819/2005: uso de videoconferência como meio de interrogar réu preso: e da promulgação da lei n. 11.900/2009. **Revista IOB de Direito Penal e Processual Penal**, Porto Alegre, v. 9, n. 54, p. 161-165, fev./mar. 2009.

FARIAS, Cristiano Chaves de. A Investigação criminal direta pelo Ministério Público e a inexistência de impedimento/suspeição para o oferecimento de denúncia. **Revista dos Tribunais**, São Paulo, v.88, n.769, p.480-486, nov. 1999.

FARIA JUNIOR, Cesar de. O júri e a responsabilidade penal dos juízes o crime de hermenêutica. **Revista dos Mestrandos em Direito Econômico da UFBA**, Salvador. n.7. p.93-117. jan./dez. 1999.

FARRELL, Brian. Habeas corpus in times of emergency: A historical and comparative view. **Pace International Law Review Online Companion**, p. vii, 2010.

FAUSTO, Boris. **Crime e Cotidiano**: a criminalidade em São Paulo (1880-1924). 2. ed. São Paulo: Edusp, 2001.

FAYET JÚNIOR, Ney; FAYET, Paulo. Da possibilidade de reconhecimento, em medida liminar de revisão criminal, da prescrição penal. In: FAYET JÚNIOR, Ney et al. **Prescrição penal**: temas atuais e controvertidos; doutrina e jurisprudência. Porto Alegre: Livraria do Advogado, 2013.

FEITOZA, Denilson. **Direito Processual Penal**: teoria, crítica e práxis. 6. ed. Niterói: Impetus, 2009.

FEITOZA, Denilson. **Direito Processual Penal**: teoria, crítica e práxis. 5. ed. rev. ampl. e atual. Niterói, RJ: Impetus, 2008.

FELDENS, Luciano. Os verdadeiros limites da coisa julgada na execução penal. **Boletim IBCCRIM**, São Paulo, v. 12, n. 139, p. 14-15., jun. 2004.

FELDENS, Luciano; SCHMIDT, Andrei Zenkner. Direito fundamental a um processo justo e standard de valoração sobre a (im)parcialidade judicial. **Revista de Estudos Criminais**, Porto Alegre, v. 10, n. 38, p. 111-137, jul./set. 2010.

FELIPETO, Rogério. **Reparação do dano causado por crime**. Belo Horizonte: Del Rey, 2001.

FERNANDES, Antonio Scarance. A correlação entre imputação e sentença no Brasil. **Revista Brasileira de Ciências Criminais**, São Paulo, v. 18, n. 85, p. 324-352., jul./ago. 2010.

FERNANDES, Antonio Scarance. A inconstitucionalidade da lei estadual sobre videoconferência. **Boletim IBCCRIM**, São Paulo, v. 12, n. 147, p. 7, fev. 2005.

FERNANDES, Antonio Scarance. A fiança criminal e a constituição federal. **Justitia**, São Paulo, v. 53, n. 155, p. 28-39, 1991.

FERNANDES, Antonio Scarance. A Provável Prescrição Retroativa e a Falta de Justa Causa para a Ação Penal. **Cadernos de Doutrina e Jurisprudência da Associação Paulista do Ministério Público**, n. 6, p. 38-43.

FERNANDES, Antonio Scarance. A revelia no processo penal – lei 9271/96. In: **Painel de Estudos da Escola Paulista do Ministério Público do Estado de São Paulo**, publicada no DOE de 10.07.96, p. 24.

FERNANDES, Antonio Scarance. A vítima no processo penal brasileiro. In: FERNANDES, Scarance et al. **La víctima en el proceso penal**: su regimen legal em Argentina, Bolicia, Brasil, Chile, Paraguay, Uruguay. Buenos Aires: Depalma, 1997.

FERNANDES, Antonio Scarance. Execução penal: aspectos jurídicos. **Revista CEJ**, v. 3, n. 7, p. 68-83, 1999.

FERNANDES, Antonio Scarance. Funções e limites da prisão processual. **Revista Brasileira de Ciências Criminais**, São Paulo, n. 64, p. 239-252, jan./fev. 2007.

FERNANDES, Antonio Scarance. Grupo Especial de Trabalho: proteção à vítima. **Boletim do Instituto Brasileiro de Ciências Criminais**, São Paulo, v. 3, p. 7, 1995

FERNANDES, Antonio Scarance. **O papel da vítima no processo criminal**. São Paulo: Malheiros, 1995.

FERNANDES, Antônio Scarance. **Prejudicialidade**. São Paulo: Revista dos Tribunais, 1988.

FERNANDES, Antonio Scarance. **Processo penal constitucional**. 4. ed. São Paulo: Revista dos Tribunais, 2005.

FERNANDES, Antonio Scarance. **Processo penal constitucional**. 7. ed. São Paulo: Revista dos Tribunais, 2012.

FERNANDES, Antonio Scarance. **Reação defensiva à imputação**. São Paulo: Revista dos Tribunais, 2002.

FERNANDES, Antonio Scarance. Tipicidade e sucedâneos de prova. In: FERNANDES, Antonio Scarance; ALMEIDA, José Raul Gavião de (Coord.). **Provas no processo penal**: estudo comparado. São Paulo: Saraiva, 2011. 436 p., 21 cm. ISBN 978-85-02-11099-1. p. 13-45.

FERNANDES, Antonio Scarance; LOPES, Mariângela. O Recebimento da Denúncia no novo procedimento. **Boletim IBCCRIM**, ano 16, n. 190, set./2008.

FERNANDES, David Augusto. Cooperação Jurídica Internacional: estudo de casos sobre a transferência de presos estrangeiros. **Amazon's Research and Environmental Law**, v. 3, n. 3, 2016.

FERNANDES, Eric Baracho Dore; FERREIRA, Siddharta Legale. Irrecorrível, mas nem tanto: a revisão de tese na repercussão geral do recurso extraordinário. **Revista da Seção Judiciária do Rio de Janeiro**, v. 21, n. 40, p. 193-202, 2014.

FERRAIOLI, Marzia. **Il ruolo di 'garante' del giudice per le indagini preliminar**. Padova: Cedam, 1993.

FERRAJOLI, Luigi. **A soberania no mundo moderno**. São Paulo: M. Fontes, 2002, 110p. [ISBN 85-336-1720-8].

FERRAJOLI, Luigi. Entrevista. A teoria do garantismo e seus reflexos no direito e no processo penal. Entrevistado por Fauzi Hassan Choukr. **Boletim do IBCCrim** n. 77, p. 4, abril/1999.

FERRAJOLI, Luigi. **Derecho y Razón**. Madrid: Ed. Trota, 1995.

FERRAJOLI, Luigi. **Direito e Razão**. Trad. brasileira de Fauzi Hassan Choukr, Luiz Flávio Gomes, Ana Paula Zommer e Juarez Tavarez. São Paulo: Revista dos Tribunais, 2013.

FERRAJOLI, Luigi. **Diritto e ragione**: teoria del garantismo penale. 3. ed. Roma-Bari: Laterza, 1996.

FERRAJOLI, Luigi. **Diritto e ragione**: teoria del garantismo penale. 8. ed. Roma-Bari: Laterza, 2004.

FERRAJOLI, Luigi. Garantismo y defensa penal: o sobre la defensa pública. **Revista del Ministério Público de la Defensa**, Buenos Aires, v. 1, n. 1, p. 50-55, nov. 2006.

FERRAJOLI, Luigi. **La Sovranità nel mondo moderno**. Bari: Laterza, 1997.

FERRAJOLI, Luigi. Los valores de la doble instancia y de la nomofilaquia. **Crimen y Castigo**: Cuaderno del Departamento de Derecho Penal y Criminología de la Facultad de Derecho, Buenos Aires, v. 1, n. 1, p. 33-50, ago. 2001.

FERRAJOLI, Luigi; CHOUKR, Fauzi Hassan. A teoria do garantismo e seus reflexos no direito e no processo penal (entrevista). **Boletim IBCCRIM**, São Paulo, v. 7, n. 77, p. 3-4, abr. 1999.

FERRANTE, Alfredo. Entre derecho comparado y derecho extranjero: una aproximación a la comparación jurídica. **Revista chilena de derecho**, v. 43, n. 2, p. 601-618, 2016.

FERRAZ JUNIOR, Tércio Sampaio. Normas gerais e competência concorrente – uma exegese do art. 24 da Constituição Federal. **Revista Trimestral de Direito Público**, São Paulo, n. 7, p. 16-20, 1994.

FERREIRA, Olavo Augusto Vianna Alves; LEHFELD, Lucas De Souza. A Imunidade parlamentar segundo o Supremo Tribunal: Análise do precedente sobre a prisão do senador Delcídio Amaral. **Revista Brasileira de Teoria Constitucional**, v. 2, n. 1, 2016.

FERREIRA, Wanessa Carneiro Molinaro. Recentes alterações do Código de Processo Penal: novo rito do procedimento comum ordinário. **Revista da Seção Judiciária do Rio de Janeiro**, Rio de Janeiro, n. 29, p. 201-209., dez. 2010.

FIELD, Martha; FISHER, William. **Legal Reform in Central America**: dispute resolution and property systems. [S.I.]: Harvard University Press, 2001.

FIORATTO, Débora Carvalho; BARROS, Flaviane de Magalhães. **Diferenças de tratamento das condições da ação no processo civil para o processo penal brasileiro**. Disponível em: <http://www.conpedi.org/manaus/arquivos/anais/salvador/debora_carvalho_fioratto.pdf>. Acesso em: 28 jan. 2010.

FIOREZE, Juliana. **Videoconferência no processo penal brasileiro**: interrogatório on-line. Curitiba: Juruá, 2008. 388 p., 20 cm. ISBN 978-85-362-1618-8.

FILANGIERI, Gaetano. Riflessioni politiche sull'ultima legge del Sovrano che riguarda la Riforma dell'amministrazione della Giustizia. **La scienza della legislazione**, Milano, p. 225-72, 1818.

FISCHER, Douglas. A desclassificação do tráfico internacional de entorpecentes. **Boletim dos Procuradores da República**, São Paulo, v. 5, n. 61, p.18-25, mai. 2003.

FLAUSINO, Camila Maués dos Santos. Audiência de custódia e seus (in)sucessos: breves críticas a seus descompassos práticos. **Revista Liberdades**, São Paulo, v. 24, p. 73-91, jan./dez. 2017. Disponível em: <http://200.205.38.50/biblioteca/index.asp?codigo_sophia=139579>. Acesso em: 14 jan. 2022.

FLORY, Thomas. **El Juez de paz y el jurado en el Brasil Imperial**: control social y estabilidad política en el nuevo Estado. Trad. Mariluz Caso. Cidade do México: Fundo de Cultura Económica, 1986.

FLORY, Thomas. **Judge and Jury in Imperial Brazil** – 1808-1871: Social Control and political stability in the new state. Austin: University of Texas Press, 1981.

FOLGADO, Antonio Nobre. **Suspensão condicional do processo penal**: como instrumento de controle social. São Paulo: Juarez de Oliveira, 2002.

FON, Vincy; PARISI, Francesco. Judicial precedents in civil law systems: A dynamic analysis. **International Review of Law and Economics**, v. 26, n. 4, p. 519-535, 2006.

FONSECA, José Arnaldo da. Juizado de instrução criminal. In: CONSELHO DA JUSTIÇA FEDERAL. **Propostas da Comissão de Altos Estudos da Justiça Federal**. Brasília: Conselho da Justiça Federal, Centro de Estudos Judiciários, 2003. 1 v. p. 31-43.

FONTES, Márcio Schiefler. Noções histórico-conceituais dos recursos e do duplo grau de jurisdição. **Revista da ESMESC**: Escola Superior da Magistratura do Estado de Santa Catarina, Florianópolis, v. 14, n. 20, p. 81-102, anual. 2007.

FOUCAULT, Michel. **Vigiar e Punir**. História da Violência nas Prisões. Petrópolis, Vozes, (ano?).

FRAGOSO, Heleno Cláudio. Ilegalidade e abuso de poder na denúncia e na prisão preventiva. **Revista Brasileira de Criminologia e Direito Penal**. Rio de Janeiro, n. 13, p. 72, 1967.

FRANÇA, Rafael Francisco. Meios de obtenção de prova na fase preliminar criminal: considerações sobre reconhecimento pessoal no Brasil e na legislação comparada. **Revista Brasileira de Ciências Criminais**, São Paulo, v. 23, n. 112, p. 331-366, jan./fev. 2015.

FRANCESCHINI, José Luiz Vicente de Azevedo. Da restauração e eficácia de alguns princípios da revisão criminal. **Revista dos Tribunais**, São Paulo, v. 402, p. 15, 1969.

FRANKENBERG, Gunter. Critical comparisons: Re-thinking comparative law. **Harvard International Law Journal**, v. 26, p. 411, 1985.

FREIRE JÚNIOR, Américo Bedê. Da impossibilidade do juiz condenar quando há o pedido de absolvição formulado pelo ministério público. **Boletim IBCCRIM**, São Paulo, v. 13, n. 152, p. 19, jul. 2005.

FREITAS, Jayme Walmer de. **Prisão temporária**. São Paulo: Saraiva, 2004.

FREITAS, Vladimir de Passos de. Condenação civil na Ação Penal não funciona na prática. **Revista Consultor Jurídico**, São Paulo, set./2009. Disponível em: <http://www.conjur.com.br/2009-set-06/condenacao-civilsentenca-criminal-aplicacao-pratica>. Acesso em: 10 out. 2016.

FUENTES MAUREIRA, Claudio. Régimen de prisión preventiva en América latina: la pena anticipada, la lógica cautelar y la contrarreforma. **Revista Sistemas Judiciales**, v. 1, n. 14, p. 34-45, 2010.

FULLER, Paulo Henrique Aranda. A reforma do Procedimento Comum (Lei n. 11.719/08: O momento processual adequado para o recebimento da denúncia ou queixa e a absolvição sumária (art. 397 do CPP). **Boletim IBCCRIM**, ano 16. n. 192, nov./2008.

FURMANN, Ivan. Os limites da oralidade como forma 'adequada' de produzir verdade no direito. **Revista de Estudos Jurídicos UNESP**, Franca, v. 15, n. 22, p. 429-458., jul./dez. 2011.

G1 Pernambuco. **Justiça condena dois réus pela morte do advogado Manoel Mattos**: outros 3 acusados foram absolvidos em júri popular realizado no Recife. Vítima atuava contra grupos de extermínio e foi morta na PB, em 2009. 15 abr. 2015. Disponível em <http://g1.globo.com/pernambuco/noticia/2015/04/justica-condena-dois-reus-pela-morte-do-advogado-manoel-mattos.html>. Acesso em: 10 jun. 2021.

G1 Pernambuco. **Mandante da morte do promotor de Itaíba é condenado a 50 anos de prisão**: Zé Maria foi considerado culpado pelo júri de mandar matar promotor. José Marisvaldo foi condenado a 40 anos e 8 meses; Adeíldo foi absolvido. 28 out. 2016. Disponível em: <http://g1.globo.com/pernambuco/noticia/2016/10/mandante-da-morte-do-promotor-de-itaiba-e-condenado-50-anos-de-prisao.html>. Acesso em: 10 jun. 2021.

GAITO, Alfredo. Il ricorso per cassazione. In: GAITO, Alfredo et al. **Procedura Penale**. Torino: G. Giappichelli Editore, 2010.

GAL, Tali; Wexler, David B. Synergizing Therapeutic Jurisprudence and Positive Criminology. **SSRN**, p. 85-97, mar./2015. Disponível em: <https://ssrn.com/abstract=2287424>. Acesso em: 3 jun. 2021.

GALÍCIA, Caíque R.; DIETTRICH, Eduardo D. R. Análise da prova emprestada no âmbito da cooperação jurídica internacional. In: IV Congresso Internacional de Cências Crminais, 2013, Porto Alegre. **Anais do IV Congresso Internacional de Ciências Crminais**, 2013. Também publicado em: <https://www.academia.edu/4959883/AN%C3%81LISE_DA_PROVA_EMPRESTADA_NO_%C3%82MBITO_DA_COOPERA%C3%87%C3%83O_JUR%C3%8DDICA_INTERNACIONAL>. Acesso em: 4 jul. 2021.

GALVÃO, Fernando. **Não há inconstitucionalidade formal na Lei 13.491/2017**. 18 nov. 2017. Dspo-níel em: <https://www.observatoriodajusticamilitar.info/single-post/2017/11/18/n%C3%A3o-h%C3%A1-inconstitucionalidade-formal-na-lei-134912017>. Acesso em: 10 jun. 2021.

GALVÃO, Fernando. **Novos Desafios da competência criminal**. 16 out. 2017. Disponível em: <http://www.tjmmg.jus.br/noticias-do-tjmmg/5396-novos-desafios-na-competencia-criminal>. Acesso em: 10 jun. 2021.

GAMA, Alexis Andreus; ÁVILA, Gustavo Noronha de. A resistência à audiência de custódia no Brasil: sintoma de ilegalismo. **Revista Síntese de direito penal e processual penal**, Porto Alegre, v. 16, n. 93, p. 62-66, ago./set. 2015. Disponível em: <http://200.205.38.50/biblioteca/index.asp?codigo_sophia=124992>. Acesso em: 2 jul. 2021.

GARCIA, Gustavo Assis. **A falácia da audiência de custódia**. Disponível em: <http://asmego.org.br/wp-content/uploads/2015/07/audiencia-de-custodia_Gustavo-Assis-Garcia.pdf>. Acesso em: 2 jul. 2021.

GARCIA, Roberto Soares. Pulseirinhas, tornozeleiras e inconstitucionalidade da Lei 12.906/08. **Boletim IBCCRIM**, n. 187, v. 16, p. 6, 2008.

GATTO, Joaquim Henrique. **O duplo grau de jurisdição e a efetividade do processo**. 2008. Dissertação (Mestrado). Pontifícia Universidade Católica do Rio Grande do Sul, Rio Grande do Sul, 2008.

GAZOTO, Luís Wanderley. **O princípio da não obrigatoriedade da ação penal pública**: uma crítica ao formalismo no Ministério Público. Barueri/SP: Manole, 2003.

GEMAQUE, Sílvio César Arouck. **A necessária influência do processo penal internacional no processo penal brasileiro**. 2011. Tese (Doutorado em Direito Processual) – Universidade de São Paulo, São Paulo, 2010.

GENNARINI, Juliana Caramigo. Delação premiada e a aplicabilidade no ordenamento jurídico brasileiro. **Revista Criminal**: ensaios sobre a atividade policial, São Paulo, v. 2, n. 3, p. 57-75, abr./jun. 2008.

GENTIL, Plínio Antonio Britto. Os necessários limites da competência legislativa em matéria penal. **Revista dos Tribunais**, São Paulo, v. 95, n. 847, p. 391-405, maio 2006.

GERBER, Daniel. A apelação e o assistente do ministério público: um amor não correspondido. **Revista de Estudos Criminais**, Porto Alegre, v. 4, n. 15, p. 111-116, 2004.

GIACOMOLLI, Nereu José. **Juizados Especiais Criminais**: Lei 9.099/95: abordagem crítica. 3. ed. rev. e atual. Porto Alegre: Livraria do Advogado Editora, 2009.

GIACOMOLLI, Nereu José. **O devido processo penal**: abordagem conforme a Constituição Federal e o Pacto de São José da Costa Rica. 2 ed. São Paulo: Atlas, 2015.

GIACOMOLLI, Nereu José. **Reformas (?) do Processo Penal: considerações críticas**. Lúmen Júris: Rio de Janeiro, 2008.

GIACOMOLLI, Nereu José; ALBUQUERQUE, Laura Gigante. A audiência de custódia e os seus impactos no sistema de justiça criminal brasileiro. **Revista de Estudos Criminais**, Porto Alegre, v. 16, n. 67, p. 155-178., out./dez. 2017.

GIACOMOLLI, Nereu José; DIETTRICH, Eduardo Dalla Rosa. Necessidade e limites na cooperação jurídica internacional em matéria criminal: ordem pública e especialidade. In: CHOUKR, Fauzi Hassan; PAGLIARINI, Alexandre Coutinho (Coord.). **Cooperação jurídica internacional**. Belo Horizonte: Fórum, 2014. 434 p., 22 cm. ISBN 978-85-450-007-5. p. 257-284.

GIACOMOLLI, Nereu José; SANTOS, Laura Rodrigues dos. Cooperação jurídica internacional em matéria criminal: autoridades centrais, das rogatórias ao auxílio direto. **Revista de Estudos Criminais**, Porto Alegre, v. 10, n. 46, p.97-116, jul./set. 2012.

CICOGNA FAGGIONI, Luiz Roberto. Da constitucionalidade do requisito negativo da reincidência processual na suspensão condicional do processo. **Boletim IBCCRIM**, São Paulo, n. 67, p. 12-13, jun. 1998.

GILLES BÉLANGER, Pierre. Algunos apuntes sobre las razones de la reforma del procedimiento penal en América Latina. Prolegómenos – **Derechos y Valores**, v. 13, n. 26, p. 59-78, 2010. Disponível em: <https://www.redalyc.org/articulo.oa?id=87617274005>. Acesso em: 13 jan. 2022.

GIMENES, Renata Okano. **Lei ordinária em matéria penal**: incongruência latente. Disponível em: <www.uel.br/revistas/direitopub>. Acesso em: 12 dez. 2007.

GIRODO, Michel. Personality, job stress, and mental health in undercover agents: A structural equation analysis. **Journal of Social Behavior and Personality**, v. 6, n. 7, p. 375, 1991.

GLOECKNER, Ricardo Jacobsen. **Autoritarismo e Processo Penal**: Uma Genealogia das Ideias Autoritárias no Processo Penal Brasileiro. Rio de Janeiro: Tirant lo Blanch, 2018. 1 v.

GLOECKNER, Ricardo Jacobsen. Inaplicabilidade do conceito de ação ao processo penal. **Sistema penal & violência**, v. 3, n. 1, p. 47-61, 2011.

GLOECKNER, Ricardo Jacobsen. Prisões cautelares, confirmation bias e o direito fundamental à devida cognição no processo penal. **Revista Brasileira de Ciências Criminais**, São Paulo, v. 23, n. 117, p.263-286, nov./dez. 2015.

GLOECKNER, Ricardo Jacobsen. Um "novo" liberalismo processual penal autoritário? In: GLOECKNER, Ricardo Jacobsen (Org.). **Plea Bargaining**. 1. ed. São Paulo: Tirant lo Blanch, 2019. [livro eletrônico].

GODINHO, Robson Renault. O Ministério Público como substituto processual: comentários a um acórdão do Superior Tribunal de Justiça. **De jure**: revista jurídica do Ministério Público do Estado de Minas Gerais, v. 6, p. 373-392, 26 mai. 2006.

GODOY, Arion Escorsin de; COSTA, Domingos Barroso da. Desconstruindo mitos: sobre os abusos nas buscas domiciliares ao pretexto de apuração do delito de tráfico de drogas. **Boletim IBCCRIM**, São Paulo, v. 21, n. 247, p. 12-14, jun. 2013.

GOIÁS. Tribunal de Justiça. **Habeas-Corpus nº 34242-7/217** (200900509745). 2ª Câmara Criminal. Relator Marcio de Castro Molinari. J.: 17 de março de 2009. DJ 307 de 01/04/2009. Disponível em: <http://ino.tjgo.jus.br/tamino/jurisprudencia/TJGO/nXML/TJ_342427217_20090317_20090427_162440.PDF>. Acesso em: 13 jan. 2022.

GOLDKAMP, John S.; et al. **Personal liberty and community safety**: Pretrial release in the criminal court. New York: Springer Science & Business Media, 2012.

GOLDENBERG, Alexander GP. Interested, but Presumed Innocent: Rethinking Instructions on the Credibility of Testifying Defendants. **New York University Annual Survey of American Law**, v. 62, p. 745, 2006.

GOLDSCHIMIDT, James. **Principios Generales del Proceso**. Buenos Aires: Ediciones Juridicas Europa-America, 1961.

GOLDSCHIMIDT, James. **Teoria General del Proceso**. Buenos Aires: EJEA, 1961.

GOMES, Décio Luiz Alonso. **Imediação processual penal**: definição do conceito, incidência e reflexos no direito brasileiro. 2013. Tese (Doutorado). Universidade de São Paulo, São Paulo, 2013.

GOMES, João Batista Ferreira. Promotor ad hoc. **Jus**: Revista jurídica do Ministério Público, Belo Horizonte, v. 23, n. 14, p. 41-48, 1992.

GOMES, João Daniel Ribeiro Veloso; OLIVEIRA, Rafael Neibuhr Maia de. Depoimento de crianças e adolescentes em processo penal: breve análise à adequação entre princípios e regras. **Revista jurídica Sage/Síntese**, São Paulo, v. 64, n. 463, p. 63-82, maio 2016.

GOMES, José Carlos. A vitimologia como mecanismo de prevenção do Estado. **Notícias do Instituto Brasileiro de Ciências Criminais**, 12 nov. 1994. Disponível em: <https://www.ibccrim.org.br/noticias/exibir/1429/>. Acesso em: 5 jun. 2021.

GOMES, Luiz Flávio. A lei formal como fonte única do direito penal (incriminador). **Revista dos Tribunais**, v. 656, p. 257-268, jun. 1990.

GOMES, Luiz Flávio. A suspensão condicional do processo na ação penal privada. **Boletim IBCCRIM**, São Paulo, n. 45, p. 11, ago. 1996.

GOMES, Luiz Flávio. Art. 366 do CPP e lei de lavagem de capitais. **Boletim IBCCRIM**, São Paulo, 70/Ed. Esp. p. 14-15, set. 1998.

GOMES, Luiz Flávio. Assistente da acusação: legitimidade para recorrer. **Revista Magister de Direito Penal e Processual Penal**, Porto Alegre, v. 6, n. 36, p. 7-11, jun./jul. 2010.

GOMES, Luiz Flávio. Da Retroatividade (parcial) da Lei 9271/96 (citação por edital). **Boletim IBCCrim**, 42, junho/96.

GOMES, Luiz Flávio. Delação "é coisa de canalha"? **Revista Magister de Direito Penal e Processual Penal**, Porto Alegre, v. 9, n. 53, p. 62-64, abr./maio 2013.

GOMES, Luiz Flávio. Delito de bagatela: princípios da insignificância e da irrelevância penal do fato. **Boletim IBCCRIM**, São Paulo, v. 9, n. 102, p. 02-04. mai. 2001.

GOMES, Luiz Flávio. Garantias constitucionais e nulidades processuais. **Boletim IBCCRIM**, São Paulo, n. 4, p. 2, maio 1993.

GOMES, Luiz Flávio. Juizados de instrução e colaborador da Justiça: esboço de proposta legislativa. **Jus Navigandi**, Teresina, ano 12, n. 1509, 19 ago. 2007. Disponível em: <http://jus.com.br/revista/texto/10294>. Acesso em: 9 jan. 2013.

GOMES, Luiz Flávio. O interrogatório a distância: on-line. **Boletim IBCCRIM**, São Paulo, n. 42, p. 06, jun. 1996.

GOMES, Luiz Flávio. Sobre a natureza jurídica da proposta do Ministério Público na suspensão condicional do processo: lei 9099/95, art.89. **Justiça e democracia**, São Paulo, n. 1, p. 184-197, 1996.

GOMES, Luiz Flávio. **Provas ilícitas e ilegítimas**: distinções fundamentais. Disponível em: <http://lfg.jusbrasil.com.br/noticias/1972597/provas-ilicitas-e-ilegitimas-distincoes-fundamentais>. Acesso em: 10 out. 2016.

GOMES, Luiz Flávio Gomes; CUNHA, Rogério Sanches; PINTO, Ronaldo Batista. **Comentários às reformas do Código de Processo Penal e da lei de trânsito**. São Paulo: Revista dos Tribunais, 2008.

GOMES, Luiz Flávio; MACIEL, Silvio. **Interceptação telefônica**: comentários à Lei 9.296/96, de 24.07.1996. 3. ed., ampl. e atual. São Paulo: Saraiva, 2014.

GOMES, Luiz Flávio; MAZZUOLI, Valério de Oliveira. **Comentários à Convenção Americana de Direitos Humanos**. 2. ed. São Paulo: RT, 2009.

GOMES, Luiz Flávio; OLIVEIRA, William Terra; CERVINI, Raúl. **Lei de Lavagem de Capitais**. São Paulo: Revista dos Tribunais, 1998.

GOMES, Luiz Flávio; SILVA, Marcelo Rodrigues da. Negócios jurídicos premiais como instrumentos de enfrentamento à corrupção: ativismo do Ministério Público, sua legitimidade democrática e captura de instrumentos negociais premiais de outras esferas de responsabilização. In: GOMES, Luiz Flávio; SILVA, Marcelo Rodrigues da; MANDARINO, Renan Posella (Org.). **Colaboração premiada**: novas perspectivas para o sistema jurídico-penal. Belo Horizonte: D'Plácido, 2018. p. 13-47.

GOMES, Luiz Flávio; SILVA, Marcelo Rodrigues da. **Organizações Criminosas e Técnicas Especiais de Investigação**: Questões Controvertidas, aspectos teóricos e práticos e análise da Lei 12.850/2013. Salvador: Editora JusPodvim, 2015.

GOMES, Luiz Flávio et al. **Crimes da ditadura militar**: uma análise à luz da jurisprudência atual da Corte Interamericana de Direitos Humanos: Argentina, Brasil, Chile, Uruguai. São Paulo: RT, 2011.

GOMES, Patrick Mariano. **Discursos sobre a ordem**: uma análise do discurso do Supremo Tribunal Federal nas decisões de prisão para garantia da ordem pública. 2013. 210 f. Dissertação (Mestrado em Direito). Universidade de Brasília, Brasília, 2013.

GOMES Romeu; et. all. Os sentidos do risco na gravidez segundo a obstetrícia: um estudo bibliográfico. **Revista Latinoamericana Enfermagem**, 9(4): 62-7, jul. 2001. Disponível em: <https://www.scielo.br/j/rlae/a/X9C5ycPXPWFB8pJWR3gkm8j/?lang=pt>. Acesso em: 3 jul. 2021.

GOMES, Suzana de Camargo. **Crimes eleitorais**. 4 ed. rev. atual. e ampl. São Paulo: Editora Revista dos Tribunais, 2010.

GOMES DA CRUZ, José Raimundo. Justa causa e abuso de poder referentes à propositura da ação penal. **Justitia**, São Paulo, ano 29, v. 58, 3. trim. 1967.

GOMES FILHO, Antonio Magalhães. A inadmissibilidade das provas ilícitas no direito brasileiro. **RJLB**, Ano 1, n. 1, p. 5-19, 2015.

GOMES FILHO, Antonio Magalhães. A presunção de inocência e o ônus da prova em processo penal. **Boletim IBCCRIM**, São Paulo, n. 23, p. 3, nov. 1994.

GOMES FILHO, Antonio Magalhães. **Direito à prova no processo penal**. 1. ed. São Paulo: Revista dos Tribunais, 1997.

GOMES FILHO, Antonio Magalhães. **Presunção de Inocência e Prisão Cautelar**. São Paulo: Saraiva, 1981.

GOMES FILHO, Antonio Magalhães. Limites ao compartilhamento de provas no processo penal. **Revista Brasileira de Ciências Criminais**, São Paulo, v. 24, n. 122, p. 43-61, ago. 2016.

GOMES FILHO, Antonio Magalhães. Medidas Cautelares da Lei 9271/96: produção antecipada de provas e prisão preventiva. **Boletim IBCCrim**, 42, junho/1996.

GOMES FILHO, Antonio Magalhães. Notas sobre a terminologia da prova: reflexos no processo penal brasileiro. In: YARSHELL, Flávio Luiz. **Estudos em homenagem à Professora Ada Pellegrini Grinover**. São Paulo: DPJ, 2005. 865 p. ISBN 85-9820-16-5.

GOMES FILHO, Antonio Magalhães. O livre convencimento do juiz no projeto de código de processo penal: primeiras anotações. **Boletim IBCCRIM**, São Paulo, v. 17, n. 200, p. 8-9, jul. 2009.

GOMES FILHO, Antonio Magalhães. **Presunção de inocência e prisão cautelar**. São Paulo: Saraiva, 1991.

GOMES FILHO, Antonio Magalhães. Prisão cautelar e o princípio da inocência. **Fascículos de Ciências Penais**, Sérgio Antônio Fabris Editora, v. 5, n. 1, p. 23, 1992.

GOMES JUNIOR, Cyrilo Luciano. Suspensão condicional do processo e presunção de inocência: constitucionalidade do requisito objetivo. **Boletim IBCCRIM**, São Paulo, n. 46, p. 04., set. 1996

GÓMEZ COLOMER, Juan-Luis. **El proceso penal alemán**: introducción y normas básicas. Barcelona: Bosch, 1985.

GÓMEZ COLOMER, Juan-Luis. La instrucción del proceso penal por el Ministerio Fiscal: aspectos estructurales a la luz del derecho comparado. **Revista del Ministerio Fiscal**, ISSN 1135-0628, n. 4, p. 83-113, 1997.

GÓMEZ COLOMER, Juan-Luis. La reforma estructural del proceso penal y la elección del modelo a seguir. **Revista Española Poder Judicial**, Madrid, n. Especial XIX, p. 25-77, 2006.

GONÇALVES, Aroldo Plínio. **Técnica Processual e Teoria do Processo**. Rio de Janeiro: AIDE, 2001.

GONÇALVES, Luiz Carlos dos Santos. **Crimes eleitorais e processo penal eleitoral**. São Paulo: Editora Atlas S.A., 2012.

GONÇALVES, Tiago Figueiredo. Sobre o dever imposto ao juiz de fixar valor mínimo de reparação dos danos civis causados pela infração quando da prolatação da sentença penal condenatória: implicações da Lei nº 11.719/08 no âmbito do processo civil e do processo penal. **Ciências Penais**: Revista da Associação Brasileira de Professores de Ciências Penais, São Paulo, v. 7, n. 12, p. 349-367, jan./jun. 2010.

GONÇALVES, Victor Eduardo Rios. **Direito Penal**: Parte Geral. 6. ed. São Paulo: Saraiva, 2002. 7 v. (Coleção Sinopses Jurídicas).

GONÇALVES, Wagner. Denúncia: possibilidade de investigação pelo Ministério Público: desnecessidade do inquérito policial. **Boletim dos Procuradores da República**, v. 5, n. 55, p. 27-31, nov. 2002.

GONÇALVES, Carlos Eduardo; LUBE JUNIOR, Carlos Alberto. Audiência de custódia como forma de combate e prevenção à tortura. In: SANTORO, Antonio Eduardo Ramires; GONÇALVES, Carlos Eduardo (Orgs.). **Audiência de custódia**. Belo Horizonte: D'Plácido, 2017. Disponível em: <http://200.205.38.50/biblioteca/index.asp?codigo_sophia=137770>. Acesso em: 13 jan. 2022.

GONZALEZ, André. **A nulidade absoluta da audiência de instrução criminal realizada sem a presença do Ministério Público**. São Paulo: All Print, 2009.

GONZALES ÁLVAREZ, Daniel. La Oralidad Como Facilitadora De Los Fines, Principios y Garantías Del Proceso Penal. **Ciencias Penales Revista de la Asociación de Ciencias Penales de Costa Rica**, v. 8, n. 11, jul./1996.

GONZALES ÁLVAREZ, Daniel. La oralidad como facilitadora de los fines, principios, garantías del proceso penal. **Revista cubana de derecho**, Havana, n. 11, p. 88-119, 1996.

GONZÁLEZ MACCHI, José Ignacio. Las reformas del procedimiento penal en Latinoamerica y un estudio comparado de las instituciones procesales en el sistema judicial penal de los estados. In: MAIA NETO, Candido Furtado (Coord.) **Notáveis do direito penal**: livro em homenagem ao emérito Professor Doutor René Ariel Dotti. Brasília: Consulex, 2006. p. 231-248.

GONZÁLEZ, Miguel Ángel Fernández. El recurso de nulidad en el Código Procesal Penal, desde la perspectiva de la Constitución. **Revista de Derecho| Universidad Católica del Norte| Facultad de Ciencias Jurídicas**, v. 15, n. 1, 2015.

GÖSSEL, Karls Heinz. **El Derecho Procesal Penal en El Estado de Derecho**. Buenos Aires: Rubinzal-Culzoni Editores, 2007.

GRANT, Carolina. A manipulação discursiva e a figura do "homem médio" no direito penal. **Ciências Penais**: Revista da Associação Brasileira de Professores de Ciências Penais, São Paulo, v. 5, n. 9, p. 167-180., jul./dez. 2008.

GRAU, Eros Roberto. Execução antecipada da pena. In: PASCHOAL, Janaína Conceição; SILVEIRA, Renato de Mello Jorge (Coord.). **Livro homenagem a Miguel Reale Júnior**. Rio de Janeiro: G/Z, 2014.

GRECO, Leonardo. **Instituições de Processo Civil**. Rio de Janeiro: Forense, 2009. 1 v.

GRECO, Rogério. **Curso de Direito Penal**. 13. ed. Rio de Janeiro: Impetus, 2011.

GRECO FILHO, Vicente. **Interceptação telefônica**: considerações sobre a Lei n.º 9.296, de 24 de julho de 1996. São Paulo: Saraiva, 1996.

GRECO FILHO, Vicente. **Manual de Processo Penal**. São Paulo: Saraiva, 1991.

GRECO FILHO, Vicente. **Manual de Processo Penal**. São Paulo: Saraiva, 1995.

GRECO FILHO, Vicente. **Manual de Processo Penal**. 6. ed. São Paulo: Saraiva, 1999.

GRECO FILHO, Vicente. Notas sobre medidas cautelares e provimento definitivo. **Justitia**, São Paulo, v. 125, p. 84-92, 1984.

GREVI, Vittorio. La garanzia dell'intervento giurisdizionale nel corso delle indagini preliminar. **Giustizia Penale**, v. I, p. 359, 1988.

GRINOVER, Ada Pellegrini. **As Condições da ação penal**: uma tentativa de revisão. São Paulo: Bushatsky, 1977.

GRINOVER, Ada Pellegrini. Aspectos processuais da responsabilidade penal da pessoa jurídica. In: GOMES, Luiz Flávio (Coord.). **Responsabilidade penal da pessoa jurídica e medidas provisórias e direito penal**. São Paulo: Revista dos Tribunais, 1999. p. 46-50.

GRINOVER, Ada Pellegrini. A Modernidade no direito processual brasileiro. In: GRINOVER, Ada Pellegrini. **O Processo em evolução**. Rio de Janeiro: Forense Universitária, 1.996. p. 3.

GRINOVER, Ada Pellegrini. Coisa julgada penal. In: ANDRADE, Manuel da Costa; ANTUNES, Maria João; SOUSA, Susana Aires de. **Estudos em homenagem ao Prof. Doutor Jorge Dias de Figueiredo Dias**. Coimbra: Coimbra Editora, 2009. 3v (Studia Iuridica, 100. Ad Honorem, 5), p. 859-873.

GRINOVER, Ada Pellegrini. Defesa, contraditório, igualdade e par conditio na ótica do processo de estrutura cooperatória. In: GRINOVER, Ada Pellegrini. **Novas Tendências do Direito Processual**. Rio de Janeiro: Forense, 1990.

GRINOVER, Ada Pellegrini. **Eficácia e autoridade da sentença penal**. São Paulo: Revista dos Tribunais, 1978.

GRINOVER, Ada Pellegrini. Fundamentos políticos do novo tratamento da revelia. **Boletim do Instituto Brasileiro de Ciências Criminais**, v. 42, encarte especial sobre a Lei 9271/96, jun./1996.

GRINOVER, Ada Pellegrini. **Liberdades Públicas e Processo Penal**. 22. ed. São Paulo: Revista dos Tribunais, 1987.

GRINOVER, Ada Pellegrini. Limites constitucionais à prisão temporária. **Revista Jurídica**, Porto Alegre, n. 207, p. 35-38, jan. 1995.

GRINOVER, Ada Pellegrini. Mandado de Segurança contra ato jurisdictional penal. **Revista do Tribunal Regional Federal 1ª Região**, Brasília, v. 7, n. 2, abr.-jun. 1995.

GRINOVER, Ada Pellegrini. **O Código Modelo De Processo Penal Para Ibero-América 10 Anos Depois**. Disponível em: <file:///C:/Users/julic/Downloads/Dialnet-OCodigoModeloDeProcessoPenalParaIberoAmerica10Anos-5085011.pdf>. Acesso em 17 jun. 2021.

GRINOVER, Ada Pellegrini. O Conteúdo da Garantia do Contraditório. In: GRINOVER, Ada Pellegrini. **Novas Tendências do Direito Processual**. 2. ed. São Paulo: Ed. Forense Universitária, 1990.

GRINOVER, Ada Pellegrini. O interrogatório como meio de defesa – lei 10.792/03. **Revista ADPESP**, São Paulo, v. 24, n. 34, p. 7-20, dez. 2004.

GRINOVER, Ada Pellegrini. O Ministério Público e o mandado de segurança contra ato jurisdicional penal. **Revista da Procuradoria Geral do Estado**, v. 13, n. 18, p. 387-397, 1995.

GRINOVER, Ada Pellegrini. O regime brasileiro das interceptações telefônicas. **Revista Brasileira de Ciências Criminais**, São Paulo, ano 5, n 17, p. 118/119, 1997.

GRINOVER, Ada Pellegrini. Prova emprestada. **Revista Brasileira de Ciências Criminais**, São Paulo, v. 1, n. 4, p. 60-69, out./dez. 1993.

GRINOVER, Ada Pellegrini. Queixa, representação e querela: contrastes e confrontos. **Ciência Penal**, Rio de Janeiro, v. 3, n. 3, p. 48-102, 1976.

GRINOVER, Ada Pellegrini; BUSANA, Dante (Coord.). **Mesas de processo penal**. Doutrina, jurisprudência. e súmulas. São Paulo: Max Limonad, 1987.

GRINOVER, Ada Pellegrini; FERNANDES Antonio Scarance; GOMES FILHO, Antonio Magalhães. **As nulidades no processo penal**. 1. ed. São Paulo: Revista dos Tribunais, 1992.

GRINOVER, Ada Pellegrini; FERNANDES Antonio Scarance; GOMES FILHO, Antonio Magalhães. **As nulidades no processo penal**. 7. ed. São Paulo: Revista dos Tribunais, 2001.

GRINOVER, Ada Pellegrini; FERNANDES Antonio Scarance; GOMES FILHO, Antonio Magalhães. **As nulidades no processo penal**. São Paulo: Editora Revista dos Tribunais, 2009.

GRINOVER, Ada Pellegrini; FERNANDES Antonio Scarance; GOMES FILHO, Antonio Magalhães. **As nulidades no processo penal**. São Paulo: Editora Revista dos Tribunais, 1993.

GRINOVER, Ada Pellegrini; FERNANDES Antonio Scarance; GOMES FILHO, Antonio Magalhães. **Juizados Especiais Criminais**. São Paulo: Revista dos Tribunais, 1995.

GRINOVER, Ada Pellegrini; FERNANDES Antonio Scarance; GOMES FILHO, Antonio Magalhães. **Recursos no Processo Penal**. 1. ed. São Paulo: Editora Revista dos Tribunais, 1996.

GRINOVER, Ada Pellegrini; FERNANDES Antonio Scarance; GOMES FILHO, Antonio Maga-lhães. **Recursos no Processo Penal**. 3. ed. São Paulo: Editora Revista dos Tribunais, 2001.

GRINOVER, Ada Pellegrini; FERNANDES Antonio Scarance; GOMES FILHO, Antonio Maga-lhães. **Recursos no Processo Penal**. 7. ed. São Paulo: Editora Revista dos Tribunais, 2011.

GRINOVER, Ada Pellegrini et al. **Juizados Especiais Criminais**: comentários à lei 9.099, de 26. 09. 1995. São Paulo: Revista dos Tribunais, 1999.

GRINOVER, Ada Pellegrini et al. **Juizados Especiais Criminais**: comentários à lei 9.099, de 26. 09. 1995. 4. ed. São Paulo: Revista dos Tribunais, 2002.

GRINOVER, Ada Pellegrini et al. **Juizados especiais**. 5. ed. São Paulo: Ed. Revista dos Tribu-nais, 2005.

GRUPO NACIONAL DE COORDENADORES DE CENTRO DE APOIO CRIMINAL (GNCCRIM). Comissão Especial: **Enunciados Interpretativos da Lei Anticrime**. Disponível em: <http://www.criminal.mppr.mp.br/arquivos/File/GNCCRIM_-_ANALISE_LEI_ANTICRIME_JANEIRO_2020.pdf>. Acesso em: 14 jun. 2021.

GUEDES, Gabriel Pinto; FELIX, Yuri. A identificação genética na Lei nº 12.654/2012 e os prin-cípios de direito processual penal no estado democrático de direito. **Revista de Estudos Criminais**, Porto Alegre, v. 12, n. 53, p.157-179, abr./jun. 2014.

GUEIROS, Artur. Apud. SALDANHA, Douglas Morgan Fullin. Cooperação jurídica internacional em matéria penal: das cartas rogatórias às equipes de investigação conjuntas. **Segurança pública & cidadania**: revista brasileira de segurança pública e cidadania, Brasília, v. 4, n. 1, p. 115-137, jan./jun. 2011.

GUIMARÃES, Rodrigo Régnier Chemim. **Atividade probatória complementar do juiz como ampliação da efetividade do contraditório e da ampla defesa no novo processo penal brasi-leiro**. Tese (Doutorado em Direito) – Universidade Federal Paraná, Curitiba, 2015. Disponível em: <http://dspace.c3sl.ufpr.br:8080/dspace/handle/1884/41025>. Acesso em: 13 jan. 2022

HABEAS CORPUS n. 41.296/DF. Relator Ministro Gonçalves de Oliveira. Julgamento de 23 nov. 1964. **Revista de Informação Legislativa**, Brasília, p. 127-156, dez./1964 Dispo-nível em: <https://www2.senado.leg.br/bdsf/bitstream/handle/id/224174/000434541. pdf?sequence=1>. Acesso em: 13 jan. 2022.

HADDAD, Carlos Henrique Borlido. O defensor e a prisão em flagrante delito. **Revista da Seção Judiciária do Rio de Janeiro**, Rio de Janeiro, n. 22, p. 81-92., jun. 2008.

HAMILTON, Sérgio Demoro. A Amplitude das Atribuições do Ministério Público na Investiga-ção Penal. **Revista do Ministério Público**, Ministério Público do Estado do Rio de Janeiro, n.6, p.226-243, jul./dez. 1997.

HAMILTON, Sérgio Demoro. O aditamento provocado, uma heresia. **Revista Síntese de direito penal e processual penal**, Porto Alegre, v. 4, n. 25, p. 9-20., abr./mai. 2004.

HAMILTON, Sérgio Demoro. O compromisso da testemunha no processo penal. **Revista Ma-gister de Direito Penal e Processual Penal**, Porto Alegre, v. 5, n. 25, p. 11-23., ago./set. 2008.

HAMILTON, Sérgio Demoro. O desvalor da confissão policial. **Revista da AJUFE**, Brasília, v. 17, n. 59, p. 399-411, out./dez. 1998.

HAMILTON, Sérgio Demoro. O habeas corpus contra ato de particular. **Revista da EMERJ**, Rio de Janeiro, v. 8, n. 32, p. 99-109, 2005.

HAMILTON, Sérgio Demoro. O recurso do assistente do Ministério Público. Porto Alegre: **Revista Síntese de Direito Penal e Direito Processual Penal**, n. 16, p. 28, 2002.

HAMILTON, Sérgio Demoro. Uma releitura a respeito do ônus da prova no processo penal. **Revista Magister de Direito Penal e Processual Penal**, Porto Alegre, v. 7, n. 39, p. 93-98, dez./jan. 2011.

HAMMERGEN, Linn. Quince años de Reforma Judicial en America Latina: donde estamos y por qué no hemons progresado más. **Reforma Judicial en America Latina: una tarea inconclusa**, Bogotá, Alfredo Fuentes Hernández Editor, 1999. Disponível em: <http://www. oas.org/juridico/spanish/adjusti5.htm http://www.oas.org/juridico/spanish/adjusti5.htm>. Acesso em 17 jun. 2021.

HARUMI, Marcela. Dos casos em que é desnecessário homologar uma sentença estrangeira. Tese (Doutorado). Universidade Estadual do Rio de Janeiro, Rio de Janeiro, 2009. (Prof. Orientadora Carmen Tibúrcio). p. 105 e seguintes, Apud PEREIRA, Marcos Vinicius Torres. Homologacao de sentencas penais estrangeiras no direito internacional privado brasileiro. **Revista da Faculdade de Direito**, no. 18, 2010. Disponível em: <https://www.e-publicacoes. uerj.br/index.php/rfduerj/article/viewFile/1354/1142>. Acesso em: 1º dez. 2016.

HASSEMER, Winfried. Crisis y características del moderno derecho penal. **Actualidade Penal**, n. 43/22, p. 635-646, 1993.

HASSEMER, Winfried. **Crítica al derecho penal de hoy**. Bogotá: Universidad Externado de Colombia, 1998. (Coleccion de estudios n. 10).

HEATON, Paul; MAYSON, Sandra G.; STEVENSON, Megan. The Downstream Consequences of Misdemeanor Pretrial Detention. **Stanford Law Review**, v. 69, issue 3, p. 711, mar./2017. Disponível em: <https://www.stanfordlawreview.org/print/article/the-downstream -consequences-of-misdemeanor-pretrial-detention/> ou <https://digitalcommons.law.uga. edu/fac_artchop/1148>. Acesso em: 13 jan. 2022.

HELMHOLZ, Richard H. Origins of the privilege against self-incrimination: the role of the European Ius Commune. **New York University Law Review**, v. 65, p. 962, 1990.

HENDLER, Edmundo S. Una regla que confirma sus excepciones: ne bis in idem. In: HENDLER, Edmundo S. **Las garantías penales y procesales**: enfoque histórico-comparado. Buenos Aires: Del Puerto, 2004.

HENDRIX, Steven E. Restructuring Legal Education in Guatemala: A Model for Law School Reform in Latin America? **Journal of Legal Education**, v. 54, n. 4, p. 597-608, 2004.

HERMAN, Leda. **Violência doméstica, a dor que a lei esqueceu, comentários à Lei n. 9.099/95**. Campinas: CEL-LEX Editora, 2000.

HERTEL, Daniel Roberto; GOBBI, Renan Nossa. O recurso adesivo e sua aplicação no processo penal. **Âmbito Jurídico**, Rio Grande, XV, n. 98, mar. 2012. Disponível em: <http://www. ambito-juridico.com.br/site/index.php?n_link=revista_artigos_leitura&artigo_id=11224>. Acesso em ago. 2016.

HINDMARSH, Richard; PRAINSACK, Barbara. **Genetic Suspects**: Global Governance of Forensic DNA Profiling and Databasing. Cambridge: Cambridge University Press, 2010.

HODGSON, Jacqueline; CAPE, Ed. The investigate stage of the criminal process in England and Wales. In HODGSON, Jacqueline et al. (Org.). **Suspects in Europe**: Procedural Rights at the Investigative Stage of the Criminal Process in the European Union. Antwerp: Intersentia Uitgevers N V, 2007. ISBN 9050956270 (90-5095-627-0). p. 59-78.

HOFFMAN, Paulo. **Razoável duração do processo**. São Paulo: Quartier Latin, 2006. 239p.

HOLANDA, Erilene da Costa; SILVA, Ticiane Teixeira. Da possibilidade de julgamento antecipado da lide no processo penal. **Revista Direito e Liberdade**, Mossoró, v. 5, 1 Especial, p. 377-391, mar. 2007.

HORTA, Frederico Gomes de Almeida. Do ônus da prova dos elementos de valoração global do fato: análise crítica de precedente do Superior Tribunal de Justiça (STJ, HC 194.225). **Revista Brasileira de Ciências Criminais**, São Paulo, v. 21, n. 104, p. 173-202, set./out. 2013.

HINSLEY, Francis Harry. **Sovereignty**. 2. ed. Cambridge: Cambridge University Press, 1996. Apud. NEWMAN, Michael. **Democracy, Sovereignty and the European Union**. London: Hurst & Company, 1996.

HUNGRIA, Nélson. **Comentários ao Código Penal**. Rio de Janeiro: Revista Forense, 1955. 1v. 1 e 2 Tomos.

ILLUMINATI, Giulio. I principi generali del sistema processuale penale italiano. **Politica del diritto**, v. 30, n. 2, p. 301-322, 1999.

ILLUMINATI, Giulio. **La presunzione d'innocenza dell'imputato**. Bolonha: Zanichelli, 1984.

ILLUMINATI, Giulio. The Accusatorial Process from the Italian Point of View. **North Carolina Journal of International Law & Commercial Regulation**, v. 35, p. 297, 2009.

IOCOHAMA, Celso Hiroshi; DORIGON, Alessandro. A Fixação da indenização decorrente do crime na sentença penal condenatória. **Revista de Ciências Jurídicas e Sociais da UNIPAR**, v. 18, n. 2, 2016.

JACKSON, John; DORAN, Sean. **Judge without jury**. Oxford: Claredon Press Oxford, 1995.

JAÉN VALLEJO, Manuel; HINESTROSA, Fernando. **Los principios de la prueba en el proceso penal**. Bogotá: Universidad Externado de Colombia, 2000. 65 p., 19 cm. (Estudios, 18). ISBN 958-616-494-2.

JAPIASSÚ, Carlos Eduardo Adriano. A crise do sistema penitenciário: a expansão da vigilância eletrônica. **Boletim IBCCRIM**, n. 170, v. 14, p. 2-3, 2007.

JAPIASSÚ, Carlos Eduardo Adriano. **Monitoramento eletrônico**: uma alternativa à prisão? Experiências internacionais e perspectivas no Brasil. Brasília: Conselho Nacional de Política Criminal e Penitenciária, 2008.

JAPIASSÚ, Carlos Eduardo Adriano. **O tribunal penal internacional**. A Internacionalização do Direito Penal, v. 1, 2004.

JAPIASSÚ, Carlos Eduardo Adriano; PUGLIESE, Yuri Sahione. A cooperação internacional em matéria penal no direito brasileiro. In: CHOUKR, Fauzi Hassan; PAGLIARINI, Alexandre Coutinho (Coord.). **Cooperação jurídica internacional**. Belo Horizonte: Fórum, 2014. 434 p., 22 cm. ISBN 978-85-450-007-5. p. 197-223.

JARDIM, Afrânio Silva. **Ação Penal Pública**: Princípio da Obrigatoriedade. 3. ed. rev. e atual. segundo a Lei 9.099/95. Rio de Janeiro: Saraiva, 1998.

JARDIM, Afrânio Silva. Arquivamento e desarquivamento do inquérito policial. **Revista de processo – Instituto Brasileiro de Direito Processual (IBDP)**, São Paulo, v. 9, n. 35, p. 264-276, jul./set. 1984. p. 250-251.

JARDIM, Afrânio Silva. Conflito de atribuições entre órgãos de execução de Ministérios Públicos diversos. **Justitia**, v. 48, n. 133, p. 33-44, jan./mar. 1986. Também em: **Revista de processo do Instituto Brasileiro de Direito Processual (IBDP)**, São Paulo, v. 12, n. 45, p. 270-278, jan./ mar. 1987.

JARDIM, Afrânio Silva. **Direito Processual Penal**. 11. ed., rev. e atual., 4. tiragem. Rio de Janeiro: Forense, 2005.

JARDIM, Afrânio Silva. **Direito Processual Penal**. 11. ed. Rio de Janeiro: Forense, 2002.

JARDIM, Afrânio Silva. **Direito Processual Penal**. Rio de Janeiro: Forense, 1999.

JARDIM, Afrânio Silva. Não creem na teoria geral do processo, mas que ela existe, existe (...) As bruxas estão soltas. **Revista Consultor Jurídico**, 4 jul. 2014. Disponível em: <https://www.conjur.com.br/2014-jul-04/afranio-jardim-nao-creem-teoria-geral-processo-ela-existe >. Acesso em: 4 jun. 2021.

JARDIM, Afrânio Silva. O Ministério Público e o interesse em recorrer no processo penal. In: JARDIM, Afrânio Silva. **Direito processual penal**. 4. ed. Rio de Janeiro: Forense, 1992. p. 317 e seguintes.

JARDIM, Afrânio Silva. Os princípios da obrigatoriedade e da indisponibilidade nos Juizados Especiais Criminais. **Boletim do Instituto Brasileiro de Ciências Criminais**, n. 48, p. 4, 12 nov. 1996. Disponível em: <https://www.ibccrim.org.br/publicacoes/exibir/148>. Acesso em: 5 jun. 2021.

JARDIM, Afrânio Silva. Reflexão Teórica sobre o Processo Penal. **Justitia**, São Paulo, v. 127, p. 91-125, 1984.

JARDIM, Afrânio Silva. Sobre a Ilegalidade das Sindicâncias Policiais. **Repro**, São Paulo, v. 43, p. 123 e seguintes. Julho/setembro 1986.

JARDIM, Afrânio Silva. Visão sistemática da prisão provisória no código de processo penal. **Direito Processual Penal**. 6. ed. Rio de Janeiro: Forense, 1997.

JARDIM, Afrânio Silva; AMORIM, Pierre Souto Maior Coutinho de. **Direito Processual Penal**: estudos e pareceres. 13 ed. Rio de Janeiro: Lumen Juris, 2013.

JARDIM, Afrânio Silva; AMORIM, Pierre Souto Maior Coutinho de. **Direito Processual Penal**: estudos e pareceres. Salvador: Juspodivm, 2016.

JESUS, Damásio Evangelista de. Notas ao art. 366 do Código de Processo Penal, com redação da Lei 9271/96. **Boletim IBCCrim**, v. 42, junho/96.

JESUS, Maria Gorete Marques de; RUOTTI, Caren; ALVES, Renato. A gente prende, a audiência de custódia solta: narrativas policiais sobre as audiências de custódia e a crença na prisão. **Revista brasileira de segurança pública**, São Paulo, v. 12, n. 22, p. 152-172., 2018. Disponível em: <http://200.205.38.50/biblioteca/index.asp?codigo_sophia=149916>. Acesso em: 19 mar. 2020.

JIMENO-BULNES, Mar. American criminal procedure in a european contexto. **Cardozo Journal of International and Comparative Law**, vol. 21.3, primavera de 2013, p. 410-459.

JOH, Elizabeth E. Breaking the law to enforce it: Undercover police participation in crime. **Stanford Law Review**, p. 155-198, 2009.

JORGE, Ana Paula. **A Reforma das cautelares no Código de Processo Penal**. Disponível em: <http://www.egov.ufsc.br/portal/sites/default/files/anexos/a_reforma_das_cautelares_no_codigo_de_processo_penal.docx>. Acesso em: 20 jun. 2011.

JUDICIÁRIO brasileiro tem a obrigação de processar crimes permanentes da ditadura: Conectas lamenta decisão do Judiciário de rejeitar denúncia do Ministério Público Federal por sequestro no Araguaia. **Conectas Direitos Humanos**. Notícia. 17 mar. 2012. Disponível em: <http://www.conectas.org/institucional/judiciario-brasileiro-tem-a-obrigacao-de-processar-crimes-permanentes-da-ditadura>. Acesso em: 20 abr. 2013.

JULIOTTI, Pedro de Jesus. Inversão do ônus da prova e a Convenção das Nações Unidas sobre o combate ao tráfico de entorpecentes. **Boletim IBCCRIM**, São Paulo, n. 71, p. 10-11-12, out. 1998.

JUNKES, Sérgio Luiz. A defensoria pública no Brasil: aspectos funcionais e estruturais. **Revista da ESMESC**: Escola Superior da Magistratura do Estado de Santa Catarina, Florianópolis, v. 9, n. 16, p. 143-159, 2003.

JUNQUEIRA, Gustavo Octaviano Diniz; SIMEONATO, Patrícia. A ineficácia da transferência de presos – um enfoque a partir da teoria da pena. In: CHOUKR, Fauzi Hassan; PAGLIARINI, Alexandre Coutinho. **Cooperação jurídica internacional**. Belo Horizonte: Fórum, 2014. p. 285-305.

JURISPRUDÊNCIA do Superior Tribunal de Justiça, v. 12, p. 272.

JURISPRUDÊNCIA do Tribunal de Alçada Criminal, v. 05, p. 142.

JURISPRUDÊNCIA do Tribunal de Justiça, v. 128, p. 460.

JURISPRUDÊNCIA do Tribunal de Justiça, v. 240, p. 366.

JUSTIÇA rejeita denúncia contra major Curió: com base na Lei de Anistia, o juiz federal João César Otoni de Matos considerou um "equívoco" o pedido de ação do Ministério Público. **Revista Veja**, São Paulo, 16 mar. 2012. Disponível em: <https://veja.abril.com.br/brasil/justica-rejeita-denuncia-contra-major-curio/>. Acesso em: 20 abr. 2013.

KAHN, Túlio. Os custos da violência: quanto se gasta ou deixa de ganhar por causa do crime em São Paulo. **São Paulo em Perspectiva**, São Paulo, 13(4), p. 42-48, 1999.

KAAL, Wulf A.; LACINE, Timothy A. Effect of Deferred and Non-Prosecution Agreements on Corporate Governance: Evidence from 1993-2013. **Business Lawyer**, v. 70, p. 61, 2014.

KALIL, José Arthur di Spirito. Concessão de liminar em revisão criminal. **Boletim do Instituto de Ciências Penais**, Belo Horizonte, v. 6, n. 82, p. 3-5, jun. 2007.

KALIL, José Arthur di Spirito. Inconstitucionalidade do 1º do art. 2º da Lei 8.072/90 reconhecida pelo Supremo Tribunal Federal (HC 82.959/SP): um debate sobre os efeitos da declaração incidental. **Revista do ICP – Instituto de Ciências Penais**, Belo Horizonte, v. 2, p. 91-113, 2007.

KARAM, Maria Lúcia. **Competência no processo penal**. 2. ed. São Paulo: RT, 1998.

KELSEN, Hans. **Teoria Pura do Direito**. 6. ed. Coimbra: Arménio Amado, 1984.

KEMPEN, Piet Hein van. Pre-trial detention in national and international law and practice: A comparative synthesis and analyses. In: KEMPEN, Piet Hein van (Ed.) **Pre-trial detention**: human rights, criminal procedural law and penitentiary law, comparative law (International Penal and Penitentiary Foundation). Cambridge: Antwerp: Portland: Intersentia, 2012, 2012. p. 3-46.

KIRCHNER, Felipe. A utopia da verdade real: compreensão e realidade no horizonte da hermenêutica filosófica. **Revista Brasileira de Ciências Criminais**, São Paulo, v. 17, n. 80, p. 119-149., set./out. 2009.

KNIJNIK, Danilo. **O recurso especial e a revisão da questão de fato pelo Superior Tribunal de Justiça**. Rio de Janeiro: Forense, 2005.

KNIPPEL, Edson Luz. Denúncia genérica: inconstitucionalidade. In: D'URSO, Umberto Luiz Borges; D'URSO, Clarice (Org.). **Temas de direito penal e processo penal**. [S.I.: s.n.] [2014?]. p. 57-62.

KOEHLER, Mike. Measuring the Impact of Non-Prosecution and Deferred Prosecution Agreements on Foreign Corrupt Practices Act Enforcement. **University of California, Davis, Law Review**, v. 49, p. 497, 2015.

KUEHNE, Maurício. **Revisão do decênio da reforma penal**: 1985-1995 – considerações sobre a execução provisória da sentença penal. Curitiba: Faculdade de Direito de Curitiba, 1995.

KULLOK, Arthur Levy Brandão. Mandado Mercosul de captura: novo instrumento, velho pensamento. **Revista Brasileira de Ciências Criminais**, São Paulo, v. 23, n. 113, p. 441-475., mar./abr. 2015.

LAMPEDUSA, Tomasi Di. **Il Gattopardo**. Milano: Feltrinelli, 2002.

LANDREVILLE, Pierre La surveillance électronique des délinquants: un marché en expansion. **Déviance et Société**, n. 1, v. 23, p. 105-120, 1999.

LANGBEIN, John H. The historical origins of the privilege against self-incrimination at common law. **Michigan Law Review**, v. 92, n. 5, p. 1047-1085, 1994.

LANGBEIN, John H. The Origins of Public Prosecution at Common Law. **The American Journal of Legal History**, v. 17, p. 313-335, 1973. Disponível em: <https://digitalcommons.law.yale.edu/cgi/viewcontent.cgi?article=1550&context=fss_papers>. Acesso em: 3 jun. 2021.

LANGENEGGER, Natalia. **Responsabilidade penal da pessoa jurídica**: O ordenamento jurídico brasileiro está preparado para reconhecê-la? Disponível em: <http://www.sbdp.org.br/arquivos/monografia/157_Monografia%20Natalia%20Langenegger.pdf>. Acesso em: 18 nov. 2011.

LANGER, Máximo. Revolución en el Proceso Penal latinoamericano: difusión de ideas legales desde la periferia. **Comparative Law**, v. 55, p. 617, 2007.

LANGEVOORT, Donald C. Cultures of compliance. **American Criminal Law Review**, v. 54, p. 933, 2017.

LATTANZI, Giorgio; LUPO, Ernesto. **Codice di procedura penale**. Milano: Giuffrè Editore, 2008.

LAWLOR, David. Corporate Deferred Prosecution Agreements: An Unjust Parallel Criminal Justice System. **Western State University Law Review**, v. 46, p. 27, 2019.

LAZARI, Rafael José Nadim. Sobre a validade da interceptação telefônica como prova emprestada em processo não penal. **Revista Bonijuris**, Curitiba, v. 23, n. 572, p. 79-81, jul. 2011.

LAZZARI, Felipe. **Para uma crítica da razão fascista no processo penal brasileiro**. Tese (Doutorado). Pontifícia Universidade Católica do Rio Grande do Sul, Rio Grande do Sul, 2019.

LE juge d'instruction n'intervient qu'au penal... Disponível em: <http://lesactualitesdudroit.20minutes-blogs.fr/archive/2009/01/07/juge-d-instruction-le-debut-de-la-fin.html>. Acesso em: 18 dez. 2010.

LEAL JÚNIOR, João Carlos; MACHADO, Denise M. Weiss de Paula. Análise crítica do duplo grau de jurisdição sob o prisma do direito à razoável duração do processo. **Revista de Processo**, São Paulo, v. 35, 2010.

LEÃO, André Carneiro. A inconstitucionalidade da citação por hora certa no processo penal. **Revista Jus Navigandi**, Teresina, ano 18, n. 3586, 26 abr. 2013. Disponível em: <https://jus.com.br/artigos/24301>. Acesso em: 12 out. 2016.

LEGADO ao Judiciário: primeira liminar em habeas corpus no Brasil foi dada pelo Superior Tribunal Militar. Disponível em: <http://www.stm.jus.br/informacao/agencia-de-noticias/item/5596-legado-ao-judiciario-primeira-liminar-em-habeas-corpus-no-brasil-foi-dada-no-superior-tribunal-militar>. Acesso em: 15 jul. 2016.

LEITE, Ana Carolina Medeiros; BARBOSA, João Batista Machado. A (in)constitucionalidade do acordo de não persecução penal: uma análise do art. 18 das resoluções nº 181 e 183 do CNMP. **Revista In Verbis**, Natal, v. 24, n. 45, p. 61-82., jan./jun. 2019. Disponível em: <http://200.205.38.50/biblioteca/index.asp?codigo_sophia=153145>. Acesso em 14 jun. 2021.

LEMONDE, Marcel. Mídia e Justiça Penal. In: DELMAS-MARTY, Mireille; SPENCER, John. **Processos Penais da Europa** (Org.). Tradução Fauzi Hassan Choukr e Ana Cláudia Ferigato Choukr. Rio de Janeiro: Ed. Lumen Juris, 2005. p. 725-755.

LEMOS JÚNIOR, Arthur Pinto de; OLIVEIRA, Beatriz Lopes de. **Crime Organizado e a Lei n. 12.850/13**. São Paulo: Atlas, 2014.

LENART, André. O STF e a fundamentação do decreto de prisão preventiva. **Revista da SJRJ**, v. 15, n. 22, p. 61-80, 2010.

LEONCY, Léo Ferreira. **Princípio da simetria e argumento analógico**: o uso da analogia na resolução de questões federativas sem solução constitucional evidente. 2011. Tese (Doutorado em Direito do Estado). Universidade de São Paulo. São Paulo, 2011.

LEWANDOWSKI, Ricardo. Audiência de custódia: em busca da autêntica jurisdição de liberdade. **Revista do Advogado**, São Paulo, v. 35, n. 128, p. 93-99, dez. 2015.

LEWANDOWSKI, Ricardo. O Tribunal Penal Internacional: de uma cultura de impunidade para uma cultura de responsabilidade. **Estudos avançados**, v. 16, n. 45, p. 187-197, 2002.

LIEBMAN, Enrico Tullio. Do arbítrio à razão; reflexões sobre a motivação da sentença. **Revista de Processo**, v. 29, n. 8, p. 79-81, jan./mar. 1983.

LIEBMAN, Enrico Tullio. **Eficácia e autoridade da sentença**. Trad. Alfredo Buzaid e Benvindo Aires. 2 ed. Rio de Janeiro: Forense, 1981.

LIMA, Alberto Jorge de Barros. O juiz e as perguntas às testemunhas. **Boletim IBCCRIM**, São Paulo, v. 17, n. 199, p. 9-10, jun. 2009.

LIMA, Eric Alexandre Lavoura. **A coisa julgada penal e seus limites objetivos**. São Paulo: Atlas, 2013.

LIMA, Guilherme Graciliano Araújo. Audiência de custódia e sistema de direitos humanos na América Latina: por um olhar descolonial na busca da concretização de sua normatização legal no Brasil. **Revista Brasileira de Ciências Criminais**, São Paulo, v. 26, n. 147, p. 311-331., set. 2018. Disponível em: <http://200.205.38.50/biblioteca/index.asp?codigo_sophia=145606>. Acesso em: 2 jul. 2021.

LIMA, Marcellus Polastri. **A tutela cautelar no processo penal**. 3. ed. São Paulo: Atlas, 2014. 351 p., 23 cm. ISBN 978-85-224-8412-6.

LIMA, Marcellus Polastri. **A tutela Cautelar no Processo Penal**. 2 ed. Rio de Janeiro: Lumen Juris, 2009.

LIMA, Márcio Kammer de. A exigência de caução na tutela liminar no regime da nova Lei de Mandado de Segurança (Lei nº 12.016/09). Avanço, não retrocesso! **Jus Navigandi**, Teresina, ano 13, n. 2266, 14 set. 2009. Disponível em: <http://jus2.uol.com.br/doutrina/texto. asp?id=13498>. Acesso em: 21 dez. 2009.

LIMA, Rogério Montai de. Princípio da identidade física do juiz: vida e morte hipóteses de não incidência e limites de aplicabilidade ao juiz substituto. **Revista Síntese de direito penal e processual penal**, Porto Alegre, v. 13, n. 74, p. 90-98, jun./jul. 2012.

LIMA, Walberto Fernandes de. Embargos de declaração no processo penal: suspendem ou interrompem o prazo para a interposição de outros recursos? **Boletim IBCCRIM**, São Paulo, n. 54, p. 9-11., maio 1997.

LYRA, José Francisco Dias da Costa. Direito Penal, Constituição e hermenêutica: pela superação do positivismo jurídico e a possibilidade do acontecer do direito num ambiente de neoconstitucionalismo. **Revista Brasileira de Ciências Criminais**, São Paulo, v. 19, n. 91, p. 21-57, jul./ago. 2011.

LYRA, Roberto. **Guia do Ensino e do Estudo de Direito Penal**. Rio de Janeiro: Ed. Forense, 1956.

LOBO, Paulo Luiz Neto. Competência legislativa concorrente dos Estados-Membros na Constituição de 1988. **Revista de Informação Legislativa**, Brasília, v. 26, n. 101, p.87-104, jan./ mar. 1989.

LOPES, João. Mandado de busca e apreensão: competência da autoridade policial. **Impressões**, Brasília, v. 1, n. 4, p. 30-31, out. 1999.

LOPES, Marcus Vinícius Pimenta. Uma releitura do direito ao confronto no processo penal brasileiro. **Boletim IBCCRIM**, São Paulo, v. 24, n. 283, p. 12-14., jun. 2016.

LOPES JÚNIOR, Aury. A (de)mora jurisdicional e o direito de ser julgado em um prazo razoável no processo penal. **Boletim IBCCRIM**, São Paulo, v. 13, n. 152, p. 4-5., jul. 2005.

LOPES JÚNIOR, Aury. A (in)existência de poder geral de cautela no processo penal. **Boletim IBCCRIM**, São Paulo, ano 17, n. 203, p. 08-09, out. 2009.

LOPES JÚNIOR, Aury. Crimes hediondos e a prisão em flagrante como medida pré-cautelar. **Revista de Estudos Criminais**, n. 3, p. 73-83, 2001.

LOPES JÚNIOR, Aury. **Direito Processual Penal**. 9. ed. São Paulo: Saraiva, 2012.

LOPES JÚNIOR, Aury. **Direito Processual Penal**. 10. ed. São Paulo: Saraiva, 2013.

LOPES JÚNIOR, Aury. **Direito Processual Penal**. São Paulo: Saraiva, 2014.

LOPES JÚNIOR, Aury. **Direito Processual Penal e sua Conformidade Constitucional**. 3. ed. rev. atual. Rio de Janeiro: Lumen Juris, 2008. 1v.

LOPES JÚNIOR, Aury. **Direito Processual Penal e sua Conformidade Constitucional**. 7. ed. Rio de Janeiro: Lumen Juris, 2011. 1v.

LOPES JÚNIOR, Aury. **Direito Processual Penal e sua Conformidade Constitucional**. Rio de Janeiro: Lumen Juris, 2009. 1 e 2 v.

LOPES JÚNIOR, Aury. **Introdução crítica ao processo penal**: fundamentos da instrumentalidade garantista. Rio de Janeiro: Lumen Juris, 2004.

LOPES JÚNIOR, Aury. Juízes inquisidores e paranóicos: uma crítica à prevenção a partir da jurisprudência do Tribunal Europeu de Direitos Humanos. **Boletim IBCCRIM**, São Paulo, v. 11, no 127, p. 10-11, jun. 2003.

LOPES JÚNIOR, Aury. Lei 12.654/2012: é o fim do direito de não produzir prova contra si mesmo (nemo tenetur se detegere)? **Boletim IBCCRIM**, São Paulo, v. 20, n. 236, p. 5-6, jul. 2012.

LOPES JÚNIOR, Aury. Sistema de nulidades a la carte precisa ser superado no processo penal. **Consultor Jurídico**, São Paulo (Online), v. 1, p. 1, 2014.

LOPES JÚNIOR, Aury. Teoria geral do processo é danosa para a boa saúde do processo penal. **Revista Consultor Jurídico**, 27 jun. 2014. Disponível em: <https://www.conjur.com.br/2014-jun-27/teoria-geral-processo-danosa-boa-saude-processo-penal>. Acesso em: 04 jun. 2021.

LOPES JÚNIOR, Aury; AFLEN DA SILVA, Pablo Rodrigo. A incompreendida concepção de processo como situação jurídica: vida e obra de James Goldschmidt. **PANÓPTICA**: Direito, Sociedade e Cultura, v. 4, n. 3, p. 23-48, 2009.

LOPES JÚNIOR, Aury; BADARÓ, Gustavo H.I. **Direito ao processo penal no prazo razoável**. Rio de Janeiro: Lumen Júris, 2006.

LOPES JÚNIOR, Aury; DI GESU, Cristina Carla. Falsas memórias e prova testemunhal no processo penal: em busca da redução de danos. **Revista de Estudos Criminais**, Porto Alegre, v. 7, n. 25, p. 59-69., abr./jun. 2007.

LOUREIRO, Antônio Tovo. O descumprimento das formas processuais penais como maximização do direito de punir: por uma nova teoria das nulidades. **Revista Faculdade de Direito da Universidade Federal do Rio Grande do Sul**, Porto Alegre, 2006.

LOUREIRO, Maria Fernanda. Reflexões sobre a prisão temporária nos crimes contra a ordem econômica. In: CÂMARA, Luiz Antônio (Org.). **Crimes Empresariais**: Não Autoincriminação, Cautelas Pessoais e Sigilo Processual. 1. ed. Curitiba: Juruá, 2012. 1 v. p. 251-272.

LOURENÇO, Haroldo. Precedente judicial como fonte do Direito: algumas considerações sob a ótica do novo CPC. **Temas Atuais de Processo Civil**, v. 1, n. 6, 2011.

LUZ, Denise. A formação da convicção judicial no sistema acusatório do projeto de reforma do Código de Processo Penal brasileiro e o (des)valor das provas colhidas na fase pré-processual. **Revista Justiça e Sistema Criminal**, v. 1, n. 1, p. 93-122, 2009.

LUZ, Denise; JOBIM, Eduardo Schmidt. Ônus da prova e o resgate de identidade do processo penal como distinto do processo civil. **Revista Magister de Direito Penal e Processual Penal**, Porto Alegre, v. 10, n. 56, p. 69-83, out./nov. 2013.

LYNCH, Gerard E. Our administrative system of criminal justice. **Fordham Law Review**, v. 66, p. 2117, 1997.

MACHADO, Agapito. Julgamento antecipado da ação penal. **Revista ESMAFE / Escola de Magistratura Federal da 5ª Região**, Recife, p. 81-103, 2010.

MACHADO, Fábio Guedes de Paula. Execução civil da sentença penal condenatória em favor da vítima pobre. **Revista do Curso de Direito da Universidade Federal de Uberlândia**, Uberlândia, v. 27, n. 1, p. 95-117, jul. 1998.

MACHADO, Fábio Guedes de Paula. O princípio do promotor natural e sua nulidade. **Revista do Curso de Direito da Universidade Federal de Uberlândia**, Uberlândia, v. 26, n. 1, p. 73-87, jul. 1997.

MACHADO, Felipe Daniel Amorim. Nulidade na oitiva de testemunhas: por uma interpretação conforme do art. 212 do CPP. **Revista Brasileira de Ciências Criminais**, São Paulo, v. 18, n. 87, p. 165-187, nov./dez. 2010.

MACHADO, Felipe Daniel Amorin; OLIVEIRA, Filipe Costa. Detração nas medidas cautelares pessoais: é possível. **Revista da SJRJ**, Rio de Janeiro, v. 20, n. 36, p. 36-80, 2013.

MACHADO, Helena. Crime, Bancos de Dados Genéticos e Tecnologia de DNA na Perspectiva de Presidiários em Portugal. In: FONSECA, Claudia; ROHDEN, Fabiola; MACHADO, Paula Sandrine (Org.). **Ciências Na Vida**: Antropologia da Ciência em Perspectiva. São Paulo: Terceiro Nome, 2012. p. 61-85.

MACHADO, Maíra Rocha. Cooperação penal internacional no Brasil: as cartas rogatórias passivas. **Revista Brasileira de Ciências Criminais**, fascículo 53, mar.-abr. 2005. p. 99.

MACHADO, Naira Blanco. Ponderações sobre a (in)existência de uma teoria geral do processo e as finalidades do processo penal. **RCP** v. 13, n. 225. Disponível em: <https://1library. org/document/y4g983ry-ponderacoes-sobre-existencia-teoria-geral-processo-finalidades--processo.html>. Acesso em: 4 jun. 2021.

MACHADO COGAN, José D. Pinheiro. **Mandado de Segurança na Justiça Criminal e Ministério Público**. São Paulo: Saraiva, 1990.

MADRUGA FILHO, Antenor. O Brasil e a Jurisprudência do STF na Idade Média da Cooperação Jurídica Internacional. **Revista Brasileira de Ciências Criminais**, São Paulo, ano 13, n. 54, 2005.

MAGALHÃES NORONHA, Edgard. Curso de Direito Processual Penal. 6. ed. São Paulo: Saraiva, 1996.

MAIA, D.; MARTINS, R. G. C. Questões Prejudiciais Heterogêneas Facultativas no Processo Penal. **Revista da Facudade de Direito**, Universidade Federal do Ceará, Fortaleza/CE, 626 p., p. 46/4701 mar. 2013.

MAIA, Rodolfo Tigre. O princípio do ne bis in idem e a Constituição brasileira de 1988. **Boletim Científico**, Escola do Ministério Público da União, v. 16, p. 11-75, 2005.

MAIER, Julio. **Derecho Procesal Penal. Fundamentos**. Buenos Aires: Del Puerto, 2003. Tomo 1.

MAIER, Julio. El Ministerio Público: ¿un adolescente? El ministerio público en el proceso penal. In: MAIER, Julio (Compilador). **El Ministerio Publico en el Proceso Penal**. Ad-Hoc: Buenos Aires, 1993.

MAIER, Julio. Inadmissibilidad de la persecución penal múltiple (ne bis in ídem). **Doctrina Penal**: Teoría y práctica en las ciencias penales, Buenos Aires, v. 9, 33/36, p. 415-461, 1986.

MAIER, Julio B.; STRUNSEE, Eberhard. **Las Reformas Procesales Penales en América Latina**. Buenos Aires: Ad-Hoc, 2000.

MALAN, Diogo. Defesa penal efetiva. **Ciências Penais: Revista da Associação Brasileira de Professores de Ciências Penais**, São Paulo, v. 3, n. 4, p. 253-277., jan./jun. 2006.

MALARINO, Ezequiel. Activismo judicial, punitivización y nacionalización: tendencias antidemocráticas y antiliberales de la CIDH. In: PASTOR, Daniel R. (Dir.); GUZMÁN, Nicolás (Coord.). **El sistema penal en las sentencias recientes de los órganos interamericanos de protección de los derechos humanos**. Buenos Aires: Ad-Hoc, 2009. 496 p., 23 cm. ISBN 978-950-894-791-9 [Classificação: 342.7 S636]. p. 21-61.

MAÑAS, Carlos Vico. **O princípio da insignificância como excludente da tipicidade no direito penal**. São Paulo: Saraiva, 1994. 87 p. ISBN 85-02-01371-8.

MANCUSO, Rodolfo de Camargo. **Divergência jurisprudencial e súmula vinculante**. 4. ed. São Paulo: Revista dos Tribunais, 2010.

MANSOLDO, Mary. A técnica do sistema recursal penal. Âmbito Jurídico, Rio Grande, XIV, n. 92, set. 2011. Disponível em: <http://www.ambito-juridico.com.br/site/index.php?n_link=revista_artigos_leitura&artigo_id=10334>. Acesso em: 22 jan. 2022.

MANSUR, Giovani. Recurso ex officio: revogação pelo artigo 129, inciso I, da Constituição federal de 1988. **Jus**: Revista jurídica do Ministério Público, Belo Horizonte, v. 23, n. 14, p. 53-58., 1992.

MARANHÃO, Odon Ramos. **Curso básico de medicina legal**. 4. ed. São Paulo: Malheiros, 1992.

MARÇAL, Justen Filho. **Curso de direito administrativo**. São Paulo: Saraiva, 2005.

MARIATH, Carlos Roberto. Infiltração policial no Brasil: um jogo ainda sem regras. **Segurança pública & cidadania: revista brasileira de segurança pública e cidadania**, Brasília, v. 2, n. 2, p. 59-92., jul./dez. 2009.

MARINHO, Guilherme. O efeito suspensivo dos recursos especial e extraordinário no processo penal como corolário da aplicação de pressupostos constitucionais interpretativos. In: PAULA, Marco Aurélio Borges de; MAGRINI, Rachel de Paula. **Estudos de direito público**. Campo Grande: Cepejus, 2009.

MARINONI, Luiz Guilherme; MITIDIERO, Daniel. **Repercussão geral no recurso extraordinário**. 2. ed. rev. e atual. São Paulo: Editora Revista dos Tribunais, 2008.

MARK, Pieth; RADHA, Ivory. **Emergence and Convergence**: Corporate Criminal Liability Principles in Overview. 1. ed. Londres/Nova York: Springer/Verlag. ISBN-10: 9400706731. 2011.

MARQUES, José Frederico. **A Escola Processual de São Paulo**. São Paulo: Saraiva, 1978.

MARQUES, José Frederico. **A instituição do júri**. Campinas: Bookseller, 1997.

MARQUES, José Frederico. **Da competência em matéria penal**. São Paulo: Saraiva, 1953.

MARQUES, José Frederico. Da unidade do processo. Aplicação de conceitos do processo civil no campo do processo penal. In: MARQUES, José Frederico. **Estudos de direito processual penal**. 2. ed. Campinas: Millennium, 2001. 317 p., 23 cm. ISBN 85-86866-31-2.

MARQUES, José Frederico. **Elementos de direito processual penal**. 2 ed. Rio de Janeiro: Forense, 1965. 1v.

MARQUES, José Frederico. **Elementos de direito processual penal**. 1. ed. 2 tiragem. Campinas: Bookseller, 1998.

MARQUES, José Frederico. **Elementos de direito processual penal**. Campinas: BookSeller, 1997. 2 e 4v.

MARQUES, José Frederico. **O direito processual em São Paulo**. São Paulo: Saraiva, 1977.

MARQUES, José Frederico. Prova: valor da prova consistente em reprodução fonográfica, ou seja, fitas magnéticas com reprodução da fala humana – tipo de prova admitida pela regra expressa do art. 383 CPC [Parecer]. In: MARQUES, José Frederico. **Pareceres**. São Paulo: AASP, 1993. p. 93-97.

MARQUES, José Frederico. **Tratado de direito penal**. Campinas: Millennium, 2002.

MARQUES, Leonardo Augusto Marinho. A exclusividade da função acusatória e a limitação da atividade do juiz. Inteligência do princípio da separação de poderes e do princípio acusatório. **Revista de Informação Legislativa**, Brasília, v. 46, n. 183, p. 141-153, jul./set. 2009.

MARQUES, Leonardo Augusto Marinho. O princípio da oralidade e a descentralização da informação relevante no processo penal. **Revista de Estudos Criminais**, Porto Alegre, v. 10, n. 46, p. 157-170., jul./set. 2012.

MARQUES, Leonardo Augusto Marinho; SILVA, Larissa Marila Serrano. Tensão entre publicidade e sigilo na construção do Processo Penal Democrático. In: XVIII Congresso Nacional do CONPEDI – São Paulo, 2009, São Paulo/SP. **Anais do XVIII Congresso Nacional do CONPEDI**, São Paulo - Santa Catarina/SC: Fundação Boiteux, 2009. p. 9479-9499. Disponível em: <http://www.publicadireito.com.br/conpedi/manaus/arquivos/anais/sao_paulo/2248.pdf>. Acesso em: 16 jun. 2021.

MARQUES, Leonardo Augusto Marinho; VILELA, Leonardo Marques. A necessária exclusão dos elementos da imputação na audiência de custódia. In: SANTORO, Eduardo Ramires; GONÇALVES, Carlos Eduardo (Org.). **Audiência de custódia**. Belo Horizonte: D'Plácido, 2017. Disponível em: <http://200.205.38.50/biblioteca/index.asp?codigo_sophia=137770>. Acesso em 2 jul. 2021.

MARQUES DA SILVA, Germano. **Curso de Processo Penal**. 4. ed. Lisboa: editorial Verbo, 2008. 2v.

MARREY, Adriano; STOCO, Rui; SILVA FRANCO, Alberto. **Teoria e Prática do Júri**. 6. ed. São Paulo: Revista dos Tribunais, 1997.

MARTINELLI, João Paulo Orsini. Audiência de custódia: uma garantia além da prisão em flagrante. In: SANTORO, Eduardo Ramires; GONÇALVES, Carlos Eduardo (Org.). **Audiência de custódia**. Belo Horizonte: D'Plácido, 2017. Disponível em: <http://200.205.38.50/biblioteca/index.asp?codigo_sophia=137770>. Acesso em: 2 jul. p. 317-334.

MARTINELLI, João Paulo Orsini; DE BEM, Leonardo Schmitt. **Lições Fundamentais de Direito Penal**. 1. ed. São Paulo: Saraiva, 2016.

MARTINS, Charles Emil Machado. **A Reforma e o "Poder Instrutório do Juiz"**: será que somos medievais? Disponível em: <http://www.mp.rs.gov.br/areas/criminal/arquivos/charlesemi.pdf>. Acesso em: 18 dez. 2010.

MARTINS, Ives Gandra da Silva. O direito de defesa na constituição. A natureza jurídica da prisão preventiva. Exercício abusivo como forma de obtenção de delações premiadas. Inconstitucionalidade. Parecer. **Revista Magister de Direito Penal e Processual Penal**, Porto Alegre, v. 12, n. 67, p. 05-42., ago./set. 2015.

MARTOS, José Antonio de Faria. A natureza processual das provas produzidas através das interceptações telefônicas. **Revista Jurídica da Universidade de Franca**, Franca, v. 8, n. 14, p. 136-141, 1º sem. 2005.

MASI, Carlo Velho. **Audiência de custódia e a cultura do encarceramento no Brasil**. Porto Alegre: Canal Ciências Criminais, 2016. 224 p., 20 cm. ISBN 978-85-92712-08-2.

MATAIS, Andreza; POLLO, Luiza. PF indicia presidente do Bradesco. 31 mai. 2016. **Estadão: Política**. Disponível em: <http://politica.estadao.com.br/blogs/coluna-do-estadao/pf-pede-indiciamento-de-presidente-do-bradesco/>. Acesso em: 13 jun. 2021.

MATO GROSSO DO SUL. Tribunal de Justiça. **Apelação Criminal n. 169/MS** 2003.000169-7. 2ª Turma Criminal. Relator Des. José Augusto de Souza. Data de Julgamento: 19/03/2003. Disponível em: <https://tj-ms.jusbrasil.com.br/jurisprudencia/3779604/apelacao-criminal-acr-169>. Acesso em: jun. 2021.

MATTOS, Juliana Günther Fonseca de; VIANA, Henrique Pereira. Medida cautelar criminal de recolhimento domiciliar noturno cumulado com o monitoramento eletrônico e a aplicação da detração penal. **Revista do Direito Público**, v. 14, n. 1, p. 65-82, 2019.

MAWBY, Sandra Walklate. **Critical Victimology International Perspectives**. London: SAGE Publications, 1994. p. 129.

MAYA, André Machado. **Imparcialidade e processo penal**: da prevenção da competência ao juiz de garantias. Rio de Janeiro: Lumen Juris, 2011.

MAYA, André Machado. Impedimento, suspeição e imparcialidade: algumas linhas sobre as regras processuais de proteção ao direito de ser julgado por um juiz imparcial. In: FAYET JÚNIOR, Ney; MAYA, André Machado. **Ciências penais**: perspectivas e tendências da contemporaneidade. Curitiba: Juruá, 2011. p. 125-145.

MAYA, André Machado; GIACOMOLLI, Nereu José. A citação por hora certa no processo penal. **Revista de Estudos Criminais**, Porto Alegre, v. 9, n. 35, p. 121-140, out./dez. 2009.

MAYA, André Machado; URANI, Marcelo Fernandez. O princípio da identidade física do juiz e a função persuasiva da prova no processo penal. In: MAYA, André Machado; FAYET JR., Ney (Orgs). **O princípio da identidade física do juiz e a função persuasiva da prova no processo penal**. Ciências Penais e Sociedade Complexa. Porto Alegre: Núria Fabris, 2009. 2 v. p. 31-51.

MAZZILLI, Hugo Nigro. Considerações sobre a aplicação analógica do art. 28 do Código de Processo Penal. **Revista do Ministério Público do Rio Grande do Sul**, Porto Alegre, n. 50, p.159-171, abr./jul. 2003.

MAZZILLI, Hugo Nigro. O Ministério Público e constituinte. **Justitia**, São Paulo, v. 137, p. 57-62, jan-mar./1987. Disponível em: <http://www.revistajustitia.com.br/revistas/a29d14.pdf>; Disponível em: <http://www.mazzilli.com.br/pages/artigos/mpconstituinte.pdf>. Acesso em: 7 jun. 2021.

MAZZILLI, Hugo Nigro. Revisão pro societate. **Justitia**, v. 125, p. 138-142, 1984.

MAZZUOLI, Valério de Oliveira. A influência dos tratados internacionais de proteção aos direitos humanos do direito interno brasileiro e a primazia da norma mais favorável como regra de hermenêutica internacional. **Revista da Procuradoria Geral do Estado de São Paulo**, São Paulo, n. 53, p. 83-106, jun. 2000.

MAZZUOLI, Valério de Oliveira. A opção do Judiciário brasileiro em face dos conflitos entre tratados internacionais e leis internas. **Revista da AJURIS**, Porto Alegre, v. 27, n. 81, p. 306-25. mar. 2001.

MAZZUOLI, Valério de Oliveira. Crimes da ditadura militar e o Caso Araguaia: aplicação do direito internacional dos direitos humanos pelos juízes e tribunais brasileiros. **Revista Brasileira de Direito da Comunicação Social e Liberdade de Expressão**, v. 2, p. 199-234, 2011.

MAZZUOLI, Valério de Oliveira. O Supremo Tribunal Federal e os conflitos entre tratados internacionais e leis internas. **Revista de Informação Legislativa**, Brasília, v.39, n.154, p.15-29, abr./jun. 2002.

MAZZUOLI, Valério de Oliveira. Teoria geral do controle de convencionalidade no direito brasileiro. **Revista da Ajuris**, v. 113, p. 333-370, 2009.

MAZZUOLI, Valério de Oliveira; BIANCHINI, Alice. **Lei de violência doméstica e familiar contra a mulher (Lei Maria da Penha)**: constitucionalidade e convencionalidade. Disponível em: <http://www.oab.org.br/editora/revista/users/revista/1242740418174218181901.pdf>. Acesso em: 12 out. 2014.

MEDEIROS CACHAPUZ, Antônio Paulo de. **O Brasil e o Tribunal Penal Internacional**. Disponível em: <http://www.neofito.com.br/artigos/art01/penal126.htm>. Acesso em: 28 jan. 2003.

MÉDICI, Sérgio de Oliveira. Revisão criminal e soberania dos veredictos. In: PENTEADO, Jaques de Camargo. **Justiça penal 6**: 10 anos da constituição e da justiça penal, meio ambiente, drogas, globalização, o caso Pataxó. São Paulo: Revista dos Tribunais, 1999.

MELLO, Celso Antônio Bandeira de. **Curso de Direito Administrativo**. 7. ed. São Paulo: Malheiros, 1995.

MENDES, Gilmar Ferreira. O papel do Senado Federal no controle de constitucionalidade: um caso clássico de mutação constitucional. **Revista de informação legislativa**, v. 162, p. 149-168, 2004.

MENDES, Gilmar; COELHO, Inocêncio Mártires; BRANCO, Paulo Gustavo Gonet. **Curso de Direito Constitucional**. 3 ed. São Paulo: Saraiva, 2008.

MENDES, João Guilherme Lages. Participação do acusado no interrogatório do corréu. **Boletim IBCCRIM**, São Paulo, v. 20, n. 233, p. 6-7, abr. 2012.

MENDES, Regina Lúcia Teixeira. Inquisitorialidade no processo judicial brasileiro contemporâneo. **Revista da Seção Judiciária do Rio de Janeiro**, Rio de Janeiro, n. 24, p. 253-276, abr. 2009.

MENDES DE ALMEIDA, Joaquim Canuto. **A contrariedade na instrução criminal**. São Paulo: Saraiva, 1937.

MENDES DE ALMEIDA, Joaquim Canuto. **Ação Penal** (Análises e confrontos). 1. ed. São Paulo: Revista dos Tribunais, 1938. ISBN: C29341. 237 p.

MENDONÇA, Andrey Borges de. A Colaboração Premiada e a nova Lei do Crime Organizado (Lei 12.850/2013). **Revista Custos legis**, v. 5, p. 1-38, 2013.

MENDES DE ALMEIDA, Joaquim Canuto. **Nova reforma do Código de Processo Penal**: comentada artigo por artigo. São Paulo: Método, 2008.

MENDES DE ALMEIDA, Joaquim Canuto. **Nova reforma do Código de Processo Penal**: comentada artigo por artigo. 2. ed. São Paulo: Método, 2009.

MENDES DE ALMEIDA, Joaquim Canuto. O protesto por novo júri e o casal Nardoni. Um estudo sobre a aplicação da lei processual penal no tempo. **Jus Navigandi**, Teresina, ano 14, n. 2464, 31 mar. 2010. Disponível em: <http://jus2.uol.com.br/doutrina/texto.asp?id=14604>. Acesso em: 31 mar. 2010.

MENDES DE ALMEIDA, Joaquim Canuto. **Reforma do Código de Processo Penal**. São Paulo: Método, 2008.

MENDONÇA, Tarcísio Maciel Chaves de. Da impossibilidade de inversão da ordem do interrogatório em face da expedição de carta precatória. **Boletim IBCCRIM**, São Paulo, v. 22, n. 265, p. 12-14, dez. 2014.

MENDONÇA, Tarcísio Maciel Chaves de. Da necessidade de intimação do ato deprecado e não só da expedição da carta precatória. **Boletim do Instituto de Ciências Penais**, Belo Horizonte, v. 3, n. 49, p. 4-6, ago. 2004.

MENDRONI, Marcelo Batlouni. **Curso de investigação criminal**. São Paulo: Juarez de Oliveira, 2002.

MENEZES, Bruno Seligman; PAULI, Cristiane Penning. A denúncia genérica nos delitos societários como óbice à concretização de um processo penal democrático. **Revista Eletrônica Direito e Sociedade-REDES**, v. 1, n. 1, p. 25-47, 2013.

MESQUITA, José Ignácio Botelho de. **Da Ação Civil**. São Paulo: Escolas Profissionais Salesianas, 1963.

MESQUITA, José Ignácio Botelho de. O mandado de Segurança: contribuição para o seu estudo. **Revista dos Tribunais**, São Paulo, v. 93, n. 825, p. 75-89, jul. 2004.

MESQUITA NETO, Paulo; PINHEIRO, Paulo Sérgio. Programa Nacional de Direitos Humanos: avaliação do primeiro ano e perspectivas. **Estudos Avançados**, São Paulo, v.11, n. 30, p. 117-134, 1997.

MEZAROBBA, Glenda. **Um acerto de contas com o futuro – a anistia e suas consequências**: um estudo do caso brasileiro. São Paulo: Humanitas/Fapesp, 2006.

MILANEZ, Bruno Augusto Vigo. Novas tecnologias de controle penal: o monitoramento eletrônico e sua aplicabilidade no Brasil. **Revista do Conselho Nacional de Política Criminal e Penitenciária**, n. 22, v. 1, p. 487-521, 2009/2010.

MILLS, Jon L.; MCLENDON, Tim. Law Schools as Agents of Change and Justice Reform in the Americas. **20 Florida Journal of International Law**, S5 (2008), University of Florida Levin College of Law Research Paper, 23 dez. 2015. Disponível em: <https://papers.ssrn.com/sol3/papers.cfm?abstract_id=2706835>. Acesso em: 16 jun. 2021.

MINAGÉ, Thiago. **Questões Prejudiciais**: Parte I. Disponível em: <http://emporiododireito.com.br/questoes-prejudiciais-parte-i-por-thiago-m-minage/>. Acesso em: 20 out. 2016.

MINAS GERAIS. Tribunal de Justiça. **Apelação Criminal n. 10525060837008011/MG** 1.0525.06.083700-8/001(1). Quarta Câmara Criminal. Relator Walter Pinto da Rocha. Data de Julgamento: 05/09/2007. Disponível em: <https://tj-mg.jusbrasil.com.br/jurisprudencia/5934551/10525060837008011-mg-1052506083700-8-001-1/inteiro-teor-12069453>. Acesso em: 13 jan. 2022.

MINAS GERAIS. Tribunal de Justiça. **Apelação Criminal n. 1.0701.07.205032-4/001(1)**. 5 Câmara Criminal. Relator Alexandre Victor de Carvalho. Julgamento: 29/03/2010. Disponível em: <https://www5.tjmg.jus.br/jurisprudencia/pesquisaNumeroCNJEspelhoAcordao.do?numeroRegistro=1&totalLinhas=1&linhasPorPagina=10&numeroUnico=1.0701.07.205032-4%2F001&pesquisaNumeroCNJ=Pesquisar>. Acesso em 18 jun. 2021.

MINAS GERAIS. Tribunal de Justiça. **Processo: APR 10223100258480003**. 5ª Câmara Criminal. Relator Júlio César Lorens. Julgamento: 07/01/2014. Publicação: 13/01/2014.

MINAS GERAIS. Tribunal de Justiça. **Processo n. 1.0000.00.213993-9/0001**. Relator Kelsen Carneiro. Data da publicação: 12.09.2001.

MINAS GERAIS. Tribunal de Justiça. **Apelação Cível n. 10024102446143001/MG**. Relator Peixoto Henriques. Data de publicação: 05/07/2013. Disponível em: <https://tj-mg.jusbrasil.com.br/jurisprudencia/115963368/apelacao-civel-ac-10024102446143001-mg/inteiro-teor-115963432>. Acesso em: 5 jul. 2021.

MINAS GERAIS. Tribunal de Justiça. **Apelação Criminal n. 10105100072211001**. Primeira Câmara Criminal. Relator Alberto Deodato Neto. Julgamento: 17/09/2013. Publicação: 27/09/2013. Disponível em: <https://tj-mg.jusbrasil.com.br/jurisprudencia/117335231/apelacao-criminal-apr-10105100072211001-mg?ref=serp>. Acesso em: 5 jul. 2021.

MINAS GERAIS. Tribunal de Justiça. **Recurso em Sentido Estrito n. 1.0035.11.0002546/001**. 3ª Câmara Criminal. Relatora Des. Maria Luíza de Marilac. Julgamento: 24/09/2013. Publicação 03/10/2013. Disponível em: <https://www5.tjmg.jus.br/jurisprudencia/pesquisaNumeroCNJEspelhoAcordao.do?numeroRegistro=1&totalLinhas=1&linhasPorPagina=10&numeroUnico=1.0035.11.000254-6%2F001&pesquisaNumeroCNJ=Pesquisar>. Acesso em: 18 jun. 2021.

MINISTÉRIO PÚBLICO FEDERAL. **Orientação Conjunta n. 1/2018**: Acordos de Colaboração Premiada. Expedida pela 2ª e 5ª Câmaras de Coordenação e Revisão – Combate à Corrupção. Disponível em: <http://www.mpf.mp.br/atuacao-tematica/ccr5/orientacoes/orientacao-conjunta-no-1-2018.pdf>. Acesso em: 13 jan. 2022.

MIOTTO, Armida Bergamini. A reforma do sistema de penas: a lei n. 6.416, de 24 de maio de 1977: circunstâncias e fatores que influíram para a sua gênese e na sua elaboração: outras considerações. **Revista de informação legislativa**, v. 14, n. 54, p. 153 316, abr./jun. 1977.

MIOTTO, Armida Bergamini. Transferência de presos estrangeiros. **Revista da Fundação Escola Superior do Ministério Público do Distrito Federal e Territórios**, Brasília, v. 1, n. 2, p. 57-69., out./dez. 1993.

MIRABETE, Julio Fabbrini. **Código de Processo Penal Interpretado.** 8. ed. São Paulo: Atlas, 2001.

MIRABETE, Julio Fabbrini. **Processo Penal.** 4 ed. rev. atual. São Paulo: Atlas, 1995.

MIRABETE, Julio Fabbrini. **Processo Penal.** 10. ed. São Paulo: Atlas: 2000.

MONIZ, Helena. A base de dados de perfis de ADN para fins de identificação civil e criminal e a cooperação transfronteiras em matéria de transferência de perfis de ADN. **Revista do Ministério Público de Lisboa**, Lisboa, v. 30, n. 120, p.145-156, out./dez. 2009.

MONTERO AROCA, Juan. **Princípios del Proceso Penal**: una explicación basada en la razón. Valencia: Tirant lo Blanch, 1997.

MORAES, Alexandre de. **Direito Constitucional**. 6. ed. São Paulo: Atlas, 1999.

MORAES, Alexandre de. **Direito Constitucional**. São Paulo: Atlas, 2002.

MORAES, Maria Alice Silva. Âmbito cognitivo da revisão criminal, quando fundada no art. 621, I, segunda hipótese, do CPP. **Revista Brasileira de Ciências Criminais**, São Paulo, v. 10, n. 37, p. 120-136., jan./mar. 2002.

MORAES, Mauricio Zanoide de. **Interesse e legitimação para recorrer no processo penal brasileiro**: análise doutrinária e jurisprudencial de suas estruturas. São Paulo: Revista dos Tribunais, 2000.

MORAES, Mauricio Zanoide de. **Presunção de inocência no processo penal brasileiro.** Análise da estrutura normativa para a elaboração legislativa e para decisão judicial. Rio de Janeiro: Lúmen Júris, 2010.

MORAES, Rodrigo Iennaco de. A celebração de acordo de não persecução penal entre o Ministério Público e a pessoa jurídica responsável por crime ambiental. In: CARVALHO, Érika Mendes; PRADO, Alessandra Rapassi Mascarenhas (Org.). **Repensando a proteção do meio ambiente**: 20 anos da lei 9.605/98. Belo Horizonte: D'Plácido, 2018. Disponível em: <http://200.205.38.50/biblioteca/index.asp?codigo_sophia=146129>. Acesso em: 14 jun. 2021. p. 269-287.

MORAES, Rodrigo Iennaco de. Reforma do CPP: cautelares, prisão e liberdade provisória. **Jus Navigandi**, Teresina, ano 16, n. 2861, 2 maio 2011. Disponível em: <http://jus.uol.com.br/revista/texto/19009>. Acesso em: 25 jun. 2011.

MORAIS, Apa. **Ação civil ex delicto**: reflexos da lei nº 11.719/2008 na reparação do dano causado pela infração penal. 2010. Dissertação. (Mestrado em Direito Processual Civil). Universidade Federal do Espírito Santo, Centro de Ciências Jurídicas e Econômicas, Vitória, 2010.

MORAIS DA ROSA, A. **Decisão Penal**: a bricolage de significantes. 1. ed. Rio de Janeiro: Lumen Juris, 2006.

MOREIRA, José Carlos Barbosa. **A constituição e as provas ilicitamente obtidas**. 6. ed. São Paulo: Saraiva, 1997.

MOREIRA, José Carlos Barbosa. A duração dos processos: alguns dados comparativos. **Revista da EMERJ**, Rio de Janeiro, v.7, n. 26, p. 52-62, 2004.

MOREIRA, José Carlos Barbosa. A motivação das decisões judiciais como garantia inerente ao Estado de Direito. In: MOREIRA, José Carlos Barbosa. **Temas de Direito Processual**. 2. ed. São Paulo: Saraiva, 1988. (2ª Série). p. 83.

MOREIRA, José Carlos Barbosa. **Apontamentos para um estudo sistemático da legitimação extraordinária**. São Paulo: Revista dos Tribunais, 1969.

MOREIRA, José Carlos Barbosa. Conteúdo e Efeitos da Sentença: Variações sobre o tema. In: MOREIRA, José Carlos Barbosa. **Temas de Direito Processual Civil**. São Paulo: Saraiva, 1989. (4ª Série).

MOREIRA, Rômulo de Andrade. **A audiência de custódia, o CNJ e os pactos internacionais de direitos humanos**. Disponível em: <http://romulomoreira.jusbrasil.com.br/artigos/160776698/a-audiencia-de-custodia-o-cnj-e-os-pactos-internacionais-de-direitos-humanos>. Acesso em: 2 jul. 2021.

MOREIRA, Rômulo de Andrade. **A citação por hora certa no procedimento sumaríssimo**. Acesso em: Disponível em: <http://emporiododireito.com.br/a-citacao-por-hora-certa-no-procedimento-sumariissimo-por-romulo-de-andrade-moreira/>. Acesso em: 13 jan. 2022.

MOREIRA, Rômulo de Andrade. A Lei Maria da Penha e suas Inconstitucionalidades. **Revista Magister de Direito Penal e Processual Penal**, Porto Alegre, 2004.

| 1036

MOREIRA, Rômulo de Andrade. A "lamúria de pessoa detida" e a audiência de custódia-crônica de uma morte anunciada. **Direito UNIFACS – Debate Virtual**, v. 182, 2015.

MOREIRA, Rômulo de Andrade. A nova Lei n. 13.257/16 ampliou a possibilidade da prisão domiciliar e deve ser aplicada imediatamente. **Direito UNIFACS** – Debate Virtual, n. 190, 2016. Disponível em: <https://revistas.unifacs.br/index.php/redu/article/view/4230/2885>. Acesso em: 4 jun. 2021.

MOREIRA, Rômulo de Andrade. A reforma do código de processo penal – procedimentos. **Revista IOB de Direito Penal e Processual Penal**, Porto Alegre, v. 9, n. 52, p. 58-75, out./nov. 2008.

MOREIRA, Rômulo de Andrade. A responsabilidade penal da pessoa jurídica e o sistema processual penal brasileiro. In: PRADO, Luiz Regis; DOTTI, René Ariel. **Responsabilidade penal da pessoa jurídica**: em defesa do princípio da imputação penal subjetiva. 3. ed. São Paulo: Revista dos Tribunais, (2011). p. 331-352.

MOREIRA, Rômulo de Andrade. Conflito negativo de atribuições entre membros do Ministério Público: quem deveria conhecer e decidir? **Revista Magister de Direito Penal e Processual Penal**, Porto Alegre, v. 7, n. 37, p. 21-34, ago./set. 2010.

MOREIRA, Rômulo de Andrade. É possível o habeas corpus para discutir a dosimetria da pena? **Revista jurídica: Sage/Síntese**, São Paulo, v. 64, n. 460, p. 75-78, fev. 2016.

MOREIRA, Rômulo de Andrade. **Juizados Especiais Criminais**: o procedimento sumaríssimo. Porto Alegre: Lex Magister, 2013.

MOREIRA, Rômulo de Andrade. **Jurado tem direito à prisão especial?** Disponível em: <http://emporiododireito.com.br/o-jurado-tem-direito-a-prisao-especial-por-romulo-andrade-moreira/>. Acesso em: 25 mar. 2016.

MOREIRA, Rômulo de Andrade. Ministério público e poder investigatório criminal. **Informativo Jurídico Consulex**, v. 15, n. 2, p.7-9, 8 jan. 2001.

MOREIRA, Rômulo de Andrade. O artigo 366 do código de processo penal e a produção antecipada da prova testemunhal. **Revista Magister de Direito Penal e Processual Penal**, Porto Alegre, v. 9, n. 52, p. 40-45., fev./mar. 2013.

MOREIRA, Rômulo de Andrade. **O TJ/SP rasgou os Pactos Internacionais e desautorizou o CNJ**. Disponível em: <http://romulomoreira.jusbrasil.com.br/artigos/193355080/o-tj-sp-rasgou-os-pactos-internacionais-e-desautorizou-o-cnj>. Acesso em: 2 jul. 2021.

MOREIRA, Vital. **Fundamentos da Constituição**. Coimbra: Coimbra Editora, 1991.

MORENO, Rafael Alvarez. O duplo grau de jurisdição nos acórdãos condenatórios que reformem sentenças absolutórias: necessária implementação. **Boletim IBCCRIM**, São Paulo, v. 23, n. 275, p. 8-9., out. 2015.

MOSTELLER, Robert P. Failures of the American adversarial system to protect the innocent and conceptual advantages in the inquisitorial design for investigative fairness. **North Carolina Journal of International Law & Commercial Regulation**, v. 36, p. 319, 2010.

MOURA, Maria Thereza Rocha de Assis. **A prova por indícios no Processo Penal**. Rio de Janeiro: Lúmen Júris, 2009.

MOURA, Maria Thereza Rocha de Assis. **Justa causa para a ação penal**: doutrina e jurisprudência. São Paulo: Revista dos Tribunais, 2001.

MOURA, Maria Thereza Rocha de Assis; STEINER, Sylvia Helena de Figueiredo; CHOUKR, Fauzi Hassan. Jurisdição penal para crimes internacionais na América Latina. **Max-Planck-Institut für ausländisches und internationales Strafrecht**, 2001 (Informe).

MOURA, Maria Thereza Rocha de Assis; et. al. Jurisdicción penal para crímenes internacionales en América Latina. **Revista Penal**, v. 10, p. 130-160, 2002.

MOURÃO, Natália Lemos. Por que a Justiça Federal julga formando um júri e o Supremo Tribunal Federal julga em plenário simples? **Âmbito Jurídico**, Rio Grande, v. XIV, n. 93, out 2011. Disponível em: <http://www.ambito-juridico.com.br/site/index.php?n_link=revista_artigos_leitura&artigo_id=10602>. Acesso em: 22 jan. 2022.

MUCCIO, Hidejalma. **Curso de Processo Penal**. 2. ed. Rio de Janeiro: Forense, 2011. p. 1214-215.

MUELLER, G.O.W. A declaração das Nações Unidas de princípios básicos em favor das vítimas de crime e abuso de poder. In: ARAÚJO JÚNIOR, João Marcello de (Org.). **Ciência e Política Criminal em Honra de Heleno Cláudio Fragoso**. Rio de Janeiro: Forense, 1992, especialmente p. 190 e seguintes.

NABUCO FILHO, José. Importância da presunção de inocência. **Revista Jurídica Visão Jurídica**, São Paulo, v. 01, n.54, p. 94-95, out. 2010.

NASSARO, Adilson Luís Franco. A voz de prisão em flagrante. **Jus Navigandi**, Teresina, ano 12, n. 1319, 10 fev. 2007. Disponível em: <http://jus.com.br/revista/texto/9483>. Acesso em: 14 fev. 2013.

NASSIF, Aramis. **O Júri Objetivo**. Porto Alegre: Livraria do Advogado, 2001.

NASSIF, Aramis. **O Novo Júri Brasileiro**. Porto Alegre: Livraria do Advogado, 2008.

NERY JÚNIOR, Nelson. O senado federal e o controle concreto de constitucionalidade de leis e de atos normativos: separação de poderes, poder legislativo e interpretação da CF 52 X. **Revista de informação legislativa**, v. 47, n. 187, p. 193-200, jul./set. 2010 | Constituição de 1988: o Brasil 20 anos depois, v. 3.

NERY JÚNIOR, Nelson. **Princípios do Processo Civil na Constituição Federal**. 3. ed. São Paulo: Ed. Revista dos Tribunais, 1996.

NETTO, José Laurindo de Souza. As provas ilícitas e sua derivação diante do princípio do livre convencimento motivado. "O desentranhamento do juiz contaminado". **Revista de Ciências Jurídicas e Sociais da Unipar**, Toledo, v. 12, n. 2, p. 163-182, jul./dez. 2009.

NEWTON, Eduardo Januário. Audiência de custódia: avanços e desafios. Qual o papel a ser exercido pela defensoria pública? In: SANTORO, Eduardo Ramires; GONÇALVES, Carlos Eduardo (Org.). **Audiência de custódia**. Belo Horizonte: D'Plácido, 2017. Disponível em: <http://200.205.38.50/biblioteca/index.asp?codigo_sophia=137770>. Acesso em: 2 jul. 2021.

NEWTON, Michael A. Comparative Complementarity: Domestic Juridiction Consistent with the Rome Statute of the International Criminal Court. **Military Law Review**, v. 167, p. 20, 2001.

NICOLITT, André Luiz. **A duração razoável do processo**. Rio de Janeiro: Lumen Juris, 2006. 205 p.

NICOLITT, André Luiz. Juiz sem rosto e crime organizado: a Lei 12.694/2012 e os direitos fundamentais. **Revista Brasileira de Ciências Criminais**, São Paulo, v. 21, n. 105, p. 249-269, nov./dez. 2013.

NICOLITT, André Luiz. Julgamento colegiado em primeiro grau (Lei 12.694/2012) e as dimensões do princípio do juiz natural. **Boletim IBCCRIM**, São Paulo, v. 20, n. 240, p. 10-11, nov. 2012.

NICOLITT, André Luiz. **Manual de Processo Penal**. Rio de Janeiro: Elsevier, 2012.

NIEVA FENOLL, Jordi. Las pulseras telemáticas: aplicación de las nuevas tecnologías a las medidas cautelares y a la ejecución en el proceso penal. **Revista del Poder Judicial**, n. 77, p. 201-220, 2005.

NOGUEIRA, Grasiéla Macias; FERMENTÃO, Cleide Aparecida Gomes Rodrigues. O estado civil das pessoas que vivem sob o regime de união estável em face dos direitos da personalidade. **Revista Jurídica Cesumar-Mestrado**, v. 6, n. 1, p. 489-498, 2007.

NONATO, Orosimbo. Em defesa das garantias do Ministério Público. **Justitia**, n. 32, p. 11-28, 1961. Disponível em: <http://www.revistajustitia.com.br/revistas/8c8xzy.pdf>. Acesso em: 7 jun. 2021.

NOVAES, Jovair. Disponível em: <http://www.camara.gov.br/sileg/integras/461301.pdf>. Acesso em: 20 out. 2016.

NOVAES, Luiz Carlos Garcez. A identificação humana por DNA pode substituir a identificação humana por impressão digital. **Revista Brasileira de Ciências Criminais**, São Paulo, v. 12, n. 51, p.237-251, nov./dez. 2004.

NUCCI, Guilherme de Souza. **Código de Processo Penal comentado**. São Paulo: Revista dos Tribunais, 2002.

NUCCI, Guilherme de Souza. **Código de Processo Penal comentado**. 6. ed. São Paulo: Editora Revista dos tribunais, 2007.

NUCCI, Guilherme de Souza. **Código de Processo Penal comentado**.13. ed. Rio de Janeiro: Forense, 2014.

NUCCI, Guilherme de Souza. **Fim da prisão especial**: posição favorável. Disponível em: <http://genjuridico.com.br/2015/06/16/fim-da-prisao-especial-posicao-favoravel/>. Acesso em: 4 jul. 2021.

NUCCI, Guilherme de Souza; et al. Ação civil ex delicto: problemática e procedimento após a Lei 11.719/2008. **Revista dos Tribunais**, São Paulo, v. 98, n. 888, p. 395-439, out. 2009.

NUNES, Thiago de Castro Saldanha. A capacidade postulatória do Delegado de Polícia **Conteúdo Jurídico**, Brasília-DF: 21 mar 2020. Disponível em: <https://conteudojuridico.com.br/consulta/Artigos/51146/a-capacidade-postulatoria-do-delegado-de-policia>. Acesso em: 21 mar 2020.

O'DWER, Edson Freire. Modificações no procedimento do júri. **Revista do Conselho Nacional de Política Criminal e Penitenciária**, Brasília, v.1, n.3, p.101-5, jan./jun. 1994.

OLDONI, Fabiana; JUSTINO, Fernanda Morales. A aplicação da tutela antecipada em sede de revisão criminal. **Revista Bonijuris**, Curitiba, v. 23, n. 567, p. 52-57, fev. 2011.

OLIVEIRA, Ana Carolina Carlos de; CARDOSO, Débora Motta. Direito à autodefesa e defesa técnica na Corte Interamericana de Direitos Humanos: análise de casos e cotejo com as regras nacionais. **Revista Brasileira de Ciências Criminais**, São Paulo, v. 22, n. 110, p. 201-225, set./out. 2014.

OLIVEIRA, Ana Schmidt de. **A vítima e o Direito Penal**. São Paulo: Revista dos Tribunais, 1999.

OLIVEIRA, Eduardo Santos de. Os limites do território nacional brasileiro sob a perspectiva do Tratado sobre o Direito do Mar: uma questão de segurança nacional. Âmbito Jurídico, Rio Grande, v. XV, n. 101, jun. 2012. Disponível em: <http://www.ambito-juridico.com.br/site/?n_link=revista_artigos_leitura&artigo_id=11823>. Acesso em: 14 jan. 2022.

OLIVEIRA, Eugênio Pacelli de. **A identificação genética/Lei 12.654**. 06 jun. 2012. Disponível em: <http://eugeniopacelli.com.br/quartas/a-identificacao-geneticalei-12-654-06-06-2012/>. Acesso em: 2 jul. 2012.

OLIVEIRA, Eugênio Pacelli de. **Curso de processo penal**. 18. ed. São Paulo: Atlas, 2014.

OLIVEIRA, Eugênio Pacelli de. **Curso de processo penal**. 18. ed. ver. e ampl. atual. de acordo com as leis 12.830, 12.850 e 12.878, todas de 2013. São Paulo: Atlas, 2017. (Edição digital., item 11.4.2. p.28).

OLIVEIRA, Eugênio Pacelli de. **Curso de processo penal**. 17. ed. Comentários ao CPP. 5 ed. Lei 12.850/13. 16 ago. 2013. Disponível em: <http://www.criminal.mppr.mp.br/arquivos/File/ANEXOS/INF_264_Organizacoes_criminosas_pacelli.pdf>. Acesso em 15 ago. 2016.

OLIVEIRA, Eugênio Pacelli de. **Curso de processo penal**. 16. ed. atual. de acordo com as leis nº 12.403, 12.432, 12.461, 12.483 e 12.529, todas de 2011, e Lei Complementar nº 140, de 8 de dezembro de 2011. São Paulo: Atlas, 2012.

OLIVEIRA, Eugênio Pacelli de. **Curso de processo penal**. 16. ed. São Paulo: Atlas, 2012.

OLIVEIRA, Eugênio Pacelli de. **Curso de processo penal**. 13. ed. Rio de Janeiro: Lumen Juris, 2010.

OLIVEIRA, Eugênio Pacelli de. **Curso de processo penal**. 9. ed. Rio de Janeiro: Lumen Juris, 2008.

OLIVEIRA, Eugênio Pacelli de. **Curso de processo penal**. 8. ed. Rio de Janeiro: Lumen Juris, 2007.

OLIVEIRA, Eugênio Pacelli de. **Curso de processo penal**. 3. ed. Belo Horizonte: Del Rey, 2004.

OLIVEIRA, Eugênio Pacelli de. O processo penal como dialética da incerteza. **Revista de Informação Legislativa**, p. 67, 2009.

OLIVEIRA, Eugênio Pacelli de. Unidade de julgamento, igualdade de tratamento e o juiz natural: entre ponderações, acomodações e adequações constitucionais. **Revista Brasileira de Ciências Criminais**, São Paulo, v. 22, n. 106, p.137-155, jan./fev. 2014.

OLIVEIRA, Eugênio Pacelli; FISCHER, Douglas. **Comentários ao Código de Processo Penal e sua jurisprudência**. 2 ed. Rio de Janeiro: Lumen Juris, 2011.

OLIVEIRA, Eugênio Pacelli; FISCHER, Douglas. **Comentários ao Código de Processo Penal e sua jurisprudência**. 4. ed. São Paulo: Editora Atlas, 2012.

OLIVEIRA, Eugênio Pacelli; FISCHER, Douglas. **Comentários ao Código de Processo Penal e sua jurisprudência**. São Paulo: Editora Atlas, 2013.

OLIVEIRA, Vitor Eduardo Tavares de. Possibilidade do litisconsorte passivo de formular perguntas ao corréu. **Boletim IBCCRIM**, São Paulo, v. 17, n. 202, p. 18-19, set. 2009.

ORGANIZAÇÃO DAS NAÇÕES UNIDAS. Grupo de Trabajo sobre Detenciones Arbitrarias. **Informe sobre Misión a Argentina**, E/CN.4/2004/3/Add.3, 23 de diciembre de 2003, pár. 65.

ORGANIZAÇÃO DAS NAÇÕES UNIDAS. **Las Naciones Unidas y los derechos humanos**: 1945-1995. 1 ed. [S.l.: s.n.], 1995. VII v. (Serie de Libros Azules). ISBN: 92-1-300162-2.

ORLANDI, Renzo. Introduction. The protection of the right to liberty and security in the field of pre-trial precautionary mesures in criminal matters. In: RUGGERI, Stefano (Ed.). **Liberty and Security in Europe**: A Comparative Analysis of Pre-trial Precautionary Measures in Criminal Proceedings. Göttingen: Vandenhoeck and Ruprecht GMBH, 2012. P. 9-16.

ORLANDI, Renzo. Provvisoria esecuzione delle sentenze e presunzione di non colpevolezza. In: BARGIS, Marta et.al. **Presunzione di non colpevolezza e disciplina delle impugnazioni**. Milano: Giuffrè, 2000.

PACHECO, Denilson Feitoza. **Direito processual penal**: teoria, crítica e práxis. Rio de Janeiro: Impetus, 2009.

PACHECO, Denilson Feitoza. **Direito Processual Penal**: teoria, critica e práxis. 3. ed. Belo Horizonte: Impetus Editora, 2005.

PACHECO, José María Tijerino. Mediatización de la oralidad: La perversión del juicio en la práctica judicial penal Centroamericana. **Revista de Derecho**, n. 11, p. 175-194, 2014.

PACKER, Herbert L. Two models of the criminal process. **University of Pennsylvania Law Review**, v. 113, n. 1, p. 1-68, 1964.

PAIVA, Caio. **Audiência de custódia e o processo penal brasileiro**. Florianópolis: Empório do Direito, 2015.

PALAZZOLO, Massimo. Da violação do princípio da reserva legal – imposição de cestas básicas: suspensão do processo. **Boletim IBCCRIM**, São Paulo, v. 11, n. 131, p. 13, out. 2003.

PALMA, Nitto Francesco. La Deontologia del Pubblico Ministero nel Nuovo Codice. **Giustizia Penale**, v. III, p. 150.

PANTALEÃO, Juliana Fogaça. **O âmbito cognitivo da revisão criminal**. 2011. 133 f. Dissertação (Mestrado em Direito). Pontifícia Universidade Católica de São Paulo, São Paulo, 2011.

PARÁ. Tribunal de Justiça. **Processo n. 201330255147**. Relator Raimundo Holanda Reis. Julgamento: 28/07/2014.

PARAÍBA. Tribunal de Justiça. Processo n. 95.002745-6 (Apelação Criminal). Des. Raphael Carneiro Arnaud. J: 21/12/1995. Diário Oficial de: 23/12/95. **Seleção da CONJUR**, Santa Luzia, 1995.

PARAÍBA. Tribunal de Justiça. Relator Des. Raphael Carneiro Arnaud. Data publicação. 21/09/95.

PARAÍBA. Tribunal de Justiça. **Agravo de Instrumento n. 14.407-8**. Terceira Câmara. Relator Des. Silva Wolf. J.: 16/4/91.

PARAÍBA. Tribunal de Justiça. **Apelação Crime n. 1896386/PR** Apelação Crime – 0189638-6. Terceira Câmara Criminal (extinto TA). Relator Rubens Oliveira Fontoura. Data de Julgamento: 10/12/2002. Disponível em: <https://tj-pr.jusbrasil.com.br/jurisprudencia/4678357/apelacao-crime-acr-1896386-pr-apelacao-crime-0189638-6/inteiro-teor-11347361>. Acesso em: 13 jan. 2022.

PARAÍBA. Tribunal de Justiça. **Mandado de Segura n. 8573439/PR** (Acórdão). Quinta Câmara Criminal. Relator: Rogério Etzel. Data de Julgamento: 08/03/2012. Disponível em: <https://tj-pr.jusbrasil.com.br/jurisprudencia/21451814/8573439-pr-857343-9-acordao-tjpr>. Acesso em: 13 jun. 2021.

PARAÍBA. Tribunal de Justiça. **Revista dos Tribunais**, v. 534, p. 416.

PASCHOAL, Jorge Coutinho. **O prejuízo e as nulidades processuais penais**: um estudo à luz da jurisprudência do Supremo Tribunal Federal e do Superior Tribunal de Justiça. Rio de Janeiro: Lumen Juris, 2014.

PASINATO, Wânia. Justiça para todos: Os juizados especiais criminais e a violência de gênero. **Revista Brasileira de Ciências Criminais – RBCCRIM**, n. 53, p. 201, abr./2005.

PASSOS, Edilenice. **Código de Processo Penal**: notícia histórica sobre as comissões anteriores. Brasília, DF: Senado Federal – Secretaria de Informação e Documentação, 2008.

PASTOR, Daniel R. Acerca del derecho fundamental al plazo razonable de duración del proceso penal. **Revista de Estudios de la Justicia**, n. 4, p. 51-76, 2004.

PASTOR, Daniel R. **El plazo razonable en el proceso del estado de derecho**. Buenos Aires: Ad-Hoc. 2002.

| 1040

PATERSON, Craig. A privatização do controle do crime e o monitoramento eletrônico de criminosos na Inglaterra e no País de Gales. **Revista Brasileira de Ciências Criminais**, v. 17, n. 77, p. 281-297, 2009.

PAULA, Bruna Vieira de. O princípio do non-refoulement, sua natureza jus cogens e a proteção internacional dos refugiados e dos direitos humanos. **REMHU** (Brasília), v. 16, p. 430-439, 2008. Também disponível em: <http://www.corteidh.or.cr/tablas/r28151.pdf>. Acesso em: 4 jul. 2021. p. 52.

PAULA, Paulo Afonso Garrido de et. al. **Código de Processo Civil Interpretado**. 3. ed. São Paulo: Atlas, 2008.

PAULESU, Píer Paolo. **La presunzione di non colpevolezza dell'imputato**. 2. ed. Torino: G. Giappichelli Editore, 2009.

PAVÃO, Cláudio Luís. Testemunho do policial no processo penal. **A força policial**: órgão de informação e doutrina da instituição policial militar (Revista da Polícia Militar do Estado de São Paulo), São Paulo, v. 34, n. 34, p. 35-40, abr./jun. 2002.

PEDRA, Adriano Sant'Ana. A natureza principiológica do duplo grau de jurisdição. **Revista de Direito Administrativo**, Brasília, v. 247, n.45, p. 13-30, 2008.

PEDROSO, Fernando de Almeida. Competência penal: princípio do esboço do resultado e crimes qualificados pelo evento. **Justitia**, São Paulo, v. 54, n. 158, p. 17-26, abr./jun. 1992.

PELLENZ, Mayara; BACEGA DEBAS, Ana Cristina. Justiça Restaurativa e resolução dos conflitos familiares. **Revista Direito e Liberdade**, v. 17, n. 1, p. 231-250, 2015.

PELUSO, Vinicius de Toledo Piza. Prova testemunhal: a urgência do art. 366 do CPP. **Boletim IBCCRIM**, São Paulo, v. 8, n. 95, p. 5-6., out. 2000.

PENA de delatores cai de 283 para 7 anos, diz jornal. **Terra**, 18 jan. 2016. Disponível em: <https://www.terra.com.br/economia/pena-de-condenados-delatores-da-lava-jato-cai-de-283-para-7-anos-diz-folha,4432df60f91a44f45547686c51d03b7af7aj9ilp.html%3E>. Acesso em: 21 fev. 2022.PENTEADO, Jacques Camargo. **O Aditamento no Processo Penal**. São Paulo: Saraiva, 1992.

PENTEADO, Jaques de Camargo; UZEDA, Clóvis. O princípio do promotor natural: "as equipes especializadas" a luz do princípio do promotor natural. **Justitia**, São Paulo, v. 47, n. 131, p. 146-154, set./1985.

PEREIRA, Flávio Cardoso. **Agente encubierto como medio extraordinario de investigación**: Perspectivas desde el garantismo procesal penal. Bogotá: Grupo Editorial Ibañez, 2013. 1 v.

PEREIRA, Luiz Eduardo Navajas Telles. **Novo procedimento para prisão cautelar para extradição**. Disponível em: <http://www.conjur.com.br/2014-out-20/luiz-navajas-procedimento-prisao-cautelar-extradicao>. Acessado em: 15 out. 2016.

PEREIRA, Tatiana. Legitimidade ativa para propor suspensão condicional do processo e transação penal na ação penal exclusivamente privada: MP ou querelante? **Revista MPMG Jurídico**, ano 11, n. 8, p. 56-57, jan./fev./mar./ 2007.

PERUCHIN, Marcelo Caetano Guazzelli. A proteção dos direitos fundamentais no cenário da cooperação judicial penal internacional. In: CHOUKR, Fauzi Hassan; PAGLIARINI, Alexandre Coutinho. **Cooperação jurídica internacional**. Belo Horizonte: Fórum, 2014. p. 225-255.

PERUCHIN, Marcelo Caetano Guazzelli. Legitimação ativa do cidadão envolvido em atos de cooperação judicial penal internacional. In: WUNDERLICH, Alexandre (Coord.). **Política criminal contemporânea**: criminologia, direito penal e direito processual penal; homenagem do Departamento de Direito Penal e Processual Penal pelos 60 anos da Faculdade de Direito da PUC/RS. Porto Alegre: Livraria do Advogado, 2008. p. 319-331.

PERNAMBUCO. Tribunal de Justiça. **Habeas Corpus n. 161108220078170001/PE** 0008629-95.2012.8.17.0000. 3ª Câmara Criminal. Relator Cláudio Jean Nogueira Virgínio. Julgamento: 20/06/2012.

PERNAMBUCO. Tribunal de Justiça. Processo n. 3850219. Relator Fábio Eugênio Dantas de Oliveira Lima. Julgamento: 03/02/2016.

PERNAMBUCO. Tribunal de Justiça. **Recurso em Sentido Estrito n. 0021943-79.2010.8.17. 0000**. 4ª Câmara Criminal. Relator Alexandre Guedes Alcoforado Assunção. J.: 12-7-2011. Publicação: 22-7-2011. Disponível em: <http://www.tjpe.jus.br/consultajurisprudenciaweb/

xhtml/consulta/escolhaResultado.xhtml;jsessionid=mkdE83PmWFcUbLSWz_
eEU7AhHGPvOAWvjD3k41-ig1Uq5M9GAiYA!1760012722>. Acesso em: 20 jun. 2021.

PETEK, João Pedro Moscoso. O novo papel da vítima no processo penal e a assistência à acusação. **Direito & Justiça**, v. 37, n. 2, 2011.

PIERANGELI, José Henrique. Devido processo legal, continência e crime culposo. **Revista Brasileira de Ciências Criminais**, São Paulo, v. 2, n. 5, p.107-119, jan./mar. 1994.

PIMENTEL, Carolina. País tem 700 pessoas em programas de proteção a vítimas e testemunhas de crimes. **Agência Brasil**: Empresa Brasil de comunicação. 07 fev. 2012. Disponível em: <http://www.brasil.gov.br/cidadania-e-justica/2012/02/pais-tem-700-pessoas-em-programas-de-protecao-a-vitimas-e-testemunhas-de-crimes>. Acesso em: 7 jun. 2021.

PIMENTEL, Fabiano Cavalcante. **O retrospective overruling in mellius como fundamento para a revisão criminal**. Salvador: PPGD-UFBA. 2015.

PIÑERO BERTOT, María Inés. La nulidad como garantía de garantías. In: CHIARA DÍAZ, Carlos Alberto; OBLIGADO, Daniel Horacio (Coord.). **Garantías, medidas cautelares e impugnaciones en el proceso penal**. Rosario: Jurídica Nova Tesis, 2005. p. 201-223.

PINHO, Ana Cláudia Bastos de; BRITO, Michelle Barbosa de. É possível controlar o livre convencimento motivado? Quando a falta de uma teoria da decisão transforma a discricionariedade em "princípio". In: PINHO, Ana Cláudia Bastos de; DELUCHEY, Jean-François; GOMES, Marcus Alan de Melo (Coord.). **Tensões contemporâneas da repressão criminal**. Porto Alegre: Livraria do Advogado, 2014. 241 p., 23 cm. ISBN 978-85-7348-922-4.

PINHO, Humberto Dalla Bernardina de; PORTO, José Roberto Sotero de Mello. Colaboração premiada: um negócio jurídico processual? **Revista Magister de Direito Penal e Processual Penal**, Porto Alegre, v. 13, n. 73, p. 26-48., ago./set. 2016.

PINTO, Ronaldo Batista. Da legitimidade do ministério público para o ajuizamento de revisão criminal. **Revista IOB de Direito Penal e Processual Penal**, Porto Alegre, v. 7, n. 40, p. 72-74., out./nov. 2006.

PINTO, Ronaldo Batista. Sobre a possibilidade da reformatio in melius. **Revista Síntese de direito penal e processual penal**, Porto Alegre, v. 6, n. 34, p. 41-45., out./nov. 2005.

PIOVESAN, Flávia. A Constituição de 1988 e os tratados internacionais de proteção dos direitos humanos. **Cadernos de Direito Constitucional e Ciência Política**. São Paulo. v.6. n.23. p.79-90. abr./jun. 1998.

PINTO, Ronaldo Batista. **Direitos Humanos e o direito constitucional internacional**. São Paulo: Max Limonad, 1996.

PINTO, Ronaldo Batista. Introdução ao Sistema Interamericano de Proteção dos Direitos Humanos: a Convenção Americana de Direitos Humanos. In: GOMES, Luiz Flávio; PIOVESAN, Flavia (orgs.). **O sistema Interamericano de proteção dos direitos humanos e o direito brasileiro**. São Paulo: Editora Revista dos Tribunais, 2000.

PINTO, Ronaldo Batista. **Parecer**: Proposta de federalização dos crimes de direitos humanos. Disponível em: <http://www.pgr.mpf.gov.br/pgr/pfdc/informativos/2004/35/Parecer%20Flavia%20Piovesan.doc>. Acesso em: 14 out. 2005.

PINTO, Ronaldo Batista. Princípio da Complementaridade e Soberania. **Revista CEJ**, Brasília, n. 11, p. 71-74, 2000.

PISANI, Mario. Il Pubblico Ministero nel Nuovo Processo Penale: Profili Deontologici. **RDP**, v. 1, p. 181.

PITOMBO, Cleunice A. Valentim Bastos. **Da Busca e Apreensão no Processo Penal**. 2. ed. São Paulo: Revista dos Tribunais, 2005.

PITOMBO, Cleunice A. Valentim Bastos. **Da busca e da apreensão no processo penal**. 2. ed. São Paulo: Revista dos Tribunais, 2005. 319 p. (Estudos de processo penal Prof. Joaquim Canuto Mendes de Almeida, 2). ISBN 85-203-2777-X.

PITOMBO, Sérgio Marcos de Moraes. Pronúncia e o in dubio pro societate. **Boletim dos Procuradores da República**, São Paulo, v. 4, n. 45, p. 25-31, jan. 2002.

PITTMAN, R. Carter. The colonial and constitutional history of the privilege against self-incrimination in America. **Virginia Law Review**, p. 763-789, 1935.

PIZZI, William T.; MARAFIOTI, Luca. The New Italian Code of Criminal Procedure: The Difficulties of Building an Adversarial Trial System on a Civil Law Foundation. **Yale Journal of International Law**, v. 17, p. 1, 1992.

PLESE, João J. Desaforamento de julgamento pelo tribunal do júri. **Justitia**, v. 98, p. 53-62, 1977.

POLANCO, Adrián. La cosa juzgada en matéria penal. **AVANCES**, v. 10, n. 12, p. 27, 2015.

POLASTRI, Marcelus. **Manual de Processo Penal**. 4. ed. Rio de Janeiro: Lumen Juris, 2009.

PONTE, Antônio Carlos da. A evolução do Protesto por Novo Júri no Direito Brasileiro. **Justitia**, v. 171, p. 11-17, 1995.

PONTE, Antônio Carlos da. **Crimes eleitorais**. São Paulo: Saraiva, 2008.

PONTES, Evandro Fernandes de; PONTES, José Antonio Siqueira. Bresilien Breicht. Relator brasileiro: Fauzi Hassan Choukr. In: ESER, Albin; ARNOLD, Jörg; KREICKER, Helmut (Coord.). **Straftrecht in Reaktion auf Systemunrecht**: Vergeleichende Einblick in Transitionsprocesse. Freiburg im Breisgau/ Deutschland: Edition Iuscrim, 2000.

PONTES DE MIRANDA, Francisco. **História e Prática do Habeas Corpus**. 7. ed. São Paulo: Borsoi, 1972. Tomo II.

PORTO, Hermínio Alberto Marques. **Júri**. São Paulo: Saraiva, 2005.

PORTO, Hermínio Alberto Marques. **Júri**: Procedimentos e aspectos do julgamento, questionários. 8 ed. São Paulo: Malheiros, 1996

PORTO, Walter Costa. **1937**. 3. ed. Brasília: Senado Federal, Subsecretaria de Edições Técnicas, 2012.

POSTIGO, Leonel González; PODESTÁ, Tobías José. A oralidade no novo código de processo penal da nação Argentina. **Revista Brasileira de Direito Processual Penal**, v. 3, n. 3, p. 849-878, 2017.

PRADO, Geraldo. A investigação criminal pelo Ministério Público. In: AMBOS, Kai; MALARINO, Ezequiel; VASCONCELOS, Eneas Romero (Org.). **Polícia e Investigação no Brasil**. 1. ed. Brasília: Gazeta Jurídica, 2016. v. 1. p. 311-336.

PRADO, Geraldo. Duplo grau de jurisdição no processo penal brasileiro: homenagem às ideias de Julio B. J. Maier. **Cidadania e justiça: revista da associação dos magistrados brasileiros**, Rio de Janeiro, v. 5, n. 10, p. 212-221., 1° sem. 2001.

PRADO, Geraldo. Duplo grau de jurisdição no processo penal brasileiro: visão a partir da Convenção Americana de Direitos Humanos em homenagem às ideias de Julio B. J. Maier. In: BONATO, Gilson. **Direito penal e direito processual penal**: uma visão garantista. Rio de Janeiro: Lumen Juris, 2001. p. 105-119.

PRADO, Geraldo. **Elementos para uma análise crítica da transação penal**. Rio de Janeiro: Lumen Juris, 2003. 246 p. ISBN 85-7387-376-0.

PRADO, Geraldo. **Limite às interceptações telefônicas e a jurisprudência do Superior Tribunal de Justiça**. 2. ed. Rio de Janeiro: Lumen Juris, 2006.

PRADO, Geraldo. O dever judicial de controle das interceptações telefônicas e o prognóstico negativo do âmbito essencial da vida privada. In: SANTORO, Antonio Eduardo Ramires; MADURO, Flávio Mirza. **Interceptação telefônica**: os 20 anos da lei n° 9.296/96. Belo Horizonte: D'Plácido, 2016.

PRADO, Geraldo. Os embargos infringentes no PLS 156/2009. **Boletim IBCCRIM**, São Paulo, v. 18, 213 – Edição Especial, p. 12, ago. 2010.

PRADO, Geraldo. **Prova Penal e sistema de controles epistêmicos**: a quebra da cadeia de custódia das provas obtidas por métodos ocultos. 1. ed. São Paulo: Marcial Pons, 2014.

PRADO, Geraldo. **Sistema Acusatório**: a conformidade constitucional das leis penais. 2. ed. Rio de Janeiro: Lumen Juris, 2001.

PRADO, Geraldo. **Sistema acusatório**: a conformidade constitucional das leis processuais penais. 4. ed. Rio de Janeiro: Lúmen Juris, 2006.

PRADO, Geraldo. Sistema acusatório: a conformidade constitucional das leis processuais penais após 1988. **Revista de Ciências Sociais**. v. 4, n. 1. Rio de Janeiro: Ed. da Universidade Gama Filho, 1988.

PRADO, Geraldo; CASTANHO DE CARVALHO, Luiz Gustavo Grandinetti. **Leis dos juizados especiais crimiais**. 3. ed. Rio de Janeiro: Lúmen Juris, 2003.

PRADO, Luiz Regis. **Curso de Direito Penal Brasileiro**: Parte Geral. 4. ed. São Paulo: Revista dos Tribunais, 2004. 1 v.

PRADO, Wagner Junqueira. **Videoconferência no processo penal**: aspectos jurídicos, políticos e econômicos [recurso eletrônico]. Dados eletrônicos. Brasília: TJDFT, 2015. ISBN: 978-85-60464-06-0.

PRATES, Renato Martins. A acusação genérica nos crimes societários. **Revista CEJ**, v. 4, n. 10, p. 35-41, 2000.

PRECIADO, Mireya González. oralidad y gestión, el reto de hoy. In: DUCE, Mauricio; RIEGO, Cristian; VARGAS, Juan Enrique (Ed.). **Reformas procesales penales en América Latina**: discusiones locales. Santiago: CEJA, 2005. p. 285-306.

PUGLIESE, Yuri Sahione. **Assistência mútua em matéria penal**: e as penas vedadas no direito penal. São Paulo: LiberArs, 2015. 223 p., 23 cm. (Diké, 11). ISBN 978-85-64783-52-2.

PUGLIESE, Yuri Sahione. O STF e a prisão no processo extradicional brasileiro: uma releitura contemporânea. **Revista Brasileira de Ciências Criminais**, São Paulo, v. 23, n. 115, p. 167-192., jul./ago. 2015.

QUEIJO, Maria Elizabeth. **Da revisão criminal**: Condições da ação. São Paulo: Malheiros, 1998.

QUEIJO, Maria Elizabeth. **O direito de não produzir prova contra si mesmo**: o princípio *nemo tenetur se detegere* e suas decorrências no processo penal. São Paulo: Saraiva, 2003.

QUEIJO, Maria Elizabeth. Os abusos no indiciamento indireto. **Boletim IBCCRIM**, São Paulo, v. 19, n. 223, p.8-9, jun. 2011.

QUEIROZ, Eduardo Gomes de. Denúncia genérica nos crimes societários: um retrocesso ao Estado Novo. Análise sob o ponto de vista da atual ordem constitucional, do direito supralegal e da legislação ordinária. **Revista Síntese de Direito Penal e Processual Penal**, v. 8, n. 47, p. 67-77, 2008.

QUEIROZ, Paulo. **Pode o juiz condenar sem que haja pedido de condenação?** Disponível em: <http://www.pauloqueiroz.net/pode-o-juiz-condenar-sem-que-haja-pedido-de-condenacao/>. Acesso em: jun. 2021.

QUEIROZ, Paulo. **Sobre a intervenção do Ministério Público em segundo grau**. 2007. Disponível em: <http://www.pauloqueiroz.net/sobre-a-intervencao-do-ministerio-publico-em-segundo-grau/>. Acesso em jun. 2021.

QUEIROZ, Paulo. **Sob risco da ampliação indireta de uma teoria geral do processo e da diminuição do campo próprio do CPP**. Disponível em: <http://emporiododireito.com.br/impacto-do-novo-cpc-sobre-o-velho-cpp-por-paulo-de-souza-queiroz/>. Acesso em: 15 out. 2016.

RAMOS, André de Carvalho. Crimes da Ditadura Militar: A ADPF 153 e a Corte Interamericana de Direitos Humanos. In GOMES, Luiz Flávio et al. **Crimes da ditadura militar**: uma análise à luz da jurisprudência atual da Corte Interamericana de Direitos Humanos: Argentina, Brasil, Chile, Uruguai. São Paulo: RT, 2011.

RAMOS, André de Carvalho. **Direitos Humanos em Juízo**: Comentários aos Casos Contenciosos e Consultivos da Corte Interamericana de Direitos Humanos. São Paulo: Max Limonad, 2001.

RAMOS, André de Carvalho. O Estatuto do Tribunal Penal Internacional e a Constituição Brasileira. In: AMBOS, Kai; CHOUKR, Fauzi Hassan (Org.). **Tribunal Penal Internacional**. São Paulo: Revista dos Tribunais, 2000. p. 245-287.

RAMOS, André de Carvalho. O primeiro ano da sentença da Guerrilha do Araguaia. **Revista Consultor Jurídico**, 24 nov. 2011. Disponível em: <http://www.conjur.com.br/2011-nov-24/ano-depois-sentenca-guerrilha-araguaia-nao-foi-cumprida>. Acesso em: 14 abr. 2013.

RAMOS, Joao Gualberto Garcez. O júri como instrumento de efetividade da reforma penal. **Revista dos Tribunais**, São Paulo, v.83, n. 699, p. 283-8. jan. 1994.

RANDS, Maurício. Câmara dos Deputados. **Projeto de lei**. Disponível em: <http://www.camara.gov.br/proposicoesWeb/prop_mostrarintegra;jsessionid=F2F3D01E91D7A21B99F32EA55A9E8D8B.node1?codteor=836767&filename=PL+19/2011>. Acesso em: 10 jun. 2021.

RANGEL, Paulo. Breves considerações sobre a Lei 9296/96 (interceptação telefônica). **Revista Jus Navigandi**, Teresina, ano 5, n. 41, 1 maio 2000. Disponível em: <https://jus.com.br/artigos/195>. Acesso em: 15 maio 2016.

RANGEL, Paulo. **Direito Processual Penal**. 15. ed. rev. atual. e ampl. Rio de Janeiro: Lumen Iuris, 2008.

RANGEL, Paulo. **Direito Processual Penal**. 22. ed. São Paulo: Atlas, 2014.

RANGEL, Paulo. **Direito Processual Penal**. 18. ed. Rio de Janeiro: Lumen Juris, 2011.

RANGEL, Paulo. **Direito Processual Penal**. 16. ed. Rio de Janeiro: Lumen Juris, 2009.

RANGEL, Paulo. **Investigação criminal direta pelo Ministério Público**: visão crítica. Rio de Janeiro: Lumen Juris, 2003. 272 p.

RASCOVSKI, Luiz. A (in)eficiência da delação premiada. In: FERNANDES, Antonio Scarance; et al. **Estudos de processo penal**. São Paulo: Scortecci, 2011. p. 141-197. (Instituto de Estudos Avançados de Processo Penal – ASF).

RASCOVSKI, Luiz. A investigação criminal defensiva e o papel da defensoria pública na ampla defesa do investigado. In: RASCOVSKI, Luiz. **Temas relevantes de direito penal e processual penal**. São Paulo: Saraiva, 2012. p. 111-147.

REALE, Miguel. **Fontes e Modelos do Direito**: para um novo paradigma hermenêutico. São Paulo: Saraiva, 1994.

REIS, Gustavo Augusto Soares dos. A importância da Defensoria Pública em um Estado Democrático e Social de Direito. **Revista Brasileira de Ciências Criminais**, São Paulo, v. 16, n. 72, p. 253-274, maio/jun. 2008.

REMÉDIO, José Antonio; MACIEL NETO, Aluisio Antonio. A colaboração premiada como negócio jurídico processual e sua eficácia em razão do descumprimento do acordado pelo colaborador. In: GOMES, Luiz Flávio; SILVA, Marcelo Rodrigues da; MANDARINO, Renan Posella (Org.). **Colaboração premiada**: novas perspectivas para o sistema jurídico-penal. Belo Horizonte: D'Plácido, 2018. p. 217-237.

RESOLUCIÓN del Consejo de 9 de junio de 1997 relativa al intercambio de resultados de análisis de ADN. **Diario Oficial n. C 193**, de 24 jun. 1997. P. 002-003. Disponível em: <http://eurlex. europa.eu/LexUriServ/LexUriServ.do?uri=CELEX:31997Y0624(02):ES:HTML>. Acesso em: 13 jan. 2022.

REVISTA de jurisprudência LEX-STF, v. 31, n. 365, 2009, p. 478-485.

REVISTA do Superior Tribunal de Justiça, v. 21, p. 244.

REVISTA do Superior Tribunal de Justiça, v. 89, p. 459.

REVISTA dos Tribunais de Justiça, São Paulo, v. 45, p. 461.

REVISTA dos Tribunais de Justiça, São Paulo, v. 128, p. 1170.

REVISTA dos Tribunais de Justiça, São Paulo, v. 131, p. 125.

REVISTA dos Tribunais de Justiça, São Paulo, v. 136, n. 03, p. 1233.

REVISTA dos Tribunais de Justiça, São Paulo, v. 139, p. 242.

REVISTA dos Tribunais de Justiça, São Paulo, v. 601, p. 443.

REVISTA dos Tribunais, São Paulo, v. 615, p. 323.

REVISTA dos Tribunais, São Paulo, v. 641, p. 394.

REVISTA dos Tribunais, São Paulo, v. 710, p. 344.

REVISTA dos Tribunais, São Paulo, v. 581, p. 297 e p. 390.

REVISTA dos Tribunais, São Paulo, v. 587, p. 320.

REVISTA dos Tribunais, São Paulo, v. 661, p. 264.

REVISTA dos Tribunais, São Paulo, v. 732, p. 659.

REVISTA dos Tribunais, São Paulo, v. 733, p. 688.

REVISTA dos Tribunais, São Paulo, v. 747, p. 617.

REVISTA dos Tribunais, São Paulo, v. 757, p. 613.

REVISTA dos Tribunais, São Paulo, v. 760, p. 608.

REVISTA dos Tribunais, São Paulo, v. 782, p. 650.

REVISTA dos Tribunais, São Paulo, v. 783, p. 724.

REVISTA dos Tribunais, São Paulo, v. 846, p. 654.

REVISTA dos Tribunais, São Paulo, v. 856, p. 241.

REVISTA dos Tribunais, São Paulo, v. 858, p. 615.

REVISTA dos Tribunais, São Paulo, v. 882, p. 752.

REVISTA dos Tribunais, São Paulo, v. 889, p. 728.

REVISTA Trimestral de Jurisprudência – RTJ, v. 33, n. 2, p. 590-616.

REZEK, Francisco. Tribunal Penal Internacional: princípio da complementaridade e soberania. In: MIRANDA, Jorge; SILVA, Marco Antonio Marques da. **Tratado luso-brasileiro da dignidade humana**. 2. ed. São Paulo: Quartier Latin, 2009. p. 513-518.

REZEK, Francisco. Tribunal Penal Internacional: princípio da complementaridade e soberania. **Revista do Centro de Estudos Judiciários do Conselho da Justiça Federal**, n. 11, 2000.

RIBEIRO, Diaulas Costa. Prisão temporária (lei 7.960, de 21.12.89) – um breve estudo sistemático e comparado. **Revista dos Tribunais**, São Paulo, v. 707, p. 271.

RIBEIRO, Ludmila Mendonça Lopes; MACHADO, Igor Suzano; SILVA, Klarissa Almeida. A reforma processual penal de 2008 e a efetivação dos direitos humanos do acusado. **Revista Direito GV**, São Paulo, n. 8(2), p. 677-702, jul-dez. 2012.

RIBEIRO, Roberto Rubem. **Mandado de Captura do Mercosul. Brasília: Academia Nacional de Polícia**. Brasília: Academia Nacional de Polícia, 2012. 73 p. (Cadernos ANP, n. 16). ISSN 1982-8195.

RIBEIRO, Sônia Maria Amaral Fernandes. Crime e Castigo: Responsabilidade Civil em Face do Ilícito Penal. **Revista do Instituto de Direito Brasileiro**, Faculdade de Direito, Universidade de Lisboa, ano 3, n. 8, p. 5995-6054, 2014. ISSN: 2182-7567. Disponível em: <https://www.cidp.pt/revistas/ridb/2014/08/2014_08_05995_06054.pdf>. Acesso em: 6 jun. 2021.

RINCONES, Francisco Martínez. La política criminal y el derecho penal de la constitución: nuevas reflexiones sobre el modelo integrado de las ciencias penales. **Capítulo Criminológico**, v. 26, n. 2, 1998.

RIO DE JANEIRO. Tribunal de Justiça. **Apelação n. 0009016892013819020⁄RJ** 0009016-89.2013.8.19.0204. Primeira Câmara Criminal. Relatora Des. Maria Sandra Kayat Direito. Data de Julgamento: 01/04/2014. Data de Publicação: 08/04/2014.

RIO DE JANEIRO. Tribunal de Justiça. **Habeas Corpus: 0050983-18.2011.8.19.0000**. Segunda Câmara Criminal. Relator Des. José Augusto de Araújo Neto. Data de Julgamento: 31 jan. 2012. Data de Publicação: 20 maio 2013.

RIO DE JANEIRO. Tribunal de Justiça. **Recurso em Sentido Estrito n. 0040137-94.2015.8.19.0001**. Relatora Des. Elizabete Alves De Aguiar. J. em 07 de outubro de 2015. Disponível em: <http://www1.tjrj.jus.br/gedcacheweb/default.aspx?UZIP=1&GEDID=00044C18CDAEAB891A52 99D11159584D9D08C5042C09305F>. Acesso em: 20 out. 2016.

RIO GRANDE DO SUL. Tribunal de Justiça. **Apelação Crime n. 70007100902**. Quinta Câmara Criminal. Relator Des. Luís Gonzaga da Silva Moura. Julgado em 17.12.2003. Disponível em: <https://www.tjrs.jus.br/site_php/consulta/consulta_processo.php?nome_comarca=Tribunal%20de%20Justi%C3%A7a%20do%20RS&versao=&versao_fonetica=1&tipo=1&id_comarca=700&num_processo_mask=&num_processo=7000710090 2&codEmenta=7706337&temIntTeor=true>. Acesso em: 16 jun. 2021.

RIO GRANDE DO SUL. Tribunal de Justiça. **Correição Parcial n. 70011217783**. 3ª Câmara Criminal. Relator Des. Danúbio Edon Franco. Julgado em 12/05/2005. Disponível em: <https://www.tjrs.jus.br/site_php/consulta/consulta_processo.php?nome_comarca=Tribunal%20de%20 Justi%C3%A7a%20do%20RS&versao=&versao_fonetica=1&tipo=1&id_comarca=700&num_processo_mask=&num_processo=70011217783&codEmenta=7706337&temIntTeor=true>. Acesso em: 13 jun. 2021.

RIO GRANDE DO SUL. Tribunal de Justiça. **Habeas Corpus n. 70021266473**. Primeira Câmara Criminal. Relator Des. Marco Antônio Ribeiro de Oliveira. Julgado em 26/09/2007. Disponível em: <https://www.tjrs.jus.br/site_php/consulta/consulta_processo.php?nome_comarca=Tribunal%20de%20Justi%C3%A7a%20do%20RS&versao=&versao_fonetica=1&tipo=1&id_comarca=700&num_processo_mask=&num_processo=7002126647 3&codEmenta=7706337&temIntTeor=true>. Acesso em: 16 jun. 2021.

RIO GRANDE DO SUL. Tribunal de Justiça. **Recurso em Sentido Estrito n. 70065756827**. Terceira Câmara Criminal. Relator Sérgio Miguel Achutti Blattes. Julgado em: 10/12/2015.

RIO GRANDE DO SUL. Tribunal de Justiça. **Revista dos Tribunais**, v. 790, p. 685.

ROACH, Kent. Four models of the criminal process. **Journal of Criminal Law & Criminology**, v. 89, p. 671, 1998.

ROCHA, Jorge Bheron. O histórico do arcabouço normativo da defensoria pública: da assistência judiciária à assistência defensorial internacional. In: ANTUNES, Maria João; SANTOS,

| 1046

Cláudia Cruz; AMARAL, Claudio do Prado. **Os novos atores da justiça penal**. Coimbra: Almedina, 2016. p. 265-315.

ROCHA, Luiz Otavio de Oliveira. Agente Infiltrado: Inovação da Lei 10.217/2001. **Revista Jurídica do Ministério Público de São Paulo**, São Paulo: IMESP, v. 1, n. 1, 2001, p. 154.

ROCHA, Ruy Albertino Nunes da. O recurso da revisão criminal. **Revista de direito penal**: Rio de Janeiro: Sociedade Brasileira de Criminologia, Rio de Janeiro, 14/15, p. 281-313., ago./dez. 1936.

RODAS, João Grandino. Tribunal Penal Internacional: a entrega de nacionais. In: MIRANDA, Jorge; SILVA, Marco Antonio Marques da. **Tratado luso-brasileiro da dignidade humana**. 2. ed. São Paulo: Quartier Latin, 2009. p. 519-528.

RODRIGUES, Anabela Miranda. A fase preparatória do processo penal: tendências na Europa. O caso português. **Revista Brasileira de Ciências Criminais**, n. 9, p. 27, 2001.

RODRIGUES, Rute Imanishi et al. Os custos da violência para o sistema público. **Caderno de Saúde Pública**, v. 25, n. 1, p. 29-36, 2009.

RODRIGUES NETTO, Nelson. Qual o Juízo Competente para a Minha Ação? **Revista de Processo**, v. 146, p. 359-372, 2007.

RODRÍGUEZ, Víctor Gabriel. **Direitos do delatado**: a precipitada posição do STF no encolhimento do Judiciário. Disponível em: <https://www.conjur.com.br/2019-jun-04/victor-rodriguez-direitos-delatado-ea-precipitada-posicao-stf>. Acesso em: 13 jan. 2022.

RODRÍGUEZ, Víctor Gabriel. **Pacote "anticrime" perde oportunidade de codificar e sistematizar delação premiada**. Disponível em: <http://genjuridico.com.br/2020/01/22/pacote-anticrime-delacao-premiada/>. Acesso em jun. 2021.

RODRÍGUEZ-MAGARIÑOS, Faustino Gudín. Nuevas penas: comparación de los resultados de la vigilancia electrónica como sustitutivo de la prisión en los países de nuestro entorno. **Revista de Derecho y Proceso Penal**, n. 15, p. 135-143, 2006.

ROBERTSON, James. Quo Vadis, Habeas Corpus. **Buffalo Law Review**, v. 55, p. 1063, 2007.

ROLIM, Luciano. Limitações constitucionais intangíveis ao foro privilegiado. **Boletim Científico ESMPU**, Brasília, a. 4, n.14, p. 111-146, jan./mar. 2005.

RONDÔNIA. Tribunal de Justiça de Rondônia. **Processo 100.008.2006.001385-8 – Habeas Corpus**. Relator Desembargador Cássio Rodolfo Sbarzi Guedes. J. em: 06/09/2006. Publicado em 20/09/2006. Disponível em: <http://webapp.tjro.jus.br/juris/consulta/detalhesJuris.jsf?cid=1>. Acesso em 13 jun. 2021.

ROSA, Alexandre Morais. **A controvérsia sobre as razões recursais em segundo grau**. Disponível em: <http://www.conjur.com.br/2016-dez-30/limite-penal-controversia-razoes-recursais-segundo-grau#_ftn2>. Acesso em: 13 jan. 2022.

ROSA, Alexandre Morais. **Guia compacto do processo penal conforme a teoria dos jogos**. Florianópolis: Empório do Direito, 2016.

ROSA, Alexandre Morais da; LOPES JUNIOR, Aury. Conheça a Pedalada retórica in dubio pro societate. **Revista Consultor Jurídico**. Disponível em: <http://www.conjur.com.br/2017-jul14/limite-penal-conheca-pedalada-retorica-in-dubio-pro-societate>. Acesso em: 13 jan. 2022.

ROSA, Alexandre Morais da; ANDRADE, Romulo. **Até que ponto o Novo CPC altera o sentido dos Embargos Infringentes no crime?** Disponível em: <http://emporiododireito.com.br/ate-que-ponto-o-novo-cpc-altera-o-sentido-dos-embargos-infringentes-no-crime-por-romulo-de-andrade-moreira-e-alexandre-morais-da-rosa/>. Acesso em: 13 jan. 2022.

ROSA, Borges da. **Comentários ao Código de Processo Penal**. São Paulo: Campos, 1999. 2v.

ROSA, Lucas Costa da. Suspeição do delegado de polícia. A incompatibilidade do art. 107, primeira parte, do CPP, frente à CF/88. **Jus Navigandi**, Teresina, ano 16, n. 3046, 3 nov. 2011. Disponível em: <http://jus.com.br/revista/texto/20337>. Acesso em: 18 jan. 2013.

ROSS, Jacqueline E. Impediments to transnational cooperation in undercover policing: a comparative study of the United States and Italy. **American Journal of Comparative Law**, v. 52, n. 3, p. 569-624, 2004.

ROTH, Ronaldo João. A ação penal privada subsidiária da pública e o ofendido atuar no processo penal militar. **Direito Militar: Revista da Associação dos Magistrados das Justiças Militares Estaduais**, Florianópolis, v. 12, n. 72, p. 27-29, jul./ago. 2008.

ROXIN, Claus. **Derecho Procesal Penal**. 25. ed. Buenos Aires: Del Puerto, 2000.

ROXIN, Claus. **Derecho Procesal Penal**. Buenos Aires: Editores Del Puerto, 2003.

RUDSTEIN, David S. Brief History of the Fifth Amendment Guarantee against Double Jeopardy. A. **William & Mary Bill of Rights Journal**, v. 14, p. 193, 2005.

RUSSOWSKY, Iris Saraiva. **O Mandado de Detenção na União Europeia**: um modelo para o MERCOSUL. Porto Alegre: Verbo Jurídico, 2012.

RUY, Fernando Estevam Bravim. Leis delegadas. Jurídica: **Revista do Curso de Direito**, Vitória, v.2, n.2, p. 25-36, out./2000.

SÁ, Pedro Augusto Bragança de.; VERNEQUE, Wellington. O princípio do contraditório no inquérito policial e a quantidade de presos provisórios no Brasil. **Revista Eletrônica de Ciências Jurídicas**, v. 1, n. 4, 2017. Disponível em: <http://fadipa.educacao.ws/ojs-2.3.3-3/index.php/cjuridicas/article/view/252/pdf>. Acesso em: 11 jan. 2022.

SÁ, Waltenberg Lima de. Uma nova função da defensoria pública perante o direito internacional dos direitos humanos. **Direito Público**, São Paulo, v. 7, n. 33, p. 37-49, mai./jun. 2010.

SABADELL, Ana Lucia. Perspectivas jussociológicas da violência doméstica: efetiva tutela de direitos fundamentais e/ou repressão penal. **Revista dos Tribunais**, n. 840, p. 429.

SABBAG, Lucia Maria. O Olhar Através da Televisão: Formas de Construção de Sentidos para a Cidade. **Sínteses** (UNICAMP. Impresso), Campinas, p. 486-494, 10 nov. 2005.

SABOYA, Keity. **Ne bis in idem**: história, teoria e perspectivas. Rio de Janeiro: Lumen Juris, 2014.

SADEK, Maria Tereza. A Defensoria pública no sistema de justiça brasileiro. **APADEP em Notícias**, ano I, n. 04, jun./jul. 2008.

SÁEZ, Felipe. **La naturaleza de las reformas judiciales en América Latina**: algunas consideraciones estratégicas. Disponível em: <http://www.oas.org/Juridico/spanish/adjusti9.htm>. Acesso em 17 jun. 2021.

SALDANHA, Douglas Morgan Fullin. Cooperação jurídica internacional em matéria penal: das cartas rogatórias às equipes de investigação conjuntas. **Segurança pública & cidadania**: revista brasileira de segurança pública e cidadania, Brasília, v. 4, n. 1, p. 115-137, jan./jun. 2011.

SALGADO PESANTES, Hernán. Justicia constitucional transnacional: el modelo de la Corte Interamericana de Derechos Humanos. Control de constitucionalidad vs. Control de convencionalidad. In: BOGDANDY, Armin von; FERRER MAC-GREGOR, Eduardo; MORALES ANTONIAZZI, Mariela (Coords.). **La justicia constitucional y su internacionalización**: ¿Hacia un Ius Constitutionale Commune en América Latina? México: Universidad Nacional Autónoma de Mexico - UNAM, 2010. (Tomo I) p. 469-495.

SALGRETTI, Maria Edith Camargo Ramos. A inconveniência jurídica da inadmissibilidade das provas ilícitas pelo seu mero desentranhamento físico dos autos e pela continuidade do juiz que dela tivera conhecimento à frente do processo. Reflexos da questão na persecução penal dos crimes de natureza econômica. **Revista Brasileira de Ciências Criminais**, São Paulo, v. 23, n. 117, p. 203-240, nov./dez. 2015.

SALIGNAC E SOUSA, Leôncio de. O Ministério Público do Brasil. **Justitia**, v. 5, set. 1942 e abr. 1943. Disponível em: <http://www.revistajustitia.com.br/revistas/00cxz5.pdf>. Acesso em: 7 jun. 2021.

SALVADOR NETTO, Alamiro Velludo. **Finalidades da pena, conceito material de delito e sistema penal integral**. Tese (Doutorado em Direito Penal). Universidade de São Paulo, São Paulo, 2008.

SANCHEZ, Juan Sebastian Vera. Cuatro Mitos sobre la Justicia Retributiva como Mecanismo de Justicia Transicional. **American University International Law Review**, v. 32, p. 469, 2016.

SANGUINÉ, Odone. Direitos fundamentais da pessoa jurídica no processo penal. In: CHOUKR, Fauzi Hassan; LOUREIRO, Maria Fernanda; VERVAELE, John (Orgs.). **Aspectos Contemporâneos da Responsabilidade Penal da Pessoa Jurídica**. 1. ed. São Paulo: FECOMERCIOSP, 2014. 2v. p. 151-219.

SANGUINÉ, Odone. Efeitos Perversos Da Prisão Cautelar. **Revista Brasileira de Ciências Criminais**, v. 86, p. 289, 2010. Disponível em <www.revistasrtonline.com.br>. Acesso em: 3 jul. 2021.

SANGUINÉ, Odone. **Prisão cautelar, medidas alternativas e direitos fundamentais**. Rio de Janeiro: Forense, 2014.

SANTA CATARINA. Tribunal de Justiça de Santa Catarina. **Apelação cível n. 2003.002970-2**. Relator Des. Vanderlei Romer. Data da Decisão: 06/11/2003.

SANTA CATARINA. Tribunal de Justiça de Santa Catarina. **Apelação Criminal n. 336140/SC**. 2010.033614-0 (TJ-SC). Primeira Câmara Criminal. Relator Newton Varella Júnior. Julgamento: 18 out. 2011. Disponível em: <https://tj-sc.jusbrasil.com.br/jurisprudencia/20653316/apelacao-criminal-acr-336140-sc-2010033614-0-tjsc>. Acesso em: 17 jun. 2021.

SANTA CATARINA. Tribunal de Justiça de Santa Catarina. Apelação Criminal (Réu Preso) APR 55566/SC 1999.005556-6. Segunda Câmara Criminal. Relator José Roberge. Julgamento: 15/06/1999.

SANTA CATARINA. Tribunal de Justiça de Santa Catarina. **MS n. 110179**. Relator Solon d'Eça Neves. Julgamento: 14/06/2005.

SANTA CATARINA. Tribunal de Justiça de Santa Catarina. **Correição Parcial n. 126.826-3/SC-Palmeiras**. Quinta Câmara Criminal. Relator Des. Denser de Sá. J.: 16/9/1992.

SANTA CATARINA. Tribunal de Justiça de Santa Catarina. **Recurso Criminal n. 96.008927-6**. Relator Des. Nilton Macedo Machado. Julgado em: 10.12.96.

SANTIAGO, Nestor Eduardo Araruna. Criminalidade econômica, denúncia genérica e devido processo legal. **Revista Opinião Jurídica**. Fortaleza, v. 4, n. 6, p. 262-272, 2005.

SANTIAGO, Nestor Eduardo Araruna; OLIVEIRA, A. L. T. A acusação responsável como direito fundamental. In: Congresso Nacional do CONPEDI, 19, 2010. **Anais do XIX Encontro Nacional do Conpedi**. Florianópolis: UFSC, 2010, p. 1238-1251.

SANTIAGO, Nestor Eduardo Araruna; DUARTE, Ana Caroline Pinho. Um conceito de duração razoável do processo penal. **Novos Estudos Jurídicos (UNIVALI)** (Cessou em 2007. Cont. ISSN 2175-0491 Novos Estudos Jurídicos (Online), v. 15, p. 242-256, 2010.

SANTIAGO NETO, José de Assis. A audiência de custódia sob o prisma do sistema acusatório e do modelo constitucional de processo. In: SANTORO, Eduardo Ramires; GONÇALVES, Carlos Eduardo (Org.). **Audiência de custódia**. Belo Horizonte: D'Plácido, 2017. Disponível em: <http://200.205.38.50/biblioteca/index.asp?codigo_sophia=137770>. Acesso em 2 jul. p. 355-368.

SANTOS, Juarez Cirino dos. As ideias erradas do professor Lecey sobre criminalização de pessoas jurídicas. **Discursos Sediciosos**: crime, direito e sociedade. n. 14, p. 257-268, 2004.

SANTOS, Leandro Galluzzi dos. Procedimentos Lei 11.719, de 20/06/2008. In: MOURA, Maria Thereza de Assis (Coord.). **As Reformas no Processo Penal**: As novas Leis de 2008 e os Projetos de Reforma. São Paulo: Revista dos Tribunais, 2008.

SANTOS, Lycurgo de Castro. A vítima do ilícito fora da lide processual penal. **Notícias do Instituto Brasileiro de Ciências Criminais**, 12 nov. 1993. Disponível em: <https://www.ibccrim.org.br/noticias/exibir/1246/>. Acesso em: 5 jun. 2021.

SANTOS, Mauricio Cirino dos. A audiência de custódia e as funções institucionais do Ministério Público. **Revista jurídica do Ministério Público do estado do Paraná**, Curitiba, v. 3, n. 4, p. 119-131., jun. 2016. Disponível em: <http://200.205.38.50/biblioteca/index.asp?codigo_sophia=130848>. Acesso em: 19 mar. 2020.

SANTOS, Rafaela Amorim dos. Inconstitucionalidade da prisão preventiva como garantia da ordem pública. In: V Congresso Interdisciplinar – Ciência para Redução das Desigualdades. Goianésia, 2018. **Anais do V Congresso Interdisciplinar**: Ciência para Redução das Desigualdades, de 23 a 27 de outubro de 2018. ISSN: 2595-7732. Disponível em: <http://anais.unievangelica.edu.br/index.php/cifaeg/article/view/2014>. Acesso em: 2 jul. 2021.

SANTOS, Vinicius Lang dos. **O Direito constitucional ao prazo razoável e a duração da prisão preventiva**. Porto Alegre. 2008. 136 f. Dissertação (Mestrado em Ciências Criminais). Faculdade de Direito da PUCRS. 2008. (Orientação: Professor Dr. Nereu José Giacomolli).

SÃO PAULO. Ministério Público. **Protocolado n. 31.437/96** (Conflito de Atribuições) da PGJ – MPSP.

SÃO PAULO. Secretaria de Segurança Pública. **Resolução SSP n. 233 de 9 set. 2009**. Regulamenta a elaboração de Termo Circunstanciado, previsto no artigo 69 da Lei n. 9099 de 26 de setembro de 1995. Disponível em: <https://smastr16.blob.core.windows.net/consema/2011/11/oficio_consema_2009_234/Resolucao_SSP_de_09-09-2009.pdf>. Acesso em 11 jun. 2021.

SÃO PAULO. Tribunal de Alçada Criminal de São Paulo. **Apelação n. 1.271.277/2**. 13ª Câmara. Relator Teodomiro Méndez. Data do Julgamento: 6-11-2001. Voto unânime (Voto 7.208).

SÃO PAULO. Tribunal de Justiça. **Agravo de Instrumento n. 171.084-1-S.J.Campos.** Primeira Câmara Cível. Relator Des. Euclides de Oliveira. J.: 24/3/92.

SÃO PAULO. Tribunal de Justiça. **Apelação Criminal n. 140.840-3/SP.** Relator Cunha Bueno. J: 27.05.93.

SÃO PAULO. Tribunal de Justiça. **Apelação n. 203.161-3/Limeira.** 2ª Câmara Criminal Extraordinária. Relator Pereira da Silva. J: 01.06.1998, v.u.

SÃO PAULO. Tribunal de Justiça. **Apelação Criminal n. 166.099-3.** Relator Dante Busana. J. 20.10.94.

SÃO PAULO. Tribunal de Justiça. **Apelação Criminal n. 275.535-3.** Relator Oliveira Ribeiro. Julgamento: 27.07.99 – v.u.

SÃO PAULO. Tribunal de Justiça. Apelação Criminal. Relator. Álvaro Cury. **Revista dos Tribunais,** v. 630, p. 290.

SÃO PAULO. Tribunal de Justiça. **Habeas Corpus n. 2016152-70.2015.8.26.0000.** Julgamento: 12 mai. 2015. Relator Guilherme Souza Nucci. Disponível em: <https://tj-sp.jusbrasil.com.br/jurisprudencia/188312282/habeas-corpus-hc-20161527020158260000-sp-2016152-7020158260000/inteiro-teor-188312304>. Acesso em: 2 jul. 2021.

SÃO PAULO. Tribunal de Justiça. **Normas da Corregedoria Geral de Justiça.** Normas de Serviços dos Ofícios Judiciais – Capítulo V. Dos ofícios de justiça criminal, do júri, das execuções criminais e da Corregedoria dos presídios e da polícia judiciária. Disponível em: <https://www.tjsp.jus.br/download/conhecatjsp/normasjudiciais/capv.pdf>. Acesso em: 6 jun. 2021.

SÃO PAULO. Tribunal de Justiça. **Recurso em Sentido Estrito n. 133.467-3/Poá.** Relator: Egydio de Carvalho. 27.12.93.

SÃO PAULO. Tribunal de Justiça. **Recurso em Sentido Estrito n. 144.456-3.** Relator Gonçalves Nogueira. 31.10.1994.

SARABANDO, José Fernando Marreiros. Agravo de instrumento em recurso extraordinário criminal: contrarrazões. **De Jure:** Revista Jurídica do Ministério Público do Estado de Minas Gerais, Belo Horizonte, n. 7, p. 318-322., jul./dez. 2006.

SARABANDO, José Fernando Marreiros. Controle externo da atividade policial pelo Ministério Público. **Justitia,** v. 59, n. 177, p. 46-65, jan.-mar./1997.

SARAIVA, Wellington Cabral. Ação civil ex delicto: legitimidade ativa do ministério público. **Justiça,** São Paulo, v. 58, n. 176, p. 11-26, out./dez. 1996.

SARCEDO, Leandro. A delação premiada e a necessária mitigação do princípio da obrigatoriedade da ação penal. **Revista do Instituto dos Advogados de São Paulo-RIASP,** São Paulo, ano 14, v. 27, p. 191-205, jan/jun. 2011

SARLET, Ingo Wolfgang. **A eficácia dos direitos fundamentais.** 5. ed. Porto Alegre: Livraria do Advogado Editora, 2005.

SARLET, Ingo Wolfgang. Direitos fundamentais e direito penal: breves notas a respeito dos limites e possibilidades da aplicação das categorias da proibição de excesso e de insuficiência em matéria criminal: a necessária e permanente busca da superação dos "fundamentalismos" hermenêuticos. **Revista da ESMESC:** Escola Superior da Magistratura do Estado de Santa Catarina, Florianópolis, v. 15, n. 21, p. 37-74., anual. 2008.

SAVINO, Mario. Global Administrative Law Meets Soft Powers: The Uncomfortable Case of Interpol Red Notices. **New York University Journal of International Law & Politics,** v. 43, p. 263, 2010.

SCHABAS, William A. International justice for international crimes: an idea whose time has come. **European Review,** v. 14, n. 04, p. 421-439, 2006.

SCHIETTI, Rogério. **Garantias Processuais nos Recursos Criminais.** São Paulo: Atlas, 2002.

SCHOLZ, Leônidas Ribeiro. A eficácia temporal das normas sobre prisão e liberdade. **Revista Brasileira de Ciências Criminais,** São Paulo, v. 4, n. 14, p.192-200, abr./jun. 1996.

SCHOLZ, Leônidas Ribeiro; KEHDI, André Pires de Andrade. Cabimento de perícia em sede de justificação prévia de natureza criminal. **Boletim IBCCRIM,** São Paulo, v. 15, n. 177, p. 15-16., ago. 2007.

SCHOMBURG, Wolfgang. La regionalización del derecho penal internacional y la protección de los derechos humanos en los procesos de cooperación internacional en materia penal. **Revue Internationale de Droit Pénal**, Ramonville Saint-Agne, v. 66, 1/2, p. 94-97, jan./jun. 1995.

SCHREIBER, Simone. **A publicidade opressiva dos julgamentos criminais**: Uma investigação sobre as consequências e formas de superação da colisão entre a liberdade de expressão e informação e o direito ao julgamento criminal justo, sob a perspectiva da Constituição brasileira de 1988. Rio de Janeiro: Renovar, 2008.

SCHREIBER, Simone. Notas sobre o princípio da publicidade processual no processo penal. **Revista da Seção Judiciária do Rio de Janeiro**, Rio de Janeiro, v. 20, n. 36, p. 133-148., abr. 2013.

SCHULHOFER, Stephen J.; NAGEL, Ilene H. Plea Negotiations Under the Federal Sentencing Guidelines: Guideline Circumvention and its Dynamics in the Post – Mistretta Period. **Northwestern University Law Review**, v. 91, p. 1284, 1996.

SCHWARTZMAN, S. **Estado Novo, um autorretrato (arquivo Gustavo Capanema)**. Brasília: Editora Universidade de Brasília com o apoio Fundação Roberto Marinho, 1982. 24 v. *apud* SONTAG, Ricardo. A eloquência farfalhante da tribuna do júri: o tribunal popular e a lei em Nelson Hungria. **História (UNESP)**, São Paulo, v. 28, n. 2, 2009.

SCHWIKKARD, Pamela Jane. Procedural models and fair trial rights. In: **Conferência de Toronto da International Association Of Procedural Law**, 2009.

SEMINÁRIO Internacional sobre Cooperação Judiciária e Combate à Lavagem de Dinheiro. **Anais do Seminário Cooperação Judiciária e Combate à Lavagem de Dinheiro**. Brasília: Associação dos Juízes Federais do Brasil, 2003.

SELISTRE, Tael João. Competência funcional para o julgamento dos embargos infringentes, da ação rescisória e da revisão criminal. **Revista do Ministério Público do Rio Grande do Sul**, Porto Alegre, n. 50, p. 173-179, abr./jul. 2003.

SERGIPE. Tribunal de Justiça. **Apelação Criminal n. 2003304493/SE**. Câmara Criminal. Relator Des. Epaminondas S. de Andrade Lima. Data de Julgamento: 18/11/2003. Disponível em: <https://tj-se.jusbrasil.com.br/jurisprudencia/4734803/apelacao-criminal-apr-2003304493-se/inteiro-teor-11363300>. Acesso em: 13 jan. 2022.

SGARBOSSA, Luís Fernando; JENSEN, Geziela. As opções políticas do Estatuto de Roma e seu impacto em relação ao regime jurídico-constitucional dos direitos fundamentais no Brasil. **Revista Jus Navigandi**, Teresina, ano 11, n. 1152, 27 ago. 2006. Disponível em: <https://jus.com.br/artigos/8849>. Acesso em: 20 ago. 2016.

SHECAIRA, Sérgio Salomão: **Responsabilidade Penal da Pessoa Jurídica, de acordo com a Lei 9.605/98**. São Paulo: Editora Revista dos Tribunais, 1998.

SHEPTYCKI, James. The Accountability of Transnational Policing Institutions: The Strange Case of Interpol. **Canadian Journal of Law and Society**, v. 19, n. 01, p. 107-134, 2004.

SIEGEL, David M. Training the Hybrid Lawyer and Implementing the Hybrid System: Two Tasks for Italian Legal Education. **Syracuse Journal of International Law and Commerce**, v. 33, p. 445, 2005.

SILVA, Alexandre Alberto Gonçalves da; SANCHEZ, Pedro Luís Próspero. A perícia como garantidora dos Direitos Humanos no século XIX. **Revista da Faculdade de Direito de São Bernardo do Campo**, São Bernardo do Campo, v. 14, n. 16, p. 1-14, anual. 2010.

SILVA, Danielle Souza de Andrade e. Decisão proferida por justiça incompetente: nulidade ou inexistência? **Revista Brasileira de Ciências Criminais**, São Paulo, v. 15, n. 68, p. 182-213, set./out. 2007.

SILVA, Danni Sales. Da validade processual penal das provas obtidas em sites de relacionamento e a infiltração de agentes policiais no meio virtual. **Revista Brasileira de Ciências Criminais**, São Paulo, v. 24, n. 120, p. 203-235., mai./jun. 2016.

SILVA, Dicken William Lemes. Os princípios constitucionais da dependência hierárquica (MF espanhol) e independência funcional (MP brasileiro): reflexões à luz da evolução do Ministério Público e do constitucionalismo contemporâneo. **Boletim Científico ESMPU**, Brasília, ano 12, n. 41, p.155-199, jul./dez. 2013.

SILVA, Eduardo Pereira da. Prerrogativa de foro no inquérito policial. **Revista CEJ**, v. 11, n. 36, p. 6-13, 2007.

SILVA, José Carlos Loureiro da. A denúncia alternativa viola o direito de defesa. In: SILVA, Marco Antonio Marques da. **Processo penal e garantias constitucionais**. São Paulo: Quartier Latin, 2006. p. 405-423.

SILVA, Ricardo Perlingeiro Mendes da. Anotações sobre o anteprojeto de lei de cooperação jurídica internacional. **Revista de Processo**, São Paulo, v. 129, p. 133-168, 2005.

SILVA, Ricardo Perlingeiro Mendes da. Código de Cooperação Interjurisdicional para Iberoamérica. **Revista Eletrônica de Direito Processual**, v. 4, n. 4, p. 80-111, 2009. ISSN 1982-7636. Disponível em: <https://www.e-publicacoes.uerj.br/index.php/redp/article/view/21610/15636>. Acesso em: 4 jul. 2021.

SILVA, Ricardo Perlingeiro Mendes da. Cooperação Jurídica Internacional e auxílio direto. **Revista CEJ**, v. 10, n. 32, p. 75-79, 2006.

SIMINI JÚNIOR, Antonio; QUINTANA, Milton. Da impossibilidade de deferir a suspensão condicional do processo ex oficio. **Justitia**, São Paulo, v. 63, n. 193, p. 69-80, jan./mar. 2001.

SLAIBI FILHO, Nagib. Direito fundamental à razoável duração do processo judicial e administrativo. **Revista da EMERJ**, Rio de Janeiro, v. 3, n. 10, p.118-42, 2000.

SLAUGHTER, Anne-Marie; Burke-White, William. The Future of International Law is Domestic. In: NOLKAEMPER, Andre; NIJMAN, Janne (Eds.). **New Perspectives on the Divide between International Law and National Law**. Oxford: Oxford University Press, 2007. Disponível em: <http://www.princeton.edu/~slaughtr/Articles/NewPerspectives.pdf>. Acesso em: 13 jan. 2022.

SILVA, Eduardo Araújo. **Da inconstitucionalidade da proposta de delegado de polícia para fins de acordo de delação premiada**: Lei nº 12.850. Disponível em: <http://www.apmp.com.br/index.php/artigos/1237>. Acesso em: 4 set. 2013.

SILVA, Eduardo Araújo. Da irretoratividade da suspensão do processo. **Boletim IBCCrim** 47, out/1996.

SILVA, Enio Moraes. A garantia constitucional da razoável duração do processo e a defesa do Estado. **Revista de Informação Legislativa**. Brasília, ano 43, n. 172, out./dez. 2006.

SILVA, José Afonso da. **Curso de Direito Constitucional Positivo**. 30. ed. São Paulo: Malheiros Editores, 2008.

SILVA, Marcelo Cardozo da. **Prisão em flagrante e prisão preventiva**. Porto Alegre: TRF – 4a Região, 2008 (Currículo Permanente. Caderno de Direito Penal: módulo 4). Disponível em: <http://www2.trf4.jus.br/trf4/upload/editor/rom_MARCELO_CARDOZO.pdf>. Acesso em: 13 jan. 2022.

SILVA, Marcelo Magno Ferreira e. A celebração do acordo de colaboração premiada como negócio jurídico processual e meio de obtenção de prova: uma análise do HC STF 127.483/PR e breves considerações acerca da gestão das provas no sistema acusatório. **De Jure - Revista Jurídica do Ministério Público do Estado de Minas Gerais**, Belo Horizonte, v. 17, n. 30, p. 263-316, jan./jun. 2018.

SILVA, Márcio Alberto Gomes. **Organização Criminosa**: Uma análise jurídica e pragmática da Lei 12.850/13. Rio de Janeiro: Lumen Juris, 2014.

SILVA, Ovídio Baptista da. As Ações cautelares e o Novo Processo Civil. 2. ed. Rio de Janeiro: Forense, 1974. Apud FRIEDE, Roy Reis. Medidas Cautelares e Limares Satisfativas. **Justitia**, São Paulo, v. 165, p. 37-45, 1994.

SILVA, Virgílio Afonso da. O proporcional e o razoável. **Direito UNIFACS – Debate Virtual**, n. 132, jun. 2011. ISSN 1808-4435.

SILVA FRANCO, Alberto. Os questionamentos provocados pela Lei 9099/95. **Boletim do Instituto Brasileiro de Ciências Criminais**, n. 35, nov./1995. Disponível em: <https://www.ibccrim.org.br/publicacoes/exibir/135>. Acesso em: 5 jun. 2021.

SILVA, Virgílio Afonso da. Prazo razoável e o estado democrático de direito. **Boletim IBCCRIM**. São Paulo, v. 13, n. 152, p. 6-7, jul. 2005.

SILVA, Virgílio Afonso da. Prefácio. In: PIERANGELI, Jose Henrique; ZAFFARONI, Eugenio Raul. **Manual de Direito Penal Brasileiro**: Parte Geral. São Paulo: Revista dos Tribunais, 1996.

SILVA, Virgílio Afonso da. Suspensão do processo e suspensão da prescrição. **Boletim IBCCrim** 42, junho/1996.

SILVA JÚNIOR, Walter Nunes da. **Reforma tópica do processo penal**: inovações aos procedimentos ordinário e sumário, com o novo regime das provas e principais modificações do júri e as medidas cautelares pessoais (prisão e medidas diversas da prisão). Rio de Janeiro: Renovar, 2012.

SILVA JÚNIOR, Walter Nunes da. **Reforma tópica do processo penal**: inovações aos procedimentos ordinário e sumário, com o novo regime das provas e principais modificações do júri. Rio de Janeiro: Renovar, 2009.

SILVA JÚNIOR, Walter Nunes da. Tribunal do Júri e as modificações propostas. **Revista dos Tribunais**, São Paulo, v.84, n.720, p.399-406, out. 1995.

SILVA NETO, Aldemar Monteiro da. A violação dos direitos fundamentais pelas decisões que autorizam a busca e a apreensão coletivas. **Revista Magister de Direito Penal e Processual Penal**, Porto Alegre, v. 11, n. 64, p. 25-35, fev./mar. 2015.

SILVA NETO, Miguel Jorge. **Curso de Direito Constitucional**. 2. ed. Rio de Janeiro: Lúmen Júris, 2006.

SILVEIRA, Marco Aurélio Nunes da. **As condições da ação no direito processual penal**: sobre a inadequação das condições da ação processual civil ao juízo de admissibilidade da acusação. 1. ed. Florianópolis: Empório do Direito, 2016.

SILVEIRA, Fabiano Augusto Martins. O código, as cautelares e o juiz das garantias. **Revista de informação legislativa**, Brasília, v. 46, n. 183, p.77-93, jul./set. 2009.

SILVEIRA, Felipe Lazzari da. A banalização da prisão preventiva para a garantia da ordem pública. **Revista da Faculdade de Direito da UFMG**, n. 67, p. 213-244, 2016.

SILVEIRA, José Braz da. **A proteção à testemunha e o crime organizado no Brasil**. Curitiba: Juruá, 2009. 144 p., 20 cm. ISBN 85-362-0763-9.

SILVEIRA, Paula Oliosi da. Precatória: intimação da audiência. **Revista Síntese de direito penal e processual penal**, Porto Alegre, v. 4, n. 20, p. 28-30, jun./jul. 2003.

SILVEIRA, Sebastião Sérgio da; ZACARIAS, Fabiana. A força normativa dos tratados internacionais: estudo sobre regulamentação da audiência de custódia. **Revista Magister de Direito Penal e Processual Penal**, Porto Alegre, v. 13, n. 78, p. 66-84., jun./jul. 2017. Disponível em: <http://200.205.38.50/biblioteca/index.asp?codigo_sophia=138685>. Acesso em: 2 jul. 2021.

SILVÉRIO JUNIOR, João Porto; BARROS, F. M. A legitimação para agir e a participação da vítima nos processos penais brasileiro e português: uma análise comparativa a partir das recentes reformas. **Pensar (UNIFOR)**, v. 2, p. 539-576, 2012.

SIQUEIRA, Geraldo Batista de. Da competência pelo lugar da infração: crimes plurilocais e crimes à distância. **Justitia**, São Paulo, v. 50, n. 144, p. 70-84, out./dez. 1988.

SIQUEIRA NETTO, Carlos. Ministério Público: uma nova estratégia para seu aperfeiçoamento. **Justitia**, n. 99, p. 189-197, 1977. Disponível em: <http://www.revistajustitia.com.br/revistas/2553w8.pdf>. Acesso em: 7 jun. 2021.

SIRACUSANO, Delfino. **Diritto processuale penale**. Milano: Giuffrè Editore, 2011.

SISTEMA DE INFORMAÇÃO DE TENDÊNCIAS EDUCACIONAIS NA AMÉRICA LATINA. Constitución de la Nación Argentina. Disponível em: <https://siteal.iiep.unesco.org/sites/default/files/sit_accion_files/ar_6000.pdf>. Acesso em: 4 jun. 2021.

SOARES, Boni de Moraes. Autoridade Central: da Conferência da Haia à experiência brasileira. In: ARAÚJO, Nadia; VARGAS, Daniela (Org.). **Cadernos do Departamento de Direito**. Rio de Janeiro: Pontifícia Universidade Católica do Rio de Janeiro, jan.-jun. 2008.

SOARES, Waldyr. A justiça militar e a suspensão condicional do processo. **Direito Militar: Revista da Associação dos Magistrados das Justiças Militares Estaduais – AMAJME**, Florianópolis, n. 37, p. 23-27, set./out. 2002.

SOBRINHO, Mario Sérgio. **A identificação criminal**. São Paulo: Revista dos Tribunais, 2003. 197 p. ISBN 85-203-2446-0.

SONTAG, Ricardo. A eloquência farfalhante da tribuna do júri: o tribunal popular e a lei em Nelson Hungria. **História (UNESP)**, São Paulo, v. 28, n. 2, 2009.

SOUSA, Constança Urbano de. O novo terceiro pilar da União Europeia: a cooperação policial e judiciária em matéria penal. In: DIAS, Jorge de Figueiredo; et al. **Estudos em homenagem a Cunha Rodrigues**. Coimbra: Coimbra Editora, 2001. 1v. ISBN 972-32-1052-5 [Classificação: 343.2(469) E85]. p. 867-915.

SOUSA, João Henrique Gomes de. Em busca da regra mágica: o Tribunal Europeu dos Direitos do Homem e a universalização da regra de exclusão da prova: o caso de Gäfgen V. Alemanha. **Julgar**, Coimbra: Coimbra Editora. ISSN 1646-6853, n. 11, p. 21-39, mai-ago. 2010.

SOUZA, Alexander Araujo de. A imputação alternativa no processo penal: exercício abusivo do direito de ação penal condenatória? In: BASTOS, Marcelo Lessa; AMORIM, Pierre Souto Maior Coutinho de. **Tributo a Afrânio Silva Jardim**: escritos e estudos. Rio de Janeiro: Lumen Juris, 2011. p. 1-7.

SOUZA, Alexander Araujo de. **O Abuso do direito no processo penal**. Rio de Janeiro: Lúmen Júris, 2007.

SOUZA, Alexander Araujo de. O abuso do direito no requerimento de medidas cautelares típicas e atípicas no processo penal. **Revista dos Tribunais**, v. 96, n. 856, p. 470, fev. 2007.

SOUZA, Artur de Brito Gueiros. O instituto da transferência de presos. **Revista Brasileira de Ciências Criminais**, São Paulo, v. 11, n. 41, p. 78-112., jan./mar. 2003.

SOUZA, Artur de Brito Gueiros. **Presos estrangeiros no Brasil**: aspectos jurídicos e criminológicos. São Paulo: USP, 2006. 332 p.

SOUZA, Bernardo de Azevedo e. O fenômeno das falsas memórias e sua relação com o processo penal. **Revista Síntese de direito penal e processual penal**, Porto Alegre, v. 11, n. 72, p. 62-76., fev./mar. 2012.

SOUZA, Carolina Yumi de. Cooperação jurídica internacional em matéria penal: considerações práticas. **Revista Brasileira de Ciências Criminais**, São Paulo, v. 16, n. 71, p. 297-325, mar./ abr. 2008.

SOUZA, Diego Fajardo Maranha Leão de. Sigilo profissional e prova penal. **Revista Brasileira de Ciências Criminais**, São Paulo, v. 16, n. 73, p. 107-155., jul./ago. 2008.

SOUZA, Diego Fajardo Maranha Leão de; LEITE, Rosimeire Ventura. O sigilo no processo criminal e o interesse público à informação. In: ALMEIDA, José Raul Gavião de; FERNANDES, Antonio Scarance. **Sigilo no processo penal**: eficiência e garantismo. São Paulo: Revista dos Tribunais, 2008. p. 203-238.

SOUZA, José Barcelos. Correição parcial, ou reclamação. **Revista da Faculdade de Direito Milton Campos**, v. 26, p. 309-342, 2014. ISSN 1415-0778.

SOUZA, José Barcelos. Execução provisória de pena privativa de liberdade. **Revista Magister de Direito Penal e Processual Penal**, Porto Alegre, v. 4, n. 19, p. 42-54., ago./set. 2007.

SOUZA, Solange Mendes. **Cooperação jurídica penal no Mercosul**: novas possibilidades. Rio de Janeiro: Renovar, 2001.

SPENCER, John R. **Hearsay evidence in criminal proceedings**. Oxford: Hart Publishing, 2014.

SPENCER, John R. O Modelo Inglês. In: DELMAS-MARTY, Mireille. **Processos Penais da Europa**. Trad. Fauzi H. Choukr e Ana Claudia Ferigato Choukr. Rio de Janeiro: Lúmen Júris, 2004.

STEINER, Sylvia Helena de Figueiredo. **A Convenção Interamericana sobre direitos humanos e sua integração ao processo penal brasileiro**. São Paulo: RT, 2000.

STEINER, Sylvia Helena de Figueiredo. O Indiciamento em Inquérito Policial como Ato de Constrangimento – Legal ou Ilegal. **Revista Brasileira de Ciências Criminais**, v. 24, p. 305-308, 1998 / mai. 2002.

STEFAM, André. Alterações no Código de Processo Penal: Lei nº 11.719/2008. **Revista Magister de Direito Penal e Processual Penal**, n. 24, Jun/Jul/2008.

STEVENS, Lonneke. Pre-trial detention: The presumption of innocence and Article 5 of the European convention on human rights cannot and does not limit its increasing use. **European Journal of Crime, Criminal Law & Criminal Justice**, v. 17, p. 165, 2009.

STIFELMAN, Anelise Grehs. A aplicabilidade da suspensão condicional do processual à pessoa jurídica. **Revista do Ministério Público do Rio Grande do Sul**, Porto Alegre, n. 53, p. 253-270., maio/set. 2004.

STOCCO, Rui. Afastamento temporário do réu do cargo de prefeito enquanto estiver sendo objeto de ação penal. **RBCCRIM**, n. 12/328, 1995 (mai. 2002).

STONE, Victor. Estados Unidos (proteção pura). Palestra apresentada no âmbito da 1ª Reunião Regional da Associação Internacional de Promotores – Proteção a Testemunhas. Santiago do Chile. 26 de julho de 2006.

STRECK, Lenio Luiz. A dupla face do princípio da proporcionalidade e o cabimento de mandado de segurança em matéria criminal: superando o ideário liberal – individualista – clássico. **Revista do Ministério Público do Rio Grande do Sul**, Porto Alegre, n. 53, p. 223-251., maio/set. 2004.

STRECK, Lenio Luiz. A filosofia traída pela dogmática jurídica: uma crítica à noção de verdade e ao livre convencimento no processo penal. In: MALAN, Diogo; MIRZA, Flávio (Coord.). **Setenta anos do código de processo penal brasileiro**: balanço e perspectivas de reforma. Rio de Janeiro: Lumen Juris, 2011. 421 p., 23 cm. ISBN 978-85-375-1144-2. p. 215-248.

STRECK, Lenio Luiz. A hermenêutica jurídica no estado democrático de direito: como olhar o novo com os olhos do novo? In: CALLEGARI, André Luís; WOTTRICH, Lisandro Luís; TEIXEIRA, Anderson Vichinkeski. **Constituição e ciências criminais**: estudos em homenagem aos 15 anos da Fundação Escola Superior da Defensoria Pública do Rio Grande do Sul. Porto Alegre: Livraria do Advogado, 2015. p. 9-18.

STRECK, Lenio Luiz. A presunção da inocência e a impossibilidade de inversão do ônus da prova em matéria criminal: os tribunais estaduais contra o STF. **Revista jurídica do Ministério Público do Estado do Paraná**, Curitiba, v. 2, n. 3, p. 201-219, dez. 2015.

STRECK, Lenio Luiz. **As interceptações telefônicas e os direitos fundamentais**: constituição, cidadania, violência: a lei 9.296/96 e seus reflexos penais e processuais. 2 ed. rev. Porto Alegre: Livraria do Advogado, 2001.

STRECK, Lenio Luiz. Constituição e Bem Jurídico: a Ação Penal nos crimes de Estupro e Atentado Violento ao Pudor-O Sentido Hermenêutico-Constitucional do art. 225 do CP. **Revista da AJURIS**, n. 101-102, p. 179, 2006.

STRECK, Lenio Luiz. Novo código de processo penal. O problema dos sincretismos de sistemas (inquisitorial e acusatório). **Revista de informação legislativa**, Brasília, v. 46, n. 183, p.117-139, jul./set. 2009.

STRECK, Lenio Luiz. **O estranho caso que fez o STF sacrificar a presunção da inocência.** Disponível em: <https://www.conjur.com.br/2016-ago-11/senso-incomum-estranho-fez-stf-sacrificar-presuncao-inocencia>. Acesso em: 10 out. 2017.

STRECK, Lenio Luiz. O livre convencimento e sua incompatibilidade com o dever de accountability hermenêutica: o sistema acusatório e a proteção dos direitos fundamentais no processo penal. In: MALAN, Diogo; PRADO, Geraldo (Coord.). **Processo penal e direitos humanos**. Rio de Janeiro: Lumen Juris, 2014. 224 p., 22 cm. ISBN 978-85-8440-040-9. p. 156-187.

STRECK, Lenio Luiz. **Tribunal do Júri**: Símbolos & Rituais. Porto Alegre: Livraria do Advogado Editora, 1998.

STRECK, Lenio Luiz; ABBOUD, Georges. **O que é isto**: O precedente judicial e as súmulas vinculantes? Porto Alegre: Livraria do advogado, 2013.

STRECK, Lenio Luiz; FELDENS, Luciano. **Crime e Constituição**: a legitimidade da função investigatória do Ministério Público. 1 ed. Rio de Janeiro: Forense, 2003. 120 p.

STRECK, Lenio Luiz; OLIVEIRA, Marcelo Andrade Cattoni de; LIMA, Martonio Mont – Alverne Barreto. A nova perspectiva do Supremo Tribunal Federal sobre o controle difuso: mutação constitucional e limites da legitimidade da jurisdição constitucional. **Jus Navigandi**, Teresina, ano 11, nº 1.498, 8 ago. 2007. Disponível em: <http://jus2.uol.com.br/doutrina/texto.asp?id=10253>. Acesso em: 18 fev. 2014.

STREY, Neves Marlene. Violência de Gênero: Uma questão complexa e interminável. In: STREY, Neves Marlene; AZAMBUJA, Mariana P.R de; JAEGER, Fernanda P. (Org.). **Violência, gênero e políticas públicas**. Porto Alegre: EDIPUCRS, 2004, p. 13-42.

STUBBS, Julie. Beyond apology? Domestic violence and critical questions for restorative justice. **Criminology & Criminal Justice**, v. 7, n. 2, p. 169-187, 2007.

SUANNES, Adauto Alonso Silvinho. O interrogatório judicial e o art. 153, parágrafos 15 e 16 da constituição federal. **Julgados do Tribunal de Alçada Criminal de São Paulo**, São Paulo, n. 74, p. 13-20., abr./jun. 1983.

SUANNES, Adauto Alonso Silvinho. Podemos falar em execução penal antecipada (jurisprudência comentada). **Revista Brasileira de Ciências Criminais**, São Paulo, v. 2, n. 7, p. 167-173., jul./set. 1994.

SUANNES, Adauto Alonso Silvinho. Provas eticamente inadmissíveis no processo penal. **Revista Brasileira de Ciências Criminais**, São Paulo, v. 8, n. 31, p.75-101, jul./set. 2000.

SUCASAS, Willey Lopes. Prova testemunhal: o *cross examination* tupiniquim. **Boletim IBCCRIM**, São Paulo, v. 22, n. 255, p. 11-13., fev. 2014.

SUNDFELD, Carlos Ari. Competência legislativa em matéria de processo e procedimento. **Revista dos Tribunais**, São Paulo, v.79, n.657, p.32-6, jul. 1990.

SVISTUN, Meg Francieli. Publicação de pesquisas científicas e suspeição do juiz: um questionamento inusitado na "Operação Lava Jato" (Ação Penal nº 5036518-76). **Revista Aporia Jurídica** (online): Revista Jurídica do Curso de Direito da Faculdade CESCAGE, 6. ed, v. 1, p. 423-429, jul-dez-2016.

SZAFIR, Alexandra Lebelson. Competência para justificação prévia preparatória de revisão criminal. **Boletim IBCCRIM**, São Paulo, n. 37, p. 8, jan. 1996.

TAIPA DE CARVALHO, Américo. **Sucessão de Leis Penais**. Coimbra: Editora Coimbra, 1997.

TAFARELLO, Rogério Fernando. **Colaboração premiada**: reflexões sobre um instituto em construção. Disponível em: <http://jota.info/artigos/colaboracao-premiada-reflexoes-sobre-um-instituto-em-construcao-28032015>. Acesso em: 13 jan. 2022.

TARUFFO, Michele. Il significato costituzionale dell'obbligo di motivazione. In: GRINOVER, Ada Pellegrini; DINAMARCO, Candido Rangel; WATANABE, Kazuo (Coords.). **Participação e processo**. São Paulo: Revista dos Tribunais, 1988.

TARUFFO, Michele. **La Motivazioni Della Sentenza Civile**. Padova: Cedam, 1975.

TARUFFO, Michele. Precedentes e Jurisprudência. **Revista de Processo**, São Paulo, n.199, 2010, p.142-143.

TATAGIBA, Glauber. O Supremo Tribunal Federal e a revisão do princípio do promotor natural. **De Jure**: Revista Jurídica do Ministério Público do Estado de Minas Gerais, Belo Horizonte, n. 5, p. 347-354, jul./dez. 2002.

TAVARES, André Ramos. Análise do duplo-grau de jurisdição como princípio constitucional. **Revista de Direito Constitucional e Internacional**, ano 8, v. 30, São Paulo jan/mar., 2000.

TAVARES, João Paulo Lordelo Guimarães. Da admissibilidade dos negócios jurídicos processuais no novo Código de Processo Civil: aspectos teóricos e práticos. **Direito UNIFACS – Debate Virtual**, n. 191, 2016.

TAVARES, Juarez. Anotações aos crimes contra a honra. **Revista Brasileira de Ciências Criminais**, São Paulo, v. 20, n. 94, p. 89-132., jan./fev. 2012.

TAVARES, Juarez. **Teoria do Injusto Penal**. 2. ed. Belo Horizonte: Del Rey. 2002.

TAVARES, Juarez; PRADO, Geraldo. **O Direito Penal e o Processo Penal no Estado de Direito**: Análise de casos. Florianópolis: Editora Empório do Direito, 2016.

TÁVORA, Nestor; ALENCAR, Rosmar Rodrigues. **Curso de Direito Processual Penal**. 9 ed. Salvador: JusPodivm, 2014.

TEOTÔNIO, Paulo José Freire; SILVA, Bruna Carolina Oliveira e. Delação premiada sob o enfoque da razoabilidade e proporcionalidade. **Revista Magister de Direito Penal e Processual Penal**, Porto Alegre, v. 12, n. 68, p. 40-64, out./nov. 2015.

THIBAUT, John; WALKER, Laurens. A theory of procedure. **California Law Review**, v. 66, p. 541, 1978.

THOMPSON, Augusto. Aplicação da criminologia na justiça penal: a criminalização da pessoa jurídica. **Revista Brasileira de Ciências Criminais**, n. 31, v. 8, p. 217-227, 2000.

TOFFOLI, José Antonio Dias. Mecanismos de cooperação jurídica internacional no Brasil. In: BRASIL. Secretaria Nacional de Justiça. Departamento de Recuperação de Ativos e Cooperação Jurídica Internacional. **Manual de cooperação jurídica internacional e recuperação de ativos**: cooperação em matéria penal. Brasília: Ministério da Justiça, 2008. 536 p., 21 cm. p. 21-29.

TOLEDO, Francisco de Assis. **Princípios Básicos de Direito Penal**. Saraiva: São Paulo, 1994.

TOMKOVICZ, James J. Davis v. United States: The Exclusion Revolution Continues. **Ohio State Journal Criminal Law**, v. 9:381, 2011.

TONETI, Luiz. Medida liminar em revisão criminal. **Boletim IBCCRIM**, São Paulo, v. 10, n. 120, p. 11-13, nov. 2002.

TONINI, Paolo. Direito de defesa e prova científica: novas tendências do processo penal italiano. **Revista Brasileira de Ciências Criminais**, São Paulo, v. 12, n. 48, p. 194-214, mai./jun. 2004.

TONINI, Wagner Adilson. Breve estudo sobre a averiguação e sua legalidade. **Jus Navigandi**, Teresina, ano 10, n. 719, 24 jun. 2005. Disponível em: <http://jus.uol.com.br/revista/texto/6924>. Acesso em: 20 jun. 2011.

TORNAGHI, Hélio. **A relação processual penal**. São Paulo: Saraiva, 1987.

TORNAGHI, Hélio. **Curso de Direito Processual Penal**. São Paulo: Saraiva, 1980. 1v.

TORNAGHI, Hélio. **Instituições de Processo Penal**. 1. ed. Rio de Janeiro: Forense, 1959. 1v.

TORNAGHI, Hélio. **Instituições de Processo Penal**. 2 ed. São Paulo: Saraiva, 1977. 2v.

TORON, Alberto Zacharias. A súmula 691 do Supremo Tribunal Federal e o amesquinhamento da garantia do habeas corpus. In: **NOTÁVEIS do direito penal**: livro em homenagem ao emérito Professor Doutor René Ariel Dotti. Brasília: Consulex, 2006. p. 37-47.

TORON, Alberto Zacharias. Efeito suspensivo em mandado de segurança impetrado pelo ministério público em face de recurso que não o tem: constrangimento ilegal. **Revista Brasileira de Ciências Criminais**, São Paulo, v. 3, n. 10, p. 289-296., abr./jun. 1995.

TORRES, José Henrique Rodrigues. Quesitação: a importância da narrativa do fato na imputação inicial, na pronúncia, no libelo e nos quesitos. In: TUCCI, Rogério Lauria (Coord.). **Tribunal do Júri** Estudo sobre a Mais Democrática Instituição Jurídica Brasileira. São Paulo: Revista dos Tribunais, 1999.

TORRES, Luís Carlos; FALAVIGNA, Leandro; BUENO, Fernanda. **Colaboração premiada como técnica de defesa**. Disponível em: <http://politica.estadao.com.br/blogs/fausto-macedo/colaboracao-premiada-como-tecnica-de-defesa/>. Acesso em: jun. 2021.

TOSTA, Jorge. **Do reexame necessário**. 1. ed. São Paulo: RT – Revista dos Tribunais, 2005.

TOURINHO FILHO Fernando da Costa. **Código de Processo Penal Comentado**. São Paulo: Saraiva, 1999. 2v.

TOURINHO FILHO Fernando da Costa. **Código de Processo Penal Comentado**. 14. ed. São Paulo: Saraiva, 2012.

TOURINHO FILHO Fernando da Costa. **Código de Processo Penal Comentado**. 13. ed. rev. e atual. São Paulo: Saraiva, 2010. 2v.

TOURINHO FILHO Fernando da Costa. **Código de Processo Penal Comentado**. 12. ed. São Paulo: Saraiva, 2009.

TOURINHO FILHO Fernando da Costa. **Código de processo penal comentado**: arts. 1º a 393. São Paulo: Saraiva, 1997. 1v.

TOURINHO FILHO Fernando da Costa. **Manual de processo penal**. São Paulo: Saraiva, 2013.

TOURINHO FILHO Fernando da Costa. **Manual de processo penal**. 3. ed. São Paulo: Saraiva, 2003.

TOURINHO FILHO Fernando da Costa. **Manual de processo penal**. 11. ed. São Paulo: Saraiva, 2009.

TOURINHO FILHO Fernando da Costa. Os embargos infringentes. **Revista Magister de Direito Penal e Processual Penal**, Porto Alegre, v. 9, n. 53, p. 14-21., abr./mai. 2013.

TOURINHO FILHO Fernando da Costa. **Pode o Juízo Revidendo absolver o réu condenado pelo Tribunal do Júri?** Disponível em: <http://www.migalhas.com.br/dePeso/16,MI150849,41046-Pode+o+Juizo+Revidendo+absolver+o+reu+condenado+pelo+Tribunal+do+Juri>. Acesso em: 15 out. 2016.

TOURINHO FILHO Fernando da Costa. **Processo Penal**. 30 ed. rev. e atual. São Paulo: Saraiva, 2008. 3 e 4 v.

TOURINHO FILHO Fernando da Costa. **Processo Penal**. 21. ed. São Paulo: Saraiva, 1999. 3v.

TOURINHO FILHO Fernando da Costa. **Processo Penal**. São Paulo: Editora Saraiva, 1997. 4v.

TOURINHO FILHO Fernando da Costa. **Juizados especiais federais cíveis e criminais**. São Paulo: Revista dos Tribunais, 2002.

TRIBUNAL EUROPEU DOS DIREITOS HUMANOS. **Caso Acosta Calderón vs. Ecuador**. Sentencia de 24 de junio de 2005. Disponível em: <https://www.cortcidh.or.cr/docs/casos/articulos/seriec_129_esp1.pdf>. Acesso em: 16 jun. 2021.

TRIBUNAL EUROPEU DOS DIREITOS HUMANOS. **Caso Doorson vs. The Netherlands**. Sentença de 26 mar. 1996. Disponível em: <https://www.hr-dp.org/files/2013/09/08/CASE_OF_DOORSON_v._THE_NETHERLANDS_.pdf>. Acesso em: 16 jun. 2021.

TRIBUNAL EUROPEU DOS DIREITOS HUMANOS. **Caso Mechelen and others v. The Netherlands**. Sentença de 23 abr. 1997. Disponível em: <https://www.refworld.org/cases,ECHR,3ae6b6778.html>. Acesso em: 18 jun. 2021.

TRIBUNAL EUROPEU DOS DIREITOS HUMANOS. **Caso Michaud v. France n. 1233/11**. Disponível em: <https://hudoc.echr.coe.int/fre#{%22itemid%22:[%22001-115377%22]}>. Acesso em: 8 jun. 2021.

TRIBUNAL EUROPEU DOS DIREITOS HUMANOS. **Caso Osinger v. Austria n. 54645/00**. Disponível em: <https://sip.lex.pl/orzeczenia-i-pisma-urzedowe/orzeczenia-sadow/54645-00-osinger-v-austria-rezolucja-komitetu-ministrow-521919248>. Acesso em: 16 jun. 2021.

TRIBUNAL EUROPEU DOS DIREITOS HUMANOS. **Caso Piruzyan v. Armenia**, n. 33376/07, para. 94. Julgamento de 26 jun. 2012. Disponível em: <http://hudoc.echr.coe.int/fre?i=001-124192>. Acesso em: 3 jul. 2021.

TRIBUNAL EUROPEU DOS DIREITOS HUMANOS. **Caso Smirnova v. Russia**, n. 46133/99 and 48183/99, 24 July 2003, para. 59. Julgamento de 24 jul. 2003. Disponível em: < http://hudoc.echr.coe.int/fre?i=002-4766>. Acesso em: 3 jul. 2021.

TRIBUNAL EUROPEU DOS DIREITOS HUMANOS. **Caso Tiron v. Romania**, n. 17689/03, para. 37. Strasbourg, 7 abr. 2009. Disponível em: <http://hudoc.echr.coe.int/eng?i=001-92077>. Acesso em: 3 jul. 2021.

TRIBUNAL EUROPEU DOS DIREITOS HUMANOS. Disponível em: <https://eur-lex.europa.eu/legal-content/PT/TXT/PDF/?uri=CELEX:52006DC0174&from=PT>. Acesso em: 4 jun. 2021.

TRIGUEIROS NETO, Arthur da Motta. **Comentários às recentes reformas do Código de Processo Penal e legislação extravagante correlata**. São Paulo: Método, 2008.

TRINDADE, Ana Carolina Reis; FARIA, Marcus Vinícius Aguiar. Constitucionalidade do Acordo de Não Persecução Penal: uma análise sobre o plea bargaining brasileiro. **Anais Eletrônicos CIC**, v. 17, n. 17, 2019.

TROTTA, Sandro Brescovit. **O Lugar do Crime no Mercosul**: as fronteiras da cooperação jurídica internacional contemporânea. 1 ed. Porto Alegre: Verbo Jurídico, 2013.

TUCCI, José Rogério Cruz e. Parâmetros de eficácia e critérios de interpretação do precedente judicial. In WAMBIER, Teresa Arruda Alvim (coord.). **Direito jurisprudencial**. São Paulo: Revista dos Tribunais, 2012.

TUCCI, José Rogério Cruz e. **Precedente Judicial como Fonte do Direito**. São Paulo: Revista dos Tribunais, 2004.

TUCCI, Rogério Lauria. **Direitos e garantias individuais no Processo Penal Brasileiro**. São Paulo: Saraiva, 1993.

TUCCI, Rogério Lauria. Indiciamento e qualificação indireta. Fase de investigação criminal. **Distinção**, Revista dos Tribunais, São Paulo, v. 571, p. 291-294, maio 1983.

TUCCI, Rogério Lauria. Processo e procedimentos penais. **Revista dos Tribunais**, São Paulo, n. 749, p. 496-497, mar. 1998.

TUCUNDUVA, Ruy Cardozo de Mello. Protesto por novo Júri. **Justitia**, v. 74, p. 61-65, 1971.

UHLMANN, David M. Deferred prosecution and non-prosecution agreements and the erosion of corporate criminal liability. **Maryland Law Review**, v. 72, p. 1295, 2012.

ULIANO, Beatriz Corrêas Elias. Suspensão condicional do processo e princípio da presunção de inocência. **Revista da Seção Judiciária do Rio de Janeiro**, Rio de Janeiro, n. 29, p. 31-43, dez. 2010.

UNITED NATIONS OFFICE ON DRUGS AND CRIME - UNODC. Escritório das Nações Unidas sobre Drogas e Crime. **Conscientização sobre o local de crime e as evidências materiais em especial para pessoal não forense**. New York, 2010. Disponível em: <https://www.unodc.org/documents/scientific/Crime_Scene_Awareness_Portuguese_Ebook.pdf>. Acesso em jun. 2021.

USTÁRROZ, Daniel. Breve nota sobre o desaforamento e a possibilidade de reaforamento. **Direito e Justiça**: Revista da Faculdade de Direito da Pontifícia Universidade Católica do Rio Grande do Sul. Porto Alegre, v. 23, n. 23, p.91-104, 2001.

VALLADÃO, Haroldo. Da cooperação internacional nos processos criminais. **Revista de direito penal**, Sociedade Brasileira de Criminologia, Rio de Janeiro, v. 6/7, n. 1/2, p. 45-73., jul./dez. 1934.

VALLE FILHO, Oswaldo Trigueiro do. **A ilicitude da prova**: teoria do testemunho de ouvir dizer. São Paulo: Revista dos Tribunais, 2004. 384 p. ISBN 85-203-2613-7.

VAN SLIEDREGT, Elies. Contemporary reflection on the presumption of innocence. **Revue Internationale de Droit Penal**, v. 80, issue 1-2, p. 247-256, 2009.

VARGAS VIANCOS, Juan Enrique. La Nueva Generación de Reformas Procesales Penales en Latinoamérica. **URVIO: Revista Latinoamericana de Seguridad Ciudadana**, Quito, n. 3, p. 33-47, 2008. Disponível em: <https://revistas.flacsoandes.edu.ec/urvio/article/view/33-47/1645>. Acesso em: 13 jan. 2022.

VARGAS VIANCOS, Juan Enrique. **Lessons learned**: introduction of oral process in Latin America. Williamsburg, Va.: Lessons Learned / National Center for State Courts, 1996.

VASCONCELOS, Eneas Romero A. ADPF 153 e a obrigação de responsabilizar os autores de crimes nucleares: análise do caso Gomes Lund e outros (Guerrilha do Araguaia) vs. Brasil. **Revista Jurídica da FA7**, v. VIII, p. 199-214, 2011.

VASCONCELLOS, Vinícius Gomes de. Audiência de custódia no processo penal: limites cognitivos e regra de exclusão probatória. **Boletim IBCCRIM**, São Paulo, v. 24, n. 283, p. 5-6, jun. 2016. Disponível em: <http://200.205.38.50/biblioteca/index.asp?codigo_sophia=129479>. Acesso em: 19 mar. 2020.

VAY, Giancarlo Silkunas; SILVA, Pedro José Rocha e. A identificação criminal mediante coleta de material biológico que implique intervenção corporal e o princípio do neno tenetur se detegere. **Boletim IBCCRIM**, São Paulo, v. 20, n. 239, p.13-14, out. 2012.

VAZ, Denise Provasi; GALVÃO, Danyelle da Silva. Da atuação do assistente técnico no processo penal brasileiro. **Revista Brasileira de Ciências Criminais**, São Paulo, v. 19, n. 90, p. 211-243., maio/jun. 2011.

VAZ, Laurita Hilário. Revisão criminal de infrações penais de menor potencial ofensivo processsadas perante os Juizados Especiais deve ser ajuizada perante as respectivas Turmas Recursais. In: RESENDE, Sérgio Antônio de; PINTO, Felipe Martins; ESTEVES, Heloisa Monteiro de Moura (Org.). **Análise de precedentes criminais do Superior Tribunal de Justiça**. Estudos em homenagem à desembargadora Jane Ribeiro Silva. Belo Horizonte: Atualizar, 2009.

VELLOSO, Carlos Mário da Silva. Os tratados na jurisprudência do Supremo Tribunal Federal. **Revista de Informação Legislativa**, Brasília, v. 41, n. 162, p. 35-46, abr./jun. 2004.

VENANCIO, Daiana Seabra. O mandado de detenção europeu vs. o mandado de captura do Mercosul: uma análise comparativa. **Revista Do Programa De Direito Da União Europeia**, n. 2, p. 27, 2012.

VIDAL, Luis Fernando Camargo de Barros. Mídia e júri: possibilidade de restrição da publicidade do processo. **Revista Brasileira de Ciências Criminais**, São Paulo, v. 11, n. 41, p. 113-124., jan./mar. 2003.

VIEIRA, Ana Lúcia Menezes. **Processo penal e mídia**. São Paulo: Revista dos Tribunais, 2003.

VIEIRA, José Ribas; RESENDE, Ranieri Lima. Execução provisória – causa para a Corte Interamericana de Direitos Humanos. **JOTA**, Brasília, v. 20, 2016.

VIEIRA, Luis Guilherme. CPI: a duração dos depoimentos diante do princípio da dignidade da pessoa humana. **Revista Brasileira de Ciências Criminais**, São Paulo, v. 16, n. 75, p. 148-182., nov./dez. 2008. Também disponível em: <http://oab-ba.jusbrasil.com.br/noticias/2014272/duracao-de-depoimentos-e-dignidade-da-pessoa-humana>. Acesso em: 01 dez. 2016.

VIEIRA, Marcio. Os resquícios de prova tarifada no processo civil brasileiro e sua influência no livre convencimento do magistrado. **Revista da ESMESC**: Escola Superior da Magistratura do Estado de Santa Catarina, Florianópolis, v. 17, n. 23, p. 371-398, anual. 2010.

VIEIRA, Mônica Silveira. Alteração na forma de inquirição de testemunhas no processo penal: a nova redação do art. 212 do CPP. **Jurisprudência Mineira**, Belo Horizonte, v. 60, n. 188, p. 29-31., jan./mar. 2009.

VIDIGAL, Luís Eulálio Bueno. Por que unificar o direito processual? **Revista de processo**, v.7, n.27, out/dez.1982. p.40-48.

VITAGLIANO, Daniella; SOUZA, Ricardo André de. Audiência de custódia por videoconferência: incompatibilidade à luz da Convenção Americana de Direitos Humanos. In: **CADERNOS estratégicos**: análise estratégica dos julgados da Corte Interamericana de Direitos Humanos. Rio de Janeiro: Defensoria Pública do Estado do Rio de Janeiro, 2018. p. 226-245.

VIVEIROS, Mauro. Suspensão do processo e suspensão do prazo prescricional. **Boletim IBC-Crirn** 48, nov/96.

VOGLER, Richard. **A world view of criminal justice**. New York: Routledge, 2016.

VOLPE FILHO, Clovis Alberto; DIAS, Lucas Delefrate da Silva Dias. As formas de cognição na aplicação das medidas cautelares pessoais: o mito da sumariedade plena. **Revista Magister de Direito Penal e Processual Penal**, Porto Alegre, v. 12, n. 67, p.79-91, ago./set. 2015.

WALKER, Jeffrey K. Comparative Discussion of the Privilege against Self-Incrimination. **New York Law School Journal International & Comparative Law**, v. 14, p. 1, 1993.

WATANABE, Kazuo. **Da Cognição do Processo Civil**. 3 ed. São Paulo: Perfil, 2005.

WEBER, Patrícia Maria Núñez. Cooperação internacional penal: conceitos básicos. In: BRASIL. Ministério Público Federal. Secretaria de Cooperação Internacional. **Temas de Cooperação Internacional**. 1 ed. Brasília: Ministério Público Federal, 2015. (Coleção MPF Internacional; 2). p. 39-46. Disponível em: <https://memorial.mpf.mp.br/nacional/vitrine-virtual/publicacoes/temas-de-cooperacao-internacional-1a-edicao>. Acesso em: 4 jul. 2021. p. 34.

WEDGWOOD, Ruth. National Courts and the Prosecution of War Crimes. In: MCDONALD, Gabrielle Kirk; SWAAK-GOLDMANA, Olivia (Editors). **Substantive and Procedural Aspects Of International Criminal Law**: the Experience of International and National Courts. New York: Kluwer Law International, 2000. 1v. p. 393-400.

WERNER, Wouter G. The Curious Career of Lawfare. **Case Western Reserve Journal of International Law**, v. 43, issue 1, p. 61-72, 2010. Disponível em: <https://scholarlycommons.law.case.edu/jil/vol43/iss1/4>. Acesso em: 13 jan. 2022.

WILLIAMS, Robin; JOHNSON, Paul; MARTIN, Paul. **Revista Genetic information and crime investigation**: social, ethical and public policy aspects of the establishment, expansion and police use of the National DNA Database, Public Policy, School of Applied Social Sciences, University of Durham, v. 44, 2004. Disponível em: <https://www.dur.ac.uk/resources/sass/Williams_Johnson_Martin_NDNAD_report_2004.pdf>. Acesso em: 13 jan. 2022.

WOLTER, Jürgen; FREUND, Georg. **El sistema integral del derecho penal**. Madrid: Marcial Pons, 2004.

WUNDERLICH, Alexandre. A vítima no processo penal (impressões sobre o fracasso da Lei nº 9.099/95). In: WUNDERLICH, Alexandre; CARVALHO, Salo (Org.). **Novos diálogos sobre os Juizados Especiais Criminais**. Rio de Janeiro: Lumen Juris, 2005, p. 15-56.

YANG, Lijun. On the principle of complementarity in the Rome Statute of the International Criminal Court. **Chinese Journal of International Law**, v. 4, n. 1, p. 121-132, 2005.

ZAFARONI, Eugenio Raúl. **Em busca das penas perdidas**: a perda da legitimidade do sistema penal. Rio: Revan, 1989.

ZAFARONI, Eugenio Raúl. **Em busca das penas perdidas**. Rio de Janeiro: Revan, 1991.

ZAFFARONI, Eugenio Raúl; PIERANGELI, José Henrique. **Da tentativa: Doutrina e Jurisprudência**. 9 ed. São Paulo: Editora Revista dos Tribunais, 2010.

ZAFFARONI, E. Raúl. et al. **Direito penal brasileiro**: teoria geral do direito penal. Rio de Janeiro: Revan, 2003.

ZAGALLO, Rogério Leão. **Prisão provisória**: razoabilidade e prazo de duração. São Paulo: J. de Oliveira, 2005.

ZARZUELA, José Lopes; et al. **Laudo pericial**: aspectos técnicos e jurídicos. São Paulo: Revista dos Tribunais, 2000.

ZAVASCKI, Teori Albino. **Processo coletivo**: tutela dos direitos coletivos e tutela coletiva de direitos. 6 ed. São Paulo: Editora Revista dos Tribunais, 2014.

ZEPEDA, Rodrigo. **Deferred Prosecution Agreements**: A Decidedly British Perspective. 28 jun. 2014. Disponível em: <https://papers.ssrn.com/sol3/papers.cfm?abstract_id=2459598>. Acesso em: 14 jun. 2021. (SSRN 2459598)

ZILLI, Marcos Alexandre Coelho. Liberdade! Abre as asas sobre nós. **Boletim IBCCrim**, n. 91, junho/2000. Disponível em: <http://www.ibccrim.org.br/boletim_artigo/742-Liberdade-Abre-as-asas-sobre-nos>. Acesso em 13 jun. 2021.

ZILLI, Marcos; GHIDALEVICH, Fabíola Girão Monteconrado; MOURA, Maria Thereza Rocha de Assis. Ne bis in idem e coisa julgada fraudulenta. A posição da Corte Interamericana de Direitos Humanos. In: MALARINO, Ezequiel; ELSNER, Gisela. **Sistema interamericano de protección de los derechos humanos y derecho penal internacional**. Montevideo: Konrad-Adenauer-Stiftung, 2011. 2 Tomo.

ZULIANI JÚNIOR, Giancarlos. **A Capacidade Postulatória do Delegado**. Abr. 2010. Disponível em: <http://www.delegados.com.br/juridicos/a-capacidade-postulatoria-do-delegado>. Acesso em 2 jul. 2021.

Impressão: Gráfica Exklusiva
Junho/2022